青田县
林业志

QING TIAN XIAN
LIN YE ZHI

青田县林业志编纂委员会 编

主 编 柳松树

中国文史出版社

图书在版编目（CIP）数据

青田县林业志 /《青田县林业志》编纂委员会编
. — 北京：中国文史出版社，2016.9
ISBN 978-7-5034-8090-4

Ⅰ. ①青… Ⅱ. ①青… Ⅲ. ①林业史－青田县 Ⅳ.
① F326. 275. 54

中国版本图书馆 CIP 数据核字（2016）第 211018 号

青田县林业志

图书策划：方云虎
责任编辑：方云虎　詹红旗
封面设计：魏芳芳

作　　者：青田县林业志编纂委员会　编
主　　编：柳松树
排　　版：魏芳芳　余丽
印　　刷：青田县东英数字印刷有限公司
出版发行：中国文史出版社
网　　址：www.chinawenshi.net
社　　址：北京市西城区太平桥大街 23 号　邮编：100811
电　　话：010-66129236
传　　真：010-66192703
印　　装：东英数字印刷有限公司
经　　销：全国新华书店
开　　本：889 毫米×1189 毫米　1/16
印　　张：127
字　　数：150，000 千字
印　　数：1000
版　　次：2016 年 10 月北京第 1 版
印　　次：2016 年 10 月第 1 次印刷
定　　价：380.00 元

■ 2007 年 12 月 14 日，浙江省副省长茅临生（左一）视察青田县林权中心，丽水市委书记陈荣高（中）、省林业厅厅长楼国华（右二）、市林业局局长吴善印（左二）等领导陪同视察。

■ 2009 年 4 月 30 日，国家林业局副局长祝列克（右三）视察青田林业制度改革情况。丽水市副市长金建新（前排左二）等领导陪同视察。

■ 2016 年 7 月 20 日，浙江省副省长黄旭明（右二）到青田调研油茶林下经济试点。丽水市副市长任淑女（右三），青田县县长戴邦和（右一）等领导陪同调研。

■ 2009 年 3 月 15 日，国家林业局场圃总站总工程师张健民（前排左一）、省种苗站站长骆文坚（前排右一）到青田指导油茶生产。

■ 2007 年 5 月 2 日，省林业厅厅长陈铁雄（右一）视察青田县八面湖林场。

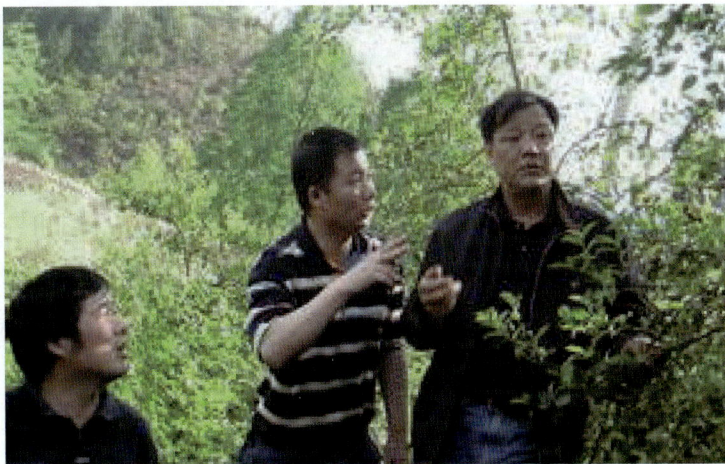

■ 2010 年 5 月 13 日，丽水市副市长金建新（左三）视察青田林业。

■ 浙江省政府参事、科技厅副厅长于涟（前排左二）教授到青田调研油茶产业（2014 年摄）。

■省林业厅厅长楼国华（左一）视察青田油茶并题字"茶油飘香"（2012年摄）

■国家林业局科技发展中心副主任李兴（右一）、省种苗站站长骆文坚（左一）检查油茶种苗质量（2013年摄）

■ 1987年，丽水地区行署副专员支存定（左三）视察青田石门洞林场后，与县林业局局长倪国薇（左四）及林场干部合影。

■ 2013 年 9 月 3 日，市林业局局长项旭平（左一）考察油茶基地。

■ 1995 年 5 月，县人大主任潘建中（前排右三）副主任程伯静（右四）考察金鸡山林场。

■ 1996 年 5 月 7 日，县委书记张成祖（前排左三）和微水电推广获奖人员合影。

■ 2007 年 7 月 2 日县长邝平正（右二）调研石门洞林场改革

■ 2011 年 2 月 12 日县委书记王通林（右一）在森林防火指挥部办公室指导工作

■ 2013 年 6 月 6 日县委书记徐光文（中）考察油茶基地

■省林勘院院长刘安兴（左二）视察青田林业工作（2014年摄）

■省林业厅副厅长俞坚（右一）考察青田森林消防工作（2014年摄）

■2015年9月县长戴邦和（左二）视察油茶基地

森林资源 ◆ SENLIN ZIYUAN

■图1 烂泥湖林区杉木林

■图2 师姑湖林区柳杉林

■图3 大垟山林区杉木林

■图4 际后林区柳杉林

■图5 北山竹林一角

■图6 石门洞林场人工林

■图7 师姑湖林区人工林

■图8 章村竹林

■图9 杉木单株王

◀ 杉木林仰视

竹林仰视 ▶

■

峰山大柳杉

■ 图5 温溪百年榕树
■ 图6 北山妙后村古樟，因滩坑水电站建设，现"移民"至缙云黄帝祠
■ 图7 百年古松保护
■ 图8 洞背古槠
■ 图9 仁塘湾村口古樟群
■ 图10 阜山乡陈宅村村口古柳杉、古香枫

■ 图1 温溪小石门红枫
■ 图2 山口大安古樟
■ 图3 考坑古樟
■ 图4 石头村古树红豆杉

PEIXUN XUANCHUAN

1

防范林业有害生物入侵
保护我们的绿色家园

杜绝松材线虫入侵
保护青田生态安全

青田县林业局

加强森林植物检疫
保护侨乡森林资源

浙K·R1076

2

3

■ 图1 广场宣传

■ 图2 有害生物防治宣传

■ 图3 章旦油茶现场会

■ 图4 林业有害生物监测预报培训

■ 图5 市际山林纠纷协调会现场

■ 图6 温溪高速路口大型宣传牌

■ 图7 油茶栽培集成技术培训会 2012 年

■图1 "龙泉林"建成揭碑仪式
■图2 飞播无线电指挥（1978 年）
■图3 飞播无线电呼叫飞机（1972 年）
■图4 飞播造林（1973 年）
■图5 县委书记徐光文参加义务植树
■图6 县法院离休老干部陈英年捐赠 10 万元获绿化贡献奖
■图7 义务植树场景
■图8 义务植树场景
■图9 义务植树场景
■图10 植树造林场景

■仁宫乡森林消防队

■进山路口火种检查点

■森林防火检查站

■油茶良种基地

■飞机洒药防治

■飞机防治地面保障

■喷烟防治（1）

■喷烟防治（2）

■筑巢引鸟

■松木线虫病检疫

■ 整装待发

■ 消防演练

■ 祯旺乡森林消防巡逻队

■ 引水灭火比赛荣获二等奖

■汤垟乡森林消防物资储备库

■实战演练

■石门洞林场森林消防队

2

3

■图1 油茶芽接现场

■图2 森茂公司育苗基地

■图3 浙江红花油茶优树

■大洋山红花油茶基地

■ 油茶丰收　　◆ YOUCHA FENGSHOU

- ■图1　黄山头村畲族青年喜摘丰收果
- ■图2　油茶新品种投产
- ■图3　森林食品基地
- ■图4　油茶丰收（1）

- ■图5　油茶丰收（2）
- ■图6　青田油茶单株王
- ■图7　腾鹤公司山茶油系列产品
- ■图8　产品参展义乌森博会

3

4

5

8

森林景观 ◆ SENLIN JINGGUAN

■ 图1 奇云山龙宫湖

■ 图2 八面湖湿地

■ 图3 八面湖猴头杜鹃林

■ 图4 石门洞景区

■ 图5 师姑湖湿地

■ 图6 金鸡山顶

■瓯江滩林

■九门寨

■奇云山湿地

■千峡湖

■ 市级绿化村—东源

■ 木耳生产基地—祯旺

■ 香菇生产基地—船寮（上畎）

■正是梨花盛开时—阜山周山

■图1 桃花春色暖先开—章旦
■图2 深山藏绿谷—小口
■图3 山青引白鹭—山口

■图 4 又是丰收年—白浦

■图 5 太空花卉—仁庄

■图 6 玉芽茶园—峰山

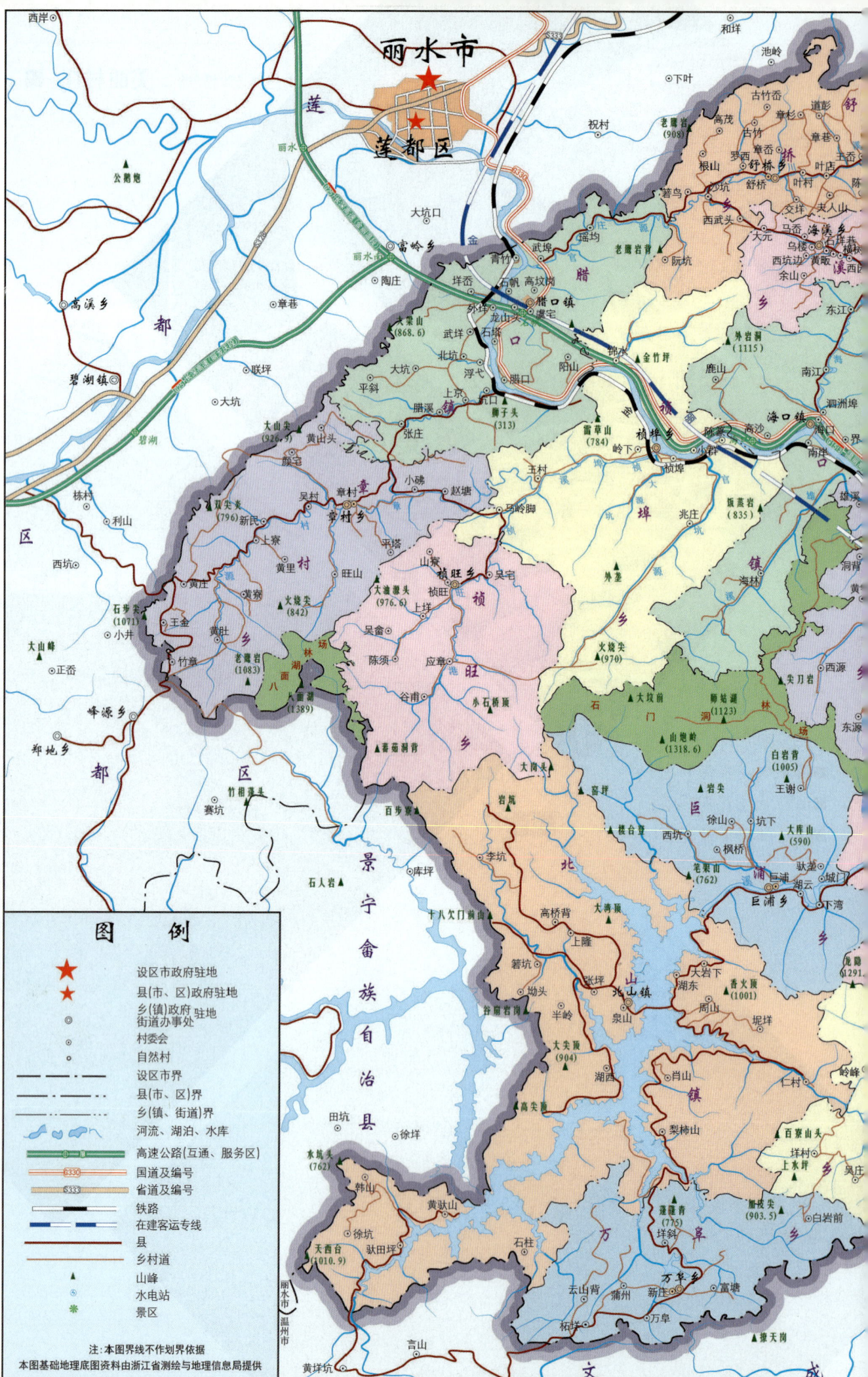

丽水市

莲都区

注：本图界线不作划界依据
本图基础地理底图资料由浙江省测绘与地理信息局提供

图 例

- ★ 设区市政府驻地
- ★ 县(市、区)政府驻地
- ◎ 乡(镇)政府 驻地
- 街道办事处
- ○ 村委会
- ○ 自然村
- 设区市界
- 县(市、区)界
- 乡(镇)、街道界
- 河流、湖泊、水库
- 高速公路(互通、服务区)
- 国道及编号
- S333 省道及编号
- 铁路
- 在建客运专线
- 县
- 乡村道
- ▲ 山峰
- 水电站
- 景区

景宁畲族自治县

莲都区

青田县政区图

缙云县

云 和 县

永 嘉 县

青 田 县

瓯 海 区

瑞 安 市

东源镇　高湖镇　船寮镇　鹤城街道　瓯南街道　油竹街道　温溪镇　东岸　北山镇　山口镇　仁庄镇　方山乡　汤垟乡　章村乡　贵岙乡　舟山乡　祯旺乡　万山乡　黄垟乡　季宅乡　吴坑乡　仁宫乡　海口镇　巨浦乡　石溪乡

异宅镇　桥头镇

山鹃岗（855）　老鹰尖（745）　白岩岗（670.1）　高仙峒（923.9）　驮鹿背（842）　鸟岩尖（912）　梁尖（888.3）　峰山林场　五台山（1190）　朱门山（944）　石板山尖（1103）　大寨门　葫芦尖（881.2）　阜阜山　金鸡山（1120.7）　奇云山（1164.8）　雄溪坑（1125.9）　干开洋（949）

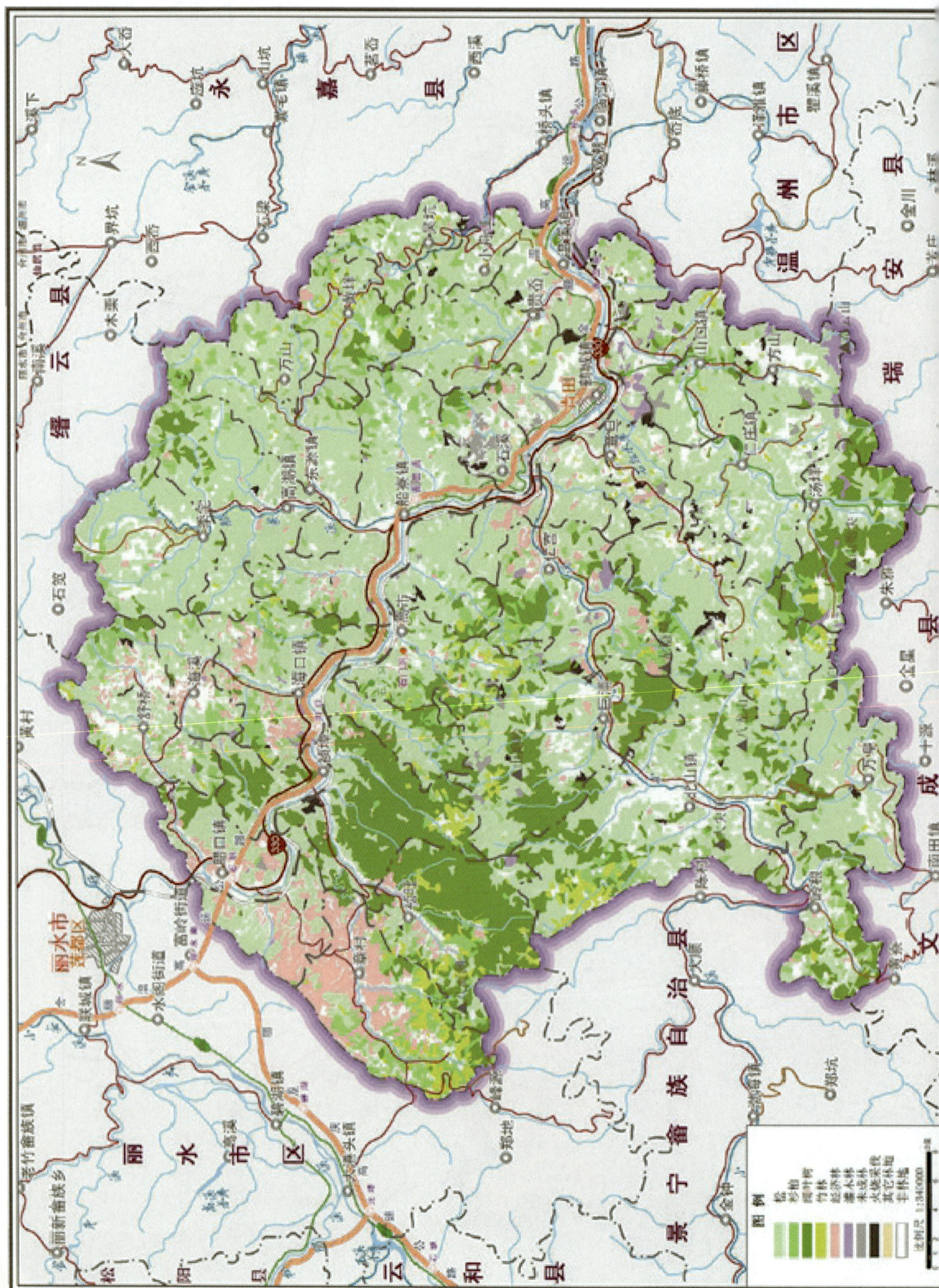

青田县林地利用现状图

青田县林地功能分区布局图

序 一

　　森林是陆地生态系统的主体，是自然生态系统的顶层，是人类生存发展的根基，林业建设是事关经济社会可持续发展的根本性问题。青田县地处浙南山区，素有"九山半水半分田"之称，全县林地面积310.85万亩，森林覆盖率80.5%，活立木蓄积量达855.97万立方米，森林及物种资源丰富，林业改革发展地位特殊，林农增收致富作用关键，林区秀美和谐任务艰巨。

　　瓯江水碧似蓝，两岸风景如画。近年来，青田县林业发展以"生态、富民、人文"为目标，深入践行"绿水青山就是金山银山"的发展理念，以构筑浙南绿色屏障为基础稳步推进生态建设，以推进森林可持续经营为重点持续加强资源保护，以深化林业改革为核心不断壮大林业产业，林业建设成就显著。特别是以重振"浙南油库"雄风为目标，先后被列入国家油茶产业发展试点县和浙江省油茶产业发展重点县，全县发展油茶总面积27.4万亩，其中良种高产油茶林6.4万亩，发展水平位居全省前列，既为林业特色产业发展筑就了"康庄大道"，也为当地林农百姓增收致富打造了"绿色银行"。

　　《青田县林业志》历经多年努力，饱含编纂人员殚精竭虑之艰辛。志书以真实客观和科学辩证的态度，沿承青田林业发展脉络，以史为镜，辨析得失。今修志有成，实属难得，可喜可贺！其于当代者鉴古论今、后来者追本溯源，都大有裨益。值此志书付梓之际，希望青田县广大林业工作者再接再厉，感怀前人披荆斩棘之艰辛，砥砺众人奋发图强之意志，乘今日"森林浙江"建设东风，为青田林业改革发展及"两美"浙江建设再做贡献、再创佳绩！

浙江省林业厅厅长：

二〇一六年八月

序 二

为鉴古知今，青田县林业局组织编写林业系统历史上的首部志书。经编纂人员先后多年的辛勤努力，《青田县林业志》终于付梓出版。这是一项文化工程，也是青田县林业发展繁荣的象征。

《青田县林业志》荟集了大量历史文献和档案材料，经去粗存精，系统整理，统贯古今，横排门类，纵述史实。列序、凡例、概述、大事记、后记、附录等外，计10编，53章，201节。全书以林业发展为主线，上溯事物发端，横及各个方面，其体例完备、结构合理，清晰勾画了青田县林业发展轨迹，内容全面，资料丰富，重点突出；对青田县山山水水记述缕析分明，特别是对素有"浙南油库"之称的油茶基地建设，设立专篇，富有青田地方特色。对于新中国成立以后林业发展的曲折历程，坚持科学态度，求真存实，秉笔直书，既写成功的业绩，也记失误的教训。

历史是一面镜子，也是宝贵的社会财富。青田县林业局在发展林业道路上进行了有益探索与尝试，取得了丰富经验。《青田县林业志》所揭示的林业发展道路说明，在历史长河中，森林与人类的关系十分紧密，森林是人类养育者，人类又是森林开发者和培育者，人们对森林认识是在社会实践中逐步加深和提高的。林业生产周期长，破坏容易，恢复艰难。林业发展的兴衰与成败，与全社会的可持续发展息息相关。前事不忘后事之师，我们必须正确吸收和运用历史经验，充分认识与应用林业发展的自然规律和经济规律，结合青田实际情况，把今后林业工作做得更好。温故而知新，很好发挥《青田县林业志》的借鉴、资政作用。

值此《青田县林业志》成书之际，谨向关心和帮助本志编纂的单位和个人表示衷心的感谢；向志书编辑人员表示祝贺。同时，希望林业系统广大干部职工再接再厉，在新时期的林业生态建设事业中，再创佳绩！

青田县林业局局长：张利军

二〇一六年八月

凡 例

一、本志以辩证唯物主义和历史唯物主义为指导，实事求是地记述青田县林业的历史和现状。

二、本志采用以类为聚，横排门类，纵述史实，述而不论的编写方法。大事记采用编年体。正文中设编、章、节。凡10编53章201节，均入总目录。

三、本志用述、记、图、表、照、录等多种形式进行表述，以求图文并茂，以文记述为主。

四、本志记述年限，上溯至青田建县，下限2014年止，个别编目内容延伸至本志出版前夕。根据"详今明古""存真求实"的原则，着重记述中华人民共和国成立后青田县林业建设和开发利用概况，力求体现时代特色、地方特色和专业特点。

五、本志史料主要来自县档案馆和林业局档案室档案、图书馆、青田县志、青田文史资料、部门志、专著、报刊、碑文，少量取自当事人口述、日记。入志资料经相互考证，力求去伪存真。

六、本志纪年：中华民国以前（含中华民国），沿用原纪年，必要时在括号内加注公元纪年。中华人民共和国成立后，一律采用公元纪年。

七、县内乡镇屡有变动，根据不同年限，沿用当时建制。地名采用《青田县地名志》名称。各项数据以县统计局资料为主。

八、计量单位：一般沿用国家通用名称。考虑到读者习惯及保持资料来源的原始性，其长度用厘米、米、公里；重量用斤、公斤、吨；面积用亩、公顷、平方公里。中华民国前沿用原单位。

九、本志林业专用术语、名词、名称均以林业部门通用、规范为准。动植物、病虫害名称，文中一般不加注学名。

十、本志系新纂专志，为保持各编、章、节的相对独立，且内容上又须详备不阙，故文中部分地方有少量交叉互见的文字，但记述的角度和侧重有异。

十一、本志收集内容，以青田县林业局的工作范围为限，不属本部门管辖但涉及林业业务的，编写内容从简。

目　录

第一编　自然环境

第二编　森林资源

第三编　森林培育

第四编 森林管理

第七编 森林公安

第八编 林业场圃

概 述

一

　　青田县地处浙江省东南部、瓯江中下游。东接温州市永嘉、瓯海，南连瑞安、文成，西临景宁、丽水，北靠缙云，全县总面积 2493 平方公里。境内山峦起伏、溪谷纵横，奇山异景不胜枚举，素有"浙南漓江"之称的瓯江穿境而过，秀丽万千。青田县有"石雕之乡、华侨之乡、名人之乡"的美誉。

　　青田县历史悠久，自唐睿宗景云二年（公元 711 年）置县，隶属括州、缙云郡、处州。五代、宋，青田县隶属处州不变。元时，青田县属江浙行中书省处州路。明时，青田县属浙江承宣布政使司处州府。清康熙六年（1667 年），浙江省设杭嘉湖、宁绍台、金衢严、温处四道，属温处道处州府。民国初期，废清代道、府、厅、州制。民国 3 年（1914 年），浙江省设钱塘、会稽、金华、瓯海四道，青田县属瓯海道。民国 16 年（1927 年），废道，实行省、县二级制。民国 21 年（1932 年）六月，实行县政督察制，青田县先后属第十一区、第二特区、第九区、第七区、第六区行政督察区（行政督察专员公署均驻丽水）。民国 37 年（1948 年）5 月，划归第五行政督察区（行政督察专员公署驻温州）。中华人民共和国成立后，青田县隶属温州专区。1963 年 5 月，改属丽水专区（1968 年 11 月改丽水地区）。2000 年 7 月，丽水撤地设市，青田县隶属丽水市。

　　青田县境地处浙南中低山丘陵区，瓯江以北属括苍山脉，瓯江以南属洞宫山脉。其地质构造形迹以断裂为主，褶皱平缓且不发育。地势由西北、西南向东南倾斜，小盆地多，大小溪河流切割强烈，沿溪第四纪地层作带状分布，形成河谷地带。1000 米以上的山峰有八面湖、金鸡山、山炮岭、大风坳、东坑湖等共 217 座。

　　青田属中亚热带季风气候区，温暖湿润，四季分明，气候宜人，年平均气温 18.5℃，年均降雨量 1339.8 毫米，年均日照时数 1637.8 小时，无霜期 279 天。冬暖回春早，气温垂直分布明显，小气候环境多种多样，适合多类野生动植物生长。

　　境内河流属瓯江水系，主要河流有大溪、小溪、瓯江等。其中，大溪在青田县境内长 56.4 公里，小溪长 47.3 公里，瓯江长 26.3 公里。

　　交通运输有陆海空优势。截止 2013 年底，青田县公路总里程为 2155.8 公里，境内火车站有青田站和祯埠站（备用）。温溪港是丽水市唯一的出海港口，年货物吞吐量达 140 多万吨。温州机场离青田仅 50 余公里。

　　2014 年，全县实现生产总值 185.46 亿元。2014 年末，全县户籍总人口为 535779 人。辖 3 街道、9 镇、20 乡、414 个行政村、28 个居民委员会。

二

　　青田县气候条件、地理环境优越，地史悠久，立地类型多样，曾经孕育、繁衍了丰富的森林资源和野生动物资源。早古生代，由于地壳的加里东褶皱运动和发生海侵，华南的浙（包括青田）、皖、湘等地形成大面积的浅海。至新生代第三纪时，青田形成与今相似的地貌轮廓。第四纪冰期以后，青田亚热带森林自然植被水平分布大致与今相似。由于受第四纪冰川的影响不太严重，现代森林植被具有种类丰富、地理成分复杂、孑遗和珍稀特有植物众多的特点。自唐建县至清代中期的千余年间，青田境内地广人稀，鸟兽出没，原始森林覆盖全境。

清代中叶，大批外民涌入县境，人口增加，垦殖规模不断扩大，加剧了青田森林资源的破坏。晚清至民国时期战争不断，垦殖不止，森林破坏严重，原始天然林所存无几。光绪《处州府志》载："畲民由交趾迁琼州，由琼州迁入处州。"清光绪元年《青田县志》记载："青田旧日土旷人稀，外民多聚于此。种麻者多江西人；栽菁者多福建人；破柴者多广东人；烧炭者多仙居人。永嘉、平阳、龙泉、金华、东阳亦间有寄居者，以其搭棚于此，名曰棚民。"清初撰《明书•襟祥志》载："浙江山中先有火烧地，及左右草木，皆披蘼成一径。"清光绪《处州府志》载：清代，处州府因"盛世民生蕃衍"，推崇开垦，"凡山谷硗瘠皆垦种番薯、包粟、靛、菜之属，以牟微利"。大规模的毁林垦殖，使山地的天然森林遭到空前大规模破坏，乃至深山僻壤，也很难幸免。至清末，由于棚民、山民滥伐林木和滥垦山地；加之天灾人祸不断，青田境内的天然原始森林，除特别偏僻的少数山区外，已荡然无存，多已被次生林和人工林所替代。

民国期间，各级政府力倡造林护林，企图恢复森林。但终因战祸连连，民生凋敝，县境森林破败更甚。《中国森林史资料汇编•浙江省森林简史》（中国林业出版社，1993）记载：民国时期，"浙南瓯江流域，龙泉（含庆元）、云和、松阳、遂昌交界地区尚保存有大面积林相较优之森林，其中部分地区的天然林，林相之整齐，蓄积之丰富，为东南诸省所鲜见。但自云和赤石以下，山林普遍不很整齐，到青田县境，欲求10年以上松林，亦不多见，当地薪柴紧张，地被缺乏，有渐呈不毛现象"。民国29年（1940年），浙江农业改进所编写的《浙江省旧处属十县林业概况调查报告》："青田地处山陬，境内重峦叠嶂，原有森林，固属不少。然以保护不周，人民摧残过甚，以致童山濯濯，触处皆是，旱涝灾患，时有所闻。"《调查报告》又云：青田"自抗战军兴以来，外来寄居人口大增，建筑之需，薪炭之用，随以浩繁。一般山民，以惑于近利，不顾后患，斧斤不以时，且且而伐之。凡交通便利之处，所有未达伐期之林木，亦竟被砍伐利用。复以耕地缺乏，民生艰苦，烧垦之风弥炽。原有野生稞树，多付劫灰，无复成林之机会"。"现除运输不便之处，尚有木材蓄积，以及崇山峻岭之间，寺庙墓地四周，时有少数高大林木外，余几摧残殆尽"。

中华人民共和国成立后，国家实行一系列方针政策，将林业置于国民经济的重要地位，保护森林，发展林业。青田县人民政府（以下简称县政府）发动群众，励精图治，自力更生，大力造林育林。期间虽由于山林政策不稳定，尤其是1958—1962年的"大跃进"和"三年困难时期"，乱砍滥伐与毁林垦殖十分严重。但1971年以后，随着林业基地建设、管护措施的加强和绿化步伐的加快，森林覆盖率和林木蓄积平稳增长。

据历次森林资源调查数据显示，1975年，全县活立木蓄积量153.85万立方米，森林覆盖率61.0%。1985年，全县活立木蓄积量171.41万立方米，森林覆盖率60.8%。1998年，全县活立木蓄积量为 336.39 万立方米，森林覆盖率 80.9%。2007 年，全县活立木蓄积量猛增至 632.79 万立方米。到 2013 年底，全县土地面积 3734060 亩，其中林业用地 3108505 亩。林业用地中有林地面积 2804451 亩，疏林地 67 亩；灌木林地 227128 亩，未成林造林地 32646 亩，苗圃地 15 亩；无林木林地 36809 亩，宜林地 7279 亩。乔木林面积 2672900 亩，其中纯林 2082375 亩，混交林 590525 亩。生态公益林面积 1760971 亩，占全县林业用地面积的 56.65%。全县活立木蓄积量为 8559718 立方米，森林覆盖率 80.5%。其数据显示，改革开放后的林业成就显著。

此外，由于保护措施有力，青田城乡蕴藏着众多的古树名木。全县现有古树名木 6710 株；其中散生 3407 株，古树群 151 个，群中古树 3303 株。共有一级保护树种（500 年以上）218 株；二级保护树种（300 年～499 年）847 株；三级保护树种（100 年～299 年）5645 株，隶属 35 科 65 属 91 种。

野生动物资源丰富。全县有陆生脊椎动物 29 目 75 科 294 种，其中兽类 8 目 20 科 54 种，鸟类 10 目 35 科 121 种，爬行类 3 目 9 科 49 种，两栖类 2 目 8 科 33 种。

湿地面积位列丽水市首位。全县现有单块面积 8 公顷以上的近海与海岸湿地、河流湿地（宽度 10 米以上、长度 5 公里以上）、沼泽湿地、人工湿地（不包括稻田湿地）总面积 7704.49 公顷，湿地率达 3.09%。

森林药材种类繁多。全县地产中药材 134 种，其中植物类的有 118 种；植物类中，属于野生资源的有 93 种。

森林特产享誉中外。油茶面积、产量位居全省第二。"瓯江源"牌山茶油、茶籽饼等产品质量上乘，被授予浙江省首批"森林食品"称号，产品远销日本、韩国、泰国等国家。"山鹤牌"杨梅具有质优、果大、味美等特点，色泽艳丽、甜酸适口，有"乒乓杨梅"之美誉；2003 年 11 月，青田县被中国优质农产品开发服务协会授予"中国杨梅之乡"证书。此外，素有山珍之称的香菇、木耳、冬笋、蕨菜、马蹄笋以及森林野菜等，作为绿色食品和保健食品，产销两旺。

森林旅游资源富有特色。境内山峦起伏、溪谷纵横，奇山异景不胜枚举。素有"浙南漓江"之称的瓯江穿境而过，秀丽万千；石门洞景区垂天飞瀑，曲径通幽，是国家 4A 级风景名胜区、国家级森林公园；千峡湖、九湾仙峡、九门寨、千丝岩、金鸡山等景区，以森林景观为载体，融山水林泉之美妙，集人文胜迹之灵气，吸引国内外游客纷至沓来。

三

在漫长的历史长河中，青田县境的森林变迁，刻画出一条林业兴衰的轨迹。自唐睿宗景云二年（711 年）置县至今，凡 1300 多年，从隋唐时期的"皆为蓊郁之森林"，历经豪强纷争，朝代更替，长期的战乱，过度的垦伐，到清后期和民国时期，终至"濯濯童山，瀰望皆是"；森林的衰败，触目惊心。但同时，历代又多制定法律，保护森林林木；劝导栽桑植榆种枣，发展林业。

宋、元、明、清（960—1911 年），青田林业由盛而衰。宋代施行振兴林业政策，重行均田，课民种树，对伐桑、枣为薪者处刑。宋神宗熙宁年间，推行王安石新法，诏令全国蠲免竹木税，鼓励农民植树造林。南宋乾道元年（1165年）下诏，令丞植树三、五万株，守郡植树二十万株以上奖励。青田山区林农有插杉点桐习俗，正月种竹，二月栽树，阳春三月在山上和四旁栽植竹木、水果，增加收入；明清时期，青田各地广种油茶、油桐、乌桕和桑、麻、茶。民间流传谚语："插杉点桐，子孙不穷""人家栽得百株棕，一生不落空；人家栽得千棵桐，一世不会穷""门前桃李后园竹，三代儿孙都享福"。明清时期，青田木材、毛竹、木柴等的购销活动日渐频繁。清后期，鹤城镇成为连接温州和处属十县的木材交易中心。

民国时期（1912—1949年），孙中山提倡植树造林。民国4年（1915年），北洋政府规定清明节为植树节。民国17年（1928年），为纪念孙中山，县政府动员营造"中山林"。民国21年（1932年）重新颁布《中华民国森林法》。民国23年（1934年），省政府在青田成立"营造温处两属保安林办事处"，将境内荒山实施造林。民国25年（1936年），时任县长郑迈颁布《青田造林保护森林伐木登记办法》。民国时期，虽然政府力图恢复森林，但由于政局不稳，连年战乱，所有措施收效有限，森林破坏之严重，无以复加。民国29年（1940年），浙江省农业改进所《浙江省旧处属十县林业概况调查报告》的"结论"道：青田"全县山地面积约四百二十五万九千亩（包括现文成县南田地区—编者注），而有森林者，仅及十分之一，其中大量荒废土地，概属荒山"。

中华人民共和国成立之初，青田的林业基础非常薄弱。新中国成立后，党和政府出台了一系列政策措施，推动林业的建设和发展。青田林业也和全国一样，走过了60多年曲折奋斗的历程。林业管理机构几经变迁，逐步充实完善；林业技术人员由少到多，科技水平不断提高；森林经营管理、保护措施逐渐得到加强。青田林业经过多年努力，正朝着社会主义现代化林业的方向迈进。

纵观中华人民共和国成立之后青田林业的发展，大致可分为四个阶段：

（一）林业生产恢复期（1950—1958年）

1950年，县政府设建设科，兼管林业工作。农村土地改革后，农民分得了土地、山林，生产力得到了解放。政府采取各种措施恢复和发展林业生产。群众积极开展护林、育苗、造林工作。在"普遍护林，重点造林"的方针指导下，1953年，县政府制订《山区生产规划方案》，确定山多田少地区，以林业生产为主，积极营造用材林、薪炭林，大力发展油茶林；农林并重地区，在搞好粮食生产的同时，有计划地发展用材林、薪炭林和油茶林。1953年3月，县政府召开第一届林业工作会议，会议总结新中国成立后几年来林业生产的情况，提出今后人工造林的意见。并号召全县，植树造林，要户户参加，人人动手。许多乡村组织造林互助组，造林任务重的地方还成立"乡、村造林委员会"。1956年，毛泽东主席发出"绿化祖国"的号召；同年，中共浙江省委员会（以下简称省委）、浙江省人民政府（以下简称省政府）提出"七年消灭荒山"的目标。中共青田县委员会（以下简称县委）、县政府积极响应，发动群众，掀起了春冬两次荒山造林的高潮。1957年，县委提出"一年消灭荒山，三年绿化全县"的号召。1958年，营造用材林63721亩，林木抚育84000余亩，油茶高产试验7220亩，实行农林间作53022亩，开辟果园、茶园、竹园等3039亩。章村区浮弋乡旭光农林社、晨光农林社及水南区山口乡大安农林社等就是当时涌现出来的造林模范集体。从 1956 年—1957 年,三个农林社共造林 13834 亩,占全县两年来造林总面积的 39%。

1950—1958 年全县造林面积 10.14 万亩,四旁植树 64 万多株。但由于当时"左"倾思想占统治地位,特别是 1958 年,由于"五风"(一平二调共产风、浮夸风、生产瞎指挥风、强迫命令风、干部特殊化风)泛滥,造林面积大多数量不实,质量甚差,成活率较低。

当时国家百废待兴,木材需求大。1952 年 7 月,成立温州煤建器材经营处青田转运组。1953 年 7 月 1 日起,木材产销业务全部划归森工部门统一经营管理。木材收购方法有委托收购、设站收购和流动收购等,1954 年,开展"订约收购"试点。12 月,青田转运组改称浙江省森林工业局温州分局青田收购组。收购木材的方式有:订约收购、挂牌收购、流动收购、委托合作社收购、包采包运。1958 年 11 月,青田收购组改称青田县森工站,根据县计划进行收购、调拨、销售、出运。1957—1959 年,青田出现木材超伐现象,境内年收购木材超过 1 万立方米,特别是 1959 年,全县木材采购高达 12195 立方米,其中县内销售 2640 立方米,运出木材 10332 立方米。从 1953 年—1960 年,青田共收购木材 68233 立方米。

(二)曲折发展期(1958—1977 年)

该时期是中华人民共和国成立后的特殊阶段。先是在极"左"思潮的影响下,"一平二调共产风"、浮夸风大行其道,造林只求数量,不讲质量,面积虚报。1958 年的"大办钢铁",大面积的阔叶林被砍伐用于烧炭,许多古树也难逃厄运。继而遭遇三年自然灾害,毁林开荒严重。1966 年"文化大革命"发生,行政机构处于瘫痪、半瘫痪状态,林业生产和管理放任自流,乱砍滥伐现象触目惊心,森林资源遭受重大损失。

1962 年后,全面贯彻中共中央"林业十八条"和国务院颁发的《森林保护条例》,人民公社实行三级核算,"三包四固定",落实了山林权属,提高了群众造林的积极性。到 1965 年,全县绿化荒山 18 万多亩。1971 年,中央召开了全国林业工作会议,随即在 1972 年,全县掀起以林业基地建设为重点的造林高潮。国家对林业基地建设在资金、化肥、粮食方面给予扶持。至 1980 年,全县新建林业基地 14.9 万亩,其中杉木 4.3 万亩,毛竹 1.4 万亩,油茶 4.1 万亩,油桐 4.9 万亩,水竹及其他基地 0.2 万亩。

1958 年,青田县创办国营石门洞林场和青田县苗圃;1962 年,建立青田县林业科学研究所,主要开展油茶高产试验和防治油茶煤病的研究;各区相继建立林业工作站;1966—1967 年,先后建立国营八面湖、金鸡山、大洋山、峰山等林场。同时,一批社队林场也相继建立。

1972 年,在省林业厅、省民航局支持下,青田县成立"飞机播种造林指挥部"。同时组织专门的技术力量,进行播区规划设计,分年度制订实施方案。1972 年,"飞播"面积 7.22 万亩;1973 年,"飞播"面积 24.89 万亩,保存率达 64%。

这个时期,林业工作有得有失。由于政治运动和自然灾害的影响,森林资源遭受严重破坏。同时,国营林场的建立、基地造林、"飞播"造林也取得显著成绩。

(三)全面发展期(1978—1999 年)

中国共产党十一届三中全会后,林业生产进入全面发展阶段。浙江省确定青田县为林业重点县。1981 年，全县开展"林业三定"工作；1990 年开展"完善林业生产责任制"工作，进一步稳定山林权属，落实以家庭承包为主的林业生产责任制，从而奠定了林业稳步发展的基础。1990 年，县委提出"三年消灭荒山，五年绿化青田"的奋斗目标。至 1994 年，经省林业厅抽查验收，青田县被命名为消灭荒山达标县。

这个时期，全县造林形式趋于多样，个体、联户、集体造林齐头并进，乡村林场大批建立，林业专业户应运而生；营林生产水平不断提高，涌现出一批科学造林、速生丰产的典型。1979—1984 年，共建基地 10.8 万亩，平均每年 1.8 万亩；比 1972—1978 年的 4.1 万亩增加 2.6 倍。全县基地造林万亩以上的乡 5 个，千亩以上的村 8 个。城镇绿化、道路绿化、村庄绿化被提上议事日程，并付诸实施。

继 1972 年、1973 年"飞播"造林后，青田于 1980 年、1983 年、1984 年、1986 年、1987 年、1989 年和 1990 年，又进行了 7 次飞机播种造林，"飞播"造林总面积达 59.02 万亩，保存率平均达 60%，居全省首位，高于全国平均水平。1986 年，青田荣获中华人民共和国林业部、中国民用航空局、中国人民解放军空军司令部联合颁发的"全国飞机播种造林先进单位"铜质奖牌。

林政管理得到加强。1984 年，县政府公布《关于林政管理若干问题的规定》（简称《规定》）明确：全县木材采伐、运输等由青田县林业局（以下简称县林业局）统一管理。同时对木材采伐审批、凭证、上市、运输等做出具体规定。1987 年 11 月 23 日，县委、县政府发布〔1987〕第 103 号《关于保护和发展森林资源，进一步加强林政管理的通知》。1999 年 4 月 6 日，县林业局青林字〔1999〕第 16 号文件，公布了《行政处罚案件审批程序》《林地使用许可证核发条件和程序》《森林植物检疫办事程序》《木材运输证核发依据及程序》《林木采伐许可证办证程序》等 10 个林政管理文件，使青田林政管理的法规基本完善。林地、采伐、木材运输加工、野生动物保护等林政管理工作走上规范化、法制化的法治轨道。

科技兴林、科技推广工作得到加强，建立了县、区、社三级科技推广网络。科技队伍不断壮大，兴林富民工程取得丰硕成果。

（四）林业转轨期（2000—2014 年）

随着经济和时代的发展，生态保护渐受重视，人们对林业的认识不断深化，林业的地位日益提高，内涵不断拓展，作用愈加凸显，功能更加多样。林业不但提供木材，还包括提供木本粮油、木本药材、生物质能源、森林旅游、森林保健疗养；林业发展不仅能够增收致富，更重要的是改善生态、传承文明、提升形象。观念的改变，使青田结束了长期以生产木材为主的森林经营模式，转向以生态建设为主，实现人类与自然和谐、社会经济可持续发展的森林经营模式的转轨。

1999 年 5 月，县林业局开始着手生态公益林建设规划，同年 10 月完成规划工作；2001 年完成区划界定；2003 年完成公益林区划完善。根据规划，1999—2003 年，一期公益林建设面积801627 亩；经补充完善，新增扩面后，全县省级以上重点生态公益林建设面积总计 176.1992 万亩，占全县林业用地总面积的 57%。重点公益林建设面积规模列遂昌县、淳安县之后居全省第三位、全市第二位。经过十多年来的公益林建设和保护，森林生态环境得到显著改善，林种结构得到优化，林分郁闭度得到提高，森林涵养水源、改善水质、固土保肥、固碳释氧、净化空气的生态社会经济效益日益明显。

为从根本上遏制瓯江生态环境恶化，重塑青田山川秀美，1999年，县政府决定启动瓯江绿色长廊建设。县林业局组织编制《青田县瓯江景观林工程总体规划》及《青田县瓯江景观林工程实施方案》，根据先易后难，先重点后一般，梯度推进，分步实施。在瓯江绿色长廊建设过程中，采取"封、补、造、管、育"等各种营林措施，通过裸岩复绿、火烧迹地更新、无林地绿化、疏林地景观改造等措施，迅速地改变了瓯江沿岸的面貌。2000年开始采取人工造林及封山育林等措施组织实施规划；2001—2003年积极实施退耕还林工程；2004年瓯江两岸规划建设省重点生态公益林8万亩；2005年出台《村级护林防火巡查员考核办法》，聘用600余名巡查员，加强森林资源保护。从2000年工程开始，至2014年，瓯江绿色长廊工程实施造林共54667亩，其中：人工造林25793亩；补植28754亩；退耕还林120亩。

2007年，开始实施沿海防护林工程，栽植以木荷、枫香、香樟、苦槠为主，同时配以黄山栾树、无患子、马褂木、檫树等树种进行混交造林。2007—2014年，沿海防护林工程共完成70894亩，其中：人工造林15097亩，封山育林面积55797亩。

此外，城市景观林工程、生物防火林带工程、绿色通道工程等，都取得较大成绩。村庄绿化、庭园绿化工作等，获有关方面肯定。2006—2014年，获省级森林村庄称号的有方山龙现村、阜山陈宅村等20个村；获市级绿化示范村称号的有高湖村、山口村等50个村；获县级绿化示范村称号的有22个村。

生态资源安全保护方面：森林防火能力大为提高，全县组建32支扑火队，建立3个森林防火远程视频瞭望台。资源林政管理走向规范；森林病虫害防治工作取得成效；野生动物保护工作进一步加强；山林纠纷调处成效显著。

林业产权制度改革方面：2006年完成"确权发证"；2007年，"青田县林权服务管理中心"和"青田县森林资源收储中心"成立；林权抵押贷款工作走在全市前列；林地有偿流转工作有序开展。

科技兴林工作方面：油茶低改和新品种引进示范工作成绩十分显著，油茶引种选育和早实丰产栽培技术，获得了第十四届浙江省"科技兴林"一等奖、三等奖各1项，第四届丽水市"科技兴林奖"二等奖3项，实现了产学研结合。同时开展杨梅、毛竹、油茶省级地方技术标准的推广和应用。

国有林场改革方面：2008年，《石门洞林场和石门洞森林公园改制方案》获县政府批准实施。改革后，成立青田县石门洞风景区管理委员会，其机构规格为正科级。并组建青田县石门洞森林公园（风景区）管理处（下称管理处）、青田县石门洞森林公园景区开发有限公司，保留青田县石门洞林场。其机构为三块牌子，一套班子；机构规格为副科级。2009年2月，县政府出台其他四个国有林场改革方案和具体实施意见，明确提出改革的指导思想和目标，并确定四个林场为公益类事业单位性质，属生态公益林型林场，县财政拨付事业费每人3万元/年。2015年4月30日，县政府青政发〔2015〕第35号《关于青田县国有林场改革方案的通知》决定：撤销金鸡山、峰山、大洋山、八面湖四个林场，合并组建"青田县林业总场"；保留石门洞林场，单位性质均为一类公益事业单位，单位所需资金全额纳入县财政预算。

此阶段的林业工作，围绕"建设生态林业、发展富民林业、倡导和谐林业、提升林业档次"的工作目标，利用科技手段，力争达到"生态、景观、色彩、大气"的绿化效果。通过多年持之以恒的努力，一个"青山绿地、碧水蓝天、果丰花香、绿树成荫"的新青田，正呈现在世人面前。

<h1 style="text-align:center">四</h1>

中华人民共和国成立后的60多年来，青田林业人历经艰辛，取得了不菲的业绩，为国家经济建设做出了一定的贡献。主要表现在：

（一）消灭荒山，绿化青田

民国时期，青田林业衰落，满目荒山。中华人民共和国成立初期，旧社会遗留下来的荒山多达130多万亩。1956年，青田县贯彻中共浙江省委、省政府"关于全省七年消灭荒山"的指示，掀起植树造林的高潮，取得一定成绩。但1985年森林资源普查，全县仍有荒山荒地49.24万亩。1990年，县委又提出"三年消灭荒山，五年绿化青田"的奋斗目标。至1994年，经省林业厅抽查验收，青田提前一年完成了消灭荒山的历史使命。此外，城镇绿化、村庄绿化、道路绿化、瓯江两岸绿化等全面达标。

据统计，为完成绿化青田的任务，1950—2014年，共育各种苗木1.81万亩；造林220.6万亩（次）；四旁植树2375.15万株；1953—2008年，封山育林1310.55万亩（次）；新造用材林基地16.21万亩（1972—1985年）；毛竹基地造林3.61万亩（1955—1985年）；新造油茶基地28.43万亩（1950—1985年）；沿海防护林建设7.09万亩，其中人工造林1.51万亩，封山育林5.58万亩（2007—2014年）；1972—1990年，飞播造林面积累计59.17万亩。

通过植树造林和各种营林措施，全县森林蓄积量从1949年的不足百万立方米，增加到2013年底止的855.97万立方米；森林覆盖率从新中国成立初期的51.6%，增加到2013年底止的80.5%。

（二）为经济建设提供大量林产品

据统计，1949—2014年，共生产木材91.24万立方米；毛竹662.45万株。生产油茶籽16.1万吨，其中1950—1985年国家收购7.18万吨。桐白4242吨（1950—1995年），其中1950—1985年国家收购1635吨；乌桕籽12320吨（1950—1995年），其中1950—1985年国家收购9125吨。至1985年止，生产板栗107.5吨，棕片162.55吨。此外，还生产了大量的柿子、柑橘、杨梅等各种干、水果。

涉林工业提供大量产品。至2013年底统计，全县涉林工业企业共79家，经营范围包括锯材、木竹加工、家具、工艺品等。另外，油料加工企业一枝独秀；中药材、名贵林木种植、野生动物驯养等都取得很好的成效。

2013年，全县林业总产值14048万元（统计局数据），比1949年的234万元，增加60.03倍。若按林业系统统计口径的数据，2013年全县林业总产值则高达238502万元；按此计算，增加值则高达1019倍。

（三）科技兴林，科学研究成果丰硕

1961年，青田县油茶研究所成立，进行油茶高产和油茶煤污病生物防治研究。1981年，开展千年桐嫁接造林、油茶"三保"基地建设、食用菌栽培、化学除草、杉木条播育苗等项目的研究和推广。先后举办基地规划、千年桐嫁接、油茶高接换种、育苗、化学除草、森保、林业区划、资源调查、飞播等各种培训班，举办科普讲座、学术讨论会、技术经验交流会，推动林业生产。逐步建成以林业科技推广机构为主体，乡（镇）林业工作站为基础，与林业科研、教学单位以及群众性科技组织、农民技术人员相结合的林业科技推广网络服务体系。特别是在油茶生产的科技推广和科学研究方面，取得了瞩目的成绩。

2000年以后，承担国家、省、市级林业科技推广项目计20多项，通过实施，取得了显著成效。包括：毛红椿、桉树等速生树种引种试验；阔叶林营造技术研究；省林业重点科技项目——油茶优质高效标准化栽培及精深加工技术的研究；油茶良种苗木的繁育研究；"青田县毛竹现代集约化经营示范园区建设"项目；浙江省科技计划"黄甜竹引种栽培关键技术研究与示范"；"浙江红花油茶种质资源库的建立及优质资源筛选"；"毛竹高效栽培技术示范和推广"等。此外，从中国林科院亚热带林业研究所（以下简称亚林所）引进10个优良无性系油茶新品种，建立了400亩油茶优良品种采穗圃，采穗圃生产的穗条嫁接成活率高达90%以上；建立了2000亩优良高效标准化示范基地，对全县油茶生产具有较强的指导性和示范性。共有7个项目分别获得省、市颁发"科技兴林"二、三等奖。

在科研活动中，科技人员形成许多独立完成的学术论文、生产经验总结、调查报告等。1973—1981年，在全国性刊物上发表的科技论文有《刺绵蚧的生物防治》《刺绵蚧真菌病的初步研究》《油茶黑胶粉虱的研究》《中华香瓢虫的研究》等，引起国内外学者的关注。2000—2008年，林业科技人员有58篇学术论文在《中国林业》《浙江林业》《丽水林业科技》等刊物发表。据统计，2014年止，全县林业科技人员在全国、省、市级刊物上发表的论文共110篇，多篇论文被有关单位评定为"优秀论文"，得到中国科学院动物研究所、浙农大、省林科所、亚林所等单位，以及国内外专家学者的好评。

2014年底止，全林业系统共有在职林业专业技术人员53人。其中：总工程师1人、高级工程师1人、中级职称（工程师）36人、初级职称（助理工程师）13人、硕士研究生2人。在基层单位、林场等，有技师、高级工、中级工等70人。

（四）林权制度改革不断深入

1981年，全县开展林业"三定"工作，划定自留山38万亩，责任山157万亩，建立了各种林业生产责任制。2006年，全面开展延长山林承包期工作（以下简称延包），已划定的自留山保持长期不变，承包到户的责任山承包期统一延长至2055年12月31日。通过延包，全县明晰产权面积280.8万亩，共换发《林权证》7283份，换发率达99.7%。林地变更、注销登记332份，续签责任山承包合同49535份。共建立延包档案7920卷，有效保护了农民的合法权益，并在明晰产权的基础上，建立和完善森林、林木和林地使用权的流转机制。

2007年，完成林权配套制度改革，成立青田县林权服务管理中心及青田县森林资源收储中

心，设立林权流转、林权登记、林权交易、林权抵押贷款等服务管理平台。2007—2014 年，累计办理林地流转 10.14 万亩，办理流转宗数 422 宗；累计办理林权抵押贷款 165611 万元，涉及农户 10238 户。

2009 年，全面启动政策性林木保险工作。2009—2010 年，主要开展政策性森林火灾保险。2011—2014 年，县政府每年出资 167.84 万元，同中国人民财产保险股份有限公司青田县支公司签订林木火灾投保协议，对全县 310.6 万亩林业用地（其中生态公益林 176.2 万亩，商品林 134.4 万亩），全部进行林木火灾保险，实现全县林木火灾保险全覆盖。

至 2014 年，青田林权制度改革取得突破性的进展，初步建立"产权归属清晰、经营全面到位、责任划分明确、利益保障严格、流转顺畅规范、监管服务有效"的现代林业产权制度,初步实现"山有其主，主有其权，权有其责，责有其利"的林权改革目的，取得了阶段性的成果。

五

回顾青田林业的发展历程，其过程曲折，成就辉煌。但还存在许多不足与问题。森林有害生物防治任务艰巨；森林防火形势依然严峻；林业产业化程度滞后；森林生态功能比较脆弱；林地生产力水平有待提高。这些都需要通过进一步深化改革加以完善。

中共十八大以来，党中央对林业建设事业高度重视。习近平总书记关于"林业要为实现中国梦创造更好生态条件"的论述，确立了林业在实现"两个一百年"奋斗目标中的重要地位；赋予了林业新使命、新任务，是新一届中央领导集体关于林业改革发展战略思想的集中体现和核心内容，青田广大务林人深受鼓舞。

展望前程，任重道远。青田林业人决心以开拓创新、奋发有为的姿态，继承发扬老一辈务林人的优良传统，不辱使命，振奋精神，扎实工作，为早日实现社会主义现代化林业，建设生态青田、文化青田、和谐青田、活力青田，再创新业绩，再谱新篇章！

大事记

唐

睿宗景云二年（公元 711 年），分括苍县部分地域置青田县，属括州。

宋

北宋崇宁间（1002 ～ 1106 年），处州在青田设"场"，统一管理茶叶，茶商向"场"纳税，领取茶引（运销凭证）。

南宋时期（1127 ～ 1270 年），浙江已有木材外销各地。温州知州楼阴曾著书曰："良材兴贩，自处（州）至温，以入于海者众。"

绍兴三十年（1160 年）春，陆游泛舟游览石门洞，作《石门山》诗。

明

嘉靖七年（1528 年），白天出现群虎，伤约千人。

清

清康熙二十五年（1686 年），章村畲族聚居地，开始油茶种植。

雍正六年（1728 年），六都、七都、三都，虎群伤人。

咸丰三年（1853 年）6 月中旬，地震，声如雷鸣，一个多月鸡犬不鸣。

同治十一年（1872 年）3 月初一，大风拔木。

光绪二十五年（1899 年）5 月，十四外都（今祯埠乡）农民蓝五贤，向伍姓大户宗族批得山场一处，立下"山批"协议：伍姓大户"将界内山场立字，出批与（予）蓝姓五贤开种插杉木，面订日后杉木成材之日，並山主、批客三七抽租，蓝客坐七，山主坐三"。

宣统元年（1909 年），浙江省设劝业道，通令各县设劝业员，掌管农林等事宜。

中华民国

民国元年（1912 年）8 月 29 日，大水。山洪溢发。

民国 3 年（1914 年），北洋政府农商部公布《中华民国狩猎法》和《中华民国森林法》。

民国 4 年（1915 年）1 月，湖云吴子漪父子采购松苗 30 万株，动员吴姓本家各户栽植。

7 月，北洋政府规定，每年清明节为植树节。

民国 16 年（1927 年），因油茶煤病造成损失茶子 40 万斤。

民国 17 年（1928 年）10 月 14 日，青田县苗圃创办，土地八亩。

同年，倡林火柴梗片公司在黄放口创办。

民国 18 年（1929 年）9 月 8 日，青田县木业公会成立，下属木行 70 余家。

11 月，官坑赵喜坤、李水土二人，与伍姓松、竹、梅三房签订租山合同，"今因无山开种，赵喜坤、李水土二位向伍姓众山批来开种栽插杂木，当日付大英洋四元正（整）无滞"；以后赵、李二人向伍姓 16 岁以上 60 岁以下"每人每年纳租洋三角"；"日后杉树批砍，三七抽租，山主坐三，插主坐七，竹木棕茶不得抽租"。

民国 19 年（1930 年），为纪念孙中山，县政府在锦屏山、太鹤山等处营造"中山林"14 亩。

民国 20 年（1931 年）青田木排工会成立，有会员 747 人，负责人陈兆奇。

民国 21 年（1932 年），利民火柴盒片厂在良川创办，同年冬，因亏空停业。

民国 22 年（1933 年），平演木球业工会成立，有会员 484 人，主持人詹志凯。

民国 23 年（1934 年），县苗圃改名为浙江省温处两属瓯江保安林办事处，后于民国 25 年 6 月，改为浙江省农林改良场青田分场。

是年，大旱，夏旱继秋旱，成灾面积 103553.4 亩。山裂树干，民食糠秕、草根。

民国 24 年（1935 年）3 月 26 日，县长郑迈向浙江省建设厅呈报："县辖境内公路行道树暨营造石门洞风景林八十亩以及各乡民众分别营造经济林二千五百亩，请迅赐派员点验"。

民国 25 年（1936 年），县长郑迈颁布《青田县造林保护森林伐木登记办法》，其内容有三："一、厉行造林；二、订颁保护森林乡约；三、举行伐木登记"。且各规定"实施程序及执行办法"，并附奖励、惩罚措施。

是年 7 月 16 日，县政府发布《青田县各山岭栽样行道树办法》，《办法》共十条，规定山岭两旁一丈内之固有大小树木，不论公有私有，一律留样，不得砍伐；责成各乡镇保、甲长保管路树，永远不得摧残等。

民国 28 年（1939 年），青田县参加浙江省第九区举办的特产展览会，展出的森林药材茯苓获甲等奖。

民国 29 年（1940 年），浙江农业改进所编写的《浙江省旧处属十县林业概况调查报告》称，"青田地处山陬，境内重峦叠嶂，原有森林，固属不少。然以保护不周，人民摧残过甚，以致童山濯濯，触处皆是，旱涝灾患，时有所闻"。

民国 30 年（1941 年），据档案记载，全县有油茶面积 5557 亩，年产籽 148 万斤。

民国 32 年（1943 年），县政府倡议每户植树 10 株运动，所需苗木由县林业改进场提供。是年，全县共栽植马尾松、油桐等林木 75000 株。

民国 33 年（1944 年）6 月 10 日，县政府发出训令：各乡镇从原有警备班选择干练队士 2 名，兼充森林警察，负责森林保护。全县共有 17 个乡镇呈文县政府，"奉令选择警备队士二名为森林警察，呈报备查"。共报森林警察名单计 34 人。

是年，县政府出资，从福建购进油桐苗木 7 万多株，沿瓯江和小溪两岸，每户种 10 株。

中华人民共和国

■ 1949 年

5 月 13 日 8 时，中国人民解放军第十一军三十三师九十七团一营一连，在浙南游击队的配合下进城，下午在天地坛举行会师大会，宣告青田解放。

5月23日，平演木球业工会改组，会员减至316人，主席詹东良。

6月15日，建立县支前办公室，各区建立支前委员会，发动群众捐献粮食、草料、木柴，支援解放军。至8月底，全县共支前粮食100吨、木柴500吨及大批马用草料。

6～7月，城西、北岸、水南村头、湖口等四个木排业工会成立，共计有会员492人，工会主席先后为：詹东良、周德宝、徐碎岩、郑锡标。1955年后，因木排工人大批调往龙泉等县，会籍随迁，该工会自行消失。

11月4日，青田县人民政府成立，隶属温州专区。

11月23日，县政府发文，要求各区政府动员群众，及时采集各种林木种子，"以备来春育苗之需"。

12月，全国林业业务座谈会召开，梁希任首届林垦部部长。

■ **1950年**

3月20日，青田县供销合作总社成立，兼营木竹购销。

4月18号，县政府发出布告："森林事关唯一水利工程之重要性，尚可避免风灾、水灾与点缀风景，所以应该保护森林，如有不良分子及顽恶牧童故意砍伐森林者，经查明属实，即予严加处分。"

是年，县政府设立建设科，兼管农业、林业等事宜。

■ **1951年**

4月，阜山乡叶处村归国华侨张苏创办第一个常年互助组，共有7户33人，22亩耕地和100多亩山林。次年10月27日，全县有互助组1961个，其中常年互助组392个，2078户，8355人，临时、季节性互助组1569个，8315户，30865人。

5月，根据国家林垦部指示，青田各区、乡、村都建立了护林组织，订立护林公约。同月，港口乡彭括村制定《护林公约布告》。

是年，温州专署分配给青田马尾松、油桐、油茶等各种林木种子5000斤。

■ **1952年**

7月，温州煤建器材经营处青田转运组成立，全面负责木材购销业务。

是年，土地改革。全县共没收征收地主、富农等的土地54467.4亩，没收地主多余的房屋6321.5间、耕牛1226头、农具78978件。全县16万农民分到土地、山林和其他生产资料。

是年，全县发生森林火灾12起。

■ **1953年**

3月，县政府召开第一届全县林业工作会议，重点部署人工造林和封山育林工作。

4月14日，青田县建设科改名为青田县农林建设科，科长陈嘉治，副科长林崇禄、崔学贤，内设秘书、农业、林业、水利、畜牧等股。

10月，县委决定试办初级农业生产合作社（以下简称初级社）。以张苏互助组为基础创办阜山初级社；以詹通巢互助组为基础，创办石溪红星初级社。

是年，温州煤建器材经营处青田转运组收购木材4000立方米，出运3000立方米。

■ **1954年**

12月，青田转运组改称浙江省森林工业局温州分局青田收购组。是年，收购木材9312立方米，全部出运。

是年,县政府发布《关于护林的布告》,规定凡引发森林火灾者,根据情节轻重给予严肃处理。

■ 1955 年

6月,成立中国油脂公司青田支公司,对油茶籽实行统购,桐白、乌桕籽实行派购。并在章村、船寮、海口、万山、城区、水南、北山建立油脂购销站。

8月1日,青田县农林建设科改名为青田县农林水利局,副县长邢宝荣兼任局长,副局长陈嘉治、林崇禄。

12月20日,浙江省森工局永嘉站青田收购组提交订约收购工作总结:全县32个乡开展"订约"收购工作,计签发木材预购合约206个,订购木材3794立方米,完成1956年度订购计划的93.67%。

是年冬,县委批准石溪、温溪两个初级社试办高级农业生产合作社(简称高级社),12月上旬,石溪乡红星、下坦、和平3个初级社合并,计518户,组成石溪高级社;温溪镇7个初级社385户,合并组建火花高级社。高级社土地、山林都归集体所有,取消土地报酬,实行按劳分配。

是年,全县收购油茶籽39.88万斤;培育苗木41亩,其中马尾松6亩,油茶16亩。

■ 1956 年

1月11日,《浙南大众报》以"今日的浙南油库—章村"为题,报道章村油茶生产情况。"浙南油库"之称自此开始。是年,毛泽东主席指示"浙江要发展千万亩油茶",全县掀起油茶抚育高潮。投工达142.5万工,油茶产量比解放初期倍增。

2月,青田县第四次人民代表大会提出《关于发展国民经济的五年全面规划的决议(草案)》,涉及林业方面的内容是:开展规模巨大的油茶亩产"百斤油"竞赛运动。

4月17—18日,由县农林水利局牵头,在章村区召开油茶生产展览会。展览内容:全县绿化规划图;油茶生产过程图表;油茶"百斤油"措施图表;油茶生产典型图及照片;油茶扦插嫁接技术照片资料,以及各种图、照、表、模型等计128件(套)。全县参观展览达880多人次,其中青田县首届党代会代表180人前往参观展览。

6月20日,县委发布(委字第059号)《关于学习宣传全国农业发展纲要的通知》,《通知》要求各区镇委切实宣传、学习全国农业发展纲要,搞好山区资源开发,发展农林牧生产。

6月20～23日,县委召开乡支部书记扩大会议,全县共230多人参会。会议议程:总结检查前阶段工作,研究部署夏、秋季农林牧生产任务等。会上,章村区委表态:在当年第三季度,全区组织油茶铲山运动,要求每个劳动力铲山15个工。

8月24日,县委向丽水地委提交《关于1956年恢复与发展油茶生产的意见报告》,《报告》提出:1956年冬季前,将全县12万亩荒芜油茶全面垦复;采集油茶、油桐种子100万斤。

10月4日,青田县农林水利局改名为青田县农业水利局;单独成立青田县林业局,俞文龙首任林业局局长,李文炜为副局长。

是年,为加强林业行政管理,县政府在重点林区、油茶基地章村首设农林站,有干部3人。

■ 1957 年

7月30日,全省油茶会议在章村召开,参加会议200多人,历时7天。

8月15日,县林业局党小组以青林字(57)第584号文件形式,向县委提交《关于石柱农林社"以林护农,以牧养农"的调查报告》,高度评价石柱农林社成立农业、林业、副业、畜牧业四个组,依靠林、牧、副收入,支援农业的做法。

11月12～18日，县委召开全县水利林业代表大会，到会代表487人。时任县委书记孙吉瑞在会上讲话，号召全民动员，开展兴修水利和油茶造林抚育运动。

12月10日，青田县人民委员会（以下简称县人委）发布青人字（57）584号布告，对护林防火工作做出七点规定。同日，青田县绿化委员会办公室发出青林（57）第20号《关于转发章村吴村农业社油茶油桐番薯经验报告》，向全县推广其做法。

12月14日，县林业局签发青林字（57）第937号《关于秋季林木采种工作总结报告》。是年，全县共采集各种林木种子457020斤，其中：油茶445900斤，油桐2000斤，板栗4420斤，茶叶3000斤，马尾松1000斤，麻棕子500斤，杉木200斤。群众自采自用种子38400斤。所采种子中，支援外地的计393920斤。

是年，桐子、柏子列入二类物资，实行派购。

是年，县委提出"一年消灭荒山，三年绿化全县"的号召。

是年，全县造林63721亩，林木抚育84000亩。

是年，浮弋乡旭光农业社、晨光农业社和山口乡大安农业社被评为造林模范集体，并代表青田县出席全国农业社会主义建设积极分子大会。

■ 1958年

1月，青田县国营石门洞林场成立，征收集体林地及庙宇土地共2.75万亩。

4月19日，县林业局、公安局联合发布《关于森林防火暂行办法》，规定严格控制生产用火，对引起山林火灾责任人，视情节轻重，按《治安管理处罚条例》处罚。是年，实现全县无山林火灾年。

8月16日晚11时许，石门洞林场被窃公款181元。县公安局侦察员及温州公安局技术员先后赶赴现场，经10多天侦查，丽水林校学生周某被抓。大部分赃款被追回，周某被逮捕法办。

8月24～30日，全国油茶现场会在青田召开。章村乡黄里村、颜宅村、黄山头村获全国油茶生产先进单位称号；黄山头村雷志雨、徐必文荣获全国油茶生产先进个人称号。

8月28日，县委召开"大办钢铁"誓师大会。为实现青田2万吨钢铁指标，最多一天全县发动17万人洗铁沙、烧炭。建炭窑3011座，造成森林大破坏。

8月，根据中共中央《关于农村建立人民公社问题的决议》，青田县兴起大办人民公社运动。首先以石溪乡为基点联合湖边乡和陈山乡部分地方，于8月29日成立县内第一个人民公社。

9月26日，由原来7个区、56个乡镇、582个合作社合并成立青田县人民公社联合社，取消区乡建置，实行"政社合一"。下设章村、船寮、万山、北山、城区、水南、温溪、城镇8个分社（即原来7个区1个镇）、55个大队（即原来的乡）、582个生产队（即高级社）。

10月1日，全县实现人民公社化。

11月，青田收购组改称青田县森工站，根据县计划进行木材收购、调拨、销售、出运等工作。

是年，黄山头村雷志雨、徐必文二人出席北京"全国五一劳动表彰大会"，并受到毛主席等党和国家领导人接见。

■ 1959年

1月6日，中央林业部电贺章村公社油茶亩产百斤油。电文全文："中共青田县委：欣闻你县章村人民公社三万七千多亩油茶平均亩产油105斤的大面积丰产，特此电贺，并希望再接再厉，精细培育，加强经营管理，为实现亩产千斤油而努力！中华人民共和国林业部（1959年1月6

日)"。

1月6日，章村公社党委书记在中共浙江省第二届代表大会第三次会议上做典型发言，介绍油茶生产和丰收情况。

9月22日，县委在《青田报》刊登文章，提出"攻破油茶采收、榨油关，为全县多收50万斤茶油而奋斗"，要求全县做好油茶的精采细收重榨工作，确保丰产丰收。

是年，吴思祥、徐必文代表青田县出席全国农业社会主义建设先进单位代表会议，领受奖状和奖章。

是年，青田县森工站收购木材12195立方米，其中县内销售2640立方米，出运10332立方米。

■ 1960 年

1月10日，县人委批转温溪公社《关于加强封山护林的意见》，号召加强组织领导，健全护林组织，制定护林公约，防止破坏山林现象。

2月23日，《青田报》刊登章村公社上京油车坊茶油加工技术革新经验：利用水力进行半自动、半机械化改造，完成油茶籽粒大小分离、脱壳、去杂、碾粉等工艺，提高榨油工效与出油率。

4月5日，《青田报》刊发通讯，介绍章村黄山头青年雷插青土法防治油茶煤病方法。《青田报》同版发表评论员文章，高度评价"用黄泥水加石灰水防治煤病"是一种科学研究成果，有实际推广价值。

6月，县公安局侦破北山管理区北山大队一社员投机倒把案。该社员在近两年时间内，先后10多次共抢购屋料1000多公斤；毛竹、木柴15740公斤；硬炭2500公斤，松炭17箩；同时，盗窃森工站杉木25段、木板12块。被依法逮捕，判处有期徒刑6年。

■ 1961 年

1月1日，县政府调整粮油收购价格，油料收购实行奖售。是年，接省通知：油料收购进行差额包干。

5月，县林业局和县农业水利局合并，称青田县农林水利局。陈定巢为局长，陈敏奎、林浩为副局长。

■ 1962 年

1月，恢复青田县林业局，潘昌明为局长。

4月20日，县人委办公室发出《关于护林育林的布告》，《布告》规定：水库周围及江河两岸的水源涵养林，公路两旁的护路林，水土流失严重地段的防护林，村镇周围的风景（水）林、木本油料和木本粮食树种（如：油茶、油桐、板栗等），供采种或天然更新用的母树以及供科学研究或观赏的珍稀名贵树种，除枯死、病株外，一律不准砍伐。

10月，县人委决定，以章村区林科所为班底，成立"青田县林业科学研究所"，定编7人。所址设章村乡马岭头。

是年，全县破坏山林风严重，涉及25个公社、59个大队，共损失木材7265立方米，价值43.7万元；县委组织工作组深入乡村，开展法纪教育，先后在船寮、温溪、北山、城区召开宣判大会5次，依法处理11人；其中：逮捕6人，劳动教养3人。

■ 1963 年

是年，海口公社东兴等4个大队乱砍滥伐严重，林业站会同区特派员前往处理。

是年，县人委发文《关于加强春笋护养工作的紧急通知》，确定春分至谷雨为全县"禁笋期"。

■ **1964 年**

10 月 23 日，县人委做出《关于禁止盲目开荒，做好水土保持工作的规定》，禁止在公有山、机动山等 4 种范围的山场开垦。

10 月，建立青田县温溪苗圃，属国营事业单位，定员 10 人，圃址在东岸乡塘里岙村。

■ **1965 年**

9 月，巨浦公社郎回坑大队发生山林火灾，烧毁山林面积 4000 亩。

是年，石门洞林场扩场，增设师姑湖、烂泥湖、冲坑、大垟山等林区，增加面积 3 万多亩。

■ **1966 年**

3 月，全县 618 个大队中有 600 个大队建立护林组织（行政村建立护林委员会、自然村建立护林小组），580 个大队制定护林公约，234 个大队组织"看山员"共 360 人。

8 月，全县城乡纷纷建立"红卫兵"组织，"文化大革命"开始。

11 月下旬，全县城乡普遍成立"战斗队""兵团""司令部"等组织，冲击党政机关，揪斗"走资派"，党政机关瘫痪。

是年，创办国营八面湖林场、大洋山林场、峰山林场。

■ **1967 年**

1 月 9 日，青田县革命造反总部（简称青革总）成立；14 日，青田县工农兵革命造反总部（简称工农兵）成立。此后，两派不断发生武斗。林业系统也有部分职工不同程度参与其中。

10 月 16 日，省军管会、"省联总"联合监督调查组抵青田，召开两派头头会议，宣布"关于恢复青田社会秩序的七点通知"。

是年，创办金鸡山林场。五个林场国有山林面积共 12 多万亩。

■ **1968 年**

2 月 15 日，鹤城镇再次发生武斗，5 人死亡，50 多间房屋被烧毁，机关、企事业单位再次关门。

4 月 16 日，浙江省革命委员会、浙江省军区决定对青田县实行军事管制，中国人民解放军青田县军事管制委员会成立。

8 月 26 日，省工农毛泽东思想宣传队进驻青田。

11 月 16 日，青田县革命委员会（以下简称县革委会）成立，军事管制随之结束。

■ **1969 年**

2 月 6 日，县革委会成立清理阶级队伍领导小组，开展清理运动。

5 月 5 日，湖口头发生武斗，3 人死亡。

8 月 31 日，青革总、工农兵两派组织在青田中学操场举行"倒旗"大会，宣布解散。

10 月，省工人毛泽东思想宣传队进驻部分机关和企事业单位。

是年，张庄大队大抓油茶抚育，投工 6000 多工，抚育油茶 1500 多亩，受到县领导表扬。

■ **1970 年**

3 月，全县林业工作会议在章村区召开，会议提出"为革命造林、为战备绿化"的口号，要求全县掀起学大寨、建设山区新高潮。

10 月，县革委会批转浮弋公社革委会《发展油茶生产的决定》，要求各区、社抓好油茶生产，开展"万亩公社、千亩大队、百亩生产队"油茶基地建设的群众运动。

12 月 23 日，《新丽水报》刊载县革委会报道组文章，介绍全县"万亩公社、千亩大队、百亩生产队"油茶基地建设运动情况。

■ 1971 年

3 月 15 日，县革委会生产指挥组青革生农字（71）第 54 号通告决定，回收西门山等处山、田、地，划给县苗圃经营管理。

5 月 4 日，县革委会生产指挥组发文决定，扩建县苗圃，东门苗圃迁至西门山，并将太鹤山范围山林土地归属苗圃经营。

是年，茶油、桐油等油脂实行包干，取消留油办法，完成任务后，自愿投售的，国家给予加价收购。

■ 1972 年

9 月 17 日，县革委会发文批复，同意将"青田县森工站"改名为"青田县林业局森工站"；"青田县林业科学研究所"改名为"青田县油茶科学研究所"。

9 月，全县开展打击木材投机倒把活动。温溪区党核心小组副组长徐礼岳带领派出所干警、"打办"人员和人武部干部，前往小舟山公社，会同社队干部，组织 86 人上山，拦截背树客 100 多人，缴获木材 10 多立方米。船寮区 6 个公社组织 300 多人上山拦截木材。万山区革委会组织人员，到下庄大队山上，拦截木材 830 株。

10 月 5 日，省批转丽水地区茶籽收购任务"一定五年"。

是年，青田县成立"飞机播种造林指挥部"。同时组织专门的技术力量，进行播区规划设计。8 月，省民航局飞机在青田进行第一次飞播，面积 7.22 万亩。

■ 1973 年

8 月 18 ～ 22 日，县委召开全县林业工作会议，各区、社党委副书记、大队党支部书记、县有关部门负责人、各国营林场党支部书记、苗圃党支部书记和全体林业干部等 600 多人参加会议，县委主要负责人出席会议。会议总结交流了林业工作经验，部署"四五""五五"林业发展规划。

9 月 11 日，县革委会批准成立"国营石门洞林场暨毗邻区、乡、村护林联防委员会"，以加强护林防火的组织和领导。

■ 1974 年

是年，全县 3000 多亩竹林发生枯梢病。

是年，松毛虫暴发，全县 10 万亩松林受其危害。

是年，青田县进行利用赤眼蜂寄生松毛虫第一代卵的试放试验工作。

■ 1975 年

是年，桐油购销由余变缺，全年缺桐油 4.45 吨，青田桐油由调出县变成调入县。

■ 1976 年

1 月 14 日，县革委会同意县农业局、林业局《关于峰山茶场、林场分场有关问题处理意见》，峰山茶场、林场自此分拆为两个独立单位，分属农业局、林业局。

4 月 6 日，县革委会生产指挥组发出青革生林字（76）第 28 号《关于车木产品经营和木制品运输问题的通知》，规定除算盘、象棋、学生尺等成品由商业部门经营外，其他车木产品均由县林业局森工站统一经营。

是年，全县油茶籽产量只有 900 吨，收购量仅 300 吨，产量和收购量跌至历史新低。

■ **1977 年**

3 月 27 日下午，高市公社西源大队一社员开荒扩种，因用火不慎引发火灾，烧毁石门洞林场和大队山林共 2300 亩，大小树木 50 余万株，经济损失 10 万余元。

4 月 6 日，县革委会下达青革字（77）第 10 号《关于竹、柴、炭划归商业部门经营的通知》，规定原由林业部门经营的竹、柴、炭、杂木棍等，从 4 月 5 日起划归商业部门经营，其运输证明亦由商业行政部门签发。

10 月 15 日，县革委会生产指挥组下发青革生林（77）字第 1 号《关于木竹柴炭收购计划和加强管理工作的通知》，随文下发各区木材收购计划和林木种子收购价格。

是年，茶油、桐油等油料收购恢复奖售政策。

■ **1978 年**

5 月 4 日，县林业局、商业局联合发文青林字（78）第 5 号、青商字（78）第 99 号《关于分配林业育苗和良种建设化肥的通知》，共分配化肥计 10 吨。

6 月 13 日，县林业局、粮食局联合发布《关于调整木材奖售标准的通知》：从 1978 年 1 月 1 日起，国家向社队收购木材，每立方米奖售成品粮 15 市斤。

8 月 1 日，县革委会发布青革字（78）第 60 号《关于建立"青田县护林防火委员会"的通知》，以贯彻森林防火"以防为主、积极消灭"的方针。其办公室设县林业局。

8 月 11 日，县革委会青革字（78）第 59 号《关于成立"青田县油茶生产会战指挥部"的通知》下发，拉开"垦复荒芜油茶山，实现一人一亩油茶"大会战的序幕。

10 月 22 日，县革委会发布青革字（78）第 80 号文件，要求各地抓紧当前有利时机，发动群众，积极做好林木采种工作。

12 月 10 日，县商业局、粮食局、供销社联合发文《关于收购柄竹、捻干竹实行奖售的通知》，收购毛篙竹，每百元奖给粮食（票）30 市斤、棉布（票）2 市尺。

是年，省林业厅确定在全省 12 个县建立 100 个公社（乡）的油桐生产基地，青田县是其中之一，省确定青田 9 个公社为油桐基地，即海口、海溪、季宅、平桥、石盖、舒桥、祯埠、双垟、仁宫。县又确定建立 5 个公社油桐基地，即良川、浮弋、张口、阜山、汤垟，合计为 14 个公社。

是年，陈祝安出席全国科学大会，其课题《油茶煤污病生物防治》荣获全国科技重大贡献奖，其个人荣获全国科学大会颁发的先进工作者奖状。

是年，根据省林业厅"万亩以上油茶基地乡均配 1 名林技员"的指示，青田县在 12 个乡各配备林技员 1 名，负责林业管理和技术服务。

■ **1979 年**

2 月，全国人大颁布《中华人民共和国森林法（试行）》，这是新中国第一部林业大法，具有划时代的意义。

3 月，省委、省革委会颁发奖状，授予由青田县油茶科学研究所植保组和陈祝安共同完成的《油茶煤污病的防治》论文为科技成果一等奖。

4 月 15～20 日，青田县防治油茶煤病训练班在章村区马岭头开班，县油茶科学研究所研究人员担任技术培训任务。全县共有 130 多人参加学习。其中章村区 50 名，万山、船寮区各 15 名，

城区、北山区各 7 名，水南区 4 名，温溪区 2 名，各区林业站 1 人，林业技术员 45 名，以及油茶重点大队干部等都参加了培训。

5 月 25 日，县公安局、林业局联合向县政府提交青公字（79）第 22 号、青林字（79）第 28 号《关于要求建立青田县林业公安派出所的报告》。

12 月 24 日，县计划委员会、林业局联合发文《关于调整木材购销价格的通知》，《通知》规定：木材收购调价，由每立方米 34.25 元调整为 67 元，提高 95.62%；木材供销调价，由每立方米 48.5 元调整为 83.5 元，提高 72.17%。

是年，省委扶持青田县 5000 吨粮食，直接用于发展林业等生产扶助。

是年，青田县油茶获史无前例大丰收，年产籽达 6000 吨，是 1976 年 900 吨的 6.66 倍。

■ 1980 年

7 月，进行全县森林病虫害普查。

是年，松毛虫危害面积达 20 万亩。

是年，陈祝安的科研成果《油茶煤污病生物防治》获浙江省科技成果一等奖。

是年，规定油桐每亩补助造林费 3 元、抚育费 2 元。

■ 1981 年

9 月，青田县林业"三定"工作开始。根据中央和省政府关于"三定"工作的政策、规定，参照遂昌等兄弟县试点的经验，县政府组织 78 名干部到海溪公社进行林业"三定"试点工作。在取得试点经验后，从 10 月下旬至次年 1 月中旬，连续组织了三批工作队，共 2647 人次，分赴各社队，全面开展林业"三定"工作。

11 月，设立青田县瓯江民警小分队，配备人员 9 人，主要任务是打击瓯江水域偷运木材行为。不久解散。

是年，瓯江两岸 8 个重点林业乡镇配备林技员各 1 名。至 1984 年，全县 54 个乡镇全部配齐林技员。

■ 1982 年

4 月 26 日，青田县公安局森林派出所成立，址设石门洞林场场部。有警员 8 人，其中所领导 2 人由公安局编制内指派，其余由林业系统抽调。

是年，全县关闭杂木加工厂 17 家、木材自由贸易市场 3 个、木材贩卖点 13 处。

是年，船寮区外岩洞林场开展多种经营，实行以短养长，在县科委的帮助下，引进梅花鹿 5 头。

是年，县检察院设立林业检察科；县法院设立森林法庭。

■ 1983 年

10 月 4 日，经县委批准成立"青田县护林绿化委员会"。

是年，县政府将试剑石附近 100 亩苗圃育苗基地划给太鹤公园园林管理处。

■ 1984 年

2 月 15 日，仁庄乡仁庄村召开村民入股办林场会议，全村 60 多户响应入股。股份制章程规定：入股自愿，退股自由，多股不限；每股投资 2 元，林木收益归还；新造林木按 1：9 比例分成，大头归入股者，小头归集体。在全县开创了股份制办林场的先例。

2 月 18 日，"青田县护林绿化委员会"召开在城机关部门负责人会议，部署城镇植树绿化工作。县委副书记、县长潘建中就城镇植树绿化的指导思想、任务要求、组织领导、具体措施等做重

要讲话；鹤城镇镇长、县林业局局长等领导就如何搞好城镇绿化发言；青田中学校长介绍校园绿化的经验和绿化美化的计划。

2月25日，季宅乡黄驮坑村团支部三十多名团员，在土名"大岩下"栽植泡桐300多株，建成青年林10亩。

5月31日，县委批准成立"青田县落实山林政策领导小组"，具体指导、协调、落实山林政策。

11月，成立"青田县瓯江两岸封山育林指挥部"。

12月25～27日，温溪木材市场举办丽水地区木材交易展销会，地区行署副专员支存定、地区林业局副局长朱荣治、县委书记王志溪、副书记李林访、副县长朱大鹏以及有关部门领导亲临现场，并为展销会剪彩。来自产区的龙泉、庆元、云和、景宁、松阳、丽水及本县森工部门、林场等单位组织货源设立门市；来自温州、台州、金华、宁波、嘉兴、绍兴等销区市、县30多个单位、50多名代表前来看货订购。三天时间，现货木材交易3000立方米，合同定购1786立方米。

是年，县林业局制定并贯彻落实"以封为主，封管造并举"的营林方针，加快荒山绿化和疏林改造，开展封山育林工作。

是年，全县森林火灾过火面积3273公顷，受害面积2800公顷，损失林木5300立方米。

■ 1985年

1月3日，县林业局召开国营林场、苗圃经济体制改革会议。会上，分别与"五场一圃"的书记、场长签订为期1年的经济责任合同书；合同规定，"五场一圃"1985年林业总产值要达到126万元，利润11.45万元；比1984年总产值40.9万元、利润3.78万元，翻三翻。实行责、权、利挂钩和规定奖惩办法。

1月8～9日，县林业局在北山林业站召开全县林木育苗户会议，全县3亩以上的育苗专业户、各区林业站及林技员共100多人参加会议。会议主要议程是：推广先进育苗技术，提高苗木质量和交流育苗致富经验等。

4月4日，芝溪乡垟肚村一花卉专业户被盗花木价值6000余元；4月7日，县公安局在温州市公安局协助下，抓获案犯两名，追回茶花45株，现金160元。

5月24日，青田县林学会第二届大会召开，主要议程：一、通过林学会第一届理事会工作报告；二、通过理事会章程；三、选举产生第二届理事会：理事长倪国薇，副理事长蒋吉岩、吴祖木、刘景池。

7月2日，县林业局召开花卉生产座谈会，全县花卉专业户、林业站、场圃以及有关部门负责人等38人参加了会议，县农工部部长邵万古、科协副主席陈普东、花卉协会秘书金建东等领导参加会议并讲话。

10月10日，成立"青田县封山护林指挥部"，指挥李林访，副指挥曹清法、叶志深。指挥部下设办公室，主任倪国薇，办公室设在县林业局。

10月29日，县林业局召开林业区划外业工作总结评比会议，县农业区划委员会负责人徐松祖参加会议并讲话。会议肯定外业质量，表扬区划队员跋山涉水，不辞辛劳的工作态度，评出2个先进组和11个先进个人并发了奖。

■ 1986年

1月5日，青田县林业基地现场会在平桥乡召开。县农工部等领导参加会议并做重要讲话；参加会议的有各乡镇领导、林业技术干部、造林专业户等共184人。会议决定对基地造林采取

奖励和短期贷款的扶持政策:连片 100 亩以上的,每亩奖励 10 元;60～99 亩的,每亩奖励 8 元;30～59 亩的,每亩奖励 6 元。

2 月 18 日,县党群、政法、宣传、财贸、农口、计经委六大系统及各机关、企事业单位共 200 多人,到鹤城镇农业九队湖口的山上参加义务植树活动,共栽植松木苗 2.5 万株。

2 月 25 日,县林业局暨章村区委组织"章浮"公路沿线乡村干部群众,对新建公路两侧进行绿化,共栽植水杉苗 7800 株、川楝 800 株。"章浮"公路从浮弋至章村,途经 2 个乡 8 个行政村,全长 14 公里。

3 月 2 日,青田第六次飞播造林结束。飞播共进行 9 天,飞行 9 个架次,完成 6 个播区 37000 亩山林的播种任务,共用去种子 12755 斤。其中马尾松种 11726 斤,短叶松种 1029 斤,平均每亩 0.35 斤。据现场接种观察,平均每平方米落种 8 到 10 颗,且分布均匀,符合省规定的标准。

5 月 8 日,县林业局召开林业系统所属工业会议,参加会议的有县木材公司,各林场、苗圃负责人,6 家工厂厂长、供销员等;县委书记王志溪出席会议并做重要讲话。

5 月 10 日,石门洞林场约 50 亩珍贵药材厚朴林被滥伐,计材积 10.03 立方米,大小株数 335 株。事件起因:里山圩林区部分干部职工目无组织,对山场划归林场不满而闹事。破案后,有关责任人分别受到罚款、警告、记过、撤职等处分。

7 月 12 日,县政府在石门洞林场召开瓯江两岸封山育林工作会议,参加会议的有章村、船寮、城郊、温溪、山口等 5 个区的领导,17 个乡镇、33 个行政村的代表,以及有关部门领导。会议由县政府办公室副主任潘昌明主持,县封山育林指挥部指挥、副县长朱聪佩等领导做重要讲话。瓯江两岸封山育林范围,上至章村陈山埠,下至温溪港,沿线横向第一层山场,面积 124433 亩。

10 月 24 日,全省 1987 年飞播造林作业设计会审会议在苍南县召开,确定青田县 1987 年飞播造林 25871 亩,分别是峰山的 2 号、季宅的 6 号、麻埠的 8 号、高市东源的 9 号、垟心的 15 号、汤垟的 16 号等 6 个播区。

是年,青田县被国家林业局、民航局、中国人民解放军空军司令部评为"全国飞机播种先进集体",获铜质奖牌。

是年,松毛虫危害严重。第一代松毛虫发生面积约 6.5 万亩,主要发生在城郊、山口、船寮以及万山、温溪等区的部分乡村。县林业局组织专业防治队伍进行控制,主要方法是人工捕捉幼虫、采茧、采卵块,灯光诱杀。同时进行大面积的化学杀灭。由于防治及时,松毛虫死亡率达 95%,基本控制了危害。

■ 1987 年

1 月 7 日,县政府召开封山育林会议,会期三天;全县有关部门、各区乡负责人、林业干部、护林员等共 430 人参加会议;县长李林访做"同心协力、持之以恒、坚持封山育林、发展青田林业"的报告。

3 月 7 日,建立中共青田县石门洞林场总支部委员会。

3 月 17 日,青田县第 7 次飞播造林结束。共飞行 6 个架次,播种面积 2.53 万亩。

3 月 25 日,出现严重"倒春寒",全县 41 亩苗木遭冻害,直接经济损失 8000 元。

6 月 30 日,国有大垟山林场与平桥乡西溪村的山林纠纷通过调解解决,涉及面积 200 亩。

7月20日，省林业厅在石门洞林场举办为期一个星期的飞播造林成效调查技术培训班；参加培训的有7个县34人，其中青田7人。

9月16～22日，县政府组织4个工作组分赴各区及5个国有林场，开展护林防火和乱砍滥伐情况调查。

10月15～30日，对全县木材经营个体户进行整顿。

11月6日，石门洞林场召开护林防火联防会议，4个毗邻区、6个乡镇、34个行政村代表参加会议。县林业局局长倪国薇主持会议，县封山护林防火指挥部总指挥兼副县长朱聪佩、县政府办公室、农经委领导及派出所等有关部门出席会议并先后讲话。

11月8日，省林业厅会同青田、文成县有关部门，调解解决了青田县白岩前村与文成县金珠林场的山林权属纠纷，涉及面积5000亩。

11月10日，县防火指挥部建立森林火灾预测预报系统。该系统在森林防火期内每天向全县预报森林火灾等级。

11月17日，峰山林场林区公路施工指挥部成立。12月10日，全长5.8公里的峰山村至岙田角林区公路破土动工。

11月19日～12月7日，县林业局、章村区公所组织联合工作组赴祯旺乡，对该乡"判青山"、烧木炭、伐木放香菇木耳等严重破坏林木的行为进行调查处理，直接责任人共143人受到处罚。

12月22日，船寮镇洪府前村1973年飞播区驮山山场发生森林火灾，县封山护林指挥部接报后组织200多人灭火。至下午6时扑灭，烧毁山林100亩。鉴于当事人毛某肇事后能够积极参加灭火，且态度诚恳，检查深刻，给予从轻处理：赔偿损失，并向全县人民公开检讨。

是年，根据县政府（87）20号文件精神，撤销"青田县封山护林指挥部"，成立"青田县封山护林防火指挥部"。

是年，县森林派出所印发《森林法实施细则》《护林防火布告》各1.2万份，在全县范围内张贴宣传。

■ **1988年**

3月，鹤城镇白浦上斜村村民，从永嘉引进杨梅优良品种东魁杨梅苗1000株，至1995年盛产，收益颇丰。

3月12日，山口区老人协会组织离退休干部50多人，参加义务植树，栽下水杉400株。

5月4～7日，县长李一深带领农经委、县政府办公室、县林业局等部门领导，调研石门洞林场的际后、大猫居、师姑湖、冲坑，峰山林场的坳田角等边缘林区，高度赞扬林场干部职工为发展林业，振兴山区经济做出的贡献，并提出了六点具体意见。

5月1日，县林业局校场路办公大楼落成，面积1540平方米，从而改善机关办公条件。

8月1～3日，县委、县政府在林业局会议室召开林业系统干部大会，民主选举产生林业局领导班子。参加选举的林业干部共68人。经过选举和组织考核，倪国薇当选为局长，夏耀辉、王秀华当选为副局长。其中王秀华直接从石门洞林场副场长岗位进入副局长岗位，是青田县选人用人制度改革的第一例。

10月20日，林业局制定颁发《机关管理和办公生活制度》，对各股、室、所的职责范围、财务、车辆、住房、卫生、安全、物资、档案等七项管理工作，以及考勤制度、学习制度等，做出明确规定，为实行机关办公的制度化、程序化、规范化起到积极作用。

11月25日，中共青田县林业局直属机关委员会成立，并选举产生了第一届林业局直属机关党委。

■ 1989 年

2月14日，林业局组织24名林业技术干部下乡，分赴各区、乡、国有林场、重点造林村（户），指导造林工作，抓好苗木余缺调剂，监督造林质量。

4月17日～6月29日，浙江林校11名师生受省林业厅委托，对青田瓯江两岸封山育林工作进行专题调查。

7月17日，县委、县政府在章村区浮弋乡张庄村召开全县油茶抚育现场会议。地区行署专员梁鸿铭、县委书记李林访等领导参加会议。朱聪佩副县长代表县政府提出"在五年内将全县32万亩油茶林全面抚育一次，恢复青田浙南油库声誉"的任务。

8月14日，经林业局职称评议组评议，县农评委评审批准，全县54人获首批农民林业技术员职称，其中：农民技师11人，助理技师22人，技术员21人。

9月24日，青田县峰山林场公路建成并通过验收，举行通车典礼。

9月初～11月9日，县林业局、县公安局森林派出所、万山区公所和平桥乡政府组成联合调查组，对平桥乡周庄村群众性盗伐林木一案进行查处。涉及46人，共罚款10500元，治安拘留4人，并对群众进行严肃法制教育。

10月4日，为制定林业"八五规划"，县森林资源二类调查工作队成立。工作队由55名林技员、6名林场技术干部、7名区林业站干部等组成。

是年，掀起以油茶抚育为重点的林木抚育高潮。全县共抚育林木66596亩，其中油茶抚育30675亩，林木幼林抚育14420亩。

是年，进行第8次飞播，面积2.07万亩，保存率70%，保存面积1.45万亩。

■ 1990 年

3月12日，县政府办公室青政办字(90)第21号《关于完善林业生产责任制试点工作的通知》下发。根据文件要求，全县完善林业责任制试点在万山区平桥乡进行，各区、乡干部、林业站及林技员等共35人于3月27日报到，28～29日学习，30日进点，开展试点工作。

3月13日，根据县政府青政字（90）第35号《关于建立青田县完善林业生产责任制领导小组的通知》，成立领导小组，下设办公室，办公地点在林业局。

6月7日，县委、县政府出台了青委办（90）37号《关于稳定和完善林业生产责任制若干问题的规定》文件，根据平桥乡试点的经验，通过组织建立、方案制订、工作试点、全面铺开等4个阶段，历时两年，完成"完善"工作。

11月19日，县政府办公室青政办字（90）第108号文件决定，将商业部奖励青田的500吨平价标准氮肥，用于油茶收购和油茶生产。

是年，进行第9次飞播造林，飞播面积5.07万亩。9次飞播，累计造林面积59.02万亩。

■ 1991 年

1月12日，地区林业局副局长朱荣治等领导来青田调研绿化造林、国营林场和苗圃工作。

3月1日，县政府与下属七个区公所签订1991—1995年绿化造林责任状；县委常委、常务副县长张成祖代表县政府与各区区长在责任书上签字。责任书明确规定：全县1991—1995年人工造林24.66万亩，封山育林199.55万亩，疏林改造和采伐迹地更新造林5万亩。

同月，县森林派出所破获海口乡松树坪村、田铺村、瓦窑坪村山场林木严重盗伐案，涉案34人分别被处行政罚款和警告处分。

3月16日，省林业厅营林处王振候等来青田考察林业站管理工作。

3月18日，县政府（青政通第4号）《关于大力推广普及省柴灶的通告》文件发布。

4月5日，地区行署丽署〔1991〕14号文件批复，包括青田县在内的五个县，完善林业生产责任制工作经验收合格。

4月15日，"县推广普及省柴灶领导小组"召开第一次会议，部署和安排全面推广省柴灶工作。

6月26～29日，地区林业局高级工程师刘仁达、工程师张仁荣对黄寮乡新民村、芝溪乡垟肚村、县苗圃等6处育苗基地进行检查，并对育苗户做现场指导。

10月13～17日，五个国营林场经营编案审定会议在县人武部会议室召开。经3天审阅、讨论，其经营编案获全体参会人员一致通过。

11月8日，省林业厅生产经营处处长顾苏林、工程师汪祖辉来青田指导"五场一圃"脱贫工作。

12月9～11日，全县林业工作会议在县政府小礼堂召开，县机关有关单位领导，各区、乡负责人及林业站干部等130人参加会议。

■ 1992 年

1月20日开始，全县发动群众掀起造林高潮，至30日，全县完成马尾松造林面积8300多亩。

2月22日，地区林业局局长王玉槐，率工程技术人员来青田进行历时5天的春季绿化造林检查与指导工作。

3月1日，省林业厅经营处工程师倪志诚、省林科所工程师邹明达、县长周汉光、县林业局局长王秀华等领导，在县政府第二会议室研究青田油茶低改工作，确定1993年全县油茶低改任务2万亩。

4月26日，县林业局召开"五场一圃"及木材公司、木材检查站负责人会议，研究对27名违反计划生育人员进行处理，并部署下一步计划生育工作。

9月4日，王秀华局长在全局会议上，表扬8位林业干部在8月31日特大洪水中，奋不顾身抢救公物的先进事迹，并部署灾后自救工作。

11月18日，林业局机关内部机构设置调整：撤销秘书股、计财股、人事办，设立办公室；撤销营林股、场圃股，设立林业技术推广中心；撤销林政股、工办，设立资源林政管理总站。

11月25日，省农村能源办公室副主任、高级工程师潘毅向青田县颁发《改灶节柴试点县合格证书》。全县累计改灶9.2万户；经测试，平均升温热效率为29.32%，合格率100%。

12月9日，省林业厅厅长程渭山一行三人到青田考察林业生产情况，听取汇报，实地考察"五场一圃"，并做重要指示。

■ 1993 年

3月，县政府组织油茶重点乡、村干部、林业技术人员，赴云和、丽水等地参观学习油茶低改工作。

10月19日，全县林业工作会议在县政府第三会议室召开。会议内容：进一步加强林政管理和森林防火工作，部署今冬明春绿化造林任务，做好消灭荒山达标准备。与会对象：各乡镇长、各林业站站长、各场圃场长、各场圃主任；县农经委、农业局、水电局、土管局、区划办、公安局、广电局、林业局等领导也参加会议。

12月31日，省政府浙政发〔1993〕299号《关于确定我省林区县（市、区）和重点产材县（市）的批复》确定45个县为林区县，青田县名列其中。

是年，青田县被国家农业开发办公室和林业部列为全国油茶低改县，林业部下达低改计划10000亩。

■ 1994年

5月20日，省林业厅发文，拨款给青田县森防检疫基金3万元。

8月19日，地区林业局发文丽地发〔1994〕第76号文件，将原地区林业局所有的湖口头木材联防组房屋所有权，转让给青田林业局。

12月7日，县政府发出青政办字〔1994〕第172号文件，要求切实完成1994年林业部下达的油茶低改5000亩任务。

12月8日，县林业局发文青林字〔1994〕第89号文件，将鹤城镇西门外鹤城西路121号的空基地491.12平方米和房屋3幢7间，占地374.34平方米，调拨给木材检查站作为办公用房及检查用地。

12月29日，由县政府牵头的石门洞风景区开发管理座谈会在石门洞召开；座谈会由县府办副主任应尚福主持，县府办副主任夏耀辉、文化局局长徐健、县文管办王友忠、物价局局长李建华、林业局副局长杨槐玉、石门洞林场书记兼场长柳松树等参加座谈。

■ 1995年

5月，省政府浙政发〔1995〕第96号文件批准，青田原塔山下木材检查站迁移至湖口，改名为"青田县湖口木材检查站"。

6月9日，县林业局青林字〔1995〕第46号文件，授权各乡、镇林业站和县林业公安科林业行政处罚权。

7月6日，县政府青政字〔1995〕第59号文件，对海口镇凉亭脚村、凉亭脚梧桐坑自然村、高湖乡大门口自然村关于土名"大源头"山林权属纠纷做出决定。

10月，青田县油茶低改项目通过林业部组织的检查验收。

■ 1996年

4月24日，县林业局召开国营场圃、乡镇林业站会议，表彰1995年度先进单位和个人，总结和部署林业工作。

7月26日，县林业局青林字〔1996〕第49号文件，授权县木材检查站实施林业行政处罚权。

8月20日，石门洞林场工会召开三届一次职工代表会议，建立劳动争议调解委员会，其职责是预防和处理该场发生的劳动争议事宜。

8月22日，县编制委员会办公室（以下简称县编办）青编字〔1996〕第18号文件通知，增加县林业局自收自支事业编制3名。

10月9日，县林业局召开资源林政管理工作会议，学习《行政处罚法》《行政诉讼法》。参加对象：林业站、木材检查站正副站长；国有场圃、木材公司场长、主任、经理等。

■ 1997年

3月6日，高湖镇良川村发生一起森林火灾，过火面积400亩，损失林木50余立方米，幼树6万余株，直接经济损失6万余元。火灾肇事者陈某某自知责任重大，遂于当晚服农药自杀身亡。

3月20日～4月11日，由省林业厅、地区林业局和县林业局组成的林业专家扶贫攻坚规划工作组对高市乡的林业生产现状和发展前景进行规划论证，为该乡脱贫攻坚献计献策。

4月2日，地区行署副专员夏金星，由县委常委、副县长郑朝多陪同，到东源镇、黄垟乡和峰山林场考察指导林业工作。

4月4日，疯狂盗窃八面湖林场林木的案犯汤某某被依法逮捕。该犯在1995年9月间，到八面湖林场盗窃林木12次，1996年10月～12月，盗窃林木7次，计盗走杉原木26株，材积2立方米，构成破坏林木罪。

6月6日，为响应全国绿化委和林业部开展的百万人签名活动，青田县纪念世界防治荒漠化和干旱日签名活动在县城新大街大会堂前举行。县委书记张成祖、县政协主席竺伟亚等领导及县机关工作人员、中小学生和社会各界人士共200多人参加了现场签名。这些签有中国公民名字的1997.617米长卷，赠送给9月召开的联合国防治荒漠化公约缔约国大会。

8月18日，"11号"强台风袭击青田，最大风力达10级以上；林业系统各单位遭受重大损失，全县400多名林业干部职工奋起抗台。

10月24日，林业部公安局局长谢大发在省林业厅公安处范怀进的陪同下，到青田检查、指导林业公安工作。

11月1日，船寮镇政府率先制定并实施《船寮镇森林防火实施办法》，明确规定各行政村森林防火工作实行村长负责制。

11月8日，石门洞林场举行从场部至里山圩林区公路通车典礼，地区林业局、县政府、人大、政协及县政府有关部门和毗邻乡镇领导参加典礼。

■ **1998年**

4月27日，青田县1998年森林资源二类调查工作开始。

7月22日，县政府在章村乡政府召开全县低产油茶垦复现场会，各油茶重点乡镇主要负责人及县农办、扶贫办、财政局等领导参加会议。

8月27日，县森林派出所改称"青田县林业派出所"，县编办核定编制9名。是年底，省人事厅、林业厅、公安厅联合发文，所有林业派出所人员过渡为国家公务员，并按人民警察管理办法等给予授衔。

10月7日，县政府办公室转发省政府《关于坚决制止毁林开垦和乱占林地加强森林资源保护工作的通知》。

10月23日，县政府发出青政办〔1998〕第240号《关于公布第一批古树名木的通知》，公布第一批古树共有608株。

10月30日，全县森林资源保护工作会议在青田宾馆召开，各乡镇长、林业站站长、各林场负责人、县森林防火指挥部成员参加会议；会议主要部署森林资源保护及森林防火工作。

12月，县林业局抽调工程技术人员编制《瓯江绿色长廊建设规划（1999～2010年）》。

是年，县政府出台《青田县低产油茶垦复实施意见》，提出到2000年全县建立油茶低改示范基地3万亩，年产油茶籽300万公斤的总体目标。

■ **1999年**

3月9日，县林业局上报的《行政执法责任制实施方案》获县政府青政〔1999〕27号文批复实施。

3月12日，北山镇个体工商业协会会长徐万荣，组织30多名工商户人员，冒雨义务参加植树活动,在白岩村土名"上坪寺"山场栽植杉木苗 3000 多株。

4月6日,县林业局发文,公布制定的 10 个林政管理文件,包括:《行政执法过错和错案责任追究办法》《行政处罚案件审批程序》《林地使用许可证核发条件和程序》《森林植物检疫办事程序》《木材运输证核发依据及程序》《集体(个人)林木采伐许可证办证程序》《木竹经营加工核准证的核发和年检制度》《申领"陆生野生动物驯养繁殖许可证"及"经营利用许可证"的程序》《申领"陆生野生动物运输证"的程序》《申领"特许猎捕证"、"猎捕证"及"狩猎证"的规定与办理程序》。

4月13日,省林业厅造林处副处长蓝晓光一行,到青田考察指导国有林场扭亏增盈工作。

5月25日,县林业局向省林业厅请示,要求省林业厅委托直接办理"出省木竹运输许可证",以利简便木材流通手续。此前须到地区林业局转办,严重制约青田木竹经营发展。省林业厅于6月发文予以准许。

9月29日,经省林业厅林种批〔1999〕79 号文件批复,青田县苗圃的隶属关系转归青田县城建局。

■ **2000 年**

1月18日,县林业局青林〔2000〕05 号《关于上报瓯江绿色长廊绿化启动工程实施方案的报告》上报县政府,瓯江青田段绿化工程启动。

2月14日,县林业局发文确认,全县 5 个国有林场如期实现省政府提出的"两年扭转亏损,三年全面盈利"目标。

4月26日,县林业局根据县政府 1999 年 82 号会议纪要发文,因县苗圃改变隶属关系而给予的行业补偿费 100 万,分配给石门洞林场 50 万元,八面湖等 4 个林场 50 万元,专项用于职工养老保险。

5月10日,县检察院、法院、公安局、监察局、工商局、林业局等 6 部门联合发文青林〔2000〕24 号,开展严厉打击破坏陆生野生动物资源违法犯罪活动专项斗争。

7月7日,县林业局成立"审批制度改革领导小组"。

11月20日,县林业局发文〔2000〕58 号、59 号、60 号、61 号、62 号,分别批复实施八面湖、大洋山、石门洞、金鸡山、峰山等 5 个国有林场的《森林经营方案(2001 ～ 2010 年)》。

■ **2001 年**

1月8日,县林业局发出青林〔2001〕03 号《转发省林业局关于启用新版林木采伐证的通知》,《通知》规定,自 2001 年 1 月 1 日起,启用国家林业局统一规定式样的新版《浙江省林木采伐许可证》,旧版《林木采伐许可证》同时废止。

1月17日,县林业局发文青林〔2001〕06 号,委托鹤城镇人民政府林区用火行政处罚权。

5月25日,经县政府批准,建立石门洞林场自然保护小区、高湖镇内冯村九门寨自然保护小区。

6月1日,"青田县林业局资产清查领导小组"成立,并随即开展林业系统的资产清理工作。

11月28日,县林业局编制的《青田县森林分类区划界定工作方案》获县政府批准;该《方案》实际区划生态公益林面积 127.1 万亩,其中国家级、省级、县级公益林面积分别为 51.3 万亩、73.1 万亩、2.7 万亩。

12月25日,县林业局退休干部管理服务工作领导小组调整。

是年，孙前杨梅（山鹤牌）获得"中国国际农业博览会名牌产品"和"浙江省国际农业博览会金奖"；2002 年又获得农业部绿色发展中心绿色农产品认证。

■ **2002 年**

2 月 22 日，省、市森林防火指挥部领导到青田指导检查森林防火工作，省防火指挥部杨主任对森林防火工作提出了七点建议：1. 抓认识，2. 抓责任，3. 抓基础，4. 抓重点，5. 抓查处，6. 抓机遇，7. 抓当前。

3 月 5 ～ 6 日，全县林业工作会议在林业局四楼会议室召开，局长包永海做题为《开拓创新，扎实工作，为努力完成林业各项任务而奋斗》的工作报告。

3 月 12 日，县五大班子领导、县直各机关部分干部、鹤城镇政府部分干部和瓯江绿色长廊建设志愿者等共 300 多人，到石郭村参加义务植树活动。

3 月 12 日，黄垟乡龙潭背至石平川公路两侧绿化工程以及 3 个尾矿坝绿化工程竣工。

3 月 20 日，浙江林学院科研处副处长余树全、浙江林学院生命科学学院副院长童再康以及教授楼炉焕、副教授金爱武等四位林学、生态学专家对青田林业进行考察与指导，并到瓯江沿岸、章旦和章村进行实地调查。

3 月 20 日，县林业局青林发〔2002〕24 号文件，成立森林案件技术鉴定小组。

4 月 2 日下午 5 时左右，龙卷风夹杂冰雹，袭击大洋山林场。一些大树被连根拔起，十条电线杆拦腰折断，一座 900 多平方米的厂房被摧毁，林场经济损失惨重。

4 月 28 日，祯埠乡开展了木制品行业"移动杯"劳动大赛。参赛的 20 名选手来自腊口镇、祯埠乡各个木制加工厂。经过激烈竞争，周君红以 53 分 40 秒时间制作完成三张躺椅，获得本次大赛的冠军。

5 月 15 ～ 16 日，省林业公安处处长兼省森林防火办副主任杨幼平、工程师贾伟江、市林业公安处处长蔡国栋一行，到高湖镇检查指导森林防火工作。

5 月 18 ～ 25 日，县科学技术协会在县大会堂广场举办了"科技活动周，科普活动周"的大型科技、农技宣传活动。县科协、林业局、中医院、农业局、水利局等单位参加。

5 月 31 日～ 6 月 3 日，县林业公安科对祯埠、舒桥两乡的 6 个行政村非法烧制木炭情况进行调查，共查处炭窑 14 座，并对非法烧制木炭的 20 余人进行处罚和教育。

7 月 12 日，北山林业站查获两袋国家二级野生保护动物虎纹蛙（计 10 多公斤，100 多只），并放归大自然。

7 月 24 日，县林业局、经贸局、工商局联合发文，并组织联合工作组，开展清理整顿木材经营（加工）秩序工作，关闭和取缔一批无证照的木材经营（加工）单位。

11 月 20 日，八面湖林场暨毗邻乡、村森林护林防火联防会议在章村乡政府召开，会议制订并通过《国有八面湖林场暨毗邻乡村护林防火联防公约》。

是年，县林业局根据省绿化委员会、省林业局《关于开展古树名木普查建档工作的通知》（浙绿委〔2002〕3 号）的要求，开展古树名木普查、建档工作。

■ **2003 年**

1 月 20 日，全县古树名木普查建档工作结束。经清查，全县古树名木总数 6710 株，其中散生 3407 株，古树群 151 个，群中古树 3303 株，共有 35 科 65 属 91 种。

3 月 24 日，省林业局副局长刑最荣、市林业局局长王瑞亮等，到青田检查绿化造林工作。

3月20日下午，县法院在季宅乡举行森林火灾现场宣判大会。李某某因祭坟引发森林火灾被判有期徒刑一年，缓刑两年。

3月25日，腊口林业站在祯埠乡小群村截获2只獾猪，将其放归大自然。

4月15日，县农口系统在水利局六楼会议室举行"十六大"主题教育知识竞赛。县农业局、林业局、水电局、国土资源局等代表队参加竞赛，林业局代表队荣获三等奖。

4月15日，县林业局、工商局联合在鹤城镇开展打击保护野生动物的"春雷行动"。在县城宾馆、饭店、菜市场等地，共查获国家二级保护动物穿山甲肉3公斤、省级保护动物眼镜蛇2条、齿纹蛙和虎纹蛙100多只。

4月9日，大洋山林场林区公路开始施工，按合同工期，6月30日前开通。

4月22日，县林业局部署"非典型肺炎"预防工作，要求全县林业干部要从"讲政治、保稳定"的高度出发，把预防非典型肺炎作为当前的头等大事来抓，各林业站、林场要做好值班和汇报工作。

5月1日，石门洞风景区的"圣水茶楼"建成并开始试营业。茶室可一次性容纳150人喝茶、娱乐。

5月26日，市林业局在青田主持召开滩坑电站林业政策处理座谈会。参加会议的有省林业局、市林业局、省森林资源监测中心、省滩坑电站筹备处、景宁县林业局、青田县林业局、县滩坑电站指挥部、青田县移民办等单位。座谈会对滩坑电站库区的林木采伐管理、古树名木保护、林地征占用审批管理以及基础设施复建方案等议题进行讨论。

6月，阜山乡周西坑村、吴庄垟村4株树龄200年以上古树发生柳杉毛虫危害。县森防站技术人员对其进行烟雾灭杀。

6月16日，国家级森林病虫害中心测报点培训会在林业局四楼会议室举行，全县16名测报员参加培训。市森防站副站长杨晓丽率两位专家到会授课。

12月，国家林业局发文，石门洞森林公园晋升为国家级森林公园。

是年，海口镇南江村发生黄栎枯叶蛾虫危害。市、县林业局组织技术人员采取防治措施，虫情得到有效控制。

■ 2004年

1月9日，县委、县政府召开全县森林防火工作紧急会议，全县31个乡、镇一把手及森林防火指挥部成员单位参加会议。

1月23日，国家油茶科学中心专家组专家团队姚小华、费学谦、任华东、王开良等，到青田指导油茶产业发展。

1月29日～2月16日，森林公安突击打击破坏森林资源犯罪分子，查处森林刑事案件8起，刑事拘留7人，取保候审1人。

2月7日，县森林警察大队破获一起故意放火烧山案件，犯罪嫌疑人徐某某交代故意放火烧山后可以砍伐火烧树卖钱的犯罪经过，被县公安机关刑事拘留。

3月9日，由团县委、县林业局、中国青田网共同主办的全民义务植树活动在油竹东堡山举行。活动全程以网络论坛跟帖形式报名，多个社会团体和近千名志愿者报名参加，共栽下香柚、东方杉等树种苗木4000余株。

5月6日，市林业局总工程师丁丽惠到青田千峡湖管委会、北山镇调研指导林业工作，并实地踏勘林相改造、造林地现场。

5月7～8日，国家林业局驻上海森林资源监督专员办事处处长骆天勇、省林业厅资源林政处处长卢苗海一行到青田县检查金丽温天然气输气管道工程使用林地情况。

6月28日，县委、县政府发布青委〔2004〕33号《关于全面推进林业可持续发展的意见》。意见分8个部分19条；全面规划青田县今后一个时期内林业发展的总体思路和目标任务，对生态建设、产业发展、林业体制改革等提出规划和建议。

11月26日，省林业生态工程管理中心主任李土生到青田县检查生态公益林建设情况。

是年，县林业局从亚林所引进的10个高产、优质油茶新品种接穗，经高技换种嫁接，成活率超过80%。

■ **2005年**

1月31日，县公安局、林业局联合发出青林〔2005〕2号《关于成立青田县严厉打击非法猎捕陆生野生动物专项行动领导小组的通知》，领导小组下设办公室，址设县林业局森林警察大队，办公室主任由森林警察大队大队长担任，办公室成员由警察大队2名警察组成。

3月2日，省林业厅副厅长陈蓬一行，到祯埠乡小群村、温溪镇沙埠村检查春季绿化造林和迹地更新工作。

3月10日，县委书记卢春中、县长邝平正率县四套班子、在城各机关单位100多名干部冒雨参加油竹移民新区后山植树造林。

4月2～10日，省、市森林防火指挥部派督查组到青田县督查指导森林防火工作。

10月28日，省电信有限公司发出浙电有限市传〔2005〕224号《关于开通森林防火报警电话"12119"号码的通知》，确定"12119"为森林火灾报警专用号码，可免费拨打报警。

11月15日，县森林防火指挥部对万山乡森林防火工作和高湖镇森林消防队伍建设进行通报表彰。

11月18日，县森林防火指挥部出台《青田县乡镇村级护林防火巡查员考核办法》。

■ **2006年**

3月，县委、县政府发出青委办〔2006〕37号《关于延长山林承包期工作的通知》，决定对责任山承包期统一延长至2055年12月31日。通过"延包"工作，全县明晰产权面积280.8万亩，换发"林权证"7283份，换发率达99.7%，林地变更、注销登记332份，续签责任山承包合同49535份。共建立"延包"档案7920卷。

7月1日，中国·青田刘基文化研讨会在石门洞林场举行。省内外专家学者，省、市、县领导以及社会人士约80人参加。温州市社科院专门发来贺电。丽水学院副院长、丽水市刘基文化研究会会长吕立汉和刘基文化研究民间学者留葆祺分别捐赠了《刘基考证》《千古文豪—刘基》等著作。

9月15日，浙江省第三届林业科技活动周丽水分会场活动在章村乡举行，亚林所研究员姚小华、市林业局局长吴善印、市科协主席金崇华、副县长钟秋毫等领导参加开幕式。

10月24日，省林业厅副厅长祁宏到青田检查山林"延包"工作。市林业局副局长严轶华、县副县长钟秋毫等领导参加汇报会。

12月9～10日，省林业厅项目验收小组通过对青田县、景宁县的森林重点火险区综合治理项目建设竣工验收。

12月13～15日,全市林业统计会议在青田县召开,市林业局副局长王智勇及各县(市、区)统计人员参加会议。

12月12日,方山乡龙现村被命名为第三批浙江省绿化示范村。

12月13日,章旦乡红罗山林业休闲观光园被命名为浙江省首批林业观光园区。

■ 2007 年

1月17～24日,县林业局组织打击破坏阔叶林资源违法犯罪的专项整治行动,没收杂木6.5万公斤,林政处罚11000元。

1月31日,省林业厅副厅长陈国富到丽水市中心医院看望峰山林场职工吴某某患白血病的女儿,并向其捐赠人民币2万元。

2月26日,县委书记王通林带队到章村乡调研油茶产业发展情况。

2月27日,省林业厅公安局局长吴黎明、生态办主任李土生到青田,就祯埠乡金水村信访案件展开调研,并进行现场答复。

4月11日,县人民法院在小舟山乡状头自然村召开现场公审大会,县人民检察院派员出庭支持公诉。经审理,被告人杨某某因上坟祭奠引发森林火灾,一审判处其有期徒刑五年。

4月12日,全市林业财务管理工作会议在青田召开。

4月29日,县编办发文批复,设立"青田县林权服务管理中心"和"青田县森林资源收储中心",核定事业编制21名。

5月2日,省林业厅厅长陈铁雄到峰山林场和八面湖林场调研。

5月15日,县森林警察大队在莲都区成功抓获潜逃三年之久的森林火灾犯罪嫌疑人石某某。

6月13日,全市"绿盾护林"检疫执法培训班在丽水举办。青田县森防站做典型发言。会议肯定并表扬青田"绿盾护林"检疫执法宣传车深入林区、乡镇、森工企业进行宣传的做法。

6月20日,青田县承担的省林业重点科技项目—油茶优质高效标准化栽培及精深加工技术通过市林业局专家组的验收评审。

7月16日,林业厅林业建设基金管理服务中心主任方仁柱一行四人,到青田检查2004～2005年度森林生态效益补助资金使用情况。

7月16日,石门洞国家级森林公园AAA级旅游区资质,通过省旅游局A级旅游区复核检查组的第三次复核。

7月24日,省林业厅森林公安局副局长张鸣中视察青田县森林灾害远程视频预警监控系统运转情况。

7月31日,"青田县林权服务管理中心"和"青田县森林资源收储中心"举行挂牌仪式,市林业局副局长熊水旺、副县长钟秋毫等参加揭牌仪式。

8月4日,省林业厅副厅长祁宏视察县林权服务管理中心和森林资源收储中心。

8月15日,县人民法院公开审理青田首例非法猎捕、杀害珍贵、濒危野生动物一案。被告人刘某某一审被判处有期徒刑一年,缓刑两年,并处罚金5000元。

9月20日,县林业局工会召开全体会员大会,采取无记名投票和差额选举办法,选举产生林业局第六届工会委员会。柳松树当选为第六届工会主席,刘小燕、陈振中当选为副主席;刘小燕兼任女工委员会主任,陈振中兼任经费审查委员会主任。

10月17日,根据县政府青政发〔2007〕89号文件,青田县森源森林资产储备有限公司成立。

10月26日，青田县林权抵押贷款启动仪式在章村信用社举行。县委书记王通林打电话祝贺；县人民银行、信用联社、林业局等有关部门负责人和林农代表参加启动仪式。

10月30日，县森林警察大队在祯旺乡查处犯罪嫌疑人叶某某非法捕杀国家二级保护动物——鬣羚（俗称山羊）案件，缴获鬣羚皮两张。

11月11日，全市林业工作会议在青田召开。

12月14日，副省长茅临生到青田调研指导林业工作，省办公厅副主任陈龙，省林业厅厅长楼国华，丽水市市长陈荣高，市林业局局长吴善印，青田县县长邝平正，副县长钟秋毫，县林业局局长张立总等陪同调研。

是年，青田全面完成国家级中心测报点固定样地观测点标志牌更换工作。

■ 2008 年

1月22日，业主叶建仲筹资66多万元建成的青田县第一家人工繁育黄麂、野兔等陆生野生动物驯养生态养殖基地落户东源镇周济村。

1月23日，《青田县瓯江生态景观林规划》通过评审论证。评审组由市林业局专家组和青田县人大、财政、发改、国土、建设、扶贫办、卫生、农业、电大、旅游、环保等部门的领导和专家组成。

2月19日，省森林公安局局长吴黎明、省林火监测中心主任李永胜一行到青田调研森林消防工作。

2月29日，青田县召开森林防火紧急会议。县委书记王通林出席会议并做重要讲话，首次提出将严处防火工作失职、渎职及组织不力的干部。

3月7日，县森防检疫站对一批在例行检查中发现的无证调运木质包装箱进行集中销毁。

3月31日，县森林消防指挥部、林业局、民政局联合向社会各界组织、团体及广大人民群众发出《文明祭奠保护森林倡议书》。

4月10日，县委常委会议审议通过《石门洞林场人员分流方案》，石门洞林场的改革改制工作进入具体实施阶段。

4月12日，腊口镇发现猫科野生动物踪迹。市野生动植物保护协会专家认为，可能是豹留下来的脚印。

4月18～21日，由县林业局、体育局联合举办的第二届"林业杯"乒乓球锦标赛在夏康体育馆举行，来自全县31个机关、企事业单位的39支代表队参加，经过为时四天的激烈角逐，仁宫乡代表队获得团体冠军，县林业局代表队荣获第三名。

5月2日，由县森林消防指挥部举办的"宣传森林防火，送百场电影下乡"活动在鹤城镇一村拉开帷幕，200多名群众观看了森林消防宣教片和《妈妈再爱我一次》电影。该活动以电影的形式，在全县各地巡回放映，为期两个月。

5月4日，县森林警察大队禁种铲毒专项行动小组在鹤城镇某地铲除毒品原植物——罂粟近200株。

5月8日，永嘉县林业局局长郑文荣率副局长周俊武、流转中心负责人到青田考察集体林权制度改革工作。县委书记王通林等领导陪同考察。

5月16日，县林业局组织援助地震同胞赈灾募捐活动。全局共50余人参加募捐，募捐资金 16200 元。

5 月 20 日，市委组织部陈科强率松阳县考察组，到青田参观考察油茶育苗技术示范基地和万亩油茶生态示范基地建设。

6 月 25 日，省督查组吴渭明一行，到青田县督查集体林权制度改革工作。

7 月 21 日，县法院在高湖镇中学就高湖村民丁某过失发生森林火灾一案进行公开审判，高湖镇干部、村两委成员以及附近群众近千人参加审判大会。

7 月 31 日，国家林业局驻合肥专员办事处处长王招英、副处长姜伟一行，到青田检查指导林地征占用管理工作情况。县四套班子领导陪同检查。

9 月 3 日，《青田县无公害杨梅标准化栽培推广示范项目》通过市林业局、市质量技术监督局等单位有关专家的初评。

11 月 25 日，青田县保护鸟类专项行动代号"候鸟三号行动"再次集中统一出击，在高湖镇东三村一制砖场内当场查获非法网捕的画眉鸟 25 只。

12 月 1 日，省绿化委员会发出浙绿委〔2008〕5 号文件，授予在国土绿化建设中取得突出成绩的 22 个单位为"省绿化模范单位"称号，青田中学榜上有名。

12 月 17 日，中央电视台第 7 套节目《致富经》栏目小组走进青田，专题采访油茶产业带动农民致富内容。

12 月 28 日，县委第 16 次常委会会议通过《青田县国有林场改革方案》。峰山、八面湖、金鸡山、大洋山四大国有林场被定位为公益性事业单位。

是年，产自祯埠乡小群村的休闲椅，首次进入美国市场，在美国华盛顿一家超市以每张 50 美元的价格出售。

是年，《青田县突发性重大林业有害生物灾害应急预案》出台。

■ 2009 年

1 月 9 日，县森林消防指挥部总指挥钟秋毫，带队看望慰问高湖、东源等森林消防中队，并代表指挥部赠送慰问金。

2 月 3 日，县林业局 2009 年春季免费送苗木下乡活动在章村乡举行，80 多名林农免费领到了 24 万株马尾松树苗。据统计，县林业局已连续 30 年免费给林农赠送苗木，共计 1.5 亿株。

2 月 24 日，县林业局与中国人民财产保险公司青田分公司正式签署保险合同，全县 310.6 万亩林地统一参加火灾保险，参保率达 100%。共计保费 133.02 万元。

3 月 1 日，县编办青编〔2009〕3 号文件批复，县木材检查站由差额拨款事业单位转为全额拨款事业单位。

3 月 3 日，浙江林学院教授、市林业局副局长金爱武到青田指导竹产业发展。

3 月 4 日，"九三"学社丽水市委会专职副主委、副教授胡美芳一行 9 人到青田调研油茶产业。

3 月 12 日，由县林业局主办、老年体协承办的青田县"林业杯"老年排球友谊赛在夏康体育馆举行。

3 月 15 日，国家林业局场圃总站总工张健民和森林公园管理处副处长陈鑫峰一行，到青田县调研指导森林公园建设。

4月1～2日，全市集体林权制度改革工作汇报会暨林改工作例会在青田召开。

4月5日，丽水市首个鱼腥草等药果蔬种植专业合作社在青田海口南江村成立。

4月10日，青田县完成102854户、122043本林权证的森林资源资产评估工作，并建立了林农森林资源资产评估数据库。

4月30日，国家林业局副局长祝列克、林改司司长张蕾、计资司副司长刘金富等领导，到青田视察林场改革与发展工作。

5月5～6日，全省油茶培育新技术培训会在青田举行。省林业厅副厅长吴鸿出席并讲话。

5月26日，省林业厅发文公布第一批油茶良种采穗圃，章旦乡章旦村坦洪头油茶基地在列，其油茶品系为长林3号、4号、23号、40号、53号。

6月12日，2009中国（青田）杨梅小姐大赛总决赛在温州广播电视总台演播厅进行，来自丽水学院的选手毛梦梦摘得杨梅小姐的桂冠。

6月27日，省林业厅副厅长俞坚到青田调研指导集体林权制度改革工作。

11月22日，丽水市首个省级森林火险自动监测站在石门洞林场建成并投入试运行。

12月11日，鹤城镇谢桥小区郭玉桓家庭和东苑小区叶汉如家庭，荣获省妇联和省环保厅颁发的"2009年浙江省绿色家庭"称号。

12月23日，石门洞、金鸡山、八面湖、大洋山、峰山等五个国有林场的《森林经营方案（2011—2020年）》，通过由县相关部门专家组成的评审组评审。

是年，船寮等8个乡镇设立林权管理分中心。

■ 2010年

1月8日，国家林业局油茶苗木质量检查组到青田检查指导油茶种苗质量工作。

2月1日，县政府出台《关于加快青田县油茶产业发展的若干意见》。

2月2日，青田县竹产业生产发展项目通过省检查组验收。

3月6日，县森林消防指挥部联合县教育局，在全县各中小学校举行"森林防火，人人有责"征文竞赛活动。

3月8日，中国森林防火吉祥物防火虎"威威"落户青田，分别安置在石门洞森林公园、千丝岩、九门寨等3个景区的入口处。

3月31日，青田县举行"龙泉林"建成揭碑仪式。龙泉市委副书记、市长梁忆南，青田县委副书记、县长徐光文为"龙泉林"建成揭碑，县委书记王通林为"龙泉林"石碑题词。

4月19日，国家林业局野生动植物保护司处长张德辉、省林业厅野生动植物保护管理总站站长丁良东等专家，到青田县威志光学有限公司考察鹦鹉养殖情况。

4月27日，省林业厅、省财政厅、省人保公司、省发改委等单位领导到青田调研林木火灾保险工作，并召开农业保险座谈会。

5月9日，全县中小学生"森林防火"征文比赛活动结果揭晓，共评选出一等奖10篇、二等奖20篇、三等奖50篇、优秀指导老师10名。

5月10日，县农村实用人才暨杨梅经纪人培训班开班，来自全县各乡镇的70多名杨梅经纪人参加培训。

5月21日，县林业局邀请全县11位油茶大户代表举行油茶产业生产发展座谈会。

6月1日，青田建信华侨村镇银行与青田林权服务管理中心签订《全面合作协议》，在无注入担保基本金的情况下，授信林权服务管理中心林权抵押贷款5000万元。

6月23日，中国社科院《丽水市生态休闲养生经济发展课题》课题组专家一行到青田调研生态休闲养生课题。

7月6日，省林业厅绩效考评组到青田对林业项目进行绩效考评。

7月21日，省农村发展研究中心特聘研究员、原《浙江日报》副总编钱吉寿一行到青田调研油茶产业。

8月4日，浙江农林大学天目学院党总支书记杨黎明、油茶研究专家黎章矩教授和戴文圣教授一行到青田调研油茶产业。

8月5日，省扶贫办、省财政厅等单位组成联合检查组，到金鸡山林场检查国有贫困林场扶贫资金项目。

8月9日，青田森茂绿化有限公司承担的"油茶良种芽苗砧嫁接育苗技术示范与推广"项目被列入2010年度浙江省农业科技成果转化资金项目，并获省财政经费15万元。

8月10日，省科技厅下达2010年度第一批浙江省公益性技术应用研究计划项目，由县林业技术推广站承担、浙江农林大学参加的"浙江红花油茶种质资源库的建立及优质资源筛选"榜上有名。

9月15日，全市生态公益林建设管理座谈会在青田召开，9县（市、区）林业局公益林管理负责人和技术人员参加会议。

9月18日，市"135"工程督查组到青田督查生态文明村创建工作。

10月13日，县林业局、农业局和高速公路等部门，组织人员联合对金丽温高速公路青田段沿线的植物检疫对象——加拿大一枝黄花，进行拔除并焚烧。

10月13日，同济大学丽水中药研究院、浙江省棉麻研究所、磐安县中药材研究所、省科技特派员等专家到岭根乡实地调研中草药种植情况。

10月14日，县政府召开第十四届三十三次常务会议，讨论并通过《关于2010年油茶产业化发展扶持实施细则》。

10月22日，省林业调查规划设计院专家到青田开展千峡湖山体修复与保护（生态景观林建设）总体规划调研工作。

11月24日，杭州市拱墅区侨联和拱墅区企业家协会率油茶考察团到青田县考察油茶产业发展情况。

11月27日，省林科院副院长柳新红一行到青田调研中药材产业——树型金银花项目。

12月18日，泰国农业部清迈皇家农业研究中心所长Vthai率专家组到青田考察油茶产业生产发展情况。亚林所经济林专家、副研究员任华东陪同考察。

12月24日，县林业局召开全县狩猎队年会。全县5支狩猎队队长、狩猎队所属乡镇分管领导参加会议。

■ **2011年**

1月18日，省林业厅副厅长张全洲到青田调研国有林场改革与发展工作。

2月23日，县委召开2010年度全县党建工作会议，县林业局荣获2010年度"民生贡献奖"。

2月22日，省林业厅生态管理中心副主任邱瑶德到青田调研指导滩坑库区生态公益林补助资金发放工作。

3月14日，县林业局在全县范围内开展"县树、县花"征集评选活动。

3月16日，青田县上报的"油茶皂甙型油田专用泡沫剂"项目被国家科技部列入2011年度第一批科技型中小企业技术创新基金项目。

5月10日，祯旺乡吴畲村村民王某因非法种植罂粟被县森林警察大队刑事拘留。并铲除王某种植的罂粟1860株。

5月10日，新华社浙江分社记者一行到青田开展国有林场改革专题调研，并与县相关部门负责人进行交流座谈。

5月21日，国家林业局野生动植物保护司处长助理张静、全国鸟类环志中心主任陆军、北京林业大学及北京动物园等鸟类研究专家教授到青田县威志光学有限公司考察鹦鹉养殖情况。

5月27日，县第三届机关运动会开幕，县林业局组团参加篮球、象棋、田径、趣味等七大项目的角逐。

6月1日，青田省级科技富民强县专项行动计划"油茶栽培、加工关键技术集成与应用"项目，通过省科技检查组中期检查。

7月5日，县林业局举办"打造绿色青田，共享生态文明"为主题的生态知识宣传活动，分别在县政府大院与4个小区进行图片巡回展览。

7月14日，全省杨梅产业发展论坛在青田召开。省、市林农专家，杨梅主产区乡镇负责人，杨梅种植大户、营销大户、专业合作社，加工企业的代表，齐聚侨乡青田，参与杨梅产业发展论坛。省农业厅农产品质量监督处处长王建伟、浙江大学教授叶明儿、省农业厅经济作物局推广研究员孙钧先后做《农产品质量安全形势报告》《杨梅精品化生产技术》《浙江杨梅产业现状与发展对策》演讲。

8月20日，由浙江青田腾鹤茶油有限公司承担的"清香型茶叶籽油生产新工艺研究及产业化开发"项目被列入2011年度省级重大科技专项计划。

9月1日，青田县省级重大专项项目——"基于中草药的杨梅生物保鲜关键技术研究与示范"被省科技厅正式批准通过验收。

9月26日，县编办批准设立"青田县公益林管理中心"，确定该管理中心为公益类事业单位，并落实人员编制。

11月6日，科技部下达2011年度国家科技计划项目，青田县申报的"油茶良种芽苗砧嫁接育苗技术产业化"项目被列入国家星火计划。

11月14日，省林业厅副厅长杨幼平率林业生态工程中心主任李土生等一行7人到青田县调研公益林建设情况。

是年，县林业局将1万份印有"勤俭持家福自临，森林防火春常在"等内容的新春对联，免费发放到广大农户家中。

■ 2012年

1月12日，县林业局举行离退休干部迎春茶话会。局有关领导与老同志欢聚一堂，喜迎新春，共叙林业发展。

2月11日，创建国家森林城市考核验收组到石门洞森林公园进行实地考察。省林业厅副厅长杨幼平、市林业局局长邝平正、副县长叶群力等陪同考察。

2月14日，青田县"油茶无性系良种繁育及早实丰产栽培技术示范"项目评审会召开。市林业局总工程师丁丽慧、市林科院院长叶荣华等 6 名专家参加评审。项目顺利通过专家评审。

2 月 23 日，浙江青田生态乐园开工典礼在高市乡高市村举行。丽水、温州两市相关部门负责人，温州商界代表等出席开工典礼。该生态乐园占地面积约 320 亩，总投资 3.5 亿元，是石门洞创 5A 景区的重大项目之一。

3 月 29 日，县政府发布森林消防禁火令，规定 3 月 31 日～4 月 10 日为全县森林禁火期，林区严禁上坟烧纸钱、烧坟草、烧灰积肥、烧田坎草、炼山等一切野外用火行为,违者将依法严处。

4 月 8 日，全县农村工作会议召开，县林业局被评为 2011 年度新农村建设工作先进单位。

4 月 12 日，青田县接收国家和省森林防火专项资金 40 万元,创建国家森林防火物资储备库，配置风力灭火机、阻燃服、灭火拍、油锯、砍刀等扑火物资。

4 月 20 日，县林业局组织进行松材线虫病防控工作。聘请市专业防治队伍到青田为百年以上古松就诊开方，采用"松材线虫病免疫启动剂"给松树吊针。

5 月 1 日，丽水市广播电视总台《进村入企暨百姓热线》到舒桥乡进行现场直播，市、县职能部门和服务机构在现场开展一系列服务活动，全乡近千人接受服务。当地乡镇主要领导、油茶种植产业带头人及村干部等人接受直播访谈。

5 月 15 日，四个国有林场进行"场财局管"改革，即实行"预算共编、账户统设、集中收付、票据统管"为主要内容的预算管理方式。林场各项收入全部纳入县林业局指定的统一账户，由县林业局统一核算和管理，国有林场撤销会计建制，只保留报账员。

6 月 10 日，由县林业技术推广站主持完成的"油茶无性系引种选育及早实丰产栽培技术示范推广"项目，获省第十二届科技兴林二等奖。

7 月 8 日,在杭州"2012 浙江生态日"现场会上,方山乡被命名为"浙江省生态文明教育基地"。

7 月 16 日，县林业局行政审批窗口被评为县政府行政审批半年度"红旗窗口"。

7 月 18 日，由省财政厅、林业厅、农业厅、水利厅组成的省级木本油料产业提升项目绩效考评小组，到青田开展 2011 年度油茶绩效考评工作。

12 月 3 日，县召开人才工作暨科学技术大会。会议为 3 位农业首席专家颁发了聘书。亚林所经济林研究室主任、博士生导师、研究员、国家油茶科学中心首席专家姚小华任油茶产业首席专家，县委书记徐光文为经济林博士后工作站进行现场授牌。

■ 2013 年

1 月 17 日，全市森林消防网格化管理工作现场会在青田召开。全市 9 县（区）及市白云山生态林场、市森林公安局代表参加会议，市林业局副局长叶菽茂到会并做重要讲话。

1 月 21 日，省林业有害生物防治检疫局副局长吾中良、测报科科长朱云锋一行到青田县检查指导工作，丽水市森防站站长麻建清陪同。

3 月 6 日，县委书记徐光文到县森林消防指挥部检查指导森林防火工作，县委常委、县委办主任章作飞陪同。

3 月 18 日，台州市玉环县林业局考察组到青田考察交流森林消防网格化管理工作。考察组实地参观汤垟乡网格防火管理现场，并进行经验交流。

3 月 21 日，温溪镇政府在江南榕堤栽下 100 株榕树，温溪古榕群又添新榕伴。

4 月 16～17 日，国家林业局驻上海专员办公室副专员王招英、省林业厅资源管理处处长卢苗海到青田县检查林地管理、林地保护利用规划修编、陆生野生动物疫病防治、森林防火等工作，凤阳山—百山祖国家级自然保护区管理局局长、市林业局党组副书记廖永平、副县长叶群力等领导陪同。

5月6日，县林业局举行向四川雅安地震灾区献爱心慈善募捐活动。全局干部职工心系灾区、情系灾民，共募集捐款6400元。

5月28日，亚林所博士舒金平带领2位研究生到章旦油茶基地开展油茶象甲防治试验。

5月31日，青田县生态公益林地籍管理信息系统建设项目验收会在县林业局会议室召开。省林业厅、省林业生态工程管理中心等单位领导、专家组成的验收组听取项目建设情况汇报，观看系统演示，并对系统功能进行测试。验收专家组一致通过该项目验收。

7月16日，县林业局承担的省科技计划—公益技术研究农业科技项目《浙江红花油茶种质资源库的建立及优质资源筛选》项目，通过省科技厅组织的专家组验收。

8月12日，浙江农林科技大学林业与生物技术学院院长、教授黄坚钦带领10位学生到青田调研油茶产业发展。

8月15日，全国油茶产业技术创新战略联盟工作会议暨国家油茶产业发展论坛在哈尔滨举行。青田县作为唯一县级应邀单位就油茶产业发展政策、做法与经验、科技支撑等做专题报告。会议对青田油茶发展模式做出高度评价，认为"其经验值得全国各地借鉴学习"。

9月3日，县农业产业化领导小组组织专家对《2012年青田县木本油料产业提升项目》进行检查验收。

10月26日，河南省沅陵县常务副县长谢德明带领农村金融服务体系办公室、林业局、人民银行等单位负责人一行12人到青田县考察林权抵押贷款及森林资源收储等工作。

11月4日，青田县林业行政许可培训会议召开，各乡镇、街道全体林业干部参加培训。

11月14日，内蒙古通辽市金融办主任杨国会带领考察组一行6人到青田考察交流集体林权制度改革与林业发展工作。

11月28～30日，县林业局联合县人事劳动社会保障局举办"2013年森林消防半专业扑火队员职业技能培训班"，全县417人参加培训。

■ 2014年

1月8～12日，县林业局在鹤城镇校场路举行原生态山茶油产品现场推介会。通过油茶知识专题展板、生态茶油压榨技艺展示、茶油现榨现卖和农家山茶油泡豆腐等传统工艺加工模式，吸引众多市民参加。活动期间共销售茶油5000多斤，销售额20余万元。

1月24日，青田县造林招投标开标会议在林业局四楼会议室召开。计划实施人工造林3800亩。通过资格审查，有11支农民造林队报名竞标。徐达民、章作铁、邹新民、朱如彬等4支农民造林队竞标成功四块标的，并当场签订造林合同。

3月19日，省林业厅副厅长杨幼平率检查组到青田检查指导春季造林和林业重点工作。市林业局总工程师丁丽惠、副县长叶群力陪同。

3月24日，景宁县林业局、发改局、社保局一行5人到青田调研国有林场改革开展情况。

4月21日，市禁种铲毒办公室会同青田县森林公安局、船寮派出所，在石盖洪岙村铲除两处罂粟种植点，对相关人员做出取保候审、治安拘留等处罚。

4月22～23日，全省木本油料产业提升项目验收会在青田召开。省林业厅科技处处长严晓素、造林处处长戴俊强、计财处处长韩国康和财政厅等相关领导，全省 43 个项目相关县、市分管领导及负责人参加会议。

4 月 28 日，青田县竹林高效培育与机械应用技术培训班在祯旺乡举行。培训班特邀湖州市林业局竹林专家高级工程师杨健担任主讲人，全县竹产业重点乡镇（街道）林技人员、合作社社员和竹业大户等 50 人参加培训。

5 月 5 日，市禁种铲毒专项行动领导小组副组长、市公安局副局长金珍，市森林公安局局长蔡国栋到青田泉山派出所检查指导禁种铲毒工作。

5 月 9 日，经县政府常务会议审议通过，《青田县林地经营权流转证登记管理办法（试行）》出台施行。该《办法》共 28 条，对林地经营权流转证登记、变更以及林地经营权证登记的内容和范围、承办机构、核发程序、受理期限等内容做出明确规定。

5 月 14～15 日，青田开展飞机作业防治松褐天牛试点工作，第一期防治面积 2.4 万亩。

7 月 25 日，省林业调查规划设计院专家到青田指导森林资源保护和林业建设发展成效调查工作。

8 月 21 日，青田县林地经营权流转登记工作开始，章村乡王华油茶合作社领到青田首本《林地经营权流转证》，章村乡九田山村 11 户村民的 360.2 亩林地流转给王华油茶合作社开发油茶基地的行为获法律确认。

8 月 26 日，省经融办地方金融处处长曾国章一行到青田调研林权抵押贷款交易平台工作，县人民银行、县林业局等有关单位领导陪同考察。

9 月 29 日，全市森林消防高压接力水泵灭火技能比赛在丽水市白云山林场举行，来自全市共 15 支扑火队参加比赛。代表青田参赛的仁宫乡钓滩森林扑火队勇夺二等奖，市白云山林场扑火队摘取第一名桂冠。

10 月 14 日，山东省肥城市农经办主任肖勇一行 7 人到青田考察林权抵押贷款及林地流转等工作。县农村产权制度改革办公室、金融办、林业局等单位相关领导陪同考察。

11 月 1 日，青田县企业组团参加 2014 义乌森博会。共有 3 家企业、6 个展位、10 多种产品在森博会上亮相，分别为茶油、办公家具、休闲椅、行军床等。

11 月 9 日，省林业厅现代林业园区验收组第二组对青田县陈诚故乡毛竹精品园创建点进行考核验收。

12 月，时年 82 岁的县人民法院离休老干部陈英年，嘱咐子女以后丧事简办，慷慨捐资 10 万元，用于植树造林，其行动获高度评价。2015 年 4 月，县林业局领导代表县绿化委员会，授予陈英年"绿化贡献奖"奖状。

是年，根据省林业厅浙林资〔2014〕35 号文件通知，县林业局开展林地变更调查，并启动新一轮森林资源二类调查。

是年，县林业局建设网格化森林消防模式，为全县 542 名护林员配备 GPS 卫星定位手机。

第一编 自然环境

第一章 地 质

　　青田县地处浙东南沿海火山活动带内，以晚侏罗世火山活动最为强烈。火山岩分布面积占全县面积的 90% 以上。由于地壳的总体抬升，地形切割不剧，后期岩浆活动破坏甚微，有的火山洼地与构造火山盆地仍残留其原始形态的面貌。

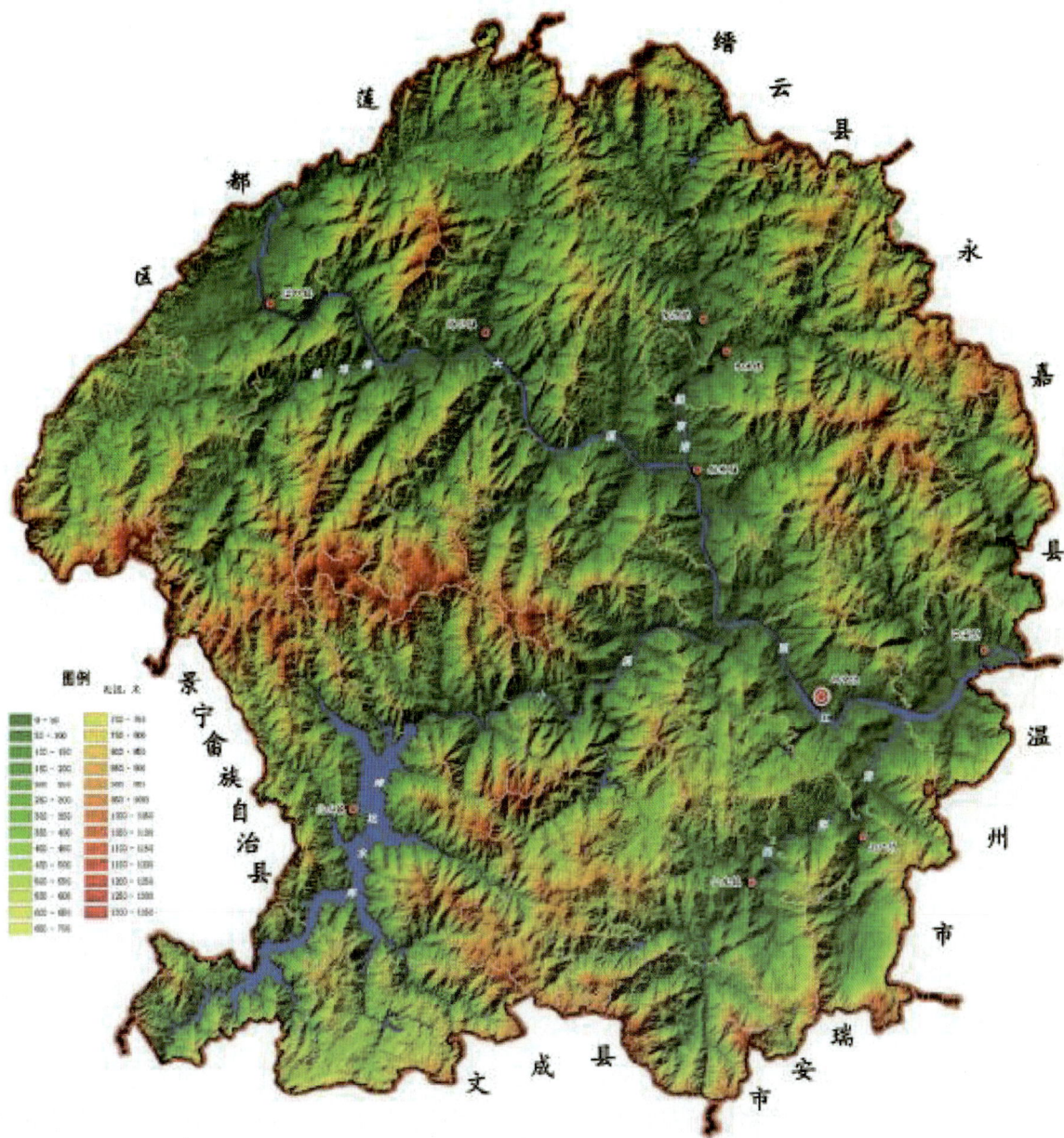

图 1-1-0-1 青田县地形图

第一节　地　层

青田县境内出露的地层有上古生界鹤溪群变质岩和中生界火山—沉积岩，以后者为主遍布全县。此外，沟谷两岸还有新生界地层发育。

一、上古生界鹤溪群

为一套浅变质岩，低绿片岩相千枚岩——云母片岩类建造，零星显露在芝溪头、陈村垟、夏西坑等地。岩性自上而下为大理岩、绿泥石片岩、石墨片岩、白云母片岩、石英岩、白云石英片岩、白云斜长片麻岩、绢云千枚岩、石墨白云片岩等。其原岩为砂岩、泥质粉砂岩、页岩、炭质页岩、白云质灰岩组合，为浅海沉积的岩相组合。地层厚度大于 340 米。当时的青田是一片汪洋大海。

二、中侏罗统毛弄群

仅见陈村垟一处，出露面积为 0.2 平方公里，不整合覆盖于鹤溪群之上。其岩性上部为块状砂砾岩、凝灰质含砾岩屑砂岩、粉砂岩；下部为中至厚层状凝灰质粉砂岩、粉砂质泥岩夹透镜状黑色炭质页岩、粉砂岩、产植物化石，为一套火山构造盆地型沉积，同时已有较弱的火山喷发活动。地层厚度 184 米。

三、上侏罗统磨石山群

为一层巨厚的火山——沉积岩系，按岩性组合由老至新进一步划分为大爽组、高坞组、西山头组、九里坪组和祝村组。

（一）**大爽组**　仅见陈村垟一处，由成层性较好的火山沉积岩组成。与下伏毛弄组呈不整合接触或超覆于鹤溪群之上。岩性由流纹质（含砾）晶屑玻屑凝灰岩夹球泡流纹（斑）岩组成，底砾岩中有时可见基底混合花岗岩之砾石，地层厚度 136 米。当时已有较强的火山喷发活动。

（二）**高坞组**　主要出露在船寮—石平川和海口等地，通常构成火山穹隆之核部，与下伏大爽组为整合接触，岩性逐渐过渡。本组岩性为单一的灰、紫灰色块状流纹质晶屑熔结凝灰岩、晶屑凝灰岩，偶夹紫红色或黄绿色凝灰质粉砂岩。地层厚度 633～1464 米。当时火山活动强烈，以喷发作用为主，局部有水体沉积。

（三）**西山头组**　是境内出露最广的地层单位，面积 2000 余平方公里，占全县面积的 80% 以上。岩性为流纹质溶结凝灰岩夹英安质晶屑岩屑凝灰岩、英安岩和沉积岩。沉积岩中产叶肢介等动物化石。在塘后、孙坑一带的火山洼地内本层沉积岩岩性组合为粉砂岩、泥岩、灰岩，地层厚度约为 2508 米。这时的火山活动为间歇性火山喷发，在火山喷发间歇期，火山洼地与破火山口内有较多的湖泊，形成沉积岩。

（四）**九里坪组**　在西南八龙山一带分布较广，一般出露位置较高。岩性较单一，主要为灰白色流纹岩，下部为英安质熔结凝灰岩和流纹质玻屑（熔结）凝灰岩。地层厚度 237.4 米。这个时期为火山强烈喷发期。

（五）**祝村组**　仅见于石帆以西与丽水分界处。岩性：上部为碱性流纹斑岩；中部为含钛磁铁矿粗砂岩等沉积岩，产植物化石及叶肢介淡水甲壳类化石；下部为安山—英安质角砾凝灰（熔）岩。地层厚度为 1900 米。这个时期的火山为间歇性喷发，火山活动强度已减弱，波及范围大大缩小。

四、下白垩统

主要分布于西北部章村—石帆一带，分馆头组和朝川组。

（一）馆头组　章村一带出露最广。与下伏祝村组为不整合接触，局部超覆于九里坪组之上。岩性：上部为杂色中薄层泥岩夹薄层泥灰岩、岩屑砂岩、安山玄武岩；中部为砂泥岩；下部为块状砾岩。地层厚度约500米。

（二）朝川组　与下伏铺头组为整合接触。岩性：上段为紫红色砂砾岩、泥岩、粉砂岩、含钙质结核；下段为橄榄玄武岩、粗玄岩，地层厚度约635米。

馆头组和朝川组岩性组合特点反映当时以内陆湖河相沉积为主，伴有火山喷溢活动，火山活动减弱。

五、第四系

主要为全新统冲积层。较集中分布于瓯江、大溪、小溪及其支流的谷地中。岩性由砾石层及薄层砂组成。唯温溪、港头一带有海相淤泥亚黏土及泥炭沉积，证明海水曾到达温溪、港头一带，地层厚度2～65米。

第二节　构　造

青田县处于华南褶皱系北东段的浙东南褶皱带内。按构造运动旋回，大致可分为2个构造层、4个亚构造层。海西—印支期构造层零星出露，由鹤溪群浅变质岩组成，为基底构造层；燕山期构造层晚于海西—印支期构造层，由侏罗纪—白垩纪火山—沉积岩系组成，分布遍及全境，与基底岩层呈角度不整合接触。燕山期构造层按火山活动旋回、接触关系等由下至上又可细分为以下3个亚构造层。构造形迹以断裂为主，褶皱不发育，断裂构造按其相互切截关系可分为4组，以北东向断裂形成最早，依次为近南北向、东西向与北西向。

一、北东向断裂带

主要有两个断裂带，分布于章村—海口与石平川—鹤城镇之间。前者大体相当于丽水—余姚深断裂带通过的部位，挤压破碎带宽20公里，片理化、劈理带发育，控制着章村构造火山盆地与海溪火山穹窿的成生和发展；后者斜贯县境，由3～4条断裂组成，挤压劈理带亦较发育，局部宽达100米左右，并有石英正长斑岩、安山岩、流纹斑岩岩脉与黄铁矿、镜铁矿矿脉的充填。本断裂带控制着石平川火山穹隆、王费潭火山洼地与塘后火山洼地的成生和发展。

二、近南北向断裂带

本组断裂遍及全县，瓯江南岸比较发育，主要断裂有四条：北山—陈村垟、夏西坑—长处原、吴岸—船寮、山口—油竹。挤压带长30～50公里，宽10米左右，基本上呈等距（约10公里）分布，控制着后羊山破火山口、王费潭火山洼地、方岩背破火山口的成生和发展，对叶蜡石、高岭石矿的形成起控制作用。

三、东西向断裂带

本组断裂不甚发育，见于陈村垟钓滩、平桥、海溪等地。断裂挤压带多呈80度方向展布，断裂面南倾，倾角80度左右，断裂规模一般较小，切割北东向及东西向断裂，又被北西断裂所截。

四、北西向断裂带

本组断裂遍及全县，基本上呈等距分布，比较大的断裂带间隔 10 公里左右，小的断裂带间距 3～5 公里。均呈 300 度左右走向，断裂面向北东倾斜，倾角 70 度左右，破碎带宽 20～50 米，为张扭性断裂。其中有中酸性岩脉充填，切割上述各次断裂和火山构造，对青田的钼、铅锌、叶蜡石、高岭石等起破坏作用。

上述四组断裂对青田的地貌格局有着重要的控制作用，河流、沟谷的形成与发展基本上受到断裂的控制，形成北东、近南北向、北西向的沟谷。

附：地震

青田属东南沿海二等地震区东北段，接近三等地震区。据省地震科学研究所的边界划分，属弱震密度分散区，位于浙南地区两条地震较为活动的断裂带之间。发震极少，基本稳定。据史志载：明天顺八年（1464 年）地震（雍正《处州府志》卷十六）；清咸丰三年（1853 年）六月，"大雨十昼夜，雨前数日，地震，声如雷鸣，日夜不绝，鸡犬不鸣月余。"（光绪《青田县志》卷十七）；清同治五年（1866 年）九月十四日，地震（《浙江近代革命史》）；民国 11 年 7 月，地震（《浙江省历史地震年表》）。

第二章　地　貌

图 1-2-0-1 青田县地势图

青田地形复杂，切割强烈，以丘陵低山为主，地势自西向东倾斜。沿瓯江两侧分布着大小不一的河谷平原，以石帆、船寮、温溪、油竹等河谷平原较大。山间有方山、阜山、海溪等盆地。海拔 50 米以上的河谷平原仅占 4.64%，山间盆地占 0.05%，丘陵和山地占 95.31%。河川均属瓯江水系，水资源丰富。

第一节　河谷平原

全县主要河谷平原如下：

1. 王岙、舒桥管庄源两岸和石帆、浮弋沿江一带，有一片呈东北向西南走向的河谷平原，长约 24 公里（径距，下同），东北部宽 1～2 公里，西南面宽约 4 公里，最宽处约 6 公里，面积约 78 平方公里，海拔 25～50 米。

2.祯埠港和章村港两岸,长约 20 公里,宽 1～2 公里。祯旺源两岸长约 9 公里,宽 1 公里左右,面积约 39 平方公里,海拔 100～250 米。

3.从海口南岸至海溪,长约 12 公里,宽约 2 公里,面积约 24 平方公里,海拔 30～180 米。

4.以船寮、东源为中心,东至十一都源,东南至大路源,西南至石盖源,西至芝溪源,北至季宅坑,为青田最大的河谷平原。南北长约 24 公里,东西宽约 17 公里,东北至西南约 20 公里,面积约 152 平方公里,海拔 25～50 米。

5.小溪沿岸,从湖边至岭根乡小吾源坑谷,长约 53 公里,宽 1～4 公里,面积约 132.5 平方公里,海拔 25～100 米。

6.鹤城镇、石溪、湖边,东南—西北走向,长约 12 公里,宽约 3～4 公里,面积约 42 平方公里,海拔 12～25 米。

7.港头、温溪至贵岙源,南北长约 14 公里,宽 2～8 公里,面积约 35 平方公里,海拔 10 米。是青田最肥沃的土地。

8.四都港两岸,港口到方山,长约 15.5 公里,宽 2～3 公里;山口至汤垟,长约 17 公里,宽 2～3 公里,面积 82.5 平方公里,海拔均在 150 米以上。

此外,东面的石洞源,大溪高市源、雄溪源、官坑源河谷,面积各约 2～4 平方公里,海拔均在 50～100 米之间。

第二节　山间盆地

一、方山盆地

方山盆地在县东南,为群山环抱的小盆地。东有东山、殿后降寨,和温州市瓯海区交界;南有奇云山、干坑坳,和瑞安市为邻;西有锅盖档头、双尖头,和仁庄镇相连;北有上庄山、方岩背,与山口镇接壤。四周都有长岭,相对高度达 400～500 米,东西宽约 4 公里,南北长约 10 公里。从东南的白沙岭脚至西北龙根村约 7 公里。盆地面积约 30 平方公里。

二、阜山盆地

阜山,旧名阜阳,又称大岭阜,在县城西南 25 公里。盆地面积 48.7 平方公里,海拔 465～520 米。西北部多山,东南部低平。七源垟、叶处垟、斋堂垟、王费潭垟、周宅垟、垟肚垟、朱田垟、陈宅垟等,垟垟相接,土地平整肥沃。间有岗丘起伏,真隐寺尖、关刀尖山峰突起。阜山溪流自南向北绕王费潭,经叶处与自七源坑南下的溪流汇合,转向西北,至百丈漈直下龙潭,地势骤降百米,复向西北汇黄龙坑来水,至双坑口又汇双垟来水,曲折北流出境。

三、海溪盆地

海溪盆地位于县城西北 34 公里,东接季宅、良川,南邻祯埠、舒桥,北靠王岙。四周有金岗圩寨、擂鼓山尖、镜架山、龙须洞、北银坑山。东西长约 9 公里,南北宽约 3.5 公里,总面积约 31.5 平方公里。海溪港横贯中部,支流汇集后出东江,至海口入大溪。海拔均在 50～100 米之间。

第三节 山 脉

县境地处浙南中低山丘陵区。瓯江以北属括苍山脉，瓯江以南属洞宫山脉。

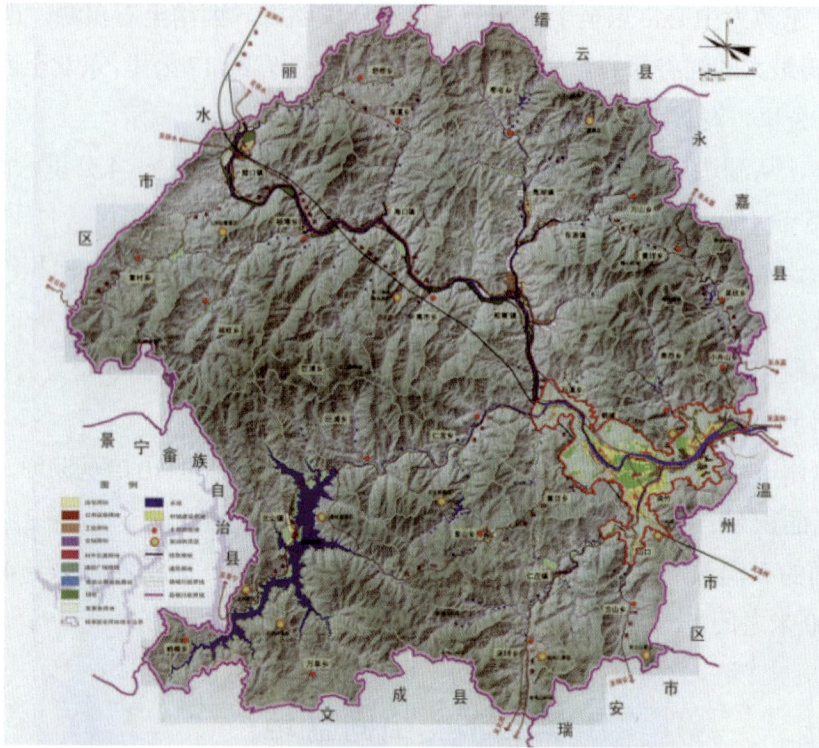

图 1-2-3-1 青田县山脉分布图

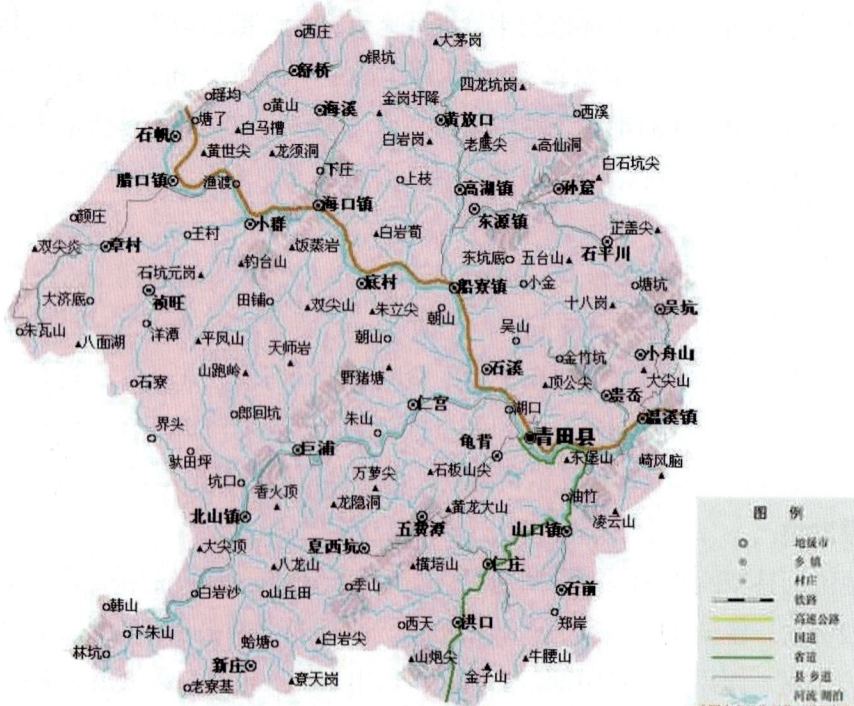

图 1-2-3-2 青田县山峰分布图

一、括苍山脉

括苍山脉绵亘于临海、黄岩、仙居，缙云、永嘉、青田、丽水诸县市之间，呈西南—东北走向。平均海拔800米左右，最高的大洋山尖，在缙云县东南，海拔1500.6米。大洋山尖分两支：一支向西延伸，在青田、缙云、丽水界上的有大猫岗（1101米）、水空阔头（1042米）、五府尖（1045米）、双鸡治（842米）、老鹰岩（908米），止于丽水市好溪谷地。一支向东南延伸，在青田、缙云、永嘉界上的有四龙坑岗（1043米）、高尖头（1025米）、黄泥垄905米、白石坑尖（926米）、双桥（946米）、正盖尖（1050米）、脑公山（1025米），止于青田、永嘉界上的瓯江边。

从大猫岗、水空阔头向西延伸有无孙岩（947米），至王岙、舒桥、海溪界上的有金山尖（639米）、擂鼓尖（814米）。向西南延伸的有龙须洞（1221米）、外岩洞（1115米），止于小群。从龙须洞向西，至舒桥、祯埠、石帆界上有白马槽（934米），至石帆有黄世尖（641米）。

从水空阔头向南伸展，在海溪、芝溪之间有金岗圩降（894米）、五峰寨（616米）、白岩笋（790米）、毛山（751米）。从金岗圩降向东南延伸，有白岩岗（679米），再向南延伸至赤岩后山（479米）。

从四龙坑岗、高尖头向东南伸展，有老鹰岩（745米）、高仙洞（923米）。

从双桥向西南伸展，有五台山（1190米）突起，分为3支：

一支向西伸展，在平桥、东源、大路界上有大草山（1092米）、四岗尖（917米）、直顶岩（730米）、饭蒸岩216米，止于船寮港东岸。

一支向西南伸展至大路、石溪界上，有尖刀山（944米）、陈山头尖（642米），止于瓯江边。从尖刀山向南伸，有饭蒸坦（945米）、顶公尖（932米），止于沙埠。从五台山至顶公尖、老虎坪的山棱，是青田和永嘉的老具界。顶公尖西南麓有石龟山，山上有巨石，形如龟。又有太鹤山，南麓是青田县城，县东有马鞍山，为东关水口，上有巽塔。顶公尖东南，距县城10公里，有小石门山。

一支向东南伸展，有风门坳（650米）、大尖山（909米），止于温溪镇。

二、洞宫山脉

洞宫山脉绵延于浙闽边境，呈西南—东北走向，一般海拔在1000～1500米之间。在青田县境内分为两支：大溪、小溪之间为北支；小溪、瓯江以南为南支。

（一）洞宫山北支 伸展至县境分两支，一支向东北，在青田、丽水界上有石步尖（1071米）、大尖山（927米）、大梁山（868米）。大梁山以东，临江有石帆山，状如樯帆。从大尖山向东伸展，有狮子头（313米）、雷草山（784米）。

另一支向东伸展入境，八面湖（1389米）是青田的第一高峰，从此向东伸展，过平凤山（1059米）、山炮岭（1318米）、天师岩（1274米）、野猪塘（972米）约40公里，自此山势下降，直到湖边乡大溪边，是大溪小溪的分水岭。千米以上的山峰大都集中于此。

八面湖分两支：一支向北延伸，在章村、祯旺界上有火烧尖（842米）、大油源头（976米）、毛山尖（703米）。一支向东南延伸，直抵岭根埠。青田、景宁的县界，即以此棱线划分。山尖有上路湾（1129米）、隆头（813米）、大尖顶（904米）。小溪之水，受此棱线压迫，折而向南，绕过棱线末端才顺利东流。

平凤山分两支：一支向北延伸，有仰天岗（1161米）、石坑源岗（937米）、尖峰后（493米）、钓台山（735米）、官田丘山（482米）。一支向南延伸，有仰天河（1256米）、丰门岩背（1101米），直至小溪边。

从山炮岭向北，有师姑湖（1123米）、石笋尖（1029米）、香西坑尖（887米）、饭蒸岩（835米）至大溪南岸。一支向南走，有瑶科岗头（1040米）、分水吞岭（1196米）、笔架山（762米）。

从天师岩向东北延伸有双尖山（903米）、道士冠（819米）。道士冠东麓有石门山，临大溪南岸，两峰壁立，高数十丈，对峙如门，深入为洞，可容数千人，石门坑有瀑布五级，最低一级高112.5米。向东南有白岩背（1005米）、大库山（590米）、万正尖（1076米）、高椅尖（855米）。

野猪塘向北伸有茅山坪（1105米）、朱立尖（804米）。

（二）洞宫山脉南支 从文成县南田台地西侧和北侧（700～800米）的山冈，沿青田文成县界上伸展的有龙天岗（1027米），分两支：一支向东伸，有四方山尖（1150米）、山炮尖（1130米）、金鸡山尖（1321米）。金鸡山在县南30公里，卓立如巾，绝顶可望福建、温州、台州等地。上有龙漱、牛腰山（1017米）、奇云山（1165米，海拔900米以上的面积约6平方公里，山顶有奇云山水库和龙潭湖）。

沿青田、瑞安界北上，与温州市瓯海区交界，有东山尖（990米）、朝底山（916米）、凌云山（1009米），止于瓯江边。凌云山位于县东10公里，高出众山。金鸡山向北伸有彭山尖（1037米）。牛腰山向北伸有黄前山（1134米）、双尖头、方岩背（829米）。方岩背东麓有白洋山（光绪《青田县志》卷十七称"阁公方山"），盛产青田石。

龙天岗向东北伸延，有白岩尖（1025米）、双尖（964米）、横培山（994米），过陈半山、大安岭，直到瓯江边的东堡山（404米），此棱线为四都港和小溪的分水岭。东堡山又名文笔山，在县东5公里，如人"端冕正笏"。从双尖向四北伸，有后坪山（1157米）、香火顶（1101米）。后坪山向东北伸展有龙隐洞（1291米）、饭笋尖（1050米）。从横培山向北分两支，一支向北西延伸，有金岗寨（810米）、兰尖（902米）。一支向东北延伸有黄龙大山（930米）、石板山尖（1033米）、葫芦尖（881米）、彭岗寨（677米）、佛顶山（653米）。佛顶山向东南伸展2.5公里，有披云山，又称登云山，高数百丈，如云翔波涌。

第三章　水　系

青田县内河流属瓯江水系。主要有瓯江、大溪（瓯江干流一段）及支流小溪。瓯江上游龙泉溪发源于庆元、龙泉市两县交界的锅帽尖北麓，经龙泉、云和县至丽水市大港头西纳松阴溪后称大溪，在青田湖边与小溪汇合后至温溪下花门出境，过温州入东海。全长388公里，总落差1080米，流域总面积为17958平方公里。

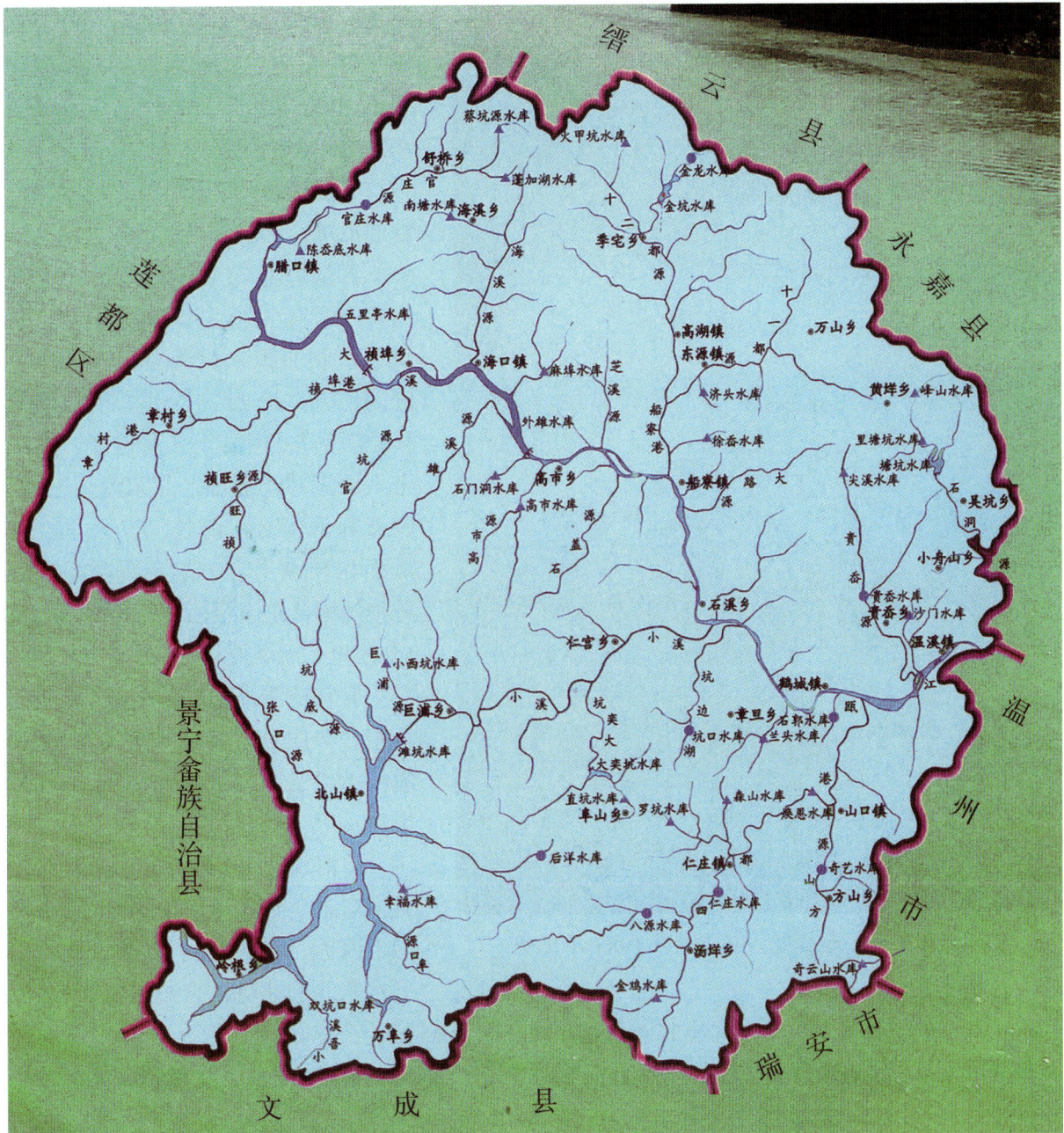

图 1-3-0-1 青田县水系图

第一节 大 溪

    大溪是瓯江中游河段，上起龙泉溪与支流松阴溪汇合处（丽水市大港头），自丽水风化村入县境，经腊口、祯埠、海口、高市、船寮、石溪等乡镇在湖边村与小溪汇合。县境段长 56.4 公里，落差 30.1 米，河宽 200～400 米，流域面积 510 平方公里，平均径流量 316.55 立方米／秒，平均年径流总量 80 亿立方米。大溪在县境内有 12 条支流：

    1. 管庄源　又名十七都港，源出舒桥乡凉亭前，西南流径蔡坑、王岙、叶店、叶村，入舒桥，

图 1-3-1-1 大溪雄溪至石门洞段（1983 年摄）

至朱林前入管庄水库（库容 100 万立方米），复出管庄过瑶均、武溪至汪里入大溪。全长 23.8 公里，流域面积 97.58 平方公里。

2. 腊溪坑　源出浮弋三星罗，东流经凉坑、腊溪，至坑口入大溪。

3. 祯埠港　上源分两支：一支章村源，源出八面湖主峰西麓，北流至坑根，复曲折东北流至王村，与祯旺源汇合。长 28.75 公里，流域面积 105.87 平方公里；一支祯旺源，发源于八面湖林场北部，北东流至王村，与章村源汇合，流长 17.7 公里，流域面积 85.9 平方公里，两源汇合后称祯埠港，东流至祯埠入大溪，流长 5.9 公里，流域面积 12.48 平方公里。

4. 官坑源　源出平凤山，北流经坑根、兆庄、大叫，至官坑入大溪。流长 16.2 公里，流域面积 31 平方公里。

5. 海溪港（海口源）　源出龙须洞山东麓，横贯海溪乡中部，经正教寺、西园，至黄花垟附近与发源于王岙东北的北坑汇合，过东江西部，经东江、乌处、海口入大溪。流长 15.6 公里，流域面积 65 平方公里。

6. 雄溪源　源出石门洞林场西南部分水岭岙，经田铺、瓦窑坪、庵前，至雄溪入大溪。流长 16.9 公里，流域面积 55.5 平方公里。

7. 高市源　上分东西两源，东源起自东源头，北流至西源口和发源于陈宫岭西北面经上铺、中铺、外铺的西源汇合，复东流过高市底村、外村入大溪。流长 12 公里，流域面积 32 平方公里。

8. 芝溪源　源出上枝，经上畈、垟肚、芝溪入大溪。流长 9.5 公里，流域面积 24.78 平方公里。

9. 石盖源　发源于仁宫乡高岱，经乌坦、石盖，至石盖口入大溪。流长 9 公里，流域面积 24.25 平方公里。

10. 船寮港　发源于缙云县大洋山西麓，南流过黄放口、松渠口、良川、桐川、高湖、东三至红光和十一都源汇合，复过舒庄、徐岙，至船寮入大溪。从季宅乡的林老至船寮，长 38.1 公里，流域面积 215 平方公里。小支流有季宅坑、内冯坑、外黄坑、桐川坑。东支十一都源，发源于平桥乡的驮寮，经平溪、平桥与石平川来水相汇，过周庄、上叶、东源、上项、红光入船寮港，流长 24 公里，流域面积 72 平方公里。

11. 大路源　发源于黄垟乡白刀岭潭，过圩头西行，经小金、叶庄、大路，至大垟入大溪，流长 10.8 公里，流域面积 29 平方公里。

12. 石溪坑　源出东山和考坑二处，至国垟汇合，经林村、后垟，至石溪口入大溪。

大溪在县境内，落差 30.1 米，每一片滩下有一潭，滩名和潭名基本相同。自上而下有 37 个滩潭：仙滩、陈山埠、苦竹、酒漏洪、摆旗、旗鼓、浮弋、腊口、三塘汇、锦水、渔渡、五里亭、祯埠、官坑、小群、老鸦嘴、高沙、海口、介阜、下井、练峃、港头埠、石桥头、高市、戈溪、镜架坛、石盖口、耙拿溜、白猫坛、船寮、滩头、天西井、西岸、雷石、牛埠、东峃、下白浦等。

第二节　小　溪

小溪是瓯江的最大支流，源出洞宫山脉大毛峰（庆元县境内），东北流过景宁畲族自治县后入县境，经岭根、张口、北山、坑底、巨浦、仁宫等乡镇入瓯江，全长 223 公里，流域面积 3556 平方公里，其中县境段长 47.3 公里，流域面积 361.6 平方公里，平均径流量 132.9 立方米/秒。平均年径流总量 36 亿立方米。

小溪在县境内有 10 条支流：

1. 岭根坑　又名小吾源，源出文成县上坦坑，经林坑村、七方坑、铁沙济，在岭根西南入小溪。流长 19.15 公里。县内流域面积 10.1 平方公里。

2. 阜口源　发源于万阜乡西南底垟村，北流至滩坑入小溪。流长 15 公里，流域面积 55 平方公里。

3. 万阜坑　南支发源于寮天岗，东支发源于白岩尖，两支在吴仲圩汇合，过车垟，至阜口入小溪。

4. 七源坑　即张口源，发源于坑底乡郑坑。经李坑入张口，过鲍源、茶园、底垟、张口入小溪。长 21.4 公

图 1-3-2-1 小溪北山段（1988 年淹没于滩坑水库）

里，流域面积 25 平方公里。

5. 仁村源　发源于双垟乡垟坑，经仁村至底凉亭，汇后垟水库（库容 108 万立方米）来水，西流过黄库至北山西南入小溪，流长 16.1 公里，流域面积 15 平方公里。

6. 三源坑　又名坑底源，发源于祯旺乡外村，经樟树湾，陈村垟叶段、坑口入小溪。流长 8 公里，流域面积 20 平方公里。

7. 郎回坑　源于石门洞林场，南流至郎回坑口入小溪。

8. 巨浦源　源于石门洞林场南麓，至小西坑，汇西坑来水，至巨浦入小溪。流长 9.7 公里，流域面积 32 平方公里。

9. 大奕源　发源于双垟乡坑头垟，绕阜山王费潭，至叶处突然跌落，形成飞瀑，高达百丈，名百丈漈。至双坑口，汇双垟乡来水，曲折北流，经岩下背、大奕坑，至大奕入小溪，流长 18.6 公里，流域面积 67 平方公里。

10. 仁宫坑　源于石门洞林场东南，东流过仁宫入小溪。

第三节　瓯　江

大溪与小溪在湖边汇合始称瓯江，经鹤城镇、温溪镇至下花门入永嘉，经温州市，在灵昆岛分流入温州湾。县境段长 26.2 公里，流域面积 135 平方公里，平均径流量 469.54 立方米／秒，平均年径流总量 140 亿立方米。

县境内注入瓯江的支流除小溪外尚有 7 条：

1. 湖边源　发源于章旦乡西面的小坑，注入坑口水库（库容 230 万立方米），流经外旦郑坑下、鹤城镇的姜处，至下司呑东北面入瓯江，流长 11.3 公里，流域面积 27 平方公里。

2. 水碓坑　发源于顶公尖下，经金田，至鹤城镇西门外入瓯江。坑畔原有水碓 11 座，故名。

3. 石郭源　章旦七星堂、金坑之水，东北流注入石郭水库（库容 323 万立方米，1965 年 5 月建成发电），过电站出石郭入瓯江，全长 9 公里，流域面积 18 平方公里。

4. 四都港　又名顾溪。主流源出古洞山和石门坳，东流过汤垟乡的田龙、黄泥坦入仁庄镇的八源、雅林，至吴岸汇汤垟溪水，东北流至仁庄，汇垟心溪与孙山溪水，东流经阮垟、冯垟、大田、雅陈、大安至山口，和方山溪（又称灵溪）汇合，向东北流过油竹，纳半坑来水，出彭括，于溪口入瓯江。全长 40.8 公里，流域面积 289 平方公里。四都港的小支流有汤垟溪、垟心溪、孙山溪、方山溪、半坑等 5 条。

5. 港头坑　发源于凌云山脚，至垟心、寺下汇东西诸小水，至港头入瓯江。

6. 贵呑源　发源于尖刀山，汇东西诸小水流，经孙坑入贵呑水库和金竹坑来水汇合，东南流过占呑、贵呑、林呑，至洲头入瓯江。长 16.5 公里，流域面积 74.4 平方公里。

7. 石洞源　发源于石平川附近，经塘坑、石洞入永嘉县，过红星、桥头，于朱涂入瓯江。长 15.5 公里，流域面积 80.2 平方公里。

瓯江在县境内落差 7.6 米，水流比较平稳，石溪滩、钉头滩、北岸滩以下即是城西南的十里长潭，1958 年建造瓯江电站时，开山劈石堆塞深潭，附近沙石逐渐淤积，深潭变浅。2014 年三溪口电站建成发电，深潭、溪滩不复存在。

图 1-3-3-1 瓯江鹤城段

第四章 土 壤

青田县内裸露地表与成土有关的岩石主要有四种，以凝灰岩为主，占90%，其次是花岗岩，还有浅色或紫色凝灰岩和中基性岩。根据全县土壤普查结果，全县土壤种类有红壤、黄壤、潮土、水稻土4个土类、9个亚类、28个土属、68个土种。土壤面积366.74万亩，占总面积的98.06%。

第一节 红 壤

红壤分布在海拔700米以下的山地，面积249.92万亩，占全县土壤面积的68.15%，是青田分布最广的土类。土壤呈红色或黄红色，土层厚薄不等，质地黏重，有机质与全氮含量较低。有机质含量一般在0.4%～2.5%，全氮0.3%～0.8%，有酸性反应，盐基饱和度和吸收容量都较低，速效磷、速效钾缺乏，保水保肥力较弱，肥力较差。适宜发展马尾松、油茶和常绿阔叶林；在土层深厚的地方，可以有选择地发展杉木、毛竹和经济林木。

本土类有红壤亚类的红泥土、红黏土等2个土属；黄红壤亚类的黄泥土、砂黏质红土、粉红泥土、红松泥4个土属；侵蚀型红壤亚类的石砂土、白石砂土和岩秃土3个土属，土层厚度和肥力以黄红壤、红壤2类较优。侵蚀型红壤，一般土层浅薄，肥力较差。在造林树种选择上，要注意适地适树。

表 1-4-1-1 青田县红壤土类面积及分布

亚类	土属	土 种		分 布
		名 称	面积（亩）	
红壤	红泥土	红泥土	22519	温溪、山口、鹤城等镇
		红泥砂土	14458	山口、仁庄、汤垟、方山等乡镇
	红黏土	红黏土	12705	鹤城、腊口、仁庄、贵岙等乡镇
黄红壤	黄泥土	厚层黄泥土	189691	山麓平缓处
		黄泥土	146630	厚层黄泥土的上坡
		厚层黄砂土	87393	全县各乡镇均有分布
		黄泥砂土	260777	北山、船寮、万山、鹤城等乡镇
		厚层黄砾泥	136470	全县低山丘陵
		黄砾泥	835584	全县各乡镇广泛分布
	砂黏质红土	砂黏质红土	33635	汤垟、仁庄等乡镇
	粉红泥土	粉红泥土	9032	东源、船寮二镇
		紫粉泥土	55335	章村、腊口、万阜等乡镇
	红松泥	红松泥		船寮镇戈溪村
侵蚀型红壤	石砂土	石砂土	638623	全县各乡镇
	白石砂土	白石砂土	50410	鹤城、舒桥、海溪等乡镇
	岩秃	岩秃	5934	零星分布

第二节　黄　壤

　　黄壤分布在海拔 700 米以上的山地，有 71.77 万亩，占土壤面积的 19.57％。有黄壤、侵蚀型黄壤 2 个亚类：黄壤亚类分山地黄泥土、山地黄泥砂土、山地黄黏土 3 个土属；侵蚀型黄壤亚类占黄壤土类的 17％，仅山地石砂土 1 个土属。

　　黄壤亚类土层一般较厚，壤质或轻黏质，有机质含量较高，是较好的森林土壤。适宜发展杉木、柳杉、毛竹、黄山松和阔叶树。

表 1-4-2-1 青田县黄壤土类面积及分布

亚类	土属	土 种		分 布
		名 称	面积（亩）	
黄壤	山地黄泥土	山地黄泥土	266558	海拔 700 米以上的山区
		山地黄砾泥	216986	海溪乡龙须洞、北山等处
		山地香灰土	39170	海拔 700 米以上的山区
	山地黄泥砂土	山地黄泥砂土	71317	海拔 700 米以上的山区
	山地黄黏土	山地黄黏土	2252	祯埠尖山
侵蚀型黄壤	山地石砂土	山地石砂土	114704	祯埠、祯旺、北山等乡镇
		山地石岬香灰土	6595	双垟、阜山等地

第三节　潮　土

　　潮土分布在瓯江两边的河漫滩和圩地，有潮土亚类，分洪积泥砂土、清水砂和培泥砂土 3 个土属，面积有 4.83 万亩，占全县土壤面积的 1.32%，PH 值 6.0 左右，土层深厚，肥力较好。适宜发展柑橘、蚕桑、水竹、马尾松、枫杨等。

表 1-4-3-1 青田县潮土土类面积及分布

亚类	土属	土　种		分　布
		名　称	面积（亩）	
潮 土	洪积泥砂土	洪积泥砂土	1604	洪积扇前缘、山谷滩地
		砾石滩	5628	各溪港沿岸
	清水砂	清水砂	4340	瓯江大、小溪沿岸
		飞砂土	7948	
		溪滩壳	2241	北山等处溪边
		卵石滩	23705	溪边成片露出水面
	培泥砂土	培泥砂土	1933	溪、江沿岸
		培泥土	2211	

第四节　水稻土

　　水稻土有 40.22 万亩，占全县土壤面积的 10.96%，分布在不同高度的村居附近，有机质含量高，土质好，是耕地的主要土壤。

表 1-4-4-1 青田县水稻土土类面积及分布

亚类	土属	土　种		分　布
		名　称	面积（亩）	
渗 育 型	山地黄泥田	山地黄泥田	4184	黄垟、仁庄、贵岙、章旦、小舟山、祯埠等乡镇
		山地沙性黄泥田	3040	双垟、大路等地
		山地焦砾塥黄泥田	666	吴坑、巨浦、北山、章村等乡镇
	黄泥田	黄泥田	101684	海溪等地
		砂性黄泥田	45869	
		焦砾塥黄泥田	9102	
	白沙田	白沙田	15402	
	红泥田	红泥田	6381	温溪、山口等镇
		砂性红泥田	5909	船寮、东源、方山、温溪等乡镇
		红黏田	8906	零星分布在章旦、贵岙、腊口、山口等乡镇
		焦砾塥红泥田	570	方山乡

续表 1-4-4-1

亚类	土属	土　种		分　布
		名　称	面积（亩）	
潴育型	山地黄泥沙田	山地黄泥沙田	10488	阜山、万阜、黄垟等高山谷地
	黄泥沙田	黄泥沙田	109459	全县各乡镇
		黄大泥田	5644	章旦、鹤城等乡镇
	黄泥沙田	焦砾塥黄泥沙田	3255	贵岙乡
		白塥黄泥沙田	942	仁庄、章村等乡镇
		青心黄泥沙田	2656	阜山、舒桥、章村、万阜等乡
		黄泥粗沙田	6037	舒桥、章旦、鹤城、仁庄等乡镇
		紫黄泥沙田	5075	章村、腊口等乡镇
	洪积泥沙田	山谷泥沙田	17365	山间谷地、溪流沿岸
		山谷焦砾塥泥沙田	8783	山间谷地、溪流沿岸
		谷口泥沙田	4722	山口洪积扇上
		谷口焦砾塥泥沙田	1442	山口洪积扇上
	泥沙田	泥沙田	5550	北山、海口、高市、船寮、温溪、祯埠、油竹等乡镇
		焦砾塥泥沙田	448	北山、巨浦等乡镇
		白塥泥沙田	179	船寮镇石盖等地
		溪滩田	978	河边溪滩新垦田畈
	培泥沙田	培泥沙田	7366	大溪、小溪、瓯江沿岸
		培泥田	5093	温溪、船寮、腊口、祯埠、仁宫等乡镇
		沙田	1239	祯埠乡
潜育型	烂灰田	烂灰沙田	406	阜山、万阜等乡镇
		白塥烂灰田	171	贵岙、阜山等乡镇
	烂瀹田	烂瀹	106	章旦横山烂糊垄等地
		烂黄泥田	464	祯旺、章村、鹤城、阜山等地
		青黄泥沙田	1354	船寮镇石盖、北山镇张口等地
	烂泥田	烂泥沙田	112	温溪镇港头
		烂泥沙田	96	温溪镇塘里岙

第五章 气 候

青田属中亚热带季风气候区、温暖湿润，四季分明，因地形复杂，海拔高度悬殊，气候存在着垂直带。

1959年，青田县气象站在鹤城镇鸣山坪（海拔57米）设立。1963年7月撤销，1970年恢复。1978年后，先后设立峰山、东源、浮弋、阜山、马岭头、坑口水库等气象哨。1990年更名为青田县气象局。

青田县气象局观测的项目有气温、地温、降水、日照、风、气压、湿度、蒸发、雷暴等。

图 1-5-0-1 青田县气象局全貌

第一节 气 温

青田县是浙江省年平均气温最高的地区之一。据县气象局（站）多年统计数据显示，县境1971—2007年年平均气温18.5℃，最低年平均气温17.7℃（1984年），最高年平均气温20.0℃（2006年）。县内海拔100米以下的河谷低丘地区，年平均气温19℃左右；海拔200~300米的丘陵地区年平均气温18℃左右；海拔400~600米的丘陵低山区，年平均气温16~17℃；800米以上的山区，年平均气温14℃以下。海拔每升高100米，年平均气温降低约0.6℃。

一年中1月份气温最低，平均气温7.95℃。一般年份极端最低气温-2～-3℃，县城极端最低气温-5.3℃（1973年12月26日）。西北部河谷地区极端最低气温比同高度的东南部地区低2～3℃；阜山盆地海拔490米处，1983年12月31日，最低气温达-10.9℃。

一年中以7月份最热，平均气温28.7℃，极端最高气温40.9℃（1988年7月21日，县城）。

表 1-5-1-1 青田县各地月平均气温

单位：℃

站名	青田县气象站	东源气象哨	浮弋气象哨	滩坑气象哨	马岭头气象哨	坑口气象哨	阜山气象哨	峰山气象哨
海拔（米）	57	45	50	54	230	460	490	810
1 月	7.7	6.8	6.6	7.9	5.3	5.0	4.8	2.7
2 月	8.6	8.4	8.4	9.3	7.0	6.0	6.0	3.6
3 月	12.0	12.0	12.6	13.0	11.1	9.6	9.9	7.6
4 月	17.3	17.4	18.3	18.2	16.8	15.0	15.2	12.9
5 月	21.6	21.7	22.3	22.1	20.8	19.0	19.2	16.6
6 月	25.3	25.3	25.8	25.8	24.5	22.7	22.9	20.4
7 月	28.7	28.8	29.1	29.0	27.8	26.0	26.1	23.9
8 月	28.1	28.2	28.6	28.2	27.1	25.3	25.3	23.1
9 月	25.0	24.7	24.6	25.3	23.4	22.2	22.1	19.8
10 月	20.6	20.1	20.1	20.6	18.9	17.7	17.6	15.4
11 月	14.9	13.9	13.8	14.8	12.5	11.9	11.6	9.7
12 月	9.7	8.5	8.4	9.7	7.1	7.0	6.4	5.1
全年均温	18.29	17.98	18.22	18.66	16.86	15.62	15.59	13.40
资料时期	1971~1987	1980~1983		1983	1980~1993			

注：摘自 1990 年版《青田县志》。

表 1-5-1-2 青田县历年各月气温极值（1971—2007 年，县城）

单位：℃

月份	极端最高气温			极端最低气温			月份	极端最高气温			极端最低气温		
	气温	出现年份	出现日期	气温	出现年份	出现日期		气温	出现年份	出现日期	气温	出现年份	出现日期
全年极值	41.2	2007	7.8	-5.3	1973	12.26	6	38.7	1989	6.14	13.3	1987	6.9
1	27.3	1972	1.24	-4.5	1977	1.31	7	40.9	1988	7.21	19.1	1982	7.2
2	29.8	1999	2.26	-3.7	1984	2.8	8	40.5	1989	8.13	18.0	1974	8.3
3	32.5	1988	3.14	-2.7	1986	3.2	9	40.1	1995	9.8	14.1	1988	9.27
4	34.2	1978	4.13	3.4	1991	4.2	10	36.7	2000	10.27	4.7	1978	10.3
5	39.3	1991	5.25	10.2	1987	5.5	11	31.7	1996	11.1	-0.3	1976	11.24
							12	25.8	1997	12.16	-5.3	1973	12.26

第二节　降　水

青田县是浙江省雨量较多的地区之一。据县气象局（站）统计，县境 1971—2007 年平均年降水量 1676.6 毫米，年均降水日数 171.2 天。由于地形的作用，降水地域差异较大。全县各地年平均降水量 1400～2200 毫米之间，总的分布特点是：东南部多，西北部少，高山多，河

谷少。海拔每升高 100 米，年降雨量增加 48 毫米左右。年际间变化较大，1990 年最多（2298.2 毫米），1978 年最少（1172.0 毫米），年际差 1126.2 毫米。一年中月降水日数 6 月最多，8 月次之，12 月最少。最大月降水量 290.2 毫米，（潘山雨量站 1961 ～ 1987 年资料），最多月降水日数 28 天（1980 年）。日降水量≥ 50 毫米的暴雨日数平均每年 4.5 天。一日最大降水量 203.3 毫米 (1996 年 8 月 1 日，县城)。

表 1-5-2-1 青田各地月平均降水

单位：毫米

水文站（雨量）名	圩仁	秋芦	船寮	白岩	五里亭	鹤城镇	吴岸	祯旺	潘山	黄垟
海拔（米）	20	20	50	50	50	57	120	140	630	700
1 月	42.3	43	41.6	43.1	41.9	36.5	46	47.7	48.2	59.5
2 月	72.9	74	69.6	78.6	76.8	74.1	77.6	84.3	80.1	90.5
3 月	109.4	112.8	106.5	116.1	113.6	113.1	116.8	122.4	128.8	147.8
4 月	116.3	163.7	162	180.5	166.4	161.1	178.3	183.5	193.3	191
5 月	197.2	199.6	191.1	206.9	189.2	183.6	220.1	208.5	215.4	223.1
6 月	238.7	249.8	235.6	263.7	259.7	230.9	268.5	278.4	290.2	284.9
7 月	183.3	210	137.8	177.7	158.3	187.9	213.2	153	183.2	219.7
8 月	233.2	266.3	154	209.8	166.6	248.2	267.5	175.8	207.6	275.1
9 月	207.9	222.4	160.4	186.2	146.6	185.6	263.1	179.7	159.7	204.2
10 月	90.7	95.3	72	84.1	72.6	98.9	98	86.6	88.2	104
11 月	52	52.9	45.4	44.7	49	51.1	55.2	54.6	54.3	57.5
12 月	35.8	38	32.9	36.9	38.9	30.9	39	44.8	46.9	48.3
全年降水量	1579.7	1727.8	1408.9	1628.3	1479.6	1601.9	1843.3	1619.3	1695.9	1905.6

注：资料时间，鹤城镇 1971—1978 年，其他各站 1961—1983 年。摘自 1990 年版《青田县志》。

单位：毫米

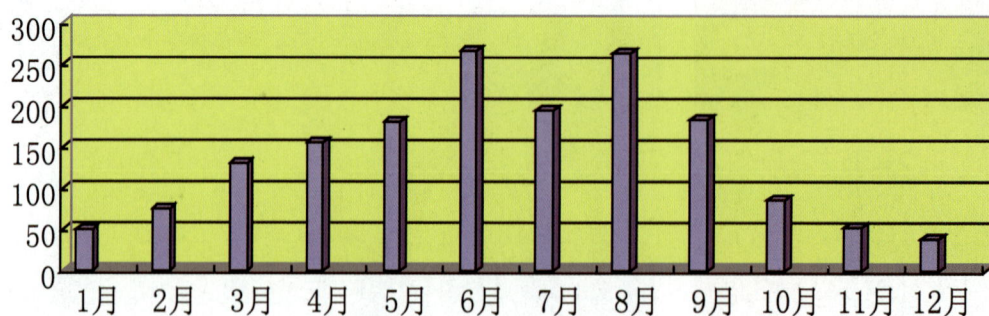

图 1-5-2-2 青田县历年 1 ～ 12 月平均降雨量分布图（1971—2007 年，县城）

第三节 日 照

据县气象局（站）统计，1971—2007 年，全县平均年日照总时数 1824.4 小时。日照受地形的影响较大，随着海拔的升高，日照时数减少。全年日照时数最多的是 2167.4 小时 (1971 年)，时数最少的是 1530.8 小时 (2000 年)，年际差 636.6 小时。一年中，7 月的日照时数最多，年均 216.5 小时；2 月的日照时数最少，年均 96.8 小时。月日照时数最多的是 1988 年 7 月，301.5 小时；最少的是 1990 年 2 月，为 35.6 小时。

单位：小时

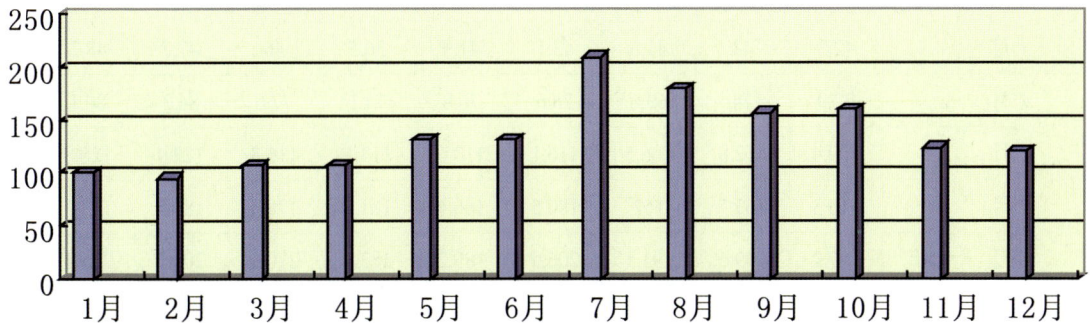

图 1-5-3-1 青田县月平均日照时数示意图（1994—2007 年）

第六章 自然灾害

青田县地处浙南中低山区，东南靠海，山高坡陡，自然灾害频发。夏秋季易发生伏旱；瓯江两岸洪涝频繁；台风影响严重；冬季山区低温冷害、大雪等对林业危害很大。

第一节 旱 灾

图 1-6-1-1 林木凋萎

图 1-6-1-2 树木受旱

青田县地处东南沿海，夏秋期间经常受太平洋副热带高压控制，炎热高温，易形成伏秋旱。伏秋旱的频率比秋冬旱明显偏大。白岩、潘山、祯旺、五里亭一带的干旱次数比其他地区多。据 1970—1983 年统计，一般两年一小旱，5 年一中旱。

图 1-6-1-3 人工增雨作业图

据有关资料记载，自宋乾道九年（1173 年）以来，青田县境内出现旱灾百余次，录载如下：

宋

乾道九年（1173 年）：久旱。（《宋史》）

淳熙元年（1174 年），旱相继。饥。（《宋史》）

元

至正十六年（1356 年）：大旱。（光绪《青田县志》卷十七）

明

建文四年（1402 年）：旱。（光绪《青田县志》卷十七）

正德五年（1510 年）：大旱，溪流几绝。（雍正《处州府志》卷十六）

嘉靖五年（1526 年）：旱，溪流几绝。（康熙《青田县志》）

清

康熙十年（1671 年）：五月二十七日至七月十三日，旱。（阜阳《周氏宗谱》）

嘉庆二十五年（1820 年）：六月，大旱、饥。（光绪《青田县志》卷十七）

道光十四年（1834 年）：大旱，饥。（光绪《青田县志》卷十七）

道光十五年（1835 年）：大旱三月。（光绪《青田县志》卷十七）

道光二十五年（1845 年）：六月，旱。（《浙江省气候史料》）

道光二十六年（1846 年）：六月，旱。（光绪《青田县志》卷十七）

中华民国

23 年（1934 年）：大旱。夏旱继秋旱。成灾面积 103553.4 亩。山裂树干，民食糠秕、草根。

33 年（1944 年）：旱。

34 年（1945 年）：夏旱。芒种以后两月无雨。

中华人民共和国

1951 年 8 月至 9 月中旬，大旱 40 天。

1953 年 7 月中旬至 8 月下旬，大旱 44 天。

1954 年 9 月上旬至 11 月中旬，秋旱 42 天。

1955 年 9 月中旬至 12 月，秋旱 80 天。

1956 年 6 月 8 日至 8 月 10 日，大旱 63 天，溪流几绝。

1957 年 6 月 26 日至 8 月 21 日，大旱 57 天，9 月，干旱月余。

1961 年，夏旱。

1962 年 10 月 21 日至次年 5 月 4 日，秋、春旱 196 天。

1963 年 7 月，旱。

1964 年 6 月 24 日至 8 月 3 日，大旱 41 天。

1967 年，大旱。溪流几绝，塘库干涸，许多山村饮水困难。

1968 年，大旱，受旱 5.78 万亩。溪流几绝，塘库干涸。

1969 年，大旱。溪流几绝，塘库干涸。

1976 年，大旱。

1983 年 7 月下旬至 8 月下旬中期，全县晴热。

1986 年 5～9 月发生严重干旱。浮弋、祯埠等地山上的松树被晒死。省、地、县有关部门组织技术力量，于 8 月 20 日～9 月 20 日在县境 8 个点进行人工降雨，发射催雨弹 1000 余枚，旱情稍有缓解。

1988 年 6 月 28 日～8 月 20 日持续高温天气，最高气温 40.9℃，最大日蒸发量 12.3 毫米。

1992 年 7 月 11 日～8 月 17 日，连续干旱 37 天。

1990 年 6 月 23 日～8 月 10 日，局部地区出现干旱，树木凋萎或枯死。稻田断水，晒白龟裂。全县水稻受旱 5.6 万亩，其中早稻 2.3 万亩，单季晚稻 3.3 万亩，以章村区受旱最重，其次是万山、船寮、北山等区。

1996 年 4 月 20 日～5 月 20 日，平均降雨量仅 31 毫米，是历史记载同期最低值。

1998 年 8 月初～8 月 27 日，腊口、北山等地旱情严重，局部地区树木凋萎或枯死。

2003 年 7 月 1 日～8 月 4 日，高温酷热少雨，全县干旱面积迅速扩大、灾情加重。农作物果树受旱面积 6.9 万亩，其中水果受旱面积 3.7 万亩。居民生活用电、用水告急，采取限电措施，全县有 5.06 万人饮用水困难。章村乡香菇专业户 150 万袋菌种因高温而发霉。

2003 年 11 月—2004 年 1 月，多晴少雨，气温明显偏高，雨量、雨日持续偏少。出现不同程度的旱情，以章村、舒桥、腊口、海口、季宅、东源、船寮、北山、巨浦等 10 余个乡镇最为严重。全县旱粮作物受灾 1.43 万亩，水果 5.25 万亩，蔬菜 3.33 万亩。部分工矿企业处于半停产状态；森林火灾频繁发生，居高不下，损失较重。全县有 5.8 万人发生饮用水困难。

2004 年 6～7 月，气温持续偏高，雨量、雨日持续偏少，月降水量只占常年同期的 22.3%，日照时数偏多。全县旱情迅速发展，中小型水库蓄水严重不足，农田大面积缺水，晒白干裂，50% 的单季晚稻无水插秧。7 月降水量比常年平均偏少 123.5 毫米，农田大面积缺水，晒白干裂，部分农作物枯死。全县 2.3 万人饮用水困难。一些地方牲畜饮水发生困难。因干旱农业经济损失达 2200 余万元。

第二节 水 灾

图 1-6-2-1 抢捞木材

图 1-6-2-2 洪水冲毁树木

瓯江流域是浙江省暴雨中心之一，沿江两岸历来洪涝频繁，1961—1983 年，圩仁站水位超过警戒线（10 米）的有 63 次，平均每年 2.7 次。超过危险水位（12 米）有 17 次，平均每年 0.7 次。据近 500 年气候历史资料记载：县内发生特大洪灾 24 次，其中灾情特重、群众记忆最深的是民国元年（1912 年）的大水。8 月 29 日，台风带来倾盆大雨，河水暴涨，圩仁水位达 19.49 米，超过警戒水位 9.49 米。白岩水位高达 60.26 米，超过警戒水位 10.26 米。《浙江朱都督政书》载："自八月杪以来，迭报水灾，青田一县，全城冲没"。《浙江公报》载："温处两属洪水奇灾，为百年来所未有，庆元、龙泉、遂昌、景宁、云和、缙云之水建瓴而下，丽水、青田、永嘉等县尽成泽国。连村漂没，田庐牲畜荡尽无存，横尸蔽江，枕藉相望。幸而存者，其饥寒冻馁颠沛流离之况，有非耳目所忍见闻，语言所可形容者"。

据有关资料记载，自唐显庆元年（656 年）以来，出现水灾百余次。

一、古代水灾

唐

显庆元年（656 年）九月，大水。（光绪《青田县志》卷十七）

总章二年（669 年）：六月，海溢，漂没官民庐舍，溺死人口无数。（雍正《处州府志》卷十六）

神功元年（697 年）：大水，坏民居七百余家，坊廓庐舍荡尽。（光绪《青田县志》卷十七）

宋

熙宁四年（1071 年）：七月，水灾。（《宋史》）

绍兴十三年（1143 年）：五月十五日，海水泛滥，漂荡芝城。溺死者无数。（光绪《青田县志》卷十七）

八月，丽水、青田大水，民居漂没，溺死三千余人。（雍正《处州府志》卷十六）

乾道元年（1165 年）：八月，海溢，水至县治，溺死者甚众。

淳熙元年（1174 年）：水。（《宋史》）

淳祐十二年（1252 年）：六月，大水，庐舍漂没，死者无数。（《两朝御批通鉴辑览》）

元

大德九年（1305 年）：六月，大水。（光绪《青田县志》卷十七）

明

洪武十二年（1379 年）：五月，山水大发，没县治、坏民舍。（光绪《青田县志》卷十七）

洪武十八年（1385 年）：大水。（雍正《处州府志》卷十六）

永乐十八年（1420 年）：水。（康熙《青田县志》）

成化十九年（1483 年）：水。（同上）

正德十一年（1516 年）：七月廿八日，溪水暴涨十余丈，漂流数百家。（雍正《处州府志》卷十六）

嘉靖十一年（1532 年）：七月廿八日，大水。水暴涨十余丈，漂流数百家。（光绪《青田县志》卷十七）

嘉靖四十二年（1563 年）：大水。蜃出。十一、十二都山裂水涨。冲坏田地三十三顷四十余亩。溺死男女三百廿三人，漂没房屋七百五十二所。（康熙《青田县志》）

隆庆三年（1569 年）：七月，大水。淹没官民田地五顷余。（雍正《处州府志》卷十六）

隆庆六年（1572 年）：六月十八日、七月初四日，水涨，城中水深丈余，冲坏四地四顷。（光绪《青田县志》卷十七）

万历二年（1574 年）：六月初三，溪水暴涨，冲坏民田一顷四十余亩，漂没民房无数。（同上）

万历三十七年（1609 年）：八月，大水。洪水暴涨二十余丈，城内街巷行舟。庐舍、田禾漂没无数。（光绪《青田县志》卷十七）

天启三年（1623 年）：大水，城坏。（同上）

崇祯九年（1636 年）：七月，洪水，坏民舍。（同上）

清

康熙十四年（1675 年）：八月十六日起大雨七日水涌山崩，冲坏庐舍，压、溺死者无数。腴田成石坑，不能复垦。二、四都危害最烈。（光绪《青田县志》、阜阳《周氏宗谱》）

康熙二十年（1681 年）：五月，大水，城坏，门楼圮。（光绪《青田县志》卷十七）

康熙二十五年（1686 年）：四月廿六日起，山洪陡发，城邑为墟。凡学宫、祠庙、民舍悉漂入海。

上流男女楼居者，连屋浮下，尚攀屋呼号，灯荧荧未灭，随奔涛逝没。桥梁、道路、田地冲毁，户口漂没流亡不计其数。(雍正《处州府志》卷十六、阜阳《周氏宗谱》)

乾隆四十年（1775 年）：大水，中坊城楼圮。(光绪《青田县志》卷十七)

嘉庆五年（1800 年）：六月下旬，水涨入城。街巷行舟，西门外店屋悉被漂没，青林一地数百家，荡洗无存，下河地方半亦遭水冲去，凡在江边鲜有不受其害者。(同上)

嘉庆十七年（1812 年）：七月大水，西门外庐舍悉被淹没。(光绪《青田县志》卷十七)

道光二年（1822 年）：五月，大水。(光绪《青田县志》卷十七)

道光九年（1829 年）：八月二十七日，大水。十一、十二都田地、庐舍漂没无数。奉文豁免田粮。(同上)

道光十一年（1831 年）：大水。(同上)

道光十二年（1832 年）：八月，水浸县城，宗祠破坏，墙垣塌坍。(同上)

道光三十年（1850 年）：六月，大水。(光绪《青田县志》卷十七)

咸丰三年（1853 年）：六月，垟心水暴溢，人多溺死，田地淹没无数。(同上)

光绪二年（1876 年）：六月十二日，大水，溢入县城，一昼夜始退，濒溪作物，悉被淹没。(光绪《青田县志》卷十七)

宣统三年（1911 年）：七月初，水灾。(《历代自然灾害汇编》)

二、中华民国时期水灾

民国元年（1912 年）：8 月 29 日，大水。山洪溢发。县城（鹤城镇）水位高 23.46 米（鹤城镇警戒水位是 13.5 米。下文水位高度均按吴淞水准点计算），街巷行舟。三四千户房屋漂没殆尽。全城 14000 余人，仅存 5000 余人。9 月 17 日，县城水位高 21.87 米，全县三百余所临时棚房一扫而光。两次共受灾 16133 户，75604 人；冲毁房屋 75632 间，损坏房屋 27134 间；冲毁田地 19313 亩，积沙 52564 亩。

民国 2 年（1913 年）：9 月 16 日晚，山水突发，牲畜什物漂没无数。

民国 10 年（1921 年）：8 月 15 日，大水。洪水水位高 21.2 米。

民国 11 年（1922 年）：7 月，大水，瓯江水位骤涨，水稻无收，灾民衣食无措。

民国 18 年（1929 年）：水灾。

民国 20 年（1931 年）：9 月 4 日，水灾，西园、马岙 2 乡 6 村，毁屋 20 余所，毁田 500 余亩，受灾 1300 人，死 3 人。

民国 24 年（1935 年）：8 月 3 日，溪水暴涨，青邑几成泽国，免田赋 6065 元。

民国 26 年（1935 年）：6 月 25 日、26 日，大溪小溪洪流竞涨，高至 3 丈，沿溪一带堤坝、庐舍悉被淹没。沙埠、港头漂没田禾千亩。

民国 32 年（1943 年）：水灾。受灾面积 5597 亩。

民国 37 年（1948 年）：8 月 22 日，大水，鹤城镇洪水位高 17.78 米。

三、中华人民共和国成立后的水灾

中华人民共和国成立初期，青田境内水灾频繁，损失较大。20 世纪 70 年代以后，水灾逐渐减少。20 世纪 90 年代以后，水灾又有增多的趋势。有记录的：20 世纪 50 年代有 9 次；20世纪 60 年代有 6 次；20 世纪 70 年代只有 1 次；20 世纪 80 年代 5 次；20 世纪 90 年代 9 次；

进入 21 世纪的前 10 年，由于台风和热带风暴影响，致暴雨、特大暴雨，山洪暴发。成灾的有 16 次之多。

图 1-6-2-3 洪灾过后（2007 年摄）

第三节　风　灾

青田风害有雷雨大风、冷空气大风和台风。一年中以 4～5 月和 7～9 月最多。

（一）

（二）

（三）　　　　　　　　　　　　　（四）

图 1-6-3-1 风灾危害树木

一、雷雨大风

雷雨大风的风向大多是西北偏西风，雷雨大风、龙卷风等有明显的局部地区性。

明隆庆六年（1572 年），六月十八日、七月初四日，龙风大作。（光绪《青田县志》卷十七）

清康熙七年（1668 年），八月初旬，大风七日。（光绪《青田县志》卷十七）

清乾隆十五年（1750 年），八月九日，猛风连发二日。（光绪《青田县志》卷十七）

清嘉庆元年（1796 年），正月初八日，北风凛冽。八月初一日夜，飓风大发，瓦片尽飞，阜山乡墩头，数围大枫被折两段。（阜阳《周氏宗谱》）

清同治十一年（1872 年），三月初一，初三两日小溪流域大风拔木。（同治《景宁县志》）

民国元年（1912 年），8 月 29 日，龙风大作。

民国 2 年（1913 年），9 月 16 日，大风。

1975 年 9 月 3 日，西北偏西的雷雨大风达 11 级，最大风速为每秒 31 米。走向和瓯江河谷基本一致。

1983 年 4 月 9 日，小溪流域出现飑线大风，短时间内损失严重。

1993 年 4 月 21 日，东源镇、高湖乡一带遭受大风袭击，黄垟、万山、季宅等乡不同程度受灾。东源镇大树连根拔起。输电线、电话线中断。

2001 年 2 月 24 ～ 25 日，出现寒潮天气。气温 24 小时下降 8.4℃，48 小时下降 14℃，树木被大风折断无数，4600 亩大棚蔬菜损失惨重，直接经济损失 520 万元。

2002 年 4 月 2 日，季宅、章旦等乡出现大风。房屋瓦片损坏 3431 间。树木、农作物、广播电视线路、电力线路等受到不同程度破坏。直接经济损失 200 万元。

2002 年 4 月 16 日，晚 8 时，高市、祯旺、祯埠、海口、海溪、船寮、小舟山等乡镇出现大风。祯埠乡林园一株直径约 2 米、高 60 米的百年古枫被大风吹倒。

二、台风

青田属台风严重影响区，每年 5 ～ 10 月常受台风影响。7 月下旬至 8 月上旬（即大暑至立秋）是高峰期。受台风影响最早月份是 5 月中旬（1961 年 5 月 19 日）；最晚月份是 10 月中旬（1973

年 10 月 12 日）。

影响青田的台风，大致有两条路线：一条登陆于浙江南部和福建中部之间的沿海，继续西行或北上；另一条在福建南部和广东沿海登陆，继续北上。

台风的偏东气流从瓯江口进入，东南部风雨特别大，对温溪、山口、城区、北山影响最大；对船寮以上的西北部影响明显减少。受台风影响地区，最大风力 10 级左右，雨量 100～200 毫米，个别地区达 500 多毫米。

1961—1983 年，青田受台风影响 47 次，平均每年 2 次左右。其中 1962 年最多，达 5 次。

1988 年 7 月 25 日 17 时 58 分～18 时 01 分，县城遭受风速 38 米 / 秒、风力 12 级以上的飓风袭击，县体委旁的一棵百年大树被连根拔起。

1990 年 8 月 20 日，12 号台风。房屋倒塌 41 间、折断高压电杆 29 根，通讯电杆 13 根；汽车停运 70 小时。直接经济损失 658 万元。31 日，15 号台风，出现 8 级以上大风，水稻及柑橘受灾。吹倒民房 20 多间。

9 月 7～9 日，18 号台风，房屋倒塌 100 多间，公路停运 100 多小时。毁坏广播线路 908 处，高压电线 27 条。死亡 7 人，受伤 6 人。直接经济损失 1154 万元。

1992 年 4 月 29 日，下午 5 时出现 9 级大风（23 米 / 秒）。房屋瓦片被掀走无数。

8 月 29～31 日，16 号台风，县城 31 日 7 时电力中断，18 时广播、电话全部中断。30 万人受灾，倒塌房屋 700 多间，330 国道停运 40 多小时。死亡 8 人。直接经济损失达 4.2856 亿元。

9 月 23 日，19 号台风，330 国道停运 10 多小时。

1996 年 8 月 1 日，青田林业系统各单位在第 8 号强台风袭击中，遭受到前所未有的重创，5 个国营林场的 45 公里林区公路路面被洪水冲毁，损失 93.5 万元，5 个场圃的电话和高压线路全线中断，损失 19.7 万元，14 个林区的 40 多间房屋严重受损，达 59.7 万元，其他损失 65.8 万元，造成直接经济损失 238.7 万元，受灾之重，危害之大，历史罕见。

表 1-6-3-2 1996 年第 8 号台风林业系统受灾情况统计表

单　位	受　灾　项　目	直接经济损失
峰山林场	（1）黄垟至坳田角 5 千米，公路冲毁损失 60 万元 （2）电话线、高压线全线中断损失 10 万元 （3）林区房屋受灾情况严重损失 5 万元 （4）茶叶受害 30 亩损失 3 万元 （5）东源林产厂宿舍厂房受损损失 2 万元	80 万元
大洋山林场	（1）林场护水坝冲毁 20 米，损失 2 万元 （2）14 千米林区机耕路严重冲毁损失 15 万元 （3）高压线、电话线全线中断损失 3 万元 （4）林木损失 200 立方米，损失 8 万元 （5）房屋瓦片受损，损失 2 万元	30 万元
八面湖林场	（1）3 千米林区公路路基冲毁，5 处驳坎冲毁倒，8 处边坡塌方，损失 3.5 万元 （2）3 个林区房屋受损，损失 1 万元 （3）林木受损 20 立方米，损失 0.5 万元	5 万元

续表 1-6-3-2

单　位	受　灾　项　目	直接经济损失
石门洞林场	（1）损失林木 500 立方米，损失 22 万元 （2）房屋瓦片 14 万张，损失 4.2 万元 （3）房屋倒塌 7 间，损失 2.2 万元 （4）电线、电话线受损，损失 4.7 万元 （5）自来水受损，损失 0.2 万元 （6）林区公路 20 千米，路面冲毁塌方 22 处，损失 10 万元 （7）森林公园景点设施，损失 2.5 万元	45.8 万元
金鸡山林场	（1）林区公路多处塌方路基冲毁，损失 5 万元 （2）房屋受损，损失 3 万元 （3）林木损失 100 立方米，损失 4 万元	12 万元
外岩洞林场	房屋受损	2 万元
县苗园	（1）高压线受损 100 米，损失 2 万元 （2）山林滑坡冲撞房屋 6 间，损失 20 万元 （3）种子仓库倒塌 10 间，损失 10 万元	32 万元
东源林业站	（1）房屋瓦片损失 2000 张 （2）房屋墙体开裂松动成危房	1 万元
船寮林业站	房屋瓦片玻璃、门及门窗受损	0.2 万元
腊口林业站	房屋瓦片等受损	0.1 万元
林业综合服务公司	3 个工棚倒塌	2 万元
木材公司	（1）温溪经销站围墙倒塌 172 米 （2）冲走木材 328 立方米	26.4 万元
局机关	（1）车辆损失 1 万元 （2）微水电发电机损失 2 万元 （3）森防农药损失 1 万元	4 万元

1999 年 9 月 4 日，9 号台风。受灾乡镇 11 个。铁路、公路交通一度中断。死亡 2 人，直接经济损失 4300 万元。

10 月 7 日，14 号台风，青田小峙段发生火车脱轨事故。死亡 1 人。

2000 年 8 月 23 ～ 24 日，10 号台风"碧利斯"，33 个乡镇、16.8 万人受灾，金温铁路因塌方中断运行 4 小时。直接经济损失 3359 万元。

2002 年 9 月 6 ～ 8 日，16 号台风"森拉克"。7 月 8 时、8 日 8 时降水量 120.0 毫米，瞬间最大风速 21 米／秒。15.5 万人受灾，民房倒塌 22 间，损坏 12 间，农作物受灾面积 8.9 万亩，水产养殖受灾面积 7 万亩。水利设施、公路、输电线路不同程度损坏。死亡 1 人。直接经济损失 2730 万元。

2004 年 8 月 12 ～ 13 日，14 号台风"云娜"，平均最大风速 14.0 米／秒，造成工业、农业（林业）、水利、水电、交通运输等方面严重损失。死亡 1 人，失踪 2 人。直接经济损失 6450 万元。

8月25日，18号台风"艾莉"，最大风速17.9米/秒。树木连根拔起，造成5条公路中断，通讯线路损坏22公里。直接经济损失3890万元。

2005年7月17～22日，5号台风"海棠"，26个乡镇、23万人受灾。农作物受灾面积11.34万亩。倒塌房屋380余间。44个工矿企业停产。公路中断15条，毁坏路基34.3公里，损坏输电线路24.8公里、通讯线路6.5公里。直接经济损失1.95亿元。

2005年8月4～6日，第9号台风"麦莎"，瞬间最大风速22.7米/秒。受灾人口11.3万。民房倒塌210间，农作物受灾面积4.3万亩，农业损失650万元。15个工矿企业停产，毁坏公路路基60公里，损坏输电线路5.1公里，损坏通讯线路2.6公里。全县直接经济损失1000余万元（包括林业）。

2005年8月31日～9月2日，第13号台风"泰利"，并伴8～10级大风，瞬间最大风速24.8米/秒。全县直接经济损失2.35亿元。

2006年7月4日，第4号强热带风暴"碧利斯"。9个乡镇3万人受灾。1.3万亩农作物受灾。亩。停产工矿企业3个。倒塌房屋23间。损坏全县直接经济损失1030万元。

8月10～11日，第8号超强台风"桑美"，瞬间最大风速20.3米/秒。17个乡镇4.5万人受灾。农作物受灾1万亩，损失386万元。民房倒塌12间，3个工矿企业停产，直接经济损失1141万元。

2007年8月18日，第9号超强台风"圣帕"。13个乡镇、4.8万人受灾。农作物受灾面积达1.5万亩。倒塌房屋28间。18个工矿企业停产，水利设施、公路、输电线路、通讯线路不同程度损坏。直接经济损失2410万元。

9月17～20日超强台风"韦帕"，27个乡镇、8.6万人受灾。民房倒塌68间。农作物受灾2.85万亩，粮食减产5000吨，水产养殖减产250吨。水利设施、公路、输电线路、通讯线路损坏严重。4人死亡、7人受伤。直接经济损失6540万元。

10月6～8日，16号超强台风"罗莎"，30个乡镇10.3万人受灾。倒塌房屋155间；农作物受灾2.46万亩；53个工矿企业停产。公路、水利设施破坏严重。直接经济损失8620万元。

2009年8月7日，第8号台风"莫拉克"来势凶猛，损失巨大。

第四节　冻害、雪灾

青田县年平均无霜期为279天，平均初霜日期为11月30日，终霜日期为2月23日。

县城最早初雪为1979年11月23日，最迟终雪日为1985年3月31日。

1月为最冷月，平均气温县城7.7℃，浮弋6.6℃。在海拔相同条件下，月均气温东南部比西北部高1～2℃。

县城极端最低气温为-5.3℃（1973年12月26日）。一般年份的极端最低气温为-2～-3℃。西北部河谷地区的极端最低气温，比同高度的东南部地区低2～3℃，阜山盆地海拔490米处，1983年12月31日，最低气温达-10.9℃。

图1-6-4-1 冰冻灾害

一、主要冻害

1976 年 3 月下旬～ 4 月中旬，低温阴雨。

1987 年 3 月～ 4 月中旬，7 月 27 ～ 28 日，9 月 9 ～ 11 日。458 个村 5.25 万亩春花颗粒无收。

2001 年 2 月 24 ～ 25 日，寒潮。24 ～ 25 日出寒潮天气。日平均气温 24 小时下降 8.4℃，48 小时下降 14℃。

2006 年 2 月 15 ～ 17 日，3 月 12 ～ 13 日，寒潮。2 月 15 ～ 17 日，48 小时降温幅度 12℃，连续阴雨。3 月 12 ～ 13 日，48 小时降温 13.7℃，全县各地出现雨夹雪，部分春茶受冻。

2007 年 3 月，寒潮。4 ～ 6 日寒潮。48 小时降温 10.7℃，部分山区乡镇出现雨夹雪天气。

图 1-6-4-2 冰冻灾害

二、雪灾

图 1-6-4-3 雪灾

图 1-6-4-4 雾凇

图 1-6-4-5 雪凇

青田县冬春季节，春节前后，常出现雪灾。山区常有大雪压倒树木、毛竹，压断电线电杆。

清乾隆二年（1737年）十一月，天雪，高积丈余。

清乾隆十六年（1751年），元月朔日大雪。

清嘉庆元年（1796年），正月初八日下雪，北风凛冽。（阜阳《周氏宗谱》）

1983年12月到1984年2月，大雪时停时下，面北山谷，雪厚2米，数月不化。山区大片林木被压倒。方山乡水泥电杆被压断77根，损失2.31万元。鹤城镇过江电缆断落，电讯中断。

1984年春，奇云山上飞播的1.2万亩10龄短毛松几乎全部被冻死。

1994年1月20日，中到大雪，气象站积雪深度3厘米。部分山区广播、照明电线压断。高山地区毛竹树木雪折严重。

1996年2月23～24日，大雪。气象局测站积雪4厘米。高山地区雪灾。部分广播电力线路中断。交通停运40多小时，部分乡级公路停运达80小时。

2008年1月22日至2月17日，高山地区出现大雪。1月31日至2月1日，高山地区毛竹树木受到雪折雪倒危害。

2009年11月15～22日，连续8天出现低温阴雨天气，海溪乡龙须洞林场在17日夜里积雪平均达到20厘米，最厚处为50厘米。

第五节　雷击、雹灾

一、雷击

图 1-6-5-1 雷击

图 1-6-5-2 湖边村梵宁寺旁被雷击烧死的古松

图 1-6-5-3 雷击树断

据记载,全世界每年约有 800 多万次雷电落到地面,不少雷击可引起森林火灾。受雷击以后,有的树木死亡,有的降低生长能力,并容易遭受病虫害。含水量较高的树种,易受雷击;含油量较高的树种,则较少受雷击。处于裸露位置、树顶尖削、高大粗壮、树皮粗糙的树木易遭雷击;树皮薄、生长不健壮或幼年的树木不易受雷击。

青田雷击,一般一年中以 4～5 月和 7～9 月最多。

清光绪《青田县志》记载:"明崇祯九年(1636 年),七月,天鼓(雷击)鸣山,有怪物。十四都大原地方高山涌出二物,形如牛"。

民国 2 年(1913 年),9 月 16 日晚,大风雷雨。

1975 年 9 月 3 日,西北偏西发生巨大雷击。

1992 年 4 月 29 日,下午 5 时出现雷击。

2001 年 6 月 25 日傍晚,大垟山林场出现雷击。

2002 年 4 月 2 日下午,季宅、章旦等乡出现雷击。4 月 16 日晚 8 时,高市、祯埠、海口、海溪、船寮、小舟山等乡镇出现雷击。

2004 年,湖边村梵宁寺旁一株树龄 450 年的古松遭雷击烧死。

2008 年 8 月 14 日 17 时 22 分,出现强雷击。

2009 年 7 月 6 日午后,出现强雷击。7 月 27 日午后,出现雷击。8 月 15 日下午,出现雷击。

二、雹害

冰雹是一种固体形式的降水,冰雹较多发生在春末夏初,山区发生较多。县内局部地区发生冰雹灾害,平均每年 1 次以上。大多发生在 3～8 月,其中以 3～5 月为多。

冰雹的地区分布大体与河流走向一致,呈西南—东北走向,以北山、阜山等地较多;呈西北—东南走向,以章村、海口、船寮等地较多。

乾隆八年(1743 年):夏四月,天雨雹,邑属苗木嫩芽、秋苗损伤,兼二麦不登,饥民复肆劫掠。(阜阳《周氏宗谱》)

咸丰四年(1854 年):三月,大雨雹,无麦。(《浙江省气候史料》)

同治十年(1871 年):二月,大雨雹。(光绪《青田县志》卷十七)

民国 20 年(1931 年):8 月 9 日,东源、富川两乡,风雹为灾,摧毁树木嫩芽、禾稻、什粮,毁屋，压死母子 2 人。

1977 年 4 月 5 日，两次下冰雹，冰雹大于鹅蛋，春粮损失 20 万斤。伤害早稻 200 亩，毁坏房屋千余间。

1983 年 4 月，大冰雹，陈山埠、芝溪一带春花损失严重，房屋瓦片损失不计其数。

1984 年，海口、东江一带下雹，大如拳头，伤 39 人，受灾 3960 多户。

1993 年 4 月 21 日，东源镇、高湖乡一带遭受冰雹袭击，黄垟、万山、季宅等乡不同程度受灾。冰雹最大直径 3 厘米。

1995 年 4 月 16 日傍晚，万山、东源、高湖、黄垟等乡镇出现冰雹，平地积雹 2～3 寸，最大重量 0.85 公斤。17 日，仁庄、方山等乡镇、18 日，船寮、石盖乡镇都出现冰雹，全县 23 个乡镇受灾。

2001 年 6 月 25 日傍晚，海口镇出现冰雹。

2002 年 4 月 2 日下午，季宅、章旦等乡出现冰雹天气，最大冰雹 1.5 厘米。房屋瓦片损坏 3431 间。是年 4 月 16 日晚 8 时，高市、祯旺、祯埠、海口、海溪、船寮、小舟山等乡镇出现冰雹灾害天气，最大冰雹直径 2 厘米。受灾人口 3.7 万人。房屋损坏 2500 间，倒塌 20 间。

2003 年 4 月 12 日～19 时，鹤城等地先后刮大风下冰雹暴雨，持续 10～15 分钟。7 月 11 日，鹤城镇下冰雹暴雨。

2007 年 4 月 1 日，午后，部分乡镇下冰雹，海口、船寮 2 镇受灾。受毁农作物 5600 亩，受损房屋 8826 间。直接经济损失 940 万元。

图 1-6-5-4 冰雹过后

第二编　森林资源

第一章　森林变迁

据《浙江林业志》记载，自古生代晚泥盆世，浙江滨海沼泽地区开始出现乔木、灌木、草本植被。晚石炭世时，原始松柏类已有一定程度的发育，许多草灌植物发展成乔木，组成大片沼泽森林。繁盛于中生代早中侏罗纪的裸子植物，在白垩纪早期趋于衰退，到白垩世晚期，被子植物渐见优势。

史前越地（包括青田县境）人烟稀少，陆域几乎全被高大茂密亚热带原始森林所覆盖。中唐安史之乱和宋都南迁临安之后，外民大批进入青田县境，瓯江两岸的低山丘陵渐次开发，毁林垦殖、手工业的兴旺和统治阶级的大兴土木，使林木采伐量显著增加。明末清初，青田山区吸纳人口增多，垦殖规模不断扩大，加剧了森林资源破坏。晚清至民国时期战争不断，森林破坏严重，原始天然林所存无几。

中华人民共和国成立以后，由于山林政策的不稳定，加上"左"的思想干扰，尤其是1958—1962年的"大跃进"和"三年困难时期"，乱砍滥伐与毁林开荒现象十分严重。十年的"文化大革命"，更使森林遭受浩劫。1980年以后，随着林业基地建设规模扩大、管护措施的加强和绿化步伐的加快，青田的森林覆盖率和林木蓄积逐步回升。

第一节　古代森林

远古时期的森林，包括古生代、中生代和新生代的森林。

据《浙江植物志》《中国森林史资料汇编·浙江省森林简史》《地质学基础》等记载，当地质时期进入早古生代，由于地壳的加里东褶皱运动和发生海侵，华南的浙（包括青田县境）、皖、湘等地形成大面积的浅海，在当时温和的气候条件下，生物开始大量繁殖，数量和属种增加很多，至今留存有大量三叶虫、笔石类及水藻等生物化石。浙江在晚古生代的早泥盆世，地壳进一步上升为陆地。距今4亿年左右出现了个体不大，形态简单裸蕨纲（psilophytopsida）和石松纲（lycopsida）等蕨类植物。到晚泥盆世，海水由扬子海侵入浙闽古陆，当时植物种群虽不是很多，但组成渐趋复杂，物种亦有变化。裸蕨植物已濒于灭亡，而滨海沼泽地区的蕨类植物却得到大发展，形态结构相对较高级的原始鳞木目（Protolepidodendrales）植物已广泛分布于浙境，且大多长成乔木，开始出现原始森林。

晚二叠世后期，由于气候转旱，某些不适应干旱环境的鳞木、芦木、种子蕨纲的大多数属种逐渐灭绝，而被适应性较强的真蕨植物及楔扇叶等裸子植物所替代。至中生代时，浙江不少地域已长有茂盛的森林。

第四纪冰期以后，浙江自然植被水平分布大致与今相似，再未发生过植被区域或地带的大规模自然更替。而只有同类型植被中不同树种的此消彼长，或同一植被带南北界限推移之波动。根据陈嵘先生的《历代森林史略及民国林政史料》记载："混沌之世，草昧未辟，土地全部，殆皆为蓊郁之森林"。当时浙江的陆域几乎全为高大茂密的亚热带森林所覆盖。

据《浙江林业志》记载，唐时（浙江）梯田梯地已经出现，丘陵山地原始森林的破坏，除种植粮食、蔬菜以外，还因插杉点桐和茶园面积的扩大而增加。据1993年《丽水地区志》记载，唐总章二年（669年），朝廷派兵镇压闽粤边境以畲民雷万兴为首的农民起义，造成大批畲民北迁，其中部分进入浙南（包括青田县境），大多结庐海拔500米以上山地，刀耕火种，垦山筑田。火种一般三年，多为种植高粱、萝卜、生姜等。畲民种山须签订《承让山契》，向山主交山租或点桐插杉归还，故有"削壁之巅，平常攀越维艰者，畲客皆开辟之"的记载。所谓"长刀短笠来烧畲"，"起望南山，山火烧山田"，就是当时毁林垦殖的写照。

宋代提倡广种桑、枣、榆、柳，并采取奖励、减免税、设立农师、禁止乱樵采、保护名胜古迹森林等措施，尤其是对经济林的发展起到一定推动作用。

至明代，青田乌桕与油桐的栽培利用渐次普及。明代前期比较注意林木保护，对毁伐树木者，以窃盗刑法论罪。《明户律》中有："凡毁弃人器物及毁伐树木稼穑者，计赃准窃盗论免刺"。据陈嵘《中国森林史料》载，清雍正二年（1724年）谕直隶督抚各督率有司，劝导民众舍旁田畔以及荒山不可耕种之处，量度土宜，种植树木。

明末清初，由于长期战乱，加上连年自然灾害，人口锐降。1990年版《青田县志》记载，明"崇祯十年（1637年），大饥荒，百姓上山挖蕨根为食，并以白墡泥（又名观音粉）和米粉蒸食充饥"。光绪《青田县志》载录邑人徐上成蠲荒记云："括苍处万山中，无平田衍土以耕，无柔桑良葛以织，无鱼盐商贾之利，无畜牧贩卖之饶，东南之跷壤也"；"至如青田，垒石缘崖，接境永嘉，通道闽粤，自罹兵燹，憔悴弥甚，荒额积逋，比他邑有倍"。清光绪《处州府志》则云：畲民由交趾迁琼州，由琼州迁入处州。有的搭棚山上垦殖，使浙南山地的天然森林遭到空前大规模破坏，乃至深山僻壤，也很难幸免。清光绪《处州府志》载：处州府因"盛世民生蕃衍"，推崇开垦，"凡山谷硗瘠皆垦种番薯、包粟、靛、菜之属，以牟微利"。

清光绪元年所编的《青田县志》记载："青田旧日土旷人稀，外民多聚于此。种麻者多江西人；栽菁者多福建人；破柴者多广东人；烧炭者多仙居人。永嘉、平阳、龙泉、金华、东阳亦间有寄居者，以其搭棚于此，名曰棚民"。清初撰《明书·禨祥志》载："浙江山中先有火烧地，及左右草木，皆披蘼成一径"。嘉庆初年，鉴于乱垦殖的危害，浙江巡抚阮元曾下令禁止在山区进行开垦，但成效甚微。

戊戌变法后，维新思潮风靡一时，森林效益逐渐为朝野所认同，不少地方将林业发展作为富国裕民的重要政事之一，劝导百姓植树造林。但因战事不断、国库空虚、政局动荡，林业发展的实绩有限。

清光绪二十一年（1895年），维新派康有为提出《公车上书》，在政治改革的同时，主张振兴实业。其中包括发展林业、办林圃、种花植树与合理利用山林资源等。

清光绪二十九年（1903年），浙江巡抚岑春煊奏请"清土亩"、"辨土性"，提倡开垦造林，"就土性所宜，设法栽种"，被朝廷采纳。当年光绪帝手谕提倡荒山造林。

旧时，由于山地大都为地主所有，山区农民多向地主订立契约，租佃山地结合垦种粮食来造林。各地情况不同，契约也各异。有资料记载，清光绪二十五年（1899年），祯埠乡（当时称十四外都）农民蓝五贤，向伍姓大户宗族批得山场一处，立下"山批"协议：伍姓大户"将界内山场立字，出批与（予）蓝姓五贤开种插杉木，面订日后杉木成材之日，并山主、批客三七抽租，蓝客坐七，山主坐三"；此外，还有条件："面订（时）各灶户（一人），备酒席一桌，当日面言山客：（伍姓）十六岁起，六十岁止，各人纳山租大钱三百文，当即收过"；并且，批客方还要付"批押英洋贰元，即收无滞"；以后，每年"冬季冬至之日，备酒交租，不得欠少"。否则，扣除押金，"听山主另批别人"。

至清末，由于棚民、山民滥伐林木和滥垦山地；加之天灾人祸不断，青田境内的天然原始森林，除特别偏僻的少数山区外，已荡然无存。多已被次生林和人工林所替代。

第二节　近代森林

辛亥革命以后，许多朝野有识之士纷纷主张发展实业，提倡植树造林。民国元年（1912 年），北洋政府迁都北京，设立农林部。同年浙江省设实业厅，分管林业生产。

民国 3 年（1914 年），农商部公布了中国第一部《森林法》与《狩猎法》。

民国 4 年（1915 年），又公布了《森林法施行细则》及《造林奖励条例》。同年政府申令宣示定清明节为植树节，要求县以上各级官员如期举行，学校和乡董亦应参加，并责成各道尹暨各农会分别筹设苗圃。

民国 5 年（1916 年），农商部制定林业公会规则，"使乡村得设林业公会，以保护现有森林，恢复荒废林野，或育苗造林。所用林地，得无偿颁给官荒，种子苗木，亦得呈由林务机关发给"。由官方有计划有组织地进行植树节造林。

民国 16 年（1927 年），中国国民党在南京成立国民政府。翌年完成北伐，农矿部成立，其林业行政司根据总理（孙中山）遗训，通令全国划分林区，广设苗圃，积极造林。

民国 17 年（1928 年），"10 月 14 日，青田县苗圃创办"。（《青田县志》1990 年版）

民国 19 年（1930 年），为纪念孙中山，县政府在锦屏山、太鹤山等处营造"中山林"14 亩。

民国 23 年（1934 年），青田成立"营造温处两属保安林办事处"，欲对县境内荒山实施造林，但因经费不足，不久即解散。

民国 25 年（1936 年），时任县长郑迈颁布《青田县造林保护森林伐木登记办法》，其内容有三："一、厉行造林；二、订颁保护森林乡约；三、举行伐木登记"。且各规定"实施程序及执行办法"；并附奖励、惩罚措施。

民国期间，虽然各级政府力倡造林护林，企图恢复森林于万一。但终因战祸连连（日军曾两次窜犯县境），民生凋敝，县境森林破败更甚。

据《中国森林史资料汇编·浙江省森林简史》（中国林业出版社，1993 年）记载：民国时期，"浙南瓯江流域，龙泉（含庆元）、云和、松阳、遂昌交界地区尚保存有大面积林相较优之森林，其中部分地区的天然林，林相之整齐，蓄积之丰富，为东南诸省所鲜见。但自云和赤石以下，山林普遍不很整齐，到青田县境，欲求 10 年以上松林，亦不多见，当地薪柴紧张，地被缺乏，有渐呈不毛现象"。民国 29 年（1940 年），时浙江农业改进所编写的《浙江省旧处属十县林业概况调查报告》："青田地处山陬，境内重峦叠嶂，原有森林，固属不少。然以保护不周，人民摧残过甚，以致童山濯濯，触处皆是，旱涝灾患，时有所闻"。《调查报告》又云："青田现有森林，郁闭度不全，保土之作用距理想境地甚远，且零碎残存。农民植伐概无计划，实亦无所谓森林，更无所谓林业也"。又云：青田"自抗战军兴以来，外来寄居人口大增，建筑之需，薪炭之用，随以浩繁。一般山民，以惑于近利，不顾后患，斧斤不以时，旦旦而伐之。凡交通便利之处，所有未达伐期之林木，亦竟被砍伐利用。复以耕地缺乏，民生艰苦，烧垦之风弥炽。原有野生橷树，多付劫灰，无复成林之机会"。"现除运输不便之处，尚有木材蓄积，以及崇山峻岭之间，寺庙墓地四周，时有少数高大林木外，余几摧残殆尽"。《调查报告》最后的"结论"写道：青田"全县山地面积约四百二十五万九千亩（包括文成县南田地区—编者注），而有森林者，仅及十分之一，其中大量荒废土地，概属荒山"。

从以上文献的记载情况看，民国时期，青田境内的森林，确实是"濯濯童山，瀰望皆是"。

第三节　现代森林

中华人民共和国成立以后，人民政府重视林业生产，全县造林、抚育和封山育林的面积逐年扩大。1953年初，县政府制定了《青田县山区生产规划方案》；同年3月，县政府召开第一届林业工作会议，提出了人工造林的具体意见，要求人人动手，大力发展林业生产。到1955年，全县共造林3.1万亩。1957年初，县委提出"一年消灭荒山，三年绿化全县"的号召；1958年春，绿化造林运动随着大跃进和人民公社化的到来，掀起了高潮。据资料统计，1957年至1958年上半年，共营造用材林63725亩，抚育林木84000亩。

但是，从1958年下半年开始，由于"左"倾思想的干扰，青田的森林资源，在一哄而起的"大办食堂"和"大炼钢铁"中遭到毁灭性的破坏；许多规格材、古树都被砍倒烧炭，民国时期幸存下来的少部分村镇"风水林"，以及房前屋后，包括寺庙、景区的森林，统统不能幸免。据高市乡洞背村的一位老人回忆："大办钢铁时，石门洞景区内有十多只炭窑在那里砍树烧炭，约三个月时间，把景区内的古树名木、阔叶林、硬杂木一扫而光，只剩下佛殿后山上的三棵百年古松未砍，原因是砍了倒下来怕压塌佛殿。"十年的"文化大革命"，又一次给森林带来灾难性后果，全县数千个自然村，大多都成了"光腚村"。据资料记载，仅1969年一年，乱砍滥伐木材就达5万立方米！

1971年，国务院召开全国林业工作会议，制定了《全国林业发展规划（草案）》，要求"五年或更长一点时间绿化四旁，五年十年或更长一点时间绿化荒山荒地"，提出"全党动员，大干快上"的口号。从1972年开始，青田县开展了新一轮的造林高潮。由县政府统一部署，公社统一规划，大队组织落实。主要布局是：远山高山大力发展杉木、柳杉、毛竹等用材林基地；近山低山发展油茶、油桐、果树等经济林基地；沿江两岸、溪滩屿地营造水竹、河柳、枫杨、桑树等防护林。此后，通过人工造林，封山育林，创办国营林场和乡村林场，开展林业基地建设等，森林面积、森林覆盖率稳步提高。到1975年，进行了第二次森林普查，全县有林地面积从"一五"期间的197.44万亩，增加到216.87万亩，森林覆盖率从41.2%提高到51.6%。

粉碎"四人帮"后，基地造林更是突飞猛进。1978年，营造各种基地19022亩；1980年猛增到35528亩；1978—1980年三年合计达73282亩，平均每年24427亩，比过去五年的平均水平提高了82%。

据统计，1950—1984 年，全县累计人工造林 169 万亩，四旁植树 633.5 万亩，林业抚育 188.58 万亩，其中幼林抚育 140 万亩。1972—1984 年，先后进行了五次飞播造林，共有播区 45 个，面积 46.1 万亩，成林面积 29.5 万亩，平均保存率 64%，是全省飞播成效较高的县。

1984 年，青田县进行了第三次森林资源普查。根据调查资料，全县总面积 3733899 亩，其中林业用地 2958443 亩，占 79.2%，全县森林覆盖率 61.8%，比 1975 年的 51.6% 增加了 10.2%。

在林业用地中，有林地 2273577 亩，占 76.8%；灌木林 35397 亩，占 1.2%；疏林地 108456 亩，占 3.7%；无林地 516960 亩，占 17.5%；未成林地 23864 亩，占 0.8%。

全县活立木总蓄积 1714091 立方米。其中：用材林 1334003 立方米，占 86.1%；防护林 81865 立方米，占 5.3%；特用林 15644 立方米，占 1.0%；薪炭林 117345 立方米，占 7.6%。

1985 年后，由于家庭承包责任制的变动及木材采伐的放开，宣传和林政配套措施一时跟不上，县内局部地区一度亦曾出现乱砍滥伐失控的现象，但随着林业生产责任制的落实和稳定，以及国家采取限额采伐等措施后，破坏森林的情况很快得到制止。

1989 年，省政府发出"五年消灭荒山，十年绿化浙江"的号召，在继续实行经济扶持的同时，各级还层层签订造林绿化责任状，有力促进了绿化造林的进度。

随着改革开放的不断深入，20 世纪 90 年代，作为治穷致富的措施之一，县委、县政府有计划地安排一部分人多田少、自然条件比较恶劣的山村农户下山脱贫。山区农村经济的多元化和山地人口载量的减少，较大地减轻了山地森林破坏的压力，有利于森林资源的增长。同时，液化气的广泛使用，使生活用柴大幅减少，也有利于森林资源的恢复。

1999 年，青田县进行了第四次森林资源调查。林业用地 3059295 亩，占总面积的 81.93%；有林地 2938391 亩，占林业用地面积的 96.05%；灌木林地 74090 亩，占比 2.42%；森林覆盖率 80.9%，林业用地绿化程度达 98.5%。

进入 2000 年，青田林业总结了几十年森林经营的经验与教训，对森林的认识有了质的转变，开始尊重森林生态系统自身规律；从单纯获取林产品，提升到要发挥森林的综合功能，生态效益为先的经营理念。通过生态公益林建设，通过林业基地实行"工程造林"，"大苗造林"，加快了绿化进程，取得了明显的效果。

2007 年第五次资源调查数据显示，全县林业用地有所增加，达 3106314 亩，占比 83.2%；有林地 2836232 亩，占比 91.3%；疏林地大幅减少，只剩 67 亩；灌木林 196042 亩，占比 6.3；未成林地 31285 亩，占比 1%；无立木林地 35246 亩，占比 1.2%。各类林木总蓄积大幅度提高，为 6327866 立方米。森林覆盖率达 80.4%。

2014 年，县林业局组织人员进行县级森林资源动态监测调查，数据更新截止到 2013 年底：全县土地面积 3734060 亩，其中林业用地 3108505 亩。林业用地中有林地面积 2804451 亩，占 90.22%；疏林地 67 亩，占很少比例；灌木林地 227128 亩，占 7.31%；未成林造林地 32646 亩，占 1.05%；苗圃地 15 亩；无林木林地 36809 亩，占 1.18%；宜林地 7279 亩，占 0.23%；辅助林地 110 亩。乔木林面积 2672900 亩，其中纯林 2082375 亩，占 77.91%；混交林 590525 亩，占 22.09%。生态公益林面积 1760971 亩，占全县林业用地面积的 56.65%。全县活立木蓄积量为 8559718 立方米，比 2009 年的 7280839 立方米多 1278879 立方米，年平均增加 319719.75 立方米。其中，乔木林为 8460232 立方米，比 2009 年的 7185701 立方米增加了 318632.75 立方米，疏林地为 174 立方米，四旁树为 40440 立方米，散生木为 58872 立方米。森林覆盖率 80.5%，与 2009 年基本持平。

第二章 森林植被

根据《浙江林业志》《丽水林业志稿》记述：丽水地理环境优越，地史悠久，孕育繁衍了多种多样的植物种类，由于受第四纪冰川的影响不太严重，现代森林植被具有种类丰富、地理成分复杂、子遗和珍稀特有植物众多的特点，中华人民共和国成立后，随着政府的重视与林业发展的需要，外来树种的不断引进，进一步丰富了植被种类。

青田县境森林植被分区属中亚热带常绿阔叶林北部亚地带，浙闽山丘甜槠、木荷林区，地带性植被为中亚热带常绿阔叶林。由于历史原因和人为影响，原始（或半原始）森林罕见，只有在交通不便的局部地段、自然保护区、寺庙附近有少量残存，现有天然林多为次生林。根据树木生物学特性和林相，青田县天然植被类型分为针叶林，针、阔叶树混交林，常绿阔叶林等9 个主要森林类型。

第一节 植被分布

青田森林植被为典型的中亚热带常绿阔叶林，但随着海拔与地形的不同，植被成分亦随之变化。常绿阔叶林一般分布在海拔 1200～1300 米以下。常绿阔叶林大体可分为两带：海拔 700～800 米以下为栲树林、暖性针叶林带，常绿阔叶林以丝栗栲（Castanopsis fargesii）林、南岭栲（C.fordii）林、米槠（C.carlesii）林、苦槠林、青冈栎林、细柄蕈树（Altingia gracilipes）林、闽楠（Phoebe bournei）林、刨花楠（Machilus pauhoi）林及沉水樟（Cinnamomum micranthum）林等最为典型。针叶林以马尾松林分布最广，也有不少毛竹林及人工杉木林、油茶林、茶园、果园。海拔 700～1200 米为甜槠、木荷林，温性针叶林带。常绿阔叶林以甜槠、木荷林分布最广，岩青冈林、褐叶青冈（Cyclobalanopsis stewardiana）林也有一定比例，主要分布沟谷较阴湿地段，局部地区可分布到海拔 1500 米；针叶林以马尾松、阔叶树混交林面积最大；柳杉林多为人工林，多分布沟谷和山岙；杉木人工林有相当比例，但生长不及低海拔地带。毛竹林仍有分布。常绿落叶阔叶林带分布于海拔 1200～1500 米，以常绿的青冈栎类（多脉青冈为主）和落叶阔叶树的混交林，及落叶的亮叶水青冈（Fagus lucida）和常绿阔叶树的混交林最为常见。针阔叶混交林一般是落叶树种，针叶树居上层，常绿阔叶树居Ⅱ层。落叶树除水青冈外，常见还有雷公鹅耳枥、鹅掌楸（Liriodendron chinense）、黄山木兰（Magnolia cylindrica）、光皮桦（Betula luminifera）、兰果树（Nyssa sinensis）、灯台树（Cornus controversa）、缺萼枫香（Liquidambar acalycina），以及槭类、椴类等。海拔 1500 米以上为山地灌丛草丛带，山顶、山脊及山上部温度低风大，乔木生长受制，植被以灌丛为主，也有部分矮林，主要类型有波叶红果树（Stranvaesia davidiana）垫状灌丛，岩枥（Eurya saixcola）、四川冬青（I1ex szechuanensis）灌丛，华山矾（Symplocos chinensis）灌丛，玉山竹灌丛，华箬竹（Sasamorpha sinica）灌丛，胡枝子（Lespedeza bicolor）灌丛，茅栗（Castanea seguinii）灌丛，芒（Miscanthus sinensis）、野古草（Arundinella hirat）灌草丛，以及云锦杜鹃（Rhododendron fortunei）矮林，猴头杜鹃（R.simiarum）矮林等。此外，还有非地带性分布森林类型，如乌冈栎（Quercus phillyraeoides）林分布在岩石裸露地段，为贫瘠土壤顶极群落；南酸枣、常绿阔叶树混交林，青钱柳、枫香或拟赤杨（Alniphyllum fortunei）与常绿阔叶树混交林，光皮桦、常绿阔叶树混交林等常绿落叶阔叶林，主要分布于低山沟谷地段，反映水湿条件而呈非地带性分布。

第二节　植被类型

根据《浙江森林》《丽水林业志稿》和青田森林现状，境内森林植被可分为针叶林、针叶阔叶树混交林、常绿阔叶林、山地矮林、山地灌丛、竹林、经济林等9个主要森林类型。

一、针叶林

针叶林是青田森林类型中面积最大、分布最广的类型。历史上针叶林的天然林比例一直占有很大优势，中华人民共和国成立以后，随着大规模人工造林的开展，人工林比重上升。针叶林以松、杉、柳杉为主要林种，以纯林居多。此外还有"三杉"（水杉、池杉、落羽杉）、黄山松等，但面积都不大。

（一）马尾松林

马尾松容易飞籽成林，在境内分布最广，广泛分布于海拔800米以下丘陵山地的土壤上，大多数属于侵入阳向荒山与灌丛地后逐渐形成的天然次生林，人工林也占有一定比重。根据林下植被的差异，又可分为混生有落叶栎类（枹树、白栎）、映山红的马尾松林与混生有甜槠、木荷、石栎的马尾松林。

混生有落叶栎类、映山红的马尾松林，立地条件相对要差一些，常见下木有短柄枹、白栎、映山红、檵木、美丽胡枝子、乌饭、枥木等。混生有甜槠、木荷、石栎的马尾松林的现状分布下限海拔一般比前者高，受人为影响少，立地条件相对好一些，多形成比较丰富的下木层，常见有甜槠、苦槠、米槠、木荷、青冈栎、小叶青冈栎等，灌木有檵木、映山红、乌饭等。此外，还有大面积马尾松人工林，林下灌木有檵木、白栎、美丽胡枝子、金樱子、野蔷薇、掌叶悬钩子等。

（二）黄山松林

黄山松（台湾松、短叶松）林主要分布于境内海拔800～1500米中低山地。中华人民共和国成立以前，黄山松林基本上都是天然次生林。从20世纪70年代开始至90年代初，在青田开展了9次以黄山松为主要树种之一的大规模飞机播种造林，加上人工植树，现人工黄山松林已占有一定比例。

天然黄山松林乔木层除黄山松外，有时还伴生有木荷、甜槠、小叶青冈、青冈栎、石栎、绵槠、豹皮樟等。灌木层以杜鹃科、蔷薇科、山茶科、樟科等植物为主，常见有映山红、鹿角杜鹃、马银花、云锦杜鹃、扁枝越橘、乌饭、米饭花、箬竹等。草本层主要有芒萁、芒、野古草、兔儿伞等。层外植物有菝葜、猕猴桃、忍冬等。

（三）柳杉林

柳杉（泡杉、榀杉）林多数零星分布于青田境内海拔 600～1600 米地区的山弯、溪坑边及村口路旁。常见多为人工柳杉林，且成片的较少。青田柳杉林以石门洞等五个国有林场为最多，社队林场也有不少，多为 20 世纪六七十年代人工种植；其他农户有零星栽培。常与毛竹、杉木、黄山松及常绿阔叶树混生，下层有山绣球、寒莓、三桠乌药、映山红、六月雪、野珠兰、枬木、东方古柯、胡枝子等。草本层有瘤足蕨、细叶麦冬、淡叶竹、狗脊、黎芦、鳞毛蕨、珍珠菜等。层外植物有菝葜。草本层有黄山鳞毛蕨、墨兰、求米草、芒、紫萁等。

（四）杉木林

杉木广泛分布于山地丘陵酸性土壤上。在宋代以前的历史上，杉木绝大部分为天然林。自明代开始，随着焚林垦荒之后插杉点桐，人工林日益增加。中华人民共和国成立后，特别是 20 世纪 70 年代大规模开展的以杉木为主的基地造林运动，杉木人工林比重最大。杉木林中常有马尾松、柳杉、黄山松及其他常绿乔灌木混生。草本层有光里白、黎芦、黄精、东风菜、芒萁骨、鹿蹄草、朱砂根、蕨类、禾本科草类等。

二、针叶阔叶树混交林

青田针、阔叶树混交林生态特性和分布区环境特点，可分为低山丘陵针、阔叶树混交林与中山山地针、阔叶树混交林两大类型。低山丘陵针、阔叶树混交林海拔分布在 600～800 米以下，水平分布与常绿阔叶林一致。主要组成树种有马尾松、杉木等暖性针叶树和壳斗科的栲属、青冈属、石栎属及樟科、山茶科、杜英科的常绿阔叶树，又称为暖性针、阔叶树混交林。中山山地针、阔叶树混交林一般分布在海拔 800～1600 米的山地，其阔叶树为一些较耐寒的常绿阔叶树，如甜槠、木荷、小叶青冈，以及落叶阔叶树如栎属、栗属、槭属等，又称为温性针、阔叶树混交林。境内的针、阔叶树混交林主要类型有马尾松木荷林、马尾松甜槠林、黄山松木荷林等。

（一）马尾松木荷林

青田境内马尾松木荷林主要分布在海拔 600～800 米以下低山丘陵地带，虽然其分布普遍，但其稳定性受植被演替过渡阶段的影响。由于分布区海拔较低，交通方便，人类活动频繁，原始森林植被已不复存在，现有马尾松木荷林大都是封山育林自然发展起来，林相不很整齐，马尾松略高于混交阔叶树。阔叶树中有相当数量是萌芽更新起来的，杆形不好。其他伴生树种，如杨梅、甜槠、米槠、石楠树冠大分枝低，处于最低层。乔木层的主要树种除马尾松、木荷外，伴生多为常绿阔叶树，如青冈栎、苦槠、石栎、杨梅、红楠、石楠、绵槠等。乔木层中有时还有杉木混生。由于林层相对稀疏，林下灌木多较茂密，灌木种类较多，占优势有马银花、映山红、檵木，其次为小果南烛、赤楠、小竹、山胡椒、枬木、胡枝子等。在山谷阴湿处有朱砂根、紫金牛等。另外在灌木层中还有大量可望长成乔木的幼苗幼树。草本层主要有芒萁，其次是狗脊、芒，以及少量淡竹叶、莎草、紫萁、蕨等，覆盖度 75%。

（二）马尾松甜槠林

马尾松甜槠林主要分布低山，垂直分布上限海拔约 800 米，而以海拔 500 米左右的低山中坡为多。马尾松甜槠林的树种组成复杂，建群种中除马尾松、甜槠外，还有木荷、青冈栎、杉木、大叶冬青、冬青、化香、厚皮香、野漆树等。灌木层种类也很多，优势种为鹿角杜鹃、檵木，其他有隔药柃、石斑木、马银花、赤楠、满山红、老鼠矢等。草本层主要是蕨类、禾草类、莎草科及兰科的一些种属，如光里白、莎草、蕨、芒萁、狗脊、淡竹叶、芒、蕙兰等。在灌木层中还有一些乔木树种如青冈栎、木荷、甜槠、小叶青冈、细叶香桂、红楠等的幼苗幼树。

（三）其他针、阔叶树混交林

其他针、阔叶树混交林还有杉木阔叶树混交林，多为杉木人工林失去优势后，其他阔叶树种侵入而形成，如黄山松等针叶树与阔叶树组成的混交林等，但面积很少。

三、常绿阔叶林

常绿阔叶林是青田地带性植被，历史上全境曾几乎全为葱郁常绿阔叶林所覆盖，由于人类长期频繁活动，尤其是掠夺式的开发和破坏，造成原生植被日渐退缩。至今只有人烟稀少的边远山区，尚可见保存较好的常绿阔叶林；而在低山丘陵地区，仅在局部地段可找到少片残存的常绿阔叶林。

常绿阔叶林的垂直分布，山区海拔可达1200米，个别向阳湿润山地，甚至分布至1300米以上。常绿阔叶林比较复杂，类型多样，青田常见的主要为槠栲类林、青冈类林等。

（一）槠栲类林

槠栲类林是由壳斗科栲属树木为建群种所组成的森林，其又可细分为甜槠、苦槠、丝栗栲、米槠、钩栗、南岭栲和罗浮栲林。其中甜槠和苦槠分布广泛，常与其他阔叶树组成常绿阔叶林；青田最常见的是苦槠林，分布于境内浅山区和丘陵地带，由于长期人为破坏，大面积的苦槠林已不多，常见为屡经破坏后天然萌芽或经人工封山育林形成的次生中幼林，成、过熟林仅见于村庄水口、祠堂和寺庙周围，多为小片分布。草本层种类较少，主要有蕨类、淡竹叶、细叶麦冬、苔草类等。

（二）青冈类林

在壳斗科青冈属为建群种所组成的森林中，以青冈栎、小叶青冈、褐叶青冈分布较广，形成一定面积森林；云山青冈、赤皮青冈也有小片森林。大叶青冈、多脉青冈、细叶青冈多呈散生状态或为常绿、落叶阔叶林的重要组成树种之一。

青冈栎林广泛分布于山地丘陵，垂直分布可达800米。青冈栎林组成结构以连蕊茶、鹿角杜鹃、矩形叶鼠刺、杨桐、枸木等为主，并出现较多的紫金牛种类。

境内落叶阔叶林单独成林的不多，多呈零星分布，故不一一细述。

（三）山地矮林

山地矮林属于阔叶林的一种特殊的植被类型，其所处生境条件严酷，一般分布于海拔1000米以上的山顶、山脊及其坡面上。气候冷、湿风大、土壤瘠薄，立地条件比较恶劣。主要有猴头杜鹃、云锦杜鹃矮林和乌冈栎矮林两种类型。群落组成种类简单，林相整齐，层次单一，草本层不发育，层外植物稀少。组成树种主要有杜鹃科、壳斗科、冬青科、蔷薇科、山茱萸科、槭科、椴科、野茉莉科、忍冬科等的一些属、种。

四、山地灌丛

灌丛组成种类单纯，层次单一，灌木分布疏密不匀，混生着众多的以禾本科植物为主的高草类，两者高度相等，连成一片。灌丛的组成种类有原生的，也有次生的，原生的灌丛很少，以次生灌丛为主。其形成过程主要有两种类型：一类灌丛处于交通发达、人口稠密居民点附近的浅山缓坡上。原生植被常绿阔叶林经采伐破坏后，保留的残根多代萌芽，形成灌丛。另一类灌丛分布于高海拔的山坡或山脊上，原来的森林植被经采伐破坏后，由于山高气寒，土层瘠薄，森林植被难以恢复。

五、竹林

竹林是青田森林特色之一，分布广泛，常见有毛竹林、刚竹林、苦竹林、水竹林、金竹林、淡竹林、石竹林、玉山竹灌丛，以及箬竹、华箬竹等。

青田毛竹林面积较大，有15万亩左右，经济效益较高，是山区人民重要的收入来源。常与杉木、马尾松、黄山松、凹叶厚朴、枫香等混交。下木有石楠、小叶乌饭、桉木、山胡椒、山苍籽、青灰叶下珠、树参、马银花、箬竹、乌药、黄端木、映山红、胡枝子等。草本层有：里白、芒萁、狗脊、黄精、淡竹叶、黎芦、肺形草、簇花龙胆蕨类等。附生植物有猕猴桃、藤黄檀、南五味子、金银花、大血藤等。

其次是水竹林，广泛分布于瓯江两岸滩涂、河流两岸及村宅旁，其秆形大，成林快，单产高，经济效益好。

食用笋竹林大多种植于交通比较便利的低山丘陵，面积不大。

六、经济林

青田县经济林种类繁多，常见有油茶林、红花油茶林、油桐林、乌桕林、板栗林、厚朴林、榧树林、茶叶林等，此外还有柑橘、枇杷、梨、杨梅等各种水果。其中既有乡土树种，也有外来引种树种。除红花油茶和榧树等少数树种有少量野生散生分布外，现有经济林几乎全为人工栽培。

其他野生植物资源也很丰富,具有经济价值的有（一）淀粉类,如麻栎、白栎、金樱子等;（二）纤维类,如龙须竹、山油麻等;（三）油料类,如香樟、乌药、山胡椒、野茉莉、野漆、梧桐;（四）芳香类,如茉莉、香樟、香叶树、马尾松、柏木、腊梅、玫瑰、薄荷等;（五）药用类,如金银花、桔梗、百合、何首乌、青木香等;（六）饲料类,如蒲公英、苜榴等;（七）土农药类,如闹洋花、大戟等 ;（八）化工原料类,如化香、枫香、猕猴桃等。

第三章 森林资源概况

图 2-3-0-1 调查成果报告

青田县森林资源一直处于动态变化之中。中华人民共和国成立后至2014年，青田共进行5次森林资源二类调查，分别是1955年、1975年、1985年，1998年和2007年，并在1999年、2008年、2013年进行部分数据更新。由于资源清查需要大量的人力、物力和时间，2013年资源更新数据又不能全面反映森林资源全貌，故其资料来源只能取自最近一次的资源调查数据，即2007年的森林资源调查数据。

根据2007年青田县森林资源调查，青田县土地总面积3734060亩，其中林业用地3106314亩，非林业用地面积627746亩。

第一节 森林资源结构

一、各类土地面积

2007 年调查，全县土地总面积为 3734060 亩，林业用地 3106314 亩，占 83.2%；非林业用地 627746 亩，占 16.8%。

（一）林业用地资源

在林业用地面积中：有林地 2836232 亩，占 91.3%；疏林地 67 亩，占很少比例；灌木林 196042 亩，占 6.3%；未成林造林地 31285 亩，占 1%；苗圃地 15 亩，占很少比例；无立木林地 35246 亩，占 1.2%；宜林地 7317 亩，占 0.2%；辅助生产地 110 亩，占很少比例。（详见图 2-3-1-1）

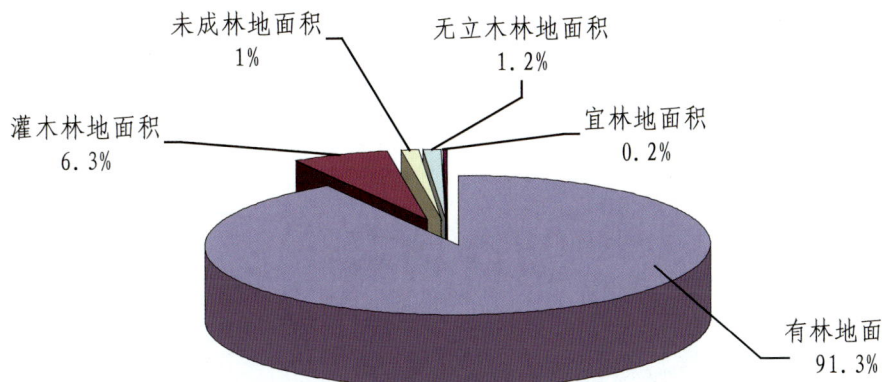

图 2-3-1-1 林业用地面积构成图

在有林地面积中：纯林面积 2109817 亩，占 74.3%；混交林面积 594805 亩，占 21.0%；竹林面积 131610 亩，占 4.7%。（详见图 2-3-1-2）

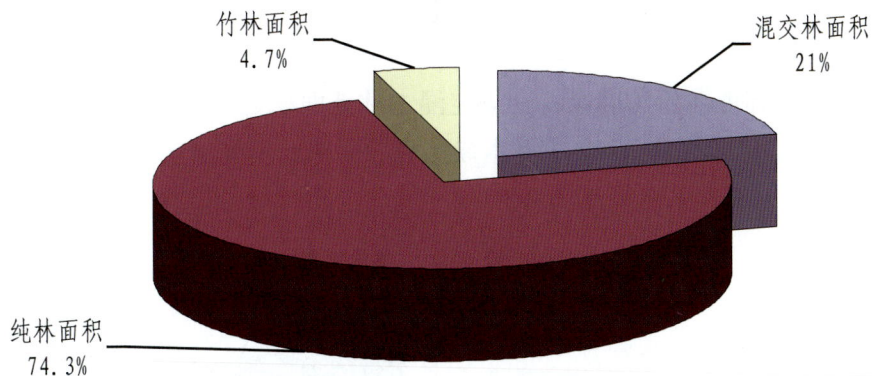

图 2-3-1-2 有林地面积构成图

在森林面积（林业用地）中：公益林地面积 743185 亩，占 23.9%；商品林地面积 2363129 亩，占 76.1%；公益林地面积中，省重点和国家级公益林 743697 亩，占公益林面积 100%。（详见图 2-3-1-3）

公益林面积
23.9%

商品林面积
76.1%

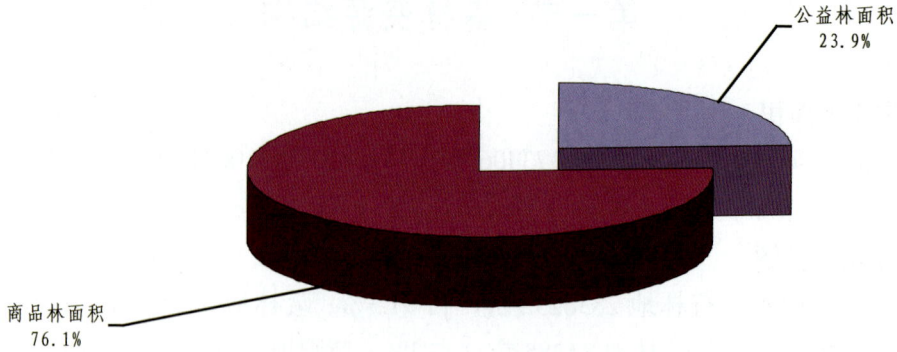

图 2-3-1-3 森林面积构成图

（二）非林业用地资源

在非林业用地面积中：其他用地 620324 亩，占 98.8%，四旁树占地面积 7422 亩，占 1.2%。（详见图 2-3-1-4）

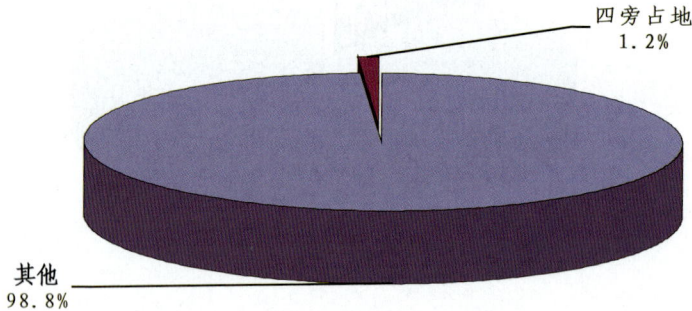

四旁占地
1.2%

其他
98.8%

图 2-3-1-4 非林业用地构成图

二、森林资源现状

（一）森林覆盖率

森林覆盖率（有林地面积＋国家特别规定灌木林地面积之和占全县土地总面积的百分数）80.4%；有林地占土地总面积的 76.0%；林木绿化率（有林地＋灌木林面积＋四旁占地之和占全县林业用地的百分数）81.4%。（详见图 2-3-1-5）

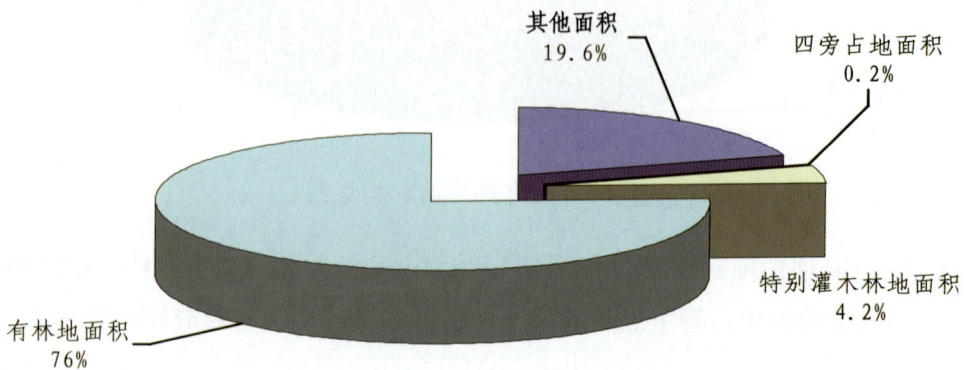

其他面积
19.6%

四旁占地面积
0.2%

有林地面积
76%

特别灌木林地面积
4.2%

图 2-3-1-5 森林资源覆盖率情况构成图

（二）各类林木蓄积量

全县活立木总蓄积量为 6327866 立方米，其中：乔木林分蓄积 6236728 立方米（包含达到乔木林分标准的林带蓄积），占 98.6%；散生木蓄积 53872 立方米，占 0.8%；四旁木蓄积 37119 立方米，占 0.6%。（详见图 2-3-1-6）

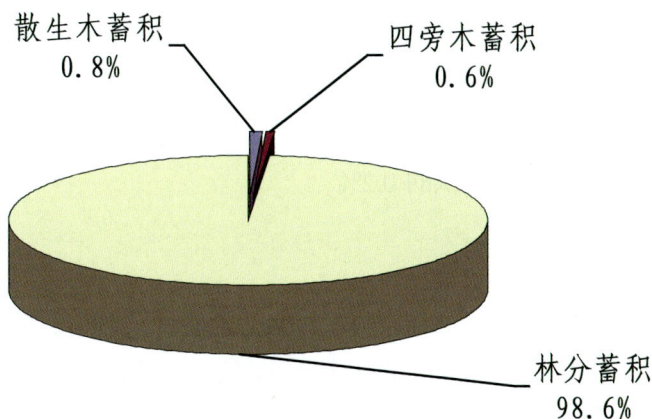

图 2-3-1-6 各类林木蓄积构成图

（三）林种资源结构

《中华人民共和国森林法》规定，森林划分为用材林、防护林、薪炭林、特种用途林和经济林五大林种，竹林不单独为一类林种，而是用材林和相应林种的一部分。

森林资源结构是森林资源特点的具体反映，本县森林的结构客观地反映了其森林资源的特点。现分别林种、林龄、乔木林分优势树种和防护林组成树种等方面对资源结构进行论述。

1. 用材林资源

用材林是指以生产木材为目的的林种。全县用材林资源最多。用材林面积 1901980 亩，占有林地面积 67.1%；蓄积为 4597858 立方米，占乔木林分总蓄积的 73.7%。

2. 防护林资源

防护林是指以防护为主要目的的森林、林木。防护林对改善生态环境，减少自然灾害，减轻自然灾害所造成的危害，促进经济的发展具有十分重要的意义。防护林根据其特定的地理位置和主要功能又划分为水源涵养林、农田防护林、护岸（堤）林、护路林等二级林种。

全县防护林面积 742227 亩，占有林地面积 26%；蓄积为 1600460 立方米，占乔木林分总蓄积的 25.7%。其中按功能划分：水源涵养林面积为 258196 亩，蓄积 506637 立方米，分别占 34.8% 和 31.7%；水土保持林面积为 472110 亩，蓄积 1055241 方米，分别占 63.6% 和 65.9%；防风林面积为 359 亩，蓄积 417 立方米，分别占 0.04% 和 0.02%；护岸林面积为 329 亩，蓄积 858 立方米，分别占 0.04% 和 0.05%；护路林面积为 4827 亩，蓄积 9967 立方米，分别占 0.65% 和 0.62%；其他防护林面积为 6406 亩，蓄积 27340 立方米，分别占 0.87% 和 1.71%。

3. 特种用途林资源

特种用途林（简称特用林），是指以国防、环境保护、科学实验等为主要目的的森林和林木。特用林因其特殊的用途和功能又划分为国防林、环境保护林、风景林等二级林种。

全县特用林面积 6388 亩，占有林地面积 0.2%；蓄积 29162 立方米，占乔木林分总蓄积的 0.5%。

按功能划分：国防林面积为 788 亩，蓄积 678 立方米，分别占 12.33% 和 2.3%；实验林面积为 40 亩，蓄积 72 立方米，分别占 0.6% 和 0.3%；风景林面积为 5555 亩，蓄积 28308 立方米，分别占 87.0% 和 97.0%；纪念林面积为 5 亩，蓄积 104 立方米，分别占 0.07% 和 0.4%。

4. 经济林资源

经济林是指以生产果品、油料等为主要目的的森林和林木。经济林以其多年生、成林后可以多年受益的特性与草本经济植物有明显的区别。全县经济林面积 241565 亩，占有林地 8.9%；蓄积 10137 立方米，占乔木林分总蓄积的 0.2%。

三、有林地资源结构

（一）乔木林分资源结构

全县乔木林分（包括乔木经济林）面积 2704622 亩，蓄积 6236728 立方米，分别占有林地面积和总蓄积的 95.3% 和 98.5%。乔木林分面积以纯林居多，面积为 2109817 亩，占 78.0%；混交林面积 594805 亩，占 22.0%。乔木林分蓄积以纯林居多，蓄积为 5254454 立方米，占 84.3%。混交林 982274 立方米，占 15.7%。这说明纯林比混交林单位蓄积高。（详见图 2-3-1-7）

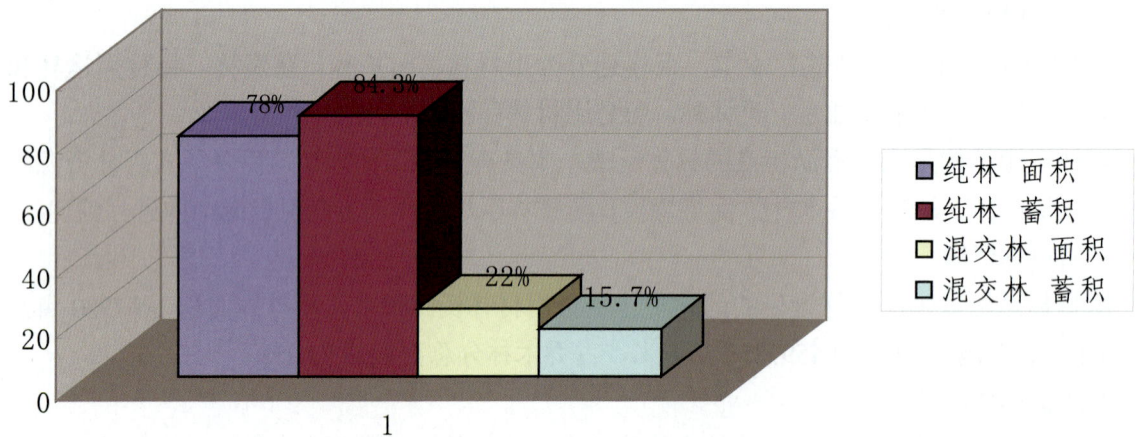

图 2-3-1-7 有林地面积和乔木纯林、混交林面积及蓄积结构图

（二）竹林资源结构

全县竹林面积 131610 亩，占有林地 4.6%。按林种划分水涵林面积 4661 亩，占 3.6%；水保林面积 5189 亩，占 3.9%；护路林面积 45 亩，占很少比例；国防林面积 5 亩，占很少比例；风景林面积 165 亩，占 0.1%；速生林面积 33546 亩，占 25.5%；用材林面积 87661 亩，占 66.6%；食用林面积 143 亩，占 0.1%；其他经济林面积 195 亩，占 0.2%。按起源划分，人工林 95017 亩，占竹林面积的 72.2%；天然林 36593 亩，占 27.8%。

按竹子种类分：毛竹面积 130398 亩，占竹林面积 99.1%，毛竹总立竹量为 260352 百株，亩均 199 株；杂竹面积 1212 亩，占 0.9%。

（三）乔木林分优势树种结构

在乔木林分各优势树种资源中，以马尾松为主，面积 1783068 亩，蓄积 4642306 立方米，分别占乔木林分面积、蓄积的 65.9% 和 74.4%；其次为硬阔类面积 554400 亩，蓄积 521880 立方米，分别占 20.5% 和 8.4%；杉木面积 276782 亩，蓄积 985028 立方米，分别占 10.2% 和 15.8%；软阔类面积 5115 亩，蓄积 12260 立方米，分别占 0.2% 和 0.2%；柳杉面积 11294 亩，蓄积 65117 立方米，分别占 0.4% 和 1.0%；乔经类（包含枇杷、板栗、柿等）面积分别为 73963 亩，蓄积 10137 立方米，分别占 2.8% 和 0.2%。（详见表 2-3-1-1 和图 2-3-1-8）

表 2-3-1-1 乔木林分按优势树种组成结构表 单位：亩、立方米、%

项目	合 计	松类	硬阔类	杉类	软阔类	柳杉	乔经类
面积	2704622	1783068	554400	276782	5115	11294	73963
比例	100	65.9	20.5	10.2	0.2	0.4	2.8
蓄积	6236728	4642306	521880	985028	12260	65117	10137
比例	100	74.4	8.4	15.8	0.2	1.0	0.2

注：硬阔类含栎类、木荷、枫香、香樟、杜英及其他硬阔叶树；松类含马尾松、湿地松；杉类含杉木、柏木；软阔类含扬树等；乔经类含桃、杨梅、柑橘、枇杷、柿、银杏等。（下同）

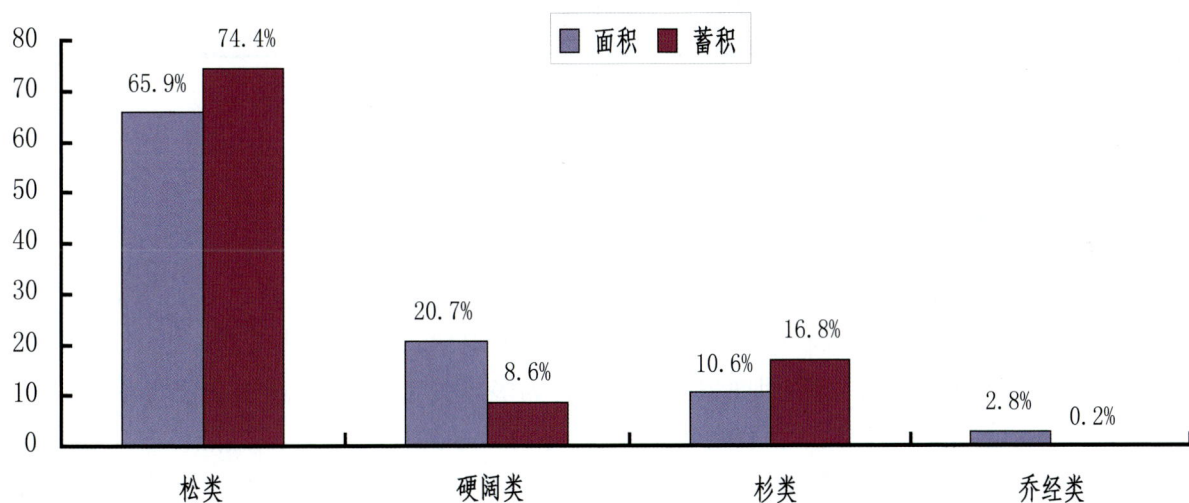

注：柳杉合并杉类、软阔合并硬阔类

图 2-3-1-8 乔木林分按优势树种组成结构图

（四）乔木林分龄组结构

乔木林分龄组结构：幼龄林面积为 1112190 亩，蓄积 964269 立方米，分别占乔木林面积、蓄积的 41.1% 和 15.5%；中龄林面积为 1076687 亩，蓄积 3108290 立方米，分别占 39.8% 和 49.8%；近熟林面积为 329739 亩，蓄积 1178360 立方米，分别占 12.2% 和 18.9%；成熟林面积为 178728 亩，蓄积 931193 立方米，分别只占 6.6% 和 14.9%；过熟林面积为 7278 亩，蓄积 54616 立方米，分别只占 0.3% 和 0.9%。（详见表 2-3-1-2 和图 2-3-1-9）

表 2-3-1-2 乔木林分按龄组组成结构表 单位：亩、立方米、%

项 目	合 计	幼 龄 林	中 龄 林	近 熟 林	成 熟 林	过 熟 林
面 积	2704622	1112190	1076687	329739	178728	7278
比 例	100.0	41.1	39.8	12.2	6.6	0.3
蓄 积	6236728	964269	3108290	1178360	931193	54616
比 例	100.0	15.5	49.8	18.9	14.9	0.9

注：各龄组面积包括乔木经济林面积。

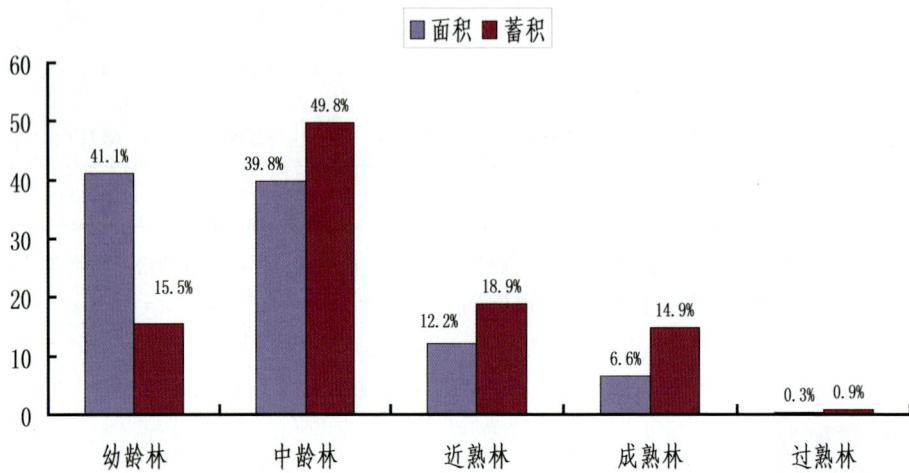

图 2-3-1-9 乔木林分按龄组组成结构图

(五) 乔木林分各优势树种龄组结构

在松类龄组面积中，以中龄林居多，占 55.1%，幼龄林占 26.3%，近熟林占 13.2%，成、过熟林占 5.4%。在硬阔类龄组面积中，以幼龄林为主，占 97.5%；中龄林占 2.3%，近、成、过熟林少，合计只占 0.2%。在杉类龄组面积中，近熟林为多，占 32.6%，中龄林占 27.2%，成熟林占 27.0%，幼、过熟林占 13.2%。在软阔叶树龄组面积中，中龄林占 14.4%，近熟林占 8.9%，成、过熟林 76.7%。乔经类龄组面积中，以幼龄林居多，占 95.9%，中龄林占 3.8%，近熟林占 0.3%，成、过熟林占不到比例。（详见表 2-3-1-3 和图 2-3-1-10）

表 2-3-1-3 乔木林分各优势树种龄组结构表 单位：亩、%

项 目	合 计		幼 龄 林		中 龄 林		近 熟 林		成、过 熟 林	
	面积	%	面积	%	面积	%	面积	%	面积	%
松类	1783068	100	469235	26.3	982806	55.1	234363	13.2	96664	5.4
硬阔类	554400	100	540452	97.5	12650	2.3	680	0.1	618	0.1
杉类	276782	100	31399	11.3	75266	27.2	90017	32.6	80100	28.9
软阔	5115	100			733	14.4	455	8.9	3927	76.7
乔经类	73963	100	70901	95.9	2822	3.8	205	0.3	35	

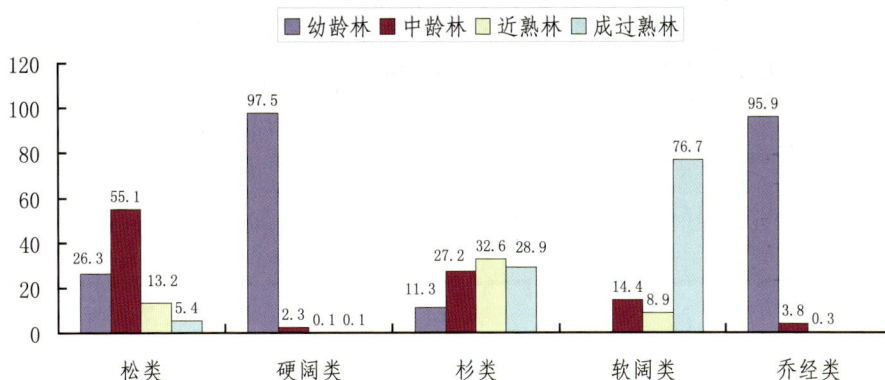

图 2-3-1-10 乔木林分各优势树种龄组结构图

四、经济林资源

（一）经济林树种结构

青田县经济林（包括商品林、商品生态两用林、国家特别规定灌木经济林）面积 241565 亩，蓄积 10137 立方米。其中以油茶居多，面积为 156106 亩，占 64.6%；杨梅面积 39471 亩，占 16.3%；柑（包括桔）面积 23769 亩，占 9.8%；板栗 8645 亩，占 3.6%；桃面积 4670 亩，占 1.9%；茶叶面积 4577 亩，占 1.9%；梨面积 1415 亩，占 0.6%；李、柚、柿、杜仲、胡柚等面积 2999 亩，占 1.3%。

（二）经济林龄期结构

全县经济林面积中，乔木经济林面积 73963 亩，占经济林面积的 30.6%；灌木经济林面积 167602 亩，占 69.4%；

乔木经济林龄期结构以盛产期为主，面积 34658 亩，占 46.9%；初产期面积 24985 亩，占 33.8%；产前期面积 13621 亩，占 18.4%；衰产期面积 699 亩，占 0.9%。

灌木经济林龄期结构以盛产期为主，面积 154452 亩，占 92.2%；其次产前期面积 4951 亩，占 2.9%；初产期面积 4661 亩，占 2.8%；衰产期面积 3538 亩，占 2.1%。

（三）经济林起源结构

经济林起源结构以人工林为主，面积 138123 亩，占 57.2%；天然林，面积 103442 亩，占 42.8%。

五、乔木林分资源起源结构

全县乔木林分起源以天然林比重大，面积为 2263570 亩，蓄积 4836977 立方米，分别占乔木林分面积、蓄积的 83.7% 和 77.6%。人工林面积 441052 亩，蓄积 1399751 立方米，分别占乔木林分面积、蓄积的 16.3% 和 22.4%。

（一）天然林分各优势树种结构

在天然林各优势树种中：以马尾松居多，面积 1534846 亩，蓄积 3799992 立方米，分别占天然林面积、蓄积的 67.8% 和 78.6%；硬阔类，面积 537190 亩，蓄积 459870 立方米，分别占 23.8% 和 9.5%；杉木林面积 183908 亩，蓄积 556223 立方米，分别占 8.2% 和 11.5%；柳杉林面积 3137 亩，蓄积 17922 立方米，分别占 0.1% 和 0.4%；阔叶林面积 2993 亩，蓄积 2606 立方米，分别占 0.1% 和占不到比例；乔经类面积 1496 亩，蓄积 364 立方米，占很少比例。（详见表 2-3-1-4 和图 2-3-1-11）

表 2-3-1-4 天然林分各优势树种统计表 　　单位：亩、立方米、%

项　目	合计	马尾松	硬阔类	杉木	柳杉	软阔	乔经类
面　积	2263570	1534846	537190	183908	3137	2993	1496
比　例	100	67.8	23.8	8.2	0.1	0.1	
蓄　积	4836977	3799992	459870	556223	17922	2606	364
比　例	100	78.6	9.5	11.5	0.4		

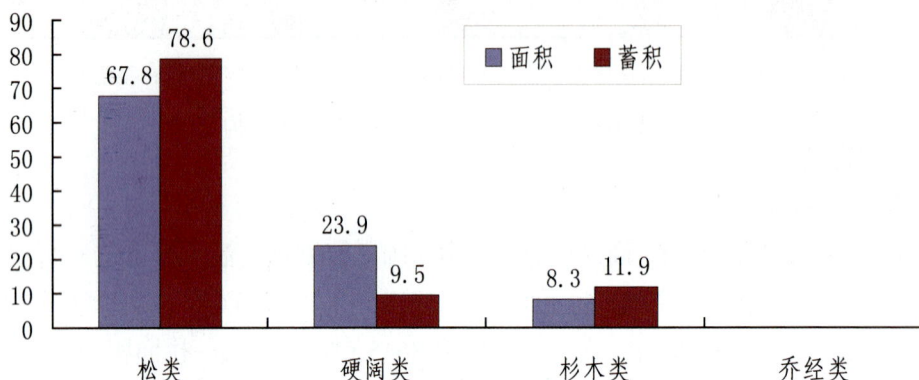

图 2-3-1-11 天然林分各优势树种统计图

（二）天然林分龄组结构

在天然林分龄组结构中：以幼龄林为主，面积 1017323 亩，蓄积 943179 立方米，分别占天然林面积、蓄积的 44.9% 和 19.5%；中龄林面积 982148 亩，蓄积 2867477 立方米，分别占 43.4% 和 59.3%；近熟林面积 207303 亩，蓄积 764962 立方米，分别占 9.2% 和 15.8%；成、过熟林面积 56796 亩，蓄积 261359 立方米，分别占 2.5% 和 5.4%。（详见表 2-3-1-5 和图 2-3-1-12）

表 2-3-1-5 天然乔木林分龄组统计表 　　单位：亩、立方米、%

项　目	合计	幼龄林	中龄林	近熟林	成过熟林
面　积	2263570	1017323	982148	207303	56796
比　例	100	44.9	43.4	9.2	2.5
蓄　积	4836977	943179	2867477	764962	261359
比　例	100	19.5	59.3	15.8	5.4

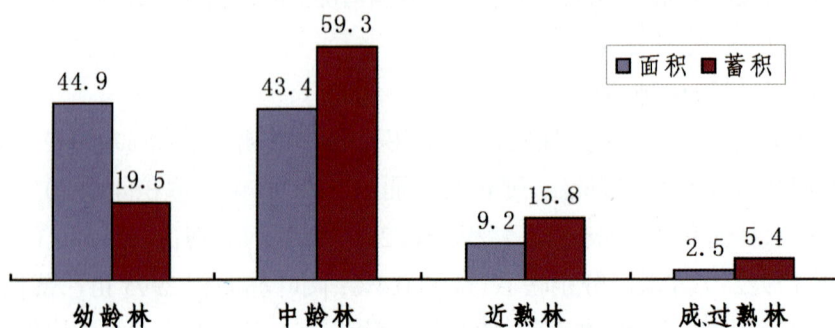

图 2-3-1-12 天然乔木林分龄组统计

（三）人工林分各优势树种结构

全县人工林分以马尾松居多，面积248222亩，蓄积842314立方米，分别占56.3%和60.2%；其次为杉木面积92874亩，蓄积428805立方米，分别占21.1%和30.6%；乔经类面积72467亩，蓄积9773立方米，分别占16.4%和0.7%；硬阔类面积17210亩，蓄积62010立方米，分别占3.9%和4.4%；柳杉面积8157亩，蓄积47195立方米，分别占1.8%和3.4%；软阔类面积2122亩，蓄积9654立方米，分别占0.5%和0.7%；（详见表2-3-1-6和图2-3-1-13）

表 2-3-1-6 人工林分各优势树种统计表　　　单位：亩、立方米、%

项　目	合　计	马尾松	杉木	硬阔	柳杉	软阔	乔经类
面积	441052	248222	92874	17210	8157	2122	72467
比例	100	56.3	21.1	3.9	1.8	0.5	16.4
蓄积	1399751	842314	428805	62010	47195	9654	9773
比例	100	60.2	30.6	4.4	3.4	0.7	0.7

注：乔经类含杨梅、板栗、梨、桃、枇杷、柿、苹果、桂花、香椿、银杏等。

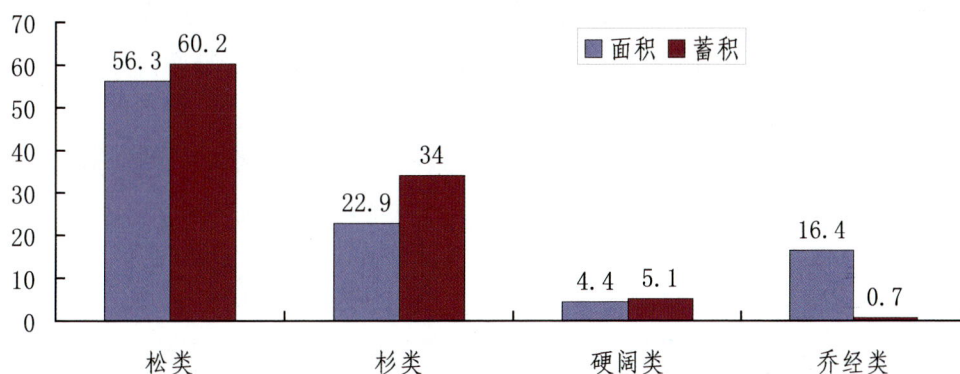

图 2-3-1-13 人工林分各优势树种统计图

（四）人工林分各龄组结构

人工林分各龄组面积以成熟林为多，面积123646亩，蓄积675823立方米，分别占天然林面积、蓄积的28.0%和48.3%；近熟林面积122436亩，蓄积413398立方米，分别占27.8%和29.5%；幼龄林面积94867亩，蓄积21090立方米，分别占21.5%和1.5%；中龄林面积94539亩，蓄积240813立方米，分别占21.4%和17.2%；过熟林面积5564亩，蓄积48627立方米，分别占1.3%和3.5%。（详见表2-3-1-7和图2-3-1-14）

表 2-3-1-7 青田县人工林分各龄组统计表　　　单位：亩、立方米、%

项　目	合　计	幼龄林	中龄林	近熟林	成熟林	过熟林
面积	441052	94867	94539	122436	123646	5564
比例	100	21.5	21.4	27.8	28.0	1.3
蓄积	1399751	21090	240813	413398	675823	48627
比例	100	1.5	17.2	29.5	48.3	3.5

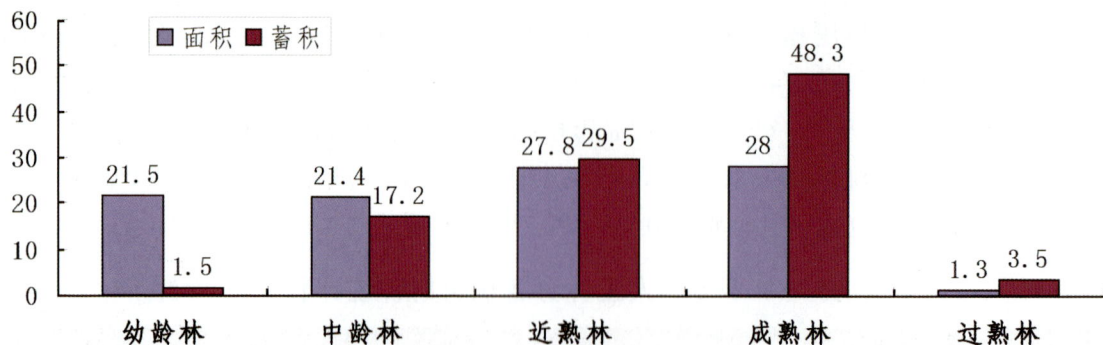

图 2-3-1-14 青田县人工林分各龄组统计图

六、森林生态价值

林业生态经济效益计量是对效益价值量的估算与评价，国内有多种多样的计量方法，通常可分为效果评价法、消耗评价法两大类。效果评价法是依据林业生态工程综合效能的利用程度，如农作物产量提高、农业劳动生产率提高、水费节约及损失减少等对生态效能做出的评价；消耗评价法是指评价利用、保持和加强森林公益效能的直接和间接消耗，通常可分为商品价值法、效益替代法、费用价值法、还原价值法。消耗评价法还可分为成本法与产值法。

（一）森林涵养水源效益

从森林是"绿色水库"角度，森林涵养水源效益可定义为：森林通过树冠截留、树干截留、林下植被截留、枯落物持水和土壤贮水对水分进行再分配，从而减少表径流，调节径流时空分布，相当于水库调节水量作用，称为涵养水源效益。根据林业生态学家的研究，每公顷乔木林地非毛管空隙和林下枯落物贮水量平均为 694.6 吨，灌木林地平均为 559.7 吨，乔木灌木林地平均约 627.15 吨。青田县取 600 吨为基数，采用供水价格确定的方法，森林涵养水源定价在 0.66 元/吨左右。经计算，全县森林涵养水源价值 80050 万元。

（二）森林保持水土效益

由于森林的存在，特别是活地被物层和枯枝落叶层的存在，基本消除了雨滴对表土的溅蚀和地表径流的侵蚀作用，因而使森林具有显著的固土保肥效能。从林学机理来看，森林保持水土效益与森林涵养水源效益有很大的正相关性。其定义为：森林保持水土效益主要是同无林地相比的森林固土效益、森林保肥效能、防止泥沙滞留和淤积效能。每公顷森林平均每年控制土壤流失量 44.83 吨，固土每吨定价为 0.45 元，全县森林保持水土价值 407 万元。

（三）森林改良土壤效益

森林中每年大量凋落物与土壤动物和微生物组成土壤养分循环系统，使森林土壤有机质及植物营养元素增加，成为土壤养分的主要来源；同时森林也具有改良土壤物理性状的效应，包括对土壤抗蚀性、抗冲性、渗透性、密度、总孔隙度、非毛管孔隙度、土壤微团聚体等方面的积极影响。总之森林具有很高的保肥、增加土壤肥力的效能。森林减少土壤肥料损失单价的估算，可根据化肥的价格来确定，一般单价在 840 元左右。经计算，全县森林改良土壤价值 17508 万元。

（四）森林净化空气效益

每公顷森林平均每年吸尘 0.746 吨，经计算森林净化空气吸尘量为 158565 吨。

（五）森林碳氧平衡效益

森林是大气中氧气和二氧化碳主要平衡者，森林每年净吸收二氧化碳称为森林吸收二氧化碳效益（或称森林固定二氧化碳），而森林每年释放的氧气多用于指示森林净化大气效益值。根据植物光合作用的方程式计算结果，森林光合作用时，每生产 1 吨干物质需吸收二氧化碳 1.63 吨，并释放氧气 1.2 吨。经郎奎建等人计算，每生产 1 立方米蓄积的森林净吸收二氧化碳 0.95355 吨，释放氧气 0.702 吨。森林吸收的二氧化碳的定价为 872.2 元 / 吨，释放氧气的定价为 1267.7 元 / 吨。经计算，全县森林碳氧平衡价值为 91815 万元。

青田县森林的生态价值合计为 18.9824 亿元。（详见表 2-3-1-8）

表 2-3-1-8 青田县森林生态效益计算表

内 容	生态价值	效益价值
森林涵养水源	600×202151=12129 万吨	12129×0.66=80050 万元
森林保持水土	202151×44.83=906 万吨	906×0.45=407 万元
森林改良土壤		906×0.23×840=17508 万元
森林净化空气	0.746×202151=158565 吨	
森林释放氧气量	0.702×533521=374531 吨	374531×1267=47453 万元
吸收二氧化碳量	0.95355×533521=508739 吨	508739×872=44362 万元
森林景观价值		2.2×202151=44 万元
合 计		189824 万元

注：（1）每公顷森林平均蓄水 600 吨；

　　（2）每公顷森林平均每年控制土壤流失量 44.83 吨；

　　（3）每吨土壤含氮、磷、钾相当于 0.023 吨化肥，每吨化肥 840 元；

　　（4）每公顷森林平均每年吸尘 0.746 吨；

　　（5）每生产 1 立方米蓄积林木净吸收二氧化碳 0.955355 吨，释放氧气 0.702 吨；

　　（6）森林吸收二氧化碳定价为 872.2 元 / 吨，释放氧气为 1267.7 元 / 吨；

　　（7）森林景观价值为 2.2 元 / 公顷。

第二节　森林资源消长动态

一、面积动态

（一）各类土地面积动态

1998 年和 2007 年的两次调查，间隔期 10 年。非林业用地面积减少 47019 亩，林业用地面积增加 47019 亩，年均净增 5224 亩，年均净增率 0.17%。

有林地面积减少且幅度较大，比 1998 年净减 102159 亩，年均减少 11351 亩，年均净增率 0.39%。有林地减少主要是调查规范变化的原因，本次调查原经济林地油茶和茶叶等划入国家特别规定灌木林面积 167602 亩，同口径统计，有林地面积增加 65443 亩。

纯林面积减少 366547 亩，年均减少 40724 亩，年均下降 1.6%。主要是通过封山育林，阔叶树自然更新转为阔松混交林。混交林增加 521319 亩，年均增加 57924 亩，年均净增率

78.8%，一是通过封山育林措施，使原有以松木为主的混交林转变为阔松混交林；二是近年来火烧迹地更新、造林已成阔叶混交林。

竹林面积增加较快，共增加23052亩，年均增加2561亩，年均净增率2.4%。

疏林地面积1998年调查有6129亩，本次调查只有67亩。主要原因是近几年来采伐量减少，没有产生新的疏林地；原有疏林地通过封山育林，促进天然更新转化为有林地。

灌木林面积增加121952亩，年均增加13550亩，年均净增率18.3%。

未成林造林地面积增加6336亩，年均增加704亩，年均净增率2.8%。

有林地、乔木林地面积增加，疏林地、灌木林地、无林地面积减少的原因有：一是从20世纪60年代开始的绿化造林运动；二是1991年开始的"五年消灭荒山，八年绿化青田"运动；三是封山育林和生态公益林的建设成效显著；四是退耕还林的贡献。

表 2-3-2-1 各类土地面积动态表
单位：亩

项　目	调查时间		前后期之差	前后期平均差	前后期年均率 %
	1998 年调查	2007 年调查			
总　面　积	3734060	3734060	0	0	0
林 业 用 地	3059295	3106314	47019	5224.3	0.2
有 林 地	2938391	2836232	-102159	-11351	-0.4
乔 木 林 地	2549784	2704622	154838	17204.2	0.7
竹　　　林	108558	131610	23052	2561.3	2.4
疏　　　林	6129	67	-6062	-673.6	-11.0
灌 木 林 地	74090	196042	121952	13550.2	18.3
其中：特灌					
未成林造林地	24949	31285	6336	704	2.8
苗 圃 地	42	15	-27	-3	-0.7
无 林 地	15694	35246	19552	2172.4	13.8
非 林 地	627790	627746	-44	-4.9	
森林覆盖率 %	80.9	80.4	-0.5		

（二）其他无立木林地面积动态

无立木林地面积增加19552亩，年均增加2172亩，年均净增率13.8%，主要是火烧迹地没有及时更新。

（三）乔木林分各龄组面积动态

间隔期内乔木林增加154768亩，年均增加17196亩，年均净增率0.7%。

各龄组面积变化呈现三增一减，幼林面积间隔期内减少420109亩，年均减少46649亩，年均净减3.0%。近、成、过熟林面积间隔期内分别增加195693亩和115009亩，年均净增率分别为16.2%和18.0%，中龄林面积间隔期内增加264175亩，年均增加29353亩，年均净增率3.6%。

原因是正常林龄自然进级。（详见表 3-10 和图 2-3-2-1）

表 2-3-2-2 乔木林分各龄组面积动态表

单位：亩、%

项　目	合　计	幼　龄　林	中　龄　林	近　熟　林	成、过熟林
1998 年调查	2549854	1532299	812512	134046	70997
2007 年调查	2704622	1112190	1076687	329739	186006
净　增　量	154768	-420109	264175	195693	115009
年均净增量	17196.5	-46678.8	29352.8	21743.7	12778.8
年均净增率	34.8	-3.0	3.6	16.2	18.0

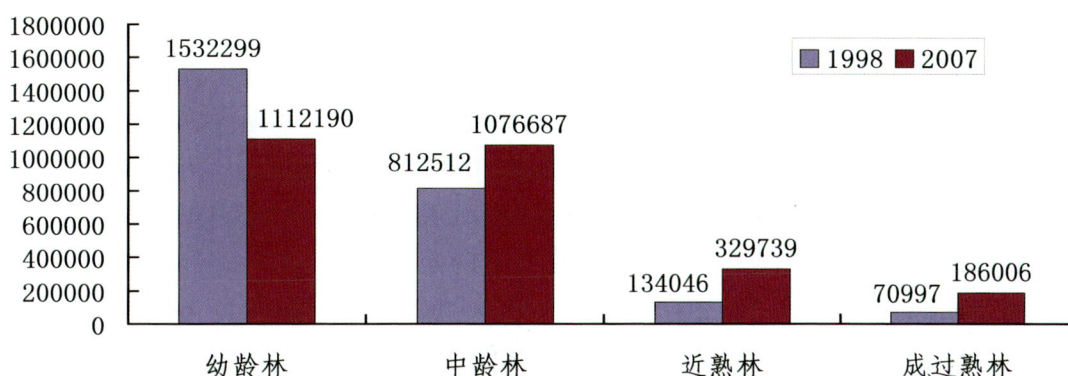

图 2-3-2-1 乔木林分各龄组面积动态图

（四）乔木林分各优势树种面积动态

乔木林分各优势树种两次调查结果对比，优势树种面积增加 154768 亩，年净增 17194 亩，本次调查乔经类优势树种增加面积 73963 亩。各优势树种中马尾松和柏木面积减少，间隔期内面积分别减少 5854 亩和 990 亩，年均分别减少 650 亩和 110 亩，年均减少 0.04% 和 10.9%。马尾松林基本变化不大，柏木面积减少主要是滩坑水库林地征用。

硬阔类、杉木明显上升，尤其是硬阔，间隔期内净增面积 71074 亩，年均净增面积 7897 亩，年均净增 1.6%，主要原因是近年来重视对阔叶林保护与发展，停止对阔叶林采伐，并通过封山育林措施，使原有以松木为主的林分转变成阔松混交林。（详见表 2-3-2-3 和图 2-3-2-2 ）

表 2-3-2-3 乔木林分各优势树种面积动态表

单位：亩、%

项　目	合　计	硬阔类	马尾松	杉木	软阔	柏木	乔经类
1998 年调查	2549854	483326	1788922	262020	4393	1007	
2007 年调查	2704622	554400	1783068	276765	5115	17	73963
净　增　量	154768	71074	-5854	14745	722	-990	73963
年均净增量	17196.4	7897.1	-650.4	1638.3	80.2	-110	8218.1
年均净增率	0.7	1.6		0.6	1.8	-10.9	11.1

注：软阔合并硬阔类，柏木合并杉类

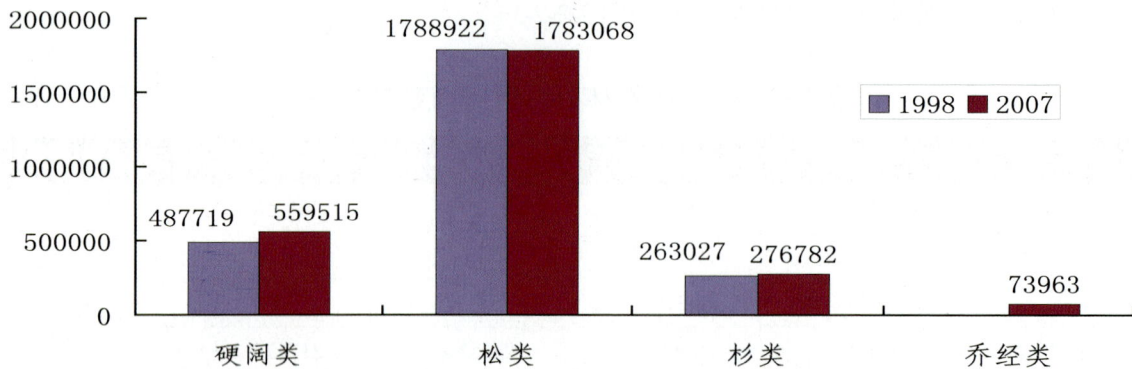

图 2-3-2-2 乔木林分各优势树种面积动态图

（五）经济林树种面积动态

经济林面积有所减少，总面积从 279979 亩减少到 241565 亩，减少 38414 亩，年均净减 4268.2 亩，年均净减率 1.5%。树种面积以油茶减少最多，幅度最大，间隔期内净减少面积 55973 亩，减少 26.4%，年均净减 6219 亩，年均净减率 2.9%；其次柑橘、茶叶面积也以年均净减率 4.1% 和 5.6% 速度减少，主要原因是这些经济树种粗放经营且与其他树种混生，优势树种发生转变，林地中的乔木树种成为优势树种。（详见表 2-3-2-4 和图 2-3-2-3）

梨、桃、杨梅面积大幅增加，特别是杨梅面积从 1998 年调查的 8204 亩增加到本次调查的 39471 亩，净增 31267 亩，年均增加 3474 亩，年净增率 42.3%。主要原因是近几年我县大力发展杨梅产业。其他经济树种面积少，变化不明显。

表 2-3-2-4　经济林各树种面积动态表　　　　　单位：亩、%

项目	合计	梨	杨梅	茶叶	柑橘	柿	桃	油茶	板栗	枇杷	其他
1998年调查	279979	334	8204	9240	37541	114	573	212079	8291	49	3554
2007年调查	241565	1415	39471	4577	23769	329	4670	156106	8645	316	2267
净增量	-38414	1081	31267	-4663	-13772	215	4097	-55973	354	267	-1287
年均净增量	-4268.2	120.1	3474.1	-518.1	-1530.2	23.9	455.2	-6219.2	39.3	29.7	-143
年均净增率	-1.5	36.0	42.3	-5.6	-4.1	21	79.4	-2.9	0.5	60.6	-4.0

注：表中其他包括：苹果、青梅、杏子、银杏、桃形李、石榴、葡萄（1997 年调查统计，2006 年调查不统计）

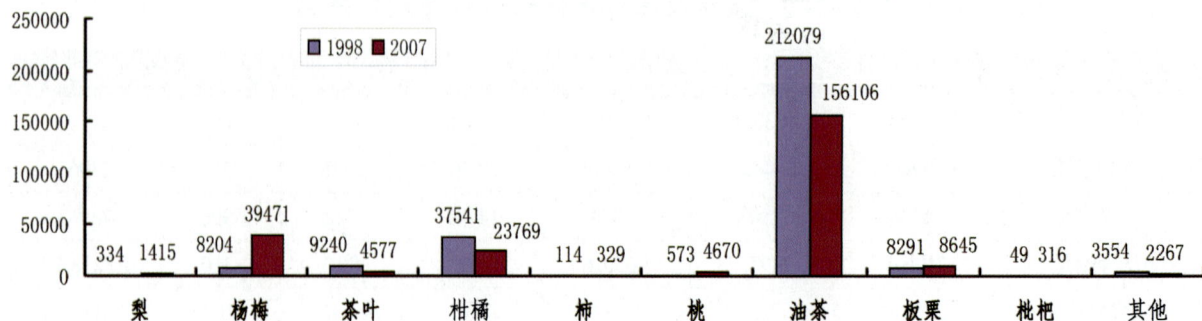

图 2-3-2-3 经济林各树种面积动态图

（六）毛竹、杂竹林面积、株数动态

毛竹林面积、株数增长迅速，面积由 1998 年的 108558 亩，增至 131610 亩，增加 23052 亩，增长 21.2%；株数由 182098 百株，增至 260352 百株，增加 18357 百株，增长 43.0%。杂竹面积由 1998 年的 1667 亩，减至 1212 亩，减少 455 亩，减少 27.3%。毛竹林面积增加的原因，一是人工造林；二是由于毛竹林的经济效益提高，不少原以乔木树种为优势树种的竹木混交林采伐乔木树种后变为毛竹林；三是毛竹通过鞭根诱导扩大了毛竹林面积。

杂竹面积减少，主要原因是杂竹主要分布在瓯江滩涂，高速公路建设和瓯江梯级电站的开发，占用了林地。

二、森林蓄积动态

（一）各类蓄积动态

森林总蓄积和乔木林分蓄积呈现同步增长，总蓄积由 1998 年的 3363924 立方米上升至 2007 年的 6327866 立方米，间隔期内净增蓄积 2963942 方米，年均净增 329327 立方米，年均净增率为 9.8%；乔木林分蓄积由 3277128 立方米上升至 6236728 立方米，间隔期内净增蓄积 2959600 立方米，年均净增 328844 立方米，年均净增率为 10%。蓄积增加原因，主要来自林木自然生长量。（详见表 2-3-2-5 和图 2-3-2-4）

表 2-3-2-5　各类蓄积动态表　　　　　单位：立方米、%

项　　目	合　　计	乔木林分	疏　林	散　生　木	"四旁"
1998 年调查	3363924	3277128	2906	58277	25613
2007 年调查	6327866	6236728	147	53872	37119
净　增　量	2963942	2959600	-2759	-4405	11506
年均净增量	329326.9	328844.4	-306.6	-489.4	1278.4
年均净增率	9.8	10.0	-10.6	-0.8	5.0

注：乔木林分蓄积不含乔木经林蓄积（单位：立方米）

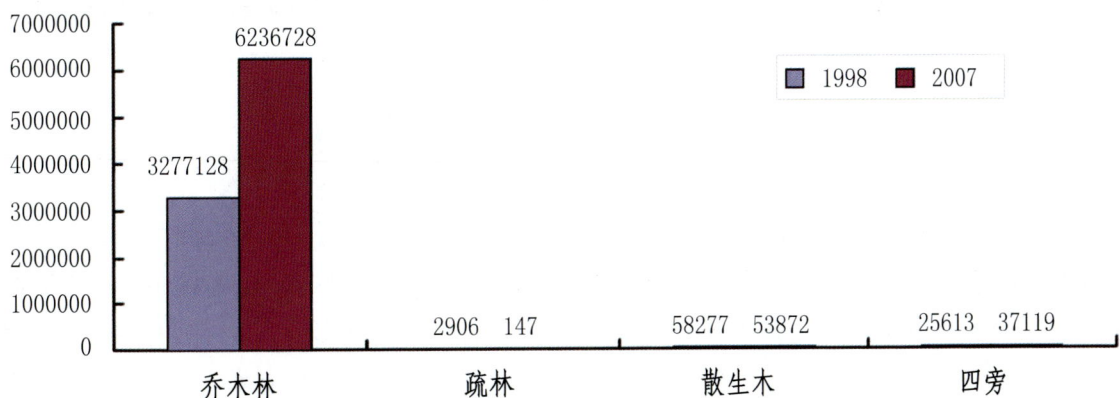

图 2-3-2-4 各类蓄积动态图

（二）乔木林分各优势树种蓄积动态

乔木林分各优势树种，两次调查呈五增一减。硬阔类增加蓄积多，幅度大，从 1998 年的 153985 立方米，增至 2007 年蓄积达到 521880 立方米，净增 367895 立方米，年均净增 40877 立方米，年均净增率 26.5%，主原因有二，一是优势树种组成转变为硬阔林分的增加，二是硬阔类大部分为幼龄林，生长快，进阶（从无蓄积幼林进入有蓄积林分）蓄积多的结果。说明近年来重视对阔叶林保护与发展，停止对阔叶林采伐成绩显著。

马尾松、杉木、软阔等的蓄积增加，主要是自然增长和间隔期内营造的林木进入有蓄积林分。

乔经类蓄积 1998 年调查不计算蓄积量，本次调查计算蓄积量参加统计。（详见表 2-3-2-6 和图 2-3-2-5）

表 2-3-2-6 乔木林分各优势树种蓄积动态表　　　单位：立方米、%

项　目	合　计	硬阔类	马尾松	杉木	软阔	柏木	乔经类
1998 年调查	3277128	153985	2573798	507539	8652	2160	
2007 年调查	6236728	521880	4642306	985026	12260	2	10137
净 增 量	2959600	367895	2068508	477487	3608	-2158	10137
年均净增量	328844.4	40877.2	229834	53054.1	400.9	-239.8	1126.3
年均净增率	10.0	26.5	8.9	10.5	4.6	-11.1	

注：软阔合并硬阔类、柏木合并杉类（单位：立方米）

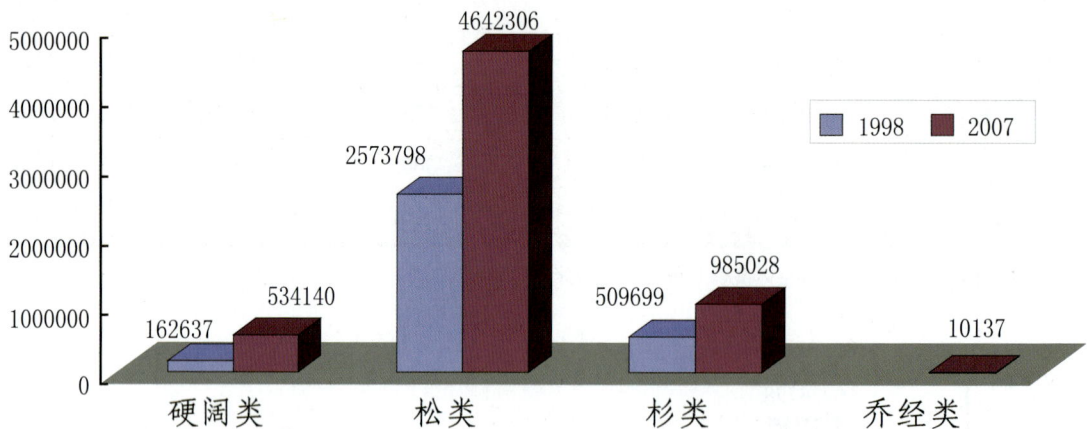

图 2-3-2-5 乔木林分各优势树种蓄积动态

（三）林分各龄组蓄积动态

两次调查各龄组呈四增一减。幼龄林蓄积少量减少，间隔期 9 年内减少 56618 立方米，年均净减少 6291 立方米，年净减少 0.6%。主要原因是林木自然生长，幼龄林面积减少；中龄林蓄积间隔期内增加最多，增加 1517742 立方米，年均增加 168638 立方米，年均净增率 10.6%，主要原因是林木自然生长，龄组自然进级；近熟林蓄积间隔期内增加 803451 立方米，年均净增加 89272 立方米，年均净增率 23.8%，主要原因是龄组自然进级和自然生长；成熟林蓄积间隔期内增加 648426 立方米，年均净增 72047 立方米，年均净增率 25.3%；过熟林蓄积间隔期内增加 46599 立方米，年均净增 5178 立方米，年均净增率 64.6%，主要原因是龄组自然进级，近年采伐量少和原有基础蓄积较少有关。（详见表 2-3-2-7 和图 2-3-2-6）

表 2-3-2-7 林分各龄组蓄积动态表

单位：立方米，%

龄 组	合 计	幼 龄 林	中 龄 林	近 熟 林	成 熟 林	过 熟 林
1998 年调查	3277128	1020887	1590548	374909	282767	8017
2007 年调查	6236728	964269	3108290	1178360	931193	54616
净 增 量	2959600	-56618	1517742	803451	648426	46599
年均净增量	328844.4	-6290.9	168638	89272.3	72047.3	5177.7
年均净增率	10.0	-0.6	10.6	23.8	25.5	64.6

注：乔木林分蓄积包括乔木经林蓄积

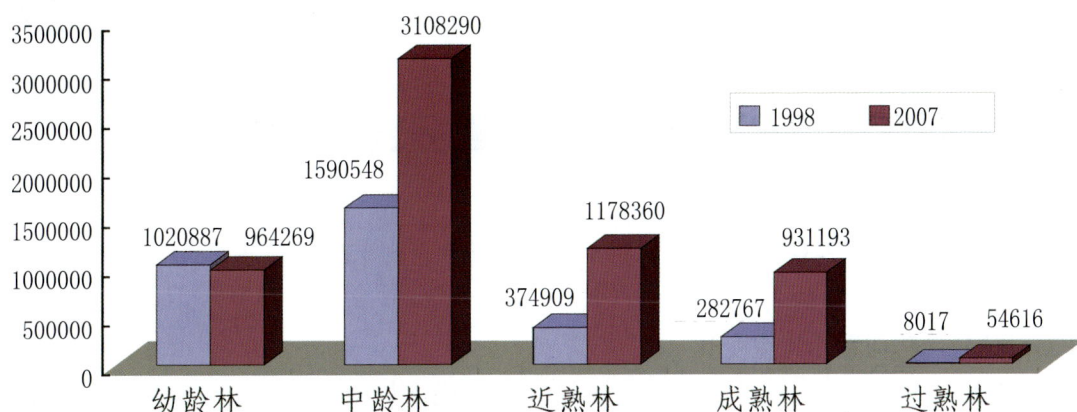

图 2-3-2-6 林分各龄组蓄积动态

三、森林单位面积、蓄积及树种、龄组比重动态

（一）各类平均蓄积变化

各类森林单位面积蓄积与前期比较，林业用地、乔木林分、人工林、"四旁"均有明显提高，间隔期内上升了 84.4%、79.1%、129.7% 和 50%。说明近年来狠抓森林资源保护，控制林木采伐及大力开展平原绿化造林取得了显著效果。虽然乔木林地及人工林单位蓄积提高速度较快，但与全省单位蓄积（乔木林 3.08 立方米，人工林 3.50 立方米）比较，分别低于 25.0% 和 11.6%，仍然处于较低水平。

毛竹单位株数有所增加，主要原因是近年来毛竹价格的上涨，经济效益好，群众经营积极性较高，随着毛竹集约经营强度的提高，毛竹单位面积株数上升，符合实际情况。就目前毛竹单位立竹量已达到相当高的水平，与全省单位立竹量（164 株）相比高 20.7%。（详见表 2-3-2-8 和图 2-3-2-7）

表 2-3-2-8　各类林木、毛竹单位蓄积、株数变化动态表

单位：立方米、百株／亩

项　目	林业用地	乔木林分	四旁	人工林	毛竹
1998 年调查	1.09	1.29	0.04	1.38	1.7
2007 年调查	2.01	2.31	0.06	3.17	1.98
净增率	84.4	79.1	50.0	129.7	16.5

注：乔木林分、人工林均不包括乔木经济林

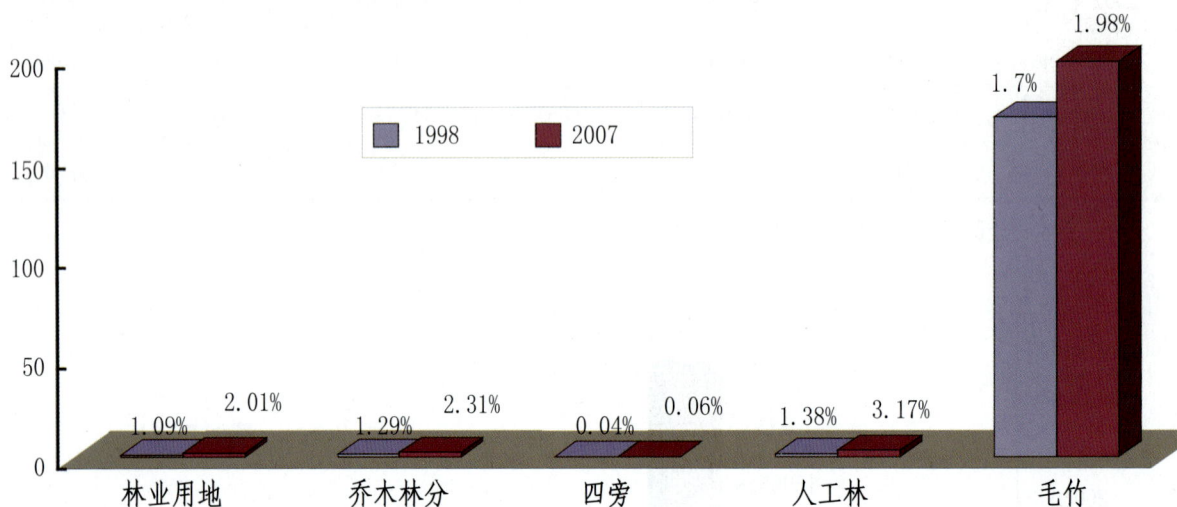

图 2-3-2-7 各类林木、毛竹单位蓄积、株数变化动态图

（二）林分优势树种组比重变化

两次调查各树种组所占比重有所变化，松林面积比重从原有的占 70.2% 降至 65.9%，蓄积比重从 77.4% 降至占 74.4%，分别下降 4.3% 与 3.0%，但仍然是松林一林独大的局面。硬阔面积、蓄积比重上升，而且上升幅度十分显著，面积比重从占 18.9% 上升到 20.5%，蓄积比重从占 4.8% 上升到 8.4%，主要原因是近年来对阔叶林保护和注重发展阔叶树取得明显效果，同时优势树种组成转变也是原因之一。杉木类、软阔类面积、蓄积比重变化不大。本次调查新增乔经类，面积占比重 2.7%，蓄积只占 0.2%。（详见表 2-3-2-9 和图 2-3-2-8）

表 2-3-2-9　乔木林分组成树种组比重变化动态表

单位：%

项　目		松类	杉类	硬阔类	软阔类	乔经类
面积比重	1998 年调查	70.2	10.7	18.9	0.2	
	2007 年调查	65.9	10.7	20.5	0.2	2.7
蓄积比重	1998 年调查	77.4	17.3	4.8	0.5	
	2007 年调查	74.4	16.8	8.4	0.2	0.2

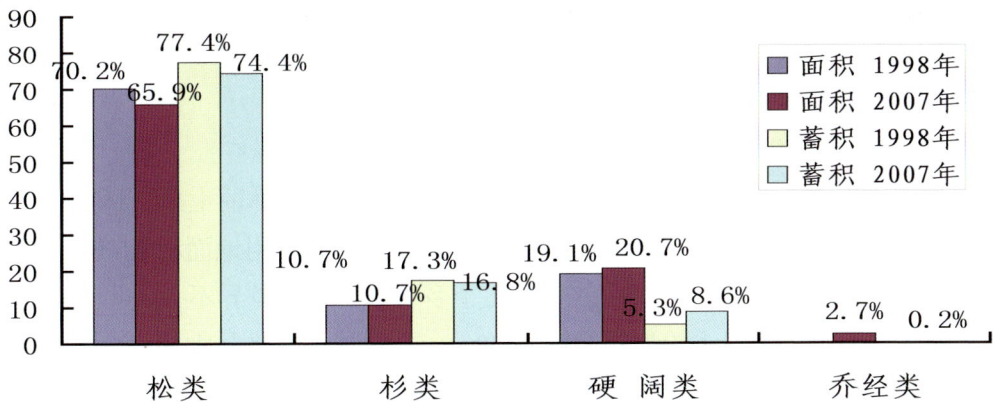

图 2-3-2-8 乔木林分组成树种组比重变化动态

（三）乔木林分各龄组比重动态

两次调查数据显示，全县各龄组所占比例发生明显变化，龄组结构不合理有所好转，间隔期内幼龄林面积蓄积大幅减少，面积比重由60.1%下降到41.1%，蓄积比重由31.2%下降到15.5%；中龄林、近熟林比重上升明显，成、过熟林比重也有所上升，主要原因有三：一是近年来采伐减少，使原有龄组面积、蓄积得到保护；二是自然进级面积大。总的来说，全县龄组结构逐步向合理的方向发展。（详见表2-3-2-10和图2-3-2-9）

表 2-3-2-10　乔木林分龄组结构比重变化动态表　　　　单位：%

项　　目		龄　　　　组			
		幼 龄 林	中 龄 林	近 熟 林	成、过 熟 林
面积比重 %	1998 年调查	60.1	31.9	5.2	2.8
	2007 年调查	41.1	39.8	12.2	6.9
蓄积比重 %	1998 年调查	31.2	48.5	11.4	8.9
	2007 年调查	15.5	49.8	18.9	15.8

注：乔木林分比重均不包括乔木经济林

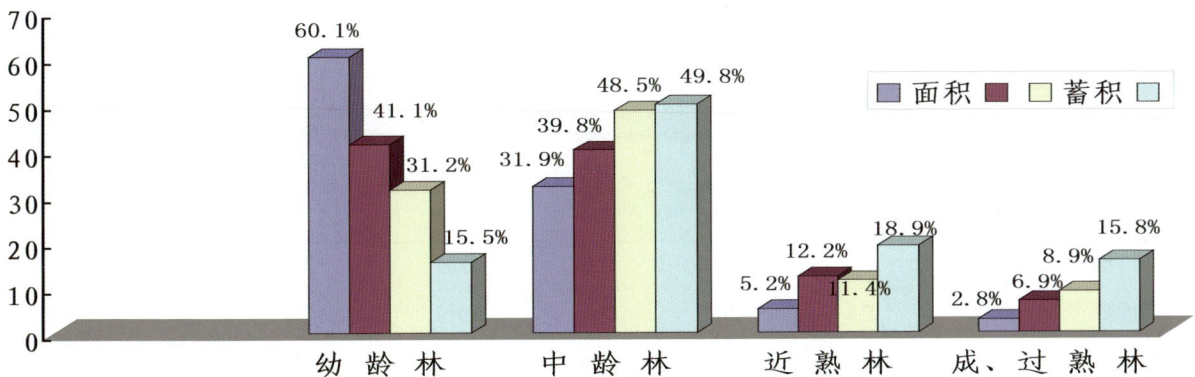

图 2-3-2-9 乔木林分龄组结构比重变化动态图

第三节　森林资源分布

一、各类面积分布

（一）林业用地面积分布

林业用地是指现有森林，以及目前尚无森林，但适宜发展森林的土地。林业用地占土地面积比例高与低，表示可能用于发展林业的土地潜力。青田县林业用地面积3106314亩，占土地总面积3734060亩的83.2%，林业用地在全县31个乡（镇）分布差异不大，占土地总面积比例最大的为祯旺乡（93.1%）；最小的为鹤城镇（71%）。林业用地总量最大的为北山镇227226亩，占全县林业用地的7.3%；最小的为小舟山乡30040亩，占1.0%。五大国有林场没有纳入比较。（详见表2-3-3-1）

（二）有林地面积分布

有林地面积是各林种森林资源的总称。有林地面积占林业用地面积比例大小，说明林业用地面积的利用程度，这是反映一个地方林业发展水平的标志。全县有林地分布总体上与林业用地趋势一致。但也存在局部地区由于宜林地和疏林地、灌木林地面积较多，而出现有林地分布与林业用地分布的差异。全县有林地面积2836232亩，占林业用地面积的91.3%。有林地在全县31个乡（镇）分布，以北山镇排列第一位，面积226123亩，占8.0%；最小的为石溪乡23796亩，占0.8%。（详见表2-3-3-1）

（三）乔木林地面积分布

乔木林地面积有用材林、防护林、特用林、经济林（乔木）四个林种。全县乔木林地面积270462亩，占有林地面积95.4%。各乡（镇）乔木林地面积与有林地分布趋势相近，但由于毛竹林面积分布差异，所占比例发生了一定变化，但是最大的仍然是北山镇210837亩，占7.8%，最小的为石溪乡23472亩，占0.9%。（详见表2-3-3-1）

（四）经济林面积分布

经济林由果树林（包括生态公益、商品两用林）和油茶林组成，全县总面积241565万亩，集中分布在章村乡、腊口镇、海口镇等油茶生产大乡镇，最多的章村乡面积48053亩，占19.9%；其次腊口镇面积38879亩，占16.1%；最小的为小舟山乡382亩，占0.2%。（详见表2-3-3-1）。

表 2-3-3-1　青田县各类土地面积分布表　　单位：亩

统 计 单 位	林 业 用 地		有 林 地		乔 木 林 地		经 济 林 地	
	面 积	%	面 积	%	面 积	%	面 积	%
全 县	3106314	100	2836232	100	2704622	100	241565	100
章村乡	126072	4.1	78921	2.8	60402	2.2	48053	19.9
腊口镇	112049	3.6	86171	3.0	84555	3.1	38879	16.1
舒桥乡	87772	2.8	74311	2.6	71019	2.6	15288	6.3
祯旺乡	115249	3.7	105513	3.7	94149	3.5	8628	3.6
祯埠乡	171704	5.5	163648	5.8	155674	5.8	8165	3.4

续表 2-3-3-1

统计单位	林业用地		有林地		乔木林地		经济林地	
	面积	%	面积	%	面积	%	面积	%
海溪乡	38724	1.2	33152	1.2	32436	1.2	6613	2.7
海口镇	147333	4.7	123810	4.4	118714	4.4	21965	9.1
高市乡	66400	2.1	63574	2.2	56374	2.1	3574	1.5
船寮镇	199796	6.4	186310	6.6	179946	6.7	10426	4.3
高湖镇	115485	3.7	107894	3.8	104082	3.8	7304	3.0
黄垟乡	66120	2.1	64757	2.3	59232	2.2	1521	0.6
季宅乡	93463	3.0	86186	3.0	84076	3.1	7609	3.3
万山乡	36086	1.2	35979	1.3	33328	1.2	107	0.04
东源镇	112812	3.6	110660	3.9	108064	4.0	2204	0.9
万阜乡	99218	3.2	98309	3.5	96936	3.6	1586	0.7
岭根乡	63905	2.1	58653	2.1	55923	2.1	3035	1.3
北山镇	227226	7.3	226173	8.0	210837	7.8	755	0.3
巨浦乡	128414	4.1	122841	4.3	119224	4.4	1953	0.8
阜山乡	148133	4.8	140570	5.0	133514	4.9	697	0.3
仁宫乡	121162	3.9	111008	3.9	107661	4.0	15903	6.6
章旦乡	41806	1.3	36701	1.3	34173	1.3	2307	1.0
鹤城镇	147263	4.7	129741	4.9	126520	4.7	22016	9.1
石溪乡	33308	1.1	23796	0.8	23427	0.9	3172	1.3
汤垟乡	75445	2.4	71092	2.5	67137	2.5	238	
仁庄镇	104670	3.4	98258	3.5	96792	3.6	1054	0.4
山口镇	49176	1.6	45382	1.6	44367	1.6	1406	0.6
方山乡	44213	1.4	34111	1.2	33126	1.2	214	
吴坑乡	43508	1.4	42172	1.5	40968	1.5	969	0.4
温溪镇	55991	1.8	51625	1.8	51373	1.9	3361	1.4
小舟山乡	30040	1.0	28547	1.0	27905	1.0	382	0.2
贵岙乡	77236	2.5	75871	2.7	73468	2.7	1128	0.5
石门洞	63467	2.0	58682	2.1	57808	2.1	202	
金鸡山	20761	0.7	20761	0.7	20697	0.8	2	
八面湖	21934	0.7	21675	0.8	21379	0.8	82	
大洋山	11723	0.4	11181	0.4	11139	0.4	507	0.2
峰山	8650	0.3	8197	0.3	8197	0.3	260	0.1

注：经济林包括乔木经济林和灌木经济林（茶叶、柑橘）

（五）竹林面积分布

竹林由毛竹和杂竹组成，全县总面积131610亩，其中毛竹130398亩，占竹林面积99.1%；杂竹1212亩，占0.9%。分布在全县各乡镇，万亩以上的乡镇有章村乡面积18519亩，占竹林面积14.1%；北山镇面积15336亩，占11.7%；祯旺乡11364亩，占8.6%。（详见表2-3-3-2）。

表 2-3-3-2 青田县竹林面积分布表　　　　　　　　　　单位：亩

统 计 单 位	合计		毛竹林		杂竹林	
	面 积	%	面 积	%	面 积	%
全 县	131610	99.7	130398	99.9	1212	100
章村乡	18519	14.1	18515	14.2	4	0.3
腊口镇	1616	1.2	1284	1.0	332	27.4
舒桥乡	3292	2.5	3247	2.5	45	3.7
祯旺乡	11364	8.6	11364	8.7		
祯埠乡	7974	6.0	7865	6.0	109	9.0
海溪乡	716	0.5	716	0.5		
海口镇	5096	3.9	5011	3.8	85	7.0
高市乡	7200	5.5	7200	5.5		
船寮镇	6364	4.8	6351	4.9	13	1.1
高湖镇	3812	2.9	3812	2.9		
黄垟乡	5525	4.2	5525	4.2		
季宅乡	2110	1.6	2088	1.6	22	1.8
万山乡	2651	2.0	2589	2.0	62	5.1
东源镇	2596	2.0	2516	1.9	80	6.6
万阜乡	1373	1.0	1373	1.1		
岭根乡	2730	2.1	2682	2.1	48	4.0
北山镇	15336	11.7	15336	11.8		
巨浦乡	3617	2.7	3617	2.8		
阜山乡	7056	5.4	7056	5.4		
仁宫乡	3347	2.5	3089	2.4	258	21.3
章旦乡	2528	1.9	2493	1.9	35	2.9
鹤城镇	3221	2.4	3147	2.4	74	6.1
石溪乡	369	0.3	369	0.3		
汤垟乡	3955	3.0	3955	3.0		
仁庄镇	1466	1.1	1466	1.1		
山口镇	1015	0.8	1005	0.8	10	0.8
方山乡	985	0.7	985	0.8		
吴坑乡	1204	0.9	1204	0.9		
温溪镇	252	0.2	225	0.2	27	2.2
小舟山乡	642	0.5	642	0.5		
贵岙乡	2403	1.8	2403	1.8		
石门洞	874	0.7	874	0.7		
金鸡山	64		64			
八面湖	296	0.2	288	0.2	8	0.7
大洋山	42		42			
峰山						

二、蓄积量分布

(一) 总蓄积量分布

各类林木总蓄积，包括林分蓄积、散生木蓄积、林带蓄积和四旁蓄积的总和。全县各类林木总蓄积量为 6327866 立方米。蓄积分布跟有林地面积分布差异不大，最多的为北山镇 535179 立方米，占 8.5%；最少的岭根乡 35179 立方米，占 0.6%。（详见表 2-3-3-3）

(二) 乔木林分蓄积量分布

乔木林分蓄积系指乔木有林地蓄积，包括用材林、防护林、特用林、乔木经济林蓄积。林分蓄积为 6236728 立方米，占总蓄积的 98.6%。总体上乔木林分蓄积分布与总蓄积分布趋势基本一致，最多的仍然是北山镇 527437 立方米，占 8.5%；最少的岭根乡 35179 立方米，占 0.6%。（详见表 2-3-3-3）

(三) 四旁树木蓄积量分布

四旁蓄积是指村旁、路、河、堤（岸）旁及非林业用地旁，面积 1 亩以下零星树木或林带 2 行以下的蓄积。全县四旁树木蓄积为 37119 立方米，占总蓄积的 0.6%。分布最多的为章旦乡 7710 立方米，占 20.8%。（详见表 2-3-3-3）

(四) 散生木蓄积量分布

全县散生木蓄积 53872 立方米，占总蓄积的 0.8%，分布最多的为仁宫乡 12106 立方米，占 22.5%。（详见表 2-3-3-3）

表 2-3-3-3　青田县活立木总蓄积分布表　　　　单位：立方米

统计单位	总蓄积		乔木林分蓄积				四旁蓄积		散生蓄积	
	蓄积	%	蓄积	%	其中乔木经济林蓄积 蓄积	%	蓄积	%	蓄积	%
合　计	6327866	100	6236728	100	10137	100	37119	100	53872	100
章村乡	210542	3.3	206652	3.3	817	8.1	1940	5.2	1950	3.6
腊口镇	168568	2.7	167922	2.7			182	0.5	464	0.9
舒桥乡	171051	2.7	169488	2.7	94	0.9	998	2.7	565	1.0
祯旺乡	191308	3.0	190269	3.0	12	0.1			1039	1.9
祯埠乡	157100	2.5	156411	2.5	223	2.2			689	1.3
海溪乡	39134	0.6	38515	0.6			101	0.3	518	1.0
海口镇	368900	5.8	365947	5.9	2647	26.1	433	1.2	2520	4.7
高市乡	58559	0.9	58130	0.9	13	0.1	270	0.7	159	0.3
船寮镇	326927	5.2	320557	5.2	967	9.5	1082	2.9	5288	9.8
高湖镇	215954	3.4	213153	3.4	32	0.3	2180	5.9	621	1.2
黄垟乡	185577	2.9	180999	2.9	168	1.7	4097	11.0	481	0.9
季宅乡	210700	3.3	209516	3.4	1179	11.6	927	2.5	257	0.5
万山乡	158097	2.5	156483	2.5			1533	4.1	81	0.2
东源镇	363915	5.8	361647	5.8	589	5.8	1744	4.7	524	1.0
万阜乡	390320	6.2	387828	6.2			1594	4.3	898	1.7
岭根乡	35179	0.6	34842	0.6					337	0.6
北山镇	535179	8.5	527437	8.5			1114	3.0	6628	12.3
巨浦乡	81873	1.3	79061	1.3			1654	4.5	1158	2.1

续表 2-3-3-3

统计单位	总蓄积		乔木林分蓄积		其中乔木经济林蓄积		四旁蓄积		散生蓄积	
	蓄积	%	蓄积	%	蓄积	%	蓄积	%	蓄积	%
阜山乡	288147	4.6	280927	4.6	4		4645	12.5	2575	4.8
仁宫乡	347299	5.5	335193	5.4	1379	13.6			12106	22.5
章旦乡	74074	1.2	63102	1.2	29	0.3	7710	20.8	3262	6.1
鹤城镇	249734	3.9	245103	3.9	1511	14.9	3669	9.9	962	1.8
石溪乡	40399	0.6	39364	0.6			103	0.3	932	1.7
汤垟乡	60932	1.0	54206	1.0					6726	12.5
仁庄镇	166702	2.6	166531	2.6	6				171	0.3
山口镇	65031	1.0	64623	1.0	6				408	0.8
方山乡	59972	0.9	59006	0.9					966	1.8
吴坑乡	86704	1.4	86633	1.4			70	0.2	1	
温溪镇	86536	1.4	85909	1.4	18	0.2	374	1.0	253	0.5
小舟山乡	71799	1.1	71759	1.1			37	0.1	3	
贵岙乡	236392	3.7	235864	3.7			394	1.1	134	0.2
石门洞	352628	5.6	351244	5.6	443	4.4	268	0.7	969	1.8
金鸡山	62959	1.0	62959	1.0						
八面湖	112709	1.8	112513	1.8					196	0.4
大洋山	64292	1.0	64292	1.0						
峰山	32674	0.5	32643	0.5					31	

注：含四旁树蓄积包括达不到林分标准的树带蓄积

三、森林资源特点分析

（一）中幼龄林多，近、成、过熟林资源少

全县中幼龄林多，近、成、过熟林资源少。通过多年培育，森林龄组有所改善，但可伐性资源仍然偏少，成、过熟林蓄积总量为 985809 立方米，仅占活立木蓄积总量的 18.5%。这与以往对近、成、过熟林资源过度利用和硬阔叶林龄组年龄标准调整有关。据本次调查结果，全县中幼龄林面积已达 2188877 亩，占林分面积 2704622 亩的 80.9%，蓄积 4072559 立方米，占林分蓄积 6236728 立方米的 65.3%；近、成、过熟林合计面积、蓄积，分别为 515745 亩、2164169 立方米，只占林分面积、蓄积的 19.1% 和 34.7%。应严格控制近、成、过熟林资源的采伐利用，加强保护。

（二）公益林比重逐渐加大，区域分布集中

森林林种结构总的趋向是趋于优化，公益林的比重明显增加，瓯江及支流两岸绿化带、高山水土保持林比重增加。据本次调查统计显示，全县公益林面积已达 788507 亩，占林业用地的 25.4%。在公益林地面积中，其中国家重点 562881 亩，占公益林面积 71.4%；省级公益林面积 225626 亩，占 28.6%。

重点公益林集中分布在瓯江及支流两岸；还有就是水库周围特别是滩坑电站周围。

（三）资源质量明显提高，单位蓄积上升明显、水平还不高

资源质量明显提高，但仍低于全省的平均水平，提高森林质量将是我县森林经营中一项长期而又重要的工作。全县各类林木单位蓄积，通过近年来狠抓森林资源保护，控制林木采伐及大力开展封山育林等措施，上升迅速，提高明显。乔木林单位蓄积由 1.29 立方米上升到 2.31 立方米，间隔期内上升 79.1%；人工林由 1.38 立方米上升到 3.17 立方米，上升 129.7%。虽然乔木林地及人工林单位蓄积提高速度较快，与全省单位蓄积（乔木林 3.08 立方米，人工林 3.50 立方米）比较，分别低 25.0% 和 11.6%，仍然处于较低水平。

（四）森林树种结构比较单一

马尾松用材林树种面积 1783068 亩，蓄积量 4642306 立方米，分别占乔木林面积、蓄积的 65.9% 和 74.4%。优质的乔木林资源明显偏少。特别是优质的阔叶林资源偏少。

第四章 古树名木资源

　　青田自然条件优越，森林资源丰富，蕴藏着众多的古树名木。清光绪年间所编《青田县志》中，对桂、松、槐、樟等古树名木均有记载。中华人民共和国成立以后，在相当长的一段时间里，由于对保护古树重要意义认识不足，古树名木被砍屡见不鲜，1958 年达到顶峰。如在著名的石门洞风景区中，原来古木参天，数百年树龄的古树名木比比皆是；但在"大炼钢铁"的运动中，景区内一夕间冒出数十孔炭窑，全部古树被用作烧炭，只剩峭壁上 3 株百年老松。"文化大革命"和农业学大寨运动，许多古树名木又遭厄运。到 20 世纪 80 年代初期，保护古树渐受重视。20 世纪 90 年代后，国家规定古树的标准，要求各地开展调查。

图 2-4-1-1 高湖旦头上村枫香古树群（2015 年摄）　　图 2-4-1-2 船寮镇胡岙村古树—苦槠（2015 年摄）

第一节 古树名木概况

古树名木分为一级、二级和三级。凡树龄 500 年以上，或者特别珍贵稀有，具有重要历史价值和纪念意义，具重要科研价值的为一级古树名木；树龄在 300～499 年之间的为二级古树名木；树龄在 100～299 年之间的为三级古树名木。

据 2002 年全省古树名木资源普查成果统计，青田全县现有古树名木 6710 株；其中散生 3407 株，古树群 151 个，群中古树 3303 株。共有一级保护树种（500 年以上）218 株，占总数 3.2%；二级保护树种（300～499 年）847 株，占 12.6%；三级保护（100～299 年）5645 株占 84.1%（见表）。古树名木种类隶属 35 科 65 属 91 种，排在前五位分布是马尾松 3206 株，占总数的 47.8%；苦槠 913 株，占 13.6%；枫香 763 株，占 11.4%；香樟 337 株，占 5%；木荷 306 株，占 4.6%。

图 2-4-1-3 周山村大柳杉（2014 年摄）

青田古树名木种类较多，在全省占有一席之地，现就其代表性，做简单介绍：

马尾松：松科，常绿大乔木。我国南方常见用材、经济树种。生命力强，被誉为荒山绿化先锋树种。其木材用途广，耐水湿，有"水底千年松"之说。可生产松脂，花粉可作保健食品。海拔 800 米以下村边、老路、寺庙、水口留存较多。

鹤城镇试剑石有 200 株松树群。陈学前坑水井头有 4 株高 15～17 米，胸径 100～110 厘米，树冠均在 8～13 米，树龄为 650 年的古松树。陈学前坑房下、樟树降及榕树降均有树龄为 600 年的古松树。

苦槠：壳斗科，常绿大乔木。亚热带常绿阔叶林建群种之一。是江南一带路边的常客，它冠幅大，木材坚韧有弹性，又耐水湿。种子富含淀粉，磨粉水浸其苦味后可做苦槠豆腐，晒干后的豆槠是一地道的乡土菜肴。

鹤城镇黄降上田湾有一株高

11 米，胸径 110 厘米，树冠东西南北各 6 米，树龄有 810 年的苦槠。

山口镇彭括下尾村有一株高 17 米，胸径 170 厘米，树冠东西、南北均 16 米，有 700 年树龄的苦槠。

船寮镇水井头村胡岙自然村坟山脚有一株苦槠树，树高 15 米，胸径 200 厘米，树龄 700 年。

枫香：金缕梅针，落叶大乔木。是常见速生多用途树种，它伟岸雄壮，木材干后耐腐，有"梁阁万年枫"之美谈，果实即中药中的"路路通"，树脂加工后可制成枫香浸膏或芳香油。系著名观叶树种，杜牧的"霜叶红于二月花"的霜叶即枫叶。它的生态效应更高于经济效益。

海口镇横丰村旁和平山村旁各有一株 500 年树龄的枫香，一株高 37 米，胸径 137 厘米，东西、南北树冠均为 28 米；另株高 38 米，胸径 150 厘米，树冠均为 30 米。

樟树：樟科，常绿大乔木。它和楠、梓、桐合称"江南四大名木"。樟树全身是宝，是用材树种和经济树种。现又成为园林、道路绿化的热门植物。船寮镇王巷村樟树坦有一株树龄 500 年，高 15 米，胸径 146 厘米，树冠东西 17 米，南北 21 米樟树。鹤城镇白浦上斜成汗房横头也有一株有 500 年树龄，高 16 米，胸径 160 厘米，树冠东西 24 米，南北 18 米的樟树。山口镇大安村樟树有 500 年树龄，胸径 130 厘米，树高 14 米。

木荷：山茶科，常绿乔木，木材加工后在干燥过程中易扭曲，市民称："歪柴"。常绿阔叶林重要组成树种。材质坚重细密，耐磨，用于纺织、家具、杆柄、军工等。枝叶不易燃烧，为良好的生物防火隔离树种。石帆乡官庄村菜园屋后有一株木荷，树龄 150 年，高 22 米，胸径 80 厘米，树冠东西 13 米，南北 15 米。

银杏：银杏科，落叶大乔木，叶像一把精致的小扇子。宋代开始，白果列为贡品，进贡者据其果形色泽取名"银杏"。它经济价值高，是优良的用材树种，又是著名的观赏、药用树种。一亿多年前，银杏有一个兴旺的家族，随着时光的推移，其他成员先后灭绝，仅它幸存至今，有"活化石"之称，在科研上有独特地位，它寿命长，据记载我国有树龄 3000 余年的银杏古树，还年年结实。

鹤城镇朱坳碗坦村有一株树龄 500 年的银杏，树高 35 米，胸径 165 厘米，树冠东西 35 米、南北 42 米。

南方红豆杉：红豆杉科，常绿大乔木。种子的假种皮成熟时鲜红色，衬以绿叶，相映成趣。心材褐红色，软硬适中，为细木工、雕刻的高级用材。根皮叶中提取的"紫杉醇"是当今抗癌药中最高效的制剂，有"植物黄金"之誉。是优良的绿化树种。

鹤城镇黄降苦码园有一株树高 10 米，胸径 160 厘米，树冠东西 15 米，南北 16 米，有 800 年树龄的南方红豆杉。山口镇麻宅村红豆杉树龄 900 多年。

枫杨：胡桃科，落叶大乔木，果实成熟时黄色，果两边长有长翅，状如元宝，故又称元宝树，喜水湿，大多长于溪边沙圩地，是我国南方重要防洪护岸树种，速生，树皮、树叶有毒，溪边常见。

鹤城镇底陈山洞桥头有一株树高 12 米，胸径 160 厘米，树冠东西 17 米，南北 19 米，树龄 810 年的枫杨。白岩后坑口坦有一株树高 10 米，胸径 160 厘米，树冠东西 15 米，南北 16 米，树龄 800 年的枫杨。

江南油杉：松科，常绿大乔木，俗称桃杉，树干通直饱满，材质中上，根皮溶液可当悬浮剂，以前，用于土法造纸。速生树种，适宜于海拔 400 ~ 1000 米山地造林，由于它树形挺拔，终年浓绿，球果较大，形如宝塔，直立枝顶，是优良庭园绿化树种。鹤城镇下堡村庙外有一株高22米，胸径80厘米，东西、南北树冠均4米，120年树龄的江南油杉。

柳杉：杉科，常绿大乔木，分布于海拔600米以上山地，木质较轻，耐虫蛀，耐烟火。双垟乡吴庄村水口有2株树龄450年，有4株树龄500年，高在20～28米，胸径为90～150厘米，树冠均在10米左右的柳杉。

罗汉松：罗汉松科，常绿乔木，种子长在肥大的种托上，状如佛教中的罗汉而得名，是优良园林绿化、树桩盆景树种，它老枝苍劲，叶色凝绿冷翠，经久不枯，春节时群众有采它和圆柏枝条插于门前驱邪的习俗。常栽于寺庙、祠堂、村庄边。双垟乡岭康村有一株有500年树龄，高28米，胸径97厘米，东西树冠13米，南北树冠10米。

红豆树：豆科，半落叶大乔木，俗称花梨木。和紫檀、红木名闻中外，为我国最珍贵的用材树种，它材质致密，纹彩秀丽，是制作高级家具的优良材料。它的种子鲜红圆润，可做项链等饰品。唐王维的"红豆生南国……此物最相思"的五言绝句，使它名声传遍大江南北。贵岙乡黄山村头的红豆树树龄1300年，高32米，胸径180厘米，树冠东西32米，南北28米。

甜槠：壳斗科，常绿乔木。它有一个庞大的家族，我国有300余种，几乎遍及全国，在林业生产中占有重要地位。木材坚实耐水湿，是建筑、车辆、桥梁优良用材，种仁味甜可吃，含淀粉及可溶性糖61.4%，对其所制糕食，古书中早有记载。

仁宫乡红花村梅树坑有一株树高16米，胸径90厘米，树冠东西15米，西北14米，树龄350年的甜槠。

麻栎：落叶乔木，叶子长椭圆形，花黄褐色，雄花是柔荑花序，坚果球形。叶子可饲柞蚕，木材可以做枕木、家具。树皮含有鞣酸。又可做染料。通称柞树。

船寮镇业川村殿下有一株高17米，胸径119厘米，树冠东西15米、南北16米，树龄300年的麻栎。

图2-4-1-4 章村黄肚村古樟（2013年摄）

赤槠：常绿乔木，树皮灰绿色，叶子针形，种子有硬壳，两端尖，果仁可吃。木质坚硬，可做建筑材料。通称香槠。

东源镇西溪村有一株赤槠，树龄250年，高24米，胸径110厘米，树冠东西8米，南北6米。

平溪村学校外头有一株树龄250年赤槠，高18米，胸径135厘米，树冠东西5米、南北5米。

榕树：常绿乔木，

树干分枝多，有气根，树冠大，叶子互生，椭圆形或卵形，花黄色或淡红色，果实倒卵形，黄色或赤褐色。生长在热带地方。木料可制器具，叶、气根、树皮可入药。

温溪镇温溪村码道头和学神村码道头有一个榕树群，一共13株，树龄均在250～300年之间，树高10～20米，胸径最小的105厘米，最大的270厘米，树冠东西15～28米、南北16～32米。

柏树：柏科。常绿乔木，叶鳞片状，果实为球果，可造作防风林。木质坚硬，用来做建筑材料。

船寮镇石盖村凉亭外殿有一株柏树，树龄250年，高6米，胸径72厘米，树冠东西6米，南北5米。

栲树：常绿乔木，叶子长圆状披针形，果实球形，表面有短刺，木质坚硬致密，可做船橹，轮轴等，树皮含鞣酸，可制染料和栲胶。

石帆乡官庄菜园屋后有一株栲树，树龄150年，高20米，胸径80厘米，冠幅东西11米、南北10米。

漆树：落叶乔木，叶子互生，羽状复叶，小叶卵形或椭圆形，圆锥花庐，花小，黄绿色，果实扁圆。树的液汁和空气接触后呈暗褐色，叫生漆，可用作涂料，液汁干后可入药。

舒桥乡凤凰山村殿前有一株树龄200年的漆树，高13米，胸径105厘米，树冠东西、南北均11米。

榉树：落叶乔木，高可达20多米，叶子卵形或长椭圆形，花萼有丝状的毛，结坚果。木材可做铁道枕木，也叫水青冈。

章村乡坑根水桥头有一株树龄550年榉树，高25米，胸径130厘米，冠幅东西、南北均8米。

图 2-4-1-5 温溪古榕

图 2-4-1-6 山口镇麻宅村红豆杉

第二节 古树名木分布

青田古树资源十分丰富，全县各地均有分布：

表 2-4-2-1 青田县古树名木统计表

乡镇	株数	备注
鹤城镇	251	除太鹤山 200 余株古松群外，另有古树 51 株。
温溪镇	36	古榕树 36 株，其中树龄 200 年以上 13 株。
山口镇	5	麻宅村南方红豆杉已有 900 多年。
船寮镇	30	
东源镇	21	100 年以上 9 株。
北山镇	15	树龄 125 年以上。
海口镇	19	树龄 125 年以上。
腊口镇	7	
高湖镇	93	
仁庄镇	20	树龄 130 年以上。
石溪乡	7	树龄 250 年以上。
仁宫乡	20	
章旦乡	9	树龄 100 年以上。
阜山乡	16	
双垟乡	19	树龄 150—500 年之间。
贵岙乡	9	
小舟山乡	1	树龄 150 年。
吴坑乡	11	其中 1 株 200 年树龄。
方山乡		
汤垟乡	12	
高市乡	12	
海溪乡		
季宅乡		
黄垟乡	13	
万山乡	23	
巨浦乡	9	
岭根乡	6	树龄 120 年以上。
万阜乡	9	树龄 145—210 年之间。
祯埠乡		
祯旺乡	6	树龄 150 年以上。
章村乡	46	
舒桥乡	26	
石帆镇	11	

表 2-4-2-2　鹤城镇古树名木

树种	坐落	树龄（年）	树高（米）	胸径（厘米）	冠幅（米）	
					东西	南北
南方红豆杉	黄降苦码园	800	10	160	15	16
柳杉	黄降苦码园	250	15	100	10	10
苦槠	黄降上田湾	810	11	110	6	6
松树	底陈山村内	250	13	90	5	5
松树	底陈山水口	250	13	120	10	10
枫杨	底陈山洞桥头	810	12	160	17	19
松树	大坵下水口殿	120	16	90	7	5
松树	金田沙路亭	150	10	80	13	10
松树	黄山凉亭	120	10	90	7	7
松树	黄山水口	150	12	100	12	5
枫香	黄山村内	150	10	100	16	16
枫杨	白岩后坑口坦	800	10	160	15	16
松树	仁塘坑水碓外	300	20	110	16	16
松树	仁塘坑水碓外	300	17	90	15	15
苦槠	仁塘湾村内	150	13	110	4	5
樟树	仁塘湾村内	150	13	100	13	6
樟树	仁塘湾村内	150	10	100	16	16
樟树	仁塘湾新桥亭	550	13	160	18	14
樟树	仁塘湾新桥亭	150	13	100	10	6
松树	仁塘湾平城庙	300	12	90	15	15
银杏	朱坳碗坦	500	35	165	35	42
枫香	上岙坎头岗	300	22	90	11	10
枫香	上岙坎头岗	300	25	106	10	9
枫香	大降后上岙山	250	15	90	11	7
南方红豆杉	大降后底弯	160	12	85	11	9
松树	郑坑下张山田坎	200	14	90	8	9
樟树	郑坑下张山后前田坎下	300	19	85	24	23
松树	郑坑下后田坎	200	10	90	9	8
樟树	郑坑下坑埠头	300	16	120	21	25
苦槠	郑坑下渊坑坎下	250	13	145	15	16

续表 2-4-2-2

树种	坐落	树龄（年）	树高（米）	胸径（厘米）	冠幅（米）	
					东西	南北
樟树	白浦上斜成汗房横头	500	16	160	24	18
苦槠	白浦上斜成汗房横头	500	15	110	15	16
苦槠	陈学外降房下	450	17	130	18	18
松树	陈学对面山殿后	300	19	90	9	10
松树	陈学前坑水井头	650	17	110	11	13
松树	陈学前坑水井头	650	16	100	11	13
松树	陈学前坑水井头	650	16	110	9	8
松树	陈学前坑水井头	650	15	100	12	12
樟树	陈学前坑房下	600	15	130	19	21
松树	陈学前坑樟树降	600	19	110	11	13
松树	陈学前坑榕树降	600	15	110	11	11
枫香	陈学上胡山房横头	300	19	110	9	8
松树	陈学上胡山房横头	500	18	90	9	11
松树	陈学上胡山房横头	400	19	100	8	8
松树	上胡山对面后半山	300	15	140	15	18
松树	上胡山门前山岭	300	17	90	10	12
枫香	湖边路下	250	26	130	9	8
松树	湖边万宗寺降	450	14	120	12	14
枫香	姜处伯老屋前	350	20	130	11	9
樟树	姜处雪地	340	19	150	23	21
松树	南湾麦寮外降	450	17	120	15	16

表 2-4-2-3 山口镇古树名木

树种	地点	树龄（年）	树高（米）	胸径（厘米）	冠幅（米）	
					东西	南北
苦槠	彭括下尾	700	17	170	16	16
松树	彭括田降	310	28	120	20	20
樟树	彭括水口	600	17	120	30	30
南方红豆杉	麻宅水口	905	13	157	20	20
柳杉	小平坑水口	200	20	120	12	12

表 2-4-2-4　温溪百年榕树情况一览表

地点	树龄（年）	树高（米）	胸径（厘米）	冠幅（米）	
				东西	南北
温溪村码道头	250	10	105	15	16
	250	15	240	16	30
	250	12	155	21	20
	250	11	175	21	20
	250	20	165	19	14
	250	11	145	16	21
	250	11	130	14	18
	200	10	115	10	10
	350	11	115	13.5	16
	250	12	170	19	16
学神村码道头	300	15	250	22	26
	300	14	270	28	32
	300	11	175	22	17

表 2-4-2-5　北山镇古树名木一览表

树种	坐落	树龄（年）	树高（米）	胸径（厘米）	冠幅（米）	
					东西	南北
樟树	妙后桥楼	400	20	100	15	18
紫杉	仁村们前下	700	18	191	10	12
紫杉	仁村门前下	600	15	120	9	11
枫香	张坪祠堂边	200	20	150	7	8
樟树	张坪旁坑屋下	160	12	110	11	10
枫香	车垟祠堂后	200	15	100	13	11
松树	车垟峰筒岩	150	10	110	9	8
柳杉	济根吴山坑屋下	150	14	130	9	8
枫香	济根村内	100	22	100	9	8
松树	坑底牛栏下	125	15	105	14	15
松树	坑底八字岩	140	10	100	9	10
樟树	高桥背屋后	180	15	124	18	17
枫香	李坑界头坳	200	20	140	7	7
松树	陈村垟佛殿后	150	20	124	9	11
云山青冈	陈村垟乌枝墩	200	10	120	15	16

表 2-4-2-6 东源镇古树名木一览表

树种	坐落	树龄（年）	树高（米）	胸径（厘米）	冠幅（米）	
					东西	南北
枫香	东源村后半山	200	21	150	10	8
樟树	东源村小深里亭	200	25	110	15	16
樟树	东源地下庙	200	16	124	28	26
樟树	东源村黄山公	400	15	252	32	26
江南油杉	下堡村庙外	120	22	80	4	4.1
赤榧	驮龙村村内	150	23	40	10	5
赤榧	西溪村村内	250	24	110	8	6
枫香	平桥狮子岙	200	19	100	5.1	6.2
枫香	平桥村五十步岭	200	18	106	3.5	3.5
樟树	平桥村水桥坑	180	20	100	31	32
樟树	平桥村仁平岭殿前	230	16	184	3.6	37
枫香	平桥村方路祠堂后	150	24	116	5.8	5.8
樟树	平溪村外垟屋后	250	25	125	25	25
赤榧	平溪村学校外头	250	18	135	5	5
樟树	平溪村后半山	250	20	120	25	25
枫香	莲树坑村老殿后	180	14	100	3.5	3.4
樟树	莲树坑村老殿后	230	21	114	35	36
荏树	莲树坑村前山坟前	160	19	100	14	12.5
樟树	红光村外岙	150	14	110	20	22
枫香	周庄村板教三角坦	250	28	114	5.8	5
松树	周庄村板教三角坦	150	32	150	2.5	26

表 2-4-2-7 腊口镇古树名木一览表

树种	坐落	树龄（年）	树高（米）	胸径（厘米）	冠幅（米）	
					东西	南北
松树	平斜水口	300	24	60	8	9
松树	格山水口	200	20	60	9	10
松树	上木坑水口	200	18	56	9	10
松树	上木坑水口	250	20	62	9	8
樟树	腊口溪边	200	18	64	21	20
樟树	大坑水口	300	21	86	19	23
苦槠	大坑水口	500	18	100	17	19

表 2-4-2-8 船寮镇古树名木一览表

树种	坐落	树龄（年）	树高（米）	胸径（厘米）	冠幅（米）	
					东西	南北
樟树	黄言村水埠头	120	17	105	25	20
樟树	黄言村水埠头	120	15	110	30	25
樟树	大垟村公路边	120	13	110	12	10
樟树	船寮村下会天灯	140	15	110	20	21
樟树	船寮村下会	135	17	120	19	17
樟树	船寮村鲤鱼山背	150	15	135	25	25
樟树	徐岙村坳头殿	150	13	165	20	18
樟树	洪府前村大坟外	220	25	220	40	35
樟树	仁川村埠头口	190	18	240	40	36
樟树	大路村殿山水井	500	10	125	15	18
苦槠	大路村殿山水井	250	10	95	13	13
樟树	王巷村樟树坦	500	15	146	17	21
苦槠	业川村殿下	300	18	110	10	11
麻栎	业川村殿下	300	17	119	15	16
少叶黄杞	圩头村殿庵	350	20	110	13	14
罗汉松	章庆村殿庵	150	12	100	11	10
榕树	银寮村殿下	200	11	90	14	15
樟树	银寮村殿下	500	11	210	23	25
樟树	胡岙学校门口	230	11	130	8	8
柏树	石盖村凉亭外殿	250	6	72	6	5
苦槠	石盖口村外圩头	280	8	90	10	9
松树	下七步村朝山垄屋横头	300	10	90	8	8
樟树	下七步村朝山水口	380	10	115	8	7
苦槠	下七步村朝山水口	280	9	110	9	8
枫香	下七步村朝山水口	170	17	110	5	6
松树	上畈村鸡龙头	170	14	130	7	8
松树	上畈大田上	200	18	130	10	9
松树	驮坑底庄三石田	300	9	150	7	10
樟树	石才村屋边	270	15	80	10	11
樟树	石才村凉亭边	290	16	85	10	9

表 2-4-2-9 海口镇古树名木一览表

树种	坐落	树龄（年）	树高（米）	胸径（厘米）	冠幅（米）	
					东西	南北
樟树	奄前村下井坳	130	27	122	42	44
樟树	鹿山村下岙	125	22	120	38	40
枫香	鹿山村下岙	170	32	112	28	28
枫香	济头村叶度山	170	26	116	26	26
樟树	济头村交塘	255	21	112	38	36
樟树	济头村交塘	355	18	122	38	40
柏树	济头村交塘	205	9	70	18	20
樟树	济头村殿前	155	16	98	36	38
樟树	济头村殿前	165	25	105	38	38
樟树	麻埠村公路边	135	30	150	42	44
樟树	海口村全库下	115	25	122	40	40
樟树	凉亭脚水口	505	25	130	40	40
樟树	凉亭脚水口	505	30	150	42	42
苦槠	凉亭脚水口	405	30	110	20	20
枫香	横丰村旁	505	37	137	28	28
枫香	平山村旁	505	38	150	30	30
苦槠	小海村旁	305	30	130	30	30
苦槠	小海村旁	305	28	110	28	28
柿树	下陈村屋下	205	16	160	16	18

表 2-4-2-10 章旦乡古树名木一览表

树种	坐落	树龄（年）	树高（米）	胸径（厘米）	冠幅（米）	
					东西	南北
柳杉	朱坑下水口	250	27	100	11	12
柳杉	歇马降水口	150	30	100	13	12
柳杉	桥头	280	24	110	10	10
柳杉	王母地外垟	200	28	110	9	8
枫香	横坑下村水口	100	22	80	11	13
枫香	彭降坎下隆	350	29	120	8	7
银杏	坦洪头半岭	122	9	18	4	3
银杏	坦洪头半岭	132	11	26	6	7
苦槠	项元采隆	270	10	100	15	15

表 2-4-2-11　高湖镇古树名木一览表

树种	坐落	树龄（年）	树高（米）	胸径（厘米）	冠幅（米）	
					东西	南北
樟树	良川村下岭头	600	16	130	21	18
枫香	良川村大船头	400	18	100	4	6
樟树	高湖村屋后半	500	12	120	17	15
樟树	高湖村殿后半	350	12	100	18	17
樟树	高湖村停靠站	800	13	190	30	25
苦槠	桐川村半寮	120	10	50	9	9
苦槠	旦头山村大光寮	300	14	100	15	17
苦槠	旦头山村峰头	400	12	100	9	11
枫香	旦头山村学校边	200	20	80	15	16
枫香	旦头山村村头	200	20	100	7	8
古槠	旦头山村村头	500	15	100	11	13
樟树	旦头山村下坑前	500	15	130	20	18
赤椆	旦头山村长殿后	300	22	130	14	15
古槠	旦头山村长殿后	500	10	100	10	10
樟树	角坑连村前峰	200	12	100	15	14
苦槠	角坑村殿底	350	7	130	15	15
柳杉	下西山村	500	15	170	12	13
苦槠	上西山村	320	11	160	9	20
苦槠	东山村	350	14	110	14	20

表 2-4-2-12　贵岙乡古树名木一览表

树种	坐落	树龄（年）	树高（米）	胸径（厘米）	冠幅（米）	
					东西	南北
樟树	塘后村内	300	24	120	24	28
樟树	塘后村内	300	25	120	28	26
樟树	小双坑村内	300	24	170	28	31
南岭黄檀	小双坑村内	250	22	100	15	16
枫香	下贵村内	150	30	120	11	10
枫香	下贵村内	150	28	120	13	11
红豆树	黄山村头	1300	32	180	32	28
榕树	下坑村头	100	16	120	10	13
榕树	占岙村头	80	15	80	7	8

表 2-4-2-13 仁庄镇古树名木一览表

树种	坐落	树龄（年）	树高（米）	胸径（厘米）	冠幅（米）	
					东西	南北
苦槠	下林村后半山	160	12	110	4.6	4.6
枫香	下林村前	190	18	150	5.1	5.1
松树	垟心水口	215	9	140	13	12
苦槠	垟心殿外门头	265	7	120	4	4
苦槠	垟心殿外门头	265	9	120	3	3
松树	坭岙水口	315	11	150	8.4	8.4
松树	冯垟岙	250	12	140	8.4	8.4
苦槠	孙庄村内	200	18	112	4.5	4.5
枫香	孙庄村内	200	25	100	7.5	7.5
柳杉	孙庄瓦窑坦	200	19	105	9	8
柳杉	孙庄坑下	180	18	100	7	7
枫香	硐桥村内	200	15	105	6.5	6.5
枫香	硐桥岩下	300	34	210	9.5	9.5
枫香	林山雷半山	265	12	100	4	4
柳杉	垟坑水口	315	10	120	6	4
苦槠	马坑村内	200	15	100	12	6
檫树	南木宕上村	260	18	90	5	10
柏树	横培祠堂前	130	8	90	3.6	3.6
枫香	塘古水口	140	12	120	4.5	4.5
枫香	应庄垟路边	150	12	100	5.5	5.5

表 2-4-2-14 巨浦乡古树名木一览表

树种	坐落	树龄（年）	树高（米）	胸径（公分）	冠幅（m）	
					东西	南北
云山青冈	下湾丁排坑边	410	9	104	11	9
柳杉	徐山白坦下半莲	380	8	114	8	7
苦槠	徐山殿边	410	13	102	12	12
樟树	徐山上降屋边	165	15	104	25	24
枫香	西坑窑科屋边	235	19	120	9	9
枫香	箬坑殿边	250	20	110	14	13
枫香	箬坑殿边	250	10	110	9	8
樟树	坑下大库坑边	125	12	98	8	19
苦槠	驮龙格龙屋边	260	13	106	14	13

表 2-4-2-15　石帆乡古树名木一览表

树种	坐落	树龄（年）	树高（米）	胸径（厘米）	冠幅（米）	
					东西	南北
银杏	瑶均九斜	300	15	80	14	13
枫香	瑶均九斜	200	17	125	11	12
樟树	瑶均九斜	250	18	95	18	17
苦槠	瑶均九斜	250	20	90	15	16
松树	上本后北山	200	30	80	11	9
苦槠	高坟岗磨石坑	300	25	90	13	13
苦槠	垟岙官山横路	250	18	90	15	15
苦槠	垟岙寮山屋前	250	25	90	17	18
木荷	官庄菜园屋后	150	22	80	13	15
栲树	官庄菜园屋后	150	20	80	11	10
银杏	官庄菜园屋横头	200	20	80	10	12

表 2-4-2-16　岭根乡古树名木一览表

树种	坐落	树龄（年）	树高（米）	胸径（厘米）	冠幅（米）	
					东西	南北
樟树	岭根村五显庙	120	22	96	14	14
樟树	林坑巷头屋后	500	15	101	15	16
枫香	韩山君岗	500	16	96	4	5
池杉	小衙桥楼	120	24	82	4	4
麻栎	石柱门前降	300	9	106	4	4
枫香	石柱马佛中	300	15	121	6	6

表 2-4-2-17　祯旺乡古树名木一览表

树种	坐落	树龄（年）	树高（米）	胸径（厘米）	冠幅（米）	
					东西	南北
枫香	谷铺水口	150	23	120	9	8
枫香	吴畬水口	150	20	120	7	8
枫香	陈须水口	250	25	150	9	8
枫香	山寮花地佛殿	180	25	160	5	4
松树	祯旺村后	160	20	120	11	14
樟树	祯旺村后	200	20	110	24	25

表 2-4-2-18 石溪乡古树名木一览表

树种	坐落	树龄（年）	树高（米）	胸径（厘米）	冠幅（米）	
					东西	南北
松树	吴山村后半山	503	20	119	20	18
樟树	考坑村水口	120	22	70	12	15
樟树	考坑村水口	120	22	70	12	15
罗汉松	考坑村水口	65	16	43	16	17
南酸枣	考坑村水口	60	25	42	14	12
松树	横路村庙	520	20	132	15	11
松树	横路村屋外田下	130	24	58	6	9
松树	横路村屋外田下	130	22	75	10	12
枫香	横路村屋外田下	130	22	74	9	8
枫香	横路村屋外田下	150	24	85	10	12
松树	国垟村底黄山	130	21	62	10	9
樟树	下坦村三角园头	150	20	64	25	20
樟树	后垟村佛庙	250	18	88	18	24
樟树	后垟村佛庙	250	18	73	18	24
松树	黄山垄村水口	120	15	40	7	8
樟树	溪口村坐位	130	20	86	20	25
樟树	溪口村坐位	120	22	75	18	21
松树	张山村茶叶山	120	21	65	10	11
松树	张山村茶叶山	120	21	65	10	11
松树	张山村茶叶山	120	21	65	10	11
枫香	张山村水口	120	21	72		12
樟树	张山村水口庙	300	15	165	25	21
朴树	张山村水口庙	180	9	63	21	15
罗汉松	张山村水口庙	200	11	55	8	9
苦槠	张山村水口庙	205	13	100	15	13
罗汉松	张山村佛庙	300	15	52	15	12
藤黄檀	张山村佛庙	250	30	8	18	28
朴树	张山村佛庙	210	16	63	21	22
南方红豆杉	张山村碎标屋边	89	16	60	13	16
南方红豆杉	张山村上张	300	16	57.7	8	8
樟树	林村门前岭	170	18	76	25	20

表 2-4-2-19 仁宫乡古树名木一览表

树种	坐落	树龄（年）	树高（米）	胸径（厘米）	冠幅（米）	
					东西	南北
松树	小奕村济割山	320	21	160	16	13
松树	大奕村半岭	260	19	110	13	11
松树	大奕村半岭	260	17	105	16	11
云山青冈	大奕村南垟屋后	450	14	130	19	20
云山青冈	大奕村南垟屋下	400	13	115	15	7
云山青冈	大奕村南垟屋下	400	21	120	15	15
枫香	朱山村朱山坳	300	17	85	18	15
枫香	朱山村朱山水口	280	16	90	7	7
枫香	朱山村朱山村下	310	19.5	115	10	12
松树	彭湖村尼山路	300	17	80	5	10
松树	彭湖村尼山路	260	16	85	12	6
松树	彭湖村尼山路	250	15	83	6	9
松树	彭湖村杨梅山	500	20	130	7	11
松树	彭湖村杨梅山	400	22	90	7	5
松树	彭湖村杨梅山	400	20	85	7	10
云山青冈	红花村	200	14	80	9	15
枫香	红花村	350	18	120	18	14
枫香	红花村	320	16	90	11	13
松树	红花村	300	18	90	8	6
甜槠	红花村梅树坑	350	16	90	15	14

表 2-4-2-20 万阜乡古树名木一览表

树种	坐落	树龄（年）	树高（米）	胸径（厘米）	冠幅（米）	
					东西	南北
樟树	万阜村三巷殿	200	16	130	9.2	16.3
柳杉	柘垟村坑儿边	200	16	136	11	9
江南油杉	柘垟村罗树岙	210	20	120	11.4	10.2
江南油杉	柘垟村岙底	190	16	130	9.5	8.2
江南油杉	新庄供销社后	165	19	110	14	13.6
江南油杉	新装供销社后	145	18	100	12.9	9
松树	垟斜石天岭	175	20	110	10.2	11.3
松树	垟斜石天岭	175	19	110	10.2	11.3
枫香	蒲州地主庙	190	23	123	15.2	11

表 2-4-2-21 黄垟乡古树名木一览表

树种	坐落	树龄（年）	树高（米）	胸径（厘米）	冠幅（米）	
					东西	南北
樟树	金坑村头	120	15	160	16	16
樟树	金坑口庙边	120	15	110	25	25
枫香	金坑庙下	120	20	150	8	6
枫香	底项坳头	120	25	150	6	4
枫香	石坑岭路旁	120	20	90	5	5
枫香	石平川水尖坑	250	24	89	11	11
枫香	石平川下个棚	120	20	80	8	8
赤榧	石平川祠堂边	350	22	118	6	6
赤榧	石平川祠堂边	350	24	127	11	6
柳杉	峰山祠堂边	810	23	180	14	15
柳杉	底黄垟鸽脑	150	11	70	9.5	9.5
南方红豆杉	底黄垟	450	14	70	11	6
南方红豆杉	祠堂边	450	14	70	11	6

表 2-4-2-22 阜山乡古树名木一览表

树种	坐落	树龄（年）	树高（米）	胸径（厘米）	冠幅（米）	
					东西	南北
柳杉	岙底水口	140	16	56	8	7
松树	岙底水口	120	16	57	16	13
短柄枹	岙底村内	650	11	137	11	11.5
柳杉	岙底玉坳头	120	20	60	7.5	7
华东黄杉	坑边黄龙坑水口	600	13	118	17.5	15
银杏	红富垟垟肚水口	400	23	134	26	16
柳杉	陈宅水口	250	30	106	13	12
柳杉	陈宅水口	150	25	68	8	9.5
柳杉	陈宅水口	140	22	59	9.5	8.5
枫香	陈宅水口	230	33	105	11	10.5
枫香	西溪坑板斜屋前	100	23	85	14	18
扁担杆	西溪坑大树下	500	24	127	20	20
柳杉	岙底水口	140	15	60	10	13.5
柳杉	岙底水口	140	19	78	12	12
柳杉	岙底水口	140	15	81	18	14
柳杉	岙底水口	140	17	61	7.5	9

表 2-4-2-23 章村乡古树名木一览表

树种	坐落	树龄（年）	树高（米）	胸径（厘米）	冠幅（米） 东西	冠幅（米） 南北
柳杉	黄山头村边	190	25	105	11	9
柳杉	颜宅村口	190	25	150	10	9
柳杉	颜宅村口	190	23	120	13	11
苦槠	颜宅村口	300	23	280	26	26
松树	颜宅村东	250	30	140	11	14
松树	颜宅村东	250	25	120	15	18
松树	颜宅村东	250	25	110	14	16
松树	颜宅对面山	200	25	110	13	14
枫香	颜宅马湾源	200	35	130	15	16
樟树	颜宅寮	180	12	80	17	15
枫香	颜宅陈山头	180	34	120	11	13
枫香	颜宅陈山头	180	34	120	9	8
枫香	颜宅陈山头	180	32	110	15	16
苦槠	颜宅陈山头	200	15	150	17	18
枫香	颜宅陈山头	180	28	100	10	9
构栗	颜宅陈山头	180	15	150	9	11
构栗	颜宅陈山头	180	10	120	7	8
枫香	颜宅陈山头	180	32	110	15	16
柳杉	平塔村边	180	25	120	12	11
松木	平塔村边	180	23	100	14	15
松木	赵庄村旁	150	25	100	11	12
枫杨	黄呈村内	120	12	100	14	12
枫杨	横排路乌头坑	280	18	110	14	12
构栗	坑根水口垅	550	12	70	11	11
松树	坑根水口垅	550	23	110	11	14
松树	坑根水口垅	550	18	70	6	6
榉树	坑根水桥头	550	25	130	8	8
柳杉	坑根水桥头	150	30	120	8	8
松树	黄肚垅	500	25	139	29	29
青冈栎	黄肚风景山	640	22	132	17	18

续表 2-4-2-23

树种	坐落	树龄（年）	树高（米）	胸径（厘米）	冠幅（米）	
					东西	南北
苦槠	黄肚风景山	640	28	140	28	28
苦槠	黄肚风景山	640	26	193	26	26
樟树	黄肚风景山	640	24	160	23	23
樟树	黄肚风景山	640	24	160	23	23
樟树	黄肚风景山	640	24	160	23	23
樟树	黄肚风景山	640	24	160	23	23
樟树	黄肚水口	700	20	130	20	20
樟树	黄肚水口	700	20	110	18	18
樟树	黄肚水口	700	21	130	13	13
樟树	黄肚村屋边	700	22	120	18	18
樟树	黄肚村屋边	700	22	120	18	18
苦槠	黄肚村屋边	600	19	100	20	20
松树	下田村横路	250	16	100	11	12
枫香	金寮阳斜村西旁	200	28	110	12	10
梨树	金寮阳斜村西旁	200	25	105	13	13
苦槠	金寮阳斜村西旁	210	15	120	15	15

表 2-4-2-24 汤垟乡古树名木一览表

树种	坐落	树龄（年）	树高（米）	胸径（厘米）	冠幅（米）	
					东西	南北
松木	白石门前湾	310	16	135	12	12
松木	垟寮高坝	300	15	90	10	10
枫香	垟寮大同坑	310	10	90	4.2	4.2
枫香	垟寮大同坑	310	16	110	8	8
枫香	垟寮大同坑	310	18	160	4	4
樟树	垟寮殿外	250	7	80	10.3	10.3
柳杉	西天驮树湾	300	21	90	7	7
柳杉	西天驮风岸	300	22	100	8.4	8.4
柳杉	西天岭头	300	23	85	10.4	10.4
柳杉	白水济上济	250	21	95	7.6	7.9
柳杉	白水济下济	250	19	105	7.6	7.6
青风栗	洪口岩头	200	8	88	8.8	8.8

表 2-4-2-25 双垟乡古树名木一览表

树种	坐落	树龄（年）	树高（米）	胸径（厘米）	冠幅（米）	
					东西	南北
罗汉松	岭康村内	500	28	97	13	10
苦槠	岭康村内	500	17	108	16	14
柳杉	吴庄村水口	450	20	115	12	13
柳杉	吴庄村水口	450	22	130	13	13
柳杉	吴庄村水口	500	24	110	10	10
柳杉	吴庄村水口	500	28	90	10	8
柳杉	吴庄村水口	500	25	150	12	10
柳杉	吴庄村水口	500	25	140	12	11
柳杉	金竹垟村水口	220	24	130	15	13
苦槠	岭峰村上个殿	150	16	102	10	12
柳杉	岭峰村上个殿	150	22	72	9	8
柳杉	垟坑村畚门	380	22	104	12	11
柳杉	石门村朱坑寮	200	25	116	10	8
柳杉	石门村朱坑寮	200	23	100	8	10
柳杉	石门村水口	250	21	78	8	7
锥栗	石门村水口	250	13	124	9	7
锥栗	石门村水口	250	10	121	13	7
柳杉	季山村	250	22	105	10	10
柳杉	季山村	250	25	94	10	8

表 2-4-2-26 万山乡古树名木一览表

树种	坐落	树龄（年）	树高（米）	胸径（厘米）	冠幅（米）	
					东西	南北
枫香	龙须村六石脑	300	23	128	9	8
柳杉	上八奇村竹园	300	23	114	13	11
青栲	上八奇村路旁	300	12	123	9	12
枫杨	章坑村水口	300	11	102	11	12
松树	下湖村六石田头	300	17	123	9	8
松树	五十步村竹园坪	300	19	123	12	15
枫树	五十步村竹园坪	300	19	118	15	17
构栲	万山村水口	300	15	90	11	11
构栲	万山村水口	300	15	90	7	7
构栲	万山村水口	300	15	96	7	9

续表 2-4-2-26

树种	坐落	树龄（年）	树高（米）	胸径（厘米）	冠幅（米）	
					东西	南北
构栲	万山村水口	300	16	100	10	9
构栲	万山村水口	300	16	104	9	8
构栲	万山村水口	300	18	110	14	15
构栲	万山村水口	300	21	121	13	11
构栲	万山村水口	300	23	122	15	17
甜槠	万山村水口	300	14	112	13	14
青栲	万山村水口	300	24	128	15	16
枫香	万山村水口	300	25	102	12	11
甜槠	万山村村内	300	22	124	11	13
柳杉	白坦村石背下坑	300	15	104	9	8
苦槠	陈吾寮陈家坑潭	300	14	122	17	18
柳杉	陈吾寮村竹园头	300	22	113	11	10
柳杉	陈吾寮村竹园头	300	23	112	10	11

表 2-4-2-27 高市乡古树名木一览表

树种	坐落	树龄（年）	树高（米）	胸径（厘米）	冠幅（米）	
					东西	南北
枫香	东源口村	500	20	110	15	8
枫香	东源头村屋下	400	28	120	7	12
枫香	黄山村屋前	300	30	120	11	9
枫香	黄山村屋前	300	35	140	11	8
枫香	黄山村苗边	400	32	120	9	
枫香	水碓基村桥边	400	25	90	9	10
枫香	西源村外铺	300	18	80	14	16
松树	西源村中铺	150	23	70	7	9
松树	水碓基村后半山	250	25	120	11	12
苦槠	西源村上铺	165	15	80	11	11
苦槠	官上村坳头	155	20	110	11	12
麻栎	洞背村庙前	400	17	120	9	11

表 2-4-2-28 小舟山乡古树名木一览表

树种	坐落	树龄（年）	树高（米）	胸径（厘米）	冠幅（米）	
					东西	南北
苦槠	西平村庙前	157	26	92	13	14

表 2-4-2-29　舒桥乡古树名木一览表

树种	坐落	树龄（年）	树高（米）	胸径（厘米）	冠幅（米）东西	南北
苦槠	古竹村水口	250	17	140	17	17
松树	夫人山村天灯边	500	11	115	9	8
苦槠	夫人山村上夫人	300	20	240	19	18
苦槠	章巷村八丘田	600	18	130	19	20
苦槠	坦下村屋下	200	16	110	9	9
柳杉	根山村屋下	300	18	120	12	10
枫香	根山村水口	200	17	125	11	11
松树	根山村屋后	200	14	115	11	13
樟树	根山村屋下	300	16	168	30	28
樟树	舒桥村停靠站	400	12	155	15	12
樟树	西武头村底峧头	200	12	152	21	19
樟树	章山村八石田	200	18	100	21	18
樟树	章山村八石田	800	18	150	19	18
樟树	叶店村留堀	500	19	123	17	21
樟树	叶店村洪巷底	400	21	100	25	24
枫香	王岙村李宅村边	800	24	130	12	10
樟树	王岙村李宅村边	800	18	110	18	20
漆树	凤凰山村殿前	700	13	105	11	11
银杏	凤凰山村殿前	300	14	160	15	16
银杏	凤凰山村水口	300	17	150	13	12
枫香	凤凰山村水口	200	15	140	6	7
樟树	凤凰山村屋后	150	14	85	17	19
松树	道彭村殿边	600	23	106	11	12
柳杉	阮坑村水口	300	18	125	12	11
银杏	高茂村屋下	300	15	158	14	16
银杏	陈山村殿前	400	22	105	16	17

　　吴坑乡古树 11 株。其中塘坑有 1 株 200 年树龄，高 20 米的苦槠；平头山村有 1 株 180 年树龄，高 25 米的樟树。

第五章　野生动物资源

青田境内地形属浙南中低山丘陵区，地形复杂，切割强烈，千沟万壑，层峦叠嶂，地势由西向东倾斜。北有括苍山脉，南有雁荡山脉，西有洞宫山脉。千米以上山峰217座，以八面湖为全县最高峰，主峰海拔1389米；全县最低处为温溪洼地，海拔仅7米。气候温暖湿润，四季分明，雨量充沛，小气候多种多样，十分适宜多种动物生长。因此，历史上青田县境野生动物资源十分丰富。

森林的严重破坏，特别是现代农业中化学药物的大量使用、人口的增加，空气、水质的污染，滥捕乱猎以及其他多种因素，使野生禽兽因失去赖以生存的环境而逐渐减少。如鹤，"明永乐十八，鹤大集"（清光绪《青田县志》卷十七），以后未见记载。鹈鹕、锦鸡、鸳鸯也久已不见。乌鸦、鹊、鹰20世纪50年代到处可见；每当黄昏来临，县城上空，翔鹰数不胜数。近年，鸦、鹰县城已罕见，农村虽有，也为数极少。相思鸟、画眉，产良川、季宅，黄垟诸乡和石门洞林场一带，多年前外地有人前来捕捉，运往外地销售，致使数量越来越少。兽类中，华南虎已绝迹，熊、鹿早已不见，猕猴、棘胸蛙的种群数量急剧下降。麂在20世纪60年代很多，1965年县内收购麂皮553张，以后年年猎杀，逐渐减少，1985年收购234张。豺，多年前仁宫乡桃坳出现豺群，后被毒杀，今已少见。野猪山区均有出没，1953～1955年，高湖乡民兵除兽小组，打死野猪等兽4000多只。豹，1952年4月，一只豹窜入鹤城镇大街，被众人打死。同年，石溪金钟坦村郭由巢与豹搏斗，豹死人伤，以后少有发现。猴，祯旺乡山区偶有发现。穿山甲，山区各地都有。水獭，山口、仁庄一带溪流中有发现。

21世纪始，随着森林植被的恢复，保护野生动物管理工作的加强，群众爱护野生动物观念的提高，食草野生动物逐渐增多，特别是野猪种群，已恢复如前；曾经一度消失的麻雀，也已逐步增多。从食物链自然演替规律分析，今后食肉动物的数量将会有所回升。

青田县对陆生动物资源未做过全面、系统的调查。据对《浙江动物志》《浙江林业自然资源·生物卷》《青田县志》等文献检索整理，初步确定全县有陆生脊椎动物29目75科294种，其中兽类8目20科54种，鸟类10目35科121种，爬行类3目9科49种，两栖类2目8科33种。

属国家一类保护动物的有黄腹角雉、云豹、黑鹿、白颈长尾雉、鼋，二类保护动物有水獭、猕猴、豹、青鼬、穿山甲、大鲵、草鸮、雀鹰、大灵猫、鸳鸯、苍鹰、赤腹鹰、松雀鹰、白鹇、白鹭等。

第一节　兽　类

古时，青田地域内野兽繁多。清光绪《青田县志》卷八记载：明嘉靖七年（1528年），虎群白日入境，被伤者千余人。清雍正六年（1728年），乾隆二十三年（1758年）六都、七都和三都阜山，均有虎群伤人的记录。清光绪《青田县志》卷四载有兽类18种：虎、豹、野猪、熊、鹿、麂、麋、狸猫、狐、豪猪、豺、狼、兔、水獭、山羊、竹鼬、猴等。可见明清时期，青田各地虎、鹿、猴等野生兽类种类繁多，资源丰富。但近百年来，已有十多种国家重点保护动物在县内消失，几十种动物濒临灭绝。1998 年 10 月 24 日，百山祖自然保护区职工在巡山时发现 3 只华南虎（2 大 1 小）在水沟旁喝水。10 月 29 日，发现虎爪印和粪便。现场搜集到的粪便经浙江大学生命科学院方盛国教授进行基因鉴定，确认为华南虎无疑，证实华南虎已重现浙南山区。2008 年 4 月 12 日，腊口镇发现猫科野生动物踪迹；丽水市野生动植物保护协会专家到现场观察后认为，可能是豹留下来的脚印，说明随着生态环境的好转，食肉动物的数量有所回升。

由于陆生野生兽类，特别是灵长目，食肉目的种类因对森林生态环境有着强烈的依赖性，

图 2-5-1-1 腊口镇发现猫科野生动物脚印（2008 年摄）

且食肉兽一般流动性大，故综合分析县境内共有兽类 54 种，隶属 8 目 20 科。占浙南兽类总数 71 种的 76%。兽类列入国家保护的种类比较多，青田有国家一级保护 4 种，国家二级保护 12 种，省重点保护 9 种，省一般保护 14 种，合计 39 种，随着森林植被的恢复，青田县兽类的生存环境正在逐步得到改善，兽类资源有望走出历史低谷，转入恢复增长阶段。

图 2-5-1-2 户外拍摄图（2014 年摄）

第二节 鸟 类

青田气候适宜，地形地貌复杂，森林植被丰富，为鸟类的栖息、繁殖与生存活动，提供了良好的生态环境,蕴育着丰富的鸟类物种资源。清光绪《青田县志》卷四载有鸟类（禽类）36 种：鹤、鹈鹕、鹏鹇、鸂鶒、鸳鸯、鹭、鸥、鸬鹚、鱼狗、雉、锦鸡、白鹇、鹧鸪、鹁鸪、竹鸡、鸽、雀、鹌鹑、燕、斑鸠、布谷、桑扈、凫、鸲鹆、百舌、莺、啄木、慈乌、乌鸦、鹊、山鹊、子规、鹰、鸥、画眉、么凤等。

据《浙江林业志》记载：浙东南及沿海岛屿区包括浙东丘陵区、浙南山地区和东南沿海平原，其间有浙江中部、南部各山脉和甬江、灵江、瓯江等水系。分布该区的鸟类有 416 种，除全省共有分布的种类外，仅分布该区的有 123 种，古北界种占 55.3%。其中仅分布于浙南山地林区的特有种有：黄嘴白鹭、白额山鹧鸪、黄腹角雉、栗头蜂虎、黄嘴噪啄木鸟、灰喉山椒鸟、赤红山椒鸟、栗背短脚鹎、橙腹叶鹎、灰背燕尾、栗头凤鹛、黄胸柳莺、栗头鹟莺、金眶鹟莺、灰头鹟莺、黄颊山雀、红胸啄花鸟、叉尾太阳鸟和褐灰雀共 19 种，全部属于东洋界种，具有明显的华南区的特色。

青田县对鸟类资源未做过全面调查，其分布种类尚未完全掌握。参考兄弟县市资料，结合地形地理分析，青田县有鸟类种类 121 种，分隶属 10 目 35 科。其中林鹏、小仙鹟、颊凤鹛、山鹟莺、高山短翅莺、棕腹柳莺和灰喉柳莺等 7 种为本省新记录。在 121 种鸟类中，以居留情况分析，计有留鸟 80 种，占 66.1%，夏候鸟 25 种，占 20.7%，冬候鸟 12 种，占 9.9%，旅鸟 4 种，占 3.3%。

鸟类中列入国家保护的种类较多，计有 35 种，其中列入国家一级保护 2 种、二级保护 33 种。

图 2-5-2-1 麻雀

图 2-5-2-2
中华秋沙鸭

图 2-5-2-3 白鹇

图 2-5-2-4 黄腹角雉（2014 年摄）

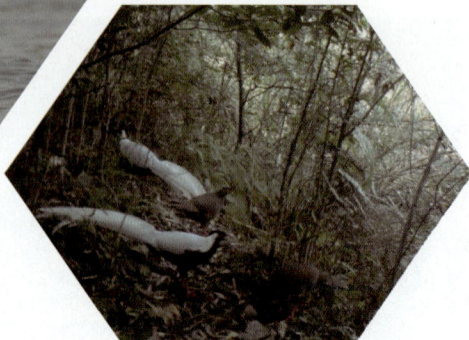

图 2-5-2-5 白鹇（2014 年摄）

第三节 爬行类

根据《浙江省林业志》记载：浙南山地爬行动物种数多达 67 种，占全省种数的 81.7%，以华中华南区种占优势。该区的特有种较多，有 12 种：海南闪鳞蛇、棕脊蛇、福建钝头蛇、尖尾两头蛇、环纹游蛇、饰纹小头蛇、挂墩后棱蛇、繁花蛇、中国水蛇、铅色水蛇、眼镜王蛇和南草蜥，占该区蛇种的 17.9%。优势种也多，如平胸龟、乌龟、多疣壁虎、北草蜥、石龙子、蝘蜓、水赤链游蛇、锈链游蛇、乌游蛇、渔游蛇、草游蛇、虎斑游蛇、乌梢蛇、灰鼠蛇、滑鼠蛇、王锦蛇、翠青蛇、小头蛇、台湾小头蛇、两头蛇、中国水蛇、铅色水蛇、银环蛇、眼镜蛇、五步蛇、烙铁头、竹叶青等。该区与闽北相连，与福建共有种达 64 种之多，占该区种数的 95.5%。

青田县对爬行类动物种类未进行过调查。根据相关县市资料和地理区系特点分析，初步确定青田县有爬行类动物 49 种，隶 3 目 9 科 32 属，占全省爬行动物种类总数 82 种的 59.7%。爬行类的区系特点是以华中华南区成分为主，有 28 种，即石龙子科 4 种、游蛇科 18 种、眼镜蛇科 3 种和蝰蛇科 3 种，占 57.1%；其次是东洋界华中区成分，有 11 种，如铅山壁虎、蹼趾壁虎、脆蛇蜥、黑脊蛇、黄链蛇、玉斑锦蛇、双斑锦蛇、黑背白环蛇、孱链腹游蛇、台湾小头蛇和五步蛇等，占 22.4%；广泛分布于古北界东洋界的种类有 6 件，即乌龟、中华鳖、北草蜥、红点锦蛇、黑眉锦蛇和虎斑颈槽蛇，占 12.2%；华中西南区及华南区成分最少，各有 2 种，即华中西南区的赤链蛇和颈鳞蛇与华南区的环纹华游蛇和渔游蛇，分别只占 4.1%。蛇类中以王锦蛇、乌梢蛇数量最多，其次是眼镜蛇，五步蛇也有一定数量。

图 2-5-3-1 蹼趾壁虎

图 2-5-3-2 乌龟

图 2-5-3-3 乌梢蛇

图 2-5-3-4 五步蛇

第四节 两栖类

根据《浙江省林业志》记载：浙江共有两栖动物 43 种，隶 2 目 9 科 16 属。其中蝾螈目 3 科 6 属 7 种，蛙形目 6 科 10 属 36 种。蛙形目的绝大多数种以昆虫为主食，消灭大量害虫，有益于农林业生产。其中最著名的有大蟾蜍、黑斑蛙、泽蛙、沼蛙、虎纹蛙、饰纹姬蛙、棘胸蛙、中国雨蛙、无斑雨蛙等。棘胸蛙、黑斑蛙、虎纹蛙肉质鲜美，是主要的食用蛙类。大蟾蜍、黑眶蟾蜍、肥螈、饰纹姬蛙、东方蝾螈等可供药用。中国瘰螈、东方蝾螈、大蟾蜍、黑斑蛙等还是生物实验的重要材料。中国瘰螈、肥螈和东方蝾螈是常见的观赏动物。

青田县是浙江省两栖类物种最丰富的地区之一，根据历史记录与兄弟县市资料，青田有两栖类 33 种，隶属 2 目 8 科 19 属，其中有尾目 2 科 4 种，无尾目 6 科 29 种。其种数占全省 44 种的 75%。

两栖类中列入国家二级保护有大鲵、虎纹蛙；列入省重点保护有崇安髭蟾、大树蛙；列入省一般保护有中华大蟾蜍、棘胸蛙。

其区系成分以东洋界华中区种类为主，有 19 种，如大鲵、中国瘰螈、有斑肥螈、东方蝾螈、淡肩角蟾、崇安髭蟾、中国雨蛙、弹琴水蛙、花臭蛙、棘胸蛙、镇海林蛙、华南湍蛙、斑腿树蛙等，占 57.6%；东洋界华中华南区种类次之，有 11 种，如福建掌突蟾、黑眶蟾蜍、三港雨蛙、沼水蛙、泽陆蛙、虎纹蛙、粗皮姬蛙、饰纹姬蛙等，占 33.3%；古北界种类最少，只有 3 种，即大蟾蜍、黑斑侧褶蛙和金线侧褶蛙，占 9.1%。

图 2-5-4-1 东方蝾螈

图 2-5-4-2 大鲵

两栖类动物对环境要求严格，是生存能力较为脆弱的一类物种。森林环境的变化、水环境污染、水电站筑坝后的断流，都可对其种群数量的发展形成致命的危害，一些蛙类食用价值较高，人为捕捉严重，两栖动物的资源数量一直处在不断下降中，如大鲵已难见其踪，棘胸蛙数量骤减。

第五节 昆虫类

据 1980 年《丽水地区森林病虫普查总结》记载，全区病虫种类有 3227 种，其中昆虫 2817 种，已定名 800 种。隶属 13 目 97 科；天敌昆虫 383 种，已定名 77 种，隶属 9 目 21 科；病害 410 种，已定名 320 种；等翅目白蚁，隶属 3 科又属 23 种。

1983 年 10 月，浙江省林业厅编制的《浙江森林病虫名录》，收录有害森林昆虫 1150 种，隶 11 目 96 科；天敌昆虫 240 种，隶 9 目 43 科。

1993 年，《丽水林业科技》第三期以专辑形式报道了松阳县林科所陈汉林的《浙江省丽水地区林区昆虫名录》，系统地报道丽水地区林区昆虫名录，计 16 目 211 科 2033 种。

1980 年，县林业局组织森林病虫害普查小组，在全县重点林区进行森林病虫害普查。历时 3 个多月，共确定调查点 260 个，各树种踏查面积 40.2 万亩；设调查标准地 404 个，采集并制作各种虫害标本 700 号，病害标本 50 号。经鉴定的虫害标本有 100 种，分属 10 目 44 科；病害标本 26 种，天敌昆虫 5 种；未鉴定虫害标本 100 多号，病害标本 20 多号。

1983—1985 年，县林业局组织技术人员，对苗圃害虫和林木种子园病虫危害进行补充调查。

2004 年 8 月，县林业局组织林业有害生物普查队伍，对境内林场、种苗繁育和交易场所、木材加工和交易场所等地，对昆虫、林木病害、林业有害植物和林业有害动物的种类、分布、危害、寄主植物等进行调查。

图 2-5-5-1 四星盾瓢虫

图 2-5-5-2 大褐金龟子

图 2-5-5-3 双条杉天牛

图 2-5-5-4 雀纹天蛾

图 2-5-5-5 马尾松锦斑蛾

根据历次林业有害生物调查资料，结合上级机关调查资料和本市其他县市资料，初步确定青田县昆虫种类有 16 目 113 科 1300 种。

第六章 湿地资源

湿地是重要的国土资源和自然资源，与人类的生存、繁衍、发展息息相关。它与森林、海洋一起并称为全球三大生态系统，具有保持水源、净化水质、减缓径流、调节气候和维持生物多样性等生态功能，被誉为"地球之肾"、"生命的摇篮"和"物种的基因库"。

青田县地处瓯江下游与温州交界，山地、平原、江河、滩涂兼有的多样地貌类型孕育了丰富的湿地资源。

第一节 湿地类型与面积

青田县地势三面高一面低，自西向东倾斜。全县按地形地貌和土地利用分类，山地丘陵面积占 89.7%，河、溪、塘、库占 5.0%，平地占 5.3%，是个"九山半水半分田"的山区县。县域主要河流有大溪、小溪两条，均属瓯江水系，现有大型水库 1 座，正常蓄水量 35.2 亿立方米，中型水库 6 座（金坑、大奕坑、双坑口、塘坑、五里亭、外雄），正常蓄水量 10680 万立方米；小（一）型水库 10 座，正常蓄水量 2147 万立方米；小（二）型水库 32 座，正常蓄水量 717.5 万立方米；万方以上山塘 176 座，正常蓄水量 380 万立方米；1 万立方米以下山塘 1960 座，正常蓄水量 198 万立方米。

全县现有单块面积 8 公顷以上的近海与海岸湿地、河流湿地（宽度 10 米以上、长度 5 公里以上）、沼泽湿地、人工湿地（不包括稻田湿地）总面积 7704.49 公顷，湿地率 3.09%。湿地面积数量位列丽水市首位。

湿地面积中，近海与海岸湿地 765.69 公顷，占全县湿地面积 9.94%；河流湿地 3203.98 公顷，占全县湿地面积 41.59%；草本沼泽湿地 23.32 公顷，占全县湿地面积 0.30%；人工湿地 3711.50 公顷，占全县湿地面积 48.17%。

近海与海岸湿地中，河口湿地 608.76 公顷，占 79.50%；三角洲湿地 156.93 公顷，占 20.50%。

河流湿地中，永久性河流湿地 3078.86 公顷，占 96.09%；洪泛平原湿地 125.12 公顷，占 3.91%。

表 2-6-1-1 各类型湿地面积统计表

单位：公顷

湿地类型	面积	比例
一、近海与海岸湿地	765.69	9.94
河口水域	608.76	7.90
三角洲	156.93	2.04
二、河流湿地	3203.98	41.59
永久性河流	3078.86	39.96
洪泛平原	125.12	1.63
三、沼泽湿地	23.32	0.30
山地沼泽化草甸	23.32	0.30
四、人工湿地	3711.50	48.17
库塘湿地	3711.50	48.17
滩坑水库（千峡湖）	3417.40	44.35
其他水库合计	294.1	3.82
全县合计	7704.49	100.00

附表 2-6-1-2 青田县湿地类型面积统计表　　单位：公顷

类型 单位	总计	天然湿地						人工湿地	
		小计	河口水域	三角洲	永久性河流	洪泛平原	草本沼泽	小计	库塘
合　　计	7704.49	3992.99	608.76	156.93	3078.86	125.12	23.32	3711.5	3711.5
北 山 镇	2667.91	37.44			37.44			2630.47	2630.47
船 寮 镇	550.72	550.72			455.17	95.55			
东 源 镇	141.73	141.73			141.73				
方 山 乡	25.43	25.43			9.37		16.06		
阜 山 乡	97.54	18.41			18.41			79.13	79.13
高 湖 镇	125.19	125.19			125.19				
高 市 乡	182.89	182.89			182.89				
贵 岙 乡	23.68	11.65			11.65			12.03	12.03
海 口 镇	232.01	232.01			232.01				
海 溪 乡	11.33	11.33			11.33				
鹤 城 镇	614.21	614.21	284.52	75.62	237.06	17.01			
黄 垟 乡	5.72	5.72			5.72				
季 宅 乡	109.87	57.44			57.44			52.43	52.43
金 鸡 山	8.75	1.15			1.15			7.6	7.6
巨 浦 乡	178.72	176.69			164.13	12.56		2.03	2.03
腊 口 镇	306.64	306.64			306.64				
岭 根 乡	775.72							775.72	775.72
仁 宫 乡	281.17	281.17			281.17				
仁 庄 乡	168.59	145.25			145.25			23.34	23.34
山 口 镇	99.75	99.75			99.75				
石 门 洞	7.26	7.26					7.26		
石 溪 乡	75.25	75.25	21.16	2.33	51.76				
舒 桥 乡	23.47	23.47			23.47				
汤 垟 乡	44.36	39.05			39.05			5.31	5.31
万 阜 乡	59.58	5.13			5.13			54.45	54.45
万 山 乡	1.13	1.13			1.13				
温 溪 镇	416.55	416.55	303.08	78.98	34.49				
吴 坑 乡	50.88	12.92			12.92			37.96	37.96
小舟山乡	3.38	3.38			3.38				
章 村 乡	59.29	59.29			59.29				
章 旦 乡	33.23	2.2			2.2			31.03	31.03
祯 埠 乡	302.05	302.05			302.05				
祯 旺 乡	20.49	20.49			20.49				

第二节 湿地植物资源

湿地是一种特殊的生态系统，是陆地与水体的过渡地带，兼具丰富的陆生和水生植物资源。根据县林业局与浙江省林业调查规划设计院共同组织的实地调查并结合以往的调查资料统计，青田湿地内有维管束植物 509 种（含 3 亚种，17 变种），隶属 104 科 304 属，其中栽培植物 3 种。详见表 2-6-2-1。

表 2-6-2-1 青田湿地维管束植物统计表

类别		科	比例	属	比例	种	比例
蕨类植物		16	15.38%	20	6.58%	26	5.10%
裸子植物		1	0.96%	1	0.33%	2	0.39%
被子植物	双子叶植物	70	67.31%	194	63.82%	318	62.35%
	单子叶植物	17	16.35%	89	29.28%	164	32.16%
	小　计	87	83.66%	283	93.10%	482	94.51%
合　计		104	100.00%	304	100.00%	510	100.00%

一、湿地维管束植物科属的组成分析

（一）科的组成分析

青田湿地维管束植物科组成以小型科和单种科占绝对优势，两者共占 91.34%。种数则主要集中在大型科和小型科上。其中，大型科有 5 个，分别为禾本科（43 属，73 种）、菊科（31 属，49 种）、莎草科（10 属，29 种）、唇形科（15 属，27 种）、蓼科（5 属，24 种）；中型科 4 个，分别为豆科（11 属，19 种）、百合科（9 属，14 种）、蔷薇科（7 属，14 种）、玄参科（5 属，13 种）；小型科有 55 个，如大戟科（5 属，9 种）、苋科（4 属，8 种）、茜草科（5 属，7 种）、伞形科（7 属，8 种）、十字花科（5 属，7 种）等；单种科有 40 个，如白花菜科、莼菜属、番杏科、黑三棱科、金鱼藻科、蕨科、槐叶苹科、桦木科、苹科、酢浆草科等。详见表 2-6-2-2。

表 2-6-2-2 青田湿地维管束植物科组成统计

级别	科数	比例	属数	比例	种数	比例
大型科（20~99 种）	5	4.81%	104	37.50%	202	39.61%
中型科（10~19 种）	4	3.85%	32	10.26%	60	11.76%
小型科（2~9 种）	55	52.88%	128	36.86%	208	40.78%
单种科（1 种）	40	38.46%	40	15.38%	40	7.84%
合　计	104	100.00%	304	100.00%	510	99.99%

（二）属的组成分析

青田湿地维管束植物属的组成以单种属占绝对优势。种数则集中在小型属和单种属上，两者共占88.44%。其中大型属有蓼属（17种）和薹草属（11种）2个；中型属有5个，分别为稗属（7种）、蒿属（6种）、堇菜属（6种）、悬钩子属（6种）、眼子菜属（6种）；小型属有97个，如灯心草属（5种）、画眉草属（5种）、鬼针草属（4种）、蓟属（3种）、败酱属（3种）、荸荠属（3种）等；单种属有200个，如鹅肠菜属、杜若属、飞蓬属、枫杨属、盒子草属、黑三棱属、甘蔗属、虎杖属、活血丹属、菰属、积雪草属、三白草属等。

表 2-6-2-3 青田湿地维管束植物属组成统计

级别	属数	比例	种数	比例
大型属（10~19种）	2	0.66%	28	5.49%
中型属（6~9种）	5	1.64%	31	6.08%
小型属（2~5种）	97	31.91%	251	49.22%
单种属（1种）	200	65.79%	200	39.22%
合　计	304	100.00%	510	100.00%

二、青田湿地珍稀植物

根据1994年浙江农林大学编写的《浙江珍稀濒危植物》、1999年国务院批准公布《国家重点保护野生植物名录》（第一批）和2012省政府批准公布的《浙江省重点保护野生植物名录》（第一批）等公布的珍稀植物，并综合青田湿地植物的实际情况，筛选出青田县野生保护植物12科17种，其中国家I级保护植物1种，国家II级保护植物4种，省重点保护植物2种，列入《浙江珍稀濒危植物》的1种，其他珍稀濒危植物9种。详见表2-6-2-4。

（一）国家重点保护植物

根据野外调查及有关资料的收集和整理，已知青田湿地有国家重点保护植物5种：莼菜、野荞麦、香樟、野大豆和野菱。莼菜属国家I级重点保护野生植物，野荞麦、香樟、野大豆、野菱4种属国家II级重点保护野生植物。

1. 莼菜 Brasenia schreberi

睡莲科，莼菜属，多年生水生草本。根状茎细瘦，横卧于水底泥中。茎纤细，多分枝，叶互生，盾状，漂浮于水面；叶椭圆状长圆形，长3～6厘米，宽5～10厘米，全缘，两面几无毛，上面绿色，下面带紫色；叶柄长25～40厘米，被短柔毛，叶柄和花梗有黏液。花单生叶腋，直径1～2厘米；花梗长6～10厘米；萼片3～4，黄绿色，呈花瓣状，线状矩圆形或线状倒卵形，宿存；花瓣3～4，紫红色，宿存；雄蕊12～18；子房上位，具6～18离生心皮，每心皮有胚珠2～3个。坚果革质，不裂，宿存花柱弯刺状，具1～2粒卵形种子。

图 2-6-2-1 莼菜（2014年摄）

莼菜分布于奇云山的高山沼泽和龙宫湖中，属于青田县新记录。

莼菜富含胶质，营养价值高，嫩茎叶是高级蔬菜。同时又具有较高的药用价值，可治高血压、胃溃疡、黄疸、热痢等，并有防癌抗癌功效和滋补作用。

2. 野荞麦 Fagopyrum dibotrys

又称金荞麦、金锁银开。蓼科，荞麦属，多年生无毛草本，地下有粗大结节状坚硬块根。茎中空；叶宽三角形或卵状三角形，托叶鞘膜质，筒状；花白色；瘦果卵状三棱形，褐色。花期5～8月，果期9～10月。

野荞麦分布于温溪、祯旺等地的河漫滩、水沟边或路旁等处。是我国特有植物，块根可入药，用于治疗跌打损伤、腰肌劳损、咽喉肿痛、流火及痢疾等症。是荞麦改良育种的优良基因材料。

3. 香樟 Cinnamomum camphora

樟科，樟属，常绿大乔木。全体具香气；叶互生，离基三出脉，脉腋有腺窝，边缘波状起伏，无托叶；圆锥花序，花小，黄绿色，有清香；果近球形，熟时紫黑色。花期4～5月，果期8～11月。零星分布于各地山地溪谷岸边。

香樟木材纹理色泽美观，材质致密，有芳香，抗蛀耐湿，为珍贵用材树种；全株可提取樟油、樟脑；种子可榨油供工业用。树冠宽广、枝叶浓郁，为优良的园林绿化树种，近年多用作行道树。

4. 野大豆 Glycine soja

又称野毛豆。豆科，大豆属，一年生缠绕草本。茎细长，密被棕黄色长硬毛；羽状3小叶，顶生小叶卵形至线性，两面密被伏毛。总状花序腋生，长2～5厘米；花小，淡紫色。荚果线性长1.5～3厘米，内有种子2～4粒，种子黑色。花期6～8月，果期9～10月。野大豆见于温溪、祯旺、腊口等地的河滩的阳光充足的开阔地。

本种与大豆是近缘种，具抗病、抗寒、耐碱等多种优良性状，在保存种质资源和大豆育种上具有重要的利用价值；营养价值高，是优良的饲料和常用的药用植物。

5. 野菱 Trapa incisa var. quadricaudata

菱科，菱属，一年生水生草本。叶二型，浮生于水面的叶为菱形或扁圆状菱形长、宽各约2～4厘米，上部边缘有锐齿，基部边缘宽楔形，全缘，上面深绿色，无毛，下面被棕褐色柔毛；叶柄长5～10厘米，有海绵质的气囊，沉水叶羽状细裂。花白色，腋生。坚果倒三角形，具4刺状角，果柄短。见于高市、海口等地的水塘中。

（二）其他珍稀植物

除上述国家级保护植物外，青田尚有12种珍稀植物，其中浙江省重点保护植物2种，为曲轴黑三棱和薏苡；6种兰科植物，分别为朱兰、线叶玉凤花、密花舌唇兰、尖叶火烧兰、绶草、香港绶草；4种较少见或数量稀少的植物，为江南桤木、三腺金丝桃、泽苔草、玉蝉花。

1. 江南桤木 Alnus trabeculosa

桦木科，桤木属，落叶乔木。树皮灰色或灰褐色，平滑；芽具柄，具2枚光滑的芽鳞。短枝和长枝上的叶大多数均为倒卵状矩圆形、倒披针状矩圆形或矩圆形，有时长枝上的叶为披针形或椭圆形，长6～16厘米，宽2.5～7厘米，顶端锐尖、渐尖至尾状，基部近圆形或近心形，边缘具不规则疏细齿，上面无毛，下面具腺点，脉腋间具簇生的髯毛，侧脉6～13对。果序直立，矩圆形，长1～2.5厘米，直径1～1.5厘米，2～4枚呈总状排列。见于奇云山的高山沼泽中，

图 2-6-2-2 江南桤木（2014 年摄）

仅发现 20 余株，需要加强保护。属于青田县新记录。

本种是省内高山沼泽湿地中少有的乔木树种，根系发达有根瘤，能改良土壤，有保水固土功能。木材轻软，耐水湿，可作家具、建筑等用材。树皮、果实可提制栲胶。

2. 三腺金丝桃 Triadenum breviflorum

藤黄科，三腺金丝桃属，多年生草本。高（15 ～）30 ～ 50 厘米；根茎匍匐。叶无柄或具短柄；叶片狭椭圆形至长圆形，长 2 ～ 5.5（～ 7）厘米，宽 0.6 ～ 1.3（～ 1.5）厘米，先端钝形至圆形，基部渐狭，全缘，坚纸质，上面绿色，下面白绿色，散布透明腺点。花序聚伞状，1 ～ 3 花；花瓣白色，倒卵状长圆形至长圆形，长 4 ～ 6 毫米，宽 2 ～ 3 毫米，先端圆形，基部渐狭，全面疏布透明腺点。雄蕊束 3，顶端有一个囊状透明腺体。蒴果卵珠形，种子深红褐色，表面有细蜂窝纹。花期 7 ～ 8 月，果期 8 ～ 9 月。见于仰天湖的山地沼泽中，属于青田县新记录。

三腺金丝桃在浙江分布稀少，与同属的红花金丝桃成南北对应的替代种，在植物区系的研究上有学术意义。

3. 曲轴黑三棱 Sparganium fallax

黑三棱科，黑三棱属，多年生水生或沼生草本。茎直立，植株高达 1 米。叶在茎基本呈丛生状，上部两列着生。叶片长 40 ～ 70 厘米，宽 0.4 ～ 1 厘米，上部扁平，下部背面呈龙骨状凸起。穗状花序长 20 ～ 40 厘米，花序主轴呈 S 形弯曲。果实长圆状圆锥形，长 4 ～ 5 毫米。花期 6 月，果期 7 ～ 9 月。产于奇云山龙宫湖的湖岸边，是青田县新记录。

本种块茎是我国常用的中药，即"三棱"，具有祛瘀通经、破血消症、行气消积等功效。治症瘕积聚、气血凝滞、心腹疼痛、胁下胀疼、经闭、产后瘀血腹痛、跌打损伤等。也可作花卉观赏。被列为浙江省重点保护植物。

4. 泽苔草 Caldesia parnassifolia

泽泻科，泽苔草属，多年生水生草本。根状茎细长，横走。沉水叶较小，卵形或椭圆形，淡绿色；浮水叶较大，长 2 ～ 10 厘米，宽 1.5 ～ 7 厘米，先端钝圆，基部心形至深心形；叶柄长 5 ～ 100 厘米。花葶直立，高 30 ～ 125 厘米。大型圆锥状聚伞花序，花序长 20 ～ 35 厘米，分枝轮生。花两性，白色；心皮通常（5 ～）8 ～ 10 枚；雄蕊 6 枚。小坚果倒卵

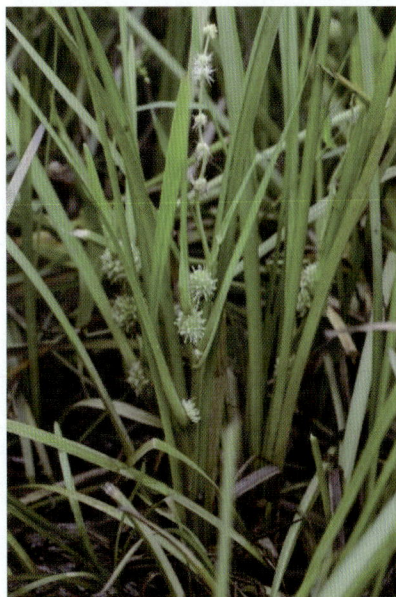

图 2-6-2-3 曲轴黑三棱（2014 年摄）

形或椭圆形,具3～5脊,果喙长,直立。花果期5～10月。见于仰天湖、奇云山的高山沼泽中,属于丽水市新记录。

本种在省内较少见。花白色,小而密集,十分美丽,可作湿地绿化观赏用。

5. 薏苡 Coix lacrymajobi

一年生粗壮草本。秆直立丛生,高1～2米。叶鞘短于其节间,无毛;叶舌干膜质,长约1毫米;叶片扁平宽大,开展,中脉粗厚,边缘粗糙。总状花序腋生成束,长4～10厘米,直立或下垂,具长梗。雌小穗位于花序之下部,外面包以骨质念珠状之总苞,珐琅质,坚硬,有光泽;雄小穗2～3对,着生于总状花序上部,长1～2厘米。见于高市的河滩上。

本种与薏米是近缘种,具抗病、抗寒等多种优良性状,在保存种质资源和薏米育种上具有重要的利用价值。

6. 玉蝉花 Iris ensata

鸢尾科,鸢尾属,多年生草本,植株基部围有叶鞘残留的纤维。根状茎粗壮,斜伸。叶条形,长30～80厘米,宽0.5～1.2厘米,顶端渐尖或长渐尖,基部鞘状,两面中脉明显。花茎圆柱形,高40～100厘米,有1～3枚茎生叶;苞片3枚,近革质,披针形,内包含有2朵花;花深紫色,直径9～10厘米;花梗长1.5～3.5厘米;花被管漏斗形,长1.5～2厘米,外花被裂片倒卵形,长7～8.5厘米,宽3～3.5厘米,爪部细长,中脉上有黄色斑纹,内花被裂片小,直立,狭披针形或宽条形。蒴果长椭圆形。花期6～7月,果期8～9月。见于仰天湖、师姑湖的高山沼泽中,是丽水市新纪录。

青田玉蝉花的分布点是目前已知的分布点最南端,对研究玉蝉花的分布式样及省内植物区系有重要作用。本种花紫红色,大而艳丽,可作湿地绿化观赏植物。

图 2-6-2-4 玉蝉花群系（2014 年摄）

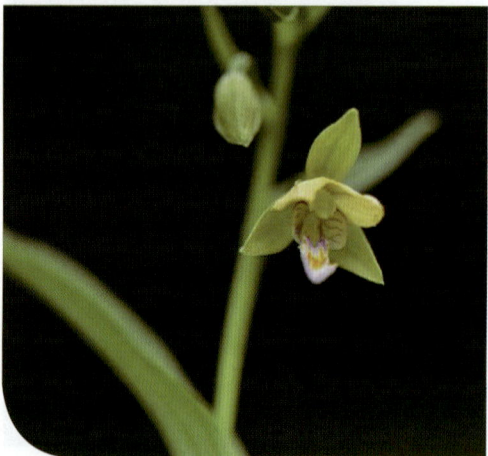

图 2-6-2-5 尖叶火烧兰

7. 尖叶火烧兰 Epipactis thunbergii

兰科,火烧兰属,多年生地生草本,高20～30厘米。茎直立,无毛,基部具2～4枚鳞片状鞘。叶6～8枚,互生;叶片卵状披针形,先端渐尖或尾状渐尖,长5～10厘米,宽1.2～3厘米,基部抱茎成鞘状（鞘长约1～1.5厘米）向上叶逐渐变小,鞘也逐渐变短,直到无鞘。总状花序长3～5厘米,具3～10朵花;花苞片叶状,卵状椭圆形,较花长,向上逐渐变短;花黄绿色;中萼片卵状椭圆形;侧萼片卵状椭圆形;花瓣宽卵形,稍歪斜,;唇瓣长近10毫米,上下唇以一极短的关节相连;下唇楔形,两侧各具一枚直立的耳状裂片;上唇匙形,近基部有4～5条鸡冠状突起直贯下唇。花期6～7月。

见于青田金鸡山的小片沼泽地中，是丽水市新记录。

本种间断分布于浙江、日本、朝鲜，是一典型的东亚特有种，对研究浙江植物区系有重要作用。本种花大，黄绿色，典雅，是一很好的湿地观赏植物。

8. 线叶玉凤花 Habenaria linearifolia

兰科，玉凤花属，多年生草本，植株高25～80厘米。块茎肉质，卵形或球形。茎直立，圆柱形，具多枚疏生的叶，向上渐小成苞片状。中下部的叶5～7枚，其叶片线形，长9～20厘米，宽3～7厘米，先端渐尖。总状花序具8～20余朵花，长5～16厘米；花白色或绿白色，无毛；中萼片直立，凹陷呈舟形，卵形或宽卵形，与花瓣相靠呈兜状；唇瓣长达15毫米，近中部3深裂；裂片线形，中裂片全缘，侧裂片先端具流苏；距下垂长2.5～3.5厘米，向末端逐渐稍增粗呈细棒状。花期7～9月。见于青田师姑湖、奇云山的山地沼泽中。

本种花色洁白，造型奇特，可作湿地绿化植物。

9. 密花舌唇兰 Platanthera hologlottis

兰科，舌唇兰属，植株高35～85厘米。根状茎匍匐。茎直立，下部具4～6枚大叶，向上渐小成苞片状。叶片线状披针形或宽线形，下部叶较宽，上部叶较窄。总状花序具多数密生的花，长5～20厘米；花白色，芳香；萼片先端钝，边缘全缘，中萼片直立，舟状，卵形或椭圆形；侧萼片反折，偏斜，椭圆状卵形；花瓣斜卵形，与中萼片靠合呈兜状；唇瓣舌形或舌状披针形，稍肉质；距下垂，纤细，圆筒状，长1～2厘米，距口的突起物显著。花期6～7月。见于奇云山的高山沼泽中。

本种花小而密，白色，芳香，是很好的湿地绿化观赏植物。

10. 朱兰 Pogonia japonica

兰科，朱兰属，植株高10～20（～25）厘米。根状茎直生，具细长的、稍肉质的根。茎直立，在中部或中部以上具1枚叶。叶稍肉质，通常近长圆形或长圆状披针形，抱茎。花苞片叶状；花单朵顶生，向上斜展，常紫红色或淡紫红色；萼片狭长圆状倒披针形；花瓣与萼片相似，近等长；唇瓣近狭长圆形，向基部略收狭，中部以上3裂；侧裂片顶端有不规则缺刻或流苏；中裂片舌状或倒卵形，边缘具流苏状齿缺；自唇瓣基部有2～3条纵褶片延伸至中裂片上，在中裂片上变为鸡冠状流苏或流苏状毛。花期5～7月，果期9～10月。见于仰天湖、奇云山的高山沼泽中，是青田县新记录。

本种花大，紫红色，株型矮小，可作盆栽观赏。

11. 绶草 Spiranthes sinensis

图 2-6-2-6 线叶玉凤花（2014 年摄）

图 2-6-2-7 朱兰（2014 年摄）

兰科,绶草属,多年生草本。植株高13～30厘米。根数条,指状,肉质,簇生于茎基部。叶2～5枚基生,叶片宽线形或宽线状披针形,直立伸展,长3～10厘米,宽5～10毫米,先端急尖或渐尖,基部收狭具柄状抱茎的鞘。花茎直立,长10～25厘米;总状花序具多数密生的花,长4～10厘米;花小,紫红色或粉红色,在花序轴上呈螺旋状排生。花期5～7月,果期7～9月。见于青田仰天湖等地的山地沼泽中。

本种花色秀丽,造型奇特,可作湿地绿化植物。全草可入药,具有益阴清热,润肺止咳,消肿止痛、止血的功效。

12. 香港绶草 Spiranthes hongkongensis

兰科,绶草属,多年生草本。植物高11～44厘米。根指状,肉质。叶2～6枚,直立立伸展,线形至倒披针形,4-12×0.5-0.9厘米,先端急尖。花茎直立,10～42厘米,密被具腺短柔毛;花序长3.5～13厘米,密生许多螺旋状排列的花。花白色;子房绿色,具腺短柔毛。花期3～4月。见于青田奇云山的山地沼泽中。

本种花色秀丽,造型奇特,可作湿地绿化植物。

表 2-6-2-4 青田湿地珍稀濒危植物

植物名称	所属科	国家重点保护（1999）	浙江省重点保护（2004）	浙江珍稀濒危植物（1994）	其他珍稀濒危植物
江南桤木	桦木科				√
莼菜	睡莲科	I			
野荞麦	蓼科	II			
香樟	樟科	II			
野大豆	豆科	II			
三腺金丝桃	藤黄科			√	
野菱	菱科	II			
曲轴黑三棱	黑三棱科		√		
泽苔草	泽泻科				√
薏苡	禾本科		√		
玉蝉花	鸢尾科				√
尖叶火烧兰	兰科				√
线叶玉凤花	兰科				√
密花舌唇兰	兰科				√
朱兰	兰科				√
香港绶草	兰科				√
绶草	兰科				√

三、青田湿地植被资源

(一)青田湿地植被分类系统

根据本次湿地调查,并参考有关资料,将青田湿地植被划分为5个植被型组,10个植被型,43个群系。详见表2-6-2-5。

表 2-6-2-5 青田湿地植被系统表

植被型组	植被型	群系
1. 针叶林湿地植被型组	Ⅰ. 暖性针叶林湿地植被型	马尾松群系
2. 阔叶林湿地植被型组	Ⅰ. 落叶阔叶林湿地植被型	枫杨群系
	Ⅱ. 竹林湿地植被型	温州水竹群系
3. 灌丛湿地植被型组	Ⅰ. 落叶灌丛湿地植被型	细叶水团花群系
		白前群系
		湖北算盘子群系
		乌桕矮生灌丛群系
		梵天花群系
4. 草丛湿地植被型组	Ⅰ. 莎草型湿地植被型	朝鲜藁草群系
		碎米莎草群系
		龙师草群系
		牛毛毡群系
		细叶刺子莞群系
		萤蔺群系
		水毛花群系
		茸球藨草群系
	Ⅱ. 禾草型湿地植被型	狗牙根群系
		牛筋草群系
		假俭草群系
		牛鞭草群系
		白茅群系
		有芒鸭嘴草群系
		五节芒群系
		芒群系
		沼原草群系
		雀稗群系
		斑茅群系
		狗尾草群系
		菰群系
	Ⅲ. 杂类草湿地植被型	小飞蓬群系
		萱草群系
		葎草群系
		玉蝉花群系
		鸭舌草群系
		小鱼仙草群系
		辣蓼群系
		野慈姑群系
5. 浅水湿地植被型组	Ⅰ. 漂浮植物型	凤眼莲群系
		浮萍群系
		槐叶蘋群系
	Ⅱ. 浮叶植物型	莼菜群系
		野菱群系
	Ⅲ. 沉水植物型	黑藻群系

图 2-6-2-8 凤眼莲群系（2014 年摄）

图 2-6-2-9 细叶刺子莞群系（2014 年摄）

图 2-6-2-10 野慈姑 - 朝鲜苔草群系（2014 年摄）

图 2-6-2-11 沼原草群系（2014 年摄）

（二）青田湿地各地类的植被分布特征

1. 近海与海岸湿地

近海与海岸湿地有 5 个植被型，12 个群系，以马尾松、斑茅群系群系为主。在温溪镇的三角洲上分布有大面积的假俭草群系、狗牙根群系，郁郁葱葱，形如地毯，十分美观。

图 2-6-2-12 近海湿地（2014 年摄）

2. 河流湿地

河流湿地有 8 个植被型，22 个群系，以马尾松群系、枫杨群系、斑茅群系为主，其他尚有狗牙根群系、无辣蓼群系、乌桕矮生灌丛群系、地桃花群系等小面积分布。此外，泛洪平原上的白前群系、二叶丁葵草群系在浙江省湿地植被中较有特色。

图 2-6-2-13 河流湿地（2014 年摄）

3. 人工湿地

人工湿地包含水库、水田、水塘 3 个湿地类，有 8 个植被型，19 个群系。人工湿地中，库尾消落带的植被类型最为丰富，表现出海拔差异性，如低海拔的库尾主要为马尾松群系、斑茅群系、细叶水团花群系，其群落构成与河流湿地类似；而高海拔的库尾则主要为沼原草群系、细叶刺子莞群系、有芒鸭嘴草群系等，其群落构成与高山沼泽湿地类似。

图 2-6-2-14 人工湿地（2014 年摄）

4. 山地沼泽湿地

山地沼泽湿地有 5 个植被类型，16 个群系，主要群系为芒群系、沼原草群系、水毛花群系、萱草群系等。山地沼泽由于地处偏远，远离人烟，人为干扰较少，分布着大量的特有、稀有群系，如莼菜群系、玉蝉花群系、朝鲜薹草群系等，以及多种特有植物，如莼菜、三腺金丝桃、泽苔草、玉蝉花等，并且在沼泽地附近还发现有景宁木兰、华重楼等珍稀濒危植物，是青田湿地生物多样性保护的关键点之一。

图 2-6-2-15 师姑湖山地沼泽湿地（2014 年摄）

第三节 湿地动物资源

根据县林业局与浙江省林业调查规划设计院联合调查组的调查，青田县湿地区域共调查记录到脊椎动物372种，包括鱼类79种，两栖类29种，爬行类43种，鸟类191种，兽类29种。其中国家Ⅱ级重点保护鱼类1种；国家Ⅱ级重点保护两栖类2种；国家Ⅰ级保护爬行类1种；国家Ⅰ级保护鸟类2种，国家Ⅱ级重点保护鸟类19种；国家Ⅰ级保护兽类3种，国家Ⅱ级重点保护兽类9种。

青田县物种多样性受人为活动影响明显，靠近山地森林、风景名胜区的河段，无论是鱼类、两栖类、爬行类、鸟类还是兽类的种类、数量都较丰富；而靠近农田集中区域和毗邻城镇区域物种多样性明显下降。

一、湿地两栖类

青田县两栖类区系以东洋界为主，古北界较少。中国瘰螈、淡肩角蟾、无斑雨蛙、虎纹蛙、斑腿树蛙、华南湍蛙、属于罕见种类，数量稀少；东方蝾螈、黑斑肥螈、中华大蟾蜍、黑眶蟾蜍、弹琴水蛙、镇海林蛙、阔褶水蛙、棘胸蛙、饰纹姬蛙属于偶见种类，具有一定数量；而泽陆蛙、黑斑侧褶蛙、花臭蛙、华南湍蛙、小弧斑姬蛙数量较多，属于常见种类，也是青田县两栖类中的优势种。

根据调查，青田县共有两栖类29种，隶属2目8科，其中有尾目2科4种、无尾目6科25种。其中大鲵和虎纹蛙为国家Ⅱ级重点保护动物；大树蛙为浙江省重点保护动物；中华大蟾蜍、黑斑侧褶蛙、棘胸蛙等3种为浙江省一般保护动物。

（一）重点保护两栖类

1. 大鲵 Andrias davidianus

所属科目：有尾目隐鳃鲵科

俗名：娃娃鱼

保护级别：国家Ⅱ级重点保护野生动物

大鲵，又名娃娃鱼，是世界上现存最大的也是最珍贵的两栖动物。它的叫声很像婴儿的哭声，因此人们又叫它"娃娃鱼"。其在水中用鳃呼吸，水外用肺兼皮肤呼吸，皮肤只有黏膜，没有鳞片覆盖；体长可达1米及以上，体重最重的可超百斤，而外形有点类似蜥蜴，只是相比之下更肥壮扁平。大鲵头部扁平、钝圆，口大，眼不发达，无眼睑。身体前部扁平，至尾部逐渐转为侧扁。体两侧有明显的肤褶，四肢短扁，指、趾前四后五，具微蹼。尾圆形，尾上下有鳍状物。娃娃鱼的体色可随不同的环境而变化，但一般多呈灰褐色。体表光滑无鳞，但有各种斑纹，布满黏液。

2. 虎纹蛙 Hoplobatrachus rugulosus

所属科目：无尾目蛙科

俗名：田鸡 水鸡 青鸡

保护级别：国家Ⅱ级重点保护野生动物

物种特征和生态习性：虎纹蛙是蛙类中体形较大而粗壮的一种，雌性比雄性大，体长可超过12厘米，体重250～500克。它的皮肤极为粗糙，头部及体侧有深色不规则的斑纹。背部呈黄绿色略带棕色，有十几行纵向排列的肤棱，肤棱间散布小疣粒。腹面白色，也有不规则的斑纹，咽部和胸部还有灰棕色斑。前后肢有横斑。由于这些斑纹看上去略似虎皮，因此得名。主要生活在湿地周边的草丛和农田中，数量稀少。

3. 大树蛙 Rhacophus dennysi

所属科目：无尾目树蛙科

保护级别：省级重点保护野生动物

物种特征和生态习性：大树蛙，体形大，扁平而窄长，雌性比雄性大，体长可超过 10 厘米。体背绿色，镶有浅色线纹的棕黄色或紫色斑点，皮肤较粗糙有小刺粒；体侧一般有成行的白色大斑点或白纵纹；腹部和后股股部密布较大扁平疣；指、趾端均具吸盘和边缘沟；指间蹼发达，第三、四指间全联；后肢较长，胫跗关节前伸达眼部或超过眼部，胫长不到或接近体长之半。该物种主要生活与树林或竹林内，白天多隐居于树洞或灌木丛种，夜间出现在树枝上或田边，数量稀少。

（二）一般保护两栖类

1. 中华大蟾蜍 Bufo gargarizans

所属科目：无尾目蟾蜍科

俗名：癞疙疱、癞肚子、癞蛤蟆

保护级别：浙江省一般保护陆生野生动物

物种特征和生态习性：中华大蟾蜍，体粗壮，长约 10 厘米，雄者较小。全体皮肤极粗糙，除头顶较平滑外，其余部分，均满布大小不同的圆形瘰疣。穴居在泥土中，或栖于石下及草间。白昼潜伏，晚上或雨天外出活动。以蜗牛、蚂蚁、甲虫等动物为食。该物种在全县均有分布，较常见。

图 2-6-3-1 虎纹蛙

2. 黑斑侧褶蛙 Pelophylax nigromaculata

所属科目：无尾目蛙科

俗名：青蛙、田鸡

保护级别：浙江省一般保护陆生野生动物

物种特征和生态习性：黑斑侧褶蛙，头部略呈三角形，长略大于宽。口阔，吻钝圆。体背面有一对较粗的背侧褶，背部基色为黄绿色或深绿色，或带灰棕色，具有不规则的黑斑，栖息于稻田、池塘、湖泽、河滨、水沟内或水域附近的草丛中。主要以昆虫为食。该物种在全县均有分布，较常见。

图 2-6-3-2 大蟾蜍

3. 棘胸蛙 Rana spinosa

所属科目：无尾目蛙科

俗名：石鸡、棘蛙、石蛙

保护级别：浙江省一般保护陆生野生动物

物种特征和生态习性：棘胸蛙为我国特有的大型野生蛙。全身披灰黑色，皮肤粗糙，雄蛙背部有成行的长疣和小型园疣，雌蛙背部散布小型园疣，腹部光滑有黑点。白天藏身山洞或阴湿岩石缝中，黄昏以后才出洞活动，以各种小型昆虫为食。该物种在全县均有分布，数量稀少。

二、湿地爬行类

青田县湿地爬行类资源中，龟鳖目物种野外数量已非常稀少，龟科的动物3种分别是平胸龟、中华草龟和花龟，鳖科动物2种分别为鼋和鳖。蜥蜴目物种野外数量大，如北草蜥、铜蜓蜥、多疣壁虎、铅山壁虎、石龙子等为本地优势种，五线石龙子、虽有分布，但数量较少。蛇目中无毒蛇类中王锦蛇、赤链蛇、乌梢蛇、翠青蛇野外数量较大，为本地优势种；有毒蛇类中福建竹叶青野外数量较大，为本地优势种。

根据调查，青田县湿地有爬行动物43种，隶属于3目9科，龟鳖目2科5种、蜥蜴目4科9种、蛇目3科29种。其中龟科3种，占6.98%；鳖科2种，占4.65%；壁虎科2种，占4.65%；石龙子科3种，占6.98%；蜥蜴科2种，占4.65%；游蛇科23种，占53.49%；眼镜蛇科2种，占4.65%；蝰科4种，占9.30%。

图 2-6-3-3 鼋

（一）国家级重点保护爬行类

1. 鼋

所属科目：龟鳖目鳖科

俗名：沙鳖、蓝团鱼

保护级别：国家Ⅰ级保护动物

鼋是鳖科动物中体型最大的一种，可长到6英尺长（约2米）。主要分布在中国长江流域及以南地区，曾经分布在印度、孟加拉国、缅甸、泰国、马来西亚、新加坡、柬埔寨、越南、菲律宾、印度尼西亚（苏门答腊、婆罗洲、爪哇）、巴布亚新几内亚，由于过度捕杀，已经极度濒危，属于中国国家Ⅰ级重点保护野生动物，CITES附录Ⅱ级。

栖息于江河、湖泊中，善于钻泥沙。以水生动物为食。行动迟缓，代谢低，耐饥能力很强，温度过高、过低均进行休眠。鼋不常迁移，喜欢栖息在水底。只有在其栖息地发生改变时，才会被迫迁移，并有结群现象。鼋是夜行性动物，常在晚上游到浅滩觅食螺、蚬、蛙、虾、鱼等动物，且食量极大，通常它能一次吃进相当于体重5%的食物，然后半个月内可以不再进食。捕食时，鼋会潜伏于水域浅滩边，将头缩入甲壳内，仅露出眼和喙，待猎物靠近时，发出致命攻击。鼋不仅能用肺呼吸，还能用皮肤，甚至咽喉吸氧，进行呼吸，正是这种特殊的生理功能确保了鼋在水底冬眠时不被淹死！每年11月鼋都会准时开始在水底冬眠，一直到翌年4月，长达半年之久，可谓"睡神"。而在夏秋季节鼋会每隔一段时间浮出水面进行换气。

（二）省级重点保护爬行类

1. 平胸龟

所属科目：龟鳖目龟科

俗名：鹰嘴龟，鹰龟，大头平胸鬼

保护级别：浙江省重点保护陆生野生动物

平胸龟背甲长 150 毫米左右，长椭圆形。龟壳扁平，头大尾长，不能缩入壳内。背甲棕黄、暗褐或栗色，腹甲生活时带橘黄色；尾长，几乎与体长相等。趾间有半蹼，既利于陆地爬行，又便于水中游泳。平胸龟为水陆两栖，喜欢生活在满是巨砾和碎石的，水流湍急的山涧中。主要觅食螺、蚬、贝、虾、鱼、蟹、蛙、昆虫和蜗牛，饥饿时树叶草根也吃。3 年左右开始性成熟，4～9 月份产卵。主要分布在我国南方，是我国淡水龟中最特殊的一种，国外分布于越南、老挝、柬埔寨、泰国、缅甸。被列入中国物种红色名录：濒危物种，CITES 附录Ⅰ。

2. 黑眉锦蛇 Elaphe taeniura

所属科目：蛇目游蛇科

俗名：家蛇、黄长虫、似鳗蛇、黄颌蛇

保护级别：浙江省重点保护陆生野生动物

物种特征和生态习性：黑眉锦蛇无毒，体型较大，体长可达 2 米左右。因为眼后有一明显的眉状黑纹延伸到颈部而得名。行动迅速，攀爬能力强，性情凶猛。生活于平原、丘陵及山地、稻田等处，在居家房屋处也有栖息出没。黑眉锦蛇的食欲很强，食量很大。捕食鼠类，鸟类、蛙类及昆虫等。Cope 于 1861 年在浙江宁波采集到模式标本并命名。该物种在全县均有分布，偶见。

3. 眼镜蛇 Naja atra

所属科目：蛇目眼镜蛇科

保护级别：浙江省重点保护陆生野生动物

俗名：饭铲头、吹风蛇、饭匙头等

因其模式产地在舟山又称舟山眼镜蛇，其头椭圆形，颈部背面有白色眼镜架状斑纹，体背黑褐色，间有十多个黄白色横斑，体长可达 2 米。具冬眠行为。以鱼、蛙、鼠、鸟及鸟卵等为食。繁殖期 6～8 月，每产 10～18 卵，自然孵化，亲蛇在附近守护，孵化期约 50 天。眼镜蛇被激怒时，会将身体前段竖起，颈部两侧膨胀，此时背部的眼镜圈纹愈加明显，同时发出"呼呼"声，借以恐吓敌人。该物种在全县均有分布，偶见。

图 2-6-3-4 眼镜王蛇

图 2-6-3-5 竹叶青蛇

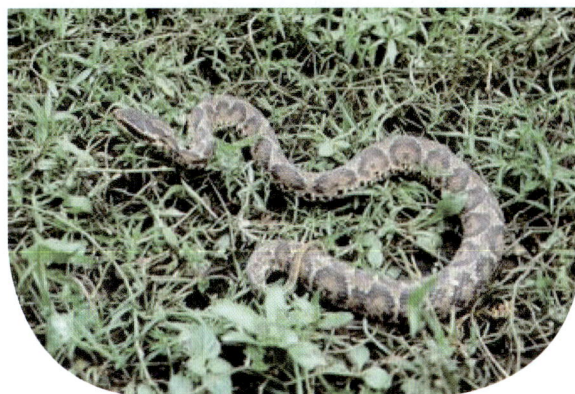

图 2-6-3-6 蝮蛇

4.尖吻蝮 Agkistrodon acutus

所属科目：蛇目蝰蛇科

保护级别：浙江省重点保护陆生野生动物

俗名：五步蛇、蕲蛇、山谷虌、百花蛇、盘蛇、棋盘蛇

尖吻蝮，头大呈三角形，与颈部可明显区分，有长管牙，是我省的剧毒蛇类之一。吻端由鼻间鳞与吻鳞尖出形成一上翘的突起；鼻孔与眼之闻有一椭圆形颊窝，它是热测位器。背鳞具强棱，背面棕黑色，头侧土黄色，二色截然分明，体背棕褐色或稍带绿色，其上具灰白色大方形斑块 17～19 个，尾部 3～5 个，此斑由左右两侧大三角斑在背正中合拢形成，偶尔也有交错摆列的，斑块边缘色深，腹面乳白色，咽喉部有排列不规则的小黑点，腹部中央和两侧有大黑斑。多栖息于海拔 300～800 米的山谷溪涧的附近的岩石上、落叶间或草丛中，对生境条件的要求是阴凉通风有树有水，也在茶园、农田、柴堆内活动，能上树，也能进入人房。该蛇经常在栖息地盘踞不动，运动也缓慢，固有"懒蛇"之称。其食性非常广泛包能捕食蛙类、蟾蜍、蜥蜴、鸟类和鼠类，尤以鼠类和蛙类最为频繁。

三、湿地鸟类

据本次调查和相关理历史资料，青田湿地共有鸟类 192 种，隶属于 17 目 48 科，其中雀形目鸟类 25 科 108 种，非雀形目 16 目 23 科 84 种。其中湿地水鸟 43 种，占整个区域鸟类种数的 22.51%。

分析鸟类组成特征可知，青田湿地雀形目鸟类占优势，总共有 25 科 108 种，占种类总数的 56.54%；而非雀形目鸟类除隼形目、鸮形目、鸳形目和鸽形目外，其他目均只有一个科。

表 2-6-3-1 青田湿地鸟类目、科和种的组成

目	科	种	占总数（%）	目	科	种	占总数（%）
䴙䴘目	1	2	1.05%	鹃形目	1	7	3.66%
鹈形目	1	1	0.52%	鸮形目	2	2	1.05%
鹳形目	1	8	4.19%	夜鹰目	1	1	0.52%
雁形目	1	8	4.19%	雨燕目	1	2	1.05%
隼形目	3	14	7.33%	佛法僧目	1	6	3.14%
鸡形目	1	6	2.62%	戴胜目	1	1	0.52%
鹤形目	1	3	1.57%	鴷形目	2	5	2.62%
鸻形目	4	16	8.38%	雀形目	25	108	56.54%
鸽形目	1	2	1.05%				

在鸟类种群数量上，优势物种为白头鹎、栗背短脚鹎、棕头鸦雀、强脚树莺、暗绿绣眼鸟、和红头长尾山雀等 6 种，常见种有灰胸竹鸡、红脚苦恶鸟、普通翠鸟、白鹡鸰、领雀嘴鹎、黄臀鹎、家燕、金腰燕、棕背伯劳、丝光椋鸟、红嘴蓝鹊、褐河乌、鹊鸲、北红尾鸲、画眉、棕颈钩嘴鹛、山麻雀、金翅雀和灰头鹀等 34 种。少见种有苍鹭、绿翅鸭、绿头鸭、红隼、环颈雉、黑水鸡、

白胸苦恶鸟、白腰草鹬、山斑鸠、四声杜鹃、蓝翡翠、冠鱼狗、斑姬啄木鸟、小云雀、灰鹡鸰、水鹨、灰山椒鸟、红尾伯劳、黑卷尾、松鸦、灰树鹊、喜鹊、白额燕尾、蓝矶鸫、紫啸鸫、白腹鸫、北灰鹟、白腹蓝姬鹟、黑脸噪鹛、白颊噪鹛、黄腹山鹪莺、远东树莺、褐柳莺、白腰文鸟、斑文鸟、燕雀、三道眉草鹀、黄喉鹀等 115 种。偶见种有斑头秋沙鸭、白腹鹞、鹊鹞、松雀鹰、水雉、长嘴剑鸻、黑枕黄鹂等 36 种。

表 2-6-3-2 青田县湿地鸟类区系和季节型组成

类 型	组 成	种类	百分比（%）
居留型	留 鸟	89	46.07%
	冬候鸟	58	30.37%
	夏候鸟	31	16.23%
	旅 鸟	14	7.33%
区系组成	东洋种	87	45.03%
	古北种	101	52.88%
	广布种	4	2.09

（一）居留类型与区系成分

在鸟类居留型方面，留鸟种数最多为 89 种，占 46.07%；冬候鸟 58 种，占 30.37%；夏候鸟 31 种，占 16.23%；旅鸟 14 种，占 7.33%。

鸟类区系中，古北界种最多 101 种，占总数的 52.88%；东洋界种 86 种，占 45.03%；广布种 4 种，占 2.09%。

（二）生境类型

1. 湿地生境

湿地周边水草和泥滩地带为鸻形目、鹤形目涉禽类及佛法僧目攀禽类提供了丰富的食物，还有许多雀形目的小鸟和以鱼为食物的鸟类也栖息在沿岸，因此该生境中主要是鹭科、鸻科鸟类及普通鸬鹚、牛背鹭、小䴙䴘、普通翠鸟和棕头鸦雀等。夜鹭、冠鱼狗、斑鱼狗、纯色鹪莺、棕头鸦雀及白腰文鸟等为优势种。

2. 农田村落生境

因为有适度人为干扰存在，主要为适应人为干扰的鸟种，白头鹎、麻雀、家燕等鸟类是优势种，常见种有八哥、乌鸫、丝光椋鸟、大山雀、金腰燕、领雀嘴鹎、棕头鸦雀、珠颈斑鸠和白腰文鸟等。

3. 常绿阔叶林生境

常绿阔叶林鸟类群落多是森林鸟类。鸦科、画眉科、鹎科、鸠鸽科等鸟类多在林冠活动。雉科鸟类如环颈雉等多在林中地面活动，而画眉科的部分鸟类喜欢在林缘以及灌丛中活动。红嘴蓝鹊、白头鹎、黑[短脚]鹎、领雀嘴鹎、暗绿绣眼鸟、灰胸竹鸡、珠颈斑鸠、画眉、黄眉柳莺、大山雀、棕颈钩嘴鹛等鸟类为优势种。

4. 溪流生境

溪流岸边多以岩石、沙砾为主，因此多为鹡鸰科、鹟鸫科鸟类为主。白鹡鸰、北红尾鸲、红尾水鸲和褐河乌等为优势种。

（三）保护级别

青田县鸟类中受保护的鸟类众多，其中国家 I 保护鸟类 2 种黄腹角雉、白颈长尾雉；国家 II 保护鸟类 19 种鸳鸯、鹗、黑鸢、白腹鹞、鹊鹞、蛇雕、赤腹鹰、日本松雀鹰、松雀鹰、雀鹰、苍鹰、普通鵟、林雕、红隼、燕隼、游隼、白鹇、领角鸮和斑头鸺鹠；浙江省重点保护动物 25

种为凤头䴙䴘、夜鹭、大白鹭、中白鹭、白鹭、四声杜鹃、大杜鹃、中杜鹃、小杜鹃、戴胜、大拟啄木鸟、蚁䴕、斑姬啄木鸟、星头啄木鸟、灰头绿啄木鸟、红尾伯劳、棕背伯劳、楔尾伯劳、牛头伯劳、虎纹伯劳、黑枕黄鹂、松鸦、红嘴蓝鹊、喜鹊和红嘴相思鸟。其中水鸟有鸳鸯、鹗、凤头䴙䴘、大白鹭、中白鹭、白鹭和夜鹭等 7 种。

图 2-6-3-7 鸳鸯

1. 鸳鸯 Aix galericulata

所属科目：雁形目鸭科

保护级别：国家 II 级重点保护野生动物

雄性繁殖羽色艳丽，并带有金属光泽。额、头顶深蓝绿色，枕部铜赤色与后颈暗紫绿色的长羽组成羽冠；脸侧有纯白色眉纹；颊橙黄色；颈侧的栗色翎羽呈长矛状；背部浅褐色，栗黄色的三级飞羽直立成扇形帆状；翼镜蓝绿色；腹白色，胸侧有两条明显的白色斜线；嘴红色。雌鸟体羽以灰褐色为主，眼部有白色眼圈和眼后线，无羽冠、翼帆，腹羽纯白；嘴灰褐色，基部有白环。栖息于山区溪流、湖泊或近山的河川中。以谷物、草籽和水生昆虫为食，繁殖期以小型两栖类和鱼类为食。繁殖于中国东北但冬季迁至中国南方，在我省为冬候鸟。

2. 鹗 Pandion haliaetus

所属科目：隼形目鹗科

保护级别：国家 II 级重点保护野生动物

鹗又名鱼鹰，体长约 65 厘米。雄鸟和雌鸟相似，头部白色，头顶具有黑褐色的纵纹，枕部的羽毛稍微呈披针形延长，形成一个短的羽冠。头的侧面有一条宽阔的黑带，从前额的基部经过眼睛到后颈部，并与后颈的黑色融为一体。上体为暗褐色，略微具有紫色的光泽。下体为白色，颏部、喉部微具细的暗褐色羽干纹，胸部具有赤褐色的斑纹，飞翔时两翅狭长，不能伸直，翼角向后弯曲成一定的角度，常在水面的

图 2-6-3-8 鹗（鱼鹰）

上空翱翔盘旋，从下面看，白色的下体和翼下覆羽同翼角的黑斑，胸部的暗色纵纹和飞羽，以及尾羽上相间排列的横斑均极为醒目。脚趾有锐爪，趾底布满齿，外趾能前后反转，适于捕鱼。常见于江河、湖沼、海滨或开阔地；在热带，经常栖息于岩石海岸、珊瑚礁或红树林沼泽。在我省为旅鸟。

3. 凤头鸊鷉 Podiceps cristatus

所属科目：鸊鷉目鸊鷉科

保护级别：浙江省重点保护野生动物

凤头鸊鷉是我省体型最大的鸊鷉，具显著的黑色羽冠。嘴长而尖，从嘴角到眼睛有一条黑线；上体灰褐色，下体近乎白色具有光泽。头侧和颏白色，前额和头顶黑色；两翅暗褐，杂以白斑。冬季黑色羽冠不明显，颈上饰羽消失。栖息于地上和平原地带的江河、湖泊、池塘和水库等水域，潜水能力强。以软体动物、鱼、甲壳类和水生植物为食。在我省为冬候鸟。

4. 夜鹭 Nycticorax nycticorax

所属科目：鹳形目鹭科

保护级别：浙江省重点保护野生动物

中型涉禽，体长 46～60 厘米。夜行性，是少数具备夜视能力鸟类之一。体较粗胖，颈较短；嘴尖细，微向下曲，黑色；胫裸出部分较少，脚和趾黄色；头顶至背黑绿色而具金属光泽；上体余部灰色；下体白色；枕部披有 2～3 枚长带状白色饰羽，下垂至背上，极为醒目。栖息和活动于平原和低山丘陵地区的溪流、水塘、江河、沼泽和水田地上。喜结群。主要以鱼、蛙、虾、水生昆虫等动物性食物为食。在浙江省为留鸟。

四、湿地兽类

根据综合样带调查、样方调查、访问调查、文献查阅等多种调查方法，确定青田湿地区域有兽类（刺猬科以外的食虫目、翼手目豪猪科以外的啮齿目和鲸目不在本专题调查范围）7 目 13 科 29 种。区系组成中东洋界占绝对优势有 20 种，占 68.96%；古北界种类 9 种占 31.04%。

29 种陆生兽类中，食虫目 1 科 1 种，灵长目 1 科 1 种，鳞甲目 1 科 1 种，兔形目 1 科 1 种，啮齿目 1 科 1 种，各占青田县兽类总数的 3.45%；食肉目 5 科 19 种，占 65.52%；偶蹄目 3 科 5 种，

图 2-6-3-9　黑麂

占 17.24%

通过对青田县兽类资源现状进行分析，狼、赤狐、貉、豺、黑熊、青鼬、水獭、豹猫、金猫、云豹、豹为稀有种；东北刺猬、猕猴、穿山甲、马来豪猪、黄鼬、鼬獾、狗獾、猪獾、小灵猫、花面狸、食蟹獴、黑麂、毛冠鹿、鬣羚为常见种；华南兔、野猪和小麂为优势种。

青田县兽类中，云豹、豹和黑麂等 3 种为国家 I 级重点保护动物，占物种数的 10.35%；猕猴、穿山甲、豺、黑熊、青鼬、水獭、小灵猫、金猫和鬣羚等 9 种为国家 II 级保护动物，占 31.03%；马来豪猪、狼、赤狐、貉、鼬獾、食蟹獴、豹猫和毛冠鹿等 8 种为浙江省重点保护动物，占 27.59%；东北刺猬、华南兔、黄鼬、黄腹鼬、狗獾、猪獾、花面狸、野猪和小麂等 9 种为浙

图 2-6-3-10 穿山甲

江省一般保护动物，占 31.03%。

五、湿地鱼类

青田县鱼类群落源于瓯江河段，以及人工放养和移植等。瓯江溪流特点显著，无附属湖泊和湾沱，鱼类都生活在溪流中，以溪流性与喜流性鲤科鱼类为主。但是，随着瓯江梯级电站建设流域内水文条件发生了巨大的变化，库区的鱼类群落也发生了众多变化，鱼类群落趋湖泊化的生态特点随之逐步呈现，湖泊性鱼类数量飙升，众多鱼类种群从江河生活习性演变成水库生活习性，对河流或湖泊具备双重适应能力的鱼类数量也明显增加。

通过实地采集标本、访问、收集资料等方法对青田县鱼类资源进行调查，青田县现有鱼类 79 种，隶属于 6 目 15 科，其中国家 II 级保护鱼类 1 种。

鲤形目是优势类群共 56 种占总数的 70.89%，其中鲤科 51 种占鲤形目的 91.07%；其次是鲈形目 11 种占总数的 13.92%；再次为鲇形目 8 种占总数的 10.13%；其余 3 目为鳗鲡目（2 种）、鳉形目和合鳃鱼目。

第三编 森林培育

第一章 采种育苗

历史上，青田县民造林多采用扦插、压条或种籽直播等方法；林木采种以林农自采自用为主。民国期间，青田县建立国有苗圃，林木种子的采收以林农和国有苗圃为主，育苗主要由苗圃进行，群众育苗较少。中华人民共和国成立后，林木采种、育苗以集体、国营场圃为多。20世纪80年代开始，采集种子和育苗大多由专业户进行。至90年代后，林木采种、育苗实行统一管理。林木良种繁育工作起始于20世纪90年代后。

第一节 林木采种

中华人民共和国成立之前，林农营造杉木林多采用插条，油茶、油桐、果树等经济林的种子由群众自采自用。民国17年（1928年），青田县苗圃创办；苗圃曾自采部分林木种子，用于培育苗木。

中华人民共和国成立后，党和政府重视林业生产。1949年11月23日，县政府号令各区人民政府及时采集各种林木种子，以备来春育苗之需。1952年，国家林业部下达《关于加强1952年秋采集林木种子工作的指示》中提出："群众的造林要以'三自'运动（自采种、自育苗、自造林）为今后造林工作发展方向"，即"三自"方针。省农林厅为贯彻执行这一方针，在全省会议上布置了自采自育工作。1951～1953年，温州专署陆续分配青田县各种林木种子5000斤，主要有马尾松、油桐、油茶等。计划经济时期，林木采种由政府指令，实行计划采种，统一调配。改革开放后，由专业户采种，林业部门收购。20世纪90年代后，省林业厅对种子实行良种管理，要求不发动群众自采种自育苗，所需种子由省林业厅种苗站提供。

一、计划经济时期的林木采种

1954年，随着杉木实生苗培育技术的成熟和推广，杉木种子需求量增大，青田县发动群众采种800公斤用于育苗。1955年，县政府号召各地大量采集林木种子，培育苗木，以适应林业发展的需要。是年，收购油茶籽，经过筛选，培育油茶苗木16亩。

1956年7月，林业部召开第一次全国林木种子工作会议，提出了"自用、自采，积极支援缺种地区"的方针。此后，青田每年都发动群众大量采集林木种子，主要有杉木、马尾松、黄山松、柳杉、板栗、木荷、棕榈等常规造林树种，以及红豆树、厚朴、香樟等珍贵树种。除了自用，大部分支援外地育苗。1960年，青田县采集油茶、油桐、板栗、马尾松、短叶松、杉木、乌桕等种子280余万斤，超过新中国成立后8年总和的2.8倍，其中外调的有220余万斤。

1963年，为鼓励群众积极采种，县人委决定对收购林木种子分别给予适当粮油奖售；板栗种子每斤奖售原粮一斤；松树籽每斤奖售原粮半斤；每百斤茶叶籽奖售粮油10斤；油茶种子收购，余油队可抵国家统购任务，缺油队可以种换油；油桐种子收购或抵国家统购任务，或按粮食部门规定标准以籽换粮。要求在采种、育苗季节，各区、社应将该项工作列入重要议事日程，作为一项政治任务完成。做到统一安排劳力、干部明确分工，任务划片包干，分管林业的书记或区长、社长亲自动手，逐级负责，具体抓好采种育苗工作。当时，由于采种工作声势浩大，到处开展采种竞赛，见种就采，不分优劣，给育苗质量造成不良影响。故而全县培育之苗木，往往不能满足造林的需要，许多社队集体筹资到外地购苗补充。

1971—1972年，全县共采集油桐、油茶、乌桕、松树、杉木、柳杉等林木种子40多万斤，育苗1993亩。

1972年开始，青田分别在1972、1973、1980、1983、1984、1986、1987、1989、1990年，共进行9次（年）飞播，计71个播区，飞行121个架次，累计飞播造林面积59.17万亩。飞播面积最多的是1973年，达24.95万亩。飞播造林，需种子量极大。青田全县发动，大量采集马尾松、黄山松种子。1973年，县林业局派出技术人员，在全县7个区、52个公社，设立松果收购点82个，堆场、晒场超过100亩。仅此一年，全县收购松树球果多达180万公斤。在历年飞播期间，全县都进行大规模的松籽采集活动，为飞播造林提供坚实基础。

1973年10月19日，县革委会生产指挥组林业局发出通知，提出1974年林木种子生产计划：国家采购2.4万斤；其中杉木种子7000斤，柳杉2000斤，马尾松6000斤，短叶松1000斤，油茶5000斤，苦楝1000斤，毛棕籽1000斤，其他1000斤；群众自采部分共4.36万斤，其中：油茶种子3万斤，油桐种子1万斤，杉木1000斤，柳杉1000斤，苦楝1600斤。并规定种子收购的要求、质量和价格：1.松类种子一律收蒲（松果），松果直径3厘米以上；2.杉木种子以收籽为主，蒲籽兼收，杉果直径4厘米以上；柳杉一律收籽。所有种果要在"霜降"后开摘。3.种子调运由林业局统一安排，不得任意调配。4.种子价格：马尾松果，每百斤1.8元，短叶松果，每百斤3元，杉木果，每百斤2.4元；杉木籽，每斤1元，柳杉籽，每斤0.8元；苦楝籽，每斤0.05元，毛棕籽，每斤0.05元。

1974年5月2日，县革委会生产指挥组林业局青革林字第4号《关于处理柳杉种子的报告》中记载：是年，全县收购柳杉种子10500斤，其中用于自育苗2000斤，其余全部调给江西庐山种子公司。10月17日，县革委会生产指挥组林业局、县革委会生产指挥组商业局联合发文青革林字第13号、青革商字第81号《关于采集、收购马尾松种子的通知》规定收购任务和定点：任务2000斤，定点万山区大云寺和城区供销社等两处；价格每斤松籽1.6元；并规定原则由村集体采集，也允许社员个人作为家庭副业采集。

1975年9月11日，县革委会生产指挥组青革生（75）第78号《关于做好林木种子采购工作的通知》规定收购种子价格：短叶松每斤3.5元，马尾松2元，柳杉1.2元。并附全县林木采购计划2.46万斤；其中国家收购1.5万斤，社队及林场自采0.96万斤。

1978年，县革委会青革字（78）第80号文件《关于一九七八年采种工作的通知》，提出全县采种计划共99360斤。油茶采种要做到"片选、株选、蒲选、籽选"，用材林采种要做到"四不采"，即老树不采，小树不采，病虫害树不采，小老头树不采。

二、改革开放后的林木采种

进入20世纪80年代，农村实行家庭联产承包责任制，采种主体由社队集体转变为专业户采种，定点专人采种。1984年之后，县林业局与专业户签订合同的采种树种主要是马尾松、黄山松、柳杉等。城市绿化苗木种子如山玉兰、深山含笑也有少量采集，大都向外县供应。80年代末，青田县境松类、杉类种子采集逐步减少。

1989 年 5 月 1 日，浙江省贯彻《中华人民共和国种子管理条例》，实行"种子生产许可证"和"种子经营许可证"制度，林木种子实行全省统一计划、统一收购、统一检验、统一贮藏和统一供应政策。是年，青田积极准备培育荒山绿化苗木，10 月 24 日，县林业局发文青林字（89）第 81 号《关于切实作好林木采种工作的通知》，决定采集收购马尾松种子 5000 斤，短叶松种子 550 斤；由专业户采集收购取子后转售林业局，设立专业户收购松果点 39 个；其中万山区 8 个，章村区 12 个，船寮区 7 个，城郊区 3 个，北山区 4 个，山口区 4 个。同时规定收购价格：马尾松种子每斤 6～8 元，另补助化肥票 4 斤；短叶松种子每斤 10～12 元，另补助化肥票 10 斤。

1990 年，林业部转发《林业部办公会议纪要》（摘要）的函要求："加强林木种子生产基地建设，不断增加基地采种供应量，逐步减少群众自采自用种子数量。除了保证营造丰产林所需的良种外，面上造林也要提高良种的比重"。为此，省林业厅发文通知，要求各地对马尾松、黄山松、黑松及杉木等树种，不发动群众自采种自育苗，所需种子由省林业厅种苗站提供。承担"国家造林项目"的庆元、龙泉、遂昌、松阳、景宁等基地县所需的杉木、马尾松种子，一律由省林业厅种苗站统一组织落实、安排。除采摘乡土树种、绿化树种和经济林砧木种子外，不再发动群众采集林木种子。是年，青田消灭荒山任务繁重，仍然收购林木种子共 2150 公斤，其中杉木 300 公斤，柳杉 40 公斤，马尾松 1590 公斤，短叶松 20 公斤，其他绿化苗种子和水果种子 200 公斤。

"灭荒"任务完成后，根据省林业厅指示，青田县境内基本停止了一般种子的采集收购。

第二节　林木育苗

中华人民共和国成立之前，青田县民造林面积不多，群众育苗更是少见。民国 17 年（1928 年），青田县苗圃创办，不久停办。民国 21 年（1932 年）10 月 8 日恢复。苗圃主要是采集本地适宜树种，培育松、杉、柏、樟、槐、女桢、黄檀、榔榆、榨木、麻栎、栗、桐、茶、乌桕等苗木，分发给人民营造林。由于政局动荡，育苗数量不多，质量较差。

中华人民共和国成立之后，各级政府重视绿化造林工作，林木采种育苗逐步开展起来。土改时期，温州专员公署建设科通知各县，可保留 50～200 亩土地作为苗圃地使用。1952 年，国家林业部下达文件，要求"群众的造林要以'三自'运动（自采种、自育苗、自造林）为今后造林工作发展方向"。省农林厅为贯彻执行这一方针，在全省会议上布置自采自育工作。1951—1953 年，温州专署陆续分配青田县各种林木种子 5000 斤，主要有马尾松、油桐、油茶等。县政府分发各地，培育苗木。

一、计划经济时期的林木育苗

1955 年，县政府号召各地采集林木种子，培育苗木。是年，全县共育苗 41 亩，其中马尾松 6 亩，油茶 16 亩。

1958 年，根据中央在全国开展大规模造林，实现大地园林化的指示，县人委提出"一年消灭荒山，三年绿化全县"的口号。要求各级党政领导发动群众，以"自采、自育、自造"和"造什么林，采什么种、育什么苗"为原则，进行大规模采种、留种和育苗工作。社办林场要建立育苗基地，1～2 年内达到包干本社造林所需要的苗木；各机关、团体、厂矿、学校都要建立苗圃，以逐步达到自给。为实现"每人百斤种，每队 5 亩苗，每场百亩圃"，各地都普遍开展育苗，建立"五定一奖"制度（五定：定人员、定数量、定质量、定时间、定树种）。各地在县政府的督促下，全县出现"人人采种，队队育苗，场场办圃"的局面。

1960 年，为多育苗而又少占耕地，县人委提出育苗前做好规划与整地，提倡和推广山地育苗，加强苗木经营管理，开展育苗优质、高产、快长运动。在林种比例上，要育好用材林、经济林、特产林苗木，同时要育好一定数量的风景林苗。是年，各公社、管理区建立起专业队和林场，各学校建立起"共青团苗圃"、"少先队苗圃"。青田县共计育苗 1000 亩。这是"大跃进"时期本县在采种育苗工作中掀起的第一大浪潮。

1963 年，县人委要求各区、社将育苗工作列入重要议事日程，作为一项政治任务来完成。在县领导的严格督导下，各区、社领导亲自动手，统一安排劳力，干部明确分工，任务划片包干，开展采种育苗竞赛。在这种气氛下，群众不分优劣，见种就采，导致育苗及苗木质量极差，虽育苗面积大，仍然无法满足造林需要，许多社队不得已到外地购买苗木补充。是年，县国营苗圃建立，初时，苗圃办公室设在塘里岙，称青田县温溪苗圃，有圃地 120 亩，专业培育苗木，为全县造林绿化提供服务。

1964 年 9 月，根据全县有荒山 40 多万亩，疏林山 60 多万亩的情况，县人委提出大力开展植树种竹，绿化荒山的指示，再次强调抓好采种育苗工作，为治山绿化准备好物质基础。期间，采种育苗"三自方针"（自采、自育、自造）得到进一步的落实和推行。根据县人委要求，荒山在 10000 亩以上的社，每社至少育苗 30 亩；荒山在 5000～10000 亩的社，每社至少育苗 15 亩；荒山不到 5000 亩的社，至少育苗 5 亩。1966 年和 1967 年二年，全县采种 65 万斤，育下各种苗木近 2000 亩，涌起"文化大革命"初期全县采种育苗的第二大浪潮。

1971 年以来，为了迅速实现"四五"（第四个五年计划）期间林业生产上《纲要》，县革委会生产指挥组号召全县抓林业生产，力争 5 年内基本绿化荒山。至次年，共采集油桐、油茶、乌柏、松树、杉木、柳杉等林木种子 40 多万斤，育苗 1993 亩，这是 20 世纪 70 年代初期全县采种育苗工作的第三大浪潮。

二、改革开放后的林木育苗

中华人民共和国成立初期到 20 世纪 70 年代末，青田林业育苗虽以等价交换的形式进行流通，但实质均属指令性任务育苗。20 世纪 80 年代以后，随着农村经济体制改革的不断深入，放宽林业政策，任务性育苗逐渐为商品化育苗所代替，育苗专业户应运而生。由于市场竞争激烈，育苗技术在专业户中迅速普及，因而苗木质量愈来愈好，品种也愈来愈多，不少专业户除经营用材林、经济林苗木外，还培育观赏苗木及花卉、盆景等特种苗木。如芝溪乡成太寮村叶海杰，从 1983 年 4 月到 1984 年底，培育苏铁、茶花、红檵木、山玉兰、君子兰、深山含笑、龙柏、卧地柏、四季桔、桂花、五针松、罗汉松、红枫、黄杨等近 20 个品种，产值达 67200 余元。有的专业户很快成为育苗大户，其规模、资金、苗木品种及质量等竟可与国营苗圃相媲美。如北山镇北山村叶永庆，1984 年实行粮食作物和经济作物交替种植，多层次间作套种，育泡桐苗 28.5 亩，葡萄苗 0.7 亩。泡桐苗当年平均高 160 厘米，粗 3 厘米，产商品苗 5 万多株。

1985 年，全县有育苗专业户 97 个，育苗面积达 498 亩，占育苗总数 2200 亩的 22.6%。这些苗木除满足本县当年的植树造林外，部分销至龙泉、永嘉及福建等市县，打入外地市场。

1987 年，全县林木育苗 85.4 亩。其中杉木 33.1 亩，柳杉 21.6 亩，松木 14.1 亩，水果 9 亩，其他 7.6 亩。总产苗量 567.78 万株，可造林苗木 470.83 万株。其中杉木、柳杉 344.72 万株，松木 108.34 万株。四旁植树、水果等苗木 7.77 万株。

1988 年，林木育苗 45.9 亩，总产苗量 354.5 万株，可供造林苗木达 209.8 万株。

1989 年，省委、省政府提出"两年准备，五年消灭荒山，十年绿化浙江"的目标。青田为准备消灭荒山所需苗木，育苗面积有较大幅度增加。同年 4 月 5 日，县林业局青林字（89）第 31 号《关于林木育苗有关问题的通知》规定：一、凡由林业部门包销苗木的育苗户要与营林公司签订合同，苗木由营林公司统一调剂，不得自行销售。二、计划内育苗的，于苗木调运结束，每亩补助 70 元，擅自销售的，不予补助。三、苗木价格：杉木、柳杉特级苗每株 3.5 分，一级苗 2.7 分，二级苗 2 分；马尾松一级苗每株 0.85 分，二级苗 0.6 分。《通知》并附苗木质量标准（见下表）。

表 3-1-2-1 苗木质量标准　　　　　　单位：厘米

级别	特级		一级		二级	
树种	地径	高度	地径	高度	地径	高度
杉　木	0.5 以上	35 以上	0.45~0.55	30~35	0.35~0.45	25~30
柳　杉	0.45 以上	35 以上	0.4~0.45	30~35	0.35~0.4	25~30
马尾松			0.4	20~25	0.3~0.4	15~20

1990 年，国家给育苗骨干和育苗专业户以优惠政策，户育苗 1 亩以上，村育苗 3 亩以上，每亩补助 100 元，供应议价原粮 250 公斤；一般苗木每亩补助 30 元。是年，全县共育苗 195 亩，出产一、二、三级合格苗 1424 万株，可供人工造林 4.4 万亩。等外苗可供造林 500 万株。

1991 年开始，青田育苗树种结构由杉、松为主向经济林和绿化苗木为主转变。是年，全县育苗 224 亩，其中经济林及阔叶树种 47 亩 1200 万株。1993 年，全县林木育苗 33 亩，其中经济林及阔叶林 20 亩。1994 年，全县育苗 12.1 亩，其中柿、板栗等经济林和四旁大苗 7.5 亩，产苗量 65 万株。

1994 年以后，随着灭荒工作的结束，普通杉、松类实生苗育苗面积进一步减少，1995—1997 年连续三年，全县每年育苗面积仅各 10 亩。

表 3-1-2-2 1999 年青田县苗圃绿化苗木销售参考价目　　　单位：元 / 株

树种	规格	单价
樟　树	高 2.0 米以上（含 2.0 米）	25
	高 1.20 米~ 2.0 米	15
柏　树	高 1.5 米以上（含 1.5 米）	20
	高 0.6 ~ 1.5 米	15
冬　青	高 0.6 米以上	0.8
小叶黄杨	/	4
海　棠	/	6

三、林木育苗实行许可证制度

2000 年 7 月 8 日，国家发布《中华人民共和国种子法》，规定主要林木商品种子实行许可证制度。2000 年以后，青田实施瓯江绿色长廊建设工程、沿海阔叶林工程、城区景观林工程、生物防火林带工程和绿色通道五大工程，推行"工程造林"、"大苗造林"；城镇和村庄绿化、美

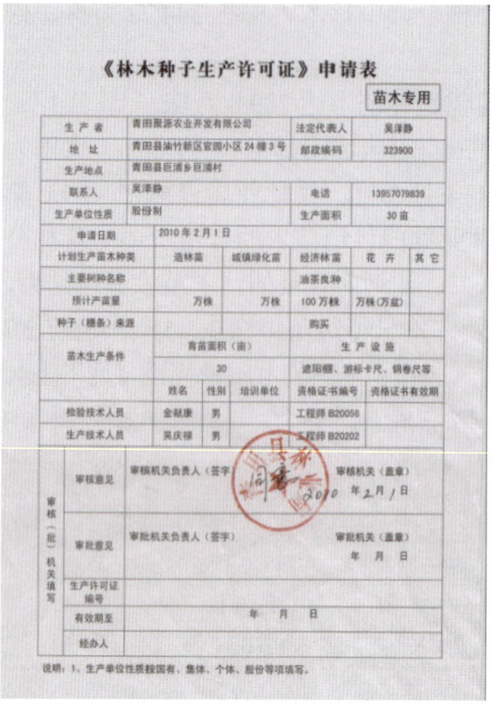

《林木种子生产许可证》申请表

苗木专用

生产者	青田聚源农业开发有限公司		法定代表人	吴泽静	
地址	青田县油竹新区官园小区24幢3号		邮政编码	323900	
生产地点	青田县巨浦乡巨浦村				
联系人	吴泽静		电话	13957079839	
生产单位性质	股份制		生产面积	30亩	
申请日期	2010年2月1日				
计划生产苗木种类	造林苗	城镇绿化苗	经济林苗	花卉	其它
主要树种名称			油茶良种		
预计产苗量	万株	万株	100万株	万株(万盆)	
种子（穗条）来源			购买		
苗木生产条件	育苗面积（亩）		生产设施		
	30		遮阳棚、游标卡尺、钢卷尺等		
	姓名	性别	培训单位	资格证书编号	资格证书有效期
检验技术人员	金献康	男		工程师 B20056	
生产技术人员	吴庆禄	男		工程师 B20202	
审核（批）机关填写 审核意见	审核机关负责人（签字）		审核机关（盖章） 2010年2月1日		
审批意见	审批机关负责人（签字）		审批机关（盖章） 年 月 日		
生产许可证编号					
有效期至	年 月 日				
经办人					

说明：1、生产单位性质按国有、集体、个体、股份等项填写。

图 3-1-2-1
《林木种子生产许可证》样式

化工程，以杨梅为代表的水果等经济林基地，都对苗木的品种、质量有更高的要求。育苗要求商品化、规模化，大投入、大产出，一般的专业户已不能胜任。于是，一批善经营、懂技术，资金实力雄厚的能人，投入苗圃建设，从事苗木生产。2003 年以后，全县共发放种子经营许可证 33 户。这些经营户，从外地积极引进良种，精心培育苗木，不但满足全县绿化用苗，许多还打入外地市场。此外，经济林、水果等苗木也发展较快。仁宫乡孙前村，有 20 世纪 80 年代引种的东魁杨梅基地 1500 亩，其杨梅个大味佳，声名远扬。2000 年以后，该村几乎家家户户培育良种杨梅苗木；通过嫁接，并精心培育，每年有 20 多万株苗木出圃。先是供应本县，后向南方各省推广，效益可观。油茶良种培育，更是量大质高，深受欢迎。（详见本编第五章“浙南油库建设”）

2005 年以后，全县花卉产业亦获很大发展，一批育苗户涉足太空花卉、鲜切花生产，除满足全县绿化美化工程外，还远销外地市场。

至此，青田林木种苗生产实现了三个转变：在发展方式上，由注重量的扩张、满足种苗数量供应向加快推进良种化进程、提高种苗质量转变；在工作目标上，从单纯注重林业行业自身发展向服务林农、服务社会，带动农民脱贫致富、促进社会经济和谐发展转变；在工作手段上，从注重单一行政手段向综合运用法律、行政、经济手段管理转变。县林业部门依靠科技进步，加强种质资源保育，加快新品种、新技术开发应用；强化种苗基地建设，保障良种壮苗的生产供应；积极发展绿化苗木，培育壮大生产经营主体，大力发展花木服务业；严格执行种苗法律法规，加强生产经营管理，强化种苗质量监督，规范种苗市场秩序。

表 3-1-2-3 青田县历年育苗面积情况

单位：亩

年份	面积	年份	面积	年份	面积
1950	5	1961	4	1972	771
1951	5	1962	40	1973	227
1952	8	1963	100	1974	305
1953	3	1964	340	1975	163
1954	6	1965	400	1976	204
1955	15	1966	391	1977	104
1956	26	1967	100	1978	507
1957	15	1968	100	1979	346
1958	46	1969	86	1980	368
1959	50	1970	81	1981	388
1960	35	1971	445	1982	319

年份	面积	年份	面积	年份	面积
1983	486	1994	12.1	2005	510
1984	717	1995	10	2006	660
1985	409	1996	10	2007	690
1986	208	1997	10	2008	900
1987	85	1998	17.5	2009	975
1988	46	1999	16	2010	1029
1989	67	2000	15	2011	1061
1990	193	2001	15	2012	1041
1991	285	2002	75	2013	1051
1992	165	2003	120	2014	1045
1993	47	2004	195	合计	18168.6

表 3-1-2-4 青田县林木种子生产经营许可证发放情况登记表

序号	生产者或经营者	负责人	生产面积	生产许可证编号	经营许可证编号	第一次发证日期
1	青田良川果苗培植经营部	陈品青	8	1103~0001	1103~0001	2003.7.3
2	青田绿苑苗圃有限公司	叶秀丹	20	1103~0002	1103~0002	2003.4.3
3	青田新一方风景苗木有限公司	陈干	23	1103~0015	1103~0015	2005.1.18
4	青田孙前果木培育经营服务部	杨焕松	15	1103~0016	1103~0016	2005.3.21
5	青田鹤园苗种公司	王建军	8	1103~0018	1103~0018	2005.5.24
6	青田兴林绿化服务部	朱松祥	50	1103~0021	1103~0021	2006.4.24
7	青田曼地亚红豆杉专业合作社	项关平	690	1103~0022	1103~0022	2006.6.2
8	青田旺盛苗木培育有限公司	潘秀文	246	1103~0023	1103~0023	2007.7.12
9	青田青山苗圃有限公司	蓝春晓	30	1103~0024	1103~0024	2007.11.21
10	青田捷捷商贸有限责任公司	徐捷	50	1103~0025	1103~0025	2008.3.12
11	青田森威绿化有限公司	金伯连	30	1103~0026	1103~0026	2008.2.28
12	青田家园花卉园艺场	罗承龙	8	1103~0027	1103~0027	2008.3.13
13	青田江南园林市政公司	朱卫东	20	1103~0028	1103~0028	2008.7.3
14	青田阳坑林业种植场	陈成东	10	1103~0029	1103~0029	2008.8.8
15	青田盛业农林开发有限公司	陈祝伟	420	1103~0030	1103~0030	2008.9.28
16	青田森茂绿化有限公司	叶锋	300	1103~0031	1103~0031	2008.11.14
17	青田森盛绿化有限公司	季叶毅	200	1103~0032	1103~0032	2009.2.12
18	青田金尔多红豆杉开发有限公司	赵雪仁	200	1103~0033	1103~0033	2009.6.4
19	青田县蓓蕾果蔬专业合作社	李蓓蕾	3	1103~0034	1103~0034	2009.6.30
20	青田县聚源农业开发有限公司	吴泽静	20	1103~0035	1103~0035	2009.11.17
21	青田县东源镇园林苗木基地	林爱雄	20	1103~0036	1103~0036	2010.4.18
22	青田九山兰庄种植有限公司	张建雄	7.2	1103~0037	1103~0037	2010.4.18
23	青田云里高新农业开发有限公司	洪双华	2300	1103~0038	1103~0038	2010.5.18
24	丽水林波园林工程建设有限公司	林叶波	70	1103~0039	1103~0039	2010.5.18
25	青田县新世纪园林艺术有限公司	詹利花	49.5	1103~0040	1103~0040	2007.6.19
26	陈品青果苗培植经营部	陈品青	10	1103~0041	1103~0041	2010.12.30
27	青田县伟华苗木种植场	留伟华	17	1103~0042	1103~0042	2011.7.18
28	青田百年红豆杉生物科技有限公司	徐建存	1000	1103~0043	1103~0043	2011.9.14
29	青田绿谷伯温茶业有限公司	吴国强	50	1103~0044	1103~0044	2011.12.15
30	青田县红罗山生态农产品专业合作社	吴国强	35	1103~0045	1103~0045	2011.12.15
31	青田县湖山绿化苗木种植园专业合作社	王兴招	10	1103~0046	1103~0046	2011.12.15
32	青田县丽翠油茶种植专业合作社	袁丽翠	20	1103~0047	1103~0047	2012.5.31
33	青田新春园艺经营部	邱和民	10	1103~0048	1103~0048	2012.9.5

表 3-1-2-5 2013 年造林绿化苗木生产统计表

树种	面积（亩）		总产苗量（万株）		
	合计	其中新育	合计	其中容器苗	其中良种苗
合计	475.9	78.12	633.73	40	490.5
木荷	47	2	18		
杉木					
马尾松					
枫香	10	4	7.5		
香樟	70	4	24		24
浙江樟					
柏木					
桢楠	1	1	0.5		0.5
南酸枣	0.2	0.01	0.14		
无患子	0.9	0.1	1.6		
黄山栾树	1.1	0.1	1.4		
山杜英	114	3.5	62		
女贞	25	0.9	14.8		
广玉兰	5	0.1	1.46		
喜树	3.3		1.5		
龙柏	2.6		1.4		
竹柏	0.7	0.01	0.4		
桂花	3.5	1	7.4		
罗汉松	0.2	0.2	0.2		
茶花	3	0.02	0.68		
樱花					
紫薇	18	0.08	6.5		
红叶石楠	6	2	12		
红花檵木	10	1	2.8		
竹类	3.5		0.15		
厚朴	6	0.1	2.4		
杨梅	9	8	16		16
油茶	135	50	450	40	450
李	0.9		0.9		

表 3-1-2-6 青田县 2010—2014 年育苗情况统计表 单位：亩、万株

年份	苗圃数	育苗面积	总产苗量	容器苗数	良种苗数
2010	32	1028.87	705.99	45	333.7
2011	32	1060.5	1100.2	16	657
2012	30	1041.5	903.1	20.3	774.6
2013	33	1050.6	884.6	48	538.2
2014	36	1045.3	751.7	45	393.6

表 3-1-2-7 2014 年青田县花卉产品产销情况统计表

类别		生产面积（亩）	其中设施栽培面积（亩）	销售量	销售量单位	销售额（万元）
合　计		1203.3	121	88.4	/	554.5
一、切花切叶		20	3	20	万支	70.8
其中	鲜切花	16	3	15	万支	65
	切叶切枝	4		5	万支	5.8
	干燥花				万支	
二、盆栽植物		34	14	8.4	万盆	168.7
其中	盆花	6	2	1.5	万盆	20.3
	观叶植物	8	2	3.2	万盆	87.4
	盆景	20	10	3.7	万盆	61
三、绿化观赏苗木		1045.3		60	万株	315
其中：	花灌木				万株	
四、食药用花卉		104	104		千克	

表 3-1-2-8 2014 年青田县花卉产业情况统计表

类型	产值（万元）	从业企业家数（家）	其中适度规模经营企业家数（家）	花农或个体工商户家数（家）	从业人员数量（人）	其中专业技术人员（人）
第一产业	554.5	14		10	500	100
第二产业	215	3			500	100
第三产业	154			25	55	10
合　计	923.5	17		35	1055	210

注：1. 专业技术人员：指获得初级职称以上人员数量；
　　2. 第一产业：指花卉种植业；
　　3. 第二产业：包括花卉产品加工企业和园林绿化工程施工企业；
　　4. 第三产业：从事园林花卉产品批发和零售、园林花卉专业技术服务、园林花卉产品的运输和仓储。

附：一、林木种子生产许可证核发需提供材料
1.主要林木种子生产许可证申请表，需要保密的由申请单位或个人注明；

2.种子检验人员和种子生产技术人员职业资格证书；

3.注册资本证明材料；

4.种子晒场或种子烘干设备、种子仓储设施等主要生产设施情况介绍、照片和产权证明；

5.种子生产地点的检疫证明和情况介绍；

6.生产林木种子的树种（品种）名称；

7.有种子生产档案、标签等质量保证制度。

承诺时间：15 个工作日

收费标准：根据浙价费〔2001〕459 号，浙财综字〔2003〕112 号收取工本费 10 元 / 套。

二、林木种子经营许可证需核发提供材料

1.林木种子经营许可证申请表；

2.种子检验人员、贮藏保管人员的职业资格证书；

3.种子检验仪器和加工、包装、贮藏保管设备清单、照片及产权证明；

4.种子经营场所的照片、产权证或租赁合同等；

5.注册资金证明；

6.民事行为能力的有关证明。

承诺时间：15 个工作日

收费标准：根据浙价费〔2001〕459 号，浙财综字〔2003〕112 号收取工本费 10 元 / 套。

第二章 造林育林

历史上，青田县民造林，大都以零星、小片植树为主。至民国时期，虽然政府倡导，造林面积有所增加，但成效不大。中华人民共和国成立后，开始有领导、有组织地发动群众造林。1952 年，全县贯彻执行政务院"普遍护林、重点造林"的林业生产方针，实行谁造谁有、民造公助、合作造林等办法，发动和组织群众开展以绿化荒山为重点的造林运动。1957 年，县委提出"一年消灭荒山，三年绿化全县"的号召。虽因各种原因，未能如期"灭荒"，但也获得了一定进展。1989 年 10 月，省委、省政府作出"两年准备，五年消灭荒山，十年绿化浙江"的决定。青田和全省一样，再一次掀起大规模的"灭荒"高潮。至 1994 年，青田提前一年完成预定的"消灭荒山，绿化青田"目标。1950—2014 年，青田县共人工造林 220.61 万亩，四旁植树 2375.15 万株，造林的质量也不断得到提高。

历史上，青田县封山育林主要集中在宗族、寺宇、村前屋后等公有的山林中。民国期间，青田各乡、村或宗祠自立封山育林禁约，有开会封山、鸣锣封山、杀猪封山、吃饭封山等方式保护山林。中华人民共和国成立后，青田林业主管部门不断总结完善封山育林经验、办法和制度，提高了封山育林的成效，成为消灭荒山、绿化青田的有效途径。

民国 4 年（1915 年），国民政府申令宣示全国确定每年清明节为"植树节"。民国 17 年（1928 年），改植树节为纪念孙中山逝世植树仪式。每年 3 月 12 日举行植树仪式及造林运动，中华人民共和国成立后，1952 年，国务院规定 3 月 12 日为植树节。此后，凡绿化造林季节，机关、团体、学校、部队在县城附近公路两旁、机关庭院及公共场所植树造林，涌现出一大批义务植树的好人好事。

1972 年,青田县成立"飞机播种造林指挥部",同时组织专门的技术力量,进行播区规划设计,分年度制定实施方案。从 1972 年开始到 1990 年,共进行 9 次(年)飞播,计 71 个播区,飞行 121 个架次,累计造林面积 59.17 万亩。飞播面积最多的是 1973 年,达 24.95 万亩。

青田县的林木抚育工作从 1955 年开始,一是对新造的幼林进行抚育;二是对荒芜油茶进行复垦。至十二五期间,加大了对中幼林基地抚育,共抚育面积 60 万亩。自 1950 ～ 2014 年,全县共完成林木抚育面积达 340.2 万亩(次)。

2006 年,青田县被列入沿海防护林工程建设任务县。县政府制定出台一系列配套政策,有力地保障沿海防护林工程建设任务的完成。从 2007 年开始,至 2014 年,全县共完成沿海防护林工程建设 70894 亩,其中:人工造林 15097 亩,封山育林 55797 亩;投入资金 1392.12 万元,其中:中央投资 739 万元,县财政配套 600.52 万元,农民投入 50.6 万元。

第一节　植树造林

青田县民植树造林活动历史悠久。明清以来,山区林农素有插杉点桐习俗,正月种竹,二月栽树,阳春三月在山上和四旁栽植竹木、水果,增加收入;植树造林的主要形式是群众自发植树,没有组织,没有规划,零星分散。其次是天然衍生,或是僧侣与大户人家营造寺庙林、风水林、坟墓林和花园、竹园等。民国时期,国民政府提倡植树造林,把造林列为全国民众七项运动之一,植树造林有较大的发展。造林树种主要以杉木、马尾松、毛竹为主。

民国 4 年(1915 年)1 月上旬,湖云吴子漪建议父、兄(景龄)采购松苗 30 万株,动员湖云本家吴姓各户栽植吴姓之杨梅坪山、上村湾山、土沃底岗山,再分松苗 10 万株交湖云周、陈、蔡、舒、王各姓栽植。

民国 5 年(1916 年),国民政府公布了《造林奖励条例》。

民国 17 年(1928 年),为纪念孙中山,县政府动员营造"中山林"。民国 19 年(1929 年),继续在锦屏山、太鹤山等处营造"中山林"计 14 亩。

民国 23 年(1934 年)3 月 7 日,县政

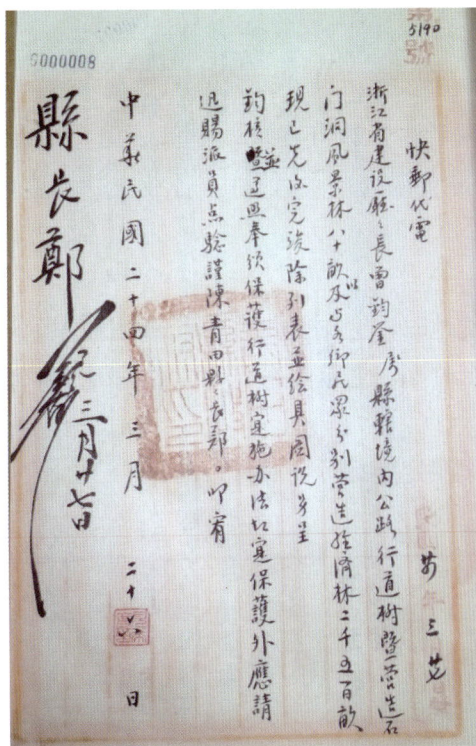

图 3-2-1-1 民国 24 年县政府电告省建设厅造林业绩公文(县档案馆)

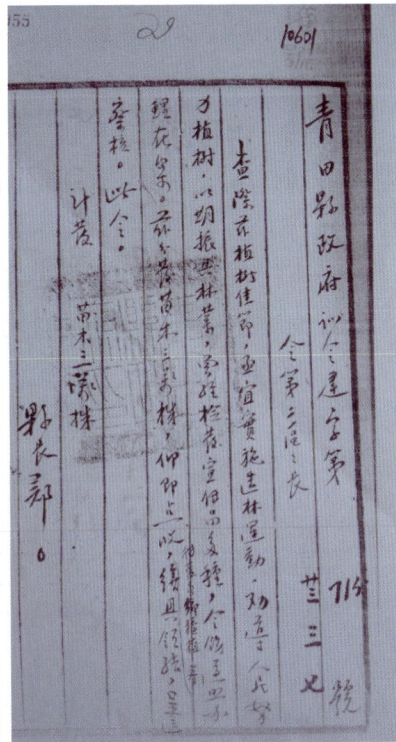

图 3-2-1-2 民国 23 年县政府造林训令(县档案馆)

府发出训令建字第 713 号公文，"令第二区区长：查际兹植树佳节，亟宜实施造林运动……，兹分发苗木三万株，仰即点收，转发各乡种植……"。

是年 7 月，省政府派员前往青田实地勘察，决定成立"营造温处两属保安林办事处"，"将境内荒山实施造林，以利保持水土，促进农业。"

民国 24 年（1935 年），石门洞营造风景林 80 亩，各乡镇民众营造经济林 2500 亩。

民国 25 年（1936 年），时任县长郑迈颁布《青田造林保护森林伐木登记办法》，其中第一项造林，条文如下：

厉行造林

实施程序及执行方法

第一程：

A. 查勘荒山荒地，核定造林树种

执行办法：派建设科长分别前往查勘研究，列表报县核定。

图 3-2-1-3 民国 24 年县政府督促荒山调查公文（县档案馆）

B. 解释误会，劝导造林

1. 编印本县造林须知，分别令发各乡镇学校广予宣传。

2. 饬由建设科长于查勘荒山荒地，每到一乡镇时，召集当地乡镇保甲长及热心林业人士，详予解释劝导，务使家喻户晓，乐于造林。

C. 限期举行荒山荒地登记

说明：本县曾于（民国——编者注）23 年冬间，制就荒山登记表一种，令发各乡镇长饬各业主分别查填，汇转察核。所有沿丽青温公路附近荒山，各业主并已遵照填送及领苗造林各在案。

执行方法：

1. 再行布告暨分别令催办理。

2. 饬由建设科长于查得荒山荒地时，会同当地乡镇长查明业主，勒令登记。

3. 限 24 年 12 月底为登记停止时期。逾期不登记者，作官荒论，编印标语布告，俾众周知，以资警惕。

第二程：造具造林施业案专案核定施行。

第三程：筹备种苗。

第四程：造林动员之组织。

第五程：领购及分发种苗。

第六程：指导及督促造林。

第七程：查验成绩，专案呈请派员点验。

民国 32 年（1943 年），县政府倡议，开展每户每年植树 10 株运动，所需苗木由县农林场（一称林业改进区）培育提供。是年，全县共领取马尾松、油桐等 71500 株，平均每乡种植 5000 株。

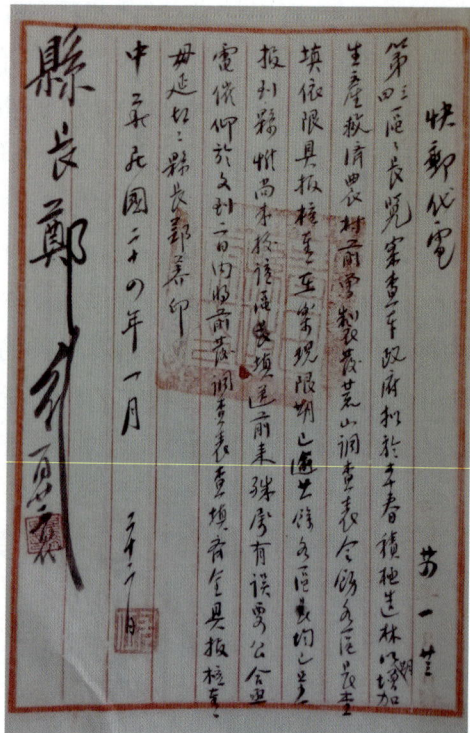

民国时期，虽然政府重视林业事业的发展，由于政策不稳，规划不周，措施不力，民心不齐，造林实绩欠佳，从民国27年至36年（1938—1947年）的10年时间里，实际仅造林4200亩，且成活率很低。值日寇侵华前后，森林面积仍然只有56万亩，约占山地总面积的10%，其中大量属于荒山。民国29年（1940年），时浙江农业改进所编写的《浙江省旧处属十县林业概况调查报告·青田篇》记述：青田山林"林相大多恶劣，闭郁不全，且零碎残存，不加补植，农民植树采伐概无计划，实亦无所谓森林，更无所谓林业也"。

中华人民共和国成立以后，人民政府重视林业资源的保护和发展。1950年2月，中央林垦部召开第一次全国林业会议，提出"普遍护林，重点造林"的方针。是年5月16日，中央人民政府国务院发布《关于全国林业的指示》，制定"社造社有，村造村有，谁造谁有"的林业基本政策。

在"普遍护林，重点造林"的方针指导下，青田县在新中国成立初期就开始重视林业。1953年，县政府制定《山区生产规划方案》，确定山多田少地区，以林业生产为主，积极营造用材林、薪炭林，大力发展油茶林；农林并重的地区，在搞好粮食生产的同时，有计划地发展用材林、薪炭林和油茶林；田多山少地区（沿江两岸），以发展农业为主，同时因地制宜发展林业产业，有计划有重点地营造防护林。在形式上，实行互助合作造林，集体统一护林；在政策上，贯彻"合理采伐"和谁种谁有的方针；在方法上，采取植苗、直播、扦插以及挖野生苗等进行造林，使全县的植树造林工作一年比一年深入，一年比一年好。

新中国成立后，青田造林的主要形式是人工造林，植树造林大致分为6个阶段。

第一阶段（1950—1955年）：该阶段全县共人工造林3.12万亩，四旁植树7万株。由于林农在土改中分得山林后，造林的积极性比较高，以农户和互助合作造林为主，多采取点桐插杉等传统方法；虽然规模不大，但造林质量和成活率比较高。1952年，全县贯彻执行政务院"普遍护林、重点造林"的林业生产方针，实行谁造谁有、民造公助、合作造林等办法，发动和组织群众开展以绿化荒山为重点的造林运动。1953年3月，县政府召开第一届林业工作会议，会议总结新中国成立后几年来林业生产的情况，提出今后人工造林的意见。并号召全县，植树造林，要户户参加，人人动手。具体要求是：公有山（包括村山、组山、乡机动山）提倡合作造林，公家出地和种苗，群众出劳力，收益按三七分红；私有山和纯荒山自行组织造林，实行谁种归谁；疏林山原有树木折股分红，合作造林必须与县农林部门签订合同，私人造林必须缴交苗木费。造林所需的种苗由县里统一调剂。许多乡村组织造林互助组，造林任务重的地方还成立"乡、村造林委员会"。到1955年，全县成立各种合作社242个，互助组2854个，经营山地面积65000亩。

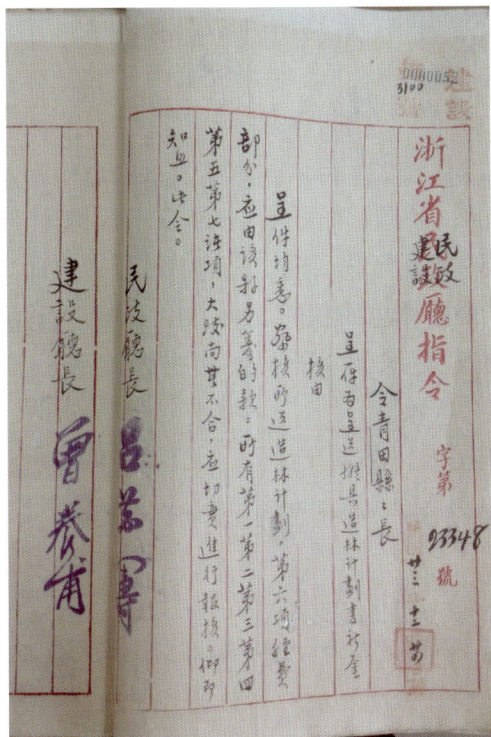

图3-2-1-4 民国廿三年省建设、
民政厅造林计划指令（县档案馆）

第二阶段（1956—1960年）：该阶段全县共人工造林12.92万亩。四旁植树57万株。1956年，毛泽东主席发出"绿化祖国"的号召；同年，省委、省政府提出"七年消灭荒山"的目标。县委、县政府积极响应，发动群众，掀起了春冬两次荒山造林的高潮。1957年，县委提出"一年消灭荒山，三年绿化全县"的号召。1958年，营造用材林63721亩，林木抚育84000余亩，油茶高产试验7220亩，实行农林间作53022亩，开辟果园、茶园、竹园等3039亩。章村区浮弋乡旭光农林社、晨光农林社及水南区山口乡大安农林社等就是当时涌现出来的造林模范集体。1956—1957年，3个农林社共造林13834亩，占全县两年来造林总面积的39%。1958年，旭光农林社、晨光农林社派代表出席了"全国农业社社会主义建设积极分子大会"，并两次荣获中央林业部的奖旗和奖状。

该阶段全县造林面积虽然较大，但由于当时"左"倾思想占统治地位，由于"五风"（一平二调共产风、浮夸风、生产瞎指挥风、强迫命令风、干部特殊化风）泛滥，造林面积大多数量不实，质量甚差，成活率较低。

第三阶段（1961—1970年）：该阶段全县贯彻《农村人民公社工作条例草案》（简称《人民公社六十条》）和《关于确定林权、保护山林和发展林业的若干政策规定（试行草案）》（简称《林业十八条》），农村人民公社实行三级核算、队为基础的管理和分配制度。在林业方面强调"国造国有、社造社有、队造队有，社员在宅旁、屋旁零星植树归社员所有"的造林政策，造林的质量、效益和农民的切身利益挂钩，造林质量得到重视，成活率有了提高。在此期间，全县贯彻毛主席"浙江要发展1000万亩油茶"的指示，发动群众营造油茶林，扩大油茶造林面积，取得明显成效。在县政府"大树标兵、大鼓干劲，实行造林、育林、护林三结合，用材林、薪炭林、防护林一起上"的指示下，把造林的重点放在大片荒山、沿江两岸、公路两旁、水库及村镇周围。荒山以发展松树、杉木、油茶为主；公路两旁主要栽植法国梧桐、重阳木、喜树、大叶桉、乌桕等；村镇周围以四旁绿化为主，绿化香化相结合，种植悬铃木、枫杨、柳树等。到1965年，绿化荒山18余万亩，在本县境内80余公里的金温公路栽上行道树，村镇周围也得到相当程度的绿化。该阶段全县共造林36.55万亩，四旁植树103.32万株。

1966年，文化大革命开始，各级政府受到冲击而瘫痪。此段时间，虽然也有造林，但由于组织不够，质量不高，面积不实。

第四阶段（1971—1984年）：该阶段全县进行有规划、上规模、有成效的造林。在此期间至1990年，进行了9次飞机播种造林（详见本章第四节飞播造林）。对建设杉木、毛竹、油茶、油桐、乌桕五类基地采取经济和物质的扶持政策，开展有规划的造林工作。该阶段合计造林106.74万亩，四旁植树656.31万株。由于国家对林业基地采取了较严格的实地规划和检查验收制度，并给予资金和粮食的补助，从而调动了群众造林育林的积极性，造林质量显著提高。

1971年，国务院召开全国林业工作会议，制定《全国林业发展规划（草案）》，要求"五年或更长一点时间绿化四旁，五年十年或更长一点时间绿化荒山荒地"，并为实现这一规划提出"全党动员、大干快上"的口号。

从1972年开始，青田伴随兴修农田水利，以用材林、经济林为重点的林业基地建设出现前所未有的好势头。这一时期的植树造林，由县统一部署，公社统一规划，大队组织落实。主要布局是，远山高山大力发展杉木、柳杉、毛竹等用材林基地；近山、低山大力发展油茶、油桐、果树等经济林基地；沿江两岸、溪滩圩地大力营造水竹、河柳、枫杨、桑树等防护林，以保护农田河堤，增加集体收入。

1972—1976年，此5年是起步阶段，由于"文化大革命"的影响，发展缓慢，共建造各种林木基地21730亩，平均每年4346亩。

粉碎"四人帮"后，基地造林突飞猛进，1978年为19022亩，到了1980年，猛增至35528亩，3年合计达73282亩，平均每年24427亩，比过去5年的平均水平提高82%。（详见本编第五章用材林基地）

图3-2-1-5 石门洞林场1980年营造的杉木林（2005年摄）

第五阶段（1985—1999年）：由于全县稳定山权林权、划定自留山和确定林业生产责任制的林业"三定"工作已经结束，造林事业进入了国家、集体、个人一起上的新时期，出现了以家庭联产承包经营为主要形式的千家万户造林的新气象。该阶段合计造林面积共29.98万亩（缺1997、1998、1999年资料），年均造林面积只有2.5万亩；但由于加强了科技兴林工作，推广良种壮苗、细致整地、适时栽植、合理密植、抚育管理等科学造林的一系列措施，造林质量有较大的提高。特别是经济林造林方面，成绩显著，板栗、杨梅等见效快、效益高的树种，获广大林农喜爱。

1989年10月，省委、省政府作出"两年准备，五年消灭荒山，十年绿化浙江"的决定，要求对1200万亩宜林荒山进行绿化，全省再一次掀起了大规模的"灭荒"高潮。1994年，青田提前一年完成预定的"消灭荒山，绿化青田"目标。

第六阶段（2000—2014年）：进入21世纪以来，青田的绿化造林工作转入以生态建设为主要任务的新阶段，以迹地更新为主，补植造林、低效林改造和封山育林相结合，树种选择、造林方式更注重环境保护和生态效益。

2000年瓯江绿色长廊建设工程启动。该工程按照年度计划，以瓯江两岸为主线，治理水土流失、涵养水源为重点，采取"封、补、造、管、育"等各种营林措施，通过裸岩复绿、火烧迹地更新、无林地绿化、疏林地景观改造等措施，推进瓯江绿化美化建设，取得较大成效。2007年10月，在原有瓯江绿色长廊工程建设规划的基础上，编制《青田县瓯江景观林总体规划》，规划是：低山缓坡经济林，高山陡岭色彩林，使瓯江沿线绿化达到生态、景观、色彩、大气的效果；计划用10年时间，把瓯江青田段构建成"青山绿地、碧水蓝天、果丰花香、绿树成荫"。

2010年，青田县绿化造林工作实行科学规划，加强组织，加大投入，完成迹地更新24070

亩，封山育林 8000 亩，新育苗面积 50 亩，四旁植树 100 万株，完成防护林国债工程 10000 亩。2011 年，完成造林更新面积 12400 亩，封山育林 7000 亩，低效林改造面积 10000 亩，四旁植树 20 万株。2012 年，完成造林面积 9900 亩，迹地更新 3965 亩，中幼林抚育 120200 亩，新育苗面积 48 亩，四旁植树 60 万株。同时改造低产林 11000 亩，封山育林 407907 亩。2013 年，以瓯江两岸为重点，对全县的火烧迹地进行了全面的调查，并结合"四边三化"的工作，完成造林面积 1434 亩、补植造林 3000 亩。2014 年春季造林，结合"六边三化三美"工作，完成人工造林 7400 亩，林相补植改造 7600 亩，人工更新 2465 亩。

此外，该阶段在兴林富民工程、绿色通道工程、小城镇（村庄）绿化工程和乡村集镇四旁绿化、庭院美化工作都取得很大成绩。2006 年开始的沿海防护林工程、2000 年开始的生态公益林建设等，都得到稳步推进。

表 3-2-1-1 青田县历年造林情况一览表

年份	人工造林面积：万亩	四旁植树：万株	年份	人工造林面积：万亩	四旁植树：万株	年份	人工造林面积：万亩	四旁植树：万株	年份	人工造林面积：万亩	四旁植树：万株
合计	220.61	2375.15	1966	10.32	0.60	1983	8.58	102.00	1999	1.40	29.90
1950	0.30	0.10	1967	5.00	5.00	1984	8.29	83.00	2000	2.56	111.62
1951	0.30	0.10	1968	4.00	10.00	1985	3.10	60.00	2001	0.44	15.00
1952	0.36	0.25	1969	3.94	32.00	1986	5.04	57.00	2002	0.56	32.00
1953	0.31	0.05	1970	3.94	3.70	1987	4.14	23.00	2003	0.47	42.00
1954	0.70	1.50	1971	9.18	20.00	1988	1.85	23.00	2004	0.44	42.00
1955	1.15	5.00	1972	13.72	22.43	1989	2.60	15.70	2005	0.73	22.50
1956	1.67	7.00	1973	29.36	51.00	1990	4.86	12.30	2006	0.99	41.60
1957	1.85	10.00	1974	2.28	54.10	1991	1.92	19.60	2007	1.49	110.00
1958	3.50	15.00	1975	1.14	50.01	1992	2.48	41.00	2008	0.32	105.60
1959	3.80	15.00	1976	1.76	26.30	1993	2.60	21.00	2009	0.85	140.00
1960	2.10	10.00	1977	1.88	20.00	1994	4.19	15.00	2010	1.20	100.00
1961	0.94	5.00	1978	4.34	35.00	1995	0.12	17.00	2011	1.18	20.00
1962	3.20	10.60	1979	4.25	47.00	1996	0.18	48.00	2012	1.30	60.00
1963	3.60	16.93	1980	12.01	36.08	1997	0.97	35.00	2013	1.41	88.20
1964	4.11	14.18	1981	4.44	37.39	1998	1.24	82.50	2014	1.74	121.00
1965	6.50	5.31	1982	5.42	72.00						

表 3-2-1-2 青田县十二五期间造林基本情况

类　　别		2011 年	2012 年	2013 年	2014 年	2015 年	合计
造林更新计划		1900	7600	12450	18865	2350	43165
造林更新完成		12400	14565	15650	19865	6950	69430
一、人工造林		4000	6700	7500	17400	6500	42100
按地类	1. 荒山造林	4000	6700	7500	7400	6500	32100
	其中林带林网						0
	3. 无林地和疏林地封育				10000		10000
按林种	用材林					2500	2500
	竹　林						0
	经济林	3000	6150	6300	6000	3000	24450
	能源林						0
	防护林	1000	550	1200	11400	1000	15150
	特用林						0
按所有制	国有造林						0
	集体造林	1000		2550	17400	6500	27450
	非公有制造林	3000	6700	4950			14650
二、迹地更新面积		8400		6650	2465	450	17965
按类型	采伐迹地						0
	火烧迹地				2465	450	2915
	病虫害迹地						0
按方式	人工更新				2465	300	2765
	天然更新					150	150
	人工促进更新						0
三、其他造林			4665	1500		3000	9165
1. 有林地补植造林（林冠下补植）				1500			1500
2. 低产低效林改造（造林性质）						3000	3000
四、封山育林		7000	3200		10000		20200
其中当年新封		7000	3200		10000		20200
1. 无林地和疏林地			3200		10000		13200
其中当年新封			3200		10000		13200
2. 灌木林和有林地		7000					7000
其中当年新封		7000					7000
五、森林抚育		14000	100000	120300	120150	22500	376950
按方式	割灌、除草除藤等	6000	95000	25000	60150	20600	206750
	垦复施肥及抚育间伐	8000	5000	88150	55000	11000	167150
	珍贵树种补植、景观化改造			7150	5000	8000	20150
其中通道沿线抚育				7150	7600	7600	22350
六、低效林改造面积		10000	11000	1400	3000	3000	28400
油茶低改		10000					10000
七、林道建设（公里）		113	208	120	100	98.98	639.98

续表 3-2-1-2

类　　别	2011 年	2012 年	2013 年	2014 年	2015 年	合计
其中主干道（公里）			100	100	98.98	298.98
八、育苗面积	50	48	800	100	100	1098
其中容器育苗（万株）	5			65	50	120
九、容器苗造林株数			0	68		68
容器苗造林比例			0	74		74
十、义务植树株数（万株）	20	105.6	125	121	78	449.6
义务植树人数（万人）		33	36	40	20	129

第二节　封山育林

封山育林是一种传统的培育森林的方法。它是把有疏林、灌丛或散生树木的山地封禁起来，借助林木的天然飞籽或萌芽逐渐培育成森林，简便易行、用工少、见效快。一般山地，封育 3 ～ 5 年或 8 ～ 10 年即可恢复森林。

青田民间历来就有封山育林的习惯和实践。各地都有禁山会和吃封山饭等形式保护森林的作法。各地的祠堂庙宇、村镇水口，坟茔周围的树木，更有神圣不可侵犯之尊严。民国期间，青田各乡、村或宗祠自立封山育林禁约，有开会封山、鸣锣封山、杀猪封山、吃饭封山等方式保护山林。

中华人民和共和国成立初期，中央林垦部就提倡在全国范围内开展封山育林。1949 年 12 月全国林业业务座谈会上，陕、甘、宁代表提出"养山造林"（即封山育林）的建议，得到会议和我国林学家、林业部部长梁希同志的重视。

1950 年，省政府实业厅指示："凡公私荒山，适于造林者，应实行造林，不许开荒；沿江河两岸及已有森林地段，应绝对禁止开垦。"同年 4 月 18 日，县政府发出布告："森林事业极为重要，尚可避免风灾、水灾与点缀风景，所以应该封山育林，如有不良分子及顽恶牧童故意砍伐森林者，经查明属实，即予严加处分"。

1951 年，青田各区、乡、村都建立护林组织，其职责是经常对群众进行宣传教育，负责保护森林，动员组织群众做好防火工作，并根据当地习惯订立护林公约，执行赏罚制度。护林公约写在木牌上，设在引人注目的地方，并鸣锣示众，共同遵守。

1951 年 5 月，港口乡彭括村制定《护林公约布告》，其内容有：

（1）不论私人山、众山，树木、一律禁砍、禁割（龙芝 2 ～ 3 年割一次）；禁止放火烧山、挖树根、坡地开荒。

（2）所有大小水竹地，夏至至白露一律禁止放牧。

（3）违约割龙芝，15 岁以下儿童罚米 5 ～ 10 斤，16 岁以上罚米 10 ～ 20 斤。

（4）破坏树木、水竹罚米 10 ～ 20 斤，并教育其家长与本人不再重犯。

（5）见到有破坏树木行为，报告者给予名誉奖励或物质奖励。

（6）如见到别人破坏不加干涉，不报告，与破坏者同样处罚。

1952 年以来，各乡村先后组织 400 多个护林委员会。但由于没有调动群众的积极性，大多流于形式，只有少数在起作用。许多地方出现盲目乱封，把所有山都封禁起来，使山区人民生活发生困难，甚至造成地方纠纷，不但收不到效果，而且起反作用。县政府及时总结经验，要求封山要留足群众生活、生产上必要的柴山、放牧山。

1953年3月，县政府召开第一届林业工作会议。会上，对封山育林工作提出二点意见：一是提倡合作封山，凡互助组山、私人山统一封禁，定期开封，民主讨论割草分红；二是开封樵采时，凡松、杉、柳杉、木荷、樟、黄檀、枫香等大小树苗一律留养成材。

1958年"大办钢铁"期间，山区滥伐树木烧炭现象十分普遍，封山育林制度遭到严重破坏，封山育林流于形式，质量和成效滑坡。

1960年1月10日，县人委批转温溪公社《关于加强封山护林的意见》，号召全县在治山运动中，加强对封山育林的领导，迅速处理好山林政策，建立和健全护林组织，制订护林公约和制度，决不容许任何破坏山林的现象发生。同年2月16日，县人委颁布《关于封山育林、护林防火的布告》，指出新造林必须实行封山育林，建立育林组织，常年经营管理，做到造一山封一山，种一株护一株；公路沿线城镇及农村居民点的防护林、风景林、行道树等，应由所在公社、生产队或居民、厂矿、企业、学校等划片包干，分段管理，禁止乱砍、剥皮、攀折、人畜践踏等破坏行为。

1961年，为恢复和发展竹类资源。县人委发出《加强春笋护养工作的紧急通知》，要求各区、社、队确定专人管理春笋护养工作，迅速确定竹林的所有权，落实对竹笋生产的各项经济政策，建立和健全竹笋养护组织制度，各级商业部门要加强市场管理，禁止春笋上市买卖，并确定春分至谷雨为全县"禁笋期"。

1962年4月20日，县人委办公室发出《关于护林育林的布告》。《布告》规定：水库周围及江河两岸的水源涵养林，公路两旁的护路林，水土流失严重地段的防护林，村镇周围的风景（水）林、木本油料和木本粮食树种（如油茶、油桐、板栗等），供采种或天然更新用的母树以及供科学研究或观赏的珍稀名贵树种，除枯死、病株外，一律不准砍伐。

1966年，全县618个大队有600个大队建立护林组织（行政村建立护林委员会、自然村建立护林小组），有580个大队制定护林公约，有234个大队组成"看山员"（达360人）。这些看山员日夜守护在各自的"哨位"上，一旦发现毁林者，轻者责令检讨、补栽、罚款，重则除补栽、罚款外，还要接受群众的批斗，甚至游街示众，以为毁林者戒。

至1966年，全县共封山240万亩，占林业用地的80%。

图 3-2-2-1 封山育林效果

是年，县组织 15 个工作组，深入基层检查处理破坏山林案件 275 件，其中较严重的 11 件。至此，各地盗伐、滥伐林木现象大有减少。

"文化大革命"期间，政府机构瘫痪，封山育林机构、组织垮散，制度废弛，山林再次遭受破坏。"三中全会"后，各级护林组织重新恢复，实行全面封山，并对飞播区加强封护，使森林资源得以养息。至 1982 年底，封山育林面积约 200 万亩，占林业用地 64%。

1983 年 10 月 4 日，县委批准成立"青田县护林绿化委员会"。同年 12 月 23 日，县政府与省林业厅签订封山育林合同，合同规定，青田县 1984 年至 1987 年计划封山育林 35 万亩，其中 1984 年 11 万亩，省林业厅按每年每亩 0.5 元的标准，拨给补助经费。补助经费待年终检查验收合格后按实计算。这一合同的签订，使封山育林从无条件全面封禁（不分地类和范围）转移到有条件重点封育：地类只限荒山、疏林山及未成林造林地；范围主要在瓯江两岸、公路沿线和大中型水库周围。

1984 年 5 月 31 日，县委批准成立"青田县落实山林政策领导小组"。同年 11 月 1 日，县政府决定成立"青田县瓯江两岸封山护林指挥部"，统管封山育林工作。区、乡成立封山护林委员会，由林业、司法、公安、人武部等部门负责人组成，由副区长、副乡长任主任。沿江两岸有各级护林组织 93 个，每个组织，每月都定期向上一级汇报情况，及时交流经验。已确定封山的乡、村有护林员 122 人；其中乡级专职护林员 25 人，村护林员 97 人。对护林员进行登记、造册、存档，统一发给护林证。护林员实行岗位责任制，划分护林责任区，明确职责范围，协助搞好联防。同时，乡或村同护林员签订合同，对优秀的护林员给予奖励，对玩忽职守不负责任的给予处罚或辞退。

1994 年，省林业厅下达封山育林计划 10 万亩，当年完成封山育林面积 10.43 万亩，封山育林合格率达 100%。

1997 年度，全县封山育林 105592 亩，超额完成省林业厅计划 10.3 万亩的任务。

1984—1997 年，全县封山面积 50 万亩，占现有林地 16.7%，分布在全县 33 个乡镇，5 个国营林场，404 个行政村。

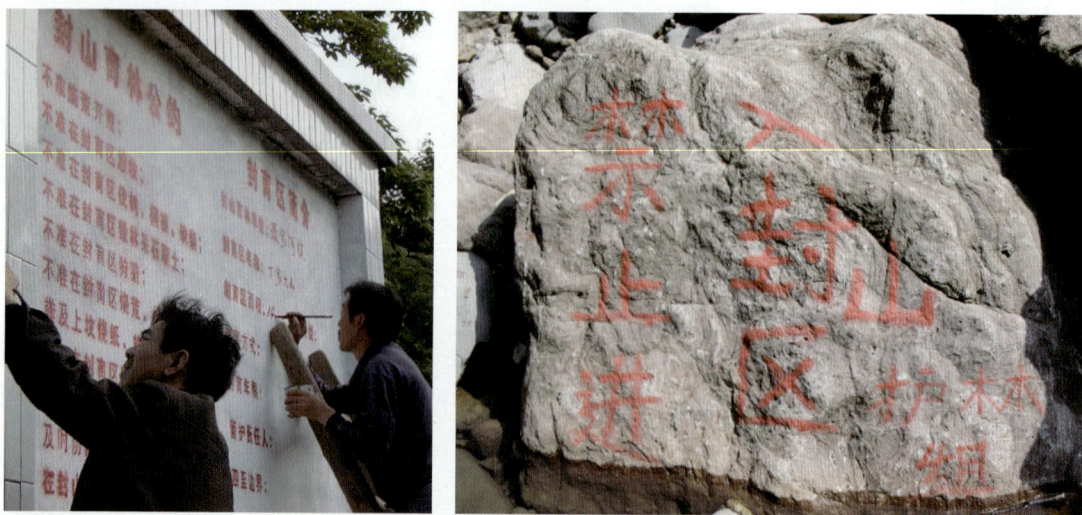

图 3-2-2-2 封山育林宣传（1990 年摄）

1999 年，青田被省林业厅列入林业分类经营试点县。同年，成立了由分管县长为组长，林业、农办、财政、水电、农业等部门主要领导组成的"青田县生态公益林建设试点领导小组"，着手开展生态公益林建设。传统的封山育林工作进入了制度更严密、措施更先进、保护更严格，效果更明显的全新阶段。

至 2001 年，全县建成生态公益林 80 万亩；经过 2002 年的区划界定，2004 年的完善，2008 年的扩面新增，至 2010 年，全县省级以上重点生态公益林建设面积 176.1992 万亩，占全县林业用地总面积的 57%。重点公益林建设面积规模位列全市第二位，列遂昌县、淳安县之后居全省第三位。

通过十多年的重点公益林建设与保护，青田县重点公益林建设形成的森林植被，有效地涵养了水源，减少了地表径流和水土流失，为青田县生态文明建设构筑了绿色生态屏障。

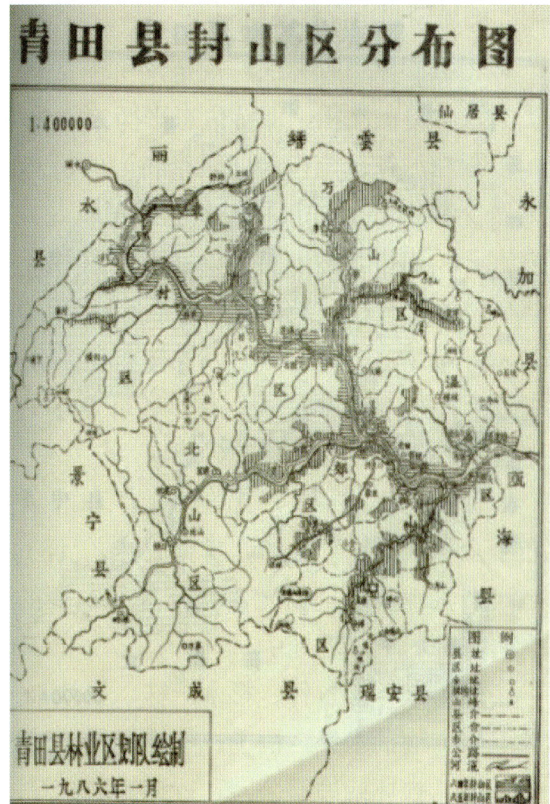

图 3-2-2-3 1986 年青田县封山育林分布图

表 3-2-2-1 历年封山育林面积

单位：万公顷

年 份	面积	年 份	面积	年 份	面积	年 份	面积
1950		1965	5.33	1980	3.62	1995	0.62
1951		"三五"时期		"六五"时期		"九五"时期	
1952		1966	6.67	1981	1.33	1996	0.63
"一五"时期		1967		1982	1.33	1997	0.7
1953	0.13	1968		1983	1.44	1998	0.67
1954	0.53	1969		1984	2.27	1999	0.67
1955	0.53	1970		1985	3.49	2000	0.2
1956	0.67	"四五"时期		"七五"时期		"十五"时期	
1957	1	1971	6.67	1986	1.38	2001	1.6
"二五"时期		1972		1987	0.17	2002	0.19
1958	1	1973	10.53	1988	0.01	2003	
1959	1.33	1974	10	1989	0.14	2004	
1960	1.67	1975		1990	0.58	2005	
1961	2	"五五"时期		"八五"时期		"十一五"时期	
1962	3.8	1976		1991	0.52	2006	0.02
调整时期		1977		1992	0.63	2007	0.09
1963		1978	6.67	1993	0.69	2008	0.03
1964	4.07	1979	1	1994	0.7	合计	87.32

附　鹤城镇封山育林公约

根据国家《森林法》规定，和省委关于绿化瓯江两岸的指示精神，为了加速我镇林业发展，扩大森林覆盖面积，保持生态平衡，美化城镇环境，促进四化建设，特制订如下封山育林公约：

1. 在城镇范围内（即四个村）的所有山林及四爿滩（东至公鸡岩坑、三条岭背、前仓、平风寨交界；南至石郭岭头、坑底角、九龙山；西至金岙坑、樟树湾、石田交界；北至马寺坦、麻寮亭、麻寮、双石柱等。山权、林权不变）实行全面封山育林，严禁放火烧山、毁林开荒、盗砍林木、折枝砍柴。特别是面临瓯江山场实行死封、一封四年，严禁挖柴桩、割龙芝。

2. 城镇范围内所有的风景林木和经济特产林（包括公园、行道树、花草和四个村所有的桃、梅、梨、李、柚、栗、桔、桑、桐子、茶等），严禁偷摘果实、折枝、拔苗。桑、桃、李、桔等园地内，不准放牧牛羊，不准葬坟、建屋。

3. 各村都要从实际出发，建立和健全护林组织，确定专业护林员，制订封山育林公约，公布于众，严肃执行，以达封育成林之目的。

4. 凡违反上述规定（包括各村制订的封山育林公约），根据情节轻重，分别给予罚款或上报有关部门依法惩处：

（1）破坏松、什、杉木一株，罚款 5 ～ 40 元，经济特产林 10 ～ 80 元；

（2）偷摘水果、桐子、桑叶等罚款 2 ～ 20 元；

（3）损坏或偷窃公园、行道等风景花木，按实际价值 2 倍以上罚款处理。

（4）情节严重的除加重赔偿经济损失外，要追究法律责任。

（5）积极检举抓获破坏林木者，按处罚金额 50%，作为奖励。

5. 如有必要抚育采伐，或解决实际困难，须由山权所有村（或林权所有单位）报经镇政府或县有关部门批准，方可进行。任何单位或个人不得以任何借口擅自进行砍伐和糟蹋，违者按破坏论处。

6. 本公约自公布之日起生效，希各机关、厂矿、学校、企事业单位、各村委、居委和广大群众，大力支持，共同遵守，监督执行，为绿化城镇，美化环境做出应有的贡献！

鹤城镇封山育林委员会

1984 年 7 月 15 日

第三节　义务植树

民国 4 年（1915 年）7 月 31 日，国民政府申令宣示全国确定每年清明节为"植树节"。民国 17 年（1928 年）4 月 7 日，改植树节为纪念孙中山逝世植树仪式。规定每年 3 月 12 日举行植树仪式及造林运动，规定各县每年至少完成植树 500 株或 10 亩，并于两个月内逐级上报到行政院备查。

青田县在民国 17 年（1928 年）起，每年 3 月 12 日在县政府或公众活动场所举行植树仪式，悼念国父孙中山先生，然后开展义务植树活动。植树地点在县城周围的锦屏山、太鹤山等处。民国 19 年，继续在锦屏山、太鹤山等处营造"中山林"计 14 亩。民国 32 年（1943 年），县政府倡议每户植树 10 株运动，所需苗木由县林业改进场提供。是年，全县共栽植马尾松、油桐等林木75000株。

中华人民共和国成立后，1952年，国务院规定3月12日为植树节。此后，凡绿化造林季节，机关、团体、学校、部队在县城附近公路两旁、机关庭院及公共场所植树造林。1956年，县政府要求根据不同地区、不同任务抓紧季节进行突击，确定绿化日，绿化周。

图 3-2-3-1 武警官兵参加义务植树（2007年摄）

并号召所有机关、团体、学校、部队的所有成员无例外地参加绿化，每人每年至少种活20株树。各地积极响应，纷纷营造"三八林"、"青年林"、"少年林"，并建立相关机构。1959年3月，县委、县政府领导带领机关干部300余人参加植树造林及开展县城绿化运动，全县近1万人参加了植树活动。

1987年，全国人大四次会议通过《关于开展全民义务植树运动的决议》，要求每个公民，除老病残者外，每年植树3～5株，包栽包活。为加强对全县植树运动的组织与宣传、规划设计和林木管护工作的领导，县建立青田县绿化委员会。从本县实际出发，在瓯江两岸、公路两旁、村镇四旁、厂矿区内、庭院前后开展义务植树、栽花种草。据统计，1956—1985年，全县有30万人次参加义务植树，成片造林达2345亩，零星植树490万株，栽花14余万盆，种草45000立方米。城乡面貌得到改善，自然环境得到美化。

图 3-2-3-2 县委书记王通林参加义务植树（2007年摄）

1986年后，随着人民生活水平的改善，人们对环保要求提高，在县委、县政府领导下，参加义务植树人数增多。1986年，义务植树79万株，四旁植树56.6万株。1987年，参加植树人数3.5万人次，义务植树13.21万株。1988年，参加植树人数1.5万人次，义务植树11.3万株。1989年，参加植树人数3.4万人次，义务植树16.8万株。1990年，义务植树、四旁

图 3-2-3-3 老少组合植绿忙（2012 年青田网）

植树和疏林补植 30 万株。1993 年，有 10 余万人次参加义务植树。1995 年，参加植树人数 8.5 万人次，义务植树 17 万株，"三八林"和"青少年林"绿化点 2 个。1996 年，参加植树人数 8.2 万人次，义务植树 48 万株。

1998 年，全民义务植树有新发展。3 月 15 日，县林业局组织机关干部，会同石门洞林场职工，在石门洞森林公园公路两旁义务植树；县机关干部在县城参加龙津公园绿化；山口、仁庄、海口等乡镇，都发动机关干部和学生，参加义务植树。温溪镇中学组织学生，营造了学生林；船寮镇组织妇女营造"三八林"一片。据统计，是年，全县参加义务植树活动总人数达 20 多万人，植树 82.5 万株。

进入 2000 年，全县所有机关干部，在春节上班的第一天，全部参加义务植树活动；县"五套班子"所有领导带头参加，每年保证有一至二个绿化点。这已经成为一个制度，雷打不动。各社会团体，纷纷用各种形式，主动参加义务植树活动。

2012 年 2 月 28 日，中国青田网和莱美健身会所在瓯联论坛发布了"第二届爱护环境，绿化侨乡——植树节公益活动招募"的主题帖。此贴发布后，立刻引来了环保市民的热切关注，市民们纷纷争做"侨乡环保卫士"。3 月 11 日，众多网友齐聚刘基广场，九点整准时前往鹤城镇一村季庄植树。在义务植树活动现场，"莱美健身会所"、"老年大学"、"实验小学"、"城东小学"、"青田 E 族户外"……老老小小的组合比肩作"战"，挖坑、回填、栽植。由县林业局提供的 7000 株油茶树苗在大家的共同努力下，种满了山坡。此次活动，不仅给城市添了一份绿，更多是让市民们明白了植树造林、美化山林、保护环境的重要性。

2013 年 3 月 11 日，共青团青田县委组织武警官兵，青年志愿者 200 多人，在石郭后山参加义务植树，共栽下枫香、香樟苗木 600 多株，面积 20 亩。

从 2000 年至 2014 年，全县共建设义务植树基地（点）160 多个；参加义务植树总人数达 70 余万人（次），植树 300 多万株。面积 800 多亩。涌现出一大批义务植树的好人好事。

第四节 飞播造林

由于历史原因，以及 1958 年"大办钢铁"、"文化大革命"期间人为的破坏，全县森林资源逐渐减少，荒山、疏林山不断增加；木材产量急剧下降，青田从过去的木材"出口县"变为"进口县"。据 1985 年二类资源调查资料统计，全县林业用地 2958443 亩，其中荒山、疏林山达 600860 亩，占 20.3%；立木总蓄积量 1714091 立方米，平均每亩仅 0.58 立方米。

1971 年，全国林业工作会议后，从中央到地方对加快林业发展、绿化荒山高度重视。丽水行署根据当地实际情况，决定在青田、龙泉、遂昌、松阳等县开展飞播造林。1972 年，在省林业厅、省民航局支持下，青田县成立"飞机播种造林指挥部"。同时组织专门的技术力量，进行播区规划设计，分年度制定实施方案。从 1972 年开始到 1990 年，共进行 9 次（年）飞播，计 71 个播区，飞行 121 个架次，累计造林面积 59.17 万亩。飞播面积最多的是 1973 年，达 24.95 万亩。

在飞播过程中，各部门，各单位，密切配合，保证了飞播工作的顺利进行。飞播后，制定严格的管护措施，以提高飞播成效。1982 年，省林业勘察设计院对 1972、1973、1980 年飞播 35 个播区，39 万亩飞播造林情况进行调查，确定保存面积为 24.94 万亩，保存率平均达 64%，居全省首位，高于全国平均水平。1986 年，青田荣获中华人民共和国林业部、中国民用航空局、中国人民解放军空军司令部联合颁发的"全国飞机播种造林先进单位"铜质奖牌。

一、飞播造林的实施

（一）建立组织机构

建立组织机构，是搞好飞播造林的根本。1972 年，在省林业厅、省民航局支持下，青田县成立由林业、公安、财贸、邮电、气象、卫生、商业和地方部队等部门负责人组成"飞机播种造林指挥部"，由县委领导任总指挥，下设办公室，负责日

图 3-2-4-1 "全国飞机播种造林先进单位"铜质奖牌

图 3-2-4-2 飞机播区作业（1973 年摄）

图 3-2-4-3 群众观看第一次飞机播种欢呼情形（1972 年摄）

常工作。每个播区相应成立飞播领导小组，由当地区、乡主要负责人牵头，负责处理播区的具体工作。各部门密切配合，通力合作。林业部门全力以赴，积极做好飞播的准备工作，使每次的飞播工作顺利进行。由于组织保障有力，在9年的飞播工作中，涌现出不少的先进事迹。同时，在每次飞播结束，都召开安全作业、飞播质量总结表彰会，鼓舞斗志，调动各方面的积极性，得到上级领导的肯定。1986年的洪田山播区、1987年的东坑岗播区、1989年的半坑播区，都分别被省林业厅评为一等奖。

（二）环节配合周密

在每次飞播作业前，严格按照作业操作规程进行地面勘察，做好规划设计，搞好作业区面积、种子与架次匹配的书面材料及图表材料，召开飞播工作会议；进行讯号队的建立和培训；及时组织播区林地清理，并对作业区进行定线、打桩、编号；同时做好经费、物资、电台及后勤等准备工作。由于规划设计合理周密，空中作业认真谨慎，地面指挥沉着果断，各环节配合严密，使得每次飞播作业都能够顺利进行。1986年6个播区9个架次3.7万亩任务，只用了10天时间；1989年4个播区5个架次仅用了7天时间，就顺利完成任务。

图3-2-4-4 地面信号旗引导（1972年摄）

图3-2-4-5 无线电呼叫指挥（1972年摄）

（三）严格管护成果

青田播区多，面积大，严格管护，巩固飞播成果，事关重大。全县各级政府统一思想，严格落实管护措施。一是建立播区管护组织，建立健全管护责任制，制订护林公约，配备专职或兼职护林人员，统一加强管理。二是把播区15.48万亩列入死封区，一封四年；在封禁期内禁止砍柴、割草、整枝、放牧等，每年每亩补助0.3元；其余播区采取轮封的方式。三是规定在飞

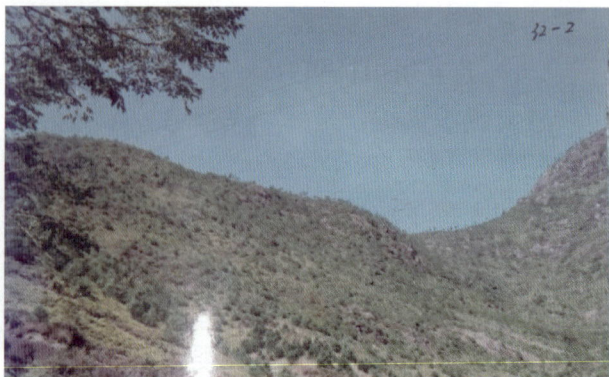

图3-2-4-6 1980年官岙后山飞播区成效（1985年摄）

播区内进行林事活动须报经县封山育林指挥部审批，同时报飞播造林指挥部备案。四是各相关职能部门大力支持播区管护工作，发现破坏飞播区的案件，及时查处；做到随报随查，从重从快，确保飞播一片，成活、成林一片。

（四）人工补播扩播

针对飞机播种不到边及漏播情况，及时进行人工补播扩播工作。1983、1984 年的播区，人工补播共 7680 亩；1986、1987 年的播区，共补播 3500 亩；1992 年，全县人工补、扩播 13828 亩；其中：仁宫乡石龙、下寮播区补播 9000 亩，汤垟乡西天、山炮播区扩播 4000

图 3-2-4-7 1973 年飞播区成效（1982 摄）

亩，方山乡扩播 828 亩。是年，人工直播用去马尾松种子 2500 斤，短叶松种子 519 斤。1993 年共人工补、扩播造林共三片，实播面积 14130 亩。据调查，有效面积 12360 亩，有苗面积占有效林面积为 94.5%；三个播区的成效率、面积抽样精度、株数抽样精度分别为 33%、75.4%、87.6%；效果评定优、良、可各一个。

二、飞播造林的成效

飞播造林具有速度快、工效高、劳力省、成本低，且能深入偏远山区等特点；在荒山集中连片，劳动力和资金缺乏的山区，是值得推广和应用的造林方法。

（一）成本核算

据 1986 统计，飞播造林的投入，包括设计、种子、飞行、地勤、植被清理、讯号、管护及其他费用等，每亩仅需 5.31 元；飞播造林和人工造林相比，每百亩投工少 98 个工作日，投资少 380 元。1989 年统计，每亩仅需 8.23 元。由此可见，飞播造林的效益显而易见。

表 3-2-4-1 飞播造林和人工造林投资对比

形式	面积（亩）	投工（工日）	平均每亩投工	投资（元）	平均每亩投资	备注
飞播	5000	100	0.02	6000	1.20	锦水
人工	5000	5000	1	25000	5.00	

（二）成林调查

据 1986 年调查，青田大多数飞播林长势良好，特别是 1972、1973 年的播区，林相整齐，已经成林。1986 年，在龙须洞、麻埠后山、白岸等播区，通过样地测定，大部分林木就已经达到检尺水平，林分平均高度 6 米以上，平均胸径 9 公分，平均每亩检尺株数 143 株，蓄积量达到 2.8 立方米。据 1990 年调查，1980 年以后的播区林木，其幼林普遍齐整，成林在望。即使是海拔千米以上的高山，松木的长势仍然良好，平均树高 3.5 米，平均胸径 5 厘米，平均每亩 400 株，蓄积量 1.9 立方米。但在土壤贫瘠的风口地段，则生长不良，许多成了"老头树"。

表 3-2-4-2 每亩株数、蓄积调查表　　　单位：亩、株、米、立方米

播区名称	飞播年度	标准地号	小地名	标准地面积	检尺株数	平均胸径	平均高	标准地蓄积
麻埠山后	1973	1	外山坦山	1	76	10	5	1.1
麻埠后山	1973	2	底上坦山	1	89	10	6	1.3
白 岸	1972	3	水 泉 下	1	114	8	6.5	1.9
白 岸	1972	4	驮山岭头	1	136	8	6	1.7
龙 须 洞	1972	5	冷 水 坳	1	93	10	4.8	1.8
龙 须 洞	1972	6	冷水横路	1	140	8	4.5	1.75
龙 须 洞	1972	7	龙须洞下	1	206	10	7.8	5.7
龙 须 洞	1972	8	岭头弯	1	290	8	8.1	7.2
平　　均					143	9	6.09	2.81

（三）保存率和成苗率

根据 1982 年省林勘院《青田县飞播造林调查报告》分析，青田播区的保存率和成苗率都较高。通过对 1972、1973、1980 年共 35 个播区 39 万亩飞播林地的全面踏勘，确定保存面积为 249410 亩，保存率为 64%；保存率最高的达 96.4%；保存率在 70% 以上的有 14 个，占总面积的 36.5%；50% 以上的有 13 个，占比 41.4%；35% 以上的有 3 个，占比 11.9%；33% 以下的有 5 个，占比为 10.2%。

表 3-2-4-3 飞播造林的保存率和成苗率表　　　单位：个、亩

飞播年度	播区个数	播区面积	保存面积	保存率（%）	成苗面积	不成苗面积	成苗率（%）	其他面积
合 计	35	390000	249410	64.0	319010	16490	81.8	57500
1972	7	71300	47700	66.9	60170	4720	84.4	6410
1973	17	249500	150720	60.4	207500	2410	83.2	39590
1980	11	69200	50990	73.7	51340	9360	74.2	11500

注：其他面积指播前林地和非林业用地面积

1990 年，县林业局组织对 1983、1984、1986、1987 年飞播的 22 个播区近 13 万亩飞播林进行抽样调查，结果表明，平均保存率在 62.67%；其中，上浦源、白岸、介阜，箬鸟等播区，保存率均在 80% 以上。

1994 年 9 月，县林业局根据省林业厅要求，组织林业技术干部 15 人，对 1989、1990 年飞播造林进行成效调查。调查方法以播区为整体，采取成效抽样法，分析估测播区的有效面积和有苗面积成数。经统计，1989 年的 4 个播区，飞播总面积 2.07 万亩，有效面积 1.61 万亩，占播区总面积的 77.6%；成效面积 1.23 万亩，占有效面积的 76.4%；播区有苗面积平均每亩 303 株，幼树平均高度 2 米，平均地径 3.1 厘米。1990 年的 10 个播区，飞播总面积 5.07 万亩，有效面积 4.25 万亩，占播区总面积的 83.8%；成效面积 3.32 万亩，占有效面积的 78.2%；播区有苗面积平均每亩 271 株，幼树平均高度 0.6 米，平均地径 0.88 厘米。面积成数估测精度和可靠性分别为 80%、95%。成效评定 11 个优、3 个良。以上数据充分证明，青田县在 20 世纪 70、80 年代的飞播造林，是成功的。

表 3-2-4-4 青田县历年飞播造林情况表

飞播区名称	飞播年度	面积（亩）	保存率 %	飞播区名称	飞播年度	面积（亩）	保存率 %
龙 须 洞	1972 年	13700	58	钓滩前山	1984 年	5000	
苞 萝 厂	1972 年	15500	70	双垟驮坪	1984 年	5500	
外 大 坦	1972 年	6400	91	小 计		3.54 万	
白 马 山	1972 年	6000	5	祯 埠	1983 年	12800	62
小源后山	1972 年	10000	78	管峇后山	1983 年	6400	58
摇 铃 岗	1972 年	13300	68	白石坑尖	1983 年	4300	55
白岸大山	1972 年	7300	94	高 坪	1983 年	5500	53
小 计		7.22 万	66.29	大 尖 山	1983 年	6000	32
管 盘 山	1973 年	27800	69	小 计		3.5 万	52
小群后山	1973 年	9800	49	老 鹰 尖	1986 年	10500	70
官田丘山	1973 年	6000	0	四角山头	1986 年	5200	52
东江前山	1973 年	17700	20	大田前山	1986 年	4900	67
麻埠后山	1973 年	14000	65	白 垟	1986 年	5200	71
高湖前山	1973 年	11300	55	驮 蛇 背	1986 年	5500	87
船寮后山	1973 年	21700	91	洪 田 山	1986 年	5700	73
白浦后山	1973 年	7000	52	小 计		3.7 万	70
五 台 山	1973 年	10500	57	峰 山	1987 年	3150	72
箬 鸟	1973 年	12400	70	无 孙 岩	1987 年	4600	46
石 桂 岩	1973 年	8300	51	麻 埠 坑	1987 年	2600	62
双 垟	1973 年	2000	95	东 坑 岗	1987 年	3330	64
北山后山	1973 年	16000	65	廿 四 尖	1987 年	4250	48
贵峇前山	1973 年	24500	46	炉 炉	1987 年	3180	52
港头后山	1973 年	23900	71	小 计		2.11 万	57.33
黄 前 山	1973 年	6000	55	芦 葫 尖	1989 年	4178	
奇 云 山	1973 年	12000	37	丰 坑	1989 年	4088	
小 计		24.89 万	55.76	范 村	1989 年	4103	
锦 水	1980 年	5000	0	驮 龙	1989 年	8328	
朱 立 尖	1980 年	5000	96	小 计		20697	
白 岩 下	1980 年	5100	18	双 桥	1990 年冬	53.95 万	62.02
野 猪 塘	1980 年	5000	54	五 台 山	1990 年冬	4338	
笔 架 山	1980 年	5200	82	摇 动 岩	1990 年冬	4830	
钟 山	1980 年	5800	71	毛 山	1990 年冬	9656	
金 岗 寨	1980 年	10000	92	西 坑 口	1990 年冬	4919	
金 竹 垟	1980 年	5500	96	下 寮	1990 年冬	4444	
九 龙	1980 年	6200	90	西 驮 坑	1990 年冬	4655	
四 尖 圩	1980 年	1000	93	石 门 坳	1990 年冬	4369	
半 坑	1980 年	6400	86	金 鸡 山	1990 年冬	4012	
小 计		6.92 万	70.73	石 龙	1990 年冬	4950	
擂 鼓 尖	1984 年	5100		小 计		4500	
瑶均前山	1984 年	10300		总 计		50673	
横 路	1984 年	9500				59.017 万	

表 3-2-4-5 青田县飞播造林成效调查统计表（1989、1990 年）

播区	时间	播种面积	有效面积	成效面积	每亩株数	平均树高（米）	平均地径（厘米）	损失面积 人为破坏	损失面积 山林火灾	损失面积 自然灾害	效果评定
1989 年合计		20697	16053	12258	303	2.0	3.1	174	341	387	
葫芦尖		4178	3906	3502	326	1.77	3.0				优
半 坑		4088	3205	2535	228	0.62	2.3		283	387	优
范 村		4103	3446	1709	367	3.2	3.8				良
驮 龙		8328	5496	4512	289	2.3	3.1	174	58		优
1990 年合计		50673	42456	33197	271	0.6	0.88		1706	74	587
双 桥		4338	3886	3494	213	0.49	0.5	30		151	优
五台山		4830	4202	3530	276	0.40	0.3	34		235	优
摇动岩		9656	8922	7916	432	0.54	0.5	805		201	优
毛 山		4919	3836	1933	201	0.80	1.1	197			良
西源口		4444	3990	1943	200	0.84	1.0	486			良
西驮坑		9024	7851	6972	231	0.74	1.0	59			优
石门坳		4012	2519	2396	492	0.48	0.6		74		优
金鸡山		4950	4064	2296	194	0.53	2.1				优
石 龙		4500	3186	2717	197	0.60	0.8	95			优

表 3-2-4-6 青田县 1973 年飞机播种造林规划表

编号	作业区名称	海拔高（米）最高	海拔高（米）平均	播种面积（万亩）	需种量（斤）合计	需种量（斤）马尾松	需种量（斤）短叶松	飞行架次	讯号队组数	讯号队人数	讯号旗红	讯号旗白	电台设置位置	有关大队数	有关公社名称与面积（万亩）
1	大梁山	828	430	2.56	9000	9000		5	6	14	3	5	八旗山	8	浮弋 1.96 石帆 0.60
2	管盘山	935	650	3.93	12600	12600		7	5	18	4	5	八旗山	13	石帆 2.44 祯埠 0.61 浮弋 0.58 舒桥 0.30
3	小群后山	601	250	0.98	3440	3440		2	7	15	3	6	小群山后	6	祯埠 0.55 海口 0.43
4	官田丘山	481	370	1.01	3600	3600		2	6	16	4	5	小群山后	7	祯埠 1.01
5	东江后山	463	250	1.16	3680	3680		2	9	19	3	7	海口二亭	8	东江 0.83 海口 0.33
6	东江前山	650	300	1.77	5680	5680		3	8	18	3	6	海口二亭	8	东江 1.32 海口 0.45
7	麻埠后山	509	300	1.46	5120	5120		3	7	17	3	5	海口二亭	6	高市 0.75 海口 0.56 芝溪 0.15
8	高湖前山	450	250	1.13	3600	3600		2	7	16	3	6	小源后山	6	高湖 0.81 良川 0.21 小源 0.11
9	小源前山	578	250	1.69	5440	5440		3	9	20	3	8	小源后山	7	小源 1.24 平桥 0.45
10	船寮后山	550	270	2.29	7360	7360		4	11	27	5	9	船寮后山	4	船寮 2.29
11	白蒲后山	493	250	0.71	2000	2000		1	5	13	3	4	东岙	3	湖边 0.60 船寮 0.11
12	五台山	1210	900	1.05	3600	1800	1800	2	7	17	4	5	五台山	9	黄垟 0.50 大路 0.33 平桥 0.22
13	箬乌	1076	800	1.24	3680	1840	1840	2	7	17	4	5	五台山	7	大路 0.70 黄垟 0.35 孙坑 0.19
14	双垟	826	530	2.48	7440	7440		3	8	23	6	6	驮平尖	12	章旦 1.11 平演 0.96 山口 0.30 仁庄 0.11
15	白鹤洞	906	750	1.34	3840	1920	1920	2	4	10	3	3	大金山	10	王岙 0.71 舒桥 0.63
16	播鼓尖	814	680	0.95	3600	3600		2	4	10	3	4	大金山	4	王岙 0.67 海溪 0.28
	合 计			25.75	83680	78120	5560	46	110	270	57	89		128	有关公社共 24 个

说明：播种面积 25.75 万亩，按区统计：章村 10.06 万亩、船寮 8.53 万亩、万山 3.89 万亩、城区 2.67 万亩、温溪 0.19 万亩、水南 0.41 万亩

表 3-2-4-7 青田县 1987 年飞机播种造林规划表

编号	作业区	主峰海拔(米)	坡度	坡向	播区总面积合计(亩)	有效播种面积小计(亩)	占总面积%	荒山(亩)	疏林(亩)	现有林地(亩)	非林用地(亩)	种子量合计	马尾松	短叶松	飞行架次	导航讯号	讯号队组数	人数	讯号旗红白	白	电台位置	播带条数	作业时间(分)	接种人员(人)	村数	权属单位及面积(亩)
	合计				66501	56977	86	46016	10961	8192	1332	9981	6875	3106	16		39	111	49	12		316	2888	32	29	
1	大草山	1092	25°	东北	4054	3534	87	3134	400	500	20	608		608	1	流动	3	8	2	1	峰山柴尖	21	184	2	2	黄垟乡 2000 平桥乡 2054
2	峰山	997	25°	西北	4331	4131	95	3305	826	180	20	650		650	1	流动	3	8	2	1	峰山柴尖	22	186	2	2	黄垟乡 3831 万山乡 500
3	五台山	1215	25°	东南	4275	3775	88	3355	420	450	50	642		642	1	流动	4	10	2	2	峰山柴尖	19	180	2	1	黄垟乡 4275
4	尖刀山	1090	23°	西北	4434	4047	91	3247	800	300	87	665		665	1	流动	3	8	2	1	峰山柴尖	22	187	2	1	黄垟乡 4434
5	潘山	1009	23°	东北	3295	2865	87	2292	573	330	100	495	495		1	固定	1	4	4			19	174	2	1	季宅乡 3295
6	无孙岩	996	30°	东	4603	4003	87	2722	1281	500	100	692	346	346	1	固定	1	4	5			23	191	2	2	季宅乡 4603
7	毛山	900	40°	西北	4120	3320	81	2600	720	700	100	618	618		1	固定	1	5	6			23	189	2	4	海溪乡 4120
8	麻埠坑	708	25°	南	4387	3564	81	3164	400	723	100	658	658		1	流动	3	8	2	1	麻埠 511 黄山 478	20	183	2	1	海口 4387
9	东坑岗	1065	37°	东	4250	3330	78	2360	970	770	150	638	638		1	流动	3	8	2	1	黄山 478	15	169	2	1	高市乡 4250
10	东源口	800	37°	西北	3740	2690	72	2060	630	850	200	561	561		1	流动	3	8	2	1	黄山 478	15	166	2	2	高市乡 3740
11	野猪塘	944	38°	东南	4190	3900	93	3840	60	240	50	629	629		1	固定	1	4	6			20	181	2	2	仁宫乡 4190
12	葫芦尖	881	25°	北	3797	2893	76	2033	860	854	50	570	570		1	流动	3	8	2	1	小奕 350	18	174	2	1	仁宫乡 3797
13	半坑	895	25°	北	4575	4055	89	3555	500	400	120	686	686		1	流动	3	8	2	1	里叶山亭	20	184	2	2	油竹乡 3075 山口乡 1500
14	元宝岙	1164	40°	北	4150	3730	90	2645	1085	420		623	428	195	1	固定	1	4	6			15	167	2	2	方山乡 3750 仁心乡 400
15	二十四尖	924	30°	西南	4250	3650	86	2950	700	450	150	638	638		1	流动	3	8	2	1	双岭坳	23	189	2	2	垟心乡 3450 汤垟乡 400 金鸡山林场 400
16	炉炉	874	35°	西	4050	3490	86	2754	736	525	35	608	608		1	流动	3	8	2	1	上岸 350.8	21	184	2	3	汤垟乡 4050

第五节 林木抚育

林木抚育是加速林木生长的一项必要的辅助措施，主要方法有松土、除草、整枝、施肥、间伐等。青田县的林木抚育工作从 1955 年开始，一是对新造的幼林进行抚育；二是对荒芜油茶进行复垦。是年，全县抚育林木 3.56 万亩，其中幼林 600 亩，恢复荒芜油茶 2.8 万亩。1958 年，全县林木抚育 15.8 万亩，其中油茶一项，就投入劳力 55 万工（相当于前三年综合的 30%），垦复油茶 7.2 万亩。由于历年来不断的铲山、整枝、施肥、治虫及间作，并采取保果措施，1958 年油茶产量获得大丰收，全县共收油茶籽 2002 万斤。

1962 年 2 月 3 日，县人委提出林业生产的总要求："以垦复抚育油茶为中心，以封山育林为重点，有计划有重点的造林，积极开展多种经营，综合利用"，要求油茶重点产区进一步落实领导、劳力、政策、工具，迅速开展油茶抚育运动，保证完成平均每个劳力投工 30 工。到第二年末，油茶垦复投工 87.5 万工，抚育面积 14.8 万亩，超过 1958 年总投工数的 37%，抚育面积比 1958 年增加 51%。

1971 年，抚育面积 16.88 万亩，为历史最高年份。

1981、1982、1983 三年全县建设的各种林木基地 25212 亩，油茶定点抚育 15000 亩，共计 40212 亩，都因地制宜，采用不同方式进行抚育。

抚育补助标准：1982、1983 年的基地抚育，按规定每亩每年一元，验收后，按实绩兑现。1981 年的基地，凡抚育过的，抚育费每亩 3 元一次性兑清；如不抚育，扣除其抚育费，列入面上抚育，统一使用。

油茶定点抚育：指 1980 年前的油茶基地或老林抚育。具体做到四定，一定质量，要全面垦复翻土，深挖不少于 20 厘米，根据不同的立地条件，做成梯地或株铲培土，达到保土保肥保水；二定面积，要相对集中，每大队不少于 300～500 亩，每片不少于 10 亩；三定地点，首先考虑林相整齐、群众有积极性，劳力能解决的村或村小组，落实到地块，逐块登记；四定资金，符合上述三定的标准，每亩补助 2 元。

1988 年，林木抚育 5 万亩。

1989 年，林木抚育 69596 亩，其中油茶 30675 亩，杉木幼林 14420 亩。

1990 年，林木抚育 4.5 万亩。

1991 年，为抓好林木抚育工作，县政府于 8 月初召开林木抚育现场会，掀起以杉木基地为主的幼林抚育，以油茶为主的经济林抚育，以松木间伐抚育为主的成林抚育热潮，抓住 8～9 月份抚育黄金季节，发动林农开展林木抚育工作，做好抚育政策扶持和兑现工作，调动其积极性，确定对全县抚育连片 10 亩以上补助粮票 5 斤，化肥票 5 斤。劈山抚育减半扶持。对松木间伐抚育的给予优先安排林木采伐计划，及时审批手续。在部分乡村林场中安排杉木中的幼林抚育 5000 亩，每亩给周转金扶持 10 元，取得较好效果。群众利用义务工、积累工进行投资投劳。是年，全县林木抚育共 6.3 万亩，松木 0.1 万亩，完成计划 90%，促进林木生长发育。

1992 年，完成以杉木为主的中幼林抚育、油茶为主的经济林抚育和松木间伐抚育 9.34 万亩，完成 116.3%，其中幼林抚育为 2.21 万亩；成林抚育 7.13 万亩，合格率达 100%。

1993 年，完成林木抚育 9.1 万亩，其中幼林抚育 1.8 万亩，成林抚育 7.3 万亩，占抚育计划 107%。是年，青田县被林业部列为全国第二批油茶低产改造启动县，完成 2000 亩。

1994 年，利用前三年林业基地，以油茶、板栗为主的经济林，以松木间伐抚育的用林基地抚育作重点，累计抚育5.0920万亩，其中成林抚育29140亩，幼林抚育10980亩，间伐抚育4450亩，竹林垦复抚育6350亩。另外，在章村、腊口和海口三个乡镇实施油茶低改面积5000亩。

1995年，完成中幼林抚育面积34170亩。

1996年，继续抓好林木抚育工作，以油茶铲山抚育、杉木基地抚育、松木中幼林抚育为重点。成林和中幼林抚育面积达到4.3万亩。

1997年，林木抚育工作得到加强。以油茶铲山抚育、杉木基地抚育、松木中幼林抚育为重点。总抚育面积4.6万亩，完成省林业厅计划4万亩的115.4%。

1998年，县委、县政府出台油茶垦复抚育扶持政策，主要目标到2000年，建成全垦示范基地3万亩，完成劈山抚育6万亩，使全县油茶籽总产量达到300万斤，其中1998年下达全县10个乡镇油茶抚育计划3万亩。据统计，全县1998年林业抚育面积为5.8万亩。

1999年，林木抚育6.75万亩，为省计划的135%。其中中幼林抚育面积2500亩，村办林场1700亩，峰山林场800亩。

2000年，继续抓好以油茶低改为主林木抚育工作，全年垦复油茶1万亩，劈山抚育2万亩。林木抚育幼林、成林4万亩。

2001年，林木抚育4万亩，合格面积12821亩。

2003年，完成林木抚育幼林2000亩，中幼林8000亩。

2004年，全县完成幼、成林抚育面积共16860亩。

表 3-2-5-1 2004 年青田县营林抚育统计汇总表

	零星（四旁）植树(株)	幼林抚育作业面积（亩）	成林抚育面积（亩）	其中：中、幼林抚育面积（亩）		零星（四旁）植树(株)	幼林抚育作业面积（亩）	成林抚育面积（亩）	其中：中、幼林抚育面积（亩）
合计	416000	3220	13640	7599	祯旺乡	2400	27	96	51
海溪乡	6400	50	230	127	章村乡	10300	84	384	204
高市乡	7200	59	272	144	舒桥乡	8100	66	304	161
海口镇	5500	45	208	110	腊口镇	5500	45	208	110
船寮镇	5900	49	224	110	山口镇	2800	24	112	59
温溪镇	18700	100	688	365	汤垟乡	1100	10	48	26
吴坑乡	26600	213	776	418	仁庄镇	14300	65	528	280
贵岙乡	16500	133	508	323	方山乡	2400	21	96	51
小舟山乡	3700	31	144	76	鹤城镇	32300	259	984	530
北山镇	13000	105	480	255	仁宫乡	29200	184	872	570
岭根乡	5900	49	224	119	石溪乡	46000	317	1380	790
万阜乡	18200	147	672	357	章旦乡	2000	17	80	42
巨浦乡	9400	77	352	187	阜山乡	5500	45	208	110
季宅乡	29700	188	888	478	石门洞林场	11800	190	120	180
高湖镇	19100	154	704	374	大洋山林场	3800	50	70	50
黄垟乡	15200	122	560	298	峰山林场	2800	20	40	20
东源镇	12100	98	448	238	八面湖林场	2800	20	40	20
万山乡	7200	59	272	144	金鸡山林场	1800	10	20	10
祯埠乡	10800	87	400	212					

图 3-2-5-1 幼林抚育

2005 年，全县完成油茶低产抚育改造 1.2 万亩。至 12 月，全面完成 2 万亩油茶低改任务。

2006 年，幼林抚育 4710 亩，成林抚育 13635 亩。

2007 年，幼林抚育 7350 亩，成林抚育 10500 亩。

2008 年，幼林抚育 2115 亩，成林抚育 8400 亩。

2009 年，幼林抚育 3060 亩，成林抚育 7005 亩。

2011 年，省林业厅下发《关于下达全省"十二五"森林抚育任务的通知》（浙林造〔2011〕94 号）和《关于开展"十二五"县级森林抚育规划的通知》（浙林造便〔2012〕1 号）的文件。青田县被列入森林抚育补贴试点县。县林业局高度重视，组织林业技术人员，结合青田中幼林现状和森林抚育有关规定及技术规程，从 8 月开始，历经数月，于 2012 年 5 月编制完成"十二五"森林抚育规划说明书。为科学指导我县"十二五"期间开展森林抚育补贴试点工作，提供切实可行的依据。

规划计划在"十二五"期间抚育中幼林基地 60 万亩，规划期限为 2011—2015 年。分年度目标为 2011 年 1 万亩、2012 年 10 万亩、2013 年 14 万亩、2014 年 15 万亩、2015 年 20 万亩。总体布局和建设规模，按不同生态区位划分，其中：

（1）国有林场与森林公园 10 万亩，主要集中在 5 个国有林场；

（2）铁路与干线公路沿线 30 万亩，集中在 15 个乡镇的公路沿线；

（3）江河两岸与库区周边 10 万亩，集中在小溪流域及滩坑水库周边 5 个乡镇。

（4）城镇与居民区周边 5 万亩，以 10 个集镇所在地范围为主；

（5）用材林基地 5 万亩，分布在 3 个乡镇。

按不同抚育类型划分，其中：

（1）结构调整和补植 12 万亩；

（2）间伐与垦复 12 万亩；

（3）割灌除草 36 万亩。

一、2011 年森林抚育补贴试点工作概况

（一）规划任务：中幼林抚育 1 万亩。其中：公益林抚育 9062 亩，用材林抚育 938 亩；

八面湖林场：公益林抚育 2800 亩，用材林抚育 200 亩；

大洋山林场：公益林抚育 2600 亩，用材林抚育 400 亩；

金鸡山林场：公益林抚育 2000 亩；

峰山林场：公益林抚育 1662 亩，用材林抚育 338 亩。

（二）任务完成情况：抚育对象是中龄林，全部采用割灌除草的抚育方式。共完成抚育 1.02 万亩。

（三）资金拨付：中央资金 100 万元。按照省财政拨付补贴资金办法，根据林场各个作业区的施工进度与质量，共拨付总工程量资金 100 万元。

二、2012 年森林抚育补贴试点工作概况

（一）任务安排：2012 年森林抚育任务 25000 亩，其中：五大国有林场 18000 亩。

按照林龄：其中幼龄林 5000 亩、中林龄 20000 亩；按林种安排为人工林 24000 亩、天然林 1000 亩。

按不同抚育类型划分，其中：

1. 结构调整和阔叶化改造 3000 亩；

2. 间伐抚育 15000 亩；

3. 割灌除草 7000 亩。

（二）任务完成：石门洞林场 3500 亩，八面湖林场 5000 亩，大洋山林场 3500 亩，峰山林场 3500 亩，金鸡山林场 2500 亩，祯埠乡 1000 亩，海口镇 1000 亩，船寮镇 2000 亩，鹤城街道 1000 亩，瓯南街道 1000 亩，石溪乡 1000 亩。

省级试点任务 5000 亩，其中祯埠乡 1000 亩，船寮镇 2000 亩，鹤城街道 1000 亩，瓯南街道 1000 亩。

三、2013 年森林抚育补贴试点工作概况

2013 年，省林业厅、省财政厅（浙林计〔2013〕91 号）文件安排青田 33000 亩森林抚育任务。通过作业设计，全县共落实 33180 亩森林抚育任务到山头地块，具体落实情况如下：

按森林林地权属分：国有林 14034 亩，集体林 19146 亩。

按森林功能类别分：生态林 32180 亩，商品林 1000 亩。

按抚育方式分：生态疏伐 12250 亩，卫生伐 6230 亩，割灌除草 11982 亩，综合抚育 2718 亩。

任务完成情况，各类抚育方式实施面积如下：

（一）生态疏伐 12250 亩，2013 年 12 月完成。

（二）卫生伐 6230 亩，2013 年 12 月完成。

（三）割灌除草 11982 亩，2014 年 2 月 30 日完成

（四）综合抚育 2718 亩，2014 年 2 月 30 日完成。

（五）自查验收工作于 2014 年 5 月 10 日完成。5 月 20 日，自查验收报告上报给省林业厅。

图 3-2-5-2 景观林抚育调整

2013 年 33180 亩的森林抚育补贴项目建设共投入劳动力 33180 个，总投资额为 510.01 万元。其中中央和省级财政补贴资金 465 万元，项目实施主体单位自筹资金 45.01 万元（主要为投工投劳折算）。

四、2014 年森林抚育补贴试点工作概况

2014 年森林抚育实施范围主要落实在交通道路两侧，城区周边、镇村与水库周围、森林公园等急需开展森林抚育的中幼林区域。全年森林抚育建设任务 2 万亩，全部分解落实到 3 个街道 3 镇 4 乡、5 个国有林场。具体落实情况如下：

林业事业单位（国有林场）实施面积 6500 亩，占总抚育计划数的 32.5%；森林经营专业合作社实施面积 300 亩，占总抚育计划数的 1.5%；森林经营大户（农户）实施面积 13200 亩，占总抚育计划数的 66%。抚育方式：综合抚育 8600 亩，占总抚育计划数的 43%；抚育间伐 8000 亩，占总抚育计划数的 40%；割灌除草 3400 亩，占总抚育计划数的 17%。建设总投资为 400 万元，全部为中央和省共同补贴。

表 3-2-5-2 青田县"十二五"期间森林抚育任务完成情况表 单位：亩、万元

年 份	完成情况		
	合计	其中补贴试点	补助资金
十二五任务	600000		
十二五完成	375850		
2011 年	14000	10000	100
2012 年	120200	25000	300
2013 年	121500	33000	465
2014 年	120150	20000	400
2015 年	225000		

表 3-2-5-3 青田县 2013 森林抚育补贴试点计划表

单位	合计（万亩）	抚育方式			单位	合计（万亩）	抚育方式		
		综合抚育（万亩）	结构调整（万亩）	割灌除草（万亩）			综合抚育（万亩）	结构调整（万亩）	割灌除草（万亩）
青田县合计	3.3	1.85	0.8	0.65	船寮镇	0.25			0.25
八面湖林场	0.3	0.3			黄垟乡	0.02			0.02
石门洞林场	0.4	0.4			仁宫乡	0.03			0.03
金鸡山林场	0.2	0.2			瓯南街道	0.15		0.1	0.05
峰山林场	0.2	0.2			石溪乡	0.45	0.45		
大垟山林场	0.3	0.3			鹤城街道	0.13		0.13	
高 湖 镇	0.1			0.1	油竹街道	0.33		0.28	0.05
东 源 镇	0.15			0.15	温溪镇	0.2		0.2	
					山 口 镇	0.09		0.09	

青田县森林抚育任务布局图

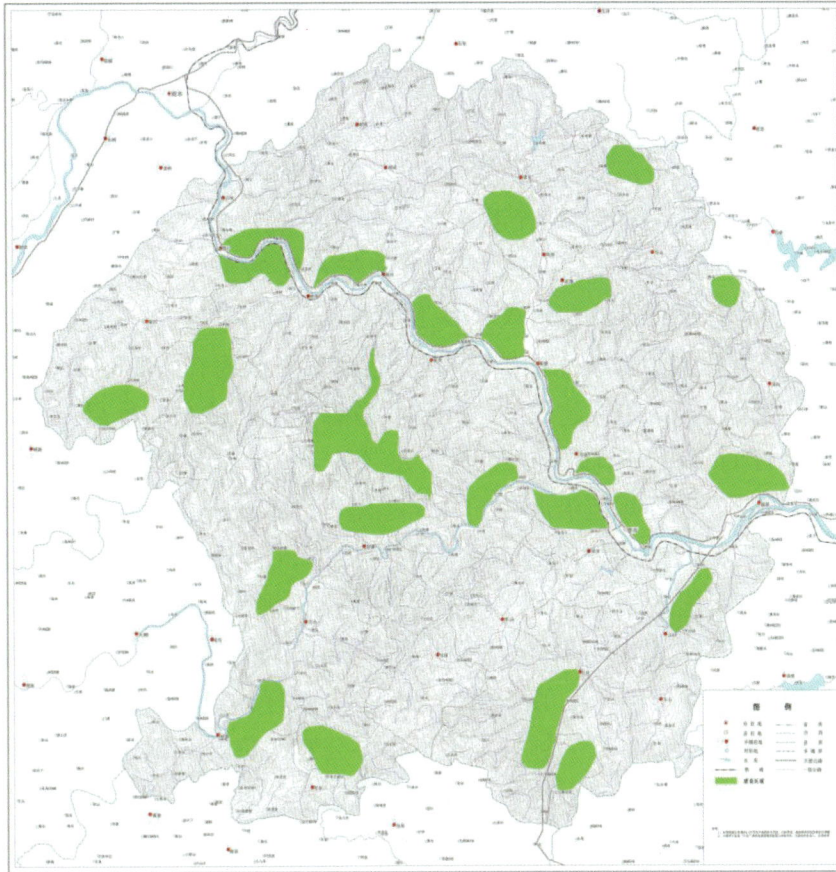

图 3-2-5-3 2011—2015 年抚育分布图

表 3-2-5-4 历年林木抚育情况

单位：万亩

年份	面积	年份	面积	年份	面积	年份	面积	年份	面积	年份	面积
1950	0.5	1961	1.76	1972	9.5	1983	10.23	1994	3.17	2005	1.35
1951	1	1962	6.1	1973	6.54	1984	8.22	1995	3.42	2006	1.89
1952	1.5	1963	10.63	1974	1.94	1985	2.81	1996	6.06	2007	1.79
1953	2.08	1964	5.23	1975	0.95	1986	6.37	1997	4.6	2008	0.81
1954	4.16	1965	5.2	1976	4.17	1987	5.78	1998	6	2009	1
1955	1.66	1966	10.4	1977	6.17	1988	2.54	1999	6.75	2010	1.3
1956	2	1967	4	1978	9.4	1989	1.5	2000	6.34	2011	12.02
1957	3	1968	3.5	1979	10.59	1990	5.37	2001	4.05	2012	12.5
1958	3.5	1969	3.4	1980	8.15	1991	6.73	2002	2.72	2013	12
1959	2	1970	3.4	1981	5.91	1992	9.97	2003	1.83	2014	12
1960	1.5	1971	16.88	1982	11.09	1993	9.58	2004	1.69	合计	340.2

第六节 沿海防护林

1980年，林业部将浙江省列入沿海防护林工程试点地区，在近海岸的围垦海涂和部分岛屿上开展沿海防护林建设试点。同年，省林业厅确定在杭州湾以南24个县（市）的沿海地区进行第一期防护林试点工程建设，实行定点规划和施工。1985—1987年，第二期防护林工程在全省实施。1988—1990年，全省沿海31个县（市）开展了第三期防护林工程体系实施。1991年初，全国沿海防护林体系建设工程正式实施。1994年6月27日，省林业厅制定《浙江省沿海防护林体系建设县级达标调查方法和检查验收工作细则》。1995年1月20日，省林业厅转发国务院《关于将沿海基干林带划为特殊保护林带的复函》。省政府在1994、2000、2003年三次召开的全省林业工作会议，把海防林建设列入构建我省森林生态体系的重点工程，出台了专门的扶持政策。2006年11月20日，省政府办公厅下发《关于扎实推进沿海防护林体系建设的通知》（浙政办函〔2006〕70号）。为规范沿海防护林工程建设目标管理，浙江省先后制订出台《浙江省营林系列技术规程规范》（省标）、《浙江省沿海防护林和平原绿化造林实施办法》《浙江省重点防护林工程国债项目实施办法（试行）》等一系列标准、规范和办法。

2006年，青田县被列入沿海防护林工程建设任务县。为确保工程建设顺利实施，县政府成立"沿海防护林工程建设领导小组"，由分管林业的副县长任领导小组组长，林业、国土、规划、财政等各相关职能部门为成员单位；领导小组下设办公室，负责协调处理日常事务。县林业局成立防护林工作组，下设规划设计、监督指导、种苗调运、后勤协调四个小组，明确各小组长职责，定期召开协调会；县政府制定出台一系列配套政策，有力地保障沿海防护林工程建设任务的完成。从2007年开始，至2014年，全县共完成沿海防护林工程建设70894亩，其中：人工造林15097亩，封山育林55797亩；投入资金1392.12万元，其中：中央投资739万元，县财政配套600.52万元，农民投入50.6万元。

2006年，省林业厅下达青田2007年沿海防护林建设任务为7500亩，其中：人工造林2500亩，封山育林5000亩（无林地和疏林地2000亩，有林地和灌木林地3000亩）。2007年，经调查规划，积极实施，全县共完成沿海防护林工程建设7812亩，其中：人工造林2632亩、封山育林5180亩；投入资金155.6万元，其中：中央投资70万元、地方配套35万元；农民投工50.6万元。

工程实施布局：

1. 城区风景防护林工程

鹤城镇、油竹管委会范围建设防护林2112亩，其中人工造林1332亩、封山育林780亩。

2. 防护林带工程

以石门洞森林公园及其周边乡镇为主，建设防护林带人工造林共870亩。

3. 瓯江两岸防护林工程

在瓯江沿岸乡镇的腊口镇、温溪镇、高市乡，建设防护林工程共4905亩，其中人工造林505亩、封山育林4400亩。

2008年，县林业局组织开展沿海防护林体系工程建设规划工作，专门成立了规划领导小组和技术指导小组，聘请浙江林学院园林学院的专家、教授负责主要编制，严格按照《全国沿海防护林体系建设工程规划》和《浙江省沿海防林体系建设工程规划》的要求，结合沿海防护林

建设现状、建设条件进行逐项规划和编制。规划期为 2008～2015 年，规划建设总规模为 5940
公顷，其中海岸基干林带 3200 公顷，丘陵山地防护林 2740 公顷。是年，全县完成沿海防护林
工程建设 8262 亩，其中人工造林 3145 亩、封山育林 5117 亩；投入资金 300 万元，其中中央投
资 160 万元、地方配套 140 万元。

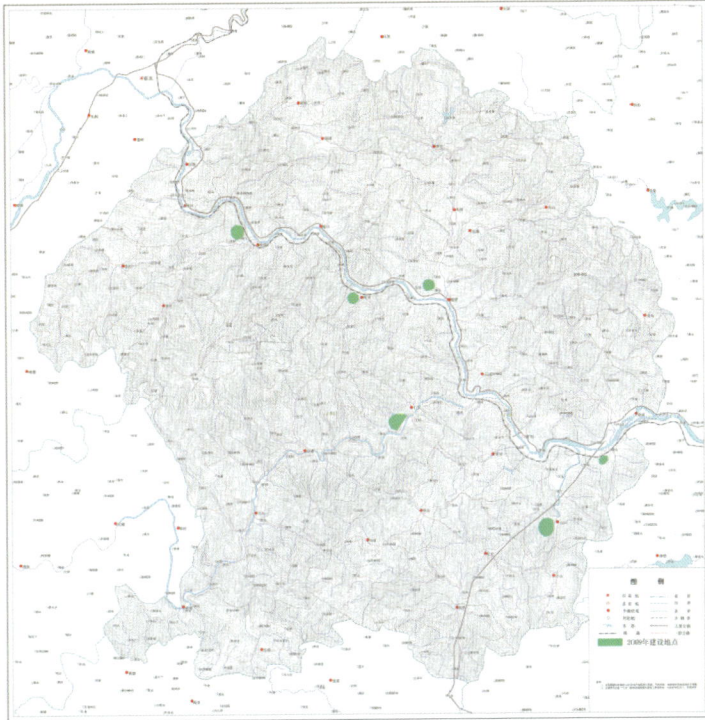

图 3-2-6-1 青田县 2009 年度沿海防护林体系工程建设项目布局示意图

2009 年，中央下达青田县新增重点沿海防护林建设任务 25000 亩，其中人工造林 5000 亩、
封山育林 20000 亩。为确保沿海防护林工程顺利实施，青田县采取了多项措施：一是充分利用
电视、广播、报刊、网络等媒体，制作标语、宣传画，大力宣传沿海防护林工程建设的重要意
义和建设目标。自 2008 年 12 月起，在各级报刊报道新闻 12 篇，网络新闻报道 30 篇、录制广
播节目 2 档、张贴悬挂标语横幅 40 条、开展义务植树活动 36 次。2009 年 2 月，县林业局联合
县电视台摄制春季绿化造林宣传专题片、在侨乡报开辟绿化造林专版。二是县政府成立以分管
副县长任组长的沿海防护林工程建设领导小组，林业、国土、规划、财政等相关职能部门为成
员单位，下设办公室，负责协调处理日常事务。县林业局成立防护林工作组，下设规划设计、
监督指导、种苗调拨、后勤协调四个小组，明确各小组职责，定期召开协调会。同时落实配套
资金，全年投入资金 500 万元。三是组织精干技术人员，按照"因地制宜、合理布局"的原则，
做好 2009 年度沿海防护林工程国债项目实施方案；四是加强苗木调配，采取造林苗木公开招投
标办法，由专人负责各造林地块苗木供应调配和到地苗的质量检查，确保供苗及时，保证合格
苗木上山；五是制订《青田县 2009 年沿海防护林工程建设及监督机制》，明确规定防护林建设
的标准要求、时间安排和保障措施及监督机制。检查人员落实到各山头地块，定期对项目建设
进展情况进行跟踪督查和服务。是年，全县新建沿海防护林 25970 亩，其中人工造林 5470 亩、
封山育林 20500 亩；投入资金 396 万元，其中中央投资 250 万元、地方配套 146 万元。

表 3-2-6-1 青田县海防林 2009 年苗木、资金预算表　　单位：万株、元、万元

序号	苗木品种	苗木规格	数量	单价	金额	备　注
1	香　樟	苗木健壮，米径 3cm	2.0	6.5	13.00	一、3cm 苗木品种 10 个，数量 7.3 万株，金额 55.15 万元。 二、苗木调配的品种、数量、规格按实际造林所需而确定。 三、带足土球 30cm 以上，留好合理枝叶，处理好苗木粗枝和过多树叶。 四、3cm 苗木（即 2.6~3.5cm）
2	女　贞	苗木健壮，米径 3cm	0.8	6.5	5.20	
3	杜　英	苗木健壮，米径 3cm	0.5	7.4	3.70	
4	深山含笑	苗木健壮，米径 3cm	0.5	7.0	3.50	
5	木　荷	苗木健壮，米径 3cm	0.5	13.0	6.50	
6	枫　香	苗木健壮，米径 3cm	0.5	8.5	4.25	
7	无患子	苗木健壮，米径 3cm	0.5	7.0	3.50	
8	黄山栾树	苗木健壮，米径 3cm	0.5	8.0	4.00	
9	桂　花	苗高 0.5 米处 3cm	1.0	7.8	7.50	
10	红叶李	苗高 0.5 米处 3cm	0.5	8.0	4.00	
11	香　樟	苗木健壮，米径 2cm	1.5	5.5	8.25	一、2cm 苗木品种 9 个，数量 7.8 万株，金额 46.35 万元。 二、苗木调配的品种、数量、规格按实际造林所需确定。 三、带足土球 20cm 以上，留好合理枝叶，处理好粗枝和过多树叶。 四、2cm 苗木（即 1.6~2.5cm）
12	女　贞	苗木健壮，米径 2cm	1.5	5.5	8.25	
13	杜　英	苗木健壮，米径 2cm	0.5	5.56.0	2.75	
14	深山含笑	苗木健壮，米径 2cm	1.0	7.0	6.00	
15	木　荷	苗木健壮，米径 2cm	0.8	6.0	5.60	
16	枫　香	苗木健壮，米径 2cm	0.5	6.0	3.00	
17	无患子	苗木健壮，米径 2cm	0.5	6.0	3.00	
18	黄山栾树	苗木健壮，米径 2cm	0.5	6.0	3.00	
19	桂　花	苗高 0.5 米处 2cm	1.0	6.5	6.50	
20	黄甜竹	苗高 0.5 米处 2cm	1.5	11.0	16.50	按实际造林所需调配。
21	尖竹桃	三分枝，苗高 1.2m	4.0	3.0	12.00	按实际造林所需调配。
22	紫　薇	苗高 0.8 米处 2cm	4.0	6.0	24.00	按实际造林所需调配。
23	一年生苗木	苗木健壮，苗高 50cm	15.0	0.85	12.75	按实际造林所需调配。
24	容器苗		20.0	0.65	13.00	按实际造林所需调配。
	合　计		59.6		179.75	

　　2009 年 7 月 18 日，浙发改农经〔2009〕652 号文件，安排青田县 2010 年沿海防护林工程中央预算内计划投资 96 万元。根据浙林办造〔2009〕56 号文件要求，县林业局于 2009 年 9 月 8 日上报沿海防护林建设项目实施方案，浙林计批〔2009〕66 号文件批复，同意青田县 2010 年度沿海防护林工程山地营造林 10000 亩，其中人工造林 2000 亩、封山育林 8000 亩。

　　该年度建设规划布局以二方面为重点：

　　1. 瓯江生态景观防护林工程

　　瓯江流域青田段社会经济较发达，其两岸是沿海防护体系建设的重点。本年度规划在瓯江青田段生态景观防护林 4500 亩，其中人工造林 2000 亩、封山育林 2500 亩。主要通过对瓯江周边的

火烧迹地进行人工造林及封育改造，建成既具有防护功能又具有生态景观功能的沿海防护林。

2.瓯江一级支流防护林工程

一级支流流域面积较广，乡镇分布较多，本年度规划建设 5500 亩，其中封山育林 5500 亩。主要有林地封育改造，加快植被恢复，以期建成绿化美化和防护功能效果相结合的阔叶防护林。

2010 年，全县完成沿海防护林工程建设 10000 亩，其中人工造林 2000 亩，封育改造 8000 亩。投入资金 146 万元，其中中央投资 96 万元、地方配套 50 万元。其主要做法是：推行项目造林苗木招投标，以公平、公正、公开的方式落入工程用苗，按工程进度拨款，按验收手续结算，由专人负责各造林地块苗木供应调配和到地苗的质量检查，保证合格苗木上山，有效地降低了造林成本，提高了工程建设质量。同时，项目造林施工实行简易招投标，以公平、公正、公开的方式引入造林施工专业队竞争机制。制订《青田县 2010 年海防林工程建设工作方案》，明确规定防护林建设的标准要求、时间安排和保障措施及监督机制。各技术人员严守建设标准，严格施工程序，把造林质量放在首位，加强各造林施工队的技术培训，提高施工人员的质量意识和安全生产意识，严把工程关、苗木关、栽植关，每个环节由专人验收签字确认，确保按时保质地完成沿海防护林工程建设任务。在抢抓时机完成造林任务的同时，全县沿海防护林工程严格贯彻落实安全生产的方针政策，将"安全生产，以人为本"放在首位，无一起安全生产事故。

2011 年，省林业厅落实青田防护林建设任务 8000 亩，其中人工造林 1000 亩、封山育林 7000 亩。县林业局对沿海防护林项目封育改造工程实施公开招投标,面向全社会广发"英雄帖"。

图 3-2-6-2 前仓村沿海防护林工程成效（2010 年摄）

经过严格的筛选、审查资质，最后确定 23 个单位参与竞标。经过公开竞争，最后由徐达元造林专业队取得一个标的三个区块的 1000 亩沿海防护林封育改造建设工程，并于当日签下合同。是年，全县共完成防护林工程 8000 亩；其中人工造林 1000 亩、封山育林 7000 亩。共投入资金 86.25 万元，其中中央 69 万元、地方配套 17.25 万元。

2013 年，根据省林业厅《关于做好 2013 年中央预算内重点防护林工程建设实施方案编制工作的通知》（浙林办便〔2013〕430 号）文件精神，青田县 2013 年沿海防护林工程建设任务 1 万亩（全部为封山育林）；计划投资 87.5 万元，其中中央和省配套 70 万元、县级配套 17.5 万元。经过认真规划设计，和有关乡镇签订合同，全面完成省厅下达的任务。

工程布局：

封山育林任务落实在东源镇和船寮镇：东至下堡田后壁，南至水井头后般山，西至朱店前上畈门前山，北至黄山头村。

封育类型：

自然封育模式、封造结合模式、封育改接模式、封育改造模式、封抚结合模式等 5 种主要封山育林模式。每个小班根据各林区的具体情况采用了不同模式。东源的小班主要为幼林，采取封造结合模式。船寮的小班大部分为中幼林，采取的是封抚结合模式等。封育年限：半封闭年限为 5 年。

图 3-2-6-3 防护林封育牌（2014 年摄）

封育措施：

①人工巡护，根据林地配备护林员长期巡护。②防护设施设置，在路边树立警示牌，常出入口设置围栏。③全面禁封，在封育林区内禁止砍伐树木、挖笋、垂钓、抓捕野生动物等；禁止野外用火。④人工补栽植容器苗木荷等树种。

2014 年，省林业厅下达防护林任务造林 800 亩。县林业局决定对油竹街道上村村多年火烧迹地规划面积 100 亩，油竹街道上村村、小口村、雅岙村龙山火烧迹地规划面积 430 亩，方山乡石前村、松树下村田园边多年火烧迹地规划面积 150 亩，仁庄镇仁庄村水下垟火烧迹地规划面积 120 亩。

工程布局：

规划在油竹街道上村、方山乡石前村、松树下村，仁庄镇仁庄村火烧迹地面积 850 亩。

建设规模：

规划人工造林 850 亩。其中大苗造林 100 亩、小苗造林 750 亩。

1. 树种选择

油竹地块的山体中下部 100 亩造林树种主要选择 2 年生的枫香、木荷为主，同时配以黄山

图 3-2-6-4 沿海防护林造林（2012 年摄）

栾树、无患子、马褂木等树种进行混交造林。山体中上部 430 亩土地贫瘠陡峭地段采用 1 年生的枫香、木荷、香樟、苦槠等小苗造林。方山、仁庄等地块 270 亩采用 2 年生枫香、木荷混交。

2. 造林方式

中下区块规划造林树种选用 2 年生木荷和风荷混交，造林密度为 110 株 / 亩，株行距为 2.0 米 ×3.0 米，穴规格：50 厘米 ×50 厘米 ×40 厘米。山体中上部土地贫瘠陡峭地段采用 1 年生的枫香、木荷、香樟、苦槠等小苗造林，株行距为 2.0 米 ×2.0 米，穴规格要求 40 厘米 ×40 厘米 ×30 厘米，造林密度为 167 株 / 亩。

3. 种苗及附属设施规划

栽植以木荷、枫香、香樟、苦槠为主，同时配以黄山栾树、无患子、马褂木、檫树等树种进行混交造林。苗木采用米径 2 厘米并带土球的健壮苗和 2 年生裸根苗。

4. 投资概算及资金筹措

（1）种植大苗人工费：包括苗木、整地、挖穴、覆土和施肥、定植。计需预算 43.42 万元

（2）种植小苗人工费：包括苗木、整地、挖穴、覆土和施肥、定植。计需预算 175.35 万元。

（3）两项造林预算总计 218.77 万元，其中中央预算内投资 24 万元，县级财政配套 194.77 万元。

县林业局为保质保量按期完成沿海防护林造林项目，将上述造林项目实行招投标。经过角逐，由青田县诚林园林绿化有限公司、浙江新春园林艺术有限公司等两个造林工程队中标。县林业局落实工程责任人，健全各级组织领导、做好工程管理和技术指导；由于措施得力，监管有力，经验收，所有指标符合要求，圆满完成任务。2014 年，全县防护林造林完成面积 850 亩，总投

资 218.77 万元；其中中央投资 24 万元、县财政配套投入 194.77 万元。

表 3-2-6-2 青田县 2007—2014 年沿海防护林建设完成情况汇总表

建设年度	任务数（亩）			完成数（亩）			投资额（万元）			
	合计	人工造林	封山育林	合计	人工造林	封山育林	合计	中央	地方	农民
2007	7500	2500	5000	7812	2632	5180	155.6	70	35	50.6
2008	8000	3000	5000	8262	3145	5117	300	160	140	
2009	25000	5000	20000	25970	5470	20500	396	250	146	
2010	10000	2000	8000	10000	2000	8000	146	96	50	
2011	8000	1000	7000	8000	1000	7000	86.25	69	17.25	
2013	10000		10000	10000		10000	87.5	70	17.5	
2014	800	8000		850	850		218.77	24	194.77	
合计	69300	21500	55000	70894	15097	55797	1390.12	739	600.52	50.6

表 3-2-6-3 2014 年青田县防护林造林投资一览表　　单位：亩、元、株

乡镇	村	实施地点	林班小班	小班面积	造林面积	造林前地类	亩株数	投资额	苗投资额				总投资额
									苗木规格	苗木品种	估计苗木数	苗投资额	
油竹街道	上村村	龙山	12.13.14	448	100	多年火烧迹地	110	99000	二年生裸根苗	木荷枫香等	11000	44000	143000
油竹街道	上村村	龙山	12.14	236	200	火烧迹地	167	110220	一年生裸根苗	木荷枫香等	33400	40080	150300
油竹街道	小口村	龙山	4.5	440	130	火烧迹地	167	71643	一年生裸根苗	木荷枫香等	21710	26052	97695
油竹街道	雅岙村	龙山	18.19	281	100	火烧迹地	167	55110	一年生裸根苗	木荷枫香等	16700	20040	75150
方山乡	松树下	田园边	20	97	50	多年火烧迹地	110	49500	二年生裸根苗	木荷枫香等	5500	22000	71500
方山乡	石前村	田园边	29.3	270	100	多年火烧迹地	110	99000	二年生裸根苗	木荷枫香等	11000	44000	143000
仁庄镇	仁庄村	水下垟	25	173	120	多年火烧迹地	110	118800	二年生裸根苗	木荷枫香等	13200	52800	171600
合计				1945	800			689445				162800	529100

第三章　绿化美化

在中国历史发展的长河中，植树造林和绿化美化环境是古人兴邦立国的大事，亦为古时的一种土风民俗。

古时，青田城镇绿化，因之依山傍水，道路弯曲狭窄，空地较少，无法进行绿化。民国时期，虽然在城区范围也曾经做过绿化工作，但成效甚微。中华人民共和国成立之后，开始种植行道树。20 世纪 80 年代后，城镇绿化初具规模。2000 年后，村庄绿化逐步开展，并取得较大成绩。至 2014 年，青田共完成村庄绿化 203 个，使村庄绿化率达 71%。创建省级森林村庄 20 个，创建绿化示范镇 3 个；市级绿化示范村 50 个；县级绿化示范村 22 个。

史籍载："古人于官道之旁必栽树……以荫行旅"。历史上，青田各地对道路边树木的保护、留养都十分重视。民国时期，对行人道路绿化以留养为主。民国 25 年（1936 年），县政府训令公路沿线及道路所在各乡镇民众栽植行道树，其中丽温公路两旁栽植 2 万多株，范围涉及境内 47 公里，树种主要有白杨、柳和刺槐等。中华人民共和国成立之后，县、乡公路的绿化大都由沿线乡村组织种植；国道、省道由公路部门负责种植和管理。至 2013 年，全县共有国道 134.96 公里，省道 68.06 公里，县道 272.06 公里，乡道 72.11 公里。所有道路，包括康庄工程道路，都进行全面绿化工作。

1999 年开始，进行规模巨大的瓯江绿色长廊建设。工程建设以生态公益林、商品林和绿色小城镇建设为重点，根据先易后难，先重点后一般，梯度推进，实施可持续发展的原则，采取"封、补、造、管、育"等各种营林措施，通过裸岩复绿、火烧迹地更新、无林地绿化、疏林地景观改造等措施，迅速地改变了瓯江沿岸的面貌。

瓯江绿色长廊工程建设历时 15 年，共人工造林 25793 亩，人工补植 28754 亩，退耕还林 120 亩；总投资达 1 亿多元。

第一节　城镇绿化

据《青田县志》（1990 年版）记载：中华人民共和国成立之前，鹤城镇有街、巷各 11 条。其中横街、上店街、大街和宝幢街为主要街道，但弯曲狭窄，空地较少，无法进行城镇绿化。民国时期，虽然在城区范围也曾经做过绿化工作，但成效甚微。

中华人民共和国成立初期，地方财政相当困难，基础设施十分落后，县城发展重心主要集中在瓯江北岸鹤城镇。1959 年，建成新大街。改革开放后，青田县域经济有了长足发展。自 1980 年开始，老城用地由西北向东南拓展。1985 年，建成少年宫路和龙津路；1990—2007 年，相继建成鸣山路、校场路、马鞍山路、塔山路、江南大道等多条街道。随着 330 国道复线的建成和金温铁路投入使用，鹤城开始跨过瓯江向西南发展。由于鹤城地处瓯江两岸谷地，用地条件十分有限，尤其是瓯江南岸有限的用地已不能适应青田经济结构的变化对用地的要求，城市建设用地已穿过山体，向油竹及山口方向发展。

1994 年，通过县城城市总体规划，将油竹片区划入县城；瓯江、太鹤、塔山大桥以及石郭

图 3-3-1-1 刘基广场绿化

岭隧道的沟通，使瓯江两岸紧密相连。1999年8月，通过旧城改造详细规划方案对比论证，改造街道小巷，建设舒适民居，充实基础设施，扩大绿地面积，县城景观风貌焕然一新。2002年，青田县又抓住城市化的契机，全面推进城市建设和发展，在原有城区的基础上，将温溪组团和山口纳入到城市发展区域内。2009年，通过青田县城市总体规划修编，将坦下新区、温溪新区、油竹生态工业区等建设，以及对沿江空间的优化作为未来城市发展的重要推动力。青田县中心城区东扩南展，县城面积与1949年相比，增加了三分之二，全县常住人口约为33.6万，已经初步具备了中小城市的框架。

青田城区有了较大发展，城市绿化工作逐步得到重视。20世纪60年代，新大街、临江路及鹤城东、中、西路两侧，种植法国梧桐、桉树、银杏、枫杨等大苗1203株。县政府和青田中学等单位专用绿地3730平方米，部分私人住宅种植庭院花木。1979年12月，经县革委会批准成立园林处，开始担负城镇绿化职能。

1981年投资27万元，于太鹤山兴建太鹤公园，园内有上百年古松205株，香樟、枫树、木樨、无患子等500余株。至1987年，鹤城镇绿地总面积9.85万平方米；其中：公共绿地7.65万平方米、道路绿地2.2万平方米。人均绿地面积2.67平方米，覆盖率8.48%。

1994年以来，县城绿化工作得到加强。据《鹤城镇志》记载，1994年，青田县城绿地22.2公顷，人均公共绿地面积4.6平方米，城市绿化覆盖率15.85%，城市绿地率14.35%。

2000年，县城新增绿化带1.5万平方米。其中，太鹤大桥北转盘绿化2000平方米，塔山台地园绿化3500平方米，临江东路绿化1万多平方米。栽植各种花木2万余株，铺植草坪1万余平方米。是年底，县城公园等六类绿地面积共35.25公顷，人均公共绿地面积6.27平方米，城市绿化覆盖率26.1%。旧城区绿地率25%。

2006年，县城新增绿地面积有：火车站广场0.5公顷，临江绿化带1.6公顷，水南大道隔离带0.85公顷，铁道边坡护坡0.83公顷，鹤城派出所0.04公顷，石雕博物馆0.12公顷，圣旨街广场200平方米，塔山大桥南北转盘1.22公顷，刘基广场1.3公顷。是年底，县城绿地面积共81.41公顷，绿地覆盖率为35.88%。

青田县城绿地系统布局，采取以郊野山林为大面积绿化背景（绿面），结合水系、路网的绿带（绿线）和公园、广场、街头绿地形成绿点，实现绿面包围城市，绿线穿插分隔城市，绿点点缀城市的点、线、面有机结合。

一、园林绿化

（一）太鹤公园

太鹤公园位于县城北隅太鹤山上，1981 年辟为公园，山地面积约 20.85 万平方米。园内植物有古松、樟树、枫树、柏树、毛竹等，绿化率 85% 以上；其中上百年古松 205 株，香樟、枫树、木榉、无患子等共 500 余株。

（二）龙津公园

位于龙津路口，瓯江之滨，面积 1.3 万平方米。园内有桂树、香樟、水竹、夹竹桃等植物，绿化率 50% 以上。

（三）烈士陵园

陵园位于鹤城东路北侧，占地面积 5700 平方米。陵园内栽植柏树、冬青、桂树等，绿化率 70% 以上。

（四）太鹤大桥北转盘绿化圈

位于太鹤大桥北端和临江西路东端交接处，面积 5000 平方米。绿化园地由草坪、观景平台、休闲平台等组成。草坪和平台栽植月季、红花檵木、红毛子等花木，绿化面积约 2000 平方米。

（五）太鹤大桥南转盘绿化圈

位于太鹤大桥南端与瓯青公路交接处，面积 3400 平方米。绿化圈设计反映太鹤的"太"字特征，"太"是以九为尊，用 9 棵大雪松衬托。绿地采用大、中、小 3 个花坛组合，与铺装道路草写的"2"字构成 2000 图案，隐喻青田人民迈向新世纪。

（六）城东入口绿岛

图 3-3-1-2 临江东路绿化

位于马鞍山脚,包括三角形绿岛、县法院大楼外侧绿化。绿化面积600平方米,种植红花檵木、金叶女贞、黄杨、桂花树等1000余株,铺设高羊茅草坪500平方米。

（七）西门转盘绿化园地

位于县城西门入口处,青田瓯江大桥北端。占地面积5600平方米。绿化园地由几个区块的草坪组成,栽植紫鹃、红花檵木和金丝桃等,绿化面积4000平方米。

二、单位绿化

根据《青田县城市总体规划》的要求,单位附属绿地面积占单位总用地面积比率不得低于30%,其中机关、学校、医院应达到35%；工矿企业、仓储、商业中心不低于20%。

2006年底止,县城单位附属绿化面积为县政府大院0.1公顷,正达开元大酒店0.18公顷,县人民医院0.25公顷,县法院0.03公顷,青田广播电视台、县烟草局、县供电局共0.1公顷,县检察院后院0.03公顷,县职业中学0.21公顷,县中医院0.1公顷,县第二中学0.12公顷,青田中学6公顷。以上单位的植被树木,高层有银杏、香樟、含笑、羊蹄甲、白玉兰、桂花、苦丁茶、黄山栾树、华盛顿棕榈、海枣、杜英、龙柏等；中层有茶花、无刺枸果球、红枫等；下层及地被植物有小叶冬青、大棘、红花檵木、杜鹃、八角金盘、金叶女贞、马尼拉、沿阶草等。

三、社区绿化

1998—2000年,县园林管理部门配合县建设局在别墅、塔山、采石、新建岭等小区创建绿化带,种植常绿灌木、花草,面积约2.1公顷。至2006年底,县城有16个社区绿地。

（一）**塔下社区** 绿地面积0.27公顷,绿化总投资27万元。

（二）**塔山小区** 绿地面积0.13公顷,总投资约13万元。绿化树种高层乔木有杜英、桂花、雪松、白玉兰等；中层小乔木有山茶、石榴、紫薇等；低层灌木及地被植物有金边黄杨、瓜子黄杨、小龙柏、红花檵木、小叶冬青、麦冬等。

（三）**鹤东小区** 绿地面积0.05公顷,总投资5万元。绿化树种高乔木有桂花等；中层小乔木有山茶、紫薇、石榴等；低层灌木及地被植物有瓜子黄杨、红花檵木、小叶冬青、麦冬等。

（四）**东苑小区** 绿地面积0.09公顷,总投资9万元。绿化树种高层乔木有桂花等；中层小乔木有果石榴、龙抓槐、山茶、海桐球、大叶黄杨球、含笑球、小叶冬青球等；低层灌木及地被植物有金边黄杨、小叶冬青、红花檵木、瓜子黄杨、海桐、麦冬、花叶蔓等。

（五）**鸣山小区** 绿地面积0.18公顷,总投资约18万元。绿化树种高层乔木有香樟、桂花、白玉兰等；中层小乔木有山茶、石榴、紫薇等；低层灌木及地被植物有金边黄杨、瓜子黄杨、洒金珊瑚、红花檵木、小叶冬青、火棘、花叶蔓、麦冬等。

（六）**金鹤苑小区** 绿地面积0.14公顷,总投资约14万元。绿化树种高层乔木有桂花、雪松、白玉兰等；中层小乔木有山茶、石榴、紫薇等；低层灌木及地被植物有金边黄杨、瓜子黄杨、火棘、红花檵木、小叶冬青、麦冬等。

（七）**新建岭小区** 绿地面积0.05公顷,总投资5万元。绿化树种高层乔木有桂花、白玉兰等；中层小乔木有山茶、石榴、紫薇等；低层灌木及地被植物有金边黄杨、瓜子黄杨、八角金盘、红花檵木、小叶冬青、麦冬等。

（八）**宝幢社区** 绿地面积0.32公顷,总投资32万元。绿化树种高层乔木有桂花、雪松、白玉兰等、中层小乔木有山茶、石榴、紫薇、红枫等；低层灌木及地被植物有金边黄杨、瓜子黄杨、小龙柏、红花檵木、小叶冬青、火棘、花叶蔓、麦冬等。

（九）**东门社区** 绿地面积 0.02 公顷，总投资 2 万元。绿化树种高层乔木有桂花、白玉兰、雪松等；中层小乔木有山茶、紫薇等；低层灌木及地被植物有瓜子黄杨、小龙柏、红花檵木、小叶冬青、火棘、麦冬等。

（十）**西门社区** 绿地面积 0.03 公顷，总投资 3 万元。绿化树种高层乔木有桂花、白玉兰等；中层小乔木有山茶、紫薇等；低层灌木及地被植物有瓜子黄杨、小龙柏、红花檵木、小叶冬青、火棘、麦冬等。

（十一）**水南社区** 绿地面积 0.36 公顷，绿化总投资 35 万元。

（十二）**石门小区** 绿地面积 0.26 公顷，总投资 26 万元。绿化树种高层乔木有乐昌含笑、桂花、雪松、白玉兰、华盛顿棕榈等；中层小乔木有山茶、石榴、紫薇等；低层灌木及地被植物有金边黄杨、瓜子黄杨、红花檵木、小叶冬青、火棘、麦冬等。

（十三）**栖霞小区** 绿地面积 0.1 公顷，总投资约 10 万元。绿化树种高层乔木有桂花、白玉兰等；中层小乔木有山茶、石榴、紫薇等；低层灌木及地被植物有金边黄杨、瓜子黄杨、红花檵木、小叶冬青、火棘、八角金盘、麦冬等。

（十四）**问鹤社区** 绿地面积 0.23 公顷，总投资约 23 万元。绿化树种高层乔木有桂花、白玉兰、华盛顿棕榈、香樟等；中层小乔木有山茶、石榴、紫薇、樱花等；低层灌木及地被植物有金边黄杨、瓜子黄杨、红花檵木、小叶冬青、火棘、爬山虎、麦冬等。

（十五）**花园降社区** 绿地面积 0.01 公顷，总投资 1 万元。绿化树种中层小乔木有山茶、法国冬青、紫薇等；低层灌木及地被植物有瓜子黄杨、小叶冬青、火棘、麦冬等。

（十六）**清溪门社区** 绿地面积 0.12 公顷，总投资 12 万元。绿化树种高层乔木有桂花、白玉兰、枫杨、重柳、香樟等；中层小乔木有山茶、石榴、紫薇、樱花等；低层灌木及地被植物有瓜子黄杨、红花檵木、小叶冬青、火棘、八角金盘、麦冬等。

四、其他绿化

（一）街道绿化

县城有鹤城中路、鹤城东路、临江东路、塔山路等 12 条街道栽植行道树。1998—2000 年，县建设（环保）局投入资金 109.3 万元，对老街道劣质树种全部进行更换。其中，1999 年，新大街的法国梧桐树，换上苗木胸径 12 厘米以上的香樟 70 株。2000 年，投资 300 万元，建成临江东路绿化带。该绿化带位于临江东路南侧，西起龙津公园，东至塔山下，长 1500 余米，平均宽度 20 米，绿化规模 2.2 万平方米。设置"春苑"、"夏苑"、"秋苑"、"冬苑"四个绿区，状似"项链"上的"珍珠"。绿地以低矮常绿灌木、耐踩草坪、花卉组成多种图案。植有锦熟黄杨、华盛顿棕榈、白玉兰、碧桃、红花檵木、小叶栀子等花木 7000 余株，配有自动洒水设施。至 2006 年底，街道绿地覆盖面积 3.21 公顷。

（二）居住地绿化

1998—2000 年，县建设（环保）局在县城别墅小区、塔山小区、采石小区、新建岭小区建设绿化带，设置各种形状的花坛，种植常绿灌木和花草，面积 2.1 公顷。

（三）苗圃绿地

位于西门山的县苗圃，有生产用地 6.02 公顷，主要为果圃，有板栗、柑橘、松木、樟树、水杉等。

五、中心城市各类绿地

（一）公园绿地现状（G1）

表 3-3-1-1　青田县城市公园绿地现状统计一览表

类型	序号	名称	绿地面积（公顷）	类型	序号	名称	绿地面积（公顷）
综合公园 G11	1	太鹤公园	20.85	带状公园 G14	14	山口滨江公园	0.93
	2	塔山公园	35.47		15	田步洋滨江景观带	5.05
社区公园 G12	3	刘基广场	1.28		16	港头村大峤华宝公园	1.94
	4	华侨广场	1.35		17	温溪江南榕堤景观带	3.02
	5	龙须岩公园	3.35	街旁绿地 G15	18	圣旨街广场	0.15
	6	学神公园	1.03		19	太鹤大桥北转盘	0.5
	7	温东公园	0.89		20	太鹤大桥南转盘	0.34
专类公园 G13	8	烈士陵园	0.4		21	西门大桥北转盘	0.48
	9	儿童公园	0.2		22	西门大桥南转盘	0.38
	10	千丝岩公园	8.05		23	塔山大桥南北转盘	1.19
	11	小石门公园	6.12		24	隧道口小公园	0.1
	12	石郭坑公园	10.6	合　计			105
带状公园 G14	13	龙津公园	1.33				

（二）生产绿地现状（G2）

表 3-3-1-2　城市主要生产绿地现状统计一览表

序号	绿地名称	所在区域	面积（m²）	主要绿化树种
1	西门山苗木场	太鹤山	13000	香樟、女贞、杜英等
2	彭裕苗圃	山口彭裕村	66900	龙柏、深山含笑、红叶石楠等
3	东堡山苗圃	东堡山北侧	70200	合欢、银杏、紫薇等
4	红罗山苗圃	红罗山	88700	女贞、山茶、桂花等

（三）防护绿地现状（G3）

青田县县城现状防护绿地面积为 118.46 公顷，其中以铁路边坡防护林和瓯江景观防护林为主，面积达 85.41 公顷。防护林带主要由抗性树种组成，如木麻黄、夹竹桃等。

表 3-3-1-3 城市主要防护绿地现状统计一览表

序号	防护绿地（G3）名称	绿地面积（公顷）	序号	防护绿地（G3）名称	绿地面积（公顷）
1	小溪至湖口铁路边坡绿地	7.18	8	东堡山北面铁路边坡绿地	2.6
2	西门大桥至湖口铁路边坡绿地	3.74	9	石溪坑防护绿地	5.15
3	水南铁路边坡绿地	2.18	10	小溪铁路边坡绿地	1.73
4	山口临江绿化带	4.1	11	小溪防护绿地	8.18
5	港头工业区防护带	3.49	12	港头铁路边坡绿地	7.08
6	温溪高速公路出入口景观防护绿地	10.34	13	瓯江防护绿地	60.9
7	温溪高速公路桥下防护带	1.79	合　计		118.46

（四）附属绿地现状（G4）

现状附属绿地面积共计 85.37 公顷，包括居住绿地、单位附属绿地和道路绿地，是城市绿地的重要组成部分。附属绿地有较大增幅，主要原因在于新区及工业园区的开发力度加大，同时城市居住区的开发，居住绿地面积逐年增长，许多房地产开发商在重视建筑质量的同时，也增加了绿化、景观、环境方面的投入，出现了较多较好的居住区。

1. 居住绿地现状

居住绿地建设状况良莠不齐，新建商品房小区绿地率普遍较高，能达到 28% 以上，老小区和新建移民安置房小区其绿地率普遍较低。居住区绿化质量、景观效果、休闲游憩设施等方面有待加强完善。

表 3-3-1-4 主要居住绿地现状统计一览表

所属片区	序号	附属绿地（G4）名称	绿地面积（平方米）	所属片区	序号	附属绿地（G4）名称	绿地面积（平方米）
鹤城及水南片	1	塔山小区	1300	鹤城及水南片	15	阳光山庄	15200
	2	鹤东小区	500		16	龙东小区	7800
	3	东苑小区	900		17	华庭小区	2600
	4	鸣山小区	1800		18	景都化庭	14000
	5	新建岭小区	500		19	高湾一期	7500
	6	月里湾小区	6000		20	景山小区	32300
	7	东门小区	1000		21	香溢新城（北区）	18000
	8	圣旨小区	100		22	香溢新城（南区）	14000
	9	西门小区	300		23	万基·爱丽丝特	65000
	10	谢桥小区	3300		24	绿洲花园	4600
	11	栖霞小区	1000		25	锦竹苑	2500
	12	石门小区	1000		26	官塘社区	3500
	13	景云小区	1200		27	侨中社区	500
	14	金鹤苑	2700	合　计			209100

2. 单位附属绿地现状

绿地建设根据各单位的性质，绿地率相差较大，总体上文、教、卫等附属绿地的绿地率较低，政府用地、新建厂区附属绿地的绿地率较高。

表 3-3-1-5 主要单位附属绿地现状统计一览表

所属片区	序号	附属绿地（G4）名称	绿地面积（平方米）	所属片区	序号	附属绿地（G4）名称	绿地面积（平方米）
鹤城及水南	1	广电、烟草、电力等	120	鹤城及水南	19	国家税务局	53
	2	县人民法院	560		20	县林业局	14
	3	中山中学	200		21	青田县教育局	41
	4	县第二中学	7000		22	青田县人口计划生育局	50
	5	县职业技术学校	5400		23	青田县妇幼保健所	25
	6	县石门中学	1800		24	中国司法	48
	7	县政府	1923		25	国家安全局	32
	8	县人民医院	2100		26	青田县实验小学东山校区	23
	9	县中医院	400		27	塔山小学	41
	10	鹤城派出所	400		28	公路养护公司	18
	11	县工商局	163		29	江南大道绿地	21700
	12	县公安局	100		30	塔山下航运码头（2006年为污水中转站）	500
	13	县司法局	48		31	交警大队前花坛绿地	700
	14	飞鹤山庄	7500		32	华侨中学	5000
	15	国际大酒店	104		33	青田中学	30000
	16	新县人民医院	14500		34	石雕博物馆绿地	1200
	17	江南学校	8000		35	启明幼儿园	1300
	18	青田县公路运管稽征所	36				

注：油竹、山口、温溪等镇资料未搜集

3. 道路绿地现状

城市干道如江南大道、临江东路等绿地率较高，其他道路尤其是老城区道路绿地率较低。城市行道树以香樟、无患子、银杏等为主。

道路绿地现状存在道路两侧建筑退道路红线距离过短，分车绿带单薄，绿化空间不足；行道树品种单一，花灌木、色叶树应用较少，各道路绿化水平不均衡，绿地率差异较大等问题。

表 3-3-1-6 主要城市道路绿地现状统计一览表

所属片区	序号	附属绿地（G4）名称	绿地面积（平方米）	所属片区	序号	附属绿地（G4）名称	绿地面积（平方米）
鹤城及水南片	1	西门山路绿地	2700	鹤城及水南片	10	新大街互通工程	600
	2	塔山小学前绿地	500		11	丹山门至仁塘湾沿线	600
	3	田步洋路	14500		12	330 国道	29400
	4	青岱线石郭段绿化	700		13	江南大道	23700
	5	石锦路	1500		14	鹤城路	26100
	6	江滨路赤岩段	3500		15	49 省道	43500
	7	过境公路原收费站	800		16	温中西路	19000
	8	城市道路绿地	44300		17	温东大街	1900
	9	零星公共绿地（行春门等）	3300	合　计			216600

（五）其他绿地现状（G5）

青田县城城市建设用地周围的其他绿地主要有石门洞风景名胜区、小石门景区、千丝岩景区等。这些绿地能充分发挥其维持碳氧平衡的生态效益，作为城市巨大的氧源地。

六、美丽县城建设

为贯彻落实中央城镇化工作会议精神及省委关于建设美丽浙江、创造美好生活的决策部署，提高县城规划建设管理水平，提升县城整体实力，促进大中小城市和小城镇协调发展，2014 年 9 月 22 日，省政府办公厅发布《关于加快推进现代化美丽县城建设的意见》（浙政办发〔2014〕105 号）文件，就加快推进我省现代化美丽县城建设提出具体意见和要求。

为加快"美丽县城"建设，提升青田县自然生态系统功能，县政府制定了《"美丽县城"建设三年行动方案（2014～2016 年）》。青田县委办下发《关于印发加快推进新型城市化建设"美丽县城"三年行动计划的通知》（青委发〔2014〕47 号）文件。

根据县委部署，县林业局从城市外围角度，制订了《"美丽县城"建设子方案（2014～2016）》，通过营林、防火、病虫害防治等综合措施，规划在 2014～2016 年实现森林抚育和封山育林 30000 亩，林相改造 15000 亩；推进生态公益林建设，加强防火、消防、野生动植物保护工作。努力打造林相丰富、景观优美、功能多样的生态环境，筑起城区的绿色屏障、彩色风景，改善城区的人居环境。县建设局制订了《青田城市绿地系统规划（2013～2030）》，提出了今后城市绿化的系统规划。从城市性质——中国华侨名城，休闲宜居滨水山城；职能定位——欧陆风情，山水家园角度进行绿化建设。相信通过一系列规划的实施，青田将以崭新的面貌，屹立在世人面前。

第二节 道路绿化

一、古道绿化

青田县境千山万壑，层峦叠嶂，人行古道开发历史久远。据《青田县交通志》记载：秦始皇统一六国后继续平服百越，曾开辟了一条由江西信江入福建浦城，经龙泉、丽水、青田至温州的进军路线。据《淮南子》载：秦始皇二十六年（221年），秦军从余干水（今信江）越过武夷山而达闽江、瓯江之地。秦末，东瓯王率军从鄱阳令吴芮助汉灭秦，秦亡后又助刘邦灭项羽，都是走的这条道路。唐代的全国驿道中，有一条从杭州经睦州、婺州、处州至温州的驿道，路过青田县境。元代戈溪站赤（有部分是水路），明、清代邮驿的陆路部分也是同一路线。

至于青田县城通往乡镇村的大路则更多，古道两旁绿化也较早。史籍载："古人于官道之旁必栽树……以荫行旅"。因而青田各地对道路的保护，路边树木的留养都十分重视；古时青田大部分村庄都成立有"路会"，规定每年秋季进行辟路、修路活动。据调查了解和古树名木普查，青田大部分古树都在古道旁，或者在古道凉亭遗址旁，树龄一般在 100～500 年。

据县档案局馆藏资料记载：民国 25 年（1936 年）7 月 16 日，县政府发布《青田县各山岭栽样行道树办法》，《办法》共 10 条，规定山岭两旁一丈内之固有大小树木，不论公有私有，一律留样，不得砍伐；责成各乡镇保、甲长保管路树，永远不得摧残。如有损害及盗窃，由公安局从严惩戒之。

以前道路绿化主要以留养为主，在每年辟路时有意识地在路边保留一些常绿乔木树种。主要有苦槠、甜槠、米槠、钩栗、栲树、木荷、马尾松，海拔较高的地区则以黄山松、柳杉、枫

图 3-3-2-1 奇云山古道（2013 年摄）

香等树种为主。古道现大部分已废弃，树木被砍，但在交通不便之地，古树现还继续发挥路人歇息蔽荫作用。

二、公路绿化

中华人民共和国成立之前，青田陆路交通多凭步行，也就无所谓公路绿化。据《青田县交通志》记载：民国22年（1933年）1月，丽（水）—青（田）—温（州）公路青田段动工兴建，次年11月通车。民国24年（1935年），县政府提倡种植乡镇、公路及山岭两旁之行道树，规定山岭两旁一丈以内，乡镇道路两旁五尺以内，以株距五尺的标准栽植适宜当地生长的如松、楮、枫、栎等乡土树种，并永久保护，不得摧残毁坏。否则，由乡公所呈报县政府或公安局从严惩罚。

民国25年（1936年），县政府训令公路沿线及道路所在各乡镇民众栽植行道树，共栽下松、白杨、女桢、侧柏、刺槐、刺杉、枫杨等行道树34.2万株，其中丽温公路两旁栽植2万多株，范围涉及境内47公里，树种主要有白杨、柳和刺槐等。

民国25年（1936年）2月29日，为保护公路行道树，县政府发布建字第41号布告："本县境内公路行道树，业经分段栽植完整，除分令沿

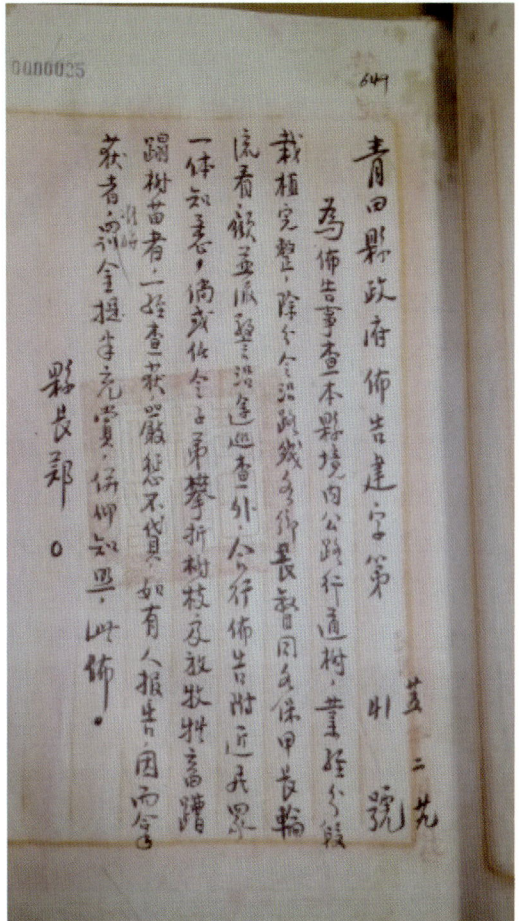

图 3-3-2-2 民国 25 年县政府布告
（县档案馆）

线各乡长督同各保甲长轮流看顾并派警巡查外，令行布告附近民众一体知悉。倘或任令子弟攀折树枝及放牧牲畜糟蹋树苗者，一经查获，严惩不贷"。

民国27年（1938年）10月，为阻止日本侵略军进犯内地，县政府奉命破坏公路；至民国29年5月4日，丽青温公路全线停驶。

中华人民共和国成立之后，1952年10月1日，丽青温公路修复通车。1954年3月，县政府号召公路沿线区乡群众种植行道树，共种植白杨树苗9347株，其中：温溪区1938株，鹤城镇1035株，城区655株，船寮区1713株，海口区3456株，章村区550株。6月份进行检查，成活率为80%。1955年，沿线道班工在道班房附近补栽行道树。1964年，沿线乡村群众与道班一起种植行道树8986株。1965年10月，林业部、交通部联合在武汉召开会议，将公路绿化提到重要议事日程上，青田的公路绿化随之加紧进行。此后，青田道班工区与沿线乡村签订合同共栽树苗30348株，绿化里程达42公里；合同规定，所种植的行道树收益按2：8分成，群众得8，公路部门得2。公路行道树管理困难，历年栽种的苗木常被破坏，沿线村民也时有偷砍成材树木的现象，特别是文化大革命时期的破坏更加严重。1987年，330国道青田段拓宽改造，原有行道树逐年减少。

20世纪60～70年代，县、乡公路的绿化大都由沿线乡村组织种植，由县林业局赠送苗木，

实行谁种谁有的办法，但成材后砍伐需经林业局和公路管理部门批准。1983 年，县政府发布《关于加强公路交通管理的布告》中规定：严禁砍伐、攀折或损坏公路两旁的行道树木，不得在树干上牵挂电线，要不断绿化造林，美化公路。1984 年，公路沿线村民积极种植行道树，并进行管理保护，公路绿化状况逐年好转。

改革开放后，青田县公路建设突飞猛进，全县交通四通八达，公路绿化随着公路建设同步进行。乡村公路的绿化也不例外。

2000 年，国务院发布《关于进一步推进全国绿色通道建设的通知》；同年，省政府下发《关于建设"万里绿色通道"的通知》。根据上级指示精神，县政府成立了以分管副县长为组长，县府办、林业局、交通局主要负责人为副组长，各有关单位和乡镇领导为成员的"青田县绿色通道工程建设领导小组"，办公室设在林业局，开展国道、省道绿化规划、设计；同时部署全县公路绿化，并由交通部门和林业部门联合组织实施绿色通道工程。

2002 年 3 月 12 日，黄垟乡龙潭背至石平川公路两侧绿化工程以及 3 个尾矿坝绿化工程竣工。公路两侧绿化面积达 300 多平方米。3 个尾矿坝面积 2.3 万平方米，种上了花草树木，就像 3 个大花坛。两个工程共植夹竹桃 5000 株、杨梅 1500 株、樟树 150 株、水杉 2500 株、冬青 2000 株、竹子 300 株，绿化草坪 5000 平方米。

2005 年，丽水市"绿通办"下达 330 国道青田段绿色通道补植 54.5 公里任务。县林业局在交通、公安、330 国道沿线乡镇的密切配合下，按照《浙江省公路绿色通道工程管理办法》规定，采取分段承包施工的办法，经林业技术人员和工程施工人员的共同努力，出色地完成了绿化任务。经县绿通办组织验收，330 国道青田段绿色通道绿化工程营造各类绿化苗木 22586 株。其中杜英 10267 株，马褂木 249 株，紫薇 9570 株，黄馨 2500 株。根据 330 国道青田段绿色通道工程种植管护协议，共兑现绿色通道绿化造林经费 192158 元，绿化苗木费 192719 元，两项合计共兑现资金 348477 元。

2006 年，由县绿色通道建设领导小组牵头，青田县侨声林业调查规划设计所对 330 国道青田段（39K-59K）绿色通道工程进行设计，由县林业局组织实施。高标准地绿化公路 13 公里，栽植乔木、灌木大苗 5351 株，花卉苗木 80220 株；同时修建花坛 3315 平方米。

图 3-3-2-3 仁川三沿公路绿化（2012 年摄）

至 2013 年，全县共有国道 134.96 公里，省道 68.06 公里；县道 272.06 公里，乡道 72.11 公里。所有道路，包括康庄工程道路，都进行全面绿化工作。

表 3-3-2-1 青田县道路绿化情况一览表

路线名称	可绿化里程	已绿化里程	路线名称	可绿化里程	已绿化里程
一、干线合计	203.025	203.025	X218331121 六东线支线	0	0
国道合计	134.963	134.963	X219331121 青文线	6.723	5.723
G1513 温丽高速	67.301	67.301	X220331121 老 330 国道	0.552	0
G330 温寿线	67.662	67.662	乡道合计	72.106	64.106
省道合计	68.062	68.062	Y201331121 仁庄—洋心	6.829	6.829
S230 青岱线	34.343	34.343	Y202331121 仁庄—小岭	5.754	5.754
S333 六东线	33.719	33.719	Y203331121 平桥—孙窟	10.936	10.936
二、支线合计	344.165	322.761	Y204331121 大洋—大路	2.21	2.21
县道合计	272.059	258.655	Y205331121 鹤城镇—金田	5.114	5.114
X201331121 瓯江大桥—北岸	24.564	24.564	Y206331121 铅锌矿—分水鸟	5.118	5.118
X202331121 瓯江大桥—双洋	38.214	38.214	Y207331121 铅锌矿—孙坑	4.997	4.997
X203331121 呑里—海口	29.693	29.693	Y208331121 温溪—小舟山	13.214	13.214
X204331121 红光—黄放口	14.098	14.098	Y209331121 港头—沙埠	0	0
X205331121 黄言—黄坦	47.693	47.693	Y210331121 白岩—坑底	0	0
X206331121 腊口—黄庄岭	29.679	29.679	Y211331121 下尾圩—徐呑	2.032	2.032
X207331121 下庄—铅锌矿	8.941	8.941	Y212331121 山口村—山口镇	0.795	0.795
X208331121 山口—方山	7.228	5.116	Y213331121 田呑门—湖边	1.809	1.809
X209331121 石平川—茅山	12.106	12.106	Y214331121 三塘汇—坑口	1.73	1.73
X210331121 道地—王呑	7.664	7.664	Y215331121 白岩—北山	0	0
X211331121 溪口—秋炉	7.562	7.562	Y216331121 北山—万阜	0	0
X212331121 塔山下—西门外	3.367	3.367	Y217331121 老山方线	2.259	2.259
X213331121 溪口—马寮	2.071	2.071	Y219331121 老黄黄线	1.309	1.309
X214331121 高沙—小群	2.99	2.99	Y219331121 汤垟路段	0	0
X215331121 小连云—祯旺	13.499	13.499	Y220331121 天师岭路段	0	0
X216331121 大安—凤垟	5.675	5.675	Y221331121 黄黄线—葵山	8	0
X217331121 黄言口—高湖	9.74	0	总　计	547.19	525.786

注：此数据参考县公路局 2013 年资料

表 3-3-2-2　2006 年 330 国道（39K ～ 59K）绿色通道工程规划设计表（右侧）

单位：米、株

起点	终点	长度	苗树木品种、数量							苗木总数	备注
			爬山虎	杜英	杨树	紫薇	黄馨	雪松	小苗		
38k+400	38k+700	300		290		60				350	
38k+700	38k+800	100		50		50				100	
38k+800	38k+900	100		20		50				70	
38k+900	39k+00	100		10		50				60	
39k+00	39k+100	100		50		50				100	
39k+200	39k+400	200		10		80				90	
39k+800	40k+00	200		60		80				140	
40k+00	40k+300	300		80		110				190	
40k+800	40k+900	100				60				60	
40k+900	40k+00	100		20		150				170	
41k+00	41k+100	100		60		50				110	
41k+100	41k+200	100		150		200				350	
41k+200	41k+300	100		10		50				60	
41k+300	41k+400	100		30						30	
41k+400	41k+500	100		30		40				70	
41k+600	41k+800	200			500					500	
42k+00	42k+200	200			400					400	
42k+200	42k+400	200			400					400	
42k+400	42k+500	100			200					200	
42k+500	42k+700	200			100	30				130	
42k+700	43k+00	300		30						30	
43k+00	43k+200	200		20		40				60	
44k+300	44k+400	100		10		50				60	
44k+400	44k+500	100		30						30	
44k+600	44k+700	100				20				20	
44k+700	44k+900	200		100		80				180	
45k+100	45k+200	100		10						10	
45k+100	45k+200	100				50				50	
45k+800	45k+900	100		10		20				30	
45k+900	45k+00	100		30		30				60	
46k+00	46k+100	100		20		40				60	
46k+100	46k+300	200		60		80				140	
46k+800	46k+00	200		50		60				110	

表 3-3-2-3　2006 年 330 国道（38K ～ 59K）绿色通道工程规划设计表（左侧）

单位：米、株

起点	终点	长度	苗树木品种、数量							苗木总数
			爬山虎	杜英	杨树	紫薇	黄馨	雪松	小苗	
47k+200	47k+400	200		35		10				45
47k+600	47k+700	100		25						25
47k+800	48k+00	200							7500	7500
48k+200	48k+400	200				80				80
48k+500	48k+700	200							10000	10000
54k+800	54k+900	100				30				30
55k+200	55k+300	100		70						70
55k+300	55k+400	100		20						20
55k+400	55k+500	100		30		50				80
55k+500	55k+700	200		60		25				85
55k+700	55k+800	100		150		40				190
55k+800	55k+900	100		100		40				140
56k+900	57k+00	100		80		50				130
56k+00	56k+100	100				8				8
56k+300	56k+500	200		40		50				90
56k+500	56k+700	200		90		80				170
56k+700	56k+900	200		180		100				280
57k+900	58k+00	100		60		40				100
38k+400	38k+700	300		25		15				40
38k+700	39k+00	300		10		150				160
39k+100	39k+400	300		30		170				200
39k+400	39k+500	100				20				20
40k+800	40k+900	100				40				40
40k+900	41k+00	100		20		40				60
41k+00	41k+100	100		10		20				30
41k+100	41k+200	100		25		25				50
41k+200	41k+300	100		30		30				60
41k+300	41k+400	100		40		30				70
43k+200	43k+300	100		20		20				40
44k+400	44k+500	100		50		20				70
44k+500	44k+600	100		40						40
44k+600	44k+700	100		80		20				100
44k+800	44k+900	100		20		15				35
44k+900	45k+00	100		15		20				35
45k+800	45k+900	100		10		10				20
45k+900	46k+00	100		15		15				30
46k+00	46k+200	200		50		20				70
46k+200	46k+300	100		10		10				20
46k+300	46k+400	100		50		10				60
47k+100	47k+300	200		35						35
47k+300	47k+400	100		45						45
47k+500	47k+600	100				15				15

续表 3-3-2-3

起点	终点	长度	苗树木品种、数量							苗木总数
			爬山虎	杜英	杨树	紫薇	黄馨	雪松	小苗	
47k+600	47k+700	100		10		10				20
47k+900	48k+00	100		15						15
48k+300	48k+500	200		25		15				40
48k+900	49k+00	100		30		20			10000	10050
49k+800	50k+00	200		30		10				40
50k+00	50k+400	400		30		30				60
53k+500	53k+700	200		20		20				40
53k+700	53k+800	100		20		20				40
54k+200	54k+500	300		40		20				60

表 3-3-2-4 2006年330国道（53K～112K）绿色通道工程规划设计表（左侧）

单位：米、株

起点	终点	长度	地类	苗树木品种、数量							苗木总数	备注
				爬山虎	杜英	杨树	紫薇	黄馨	雪松	小苗		
54k+500	54k+700	200					120				120	
54k+800	54k+900	100			7		10				17	
55k+00	55k+200	200					60				60	
55k+200	55k+400	200			30		40				70	
55k+400	55k+600	200					30				30	
55k+600	55k+700	100			45		25	600			670	
55k+700	46k+00	300			300			1720			2020	
56k+00	56k+200	200			20		20				40	
56k+400	46k+500	100			15		15				30	
56k+500	56k+700	200			30		30				60	
56k+700	56k+900	200			30		30				60	

第三节　村庄绿化

古时，青田县民就有在村头、房前屋后植树绿化的习俗，至今许多村庄还有大树留存（老百姓称风水树）。

1966 年以来，港头乡小峥村坚持连续 15 年种泡桐，全村共种泡桐 2.5 万株，计 1250 亩，人均 16 株，成为"泡桐之乡"。

2003 年 6 月 25 日，《中共中央、国务院关于加快林业发展的决定》（中发〔2003〕9 号）发布；2003 年 4 月 2 日，省委、省政府印发（浙委〔2003〕5 号）《关于进一步加快农村经济社会发展的意见》文件，决定在全省实施"千村示范、万村整治"工程。6 月 4 日，省委办公厅、省政府办公厅下发（浙委办〔2003〕26 号）《关于实施"千村示范、万村整治"工程的通知》文件，提出实施"千村示范、万村整治"工程的目标任务和基本要求：用 5 年时间，对全省 10000 个左右的行政村进行全面整治，并把其中 1000 个左右的行政村建设成全面小康示范村（以下简称

图 3-3-3-1 港头村道路绿化（2007 年摄）

"示范村"）。列入第一批基本实现农业和农村现代化的县（市、区），每年要对 10% 左右的行政村进行整治，同时建设 3 ～ 5 个示范村；列入第二、第三批基本实现农业和农村现代化的县（市、区），每年要对 2% ～ 5% 的行政村进行整治，同时建设 1 ～ 2 个示范村。"千村示范、万村整治"工程由各市、县（市、区）负责实施，省里主要抓好指导和检查。

同时，省绿委、省林业厅先后制定印发《浙江省村庄绿化规划指导意见》《浙江省"绿化示范村"创建活动实施意见》《浙江省"绿化示范村"考核验收办法》《浙江省村庄绿化技术规程》和《浙江省村庄绿化规划》，为"绿化示范村"的创建活动指明了方向。

2010 年 1 月 21 日，省委、省政府下发（浙委〔2010〕8 号）《关于加快林业改革发展 全面推进"森林浙江"建设的意见》，6 月 3 日，省关注森林执委会组织有关专家制定了《浙江省森林村庄创建考核办法（试行）》，正式启动森林村庄创建工作。

青田县按照省委、省政府"千村示范、万村整治"工作部署和森林村庄创建工作的指示精神，加强领导，加大投入，强化指导。结合新农村建设，村庄绿化工作深入推进，绿化示范村创建活动蓬勃开展。通过村庄绿化创建工作，一大批村庄面貌焕然一新，农村生产生活环境明显改善。

一、村庄绿化的推进措施

（一）加大宣传力度。宣传表彰先进绿化村庄，先进个人，充分调动广大干部群众的积极性，提高全民绿化意识，形成人人参与的良好局面。

（二）科学规划设计。通过有资质的单位或专业部门进行科学规划设计，力求做到因地制宜、适地适树，并融入适当的人文艺术，提高绿化质量。

（三）多渠道筹集资金。除申请专项资金外，积极争取地方财政，以及农业、建设、水利等相关部门的支持。

（四）加强技术培训。提升专业养护水平，整枝修剪、防病除害、灌溉排涝等日常养护交由专人负责，提高管理水平。

二、村庄绿化的组织形式

青田县村庄绿化工作结合新农村建设的"十百工程"同步进行，一般都经过专门的规划和设计。大部分村庄绿化由村民委员会组织实施，县林业局有关科室对其进行技术指导。绿化资金由村委自行负担，林业局给予适量的补助。绿化的管护主要由村民委员会安排，大部分村安排村老年协会负责，充分发挥老年人的余热，只有极少数村安排专人管理。县林业局在村庄绿化中，担负村庄绿化实施方案的制定，落实省、市绿化示范村建设，积极开展送苗下乡活动，实施绿化技术指导等工作，发挥了重大的作用。

三、村庄绿化的基本模式

通过绿化示范村创建实践，总结出适合青田村庄绿化的基本模式是：乔木＋灌木＋草皮。

图 3-3-3-2 陈宅村民居绿化（2008 年摄）

乔木树种主要有银杏、杜英、马褂木、红花木莲、香花槐、黄山栾树、桂花、紫玉兰、闽楠、夹竹桃、柏树等；灌木主要有紫薇、木槿、红花檵木、红叶石楠、小腊、杜鹃、小叶蚊母、小叶栀子花等。在公共绿地，主要配置绿篱加色块（红叶石楠＋小腊＋红花檵木＋小叶蚊母等），嵌种红花木莲、紫薇、桂花、紫玉兰、香花槐、黄山栾树等乔木树种，空地铺草皮。在防护绿地，主要用杜英、马褂木、黄山栾树、闽楠、夹竹桃、银杏，间种紫薇、木槿等；在房前屋后及庭院内，主要种植杜鹃、小叶栀子花、红花檵木球、红叶石楠球＋桂花、紫薇等。

从实际效果看，青田村庄绿化以乔木为主，灌木、果木为辅，间或用草皮，乔木类树种采用落叶和常绿相间，观花、观叶和观型相结合的方式；灌木类采用红叶石楠、小叶蚊母、紫薇等，形成红、绿、黄等色相间的灌木色块。在实际操作中，结合农村和农民的实际需要，合理地配置绿化树种。

四、村庄绿化的成效

2004年，阜山乡陈宅村和鹤城镇仁塘湾村各投资7万余元，建设花坛等公共绿地2933平方米，种植桂花、杜英、含笑等乔木树种1000余株，村容村貌为之一新。

2006年，方山乡龙现村被评为省级"绿化示范村"，高湖镇高湖村被评为市级"绿化示范村"。

随着新农村建设的推进，青田县村庄绿化工作取得了较大的进展。截止到2006年底，全县436个行政村中，共建成公共绿地24.6万平方米，房前屋后、庭院绿地66.2万平方米，村内道路、河道宜绿化地段等防护绿地25.2万平方米，其他绿地74.6万平方米，乔木树种和果木林占绿化面积比例80％以上。共有63个中心村完成村庄绿化工作，村庄完成绿化率14.4％，完成绿化村庄

图3-3-3-3 山口村休闲小公园（2008年摄）

图3-3-3-4 山口村居民庭院绿化（2013年摄）

中心村建成区的绿化覆盖率均达到 15% 以上。

在村域范围内,宜林荒山绿化率均达到 100% 以上,村内主要路、河、渠、堤的宜林地绿化率达到 81% 以上,距离中心村 500 米范围内的第一层山脊面村坡宜林荒山绿化率达 100% 以上。

2007 年,阜山乡陈宅村创建省级绿化示范村,鹤城镇仁塘湾村创建市级绿化示范村。

2008 年,山口镇山口村成立创建"绿化示范村"工作领导小组,由村支部书记任组长,全面负责"绿化示范村"的创建。他们积极争取有关部门建设资金和优惠政策,制订村庄整治规划和绿化规划,并由村民代表大会讨论通过后组织实施。2008 年投入资金 7.5 万元,在全村进行全面补充绿化。通过努力,实现村庄中心建成区绿化面积达 60.8 亩,宜绿化地段全部绿化,绿化覆盖率达 16%;建设村内小公园 2 个,计面积 16.6 亩,其他休闲绿地 24.2 亩,人均公共绿地 7.6 平方米,绿地率 71%。村有林业用地 11143 亩全部绿化,宜林荒山绿化率 100%;道路和河道绿化率 95%;农户庭院绿化比例 82%;义务植树尽责率 87%。基本形成布局合理、管理有序、道路整洁、环境优美、村民富裕的社会主义新农村。2008 年被评为市级绿化示范村;2009 年被命名为省级"森林村庄"称号。

图 3-3-3-5 洞背村绿化(2012 年摄)

2007—2010 年,青田共完成村庄绿化 203 个,村庄绿化率达 61%,创建省级绿化示范村 7 个,创建村庄绿化示范镇 3 个。

2012 年,高市乡洞背村被命名省级"森林村庄"称号。该村坚持规划先行,全村一盘棋,编制村庄绿化总体规划和具体实施方案。并严格按照规划和实施方案组织施工。一是抓好环村造林绿化:实施路、河、渠全面绿化;二是抓好环宅造林绿化:利用房前屋后,见

图 3-3-3-6 贵岙村村民休闲场地(2013 年摄)

缝插绿，乔、灌、花、草、藤结合，庭园、街道、景点相融。共建设环村林带 1 条，栽树 3000 株，绿化街道 2 条，道路、河道种植乔木 220 株，花灌 2350 株，建休闲广场 1 个，周围配有花圃和草坪。全村绿化覆盖率 25%，人均公共绿地 46.8 平方米，绿地率高达 88%；农户庭院绿化比例 88%；基本实现了居家环境、村庄环境、自然环境相统一、相协调、相促进的目标。

2013 年，高湖镇内冯村等 6 个村被命名为省级"森林村庄"；吴坑乡大仁村等 8 个村获评市级"绿化示范村"。

2014 年，村庄绿化创建工作取得丰硕成果。共有 35 个村分别获省、市、县绿化创建称号；其中贵岙乡贵岙村等 3 个村被命名为省级"森林村庄"；阜山乡阜山村等 10 个村获评市级"绿化示范村"。黄垟乡底项村等 22 个村获县级"绿化示范村"称号。实践证明，通过村庄绿化建设，形成绿化、美化、香化、彩化的绿色家园，使农村的山更绿、水更清、天更蓝、空气更清新、人民生活更美好，让更多的老百姓享受到"青山、绿水、蓝天"的生态建设成果，意义重大。

表 3-3-3-1 2006-2014 年森林村庄和示范村名单

年份	省级森林村庄	市级绿化示范村	年份	省级森林村庄	市级绿化示范村
2006 年	1. 方山乡龙现村	1. 方山乡龙现村			4. 高市乡洞背村
		2. 高湖镇高湖村			5. 石溪乡吴山村
2007 年	1. 阜山乡陈宅村	1. 阜山乡陈宅村			6. 石溪乡金泉村
		2. 鹤城镇仁塘湾村			7. 高湖镇内冯村
2008 年	1. 山口镇山口村	1. 山口镇山口村	2012 年	1. 东源镇东源村	1. 船寮镇大路村
	2. 温溪镇港头村	2. 温溪镇港头村		2. 高市乡洞背村	2. 船寮镇仁川村
2009 年	1. 温溪镇温溪村	1. 温溪镇温溪村			3. 祯埠乡锦水村
	2. 高市乡高市村	2. 高市乡高市村			4. 祯埠乡兆庄村
		3. 船寮镇石头村			5. 东源镇桃山村
		4. 舒桥乡舒桥村	2013 年	1. 高湖镇内冯村	1. 吴坑乡大仁村
		5. 舒桥乡古竹村		2. 仁庄镇冯垟村	2. 祯埠乡祯埠村
		6. 仁庄镇冯垟村		3. 东源镇桃山村	3. 贵岙乡贵岙村
2010 年	1. 船寮镇船寮村	1. 船寮镇船寮村		4. 油竹街道麻宅村	4. 汤垟乡洪口村
		2. 船寮镇赤岩村		5. 祯埠乡锦水村	5. 汤垟乡垟寮村
		3. 腊口镇腊口村		6. 船寮镇大路村	6. 黄垟乡石平川村
		4. 腊口镇石帆村			7. 黄垟乡金坑口村
		5. 东源镇红光村			8. 阜山乡前王村
		6. 东源镇东源村	2014 年	共 3 个：1. 贵岙乡贵岙村 2. 汤垟乡洪口村 3. 黄垟乡石平川村	共 10 个：阜山乡阜山村、鹤城镇金田村、鹤城镇石臼村、章旦乡章旦村、吴坑乡石洞村、汤垟乡汤垟村、汤垟乡干坑村、黄垟乡峰山村、章村乡黄肚村、方山乡松树下村
		7. 油竹街道小口村			
		8. 油竹街道麻宅村			
2011 年	1. 高湖镇高湖村	1. 祯埠乡岭下村			
	2. 腊口镇石帆村	2. 祯埠乡小群村			
		3. 腊口镇高坟岗村			

表 3-3-3-2 2014 年县级示范村名单

个数	县级绿化示范村
22 个	黄垟乡底项村、阜山乡周宅村、仁宫乡红花村、仁宫乡孙前村、贵岙乡小双坑村、贵岙乡东山村、贵岙乡孙坑村、仁庄镇仁庄村、方山乡周岙村、方山乡垟塘村、万山乡孙岸村、北山镇箬坑村、章村乡颜宅村、瓯南街道外旦村、瓯南街道南湾村、祯埠乡马岭脚村、祯旺乡祯旺村、祯旺乡谷甫村、祯旺乡上垟村、祯旺乡吴宅村、小舟山乡小舟山村、东源镇五星村

表 3-3-3-3 2014 年森林村庄、示范村补助资金表　　　单位：万元

乡镇	省级森林村庄 (2万/村)	市级绿化示范村 (1万/村)	县级绿化示范村 (0.5万/村)	补助资金
鹤城街道		金田村、石臼村		2
瓯南街道			外旦村、南湾村	1
阜 山 乡		阜山村	周宅村	1.5
章 旦 乡		章旦村		1
仁 宫 乡			红花村、孙前村	1
贵 岙 乡	贵岙村		小双坑村、东山村、孙坑村	3.5
吴 坑 乡		石洞村		1
仁 庄 镇			仁庄村	0.5
汤 垟 乡	洪口村	汤垟村、干坑村		4
方 山 乡		松树下村	周岙村、垟塘村	2
万 山 乡			孙岸村	0.5
黄 垟 乡	石平川村	峰山村	底项村	3.5
北 山 镇			箬坑村	0.5
章 村 乡		黄肚村	颜宅村	1.5
祯 埠 乡			马岭脚村	0.5
祯 旺 乡			祯旺村、谷甫村、上洋村、吴宅村	2
小 舟 山 乡			小舟山村	0.5
东 源 镇			五星村	0.5
合　　计				27

第四节　瓯江绿色长廊建设

瓯江是浙江第二大河，是青田人民的母亲河。瓯江青田段，全长 84.5 公里；两岸山转水转，溪谷纵横，山峦连绵，奇峰挺拔。由于历次人为的生态浩劫，繁茂的森林被破坏殆尽，原生植被已不复存在，代之以次生植被为主；又加之区内人口众多，人为活动频繁，森林火灾此起彼伏，导致两岸第一层山脊内 22 万亩山体森林覆盖率大幅度下降，光头山上的裸岩格外醒目。

造成山体裸露，岩石嶙峋，水土流失严重，生态环境状况严重恶化。为从根本上遏制瓯江生态环境恶化，调整人类与自然的协调关系，重塑青田山川秀美，适应青田经济和社会的可持续发展。1999年，县政府决定启动瓯江绿色长廊建设。2000年开始，采取人工造林及封山育林等措施组织实施规划；2001年至2003年积极实施退耕还林工程；2004年瓯江两岸规划建设省重点生态公益林8万亩，对林农实施损失性补偿，以减少林事活动对森林的破坏；2005年出台《村级护林防火巡查员考核办法》，聘用600余名巡查员，加强森林资源保护；2006年实施阔叶林发展工程，采用阔叶色叶大苗造林及阔叶化抚育改造，全县组建32支扑火队，建立3个森林防火远程视频瞭望台；2007年实施沿海防护林工程及生物防火林带工程，成立林政资源破坏活动专项整治工作队及护林防火巡查队；组织编制《青田县瓯江景观林工程总体规划》及《青田县瓯江景观林工程实施方案》。该规划以科学发展观为指导，以人与自然和谐共处为原则，以"欧陆风情，山水家园"为设计定位。通过多种营林措施，最终形成森林茂密，百花盛开，风景如画的瓯江景观林带。规划分10年实施，总投资1亿元。

一、高点定位，科学规划

（一）瓯江绿色长廊工程建设规划

根据县政府要求，1999年，县林业局在充分调查研究的基础上，编制了《青田县瓯江绿色长廊建设规划（1999～2010年）》。

瓯江绿色长廊规划起始于石帆乡陈山埠村，终点在温溪镇温溪港，全程84.5公里。沿瓯江两侧第一层山脊（第一层山较低，延伸至第二、三层山）为界，规划总面积22.61万亩。

瓯江绿色长廊区内有10个乡镇84个行政村，1个国有林场，4.86万户，涉及总人口14.33万。规划总面积22.61万亩中，瓯江水域面积1.97万亩，占8.7%；林业用地12.57万亩，占55.6%；

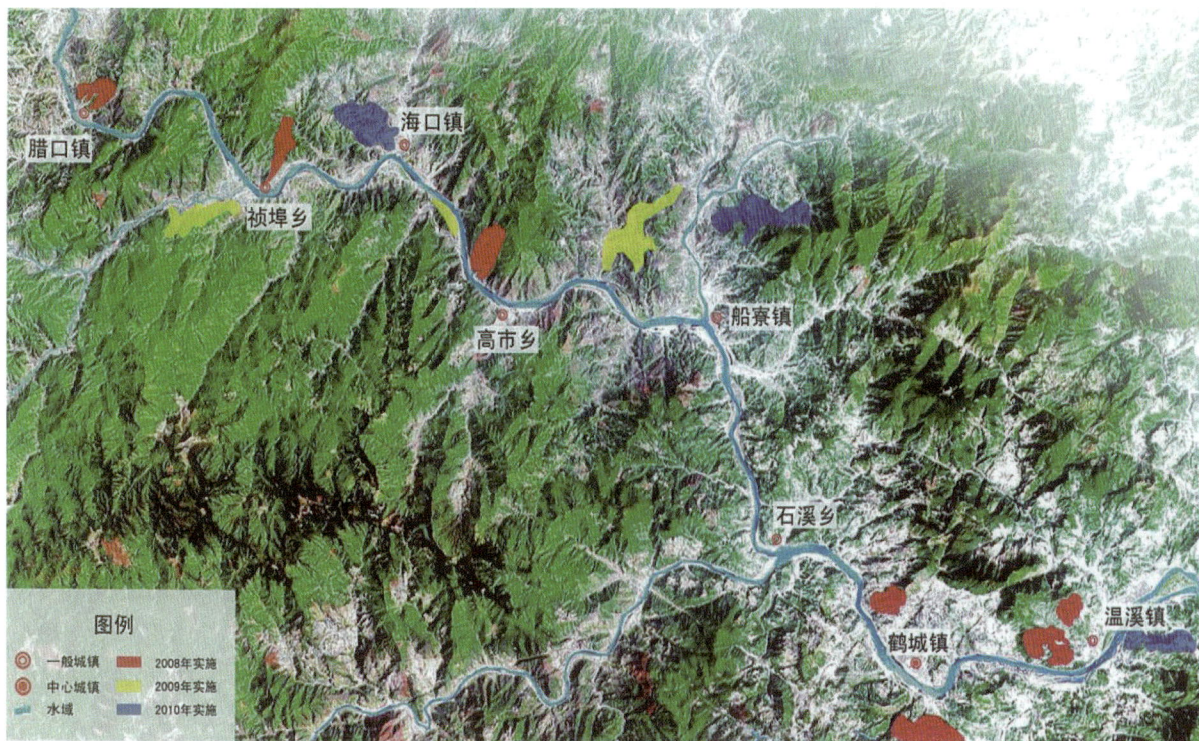

图 3-3-4-1 青田县瓯江景观林第一期分年度实施图

非林业用地 8.07 万亩，占 35.7%。瓯江绿色长廊工程建设区内森林活立木总蓄积量 12.82 万立方米，其中林分蓄积 12.48 万立方米，占 1.1%；四旁树木蓄积 0.2 万立方米，占 1.5%。

绿色长廊规划范围内，自然景观秀丽多姿；自然景观有岩碧头、千潭万石、石门洞、鲤鱼山、松木桃庄岛、湖边古松、太鹤公园、石郭坑、小石门、温溪古榕群等，其中以石门洞和太鹤公园最为有名。石门洞一百多处摩崖碑刻、太鹤山摩崖题刻、秦观碑记、谢客堂等是珍贵的民族文化遗产。

规划坚持因地制宜，从实际出发，根据林业"三大效益"既对立又统一的关系，合理配置资源。坚持"全党动手、全民动员、全社会办林业"的方针，明确县与乡（镇）、村，政府与各部门的权责关系，按照事权划分，分步实施，分级管理的原则；坚持上下结合，先易后难，先重点后一般，确定目标，梯度推进的原则；坚持可持续发展，既满足当代开发和保护的需要，又不对后代的生存和发展构成危害的原则；坚持统一行政管理，充分尊重群众意愿，稳定山权林权，保护林地所有者和经营者的合法权益的原则；合理布局，以生态公益林、商品林、绿色通道、绿色小城镇建设为重点，以兴村富民，生态资源安全保护为抓手，全面部署瓯江绿色长廊工程。根据规划，第一期（1999—2003 年）完成人工补植 3550 亩，经济林高接换种 1180 亩，人工造林 8948 亩（其中商品林人工造林 4980 亩），建设绿色小城镇（村庄）49 个。第二期（2004—2010 年）规划经济林高接换种 500 亩，商品林人工造林 1500 亩，建设绿色小城镇（村庄）35 个。

（二）瓯江生态景观林总体规划

2007 年 7 月，县林业局邀请浙江林学院园林学院的专家，历时 5 个月，在原《青田县瓯江绿色长廊建设规划》的基础上，编制《青田县瓯江生态景观林总体规划》，把瓯江绿化更进一步提高定位为生态、景观、色彩、大气；采取"以人为本，崇尚自然"的生态规划理念，在整个区域的点、线、面的景观架构中，前瞻性地溶入景观生态为审美原则，服从并服务于青田县经济和社会发展。2008 年 1 月，《青田县瓯江生态景观林工程第一期分年度实施方案（2008—2010 年）》完成。

二、建立组织，加强领导

瓯江绿色长廊建设是青田县的重点工程。县政府把瓯江生态景观林建设作为政府的一项重要工作内容来抓，把瓯江生态景观林建设列入长期的社会发展规划之中，使其能坚持不懈地按规划建设内容逐年分步实施。为保证规划的实施，县政府成立了瓯江绿色长廊工程建设领导小组，由县政府主要负责人担任组长，领导成员包括县府办、农办、计委、林业、农业、水利、土管、交通、城建、财政、银行及旅游部门的有关领导组成，领导因换届或工作调动，及时由新任领导补上；项目资金年年及时足额到位。规划区内的乡镇也成立了相应的领导小组，由各乡镇主要领导负总责，实行项目目标管理。为保证项目建设的技术措施到位，亦建立了技术实施小组，负责项目的技术指导和管理，当好领导小组的参谋。按照事权划分的原则，正确处理县与乡镇、乡镇与村、县政府与各部门的关系，合理分工，明确职责，整个绿色长廊工程建设由林业行政部门在县政府统一领导下，依法实行统一行政管理，负责整个项目的实施，重点做好技术指导，种苗调运，检查验收和山体绿化；交通部门负责铁路、公路绿化；风景旅游资源的开发保护，由旅游部门主管。瓯江滩涂圩地绿化，护岸林建设，由水利部门负责；各乡镇范围的建设，由各乡镇政府在有关部门的指导下组织实施。通过事权划分、分工负责、有效地将绿化长廊建设任务落到实处。2007 年 5 月 27 日，县第十四届人大常委会第十次会议专门安排议程对此议案进行了认真审议，并作出了《关于抓紧出台实施瓯江生态景观林总体规划的决议》。同年 12 月，县政府发文批复，同意由林业局组织实施《青田县瓯江生态景观林总体规划》。

三、周密部署，分步实施

2000 年，瓯江绿色长廊工程建设启动。根据建设瓯江绿色长廊的总体要求，根据规划的总体布局和目标，瓯江绿色长廊工程建设以生态公益林、商品林和绿色小城镇建设为重点，根据先易后难，先重点后一般，梯度推进，实施可持续发展的原则，主要以三方面营林措施进行：

（一）结合生态公益林建设

生态公益林建设面积 7.89 万亩，其中：防护林面积 7.48 万亩。人工造林 0.15 万亩，人工补植 0.36 万亩。防护林主要技术措施：全面封山育林，辅之以人工补植、人工造林；禁止一切形式的主伐作业；护路护岸林禁止樵采。特种用途林面积 0.41 万亩。人工造林 0.25 万亩。其中建设宽为 15 米的生物防火林带 78150 米，面积 0.18 万亩。主要技术措施：全面封山育林、禁止任何形式的采伐林木和樵采，保护古树名木，人工种植防火林种；人工补植阔叶树与珍稀树种、色叶树种为主，为景区增添景色，丰富色彩。

（二）结合商品林建设

分年度发展经济林 6030 亩，竹林 450 亩，经济林高接换种 1680 亩。商品林发展以市场

图 3-3-4-2 瓯江仁川段阔叶林封育成果（2007 年摄）

为导向，体现特色，以名特优稀占领市场。调整现有的经济林品种结构，通过高接换种，发展市场适销对路的品种，实施名牌战略，以质量取胜。

（三）绿色小城镇建设

规划区内有 10 个乡镇，84 个行政村，重点是做好四旁绿化，增加绿地面积，公路、铁路限期绿化，创造良好的环境。绿色小城镇建设，突出重点，鹤城镇、温溪镇、船寮镇、海口镇、腊口镇、山口镇率先行动达标；石帆乡、祯埠乡、高市乡、石溪乡紧随其后；行政村分期分批达到绿化美化要求。同时对乡镇村庄周围的古树名木严加保护。

在瓯江绿色长廊建设过程中，采取"封、补、造、管、育"等各种营林措施，通过裸岩复绿、火烧迹地更新、无林地绿化、疏林地景观改造等措施，迅速地改变了瓯江沿岸的面貌。为及时调整工程的进度和效果，县林业局又邀请专家，分别编制《生态公益林建设和重建工程规划》《优

质杨梅产业带基地建设规划》《种子种苗工程规划》《森林防火体系建设规划》等四个专题规划，这些规划的实施，极大地促进瓯江绿色长廊建设。

2004年，瓯江绿色长廊进入二期工程建设，建设力度不断加大，投资显著增加。整个工程以瓯江两岸为主线，以治理水土流失、涵养水源为重点，结合兴林富民工程、绿色通道工程、小城镇（村庄）绿化工程和农村建设，五大林业工程取得丰硕的成果：瓯江绿色长廊工程进展迅速，沿海防护林工程稳步推进，阔叶林发展工程取得突破，生物防火林带工程逐步开展，森林防火体系日臻完善。在推行"工程造林"、"大苗造林"以后，其造林进度明显加快，成活率明显提高，瓯江绿色长廊建设成果明显。

2008年，瓯江生态景观林工程启动。根据《青田县瓯江生态景观林总体规划》及《青田县瓯江生态景观林工程第一期分年度实施方案（2008～2010年）》，县财政拨款800万元，县林业局自筹200万元，共投入1000万元建设城区生态景观林工程3110亩。在县城周边，采用阔叶树种大苗营造了"灯笼树花园"、"紫薇谷"、"青田背景"、"弥勒换袈裟"、"水南夏韵"、"石郭之春"等10块生态景观林，先点后面，点面结合，稳步推进。"灯笼树花园"栽植有黄山栾树、香港四照花、木荷、杜英、香樟、含笑、紫玉兰、桂花、樱花等二十多种阔叶色叶观花树种，并开设了游步道。各景观林地块周围共营造了18公里生物防火林带，以提高森林的自我保护功能。该工程全部采用专业造林队承包造林，技术干部蹲点指导，严把整地关、苗木关、栽种关；县林业局营林技术干部巡回检查，保证营造一块成林一片。

2009年，根据规划和实施方案，全县投入500万元，完成造林6552亩，其中人工造林3132亩，林相景观改造3125亩。工程以县城鹤城镇为中心，向瓯江上下游纵深推进，重点选择了10块地段，涉及6个乡镇，分布在祯埠乡五里亭水电站，高市乡外雄电站，石门洞景区，船寮镇高速服务区，县城后山，青田县与温州接壤处等生态区位重要地段周边。各景观地块的树种配置，选择黄甜竹、枫香、黄山栾树、香樟、桂花、夹竹桃等丰富多彩的乡土树种，营造了"五里亭竹海"、"水井头秋梦"、"雄溪彩山"、"外雄风采"、"小峙仙境"等10块生态景观林。在营造景观的同时，更多地对原有林相较差的马尾松林进行景观改造，全部采用彩叶树种进行

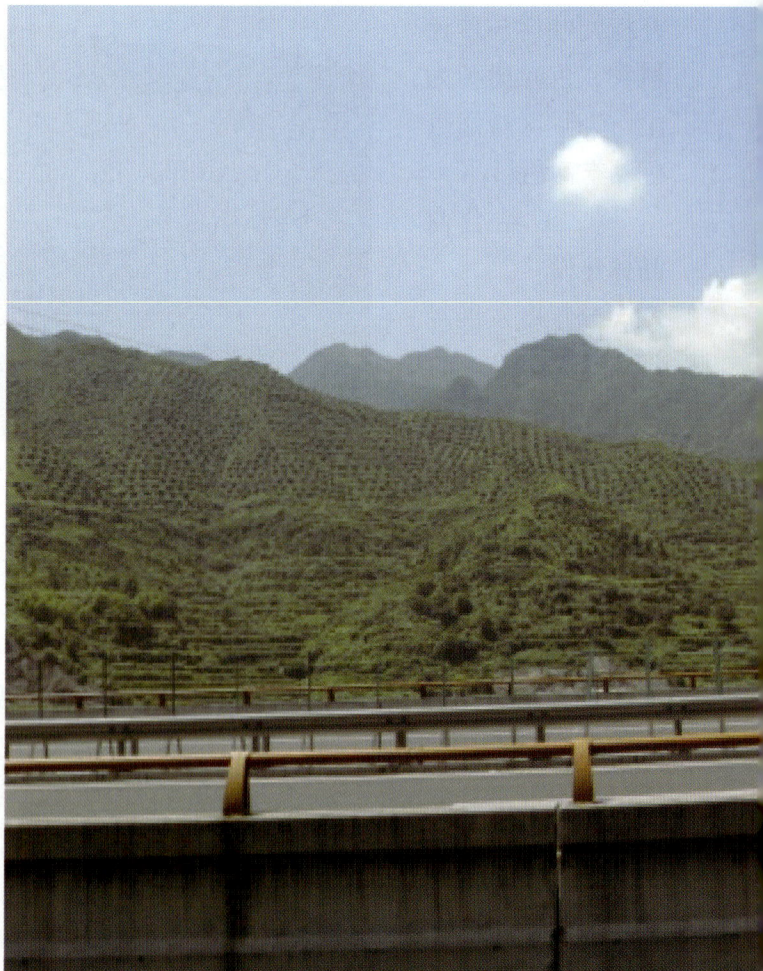

图 3-3-4-3 瓯江高市段杨梅基地（2007年摄）

配置，同时进行了黄甜竹的引种推广，突出了瓯江沿线山体的绿化、彩化、香化效果。

2010年，完成景观林建设任务共3597亩，其中人工造林1648亩。工程建设以船寮镇为中心，向瓯江上下游纵深推进，营造了"赤岩竹海"、"海口彩山"、"船寮风采"等4块生态景观林。各景观地块的树种配置，选择四季竹、枫香、无患子、香樟、桂花、木荷等色叶多彩的乡土树种。

2011年，全县投入300万元建设瓯江生态景观林建设，建成三沿景观林1000亩。并对3000亩近几年营造的景观林地块，采取劈草、覆土、施肥等营林手段，实施全面抚育措施。

2012年，全县投入100万元建成三沿景观林550亩，瓯江三沿景观林林相阔叶化改造3000亩。

2013年，景观林

图 3-3-4-4 瓯江白浦段杨梅基地（2007年摄）

图 3-3-4-5 瓯江北岸滩（2007年摄）

工程主要做好沿线的火烧迹地、荒山荒地进行乔木、经济林造林绿化，林相改造、森林抚育、封山育林等措施。全年完成了造林绿化和林相改造共 4434 亩，其中人工造林 1434 亩。

2014 年，景观林工程共完成 8619 亩，其中人工造林 1019 亩，全部采用彩叶树种进行配置，突出了瓯江沿线山体的绿化、彩化、香化效果。

经过十多年持之以恒的努力，瓯江绿色长廊建设已初见成效。现在，驱车瓯江青田段，就可以看见：两岸群山绵延起伏，森林茂密长势喜人；俯瞰铁路公路高速路，犹如腾飞的巨龙横贯其中；近看低山近水，杨梅成排柑橘成行，油茶、毛竹点缀其间；远眺高山远山，一片郁郁葱葱。"工程造林"、"大苗造林"的成果已经凸显；沿途绿色通道，乡镇、村庄绿树成荫；花团锦簇；沿江绿草茵茵，芦花摇曳；途中更有众多美景：石门洞，鲤鱼山、太鹤园、石郭坑、小石门、古榕群等，一个绿色的生态的瓯江长廊，仿佛重回人间。

表 3-3-4-1 青田县瓯江绿色长廊工程分年度造林面积统计表 　　单位：亩

年度	总面积	人工造林	补植	退耕还林
2000 年	582	139（其中马尾松 132 亩）	443（其中马尾松 337 亩）	
2001 年	523	488（其中防火林带 1206 米、经济林 221 亩）	35	
2002 年	772	652（其中马尾松 360 亩）		120
2003 年	1053	1053（其中防火林带 154 亩、竹林 38 亩、意杨 56 亩、经济林 595 亩）		
2004 年	1002	1002（其中意杨 38 亩）		
2005 年	4038	4038（其中防火林带 852 亩、杨梅 1177 亩）		
2006 年	4158	4028（其中湿地松 1037 亩、杨梅 445 亩）	130	
2007 年	4100	4100（其中杨梅 320 亩）		
2008 年	3110	2510	600	
2009 年	6552	3132	3420	
2010 年	3597	1648	1949	
2011 年	1000		1000	
2012 年	3550	550	3000	
2013 年	4434	1434	3000	
2014 年	8619	1019	7600	
合　计	47090	25793	28754	120

表 3-3-4-2 青田县瓯江绿色长廊规划统计表　　　单位：亩、个

单位（乡、村）	土地总面积	实施面积	生态公益林			商品林				绿色小城镇建设
			计	防护林	特用林	计	经济林	竹林	用材林	
合计	226155	125384	78870	74792	4078	46514	31640	2511	12363	84
石帆乡	18973	13781	5087	4926	161	8694	8384	42	268	9
腊口镇	15193	9272	5845	5730	115	3427	3182	202	43	5
祯埠乡	30270	20614	13298	13012	286	7316	5464	151	1701	9
海口镇	18706	11963	7875	7768	107	4088	3792	109	187	6
石门洞	1526	1419	1396		1396	23	14	9		1
高市乡	19122	11477	8238	8083	155	3239	1126	31	2082	5
船寮镇	40686	22674	16032	15442	590	6642	2608	613	3421	16
石溪乡	5302	2817	70	18	52	2747	222	120	2405	2
鹤城镇	46008	19121	14783	13834	949	4338	4022	304	12	19
山口镇	3957	418	98	73	25	320	318	2		1
温溪镇	26412	11828	6148	5906	242	5680	2508	928	2244	11

表 3-3-4-3 青田县瓯江绿色长廊生态公益林规划统计表　　　单位：亩

单位（乡、村）	规划面积	实施面积	规划措施				
			封山育林		人工造林		
			计	其中：人工补植	计	防护林	特用林
合计	78870	78870	78870	3550	3968	1520	2448
石帆乡	5087	5087	5087	300	486	330	156
腊口镇	5845	5845	5845		225	110	115
祯埠乡	13298	13298	13298		461	175	286
海口镇	7875	7875	7875	800	257	150	107
石门洞	1396	1396	1396		280		280
高市乡	8238	8238	8238	600	230	75	155
船寮镇	16032	16032	16032	350	748	350	398
石溪乡	70	70	70		52		52
鹤城镇	14783	14783	14783	800	962	310	652
山口镇	98	98	98		25		25
温溪镇	6148	6148	6148	700	242	20	222

表 3-3-4-4 青田县瓯江绿色长廊生态公益林造林规划实施表　　　单位：亩

单位乡、村	小班号	土名	造林方式	林种	面积	备注	单位乡、村	小班号	土名	造林方式	林种	面积	备注
石帆乡					630		外村		高市滩	人工造林	防护林	20	
青竹村		青竹圩	人工造林	防护林	50		船寮村					700	
青竹村		山后	人工补植	防护林	300		戈溪		戈溪滩	人工造林	防护林	70	
陈山埠		门前圩	人工造林	防护林	30		戈溪		戈溪洋头	人工补植	防护林	350	
石帆		石帆圩	人工造林	防护林	60		陈造		陈造圩	人工造林	防护林	30	
外垟		外洋圩	人工造林	防护林	80		上合		上合滩	人工造林	防护林	20	
石浦		石浦滩	人工造林	防护林	50		水井头		水井头滩	人工造林	防护林	30	
塔山湾		门前圩	人工造林	防护林	60		白岸		白岸滩	人工造林	防护林	20	
腊口镇					110		白崖		面岙滩	人工造林	防护林	10	
腊口		腊口圩	人工造林	防护林	60		洪府前		门前滩	人工造林	防护林	40	
浮弋		浮弋口圩	人工造林	防护林	30		大洋		大洋圩	人工造林	防护林	20	风杨
三塘汇		对面圩	人工造林	防护林	20		仁川		仁川圩	人工造林	防护林	60	
祯埠乡					175		西岸		西岸滩	人工造林	防护林	20	毛竹
锦水		锦水滩	人工造林	防护林	15		雷石		雷石圩	人工造林	防护林	30	水竹
岭下		大井头圩	人工造林	防护林	30		石溪乡						
小群		小群滩	人工造林	防护林	120		溪口		麻寮圩	人工造林	防护林	80	
陈篆		陈篆圩	人工造林	防护林	10	马尾松	鹤城镇					1460	
海口镇					950		上岸		港头圩	人工造林	防护林	20	
高沙		高沙埠圩	人工造林	防护林	80		湖边		湖边滩	人工造林	防护林	50	
南岸		南岸滩	人工造林	防护林	30		北岸		北岸滩	人工造林	防护林	40	
南岸		后半山	人工补植	防护林	300		湖口		湖口头圩	人工造林	防护林	20	
海口		源头	人工补植	防护林	200		一村		西门外后山	人工补植	特用林	350	
白岸		箭口	人工补植	防护林	300		水南		水南圩	人工造林	防护林	110	
界阜		界阜圩	人工造林	防护林	40		前仓		前仓圩	人工造林	防护林	20	
石门洞林场					280		前仓		东堡山	人工补植	防护林	450	
		洞口	人工造林	特用林	100		魁市		魁市圩	人工造林	防护林	20	
		公路边	人工造林	特用林	180		平演		平演圩	人工造林	防护林	30	
高市乡					675		温溪镇					780	
练岙		练岙圩	人工造林	防护林	30		高岗		高岗圩	人工造林	防护林	20	
雄溪		雄溪滩	人工造林	防护林	25		高岗		天彭头	人工补植	防护林	700	
外村		官岙山	人工补植	防护林	600		沙埠		小石门	人工造林	特用林	60	

表 3-3-4-5 青田县瓯江绿色长廊生物防火林带规划统计表　单位：米、亩、条

项目乡镇别	长度	宽度	面积	条数	项目乡镇别	长度	宽度	面积	条数
合　计	78150	15	1758	82	船寮镇	17700	15	398	19
石帆乡	6950	15	156	7	石溪乡	2300	15	52	3
腊口镇	5100	15	115	5	鹤城镇	13450	15	302	16
祯埠乡	12700	15	286	11	山口镇	1100	15	25	1
海口镇	4750	15	107	5	温溪镇	7200	15	162	9
高市乡	6900	15	155	6					

表 3-3-4-6 青田县瓯江绿色长廊商品林发展规划统计表　单位：亩

项目\乡镇别	规划面积	实施面积	经济林高接换种	人工造林 小计	经济林	竹林	用材林
合　计	46514	8160	1680	6480	5760	450	
石帆乡	8694	2310	630	1680	1680		
腊口镇	3427	150	150				
祯埠乡	7316	950	150	800	800		
海口镇	4088	580	130	450	450		
石门洞林场	23						
高市乡	3239	570	70	500	500		
船寮镇	6642	660	210	450	300	150	
石溪乡	2747	30	30				
鹤城镇	4338	1330	230	1100	1100		
山口镇	320	300		300	30		
温溪镇	5680	1280	80	1200	900	300	

表 3-3-4-7 青田县瓯江绿色长廊建设分期规划表　单位：亩、个

项目\建设时间		生态公益林 封山育林（万亩）	人工补植	人工造林	生物防火林	商品林 经济林高接换种	人工造林	建设绿色小城镇（含行政村）	备注
合计		94.68	3550	2210	1758	1680	6480	84	
一期	小计	39.45	3550	2210	1758	1180	4980	49	
	1999 年	7.89	1650	450		150	800	2	
	2000 年	7.89	1900	500	258	350	1000	4	
	2001 年	7.89		500	700	200	1000	8	
	2002 年	7.89		500	400	200	1000	15	
	2003 年	7.89		260	400	280	1180	20	
二期	2004 至 2010 年	每年 7.89				500	1500	35	

表 3-3-4-8 青田县瓯江绿色长廊商品林改造、造林规划实施表　　单位：亩

单 位（乡、村）	小班号	土名	造林方式	林种	面积	备注
石帆乡					2310	
石 帆		乌坦山	人工造林	经济林	380	
石 帆		大桥底	高接换种	经济林	200	
高凤岗		陈岙底	人工造林	经济林	150	
高凤岗		陈岙底	高接换种	经济林	50	
虞 宅		虞宅山	人工造林	经济林	300	
虞 宅		虞宅山	高接换种	经济林	50	
太保庙		管 山	人工造林	经济林	250	
太保庙		管 山	高接换种	经济林	100	
石 浦		柴山顶	人工造林	经济林	600	
石 浦		门前田	高接换种	经济林	100	
塔山湾		后 山	高接换种	经济林	50	
外 洋		外洋圩	高接换种	经济林	80	
腊口镇					150	
腊 口		九龙山	高接换种	经济林	100	
浮 弋		门前山	高接换种	经济林	50	
祯埠乡					950	
岭 下		大井头	人工造林	经济林	200	
陈 篆		陈篆山	人工造林	经济林	600	
陈 篆		圩地后	高接换种	经济林	150	
海口镇					580	
高 沙		高沙埠	人工造林	经济林	450	
南 岸		南岸圩	高接换种	经济林	80	
界 阜		后 坑	高接换种	经济林	50	
高市乡					570	
外 村		石门洞下	人工造林	经济林	500	
外 村		凉亭门前	高接换种	经济林	70	
船寮镇					660	
戈 溪		戈溪外林滩	高接换种	经济林	50	
上 合		上合寮	人工造林	竹林	150	
白 岸		白岸滩	高接换种	经济林	50	
仁 川		仁川圩	高接换种	经济林	60	
西 岸		后 山	人工造林	经济林	300	
西 岸		西岸滩	高接换种	经济林	50	
石溪乡					30	
溪 口		麻寮圩	高接换种	经济林	30	
鹤城镇					1330	
上 岸		港头山	人工造林	经济林	900	
上 岸		港头山	高接换种	经济林	100	
京 岙		桥头山	人工造林	经济林	200	

续表 3-3-4-8

单 位（乡、村）	小班号	土名	造林方式	林种	面积	备注
二 村		酒厂后山	高接换种	经济林	80	
圩 仁		潘 山	高接换种	经济林	50	
山口镇					300	
彭 括		彭 括 山	人工造林	经济林	300	
温溪镇					1280	
小 峙		寮后山	人工造林	竹林	150	
高 岗		岗 后	人工造林	经济林	200	
塘里呑		龙基山	人工造林	经济林	100	
沙 埠		山 根	人工造林	经济林	450	
沙 埠		山 根	高接换种	经济林	80	
沙 埠		山 根	人工造林	竹林	150	
温 溪		樟树坪	人工造林	经济林	150	

第四章 生态公益林

生态公益林是指生态区位极为重要，或生态状况极为脆弱，对国土生态安全、生物多样性保护和经济社会可持续发展具有重要作用，以提供森林生态和社会服务产品为主要经营目的的重点的防护林和特种用途林。包括水源涵养林、水土保持林、防风固沙林和护岸林等；自然保护区的森林和国防林等。生态公益林也是保护和改善人类生存环境、维持生态平衡、保存物种资源、科学实验、森林旅游、国土保安等需要为主要经营目的的森林、林木、林地。

青田从古代开始就注重生态性、公益性林木的保护。历史上各地在宗祠、庙宇、水口、道路等处采取的封山育林都属于此范畴。但在漫长的历史时期内，人们对森林在生态环境改善中的巨大作用并没有引起足够的重视，封山育林大多以保护和培养林木为主要目的，而且时断时续，局限在部分地区，规模也相当有限。

中华人民共和国成立初期，林业成为以木材生产为主的产业部门，在"以粮为纲"的时代背景下导致了毁林开荒，加剧了生态环境恶化。1978 年以后，人们开始认识到林业既是一项重要的基础产业，又是一项重要的公益事业，应同时兼有社会、经济和生态三大效益。20 世纪 70 年代，美国经济学家克劳森和塞乔博士等人提出森林多效益主导利用的思想，在森林多效益主导利用的经营管理体制下，一部分提供环境和游憩的自然保护林，另一部分是集约经营的工业人工林，即实行分类经营。1995 年，国家正式提出以森林的主导功能不同，将森林划分为商品林和公益林。1998 年，国务院印发全国生态环境建设规划的通知。1999 年，青田列入生态公益林试点县。2006 年，省林业厅下发（浙林计〔2006〕121 号）《浙江省重点公益林建设和管理考核办法(暂行)》。2008 年,省林业厅下发《浙江省重点公益林建设和管理考核实施细则(修订版)》。2013 年 5 月 14 日，省林业厅印发（浙林造〔2013〕44 号）《关于切实加强生态公益林建设管理有关工作的通知》，要求加快进度，做好 2013 年度补偿资金发放工作；规范程序，确保公益林补偿资金发放公开透明；依法管理，落实生态公益林管护措施；完善提高，妥善处理公益林管理遗留问题。同年，国家林业局、财政部联合印发（林资发〔2013〕71 号）《国家级公益林管理办法》。

生态公益林建设在青田森林生态建设史上具有重要的里程碑意义。1999 年 5 月，在县委、县政府的领导和有关部门的支持下，县林业局开始着手开展生态公益林规划，同年 10 月完成规划工作。2001 年完成区划界定；2003 年完成公益林区划完善。根据规划，1999—2003 年，一期公益林建设面积 801627 亩；经补充完善，新增扩面，至 2014 年，全县省级以上重点生态公益林建设面积总计 176.1992 万亩，占全县林业用地总面积的 57%。重点公益林建设面积规模位列全市第二位，列遂昌县、淳安县之后居全省第三位。公益林建设布局趋向合理，突出了饮用水源和连片阔叶或针阔混交林的重点保护，生态区位功能总体布局更趋完善。经过十多年来的公益林建设保护与发展，森林生态环境得到显著改善，全县林业用地面积、蓄积量、森林覆盖率实现三增长，林种结构得到优化，林分郁闭度得到提高，森林涵养水源、改善水质、固土保肥、固碳释氧、净化空气的生态社会经济效益日益明显。

第一节　建设概况

一、组织机构

1999 年，青田县被列入林业分类经营试点县。同年，县政府下发文件，成立由分管县长为组长，林业、农办、财政、水电、农业等部门主要领导组成的"青田县生态公益林建设领导小组"；领导小组设立办公室，办公室设在县林业局内。

2001 年 9 月，县政府建立林业分类经营工作领导小组。

2008 年 11 月和 2009 年 6 月，县政府对县公益林建设领导小组成员进行了调整。

2011 年 8 月 31 日，县编委发文（青编〔2011〕23 号），设立青田县公益林管理中心，核定全额事业编制 3 名。

全县各乡镇（街道）均建立了相应的生态公益林建设管理机构，人事变动及时进行调整。

二、生态公益林规划及区划界定

（一）1999 年生态公益林规划

根据浙江省林业厅部署，1999 年 5 月，县林业局组织 60 多名林业干部，利用 1999 年森林资源二类调查小班和万分之一山林现状图开展生态公益林规划工作。

1.生态公益林规划原则

生态公益林规划注重与本地国民经济、社会发展及《瓯江绿色长廊规划》相协调的原则。为当地经济、社会发展和环境保护提供科学依据。

遵循森林的生态、经济效益相统一原则。结合森林的自身特点，本着发挥其生态、社会、经济三大效益的最佳性能，使其向可持续发展的最佳结构调整，增强林业后劲。

生态公益林规划实行一步到位，分步实施的原则。森林分类经营是事关全局、延续性极强的工作，作为规划要一步到位，又要针对实际情况，因地制宜，分步实施规划，提高规划的可操作性。

2.公益林规划主要区位

（1）分线、面总体布局

沿330国道、金温铁路及大溪两侧，即温溪镇至石帆乡林地的第一层面。

沿省道青景线及小溪两侧，即鹤城镇至岭根乡的第一层山面。

沿省道青永线两侧，即青田至石平川的第一层山面。

沿省道青岱线两侧，即青田至汤垟乡的第一层山面。

重点水库、山塘流域四周的第一层山面。

重点集镇、村庄四周的第一层山面。

（2）分乡镇、国营林场等具体布局

依据各乡镇、国有林场的山林现状和公益林主体功能，做出具体规划。全县生态公益林除石门洞、太鹤公园等重点风景区规划为风景林外，其余大多数规划为水土保持林、水源涵养林和农田防护林等。全县合计规划生态公益林1233246亩，占林业用地面积40.31%。其中防护林779765亩，特用林30446亩，灌木林74090亩。用材林328464亩，竹林10264亩，经济林4809亩。疏林264亩，未成林造林地2603亩，无林地2521亩。

3.分期建设规划

根据公益林主体功能的轻重缓急，将公益林建设分为三期。

近期规划：完成任务期限是2005年。总面积479856亩，占规划公益林总面积38.91%。①公益林主要集中在大溪两岸及其流域治理区，面积451501目，其中属《青田县瓯江绿色长廊建设规划》面积7.89万亩，涉及温溪镇、山口镇、鹤城镇、石溪乡、船寮镇、高市乡、海口镇、祯埠乡、腊口镇、石帆乡、石门洞林场等10个乡镇1个国营林场。②青田县主要电站——金坑水库流域治理区，面积25834亩，涉及季宅乡。③涉及双洋乡等10个乡镇的无林地2521亩，其中火烧山252亩，其他荒山2269亩。④疏林补植264亩。

中期规划：完成任务期限是2006年至2010年。规划面积352982亩，占规划生态公益林面积28.62%，分布于省道"青景"线、"青岱"线、"青永"线两侧及其管辖区。分布范围包括仁宫乡、巨浦乡、北山镇、岭根乡、仁庄镇、汤垟乡、东源镇、黄垟乡等8个乡镇，1个国有林场峰山林场。生态公益林主要功能为水源涵养和水土保持。

远期规划：完成任务期限是2011至2015年。规划面积402929亩，占规划生态公益林总面积32.47%，多数分布在边远山区，对生态环境影响较小，属水源涵养林和水土保持林体系建设的延续部分。规划范围涉及舒桥、祯旺、海溪、高湖、万山、万阜、章旦、方山、吴坑、小舟山、贵岙、章村等乡镇，还有金鸡山林场、八面湖林场、大洋山林场、峰山林场。

（二）2001年森林分类区划界定

根据省林业分类经营领导小组的统一部署，青田县从2001年10月开始，全面展开森林分类区划界定工作，并于2002年1月结束，历时2个月。在充分尊重群众意愿的基础上，通过认真、细致的现场界定，签订《生态公益林现场界定书》414份，共界定生态公益林955130亩，占林业用地总面积31.2%，分布在全县所有33个乡镇388个村（林区），5个国有林场，计6839个小班。其中国家级公益林界定书139份，面积344859亩，占公益林总面积的36.1%，省级公益林界定书250份，面积41673亩，占公益林总面积4.4%。

在布局上，按照"因害设防、生态优先"的原则，以保护大江、大河和重要交通干线为重点，把水土保持林、水源涵养林和护路林作为生态公益林主要界定对象；三类二级森种界定总面积

921912 亩，占公益林 96.5%，不同事权等级公益林和总体布局如下：

1. 国家公益林

根据《国家公益林认定办法（暂行）》《浙江省生态公益林认定办法（暂行）》以及《浙江省森林分类区划界定操作细则》等规定，青田县国家公益林主要分布在滩坑水库周围、国道和国防公路两侧。

滩坑水库属于库容一亿立方米以上的大型水库，本次区划界定国家公益林面积 174752 亩，占全县国家公益林总面积 50.7%；330 国道及国防公路两侧的生态公益林面积为 168880 亩，占国家公益林总面积 49.0%。此外，山体坡度在 36 度以上土层脊薄、岩石裸露（岩石露出地面 50% 以上）、森林采伐后难以更新或森林生态环境难以恢复区域的生态公益林 1227 亩，占全县国家公益林总面积 0.3%。

按乡镇权属分，国家公益林涉及 17 个乡镇，1 个国有林场，总体以瓯江沿线 10 个乡镇、石门洞林场和西北、西南部山区乡镇为主，面积在万亩以上的重点乡镇有北山、岭根、船寮、鹤城、仁庄、山口等 10 乡镇，合计面积 302606 亩，占国家公益林总面积的 87.7%。

2. 省级公益林

省级公益林主要分布在瓯江一级支流源头汇水区及其一、二级支流两侧，库容在 1000 万～1 亿方立米的中型水库周围，石门洞森林公园，省级自然保护小区和国有林场，以及山体坡度在 26 度以上土层脊薄、岩石露出（岩石露出地面 50% 以上）、森林采伐后难以更新或森林生态环境难以恢复等重要生态地区。其中，瓯江一级支流源头汇水区，实际区划界定公益林面积达 23686 亩，占全县省级公益林总面积 4.2%；位于瓯江一、二级支流两侧公益林面积 434056 亩，占省级公益林总面积 76.3%；中层水库的金坑水库、大奕坑水库、双坑口水库周围公益林面积 26754 亩，占省级公益林总面积 4.7%；森林公园、省级自然保护小区和国有林场公益林总面积分别为 24903 亩、5317 亩和 17935 亩，分别占省级公益林总面积 4.4%、0.9% 和 3.2%；山体坡度在 26 度以上的区域生态公益林为 32905 亩，占省级公益林总面积的 5.8%；金温铁路两侧公益林 3042 亩，占省级公益林总面积 0.5%。

按乡镇权属分，省级公益林涉及 30 个乡镇和 5 个国有林场，面积在万亩以上的乡镇有祯旺、祯埠、高湖、仁宫、巨浦、仁庄、贵岙等 16 个乡镇和 3 个国有林场，合计面积 477378 亩，占省级公益林总面积的 84.0%。

3. 县级公益林

县级生态公益林主要分布在四级以上县乡公路两侧，以及库容量在 10 万～1000 万立方米的小型水库周围。其中四级以上县乡公路两侧界定生态公益林 27236 亩，占县级生态公益林总面积 65.4%；小型水库周围生态公益林面积 14437 亩，占县级生态公益林总面积 34.6%。

按乡镇权属分，县级公益林涉及 4 个乡镇，主要分布在双洋、阜山、章旦、仁庄等乡镇，合计面积 41673 亩，占县级公益林总面积的 4.4%。

（三）2004 年的补充完善

根据省林业分类经营工作领导小组《关于开展生态公益林区划完善工作的通知》（浙林分类办〔2003〕1 号）文件精神，青田县在 2003 年开展公益林区划完善工作，对全县原规划的生态

公益林进行了全面核实，经过认真、细致的补充完善后，最终区划界定全县公益林面积 97.873
万亩，占全县林业用地面积的 32%，其中国家级公益林 34.4645 万亩，省级公益林 59.2412 万亩，
县级公益林 4.1673 万亩。

2004 年 7 月，根据省林业厅《关于进一步做好国家级重点公益林区划界定完善工作紧急通知》
（浙林造〔2004〕112 号）文件精神，青田县在 2001 年、2003 年区划界定成果的基础上，又对
全县省级以上公益林作了进一步调整完善。完善后，全县省级以上重点生态公益林建设规模为
77.5939 万亩，占林业用地总面积的 25.4%。其中，国家级重点公益林 54.7876 万亩，占重点公
益林总面积的 70.6%，省级重点公益林 22.8063 万亩，占重点公益林总面积的 29.4%。

2005 年，根据上级有关精神，对国家级公益林面积进行了调整，从 54.7876 万亩减至
50.6152 万亩，省级公益林从 22.8063 万亩增至 26.9787 万亩。

（四）2008 年的新增扩面

2008 年，根据省林业厅《关于申报国有林场重点公益林增划面积的通知》的相关要求，青
田县对国有林场进行小幅扩面，新增公益林面积 25688 亩。经过这次小幅扩面后，2009 年全县
重点生态公益林建设面积达到 80.1627 万亩。

2009 年，省委、省政府决定扩大省级公益林建设规模 1000 万亩，以进一步加大对农村特
别是欠发达地区的扶持力度。青田县积极组织开展省级公益林扩面区划界定工作。2010 年，青

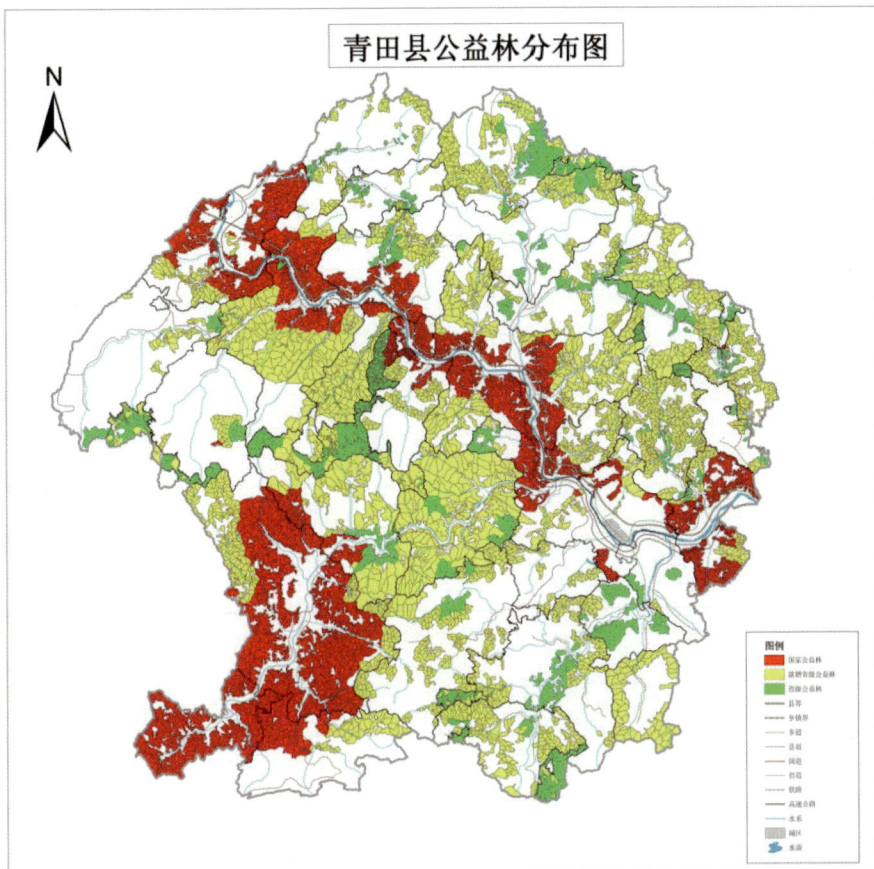

图 3-4-1-1 青田县公益林分布图

田县新增省级重点公益林 96.0365 万亩，突出了饮用水源保护地和连片阔叶或针阔混交林的重点规划保护，生态区位功能总体布局更趋完善。本次扩面区划界定省级重点公益林 96.0365 万亩均为有林地，林分郁闭度 0.5 以上的有 80.2640 万亩，占比 83.58%，林分质量较高。2001 年确定的 41673 亩县级公益林，亦全部转为省级公益林。其中按权属分，国有 7844 亩，占比总数 0.82%；集体 54.68 万亩，占比总数 56.93%；个人 40.5721 万亩，占比总数 42.25%。本次新增涉及 31 个乡镇及 3 个国有林场，274 个村，3433 个小班。

2010 年，根据上级有关文件精神，对国家级公益林面积进行了调整，国家级公益林面积又从 50.6152 万亩恢复至 54.7876 万亩。

扩面后，全县省级以上重点生态公益林建设面积 176.1992 万亩，占全县林业用地总面积的 57%。重点公益林建设面积规模位列全市第二位，列遂昌县、淳安县之后居全省第三位。公益林建设布局趋向合理、结构完善、功能强大。

表 3-4-1-1 青田县生态公益林规划区内耕地情况调查表

单位：亩

乡村项目		坡度 25° 以上	坡度 25° 以下		坡度 25° 以上	坡度 25° 以下
总　计	11925	9145	2780	7225	4745	2380
腊口镇	18	18		18	18	
舒桥乡	18	18		18	18	
祯埠乡	14		14	14		14
海口镇	112	22	90	112	22	90
海溪乡	20		20	20		20
高市乡	70	30	40	70	30	40
船寮镇	53	53		53	53	
巨浦乡	616	616		616	616	
山口镇	437	221	206	437	221	206
岭根乡	260	210	50	260	210	50
万阜乡	300	270	30	300	270	30
北山镇	2968	2801	167	968	801	167
黄垟乡	110	110		110	110	
万山乡	20	20		20	20	
东源镇	50	20	30	50	20	30
高湖镇	60	30	30	60	30	30

三、公益林区内营林措施

根据生态公益林的经营要求，对生态公益林区内的无林地、疏林地进行人工造林或补植，坡耕地进行退耕还林，期间全县规划实施人工造林（含补植）面积 3.92 万亩，其中"十一五"期间人工造林（含补植）面积 1.94 万亩。

表 3-4-1-2 青田县生态公益林规划区内人工造林（含补植）情况表　　单位：亩

乡村项目	合 计	其 中				"十五"期间规划人工造林（补植）面积	其 中	
		荒山荒地	迹 地	疏 林	郁闭度≤0.3的有林地		人工造林	人工补植
总 计	39219	6364	19569	3800	9486	19419	11933	7486
腊口镇	1683		1471		212	683	471	212
石帆乡	1391				1391	891		891
祯埠乡	535		481		54	535	481	54
舒桥乡	656	149	13		494	656	162	494
祯旺乡	510	130		220	160	510	130	380
章村乡	30				30	30		30
海溪乡	21		21			21	21	
海口镇	3415		610		2805	1415	610	805
高市乡	2810		311		2499	810	311	499
船寮镇	1485		1485			485	485	
季宅乡	326	175	56	37	58	326	231	95
高湖镇	230	100	80	50		230	180	50
东源镇	280	150	50		80	280	200	80
万山乡	450	330		50	70	450	330	120
黄垟乡	100				100	100		100

表 3-4-1-3 青田县 2001 年生态公益林人工造林和封育补助资金兑现表

单位：亩，元

乡（镇）别	补助金额合计	1997~2000年在封封山育林		人工造林（补植）		退耕还林		检查验收费		宣传费
		补助金额	面 积	补助金额	面 积	补助金额	面 积	小 计	其中：在封封山育林验收费	
合 计	346811	191231	411102	102600	2052	52980	883	9950	5660	555000
小 计	29620	18700	44979	8400	168	2520	42	640	360	3000
章村乡	2014	2014	5036							
腊口镇	12037	4237	10593	7800	156					
舒桥乡	2129	2129	3548							
石帆乡	3805	3805	9513							
祯埠乡	4498	3898	9746	600	12					
祯旺乡	5137	2617	6543			2520	42			
小 计	51474	22824	55477	28650	573			820	440	5000
海溪乡	1882	1882	4705							
海口镇	7677	3577	8944	4100	82					
东江片	1904	1904	3174							
高市乡	15044	1494	3737	13550	271					
船寮镇	23149	12149	30372	11000	220					

表 3-4-1-4 青田县 2001 年生态公益林建设补助资金分配表　　　单位：万元

乡 镇 别	补 助 金 额	任 务 和 用 途	备 注
全 县 合 计	40		
祯 旺 乡	1	生态公益林封山育林 0.5 万元	陈须村 0.3 万元
船 寮 镇	1.5	生态公益林生物防火林带 1 万元	小洋村 0.3 万元
高 湖 镇	4	生态公益林封山育林 2 万元	
北 山 镇	0.5		
章 旦 乡	1	生态公益林封山育林 0.5 万元	
鹤 城 镇	1.5	生态公益林生物防火林带 1 万元	
仁 庄 镇	0.5		冯洋村 0.2 万元
山 口 镇	1.5	生态公益林生物防火林带 1 万元	山口村 0.2 万元
贵 岙 乡	1		塘后村 1 万元
温 溪 镇	1	生态公益林生物防火林带 1 万元	
金鸡山林场	2	生态公益林封山育林 1 万元	
八面湖林场	2.5	生态公益林封山育林 1.5 万元	
峰 山 林 场	5	生态公益林封山育林 2 万元	
大洋山林场	6	生态公益林封山育林 3 万元	
石门洞林场	10	生态公益林封山育林 5.5 万元	
温溪林业站	1		联营基地

表 3-4-1-5 青田县 2002 年生态公益林建设补助资金分配表

乡 镇 别	补助金额	任务和用途	备注
全 县 合 计	40		
祯 旺 乡	1	生态公益林封山育林 1 万元	
船 寮 镇	1.5	生态公益林封山护林 1 万元	湖田水果基地 0.3 万元，业川村 0.2 万元
北 山 镇	1	生态公益林封山护林 0.5 万元	北山村水果基地 0.5 万元
章 旦 乡	3	生态公益林封山育（护）林 3 万元	
万 山 乡	0.5	毛竹林中天麻基地	光乍坑村 0.5 万元
海 口 镇	0.8	生态公益林封山育林 0.5 万元	高沙村 0.3 万元
石 溪 乡	0.3	生态公益林封山育林 0.3 万元	国洋村

乡 镇 别	补助金额	任务和用途	备注
仁 庄 镇	0.3	生态公益林封山育林0.3万元	马坑村
温 溪 镇	1	生态公益林封山育（护）林1万元	
山 口 镇	1	生态公益林封山育（护）林1万元	
鹤 城 镇	1	生态公益林封山育（护）林1万元	
八面湖林场	3.1	生态公益林封山育（护）林3.1万元	
石门洞林场	12	生态公益林封山育（护）林12万元	
峰 山 林 场	5	生态公益林封山育（护）林5万元	
金鸡山林场	3	生态公益林封山育（护）林3万元	
大洋山林场	4.5	生态公益林封山育（护）林4.5万元	
温溪林业站	1	胡柚基地抚育	联营基地

表3-4-1-6 青田县2003年生态公益林建设补助资金分配表

乡镇别	补助金额	任务和用途	备注
全 县 合 计	40		
高 湖 镇	2.5	生态公益林封山育（护）林2.5万元	其中良川村0.5万元
章 旦 乡	3	生态公益林封山育（护）林3万元	其中章旦村1万元
祯 埠 乡	1	生态公益林封山育（护）林1万元	
万 山 乡	1.5	生态公益林封山育（护）林1.5万元	其中光乍坑村天麻基地0.5万元，孙窟村1万元
东 源 镇	1.3	生态公益林封山育（护）林1.3万元	其中桃山村0.3万元
鹤 城 镇	1.3	生态公益林封山育（护）林1.3万元	崇福村
贵 岙 乡	1.2	生态公益林封山育（护）林1.2万元	塘后村
万 阜 乡	0.5	生态公益林封山育（护）林0.5万元	
山 口 镇	0.5	生态公益林封山育（护）林0.5万元	山口村杨梅基地0.5万元
温溪林业站	0.5	胡柚基地0.5万元	
八面湖林场	3.5	生态公益林封山育（护）林3.5万元	
金鸡山林场	3	生态公益林封山育（护）林3万元	
峰 山 林 场	5	生态公益林封山育（护）林5万元	
大洋山林场	5	生态公益林封山育（护）林5万元	
石门洞林场	10.2	生态公益林封山育（护）林10.2万元	

表 3-4-1-7 青田县 2004 年度重点公益林补偿资金发放汇兑表 单位：亩、元

乡　镇	面积	资金	备　注	乡　镇	面积	资金	备　注
合　　计	90802	636292		大洋山林场	6980	48860	
石门洞林场	43559	304913		峰山林场	6223	43561	
金鸡山林场	16668	116676		石　溪　乡	4661	23305	
八面湖林场	12711	88977		石溪乡人民政府		10000	试点工作经费

第二节　公益林管理

一、公益林日常管理

（一）公益林管理机构设立完备

2009 年扩面新增后，全县公益林面积增至 1761992 亩，面积增大，范围更广，建设和管理任务更重。生态公益林管理办公室的 4 名专职人员，在事务繁重、人员配备不足的情况下，灵活机动地管理全县公益林事务，保障公益林各项工作圆满完成，5 个公益林管理站也运行有效。

图 3-4-2-1 公益林宣传牌（2012 年摄）

（二）扎实做好日常管理工作

一是及时上报重点公益林有关数据、年度总结及统计报表；二是完成地籍信息数据输入及数据核对工作，建立完整的电子档案系统；三是加强公益林建设管理和补偿资金阳光发放工作，实行实地公示和网上公示（青田林业网、县政府阳光网），接受社会和群众的监督，完成省级以上公益林矢量数据库的工作；四是监督全县公益林补偿资金的安全发放，指导各乡镇、街道、做好实地公示，并拍照留底反馈，督促村干部公开、公正、公平，分配好补偿资金，防止多分多占；五是通过本地报纸、电台、电视及省市级林业网站、报刊宣传生态公益林建设管理情况和成效。

（三）切实加强公益林档案管理

根据《浙江省公益林档案管理规范（试行）》，2004 年以来所有的公益林资料按其要求归档，健全管理制度，完善硬件设备，规范归档内容，丰富归档材料，充分发挥和利用档案信息在林业工作中的作用，加快推进全县公益林建设管理的科学化、规范化和信息化，截止到 2013 年 10 月底，累计室藏公益林档案总数为 536 卷（张、册、盒），公益林图纸 269 张。

（四）按时完成年度监测任务及数据更新

按照实际情况及林分现状对国家级、省级公益林小班因子进行更新，核对小班生态区位、地类、树种组成、龄组、平均胸径、平均树高、郁闭度等因子，并对网络版公益林地籍管理信息系统中公益林小班数据资料进行更新、完善，使小班信息充分反映小班保护管理现状。

图 3-4-2-2 《护林员巡查系统》之"在线监控"示意图

二、公益林面上管护

（一）全面签订"三书一合同"

县政府与乡、镇、街道签订生态公益林建设和保护责任书，各相关乡、镇、街道与村签订生态公益林管护责任书，县林业局与各公益林管理站签订监管员监管责任书。各监管站制定管护范围，聘用专职护林员 618 名，签订管护合同。护林员配备合理，管护责任区明确，并配备 GPS 定位设备，进行跟踪管理。

（二）制订监管员、护林员管理办法

生态公益林管理，护林员是基础也是关键。为了全面加强监管员、护林员责任，落实好各项管理措施，根据《青田县生态公益林监管员、护林员管理办法》，结合村务员选拔制度与管理制度，对工作任务落实好，成效显著的单位进行奖励，对工作任务落实差，建设成效不够显著的单位采取通报批评，扣发责任制考核奖金等措施进行处罚。

（三）切实加强护林员队伍的监管和规范管理

着重抓好"五个一"，即一个护林员袖套、一个护林员喇叭、一本巡山记录本、一套服装、一个 GPS 定位手机。以切实增强护林人员的责任感，提高工作积极性，促进对护林队伍的监管和规范管理。

（四）全面落实森林防火等管护措施

火灾是生态公益林建设的大敌，管好森林火灾，落实各项管护措施，是全面提高生态公益林建设成效的有效途径。同时按照生态公益林建设的相关规定，加强盗、滥伐处罚力度，做好征占用林地的审批审查手续，及时做好生态公益林变更、调整服务工作。

三、公益林补偿资金管理

（一）及时发放补偿资金

分户补偿面积清册由村两委制定并公示，乡（镇）政府核实并签署意见，报林业局审核，林业局和财政局联合发文，由财政局直接把补偿资金划入信用社，打入林农的公益林专用账户。

（二）规范补偿资金管理制度

按照《浙江省公益林管理办法》和《浙江省森林生态效益补偿基金管理办法》，2007 年，县林业局制定《青田县森林生态效益补偿基金管理办法（试行）》，严格按照公益林资金管理办法实施，做到专款专用，严禁挪用、移用、克扣、拖延等。

（三）做好滩坑库区公益林补偿资金发放

1. 统一思想：根据千峡湖库区的特殊性，县林业局联合北山镇成立专门工作组，会同县财政局，在北山镇、巨浦乡、万阜乡、岭根乡召开专题会议。各乡镇加强力量组织落实公益林资金发放工作，做好群众代表推选工作，解决各种合同纠纷，编制清册，核实人员面积，切实抓好公示环节。

2. 做好指导：解释相关政策，指导库区镇、村和移民代表小组编制好清册方案，并坚持"公开、公正、公平"原则，做好公示工作，把惠农政策落到实处。

3. 强化服务：因滩坑库区的移民分散在全省各地，为避免存折丢失，方便群众办事，我们将存折放入信封，写上名字，并在信封内附上公益林用户需知，详细说明首次领取、初始密码更改、存折挂失补办、查账、工作人员电话等信息，避免其浪费时间精力。

滩坑库区范围的补偿资金发放是各项工作的重中之重。管理人员放弃节假日休息，加班加点，奔忙于库区和宁波、台州等外迁移民安置点，释疑解惑，解决纠纷，维护库区片重点公益林经营者、管护者的合法权益。滩坑库区 52 个公益林村，公益林面积 27.1147 万亩，皆完成森林生态效益损失性补偿资金发放。

表 3-4-2-1　历年公益林生态效益损失性补助一览表　　　单位：万元

年度	每亩补助金额（元）	生态效益补助（到农户）	生态效益补助（到国有林场）	公共管护费（4元／亩）
2004 年	5	231.99	18.23	292.02
2005 年	5	188.92	60.3	292.02
2006 年	6	251.5	73.22	310.38
2007 年	8	333.94	69.89	310.38
2008 年	11	735.1	113.57	310.38
2009 年	13	592.81	146.97	320.65
2010 年	13	1468	187.39	704.8
2011 年	15	3103.04	211.57	704.8
2012 年	15	2417.68	211.57	704.8
2013 年	21	3433.59	284.11	704.8
2014 年	23	3566.44	308.28	704.8

第三节　建设成效

通过十多年的公益林建设与保护，青田县重点公益林建设取得了明显成效，为青田县生态文明建设构筑了绿色生态屏障。

一、森林资源稳健增长

根据青田县2007年二类资源清查的数据显示，实施生态公益林建设以来，全县林业用地面积从1998年的305.9295万亩增加到2007年的310.6314万亩，增加47019亩，年均增加5224.3亩，森林覆盖率由80.9%上升到81.4%，提高0.5%。

（一）森林总蓄积和乔木林分蓄积

图 3-4-3-1 公益林成效（2014 年摄）

图 3-4-3-2 公益林建设成效（山口 2013 年摄）

呈现同步增长

总蓄积由 1998 年 3363924 立方米上升至 2007 年 6327866 立方米，间隔期内净增蓄积 2963942 方米，年均净增 329327 立方米，年均净增率为 9.8%；乔木林分蓄积由 3277128 立方米上升至 6236728 立方米，间隔期内净增蓄积 2959600 立方米，年均净增 328844 立方米，年均净增率为 10%。其中生态公益林平均每亩蓄积由 10

年前的 1.54 立方米增加到 3.08 立方米，提高了近六成，10 年来重点生态公益林区平均郁闭度由 10 年前的 0.5 提到了 0.7。

（二）公益林建设促进青田林种树种结构明显优化

林种结构上，全县防护林及特用林的面积比重由 10 年前的 10.7% 提高到 2011 年的 53.3%，提高了 42.6 个百分点，商品林面积比重由 10 年前的 89.3% 减少到 2011 年的 46.7%，减少了 42.6 个百分点，林种结构更趋合理。树种结构上，阔叶树面积 2011 年比 2001 年净增了 121850 亩，阔叶林及针阔混交林的比重（与林业用地占比）不断提高，由 2001 年的 22.3% 提高到 2011 年 39.9%，提高了 17.6 个百分点，针叶树种的比重相对降低，树种结构渐趋合理，林分质量进一步提高，森林生态功能进一步增强。

（三）森林生物量、储能和固炭释氧能力三提高

2010 年，全县有重点生态公益林面积 176.1992 万亩，其中优质林分建成面积 68.1572 万亩，到 2011 年底，全县建成优质林分面积 117 万亩。经测算，重点生态公益林生物总量 712.38 万吨，年增长量 50.8 万吨。2004 年至 2010 年吸收二氧化碳 586.47 万吨，植被固碳 155.95 万吨，释放氧气 417.5 万吨；年增储能 668.43 亿兆焦耳；调蓄水量 6.18 亿吨；减少土壤流失量 2148.43 万吨。2004—2010 年公益林共发挥生态总效益 216.64 亿元。

全县公益林 2010 年总生物量 1395.80 万吨，单位面积生物量 7.15 吨/亩，年增长量 113.40 万吨。生物量按照群落组成分：针阔混交林最高达 641.68 万吨，占 45.97%；杉木林 376.41 万吨，占总生物量 26.97%；常绿阔叶林 238.19 万吨，占 17.06%；松木林 136.68 万吨，占总生物量 9.79%；毛竹林 1.48 万吨，占总生物量 0.11%；灌木林 1.20 万吨，占总生物量 0.09%；杂竹林 0.16 万吨，占总生物量 0.01%。

二、生态环境明显改善

10 年的生态公益林建设，成就已然显现。全县森林涵养水源、改善水质、固土保肥、固碳释氧、净化空气的生态效益日益明显，生态环境有了明显的改善。

（一）县域内各项生态环境因子指标保持优良

全县地表水环境质量满足或优于相应的水环境功能要求，基本为Ⅰ～Ⅱ类别；地表水交接断面水质达标率达 100%，饮用水源地水质达标率达 100%；环境空气质量总体较好，达到国家二级标准；县城建成区内的各噪音声功能区噪声状况良好，达到相应声环境功能区标准要求。

根据浙江省环境监测中心 2009 年公布的《浙江省生态环境状况评价报告》显示：青田县生态环境质量指数 94.5，大大高于全省平均值，生态环境质量状况优良，生态环境质量年年稳居全省前列。

（二）植物资源日益增多

10 年的公益林建设，全县森林植物群落结构日趋合理，生物多样性日益丰富。公益林建成区内，主要树种有青冈、苦槠、甜槠、栲类、木荷、枫香、冬青、马尾松、杜鹃、化香、白栎、茅栗、乌饭、映山红、石竹、苦竹等树种。人工植被主要树种有马尾松、杉木、湿地松、樟树、杜英、喜树、毛竹、早竹、淡竹、雷竹、乌竹、哺鸡竹、龙须竹、水竹、杨梅、柑橘、茶叶、板栗、桃、李、梨、苹果及平原地区片林、林带、"四旁"树的水杉、银杏、池杉、白榆、苦楝树、泡桐、香樟、广玉兰、香椿、冬青、金钱松、桂花树、棕榈等。百年生以上古树名木 6710 株，其中散生分布 3407 株，古树群 151 个 3303 株。

（三）野生动物种类繁多

多年的公益林建设，成就了全县良好的生态环境，为野生动物的栖息繁衍提供了良好的环境。据对《浙江动物志》《浙江林业自然资源——野生动物卷》《青田县志》等文献的检索整理，初步确定全县境内记录分布有陆生脊椎动物 29 目 75 科 294 种。已知属国家一级保护动物有云豹、黑麂、黄腹角雉、白颈长尾雉、鼋等 5 种。属国家二级保护动物有猕猴、穿山甲、豺、青鼬、水獭、大灵猫、小灵猫、鸳鸯、苍鹰、赤腹鹰、雀鹰、松雀鹰、白鹇、白鹭等。

三、广大林农得到实惠

全县自 2004 年开始实施森林生态效益补偿机制，补偿标准从 2004 年每年 5 元/亩提高至 2014 年的每年 23/亩。11 年间共拨付直补给公益林经营者森林生态效益补偿资金 18008.11 万元，直接受益的对象涉及 32 个乡镇 417 个行政村中的 23487 户林农和 350 个村级集体经济组织，以及 5 个国有林场。

通过实施生态公益林森林生态效益补偿机制，青田县农村村组集体经济组织和广大林农直接得到了很大的经济实惠，为村级经济组织增添经济活力，为广大林农增收致富，改善了林农的生活水平。

四、经济社会全面发展

生态公益林建设与保护，改善了生态环境质量，为生态旅游创造了条件。相继出现了九门寨、九湾仙峡等森林旅游景点，同时一大批农家乐如雨后春笋般涌现。

正是基于森林保护形成的良好生态环境，全县森林旅游和"农家乐"等得到快速发展，农村公共福利条件不断改善，促进农村经济社会全面发展。

五、公益林森林抚育经营成效显著

青田县通过建立完善的生态公益林补偿机制、管护制度，采取"封、补、改、管"等措施，结合"沿海防护林建设工程"、"瓯江生态景观林工程"及"生物防火林带工程"等工程，在公益林区补种适宜的珍贵、经济、防火、阔叶色叶树种，改善公益林区树种结构，提高公益林的林分质量和林木附加值，使生态脆弱地段森林植被得到有效的保护，河流道路两侧、饮用水源保护区的森林生态功能逐渐恢复，达到"藏绿于山，藏富于林"。

从 2004 年到 2010 年，青田县在生态公益林区中对火烧迹地及荒山实施绿化造林 22878 亩，对疏林、低效针叶树种等低产低效林分进行补植造林和改造 14021 亩，实施阔叶林发展工程 17161 亩，沿海防护林工程 59744 亩，营造生物防火林带 75 公里。

六、公益林区火灾发生率明显下降

自实施生态公益林建设保护工程以来，青田县多措并举，一方面采取在森林火灾易发区营造生物防火林带，一方面强化护林员队伍建设，建立了全方位的护林防火网络体系，加强森林防火工作，有效防止了森林火灾的发生。

从 2001 年以来，青田县共在生态公益林区营造生物防火林带 75 公里。生物防火林带采用木荷、山杜英、杨梅、桂花、夹竹桃等树种营造，耐火抗火力强，树型又美观，使得生物防火林带成为既具有显著阻隔林火作用，又具有良好生态景观功能和经济效益的"绿色长城"，并逐步改善林种树种结构。据统计，历年来公益林区森林火灾的发生率及受灾程度与非公益林区相比呈现明显下降。从 2001 年到 2010 年 10 年期间，非公益林区平均森林火灾发生率 8.7 次 /10 万公顷，受害率 0.791‰，控制率 9.09 公顷 / 次；公益林区在此期间平均森火灾发生率 2.2 次 /10 万公顷，受害率 0.053‰，控制率 2.4 公顷 / 次。

图 3-4-3-3 湖口新造生态景观林（2009 年摄）

七、存在的主要问题

(一) 生态公益林管理力量薄弱

2007 年县林业局下属林业工作站被撤并到乡镇，乡镇林业站工作人员列入乡镇管理，林技员既要做乡镇中心工作，又要履行林技员职责，分身乏术，林业技术力量减弱。导致公益林建设管理的各项工作措施难以到位。

(二) 利益矛盾纠纷调处难度加大

生态公益林分布情况复杂，历史遗留问题较多。跨村、跨乡镇的公益林插花山多，林地管护权属复杂，且前期公益林界定划分时工作不够细致，存在界线划分错误、漏报插花山等遗留问题，导致后期资金发放工作被动。随着公益林补偿标准不断提高，各类矛盾纠纷不断浮现，作为公益林管理机构，既要处理繁杂的日常管理工作，又要解决各类纠纷，给公益林建设管理工作带来一定的难度和压力。

表 3-4-3-1 2013 年度各乡镇护林防火巡查员补助资金分配表

乡镇	人数	标准（元／人）	小计（元）	乡镇	人数	标准（元／人）	小计（元）
章村乡	24	2200	52800	石溪乡	12	2200	26400
腊口镇	30	2200	66000	仁庄镇	29	2200	63800
舒桥乡	26	2200	57200	方山乡	15	2200	33000
海溪乡	15	2200	33000	吴坑乡	14	2200	30800
海口镇	23	2200	50600	小舟山乡	12	2200	26400
高市乡	11	2200	24200	贵岙乡	19	2200	41800
船寮镇	56	2200	123200	巨浦乡	15	2200	33000
高湖镇	20	2200	44000	北山镇	41	2100	86100
黄垟乡	10	2200	22000	祯旺乡	13	2100	27300
季宅乡	14	2200	30800	祯埠乡	22	2100	46200
万山乡	7	2200	15400	仁宫乡	19	2100	39900
东源镇	24	2200	52800	油竹街道	10	2100	21000
万阜乡	12	2200	26400	汤垟乡	11	2100	23100
阜山乡	27	2200	59400	山口镇	10	2100	21000
章旦乡	10	2200	22000	温溪镇	27	2100	56700
鹤城街道	21	2200	46200	合计	625		1359700
瓯南街道	26	2200	57200				

表 3-4-3-2 青田县 2008 年度重点公益林建成面积统计表　　单位：亩

乡镇名	面积	阔叶林	混交林	松木林	杉木林	竹林	其他
鹤城镇	11014			10730	90		194
石溪乡	4473			4401	72		
仁庄镇	6245			6245			
汤垟乡	69	69					
山口镇	6538			6538			
吴坑乡	2056	62	658	1315	21		
温溪镇	15931	481	1874	13394	143	39	
小舟山乡	1146		166	980			
贵岙乡	2554		598	1827	129		
石门洞林场	35484	368	891	25455	7551		1219
金鸡山林场	12417	7601	232	3162	1422		
八面湖林场	10527	1354	7119	1886	168		
大洋山林场	6124	52	2773	1198	1905		196
峰山林场	5689			3481	1725		483
章村乡	5373	4577		401	395		
腊口镇	15297	231		14929			137
舒桥乡	1433	116		1317			
石帆乡	29258	2373		26368	517		
祯旺乡	2999	2115	682	202			
祯埠乡	44563	8421	266	35263	613		
海溪乡	1937		341	1354	123		119
海口镇	22395	52	546	21797			
高市乡	7145	182	772	6191			
船寮镇	40842	47	4957	35204	259		375
高湖镇	8360	1687		6673			
黄垟乡	7152	442		6243	467		
季宅乡	15446	3456	7337	4653			
万山乡	2560			2343	217		
东源镇	5824	135		5689			
万阜乡	22547	4743		17114	690		
岭根乡	56988	15817	12517	24313	4341		
北山镇	98194	17546	6931	73070	647		
巨浦乡	21346	9969		11168	209		
仁宫乡	11193	3727	963	6219	284		
阜山乡	621	504		117			
合计	541740	86127	49623	381240	21988	39	2723

表 3-4-3-3 青田县公益林分乡镇面积一览表

序号	乡镇	面积（亩）	序号	乡镇	面积（亩）
合计		1761992	20	鹤城街道	14356
1	章村乡	13440	21	瓯南街道	33576
2	腊口镇	75770	22	石溪乡	23542
3	舒桥乡	20649	23	汤垟乡	40384
4	祯旺乡	9788	24	仁庄镇	37712
5	祯埠乡	135389	25	山口镇	20261
6	海溪乡	9448	26	方山乡	31191
7	海口镇	84722	27	吴坑乡	32057
8	高市乡	27672	28	温溪镇	50792
9	船寮镇	151990	29	小舟山乡	5257
10	高湖镇	34973	30	贵岙乡	52266
11	黄垟乡	38695	31	北山镇	201187
12	季宅乡	58370	32	巨浦乡	83654
13	万山乡	23232	33	岭根乡	64118
14	东源镇	33965	34	石门洞林场	62848
15	万阜乡	43112	35	金鸡山林场	20735
16	油竹街道	4778	36	八面湖林场	19664
17	仁宫乡	117660	37	峰山 林场	6420
18	阜山乡	56590	38	大垟山林场	11229
19	章旦乡	10500			

表 3-4-3-4 公益林（第二批）2014 年度森林生态效益损失性补偿资金发放汇总表

序号	乡镇个数	村个数	面积（亩）			金额（元）			户数		
			小计	集体	个人	小计	集体	个人	小计	集体	个人
总计	11	22	77653.7	54944.1	22709.6	1786035.1	1263714.3	522320.8	1376	24	1348
1	腊口镇	1	4546	1860	2686	104558	42780	61778	237	1	236
2	船寮镇	2	6870	2065	4805	158010	47495	110515	142	2	140
3	黄垟乡	1	1000	1000		23000	23000		1	1	
4	东源镇	2	6285	5676	609	144555	130548	14007	18	2	16
5	仁庄镇	1	1529	652	877	35167	14996	20171	31	1	30
6	方山乡	3	8594.4	8594.4		197671.2	197671.2		3	3	
7	温溪镇	5	5364	5364		123372	123372		5	1	
8	贵岙乡	1	7199	517.4	6681.6	165577	11900.2	153676.8	311	1	310
9	北山镇	4	33935.3	26884.3	7051	780511.9	618338.9	162173	626	11	615
10	巨浦乡	1	1838	1838		42274	42274		1	1	
11	海口镇	1	493	493		11339	11339		1		1

表 3-4-3-5 公益林（第一批）2014 年度森林生态效益损失性增补资金发放汇总表

序号	乡镇个数	村个数	面积（亩）			金额（元）			户数		
			小计	集体	个人	小计	集体	个人	小计	集体	个人
总计	33	345	1501618.6	736052.5	765566.1	34537227.8	16891063.5	17646164.3	31363	305	31058
1	章村乡	6	13440	7105.4	6334.6	309120	163424.2	145695.8	279	5	274
2	腊口镇	19	71224	16993.1	54230.9	1638152	390841.3	1247310.7	2140	18	2122
3	舒桥乡	13	20649	6436.3	14212.7	474927	148034.9	326892.1	831	13	818
4	祯旺乡	3	9788	9788		225124	225124		3	3	
5	祯埠乡	13	135389	22956.8	112432.2	3113947	528006.4	2585940.6	2504	11	2493
6	海溪乡	9	9448	8564	884	217304	196972	20332	16	9	7
7	海口镇	11	84722	18443.6	66278.4	1948606	424202.8	1524403.2	2078	11	2067
8	高市乡	6	27672	6947.5	20724.5	636456	159792.5	476663.5	819	3	816
9	船寮镇	36	134745	83964.4	50780.6	3099135	1931181.2	1167953.8	2302	34	2268
10	高湖镇	7	34973	33456	1517	804379	769488	34891	18	7	11
11	黄垟乡	9	38046	31933.5	6112.5	875058	734470.5	140587.5	1001	9	992
12	季宅乡	6	50723	44275	6448	1166629	1018325	148304	183	5	178
13	万山乡	6	22742	10140.1	12601.9	523066	233222.3	289843.7	626	6	620
14	东源镇	10	28170	20172.4	7997.6	647910	463965.2	183944.8	213	10	203
15	万阜乡	7	38340	25804.9	12535.1	881820	593512.7	288307.3	434	7	427
16	油竹街道	4	4778	4778		109894	109894		4	4	
17	仁宫乡	11	117660	53172.7	64487.3	2706180	1222972.1	1483207.9	2370	11	2359
18	阜山乡	17	56590	52516	4074	1301570	1207868	93702	303	16	287
19	章旦乡	4	10500	3514	6986	241500	80822	160678	382	4	378
20	鹤城街道	8	14356	7303	7053	330188	167969	162219	894	7	887
21	瓯南街道	9	33576	17494	16082	772248	402362	369886	1056	9	1047
22	石溪乡	8	23542	5218.2	18323.8	541466	120018.6	421447.4	1106	7	1099
23	汤垟乡	7	40384	21804.7	18579.3	928832	501508.1	427323.9	553	7	546
24	仁庄镇	14	36183	18063.2	18119.8	832209	377309.6	454899.4	690	14	676
25	山口镇	4	20261	16612	3649	466003	382076	83927	94	4	90
26	方山乡	10	22596.6	18462.6	4134	519721.8	424639.8	95082	691	7	684
27	吴坑乡	10	31706	31706		729238	729238		10	10	
28	温溪镇	19	45428	27491.8	17936.2	1044844	632311.4	412532.6	502	18	484
29	小舟山乡	3	5257	3888	1369	120911	89424	31487	153	3	150
30	贵岙乡	14	34650	23572	11078	796950	542156	254794	527	11	516
31	北山镇	21	152222	54410.4	97811.6	3501106	1251439.2	2249666.8	5060	12	5048
32	巨浦乡	11	81816	20388.4	61427.6	1881768	468933.2	1412834.8	1991	7	1984
33	岭根乡	10	50042	8676.5	41365.5	1150966	199559.5	951406.5	1530	3	1527

表 3-4-3-6 青田县重点公益林补偿资金发放汇总表

年份	乡村	面积（亩）			金额（元）			户数
		合计	集体	个人	合计	集体	个人	
		13192994.5	6379616.13	5722939.37	203662111.5	97116155.34	89807672.16	225233
2004 年		221542	79496.34	142045.66	1107710	397481.7	710228.3	5233
2005 年		463975	270620.74	193354.26	2492157	1525385.7	966771.3	8508
2006 年		504792	215024.62	202403.38	3247161	1290147	1214421	8973
2007 年		504792	205294.12	212133.88	4038336	1642352	1697072	
2008 年		504792	208493.22	208934.78	5552712	2293425.42	2298282.58	8777
2009 年		1590406	695927.82	773582.18	21186372	9027811.66	10058568.34	30310
2010 年		2327748	1182664.91	903291.09	31317412	15374643.83	11742784.17	38663
2011 年		1731241	967591.45	642753.55	26270855	14513871.75	9641303.25	26033
2012 年		1736892	922502.5	693493.5	26355620	13835549.5	10404390.5	27709
2013 年		1552120.5	763540.8	788579.7	33693491.5	16315392.7	16698616.8	31470
2014 年		1757713	804220.8	832596.2	40729639	18458934.4	19187856.6	34765
2004~2008 年	北山、巨浦、岭根	41408		41408	1449280		1449280	1189
2004~2008 年	北山、巨浦、岭根	56519	33068.8	23450.2	1978165	1157408	820757	1071
2004~2008 年	北山、巨浦、万阜	20363	12818.9	7544.1	712705	448661.5	264043.5	408
2004~2009 年	万阜乡	7828	273	7555	368044	13104	354940	148
2004~2009 年	坑底村	10425		10425	500400		500400	413
2004~2009 年	北山、巨浦、岭根	15968	4245.11	11722.89	766464	203765.28	562698.72	416
2004~2010 年	叶段村	9668	177.5	9490.5	272918	26165	246753	457
2004~2010 年	车垟村	2758		2758	155813		155813	68
2004~2010 年	北山、岭根	102971			42109			
2009~2011 年	牛头村	5937	763	5174	243417	31283	212134	183
2004~2011 年	巨浦乡	5651	193.8	5457.2	429476	14728.8	414747.2	267
2010~2012 年	上枝村	5465	678.7	4786.3	234995	29184.1	205810.9	170
2010~2012 年	万阜乡	12020	12020		516860	516860		2

第五章 "浙南油库"建设

　　油茶是我国最古老的木本油料植物之一，明代徐光启的《农政全书》称油茶为楂、山茶。其成熟种子经压榨法、浸出法等提炼出的脂肪油称茶油、油茶籽油、山茶油，是世界四大木本植物油之一，为纯天然高级木本食用油，是国际粮农组织首推的卫生保健植物食用油，也是《中国食物结构改革与发展规划纲要》中大力提倡推广的食用植物油。茶油不含胆固醇和黄菌霉素，不饱和脂肪含量高达 85.2% ～ 95.8%，富含钙、铁、锌等微量元素，含茶多酚、总黄铜等保健成分，人体必需脂肪酸比例最接近国际营养标准比例（4∶1）的要求，最易于人体吸收。油茶籽油还具有较高的药用价值，《本草纲目》记载："油茶籽油性寒凉，味甘平，有润肠通便，清热化湿，润肺祛痰，利头目。"经长期临床研究，油茶籽油对人体心脑血管、消化、生殖、神经内分泌、免疫系统都有很好的调节作用，长期食用，对高血压、心脑血管疾病、肥胖症等疾病有明显改善。油茶籽油因含有丰富的维生素 A、E、D、K 和其他抗氧化剂，在医药美容保健方面表现卓越。

油茶在丽水地区栽培已有 900 多年历史，宋嘉祐六年（1061 年）苏颂撰《图经本草》，记有"楂可榨油燃灯，百越产者味甘可入蔬，荆楚产者味苦，可燃灯，润发不染衣"。荆、楚指湘鄂一带，而百越即现在的浙、闽一带。长期以来，茶油一直是青田油茶产区农民的主要食用油来源，用茶油润发是青田山区妇女的传统习惯，现在还有人喜欢用油茶饼洗发，去屑止痒。

民国时期，青田油茶籽最高年产量有 1100 万斤。由于战争、苛政等影响，农民纷纷破产，油茶林失去经营管理，长期处于荒芜状态，任其自生自灭，其产量、面积急剧下降。至解放前夕，全县年产油茶籽仅 155 万斤，只等于抗战前最高年产量的 14%。

中华人民共和国成立之后，党和政府十分重视油茶生产。1952 年起就发动群众对荒芜的油茶进行铲山、劈山等垦复抚育，油茶的产量、面积得到较快的恢复和提高，产量逐年增加。1956—1957 年，全县开展油茶亩产"百斤油"运动；1958—1962 年，油茶生产"大跃进"。1956 年，《浙南大众报》作了"今日的浙南油库——章村"的报道，1958 年《浙南大众报》再次提到"青田素有浙南油库"之称，从此"浙南油库"声名远扬。

1970—1980 年，全县开展"万、千、百"运动（油茶面积万亩公社、千亩大队、百亩生产队），全县油茶"三保基地"的开发成效显著。这些运动，虽然是在用行政命令的方式推进，但对于油茶面积、产量的增加，无疑起到了积极作用。1979 年，是全县油茶籽产量的最高年份，达 1100 万斤。

潮起潮落，是中国经济的规律。改革开放后，大批农村劳动力外出打工；油茶经济对比效益低下，甚至油茶采摘不敷工资；油茶生产管理粗放，导致大片油茶林老化、荒芜，有的已荆棘丛生，杂草大于茶树，无法采摘。至 20 世纪 90 年代中期，全县油茶面积、产量锐减，许多油茶林被林草湮没、消亡。曾经有过 6 万亩油茶的章村乡，减少面积 2 万亩左右。

进入 21 世纪以来，青田油茶再次进入快速发展期。该时期油茶生产重视科技领路，重视油茶新品种的引进和推广工作，先后引进 9 个油茶优良无性系良种。同时推动华侨资本、企业资本投资油茶基地建设。至 2014 年，共建成高标准油茶良种基地 6 万多亩。"浙南油库"之誉重回青田。

第一节　油茶生产的历史

青田油茶生产历史悠久，在明朝就有栽培记载。据同治年间修编的《丽水县志》载，"油茶子大如龙眼，屑以为油，近岁始盛，群邻资之"；章村群众口碑传说，是畲族迁入开始种植；

而《青田县志》（1988～2007年）记载："畲族从清顺治初迁入"。据此考证，油茶在青田的规模种植起码在350年以上。

旧时油茶种植办法，多采种籽直播；一般新开垦生地，先种植薯类、苞谷等农作物2～3年后，再在其上或插杉、或种桐，或点播油茶。民国29年（1940年），时"浙江农业改进所"著《浙江省旧处属十县林业资源概况调查报告》（青田报告）篇载："油茶油桐为该县主要土产，多分布于海口区及石门区一带。油桐……多单纯林，间有油茶油桐混交者；所谓'混交'，实即与油茶轮作，俾油桐衰败以后，可替以油茶也"。

青田油茶培植的品种有白花油茶和红花油茶两种。白花油茶有29个品种，每年霜降摘籽后开花，次年霜降前后采摘，周期为1年，籽含油约28%，出油率约23%。红花油茶仅在高山生长，以仁宫乡、巨浦乡居多，清明开花，秋分采摘，籽含油32%，出油率28%。

中华人民共和国成立之前的油茶产量，据1958年8月24日发《青田县委领导油茶生产的经验》一文介绍：抗日战争前，青田油茶籽最高年产量有1100万斤，占当时农业总收入35%，曾经是全县农民的一项重要收入。其中黄寮乡小坑岗村17户人家，经营有200多亩油茶林，民国16年（1927年）产茶籽5万斤。但在旧社会里，好景不长。民国后期，由于战争、苛政等影响，农民纷纷破产，油茶林失去经营管理，长期处于荒芜状态，任其自生自灭，其产量、面积急剧下降。至解放前夕，全县年产油茶籽仅155万斤，只等于抗战前最高年产量的14%；其中小坑岗村从最高年产量5万斤下降到0.96万斤，差距达5倍。

中华人民共和国成立之后，青田油茶发展经历了曲折的历程，起落明显，大致可以分为5个阶段。

第一阶段为解放初期至20世纪60年代末的起步恢复阶段。

1949年，青田解放。党和政府十分重视油茶生产。1952年起，县委、县政府发动群众对荒芜的油茶进行铲山、劈山等垦复抚育，同时有组织地营造新油茶林。使全县油茶的产量、面积得到较快的恢复和提高，产量逐年增加。1954年，全县油茶籽产量达到792万斤，比1949年多了5倍强；1955年是"小年"，油茶籽仍产508.4万斤。到20世纪60年代，全县油茶林面积10万亩左右。

第二阶段为20世纪70年代到80年代中期的快速发展阶段。县政府贯彻国家、省政府对油茶发展的指示精神，加快发展油茶造林步伐，制定扶持补助油茶种植政策，大力营造新茶园，垦复老茶林，全县油茶面积迅速增长，油茶籽产量连年稳步上升。到1983年，全县油茶林面积达到31万亩。

据统计，1949—1989年，全县年产油茶籽在1000万斤以上的有3年；年产籽600万斤以上的有13年；500万斤以上的6年，不足500万斤的18年。1972年，浮弋公社油茶籽总产量达到118.91万斤，比1971年增产78.3万斤。1976年，全县油茶产籽量最低，仅为200万斤。1979年，是全县油茶籽产量的最高年份，达1100万斤。

1972—1980年，县政府对油茶发展在资金、化肥、粮食方面给予适当补助，提高了村民发展油茶的积极性；5年间，全县共发展油茶基地39800亩；连续5年共抚育油茶21.1万亩，占油茶总面积的54.33%。大面积的抚育，使1979、1980年的油茶产量大幅上升。

1978年，县林业局报经有关部门批准，在油茶面积万亩以上的公社聘请了12名"三籽员"（油茶、油桐、乌桕），主要指导油茶生产。其中章村区 6 名，万山区 3 名，船寮区 3 名。至 1980 年，全县油茶面积 1 万亩以上的有 14 个公社；5000 亩以上的大队有 2 个；3000 亩以上的大队 17 个；2000 亩以上的大队 22 个；1000 亩以上的大队 51 个。人均 2 亩油茶以上的有 4 个公社，人均 1 亩以上的公社有 4 个。

表 3-5-1-1 1950—1985 年青田县油茶造林面积

年度	面积（亩）	年度	面积（亩）	年度	面积（亩）
1950	400	1962	19000	1974	1300
1951	400	1963	8100	1975	300
1952	400	1964	1800	1976	1000
1953	400	1965	2300	1977	200
1954	2400	1966	3700	1978	12800
1955	4500	1967	8000	1979	12400
1956	4300	1968	未统计	1980	14000
1957	3600	1969	未统计	1981	2400
1958	10000	1970	26100	1982	7900
1959	15000	1971	40800	1983	1200
1960	8000	1972	34400	1984	2300
1961	3300	1973	11300	1985	100
合计			264100 亩		

注：资料来源：《丽水地区历年林业统计》

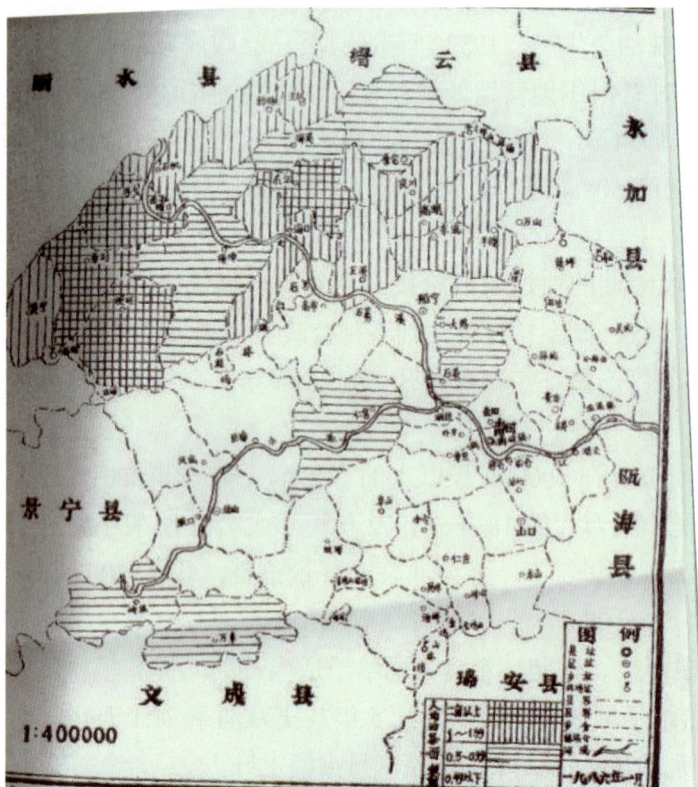

图 3-5-1-1 1986 年青田县油茶分布图

第三阶段为 20 世纪 80 年代末至 90 年代的停滞调整阶段。从 20 世纪 80 年代末开始，受市场经济的冲击，劳动力大量外出；一些立地条件稍好的油茶林大量改种果树、竹林等，加上财政扶持政策取消，打击了群众种植油茶积极性，油茶林面积迅速减少。1987 年后，县政府鼓励开展油茶抚育，章村等重点油茶产区积极响应，但其他地区积极性不大。到 1998 年，全县油茶面积萎缩到 21.4 万亩。

1981 年，全县开展林业"三定"工作，在稳定山权的基础上，建立各种形式的生产责任制。全县所有油茶均由农户个人承包经营。同时，县政府取消了对油茶生产的扶持政策。1985 年以后，农村群众"只摘不管"、"只采不予"现象严重。

为调动油茶产区农民的积极性，促进油茶生产的稳定发展，1981 年，省政府调整油茶籽收购政策，按实际投售量，30% 按统价收购，70% 按加价收购。

1987 年 6 月 1 日，县林业局编制《青田县 1987 ～ 1990 年油茶商品生产基地建设规划建议书》，确定浮弋、章村、黄寮三个乡 4.65 万亩为近期改造规划范围，祯埠、东江、海口、舒桥等 15 个乡 16.81 万亩为远期改造发展范围。

1989 年 7 月 17 日，县委、县政府在章村区浮弋乡张庄村召开全县油茶抚育现场会，地区行署专员梁鸿铭、县委书记李林访、县长周汉光、副县长朱聪佩，县委常委、农经委主任郑朝多等领导同志参加会议，并作重要讲话。县林业局以及油茶重点区、乡领导，章村区重点村代表共 120 余人参加会议。与会代表参观章村马岭头、小连云的油茶抚育现场，并听取经验介绍。朱副县长在会上代表县政府提出在 5 年内将全县 32 万亩油茶林全面垦复抚育一次，尽快恢复"浙南油库"的目标。会后，在全县范围内掀起以油茶抚育为重点的林木抚育高潮。到 9 月 30 日，全县共抚育油茶 30675 亩。

1992 年，青田被列为全国第一批油茶低产林改造启动县。是年，油茶低产林改造面积 1.25 万亩。

1993 年，低产林改造面积 1 万亩。1994 年，在章村、腊口、海口三个乡镇实施油茶低产林改造 5000 亩。

1995 年是实施油茶低改工程的第三年，共完成油茶低改面积 1100 亩，其中常规改造 530 亩，残次林改造 370 亩，嫁接换冠 210 亩。

图 3-5-1-2 腊口镇石帆村民在晒场进行油茶剥壳取籽劳动（1999 年摄）

第四阶段为林分结构调整阶段。1998年，开始实行森林分类经营，政府对生态公益林实施补偿，一部分油茶林划入生态公益林，实行生态经营，从而导致大面积的油茶林处于荒芜和半荒芜状态，逐步被松、杉、阔叶林分所代替。根据2007年森林资源调查，油茶林经营面积15.6万亩，生态经营面积5.8万亩。

1996年起，县政府把促进油茶生产列入议事日程，每年拨款50万元，用于油茶的扶育，连续三年。至2000年，全县共建成全垦示范基地3万亩，完成劈山抚育6万亩，其中祯旺、东源、高湖三个乡镇都超额完成任务。特别是章村、腊口两个油茶抚育重点乡镇的油茶垦复示范基地，抚育质量较高，起到很好的示范作用，从而有力地促进全县特别是章村片的油茶抚育工作。

第五阶段为创新发展阶段。进入21世纪后，从中央到地方各级政府对油茶产业的发展逐步重视起来，把木本油料发展提升到粮油安全战略高度。2007、2008年相继出台《国务院办公厅关于促进油料生产发展的意见》《国务院关于促进食用植物油产业健康发展保障供给安全的意见》。2009年11月4日，国家发展与改革委员会、财政部、国家林业局三部委下发《全国油茶产业发展规划》（2009～2020年）。省、市、县各级政府相继出台关于油茶产业发展的意见。随着茶油的品质逐步被人们认可和油茶科技成果的推广应用，茶油加工企业不断涌现，油茶效益增长明显。通过政府引导，市场拉动，林农发展油茶林的积极性得到提高。通过垦复老林子，改造低产林，推广良种，新造油茶林，油茶产业又出现了新的生机。

第二节　"浙南油库"的由来

20世纪50年代，是青田油茶发展的鼎盛时期。据《青田方志》（2014年8月创刊号）记载：全县有油茶面积30.8万亩，占全县林地面积的11.9%，居全省第二。50年代，青田平均每年为国家提供油茶籽600万斤左右，万亩乡有15个。有6.2万户农户经营油茶。原章村区是青田油茶的主要产地，1955年统计，章村全区油茶林总面积有5.5万多亩。青田县的油茶产量占全省总产量的30%左右，章村区的油茶占青田全县的30%以上。1955年，章村区张庄村油茶获得大面积丰收，农民家家户户堆满茶籽，区收购站面前车水马龙，向国家投售油茶籽的人群络绎不绝，粮库油茶籽堆积如山。当地的干部群众议论着油茶丰收的景象，有人说真是一片油（茶）海，如果把茶籽榨成油倒进腊溪坑，可以撑船，堵住溪口，就会变成一个大油库。消息传开，1956年1月11日，《浙南大众报》在显目的版面作题为"今日的浙南油库——章村"的报导。1958

图 3-5-2-1 1956年《浙南大众报》刊载浙南油库文章

图 3-5-2-2 1958 年，黄山头村雷志雨（后排放大者）参加全国"五一劳动节"，获毛泽东主席和国家领导人接见、合影（截图）

年 5 月 27 日，《浙南大众报》再次提到"青田素有浙南油库"之称。从此"浙南油库"曾一度成为青田的代名词，声名远扬。

在该时期，青田多次获颁全国油茶生产先进单位称号；章村有多名干部、群众获全国油茶生产先进个人称号。1956 年，章村乡黄山头村和黄里村、颜宅村获得全国油茶生产先进单位称号；1957 年，章村乡黄山头村的徐必文作为全国林业劳动模范代表，参加了全国国际五一劳动节庆典，并受到毛泽东主席的接见；1958 年，章村乡黄山头村派出代表雷志雨，参加了全国国际五一劳动节并受到毛泽东主席的接见。1958 年 8 月 24 ～ 30 日，全国油茶现场会在丽水联济村和章村乡黄山头村召开，周恩来总理托人送来了"浙南油库"这一亲笔题词。随着油茶生产的发展，传统榨油技艺也通过代代相传至今。目前，在章村等地拥有传统榨油技术的人，还有 60 多位。2008 年，传统的榨油技艺被列为浙江省第二批非物质文化遗产名录。

一、"百斤油"运动

1956 年，毛泽东主席提出"浙江要发展 1000 万亩油茶"的号召，负有"浙南油库"盛名的青田县责无旁贷，扛起主力军的任务。在县委领导下，全县迅速掀起油茶种植、抚育高潮。一方面扩大油茶面积，另一方面提高现有油茶产量，号召开展"亩产百斤油"运动。

1956 年 2 月，青田县第四次人民代表会议提出《关于发展国民经济的五年全面规划的决议（草案）》，制订了一个规模宏大的油茶生产计划：全县适宜种植油茶的山地有 87 万亩，已经种植的 33 万亩（包括新中国成立后

图 3-5-2-3 全国林业劳模徐必文

图 3-5-2-4 全国油茶生产先进个人雷志雨（2013 年摄）

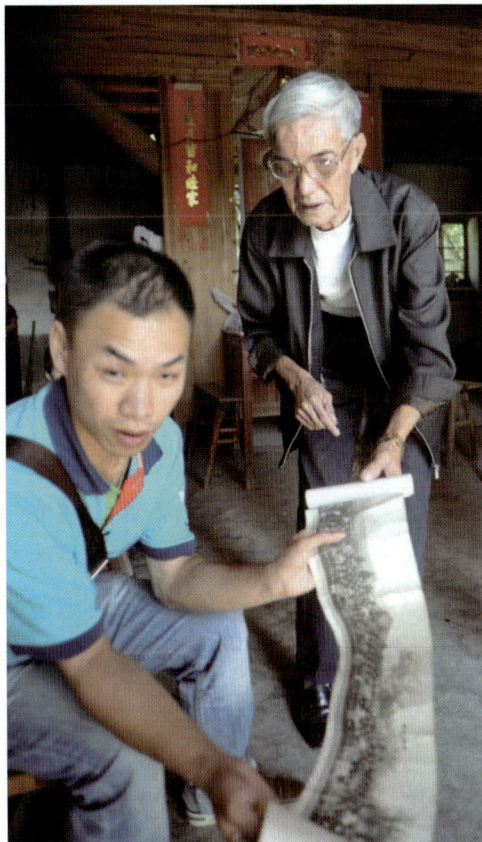

图 3-5-2-5 雷志雨老人（站立者）展示当年获毛泽东主席接见合影照片（2013 年摄）

新发展的9万多亩)。尚有荒山54万亩,要求全部发展油茶;将现有10万亩荒芜的油茶林通过铲山、劈山进行抚育恢复。争取1956年全县产油茶籽1000万斤;争取1958年(油茶籽大年)产油茶籽达到1500万斤;争取1962年新油茶林全部出产,产油茶籽达到5000万斤,争取卖给国家1000万斤茶油。具体措施之一就是开展规模巨大的油茶亩产"百斤油"的竞赛运动。

提出亩产百斤油的依据是吴记法种油茶的经验。吴记法,章村小连云村社员,1956年已年高91岁。据吴老介绍,其他村民证实,1895年,吴老带领全家在白岸山(土名)上种了18亩油茶。经过细心培育,油茶树长得特别好:头年正月栽植,第二年9月开花结果,第三年9月即有收获,比别人的结果提前3～4年;而且产量逐年提高,到了第16年获得大丰收,每亩产油茶籽400斤。山区的油茶亩产"百斤油"已被吴记法实现。

有了吴记法"百斤油"的先例,县委对亩产百斤油的信心更足,决心更坚定。1956年4月,中共青田县第一次代表大会召开;会上,县委明确要求:到1959年,全县要达到每亩油茶百斤油。具体措施是:总结推广先进经验,贯彻油茶林增产的五项措施:(1)铲山;(2)施肥培土;(3)整枝修剪;(4)消灭油茶蚂蚁、蛀心虫等油茶主要病虫害。运用药液喷射,防治其他各种病虫害。(5)适时采摘,改进榨油技术,提高出油率。同时,做好经济扶持,保证生产工具的供应;处理好发展林业特产中有关粮食购销和税收等政策问题,以提高群众的生产积极性。

为克服保守思想,壮大"百斤油"运动声势,使"百斤油"运动变成群众的实际行动,1956年4月17日,县委在章村区开展油茶生产展览会,时间2天,实到参观人数880多人。茶农通过图片宣传和实地参观,了解先进技术,激发发展油茶生产的积极性。同时,县委还采取树立先进典型、发挥示范作用等措施。

1956年8月18日,相关部门整理出《章村区一年来发展油茶生产的经验总结》(下称《总结》)。《总结》介绍了从1955年12月到1956年8月,全区共投入油茶恢复抚育运动的劳动力共9.8万多工,并详细阐述了油茶生产取得成绩的经验:

(1)书记负责,全党动手,形成"个个讲铲山、人人说油茶"的热烈氛围;

(2)根据不同时期的特点,开展宣传教育:算好四笔账(全区生产比重账、支持国家工业建设账、油茶生产潜力账、山区劳力使用账),提高认识,克服群众的畏难情绪;开展社、队间的劳动竞赛;进一步提高干部、群众为实现"百斤油"而奋斗的信心与决心,推动铲山、施肥、整枝、除虫、培土工作;

(3)认真处理好山林政策,建立生产责任制,促进社员的生产积极性;

(4)抓紧农林季节,全面安排生产,挖掘劳动潜力,开展铲山运动;

(5)抓住先进苗头,培育典型范例,组织实地参观,先进带动落后,开展全面运动;

(6)主动及时解决农民具体困难问题,使运动顺利开展。区委组织32个铁匠、21个棕衣老师,日夜加工锄头和棕衣;组织14个修补组替农民修补农具;供销社负责采购锄头1545把,棕衣3087件,以满足农民的需要。部分社员缺粮,区委供应3万斤粮食以解燃眉之急。

此后,油茶铲山运动遍及全县,"百斤油"运动深入人心。《青田报》接连报道各地开展油茶铲山的消息:1956年9月11日报道,北山万阜乡以辛庄社为重点,参加铲山人员占全社总劳力的83%;万阜第一社投入油茶铲山人员占劳动力的90%,铲出油茶山249.6亩;到8月28日,全乡有6个行政村,共1732人投入铲山,铲出油茶山877.5亩。《青田报》9月16日报道,叶店乡箬鸟农业社 125 户社员，散居在青田和丽水交界的天堂山麓，7 月中旬发动了 1346 个劳动工开展油茶铲山，到 8 月 26 日止已恢复荒芜油茶林 350 亩；9 月 26 日报道，海溪乡海溪农业社，在完成了扩种玉米、番薯 229.6 亩后，立即抓住时机，突击开展油茶铲山运动。马岙第 5 队决心在铲山中打个漂亮仗，8 月 30 日，全队 34 个劳力全部出动铲山，68 岁的老妈妈也不甘落后参加铲山。

11 月 10 日，县委批转浮弋乡旭光社开展油茶边采、边播运动的总结报告。旭光社在秋收冬种的同时，发动社员，具体安排劳力，全面规划林地，分配任务，贯彻"边采、边育、边造"方针，解决报酬、定额、技术等问题，不仅在播种油茶上取得了成绩，而且较好地开展了油茶铲山运动。县委要求各区、乡、社迅速做好油茶生产规划，认真解决油茶种子问题，迅速采取措施抓好季节，开展油茶播种运动。

11 月中旬，省政府决定提高油茶收购价格，全省平均提高 19.26%，而特别对油茶重点产区的青田，则提高 25%，以资鼓励。此一决定，极大地鼓舞了全县农民开展"百斤油"运动的积极性。章村区委要求每一位干部都打一把锄头。正月初一，区机关干部和浮弋永光社社员 82 人一起上山和群众同劳动，一天时间铲了油茶山 40 多亩，带动全区掀起了新的油茶铲山高潮。

据《青田县委领导油茶生产经验》一文介绍，从 1956 年起，到 1957 年，全县掀起三次油茶抚育高潮。据当时统计，2 年间，全县投入油茶抚育劳动力 80 余万工，垦复、抚育油茶面积 25 万亩，挖"鱼鳞坑"（蓄水抗旱用）62 万个；并对 5 万亩油茶林实施施肥；发展与补植油茶幼林 20 万亩。由于进行了多种营林措施，大部分油茶林转老还青，林新枝盛，生长良好，油茶产量逐年提高。

1957 年，省林业厅、县农林局曾做过调查；通过现场进行数株、算蒲、算籽、折油方式预测，全县有 3 万亩成林油茶亩产可达"百斤油"；有 7 万亩，可达亩产油"四十斤"以上。零星的高产纪录也不断被刷新，据记载：建筑社在一土名为"山区圻弯"有一片油茶林，面积 0.12 亩，共 18 株，折合亩可产油 2600 斤；民族社的"塘背山"，面积 1 亩，有油茶树 109 株，可产油 1500 斤；联兴社的"横山岗"，面积 0.15 亩，有树 20 株，折合后亩可产油 1900 斤等。

由于当时的油茶生产工作是全县的中心工作，县委要求有关部门必须大力支持。从 1955 年开始，至 1957 年，农金部门共发放油茶贷款 25 万元；手工业部门组织工匠 2191 人，在油茶产区巡回，生产锄头、篾衣等 4 万多件；章村供销社在运动高潮时，专门派人到丽水、温州调来锄头 1545 把，柴刀

图 3-5-2-6 章村林农喜摘丰收果（1960 年摄）

1089 把，土铁 5.02 万斤，钢铁 1660 斤，并组织了 32 个铁匠，21 个串簑衣老师，赶制工用具。共青团、妇联发动青年、妇女，组织造林、铲山突击队；粮食部门给予口粮照顾，三年共补贴大米 18 万斤；商业部门从提高油茶收购价格来支持运动等。总之，当时的运动，称之为全党动员，全民动手，一点也不为过。

二、"大跃进"运动

1958 年 1 月 30 日，县委《关于发展农林牧业生产的第二个五年计划与 1958 年计划》确定：全县适宜种植油茶面积 59 万亩（包括可补植的 18 万亩），除现有的油茶林 29 万亩（包括原有和新发展的），其余 30 万亩要求在 1958 年内全部发展完毕。油茶的产量要求（以籽计算），在 1957 年每亩单产 39.3 斤，总产 905 万斤的基础上，要达到每亩单产 54.5 斤，总产 1260 万斤。

5 月 24 日，中共丽水县委在《浙南大众报》上发表了《关于油茶抚育工作，争取油茶生产"大跃进"的报告（倡议）》，向全地区发起挑战。青田积极响应，县委要求当年油茶籽亩产量在 1957 年的基础上提高到 70 斤，争取 80 斤。《浙南大众报》随后刊文报道"青田奋起应战"的情况。

为了提高油茶产量，县委多次召开会议，寻找良策。根据以往经验，得出油茶在夏季落果一般达到 35% 左右结论，并且做出设想：如果全面进行抚育，普遍培土、施肥，就可以促使其不落果或少落果，并能使果实丰满，含油量足，出油率高，这样就可以确保实现本年比上年增产 700 万斤的指标。县委统一认识后迅速部署，并提出四项措施：

（1）大力开展油茶抚育运动，开展科学铲山，农林间作；

（2）普遍进行施肥、培土、整枝、除虫；

（3）适时采摘，颗粒还家，精打细榨；

（4）大搞技术革新。要求全县在 6 月前将现有 5 万亩荒芜的油茶林全部恢复，对 10 万亩成林油茶以及新发展的 20 万亩油茶幼林，普遍进行一次抚育，并将 10 万亩成林油茶普遍进行施肥培土。

在县委雷厉风行的督导下，各地迅速发动群众，全党动员，展开声势浩大的油茶生产高潮。为了防止 7、8 月油茶果灌油期间发生落果现象，确保丰收，县委在 5、6 月间曾先后 9 次召开现场会议，推广抚育保果经验。到 6 月中旬，全县 23.3 万亩油茶林抚育 21 万亩，施肥 5600 亩，在油茶山上挖鱼鳞坑 64 万个，山茅坑 1.7 万个。7 月底，县委召开 7 万人的广播大会，发动全县人民全面开展以铲山抚育、施肥培土、挖鱼鳞坑蓄水、实行农林间作为主要内容的油茶保果运动。

1958 年 7 月底，省林业厅在青田召开了全省油茶保果会议。到会者现场参观了青田的油茶保果工作。大家看到油茶林都搞成梯地、鱼鳞坑，水平带做得又阔又大又平，许多地方今年已抚育了 3 次，油茶树生长非常茂盛，结果累累，都赞叹不已。在章村乡民族社的油茶山上，代表们还亲自进行了数株、点果、数籽、折油，大家一致认为这里的油茶长得特别好，大丰收在望。

青田县油茶百斤油和保果运动搞得轰轰烈烈，引起了上级有关部门的注意。1958 年 8 月下旬，全国林业油茶生产会议在丽水县召开。青田章村乡民族社（黄山头）被作为油茶会议的第二会场——参观现场。参加会议的全国代表，全体前来参观。时任林业部副部长惠中权在现场作了发展油茶生产的重要讲话；在大会上，县委作了《苦战三年，根本改变了油茶生产的面貌》的发言；县委农合部为章村区油茶保果运动作了经验介绍；章村区委作了《关于大力开展油茶抚育管理运动的总结》（以下简称《总结》），《总结》回顾了三年来开展油茶抚育工作的做法和成绩。

1958 年 10 月 10 日，《浙南大众报》报道："素有'浙南油库'之称的青田县章村人民公社，今年油茶获得了空前大丰收。全公社 3.5 万亩油茶，总产量可达 1500 万斤油茶籽，可比上年增产 3 倍多"。

1959 年 1 月 6 日，章村公社党委书记在中共浙江省第二届代表大会第三次会议上发言，介绍了油茶丰收的情况。1 月 6 日，中央林业部发来贺电，电文如下："中共青田县委：欣闻你县章村人民公社三万七千多亩油茶平均亩产一百零五斤的大面积丰收，特电祝贺！并希望再接再厉，精细培育，加强经营管理，为实现亩产千斤油而努力"。

图 3-5-2-7《浙南大众报》转载中央林业部贺电（2014 年摄于档案馆）

油茶生产的"大跃进"运动，是特定历史时期的产物，其初衷是好的，但其做法不可复制。如当时的章村区介绍的经验里，有这样的总结：白天齐下田，晚上去铲山；日一工，夜一工，风霜雨雪不停工；白天农忙夜铲山，男的不够女出工。许多地方出现社员带被上山，点火上山，日以继夜搞抚育。章村的联兴社，一个春季用于铲山点灯的松柴就达 14 万斤。城区一夜发动一万多人投入油茶抚育、挖"鱼鳞坑"；北山区黄科社七十高龄社员吴增明，摆开擂台挑战全社青年，连续 7 天不下山。

三、"万、千、百"运动

"万、千、百"，系指发展油茶"万亩公社、千亩大队、百亩生产队"运动。

1970 年 3 月，全县林业会议于学大寨普遍展开的形势下在章村区召开。会议提出"为革命造林、为战备绿化"的口号，会议要求全县要掀起建设山区的高潮。浮弋、海溪等公社在会上介绍了油茶生产经验。会后，浮弋公社率先推出发展油茶生产的决定，提出：为迅速把油茶生产搞上去，首先要统一公社干部的思想认识，把油茶生产列入重要议事日程，决心新发展油茶林1万亩，抚育成林油茶1万亩。同时，狠抓大队、生产队干部的思想觉悟，落实"以粮为纲，全面发展"的方针，加强油茶生产的领导。全社各大队将荒山进行分山划片后，主要抓好三个环节：一是抓好种子片选、树选、蒲选、籽选等几项工作；二是抓好造林，措施到位，保证油茶树成活；三是抓好培育管理，冬春播种，夏秋培育，边种边管。此后，浮弋、海溪等公社还到遂昌、丽水等县先进社队进行参观学习。回来后，立即在全乡开展油茶"三保基地"和油茶全面抚育工作。

1970年10月，县革委会批转浮弋公社革委会《发展油茶生产的决定》，要求各区、社认真落实省革委会（1970）123号文件精神，狠抓油茶生产，开展"万亩公社、千亩大队、百亩生产队"的油茶生产群众运动，提出全县今冬明春要发展15万亩油茶的指标。至1971年4月，全县新发展油茶林11万亩，抚育原有油茶林10.7万亩。

每年的7、8月是抚育油茶林的最好季节，俗称"七月挖金、八月挖银"。章村公社的黄山头、颜宅，浮弋公社的张庄、平畲、张浦岭等20多个大队，种植油茶林面积达5万余亩。他们充分发动群众，合理安排劳力农活，掀起抚育油茶、防治病虫害、保护果实的群众运动。1970年由于遭伏旱，给油茶丰收带来了一定的影响。为了抗旱保苗，他们在夏收夏种前后，抓住有利时机，发动群众突击劈草盖土，提高抗旱能力。张庄大队广大群众自力更生、艰苦奋斗，抓好油茶抚育工作。1969年，这个大队抚育油茶投入劳动力达6000多工，抚育油茶林1500多亩。他们决心苦战3年，把全大队的油茶林普遍进行一次翻土除草。颜宅、平畲、张浦岭大队为了深挖增产潜力，不仅抚育好近山、林密的油茶，而且还加强了对远山、疏林山的油茶抚育工作。

1971年11月，全省山区工作会议在丽水召开。会上，青田县革委会以《大学大寨建设新山区》为题表示决心：虚心向兄弟县学习，为建设社会主义新山区而努力奋斗。章村区浮弋公社党委书记参加了省山区工作会议，认识到山外有山，外地有很多经验值得学习，他撰文在《新丽水报》上发表："我们公社是个油茶生产基础较好的公社。但是，油茶籽产量徘徊在50万斤以下。我们不怨天不怨地，只怨自己觉悟低，主要是我们偏在'线'上，松在'纲'上，缺在'志'上。并表示坚决落实毛主席关于发展油茶的指示，学习外地经验，抚育好现有的2.5万亩油茶林，并在二三年内把全公社的油茶林扩大到4万亩，建立起打不烂的油库，为建设新山区做出新的贡献。"

1971年12月，中共青田县第四次代表大会召开，新一届县委诞生。次年1月，县委召开山区工作会议，贯彻落实毛主席关于山区建设的方针政策，传达省山区工作会议精神，进一步加强了对油茶造林和抚育工作的领导。3月，县委召开全县农业学大寨誓师大会。6月，县委召开农业工作会议，贯彻地区农业工作会议精神。这些会议都抓住青田山区的特点，把抚育和发展油茶生产摆在重要的位置来抓。是年，在兴修水利、开田造地、发展林业、发展多种经济作物取得巨大成绩的同时，全县油茶籽也获得大丰收，年产油茶籽1020万斤，其中，浮弋公社油茶籽产量达118.91万斤。

1977年10月28日，省委书记铁瑛对青田县委常委说："我看青田很有前途。希望你们把油茶搞好！"省委书记亲口指示，鼓舞了青田县委。1977年冬，县委提出在几年内实现"一人一亩田，一人一亩油茶林"的规划。为此，县委主要负责同志带领干部，深入油茶重点产区，一手抓粮食，一手抓油茶，县委大多数常委下基层，科局搬到农村，1000多名干部奔赴第一线，大搞油茶基地建设。至1978年1月，全县已垦复油茶林12万亩，开山整地和抚育油茶"三保"

基地 3.2 万亩。

在大搞油茶基地建设中，油茶科研活动也广泛地开展起来。除县里有油茶科研所外，重点区、社建立科研小组，大队有科研员，县、区、社、大队四级干部都开展了油茶丰产林试验山、种子林等科研活动。

1978 年双夏结束以后，章村区委立即抓住有利时机，集中领导、集中劳力、集中时间，组织垦复油茶大会战。区、社正副书记担任正副指挥，成立油茶垦复大会战指挥部，大队成立大会战领导小组，做到上面有人抓，下面有人管。有些社、队山多劳力少，区委就采取全面规划，统一组织，互相协作，借工还工，双方协商，适当报酬的办法，组织支援，大大加快了垦复速度。经过一个多月的奋战，全区投入 30 多万工，垦复抚育油茶 1.5 万余亩，其中，油茶"三保"基地 1 万多亩。

1976 年后，五六十年代新发展的油茶林都到了盛产期。1977 年，全县产油茶籽 1950 吨，比 1976 年 900 吨产量增加 1050 吨；1978 年增加到 3800 吨，是 1976 年的 4.22 倍；1979 年获得史无前例的大丰收，年产 6000 吨，是 1976 年的 6.66 倍。

第三节 重振"浙南油库"雄风

进入 21 世纪，青田油茶再次进入快速发展期。早在 1998 年，县政府就出台《关于加快油茶垦复抚育的实施意见》，县财政每年拿出 20 万元，用于油茶抚育补助，铲山抚育每亩补助 30 元，劈山抚育每亩补助 15 元。2005 年，县政府又发布《关于加快油茶产业发展的实施意见》，并制订油茶开发补偿机制和油茶林地流转机制，把油茶产业作为我县三大农业主导产业之一来抓。县财政每年在农业产业化资金安排 150 万元，推进油茶低产林改造。

2007 年，党中央、国务院把木本油料发展提升到粮油安全的战略高度。是年，国务院办公厅出台《关于促进油料生产发展的意见》；2008 年，国务院公布《关于促进食用植物油产业健康发展保障供给安全的意见》；2009 年 11 月 4 日，国家发展与改革委员会、财政部、国家林业局三部委下发的《全国油茶产业发展规划》（2009～2020 年）。省政府、丽水市政府也相继出台关于油茶产业发展的意见和政策。2009 年，青田县被列入浙江省油茶产业发展重点县和国家油茶产业发展试点县。

为贯彻中央、省、市指示精神，重振"浙南油库"雄风，县委、县政府出台多项政策，扶持油茶产业；2008 年，"做优做大油茶产业"列入县政府的"三十工程"之一，把油茶产业的发展列入对主产区乡镇考核的主要内容之一，落实责任，专人负责；2009 年，县政府专门成立以副县长为组长的油茶产业发展领导小组，林业部门成立油茶科，落实具体人员抓油茶产业发展，并着手开始油茶产业发展规划的编制，同时，县政府出台《关于规模化高产油茶基地建设的资金扶持政策》，计划从 2009 年起到 2015 年，县财政每年安排资金 300 万元用于高产油茶基地建设。并提出"一年新造一万亩，十年再造一个新油库"的宏伟目标。

为实现这个目标，全县全党动员，有关部门主动配合，为油茶产业发展出谋划策；林业部门全力以赴，积极引进油茶新品种，大力推广种植新技术，开发油茶新产品，做大做强油茶产业链。在政府部门的大力宣传发动下，全县群众对油茶种植积极性高涨，涌现出一大批以"山

图 3-5-3-1 油茶产业发展成果展板（2013 年摄）

图 3-5-3-2 中央电视台《致富经》栏目组
青田油茶专题采访现场

地入股"、"资金入股"、"技术入股"等形式合作开发油茶基地的先进典型。全县油茶种植实现跨越发展，自 2011 年起每年以新造 1 万亩的速度递增。据统计，2004—2014 年，全县共垦复改造油茶 94519 亩，新建油茶高产示范林 63177 亩；建设油茶采穗圃 400 亩，苗木繁育基地 100 亩，累计出圃油茶良种苗木 1000 多万株，培育油茶种植大户 180 余户。至 2014 年，良种示范基地已投产 1 万余亩，全县茶油总产量 2178 吨，油茶产业一产产值达 1.742 亿元。受惠农户达 2 万多户。油茶产业步入快速发展期，重现了 20 世纪 60 ～ 70 年代的辉煌，重新成为主产区农村经济发展的支柱产业。

重振"浙南油库"的组织与政策保障

（一）建立组织机构

1.青田县油茶产业发展领导小组

为推进"浙南油库"建设，2009 年，县政府办公室发布（青政办发〔2009〕113 号）《关于成立青田县油茶产业发展领导小组的通知》。领导小组组长由分管副县长兼任。成员包括林业局、发改局、农业局、财政局、规划建设局、国土资源局、扶贫办等相关局、办主要领导。领导小组下设办公室，办公室设在县林业局，由林业局副局长任办公室主任，技术推广站负责人任办公室副主任。

2. 县油茶产业发展中心

2010 年 9 月，县机构编制委员会办公室发出（青编办〔2010〕7 号）《关于同意县林业技术推广中心增挂县种苗管理站和县油茶产业发展中心牌子的批复》文件，在全省率先成立油茶产业专门管理机构，设立了油茶产业发展中心，专门负责油茶产业发展。

3.油茶产业生产发展项目实施领导小组

为保证油茶产业提升项目的顺利实施，县林业局成立了项目实施小组，由局长担任实施小组组长，全面负责项目实施工作。

4.油茶产业提升项目检查验收小组

油茶产业提升项目检查验收小组的职责，是负责油茶产业发展过程的质量、数量的监督和统计。

5. 油茶产业技术支撑机构

（1）中国林业科学院亚热带林业研究所

该所是面向我国亚热带地区，融科学研究、科技推广和人事教育为一体的综合性林业科研机构。以应用基础和应用研究为主，研究领域涵盖森林资源培育、林木遗传育种、森林生态与环境保护、城市林业与观赏园艺、林业生物工程五大学科18个研究方向，着重解决我国亚热带地区林业建设中综合性、关键性、基础性的科学技术问题，主攻竹林和经济林高效培育、工业用材速生丰产林定向培育、林业生态环境建设等领域的理论与实用技术。

主要技术合作团队亚林所木本油料树种研究组从事木本油料树种研究近50年，先后在"六五"、"七五"期间主持国家攻关专题"油茶良种选育"、"油茶丰产栽培"、"油桐良种选育"等多项研究，组建了油茶育种、栽培、油桐育种全国科研协作组织，系统地开展了油茶、油桐等树种的良种选育和丰产栽培技术研究。自"八五"至今，在原有研究工作基础上，继续开展重要木本油料树种良种选育和高产栽培技术研究，主持国家科技支撑《高产优质油茶香榧良种选育》专题。研究组先后承担油茶、油桐国家攻关（支撑）专题7项、国家自然科学基金项目4项、部省重点项目30多项。在浙江省金华东方红林场良种繁育基地和亚林中心长埠林场等地建成了全国资源最丰富的油茶、油桐等种质资源库和各类育种群体保存基地，收集育种资源近2000份。在全国主要木本油料产区建立了一大批高产良种、种苗扩繁、园艺化栽培技术试验示范基地。研究组在油茶高产高抗育种、区域定向育种、品质育种、配合力育种、杂交育种、良种配置技术及油桐高产高抗育种等多个研究领域居国内领先地位。

（2）青田县经济林博士后工作站

工作站下设竹木、林业生态、油茶、林业综合等4个专家组，聘请了中国林科院亚林所的姚小华博士等4位指导专家，每个专家组设首席专家1名，林技指导员7名，设乡镇责任林技员50名，建立一套完备的技术推广体系。目前拥有12名固定科技推广人员，15～20名流动人员的创新团队。固定人员中有高级工程师1人、工程师7人、助理工程师4人，具有硕士学位1人、大学学历6人。青田县经济林博士后工作站，主要从事先进林业技术引进、适应试验、对比试验、组装示范和推广；林业技术开发试验示范区管理；林业技术规范制定；林业技术推广活动监督管理；开展林业技术指导和培训；林木新品种区域试验；审查核实林木良种审定；林木种质检验、鉴定及监督管理；林木

图3-5-3-3 全国首席油茶专家姚小华博士授课（2012年摄）

种子执法监督体系指导；林木种子生产、经营许可证管理，参与制定修改有关林木种苗的地方标准及林木种苗技术研究。

工作站拥有能独立开展经济林树种生理生化分析的专业实验室，面积 60 平方米，拥有研究型正视显微镜、PH 计、电导率仪、光照培养箱、土壤温湿度及水分分析仪、土壤气候观测系统和种子相关分析仪，并对研究成果有专门的样品陈列室；在试验基地建设中，拥有成套灌溉系统的育苗基地和大棚温室，能较好地控制油茶生长。

6.建立完善三级推广体系、监测检查体系和社会化服务体系

（1）油茶生产标准化三级推广体系

分县、乡、村三级建立油茶生产标准化推广领导小组，落实专人负责制；县林业局建立了技术指导小组，聘请省科特派员、亚林所专家担任讲师定期到主产区举办培训班或到现场指导，推广山茶油生产技术标准，同时通过报纸、发放资料、科技下乡、电视传媒等做好标准宣传，在青田电视台开设油茶标准化生产专题，形成了一套完备的三级推广体系，使标准化生产技术在全县得到推广应用。

（2）山茶油产品安全监测体系

与县技术监督局合作建立山茶油产品安全监测体系，已建立农产品监测中心，开展农产品环境、产品检测工作，定期对土壤、水、空气等产区环境指标和新产品的质量进行抽样检测。同时开展各种形式的农资质量监测检查行动，杜绝伪劣、不符合要求的农资产品流入产区。

（3）健全和完善社会化服务体系

加强各茶农之间的横向经济合作组织建设，对不规范的油茶合作社进行整改和重组，鼓励贩销大户和企业参与到合作社中去，成为连结茶农和企业、市场之间的桥梁和纽带，使企业和农户建立起"企业＋基地＋农户"的经营模式，形成了以油茶栽培生产为基地，精制茶油加工

图3-5-3-4 王开良副研究员（持话筒者）深入基地指导油茶栽培技术（2013 年摄）

为龙头的以及其他产业相关联的油茶产业化经营体系。

（二）油茶产业的扶持政策

1. 上级政府及林业主管部门出台的政策

（1）国务院出台扶持油茶产业政策：《国务院办公厅关于促进油料生产发展的意见》（国办发〔2007〕59号）。

（2）国家林业局出台扶持油茶产业政策：《国家林业局关于发展油茶产业的意见》（林造发〔2006〕274号）。

（3）浙江省政府出台扶持油茶产业政策：《省政府办公厅关于加快发展油茶产业的若干意见》（浙政办发〔2009〕68号）。

2. 县政府出台的相关扶持政策

（1）2005年，县政府（青政发〔2005〕56号）《关于加快油茶产业发展的实施意见》文件下发，制订了油茶开发补偿机制和油茶林地流转机制，县财政每年在农业产业化资金安排150万元，推进油茶低产林改造。

（2）2009年，县政府（青政发〔2009〕154号）《关于加快我县油茶产业发展的若干意见》文件提出发展目标，力争到2015年，实现高产良种油茶苗年生产能力300万株，建立高产良种油茶采穗圃300亩，高产良种苗木繁育基地60亩，新造高产良种油茶林5万亩，改造低产低效林5万亩，全县油茶林总面积达到26.5万亩，油茶产业总产值达2.8亿元。到2020年，全县油茶林总面积达到31.5万亩，新造高产良种油茶林达10万亩，改造低产低效林10万亩，油茶产业总产值达5.8亿元。培植一批油茶精深加工企业，打造油茶产业链，初步实现资源培育基地化、经营管理集约化、林油发展一体化。同时，设立油茶产业发展专项资金。2009—2015年，县财政每年安排一定资金用于油茶产业发展，重点支持高产良种培育和推广、低产林改造等方面。

（3）2009年，县政府办公室（青政办发〔2009〕181号）《关于2009年油茶产业化发展若干扶持政策的通知》，规定了高产良种油茶造林建设标准、补助标准和油茶低产林改造建设标准、补助标准。高产良种油茶造林补助标准：经土地立项开发整理的基地，造林后经验收合格的每亩补助300元。土地自行整理的基地，造林后经验收合格的每亩补助600元。低产林改造补助标准：经验收合格后每亩补助200元。

同时，为鼓励规模经营，《通知》对高产良种油茶造林基地及低产林改选基地，流转连片面积达300亩以上的大户，每亩奖励20元；连片面积达500亩以上的大户，每亩奖励30元；对已经过改造的油茶低产林示范基地和建造的高产良种油茶示范基地开展带内或坑内抚育，予以抚育补助每年每亩50元。

（4）2010年，县政府办公室（青政办发〔2010〕173号）《关于印发2010年油茶产业发展扶持实施细则的通知》，重申了良种油茶基地建设标准和补助标准；油茶低产林基地抚育标准和补助标准。

基地流转补助标准是：流转连片面积达200亩以上且当年完成造林的，经验收合格后，每亩奖励20元；连片面积达500亩以上且当年完成造林的，经验收合格后，每亩奖励30元。

苗木生产补助标准是：对育苗户供应县内基地的苗木予以每株0.2元补助。

图 3-5-3-5 良种油茶基地

（5）2011 年，县政府（青政发〔2011〕94 号）《关于印发青田县现代农业产业化扶持办法的通知》规定：对新获得县级、市级、省级、国家级农业龙头企业称号的企业，分别给予 2 万元、5 万元、20 万元、30 万元的奖励；对通过农产品出口基地备案、出口企业认证的单位或个人，分别给予 3 万元的奖励；对通过 QS 认证的企业，给予 3 万元的奖励；对新获得市级、省级示范性农民专业合作社称号的单位，分别给予 1 万元、2 万元的奖励。

对大学生、农业科技人员新创办连片农业基地 200 亩以上的，给予 5 万元的奖励；对新创办县级及以上农业龙头企业的，给予实际投资额 10% 的奖励，最高奖励 10 万元。

同时，《通知》还对无公害、绿色、有机农产品基地建设、农产品营销、农产品品牌创建、特色农业产业、农村土地合理流转、主导产业核心区的道路和水利设施建设等方面，规定了给予资金奖励办法。

第四节　良种苗木培育

历史以来，青田油茶育苗都是种子直播，因此品种品质退化严重；也少量试验过扦插育苗技术，但成效不大。2009 年，国家发展与改革委员会、财政部、国家林业局三部委下发的《全国油茶产业发展规划》（2009 ～ 2020 年）指出：发展油茶产业，种苗是关键。第一，要加强种苗基地建设，要充分发挥现有种源基地如采穗圃、良种收集园的作用，统一规划、合理均衡布局，实现一个基地辐射一定范围，保证生产上种苗的需求。第二，要严格实行油茶种苗准入制，建立中心采穗圃，大力推行"四定"，即定点供穗、定点育苗、定单生产、定向供应；做到"三清楚"，即品种清楚、种源清楚、苗木销售去向清楚。第三，要严把种苗质量关，采取有效措施加大种苗执法力度，坚决打击非法经营、以次充好和制售假劣苗的行为，从根本上杜绝非良种苗木造林。

青田县油茶良种的繁育能力逐年提升，规模不断扩大。2008 年，进行油茶良种苗木培育的试验，并取得了成功。从 2009 年开始，扩大了油茶育苗规模，每年培育苗木平均在 200 万株左右，解决了油茶产业发展中油茶良种苗木缺乏的现状，油茶良种苗木培育步入产业化发展进程。

一、良种引进

2004 年，县林业技术推广站在亚林所的帮助下，引进了 9 个长林无性系苗木，建立油茶高产示范林 100 亩，同时，引进 10 个长林无性系穗条进行高接换种，建立 30 亩的油茶采穗圃。2007 年，再次引进长林系列 6 个良种苗木，建立 100 亩的油茶采穗圃，目前均已投产，产穗能力达 120 万枝，可提供培育 500 万株优质嫁接苗的供穗能力，良种繁育实现了定点采穗。

青田推广由亚林所选育的 9 个油茶优良无性系良种简介：

1. 长林 3 号：花期与长林 4 号相近。

图 3-5-4-1 长林 4 号

图 3-5-4-2 长林 18 号

果实中等偏小，色泽偏黄，桃形或近橄榄形，有尖头。干出籽率为24.0%，出仁率为56.7%，含油率为46.8%，产量较稳定，能基本保持连年结实。六年生植株的平均产果量约4千克，亩产油量可以超过20千克，盛产期能达到54.6千克。始花期为11月上旬，花期持续25天。

2. 长林4号：长势较旺，枝叶茂密，光合效率高。果桃形，青带红，较大，干出籽率为26.9%，出仁率为54.0%，含油率为46.0%，产量高而稳，只是皮稍厚。六年生时，株产果量5～6千克，栽植第六年可以达到的亩产油量可以超过35千克，盛产期能达到60千克。始花期为11月初，花期持续20天。

3. 长林18号：花期早，成熟早，果实中等偏大，红色，俗称大红袍。六年生的株产量可以达到3千克左右，亩产油量可以超过20千克，盛产期能达到41.6千克。干出籽率为25.2%，出仁率为61.8%，含油率为48.6%，始花期为10月上旬，花期持续25天。

4. 长林21号：长势中等，早花早熟，果实近桔形，中等大小，黄绿色。由于树体长势不够旺，株产量也较低。六年生的植株，株产可达2千克左右，平均亩产油量约15千克，盛产期能达到70.9千克。干出籽率为30.1%，出仁率为69.3%，含油率为53.5%，始花期为10月初，花期持续20天。

5. 长林23号：长势较旺，果实一般于10月20日前后成熟，10月下旬始花。球形果，青黄色，向阳面橙红色。大小中等。高产。六年生的植株单株产果量约3千克，亩产油量也可以接近30千克，盛产期能达到61.6千克。干出籽率为22%，出仁率为57.2%，含油率为49.7%，始花期为10月下旬，花期持续30天。

6. 长林27号：枝条直立，粗壮，分枝较少，枝条较为稀疏。10月下旬始花。该品种对立地条件和肥培管理要求较高。土质肥沃、疏松，

图 3-5-4-3 长林 21 号

图 3-5-4-4 长林 23 号

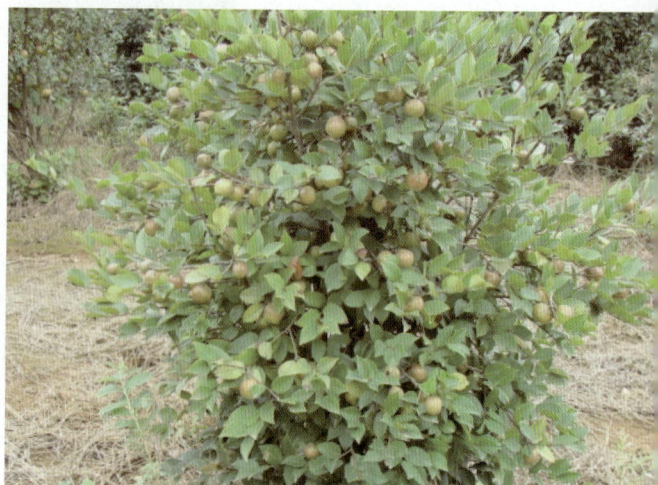

图 3-5-4-5 长林 27 号

合理施肥，才能保证其长势旺盛，并大量结实，盛产期能达到 70.4 千克。适宜于土壤肥沃的地点推广应用。干出籽率为 21.4%，出仁率为 69.7%，含油率为 48.6%，始花期为 10 月下旬，花期持续 25 天。

7. 长林 40 号：六年生时，单株产果量就能达到 8 千克以上，单株产油量可达到或超过 0.5 千克，栽植第六年亩产油量就能超过 40 千克，盛产期能达到 65.9 千克。干出籽率为 25.2%，出仁率为 63.1%，含油率为 50.3%，始花期为 10 月下旬，花期持续 30 天。

8. 长林 53 号：枝条硬，而叶子浓密，叶面积指数平均大于 3.5，光合效率高。果梨形，黄带红，大果，干出籽率为 27.0%，出仁率为 59.2%，含油率为 45.0%，六年生的植株单株可采茶桃 4～5 千克，亩产油量可以超过 25 千克，盛产期能达到 74.7 千克。始花期为 11 月初，花期持续 20 天。

9. 长林 55 号：开花和成熟都特别早。由于果实成熟早，种仁含油率也高。桃形果，以青色为主，略带红。六年生的植株单株产果量约 1.5 千克，亩产油量也可以接近 15 千克，盛产期能达到 58.9 千克。干出籽率为 21.8%，出仁率为 68.2%，含油率为 53.5%，始花期为 10 月初，花期持续 25 天。

二、苗木培育

2008 年，为重振"浙南油茶"雄风，县林业局着手油茶良种苗木的繁育工作。在亚林所的指导下，从江西引进 10 个优良高产无性系油茶新品种穗条，林业科技人员在船寮康畈进行两次芽砧苗育种试验成功。2009 年，在总结经验的基础上，扩大了油茶育苗规模，建立了油茶良种苗木繁育基地 30 亩，培育苗木 110 万株。2011 年，青田县申报的"油茶良种芽苗砧嫁接育苗技术产业化"项目被国家科技部列入"星火计划"。该项目由青田森

图 3-5-4-6 长林 40 号

图 3-5-4-7 长林 53 号

图 3-5-4-8 长林 55 号

茂绿化有限公司承担。通过引进中国林科院亚林所选育的长林系列油茶无性系良种和以芽苗砧嫁接育苗技术为核心的快繁体系，建成油茶良种种苗生产示范基地。2011 年，青田聚源农业开发公司开始承担油茶良种育苗任务。2011 年至 2013 年，两公司共育苗 1011.57 万株。除满足全县油茶基地需要外，还外运至兄弟县市。

图 3-5-4-9 油茶芽苗砧嫁接现场（2011 年摄）

图 3-5-4-10 青田森茂绿化有限公司油茶良种育苗基地（2011 年摄）

图 3-5-4-11 青田森茂绿化有限公司油茶良种育苗基地（2012 年摄）

图 3-5-4-12 森茂公司育苗基地大棚（2013 年摄）

图 3-5-4-13 聚源公司巨浦苗圃基地生产用房（2012 年摄）

（一）青田森茂绿化有限公司油茶苗木基地

2010 年，青田森茂绿化有限公司在船寮镇康畈村建立油茶苗木基地 50 亩，建设温室大棚 1500 平方米，搭荫棚 32500 平方米，喷灌设施 100 套，铺设输水管道 2000 米，培育油茶良种苗木品系 9 个。2011 年，油茶良种培育圃增加至 100 亩，同时建设 30 亩高产油茶无性系采穗圃、10 亩嫁接育苗用普通油茶砧木圃。年繁育油茶苗木达 300 万株以上。

2014 年开始，省林业厅规定实行油茶良种定点育苗，青田森茂绿化有限公司被列入定点生产单位。2014 年，森茂公司当年育苗总数计 149.2 万株，在圃长林各品系总苗量 228.7 万株，基本满足全县新开基地的苗木需求。

（二）青田聚源农业开发有限公司

2010 年 2 月，经县林业局审核同意，青田聚源农业开发有限公司具备承担育苗任务资格，公司地址油竹官园小区 24 幢 3 号，生产地巨浦乡巨浦村，有育苗圃地 30 亩。聘请工程师 2 名，技术员若干名。自 2011—2013 年，共培育良种油茶苗 300 多万株。

图 3-5-4-14 青田聚源农业开发有限公司油茶苗快繁基地（2013年摄）

表 3-5-4-1 2011 年—2013 年青田县油茶种苗生产情况统计表　　　单位：万株

年度	育苗单位	品系	当年培育苗木					二年生苗数量				
			总数	其中				总数	其中			
				容器苗		裸林苗			容器苗		裸林苗	
				10~15 cm	15cm 以上	10~15 cm	15cm 以上		20~25 cm	25cm 以上	25~30 cm	30cm 以上
合计			1011.57	44.61	0	744.5	15.04	533.3	22.9	3.1	350.37	186.54
2011	青田森茂有限公司	长林系列	201.64	0.7		40.68	15.04	138	0.9	3.1	14.2	119.8
2011	青田聚源有限公司	长林系列	70.3			8.1		70.3			3.17	66.74
2012	青田森茂有限公司	长林系列	194.63	18.91		175.72		130	7		123	
2012	青田聚源有限公司	长林系列	70			70		40			40	
2013	青田森茂有限公司	长林系列	375	25		350		155	15		140	
2013	青田聚源有限公司	长林系列	100			100					30	

表 3-5-4-2　2014 年青田县油茶定点育苗情况统计表

长林品系	2014 年新育苗数量								二年生苗数量			2015 年计划育苗情况	
	在圃总苗量	其中							在圃总苗量	其中			
		容器苗				裸根苗				容器苗	裸根苗	容器苗	裸根苗
		嫁接数	在圃数	存活率(%)	15cm以上数量	嫁接数	在圃数	存活率(%)					
合 计	149.2	16.8	8.63	51.37	0.6	181.51	140.57	77.44	228.7	21.23	207.47	38	75
3	3.23	2	0.77	38.50	0.1	3.08	2.46	79.87	14.37	0.6	13.77	10	20
4	48.45	8	4.5	56.25	0.25	54.93	43.95	80.01	100.62	13.72	86.9	2	5
23	16.59	2	0.89	44.50	0.05	19.65	15.7	79.90	17.59	0.31	17.28	2	5
40	24	4.8	2.47	51.46	0.2	26.91	21.53	80.01	34.35	3.06	31.29	10	20
21	11.85					14.81	11.85	80.01	9.93		9.93	2	5
53	25.1					31.38	25.1	79.99	41.93	2.79	39.14	10	20
166									0.75	0.75			
18									6.68		6.68	2	
27									2.48		2.48		
红花油茶	19.98					30.75	19.98	64.98					

三、油茶良种采穗圃

到 2014 年为止，全县新建油茶采穗圃 400 亩，苗木繁育基地 2 个，面积 150 多亩，年培育苗木能力达到 500 万株以上。

（一）章村乡小硼村采穗圃

2009—2010 年在章村乡小硼村建立油茶采穗圃 100 亩，定植油茶良种品系 6 个，对基地深施有机肥，进行土壤改良，同时加强基础设施建设，修建了宽度 1 米的林道 2 公里，水泥路面硬化，新建混凝土结构水池 3 个，蓄水量 30 立方米。

图 3-5-4-15 小硼村油茶采穗圃（2009 年摄）

表 3-5-4-3 小峃村油茶采穗圃基本情况表

采穗圃名称	青田县油茶无性系良种采穗圃		建设地点		青田县章旦乡章旦村			
采穗圃面积	80 亩	建设年份	2009	投产年份		2012 年		
无性系来源	亚林所	无性系数量	6 个	建圃方式		□大树换冠 ■嫁接苗栽植		
栽植密度	2×3 2×1.5 2×4		年均穗条产量		720 公斤			
序号	无性系名称	无性系别名	审（鉴）定情况	无性系来源	引种人	嫁接（栽植）时间	保存株数	年穗条产量（公斤）	备注
1	长林	4	已审定	亚林所	王开良	2009.1	800	120	
2	长林	166		亚林所	王开良	2009.1	800	120	
3	长林	23	已审定	亚林所	王开良	2009.1	800	120	
4	长林	3	已审定	亚林所	王开良	2009.1	800	120	
5	长林	40	已审定	亚林所	王开良	2009.1	800	120	
6	长林	53	已审定	亚林所	王开良	2009.1	800	120	

（二）巨浦乡巨浦村采穗圃

巨浦村采穗圃建设面积 300 亩，新建生产管理用房 200 平方米，配套设施有遮荫棚、作业道路、排灌等辅助生产设施建设,购置必要的病虫害防治、办公设备等。项目从 2009 年开始实施，到 2010 年完成建设，总投资 200 万元，其中:省及以上财政资金 117 万元,地方财政投入 83 万元。油茶采穗圃建成投产后，年产穗条 810 万根，合计穗条 26000 公斤，穗条产值达 78 万元，除采穗外，到盛产期，每亩年产茶油 30 公斤，年亩产值达 2000 元，300 亩产值达 60 万元，项目年总产值 138 万元。

1. 良种培育工程

完成 300 亩油茶良种采穗圃基地建设。基地实行水平带整地，种植穴规格为 70 厘米 ×70 厘米 ×70 厘米，每穴施足有机肥，种植长林系列油茶苗木品种 6 个，分别为长林 3 号、4 号、23 号、27 号、40 号、53

图 3-5-4-16 油茶良种采穗圃生产基地（2010 年摄）

号，共计 36000 株，带状排列，每年春季对采穗圃进行了一次全面抚育、施肥和补植。

2. 繁育生产工程

新建生产用房 5 间，共计 200 平方米；晒场 500 平方米。对基地种植苗木进行遮荫覆膜保湿，改良土壤 45 亩，新建蓄水池 9 个，设置基地排水沟。

3. 辅助工程

建立完备的电力供应系统；购置办公桌 4 张、椅子 14 张、电脑 1 台、传真一体打印机 1 台；安装太阳能诱虫灯 2 台，购置动力喷雾机 1 台、修边机 1 台、修枝剪 80 把；新建生态围栏 1500 多米，3 个路口设置木制围栏，新建围墙 300 多米；新建作业道路 1246 米，水泥路面硬化，宽 1 米，厚度为 10 厘米；每一行带状排列的油茶品系都设置固定的花岗岩标识牌。

表 3-5-4-4 巨浦村油茶良种采穗圃建设投资完成情况表

计划数					实际完成数		
序号	项目名称	单位	计划数量	投资额	项目名称	完成数量	实际投资额
	合　　计			191	合　　计		2103785
一	良种培育工程			112	良种培育工程		1120000
1	采　穗　圃	亩	300	112	采　穗　圃	300	1120000
二	繁育生产工程			38.5	繁育生产工程		437727
1	生产管理用房	平方米	200	20	生产管理用房	200	153788
					晒　　场	500	88212
2	遮　荫　架	亩	300	10	遮阴覆膜	300	49655
3	土　壤　改　良	公顷	3	4.5	土　壤　改　良	3	44480
4	排　灌　系　统	套	2	4	排　灌　系　统	2	101592
					（1）灌溉设施		72978
					（2）排水沟		28614
三	辅　助　工　程			34.5	辅　助　工　程		351966
1	供　电　系　统	套	2	10	供　电　系　统	2	41776
2	办　公　设　备	套		2	办　公　设　备		22510
3	围　　栏	千米		10	围栏及围墙		99520
4	病虫害防治、采穗等设备	套		2	病虫害防治、采穗等设备		17650
5	作　业　道　路	千米	1.1	9	作　业　道　路	1.25	160310
6	界桩、标识牌	个		1.5	界桩、标识牌		10200
四	其　他　费　用			6	其　他　费　用		82500
1	建设单位管理费			2	建设单位管理费		30000
2	勘　察　设　计　费			1	勘　察　设　计　费		8000
3	工　程　监　理　费			1	工　程　监　理　费		33000
4	项目招投标及审计费			2	项目招投标及审计费		21500

四、红花油茶种质资源库

2011 年起，林业科技人员对大洋山林场红花油茶进行优树调查，以期掌握红花油茶种质资源的第一手资料，累计选择优树 70 株。

图 3-5-4-17 大洋山林场红花油茶优树（2011 年摄）

2013 年，县林业技术推广站在国家油茶科学中心研究员、青田县经济林博士后工作站负责人王开良博士的指导下，选自全国各红花油茶产区的 100 多个红花油茶优树和优良家系，率先在大洋山林场开展引种试验，填补国内浙江红花油茶新品种缺乏的空白。

表 3-5-4-5 2011 年青田县浙江红花油茶优树调查表

编号	地点	冠幅（米）		树高（米）	产量（千克）	树龄
qt2 号	大洋山	2.6	2.1	3.2		40
qt5 号	大洋山	2.8	4.2	4.4		
qt1 号	大洋山	4.0	3.8	5.1		
qt8 号	大洋山	3.1	2.8	4.1		
qt9 号	大洋山	2.3	2.8	3.9		
qt10 号	大洋山	3.5	3.2	3.0		
qt3 号	大洋山	3.7	3.3	3.9		
qt4 号	大洋山	2.6	2.0	3.2		
qt6 号	大洋山	2.2	2.3	3.8		
qt7 号	大洋山	2.4	2.8	3.6		
qt11 号	大洋山	2.7	2.9	3.4		
qt12 号	大洋山	2.9	3.3	3.6		
qt13 号	大洋山	3.2	3.0	3.1	15	
qt14 号	大洋山	3.2	3.3	3.9		
qt15 号	大洋山	4.0	3.6	4.0	23	
qt16 号	大洋山	3.9	3.7	4.8	32	
qt17 号	大洋山	2.2	2.1	4.0	20	
qt18 号	大洋山	3.2	3.2	4.1	28	
qt19 号	大洋山	2.7	3.3	3.9	13	
qt20 号	大洋山	2.4	1.9	3.4	18	

五、引种繁育基地

表 3-5-4-6 青田县引种繁育基地一览表

序号	项目名称	项目编号	承担单位	参加单位	项目实施期	预算总投资（万元）	任务目标	备注
1	油茶新品种引种、繁育基地建设	FM1139	青田森茂绿化有限公司	中国林科院亚热带林业研究所	2011.06~2013.05	85.5	建设200亩	
2	油茶新品种引种、繁育基地建设	FM1140	浙江纳福莱植物油有限公司		2011.06~2013.05	73.0	建设175亩	
3	油茶新品种引种、繁育基地建设	FM1141	青田聚源农业开发有限公司		2011.06~2013.05	21.0	建设50亩	
4	油茶新品种引种、繁育基地建设	FM1142	青田县林业技术推广站	中国林科院亚热带林业研究所	2011.06~2013.05	25.5	建设300亩	
5	油茶新品种引种、繁育基地建设	FM1143	青田章旦生态农业开发有限公司		2011.06~2013.05	10.0	建设25亩	
6	油茶新品种引种、繁育基地建设	FM1144	青田县科兴油茶种植专业合作社	中国林科院亚热带林业研究所	2011.06~2013.05	63.0	建设150亩	
7	油茶新品种引种、繁育基地建设	FM1145	青田县汇峰农特产品产销专业合作社		2011.06~2013.05	42.0	建设100亩	

第五节 规模化高产基地建设

进入21世纪，从中央到地方各级政府重视油茶产业的发展。国务院、国家林业局等发布多项指示，除注重油茶老林的低产改造，特别重视油茶良种的推广和高产油茶基地建设。2005年，县政府出台《关于加快油茶产业发展的实施意见》，制订油茶开发补偿机制和油茶林地流转机制，县财政每年在农业产业化资金安排150多万元用于油茶产业的发展。2008年，县政府把油茶产业作为我县三大农业主导产业和县政府的"三十工程"之一来抓。2009年，青田被列入浙江省油茶产业发展重点县和国家油茶产业发展试点县后，县政府出台《关于规模化高产油茶基地建设的资金扶持政策》，决定从2009年起到2015年，县财政每年安排资金300万元用于高产油茶基地建设，提出了"一年新造一万亩，十年再造一个新油库"的宏伟目标。2010年，县政府编制了《青田县油茶产业发展规划》，确定到2020年，要实现"新造油茶十万亩，低产改造十万亩，产值达到十亿元"。

青田县被列入国家油茶产业发展试点县后，县林业局积极申报中央财政现代农业—油茶产业提升项目，争取中央财政资金的支持。同时积极引进、开发油茶新品种，大力推广种植新技术；坚持油茶基地高标准，取得了不菲成绩。通过常抓不懈，至2014年底止，全县共完成规模化高产良种油茶基地63177亩。其中中央财政立项（油茶产业提升项目）基地42380亩，县财政立项基地20797亩。

表 3-5-5-1 2005—2014 年青田县规模化良种油茶基地统计表　　单位：亩

年份	造林面积	其中：中央财政立项	其中：县财政立项
2005	80	-	80
2006	780	-	780
2007	700	-	700
2008	600	-	600
2009	4913	3650	1263
2010	10416	3700	6716
2011	10834	8000	2834
2012	14748	10000	4748
2013	9788	8000	1788
2014	10318	9030	1288
合计	63177	42380	20797

一、中央财政立项高产良种油茶造林建设标准和补助标准

（一）高产良种油茶造林建设标准

1.海拔高度小于 800 米的背风向阳的丘陵山地，且连片造林面积 30 亩以上。

2.采用国家和省级良种审定（或认定）的高产优良无性系或品种，苗木从外地调运必须经县林业局认可。

3.坡度小于 25° 的林地,采用带状整地,带宽 1.5 米以上,带内全垦,开挖竹节沟,竹节沟长、宽、深分别为 50 厘米 ×15 厘米 ×25 厘米,带间保留原有植被,以防水土流失,保护生物多样性。林地坡度 25° 以上的,采取鱼鳞坑整地,坑埂半圆内径 1 米以上,开挖竹节沟,竹节沟长、宽、深分别为 50 厘米 ×15 厘米 ×25 厘米,竹节沟间隔不得超过 1 米。造林株行距为 2 米 ×3 米,三角形种植,挖穴规格长、宽、深分别为 50 厘米 ×50 厘米 ×60 厘米。

4.应多系混栽，施足基肥。

5.当年保存率达 90% 以上。

（二）高产良种油茶造林补助标准

1.集中连片，每片面积不低于 300 亩（2009—2010 年规定每片不低于 300 亩；2011—2012 年减至每片 200 亩；2013—2014 年减至每片 100 亩以上）。

2.经验收合格后，每亩补助 1000 元。

二、县财政立项的高产良种油茶造林建设标准和补助标准

（一）高产良种油茶造林建设标准

（基地建设标准与中央财政项目相同）

（二）高产良种油茶造林补助标准

1.集中连片，每片基地面积要求不低于 30 亩（2009—2012 年要求不低于 30 亩；2013 年以

后，要求每片不低于 10 亩）。

2.经土地立项开发整理的基地，造林后经验收合格的每亩补助 300 元。

3.土地自行整理的基地，造林后经验收合格的每亩补助 600 元。

三、规模化良种油茶基地的实施

（一）创新经营模式，促进造林地依法流转

规模化新造林基地突出集中连片、规模发展，这就需要引导依法进行造林地经营权的合理流转。为此，县林业局做好政策宣传，结合林权制度改革，引导油茶林地使用权合理流转。鼓励各种市场主体通过承包、租赁、转让、股份合作经营等形式参与油茶林基地建设，促成了许多农户林地经营权短、中、长期的流转。在实践中总结出"出地出资"、"出地分红"以及两者相结合的经营模式，并在全县推广应用。同时，大力发展油茶专业合作社，以合作社的形式，组织农户集中林地造林。至 2014 年，全县油茶专业合作社达到 120 家。全县新造的 6 万多亩油茶基地中，单片面积在 200 亩以上的占 60%，最大的一块面积达到 5000 亩，实现规模化、集约化经营。逐步形成了"公司＋合作社＋基地＋农户"的经营模式，扩大种植规模。此外，县政府出台土地流转奖励政策，对油茶新品种造林和低产林改造林地流转连片面积 300 亩以上的，每亩奖励 20 元，连片面积 500 亩以上的，每亩奖励 30 元，进一步促进了林地向经营大户集中势头。

（二）强化科技支撑，提升科技水平

规模化良种油茶基地建设要求严，技术含量高，需强化科技体系建设。为此，县林业局重点加强与亚林所的科技依托关系，由亚林所 10 名专家、博士等技术力量，建立了青田县经济林博士后工作站，为油茶新品种应用和推广提供技术支持，加强生产栽培技术的集成创新，实现了产学研相结合。结合责任林技推广体系建设，成立了油茶专家组，聘任油茶首席专家和林技指导员，进一步加强县、乡、村三级推广队伍建设。加强林业科技服务，整合技术力量，采取举办培训班、现场辅导、印发技术资料和专题片等多种形式，做好对油茶良种繁育及栽植管理等全过程技术服务，使林农掌握技术操作技能，提高农民的致富本领。重点加强对项目实施的技术指导，在实施期间，除了当地责任林技人员蹲点技术指导外，林业部门组织抽调责任心和业务能力强的技术干部分片包干，对全过程进行技术服务和质量监督。大力推广各种

图 3-5-5-1 章旦油茶良种基地（2013 年摄）

丰产栽培技术，按照"良种＋良法"的要求，把各种技术措施在栽培及管护过程中组装配套、综合集成，为实现早实、高产、稳产奠定基础。及时总结群众在长期生产实践中探索出的许多实用的生产经验，如"七挖金，八挖银"，"夏垦荒，秋翻地"，"多垦一次山，省施一次肥"等，通过系统归纳和提炼，形成生动形象、通俗易懂的技术口诀，并在生产实践中推广应用。

据统计，2009—2014年，共举办油茶专题技术培训35次，受训林农达5200人次，发放资料8500份。引导企业和科研院校建立合作关系，加强新产品、新技术、新工艺的研发，加快科技成果的转化，提高科技含金量和产品综合利用率，最大限度提高油茶产业综合经济效益。

（三）多方筹集资金，增强产业发展潜力

合理利用上级项目资金、县财政专项资金，注重工商资本、侨资回流林业，是青田油茶产业发展的亮点。在县财政安排专项资金的基础上，积极争取上级财政补助资金，把补助资金作为专项资金的配套资金来使用。从2009年开始，先后争取上级油茶项目十余项，争取资金6300多万元。同时，积极引导工商资本进入油茶产业。通过对扶持政策、产业前景、投资效益等多方面的宣传，引导广大个体户、私营企业主投资油茶产业。目前有从事汽车销售、商业经营、房地产开发的多位老板回乡投资油茶种植和深加工开发，在全县形成了浓厚的油茶投资氛围。同时一些华侨也回乡流转土地开发油茶基地，实现了华侨要素的回流。工商资本和侨资的回流为我县油茶产业的发展提供了强有力的资金支持。

四、规模化良种油茶基地造林技术规范

（一）基地选择

图 3-5-5-2 油茶基地

1. 海拔800米以下。

2. 坡度相对平缓，坡向以南向、东向或东南向为好。

3. 油茶适合酸性土壤，红壤，黄壤、黄红壤均可造林，要求土壤疏松、肥沃、排灌方便，土壤厚度60厘米以上。

4. 交通方便。

（二）精细整地

1. 全垦整地。坡度小于15度以下的林地，采取全垦整地。整地时连根挖除造林带植被，行宽1～2米，株间中心距2.5米。

2. 水平带整地。坡度在 15 ~ 25 度的可带状整地。带宽 1 ~ 3 米，每带单行造林的带间中心距 2.5 米；每带双行造林的带间中心距 5 米。

3. 块状整地。25 度以上只可块状整地。连根挖除定植点植被，将定植点挖成平台，大小 1 米 ×1 米，间距按造林密度定。

整地时间在 10 月以前，整地后最好晒一个月后挖穴。水平带整地和块状整地的，要设置合理的作业便道。

图 3-5-5-3 油茶整地

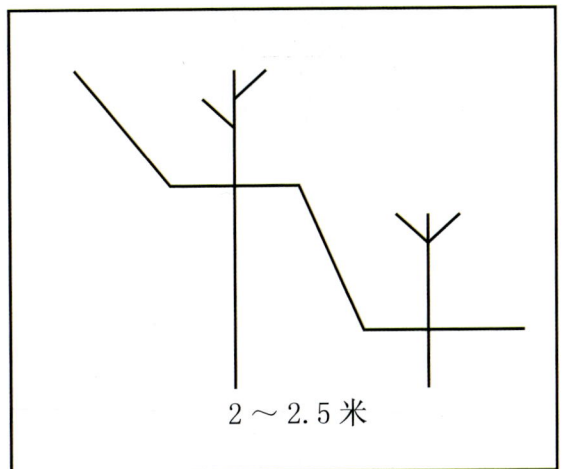

2 ~ 2.5 米

图 3-5-5-4 油茶水平整地

（三）挖大穴

定植穴密度每亩 100 ~ 110 个，块状整地的定于已整地块中心；带状和水平带整地单行定植的，按定植密度均匀分布；水平带双行定植的，定植带内定点按造林总密度控制，同带内株行间距不小于 2.5 米，倒三角型排列，距水平带内壁不小于 1 米。定植穴规格长、宽不小于 60 厘米，深不小于 50 厘米。

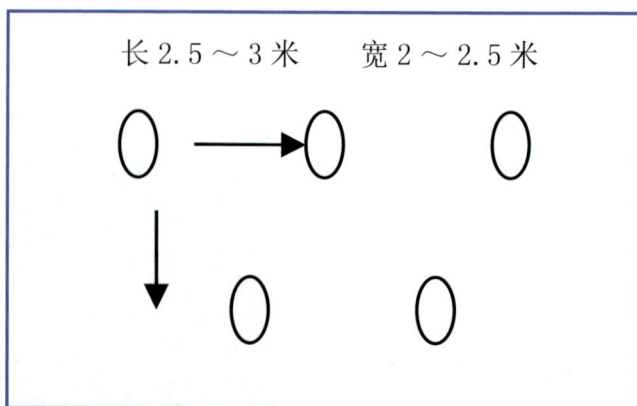

图 3-5-5-5 定植穴排列图

（四）施足基肥

选用茶粕、畜禽粪便发酵肥、土杂肥等有机肥施于定植穴底部，每穴用茶粕 5 千克或猪粪 10～20 千克，其他肥料据此推算用量。基肥施入后，回填适量泥土拌匀，再覆 30 厘米表土。

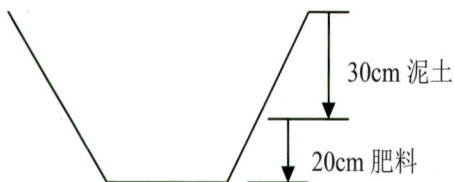

图 3-5-5-6 施肥

（五）苗木选择

1. 品种：从省厅推荐的适宜我省推广的 17 个油茶良种中选取，重点推广由中国林科院亚热带林业研究所选育的、通过国家审定的 9 个长林系列品种。每块基地要求配置 5 个以上花期相近的不同品系，品系间比例不一定相等，但一个品系的数量不得少于总苗量的 10%。

主栽：长林 40 号、长林 4 号，配栽：长林 18 号、长林 23 号

主栽：长林 3 号、长林 40 号，配栽：长林 27 号、长林 4 号

主栽：长林 53 号、长林 40 号，配栽：长林 27 号、长林 23 号

2. 规格：采用 2 年生苗或 15 厘米以上 1 年生苗。

3. 起苗：起苗前一天苗床应浇透水，要保护好嫁接口和根系，带少量土，分品种、分级用塑料袋包装。必须清除嫁接假活苗。

4. 苗木调运：苗木调运要及时，特别注意保持根系湿度，运输时用箱体车或盖好篷布，当

天起苗当天栽植，不能当天栽植的要做好苗木假植。

供苗单位需提供生产经营许可证复印件、林木种子标签、苗木质量承诺书、产地检疫证。

（六）苗木栽植

1. 苗木配置：5个品种苗木应相对均匀混交，块状、行状、株间混交均可。主栽品种占60%以上。做到随起随栽。

图 3-5-5-7 品种最佳组合

2. 定植时间：栽植时间最好在12月～次年1月，最迟不超过3月中旬，最好在雨后或阴天栽植。

3. 苗木修剪：容器苗可全冠全叶种植，裸根苗要求适度修剪，1年生苗将所有叶片剪除半张，2年生苗适度截枝，保留少量叶片。对根系不修剪。

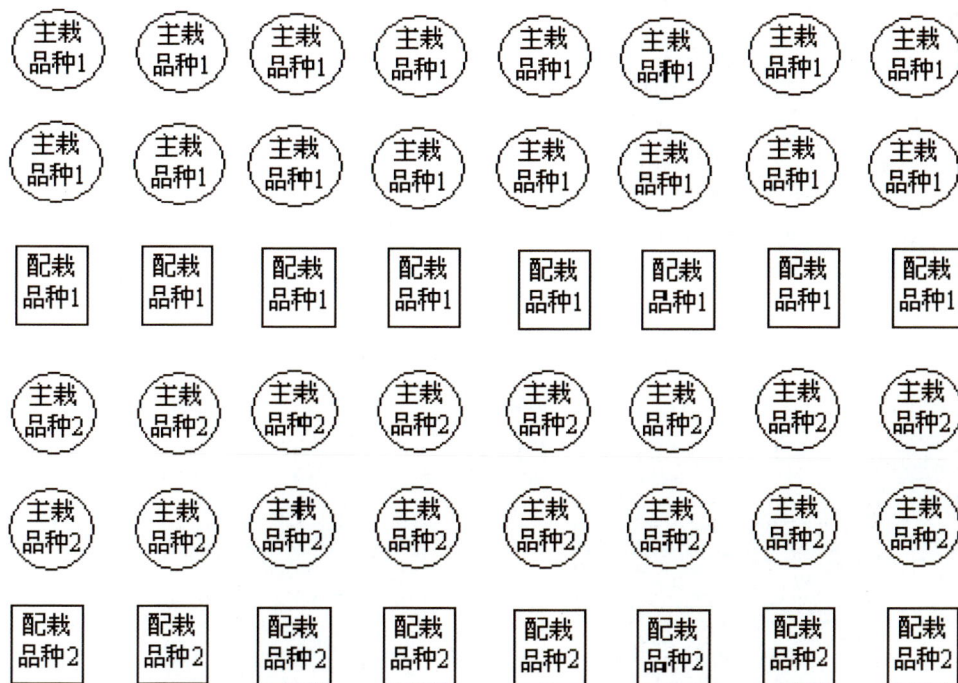

图 3-5-5-8 油茶无性系行间配置示意图

图 3-5-5-9 蘸根

图 3-5-5-10 定植

图 3-5-5-11 覆膜

图 3-5-5-12 遮阴

4. 蘸根：准备一个大桶或挖一个坑，往里面加一定量的水，逐步往里面加黄心土，用木棍不断搅拌，直至搅成糨糊状为止，把苗木根系放在泥浆里进行蘸根。

5. 定植：在定植穴中心位置定植，栽植时要扶正苗木，根系舒展，栽植深度以覆土后嫁接口比地面稍高为宜，压实根系四周土壤，浇透定根水。

6. 覆膜：为防止杂草影响幼苗生长并起到一定的保湿效果，要求在树盘范围覆盖塑料薄膜，薄膜规格80厘米×80厘米，厚度0.02毫米。覆膜时，从薄膜一侧中间位置剪开至中心点，将缺口对准苗木根部套入，用土石将薄膜四周压牢，并在薄膜上面撒一层薄土或盖一层草，防止风刮和烫苗。

7. 遮荫：为提高幼苗抗旱能力，7～9月采用遮阳网遮荫。将长度1.5米的竹片拱起，两端插入地面，使之固定在幼苗正上方。有条件的可两条交叉架设。选择透光度50%的遮阳网，裁成1米×1米的方块盖在支架上，四周拉紧后用土石压牢。

（七）幼林管护

1. 抚育施肥：第一年夏季(7～9月)不要除草，只劈草；11月开始除草，采取冠内或条带抚育，每年2次。栽埋后次年春开始施追肥，用硫酸钾型复合肥，离植株20厘米以上沟施，每株施0.1千克，以后每年逐年递增。定植后第二年春季补植，补植的苗木最好和林地植株同龄，以便生长整齐，林相一致。

2. 栽后定杆：苗木长到40～50厘米，进行摘心控形，培育树冠开张，通风透光的冠形。

3. 除花芽：种后第二年秋，要开始抹除花芽，保持苗木的生长。

4. 间种：头3～4年，有条

件的冠外 50 厘米间种低矮作物与绿肥，如花生、豆类等。间作要及时施肥，作物的茎秆要堆沤还山，绿肥要压青。

3. 保护和培育土蜂。油茶是异花授粉树种，靠昆虫和风传播花粉，如在油茶林放养土蜂，可提高产量 13% 左右。

五、中央财政油茶产业提升项目

（一）2009 年油茶产业提升项目

1. 项目涉及范围和主要内容

项目安排在章村乡、船寮镇、北山镇、小舟山乡，建设油茶示范基地 3650 亩，其中新造示范林 1500 亩，低改示范林 2000 亩，油茶采穗圃 100 亩，油茶育苗基地 50 亩。引进优良品种，推广和应用先进技术，举办技术培训班 1000 人次，示范户管理 55 户。

2. 任务完成情况

（1）在章村乡小硼村建立油茶采穗圃 100 亩，定植油茶良种品系 6 个，对基地深施有机肥，进行土壤改良，同时加强基础设施建设，修建了宽度 1 米的林道 2 公里，水泥路面硬化，新建混凝土结构水池 3 个，蓄水量 30 立方米。

（2）在船寮镇康畈村建立油茶苗木基地 50 亩，建设温室大棚 1500 平方米，搭荫棚 32500 平方米，喷灌设施 100 套，铺设输水管道 2000 米，培育油茶良种苗木品系 9 个，年繁育油茶苗木达 300 万以上。

（3）良种推广示范面积 1500 亩，基地全部采用国家或省审定的油茶良种，新造林基地都采用水平带整地，挖大穴，施有机肥，每块基地都搭配 5 个以上的优良品系，部分基地还修建林道、灌溉设施、管理用房等基础设施。

图 3-5-5-13 栽后定杆

图 3-5-5-14 除花芽

图 3-5-5-15 间种

（4）建立先进技术推广示范林 2000 亩，全面采用水平带整地、开挖竹节沟、施肥、补植等先进生产技术，实现基地保水、保土、保肥的作用，并修建适当的便道、水池等基础设施，以提高基地的整体生产经营水平，减低生产成本，增加经济效益。

（5）建立示范户 55 户，培训林农达 1055 人次，推广油茶高效生态栽培技术、油茶低产林

图 3-5-5-16 油茶产量测定区（2013 年摄）

改造技术和芽苗砧嫁接批量繁殖技术，林农培训率达到 90% 以上。

3. 资金到位及拨付情况

2009 年油茶产业生产发展项目计划总投资 575 万元，其中：省及以上财政资金 350 万元，地方财政投入 70 万元（整合县财政农业产业化资金 70 万元），项目建设单位与基地农户投劳折资 155 万元。

表 3-5-5-2 2009 年青田县油茶产业提升项目实施情况

乡 镇	村	实施主体	面积
小舟山乡	小舟山村	青田大尖山油茶专业合作社	560
鹤城镇	郑坑下村	青田县高山农业开发公司	320
万山乡	孙阔村	青田绿林农工商经贸有限公司	304
章旦乡	歇马降	青田县科兴油茶种植专业合作社	545
船寮镇	石盖口村	青田联众蔬菜种植专业合作社	771
船寮镇	船寮村	张南彬	78
船寮镇	船寮村	青田县玉平果蔬种植专业合作社	87
船寮镇	业川村	青田县业川种植专业合作社	110
海口镇	平山村	青田县海源种植专业合作社	104
岭根乡	牛头村	青田盛业农林开发有限公司	196
岭根乡	黄驮山村	青田县岭根油茶种植专业合作社	226
岭根乡	黄驮山村	青田县库区油茶种植业合作社	134
温溪镇	新西村	新西村委	48
仁庄镇	东坪村	青田县青山油茶专业合作社	233
章村乡	小砩村	刘成楷	30
章村乡	吴村村	王志兴	46

(二) 2010 年油茶产业提升项目

1. 项目目标

项目安排在章村乡、船寮镇、巨浦乡、小舟山乡、鹤城镇、高湖镇等地，建立面积 4700 亩的油茶示范基地，其中新造示范林 3700 亩，低改示范林 1000 亩；完善基地基础设施建设，新建作业道 36 公里，便道 50 公里，灌溉水池 19 个；引进优良品种 10 个，推广和应用先进技术。培训林农 300 人次，示范户管理 50 户。

2. 任务完成情况

（1）良种推广示范面积 3700 亩，基地全部采用国家或省审定的油茶良种，新造林基地都采用水平带整地，挖大穴，施有机肥，每块基地都搭配 5 个以上的优良品系，部分基地还修建林道、灌溉设施、管理用房等基础设施。

（2）建立先进技术推广示范林 1000 亩，全面采用水平带整地、开挖竹节沟、施肥、补植等先进生产技术，实现基地保水、保土、保肥的作用，并修建适当的便道、水池等基础设施。

（3）基础设施建设，新建作业道 28.58 公里，在建 7.42 公里，便道 50 公里，灌溉水池 19 个。

（4）建立示范户 50 户，培训林农达 525 人次，推广油茶高效生态栽培技术、油茶低产林改造技术，林农培训率达到 100% 以上。

3. 资金到位及拨付情况

根据项目实施方案，全县 2010 年发展油茶产业生产发展项目计划总投资 1013 万元，其中：中央财政投资 500 万，省级财政资金 100 万元，地方财政投入 65 万元（县财政农业产业化资金），项目建设单位与基地农户投劳折资 348 万元。

项目完成投资 935 万元，其中，良种推广示范投入 486 万元；先进技术推广和应用投入 41 万元，道路投入 300 万元，设施栽培投入 88 万元，技术培训投入 15 万元，联系示范户投入 5 万元。

省级上财政资金投资情况：中央财政投资 410 万元，省以上财政资金投资 57 万元，县财政投资 29 万元，自筹资金投入 264 万元。

图 3-5-5-17 油茶产业提升项目评审会现场（2011 年摄）

表 3-5-5-3 2010 年青田县油茶产业提升项目良种与技术推广实施表

实施内容	实施地点	实施主体	面积	备注
良种推广示范	海口镇济头村	青田县荣芬油茶种植专业合作社	101	
	小舟山乡小舟山村	青田大尖山油茶专业合作社	192	
	海溪乡马岙村	青田县龙须洞油茶种植专业合作社	600	
	贵岙乡黄山村	青田县高山农业开发公司	350	
	高湖镇良川村	青田县祯丰农特产品专业合作社	264	
	万山乡孙阔村	青田绿林农工商经贸有限公司	150	
	章旦乡章旦村	青田县红罗山生态农产品专业社	31	
	章旦乡章旦村	青田县章旦生态农业开发有限公司	64	
	章旦乡歇马降村	青田科兴油茶专业合作社	71	
	巨浦乡欠寮村	青田聚源农业开发有限公司	531	
	巨浦乡徐山村	青田聚源农业开发有限公司	177	
	巨浦乡徐山村	叶新大户	220	
	船寮镇石盖口村	青田联众蔬菜种植专业合作社	350	
	船寮镇雷石村	青田县叶山生态农业专业合作社	258	
	章村乡黄山头村	黄山头村徐达元大户	132	
	仁宫乡密溪村	林志南大户	105	
	山口镇大安村	青田县青鹤山油茶专业合作社	104	
技术推广示范	章村乡小硼村	章村乡经济发展办	209	
	章村乡章村村	章村乡经济发展办	811	
技术培训	青田县林业技术推广站	青田县林业技术推广站		
联系示范户	青田县林业技术推广站	青田县林业技术推广站		
总计			4720	

（三）2011 年油茶产业提升项目

1. 项目完成情况

项目从 2011 年 8 月开始实施，在上级林业和财政部门的指导下县财政局积极配合，在当地乡镇政府、村委会的支持下，各项工作进展顺利，基本完成了预定的各项目标和任务。

（1）全县完成新造良种推广示范基地 10767 亩，其中完成项目建设任务 8000 亩。分布全县 28 个行政村，单块最大面积 539 亩，最大基地面积 2608 亩。基地全部采用经国家审定的长林 3 号、长林 4 号、长林 18 号、长林 40 号、长林 53 号等长林系列油茶良种。新造林基地都采用水平带整地，挖大穴，施有机肥，每块基地都搭配 5 个以上的优良品系。部分基地还修建林道、灌溉设施、管理用房等基础设施。

（2）完成先进技术推广示范基地 5500 亩，其中完成项目建设任务 500 亩，示范基地位于大洋山林场东寮林区红花油茶林。在示范基地内推广先进技术，一是全面采用水平带整地、开挖竹节沟、施肥、清除杂草杂灌、清除老弱病残株、补植幼苗，实现基地保水、保土、保肥和树势恢复。二是修建适当的道路等基础设施，以提高基地的整体生产经营水平。三是在亚林所指导下进行科研试验，开展红花油茶种质资源调查，选择优树 32 株；采用高接换冠嫁接亚林所选育的浙江红花油茶优树，进行红花油茶引种试验。

（3）培育示范户 50 户，培训林农达 712 人次，推广油茶高效生态栽培技术和油茶低产林改造技术，林农培训率达到 90% 以上。

（4）完成主干道建设 35.3 公里，辅助道 5 公里，建蓄水池、水塘 15 个，共计 510 多立方米。

图 3-5-5-18 新造良种油茶投产（2014 年摄）

图 3-5-5-19 新造良种油茶投产

图 3-5-5-20 石盖口联众合作社油茶基地（2013 年摄）

表 3-5-5-4 项目建设内容完成情况对照表

项目	实施内容	计划数量	完成数量	比例 %	备注
良种推广与技术推广	良种推广	8000	8000	100	
	技术推广	500	500	100	
	技术培训	667	712	107	
示范	联系示范户	50	50	100	
基础设施	作业道	35	35.3	100	
	灌溉水池	15	15	100	
	便道	5	5	100	

2. 项目资金到位和使用情况

（1）项目投资规模：项目计划总投入 1645 万元，其中中央财政投资 770 万元，省级财政投资 100 万元，县财政投入 23 万元，其他投入 752 万元。

（2）资金到位情况：中央财政投资 770 万元，省级财政投资 100 万元，县财政配套 23 万元（从财政农业产业化资金中安排），自筹资金以农户部分筹资和投工投劳解决。

（3）资金使用情况：项目完成总投资 1653.1 万元，其中，良种推广示范投入 1201.6 万元；先进技术推广和应用投入 30.6 万元，技术培训投入 10.8 万元，联系示范户投入 5 万元，基础设施建设投入 405.1 万元。

（4）财政资金使用情况：中央资金投入 770 万元，到位率 100%，省财政资金投入 100 万元，到位率 100%，县财政资金投入 23 万元，占全部资金的 100%，共计投入各级财政资金 893 万元。其中良种推广示范 640 万元，技术推广示范 20 万元，技术培训 8.5 万元，联系科技示范户 2 万元，基础设施建设 222.5 万元。

表 3-5-5-5 2011 年项目资金到位及使用情况表

资金来源	项目计划下达（万元）	实际到位情况（万元）	资金使用情况（万元）
中央资金	770	770	770
省财政资金	100	100	100
地方财政资金	23	23	23
自筹资金	752	760.1	760.1
合计	1645	1653.1	1653.1

表 3-5-5-6 2011 年青田县油茶产业提升项目新造林明细

实 施 地 点	实施主体	面积（亩）
巨浦乡徐山村	青田县聚源农业开发有限公司	228
巨浦乡徐山村	青田县人山农业综合开发有限公司	345
巨浦乡徐山村	叶森大户	220
巨浦乡枫桥村	青田县金丰油茶种植专业合作社	267
巨浦乡驮垅村	青田县周山油茶种植专业合作社	338
巨浦乡驮垅村	青田县聚源农业开发有限公司	72
高湖镇川良村	青田县祯丰农特产品专业合作社	249
仁庄镇东坪村	青田县青山油茶种植开发专业合作社	478
仁庄镇应庄洋村	青田县育生农业开发有限公司	539
仁庄镇夏严村	吴令军大户	129
贵岙乡黄山村	青田县高山开发有限公司	215
船寮镇石盖口村	青田县联众果蔬种植专业合作社	528
船寮镇雷石村	青田县叶山生态农业专业合作社	98
船寮镇雷石村	青田县巍氏油茶种植专业合作社	187
阜山乡双溪村	青田县聚赢油茶种植专业合作社	231
吴坑乡上仁村	青田县吴坑尚仁油茶种植专业合作社	228
海溪乡驮田村	青田县泓麟宛油茶种植专业合作社	240
阜山乡圳下村	青田县茂鑫果蔬种植专业合作社	259
阜山乡七星村	阜山乡七星果蔬种植专业合作社	84
阜山乡安店村	青田县高山开发有限公司	358
万山乡光乍坑村	青田县乃康果蔬种植专业合作社	279
章村乡黄山头村	徐达元大户	180
章村乡黄肚村	青田县下田果蔬种植专业合作社	222
汤垟乡西天坑村	吴超才大户	184
汤垟乡汤垟村	叶作平大户	101
祯埠乡祯埠村	青田县吊龙山油茶种植专业合作社	278
祯埠乡岭下村	青田县绍忠生态农业专业合作社	365
鹤城镇郑坑下村	青田县高山农业开发有限公司	258
小舟山乡平峰降村	青田县祯丰农特产品专业合作社	452
腊口镇张庄村	青田县程英油茶种植专业合作社	110
腊口镇阳山村	青田县阳岙掘油茶种植专业合作社	70
岭根乡黄驮山村	青田县岭根油茶种植专业合作社	208
小 计		8000

（四）2012 年油茶产业提升项目

1. 项目完成情况

（1）全县完成新造良种推广示范基地 14517 亩，其中完成项目建设任务 10000 亩。分布全县 69 个行政村，单块最大面积 939 亩，最大基地面积 4876 亩。基地全部采用国家或省审定的油茶良种，新造林基地都采用水平带整地，挖大穴，施有机肥，每块基地都搭配 5 个以上的优良品系。

图 3-5-5-21 油茶基地（2012 摄）

（2）完成先进技术推广示范基地 15278 亩，其中完成项目建设任务 1400 亩。位于腊口镇张庄村。全面采用水平带整地、开挖竹节沟、施肥、补植等先进生产技术。对部分老油茶林进行高接换冠，穗条为亚林所的优株枝条。并在基地里开始优株调查，选出优株 32 株。

（3）培育示范户 25 户，培训林农达 512 人次，推广油茶高效生态栽培技术和油茶低产林改造技术，林农培训率达到 90% 以上。

（4）完成主干道建设 22 公里，辅助道 25 公里，建蓄水池、水塘 19 个，共计 570 多立方米。

表 3-5-5-7 2012 年项目建设内容完成情况对照表

项目	实施内容	计划数量	完成数量	比例 %	备注
良种与技术推广示范	良种推广	10000	10000	100	
	技术推广	1400	1400	100	
	技术培训	450	512	113	
	联系示范户	25	25	100	
基础设施	作业道	22	22	100	
	灌溉水池	19	19	100	
	便道	25	25	100	

2. 项目资金到位和使用情况

（1）项目投资规模：项目计划总投入 1893.9 万元，其中中央财政投资 856 万元，省级财政投资 152.9 万元，县财政投入 25 万元，其他投入 860 万元。

（2）资金使用情况：项目完成总投资 1913.5 万元，其中，良种推广示范投入 1511.5 万元；先进技术推广和应用投入 84.1 万元，技术培训投入 5.8 万元，联系示范户投入 2.5 万元，基础设施建设投入 309.6 万元，其中主干道 221.9 万元，蓄水 62.2 万元，辅助道 25.5 万元。

财政资金使用情况：中央资金投入 856 万元，资金到位率 100%，省财政资金投入 152.9 万元，资金到位率 100%，县财政资金投入 25 万元，资金到位率 100%，其中良种推广示范 800 万元，技术推广示范 56 万元，技术培训 5.4 万元，联系科技示范户 2.5 万元，基础设施建设 170 万元。

表 3-5-5-8　2012 年项目资金到位及使用情况表

资金来源	项目计划下达（万元）	实际到位情况（万元）	资金使用情况（万元）
中央资金	856	856	856
省财政资金	152.9	152.9	152.9
地方财政资金	25	25	25
自筹资金	860	879.6	879.6
合　计	1893.9	1913.5	1913.5

表 3-5-5-9　2012 年青田县油茶产业提升项目造林面积明细

实施地点	实施主体	面积（亩）	备注
巨浦乡驮龙村	青田县巨浦周山油茶种植专业合作社	378	
巨浦乡徐山村	青田人山农业综合开发有限公司	628	
巨浦乡西坑村	青田县湖云家禽养殖专业合作社	341	
巨浦乡西坑村	青田县金源油茶种植专业合作社	391	
巨浦乡枫桥村	青田聚源农业开发有限公司	175	
高湖镇西山村	青田县南峰油茶种植专业合作社	447	
季宅乡二房村	青田县季宅畜禽养殖专业合作社	324	
黄垟乡外黄垟村	陈利华	250	
万山乡孙阔村	青田县绿林农工商经贸有限公司	96	
山口镇雅陈村	青田县茂鑫油茶种植专业合作社	275	
贵岙乡黄山村	青田县建顺油茶种植专业合作社	214	
船寮镇石盖口村	青田县联众果蔬种植专业合作社	889	
船寮镇石盖村	青田县石贵富农油茶专业合作社	440	
船寮镇朱店前村	青田县汇峰农特产品产销专业合作社	436	
船寮镇白岸村	青田县朝山果蔬种植专业合作社	124	
船寮镇滩头村	青田山那边农业开发有限公司	939	

续表 3-5-5-9

实施地点	实施主体	面积（亩）	备注
海溪乡余山村	青田县泓麟宛油茶种植专业合作社	266	
油竹街道油竹上村	青田油竹种植专业合作社	495	
瓯南街道平风寨村	青田县平峰寨农业开发有限公司	208	
鹤城街道陈山村	青田县旭华油茶种植专业合作社	132	
阜山乡吴庄村	青田县岳灿油茶种植专业合作社	491	
章旦乡双洋村	青田县茂鑫油茶种植专业合作社	407	
章旦乡项元村	青田聚源农业开发有限公司	145	
章村乡黄肚村	青田县艺康油茶种植专业合作	217	
章村乡黄庄村	青田绿庄源油茶种植专业合作社	227	
章村乡黄寮村	青田县章林油茶种植专业合作社	171	
章村乡赵庄村	青田县王华油茶种植专业合作社	257	
祯旺乡陈须村	青田县加民油茶种植专业合作社	287	
舒桥乡陈山村	青田县鹤尖油茶种植专业合作社	226	
腊口镇阳山村	青田阳岙掘油茶种植专业合作社	124	
小　　计		10000	

（五）2013 年油茶产业提升项目

1. 项目完成情况

图 3-5-5-22 创业富村示范基地（2012 年摄）

（1）全县完成新造良种推广示范基地 10318 亩，其中完成项目建设任务 9075 亩。分布全县 20 多个乡镇，30 个行政村。基地全部采用国家或省审定的油茶良种，新造林基地都采用水平带整地，挖大穴，施有机肥，每块基地都搭配 5 个以上的优良品系。

（2）培育示范户 27 户，培训林农达 400 人次，推广油茶高效生态栽培技术和油茶低产林改造技术，林农培训率达到 90% 以上。

（3）完成主干道建设 19 公里，辅助道 19 公里，建蓄水池、水塘 15 个。

表 3-5-5-10 2013 年项目建设内容完成情况对照表

项目	实施内容	计划数量	完成数量	比例 %	备注
良种与技术 推广示范	良种推广	10000	9075	90.75	
	技术推广	1500	0	0	
	技术培训	350	400	114.2	
	联系示范户	27	30	111	
基础设施	作业道	19	19	100	
	灌溉水池	15	15	100	
	便道	19	19	100	

2. 项目资金到位和使用情况

（1）项目投资规模：项目计划总投入 1856.9 万元，其中中央财政投资 860 万元，省级财政投资 131.9 万元，县财政投入 25 万元，其他投入 840 万元。

图 3-5-5-23 高标准油茶良种栽培基地（2013 年摄）

（2）财政资金使用情况：中央资金投入 726 万元，占全部资金的 84.4%，省财政资金投入 131. 万元，占全部资金的 100%，县财政资金投入 25 万元，占全部资金的 100%。共计投入各级财政资金 882.9 万元，其中良种推广示范 1361.25 万元，技术培训 10.2 万元，联系科技示范户 2.7 万元，基础设施建设 254 万元。

图 3-5-5-24 高湖镇西山村挖机修建油茶基地现场（2014 年摄）

图 3-5-5-25 高湖镇西山村新造油茶基地挖机整地后情形（2014 年摄）

表 3-5-5-11 2013 年项目资金到位及使用情况表

资金来源	项目计划下达（万元）	实际到位情况（万元）	资金使用情况（万元）
中央资金	860	860	726
省财政资金	131.9	131.9	131.9
地方财政资金	25	25	25
自筹资金	840	745.25	745.25
合计	1856.9	1762.15	1628.15

（六）2014 年油茶产业提升项目

经国家林业局华东林业调查规划设计院验收，全县 2014 年油茶新茶造林面积为 10078 亩，其中合格面积为 9845 亩；油茶低产林改造面积 240 亩；道路建设 31.46 公里；标准蓄水池 17 个。

油茶新造林合格面积按乡（镇）分，舒桥乡 248.0 亩；东源镇 565.0 亩；海溪乡 55.0 亩；海口镇 65.0 亩；腊口镇 672.0 亩；高湖镇 596.0 亩；章村乡 350.0 亩；黄垟乡 509.0 亩；船寮镇 980.0 亩；祯旺乡 164.0 亩；瓯南街道 193.0 亩；鹤城街道 8.0 亩；仁宫乡 177 亩；巨浦乡 298.0 亩；北山镇 497.0 亩；阜山乡 2198 亩；章旦乡 173.0 亩；仁庄镇 71.0 亩；方山乡 1028.0 亩；万阜乡 998.0 亩。

油茶低产林改造合计面积按乡镇分，仁宫乡 84 亩；阜山乡 156 亩。

合格面积按造林主体分为公司、合作社和个体三种形式，其中：公司造林合格面积 507.0 亩，占 4.9%；合作社造林合格面积 5887.0 亩，占 57.1%；个体造林合格面积 3924.0 亩，占 38.0%。

表 3-5-5-12 2013 年中央立项木本油料产业提升项目（第二批）地块和实施主体落实情况表

建设内容			面积（亩）	块数	乡、镇	村	小班号	小地名	实施主体	地块落实证明
合计			2000	8	5	5				
良种推广	树种	计	2000	8	5	5				
		1	500	1	船寮镇	石盖村	1~3.10~13	火地田	青田县石贵富农油茶种植专业合作社	有
		2	400	1	阜山乡	岭峰村	20.22.23	后半山驮平	青田县双尖油茶种植合作社	有
		3	500	3	章村乡	赵塘村	1.4.34.35	潘副寨	青田县王华油茶种植专业合作社	有
		4	200	1	祯旺乡	吴畲村	6.7~13	铺水寮	王水英	有
		5	200	1	祯旺乡	吴畲村	非林班	下畲湖	金帮华	有
		6	200	1	仁宫乡	红花村	9.16.17	毛山	青田县民光红花油茶种植专业合作社	有

表 3-5-5-13　2013 年中央立项木本油料产业提升项目（油茶）地块和实施主体落实情况表

建设内容		面积（亩）	块数	乡、镇	村	小班号	小地名	实施主体	地块落实证明
良种推广	合计	8000	20						
	1	500	1	船寮镇	上合	16~24	朝山下	青田联众果蔬种植专业合作社	流转合同
	2	500	1	船寮镇	仁川村	5、6、9、10	驮寮山	青田县仁川展农合作社	流转合同
	3	500	1	船寮镇	朱店前村	27、28、30	垫石坳头	青田汇峰农特产品产销专业合作社	流转合同
	4	500	1	万阜乡	洋斜村	24~27	文坦亭	青田茂鑫果蔬种植专业合作社	流转合同
	5	400	1	万阜乡	洋斜村	17~22	设肚	青田高山农业开发有限公司	流转合同
	6	300	1	巨浦乡	坑下村	76~78	七担	青田聚源农业开发有限公司	流转合同
	7	400	1	巨浦乡	欠寮村	22~25	叶关山坑	青田人山农业综合开发有限公司	流转合同
	8	300	1	巨浦乡	西坑村	29、非林班	洋坑	青田县金源油茶种植专业合作社	流转合同
	9	400	1	舒桥乡	陈山头村	16~18	白坦坳	陈松斌等大户	流转合同
	10	300	1	北山镇	李坑村	31~33	外寮	李长青大户	流转合同
	11	400	1	祯埠乡	王村	44~47	子孙湖	刘福伟大户	流转合同
	12	300	1	章村乡	平塔村	25、26	前坑屋后	村集体	权属证书
	13	400	1	贵岙乡	黄山村	25~28	四角山头	青田县祯丰农特产品专业合作社	流转合同
	14	400	1	温溪镇	大头田村	27~30	乌烟头	吴建彬大户	流转合同
	15	200	1	海口	海口村	11.12	坑底	苏国冬	流转合同
	16	500	1	东源镇	黄山头村	9、10	马坑头	青田县南峰油茶种植专业合作社	流转合同
	17	500	1	高湖镇	西山村	1、2~6	西山尖	青田县南峰油茶种植专业合作社	流转合同
	18	300	1	季宅乡	皇山村	10、11、55、56	火甲坑	青田县南峰油茶种植专业合作社	流转合同
	19	500	1	瓯南街道	平风寨村	4.5.6.10	潘山垄	青田县坪风寨生态农业开发有限公司	流转合同
	20	400	1	东源镇	驮龙村	1、2、16、38	热头坳	青田县育生农业开发有限公司	流转合同
技术推广	合计	1500	5						
	1	400	1	舒桥乡	章山村	15、17	底源	农户	权属证书
	2	300	1	巨浦乡	王谢村	12、13	冲坑	村集体	权属证书
	3	300	1	仁宫乡	红花村	22~30	中央坑	青田县民光红花油茶种植专业合作社	流转合同
	4	200	1	阜山乡	阜山村	16、17、20	雷公坟	村集体	权属证书
	5	300	1	石门洞林场	冲坑林区2	2、3、4、7	冲坑	石门洞林场	权属证书

表 3-5-5-14 青田县油茶高效林基地示范承担单位一览

序号	项目名称	项目编号	承担单位	参加单位	项目实施期	预算总投资(万元)	任务目标	备注
1	油茶高效林示范	FM1115	青田县联众果蔬种植专业合作社		2011.06—2013.05	95	示范1150亩	
2	油茶高效林示范	FM1116	青田大尖山油茶专业合作社		2011.06—2013.05	60	示范670亩	
3	油茶高效林示范	FM1117	青田县科兴油茶种植专业合作社		2011.06—2013.05	35	示范400亩	
4	油茶高效林示范	FM1118	青田县叶山生态农业专业合作社		2011.06—2013.05	50	示范560亩	
5	油茶高效林示范	FM1119	青田县高山农业开发公司		2011.06—2013.05	75	示范830亩	
6	油茶高效林示范	FM1120	青田聚源农业开发有限公司		2011.06—2013.05	30	示范350亩	
7	油茶高效林示范	FM1121	青田县巨浦乡徐山村叶新		2011.06—2013.05	32.5	示范360亩	
8	油茶高效林示范	FM1122	青田县吴坑尚仁油茶种植专业合作社		2011.06—2013.05	25	示范250亩	
9	油茶高效林示范	FM1123	青田县祯丰农特产品专业合作社		2011.06—2013.05	60	示范670亩	
10	油茶高效林示范	FM1124	青田育生农业开发有限公司		2011.06—2013.05	40	示范440亩	
11	油茶高效林示范	FM1125	青田绿林农工商经贸有限公司		2011.06—2013.05	45	示范500亩	
12	油茶高效林示范	FM1126	青田县乃康油茶种植专业合作社		2011.06—2013.05	45	示范500亩	
13	油茶高效林示范	FM1127	青田县库区油茶种植业合作社		2011.06—2013.05	40	示范440亩	
14	油茶高效林示范	FM1128	青田县青山油茶专业合作社		2011.06—2013.05	25	示范250亩	
15	油茶高效林示范	FM1129	青田县黄山砻村宏兴油茶专业合作社		2011.06—2013.05	15	示范160亩	
16	油茶高效林示范	FM1130	青田县仁塘坑油茶种植专业合作社		2011.06—2013.05	20	示范220亩	
17	油茶高效林示范	FM1131	青田县章岙油茶种植专业合作社		2011.06—2013.05	25	示范250亩	
18	油茶高效林示范	FM1132	青田县季宅畜禽养殖专业合作社		2011.06—2013.05	25	示范270亩	
19	油茶高效林示范	FM1133	青田县章村乡人民政府	各有关油茶经营户	2011.06—2013.05	25	示范270亩	
20	油茶高效林示范	FM1134	青田章旦生态农业开发有限公司		2011.06—2013.05	37.5	示范420亩	
21	油茶高效林示范	FM1135	青田县业川种植专业合作社		2011.06—2013.05	15	示范160亩	
22	油茶高效林示范	FM1136	青田县岭根油茶种植专业合作社		2011.06—2013.05	25	示范270亩	
23	油茶高效林示范	FM1137	青田县山口镇大安村荷宙星		2011.06—2013.05	25	示范270亩	
24	油茶高效林示范	FM1138	青田县人山农业综合开发有限公司		2011.06—2013.05	30	示范340亩	

第六节 油茶低产林改造

表 3-5-6-1 青田县分乡镇油茶面积表（2007 年调查）

单位：亩

乡 镇	面 积	乡 镇	面 积
汤 垟 乡	169	高 市 乡	2406
仁 庄 镇	868	船 寮 镇	9206
山 口 镇	2032	仁 宫 乡	2940
吴 坑 乡	5	阜 山 乡	928
温 溪 镇	295	章 旦 乡	846
小 舟 山 乡	5	鹤 城 镇	2001
贵 岙 乡	15	石 溪 乡	2447
石门洞林场	47	高 湖 镇	17165
大垟山林场	127	黄 垟 乡	79
章 村 乡	46944	季 宅 乡	7594
腊 口 镇	37246	万 山 乡	640
舒 桥 乡	10429	东 源 镇	5987
祯 旺 乡	8214	万 阜 乡	3523
祯 埠 乡	9850	岭 根 乡	2806
海 溪 乡	3655	北 山 镇	2346
海 口 镇	19182	巨 浦 乡	744
合　　计			200741

据 2007 年二类资源调查，全县现有油茶林 20.07 万亩。其中：盛产期油茶林（20 世纪 70～80 年代造林）约有 8 万多亩，其余衰产期面积约 12 万多亩。按林龄分，40% 为成熟林，60% 为过熟林。在全部油茶林中，平均亩产茶油不足 3 公斤的低效林面积占油茶种植总面积的 90% 以上，高产油茶林面积约为 2 万亩，仅占油茶林面积的 10%。因此，采取分类施策的方法对现有的低产油茶林进行改造，刻不容缓。

1998 年，县政府出台《青田县低产油茶垦复实施意见的通知》，规定铲山抚育每亩补助 30 元，劈山抚育每亩补助 15 元；2005 年，县政府在前述实施意见的基础上，又出台《关于加快油茶产业发展的实施意见》，进一步细化抚育标准。对于铲山抚育的每亩补助 60 元，劈山抚育的每亩补助 25 元，对散生连片面积在 5 亩以上的油茶林，铲山抚育每株补助 1 元，劈山抚育的每株补助 0.5 元。2007 年以后，县政府出台多个扶持油茶产业发展优惠政策，其中包括油茶低产林改造补助规定。2009 年，县政府办公室（青政办发〔2009〕181 号）《关于 2009 年油茶产业化发展若干扶持政策的通知》文件规定了油茶低产林改造建设标准和补助标准。

一、低产林改造建设标准

1. 林分结构合理，立地条件较好的油茶林，且连片面积 10 亩以上。

2. 坡度在 25° 以下的油茶林，采用带状整地，带宽 1 米以上，带内全垦，深度达 25 厘米以上；坡度在 25° 以上的油茶林，采用鱼鳞坑整地，坑埂半圆内径 1 米以上。每株开挖竹节沟，竹节沟长、宽、深分别为 50 厘米 ×15 厘米 ×25 厘米，竹节沟间隔不得超过 1 米。

3. 因地、因林、因树制宜进行施肥、修剪和病虫害治理。

4. 带间保留原有植被，适度采用劈草抚育，以防水土流失，保护生物多样性。

5. 密度较低，稀密不均的油茶林要进行补植，补植后每亩总株数达合理密度的 90% 以上。

二、低产林改造补助标准

经验收合格后每亩补助 200 元。

此外，为鼓励规模经营，对高产良种油茶造林基地及低产林改选基地，流转连片面积达300亩以上的大户，每亩奖励20元；连片面积达500亩以上的大户，每亩奖励30元。

已经过改造的油茶低产林示范基地和建造的高产良种油茶示范基地开展带内或坑内抚育，措施包括松土除草、施肥、修剪和病虫害治理等，带间保留原有植被，适度采用劈草抚育，以防水土流失。抚育补助：每年每亩50元。

这些优惠政策，促进了全县油茶低产林的改造工作。

据统计，2004—2014年止，全县共抚育油茶94519亩，其中：中央财政立项低改项目7340亩，设施化栽培2000亩，油茶高接换冠250亩。培育油茶生产经营大户180余户，其中承包经营油茶林面积在50亩以上的达到87户。通过分类经营，实现油茶产量和产值翻翻，亩产从原来的5公斤提高到10～15公斤。

（一）更新改造

青田现有油茶林中处于衰产期（过熟林）的林分是更新改造的重点。对其中品种较好，株行距较均匀、长势不过于衰老、尚有生产潜力的林分，采用部分更新造林方式，增加良种比重；对于品种差、林相乱、病虫害严重的衰老林，全部采用良种化、规范化更新造林，迅速改善林分结构，提高产出水平。

2004年4月30日，县林业局制订油茶低改示范基地实施方案，并在2004—2006年组织实施。基地规划建设在章村乡章村村和黄里村，总共面积750亩，根据原油茶林地不同，对其采取不同的低改措施。其中200亩为更新改造，采用新品种无性系油茶良种造林。500亩为低产油茶林地，但林相整齐，具一定产量的林分，采取抚育、施肥等技术措施进行综合提高。另外50亩低产、林分质量差的进行高枝换种。

（二）嫁接改造

青田现有油茶林中，除处于衰产期（过熟林）的林分外，多以长势较旺盛但劣种、劣株的纯林占主导地位，严重影响油茶林整体高产、稳产目标的实现。对这部分油茶林结合调整密度，去劣留优，采取高接换冠嫁接良种，改劣种林为良种林。虽然嫁接改造成本较高，但比新造林能提前2年挂果，而且盛果期早，产量也高。

2004年，县林业技术推广站在章村，进行油茶高接换冠试验，取得成功。嫁接成活率85%。2008年4～6月，在章村村、新民村、黄里村、黄山头村完成200亩低产油茶林高枝换冠。

附：油茶高接换冠成本测算

每亩按80株，每株接4枝，每枝接3芽计算。

①接穗：0.1元/芽×80株×4枝×3芽=96元/亩；

②嫁接工费：5工/亩×120元/工=600元；

③嫁接材料（嫁接刀、牛皮纸、塑料代、绑扎带等）：30元/亩；

④抚育管理：3年的垦抚、除草、磨芽：360元/亩；3年的施肥、病虫害防治等：380元/亩。共计1466元，建成后3年可以投产。

（三）抚育改造

对现有林分中已进入盛果期，由于株行距不均、林龄不一，加之疏于管理，产出较低的林分，采取合理垦复、补植、间伐和施肥等抚育管理措施，使之在短时期内达到丰产稳产。

图 3-5-6-1 高接换冠试验现场（2008 年摄）

图 3-5-6-2 高接换冠试验现场（2011 年摄）

图 3-5-6-3 高接换冠（2011 年摄）

图 3-5-6-4 油茶垦复抚育（2005 年摄）

2004 年全县共抚育油茶面积 1450 亩。

2005 年，县政府发出《关于加快油茶产业发展的实施意见》文件，制订了油茶开发补偿机制，县财政每年在农业产业化资金安排 150 万元，推进油茶低产林改造。是年，油茶产区低改抚育面积大幅增加，全县抚育面积达 15118 亩，其中：章村乡 8385 亩，祯旺乡 3570 亩，舒桥乡 136 亩，腊口镇 2130 亩，祯埠乡 897 亩。

2008 年，油茶低产低效林抚育改造项目地点选择在腊口镇张庄、章村乡、山连乡村、章村村、新民村、黄里村、黄山头村和章旦乡章旦村、颜宅村等 7 个村。低产油茶林改造 19992 亩，通过对树冠投影范围内的油茶林进行垦复，对油茶株间隙进行劈山，实行铲劈结合方式。

2011—2013 年，规划油茶低改面积 19670 亩。由于产区群众抚育油茶积极性高涨，3 年实际抚育面积达 33359 亩，超计划 13689 亩。其中，全面垦复抚育 3 万亩。通过分类经营，实现油茶产量和产值翻翻，取得显著的经济效益。

图 3-5-6-5 章村乡新民村油茶抚育现场（2008 年摄）

图 3-5-6-6 油茶低改示范林（2010 年摄）

表 3-5-6-2 2004—2014 年青田县油茶低产林改造一览表

年份	抚育面积	其中中央财政立项	高接换冠	年份	抚育面积	其中中央财政立项	高接换冠
2004	1450		30	2010	3588	1700	
2005	15118			2011	15278	500	
2006	8509		20	2012	7664	1400	
2007	10403			2013	10417	1500	
2008	19992		200	2014	1000	240	
2009	21000	2000		合计	114419	7340	250

表 3-5-6-3 祯埠乡 2005 年油茶抚育统计表

乡 镇	村	抚育面积			补助金额			奖励资金	工作经费（含验收费）
		小计	铲山	劈山	小计	铲山	劈山		
祯埠乡	兆 庄 村	84		84	2100		2100		
	陈 篆 村	147		147	3675		3675		
	祯 埠 村	156		156	3900		3900		
	锦 水 村	254		254	6350		6350		
	岭 下 村	6	6		360	360			
	王 村 村	164		164	4100		4100		
	马岭脚村	86	4	82	2290	240	2050		
合 计		897	10	887	22775	600	22175	0	2000

表 3-5-6-4 舒桥乡 2005 年油茶抚育统计表

乡镇	村	抚育面积			补助金额			奖励资金	工作经费（含验收费）
		小计	铲山	劈山	小计	铲山	劈山		
舒桥乡	夫人山村	66		66	1650		1650		
	阮坑村	70	14	56	2240	840	1400		
合计		136	14	122	3890	840	3050	0	2000

表 3-5-6-5 腊口镇 2005 年油茶抚育统计表

乡镇	村	抚育面积			补助金额			奖励资金	工作经费（含验收费）
		小计	铲山	劈山	小计	铲山	劈山		
腊口镇	平畲村	338	218	120	16080	13080	3000		
	大坑村	102	42	60	4020	2520	1500		
	北坑村	316	52	264	9720	3120	6600		
	张庄村	1156	335.5	820.5	40642.5	20130	20512.5		
	上京村	106	6	100	2860	360	2500		
	腊口村	53	31	22	2410	1860	550		
	阳山村	14		14	350		350		
	腊溪村	45	36	9	2385	2160	225		
合计		2130	720.5	1409.5	78467.5	43230	35237.5	0	3000

表 3-5-6-6 祯旺乡 2005 年油茶抚育统计表

乡镇	村	抚育面积			补助金额			奖励资金	工作经费（含验收费）
		小计	铲山	劈山	小计	铲山	劈山		
祯旺乡	上垟村	663	13	650	17030	780	16250		
	山寮村	773	163	610	25030	9780	15250	3000	
	谷甫村	320		320	8000		8000		
	吴畲村	413	15	398	10850	900	9950		
	吴宅村	270	1.5	268.5	6802.5	90	6712.5		
	应章村	157		157	3925		3925		
	陈须村	216	5	211	5575	300	5275		
	祯旺村	758	62	696	22120	3720	17400	1000	
合计		3570	259.5	3310.5	99332.5	15570	82762.5	4000	4000

表 3-5-6-7 章村乡 2005 年油茶抚育统计表

乡 镇	村	抚育面积			补助金额			奖励资金	工作经费（含验收费）
		小计	铲山	劈山	小计	铲山	劈山		
章村乡	赵塘村	321	116.5	204.5	12103	6990	5112.5		
	小硼村	759.5	207.5	552	26250	12450	13800		
	黄山头村	1537.5	1133	404.5	78093	67980	10113	22000	
	颜宅村	484	316	168	23160	18960	4200		
	章村村	829.5	423	406.5	35543	25380	10163		
	平塔村	302	62	240	9720	3720	6000		
	旺山村	646	95	551	19475	5700	13775		
	吴村村	384.5	143.5	241	14635	8610	6025		
	新明村	600.5	192.5	408	21750	11550	10200		
	上寮村	307	198	109	14605	11880	2725		
	黄里村	1431	1155	276	76200	69300	6900	2000	
	黄寮村	311.5	110.5	201	11655	6630	5025		
	黄庄村	125	53	72	4980	3180	1800		
	黄肚村	323	140	183	12975	8400	4575		
	王金村	23	14	9	1065	840	225		
合 计		8385	4359.5	4025.5	362209	261570	100638.5	24000	5000

表 3-5-6-8 2011—2013 年青田县油茶低改项目实施情况表

序号	项目名称	项目编号	承担单位	参加单位	项目实施期	预算总投资（万元）	任务目标
1	油茶低产林改造	FM1101	章村乡政府	各有关油茶经营户	2011.06—2013.05	100.0	改造 11000 亩
2	油茶低产林改造	FM1102	腊口镇政府	各有关油茶经营户	2011.06—2013.05	25.5	改造 2500 亩
3	油茶低产林改造	FM1103	舒桥乡政府	各有关油茶经营户	2011.06—2013.05	13.5	改造 1330 亩
4	油茶低产林改造	FM1104	祯旺乡政府	各有关油茶经营户	2011.06—2013.05	8.1	改造 800 亩
5	油茶低产林改造	FM1105	祯埠乡政府	各有关油茶经营户	2011.06—2013.05	3.3	改造 330 亩
6	油茶低产林改造	FM1106	海口镇政府	各有关油茶经营户	2011.06—2013.05	1.6	改造 160 亩
7	油茶低产林改造	FM1107	东源镇政府	各有关油茶经营户	2011.06—2013.05	3.3	改造 330 亩
8	油茶低产林改造	FM1108	仁宫乡政府	各有关油茶经营户	2011.06—2013.05	5.1	改造 500 亩
9	油茶低产林改造	FM1109	阜山乡政府	各有关油茶经营户	2011.06—2013.05	2.3	改造 230 亩
10	油茶低产林改造	FM1110	贵岙乡政府	各有关油茶经营户	2011.06—2013.05	1.6	改造 160 亩
11	油茶低产林改造	FM1111	八面湖林场		2011.06—2013.05	3.5	改造 330 亩
12	油茶低产林改造	FM1112	石门洞林场		2011.06—2013.05	5.0	改造 500 亩
13	油茶低产林改造	FM1113	大洋山林场		2011.06—2013.05	22.2	改造 1000 亩
14	油茶低产林改造	FM1114	吴坑乡政府	各有关油茶经营户	2011.06—2013.05	5.0	改造 500 亩
合 计						200	19670

第七节 油茶主导产业示范区

一、省级油茶产业示范区建设

为在我县油茶重点产区建成一个设施完善、技术领先、特色明显的高效生态油茶主导产业示范区，打造成生态农业发展的样板基地，以全面提升油茶产业发展水平，辐射带动油茶产业发展。根据省政府办公厅《关于开展现代农业园区建设工作的意见》和省林业厅（浙林造〔2010〕96号）《关于公布第三批省级现代林业示范区和精品园创建点名单的通知》文件精神，青田县在2010年编制了《青田县省级生态高效油茶产业示范区》实施方案，2011年开始实施，到2013年完成建设。

青田县省级生态高效油茶产业示范区建设地点，为我县油茶主产区章村乡和油茶重点发展区船寮镇、巨浦乡、小舟山乡等乡镇，总建设面积10000亩。园区通过引进优良品种推广，运用现代先进科学技术，实施集约经营和标准化生产，提高组织化程度和实施产业化开发，建成一个集精品生产、示范带动、宣传展示等多种功能的及一、二、三产互动的油茶现代示范区。在青田东、中、西部形成一个带状的示范点，将辐射带动全县大部分油茶产区，对油茶产业的发展具有非常重要的意义。

（一）项目目标

1. 建立示范基地10000亩，其中高产良种油茶示范基地7000亩，油茶先进技术推广和应用示范基地3000亩。示范区中建精品园2个，分别为先进技术推广和应用示范精品园1个，面积800亩；高产良种油茶示范基地精品园1个，面积700亩。

2. 完善基础设施建设。完成新建或改建主干道45公里，辅助道22公里。示范区内建设蓄水池26个，输水管道埋设长度26公里。新建管理用房1000平方米。

3. 先进实用技术推广和应用。实施标准化建设，推广应用测土配方施肥、水分定量管理、生态复合经营、病虫害综合防治等先进实用生产技术。建立首席专家—技术指导员—科技示范户的三级技术推广体系。建立科技示范户联系制度。每个示范基地落实技术指导员，每1名技术指导员联系

图3-5-7-1 油茶产业示范区（2011年摄）

10 户科技示范户，每户科技示范户联系 10 户农户。加强技术培训，培训林农 1000 人次，发放资料 3000 份。

4. 实施产业化经营。新建年产 800 吨以上的油茶精加工企业一家，面积 3000 平方米，晒场 7500 平方米，仓库 3000 平方米。加强产品品牌建设。扩大产品的知名度，提高产品附加值。提高产业组织化程度。形成技术推广＋合作社（公司）＋基地＋农户的示范推广模式。

通过项目实施，建成设施齐全、技术先进的油茶生态高效油茶示范区 10000 亩，年总产值可达 1700 万元。其中：先进技术推广和应用示范基地 3000 亩，年产粗制山茶油 75 吨，年产值 300 万元；高产良种油茶示范基地 7000 亩，进入盛产期年产粗制山茶油 350 吨，年产值 1400 万元；辐射带动区 6 万亩，其中先进技术推广和应用示范带动 4 万亩，年产粗制山茶油 600 吨，高产良种油茶示范 2 万亩，年产粗制山茶油 1000 吨，年产值 6400 万元；油茶加工年产值达 500 万元。整个项目新增产值 2080 万元。户均增收 5860 元，人均增收 1665 元。

（二）项目投资计划

油茶示范园区总投资 2211 万元，其中基础设施投资 693 万元，规模化和标准化生产投资 930 万元，设备投入 13 万元，先进技术推广和应用 25 万元（主要用于科技培训），产业化经营 550 万元。基础设施中，生产性道路投资 483 万元，水利灌溉设施 120 万元，管理用房 80 万元。规模化和标准化生产中，油茶高产良种推广基地投资 750 万元，技术推广示范基地 180 万元。

（三）项目完成情况

1. 超额完成基地建设任务。园区内完成新造高产良种油茶示范基地 8541 亩，其中新建 6565 亩。单块最大面积 3810 亩。基地采用国家或省审定的油茶良种，新造林基地都采用水平带整地，挖大穴，施有机肥，每块基地都搭配 5 个以上的优良品系。辐射带动 4 万亩。完成先进技术推广和应用示范基地 4874 亩。基地全面采用水平带整地、开挖竹节沟、施肥、补植、高接换冠等先进生产技术，实现基地保水、保土、保肥的作用，并修建适当的道路等基础设施，以提高基地的整体生产经营水平，减低生产成本，增加经济效益。辐射带动 6.3 万亩。园区配置杀虫灯 28 台，土壤农药残留检测仪和土壤养分测定仪 1 套。示范区中建精品园 2 个，其中高产良种油茶示范基地精品园 1 个，面积 716 亩，位于章旦乡歇马降村，基地全面推广品种

图 3-5-7-2 章旦油茶栽培技术现场培训会（2013 年摄）

表 3-5-7-1 青田县省级油茶产业示范区完成情况对照表

建设项目	计划建设规模	实际完成情况
一、基础设施		
（一）生产性道路		
1. 主干道	45 公里	51.48 公里
2. 辅助道	22 公里	25 公里
（二）水利灌溉设施		
1. 蓄水池	26 个 780 立方米	30 个
2. 输水管道	26 公里	27 公里
（三）管理用房	1000 平方米	1110 平方米
二、规模化和标准化生产		
（一）油茶高产良种推广基地	5000 亩	8541 亩
（二）技术推广示范基地	3000 亩	4874 亩
（三）设备		
1. 杀虫灯	10 台	28 台
2. 监测设备	2 套	1 套
三、先进技术推广和应用		
（一）技术培训和宣传	1000 人次	1662 人次
（二）联系科技示范户	50 户	52 户
四、产业化经营		
1. 油茶加工厂	1 家	1 家
2. 晒场	7500 平方米	8400 平方米
3. 仓库	3000 平方米	3500 平方米

组合配置、复合经营与生态培育技术、营养诊断与精准施肥技术、病虫害综合防控技术、整形修剪技术等标准化集成栽培技术。配置品种 6 个，套种旱稻、花生、前胡等经济作物 716 亩，配置太阳能杀虫灯 12 只。先进技术推广和应用示范精品园 1 个，面积 920 亩，位于章村乡黄里村，基地全面采用水平带整地、开挖竹节沟、施肥、补植、高接换冠等先进生产技术。

2. 基础设施建设逐步完善。新建林区道路 51.48 公里，其中主干道硬化 1 公里，辅助道 25 公里。示范区内新建设蓄水池 30 个，输水管道埋设长度 27 公里。新建管理用房 1110 平方米。

3. 推广先进生产技术。完善林技推广体系，结合责任林技推广体系落实油茶示范园区建设责任林技人员责任制度，落实首席林技推广专家 1 名，林技指导员 7 名，责任林技人员 11 名，和亚林所合作建立了青田县经济林博士后工作站。亚林所成立由 10 名专家和博士组成的科技服务团队，并聘请了中国林科院亚林所的油茶首席专家姚小华研究员为工作站站长，王开良为副站长。建立了一套完备的技术推广体系。建立科技示范户联系制度，每个示范基地落实 1 名技术指导员和 1～2 名责任林技员，建立科技示范户 52 户。加强技术培训，举办培训班 18 次，培训林农 1662 人次，发放资料 3600 份。同时制作专题片 5 期，其中油茶栽培技术片被浙江卫视农业频道录用播放。

4. 建立一家年处理能力 10000 吨的茶籽饼深加工企业，面积 3500 平方米，年实际处理茶籽饼 5000 吨，年产茶皂素 720 吨。新建晒场 8400 平方米，储存仓库 3500 平方米。新建合作社 7 家，农业开发公司 2 家。每年组织企业参加义乌森博会，并组织推介活动一次，获浙江省名牌产品

1个。

（四）资金使用情况

项目完成总投资 2887.9 万元，其中基础设施完成投资 820.8 万元，基地建设投入 1286.9 万元，技术推广投入 38.2 万元，产业化经营投入 742 万元。完成投资计划的 130%。

图 3-5-7-3 精品园油茶抚育（2013 年摄）

表图 3-5-7-2 青田县省级油茶产业示范区资金使用情况表   单位：万元

投资项目	建设规模	单位投资成本	投资金额
一、基础设施			820.8
（一）生产性道路			580
1. 主干道	51.48 公里	10 万元/公里	515
主干道硬化	1 公里	40 万元/公里	40
2. 辅助道	25 公里	1 万元/公里	25
（二）水利灌溉设施			144
1. 蓄水池	30 个 750 立方米	3 万元/个	90
2. 输水管道	27 公里	2 万元/公里	54
（三）管理用房	1110 平方米	800 元/平方米	88.8
二、规模化和标准化生产			1286.9
（一）油茶高产良种推广基地	6565 亩	1500 元/亩	985
（二）技术推广示范基地	4874 亩	600 元/亩	292
（三）设备			9.9
1. 杀虫灯	28 台	2600 元/台	7.3
2. 监测设备	1 套	2.6 万元/套	2.6
三、先进技术推广和应用			38.2
（一）技术培训和宣传	1662 人次	200 元/人次	33
（二）联系科技示范户	52 户	1000 元/户	5.2
四、产业化经营			742
1. 油茶加工厂	1 家	570 万元/座	570
2. 晒场	8400 平方米	80 元/平方米	67
3. 仓库	3500 平方米	300 元/平方米	105
总投资			2887.9

二、原生态油茶精品园

2010 年，根据县政府《关于开展现代农业园区建设工作的意见》和县现代农业园区建设协调小组会议精神，决定分别在章村村、小砩村范围和章村乡黄山头村，建设两个生态高效油茶精品园。建成后，精品园设施齐全、功能齐备、高效原生态油茶示范区，示范带动效果显著。通过专业化生产、一体化经营，形成以核心基地为基础，市场为导向，专业合作社为主体的现代生态油茶产业发展新格局。

（一）章村小砩原生态油茶精品园

"章村小砩油茶精品园"包括章村村和小砩村，两村有 1087 户，3731 人，土地面积 21985 亩，山林面积 18000 亩，其中油茶面积 13800 亩。章村村和小砩村油茶主要于 20 世纪 80 年代由村集体统一种植，品种为普通白花油茶，在包产到户时又全部分户经营。

1. 示范基地建设

建立原生态油茶精品园 1000 亩，辐射面积 6000 亩。实施地点以章村乡章村村和小砩村为主，辐射至旺山、颜宅、黄里、吴村等村。

2. 基础设施建设

（1）新建或修建油茶林道 13 公里，辅助道 15 公里。标准：主干道宽度 2.5 米，作业道宽度 1 米。

（2）水利灌溉设施建设，蓄水池（塘）2 个、蓄水量 40 立方米、输水管道埋设长度 2 公里。

3. 规模化和标准化生产

通过低产林改造提升和高效生态技术的示范推广，提高规模化程度和组织化程度。精品园按照统一的经营方案、技术标准等标准化生产技术组织生产，并做好安全监测、生产档案管理。

4. 先进实用技术推广和应用

（1）建立和完善技术推广制度

①建立三级技术推广制度。建立首席专家—技术推广员—科技示范户的三级技术推广制度，加快高效生态生产经营技术的推广应用。

②加强农户科技培训。每年进行 180 人次的科技培训，不断提高农民劳动技能。

③建立科技示范户联系制度。基地内建立 10 个示范户，每个示范户有 1 名技术推广员，以强化示范带动。

（2）开展先进实用技术推广

①测土配方施肥技术。通过对油茶林土壤养分的测定，按照缺什么补什么的原则，实行配制配方施肥。同时，大力推广使用绿肥、农家肥、有机肥。

②水分定量管理技术。利用山地自然水源为主，人工提水为辅，通过建蓄水池、辅设输水管道等方法蓄水浇灌。

③标准化安全生产技术。一是通过科学的营林措施，增强笋油茶抗病虫能力，优化油茶林的生态系统，发挥油茶林的自然调控作用。二是利用现代信息技术进行病虫害动态监测。运用现代信息技术对油茶林主要危害的各类病虫进行监控，为油茶病虫害的及时防治提供科学依据。三是在防治措施上以优先采用物理防治和生物防治为主。四是围绕油茶生产、加工过程发放《青田县原生态农产品标准规范（山茶油）》《青田县原生态山油茶生产模式图》等技术资料，积极开展培训活动。

5. 投资概算

项目预算总投资 353 万元，申请省级补助 130 万元，县财政配套 55 万元，建设单位自筹 168 万元。分项投资如下：

（1）核心示范基地 1000 亩，按 600 元／亩计算，包括林地清理、垦复、肥料、修剪等，投资 60 万元。

（2）新建或修复油茶林道 13 公里，平均每公里 15 万元，计 195 万元。

（3）辅助道 15 公里，每公里 3 万元，计 45 万元。

（4）修建贮水池 2 个 40 立方米，平均每个 2 万元，约计 4 万元。

（5）铺设管道 2 公里，每公里 2 万，计 4 万元。

（6）建立绿色生态病虫害防治示范点 1 个，预算投资 10 万元。

（7）技术培训、示范推广及项目管理等 10 万元。

（8）配制检测仪器设备及技术推广器材 25 万元。

6. 经济效益

通过精品园建设，年总产值达到 440 万元。其中：核心区 1000 亩，年生产粗制毛油 15 吨，产值 60 万元；带动区 0.6 万亩，年生产粗制毛油 150 吨，产值 600 万元。

（二）黄山头省级生态高效油茶精品园

按照统筹兼顾，合理布局的原则，2010 年，县政府决定在油茶主产区章村乡黄山头村，建设黄山头生态高效油茶精品园，项目总建设面积 1000 亩。

1. 精品园区基本情况

精品园区内有农户 128 户，人口 534 人，人均收入 5863 元，油茶是当地农户的主要经济来源和当地农村经济发展的支柱产业。

精品园区范围有土地面积 4867 亩，其中耕地面积 267 亩，山林面积 4600 亩，其中油茶面积 3530 亩，户均油茶面积 27 亩，油茶是该村的主导产业，村民多年来持续对油茶进行抚育管理，亩产茶油均在 20 斤左右，2009 年实现油茶产量 36 吨，产值 164 万元。户均油茶收入都在万元以上。

示范区内现有产业经营主体 3 家，其中合作社 1 家，油茶加工作坊 3 家，生产大户 30 多户，现有社员 100 多个，带动周围农户 1200 多户。

2003 年，县林业局已在精品园区范围内开展无公害标准化油茶基地的建设，2004 年开展了省级森林食品基地建设，被评为首批省级森林食品。精品园区有 2 个油茶粗加工作坊，在区域范围内有油茶精加工企业，有省级以上名牌产品一个。

2. 精品园区建设目标

通过项目实施，建立示范基地 1000 亩，其中高产良种油茶示范基地 200 亩，油茶先进技术推广和应用示范基地 800 亩。新建或修建油茶林道 7 公里，其中主干道 4 公里，辅助道 3 公里，实现主干道硬化。建设蓄水池（塘）4 个、蓄水量 120 立方米、输水管道埋设长度 3 公里，喷滴灌设备 40 套。培训林农 200 人次，发放资料 300 份，建立科技示范户 10 户。购置太阳能杀虫灯 10 台，监测设备 1 套。辐射带动面积 1 万亩。

通过精品园建设，年总产值达到 120 万元。其中：其中良种推广示范 200 亩，产值 40 万元；先进技术推广示范 800 亩，年产值 80 万元，年增产值 88 万元。

3. 精品园区建设内容

（1）油茶林道建设

新建油茶林道 7 公里，其中主干道 4 公里，辅助道 3 公里，实现主干道硬化。

主干道：宽度 2.5 米以上，主干道设置边沟导流，深、宽各 40 厘米以上，合理安排涵洞。主干道最大纵坡一般不大于 10%，内侧最小弯道半径不小于 10 米，主要道路硬化，其他碎石路面硬化。

辅助道：宽度 1 米以上，主要道路硬化。

（2）水利灌溉设施建设

建设蓄水池（塘）4 个、蓄水量 120 立方米、输水管道埋设长度 3 公里，喷滴灌设备 40 套。

蓄水池（塘）每个要求 30 立方米以上，砖混结构；引水管道规格为 6 分管以上，出水管规格为 4 分管以上；出水口与架设喷灌龙头水位差在 3 米以上，喷灌龙头出水覆盖半径 6 米以上。

4. 规模化和标准化生产

精品园区面积 1000 亩，其中高产良种油茶示范基地 200 亩，油茶先进技术推广和应用示范基地 800 亩，基地推广补植、测土施肥、水分管理、深挖垦复、复合经营等措施。

园区全面采用"五统一"经营管理模式，即统一技术标准、统一经营方案、统一密度控制、统一安全监测、统一生产档案。并购置杀虫灯 10 台，监测设备 1 套。

5、先进实用技术推广和应用

（1）建立三级技术推广体系。建立首席专家—责任林技员—科技示范户的三级技术推广体系，加快高效生态生产经营技术的推广应用。

（2）建立科技

表 3-5-7-3 示范区总投资估算表　　单位：万元

投资项目	投资规模	单位投资成本	投资金额
一、基础设施			124.8
（一）生产性道路			106
1. 主干道	4 公里	10 万元/公里	40
主干道硬化	4 公里	15 万元/公里	60
2. 辅助道	3 公里	2 万元/公里	6
（二）水利灌溉设施			18.8
1. 蓄水池	4 个 120 立方米	3 万元/个	12
2. 喷滴灌	40 套	0.02 万元/套	0.8
3. 输水管道	3 公里	2 万元/公里	6
二、规模化和标准化生产			104
（一）油茶高产良种推广基地	200 亩	1500 元/亩	30
（二）技术推广示范基地	800 亩	800 元/亩	64
（三）设备			10
1. 杀虫灯	10 台	7000 元/台	7
2. 监测设备	1 套	3 万元/套	3
三、先进技术推广和应用			10
（一）技术培训和宣传	200 人次	200 元/人次	4
（二）联系科技示范户	10 户	1000 元/户	1
（三）推广技术	4 项		5
四、产业化经营			10
1. 品牌宣传			4
2. 合作社建设			6
总投资			248.8

示范户联系制度。示范基地示落实 1 名责任林技员，联系 10 户科技示范户，每户科技示范户联系 10 户农户。

（3）加强技术培训：通过举办培训班、现场指导、科技下乡等形式加强对农户的科技培训。共培训林农 200 人次，发放资料 300 份。

6. 产业化经营

（1）加强产品品牌建设。提高山茶油产品质量和产品的包装，组织企业参与多种形式的展销和推介活动，加强产品在北京、杭州、上海、义乌等市场上的宣传力度，扩大产品的知名度，提高产品附加值。

（2）提高产业组织化程度。对示范区内的专业合作社组织进行完善提升，达到规范的目标的给予政策上和资金上扶持。形成技术推广＋合作社（公司）＋基地＋农户的示范推广模式。

7. 投资估算和资金筹措

（1）投资估算

油茶示范项目总投资 248.8 万元，其中基础设施投资 124.8 万元，规模化和标准化生产投资 94 万元，设备投入 10 万元，先进技术推广和应用 10 万元（主要用于科技培训），产业化经营 10 万元。基础设施中，生产性道路投资 106 万元，水利灌溉设施 18.8 万元。规模化和标准化生产中，油茶高产良种推广基地投资 30 万元，技术推广示范基地 64 万元。

（2）资金筹措

本项目总投入 248.8 万元，其中省以上补助资金 150 万元，地方财政整合资金 20 万元，项目建设单位自筹 78.8 万元。

8. 分年实施计划

2011 年，建设生产性道路 3 公里，其中主干道 3 公里，硬化 3 公里，辅助道 2

表 3-5-7-4 资金来源及重点补助环节明细表

投资项目名称	投资规模	投资金额（万元）	省补	地方	自筹
一、基础设施		124.8	70	12	42.8
（一）生产性道路		106	56	12	38
1. 主干道	4 公里	40	20	4	16
其中硬化	4 公里	60	32	8	20
2. 辅助道	3 公里	6	4		2
（二）水利灌溉设施		18.8	14		4.8
1. 蓄水池	4 个	12	8		4
2. 喷滴灌	40 套	0.8			0.8
3. 输水管道	3 公里	6	6		
二、规模化和标准化生产		104	70		34
（一）油茶高产良种推广基地	200 亩	30	20		10
（二）技术推广示范基地	800 亩	64	40		24
（三）设备		10	10		
1. 杀虫灯	10 台	7	7		
2. 监测设备	1 套	3	3		
三、先进技术推广和应用		10	5	4	1
（一）技术培训和宣传	200 人次	4	2	2	
（二）联系科技示范户	10 户	1	1		
（三）推广技术	4 项	5	2	2	1
四、产业化经营		10	5	4	1
1. 品牌宣传		4	2	2	
2. 合作社建设		6	3	2	1
总投资		248.8	150	20	78.8

公里；水利灌溉设施中，建设蓄水池3个，输水管道2公里；规模化和标准化生产中，新建高产良种示范推广200亩，技术推广示范基地600亩，购置杀虫灯10台，监测设备1套；培训林农150人次。

2012年，建设生产性道路1公里，其中主干道1公里，硬化1公里，辅助道1公里；蓄水池1个，输水管道1公里，喷滴灌40套；规模化和标准化生产中，技术推广示范基地200亩；培训林农50人次，产品推介会1次。

9. 经济效益

通过精品园建设，年总产值达到120万元。其中：良种推广示范200亩，产值40万元；先进技术推广示范800亩，年产值80万元，年增产值88万元。林道路建成后，按每亩产油茶果1250斤及平时方便生产计，运输成本可节约60元，项目区总成本每年可节约6万元。

第八节 油茶加工龙头企业

现阶段青田县油茶加工企业可分为二类：一是"作坊式"加工，主要提供传统压榨服务或自产茶油毛油，以"自产自用"为主，未形成商品化流通。二是商贸公司，主要是收购茶油毛油进行再加工、贴牌销售。

据统计，截至2014年，全县共有各类油茶加工作坊24家，规模化、现代化茶油加工龙头企业4家。其中年加工茶油生产能力在100吨以上的有2家，为青田浙南油茶开发有限公司、浙江纳福莱植物油有限公司（重组后更名为嘉邦）；具有茶油副产品深加工能力的企业1家，为青田县中野天然植物科技有限公司。

图 3-5-8-1 精炼茶油车间一角（2012年摄）

图 3-5-8-2 "瓯江源"牌山茶油（2008年摄）

一、青田浙南油茶开发有限公司

青田浙南油茶开发有限公司成立于2002年，是一家以油茶综合利用为主业的外商独资企业，先后被授于"浙江省农产品加工示范企业"、"丽水市重点农业龙头企业"称号，公司主打的"茶籽饼深加工技术开发"项目于2005年通过国家科技部农业星火计划项目验收。

公司拥有员工 34 人，拥有浸出、精炼及皂素提炼三条流水生产线。具备年处理 5000 吨茶籽饼，3000 吨精炼油，500 吨皂素的生产能力，年产值超 1000 万元，2008 年实现生产总产值 1128 万元，利税 145 万元。

浙南公司在林业、农业部门的帮助支持下，以公司＋基地＋农户的生产模式，以青田为中心，涉及周边一区二县，建立了近 10 万亩无公害油茶生产基地，涉及农户 3.5 万户，既确保了原材料的供应，又在源头控制了产品的安全与质量。

公司开发的主导产品"瓯江源"牌山茶油通过浙江省首批"森林食品"认证，产品在浙江省农业博览会中多次获奖，并被认定为"丽水市名牌产品"。2009 年被省林业厅列为首批 20 个省级森林食品之一，其产品一直供不应求。

表 3-5-8-1 2009 年中国义乌国际森林产品博览会优质产品申报表

产品名称	山茶油			产品类别	林农业
生产单位	青田浙南油茶开发有限公司			单位性质	外资
通讯地址	青田县腊口镇平安路 70 号			邮政编码	323900
法人代表	孙建伟	电话	2788310	传 真	2788310
联系人	朱钊然	电话	2788310	手 机	13305788098
产品注册商标	瓯江源			注册时间	2005 年
产品执行标准	国家标准			标准号	GB11765—2003
品种审认定	是 □ 否 □			审认定时间	
产品安全特征	□无公害 □绿色 □森林食品 □有机				
年生产量	390（吨）		年产值（万元）		1170
年销售额（万元）	800		利润（万元）		100
近四年省农博会获奖情况	2004 年浙江农业博览会优质奖；2005 年浙江农业博览会优质奖；2006 浙江农业博览会金奖；2007 浙江农业博览会金奖				
产品主要特点	青田"瓯江源"牌山茶油生产过程中严格执行国家标准是绿色产品，产品经过浸出；水洗；脱色；过滤；脱臭；冷却；精滤等工序				

二、浙江腾鹤农特产品有限公司

浙江腾鹤农特产品有限公司注册成立于 2003 年 10 月，位于国家级生态示范区——青田县油竹新区，是一家专业生产纯香型压榨山茶油为主导产品的新型企业。

公司现有员工 46 名，其中科研及管理人员 11 名，公司现有固定资产 660 万元，流动资金 200 万元，注册资金为 500 万元，2008 年销售额 3244 余万元，利润 244 余万元。公司一期占地 9000 平方米，建设标准厂房 6000 平方米，年生产山茶油 800 吨，公司自 2004 年开始陆续认证有机山茶采集基地 7000 余亩，同时和多所高等院校合作研发山茶油创新工艺，在遵循有机产品生产工艺要求的同时，从脱壳、常温压榨、精炼（碱炼、脱胶、活性炭脱色、高真空脱臭）一体化设备，逐步降温冬化设备均拥有自主知识产权，拥有国家发明专利一项，实用新型专利一项。该工艺生产的油品澄亮，同时保持山茶油特有的香味和滋味，具国内同行先进水平，目前已形成以温州、上海、北京等地商超和专营销售网络。

图 3-5-8-3 腾鹤农特产品有限公司基地（2005 年摄）

腾鹤公司以"公司＋基地＋农户"的经营模式对种植户所产油茶籽实行订单保护价收购。建有种苗基地 200 亩，集约丰产栽培示范基地 200 亩，育苗大棚 2000 平方米，有机生产示范基地 7000 亩。培育订单农户 1200 多户，覆盖整个丽水地区所有县（市、区）乃至浙西南和周边省市。订单农户油茶亩产值从原来的 300 多元提高到 1000 多元。

公司建立有机油茶生产基地近 3000 亩（已于 2005 年底获得有机认证），有机农业示范基地 600 亩。2006 年"腾鹤"牌山茶油获得有机农产品认证和 QS 质量体系认证，产品在 2006 年浙江省优质农产品博览会上获得金奖。公司生产的特色农产品以品质优良、包装精美、价格合理而深受消费者欢迎。

图 3-5-8-4 腾鹤公司生产车间（2006 年摄）

图 3-5-8-5 "腾鹤"牌山茶油（2006 年摄）

公司荣誉：

2003 年被命名为青田县重点龙头企业

2004 年被命名为丽水市重点龙头企业

2005 年被命名为浙江省扶贫重点龙头企业

2005 年被认定为浙江省省级农业科技型企业

2005 年野生油茶基地及产品获得有机认证

2006 年纯香型有机山茶油经质检院检验达到国家一级压榨食用油标准

2006 年纯香山茶油被评为省优质农产品博览会金奖

2006 年被认定为"浙江省工商企业信用 AA 级'守合同重信用'单位"

2006 年被认定为青田县食品加工行业会长单位

2007 年被认定为"青田县重点商标保护"单位

2007 年被评为丽水市林业重点龙头企业

2007 年被评为浙江省农产品加工示范企业

2007 年"腾鹤"牌商标被认定为丽水市著名商标

2008 年"腾鹤"牌山茶油被认定为丽水市名牌产品

三、青田县中野天然植物科技有限公司

青田中野天然植物科技有限公司是专业从事油茶籽深加工及其系列产品研发的浙江省农业科技企业、浙江省科技型中小企业、丽水市重点林业龙头企业、青田县专利示范企业，是首批在浙江股权交易中心创新板挂牌备案的企业。

公司位于青田县石塔工业区，占地面积 15000 平方米，厂房面积 8000 平方米。检测设施齐全，检测手段先进，已承担国家和省级多项科技攻关项目，同时还是茶皂素行业标准的主要起草单位。

中野公司以中国石油大学与浙江工业大学为技术依托，具有雄厚的科研开发实力，迄今，由公司承担并通过验收的有国家级科研项目 3 项，省部级科研项目 7 项，市级科研项目 2 项；同时拥有省级科技成果 6 项、授权国家发明专利 5 项、授权实用新型专利 1 项、实审结束即将授权的国家发明专利 3 项。由于项目产品使用效果显著，能给使用单位创造新的经济效益，目前公司在完成鉴定与验收的科

图 3-5-8-6 "中野公司"厂区（2013 年摄）

图 3-5-8-7 油茶皂甙纯化装置（2013 年摄）

研项目中已分别获得省级技术发明一等奖 1 项、市级科技进步二、三等奖 3 项，县级科技进步三等奖 1 项。

公司系列科研产品：

1. 结构修饰型混凝土引气剂，不仅能明显改善新拌混凝土的施工性能，减少泌水与离析，而且能显著提高硬化混凝土的抗冻耐久性；

2. 油茶皂甙型油田专用泡沫剂，具有耐酸、耐碱、耐盐与耐温的特性，在三次采油中能有效提高石油采收率 25% 以上；

3. 天然环保型农药专用助剂，具有绿色天然、产品吸附性好、渗透性强与展布性佳等特点，能有效降低农药毒性，提高农药施用效果；

4. 绿色生态型对虾养殖保护剂，在低剂量下即可杀死敌害鱼类的同时，能有效促进对虾生长，同时该产品还可广泛应用于海参、螃蟹、甲鱼等水产养殖场所，杀死聚缩虫与放线菌等有害微生物，保障水生动物的健康生长；

5. 超微粉碎茶籽粉系列产品可广泛应用于电镀去油、家庭厨具洗涤与个人卫生保健等领域，是新一代原生态天然表面活性剂。

图 3-5-8-8 公司产品

表 3-5-8-2 油茶深加工类项目（预算总投资 1300 万元）

序号	项目名称	项目编号	承担单位	参加单位	项目实施期	预算总投资(万元)	任务目标	备注
1	纯香型山茶油精加工关键技术产业化	FM1146	浙江纳福莱植物油有限公司	同济大学	2011.06—2013.05	450	累计生产精制山茶油 900 吨，实现产值 7500 万元。	
2	山茶油平转型浸出技术产业化开发	FM1147	青田浙南油茶开发有限公司		2011.06—2013.05	200	累计生产精制山茶油 500 吨，实现产值 2500 万元。	
3	环保型农药专用助剂产业化开发	FM1148	青田中野天然植物科技有限公司	浙江工业大学	2011.06—2013.05	100	累计生产农药专用助剂 550 吨，实现产值 1100 万元。	
4	天然绿色油田泡沫剂的研究开发	FM1149	青田中野天然植物科技有限公司	浙江工业大学	2011.06—2013.05	200	累计生产油田泡沫剂 300 吨，实现产值 300 万元。	
5	糖萜素新型饲料添加剂中间体产业化开发	FM1150	青田中野天然植物科技有限公司	浙江大学	2011.06—2013.05	80	累计生产糖萜素中间体 500 吨，实现产值 1000 万元。	
6	绿色混凝土引气剂产业化开发	FM1151	青田中野天然植物科技有限公司	浙江工业大学	2011.06—2013.05	170	累计生产引气剂 850 吨，实现产值 600 万元。	
7	植物源高效水泥发泡剂的工程开发	FM1152	青田中野天然植物科技有限公司	浙江工业大学	2011.06—2013.05	100	累计生产发泡剂 400 吨，实现产值 600 万元。	
	合计					1300		

附: 油茶生产花絮

一、青田油茶单株高产王

2014 年，为展示青田县油茶产业发展成效，表彰在油茶产业发展中表现突出的农户，激发林农发展油茶的积极性，形成学习典型、人人争先的良好氛围，县林业局开展了"油茶王"评选活动。

图 3-5-8-9 油茶高产单株王（2014 年摄）

图 3-5-8-10 联众合作社开展油茶
—早稻复合栽培经营模式的试验（2013 年摄）

图 3-5-8-11 联众合作社基地分区指示碑（2010 年摄）

通过层层遴选，最终瓯南街道陈学村绿坪自然村柳则如的一株百年老油茶树以单株产鲜果 343 斤，获得单株高产油茶王称号。油茶王树地径 0.46 米、树高 7.1 米、冠幅 6.8 米、树冠投影 42.21 平方米，树龄 100 年以上，3 位村民近 3 小时才将果实全部采摘干净。

二、油茶种植专业合作社

青田县联众果蔬种植专业合作社，创建于 2008 年 10 月，在浙江迅时捷汽车服务有限公司董事长梅阿军和村两委干部的发起下，联合当地 42 户油茶种植大户，200 余名村民入股，组建了青田县联众果蔬种植专业合作社，经工商注册登记成立；注册资本 100 万元。合作社以油茶生产为主，集油茶加工利用、特色果品生产、绿化苗繁育、畜牧养殖为一体，实行立体化经营。

合作社采取灵活多元化的组建模式，农户可持林地所有权以林地租金资本的方式入股、以劳动力资本投入方式入股、以现金直接入股等方式参与到合作社建设中。合作社坚持"良种化、规模化、集约化、工业化"的定位，以现代理念谋划产业发展，组织带动当地分散的林农、闲置劳动力，共同开发林地、经营林地。灵活多样的入股组建方式、科学的发展模式和经营理念，使合作社得以健康发展。特别是从

2009 年，财政支持油茶产业提升工程在该村实施开始，全村发展油茶良种基地积极性高涨，共建立油茶良种基地 3500 多亩，新建基地道路 6 公里，便道、灌溉系统等设施齐全。成为名副其实的油茶生产示范村。

三、油茶生产专业村 —— 黄山头村

青田县章村乡黄山头村，全村 128 户，536 人，其中畲族人口 264 人，是个少数民族村。全村耕地面积 200 亩，林地面积 4600 亩，其中油茶林面积 3530 亩，户均油茶林 28 亩。油茶是该村的传统产业，是村民赖以生存的主要来源。黄山头村民风纯朴、勤劳热情。

自 20 世纪 50 年代以来，始终坚持油茶抚育管理。雷志雨、徐必文两位村民分别于 1957 年、1958 年被评为全国油茶生产先进个人，并且分别参加全国五一劳动表彰大会，受到毛泽东主席等党和国家领导人的接见。

2008 年，黄山头村户均产茶油 300 多公斤，户均油茶年收益 1 万元以上，最多的产茶油 800 公斤，年收益 3 万元，是远近闻名的油茶专业村。

四、油茶生产示范户

1. 徐达元

徐达元，章村乡黄山头村人，任该村委委员。其父 1958 年全国油茶生产先进工作者，全家一直在家从事油茶生产，油茶收入是其全家的主要经济来源。从 2002 年开始，徐达元通过以茶油付租的形式，承包了周边农户因外出务工而荒芜的 80 多亩油茶林，并进行了垦复抚育，油茶的产量逐年上升。到 2008 年，年产茶油

图 3-5-8-12 油茶林（2009 年摄）

图 3-5-8-13 硕果累累（2011 年摄）

图 3-5-8-14 畲族村民整装上山（2009 年摄）

达到 800 多公斤, 年收入达到了 3 万多元, 已成为章村乡有名的油茶专业户。

2009 年, 财政支持油茶产业提升工程在该村实施, 其 80 多亩油茶林也在项目的规划实施区内, 通过水平带整地、开挖竹节沟、施肥、补植等先进生产技术的应用, 2009 年, 油茶产量达到了 1200 多公斤, 年产值达到了 6 万多元, 年增收 2 万多元, 2010 年产量达到 1500 公斤, 产值达 8 万元。徐达元还为油茶加工厂收购茶籽、茶油、茶粕等原料, 当上了一名油茶经纪人。2010 年, 流转 400 多亩林地, 种植油茶新品种, 做大做强家庭油茶事业。

2. 徐必文

章村乡黄山头村人徐必文, 1927 年出生, 中共党员, 1958 年曾评为全国油茶生产劳动模范。1998 年开始, 徐必文从邻村农户承包油茶林 29 亩, 加上自有油茶山 10 亩, 经精心抚育垦复茶园, 年年都有好收成。2008 年 39 亩油茶山产茶油 375 公斤, 折人民币 11250 元。

3. 吴小明

吴小明, 黄里村人, 全家 4 口人。有油茶山 35 亩, 2005 年从邻户承包油茶林 80 亩, 计 115 亩, 年产茶油 1150 公斤, 折人民币 34500 元。

五、义乌森林博览会青田油茶展区掠影

图 3-5-8-15 义乌森林博览会

第六章 用材林基地

中华人民共和国成立初期，国民经济百废待兴，国家建设急需大量木材，而旧中国遗留下来的森林资源很少。面对供需矛盾十分突出的局面，国家制定了一系列林业工作的方针和政策，采取各种措施，保护和发展森林资源，重点发展用材林基地。1949 年《中国人民政治协商会议共同纲领》做出了"保护森林，并有计划地发展林业"的规定。1950 年 2 月召开的第一次全国林业业务会议确定了"普遍护林，重点造林，合理采伐和合理利用"的林业建设总方针。 1959 年，林业部提出林业生产要实行"基地化、林场化、丰产化"和"样样林产建基地，处处基地办林场，个个林场搞丰产"。1960 年，省林业厅编制了《浙江省用材林基地规划（初稿）》，要求各地选择在荒山相对集中的地方，开展基地造林。1971 年，省农林局在全省山区工作会议上部署了林业基地建设的任务，要求贯彻"四主"原则：商品性生产和自给性生产，以商品性生产为主；集体造林和国营造林，以集体造林为主；自力更生和国家扶持，以自力更生为主；杉木和其他用材树种，以杉木为主。从而明确了基地建设的目标布局重点和发展方向。1972 年，省政府开始对基地建设采取经济补助政策。1980 年，省政府调整用材林基地建设布局，基地建设重点安排在全省 20 个县的 300 个公社，青田名列其中。

青田县用材林基地造林，松木、杉木是首选树种。新造杉木基地林，一般要求适地适树，相对集中，在种苗上提倡用实生苗造林。松木人工造林基地广布全县；杉木人工林主要分布在黄寮、祯旺、祯埠、平桥、坑底、季宅等乡，以及石门洞、八面湖等 5 个国有林场。

青田县用材林基地建设，历经各时期不同的造林形式、造林技术措施、造林质量要求、扶持政策性质等特点，取得不菲成绩。

第一节 一般造林阶段（1950—1971 年）

该阶段用材林基地造林，没有系统的造林技术和质量标准，也没有严格的造林规划设计和造林后的质量检查、面积核实等管理措施。造林技术措施沿用传统的造林方法，通过劈山、炼山、林地清理后，全垦整地深挖。到春分后劈取两年生杉木萌芽条扦插造林。以后逐步推广使用一至两年生的杉木实生苗造林。由于当时采用山地育苗，苗木质量差，而用两年生的杉木苗造林成活率不高，故此，后期利用杉木实生苗造林质量还不如杉木萌芽条扦插造林。农民为了解决粮食困难，大多造林山片实行林粮间作 4 ～ 6 年，林分郁闭后停止套种农作物。

1953 年，青田召开第一届林业工作会议，提出了今后人工造林意见，大力推行"互助合作造林，谁造谁有"的林业发展方针。具体要求是：公有山（包括村山、组山、乡机动山）提倡合作造林，公家出地和种苗，群众出劳动力，收益按三：七分红；私有山和纯荒山自行组织造林，实行谁种谁有政策。疏林山原有树木折股分红，补植户户参加、人人动手。合作造林必须与县农林部门签订合同，私人造林必须缴交苗木费。造林所需的种苗由县里统一调剂。许多乡村组织造林互助组，造林任务重的地方还成立"乡、村造林委员会"。到1955年，全县已成立各种合作社242个，互助组2854个，经营山地面积65000亩，造林21000多亩。

1956年，县委要求积极营造用材林，积极发展木本油料作物与各种经济林。

1957年，县委提出"一年消灭荒山，三年绿化全县"的号召，提倡整地、梯级水平带造林。

1958年，造林运动随着大跃进和人民公社化的到来掀起了高潮，共营造用材林63721亩。章村区浮弋乡旭光农林社、晨光农林社及水南区山口乡大安农林社等就是当时涌现出来的造林模范集体。他们从1956年至1957年，共造林13834亩，占全县两年来造林总面积的39%。出席了"58年度全国农业社社会主义建设积极分子大会"，并两次荣获中央林业部的奖旗和奖状。

1959年，县委制订了"以林为主，林农牧并举，全面发展山区经济"的生产发展方针。

1960年，贯彻造林要实行"基地化、林场化、丰产化"的9字方针。但在"左"的路线影响下，造林中出现了只讲数量，不讲质量的现象，虚报造林面积情况也十分严重。

1961年，党纠正农村工作中"左"的错误，提出"调整、巩固、充实、提高"的八字方针。在县政府"大树标兵、大鼓干劲，实行造林、育林、护林三结合，用材林、薪炭林、防护林一起上"的指示下，把造林的重点放在大片荒山、沿江两岸、公路两旁、水库及村镇周围。荒山以发展松树、杉木、油茶为主。

1963—1971年，林业生产有了恢复性发展。1965年造林开始实行经济补助，每亩无偿补助4元，这是新中国成立以来第一次实行造林经济补助政策。1966年造林经济补助政策取消，到1972年才恢复。1966—1969年造林面积没有统计，1970年才恢复造林面积统计。

第二节　用材林基地造林（1972—1980年）

从1972年开始，实行规划造林，并制订了造林质量标准和检查验收等制度，实行造林经济补助政策。全县开展了以杉木基地建设为重点的造林运动。国家对林业基地建设从经济、粮食等方面给予扶持，奖励造林先进单位，从各方面调动群众造林积极性。这一时期的造林，由县统一部署，公社统一规划，大队组织落实。主要布局是，远山高山大力发展杉木、柳杉、毛竹等用材林基地；近山、低山大力发展油茶、油桐、果树等经济林基地；沿江两岸、溪滩圩地大力营造水竹、河柳、枫杨、桑树等防护林。

为加强基地建设，提高造林成活率和保存率，省拨专款支持林业基地建设。其补助标准是，毛竹林，一年建成50亩以上，全垦整地，每亩母竹20株或实生大苗30丛，成活率80%以上，连续抚育套种3年，每亩补助6元；用材林，一年建成100亩以上（杉木占70%以上），相对集中连片，每块不少于20亩，全垦深挖，成活率85%以上，连续抚育3年，每亩补助6元；经济林，（指油茶、油桐、乌桕等纯林），一年建成50亩以上，每块不少于20亩，全垦深挖，筑水平带，林粮套种，良种壮苗，乌桕和千年桐用嫁接苗造林，成活率90%以上，每亩补助12元。1972年到1976年5年，是起步阶段，共建造各种林木基地21730亩，平均每年4346亩。粉碎"四人帮"后，基地造林突飞猛进，1978年为73232亩，平均每年24427亩。

1973年10月，《浙江省建设大片用材林基地暂行办法》规定，大片用材林基地经检查验收后，按实际面积，杉木、柏木、麻栎、柳杉和金钱松，造林补助3元/亩，抚育补助3元/亩（分3年，

1 元 / 年）；其他树种，算基地面积，但没有补助。以片为单位，由县汇总上报，省凭上报数据直接拨款到县，县凭检查验收证，将补助经费发放至造林单位。

1978 年，省政府规定，一般用材林补助标准不变，对大片用材林基地另外每年拨给一定数量的基地管理费。用材林基地重点县，每亩补助 7 元，其中造林 3 元，3 年抚育每年 1 元，剩余 1 元，交县掌握，用于基地建设。

基地造林起点面积要求，省定：1972—1977 年，连片面积 500 亩起，1978—1979 年改为 200 亩，1980—1981 年为 100 亩起作基地造林。1980 年基地造林起点，县定每片面积改为 20 亩。达不到基地造林起点面积要求的作一般造林，不享受经济补助。

基地造林要求高，质量严，为此，县委建立起县、区、社三级林业科技队伍。各级林业技术人员深入林区，指导、帮助解决问题，推动基地造林工作取得了较好的效果，造林保存率提高到 83.34%，其中一、二类基地占 52.9%。受到上级林业部门的表扬。

此时期造林形式主要是公社林场、大队（林场）和生产队三级集体造林为主。基地建设主要采取了"四改进、一制度"的造林技术措施。"四改进"：改无计划无规划造林为有计划有规划造林，改大面积连片造林为小面积适地适树造林，改荒山造林为主为残次林、疏林地小面积皆伐人工更新造林，改窄幅水平带方式造林为全垦深挖造林。"一制度"是实行造林质量、面积核实验收制度。林农按照造林规划作业设计要求进行施工造林。由林业部门组织人员开展造林质量检查、面积核实工作，经县林业局审核后发放造林补助经费；对质量不合格的造林面积允许造林户第二年补课合格后再给予验收上报。

第三节　省重点商品林基地建设（1981—1985 年）

1980 年省政府决定在全省 20 个县，300 个公社，建设 500 万亩省重点商品用材林基地。按照省林业厅统一规划部署，青田县规划了 9 个省重点商品用材林基地建设公社，5 个国有林场，开展以省重点商品用材林基地建设为主的基地造林。1981—1985 年累计营造杉木林基地 11273 亩，其中省重点商品用材林基地造林 10273 亩，一般造林 1000 亩，平均每年造林 2255 亩。

1981 年，港头人民公社发展泡桐生产取得经济效益，全公社泡桐出售共收入人民币 14.9 万元，人均收入 18.5 元，超过当年集体林业收入 43.2%。群众普遍反映，种泡桐是生财致富之道，大有可为。该公社栽种泡桐已有 20 多年历史。1962 年后，少数社员在地头坦角上栽种一两株，尝到甜头后，逐步扩大种植面积。1978 年后，放宽政策，鼓励社员劳动致富，社员种植泡桐的积极性更高，全公社各个大队迅速普及泡桐生产，其中小峙、港头两个大队普及到户。全社共有泡桐 4.5 万多株，计 2250 余亩，并出现百株以上重点户 93 户，占农民数的 5%。小峙大队山地较少，人均只有 1.64 亩，全大队有泡桐 2.5 万株，占山地总面积的 50%，共有 1250 亩种上泡桐，人均 16 株。

此阶段造林主要采取以下造林技术、考核奖励、经济扶持等措施：

造林技术措施

①造林前必须做好劈山、炼山、林地清理，全垦深挖整地 21 厘米以上；

②种苗要求一年生实生壮苗；

③要求挖大穴栽植苗木，栽植深度做到"上7下6"；

④苗木成活率要求达到85%以上；

⑤要求连续3年进行抚育管理，每年全面铲草松土1次，提倡林粮间种；

⑥造林结束后由林业局组织技术人员检查验收，省重点用材林基地造林验收结果上报省林业厅审批，按照验收审批面积发放造林补助经费。

此阶段造林扶持政策：

1980年3月，省林业厅、粮食局联合通知，凡符合基地林标准的基地造林，每亩补助原粮由过去的17.5公斤提高到25公斤。一年抚育用材林100亩以上，每亩均补助原粮2.5公斤。

图 3-6-3-1 石门洞师姑湖林区用材林基地（2014年摄）

1981年，省政府决定每年从地方财政拨款500万元，专供基地建设，每亩补助标准由6元提高到15元；采取分3年付款，造林8元/亩，抚育2元/亩/年。同年，省林业厅将马尾松正式列为基地造林树种，对大片基地内的马尾松造林，每亩补助5元，原粮12.5公斤。

1983年10月，省林业厅下文规定，重点公社用材林基地的每块验收起点面积为5亩（包括几户连片达到5亩的，1年后改为10亩）。只要符合标准，队造、户造、联户造一视同仁；社员自留山造林，凡符合基地标准，承担国家商品材义务的造林面积，也可作为重点用材林基地，享受同等补助。

这些专用经费对加快青田县商品材基地建

设，提高造林质量起到了一定作用。从 1986 年起，省林业厅取消了由省厅统一提成下发返回各县的基地建设实施费和验收费。

1986 年后，省林业厅对不同县的商品材基地采取不同的造林扶持标准，即磐安、景宁、文成、泰顺、永嘉 5 个贫困县每亩扶持 20 元（黑荆树 15 元 / 亩）；庆元、龙泉、遂昌、临安、开化 5 个县 10 元 / 亩，部、省、县联营速丰林 15 元 / 亩；其他县 15 元 / 亩。青田县由于不是省重点扶持对象，用材林基地造林逐年减少。造林采取一般造林，疏林补植，重点放在消灭荒山工作上。

图 3-6-3-2 八面湖林场用材林基地（2014 年摄）

表 3-6-3-1 青田县 1972—1985 年林业基地建设统计表　　单位：亩

年份	基地造林	其　中						
		杉木	毛竹	油茶	油桐	乌桕	泡桐	其他
合计	162116	47609	14028	41183	50305	856	666	7469
1972~1978	41557	18216	7275	16066				
1979	21193	7300	754	10294	2845			
1980	35528	10820	4519	13851	5892	334		112
1981	11868	639	350	264	10417			198
1982	14136	957	300	117	12214			548
1983	15399	1323	525	93	13378			80
1984	9214	3146	297	428	4165	522	666	
1985	13221	5208	8	70	1404			6531

资料来源：《青田林业志（1988 年 1 月初稿）》

第七章 竹林建设

青田地处中亚热带，适宜竹子生长，竹林培育历史悠久。清光绪《青田县志》对毛竹种类、培育曾有记载。除毛竹外，青田主要经济竹种有刚竹、石竹、淡竹、苦竹、雷竹、早竹等杂竹。中华人民共和国成立之前，除章村少数毛竹产区有人工栽培毛竹纯林外，其他产区毛竹林及所有杂竹林，几乎都是天然混交林，人工经营活动少，荒芜竹林面积占绝大多数，竹林生产力水平低。

中华人民共和国成立后，各级人民政府重视发展竹子生产。经过土地改革和农业合作化运动，调动了广大农民培育竹林的积极性。1956年6月5日，国务院发出《关于保护和发展竹林的通知》，要求各级人民政府采取有效的措施，保护和发展竹林。1958年8月，林业部在杭州召开全国林木丰产现场会议，推广毛竹丰产培育经验。20世纪70年代开始，章村等主要竹产区实施毛竹商品基地建设；瓯江沿岸乡村大力发展水竹等经济竹种。20世纪80年代以后，为适应市场经济对竹材、竹笋的大量需求，竹子经营发生了深刻的变化，出现了毛竹笋用林、毛竹材用林、毛竹笋竹两用林、菜竹笋用林、杂竹笋竹两用林、笋干竹林等专用竹林的经营方式，经营技术得到不断创新和提高，涌现了一大批竹笋高产高效农户。1994年，省委、省政府确定1995—2000年实施建设经济林、竹林"四个一百万亩"工程，其中建设毛竹丰产林基地100万亩，毛竹笋竹两用林基地100万亩，改造毛竹低产林100万亩。青田积极开展竹林丰产培育和笋竹两用林基地建设。21世纪以后，青田竹林培育向优质、高效、产业化方向发展，促进竹林经营水平不断提高，竹林经营已经成为毛竹产区林农的重要财源。

第一节 毛竹生产的历史

青田毛竹栽培历史悠久，竹类资源丰富。1983年5月，考古工作者在西天目山朱陀岭华严洞挖掘出距今约2万年的大熊猫、中国犀、东方剑齿象等15种古动物骨化石，表明浙江大地在史前时代就有丰富的竹林资源。明朝以来，《处州府志》《遂昌县志》《龙泉县志》《浙江通志》等均有竹类资源、种类记载。清光绪《青田县志》对毛竹培育亦曾有记载。中华民国29年（1940年），时浙江农业改进所派出人员，经调查后编写《浙江省旧处属十县林业概况调查报告》，其中《青田县林业概况调查报告》记载："……其他用材林之林相，亦极参差，距理想境地甚远；唯竹林林相之美，驾乎全县森林之上，郁郁葱葱，蔚为大观云"。据2003年丽水市林业局组织的全市小径竹资源调查统计，丽水市有各种竹类植物16个属109种（包括亚种、变种、变型），是浙江省竹类植物的基因库。中华人民共和国成立之前，青田毛竹林人工经营活动少，荒芜竹林面积多，竹林生产力水平低。

中华人民共和国成立后，各级人民政府重视发展毛竹生产。土地改革后，农民分得山林，零星栽种毛竹渐多。1955年，全县成立各种合作社242个，互助组2854个，经营山地面积65000亩。是年，在植树造林运动中，全县共营造毛竹林500亩。

1956年6月5日，国务院发出《关于保护和发展竹林的通知》，要求各级人民政府采取有效的措施，保护和发展竹林，并且要求各地农业生产合作社制订发展规划，扩大竹林面积，不要毁竹开荒。县委、县政府发动群众，掀起了春冬两次荒山造林的高潮；在造林中，积极引导营造毛竹林。是年，章村、船寮等地，共营造毛竹林800亩。

1957年，丽水地区森林资源调查统计，丽水9个县毛竹面积5.65万公顷，毛竹株数8791.9万株，平均每公顷立竹量1556株。1958—1959年毛竹发生过伐，导致立竹量下降。1958年8月，国家林业部在杭州召开全国林木丰产现场会议，表彰并推广石门毛竹丰产培育经验。1965年，青田毛竹生产推广安吉县双一合作社毛竹丰产的"保、抚、肥、改、钩、扩、砍、管"八字经验。

1972年，青田开始毛竹基地造林。是年，全县毛竹基地造林共1427亩，其中，章村区黄寮乡造毛竹基地230亩。县政府在此召开现场会进行推广。同时，全县加大毛竹林垦复力度。此后，毛竹造林获政府和林农重视。1981年以后，农村实行山林承包责任制，农民毛竹生产积极性高涨，毛竹造林面积、垦复面积大幅扩张，亩立竹量进一步提高。

1975年，青田县进行第二次森林资源二类调查，根据调查数据，全县有毛竹林共66872亩。1984年，地区林业局林业统计数据，青田县竹林面积71400亩，其中杂竹1100亩。1985年，第三次二类资源调查数据显示，全县竹林面积73472亩，比1975年净增6600亩，增长9.87%。据《丽水地区历年林业统计资料》数据，1950—1985年，全县共营造竹林36130亩，其中1972—1985年，全县共造毛竹基地13780亩。

图 3-7-1-1 章村竹林（2012 年摄）

图 3-7-1-2 竹林

1985 年以后，全县毛竹造林势头不减。同时主抓劈山抚育，采取鞭根诱导改造低产混交林，去杂留竹，合理砍伐。采取的主要技术措施是：①林地全面深翻 30 厘米以上，去除三头（竹蒲头、柴蒲头及石头），砍去林中混生的杂木。②大量留养母竹，亩均留养新竹 45 株。③提倡竹林施肥。

1985 年，由丽水地区林业局组织，青田派员参加赴余姚、宁波等地参观学习笋用林建设经验。之后分别在北山李坑村、章村黄肚村各建立 20 亩丰产笋用毛竹林示范试验点，拉开了青田高产笋用毛竹林建设的序幕。

1986 年，鼓励农民开展笋用毛竹林基地建设，当年建立笋用毛竹林基地 200 亩。

1987 年 7 月，县林业局组织全县 50 余名林业技术干部、乡林技员进行笋用林高产技术培训。同年在章村黄肚村召开由区乡干部、林业技术人员、笋用林基地村的干部、专业户等人员参加的笋用林基地建设现场会。通过现场调查和综合各地经验，林业技术人员总结出一套建立毛竹笋竹两用林两种方法，即通过新造笋竹两用林和改造现有毛竹材用林为两用林。并提出毛竹笋竹两用林的培育应掌握劈山除杂、全垦深翻、结构调整、增施肥料、合理挖笋、增加客土等技术措施，在全县林农中推广。

1994 年，省委、省政府确定 1995—2000 年实施建设经济林、竹林"四个一百万亩"工程，其中建设毛竹丰产林基地 100 万亩，毛竹笋竹两用林基地 100 万亩，改造毛竹低产林 100 万亩。青田县被列入笋竹两用林基地县，将竹林丰产培育推向一个新高潮。1993—1997 年，全县共建成笋竹两用林 5200 亩。

1997 年，在章旦乡桥头村建设笋竹林示范基地 100 亩，实施以点带面推广笋竹林基地建设，同时成立章旦乡笋竹林开发领导小组；该乡以桥头村示范基地为中心，向周围村辐射，全年累计投工 1000 多工，开发笋竹林基地 150 多亩。是年，县林业局技术人员深入现场，进行科学技术辅导；并向示范点运送尿素、复合肥 8 吨。

1998 年，县林业局组织第四次二类资源调查。据调查成果，全县竹林面积上升到 106891 亩，总株数 1821 万株，较 1985 年的 73472 亩，净增 33419 亩。

进入 2000 年，为进一步加快我县竹产业发展，提升产业经营水平，促进农业稳定发展和农民持续增收，青田县制定政策、扶持毛竹生产，以示范点的建设带动竹林经营水平的提高，加强毛竹基地建设，推进竹产业的快速持续发展，实现产业增效、农民增收。在政策和市场的推动下，大批有识之士投入竹林开发。通过笋竹两用林基地建设、毛竹精品园区建设、竹产业发展工程等项目实施，有效改善了当地竹林交通和生产条件，提升了基地等级和质量，竹产业获根本性的提高。

2012 年，全县竹产业总产值 10284 万元，其中一产 7978 万元，二产 2150 万元，三产 120 万元。至 2014 年，累计改造毛竹低产林 50000 亩；建成笋竹两用林示范基地 23000 亩；创建省级毛竹精品园区 1500 亩。

2014 年 10 月，县林业局组织人员进行森林资源动态调查，数据显示：全县有竹子面积 131551 亩。竹林遍布全县 33 个乡镇，5 个国有林场，主要集中分布在章村乡、祯旺乡、祯埠乡、黄垟乡、岭根乡、北山镇、高市乡、汤垟乡等乡镇，面积均超过 5000 亩。其中章村、祯旺、高市、北山等 4 个乡镇面积均在万亩以上，章村乡最多，有面积 2.86 万亩，面积在 1000 亩以上的行政村有 25 个，其中北山镇李坑村和章村乡黄肚村面积均超过万亩。全县总立竹量 2702 万株，毛竹林平均每亩 165 株，年产毛竹 392 万株。

第二节 竹林重点工程建设

一、省级现代毛竹主导产业示范区

2009 年，县委、县政府提出建设生态农业的发展战略，把章村乡黄寮、旺山两村作为发展原生态竹笋的主要生产区，并把章村乡"江南好山茶油专业合作社"原生态竹笋示范基地编入《青田县原生态精品农业发展规划》。

（一）章村黄寮、旺山竹主导产业示范区

2009 年 11 月，县政府办公室发布《关于开展现代农业园区建设工作的意见》。根据县现代农业园区建设协调小组会议精神，决定在章村乡实施现代毛竹主导产业示范区建设。其主要建设内容：

1. 示范基地建设

建立原生态竹笋精品园 1000 亩，全乡辐射面积 10000 亩。实施地点以章村乡黄寮、旺山两村为主，辐射至黄肚、竹章、王金、平塔等村。

2. 基础设施建设

新建或修建竹林道 4.5 公里，辅助道 7 公里。标准：主干道宽度 2.5 米，作业道宽度 1 米。

水利灌溉设施建设，蓄水池（塘）2 个、蓄水量 50 立方米、输水管道埋设长度 2000 米。

图 3-7-2-1 毛竹经营示范园区（2009 年摄）

3. 规模化和标准化生产

通过低产林改造提升和高效生态技术的示范推广，提高规模化程度和组织化程度。精品园按照统一的经营方案、技术标准和密度控制等标准化生产技术组织生产，并做好安全监测、生产档案管理，保证示范区建设达到应有的成效。

4. 先进实用技术推广和应用

（1）建立和完善技术推广制度

建立三级技术推广制度。建立首席专家—技术推广员—科技示范户的三级技术推广制度，加快高效生态生产经营技术的推广应用。

加强农户科技培训。每年进行 200 人次的科技培训，不断提高农民劳动技能。

建立科技示范户联系制度。基地内建立 10 个示范户，每个示范户有 1 名技术推广员，以强化示范带动。

（2）开展先进实用技术推广

有机配方施肥技术。充分利用当地规模养殖场无害化处理的沼气液，结合毛竹专用肥进行原生态竹笋培育，确保竹笋品质。

笋竹林结构动态调整技术。为保证笋竹林能充分利用光、水、肥、气，达到高产稳产的目的。笋竹林密度、胸径大小按照经营类型制定标准，且分布均匀。竹龄结构比例以 1 度:2 度:3 度＝1:1:1 为佳，保持竹林的年轻化。

水分定量管理技术。利用山地自然水源为主，人工提水为辅，通过建蓄水池等方法蓄水浇灌，或利用灌溉设施抽水机等进行灌溉。

标准化安全生产技术。一是利用现代信息技术进行病虫害动态监测。为笋竹病虫害的及时防治提供科学依据。二是在防治措施上优先采用物理防治和生物防治为主，采用太阳能杀虫灯等物理防治手段对病虫害进行调控，达到安全、优质、标准化的无公害的生产目的。三是围绕竹笋产前、产中、产后全过程执行《青田县标准化安全竹笋生产技术规范》《青田县标准化安全毛竹笋生产模式图》等开展培训。

5. 项目投资

项目总投资 1175.5 万元，其中省级补助 390 万元，县财政配套 150 万元，建设单位自筹635.5 万元。

（二）章村乡和北山镇毛竹主导产业示范区

2011 年，章村乡和北山镇开始实施省级现代毛竹主导产业示范区建设。实施区域和范围：章村乡黄肚村、王金村、黄寮村、旺山村，北山镇李坑村等 5 个行政村，面积 20000 亩。

1. 毛竹示范区现状

示范区内各村农户主要以毛竹种植为主。2009 年，已在示范区内建有"现代农业发展项目——毛竹集约经营示范区"核心区 1000 亩，竹林采用设施栽培技术管理的有 1000 亩，基础设施建有竹林道 46.1 公里，其中竹林机耕路 41.1 公里，竹林便道 5 公里；建成蓄水池 10 个，300 立方米，输水管道 8 公里，安装喷滴灌设备 80 只，生产基地环境优良，有一定的设施配套。示范区土地面积 77035 亩，其中林业用地面积 43626 亩，竹林面积 30670 亩，示范区常年从事毛竹和笋生产销售的人员有 752 人，年产值 1839 万元。示范区内有 2 家涉竹农民专业合作社，有竹子加工厂 2 家。2007 年，在园区内建立省级森林食品基地 10000 亩。

图 3-7-2-2 笋竹两用林基地（2012 年摄）

2. 建设目标

通过项目实施，建成示范区 20000 亩，其中精品园 3000 亩，实行设施栽培、集约经营和标准化生产；建设竹林道 76 公里，其中新建主干道 25 公里，辅助道 20 公里，硬化主干道路 31 公里；新建蓄水池 22 个，蓄水量 660 立方米，铺设输水管道 20 公里，安装喷滴灌设备 250 套；培训林农 2000 人次。项目建成后，平均亩新增竹材 330 公斤、笋 100 公斤，亩增效益 529 元，亩均产达到 1142 元 / 年以上，年产值达 2284 万元，加工企业年产值达 500 万元，年增产值 1558 万元。林道建成后，节约运输成本 6 元 / 百斤，降低总成本 218 万元 / 年。

3. 投资规模

项目总投资 1228 万元，其中基础设施建设投资 866 万元，规模化和标准化生产 245 万元，先进实用技术培训、推广和应用 33 万元，有关设备购置和产业化经营 84 万元。

表 3-7-2-1 青田县毛竹主导产业示范区总投资表　单位：万元

投资项目	投资规模	单位投资成本	投资金额
一、基础设施			866
（一）生产性道路			755
1. 主干道	25 公里	10 万元 / 公里	250
2. 辅助道	20 公里	2 万元 / 公里	40
3. 主干道硬化	31 公里	15 万元 / 公里	465
（二）水利灌溉设施			111
1. 蓄水池	22 个 660 立方米	3 万元 / 个	66
2. 喷滴灌	250 套	0.02 万元 / 套	5
3. 输水管道	20 公里	2 万元 / 公里	40
二、规模化和标准化生产			245
1. 改造提升	3000 亩		240
A. 深挖垦复	3000 亩	0.04 万元 / 亩	120
B. 测土配方施肥	3000 亩	0.04 万元 / 亩	120
2. 五统一经营管理			5
三、先进技术推广和应用			33
1. 技术推广项次	4 项	2 万元 / 项	8
2. 技术培训和宣传	2000 人次	100 元 / 人次	20
3. 联系科技示范户	50 户	1000 元 / 户	5
四、有关设备购置			14
太阳能灭虫灯	20 台	0.7 万元 / 台	14
五、产业化经营			70
1. 加工用房	1200 平方米	400 元 / 平方米	48
2. 储藏冷库	80 平方米	1500 元 / 平方米	12
3. 产品品牌建设			4
4. 完善专业合作组织	3 个		6
总投资			1228

毛竹示范区内精品园总投资 583 万元，其中基础设施投资 247 万元，规模化和标准化生产投资 242 万元；先进实用技术培训、推广和应用 10 万元，有关设备购置和产业化经营 84 万元。

本项目总投入 1228 万元，其中省及以上财政补助资金 680 万元，地方财政整合 92 万元，项目单位与基地农户自筹 456 万元。详见下表。

表 3-7-2-2 青田县毛竹示范区建设资金筹措与资金来源表　单位：万元

投资项目	投资规模	投资金额	资金来源		
			省补	地方	自筹
一、基础设施		866	477	87	302
（一）生产性道路		755	393	87	275
1. 主干道	25 公里	250	125	25	100
2. 辅助道	20 公里	40	20		20
3. 主干道硬化	31 公里	465	248	62	155
（二）水利灌溉设施		111	84		27
1. 蓄水池	22 个 660 米	66	44		22
2. 喷滴灌	250 套	5			5
3. 输水管道	20 公里	40	40		
二、规模化和标准化生产		245	125		120
1. 改造提升	3000 亩	240	120		120
A. 深挖垦复	3000 亩	120	60		60
B. 测土配方施肥	3000 亩	120	60		60
2. 五统一经营管理		5	5		
三、先进技术推广和应用		33	25	5	3
1. 技术推广项次	4 项	8	5		3
2. 技术培训和宣传	2000 人次	20	15	5	
3. 联系科技示范户	50 户	5	5		
四、有关设备购置		14	14		
太阳能灭虫灯	20 台	14	14		
五、产业化经营		70	39		31
1. 加工用房	1200 平方米	48	28		20
2. 储藏冷库	80 平方米	12	6		6
3. 产品品牌建设		4	2		2
4. 完善专业合作组织	3 个	6	3		3
总投资		1228	680	92	456

二、竹产业精品园区建设—东源头竹产业精品园区建设

2010年，青田竹产业精品园区建设获省立项。县有关单位选择高市东源头村和水碓基村集中连片的1500亩竹林，以"青田陈诚故乡毛竹产销专业合作社"为经营主体，开展精品园、核心区建设。精品园区的建设，辐射带动周边乡村竹林应用现代林业生产措施，促进林业增效、林农持续增收，符合青田产业发展导向。

（一）精品园区概况

精品园区以"青田陈诚故乡毛竹产销专业合作社"为经营主体，注册资金120万元，入社农户120户，采用合作社＋基地＋农户方式。2009年，精品园区内建有"现代农业发展项目——毛竹集约经营示范区"核心区500亩，竹林采用设施栽培技术管理，基础设施建有竹林机耕路6公里，蓄水池6个180立方米，输水管道5公里，安装喷滴灌设备60套。示范区土地面积13495亩，其中林业用地面积11482亩，竹林面积5489亩，示范区常年从事毛竹和笋生产销售的人员135人。

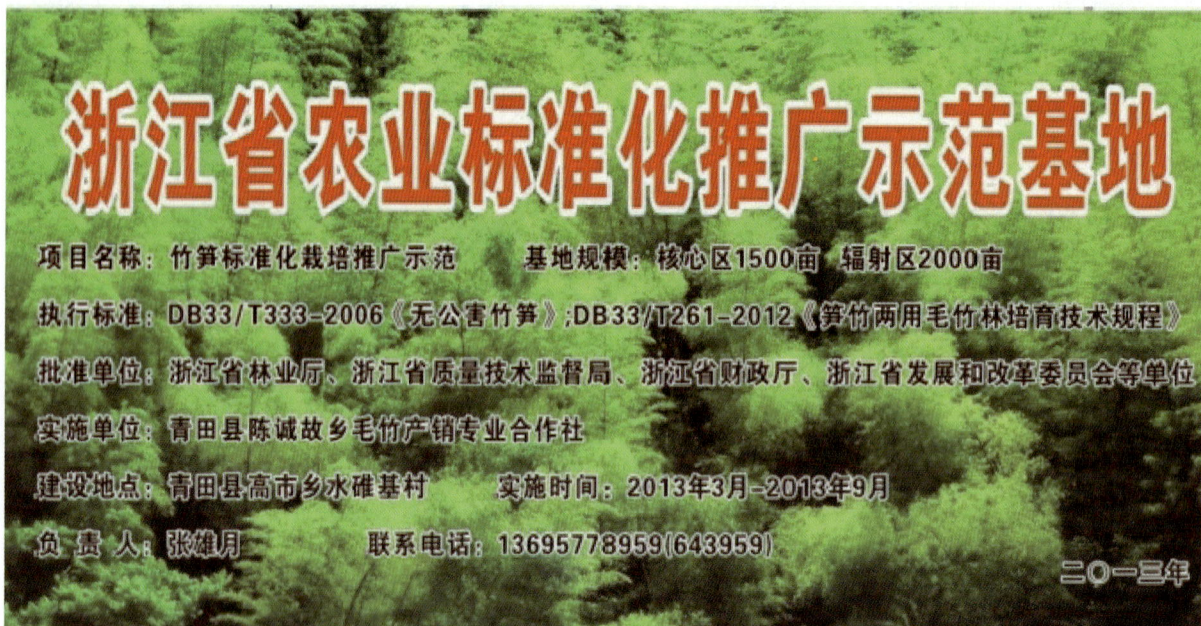

图 3-7-2-3 浙江省农业标准化推广示范基地

精品园区初步建立市、县、乡镇农技人员结对帮扶制度、林业技术首席专家联系制度。浙江省丽水市技术学院、县林业服务中心、县森林病虫害防治站等农技人员定期不定期到精品园区内开展技术讲座与技术推广工作。

（二）建设内容

1.生产性道路建设

建设竹林道15公里，其中主干道路面硬化5公里，新建竹林道5公里，竹林便道5公里。竹林道建设标准：宽度3米以上，主干道设置边沟导流，深、宽各40厘米以上，合理安排涵洞。主干道最大纵坡一般不大于10%，内侧最小弯道半径不小于10米，水泥路面硬化。其他道路碎石路面硬化。竹林便道建设标准：宽度不小于1米，根据生产需要，合理设置竹材采集运输

保护装置。

2.水利灌溉设施建设

新建蓄水池 5 个共 150 立方米，铺设输水管道 5 公里，喷滴灌设备 50 套。

每个蓄水池（塘）30 立方米以上，砖混结构；引水管道、规格为 0.4～1 吋水管，接出水管规格为 0.4 吋水管，喷灌龙头出水覆盖半径 6 米以上。

（三）规模化和标准化生产

精品园实施深挖垦抚 1500 亩，测土施肥 1500 亩。辐射面积 10000 亩。通过低产林改造、提升和高效生态技术的示范推广，提高规模化和组织化程度。精品园按照统一的经营方案、技术标准和密度控制等标准化生产技术组织生产，并做好安全监测、生产档案管理，保证示范区建设达到应有的成效。购置监测设备 1 套，杀虫灯 10 只。

（四）先进实用技术推广和应用

建立三级技术推广制度。建立首席专家——责任林技员——科技示范户的三级技术推广制度，加快高效生态生产经营技术的推广应用。

加强农户科技培训。每年进行 150 人次的科技培训，提高农民劳动技能。

建立科技示范户联系制度。基地内建立 5 个示范户，每个示范户联系 10 户农户，以强化示范带动。

（五）产业化经营

1.投资 120 万元在高市乡水礁基村建立标准化竹笋生产厂房 1 个，面积 1500 平方米。

2.投资 30 万元修建冷藏仓库 100 立方米，新增加工机械设备，配备产品质量检验室及检测仪器设备。

3.加强产品品牌建设。建立企业产品生产技术标准和安全生产制度，提高产品质量和产品包装，增强企业市场竞争能力。

4.结合当地旅游景点和自驾游项目，开发以精品园为主的挖笋体验和农家乐等旅游项目。

（六）投资规模

项目总投资 496 万元，其中基础设施建设投资 196 万元，规模化和标准化生产 125 万元，先进实用技术培训、推广和应用 8 万元，有关设备购置和产业化经营 167 万元。总投资 496 万元中，省补助 250 万元，县财政 20 万元，业主自筹 226 万元。

精品园项目实施期间，推广应用竹林低效改造技术、竹园覆盖、笋竹两用毛竹林定向培育、竹林结构动态调整、测土配方施肥等技术，并通过省级农业标准化基地和森林绿色食品认证，科技集成程度较高。合作社有自主品牌和商标，产品获得森林绿色食品认证，开展订单销售、农超对接，产业化水平较高。据测算，园区亩增效 697 元，年产值达 196 万元，经济、社会、生态等综合效益显著。2014 年 11 月 9 日，省林业厅现代林业园区第二验收组对毛竹精品园进行考核验收。考核验收组在实地查看创建现场和听取申请验收单位创建工作汇报、查阅相关资料的基础上，一致认为，创建点基础设施完善、科技应用程度高、产业化水平较高、综合效益明显，同意通过验收。

表 3-7-2-3 东源头毛竹精品园基本情况表

序号	项目名称	单位	数量	备注
一	精品园面积	亩	1500	
二	示范区农民人口数	个	603	
	示范区农户数	户	169	
三	示范区农民人均年收入	元	5754	
四	总产值	万元	526	
1	竹产业产值	万元	306	
2	其他农业、养殖业产值	万元	191	
五	加工企业	家		
1	其中：县级以上龙头企业	家	0	
六	农业专业合作社	家	1	
七	专业大户	家	5	
八	农业技术推广等服务组织	家	1	
九	县级以上品牌	个		

三、竹产业发展工程

2013 年，针对青田竹林生产经营水平普遍较低，经营管理粗放，竹木混交，大部分竹林都处于荒芜半荒芜状态，没有形成规模化、集约化经营。经县政府批准，实施竹产业发展工程。

（一）项目建设范围、内容

1. 项目实施地点：北山镇、高市乡、章村乡、祯旺乡、章旦乡、汤垟乡。

2. 建设内容：

（1）竹林抚育垦复：抚育垦复竹林 7500 亩。建设标准：劈山除杂，劈山除杂即将竹林的杂草、灌木砍去，挖掉树蔸，腐烂竹篼。

（2）技术推广：开展技术示范，建立竹林覆盖技术示范点 5 个；开展技术培训，举办培训班 2 期，培训林农 300 人次。

（二）项目建设目标

通过建立示范基地，运用现代先进科学技术，实施分类经营，集约经营和标准化生产，进一步完善竹林基础设施建设，提高组织化程度和实施产业化开发，形成一个集精品生产、示范带动、宣传展示、观光休闲，以及一、二、三产互动的竹子集约化生产的现代示范区。进一步促进竹产业集聚，提升竹产业发展水平。

（三）投资规模

项目建设总投资 310 万元，财政补助资金 150 万元，项目建设区自筹 160 万元。

表 3-7-2-4 2013 年青田县竹产业发展工程任务表

建设项目	任务量	投资预算	补助标准	财政资金补助
竹林抚育垦复	7500 亩	300 万元	200 元 / 亩	150 万元
技术推广	技术示范点 5 个，培训班 2 期	10	示范点 5 万元，培训 5 万元	由林业局安排
合　计		310 万元		150 万元

表 3-7-2-5 2013 年笋竹两用林基地建设计划表

乡　镇	规划面积	劈山	铲山	竹林道	实施单位
章村乡	2800	2600	200	5.2	黄肚村、平塔村、竹章村、王金村
汤垟乡	1000	1000		2	西天村
章旦乡	500		500		兰头村
祯旺乡	1400	1100	300	2.2	吴畲村、陈须村
高市乡	1000	1000		2	青田县陈诚故乡毛竹产销专业合作社
祯埠乡	500	350	150		兆庄村
大洋山林场	300		300		
合　计	7500	6050	1450	11.4	

表 3-7-2-6 2013 章村乡毛竹抚育情况表

序号	村名	土名	小班号	面积（亩）	备注
1	黄肚	上　坑	14.15.16.17.18.35.47.48.51.53.54.55.56.61	2008	
2	竹章	先菜坑	1.3.5.12.15.23.25.29.30	982	连片
3	王金	阳斜屋	4~11.17~20.22~25	1365	
4	旺山	西北岭	33~39.43.44	1183	
5	黄里	树林头	15.16	125	连片
6	黄寮	上坑岭	林口 21~26	810	
7	黄肚	铁炉源	63.65.66.68，下田 13.14.10.8.9.20.23	1455	连片
8	平塔	平塔屋后	9.10.11.12.13.14.15.16	370	连片
合计				8298	
章旦乡	兰头村		3、4、-16	500	

表 3-7-2-7 青田 1972—1985 年基地造林分树种面积　　　　单位：亩

项目	面积	时间（年）													
		1972	1973	1974	1975	1976	1977	1978	1979	1980	1981	1982	1983	1984	1985
合计	155446	7364	2633	2903	5779	3055	2173	19022	18675	30474	11869	13588	13719	11624	12568
杉木	47953	3171	1530	2202	4123	2317	1978	3794	7455	10820	640	957	1323	2687	4956
柳杉	1464													463	1001
水杉	50														50
松木	2187									334				522	1331
泡桐	4531													662	3869
油茶	39741	2766	441	151	399	105	150	12829	10139	11840	264	117	46	425	69
乌桕	310									112	198				
油桐	45430								327	2794	10417	12214	11825	6569	1284
毛竹	13780	1427	662	550	1257	633	45	2399	754	4574	350	300	525	296	8

摘自《丽水地区历年林业统计资料》（1950～1985 年）

表 3-7-2-8 青田县历年毛竹造林面积

年份	面积（亩）	年份	面积（亩）	年份	面积（亩）
1955～1985 年总计	35701	1963	2700	"五五"时期	
"一五"时期		1964	1000	1976	1360
1955	500	1965		1977	45
1956	371	"三五"时期		1978	2399
1957	600	1966	无"三五"时期数据	1979	1304
"二五"时期		1967		1980	4624
1958	500	"四五"时期		"六五"时期	
1959	500	1971	3757	1981	1274
1960	665	1972	3616	1982	295
1961	700	1973	2916	1983	1601
1962	600	1974	1217	1984	2062
调整时期		1975	1069	1985	26

摘自《丽水地区历年林业统计资料》（1950—1985 年）

表 3-7-2-9 2014年青田县毛竹抚育情况表 单位：亩

乡镇	村	上报面积	计划安排面积	林道	乡镇	村	上报面积	计划安排面积	林道
章村乡	黄肚村	2008	1200		章旦乡	兰头村	500	500	
	竹章村	982	950	1	祯旺乡	吴畲村	1520	1400	2
	王金村	1365				陈须村	1240		
	旺山村	1183				谷铺村	520		
	黄里村	125			高市乡	东源头村	1606	1000	
	黄寮村	810				水碓基村	509		
	黄肚村	1455			祯埠乡	兆庄村	2087	500	
	平塔	370	400			大洋山林场		300	
汤垟乡	西天村	3000	1000	1		八面湖林场		200	
	小佐村	700				峰山林场		50	
	西天坑村	500			合计			20480	

表 3-7-2-10 青田县竹林统计表（2013年森林资源动态调查） 单位：亩、百株

统计单位	面积	株数	毛竹林		杂竹	散生毛竹
			面积	株数	面积	株数
合计	131551	260250	130339	259207	1212	1043
章村乡	18348	35215	18344	35197	4	18
腊口镇	1616	2341	1284	2341	332	0
舒桥乡	3285	6218	3240	6218	45	0
祯旺乡	11637	21170	11637	21170	0	0
祯埠乡	7974	14845	7865	14845	109	0
海溪乡	681	1123	681	1095	0	28
海口镇	5047	8249	4962	8249	85	0
高市乡	7200	14623	7200	14614	0	9
船寮镇	6359	11503	6346	11490	13	13
高湖镇	3795	5977	3795	5945	0	32
黄垟乡	5514	10634	5514	10634	0	0
季宅乡	2110	3248	2088	3245	22	3
万山乡	2651	5513	2589	5513	62	0
东源镇	2596	5008	2516	5008	80	0

续表 3-7-2-10

统计单位	面积	株数	毛竹林		杂竹	散生毛竹
			面积	株数	面积	株数
万阜乡	1373	2638	1373	2638	0	0
岭根乡	2730	2385	2682	2312	48	73
北山镇	15336	43083	15336	43077	0	6
巨浦乡	3617	4736	3617	4635	0	101
阜山乡	7056	17637	7056	17286	0	351
仁宫乡	3347	3738	3089	3684	258	54
章旦乡	2497	5988	2462	5736	35	252
鹤城镇	3215	6248	3141	6183	74	65
石溪乡	369	542	369	526	0	16
汤垟乡	3955	7860	3955	7860	0	0
仁庄乡	1466	2828	1466	2828	0	0
山口镇	1015	1515	1005	1515	10	0
方山乡	985	1863	985	1863	0	0
吴坑乡	1204	2926	1204	2926	0	0
温溪镇	252	381	225	377	27	4
小舟山乡	642	1455	642	1451	0	4
贵岙乡	2403	6088	2403	6086	0	2
石门洞林场	874	1666	874	1666	0	0
金鸡山林场	64	96	64	96	0	0
八面湖林场	296	863	288	855	8	8
大洋山林场	42	43	42	43	0	0
峰山林场	0	4	0	0	0	4

第四编 森林管理

第一章　山林权属

山林权属是指森林、林木、林地的占有、使用、收益、处置等权利的归属。通俗地讲，也就是指林地的所有权、使用权以及森林或林木的所有权和使用权。

青田县境内的山林权属历史沿革，历经长期的山林封建私人所有制、中华人民共和国成立后土地改革的农民所有制、农业集体化时期的集体所有制，以及以 1981 年林业"三定"、1990 年的完善林业生产责任制、2006 年"延长山林承包期"等为基础的集体林权制度改革的历史阶段。

封建社会的土地制度是以私人占有为特征。中国社会在长时期的封建制度的束缚下，绝大部分土地被封建特权阶层、地主豪绅所占有，广大贫民、贫雇农则没有土地或者只有很少量的土地。各阶层山林的占有情况也大体与土地相类似。

中华人民共和国成立后，经过土地改革，彻底消灭了地主阶级的封建土地所有制，实行了农民的土地所有制。土地改革中，青田也与全省、全国一样，依法没收征收地主、富农等的土地和山林后，农户分得了土地和山林。自 1951 年开始，全县开展农业互助合作运动，建立互助组织，开展多种形式的互助。1953 年 10 月开始，创办初级农业生产合作社；至 1957 年，全县实现了高级农业合作化。1958 年 10 月 1 日，全县实现农村人民公社化，完成了农民个体土地所有制向集体所有制的过渡。

1981 年 5 月开始，全县开展了稳定山权林权、划定自留山和确定林业生产责任制的林业"三定"工作，并在"三定"的基础上，核发了山权、林权证书。通过林业"三定"，形成了以家庭承包为基础，统分结合的林业双层经营体制。

1990 年开展了"完善林业生产责任制"工作，解决了一批历史遗留问题，进一步确立了以家庭承包为基础的林业生产责任制。

2006 年，全县完成了以明晰林业产权、落实经营主体、搞活经营体制为主要内容的"延长山林承包期"工作，并换发了全国统一的中华人民共和国林权证。从而实现了"山有其主，主有其权，权有其责，责有其利"。

青田县集体林权制度主体改革，包含了上述三个历史阶段。通过深化改革，完善政策，健全服务，规范管理，逐步形成集体林业的良性发展机制，实现资源增长、农民增收、生态良好、林区和谐的目标，为建立现代林业产权制度奠定了扎实的基础。

截至 2006 年底，全县除北山镇、岭根乡 2 个乡镇，41 个行政村，29.8 万亩林业用地，因涉及滩坑水电站建设，经报浙江省林业厅同意，未开展延包外，其余 8 个镇，20 个乡，3 个街道办事处，395 个行政村，5 个国有林场已全面完成林权主体改革任务。据统计，全县林地总面积 310.6 万亩，已确权发证面积 280.8 万亩。其中国有林场 12.7 万亩，集体林面积 268.1 万亩。集体林面积中责任山 138.7 万亩，自留山 82.1 万亩，统管山 47.3 万亩。自留山、责任山、统管山应发证 94753 户，已发证 94284 户（其中自留山 43127 户，责任山 49287 户，统管山 1870 本），责任山（承包山）、自留山林地应确权户数为 92879 户，已确权户数为 92414 户，林地确权率达

99.5%；应确权家庭承包面积 280.8 万亩，已确权家庭承包面积 220.9 万亩，确权家庭承包率达78.6%（以上数据不包括北山镇、岭根乡）。

2007 年，进行了集体林权制度配套改革：一是成立了专门的服务机构，即青田县林权服务管理中心、青田县森林资源收储中心；二是建立了较为完善的林权流转制度；三是开展了林权抵押贷款服务；四是实行了林木火灾联保；五是建立了全县林权"IC 卡"。这些措施的实施，为构建以农户家庭经营为基础，合作与联合为纽带，社会化服务为支撑的立体式复合型现代林业经营体系，即山林的所有权、承包权、经营权"三权分离"创造了条件。

第一节　封建时期的山林私有制

据《中国农业百科全书》（林业卷）记载：中国自战国到晚清，林木所有制经历了复杂的变化过程。这个时期的林木所有制，可分为国有林、公有林和私有林。国有林即皇家所有，包括未经开发的森林、边境林、陵墓林、河防林、公路林、禁山、皇家园囿及社坛林木等，也包括汉魏以来历代屯田周围的森林。公有林包括城镇村邑的行道树、公共绿地等。自道释二教兴起后，许多寺庙也往往拥有山林，名山之森林多为寺庙所有。私有林可分为两类：一类为王公贵族、达官显宦、巨商富贾及大地主所有，这些林地或为皇帝封赐，或为巧取豪夺，面积较大；另一类为小地主、小官吏及平民百姓所有之小片林以及园囿、庭院、坟茔所植林木。

北魏太和九年（485 年）至唐代天宝末年（755 年）间，曾实行计口分配土地的均田地政策。北魏规定永业田每人二十亩，"种桑五十树、枣五株、榆三根，限三年种毕，不毕夺其不毕之地"。这对扩大私有林起过重要作用。据记载，西周末期，就已出现林地交易，周共王九年（公元前913 年）之《九年卫鼎铭文》，为中国最早的林地卖买契约。

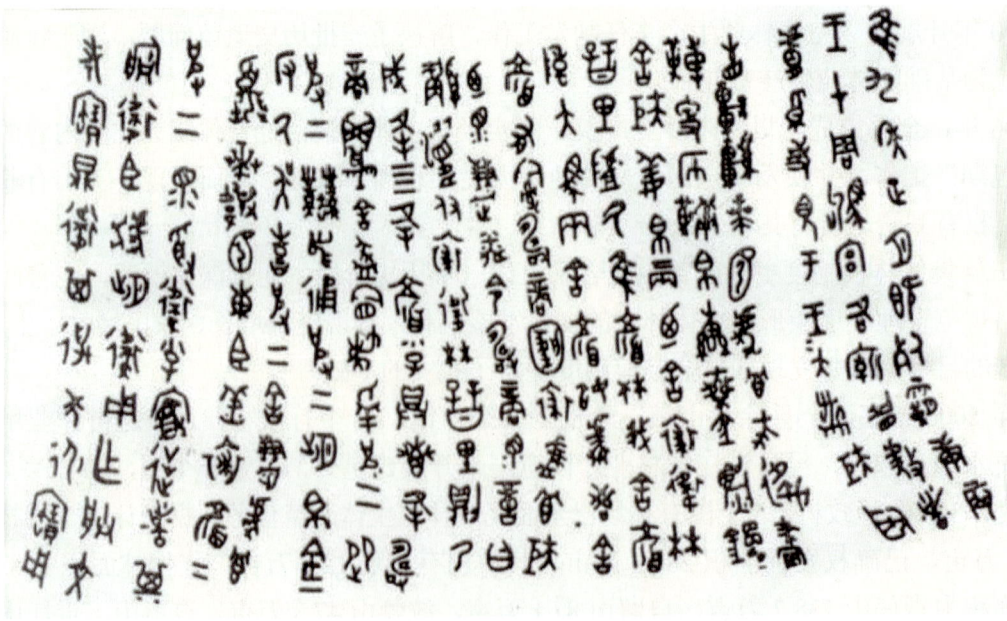

图 4-1-1-1 周共王九年卫鼎铭文

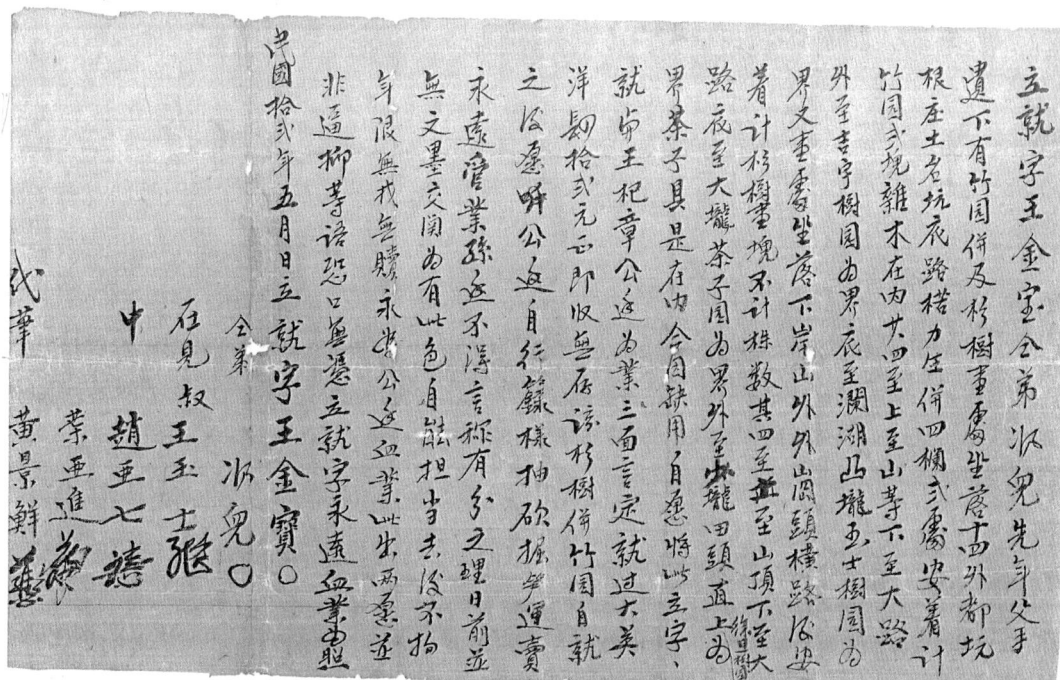

图 4-1-1-2 坑根庄农民王金宝卖山契约

中华人民共和国成立以前，青田农村中大量土地被地主阶级所占有，广大贫雇农则没有或者只有很少的土地。民国时期，随着山林、土地自由买卖，加上连年战乱，民生凋敝，越来越多的贫苦农民破产，逐渐失去土地、山林。

民国 12 年（1923 年），十四外都（今祯埠乡一带）坑根庄农民王金宝，"今因缺用"，"将先前父手遗下有竹园并及杉树"的山林，"计竹园两块，杂木在内"；"计杉树壹块，不计株数"，"自愿将此立字，就与王杞章公为业，三面言定，就过大英洋肆拾贰元正（整）"，"去后不拘年限，无找无赎"，"此出两愿，并无逼抑"……其契约行文，风轻云淡；一买一卖，一个新的贫困家庭出现。

据统计，民国 32 年（1943 年），全县总户数 58945 户，其中佃农 22983 户，占 39%；雇农 3872 户，占 6.5%；半自耕农 19254 户，占 32.7%；自耕农 12836 户，占 21.8%。而自耕农里，约有 3000 户左右为地主，约有 6000 户左右为半地主或富农（借用土改成分划分称谓）。占农村总户数 45.5% 的贫雇农却只占总田亩数的 15% 左右。山林占有情况也大致相类似。通过这个比例，可以看出，青田山区的绝大部分山林被少数地主、富农阶级所占有。

由于山林可以粗放经营，立地条件好的山林，不需要投入很多，便可以获取较大的利益。地主占有的山林中，以林山最多，柴山次之。贫雇农、中农占有茶山、桐山、杂粮山较多。主要是林山、柴山经营较容易，获利较大；而茶山、桐山花费劳力多，农民往往在自己的山地上进行种植。地主占有山林，一般自己买树苗雇人种植，再约定护林人或是包给农民栽培。

青田农村历来有"扦苗还山"的方式。农民租入地主荒山开垦，第一年种植玉米或者番薯，第二年点种桐子，同时扦入杉苗。玉米或番薯种 3 年后，桐林长大，不能再种玉米，单收桐子。

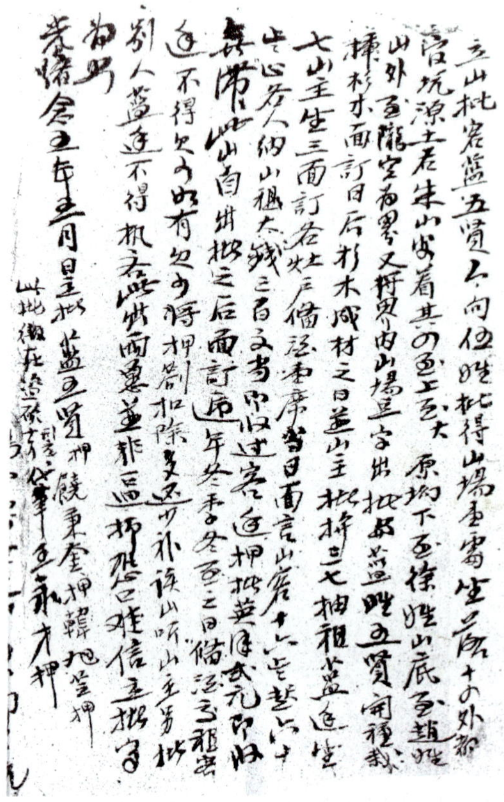

图 4-1-1-3 清光绪"山批"

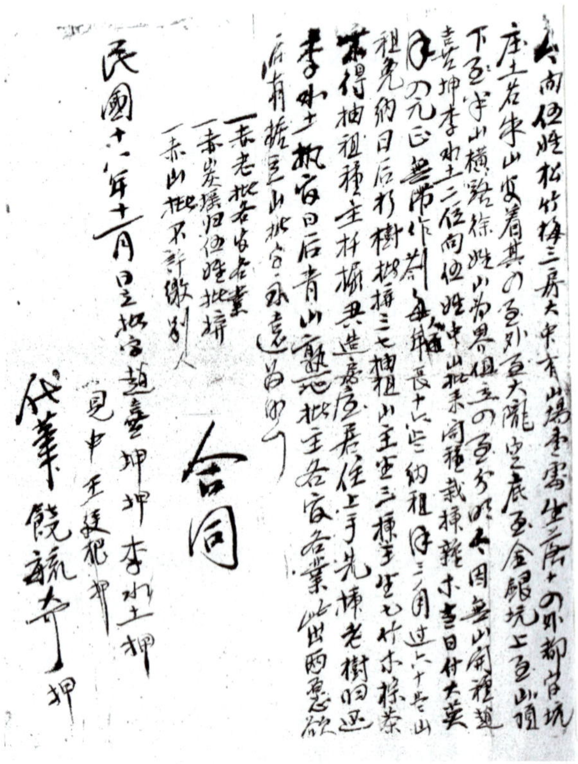

图 4-1-1-4 民国时期租山合同

桐子收 3 年后，杉苗长大，不能再收桐子，即将成林杉木交还地主，租佃关系即告终止。农民种玉米时采取一九或二八或三七分成，地主得一或二或三。收桐子时，情况不一，有不缴租的，有对半分成的；也有的将路途遥远、土层瘠薄的山场，收获的杂粮、桐子全部归佃户所有。还有的规定交死租，一般限定种玉米 3 年，共缴纳若干数量山租，第二年点桐扦杉，杉苗成活率达 9 成以上，林木全部归地主所有或林木采伐时按比例分成，即地主得八九，佃户得一二。

如清光绪二十五年（1899 年），十四外都（今祯埠乡）农民蓝五贤，向伍姓大户宗族批得山场一处，立下"山批"协议：伍姓大户"将界内山场立字，出批与（予）蓝姓五贤开种插杉木，面订日后杉木成材之日，并山主、批客三七抽租，蓝客坐七，山主坐三"；此外，还有条件："面订（时）各灶户（一人），备酒席壹桌，当日面言山客：（伍姓）十六岁起，六十岁止，各人纳山租大钱三百文，当即收过"；并且，批客方还要付"批押英洋贰元，即收无滞"；以后，每年"冬季冬至之日，备酒交租，不得欠少"。否则，扣除押金，"听山主另批别人"。

又如：民国 18 年（1929 年），官坑庄人赵喜坤、李水土二人，与伍姓松、竹、梅三房签订租山合同，"今因无山开种，赵喜坤、李水土二位向伍姓众山批来开种栽插杂木，当日付大英洋四元正（整）无滞"；以后赵、李二人向伍姓十六岁以上六十岁以下"每人每年纳租洋三角"；"日后杉树批砍，三七抽租，山主坐三，插主坐七，竹木棕茶不得抽租"。

从两份租契里，可以看出不少旧时农村社会的面貌。

第二节 土地改革后的山林农民所有制

中华人民共和国成立以后，1950 年 6 月，中央人民政府颁布《土地改革法》。同月，省政府颁布《浙江省整理土地暂行办法》。青田县委于 8 月开始，发动农民按照原有的土地登记材料，进行核对和丈量，为土地改革提供正确的土地数据。10 月 17 日，县委抽调干部 44 人，11 月 11 日又增调干部 38 人，组成两支土地改革试点工作队，分别进驻方山乡和温溪镇进行土地改革。

一、土地改革过程

土地改革，主要工作包括调查研究、训练干部、典型试验、整理土地资料、制定政策，全面推开等。1950 年 9 月底，基本完成划乡建乡工作，全县共建立 72 个乡人民政府，建立了 432 个行政村，并且建立健全了各村农会组织，培训土地改革干部 2000 余人。首先在方山乡、温溪镇，进行土地改革典型试验。县委根据《中华人民共和国土地改革法》和《浙江省土地改革中山林处理办法》等法律、法规，针对青田实际，对土地改革中没收征收和分配土地、房产等问题做了补充规定。其中对于山林的规定是：

（一）山林的没收、征收范围

1. 地主的山林；

2. 祠堂、庙宇、寺院、教堂、学校和团体的山林及各种族山、众山；

3. 工商业家的山林；

4. 按土地改革法第五条规定小土地出租者应当被征收的山林；

5. 富农出租给农民的山林；

6. 大森林、大荒山、风景区山林、矿山，及其他必须归国家经营的山林。

除此之外的山林，不属于没收征收的范围。规定强调，要保护雇农、贫农、中农的山林，不得侵犯。保护雇、贫、中农共有的山林，凡为近亲的、小块的，自己经营的，一律不动。

（二）山林的分配原则

1. 没收和征收的山林，按土地改革法第 16 条规定的原则，分配时以原经营山林的乡、村、户为基础，依照山田多少比例，做乡与乡之间、村与村之间及农民与农民之间的适当抽补和调剂。

2. 种植粮食及特种作物的山地，凡比较固定不是轮番耕作者，可在原耕基础上以户为单位分配给农民所有。

3. 轮番耕作的山林，可分配给原经营的户、几户或自愿结合的组所有，分配时应照顾其轮番耕作的生产习惯，使其能长期经常进行轮番生产。必要时政府可根据分地分山后农民的实际需要，酌情保持一定数量的山林为国家所有，使原来进行集体轮番耕作的农民有可能在私有山地不足以进行轮番耕作时进行生产。其耕作所得的苞谷、桐子等，依原有习惯归农户所有，插苗还山时，其苗木亦依原来习惯归人民政府所有。

4. 没收和征收的山林（包括用以长期植林育林的林山及轮番耕作后所造的林山未分配给原经营农民所有者），在面积 500 亩以上的收归为国家所有，经省人民政府批准后执行。

5. 原为农民公用的柴草山，依照原有习惯分给原使用的乡或村管理经营与使用，必要时可在乡、村与村间做适当调剂。

6. 没收征收的山林原属于农民经营的长年作物，应承认农民的所有权，在分配时应先将该山林分给原经营的农民所有，若有抽动，应根据当地习惯给予原经营者以适当的补偿，或以被抽山林的长年作物价值大体相等的山林补给，或由分得者给此种作物以代价，但插苗还山者、山抽动后山上的长年作物即不予补偿。

7. 凡收归国有的山林，归县以上人民政府管理，其中管理不便者，可委托区、乡人民政府管理经营。较大的森林和风景区山林，应由当地人民政府和林业专管机关负责管理保护，砍伐林木使用时，须经特定机关批准。凡分配给乡与村管理的山林，其林地权归乡与村民公有，不得转移买卖，砍伐林木时须经乡与村的山林管理组织批准。分配给组以下的山林，农民有所有权及转移买卖之权。

8. 地主购买农民的"青山"，其山上森林由农民无条件收回。富农和工商业家在解放前购买地主的"青山"，在使其保本的原则下，保留给其折合一定数量的林木，其余一律随山分配给农民。

9. 管山人应与一般农民同样分得 1 份山林与土地。但不得以其原来管山范围作为原经营范围。

（三）分配方法

先将归国家所有的大块山留出，再依照各乡原经营山林的范围做乡与乡之间的调剂，再根据自报公议、民主协商的原则，由乡分配至村、组、户，并看山定界，确定地权。山林的分配，既要照顾农民经营的便利，分给靠近本乡本村的山林；又必须注意近山各乡农民对山林的需要及在较远地区内可以经营等特点，由有关各乡农民协商处理。大山深处运输不便、林木无销路的地区，应注意田地的调剂。

（四）山林折合田亩的计算方法

山林折算根据土质好坏、苗木大小、离村远近、运输方便、产品价格等不同情况，以每年平均收益折合标准计算。某些相互差别山林，则必须具体评定。

（五）山林占有者的阶级成分

占有山林者阶级成分的划分，应将田与山统一计算。

参照执行华东局批转《福建省土地改革中山林处理办法》，对有些问题进一步做了具体规定：一是在征收祠堂、庙宇、寺院、教堂、学校和团体的山林及各种族山、众山时，对祠堂、庙宇、寺院、教堂、学校和团体等建筑物相连的小块林地与小块园地，不予征收。二是原由私人投资经营的带有技术性的大片茶山、桐山等，由原经营者继续经营，不得分散。但土地所有权属应予没收和征收的，须经省人民政府批准，得收归国有。三是没收和征收山林时，坟墓及小块坟场与其上的树木一律不动。坟墓旁大块林地则收归国有或村民公有。原有的义冢山不动。四是原为林山，因砍伐后未继续经营而抛荒的荒山，其属于应没收征收范围或无主者，可分配给户或自愿结合的组所有或村民公有，并进行合理经营。其应收归国有由国家经营者，由省人民政府或专署决定。五是没收和征收的山林，属于防风、防沙、防洪、护路、护堤、护村、示航、有关国防等性质者，以及风景区之山林，皆不得分给私人所有。其规模较大者，经县以上人民政府决定，收归国有，由当地人民政府和林业专管机关切实负责管理保护。规模较小者，由县政府决定，归乡或村民所有，由乡人民政府管理保护。以上森林未经林业专管机关批准，不得砍伐。六是华侨的山林，依据土地改革中对华侨土地财产处理办法所规定的原则处理。

1950 年年底，方山乡土改试点工作结束；1951 年 1 月，温溪镇土改试点工作结束。两个工作队在试点工作中，总结了不少经验和方法，取得了大量第一手资料。

在做了两个乡镇试点土改的基础上，1951 年 2 月，县委决定采取放手发动群众，大胆开展运动的方针，在全县范围内有领导、有步骤、有秩序、分期分批地开展土地改革运动。在县委的领导下，经过培训的 2000 多名土改工作队员，分赴各乡镇，全面开展土地改革，在工作中，执行"依靠贫雇农，团结中农，中立富农，有步骤、有分别地消灭封建剥削制度，发展农业生产"的总路线。至 1951 年年底，全县有 37 个乡完成了土地改革任务。

1952 年 1 月 6 日，县委又调集干部 384 人，中小学教师 24 人，连同省委工作团 93 人，共 501 人，组成土改检查工作队和土改工作队。检查工作队前往 37 个已完成土改的乡（镇）进行全面检查；土改工作队前往未完成的 35 个乡（镇）开展工作。按照试点工作的经验，土改一般分宣传发动、划分阶级、没收征收、分配土地财产和检查总结 5 个步骤进行。至 4 月 21 日，全县土改、土改检查工作全部结束。

通过土地改革运动，在政治上，摧毁了封建势力在农村的长期统治，农民翻身做了主人；在经济上，消灭了地主阶级的封建土地所有制，实现了农民的土地所有制；在文化上，摧毁了封建地主阶级对文化的垄断，贫苦农民读夜校、识字的

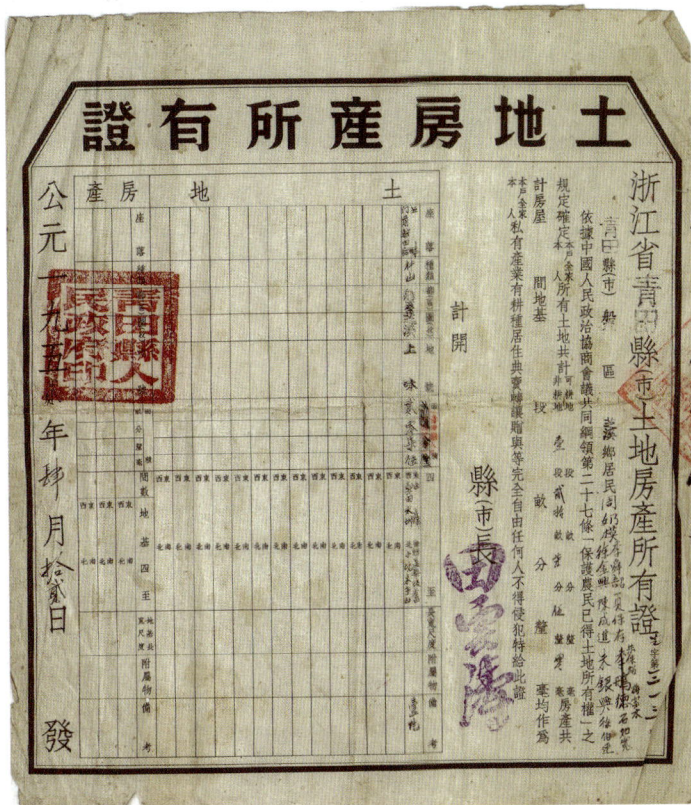

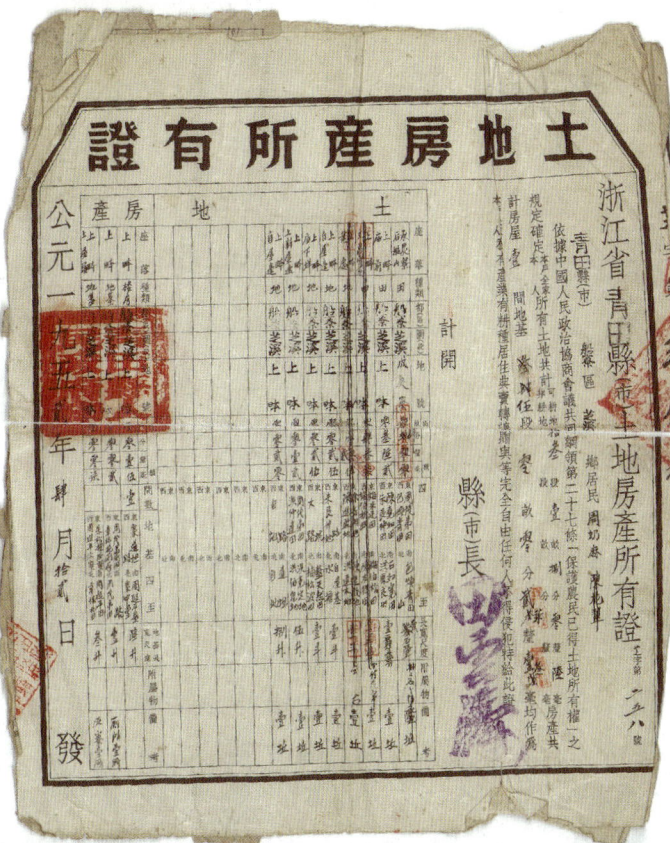

图 4-1-2-1 1952 年"土改"颁发的土地山林证

热情高涨。在土地改革中，全县共没收征收地主、富农等的土地 54467.4 亩，没收地主多余的房屋 6321.5 间，耕牛 1226 头，农具 78978 件。全县 16 万农民分得了土地、山林和其他生产资料。

随后，在确定土地权属的基础上，对农村的所有土地房产登记造册，编制了《青田县土地房产清册》，并统一颁发了《青田县土地房产所有证》。这些册、证的副本，作为重要的地籍档案，比较完整地保存在县档案馆，成为青田地籍档案的基本资料。

通过土改，实现了农民的土地所有制，解放了农村生产力。广大山区劳动人民分得土地、山林以后，农业生产和护林造林的积极性空前高涨。

表 4-1-2-1 土地改革前后各阶层土地占有情况

	户数	人口	土改前占地（亩）		土改后占地（亩）	
			面积	人均	面积	人均
合计	62800	233500	182788		205106.8	
地主	2660	12131	26587	3.02	8212	0.67
半地主式富农	239	1284	2461	1.91	1123.8	0.87
富农	588	4435	5877	1.32	3061.2	0.69
中农	17691	69739	61645	0.88	72017	1.03
贫农	36612	127939	49879	0.39	101859	0.80
雇农	1676	2859	482.2	0.17	2795	0.98
小土地出租者	2238	7786	11120	1.42	8609.5	1.11
大佃农	1	14			10.9	0.78
工商业资本家	241	1219	584.6	0.48	193.4	0.16
其他	854	6094	1498.2	0.25	2331	0.38
公地			22654		4894	

注：因折率不同，土改前后土地面积不一致。

二、互助合作时期的山林政策

（一）农业互助组

土改后，县委、县政府引导农民走合作化道路，按照"自愿互利"原则，开展多种形式的互助合作。

由于林业生产具有季节性强的特点，农民历史上就有许多互助的形式，青田山区历史上有合伙开山的开山班，有亲朋友邻间的调工、换工等。1950 年春耕前，省政府号召"组织起来，生产自救"，在一些地方出现了一批副业生产的劳动互助组。土地改革后，农村阶级关系和土地占有情况发生了根本性的变化，约占农村人口半数以上的贫农、雇农，比较普遍的缺少耕牛、农具和资金，而劳动力则有多余。相对而言，中农尤其是佃中农一般占有较多的土地、耕牛、农具和资金，但劳动力显得不足。土改后的农民，仍然是分散、孤立、小私有的个体经济，一家一户生产，经济力量脆弱，生活提高缓慢，遇到天灾人祸，便要变卖土地、山林，出卖劳力，甚至卖儿卖女，重新陷入困境。广大农民有组织起来，发展生产的强烈要求。1951 年 4 月，全县各级领导干部深入基层，帮助一批劳动模范和积极分子带头组织互助组，树立典型，推动当地劳动互助。9月，中共中央发布《关于农业互助合作的决议（草案）》。全县各地贯彻中央决议精神，按照自愿互利原则，有领导、有步骤地开展农业互助合作运动，使互助组得到较快的发展。

1950年底，方山乡裘山村裘连朝创办第一个农业生产伴工组。1951年4月，阜山乡叶处村归国华侨张苏创办第一个常年互助组，共有7户33人，22亩耕地和100多亩山林。次年10月27日，全县有互助组1961个，其中常年互助组392个，2078户，8355人；临时、季节性互助组1569个，8315户，30865人。1953年8月，常年互助组发展到1349个，参加农户12144户，占总农户的18.6%；临时互助组91个，516户，占总农户的0.8%。

（二）初级农业生产合作社

1952年5月，省委发出《关于试办农业生产合作社的指示》，要求有计划、有领导地普遍发展临时性季节性的互助组，有基础的地区推广、提高、巩固常年互助组为重点。同时，由各级党委亲自领导，采取自上而下，有计划、有步骤地逐级试办一批农业生产合作社。

1953年10月，县委决定试办初级农业生产合作社（简称初级社）。以张苏互助组为基础创办阜山初级社；以詹通巢互助组为基础，创办石溪红星初级社。接着，油竹乡雅岙村金成光、万山乡万山村潘光波、乌泥塘村罗恒明等互助组转办初级社。随着农业互助合作运动的发展，林业互助合作也逐渐开展起来，由最初阶段的变工互助逐步过渡为合作社。

初级社，每户土地、林地、林木评定等级，入社统一经管，确定土地报酬占总产量35%～45%，其余收益按劳动质量实行评分计分，按劳分红；耕牛、农具向社员租用，以后分期折价归社；生产资金由社员垫付，使用年终收益归还。社内设社长、会计（记分员）、现金保管员、粮食保管员，掌管生产、分配工作。经过一年试办，生产全面丰收。石溪红星初级社被评为省农业丰产模范社。

1954年9月，根据中共中央《关于发展农业生产合作社的决议》精神，试办24个初级农业生产合作社，计488户，1941人；最大的社37户，最小的社10户。1955年春，初级社发展到268个，入社农户6329户，占总农户的10.2%。

1955年4月，根据省委"全力巩固、坚决收缩"方针，对初级社进行调整，缩减23个社1547户，存初级社245个，4782户，占总农户的7.7%。

1955年10月，贯彻毛泽东主席《关于农业合作化问题》指示，停止收缩，加强领导。至12月30日，初级社发展到1322个，26403户，占总农户的58.6%。

1953年到1955年为初级合作社时期。青田县在该阶段对林业的具体政策和处理办法是：按照《农业生产合作社示范章程》规定，社员私有的林木按不同情况分别处理：零星树木，归社员所有，自己经营；需要经常投入大量劳动的林木，例如果园、茶山、桑田、桐山、竹山等，交给合作社统一经营，由合作社付给合理的报酬；费工比较少，收益比较多的成材林，例如松木、杉木等，经过原主同意，也可以由合作社统一经营；新栽的幼林交给合作社统一经营，原主应得的报酬可以到有收益的时候再付。如果原主同意，幼林也可以由合作社按照他所费的工本收买，转为全社公有。幼林转为公有以后，林地的报酬问题，合作社按照当地习惯处理。

（三）高级农业生产合作社

1955 年春，毛主席对龙泉县凤鸣乡山林入社调查报告做批示："这是一个普遍性的问题。一切有成片林木的山区，或者非山区，都应该迅速地按照党的政策，处理林木是否马上入社和如何入社的问题。浙江省龙泉县凤鸣乡的做法，可供各地参考。"

省委在 1955 年 10 月转发了省委农村工作部《关于本省山区合作化运动发展情况和今后意见的报告》。青田县根据山区合作化运动的实际情况，对林木折价入社的各项政策问题做了具体规定。

1955 年冬，县委批准石溪、温溪两个初级社试办高级农业生产合作社（简称高级社），12 月上旬，石溪乡红星、下坦、和平 3 个初级社合并，计 518 户，组成石溪高级社；温溪镇 7 个初级社 385 户，合并组建火花高级社。高级社土地、山林都归集体所有，取消土地报酬，实行按劳分配。是年底，相继由初级社转为高级社的还有黄垟乡底项社、浮弋乡大坑李进兴社、阜西乡叶处张苏社、万山乡万山潘光波社，共 6 个高级社，计 1122 户。

1956 年春，全县开展整社工作。至 6 月底，高级社发展到 311 个，49268 户，占总农户的 79.25%。8 月，高级社达到 337 个，51254 户，占总农户的 82.5%；初级社 161 个，5596 户，占总农户的 9%。入社土地 22.24 万亩，占总耕地面积的 89%。入社山林 200 万亩，占山林总面积的 75%。

由于发展过快，处理政策过粗，耕牛、农具、山林等折价偏低，且款不兑现，挫伤了农民生产积极性，致使大部分社减产，部分地方出现乱砍滥伐现象。全县减产较多的高级社有 306 个，占 90%。社员思想波动，先后散掉 109 个社，4411 户；在 266 个社中（含初级社）退出 10097 户；共散、退 14508 户，占原有社员数的 25.5%。

1957 年 6 月，根据中共中央《关于整顿农业生产合作社的指示》，开展社会主义教育运动，制止退社、分社，已退社的重新入社。9 月底初级社全部转为高级社，至 12 月底，全县有高级社 617 个，入社农户 63462 户，占总农户的 98%。

1958 年上半年，继续整社，高级社扩并为 582 个，全部农户都参加高级农业生产合作社。

高级合作社阶段，青田县对社员私有林的处理原则是：少量的零星树木，仍属社员私有；幼林和苗木，由合作社偿付原主一定的工本费，转为合作社集体所有；大量的成片的果树、茶树、桑树、竹林、桐树、漆树和其他经济林，根据今后收益的大小、经营的难易、原主所花工本和所得收益的多少，作价归合作社集体所有，价款从林木的收益中分期付还。在合作社初建的时候，对这种经济林，也可以暂时仍属社员私有，由合作社统一经营，从这些林木收益中付给原主一定比例的报酬；大量的成片的用材林，根据当时评估的材积等作价，转为合作社集体所有，价款在林木的收益中分期付还。在合作社初期，对于这种用材林，也可以暂时仍属社员私有，由合作社统一经营，从这种林木收益中付给原主一定比例的报酬。

通过林木的折价入社，山林从个体农民所有制转为农民集体所有制。但是，在这个阶段，一些偏远的山区，以及领导力量薄弱的地方，仍然有不少的山林没有处理林木的作价入社。到了 1958 年 8 月以后，农村进入人民公社化，这些没有办理林木折价入社的山林，全部作为自动入社，统统无偿归公。

第三节 人民公社的山林集体所有制

1958 年 8 月，根据中共中央《关于农村建立人民公社问题的决议》，青田县兴起大办人民公社运动。首先以石溪乡为基点，联合湖边乡和陈山乡部分地方，于 8 月 29 日成立第一个人民公社。9 月 26 日，由原来 7 个区 56 个乡镇 582 个合作社合并成立青田县人民公社联合社，取消区乡建制，实行"政社合一"。下设章村、船寮、万山、北山、城区、水南、温溪、城镇等 8 个分社（即后来的 7 个区 1 个镇），55 个大队（即原来的乡），582 个生产队（即高级社）。10 月 1 日，全县实现人民公社化。

人民公社建立后，实行"工、农、兵、学、商五位一体"，生产资料和社员自留地、山林、果园一律归公社所有。强调"组织军事化""行动战斗化"（集中生产，"大兵团作战"）、"生活食堂化"（大办食堂 1684 处，用膳 24.04 万人，占总人口 97%）。分配上采取基本工资加奖励，出现"一平二调"（把公社生产队穷富拉平；劳力、财物统一无偿调拨）的"共产风"，挫伤了群众的生产积极性。

1958 年 11 月 9 日，取消县人民公社联合社，全县设 8 个人民公社（即原分社），64 个管理区，494 个大队，2468 个生产队。并于当年掀起治山治水运动，在半年内，抽调劳动力投工 552 万工，兴修水利工程 2181 处，受益农田 10859 亩；同时在边远山区如梅花山、烂泥湖（今石门洞林场烂泥湖林区）等地，采取大兵团作战的形式，大面积开垦造林 10000 多亩。

1960 年 8 月，县委贯彻中央指示，召开党员干部大会，纠正"一平二调"的"共产风"。

1961 年 1 月，进行分级算账、退赔，全县共退赔 226.2 万元。10 月，全县 8 个公社改为 7 个区和 1 个直属镇，原 64 个管理区改划为 54 个公社，608 个生产大队，4399 个生产队。并贯彻中共中央《关于改变农村人民公社基本核算单位问题的指示》，正式确定三级所在制（公社、大队、生产队），以队为基础，把人民公社的核算单位下放给生产队。生产队实行"三包"（包工、包产、包成本）、"四固定"（定劳力、定土地、定耕牛、定农具），允许社员经营少量自留地，鼓励扩种，提倡"见缝插针"，大种"十边地"（田边、地边、塘边、路边、村边、屋边、溪边、坑边、灰寮边、茅坑边）。

1958 年开始，青田和全国一样，"大跃进"和人民公社化运动如火如荼，仅几个月的时间，全县就实现了人民公社化。在"左"的思潮影响下，"大炼钢铁""大办食堂"，使森林资源遭受严重破坏。特别是大刮"共产风"，打乱了林业所有制，破坏了林业法制，严重挫伤了人民群众造林护林的积极性。

1959 年 5 月 26 日，省委农工部起草了《关于本省山林所有制问题的处理意见》报送省委，并以省委名义发给各地。《意见》根据党中央郑州会议精神规定：凡是山林所有权未明确规定的，都应当根据高级社时所有制的基础迅速确定下来，原属国家的，仍归国有。原属高级社所有的，仍归相当于原来高级社的基本核算单位所有。小片林木，便于生产队经营的也可以划给生产队所有。原属社员私人所有的房前屋后的零星树木，仍归社员私人所有。风景林、风水林、桥会林、茶亭林，以及祠堂庙宇林木，原属谁所有的，仍归谁所有。目前尚未确定所有权的大片荒山，原则上应归国有，无偿地交给所在地的生产队、管理区或公社固定使用，由他们负责造林，谁造，收益归谁有。公社化前或公社化运动中，社员入社山林的报酬未处理或未付清的，都应当按原来规定办法迅速处理。国有林木，应由国营林场、伐木场经营管理，或委托公社或生产队代为管理。公社化后办的林场、专业队，仍归公社或生产队领导，属于2个以上生产队所有的林场，可以合作经营。造林要贯彻"谁造谁有"的方针，不能无代价归公社所有。对于林木和毛竹的采伐，应当根据国家和公社的统一规划进行，不得任意采伐。6月11日，中共中央《关于社员私养家禽、家畜、自留地等四个问题的指示》第四条规定：屋前屋后的零星树木（包括竹木果树）仍然归社员私有，由社员负责经营管护，其收益也完全归社员自由处理。并且鼓励社员利用屋前屋后和其他废弃土地种竹木、种水果，谁种谁有。

1958年1月，青田县国营石门洞林场成立，征收集体林地及庙宇土地共2.75万亩。

1959年，全县各地纷纷兴办社队林场。1959—1971年，全县创办区、乡、村林场50多个，将大面积荒山、疏林地划归社队林场管理。

1966年，创办国营八面湖林场、大洋山林场、峰山林场；1967年，创办金鸡山林场。五个林场国有山林面积12万多亩。

1960年，中共中央开始纠正农村工作中出现的问题。1961年决定对国民经济实行"调整、巩固、充实、提高"的方针，对林业也做了一系列规定。1961年6月和1962年9月，中共中央相继颁布《关于确定林权、保护山林和发展林业若干政策规定》（试行草案）（简称《林业十八条》）和《农村人民公社工作条例修正草案》（简称《农业六十条》）。规定天然的森林资源和在人民公社化以前划归国有的山林仍为国家所有；高级合作社时期划归合作社、生产队集体所有的山林和社员个人所有的山林仍然归生产大队、生产队集体所有和社员个人所有；高级社时期确定归社员个人所有的零星树木，社员在房前屋后、路旁水旁、自留地上和坟地上种植的树木都归社员个人所有。对人民公社化以后新造的各种林木，坚持国造国有、社造社有、队造队有的"谁造谁有"政策。为了发展林业，解决社员的实际困难，全县共划出25万亩山林，分给社员作为自留山，长期归社员个人经营使用。贯彻落实《林业十八条》后，全县普遍确立了山林集体所有制。

1963年5月，国务院发布《森林保护条例》，规定要保障国家、集体的森林和个人的林木所有权。森林和林木归谁所有，其产品和收入就归谁支配，任何单位和个人不得侵犯。在国民经济调整时期，由于贯彻执行了中共中央和国务院一系列有关林业的决定、指示、条例，"左"倾错误开始得到纠正。

1966年开始的"文化大革命"，无政府主义泛滥，政策法令被肆意践踏，国家和集体山林被大量侵占或乱砍滥伐。社员的自留山和房前屋后的零星树木都被视为"资本主义尾巴"而强行割掉，一律归集体所有。应该付给社员的林木入社折价款多未兑现，乱搞所有制升级，挫伤了农民经营林业的积极性。

1967年9月，中共中央、国务院、中央军委等联合发布《关于加强山林保护管理、制止破坏山林、树木的通知》。但在当时"左"倾错误占统治地位的情况下，林木权属问题根本无法解决，破坏山林的歪风也难以刹住。中共十一届三中全会以后，林业才进入了一个振兴发展的新阶段。

第四节　林业"三定"

1981年3月8日，中共中央、国务院发布了《关于保护森林发展林业若干问题的决定》。根据这个决定，全国开展了稳定山权林权、划定自留山和确定林业生产责任制的林业"三定"

工作。1981 年 7 月 11 日，国务院办公厅转发林业部《关于稳定山权林权落实林业生产责任制情况简报》，就各地在林业"三定"中对有关政策问题的解决办法，归纳起来供各地参照。1981 年 10 月 12 日，省委、省政府发布了《关于稳定山权林权和落实林业生产责任制若干问题的规定》。《规定》指出：确定山权林权，应以现在的权属为基础，尊重经营现状，避免引起混乱。在山林定权发证工作中，必须坚持"五个维护""五个不准"，即：维护现在的权属，不准任意变动；维护国营林场、社队林场的山林，不准毁林拆场；维护社队所有的集体山林，不准分山到户；维护山林资源，不准乱砍滥伐；维护安定团结，不准挑起山林纠纷。通过山林定权发证，把国家、集体和社员个人的山林、树木权属搞清楚，解决好历史遗留问题，保障山权林权长期不变。

青田县林业"三定"工作从 1981 年 9 月开始。根据中央和省政府关于"三定"工作的政策、规定，参照遂昌等兄弟县试点的经验，县政府组织 78 名干部到海溪公社进行了林业"三定"试点工作。在取得试点经验后，从 10 月下旬至次年 1 月中旬，连续组织了三批工作队，共 2647 人次，分赴各社队，深入山区，开展林业"三定"工作。至 1982 年 10 月，林业"三定"工作如期完成。

一、林业"三定"工作过程

（一）全党动手，把林业"三定"列入重要的议事日程。

林业"三定"是一项新课题，在"三定"工作的过程中，县委多次召开县委常委、人大常委主任、县长联席会议，区、社书记和主任会议，分析青田的实际情况；全县木材产量从 1959 年的 14000 立方米，1980 年下降到只有 6700 多立方米；全县林业用地约 300 万亩，占全县总面积的 80%，而产值只占 12%，广阔的山地未尽其力。原因在于：一是左的错误影响，山区不稳，政策不稳，人心不定；二是历史遗留问题多，纠纷多，破坏多；三是林业没有责任制，群众造林护林没有积极性。一致认识到，搞好林业"三定"非常重要、非常必要、非常紧迫。县委把这项工作当作此阶段的中心任务，并进行研究部署，组织由县委、县政府和各部门领导同志组成的林业"三定"领导小组。县委在家的 8 个常委，有 5 个参加了林业"三定"工作：2 个带队蹲点，3 个分工跑面。要求各级党政部门把林业"三定"工作列入重要的议事日程，做到全党动手，振奋精神，集中力量，分期分批，在春节前把全县林业"三定"工作做好。并在机关部门进行思想动员，要求抽调力量协助搞好林业"三定"工作。同时，每期工作队进村前，县委、县政府主要负责同志都进行具体部署，工作开展进行检查指导，帮助解决问题，结束后听取汇报，总结经验，善始善终，抓紧搞好。由于县委下了决心，机关部门有干劲，区社干部有信心，组织工作队人数多，到得齐。

（二）组织一支过硬的工作队伍。

林业"三定"情况复杂，工作艰苦，政策性强，需要一支能打硬仗的队伍。为了组织好这支队伍，县委、县政府抽调大批骨干力量。由县委、县政府办公室负责同志为主组成林业"三定"办公室；由公、检、法部门负责同志为主组成处理山林纠纷办公室；抽调科局长以上干部 45 人，正副区委书记、区长 23 人，正副公社书记、主任 169 人参加工作队。每个公社工作队配备 40 ～ 70 人，其中区长以上干部 3 ～ 5 人，公社主任、书记 6 ～ 7 人。每个大队配 2 ～ 4 名工作队员。重大问题由工作队长和公社党委联席会议研究决定。同时，每个工作队还根据实际情况，制定了加强自身革命化建设制度、工作守则等。工作队员全部自带铺盖下乡，生活艰苦，作风深入，斗志旺盛。在提高认识、统一思想的基础上，建立山林定权发证工作班子。公社建立定权发证委员会（7～9人），大队建立定权发证小组（9～11人）。

群众反映说，这次工作队声势大，作风好，解决问题多，像土改工作队一样。

（三）充分发动群众，教育群众，依靠群众

林业"三定"关系到千家万户社员群众的切身利益，必须发动他们来参加，依靠基层干部自己来解决问题。各个工作队进村后，第一件事就是采取多种形式，运用各种工具，大张旗鼓地宣传中央《关于保护森林发展林业的若干问题的决定》《森林法》、中央领导同志的讲话及省委有关林业工作的各项政策和规定，大力宣传林业"三定"的目的、任务和好处。使广大群众都能受到教育，了解党的政策。一些干部社员原来存在怕乱、怕变、怕统的思想和"拆掉集体分山林"的糊涂认识。通过宣传教育，明确了林业"三定"是帮助他们"清山界、解纠纷、定权属、促林业"的，称赞是兴国利民的良策。巨浦公社石柱大队，山高地僻，到公社要跑六个小时，群众说：二三十年都没有见过"官"。县委党校一位副校长带领三位同志到这个大队，大力宣传党的政策，深受群众的欢迎。许多社员反映说：党中央真英明，真了解农村的事情，农民的心情，我们想的，中央都给我们想到了。许多"老土改"都成了"三定"的老积极，带领工作队的同志翻山越岭，实地踏勘。同时，通过宣传教育，使广大干部社员进一步认识到，"要使青田富，需在山上下功夫"；发展林业，发展多种经营生产，是青田治穷致富的必由之路。

（四）认真执行"三定"政策

林业"三定"政策性很强，搞不好，不仅会助长平均主义，挫伤干部群众的积极性，而且还会造成新的破坏。县委、县政府根据中央和省委有关政策的精神，从本县实际出发，做了一些具体规定，统一步调。一是处理好分山到户的问题。"文化大革命"中，无政府主义抬头，全县共有536个生产队的群众曾经自发分山到户面积14.18万亩。工作组把在"十年动乱"中分到户的和在落实农业责任制时分到户的进行分别处理，对前者，首先指出错误，其次不予承认，已经砍伐的，补付山价；对后者，采取"山权归集体，林权归户里，收入比例分成"。二是处理好一些地方出现的按土地证管山的问题。根据"谁种谁有"的原则，"山权归集体，林权归户里，树木计材积，增长分成按比例"。三是强调经济林、成片林木由集体经营，不能化作社员自留山，以巩固和发展集体经济。四是把划分自留山和计划生育工作结合起来，超生子女、早婚、违反计划生育政策的不分自留山，独生子女的分给两份。并且反复强调，要不折不扣地执行党的政策，做到口径统一，步调一致。

（五）做好"三定"档案整理工作

林业"三定"是保护山林，发展林业，搞好山区建设的百年大计。工作中形成的各种资料，是林业"三定"工作的重要成果，是今后查考山林权属的法律依据。每个公社工作队，都配备熟识业务工作的同志，在进村之前，由办公室进行资料整理业务辅导。对于资料汇总整理工作，县委、县政府做了五点规定：

1.山林纠纷调解后，双方代表要到现场划清四至界限，标桩立界，写好调解书，写清土名、面积、四至，一式四份，双方代表签名盖章；内外插花山要双方到现场认定，填好认定书，写清土名、面积和四至，一式四份，由双方代表签名盖章。

2.山林权属清册、自留山清册和内外插花山清册，要经公社和工作队领导审核后，方可交付填写。

3. 划分自留山要张榜公布，让群众进行校对，要经过校对、收费后再填写发证。全县共发放山林权证和自留山证 75882 张（每张工本费五角），应收工本费 37971 元，已收 37575 元，占 99.3%。

4. 填写证册，一律用钢笔或毛笔，用黑（蓝）墨水，面积数字一律用中文大写，如壹、贰……做到山、册、证相符，字迹清楚端正，如有更改，要加盖校对章或填写人私章。

5. 工作队要发好两证后撤离。撤离之前，要做好各种资料档案的交接工作；上交县里的成册，由县办公室专人核查验收，搞好立卷存档。

二、林业"三定"政策

林业"三定"工作是一项全新的工作，没有现成的具体政策。1981 年 11 月 7 日，青田县委根据中共中央、国务院《进一步加强和完善农业生产责任制的几个问题的通知》和省委、省政府（1981）53 号、64 号文件精神，结合海溪林业"三定"试点经验和青田实际，制定了青委办（1981）96 号《关于做好山林定权发证和完善农业生产责任制工作的意见》，《意见》规定了工作队的任务：做好山林定权发证工作，落实林业生产责任制，搞好年终分配，狠抓计划生育工作，加强基层领导班子建设。对于"三定"政策，摘要如下：

（一）关于山权、林权问题

1. 山权按《宪法》规定，应属国家、集体二级所有；林权按《森林法》有关规定，应属国家、集体（公社、大队、生产队、单位）和个人所有。只要权属清楚，都予以承认，由县级人民政府颁发林权证，保障所有权不变。

2. 山权、林权的确定，应以土改、合作化、人民公社"四固定"时定论为依据。土改要服从合作化，合作化要服从"四固定"；同时要维持解放以来各级党政机关的处理决定和公社、大队、生产队之间的协议，尊重现状。凡是权属清楚、四至明确的，都予以承认，发给林权证。

3. 无证山林要看现状。原落实集体范围的，并已实行正常管理措施，群众公认的，就归属该集体所有，发给山林权证；对一直无落实的山林，权属归国家或集体所有。

4. 一山多主的山林权属问题。一般应归山权方所有，林跟山走，把山权、林权统一起来。但有如下情况，可另作处理：

（1）一山多种林权，可按各种树木所占的比例连同山的面积进行统一规定；

（2）林木数量少，可折价归山方所有；

（3）根据坐落就近、便于管理的原则，可进行协商调换；

（4）通过协商，签订合同，归属一方管理，收益比例分成。

5. 合作化后，由于婚嫁、招赘、迁居等原因，从甲地携带到乙地的山林不予承认，仍归甲地集体所有。

6. 插花山，一般应根据有利生产、便于经营管理、自愿互利互让、等价交换的原则，协商调整，确定山林权，发给林权证。对有些权属清楚、界限分明的插花山，经双方多数群众协商不同意调整的，可维持现状不变。

7. 集体共管山，共同协商，划分地段，分别落实各集体所有。

8. 对山界不清或有争议的山林，应重证据，重现状，互派代表，协商解决。协商无效时，提请司法部门裁决。在纠纷未解决之前，任何一方都不准砍伐有争议的林木，违者依法处理。

9. 山上（包括自留山）所有的矿藏一律归国家所有。

10. 集体山林属大队所有的，可根据各生产队的人口和劳动情况，划出一定数量的山林给生产队所有。

11. 所有风水树、凉亭树、护路树和护坝树的所有制应维持现状不变。坟头（坦）树，应谁种谁有。

12. 人民公社社员在房前屋后和生产队指定的地方种植的树木，归社员个人所有。机关、团体、企事业单位，在当地政府指定的地方种植的林木，归本单位所有。

（二）关于划分自留山问题

1. 划分自留山的目的：是为了贯彻落实"坚持依靠社队集体造林为主，积极发展国营造林，并鼓励社员个人植树"的方针，大力发展林业生产和经济特产，增加收入。

2. 划分自留山的对象：自留山按农业人口，解放军战士和在企事业单位转工未转粮的职工，可分自留山。对已领独生子女证者和单身汉可分两份。国家机关、企事业单位的干部、职工（指已转粮的），不分自留山。对于 1962 年划分过自留山的社队，这次原则上不动，但由于人口变化较大而需要调整的，应按现状的标准计算，多出不收，不足的部分可以增补。对 1979 年 7 月 1 日以后违法计划生育的超生人口不分自留山，对承认错误已自愿结扎的是否分自留山，可由群众讨论商定。

3. 自留山的数量：自留山一般要划近山、好山、荒山和残次林，不划成林、经济林和集体新建的各种林业及经济特产基地。每个公社、大队、生产队划分自留山的数量，应按照山多多分、山少少分、无山不分的原则来确定：人均四亩山以下的每人可分二至四分；人均五至十亩的每人自留山不得超过八分；人均十亩以上的每人自留山不得超过一亩。

4. 划分自留山的政策：自留山应以生产队或自然村为单位，适当集中连片，便于发展林业生产和经济特产，便于社员管理。

划分自留山的人口统计时间，以该大队划分自留山的时间为截止日。

山林面积小，林木覆盖率较好，管理较好，经过基层干部和社员充分讨论同意，也可以不分自留山。

大片成材林（包括毛竹）、经济林、炭薪林和经济特产，一律不准划为自留山，应坚持由集体经营。

自留山所有权归集体，使用权归社员，长期不变。人口增减，不补、不抽、不带。自留山不准转让、赠送、买卖和租典。社员在自留山和自己房前屋后栽植的树木和经济特产，归社员个人所有，允许继承。

自留山划定后，受国家法律保护，任何人不得侵犯。国家和集体因建设需要征用自留山，可由大队或生产队给予调剂。

自留山上原有的疏残林（包括杉、松、毛竹、油茶、茶叶、柑橘等），通过折价，登记造册，队与户签订协议，比例分成。也可以折价归社员，价款在年终分配时结清。

个别大队、生产队的山林未折价归集体的也要划定自留山。多余山林其山权归集体所有，林权归原户所有，由原户经营管理，收益可同集体比例分成。

5. 自留山的用途：自留山应用于植树造林，发展经济特产。允许合理套种作物，但要注意水土保持。自留山划定后，两年内无特殊情况，如不植树造林，不发展经济特产，大队、生产队有权收回自留山归集体。

6. 划分自留山的办法：在统一思想认识、明确划分自留山政策的基础上，以生产队为单位，选定山块，由社员讨论决定具体划分到户的方法，然后组织人员上山划分，打桩定界，标明四至，登记造册，上报公社批准，由县政府发给自留山证。

(三) 关于建立林业生产责任制的问题。

为了保护和发展林业生产，国营林场和公社、大队、生产队都要按照中央《进一步加强和完善农业生产责任制的几个问题的通知》精神，结合林业生产的特点，认真落实林业生产责任制。落实林业生产责任制的具体办法，要从实际出发，走群众路线，因地制宜，允许多种形式。

1. 专业承包、联产计酬。可划片到场、到组、到户、到劳管理，联产计酬。这种责任制，主要是实行"五定（人员、任务、时间、质量、报酬）、奖赔"，责任到人，联产计酬。这种责任制，适应于林业生产有一定基础，管理水平较好，有一定林业收益的社队、林场（林业专业队）。它的好处是，能调动生产者的积极性，避免分配上的平均主义，保持生产的数量和质量。

2. 小段包工、定额管理。这种责任制不搞长期的专业分工，一般不联产，主要实行定额计酬，如育苗的播种、除草、施肥、起苗，造林的整地、栽植和林木抚育的劈山、垦复等，实行单项林活小段包工，定额管理，这是目前采用比较多的形式。它的好处是，多劳多得，劳动效率较高。但要抓好定额的制定和检查验收工作，以避免忽视质量、单纯追求数量的偏向。

3. 分户管理、定额计酬或定额计酬与比例分成相结合。有些社队地处偏僻山区，社员居住分散，对集体山林就近包给社员管理，明确责任，一包多年，签订合同，逐年验收，评工分或收益比例分成。管理好的给以奖励，如有损失应予赔偿。这种责任制适用于集体一时无力经营，偏远的山区和单项的林活，以便于管理。

三、林业"三定"工作成果

(一) 搞清了山林权属

通过林业"三定"，核实全县林业用地共2998500亩，其中：国有149800亩，占4.7%；公社所有32200亩，占1.6%；大队所有1048100亩，占34.7%；生产队所有1768500亩，占59%。全县共有山林纠纷2195起，争议的山林面积174000亩。调解纠纷1899起，占总起数的85%；面积146300亩，占争议山林面积的86%。全县通过核对资料，清理家底，查山

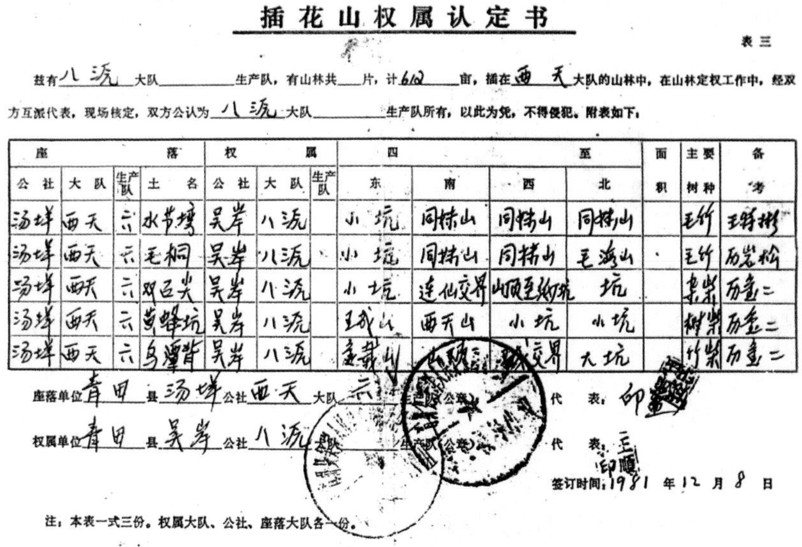

图 4-1-4-1 山林定权时的"插花山"权属认定书

定界，处理了土改、合作化、"四固定"各个历史时期遗留的问题，使绝大多数山林明确了权属界限，稳定了国家、集体山林所有制。

青田县由于民主革命不彻底，"四固定"时工作又较草率，因此，山林权属比较混乱。许多社队因山林纠纷，经常发生殴斗，闹得山荒林光，六亲不认，鸡犬不宁。芝溪公社垟肚大队与船寮公社赤岩大队一起山林纠纷，从清朝同治年间开始打官司，闹了三代，历经百年，这次圆满地解决了，群众称赞说："百年纠纷今朝解，三代祸根一日消。"山口公社山口大队与牛寮坦大队1975年闹山林纠纷，山口大队400多人到牛寮坦捅房子砸锅灶，一个老太婆被打伤致死，山口大队一个社员为此被判了7年刑。工作队调解了这起"出了人命"的山林纠纷后，山口大队还请牛寮坦前来协商的干部吃"团圆面"，握手相庆。群众说：工作队帮我们挖了一条祸根，给子孙后代办了一件大好事。金田公社仁塘湾大队与黄山大队调解了一起争议的山湾后，他们在分界处凿了"团结"两个大字，把山湾取名为"团结湾"，教育子孙后代永远团结。调解了山林纠纷，进一步促进了安定团结，群众反映说，定权定人心，发展林业添干劲。

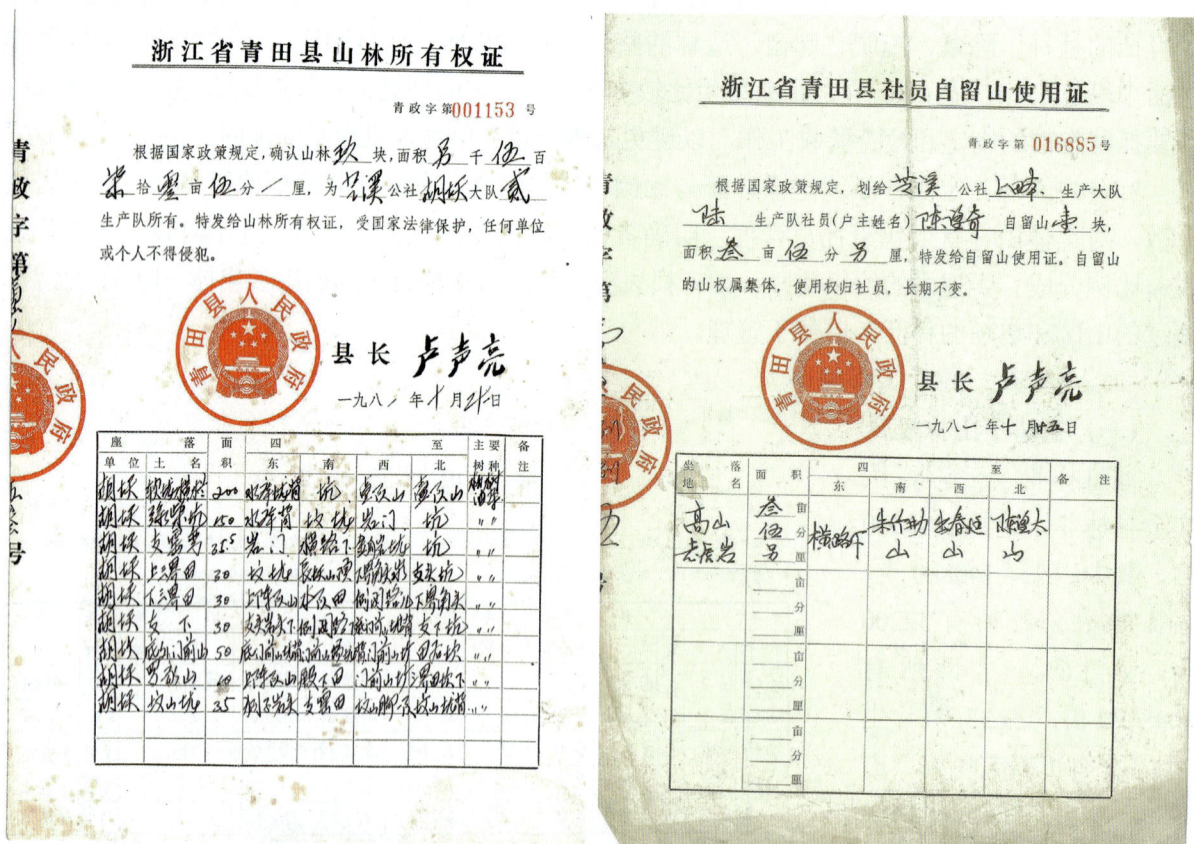

图 4-1-4-2 1981 年山林定权颁发的山林所有权证和自留山证

（二）划定了社员的自留山

全县有 4308 个生产队划定了社员自留山，占生产队总数的 89%。共划自留山 253700 亩，占全县林业用地面积的 8.5%（其中有林山 39500 亩，占 15.6%；疏林山 128300 亩，占 50.4%；

荒山 85900 亩，占 34%）。分到自留山的有 354200 人，占农业人口的 34.3%。人均自留山 0.72 亩（最多的是汤垟公社，人均 0.95 亩；最少的是海溪、方山公社，人均 0.46 亩）。共发放山林权证和自留山证 75882 张。

划定自留山，社员普遍非常欢迎，有的像当年土改时分到田地一样高兴。浮弋公社大坑大队社员蓝玉兴，在分到自留山的当天下午，就发动全家 7 口人上山斩荆整地，准备种油桐。社员反映说，党中央真关心农民，落实农业责任制，给我们解决了吃饭问题。

（三）建立了各种形式的林业生产责任制

按照各尽所能，按劳分配的原则，因地制宜，从实际出发建立各种形式林业生产责任制，主要有：

1. 办林场和组织专业队，对原有 142 个社队林场进行了整顿，又新办了 9 个，目前共有社队林场 146 个，山林面积约 15 万亩，场员 503 人。林业专业队 19 个，共 106 人。实行统一经营，定任务，定计酬，建立岗位责任制。

2. 队有户造户管，签订合同，收益分成。如吴坑、贵岙等公社的荒山、疏林山采用这种形式。

3. 封山育林。623 个大队都建立了护林组织，制定护林乡规民约。全县社队护林员从原来的 3780 人增加到 6674 人，增加的 76%；专业护林员从原来的 771 人增加到了 1112 人，增加 44%。护林组织和护林人员中，增加了大量中、青年社员。

4. 专业承包，定额计酬和小段包工，定额计酬。

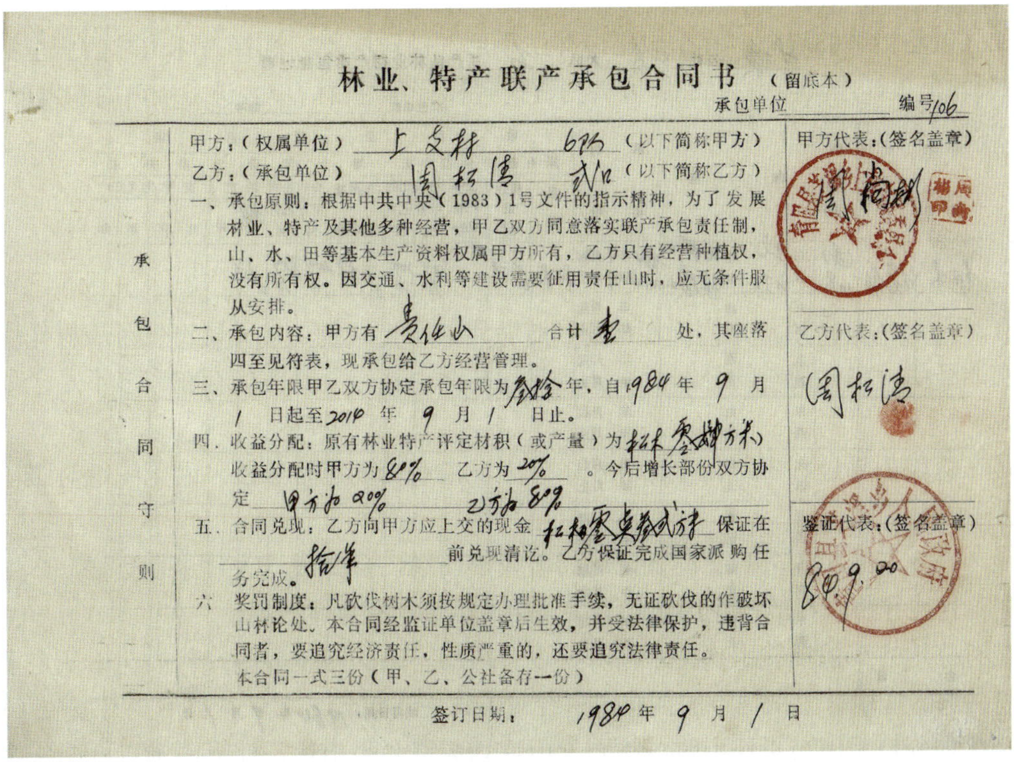
林业、特产联产承包合同书（留底本）

承包单位　　　　编号 106

甲方：（权属单位）上文村　　（以下简称甲方）

乙方：（承包单位）周松清　　（以下简称乙方）

一、承包原则：根据中共中央（1983）1号文件的指示精神，为了发展林业、特产及其他多种经营，甲乙双方同意落实联产承包责任制，山、水、田等基本生产资料权属甲方所有，乙方只有经营种植权，没有所有权。因交通、水利等建设需要征用责任山时，应无条件服从安排。

二、承包内容：甲方有 责任山 合计 壹 处，其座落四至见符表，现承包给乙方经营管理。

三、承包年限甲乙双方协定承包年限为 叁拾 年，自 1984 年 9 月 1 日起至 2014 年 9 月 1 日止。

四、收益分配：原有林业特产评定材积（或产量）为　　收益分配时甲方为 80% 乙方为 20%。今后增长部份双方协定 甲方为 20% 乙方为 80%

五、合同兑现：乙方向甲方应上交的现金　　保证在　　前兑现清讫。乙方保证完成国家派购任务完成。

六、奖罚制度：凡砍伐树木须按规定办理批准手续，无证砍伐的作破坏山林论处。本合同经监证单位盖章后生效，并受法律保护，违背合同者，要追究经济责任，性质严重的，还要追究法律责任。

本合同一式三份（甲、乙、公社备存一份）

承包合同守则

甲方代表：（签名盖章）

乙方代表：（签名盖章）周松清

鉴证代表：（签名盖章）84.9.20

签订日期：1984 年 9 月 1 日

图 4-1-4-3 林业、特产联产承包合同书

（四）制止了破坏山林歪风，发展了林业和多种经营生产

未开展林业"三定"之前，全县破坏山林的歪风比较严重。通过林业"三定"工作，发动群众，按乡规民约处理了破坏山林积案 260 起，刹住了破坏山林的歪风。全县封山护林好的和较好的大队有 522 个，占 83.7%，一般的 101 个大队，占 16.3%。通过林业"三定"，大大地调动了干部社员保护和发展林业生产的积极性，造林和发展经济特产落实的计划都大幅度超过了分配计划。1982 年全县造林计划 3 万亩，从 2 月 5 日至 20 日，已完成 15000 多亩，仅半个月就完成了 50% 多。柑橘计划发展 13600 亩，已落实 28213 亩；茶叶计划 500 亩，已落实 5570 亩；黄花菜计划 400 亩，已落实 3740 亩。农行、供销社、粮食局、财税局、农业局、林业局等部门还积极协助社队发展多种经营。林业"三定"带动了全县绿化造林和发展多种经营的新高潮。

林业"三定"结束后，青田县委、县政府为了进一步巩固和发展"三定"的成果，根据青田县的实际情况，采取了以下几条措施：

1. 以区为单位，分头组织检查组，结合落实农业生产责任制，按照省委提出的六条标准，一个公社一个公社地进行检查验收。县里以林业局和林业法庭为主，组织巡回检查组，帮助区社处理好山林纠纷遗留问题，做好扫尾工作。同时，检查绿化造林的情况和社员自留山种植情况。

2. 进一步向基层干部和社员宣传党的有关林业政策，消除一些群众还存在的怕变、怕统的思想，做到"山林定了权，社员吃了定心丸"。县政府制定《保护森林发展林业的布告》，严格执行林木砍伐审批制度。

3. 加强各区竹木检查站，充分发挥社队护林组织的作用。在春季绿化造林结束后，由林业局负责召开各级护林员会议和绿化自留山现场会，表彰先进，交流经验，推动全县护林工作。

4. 加强以法治林的观念。春季绿化造林结束后，由司法部门选择破坏山林的典型案例，进行公开宣判，狠狠打击破坏山林的活动，大力宣扬毁林有罪，护林有功，进一步巩固和发展林业"三定"的成果。

第五节 "完善"工作

1981 年进行的林业"三定"工作，在当时特定的历史背景下，无疑产生了积极作用。但经过以后实践证明，由于当时的时间紧，任务重，林业"三定"工作尚存在许多不足之处，具体表现在：

一是在查定山界过程中，由于当时技术原因，未对山场进行绘图。因无图纸对照，事后又发生大量争议。

二是一些生产队将原分户土地证记载的多块小山场，合并成一大片进行登记，产生了新的界限模糊。且往往将别村的插花山包入其中，由此容易产生新的争议。

三是有些地方在搞插花山认定手续时，没有填写正确的四至界限，使插花山认定手续没有起到划清界限的作用。个别地方的插花山未经对方认定，仅一方填证，日后更易发生争端。

四是在划分自留山与责任山时，将同一山片划成许多小山片，使界限难以标明；由于同一山片户数过多，意见难以统一，给日后林业发展规划带来困难。

五是在落实林业生产责任制过程中，将山林全部承包到户，使集体经济成为空壳；有的地方没有认真贯彻执行联产承包、收益比例分成原则，山林承包以后撒手不管，集体经营积累起来的林业财富全部变为林农个人所有。

六是当时的工作队对山林权证和自留山证的档案资料比较重视，出错较少；而对林业生产责任制的档案资料重视不够，错误较多，管理不善，有的队根本就没搞；相当一部分承包合同流于形式。

1989 年 11 月，根据省委、省人民政府和丽水地区行署的统一部署，青田县开始部署完善林业生产责任制工作，组建班子，抽调人员，在万山区平桥乡进行试点。

1990 年，为解决山界不清、山权不明、一山多主、合同不完善、纠纷隐患多、拖欠提留款等林业"三定"的遗留问题，根据平桥乡试点的经验，县委、县政府先后出台《关于稳定和完善林业生产责任制若干问题的规定》（青委办〔90〕37 号）《关于做好完善林业生产责任制自查工作的通知》青委办〔90〕10 号等文件，将完善林业生产责任制工作列入全县六件大事之一来抓。经历时 2 年左右的时间，通过组织建立、方案制订、工作试点，全面铺开等 4 个阶段，圆满完成了这项政策性强、涉及面广、工作量大的工作。

通过完善，广大林农基本上弄清了山权和林权，所有权和经营权的区别，分清了"三山"（统管山、责任山、自留山）的不同含义，明确了"三山"概念，真正摸清了"三山"格局。

在清理四至，定标立界的基础上，建立了林业生产责任制档案材料。对原有档案材料进行了认真细致的核对，并上山全面核对，设立界标，补充册、证。在完善中，共新埋界标 10 万处，完善承包合同 2.5 万份，全县共补发、换发自留山证 1.54 万份，更正自留山证 530 份；收回了部分全家农转非及全家外迁的山林 15 户，面积 50 多亩。共新建、补充林业档案 2117 卷、册，其中县级 241 卷，乡级 884 卷，村级 991 卷。

调处了大量的山林纠纷。经过广大干部的努力，在完善期间，调处山林纠纷 1831 起，调处率 81.1%。

稳定了现有的统管山，巩固了集体营造的基地林。通过完善，提高了广大林农对双层经营体制的全面认识，增加了干部对经营好统管山的信心，制定了有效的措施和制度。

促进了乡村林场的发展。根据地委要求，县政府始终把发展乡村林场作为完善林业生产责任制的一个重要内容来抓。采取一些优惠政策措施，使全县 146 个林场（经营山林面积 15 万亩）的经营方针、措施更明确。对一些林场已多年失管的基地林，在完善中都得到了抚育，并开好了防火线。

林木提留款趋向制度化、正规化。1985—1990 年，责任山提留款应收 681.56 万元，已收535.63 万元，占 85.9%；自留山原有集体林木折价款应收 217.03 万元，已收 175.39 万元；在完善林业生产责任制期间收取 69.90 万元。

稳定了林农思想。林农最担心的就是政策变化，可现在不仅没有把山收归集体，反而界址更清，手续更完备，还解决了大量山林纠纷，林农思想上多年的疑虑终于消除。

通过完善工作，基本达到丽水地委、行署提出的稳定自留山、完善责任山、巩固统管山的目的。

第六节　延长山林承包期

至 2006 年，青田于 20 世纪 80 年代"林业三定"确定的责任山，大部分承包合同已经到

图 4-1-6-1 2006 年换发的
林权证（2014 年摄）

期或即将到期。为了维护生态安全，保持林业政策的稳定性和连续性，根据中央《关于加快林业发展的决定》（中发〔2003〕9 号）及《关于切实做好延长山林承包期工作的通知》（浙委办〔2006〕5 号）文件精神，青田县委、县政府决定，按照"调查摸底、分类指导、先易后难、全面落实"的要求，于 2006 年全面开展延包。对已划定的自留山保持长期不变，对承包到户的责任山承包期统一延长至 2055 年 12 月 31 日。

一、延包工作安排

稳定林业生产责任制，做好山林延包工作，是一项政策性强、涉及面广、情况复杂的农村工作。县委号召，各部门、各乡镇，要迎难而上，积极、稳妥、有序地推进这项工作。并设定完成延包工作的时间，限期完成。2006 年 3 月开始，全县全面开展延包工作。各乡镇搞好调查摸底，通过试点取得经验的基础上，研究制订具体工作计划。试点工作在 5 月前完成；9 月底基本完成山林延包和换发林权证等任务。11 月底前做好自查、检查验收、建档、总结等工作；12 月迎接省、市的检查验收。

二、山林延包的做法

（一）制定政策、健全组织

根据省、市延包的有关文件精神，采取多种手段，确保延包工作顺利完成。一是出台政策。县委、县政府出台《关于延长山林承包期工作的通知》（青委办〔2006〕37 号）文件。文件详细规定了延包的具体政策、工作原则。二是召开会议。县委、县政府多次召集各乡镇及相关部门的主要负责人召开延包会议，部署任务，交流经验，总结成果。各乡（镇）、村相应召开山林延包各种会议。在山林延包期间，共召开大小会议 469 次，参与人数达近万人次。三是成立组织。县委、县政府成立以县委副书记为组长，主管副县长为副组长的延包领导小组（青委办〔2006〕36 号）。领导小组下设办公室，林业局局长兼任办公室主任。各乡镇相继成立延包领导小组，均由各乡镇书记担任领导小组组长；同时把责任落实到人，并制定延长山林承包期工作人员工作制度及山林延包办工作人员职责。四是制订方案。根据山林延包试点乡的工作经验，制订《青田县延长山林承包期工作实施方案》（青政办发〔2006〕64 号）。各乡镇和管委会根据当地的实际，相应出台了各自乡镇的《延长山林承包期工作实施方案》。五是强化宣传。为了使山林延包工作家喻户晓，县延包办充分利用各种宣传工具，大张旗鼓地宣传山林延包的有关政策法规。在山林延包期间，张贴标语 1.3 万条，电视专题宣传 10 次，广播 813 次，发放山林延包资料近万份。六是落实经费。为有效地保障全县山林延包工作的正常运转，县财政先后拨付山林延包专项工作经费 50 万元。七是业务培训。县林业局具体负责对各乡镇及村两委业务骨干的山林延包业务培训和政策指导，共培训山林延包骨干达 11200 人次，确保了山林延包工作的顺利开展。八是部门配合。延包办与山林延包领导小组成员单位之间、延包办与各乡镇之间、乡镇与乡镇之间的关系融洽，做到有问题相互探讨，有经验相互交流。

（二）制定标准、注重质量

山林延包质量的好差直接影响到社会的稳定。全县上下高度重视山林延包的质量工作，制定了山林延包各环节的质量标准。一是核对清册。以"林业三定"及"完善林业生产责任制"时的清册为底册，确认四至清楚无误后分别抄录到新的自留山、责任山、统管山清册上。二是确认山界。以村为单位，召开村民会议，对清册内容进行核对无误后，在《山林清册》上由毗邻方签字盖章认可。三是林权公示。将自留山、责任山、统管山清册进行公示，其形式多样化，可以张榜公布，也可以由村民小组组织核对或者将复印件发至村民手中，让其自行核对。四是面积核对。组织相关力量对清册面积与山场实际面积进行校对，发现问题及时纠正，做到清册面积与山场实际面积相符。五是权证清册填写。严格按林权证、清册内的各项因子，用钢笔黑墨水按规定规范填写，字迹清楚端正。林权证附有山场现状图。六是建档立卷。为了搞好建档工作，县延包办制定《关于做好延长山林承包期有关档案管理的通知》（青山延办〔2006〕4号）文件，对立卷范围和要求、资料分类、材料整理、立卷及存档、档案的装订和封面填写等，都做了具体明确的规定。同时，邀请档案局专家给全体干部进行业务培训，参与培训人员215人次。七是签订合同。依据责任山清册和公示情况，村集体经济组织与集体经济组织成员签订《责任山承包合同》。

（三）创建平台、互通信息

建立山林延包信息平台，是传达上级指示精神、通报工作进度、表扬先进事迹、反馈解决问题的一项重要措施，对顺利完成山林延包工作起到指导性作用。一是上报材料。凡是上级规定要求上报的山林延包有关材料及报表，都能按规定要求及时上报。二是搭建平台。县延包办专门创建了山林延包工作简报平台，共编发了9期简报，其内容有解决实际问题的具体做法、有各乡镇工作进度情况的通报，有上级领导检查指导山林延包的工作情况。通过这一平台，达到互通信息、相互交流、相互学习的效果，并及时把山林延包中好的一些做法和经验报送给省林改办。三是工作总结。山林延包工作结束后，县延包办对山林延包工作进行了全面、系统的总结，并把书面总结报告上报省林改办。

（四）山林纠纷及时调处

在认真抓好森林延包工作的同时，高度重视山林纠纷调处工作，坚持稳定为主、先易后难、稳步推进的原则。一是分级调处。一般较小的山林纠纷，能够在林改工作中当场调解的就当场调解；不能当场调解的，由村两委干部及具有调解经验的群众参与调解；村两委不能调解的，由乡镇政府组织相关力量进行调解；重点山林纠纷由县山林纠纷办公室组织力量进行调解。做到"组事不出组，村事不出村，乡事不出乡"，把矛盾化解在民间，解决在基层，成功调处了部分社会影响大的热点、难点山林权属争议案件。据统计，自2000年至2010年间，共发生各类山林纠纷234起；延包工作期间，共调处227起，调处率达97%，涉及山林面积18879亩，有效化解了农村社会矛盾，维护了林区稳定。二是纠纷立案。对部分争议较大，调解较难的山林纠纷，由县山林办公室逐件进行立案登记，成熟一件解决一件。对少数山林纠纷材料齐全、证据确凿，符合裁决条件的案件由县山林纠纷办进行裁决。三是建立仲裁机制。根据省政府办公厅《关于加强农村土地承包经营纠纷调解仲裁工作的意见》（浙政办发〔2010〕37号）文件精神，于2010年9月15日成立以副县长叶群力为主任，县府办主任徐啸放、农业局局长赵玉鸣为副主任的农村土地承包经营纠纷调解仲裁委员会（青政办发〔2010〕148号），同年12月聘任周佰君等6位同志为青田县农村土地承包经营纠纷调解仲裁委员会仲裁员（青土调仲委〔2010〕1号）。2011年，仲裁委员会协助舒桥乡政府做出《关于大弄底村、土名灰寮下山场山林权属纠纷处理决定》（舒政〔2011〕2号）的裁决。

三、山林延包具体政策

根据县委《关于延长山林承包期工作的通知》（青委办〔2006〕37号）文件精神，延包工作的具体政策（摘要）是：

1. 已经划定的自留山要保持长期不变，由农户长期无偿使用，不得强行收回。自留山上的林木，一律归农户所有。

2. 已承包到户的责任山继续由原承包户承包，承包期再延长50年。对未满法定承包期的责任山，原则上一并延长承包期至2055年12月31日。农户不愿继续承包的，由农户提出书面申请后，可交回村集体经济组织另行发包。

3. 明确集体统管山的经营主体，加强分类指导，规范经营行为，积极探索良性循环、可持续发展的经营方式，防止掠夺式开发等短期行为。经营权的流转应依法、有偿、公开进行；对通过招标等形式依法实行有偿流转的，如合同尚未到期，仍按原合同执行，不得任意更改。凡群众比较满意、经营状况良好的集体林场、股份合作林场、联办林场等，要保持经营形式的稳定。

4. 加强承包合同的管理。在山林延包中要进一步规范山林承包合同的格式和条款，明确承包期限，合同双方的权利、义务、变更和解除条件，违约责任等内容。对已签订的合同，凡是不规范、不完善的，要加以修订和完善。要加强承包合同的鉴证工作，山林承包合同可以由发包方所在乡镇政府鉴证，也可以由公证机关公证。

5. 对列入生态公益林建设的山林，其经营主体和承包关系不变，但要在承包合同中明确职责和义务，各经营主体要严格执行国家生态公益林的有关规定。

经过全县努力，延包工作如期完成。通过延包，全县明晰产权面积280.8万亩，共换发"林权证"7283份，换发率达99.7%，林地变更、注销登记332份，续签责任山承包合同49535份。过程中，共建立延包档案7920卷。延包有效保护了农民的合法权益，并在明晰产权的基础上，建立和完善森林、林木和林地使用权的流转机制。

第七节 林权制度配套改革

集体林权制度改革是农村经营制度的又一重大变革，也是农村土地改革从耕地向林地的延伸。根据中央、省、市林权制度改革的有关文件精神，2007年，青田县成立以分管副县长为组长的集体林权制度改革领导小组。同年，经县编委同意，成立青田县林权服务管理中心（以下简称林权中心）和青田县森林资源收储中心（以下简称收储中心），确认两个"中心"为林业局下属全额拨款事业单位，核定事业编制21名，负责办理全县的林改工作事宜。同年9月，经县政府批准成立青田县森源森林资产储备有限公司，为林权抵押贷款担保与森林资源资产评估提供服务。并在全市率先设立林权流转、林权登记、林权交易、林权抵押贷款等服务管理平台，实行单独办公，一站式服务。

为全面深化林权配套制度改革，县政府先后出台《关于推进森林资源流转工作的实施意见》（青委〔2007〕66 号）、《青田县深化集体林权制度改革工作方案》（青林改办〔2008〕1 号）、《青田县林权登记管理办法（试行）》（青政办发〔2008〕58 号）、《青田县森林、林木和林地流转管理办法（试行）》（青政办发〔2008〕59 号）、《青

图 4-1-7-1 "林权中心"和"收储中心"挂牌（2007 年摄）

田县森林资源收储管理办法（试行）》（青政办发〔2008〕60 号）、《青田县森林资源资产抵押管理办法（试行）》（青政办发〔2008〕61 号）、《青田县现代农业产业化扶持办法》（青政办〔2011〕94 号）、《关于加快推进青田县农村林权制度改革的实施方案》（青农产改办〔2014〕2 号）、《青田县林地经营权流转证登记管理办法（试行）》（青政办〔2014〕33 号）、《关于加快推进青田县产权制度改革的实施意见》（青委办〔2014〕60 号）、以及《林权初始登记程序》、《林权变更登记程序》、《林权直接抵押贷款程序》、《担保公司担保林权抵押贷款登记程序》、《国有和集体森林、林木、林要招标、拍卖、挂牌程序》等两个实施意见、两个方案、六个管理办法和五个工作程序，有序的推进了全县林改工作。

2009 年，根据（青森转办〔2009〕1 号）文件，船寮等 8 个指导片乡镇设立林权管理分中心，进一步延伸林改工作触角，奠定组织保障。

图 4-1-7-2 副省长毛临生（前排右二）在林权中心观看林改宣传片，市委书记陈荣高（左二）、林业厅长楼国华（右一）、县长邝平正（左一）等陪同。

图 4-1-7-3 副省长毛临生视察林权中心（2009 年摄）

一、林权管理

（一）在全市率先出台林权流转奖励机制。为鼓励和激发广大林农积极参与林地流转，加快林业特色产业发展，实现规模化经营，县政府出台林地林权流转的奖励政策，即林业特色产业基地开发流转连片面积达 200 亩以上的大户，每亩奖励 20 元。流转连片面积达 500 亩以上大户，每亩奖励 30 元。

（二）加强对集体林权流转招、拍、挂的监督管理和指导力度，实现集体森林资源资产流转进入林权交易中心交易。

（三）及时为林权流转业主开展流转登记备案，办理林权流转变更手续，确保经营业主合法权益。

（四）建立林业要素服务市场，并及时发布公开森林资源流转信息。

二、严格执行森林采伐限额制度

（一）全县森林采伐限额总量和各分项指标，各乡镇、各有关部门必须严格执行，不得突破。

（二）完善森林采伐分类管理。非规划林地上的商品林，不纳入采伐限额管理，由经营者自主经营，自主申请，凭林木采伐许可证采伐。个人采伐原则上实行一户一证，但对于同一小班的相邻地块，林权所有人申请联合采伐的，可联户发证。同一自然年度内相邻地块的采伐，可视为"一次采伐"。对于同一建设工程或同一林业有害生物除治项目需要采伐林木，在同一个行政村范围内，可跨小班发证。对于皆伐，以面积控制为主；对在采伐许可证规定的皆伐四至范围内，已采伐林木数量超过采伐许可证核定采伐量但不超过 25% 的，采伐申请者可在原采伐许可证有效期内提出增加采伐数量的申请，经林业主管部门审核，按实际采伐量核销采伐限额指标，并办理相应采伐数量的林木采伐许可证。

（三）强化采伐公示制度。根据《浙江省林木采伐公示规范》（试行）的通知精神，凡是单位或个人申请采伐林木，蓄积在 10 立方米以上的，必须进行林木采伐公示。国有林业事业单位申请采伐的，在单位所在地公示；农村集体、个人以及其他单位申请采伐的，在采伐地点所在地行政村或自然村的村务公开栏公示。公示时间不少于 7 天；公示无异议后，须提交经 2 人以上签名且公示责任单位盖章证明其已经采伐公示的书面材料，方可正式申请采伐林木许可证。

（四）严格执行林木采伐审批程序。农村集体经济组织、个人申请采伐林木，应当按照《中华人民共和国森林法实施条例》第 32 条的规定提出书面申请，经村、乡镇政府签署意见后报县林业主管部门审批。国有林业企业单位采伐林木，应当根据下达的林木采伐限额，组织技术人员进行林木采伐作业设计，向县林业局申请核发林木采伐许可证。一般下达的林木采伐限额均为材积，木材出材率为 60%。

三、积极推进林权抵押贷款

（一）在全市率先成立首家林权抵押贷款国有独资担保公司，县财政先后拨入该公司林权抵押贷款担保基本金 500 万元。

（二）在全市率先出台林权抵押贷款优惠政策。对用于油茶、毛竹等林业特色产业贷款，县财政给予 30% 的贴息。对低保户贷款，其利息全部由县财政予以贴息。

（三）在全市率先出台金融放贷林权抵押贷款奖励机制。即银行每放贷 1000 万元，政府奖

励其5万元；每放贷
小额循环贷款1000万
元，奖励其10万;同时，
奖励银行每户放贷手
续费50元。

（四）商业银行授
信信贷，开全市先河。
青田建信华侨村镇银
行，在无注入担保基
本金的情况下，授信
县林权中心林权抵押
贷款5000万元。

2007年10月，
在章村乡发放第一笔
林权抵押贷款，截至

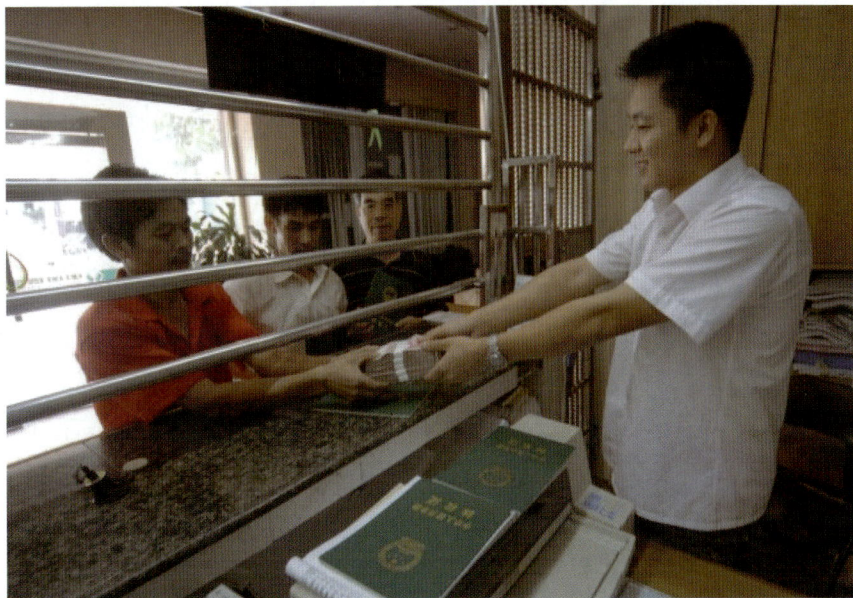

图 4-1-7-4 林农用林权证抵押得到第一笔贷款（2007年摄）

2014年9月,累计发放林权抵押贷款10238户,放贷165611万元。贷款范围惠及全县29个乡镇、
3个街道、318个行政村。放贷银行从当初农信社一家扩大到11家，县境内所有商业银行共同
参与放贷。

四、开展林权规范流转工作

（一）在全省率先采用林权流转办法解决山林纠纷。被列为全省十大热点、难点的青田县
东源镇平溪村与永嘉县柴皮村的"野坑山"山林纠纷，经多方努力，大胆尝试，在全省率先采用林权流转的方式，解决了历经50年悬而未决的山林纠纷，为全省今后山林纠纷的解决探索出一条新路，得到省政府的表彰。

（二）及时为林权流转业主开展流转登记备案，办理林权流转变更手续，确保

图 4-1-7-5 章村乡信用社林权抵押贷款启动仪式（2007年摄）

图 4-1-7-6 林地流转证

经营业主合法权益。截至 2014 年 9 月底，通过中心登记备案的林权流转宗数 422 宗，流转面积 10.14 万亩，流转金额 6700 万元。林地经营权流转证发证面积 3536.2 亩，发证户数 7 本。

五、林权信息化管理系统建设

（一）规范整理权证档案。在延包发证的过程中，所有林权证等资料全部是纸质文档。但部分存在着材料字体书写潦草，林权证、清册、所有权证登记表三者之间内容相互不统一等情况。2008 年开始，林权中心组织力量，对全县现有纸质文档进行全面收集、校对、整理，形成一套完整、规范一致的档案资料，并全部录入电脑，实现档案资料数字化与网络化，可随时进行数据的变更、查询、分析、统计和输出。同时，保持电子文档与纸质文档一致与同步，提高档案资料的应用效率。

（二）开展林权地籍勘界。根据《浙江省林权信息化管理系统建设技术规程》的要求，2008 年，林权中心在石溪乡进行林权地籍勘界勾绘试点。在试点成功的基础上，同年 5 月份在全县全面铺开。次年 6 月完成全县 30 个乡镇，384 个行政村，5 个国有林场，33195 块所有权地块，261.3 万亩林业用地的外业勘界勾绘工作，山林实地勘界率达 100%。并于 2014 年完成全部内业数据录入及图纸扫描配对工作。

（三）建立资产评估体系。为有效破解森林资源资产评估难的问题，林权中心根据 2007 年森林资源二类调查的数据，按不同地属、不同地块、不同树种及林种的市场经济价值，估算出各行政村的森林资源资产价值，并建立林农森林资源资产评估数据库。工作人员只须简单操作，就能直接获取每户森林资源资产信息，极大地降低了评估成本，使森林资产评估价值更加准确真实，方便林农融资贷款。

（四）开发资产网络系统。林权中心利用林权证档案资料、森林资产评估数据库及林权勘界图纸，邀请浙江林学院信息系统建设专家，开发一套适合青田实际、内容全面、数据清晰、操作简单，使用方便的森林资源资产网络系统。该系统建立了以户为单位的森林资源资产价值信息，鼠标一点就可查询出林权证登记的所有详细内容及各山场的森林资源资产评估价值，并及时更新数据。使有关部门及时掌握林农的森林资产价值变化，有效防范风险。

六、森林火灾保险实现全县所有林地面积全覆盖

全县于 2009 年全面启动政策性林木保险工作。当年至 2010 年，主要开展政策性森林火灾保险。2011 年至 2014 年，县政府每年出资保费 167.84 万元，同中国人民财产保险股份有限公司青田县支公司签订林木火灾投保协议，对全县 310.60 万亩林业用地（其中生态公益林 176.2 万亩，商品林 134.4 万亩），进行全部林木火灾保险，实现全县林木火灾保险全覆盖。具体做法是：

（一）林木火灾保险由县林业局统一向保险公司投保，并由县林业局统一向保险公司请求赔偿。

（二）当发生森林火灾事故时，投保人立即通知保险公司，并说明事故情况。保险公司接到报告后，及时组成调查专家组，深入事故现场，调查核实，经县级以上森林消防部门对事故的认定后，由投保人向保险公司提出请求林木火灾保险赔偿。

（三）保险公司收到被保险人的赔偿请求后，会同理赔专家做出核定，并将核定结果通知被保险人，对属于保险责任的，在与被保险人达成有关赔偿金额的协议后十日内，履行赔偿义务。

图 4-1-7-7 林权信息化系统建设培训（2009 年摄）

附 件：历年来林权发证、流转、贷款等情况

一、林地经营权流转证发证情况（2014—2015 年）

（一）青田县王华油茶种植专业合作社，1 本，360.2 亩。

（二）青田山那边综合开发公司，1 本，1914 亩。

（三）方山乡周岙村上庄自然村 黄国飞，1 本，333 亩。

（四）方山乡周岙村山根自然村 林利平，4 本，

1 组 229 亩，2 组 285 亩，3 组 218 亩，4 组 197 亩，合计：929 亩，共计：3536.2 亩，计 7 本证。

二、累计发放林权抵押贷款情况（2007—2014 年 9 月）

2007 年	150 万元	13 户
2008 年	2122 万元	278 户
2009 年	11223 万元	1179 户
2010 年	29512 万元	1657 户
2011 年	36575 万元	2690 户
2012 年	24903 万元	1474 户
2013 年	28065 万元	1437 户
2014 年（1—9 月）	33061 万元	1510 户

累计：165611 万元，10238 户

三、林地流转情况（2009—2014 年 9 月）

年份	面积	户数
2009 年	5.01 万亩	157 户
2010 年	0.4913 万亩	22 户
2011 年	1.0052 万亩	65 户
2012 年	1.0515 万亩	49 户
2013 年	1.45 万亩	75 户
2014 年 1—9 月	1.132 万亩	54 户

累计林地流转为：10.14 万亩。宗数：422。

四、林业小额贷款中央财政贴息

年份	中央	省
2008 年	5.314 万元	
2009 年	48.51 万元	5.63 万元
2010 年	38.22 万元	4.97 万元
2011 年	27.51 万元	
2012 年	21.15 万元	
2013 年	12.94 万元	

合计：省：10.6 万。中央：153.644 万元

五、林权登记

2009 年 68 本 +14 本（初始）=82 本
2010 年 55 本 +4 本（初始）=59 本
2011 年 39 本 +9 本（初始）=48 本
2012 年 324 本 +46（初始）=370 本
2013 年 526 本 +2 本（初始）=528 本
2014 年 1—9 月 92 本 +6 本（初始）=98 本
合计：1185 本，其中初始 81 本。

表 4-1-7-1 青田县山林延包发证面积情况

单位：亩

乡镇	合计		统管山		自留山		责任山	
	应发证	已发证	应发证	已发证	应发证	已发证	应发证	已发证
合计	2808654	2808654	473078	473078	821402	821402	1387639	1387639
鹤城镇	77928.06	77928.06	12859.23	12859.23	17269.94	17269.94	47798.89	47654.89
石溪乡	33362.77	33362.77	7136	7136	7275.16	7195.16	18951.61	18951.61
章旦乡	40595	40595	8310	8310	17680	17680	14605	14605
阜山乡	120250.37	120250.37	45273	45273	14995.47	14995.47	59981.9	59981.9
仁宫乡	111969.83	111969.83	57401.7	57401.7	11338.93	11338.93	43229.2	43229.2
油竹	40802.97	40802.97	6733.07	6733.07	9042.5	9042.5	25027.4	25027.4
章村乡	132395.57	132395.57	53793.64	53793.64	16519.54	16519.54	62082.39	62082.39
腊口镇	118943.6	117593.6	48327.97	48327.97	14841.08	14741.08	55774.55	54524.55
舒桥乡	45765.16	45765.16	15480.59	15480.59	11271.77	11271.77	19012.8	19012.8
祯旺乡	119247.78	119247.78	48451.56	48451.56	14879.03	14879.03	55917.19	55767.19
祯埠乡	178302.89	178302.89	72446.24	72446.24	22247.58	22247.58	83609.07	83609.07
山口镇	52623.35	52623.35	34880.5	34880.5	9902.36	9902.36	7840.49	7840.49
仁庄镇	95480.22	95480.22	27064.2	27064.2	25748.13	25748.13	42667.89	42667.89
汤垟乡	84592.43	84592.43	20989.3	20989.3	31109.31	31109.31	32493.82	32493.82
方山乡	42136	42136	35348	35348	2715.2	2715.2	4072.8	4072.8
温溪镇	48512.57	45912.57	16647.37	15847.37	12746.08	12546.08	19119.12	17519.12
吴坑乡	39076	39076	21243	21243	7133.2	7133.2	10699.8	10699.8
贵岙乡	79310.22	78950.22	27952.52	27952.52	8778.68	8778.68	42579.02	42279.02
小舟山乡	30419.21	30419.21	10721.11	10721.11	3367.04	3367.04	16331.06	16331.06
万山乡	33482.76	33482.76	12992.06	12992.06	5434.28	5434.28	15056.42	15056.42
黄垟乡	61197.3	61197.3	23745.91	23745.91	9931.38	9931.38	27519.01	27519.01
东源镇	112120.12	111820.12	43505.1	43205.1	18197.19	18197.19	50417.83	50417.83
高湖镇	108163.24	107783.24	41969.74	41969.74	17554.98	17474.98	48638.52	48338.52
季宅乡	87098.58	87098.58	33796.19	33796.19	14136.17	14136.17	39166.22	39166.22
船寮镇	216957.31	212507.31	26130.1	84630.1	31011.52	30861.52	159815.69	159815.69
海溪乡	43772.86	43772.86	17377.4	17377.4	6256.83	6256.83	20138.63	20138.63
海口镇	157755.2	156906.2	62627.4	61778.4	22549.27	22549.27	72578.53	72578.53
高市乡	14141.63	14141.63	5614.1	5614.1	2021.38	2021.38	6506.15	6506.15
巨浦乡	165093.86	165093.86	66215.01	66215.01	22142.93	22142.93	76735.92	76735.92
万阜乡	132222.14	132222.14	53030.99	53030.99	17734.07	17734.07	61457.08	61457.08
国有林场	126535	126535						

第二章 林政管理

历代管理森林均有法律、政令和乡规民约。民国 3 年（1914 年），北洋政府先后公布《国有荒地承垦条例》及《森林法》《狩猎法》。民国 18 年（1929 年），省政府公布《浙江省管理森林暂行规则》。民国 25 年（1936 年），浙江省建设厅训令各县市长，饬令浙江各县市保护森林，实施伐木申请许可证制度。民国 26 年（1937 年），县政府发布《青田造林保护森林伐木登记办法》，内容有三：厉行造林，限期查勘荒山荒地；订颁保护森林乡约，并执行之；拟具伐木登记条例。但在民国时期，因战乱频繁，上述法规难以贯彻实施，收效甚微。

中华人民共和国成立之初，百废待兴，许多地方出现乱砍滥伐林木的现象。1950 年，中央人民政府颁发《土地改革法》。1951 年，华东军政委员会发布《华东森林采伐管理办法》，规定不论采伐公私森林都要向人民政府申请，经批准后方得入林，砍伐木材须报请原批准单位查验后方得运输出境。同年，省人民政府发布《浙江省木材采伐收购管理方案》，在省财政委员会下，设立木材采伐收购委员会，实行统一管理、统一计划、统一采伐、统一收购。自 1954 年开始，浙江省实行木材订约收购和计划控制，并加强木材交易市场的管理，切断私商长途贩运和投机倒把行为。1962 年，中共中央颁布《农村人民公社工作条例修正草案》，规定集体山林应根据国家采伐计划经批准后才能进行采伐。"文化大革命"时期，无政府主义泛滥，林业行政管理松弛，导致乱砍滥伐林木和木材自由买卖、投机倒把活动猖獗，森林资源再次遭到严重破坏。为此，中共中央、国务院于 1967 年发布《关于加强山林保护管理制止破坏山林、树木的通知》。1973 年，省委发布《关于保护山林，加强木材、毛竹管理的布告》，严禁乱砍滥伐山林。1984 年 9 月 20 日，全国人民代表大会通过《中华人民共和国森林法》。

此后，国家和省、市发布了一系列关于林业的法律法规文件。青田县也和全国一样，针对青田实际，根据不同时期，制定林政管理文件。1984 年，县政府公布《关于林政管理若干问题的规定》，对木材采伐审批、凭证、上市、运输等做出具体规定。1985 年 12 月，县政府公布《关于下达 1986 年林木限额采伐和林政管理补充规定的通知》。1987 年 7 月 10 日，县林业局发出（87）第 48 号文件《关于加强木材加工厂管理的通知》；1987 年 11 月 23 日，县委、县政府发布（87）第 103 号《关于保护和发展森林资源，进一步加强林政管理的通知》。1999 年 4 月 6 日，县林业局青林字〔1999〕第 16 号文件，公布了《行政处罚案件审批程序》《林地使用许可证核发条件和程序》《森林植物检疫办事程序》《木材运输证核发依据及程序》《林木采伐许可证办证程序》《木竹经营加工核准证的核发和年检制度》《申领陆生野生动物驯养繁殖许可证及经营利用许可证的程序》《申领陆生野生动物运输证的程序》《申领特许猎捕证、猎捕证及狩猎证的规定与办理程序》等 10 个文件。2010 年 10 月，青田委托浙江省林业调查规划设计院，开展林地保护利用规划编制工作；至次年 12 月，编制完成《青田县林地保护利用规划》（2008—2020 年）。这些文件的制定，使青田林政管理的法规基本完善，林政管理走上法治轨道，林政管理工作更加规范化、法制化。

第一节 林地管理

一、中华人民共和国成立前林地管理

1949 年以前，青田县境的林地绝大部分为私人所有，所有者凭自己持有的契约进行产权管理；各地的宗祠、庙会、桥会等社会团体的林地，由相关单位制定护林公约、雇请专人进行管护，使林地和林木免遭侵占和破坏；少量的官府山林，则由有关单位凭林地产权证明实施林地管理。

据台北青田同乡会编撰的《续修青田县志》记载，民国 26 年（1937 年），时任县长郑迈颁布《青田县造林保护森林伐木登记办法》，其中 "C.限期举行荒山荒地登记" 项，有这样的文字："说明：本县曾于二十三年冬间，制就荒山登记表一种，令发各乡镇长转饬各业主分别查填，汇转察核。所有沿丽青温公路附近荒山，各业主并已遵照填送及领苗造林各在案"；在 "执行方法" 项下，有这样三条："1.再行布告暨分别令催办理；2.饬由建设科长于查得荒山荒地时，会同当地乡镇长查明业主，勒令登记；3.限二十四年十二月底为登记停止时期；逾期不登记者，作官荒论。"由此可窥彼时林地管理之一斑。但由于战乱原因，这些规定没有彻底执行。

二、中华人民共和国成立后的林地管理

（一）国有林地管理

中华人民共和国成立后，1958 年，成立国营石门洞林场，县政府先将寺庙林地无偿划给林场，次将周围乡村林地或划拨，或由群众赠送，或付给少量林木折价款后，归林场所有。至 1972 年，石门洞林场拥有国有林地 64425 亩。1967 年，先后又建立国营峰山林场、大洋山林场、八面湖林场、金鸡山林场，其林地亦由同样方法取得。四个林场拥有国有林地共 64249 亩。林场成立以后，开展大规模的营林、造林；同时沿林场山界周边开劈防火线，共 380 公里，既防火，亦作境界线，为国有山林的界定工作打下了基础。

国家为了使国有林地管理走上规范化、法制化轨道，又于 20 世纪 80 年代重新进行确权发证工作，用法律文书将国有林地确定给有关单位使用管理。

（二）集体林地管理

20 世纪 50 ～ 60 年代国家农村政策多变，林地管理权也不断发生变化。历经个体、农业合作社、公社集体化管理，经过几度变革，林地管理权都集中在公社一级。由于管理权过分集中，弊端百出。1961 年，国家发文将公社大集体管理体制进行调整，重新将林地管理权下放给生产大队（行政村）和生产队（自然村或操作组）管理。1981 年，农村实行联产承包生产责任制，将集体林地划分成统管山、责任山、自留山，除统管山继续由集体管理外，责任山、自留山都划分给农户经营，并颁发了责任山、自留山管理使用权证书。

三、《林地管理办法》颁布后的林地管理

1993 年 8 月 30 日，林业部部长徐有芳签署中华人民共和国林业部 1 号令，发布实施《林地管理暂行办法》。同年 9 月 25 日，浙江省人民代表大会常务委员会通过《浙江省森林管理条例》，并于 11 月 1 日起施行。《条例》规定：任何单位和个人不得擅自改变国有林场、苗圃的隶属关系，不得侵占国有森林资源，不得侵犯其经营管理权。土地改革时，森林、林木和林地未确定权属的，土地改革后县级以上人民政府、省林业主管部门已批准划归全民所有制单位的，属国家所有。有争议的无证林地属国家所有。集体所有的森林、林木和林地（含合作化前个人所有的森林、

林木和林地），公社化前划归全民所有制单位的，属国家所有；公社化后划归全民所有制单位的，已有协议或做过清理的，应当予以确认。

1994年4月8日，省长万学远签署省政府第43号令，发布《浙江省林地管理办法》。这是根据林业部颁布的《林地管理暂行办法》的精神，结合我省林地管理的实际情况，制定的一个极为重要的地方性林业规章。《办法》的颁布实施，对于依法行政、保护管理林地资源，打击和制止非法侵占林地，维护林地、林木所有者和使用者的合法权益，有着十分重要的意义。同年4月25日，省林业厅发出《关于认真贯彻<浙江省林地管理办法>的通知》，通知称："林地管理要真正走上有法可依、有章可循的法制轨道。"

根据《浙江省林地管理办法》，1995年2月，县林业局、物价局、财政局、青田建设银行联合发文《关于征用和占用林地缴纳补偿费用有关问题的规定》，为林地资源保护管理工作奠定了政策依据。

1996年5月17日，省林业厅下发《关于加强征、占用林地管理工作的通知》。通知要求：

1. 各地要抓紧出台林地管理的实施细则和补偿标准。

2. 加大林地执法力度，维护林地、林权所有者的合法权益。

3. 加强林地规费收缴管理工作。

4. 实行分级管理，严格审批和减免制度。各地对征、占用林地要严格按照《浙江省土地管理实施办法》第25条有关非耕地审批权限规定审查并报批。即县级10亩以下，市地级10～20亩，省级20～2000亩，2000亩以上需报国务院授权的单位审批。

此后，省林业厅还发文《关于开展非农业建设使用林地清查工作的通知》。1996年，县林业局按照县政府有关文件规定，对征、占用林地开始执行审核工作，先由林业局现场调查，签署审核同意书后，再到土地管理部门办理用地审批手续。如无林业主管部门签发审核意见，任何部门都无权办理占用林地的审批手续。

1997年，根据上级部署，县林业局开展林地清查工作。

清查范围和任务：1991年1月1日以后，单位和个人未批先建、少批多占、违法转让、买卖土地以及未经批准擅自改变土地用途的违法用地。

清查的主要内容：按照上级通知要求，对具体建设项目、地块进行"四查"，一查建设用地是否符合规划，二查用地手续是否合法，三查土地利用是否充分，四查土地交易是否依法。

通过清查，查出了不少案件，分别做出处理，有的补办了手续。自1991年至1996年，全县共批准使用林地40宗，面积1871亩。同时，确定了分管领导和林地专管员，严格执行《浙江省林地管理办法》所规定的征占用林地的审核程序和审核权限，依法收取各项补偿费用，打击和制止非法侵占林地的行为，维护林地所有者和使用者的合法权益。

1997年，省重点工程金丽温铁路建设需占用林地，县林业局主动介入，审核通过其征占用林地1323.5亩。

1998年，国务院《关于保护森林资源制止毁林开垦和乱占林地的通知》（国发明电〔1998〕8号）和省政府《关于坚决制止毁林开垦和乱占林地加强森林资源保护工作的通知》（浙政发〔1998〕191号）文件下发。10月9日，县政府办公室青政办〔1998〕217号文转发了省政府的这个文件。县林业局集中精力，积极开展林地清查工作，重点对1994年5月以后非法占用林地情况进行摸排、分析、掌握;在清查过程中,切实做到"四清",即查清发生的时间,查清面积,查清造成的损失,查清单位和责任人;特别是查清 1998 年 8 月 8 日以后毁林开垦和各类工程建设乱占林地的单位和个人。在为期两个月的清查工作中,共查清乱占林地 279 处,面积 242.733 公顷。并根据违法类型分别进行处理:发送责令限期补办手续通知书 256 份;发送责令停止毁林通知书 23 份;当场收缴森林植被恢复费 9.4 万元。通过清查,大部分业主都进行了补办手续或整改。

1999 年 4 月 6 日,县林业局青林字〔1999〕第 16 号文件,公布了《林地使用许可证核发条件和程序》。至 2000 年,征、占用林地的审批逐渐走向规范化。

2001 年,全县审核批准征占用林地 26 件,使用林地面积 8.044 公顷,收取森林植被恢复费 136792 元。

2002 年,经审核批准征占用林地 47 件,使用林地面积 16.64 公顷,收取森林植被恢复费 283217 元。

表 4-2-1-1 2001—2002 年征占用林地情况一览表

项 目 名 称	征占用林地批文号	审核审批时间	使用林地面积(公顷)	植被恢复费数额(元)
2001 年合计 26 件			8.0443	136791.55
青田县东源腊石矿	青林地临审字〔2001〕1 号	2001.9.11	0.033	567.5
黄垟乡钼矿上横坑矿区	青林地临审字〔2001〕2 号	2001.9.12	1.97	33529.25
黄垟乡钼矿秀田峰矿区	青林地临审字〔2001〕3 号	2001.9.12	1.98	33709.5
青田山口贵岭铅锌矿地质普查	青林地临审字〔2001〕4 号	2001.9.13	0.2	3405
青田县腾飞钼业有限公司	青林地临审字〔2001〕5 号	2001.9.14	0.17	2894.25
上京秀荣采石场	青林地临审字〔2001〕6 号	2001.9.17	0.093	1589
东源武陵村上叶岭采石场	青林地临审字〔2001〕7 号	2001.9.19	0.02	340.5
季宅花岗岩厂舒桥叶村采石场	青林地临审字〔2001〕8 号	2001.9.28	0.086	1475.5
北山高岭石上治水矿段普查	青林地临审字〔2001〕9 号	2001.10.17	0.08	1362
北山镇北山村腊石矿	青林地临审字〔2001〕10 号	2001.10.17	0.08	1362
北山叶腊石有限公司	青林地临审字〔2001〕11 号	2001.10.17	0.08	1362
青田县为氏石英矿沙厂	青林地临审字〔2001〕12 号	2001.10.23	0.072	1225.8
青田县新兴铅锌有限公司	青林地临审字〔2001〕13 号	2001.10.25	0.77	13109.25
青田东南管桩有限公司	青林地临审字〔2001〕14 号	2001.10.29	0.253	4313
青田县仁庄花岗光石料制品厂	青林地临审字〔2001〕15 号	2001.11.2	0.39	6696.5
青田县仁庄镇宏源腊石矿 116	青林地临审字〔2001〕16 号	2001.11.5	0.07	1135

续表 4-2-1-1

项 目 名 称	征占用林地批文号	审核审批时间	使用林地面积（公顷）	植被恢复费数额（元）
青田县仁庄镇宏源腊石矿117	青林地临审字〔2001〕17号	2001.11.5	0.07	1135
青田县仁庄镇宏源腊石矿118	青林地临审字〔2001〕18号	2001.11.5	0.07	1135
青田县土岩伊利石矿洪府前点	青林地临审字〔2001〕19号	2001.11.5	0.07	1135
青田县下堡腊石矿	青林地临审字〔2001〕20号	2001.11.14	0.087	1475.5
金温铁路项目部良岸采石点	青林地临审字〔2001〕21号	2001.11.16	0.0333	567.5
北山镇北山村腊石矿	青林地临审字〔2001〕22号	2001.11.22	0.1	1702.5
青田县北山镇建雄腊石矿	青林地临审字〔2001〕23号	2001.11.22	0.04	681
青田县仁川石料场王分山	青林地临审字〔2001〕24号	2001.12.6	0.68	11577
青田县双洋老腰岩腊石矿	青林地临审字〔2001〕25号	2001.12.6	0.147	2497
青田县戈溪石料场	青林地临审字〔2001〕26号	2001.12.11	0.4	6810
2002年合计47件			16.6356	283217
山口镇腊石矿尧士矿区	青林地临审字〔2002〕1号	2002.1.7	0.533	9080
山口镇腊石矿丰门矿区	青林地临审字〔2002〕2号	2002.1.7	1.067	18160
山口镇腊石桥底洪矿区	青林地临审字〔2002〕3号	2002.1.7	0.26	4540
方山乡腊石矿白垄窑矿区	青林地临审字〔2002〕4号	2002.1.7	0.67	11350
方山乡腊石矿蒙杆湾矿区	青林地临审字〔2002〕5号	2002.1.7	0.13	2270
双洋腊石矿原岭头矿区	青林地临审字〔2002〕6号	2002.1.11	0.107	1816
泰顺县新纪石制品厂青田花岗岩矿	青林地临审字〔2002〕7号	2002.1.14	0.28	4767
东源镇鸟岩下鑫煌莹石矿	青林地临审字〔2002〕8号	2002.1.25	0.067	1135
青田星煌石料场	青林地临审字〔2002〕16号	2002.4.5	0.533	9080
青田县腊石有限公司白洋工区	青林地临审字〔2002〕10号	2002.2.4	0.6	10215
青田腊石有限公司尧士工区	青林地临审字〔2002〕11号	2002.2.4	0.2	3405
青田腊石有限公司丰门矿区	青林地临审字〔2002〕12号	2002.2.4	0.667	11350
青田圹后石灰矿	青林地临审字〔2002〕13号	2002.3.26	0.07	1192
北山仁村电站隧洞	青林地临审字〔2002〕14号	2002.4.10	0.1	1702
仁庄南木宕腊石矿	青林地临审字〔2002〕15号	2002.5.8	0.2	3405
北山半岭电站（1级）	青林地临审字〔2002〕17号	2002.7.8	0.1	1702
腊口镇武溪石料场	青林地临审字〔2002〕18号	2002.7.21	0.1	1703
青田汉生花岗岩石	青林地临审字〔2002〕19号	2002.7.24	0.333	5675

续表 4-2-1-1

项　目　名　称	征占用林地批文号	审核审批时间	使用林地面积（公顷）	植被恢复费数额（元）
温溪利达士研采场砂坦	青林地临审字〔2002〕20 号	2002.7.24	0.333	5675
温溪树脂废料提炼燃料油厂	青林地临审字〔2002〕21 号	2002.8.8	0.2	3405
青田县小岭腊石矿	青林地临审字〔2002〕22 号	2002.8.18	0.2	3405
青田赤岩采石场	青林地临审字〔2002〕23 号	2002.9.3	0.333	5675
黄垟乡钼矿秀田锋矿区和一工区	青林地临审字〔2002〕24 号	2002.9.17	1.535	26139
黄垟乡钼矿秀田锋矿区和二工区	青林地临审字〔2002〕25 号	2002.9.17	1.174	19982
黄垟乡钼矿上横坑矿区	青林地临审字〔2002〕26 号	2002.9.17	0.9	15317
新兴铅锌有限公司圹后采矿区	青林地批字〔2002〕1 号	2002.10.18	0.77	13109
青田高沙电站	青林地批字〔2002〕2 号	2002.10.5	0.033	568
青田高岭石腊石有限公司	青林地批字〔2002〕3 号	2002.10.18	0.08	1362
青田北山高岭叶腊矿	青林地批字〔2002〕4 号	2002.10.18	0.08	1362
青田钼业有限公司桐坑矿段	青林地批字〔2002〕5 号	2002.10.28	0.1333	2270
黄垟乡钼矿秀田锋矿区 KD067	青林地批字〔2002〕6 号	2002.10.28	0.0867	1475
方山乡腊石矿蒙杆湾矿区	青林地批字〔2002〕7 号	2002.10.27	0.13	2213
方山乡腊石矿白垄采矿区	青林地批字〔2002〕8 号	2002.10.17	0.61	10385
黄垟乡钼矿秀田锋矿区 KD018	青林地批字〔2002〕9 号	2002.10.17	0.08	1362
黄垟乡钼矿秀田锋矿区 KD035	青林地批字〔2002〕10 号	2002.10.17	0.08	1362
仁庄镇宏源腊石矿	青林地批字〔2002〕11 号	2002.10.27	0.07	1135
仁庄镇宏源腊石矿	青林地批字〔2002〕12 号	2002.10.27	0.07	1135
峰山电站堆渣场	青林地批字〔2002〕13 号	2002.10.27	0.0333	568
北山镇白岩腊石矿	青林地批字〔2002〕14 号	2002.10.29	0.0666	1135
黄垟乡钼矿秀田峰矿区 KD158	青林地批字〔2002〕15 号	2002.10.29	0.0867	1476
山口镇腊石矿桥底洪石矿	青林地批字〔2002〕16 号	2002.10.27	0.267	4540
山口镇腊石矿旦洪丰门矿区	青林地批字〔2002〕17 号	2002.10.27	1.067	18160
山口镇腊石矿尧士水鸡岭降	青林地批字〔2002〕18 号	2002.10.27	0.533	9080
山口镇宏达钼业有限公司	青林地批字〔2002〕19 号	2002.10.28	0.2	3405
青田腊石有限公司尧士工区	青林地批字〔2002〕20 号	2002.10.29	0.2	3405
青田腊石有限公司丰门矿区	青林地批字〔2002〕21 号	2002.10.29	0.667	11350
青田腊石有限公司白洋工区	青林地批字〔2002〕22 号	2002.10.29	0.6	10215

2003 年，林地管理工作保持良好势头，全年共依法审核征占用林地 66 起，面积 2786.485 亩。

2004 年，根据省林业厅《关于开展征占用林地清理整顿大检查的通知》（浙林资〔2004〕52 号）及市局《关于开展征占用林地清理整顿大检查的通知》（丽林〔2004〕27 号）文件精神，县林业局开展了征占用林地清理整顿大检查，广泛宣传了国家林业局 2 号令《占用征用林地审核审批管理办法》等林地保护管理的有关法律、法规和政策，提高全社会共同保护林地资源的自觉性。是年，全县审核征占用林地共 23 起，面积 595.415 亩，其中临时占用 17 起，占用面积 62.025 亩，长期占用 6 起，占用 533.39 亩。

2005 年 11 月 16 日，省政府令第 204 号发布《浙江省林地管理办法》，该《办法》分总则、林地权属管理、林地的保护和开发利用、林地使用的程序、林地使用的费用、法律责任、附则 7 章 53 条，自 2006 年 1 月 1 日起施行。该《办法》施行，使林地征占用审批更规范，更具可操作性。是年，全县征占用林地共计 20 起，面积 40.7701 公顷，其中临时占用 13 起，占用林地面积 3.4241 公顷，长期占用 7 起，占用 37.3460 公顷。

2006 年，依法审核审批林地征占用 8 起，其中征占用林地面积 11.4144 公顷，收取森林植被恢复费 683626 元，其中长期征占用林地有 3 宗，占用林地面积 1.4233 公顷。

2010 年，根据浙江省林业厅《关于组织开展全市省级县级林地保护利用规划编制（修订）工作的通知》（浙林资〔2010〕95 号）要求，县林业局于 10 月开始，启动林地保护利用规划的编制工作，至次年 12 月，编制完成《青田县林地保护利用规划》（2010—2020 年）。《规划》以《中华人民共和国森林法》《中华人民共和国森林法实施条例》《浙江省林地保护管理办法》等为法律依据；以《浙江省林地保护利用规划编制规范》为技术依据；以 2007 年青田县森林资源规划设计调查成果数据为基础数据。在对全县林地资源现状、利用特点、存在问题、发展趋势进行综合分析的基础上，提出了林地保护利用的指导思想、原则和目标，从林地总量、林地结构、林种结构、区域布局等方面，做出规划安排，对林地保护及建设工程做出规划设计，提出了保障规划实施的主要措施。

2012 年，国家林业局委托华东林业设计院于 9 月份对青田县进行林地大检查，县林业局积极排查、查漏补缺、完善资料，顺利通过国家林业局的检查。经检查上年度 1 月 1 日至本次检查日止，全县共计发生占用征收林地项目 45 起，实际占用林地面积计 68.7852 公顷。其中经林业主管部门审核同意 42 起，审核面积 67.8145 公顷。无任何手续项目 3 起，面积计 0.9707 公顷，占 1.4%。未发现异地占用、未按用途占用林地及超期限占用林地现象。45 起占用征收林地建设项目中，应收缴植被恢复费项目 44 起（1 起农民自建房项目不收费），按标准应缴纳森林植被恢复费 481.0168 万元，落实森林植被恢复费的项目数为 41 起，落实费用 474.6682 万元。经审核（批）的占地项目未发现降低标准收费现象。

检查范围内，临时用地到期项目 9 起。审批占地面积合计 3.0814 公顷。9 个到期项目中已经回收的 3 个，重新办理审批手续继续占地的项目 6 个。3 个回收项目中，1 个项目已恢复森林植被，2 个项目因原地恢复困难尚未恢复森林植被。

检查占用征收林地项目中，涉及林木采伐的有 18 起，实际采伐面积 46.8509 公顷，采伐蓄积为 1402.8 立方米，其中办理林木采伐许可证的 15 起，有证采伐面积为 45.8802 公顷，有证采伐蓄积为 1393.8 立方米；无证采伐项目 3 起，无证采伐面积为 0.9707 公顷，无证采伐蓄积为 9.0

立方米。无证采伐均发生在违法占地项目中。经审核（批）同意的项目中未发现无证采伐现象。检查组通过对青田县的卫星照片判读及实地踏查，未发现毁林开垦情况，使用林地状况总体良好。

是年，全县共办理林地征占用审核审批 39 件，征占用林地面积 103.6749 公顷，征收植被恢复费 623.5927 万元。其中长期占用林地 19 件，占用面积 94.3645 公顷，征收植被恢复费 572.6821 万元；临时占用林地 20 件，面积 8.4851 公顷，征收植被恢复费 50.9106 万元。查获违法占用林地案件 5 起（清理非法占有林地 1.4383 公顷，罚款 22.2013 万元）。

2013 年 9 月 16 日，县政府主持召开评审会，通过对《青田县林地保护利用规划》（2010—2020 年）的评审；10 月 25 日，该规划通过省林业厅审查；随后，报县政府批复实施。是年，共办理林地征占用审核审批事项 15 起，征收占用林地面积总 48.3976 公顷，其中林业生产服务设施建设用地 4.7 公顷，长期占用面积 6.4788 公顷，临时占用面积 37.2188 公顷，共收取植被恢复费 345.57 万元。

2014 年 11 月 26 日，县林业局〔2014〕77 号文《关于成立青田县非法侵占林地清理排查专项行动领导小组的通知》，由林业局局长张利勇担任组长，副局长王国富、森林公安局局长詹世利担任副组长，成员由各科负责人兼任；领导小组下设办公室，林政科科长兼任办公室主任。开展非法侵占林地清理排查专项行动，进一步加强林地保护和规范对林地开发利用的指导、监督和服务。

表 4-2-1-2　青田县历年林地征占用统计表　　　单位：公顷、元

年度	征占用起数	林地征占用面积	森林植被恢复费
2003	66	185.766	未统计
2004	17	599.191	2683369
2005	25	48.2539	2739759
2006	15	1889.9937	104621772
2007	18	21.546	1345152
2008	17	19.7498	1750802
2009	22	29.4344	1659277
2010	9	36.9131	2306016
2011	20	32.6215	2222794
2012	38	101.8496	6235927
2013	13	11.7233	572544
2014	21	54.2534	3964108
合计	281		

表 4-2-1-3 2013 年林地征占用审批情况表

用地单位	项目名称	国有面积（公顷）	集体面积（公顷）	森林植被恢复费（元）	占地类型占地类型
青田县舒桥乡石材有限公司	青田县舒桥乡石材有限公司临时用地（堆料场）	0	0.1836	11016	临时占用林地
青田县国土资源局	温溪镇港头村 2010 年 1 号地块工业用地项目	0	0.4642	27852	占用征收林地
青田县国土资源局	东源镇 2012 年 8 号地块工业用地项目	0	0.8513	51078	占用征收林地
青田县城城建重点项目建设指挥部	青田县城市组团交通枢纽工程	0	1.0612	127344	占用征收林地
青田县八面湖林场	青田县八面湖林场东岩至小将林区道路项目	2.5	0	0	林业生产设施
青田县国土资源局	鹤城镇 2012 年 5 号、6 号地块住宅用地项目	0	1.02	122400	占用征收林地
青田县国土资源局	章旦乡 2012 年 1 号、2 号、3 号地块公共设施用地项目	0	1.6842	101052	占用征收林地
青田县国土资源局	青田县鹤城镇 2012 年 7 号地块住宅用地项目	0	0.077	9240	占用征收林地
青田县国土资源局	青田县油竹街道 2012 年 11 号地块工业用地项目	0	1.3013	78078	占用征收林地
青田县八面湖林场	八面湖林场石井至东岩林区道路建设项目	0.8	0	0	林业生产设施
浙江金衢丽天然气有限公司	金丽温输气管道工程项目	0	0.0196	1176	占用征收林地
青田县大垟山林场	大垟山林场坑角至驮龙林区道路建设项目	1.4	0	0	林业生产设施
49 省道青田鹤城过境段改建工程建设指挥部	49 省道青田鹤城过境段改建工程	0.097	0.2639	43308	占用征收林地
合　计	11.7233	4.797	6.9263	572544	

表 4-2-1-4 青田县临时占用林地许可办理程序

实施依据	《中华人民共和国森林法实施条例》 第十七条 需要临时占用林地的，应当经县级以上人民政府林业主管部门批准。
申报资料	1. 使用林地申请表； 2. 建设单位法人证明； 3. 土地预审意见； 4. 项目批准文件（包括用地红线图）：大中型建设项目，要有可行性研究报告批复和初步设计批复；小型建设项目，要选址和用地规模的批准文件；勘查、开采矿藏项目，要有勘查许可证、采矿许可证和其他相关批准文件；因建设项目勘测设计需要临时占用林地的，要有建设项目可行研究报告的批复； 5. 被占用或征用的林地权属证明材料（林权证加盖村委公章并签署意见）； 6. 与被占用或被征用的单位签订的林地、林木补偿协议等材料； 7. 项目使用林地可行性报告或使用林地现状调查报告； 8. 使用林地现场查验报告（2 公顷以上的林地）； 9. 其他材料（如涉及有关保护区的批复文件）。
办理流程	1. 申请人将材料送交审批中心林业窗口受理； 2. 材料审核； 3. 临时占用除防护林和特种用途林以外的其他林地面积 2 公顷以下的，由县级人民政府林业主管部门审批，其他临时占用林地和占用征用的情况都需报上级林业主管部门审核审批。
法定时限	20 个工作日（提速后时限 4 个工作日）
收　费	森林植被恢复费 2~20 元 / m²

表 4-2-1-5 青田县林业生产占用林地许可办理程序

实施依据	《中华人民共和国森林法实施条例》 第十八条 森林经营单位在所经营的林地范围内修筑直接为林业生产服务的工程设施，需要占用林地的，由县级以上人民政府林业主管部门批准；修筑其他工程设施，需要将林地转为非林业建设用地的，必须依法办理建设用地审批手续。
申报资料	1. 使用林地申请表； 2. 建设单位法人证明； 3. 土地预审意见； 4. 项目批准文件（包括用地红线图）：大中型建设项目，要有可行性研究报告批复和初步设计批复；小型建设项目，要选址和用地规模的批准文件；勘查、开采矿藏项目，要有勘查许可证、采矿许可证和其他相关批准文件；因建设项目勘测设计需要临时占用林地的，要有建设项目可行研究报告的批复； 5. 被占用或征用的林地权属证明材料（林权证加盖村委公章并签署意见）； 6. 与被占用或被征用的单位签订的林地、林木补偿协议等材料； 7. 项目使用林地可行性报告或使用林地现状调查报告； 8. 使用林地现场查验报告（2 公顷以上的林地）； 9. 其他材料（如涉及有关保护区的批复文件）。
办理流程	1. 申请人将材料送交审批中心林业窗口受理； 2. 材料审核； 3. 占用除防护林和特种用途林以外的其他林地面积 2 公顷以下的，由县级人民政府林业主管部门审批，其他临时占用林地和占用征用的情况都需报上级林业主管部门审核审批。
法定时限	20 个工作日（提速后时限 4 个工作日）
收　费	否

附: 青田县征占用林地需提交的材料与森林植被恢复费收费标准

一、林地征占用审核申报资料

1. 使用林地申请报告;

2. 项目批准文件（发展计划局）;

3. 建设单位法人证明（企业营业执照）;

4. 规划许可证（建设局选址、红线图）;

5. 被征占用林地的权属证明材料（集体山林权证）;

6. 与被征占用林地单位的补偿协议;

7. 项目使用林地可行性报告;

二、可行性报告的编制

项目使用林地可行性报告需委托有资质单位编制（一般由浙江省林业勘察设计院编制）。

三、森林植被恢复费收费标准（分 5 大类收取）

1. 用材林林地、经济林林地、薪炭林林地、苗圃地，6 元 / 平方米;

2. 未成林造林地，4 元 / 平方米;

3. 防护林和特种用途林林地 8 元 / 平方米;国家重点防护林和特种用途林林地 10 元 / 平方米;

4. 疏林地、灌木林地，3 元 / 平方米;

5. 宜林地、采伐迹地、火烧迹地，2 元 / 平方米。

第二节 采伐管理

一、中华人民共和国成立前的采伐管理

森林采伐，历史上曾有管理规定。民国 18 年（1929 年），浙江省政府公布《浙江省管理森林暂行规则》规定:"凡森林自栽种之年起十年内除整枝间伐外，不得采伐。但有特殊情形经市县政府核准者，不在此限""森林届采伐时期，应先拟伐木案，呈送市县政府核转省政府建设厅核准施行。"民国 25 年（1936 年），省建设厅训令各市县长，令各县市保护森林，实施伐木申请许可证制度。民国 26 年（1937 年）2 月 3 日，省政府公布《浙江省各县市保护森林实施办法》，规定对保护林区的林木，要塞林、护岸林、护路林的采伐必须事先向政府有关部门提出申请，经核准发给许可证后，方可采伐。抗日战争期间，省政府在民国 27 年（1938 年）6 月 13 日发布《浙江省战时保护森林暂行办法》，规定对要塞区域和军事设施周围、交通要道及名胜古迹、寺院庙宇、风景区之林木严禁采伐。

民国时期，青田民间建有保护森林的禁山会等组织。民国 29 年（1940 年）7 月，浙江省农业改进所编写的《青田县林业概况调查报告》记载:"有少数乡村如山口、南阜、西坑、鳌里等地方，曾有森林禁会之组织，如有窃盗林木，即由禁会予以制裁。"

据台北青田同乡会编撰的《续修青田县志》记载，民国 26 年（1937 年），时任县长郑迈颁布《青田县造林保护森林伐木登记办法》，其中采伐林木项，规定如下:"三、举行伐木登记。第一程，

调查伐木习惯；执行方法：1. 拟发调查表式，令饬各乡镇分别填报，以供研究，2. 派建设科长前往分别调查研究之。第二程，拟具伐木登记条例专案呈请核定；执行方法：饬由建设科妥予拟订，呈候核定。第三程，举行伐木登记。执行方法：依据条例，分别切实执行之。"

民国 33 年（1944 年），全省各地相继建立森林警察组织。青田县 17 个乡镇，从原有警备班中各挑选队士 2 名，共计 34 名，兼充森林警察。但因森林警察报酬无着，未能发挥应有作用。

民国时期，因战乱频繁，政府腐败，木材采伐管理松弛，上述法规和保护森林措施难以贯彻实施，收效甚微，森林屡遭破坏。

二、森工部门主导时期的采伐管理（1952—1983 年）

中华人民共和国成立以后，政府重视森林保护工作。青田在这一时期的森林采伐管理，主要由县、区、社（乡）政府及森工部门实施，其主要途径，一是由政府发布文件实施政策管理；二是森工部门实行"订约收购"，按收购合同计划采伐；三是从 1960 年起在部分路段设立木材检查站（后称打击投机倒把办公室），实施木材凭计划调拨单运输出境，监控年出运总量来约束采伐。

中华人民共和国成立初期，木材、毛竹的采伐运销仍然是自由经营，自由交易。1951 年，华东军政委员会发布《华东森林采伐管理办法》，规定不论采伐公私森林都要向人民政府申请，经批准后方得入林，砍伐木材须报请原批准单位查验后方得运输出境。同年，省人民政府发布《浙江省木材采伐收购管理方案》；在省财政委员会下，设立木材采伐收购委员会，实行统一管理、统一计划、统一采伐、统一收购。1952 年后，木材交易执行统购统销政策。1952 年 7 月，青田成立温州煤建器材经营处青田转运组，全面接管木材购销业务。

1954 年开始，浙江省实行木材订约收购和计划控制，并加强木材交易市场的管理，切断了私商长途贩运和投机倒把行为。8 月 24 日，中共中央农村工作部批转林业部党组《关于在南方私有林区对木材收购计划进行控制问题的请示报告》，指示南方私有林区的木材生产要"由党政领导，以村或乡为单位，根据国家分配的木材收购计划指标及所要求的各项树材种、规格，自下而上采取林农自报，由森工机构分别向互助组、合作社签订合约，进行收购"。通过订约收购，对森林的采伐实施管理，有效地控制农民盲目大量采伐林木，使私有林区木材生产逐步纳入国家计划轨道，制止了乱砍滥伐现象的发生。同年 12 月，青田转运组改称浙江省森林工业局温州分局青田收购组。1958 年 11 月，青田收购组改为青田县森工站，根据县计划进行收购、调拨、销售、出运等工作。

1958 年，国家实施"大跃进"政策，三大运动（大办食堂、大烧木炭、大办钢铁）接踵而至，乱砍滥伐林木随处可见，木炭生产对阔叶林资源破坏尤为严重。三年困难时期，群众毁林开荒的现象十分普遍，造成森林资源破坏。

1962 年，中共中央颁布《农村人民公社工作条例修正草案》，规定集体山林应根据国家采伐计划经批准后才能进行采伐。

1963 年 5 月 27 日，国务院颁布《森林保护条例》，规定："国有森林按照《国有林主伐试行规程》的有关规定采伐，集体所有的森林，应当根据森林资源情况和生长规律，确定每年采伐数量、规格、时间和地点，经过批准采伐。采伐集体所有的树木，应当按照木材生产计划，经过省林业行政部门逐级下达任务，并且征得森林所有者同意，实行订约采伐。集体单位从自有的森林里每年采伐自用的木材（包括社员个人需要部分），数量在 10 个立方米以下的，由乡人民委员会批准；超过 10 个立方米的，由县人民委员会批准。"从此，全省各级林业行政部门，加强林业行政管理工作，恢复林木采伐审批制度。

1966 年秋，"文化大革命"开始，随着运动的逐步深入，政府管理机构一度陷于瘫痪，乱砍滥伐现象又普遍发生。

1967 年 9 月，中共中央国务院等单位联合下发中发（67）305 号《关于加强山林保护管理、制止破坏山林、树木的通知》，规定：严格实行计划采伐，计划收购。林业（森工）部门和社、队都必须按照国家下达的计划指标进行采伐和收购，不得无计划生产。任何非经营木材和竹子的部门和单位未经批准，不许擅自向国营林场和集体单位采购木材和竹子。由于"左"的思潮干扰，《通知》未能得到认真贯彻，各地乱砍滥伐森林现象仍较严重。为扭转这种状况，1973 年 3 月 1 日，省革命委员会发布《关于保护山林，加强木材、毛竹管理的布告》，严禁乱砍滥伐山林。国营和集体的木材和毛竹的采伐，必须按照国家分配的计划，实行计划采伐，计划收购。严禁买卖青山，严禁砍伐幼林、国防林、护岸林、护路林、水库林、名胜古迹林、风景林和稀有的珍贵树种，不准毁林开荒和毁林搞副业。

1979 年春，《中华人民共和国森林法》（试行草案）颁布实施。青田深入宣传《森林法》。根据《森林法》（试行草案）第 32 条"采伐林木必须申请采伐许可证，按许可证的规定进行采伐"的精神，县森工部门会同林业部门制定林木采伐实施审批制度，并将实行林木采伐许可证制度落到实处。

1982 年，省林业厅统一印制了《浙江省木材采伐证》，全省各地实行根据计划部门下达的木材采伐计划发放采伐证，凭采伐证规定的地点、树种和数量等进行采伐。是年，在贯彻中共中央、国务院发布的《关于制止乱砍滥伐森林的紧急指示》时，青田县组织清查无证砍伐、盗伐、超计划砍伐的行为，严肃查处了一批乱砍滥伐毁林案件。

三、林业主管部门接手后的采伐管理（1984 年后）

1981 年 3 月 8 日，中共中央、国务院发布中发（1981）12 号《关于保护森林发展林业若干问题的决定》，规定木材实行集中统一管理，实行全国"一本账"。为贯彻中发（1981）12 号文件精神，省政府重申全省木材统一归口由林业部门管理。同年 9 月 13 日，国家计划委员会、国家经济委员会、林业部、国家物资局、国家统计局根据中发（1981）12 号文件中关于实行木材生产计划"一本账"的要求，发出通知，决定从 1984 年开始，实行全国木材生产"一本账"制度。9 月 16 日，省委、省政府发出《关于加强林业建设全面发展山区经济的意见》，要求各地坚决执行省政府关于木材生产实行"统一计划，凭证采伐"的规定，国家统配材、地方用材、民用材和有关部门的自用材，全部纳入采伐计划，不得层层加码搞无计划采伐。全省木材生产计划由省计划委员会下达到各市，再由市下达到县，由县林业主管部门按计划核发采伐许可证，凭证进行采伐。

1984 年，县政府公布《关于林政管理若干问题的规定》，《规定》明确：全县木材采伐、运输等由县林业局统一管理。同时对木材采伐审批、凭证、上市、运输等做出具体规定。同年，县林业局成立林政股，具体执行林政工作职责。

1985 年，县林业局根据县政府青政字（85）第 26 号《关于下达一九八五年木材采伐计划的通知》，制定详细实施办法，根据各地具体情况，将采伐计划落实到乡，由乡再细化到村、组。乡政府根据计划安排，统筹兼顾，严格掌握审批。同时规定：农村居民房前屋后零星林木采伐，由村民委员会批准；风景林、古树、珍贵树种及经济林木采伐，一律由县林业局从严掌握审批。按照合理布局，方便流通的原则，开放木材市场，产销直接见面；凡是经过批准采伐的林木，均可凭证上市，允许多渠道经营；林农可以自用，可以出售，可以以木换粮，可以加工成品半成品运销，也可以委托有关部门代销。销售木材的收入，除上交税金、育林基金和少量管理费外，全部归林农所有。是年，全县木材采伐计划1.5万立方米，实际批准凭证采伐0.95万立方米；包括小头直径6公分在内，实际采伐1.55万立方米。其中，县木材公司（原森工站）议购议销3000立方米，5个国营林场自产自销2000立方米，市场销售3000立方米，农民自用3000立方米。是年，部分农村存在未批先砍现象，县林业局除加大宣传教育外，同时加强管理力度：全年共收取育林基金、更改基金5.4万元。县木材检查站处理违章运输案件341件，没收木材18.43立方米，罚款60637.4元。林业派出所、林政股共查处乱砍滥伐案件183件，罚款39825元，受处理311人，行政拘留7人，逮捕1人，判刑1人。通过典型案例处理，使群众增强法制观念，加深对"依法治林"的认识。

1985年11月9日，县政府《关于实行采、造挂钩的若干规定》发布，规定从1986年起，采伐林木和造林挂钩，主要精神：1.凡经批准取得采伐许可证的单位和个人，必须做好采伐更新工作。每采伐1立方米木材，在当年或次年完成更新造林1亩，或栽树300株，也可封山育林10亩。2.造林成活率要在80%以上，包种包成活。3.领取采伐证时，要向审批单位预交造林费，每立方米20元（包括种苗费3元）；次年验收合格后退还。同年12月，县政府发布《关于下达1986年林木限额采伐和林政管理补充规定的通知》，下达木材采伐计划13000立方米。同时实行采育挂钩，规定每采伐1立方米木材收取种苗费3元。全县在林业重点区、乡，先后建立林政管理所、组9个，配备专职或林业技术员兼职林政员10人。是年，全县实际采伐林木计10932立方米；大多数乡村都采取凭证采伐，验收打印，凭印上市。全年共收取种苗费2700元，甲种、乙种育林基金、更改资金13万元。全年共发生盗伐、滥伐案件67起，处理54起，被处理132人；其中拘留5人，罚款2.6万元。

1988年，根据县政府（85）125号、（87）103号、166号文件精神，县林业局对林木采伐收费标准做出规定：林农申请自留山、责任山的林木，经乡政府批准发放采伐证时，向林农征收乙种育林费、种苗费每立方米3元，乡林技员在验收打印时收取劳务费1元。集体林木、古树等由林业局审批发证并收取有关费用。

1989年，县物价局（青价字第4号）文件对征收木材费用的范围、标准问题，做如下调整：

育林基金和更改资金计征的范围、标准。木材按经营者收购后的第一次销售价的15%计征，其中，育林基金9%，更改资金6%，第一次收购销售价的基数定为：杉木规格材500元/立方米，杉木次材350元/立方米；松木规格材250元/立方米，松木次材、杂木150元/立方米；柳杉350元/立方米；旧屋料200元/立方米。木类品按实际消耗木材数量计算的价格的15%计征；毛竹每百株计征育林资金10元；竹品按实际消耗毛竹数量计算的价格计征；木炭按每百斤3元，柴每百斤4角计征。

林政管理费，按每立方米木材和每百株毛竹征收3元。林区管理建设费，按每立方米杉木

图 4-2-2-1 林业技术人员进行采伐检尺验收（1998 年摄）

10 元，松杂木 5 元，毛竹每百株 8 元征收。森林防火费，按每立方米木材 3 元征收。

国营林场（苗圃）生产销售的木竹及其制品，按省财政厅、林业厅（87）财农 7 号、林计（87）006 号关于浙江省国营林场林价制度实施办法执行。

1990 年 1 月 15 日，县林业局发出青林字（90）第 10 号《关于加强林木限额采伐计划管理若干规定的通知》，《通知》规定林木采伐审批程序，对林场、集体统管山等单位采伐，要求做好采伐规划设计；首次对毛竹采伐设定条件。并规定林木采伐每立方米收费标准：森林防火费 3 元；林政管理费 3 元；资源预留费松、杂木 20 元，杉木 30 元。

1996 年，县林业局建立森林资源管理目标责任制，坚持采伐审批"一支笔"制度；做到伐前设计，伐中检查，伐后验收打印；及时查处批少砍多、先砍后批、不批乱砍的违法行为；在审批采伐证时，做到"三个不批"：山林权属不清的不批，采伐地块不落实的不批，采伐期外的时间不批。

1997 年 1 月 8 日，县政府青政〔1997〕第 1 号文件《关于下达一九九七年林木材伐计划的通知》要求，切实加强林木采伐计划管理，坚持凭证采伐制度，商品材和农民自用材凭证采伐率要达到 95% 以上，国有林场凭证采伐率要达到 100%。"九五"期间林木采伐计划实行采伐类型、消费结构双向控制，各分项限额指标不得相互挪用、挤占。是年，全县采伐计划为 19225 立方米；其中主伐 10205 立方米。毛竹采伐计划 54.2 万根。

1999 年 4 月 6 日，县林业局青林字〔1999〕第 16 号文件，公布《林木采伐许可证办证程序》。其程序是：1. 林木所有单位或个人提出书面申请，写明采伐目的、地点、面积、树种，采伐方式、数量和更新措施；村委会、乡政府签署意见。2. 乡镇林业技术员调查核实。3. 林木采伐必须进行作业设计。4. 林木采伐审批权限：责任山、自留山采伐林木 20 立方米以下的，由当地乡镇林业站审批；集体统管山或 30 立方米以下的，由林政科审批；31 立方米至 100 立方米的，由林政科审核后报分管局长审批；100 立方米以上的，报局长办公会议决定。是年，全县限额计划蓄积 8.72 万立方米，其中商品材 56490 立方米，自用材 10000 立方米。发放采伐证材积为 12852.5 立方米，实际采伐量为 12966.6 立方米，其中商品材 11806.2 立方米，自用材 1160.4 立方米。林木凭证采伐率为 99.1%，小片采伐率 24%，采伐剩余物利用率 75%。

2000 年 4 月 30 日，根据省林业厅《关于开展林政执法大检查的通知》精神和要求，县林业局发文青林字〔2000〕23 号《关于开展林政执法大检查的通知》，在全县部署林政执法大检查。这次大检查规模大，时间长，组织严密，措施有力；检查内容包括：森林采伐管理情况，林地林权管理情况，木材流通管理情况，林政案件查处情况等。并规定了检查方法、检查要求等。时间安排 5 月上旬开始，6 月底结束。通过这次检查，发现了不少问题，及时进行了纠正和处理，收到了较好的效果。12 月 5 日，县林业局发出青林〔2000〕56 号《关于要求对 2000 年度林木限额采伐执行情况进行自查的通知》文件，要求各乡镇、林业站将全年林木采伐情况做一次自查，重点是查清未经检尺验收的采伐数量和原因。

2001 年 1 月 8 日，县林业局发出青林〔2001〕03 号《转发省林业局关于启用新版 < 浙江省林木采伐许可证 > 的通知》；新版的采伐许可证由国家林业局统一规定式样；启用新版许可证，对加强林木采伐管理有着现实的意义。

2004 年，全县林木采伐限额为 108730 立方米，实际发证 3894 份，其中毛竹 40 份，采伐 9.3 万株；采伐立木蓄积 5277 立方米，其中商品林 3677 份，共 26034 立方米；自用林 209 份，共 5240 立方米；烧材 8 份，共 200 立方米。

2005 年，全县林木采伐限额 106420 立方米，其中商品林 59760 立方米，自用林 41070 立方米，烧材 5590 立方米。实际发证 1522 份，采伐立木蓄积 56007 立方米，其中商品林 19117 立方米，自用林 6890 立方米。

2008 年，县林业局落实省林业厅计财处下发浙林计〔2008〕19 号《关于暂缓征收集体育林资金、更新更改资金的通知》，会同县财政局、县发改局共同发布文件，暂缓林业“两金”的征收；据统计，仅此一项，年实现省财政转移支付 211 万元。

2012 年，全县年林木采伐限额蓄积为 10.6 万立方米，全年共发放林木采伐许可证 827 份，计林木采伐蓄积 33885.43 立方米。其中主伐采伐 691 份，计林木采伐蓄积 24189.15 立方米，抚育采伐 60 份，计林木采伐蓄积 1185.27 立方米；更新采伐 7 份，

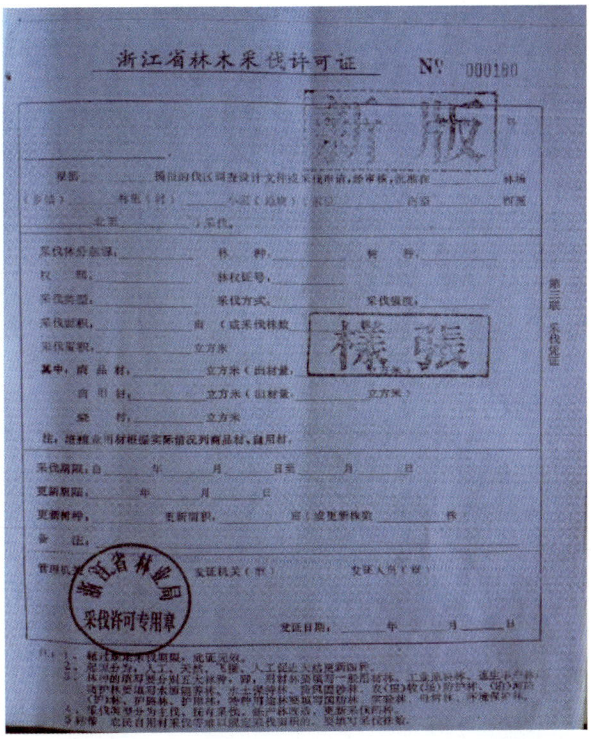
浙江省林木采伐许可证 №000180
新版
样張
采伐许可专用章

图 4-2-2-2 采伐证新版样张（2014 年摄）

计林木采伐蓄积331.2立方米，其他采伐70份，计林木采伐蓄积8179.81立方米；毛竹发放采伐许可证33份，计采伐13.845万支。全县各乡镇森林资源消耗量没有突破、串换，基本符合林木采伐的有关规定。是年，查获无证采伐等林政案件18起，共收缴木材95.9658立方米，罚款25.444万元。其中盗滥伐林木案件2起（收缴木材4.933立方米，罚款4773元）。

2013年，实施"两集中、两到位"行政审批制度改革。对14项许可事项的办事程序进行2次大幅提速，实现"一站式审批"，为群众办理各类涉林审批事项1938件，其中即办件1366件。是年，共发放林木采伐许可证499件。

2014年，全年共办理审批事项899件，其中林木采伐许可证的核发668件，采伐蓄积28362.85立方米。

表 4-2-2-1 1985—1989 年采伐计划执行情况表　　单位：立方米、万元

	年　份		1985	1986	1987	1988	1989	合　计
	采伐计划		15000	13000	13000	13000	13000	67000
采伐计划分配	自用材		8250	6700	5140	2483	3000	25573
	县机动			1300	2860	1620	4000	9780
	商品		6750	5000	5000	7007	6600	30357
	其中	林场商品材	2730	3000	2470	2896	2630	13726
		乡镇商品材	4020	2000	2530	4201	3320	16071
采伐计划执行	实际采伐量		14900	9332	9377	10313	6094	50016
	实际审批采伐量		10706	9100	9186	9120	5102	43214
	滥伐		2115	201	118	1089	885	4408
	盗伐		79	31	7.3	98	104	319.3
	其他		2000					2000
办理出运手续	林场出运数		2568	2503	2580	2139	1792	11582
	乡镇出运数		2112	2634	2180	3830	2569	13325
	合计出运数		4680	5137	4760	5969	4461	25007
	两金		3.5	15	20	26	33.1	97.6
	三费				3.3	4.5	8	15.8

表 4-2-2-2 1989—1999 年木材采伐计划与实际采伐情况（材积）　单位：立方米

年别	采伐计划	实际采伐	年别	采伐计划	实际采伐
1989	13000	6094	1995	18700	11836
1990	13000	5861	1996	40860	13270
1991	18700	16400	1997	40860	10207
1992	18700	16027	1998	40860	11632
1993	18700	9919	1999	40860	12678
1994	18700	14500	合计		128424

表 4-2-2-3　青田县 2013 年林木采伐限额分配调整表　　　单位：立方米

单位	合计	按采伐类型				公益林				商品林				按森林起源	
		主伐	抚育采伐	更新采伐	其他采伐	合计	抚育采伐	更新采伐	其他采伐	合计	主伐	抚育采伐	其他采伐	天然林	人工林
合计	63600	42174	10386	2040	9000	6108	1866	2040	2202	57492	42174	8520	6798	42450	21150
章村乡	2529	1806	402		321	78	78			2451	1806	324	321	1728	801
腊口镇	858	594	132		132	57	27		30	801	594	105	102	594	264
舒桥乡	1014	726	162		126	30	30			984	726	132	126	693	321
祯旺乡	1629	1164	258		207	51	51			1578	1164	207	207	1110	519
祯埠乡	1566	1086	240		240	102	48		54	1464	1086	192	186	1086	480
海溪乡	1401	1002	222		177	45	45			1356	1002	177	177	954	447
海口镇	2169	1560	345		264	66	66			2103	1560	279	264	1479	690
高市乡	1023	732	162		129	33	33			990	732	129	129	696	327
船寮镇	3344	2382	528		434	122	96		26	3222	2382	432	408	2285	1059
高湖镇	2304	1656	369		279	72	72			2232	1656	297	279	1569	735
黄垟乡	1368	978	216		174	45	45			1323	978	171	174	933	435
季宅乡	1665	1194	264		207	54	54			1611	1194	210	207	1137	528
万山乡	1041	744	168		129	33	33			1008	744	135	129	708	333
东源镇	2289	1644	366		279	66	66			2223	1644	300	279	1560	729
万阜乡	1671	1194	264		213	54	54			1617	1194	210	213	1140	531
岭根乡	855	618	138		99	27	27			828	618	111	99	582	273
北山镇	1986	1476	330		180	51	51			1935	1476	279	180	1329	657
巨浦乡	1503	1074	240		189	48	48			1455	1074	192	189	1026	477
仁宫乡	1608	1074	240	54	240	153	48	54	51	1455	1074	192	189	1131	477
阜山乡	2064	1500	330		234	42	42			2022	1500	288	234	1401	663
章旦乡	618	444	99		75	21	21			597	444	78	75	423	195
鹤城镇	1083	750	168		165	72	30		42	1011	750	138	123	750	333

注：采伐指标以材积为准

表 4-2-2-4 青田县林木采伐许可证办理程序

实施依据	《中华人民共和国森林法》第三十二条 采伐林木必须申请采伐许可证，按许可证的规定进行采伐；农村居民采伐自留地和房前屋后个人所有的零星林木除外。
申报资料	1. 《林木采伐申请表》或《申请书》； 2. 申请采伐的林木所有权证书或使用权证书； 3. 国有企业事业单位应当提交采伐区调查设计文件和上年度采伐更新验收证明； 4. 其他单位和个人应当提交包括采伐林木的目的、地点、树种、林况、面积、蓄积、方式和更新措施等内容的文件； 5. 个人应提交山场四至无纠纷证明； 6. 林木采伐单位和个人应当提交与采伐林木所在地乡级人民政府订立的采伐迹地造林更新协议； 7. 青田县林木采伐公示。
办理流程	1. 申请人将材料送交审批中心窗口受理； 2. 窗口工作人员进行材料审核； 3. 首席代表签字； 4. 核发《林木采伐许可证》
法定时限	20 工作日（提速时限：4 个工作日）
收　费	否

第三节　木材流通管理

1949 年前，青田的木材运销大多由私人经营，并多为行会、木行所把持，政府收取"厘金"后即可放行。中华人民共和国成立后，中央人民政府对内贸易部成立全国性的国营木材流通机构—中国煤业建筑器材公司（简称煤建公司），开始全面经营木材业务。1952 年 7 月，青田成立温州煤建器材经营处青田转运组，全面接管木材购销业务。1954 年 12 月，青田转运组改称浙江省森林工业局温州分局青田收购组。1958 年 11 月，青田收购组改为青田县森工站，根据县计划进行木材的收购、调拨、销售、出运等工作。1984 年后，木材流通管理统一归林业主管部门管理。

一、森工部门主导时期的木材流通管理（1952—1984 年）

青田县在该时期的木材流通管理，大都由青田县森工站（后称木材公司）负责管理；1958年至 1976 年前后，青田县境内的竹、木、柴、炭等林产品，曾经由供销社、土产公司与森工站共同管理，包括收购、调拨、运输等。1960 年后，森工部门在全县林区设立多处木材检查站（点）进行木材拦截、处理；1970 年前后，各地设立打击投机倒把办公室，制止破坏山林行为和木材违法运输。

1951 年，华东军政委员会发布《华东区森林采伐管理办法》，省政府于同年 7 月 24 日发出《关于执行〈华东区森林采伐管理办法〉的指示》，规定现有森林采伐后，如搬运出省的，应报请县（市）人民政府发给木材搬运证明书后，方得转运出售。9 月 15 日，省政府发布《浙江省木材管理实施办法》规定："凡本省木材运出省境，概凭省木管会所发搬运许可证件，运输单位方可予以承运、违者按偷运论处。"

1952 年，国家对木材实行统购统销政策。同年 7 月，青田成立温州煤建器材经营处青田转运组，全面接管木材购销、调拨、运输业务。

1954 年 12 月，青田转运组改称浙江省森林工业局温州分局青田收购组。

1958 年 11 月，青田收购组改为青田县森工站，根据县计划进行木材的收购、调拨、销售、出运等工作。

1963 年 1 月 3 日，浙江省人民委员会发布《关于加强木材和木制品市场管理的规定》，规定"外运木材，须持有林业（森工）部门或国家指定经营木材的单位的证明，凡是没有上述证明的木材，交通运输部门拒绝装运或予扣留，报告当地县（市）人民委员会处理。大量木制品出省者，应经省计经委或林业厅批准。各县（市）人民委员会责成林业（森工）部门或国家指定的经营木材单位，对木材和木制品的运输和销售进行检查，坚决制止对木材和木制品进行私自贩运和投机倒把活动。"是年 5 月 27 日，国务院颁发《森林保护条例》，规定："加强对采伐森林、收购和运输木材、竹子、柴炭的管理。向铁路、公路、航运部门托运木材、竹子，必须提交县以上林业行政部门发给的运输证明。"

"文化大革命"期间，全县出现严重的乱砍滥伐现象，木材流通管理制度受到影响。

1972 年 9 月，全县开展打击木材投机倒把活动。温溪区党核心小组领导带领派出所干警、"打办"、人武干部前往小舟山公社，会同社队干部，组织 86 人上山，拦截背树客 100 多人；船寮区有 6 个公社共组织 300 多人上山拦截非法贩卖、背运木材；汤垟公社组织 25 人上山拦截背树客，拦住木材 2 立方米、木炭 5 担、屋椽 2 担；万山区革委会打办人员，会同季宅公社干部到下庄大队，查获木材 830 株。

1973 年 3 月 1 日，省革命委员会发布《关于保护山林，加强木材、毛竹管理的布告》，规定："木材、毛竹的运输，必须持有县以上木、竹行政主管部门的运输证明，没有证明的，交通部门应拒绝承运。各地市场管理部门和木材检查站，必须加强对沿途车辆、船只的检查，对违章运输者，要严肃处理。"同年 5 月 4 日，省农林局制定了《浙江省木材和木制品管理办法（试行）》。是年，青田开始实行木材凭证运输管理制度。有关单位和个人运输木材，均由青田县森工站审核、开具木材运输证明。

1974 年，经县政府批准，在县境公路支线设立木材检查站 8 个，开展制止破坏山林活动；至 1979 年 9 月，全部撤销。

1976 年 4 月 5 日，县革委会生产指挥组青革生林字（76）第 28 号《关于车木产品的经营和木制品运输问题的通知》规定：凡运销外省的各种木柄、算盘子、象棋、胡刷、伞斗等车木产品，以及箱、柜、床、桌、椅、教具、板箱等木制品，必须经县、地区林业局审核转报省农林局批准，并发给运输证才可承运。同时需缴交乙种育林资金 2%（总产值）。

1977 年 4 月 6 日，县革委会青革字（77）第 10 号《关于竹、柴、炭划归商业部门经营的通知》决定：1.现有森工部门经营的竹、柴、炭、杂木棍等，从 1977 年 4 月 15 日起，划归商业部门经营。2.林业部门委托供销社代购竹、柴、炭发生的账目，要结算清楚，连同库存同时调给县土产公司。3.竹、柴、炭、杂木棍等的运输证明，即日起由商业行政部门签发，林业部门的商品出运证同时停止使用。

1981 年 11 月，县政府批准在丽青公路沿线设立 3 个木材检查站，开展木材流通管理。其中石门洞、陈山埠两个检查站于 1985、1986 年相继撤销，停止检查；只剩鹤城镇西门外检查站，工作一直至今。当时有木材检查人员 14 人，其中干部 1 人，正式工人 6 人，合同制工人 2 人，长期临时工 5 人。担负着整个丽水地区及广西、安徽等外省运往温州地区方向的木材检查任务。

1982 年，全县关闭无证杂木加工厂 17 家、木材自由贸易市场 3 个、木材贩卖点 13 个。

1984 年国庆节期间，森林派出所民警分别在鹤城镇、温溪镇设卡检查，连续工作 8 昼夜，查获大批非法贩运木材。

二、林业主管部门主导的木材流通管理（1984 年后）

1985 年 1 月，县政府青政字〔1985〕第 125 号《关于加强林政管理工作若干问题的通知》规定，于 1985 年 1 月 1 日起，木材流通统一由县林业局进行管理，原由森工站（木材公司）开具的木材运输证等事务均转由林业局办理。

1984 年 12 月，县林业局青林字（84）第 20 号《关于对木制品出运、放宽管理的通知》下发，实行"山上管严、山下放宽、流通凭证"政策。取消木材、毛竹派购，开放木材交易市场，提倡产销直接见面，允许多渠道经营，允许农民合伙或个人开设木、竹行和木材加工厂，允许长途运销。《通知》同时规定，1. 在下达年林木限额采伐计划中，明确规定年商品材数量；2. 除县木材公司统一收购商品材外，其余木材实行多渠道经营方针，但规定经营单位和木材贩销、加工户的年度经营限额量；3. 扶持和鼓励木材加工厂利用次材小料深度加工，不符合规定的不予办理运输证件；4. 加强木材检查站的管理和监督。

1985 年收回木材流通管理权后，县林业局严格执行木材凭证采伐和凭证运输管理制度，完善、健全木材、木制品审办、出运手续等各项规章制度，建立申报表、细码单、发货单、木材验收细码单和有关票证审核、签署程序，形成办事程序化、制度化。同时制定了申领木材出运证明需具备条件规定：1. 木材经营证照，木材经营许可证；2. 当地林业站或乡镇签署意见的木材出运申请表、木材验收细码单；3. 林木采伐证、税票证明；4. 乱砍滥伐木材需有关部门处理证明及有关票证等。

为严格凭证运输管理制度，控制木材出运量，县林业局还规定拒签或撤销木材出运证件的几种情况：1. 未经审批采伐的林木；2. 票证不齐备的林木；3. 时间、地点、树种不符的林木；4. 弄虚作假骗取出运证件的林木等。

1987 年 10 月 23 日，县林业局、工商行政管理局联合发文青林字（87）54 号、青工商字（87）75 号《关于转发省工商局、省林业厅<关于加强木材购销管理的通知>的通知》，着重强调木材凭证运输管理。同年 11 月 4 日，县林业局、县工商行政管理局又联合发文青林字（87）79 号、青工商字（87）89 号《关于整顿木材个体购销、贩运户和木材加工厂的通知》，重申凭证运输管理，强调不得收购和贩运无证木材。是年，根据上述两个《通知》精神，县林业局、县工商管理局采取共同行动，查获黄放口木材市场多次非法收购盗伐林木的事实，依法取缔黄放口木材市场。并查获木材 161 立方米，没收木材 21 立方米。

1988 年，林木采伐限额计划 1.3 万立方米，其中商品材计划 7097 立方米；全年经林业局办理木材出运证明的为 5969 立方米，占年商品材出运量的 84%，控制在计划数内。是年，全县开展木材流通清理整顿工作，重点是进一步抓好木材购销管理，健全检查管理机构；同时规定，重点林区的木材由木材公司收购。是年，西门外木材检查站共检查木材运输车辆 64800 车（次），瓯江水路机动船 1000 多艘（次）；检查木材 97.2 万立方米，查获无证、超运、涂改出口证、偷漏税费等各种违章运输案件 4421 次，没收木材 55.18 立方米，作价收购 94 立方米；罚款 17.31

万元，补交育林基金 7.32 万元，木材变价款 4.14 万元。

1989 年 9 月 25 日，省人民政府办公厅发出《关于全省木材运输管理有关事项的通知》，规定自 1989 年 10 月 1 日起，车、船（排）以及其他运输工具和方式运输木材及制品、半成品（不包括国外进口材）出省，都必须持有全国统一的《出省木材运输证》，实行一车一证，货证同行。是年，青田县物价局发布（青价字第 4 号）文件，其中的第二项，规定木材流通中收费标准为：

（1）规格材每立方米收取 19 元，其中甲种育林基金 9 元，更改基金 10 元。

（2）次材，小材小料每立方米 7 元，其中甲种 3 元，更改基金 4 元。

（3）旧屋料每千斤折 1 立方米，每立方米征收 15 元，其中育林基金 12 元。

（4）乙种育林费 3 元（含补交性质征收）。

（5）木炭每百斤征收 1 元，柴 3000 斤折一立方米，按次材小材小料标准征收，毛竹每百株征收 5 元。

（6）青松杂木柴以 2500～3000 市斤折一立方米，可按次材小材小料征收育林费。

（7）半成品、成品按产值 5% 计征，若按产值计征没有依据，可折木材 80% 实际消耗量递增征收，每立方米育林费 19 元。

三、木材加工厂加工的半成品、成品在办理出运手续时收取育林费。

1990 年 4 月，县森林派出所配合林政部门，在公路和瓯江水域设卡与流动检查，在船寮查获一辆从缙云驶往瑞安的非法贩运木材货车，内装木材 10 立方米，价值 5000 元。5 月，在腊口查获一辆从丽水驶往温州的货车，内装木材 20 立方米，价值 1 万元。6 月，在溪口水域，查获木筏 1 条，有杉木 2 立方米，予以没收，并做罚款处理。是年 8 月 1 日，县林业局、县工商行政管理局联合发文青林字（90）59 号、青工商字（90）66 号《关于加强木材流通管理的通知》，1. 规定自 1990 年 7 月 1 日起，重新审核木材经营户和企业，以及经营范围，换发新的营业执照；2. 规定商品材由木材公司统一进山收购，任何单位和个人不得向林农收购木材，不得收购非法采伐和运销的木材等。

1991 年 9 月，县林业局发出《关于统一使用〈浙江省木材运输证〉的通知》，规定自 10 月 1 日起，统一使用省林业厅印制并加盖"浙江省林业厅木材管理专用章"的《浙江省木材运输证》，现行使用的丽水地区林业局印制的《浙江省木材及其半成品出运证明》，使用到 9 月 30 日止，逾期作废。出省木材运输，统一使用林业部印制并加盖"林业部运输管理专用章"和"浙江省林业厅木材管理专用章"的《出省木材运输证》。

1992 年 12 月 18 日，林业公安科配合林政部门，在 330 国道和瓯江水域设卡与突击流动检查，查获非法运输木材船 50 艘。是年，共查处非法运输木材案 42 起，林业行政处罚 59 人，行政罚款 5259 元。对无证运输及超运部分木材依法做变价处理，计价款 2 万多元。

1994 年 7 月 21 日，林业公安科民警在仁宫水域查获景宁县一非法贩卖木材团伙，扣留成员 11 人，没收非法超运木材 248 立方米，价值 8.6 万元。

1995 年，全县共查处非法运输木材案件 34 起，查获木材 118 立方米，处罚 43 人，计罚款和变价款 4.8 万元。

1996 年，县林业局为使木材运输管理走上制度化、规范化轨道，采取多项加强内部管理措施：一是从创建文明检查站着手，编写了《木材检查站执法手册》，木检执法人员人手一册，使检查站工作人员执法、执罚有法可依；同时，实行"四公开一监督十上墙"制度，把检查站的制度、执法、执罚依据、程序、举报电话等上墙，公开接受群众监督。经省、地、县组织多次明察暗访，没有出现大的"三乱"现象。

二是建章立制，依法行政。为统一林业行政处罚案件（木材运输检查部分）办案文书格式，地区局统一印制《违章运输木材车辆勘验现场笔录》《林业行政处罚案件询问笔录》《违章运输木材扣留凭证》《林业行政处罚决定书》《林业行政处罚案件送达回证》《运输木材过站受检车辆登记簿》《木材检查站交接班登记簿》等，做到依法、依规行使检查职责。

三是抓人员业务素质的提高。是年6月，地区林业局在云和紧水滩召开林业政策研讨会，青田选派林政股长和木材检查站站长参加会议；平时，组织执法人员学习《行政处罚法》和有关法律法规学习，并指导、培训木材运输统一格式文书的填写，普遍提高林业行政执法人员的执法水平。

1997年，木材运输掌握在总量控制以内。全年商品材计划28250立方米，毛竹71.11万株；实际出运木材9626立方米，自产材出县出省运输7876立方米。在出运木材中，原木原条4110立方米，成品2564立方米，半成品1599立方米，木柄棍626立方米，杉木梢6立方米，旧屋料572立方米，柴34立方米，木炭115立方米，毛竹2.5万株。是年至1998年，全县共查处非法运输贩卖木材案件13起，查获木材21立方米，受刑事和林业行政治安处罚13人，罚款及变价款5500元。

1999年4月6日，县林业局青林字〔1999〕第16号文件，公布了《林地使用许可证核发条件和程序》等10个文件，为依法做好林政管理工作奠定基础。其中《木材运输证核发依据和程序》，详细规定了签证部门、签证依据和签证程序。同年5月25日，针对此前木竹经营户办理木材出省运输许可证需由地区林业局转办，群众多有不便的情况，县林业局青林字〔1999〕26号文件，向省林业厅请示，要求简化流通环节手续，直接由青田办理《出省木竹运输许可证》。林业厅回复，委托县林业局自1999年7月起，可直接办理木材出省证明。此后，青田县境内的木材经营户运输出省手续，简便、省时，受到普遍欢迎。

2000年4月，县林业局发文青林字〔2000〕23号《关于开展林政执法大检查的通知》，在全县部署林政执法大检查。这次大检查内容包括：森林采伐管理情况，林地林权管理情况，木材流通管理情况，林政案件查处情况等；其中对木材流通管理情况检查内容是：各林业站和有关行政管理、行政执法人员，发放木材运输证件时，有无不依法、依规发放，甚至伪造、倒卖木材运输证件行为；不依法进行木材运输检查；不严格审核木材供给能力和木材来源，擅自批准同意设立木材经营（加工）单位；对木材经营（加工）单位监督管理不力等。通过检查，逐条对照，提高了依法行政和内部管理，有针对性地制定有效整改措施，并限期进行整改。

2002年5月20日，省林业局下发浙林资〔2002〕66号《转发国家林业局关于加强木炭生产流通管理的紧急通知》，要求迅速开展一次木炭生产流通清理整顿工作；严格执行原省林业厅林资〔1998〕308号文件精神，全省范围内禁止生产和运输木炭。县林业局于5月29日以青林发〔2002〕39号文件，转发了《通知》；并组织人员深入林区检查非法烧炭行为，捣毁炭窑9座，处罚违法人员21人。是年，为加强木材流通秩序，县林业局报请上级同意，成立了"木材巡查大队"，在全县范围流动检查，制止木材、木制品的无序流通。

2012 年，全年共办理出运证 812 份，其中省内有 303 份，省外有 5 份，实际木材出运数 4813.52 立方米，毛竹 3.6862 万株，其中原木原条 4105.76 立方米，成品 541.06 立方米、半成品 166.7 立方米。木材、毛竹运输总量得到控制。是年，查获非法收购木材案件 1 起（收缴木材 3.0924 立方米，罚款 0.234 万元）；查获无证运输木材案件 16 件（收缴木材 87.9404 立方米，罚款 2.5314 万元）。

2013 年，共检查竹木运输车辆 360 余辆次，查处违章运输行为 34 起，其中立案 9 起，结案 9 起，收取木材变价 1.4 万元，补缴育林金 1.2 万元。

表 4-2-3-1 青田县林木运输许可证办理程序

实施依据	《中华人民共和国森林法》第三十七条 从林区运出木材，必须持有林业主管部门发给的运输证件，国家统一调拨的木材除外。
申报资料	1. 农村居民运输自留地及房前屋后生产的木材，凭林业站或乡镇政府的证明； 2. 一般运输单位（个人），凭林木采伐许可证、林业站的细码单； 3. 外县（外省）木材出运，需先办理森林植物检疫； 4. 经营、加工、用材等单位（个人），由外县（外省）运入木材落地后 15 日内，出具由当地林业主管部门核发的木材经营加工许可证，向当地林业部门申请登记签字，一年内再次起运，凭已登记签字的原运输证及细码单（发货单和申请表）； 5. 国有林场运输木材，凭林场的细码单和税务统一发票； 6. 对来源非法或违法违章的木材，凭林业行政处罚决定书。
办理流程	1. 申请人将材料送交审批中心林业窗口受理； 2. 窗口工作人员进行材料审核； 3. 核发《木材运输许可证》。
法定时限	3 个工作日（提速后时限 0 个工作日）
收　费	否

第四节 木材加工管理

中华人民共和国成立以前，木材加工多为私营，政府管理较为宽松，企业所面对的是自由竞争的市场，全凭经营者的能力，谋求企业的生存与发展。中华人民共和国成立后，在国家实行计划经济年代，木材加工实行统一管理。改革开放后，随着国家经济体制由计划经济向社会主义市场经济体制转变，木材加工管理也逐渐向依法管理方向转变。

一、计划经济时期的加工管理

1952 年，华东军政委员会颁布的《华东区木材管理暂行办法》规定："经登记核准之木材加工业，须事先提出加工计划，详列加工数量、种类、规格及供应地点、对象等，送请当地工商行政部门审核，批报各该省（区、市）中国煤业建筑器材公司，根据木材供应情况，组织加工定货，或指定在市场供应。"

1955 年 3 月，省人民委员会批转《木制成品、半成品生产管理办法》，提出木器手工业的生产首先为当地农业生产、人民生活需要服务，对多余劳力适当组织外销的经营方针。青田县于 1954 年开始，在鹤城镇、温溪、船寮、山口等地，相继建立了木器小组；至 1956 年，各区先后都普遍都建立了木器生产合作社；到 1958 年，全县共建立木器社（组）21 个，入社（组）的木工 580 人。这些木器生产企业所需要的木材，都由县政府做出规划和指令，由县森工部门调拨，企业根据计划，组织生产和销售。

1957 年 10 月 24 日，省手工业管理局、省林业厅联合发出《为关于木制品、半成品管理办法改进意见的批复》，《批复》同意省手工业生产联社供销经理部《对继续执行木制成品、半成品管理办法，有关组织产销结合的几点改进意见》的报告。同时规定：今后凡承接省外业务合同，仍应报省手工业管理局审批（并征得林业厅）同意后执行。11 月 4 日，省手工业管理局、省手工业生产合作社联合社筹委会联合发布《关于木制成品、半成品运销管理具体手续的补充说明》，规定一般木制家具（包括木制圆件器具）、办公用具、文体用品、包装用品等均应列入管理。木制农具及小件木制日用品（如洗衣板、木拖鞋、热水瓶底、算盘、伞柄等）不予管理。建筑材料（如楼房门窗、企口板、地板）、板材等，除个别特殊情况应报经省手工业管理局批准外，一律不得再擅自往外运销；产区运往销区、省内运往省外，划为管理范围。对省外与省内毗邻的地区或省内产区县与销区县是属于毗连的地区（邻省邻县交界地区）有历史流转销售习惯的小宗交易（交易产值在 500 元以下者），如赶庙会、集市等直接与消费者发生关系的，经专区手工业管理科审批同意后可以运销，不列入省的统一管理；销售给商业或供销系统产值在 500 元以上者，销售给直接消费公私企业、厂矿、机关、团体、部队、学校等单位，产值在 1000 元以上者，均应通过省手工业管理局审批与平衡。

1962 年，因三年自然灾害，各地普遍实行精简下放，青田木材加工企业仅留下鹤城镇、温溪、船寮、山口、北山等 5 个区 5 家，其他的解散。职工仅留 183 人，年生产家具农具 3 万件左右。

1968 年 4 月 8 日，省计划经济委员会森工局印发杭州地区次材小料加工会议通过的《关于山区次材小料加工厂试行管理规定》，此规定在杭州地区先行，其他地区参照执行。对森林资源丰富，又有健全的林业专业队的生产大队，在以林为主，根据国家计划，利用自有的资源、设备、劳力的原则下，经县工商行政管理部门和林业（森工）部门会同批准，可以兼办次材小料加工厂。加工厂的产品计划由县林业（森工）部门确定或者经过计划部门逐级下达计划。产品只准由林业（森工）部门按照国家额定的价格订约收购并计划供应，严禁自由贸易，自由议价。

1973 年 3 月 1 日，省革命委员会颁布《关于保护山林，加强木材、毛竹管理的布告》。同年 5 月 4 日，省农林局发布《浙江省木材和木制品管理（试行）办法》，《办法》规定：凡以木材为原料的木制品加工厂、场（包括国营林场、建设兵团、人民公社、生产大队利用自有山林里抚育下来的次材小料进行加工的单位）都应经县、市革命委员会审查批准，并纳入计划进行生产、收购，不允许擅自加工和自由经销。

1974 年 3 月 11 日，省农林局发布《关于木材加工（车工）产品管理的通知》，规定小材小料加工（车木）厂必须贯彻"三就"原则（即就地取材、就地生产、就地销售），利用次生林改造抚育下来的小材小料和采伐造材下来的梢头枝丫办厂加工，不能用规格材和等外大材加工产品；对于工农业生产用和出口产品，凡是用国家规定的规格材进行加工的，必须由需方带木材指标，通过省划转指标进行加工；凡是本社队没有森林资源或资源贫乏，不能搞"无米之炊"。是年 6 月 1 日，浙江省革命委员会生产指挥组农林局（74）林木便字 45 号文件，批准青田 1974 年度木材小加工厂生产的车木产品出省指标 94.055 万只，并附附件（见下表）。上述 45 号批文同时强调："一、你县（青田—编者注）森林资源贫乏，木材小加工（车木）厂应根据我局林木（74）61 号文（原文如此—编者注）指出的办厂条件来源进行整顿，凡不符合条件的，该停就停，该转就转。二、产品应考虑为本省需要生产，现未生产的产品，应改为本省服务，省内运销。"通过文件，可以窥见在特定的历史时期的政治、经济和政策方向。

表 4-2-4-1　1974 年省农林局批准出省木制品限量表

生产单位	产品名称	单位	数量	运销地点
海口车木厂	罗丝刀柄	万只	10.0	黑龙江省北安县红星工具厂
坑底车木厂	油布伞斗	担	100.0	安徽省芜湖雨具厂
坑底车木厂	油布伞斗	担	40.0	江苏省徐州市雨具塑料制品厂
高市车木厂	手榴弹柄	万只	1.0	上海体育器材厂
高市车木厂	电工柄	万只	1.0	天津
岭下车木厂	罗丝刀柄	万只	5.0	河北省邱县五金工具厂
岭下车木厂	罗丝刀柄	万只	10.0	沈阳和平区 14 路工具厂
岭下车木厂	罗丝刀柄	万只	10.0	山东省临邑工具厂
黄肚车木厂	罗丝刀柄	万只	15.0	南京
黄肚车木厂	罗丝刀柄	万只	15.0	沈阳
瓯江车木厂	油布伞斗	担	50.0	上海油布伞厂
瓯江车木厂	伞柄	万只	2.0	上海油布伞厂
祯旺车木厂	油画笔杆	万支	20.0	上海油画笔厂
高湖车木厂	算盘子	万副	0.5	天津市战斗文具厂
岭根车木厂	算盘子	万副	1.5	江苏省无锡太湖算盘厂
仁宫车木厂	毛珠子	万副	0.5	山东省济南市乐器厂
良川车木厂	算盘子	万副	1.0	天津市战斗文具厂
巨浦车木厂	算盘子	万副	1.5	天津市战斗文具厂

此表摘自省农林局（74）林木便字 45 号文件

二、改革开放后的加工管理

1976 年，国家实行改革开放政策，青田木竹生产行业发展很快。是年，青田成立社队企业局（后改称乡镇企业局），主要批准、管理以经营木竹加工业为主的社队企业（乡镇企业）。据县档案局资料，1977—1979 年，由社队企业局审批设立的经营木竹加工的社队企业 52 家，包括盘香厂、造纸厂、杂木厂、活性炭厂、林化厂、车木厂、竹编厂等。其成品运输出口证件均由森工部门开具；木材来源五花八门，不少来自乱砍滥伐的林木。20 世纪 80 年代，青田县境的车木厂、算盘珠厂、象棋厂、螺丝刀柄厂，棍柄厂、木珠厂，大批涌现，最多时达 700 多家。

1981 年，中共中央、国务院中发〔1981〕12 号文件规定，木材实行集中统一管理。林区社队和各单位办的木材加工厂，必须进行整顿。凡是产品质次价高、浪费木材或本身没有林木资源的，要坚决关停并转；允许继续开业的，所需原料要纳入计划。要充分利用林区的采伐、加工和造材的剩余物，大力生产木片，开展小材小料加工，发展人造板生产。

1985 年 1 月，县政府青政字〔1985〕第 125 号《关于加强林政管理工作若干问题的通知》规定，于 1985 年 1 月 1 日起，木材流通、木材加工统一由县林业局进行管理，原由森工站（木材公司）开具的木材运输证等事务均转由林业局办理。

1987 年 10 月 7 日，省工商行政管理局、省林业厅联合发布《关于加强木材购销管理的通知》中规定：开办乡（镇）木材加工厂（场）要从严控制，必须根据本地资源，布局合理，先报县（市）林业主管部门审查同意后，再向所在地市、县工商行政管理机关办理登记注册，发给营业执照。木材加工单位只准出售加工产品，不准出售原木。

同年 11 月 4 日，县林业局、县工商行政管理局联合发文青林字（87）79 号、青工商字（87）89 号《关于整顿木材个体购销、贩运户和木材加工厂的通知》。根据《通知》精神，县林业局开展了对木材购销户和木材加工厂的清理整顿工作。清理整顿期间，对原有 76 户木材购销户、58 家木材加工企业进行逐个审核、检查；根据结果，对其中 41 户木材购销户、11 家木材加工企业，报请县工商行政管理局注销执照，予以停业处理。

1989 年 7 月 28 日，林业部、国家工商行政管理局联合发布《关于加强林区木材经营、加工单位监督管理工作的通知》，要求对林区和重点产材县现有的木材经营单位和以木材为原料的生产加工企业，应认真进行清理整顿；新设立的木材经营、加工单位，必须按规定办理审查、登记手续；对木材经营、加工单位进行审查时，应掌握具有与其经营木材数量相适应的流动资金、有固定的经营场所、有与其生产经营规模相适应的从业人员；经营范围必须符合有关法律、法规和政策的规定，并有利于保护林木资源，根据当地森林资源状况和年森林采伐限额或木材生产"一本账"的规定，合理确定木材经营、加工单位的数量及其经营（加工）的规模。

1990 年 8 月 1 日，根据省林业厅、省工商行政管理局（90）016 号文件精神，县林业局、县工商行政管理局发布联合文件，青林字（90）第 59 号、青工商字（90）第 66 号《关于加强木材流通管理的通知》规定：

1. 自 1990 年 7 月 1 日起，凡经营木材的个体工商户、私营企业和不符合经营条件的企业，一律不得经营木材并停止签发木材出运证；凡符合经营条件的企业，要重新核定经营范围。经县林业主管部门审查同意后，由县工商行政管理机关注册登记，换发营业执照。

2. 木材公司为经营木材的唯一合法单位，国营林场只限经营本系统的木材。

3. 各乡镇木材加工企业生产所需的木材，按规定的材种、规格及生产计划，经林业主管部门批准限额购买。

根据《通知》精神，县林业局制订实施细则，对木材经营（加工）企业管理实行"三不准"，即不准无证加工；不准无计划生产；不准非法收购原材料。"三必须"，即木制品出运必须办理运输证明；必须按时交纳有关税费；必须建立厂内财务账目。此后，县林业局对80家木材加工企业进行全面清理，对42家符合条件的给予保留；对18家无证生产、20家有名无实的企业，按规定实行了取缔，维护了木材流通、木材加工的秩序。

1991年，县境内木珠生产出现盲目发展势头。县林业局组织检查组，深入林区，对无证生产木珠的行为进行取缔。这次行动，关停了20多处无证生产木珠的作坊（点），有效保护阔叶林资源。

1992年，章村木折椅生产厂家大增。为加强木材流通管理，简化木材出运证办证手续，县林业局在腊口林业站设立临时办证点，全年共办理木材及林产品出运证18689立方米，获众多企业好评。

1996年，木材运输管理一方面凭有效证件随到随办，简化手续，方便群众；全年开具出运证木折椅成品1532立方米，半成品1879立方米，木炭419立方米，木柄棍485立方米，毛竹5.2万株。另方面加强流通领域检查管理，采取定点和源头管理相结合的方法，查处一批非法运输木材的违法人员。全年共检查木材20万立方米，车辆1.2万车次，没收木材199立方米，木炭282立方米；征收变价款105万元。是年12月，林政科干部暨林业公安科民警前往腊口镇检查个体木材加工厂10家，按省森林管理条例有关规定处理6家。是年，县木材检查站获市级文明检查站称号。

2000年，青田开始实行木竹加工经营年审制度。5月11日，县林业局发文青林〔2000〕25号《关于开展木竹经营加工〈核准证〉年审工作的通知》；《通知》规定对木竹加工实行年审管理制度，对《核准证》进行每年一审核。同时规定，对不符合审批规定条件的；非法收购和运输木材的；经营加工阔叶林资源，但经营加工粗放、经济效益差的等三种企业，不予年审。

2002年7月24日，县林业局、县经济贸易局、县工商行政管理局联合发文青林发〔2002〕52号《关于开展木材经营（加工）单位清理整顿工作的通知》，《通知》决定成立由县林业局、县经济贸易局、县工商行政管理局共同参加的"清理整顿协调工作组"，协调工作组下设办公室（设在林业局资源林政科），具体负责清理整顿工作的组织、指导和协调。这次的清理整顿原则：保护合法、取缔非法、规范经营、强化监管。清理整顿重点：木材消耗大户和无证经营（加工）业主；凡未经林业主管部门批准，未经过工商行政管理部门登记注册，予以关闭和取缔；已经工商管理部门登记注册，但未经林业主管部门批准的，要重新报林业部门补办审批，符合条件的予以保留，不符合条件的予以关闭和取缔。本次清理整顿的步骤和时间：2007年7月和8月，共分三个阶段：自查阶段、全面实施阶段、检查验收统计汇总上报阶段。此次清理整顿工作，声势大，执法严，不走过场，规范了木材经营加工秩序，取得明显效果，共清理关停企业73家，保留企业274家。

2012年，规范木竹经营加工企业的经营行为，适度控制木竹加工企业数量。全县原经批准经营店、加工厂共计233家，其中（木材加工厂121家，经营店112家），经审核全部合格。全年新审核批准木材加工厂5家，是年底，全县验审合格的木材经营店、加工厂共238家。

表 4-2-4-2 木竹加工企业一览表（2014 年 12 月）

序号	企业名称	企业负责人	地 址	发证时间	字号	
1	青田强祥门业有限公司	叶玉彬	青田县高湖镇桐川村东坑口	2013.1.15	130001	
2	青田腊口冠宏竹木制品厂	潘冠宏	青田县腊口镇平安路 330 号	2013.2.1	130002	
3	青田县麻宝胡木器店	麻宝胡	青田县温溪镇尹山头村天水路 16 号	2013.3.1	130003	
4	青田县顺利木材经营部	陈建敏	鹤城东路 274 号	2013.3.19	130004	
5	青田金马装饰工程有限公司	王民钟	石郭企业主小区 16 幢	2013.3.20	130005	
6	浙江帝美豪木业有限公司	林秀勇	青田县船寮镇压赤岩工业区	2013.3.25	130006	变更法人
7	青田县陈宝明家具厂	陈宝明	青田县腊口镇腊口村沙潭	2013.3.27	130007	
8	青田县嘉和门业店	邹培雷	青田县温溪镇温中西路 27 号	2013.4.9	130008	
9	青田县王祯尧家具厂	王祯尧	青田县祯埠乡锦水村大门桥	2013.4.10	130009	
10	青田县龙旺竹制品加工厂	王金娇	青田县腊口镇高坎岗村	2013.4.19	130010	
11	青田县以勒天然椰子饰品厂	项有仲	青田县小舟山乡黄圆平村	2013.5.15	130011	
12	青田浮弋绿谷包装有限公司	金秀芳	青田县腊口镇浮弋村 117 号	2013.6.14	130012	
13	浙江欧菲其木业有限公司	周伟龙	石溪乡工业园区金钟洋 2 幢	2013.5.14	130013	
14	青田县刘良平木材加工厂	刘良平	腊口镇高坎岗村石竹园	2013.10.24	130014	
15	浙江雅登锁业有限公司	吴 静	青田县温溪镇港头工业区	2013.11.12	130015	
16	青田县永恒日用家具厂	詹华彪	青田县腊口镇张庄村岭岙 10-1 号	2013.11.13	130016	
17	青田县莱茵风情家具加工厂	金 琼	青田县船寮镇赤岩工业区一幢	2013.11.13	130017	
18	青田县蒋长云毛竹加工厂	蒋长云	青田县山口镇雅陈村	2013.12.16	130018	
19	青田县旭龙圆桌加工厂	陈旭龙	青田县海口镇凉亭脚村第二坑	2013.12.24	130019	
20	浙江帝美豪木业有限公司	林秀永	青田县船寮镇压赤岩工业区	2013.12.30	130006	变更法人
21	青田县叶鑫凯锯板厂	叶旭茂	青田县季宅乡黄放口村	2014.1.27	140001	注销补办 2014.10.10
22	青田县章赞兴锯板厂	章赞兴	青田县章村乡白麻寮自然村	2014.2.27	140002	
23	青田县行军木材加工厂	李行军	青田县油竹街道小口村上柿坑	2014.3.3	140003	
24	青田县黄庄岭头毛竹加工厂	王美华	青田县章村乡黄庄村岭头	2014.3.12	140004	

续表 4-2-4-2

序号	企业名称	企业负责人	地 址	发证时间	字号	
25	青田县石帆小郑家具厂	郑友保	青田县腊口镇平安路 141 号	2014.3.20	201206080105	变更地址
26	青田县丽居装饰店	邱伟平	鹤城街道石臼村 50 号	2014.4.10	10110901	变更地址
27	浙江青田赛欧包装有限公司	叶和标	青田县油竹街道侨乡工业园区	2014.4.16	140005	
28	青田县兴发木材有限公司	麻绍民	青田县油竹街道油竹上村	2014.4.21	140006	
29	青田县博泰木门加工厂	章吉耀	青田县温溪镇大头田村	2014.4.23	140007	
30	青田县安东尼休闲躺椅厂	罗祖东	青田县腊口镇坑口村	2014.4.29	140008	
31	青田县陈利彬毛竹加工厂	陈利彬	青田县船寮镇赤岩村公路 9-8 号	2014.5.19	140009	
32	青田县锦呇木制品厂	方伟锋	青田县祯埠乡锦水村	2014.5.20	140010	
33	青田县特帆锯板加工厂	冯一军	青田县腊口镇高坟岗村 33 号	2014.5.22	140011	
34	青田县丽居装饰店	詹献春	鹤城街道石臼村 50 号	2014.6.27	10110901	变更法人
35	青田县凯新门店	詹献春	鹤城街道石臼村 50 号	2014.7.30	140012	
36	青田瓯大家具制造有限公司	汪光南	青田县石溪乡工业园区	2014.8.8	140013	
37	青田县夏则土木材加工厂	夏则土	青田县油竹街道彭括村自理坟坪 338 号	2014.9.28	140014	
38	青田县源盛毛竹厂	季官武	青田县船寮镇船寮村小洋前街 7 号	2014.11.04	140015	
39	青田县蒋峰木制品店	蒋峰	青田县油竹街道彭括工业区 D5 幢	2014.11.24	140016	
40	青田县季观金锯板厂	季观金	青田县瓯南街道山脚湾路口	2014.12.04	1103211	变更地址

表 4-2-4-3 青田县木材经营加工核准证办理程序

实施依据	《中华人民共和国森林法实施条例》 第三十四条 在林区经营（含加工）木材，必须经县级以上人民政府林业主管部门批准。
申报资料	1.《木材经营加工登记表》； 2. 身份证复印件； 3. 企业名称预登记材料。 4. 经营加工场所照片，产权证或场地租赁合同等； 5. 经营加工生产设备清单、照片； 6. 注册资金证明。
办理流程	1. 申请人将材料送交审批中心窗口受理； 2. 窗口工作人员进行材料审核； 3. 首席代表签字； 4. 核发《木材经营加工核准证》。
法定时限	20 个工作日（提速后时限 0 个工作日）
收 费	否

第五节 野生动物保护

野生动物保护，历史上的著述颇多。至近代，主政者亦有保护、禁令发布。北魏郦道元著《水经注》卷四十《浙江水经注》，就有"有鸟来，为之耘，春拔草根，秋啄其秽，是以县官禁民，不得妄害此鸟，犯则刑无赦"的记载。宋代浙江有些地方禁止捕青蛙。据宋代彭乘撰《墨客挥犀》载："浙人喜食蛙，沈文通在钱塘曰：切禁之。"又同代赵葵撰《行营杂录》载："马裕斋知处州，禁民捕蛙。"民国3年（1914年）9月1日，北洋政府公布中国历史上首部比较完整的《狩猎法》，共设14条。规定不论何人，非经警察官署核准，不得狩猎；狩猎者不得使用炸药、剧药、陷井等方法捕获鸟兽。历代陵寝、公园、公道、寺观庙宇境内、群众集散之地、其他由农商部或警察官署指定或受土地所有者之禀请禁止狩猎之地、以及受保护之鸟兽，一律禁止狩猎；狩猎期间，每年10月1日起，至翌年3月末日止。据《丽水市林业志》稿记载：民国10年（1921年）9月14日，北洋政府公布《狩猎法实施细则》，具体规定了狩猎证书的种类、样式、申领方法，狩猎禁区之划定方法，保护和捕取鸟兽种类之确定，以及违反《狩猎法》的处罚办法。民国21年（1932年），国民政府颁布新的《狩猎法》，共设19条。新狩猎法对原狩猎法做了修正和补充。民国25年（1936年）5月6日，浙江省政府主席黄绍竑签署训令，公布实业部依据《狩猎法》第三条之规定，制定各类鸟兽之名录。鸟类名录中，有害牲畜禾稼林木之鸟8类49种；有益禾稼林木之鸟28类149种；可供食用之鸟4类36种；可供玩赏之鸟2类18种；可供渔猎用鸟2类4种，共计44类256种。兽类名录中有：伤害人类之兽5种，有害牲畜禾稼林木之兽25种，有益禾稼林木之兽10种，其他可供食品或用品之兽30种，共计70种。苍鹭、隼、鸦、鹊、雀及虎、豹、狼、狐、黄鼠狼、黑熊、豪猪、松鼠、野兔、野猪被列为有害牲畜禾稼、林木之鸟兽；狮子鼻猴、短尾狒狒、虎、豹、狼被列为伤害人类之兽，这5种害兽，均得随时狩猎。

中华人民共和国成立以后，国家和地方各级政府重视野生动物保护工作，相继出台了一系列相关法律法规，使其逐步走上法治轨道。但在20世纪50年代末到60年代初，青田曾经开展大规模的"除四害"运动，片面强调保粮除害，将许多益鸟益兽扩大为害鸟、害兽，发动全民，采用不合理的工具和方法行猎、驱赶，致使鸟兽数量锐减。1961年，林业部重申贯彻"护、养、猎"并举方针，要求各省区禁止猎取珍贵稀有和具有重大科研价值的野生鸟兽。

图 4-2-5-1 林业技术人员挂置鸟笼，"筑巢引鸟"（2006年摄）

1982年，省政府办公厅批转林业厅《加强鸟类保护，开展全省"爱鸟周"活动座谈会纪要》，确定每年4月4日至10日为全省爱鸟周。在国家规定的第一个"爱鸟周"期间，县林业局组织干部，大张旗鼓地开展以爱护鸟类为主题的宣传活动；通过与电影院、广播站、学校合作，广泛、深入地进行爱鸟宣传，以使达到家喻户晓人人皆知。此后，每年一度的"爱鸟周"，林业局都组织人员、调配汽车组成巡回宣传队，深入山区农村进行爱鸟宣传。

一、国家立法保护

20世纪80年代以后，国家相继出台保护野生动物的法令、法规。这些保护政策经过宣传教育、贯彻实施，保护措施进一步得到落实，野生动植物的生存环境有所改善。

1987年7月国务院环境保护委员会办公室公布《国家重点保护野生动物名录》，青田分布有53种。其中一级保护动物有：黑麂、云豹、豹、黄腹角雉、白颈长尾雉5种。二级保护动物有：鬣羚、豺、金猫、短尾猴、猕猴、穿山甲、黄喉貂、斑羚、大灵猫、小灵猫、雀鹰、赤腹鹰、苍鹰、鸳鸯、乌雕、白腹山雕、短耳鸮、长耳鸮、雕鸮、灰脸鹰、大鵟、毛脚鵟、普通鵟、红脚隼、灰背隼、游隼、燕隼、红隼、领鸺鹠、斑头鸺鹠、白鹇、小隼、鸢、鹰鹃、小杓鹬、领角号、红角鸮、勺鸡、蛇雕、鹰雕、褐林鸮、草鸮、大鲵、虎纹蛙、拉步甲、黑熊、水獭、斑嘴鹈鹕等48种。

1988年11月8日，第七届全国人民代表大会常务委员会第四次会议通过《中华人民共和国野生动物保护法》，并于次年的3月1日起施行。《野生动物保护法》的颁布实施，为保护野生动物确立了法律依据。

1991年1月8日，国务院发出《关于加强野生动物保护严厉打击违法犯罪活动的紧急通知》，要求各地认真贯彻执行。同年1月12日，省政府根据《中华人民共和国野生动物保护法》的规定，重新公布了浙江省重点保护野生动物共47种。其中兽类7种：毛冠鹿、食蟹獴、鼯鼠、鼬獾、狐、豪猪、黑白飞鼠；鸟类19种：红胸啄花鸟、叉尾太阳鸟、红翅凤头鹃、四声杜鹃、大杜鹃、小杜鹃、棕腹杜鹃、噪鹃、戴胜、寿带（鸟）、大拟啄木鸟、蚁裂、星头啄木鸟、姬啄木鸟、黑枕绿啄木鸟、黄嘴噪啄木鸟、栗头翁莺、戴菊、普通鸭；两栖类2种：崇安髭蟾（角怪）大树蛙；爬行类5种：脆蛇蜥、黑眉锦蛇、滑鼠蛇、眼镜王蛇、五步蛇；昆虫类3种：黑大紫蛱蝶、宽尾凤蝶、黄裳凤蝶。

1992年3月1日，林业部颁布实施《中华人民共和国陆生野生动物保护实施条例》。

1993年3月20日，省林业厅、交通厅、铁路分局、民航浙江管理局、省工商行政管理局联合发布《关于加强野生动物及其产品运输管理的通知》规定：今后任何单位或个人，凡运输、携带国家重点保护野生动物或者其产品出县（市）的，必须凭省林业行政主管部门核发的《浙江省野生动（植）物运输证》。经营非国家重点保护野生动物或者其产品，必须向林业行政主管部门缴纳野生动物资源保护管理费。凡申请运输国家重点保护野生动物或其产品的单位和个人，必须持有《特殊猎捕证》和《驯养繁殖许可证》；经营非国家重点保护野生动物或者其产品的，必须持有县级工商行政主管部门核发的《营业执照》和县级林业行政主管部门核定的年度经营限额指标。3月22日，省林业厅、财政厅、物价局转发林业部、财政部、国家物价局《关于发布陆生野生动物资源保护管理收费办法的通知》。《通知》规定：对批准出售、收购、利用的国家一级保护野生动物或其产品，按成交额的 8% 向供货方收费，国家二级保护野生动物或其产品，按其成交额的 6% 向供货方收费，对受货方均不予收费；对批准利用国家重点保护野生动物或其产品在国外举办的表演展览等活动，按其纯收入的 50% 向国内承包单位收费。《通知》附件二，公布捕捉猎捕国家重点保护野生动物资源保护管理费收费标准。省林业厅、财政厅、物价局在转发上述通知的同时，对浙江省野生动物资源管理费收费办法做出以下补充规定：对批准经营利用省重点保护野生动物或其产品，按其成交额的 5% 向供货者收取资源保护管理费；经营利用非省重点保护野生动物或其产品，按成交额的 3% 向供货者收取；属于人工繁殖的野生动物的后代，按减低一个百分点标准收费。

1994 年 4 月 4 日，省林业厅发布《关于进一步加强猎枪弹具购买及销售管理的通知》。通知对猎枪弹具的购买与销售做出严格规定，从源头上控制住猎枪弹具的数量，为保护野生动物资源发挥积极作用；各市、县林业局要积极协助公安系统做好猎枪的收集管理工作。

1995 年 5 月 2 日，省林业厅下发《关于加强蛇类资源管理的通知》。

二、执法保护措施

根据国家法律法规，县林业局和各乡镇林业站，加强保护陆生野生动物的宣传。自 20 世纪 90 年代开始，每年"爱鸟周"都组织宣传车到城乡来回宣传保护珍稀动物、鸟类的相关法律法规及其重要意义，分发传单、宣传画等，使保护工作深入人心。1990 年以后，野生动植物保护逐步走上正轨，购买猎枪由林业主管部门审核，报公安部门审批，猎枪由当地乡（镇、街道）人民武装部统一保管，组建狩猎队报林业主管部门审批。

为切实保护野生动物，县林业局联合森林公安、工商行政管理部门，开展不定期的市场、饭店检查并分发宣传资料。发现问题及时处理。各木材检查站也把珍稀动植物、鸟类、古树当成主要检查内容，取得较好效果。加强狩猎队的管理，也是野生动物保护的一个重要内容。狩猎队是一支不容忽视的依靠力量，他们经验丰富，对动物活动、猎捕情况都了如指掌。经常与他们沟通，有利于掌握全县野生动物的动向及破坏情况。

1990 年 11 月 24 日，县林业局根据省林业厅林政（90）241 号文件精神，发出青林字（90）第 94 号《关于做好发放陆生野生动物〈狩猎证〉工作的通知》，决定从 1990 年 12 月 1 日起对狩猎单位和个人，发放陆生野生动物《狩猎证》。并规定：凡持有公安部门核发《持枪证》

图 4-2-5-2 野生动物保护志愿者悬挂鸟笼（2013 年摄）

图 4-2-5-3 林业公安查获活体野生动物（2012 年摄）

的单位或个人，需猎捕野生动物的，向县林业局提出申请，符合条件的，发给《狩猎证》；猎捕国家一、二级野生动物的，向省林业厅提出申请，经审核，发给《特殊猎捕证》；收购运销重点保护野生动物的，向县林业局提出申请，经批准，核发《野生动物运输证》。

1995 年，县林业局组织人员，突击对经营野生动物的大酒店、餐馆、市场进行检查，对违法经营者予以批评教育，没收非法所得，对被查获的野生动物予以放归大自然。是年，共查获活体穿山甲 3 只，猫头鹰 6 只，五步蛇 25 条，眼镜蛇 10 条。

1996 年 1 月 26 日，省林业厅发出《关于开展〈野生动物驯养繁殖许可证〉验审换证工作的通知》。

1997 年，青田对野生动物保护管理实行点面结合的方式，既注重平时宣传教育，又采取专项行动，收到较好效果。9 月 17 日，县林业局联合公安、工商等部门，邀请县电视台，突击检查县农贸市场、饭店、酒家，查获五步蛇 3 条，其他蛇类 5 条，全部放归大自然。县有线电视台对整个专项整治行动做了专题报道，影响颇佳。

2000 年 5 月 10 日，县法院、检察院、林业局，公安局、监察局、工商行政管理局六部门联合发文青林〔2000〕24 号《关于开展严厉打击破坏陆生野生动物资源违法犯罪活动专项斗争的通知》，并随文下发《专项斗争实施方案》。1. 目的：从查处破坏陆生野生动物资源犯罪活动入手，侦破一批大案要案，严惩一批违法犯罪分子，达到震慑犯罪，教育群众，提高全社会保护陆生野生动物意识等。2. 打击重点对象：乱捕滥猎陆生野生动物；非法出售、收购、邮寄、运输、携带、倒卖、经营利用陆生野生动物；无证驯养繁殖陆生野生动物；走私国家和省重点保护的陆生野生动物；其他严重破坏陆生野生动物资源的违法行为。3. 专项斗争分三个阶段：排查摸底阶段，重点打击阶段，总结巩固阶段。此次专项斗争，规模大，参与部门多，措施得力，公检法机关依法从重从快办理案件，有效震慑了违法犯罪，提高群众遵纪守法的自觉性。通过专项斗争，涌现出一批先进集体和个人，查处和教育了一批违法犯罪分子。根据上级对破坏陆生野生动物的案件，未经批准不得宣传的规定，没有对此次专项斗争的成果加以渲染。同年 5 月 15 日，根据《浙江省陆生野生动物保护条例》第二十八条经营利用陆生野生动物或者产品，必须按管理权限报经县级以上陆生野生动物主管部门批准，取得《陆生野生动物经营利用核准证》的规定，县林业局发出青林字〔2000〕26 号《关于办理＜浙江省陆生野生动物经营利用核准证＞的通知》;《通知》要求全县经营陆生野生动物的个人和单位，必须办理《核准证》并依法缴纳陆生野生动物资源保护管理费；同时规定未经批准和取得《核准证》或者超出核准规定范围从事陆生野生动物经营利用活动者的法律责任。

2003 年，县林业局组织"春雷"行动，对全县各大菜市场、宾馆、酒店等场所开展违法经营、猎捕野生动物大检查，共查获省级重点保护动物石蛙 28 公斤、眼镜蛇 2 条、五步蛇 6 条、田鸡 70 只，所没收的活体野生动物全部放归大自然。

2006 年 10 月，县林业局组织林政、森林公安，侦破巨浦乡城门村石寨自然村村民单某某私拉电线电猫触死黄麂引发山林火灾一案，犯罪嫌疑人单某某被刑事拘留。

2007 年 10 月，侦破祯旺乡谷甫村叶某某捕杀国家二级保护动物鬣羚一案，犯罪嫌疑人叶某某受到了法律的制裁，震慑了罪犯，提高了全社会共同保护野生动物资源的自觉性。是年，共查获活体野生动物 37 只（头）放归大自然，没收国家二级保护动物鬣羚皮 3 张。

2012 年，全县共审批野生动物经营、野生动物驯养繁殖许可证共计 25 家，其中野生动物经营许可证的 15 家，野生动物驯养繁殖许可证 10 家。是年，林政科联合相关部门进行多次执法行动，8 月份，对全县范围内酒店、菜市场开展野生动物经营加工突击检查，共查酒店 19 家，查出无证经营加工野生动物的酒店 1 家，没收石蛙 2 公斤，菜花蛇 3 条。

2013 年，开展野生动物保护执法检查，共查处野生动物违法案件 5 起；救助野生动物 17 起，其中国家一级保护动物 2 条（只），国家二级保护动物 8 条（只），物种涉及蟒蛇、猫头鹰等。

2014 年，根据国家林业局电视电话会议精神，县林业局进一步加强野生动物保护工作力度，严防发生乱捕滥猎滥食和非法经营野生动物现象，并开展专项打击行动。具体做法：一是加强对候鸟越冬地、繁殖地、迁飞停歇地、迁飞通道和其他野生动物集群活动区野外巡护和保护力度。二是对各类集贸市场，特别是餐馆饭店、花鸟市场、药用野生动物原材料集散地和其他野生动物及产品经营较集中的场所加强巡查。三是在珍稀濒危野生动物主要分布区组织巡山清套清夹，严防盗猎及破坏其栖息地的活动。四是排查野生动物驯养繁殖、展演场所存在的各种问题

图 4-2-5-4 森林公安查获活体动物黄麂放归大自然（2013 年摄）

和隐患，严查违规经营野生动物产品等行为。五是强化疫情监测，特别是高度重视对候鸟在禽流感疫情传播中的源头宿主作用，发现问题及时整改。六是加大执法力度。加强与工商、公安、海关等有关执法部门执法信息的沟通和交流，完善部门间保护执法协调机制。

此次专项行动，共开展大型宣传咨询活动 8 次，执法行动 60 次，出动执法人员 265 人次，检查清理各类场所 68 个，收缴和放生野生动物 25 头，没收非法捕猎工具 18 件。

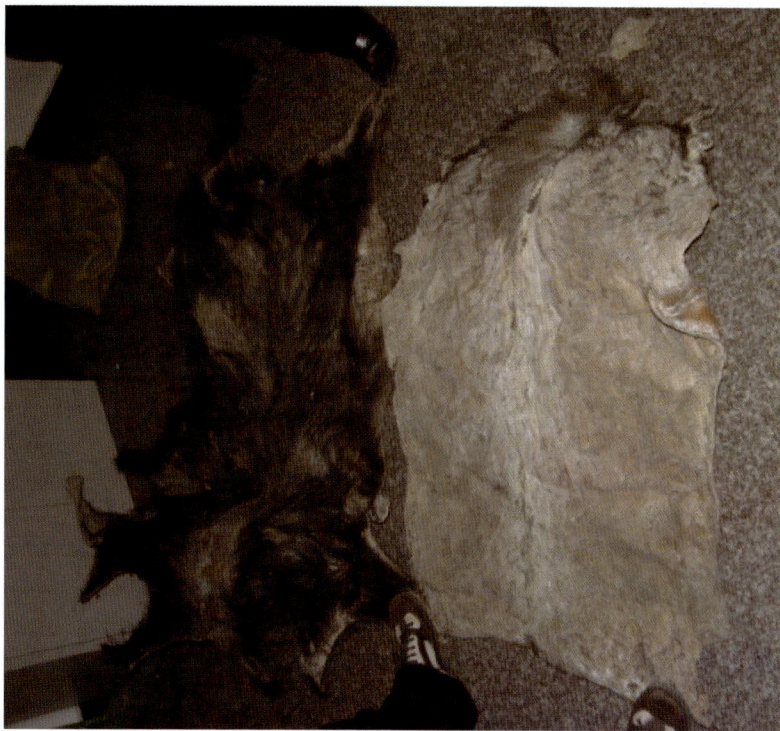

图 4-2-5-5 查获被捕杀的国家二级保护动物鬣羚皮（2007 年摄）

表 4-2-5-1 省级一般保护陆生野生动物经营利用许可证办理程序

实施依据	《浙江省陆生野生动物保护条例》 第二十七条 经营利用陆生野生动物或者其产品，必须按管理权限报经县级以上陆生野生动物行政主管部门批准，取得陆生野生动物经营利用核准证。
申报资料	1. 场地、设备、场地的所有权或使用权证明； 2. 经营利用申请表； 3. 企业名称预先核准通知书或工商企业营业执照复印件及申请人身份证复印件。
办理流程	1. 申请人将材料送交审批中心窗口受理； 2. 窗口工作人员进行材料审核； 3. 工作人员现场踏勘； 4. 首席代表签字； 5. 核发证件。
法定时限	20 个工作日（提速后时限 4 个工作日）
收　费	否

表 4-2-5-2 青田县陆生野生动物或产品出县境运输证办理程序

实施依据	《中华人民共和国野生动物保护法》第二十三条：运输、携带国家重点保护野生动物或者其产品出县境的，必须经省、自治区、直辖市政府野生动物行政主管部门或者其授权的单位批准。
申报资料	1. 申请人的书面申请报告及身份证复印件； 2. 野生动物及其产品合法来源证明材料； 3.《驯养繁殖许可证》《经营利用核准证》。
办理流程	1. 申请人将材料送交审批中心窗口受理； 2. 窗口工作人员进行材料审核； 3. 首席代表签字； 4. 核发证件。
法定时限	20 个工作日（提速后时限 0 个工作日）
收　费	否

表 4-2-5-3 青田县省一般保护陆生野生动物驯养繁殖许可证办理程序

实施依据	《浙江省陆生野生动物保护条例》 第二十五条 驯养繁殖陆生野生动物，应当依法申领驯养繁殖许可证。驯养繁殖国家一级保护陆生野生动物的，按国家有关规定执行；驯养繁殖国家二级保护陆生野生动物的，由省陆生野生动物行政主管部门批准；驯养繁殖省重点保护陆生野生动物的，由设区的市陆生野生动物行政主管部门批准；驯养繁殖一般保护陆生野生动物的，由县级陆生野生动物行政主管部门批准。
申报资料	1.《驯养繁殖陆生野生动物申请书》； 2. 驯养繁殖野生动物场所的基本情况及设施的报告； 3. 驯养繁殖野生动物种类、数量及资金、人员、技术保证等情况； 4. 企业名称预先核准通知书或工商企业营业执照复印件及申请人身份证复印件； 5. 驯养繁殖野生动物的可行性研究报告。
办理流程	1. 申请人将材料送交审批中心窗口受理； 2. 窗口工作人员进行材料审核； 3. 工作人员现场踏勘； 4. 首席代表签字； 5. 核发证件。
法定时限	20 个工作日（提速后时限 4 个工作日）
收　费	否

第六节 珍稀植物与古树名木保护

一、国家政策法规

中华人民共和国成立后，野生植物和古树名木保护渐受重视并被提到议事日程，在 1956 年第一届全国人民代表大会第三次会议上，一些专家提出第 92 号提案"请政府在全国各省（区）划定天然林禁伐区，保存自然植被以供科学研究的需要"，提议得到会议通过。

1975 年，农林部《关于保护发展和合理利用珍贵树种的通知》附件，关于珍贵树种部分列入国家重点保护植物名录。列入二级保护植物名录中青田境内的有：伯乐树（钟萼木）、香果树、福建柏、蛛网萼、金钱松、长叶榧树、华东黄杉、鹅掌楸、白豆杉、长柄双花木，三类保护有：野大豆、穗花杉、沉水樟、短萼黄连、银钟花、黄山木兰、凹叶厚朴、天女花（小花木兰）、闽楠、黄山花楸、紫茎、八角莲、红豆树、南方铁杉、乐东拟单性木莲，计 25 种。

1985 年 10 月，国家环境保护局、中国科学院植物研究所，公布了《中国珍稀濒危保护植物名录》第一册，根据珍稀濒危程度划分为濒危、稀有、渐危 3 个等级，已知青田分布有稀有种 8 个，渐危种 20 个，比 1975 年增加了天麻、厚朴、浙江楠 3 种。

根据 1999 年 8 月，国家林业局、农业部第 4 号令《国家重点保护野生植物名录》（第一批）发布。《名录》显示：随着研究的深入，其保护种类变化较大。一些以前从未列入保护的种类，因有特殊性能或数量锐减而列入重点保护。有些则被排除。

1981 年 12 月，浙江省人民代表大会常务委员会《关于颁发<浙江省自然保护区条例>的通知》公布了《浙江省国家重点保护的植物、动物名录》，青田重点保护植物 28 种：钟萼木（伯乐树）、独花兰、长柄双花木、香果树、杜仲、福建柏、银杏、鹅掌楸、金钱松、白豆杉、华东黄杉、长叶榧、沉水樟、短萼黄莲、八角莲、江南油杉、银钟花、黄山木兰、厚朴、凹叶厚朴、天女花、花榈木、乐东拟单性木兰、蛛网萼、浙江楠、半枫荷、紫茎、南方铁杉。

1988 年，国家濒危物种进出口管理办公室、国家物价局、财政部联合发布《关于野生动植物进出口管理收费的通知》规定：凡进出口野生动植物或其产品、制成品的单位或个人，必须向濒危物种进出口管理机构申请办理《允许进出口证明书》，并按规定缴纳手续费和进出口管理费。

1993 年 9 月 25 日，浙江省八届人民代表大会常务委员会六次会议通过《浙江省森林管理条例》（自 1993 年 11 月 1 日起施行）。《条例》第二十六条规定，国家、省重点保护的珍贵树种和具有特殊价值的植物资源，未经省林业部门批准，不得采伐和采集。古树名木，应当由县级以上人民政府建立档案，设立标志，明令保护。第五十条规定，盗伐或毁坏古树名木、珍稀植物的，责令赔偿损失，没收违法所得，并处以 1000 元以上 30000 元以下的罚款。盗伐古树名木情节严重，构成犯罪的，依法追究刑事责任。

二、保护措施

（一）大力宣传野生动植物保护的法律法规，增强全民野生动植物保护法制意识。向全县普及森林珍稀植物知识；利用电视台及挂图等，宣传青田境内属国家一级保护植物有南方红豆杉、伯乐树等 2 种。属国家二级保护植物有华东黄杉、金钱松、榧树、长叶榧、连香树、白豆杉、红豆树、花榈木、鹅掌楸、香樟、浙江楠、闽楠、短萼黄莲、厚朴、凹叶厚朴、香果树、长序榆、榉树等 18 种。使广大群众知晓保护珍稀植物的目的和意义，以及破坏珍稀植物的法律后果。

（二）严格审批制度。对珍稀树种、古树的采伐，严格按照程序办理，采伐前有关人员必须到现场核实。

（三）把保护古树名木作为一项长期工作来抓。广泛开展古树名木调查，做好古树名木的挂牌保护；并对因病、水冲、火烧的古树名木采取抢救性措施加以保护。

图 4-2-6-1 砌挡土墙保护，防止水土流失（2014 年摄）

图 4-2-6-2 利用塑料发泡技术修补古树蚀洞（2014 年摄）

1998 年 10 月 23 日，县政府办公室发布青政办〔1998〕240 号《关于公布青田县第一批古树名木的通知》文件，并随文要求各地严格加强保护，不得砍伐、劈枝以及任何的破坏损伤。本次公布的共有 608 株，分布全县村口路边。

2002 年，全县历时两个多月，进行古树名木资源普查。对全部古树名木进行拍照、挂牌、造册。成果统计，青田县共有百年生以上古树名木 6710 株，其中散生分布 3407 株，古树群 151 个 3303 株。古树名木种类隶属 35 科 65 属 91 种，排在前五位的分布是：马尾松 3206 株，占总数的 47.8%；苦槠 913 株，占 13.6%；枫香 763 株，占 11.4%；香樟 337 株，占 5.0%；木荷 306 株，占 4.6%。树龄 500 年生以上的一级保护古树 218 株，占总数的 3.2%；300～499 年生的二级保护古树 847 株，占 12.6%；100～299 年生的三级保护古树 5645 株，占 84.1%。

2014 年，制订青田县古树名木保护方案，再次开展全县古树名木普查工作，为这些"活化石"重新登记造册，并落实管护措施和保护责任人。全年利用施药除虫、砌挡土墙保护根系等措施，抢救保护古树名木 20 株，支付保护资金 32.5 万元。

12 月 8 日，县林业局工作人员对东源镇平溪村一株因白蚁蛀树、枝叶稀疏、树干倾斜的千年红豆杉进行抢救。经清理树洞、消毒，在树根处撒营养液，用高压水枪向红豆杉喷洒了防虫药水后，采取架设钢架和发泡塑料技术修补树洞进行保护。

图 4-2-6-3 砌挡土墙保护（2014 年摄）

第七节　湿地保护

湿地是指天然或人工的、永久的或间歇性的沼泽地、泥炭地、水域地带，带有静止或流动、淡水或半咸水及咸水水体，包括低潮时水深不超过6米的海域。作为"地球之肾"的湿地，是地球上强大的生态系统，是维护生态平衡的重要支柱，是改善和提高人类生存环境质量、美化人类生活环境等诸多因子中，具有战略性和积极性的生物因子。

青田县位于浙江省东南部，瓯江中下游，山地、平原、江河、滩涂兼有的多样地貌类型孕育了丰富的湿地资源。境内大气和水体质量、生物丰度指数、森林覆盖率均列全省前列，生态优良，是浙江省生态县，地理和生态区位非常重要。据调查，全县现有面积8公顷以上的近海与海岸湿地、河流湿地（宽度10米以上、长度5公里以上）、沼泽湿地、人工湿地（不包括稻田湿地）总面积7704.49公顷，湿地率3.09%。湿地面积数量位列丽水市首位。

1992年，我国正式加入《湿地公约》，随后国务院决定：执行《湿地公约》的具体事宜，由林业部负责组织、协调、指导和监督全国湿地保护工作。2004年，国务院办公厅下发了《国务院办公厅关于加强湿地保护管理的通知》，要求各地方抓紧编制本地区的湿地保护规划，把湿地保护的任务落到各区县，各部门单位，把规划提出的各项任务落到实处。2012年颁布的《浙江省湿地保护条例》中规定"设区的市、县（市、区）人民政府林业主管部门应当会同有关部门根据国民经济和社会发展规划以及上一级湿地保护规划，组织编制湿地保护规划，报本级人民政府批准"。2014年，省政府办公厅下发《关于加强湿地保护管理工作的通知》，对全省湿地保护管理工作提出了"科学划定湿地保护红线，开展湿地保护规划编制工作，确定和公布湿地保护名录，加大湿地的抢救性保护、修复和示范力度，提升湿地科研监测水平，加强依法管理"等六大任务。

2014年10月，由县林业局组织、浙江省林业调查规划设计院具体承担的《青田县湿地保护规划》（2014—2020年）编制工作正式启动。规划以全省第二次湿地资源调查数据为基础，开展更新外业补充调查、资料收集、部门座谈，对规划涉及的重要问题开展专项研究，进行充分的分析论证。在整理分析各部门规划成果资料的基础上，结合青田县湿地资源及保护管理现状，全面规划确定了湿地保护指导思想、目标、保护体系、管理体系、优先行动等内容，提出了规划实施的保障措施。

一、湿地保护目标

通过湿地及其生物多样性的就地保护、污染控制、湿地的恢复和治理等措施，使全县湿地资源与生态环境保护等主要指标保持或达到全国先进水平。同时，通过湿地合理利用示范、湿地资源调查监测、科研与技术推广等方面的能力建设，全面提高湿地保护、管理和合理利用水平，使湿地保护和合理利用进入良性循环，形成"流域水质保持优良，生态环境全面提升，生态经济高效发展，人与自然和谐共处"的生态文明新局面。

到2020年，全县湿地面积保有量稳定在7000公顷；全县湿地环境质量持续稳步向好，污染得到全面控制，实现有效减排；列入省级重要湿地3处、县级重要湿地9处；建成湿地自然保护区1处、保护小区2处，湿地公园2处；建立比较完善的湿地保护、管理和合理利用的政策、制度和监测科研体系，形成较为完整的湿地保护与管理体系，使青田成为全省乃至全国湿地保护和管理的先进示范地区。

（一）近期目标（2014—2017 年）

湿地水环境质量保持稳定，污染物排放得到有效控制。同时初步建立湿地保护与合理利用示范、湿地恢复保障机制和湿地生态系统监测体系，开展湿地相关监测、科研和宣教。

1. 建立湿地管理机构和部门间有效的协调机制。

2. 以水质保护为核心，推进"五水共治"，实现千峡湖湖体水质稳定保持在 II 类以上，境内主要入湖河流断面水质稳定保持在 I～II。集中式饮用水源地水质达标率达到 100%；流域内城镇污水集中处理率达到 80% 以上，流域内城镇生活垃圾无害化处理率达 90%，全县规模化畜禽养殖场排泄物综合利用率达 95% 以上。

3. 开展重要湿地名录确认，其中省级以上重要湿地 3 处，县级重要湿地 9 处。

4. 续建省级自然保护区，新建龙宫湖、师姑湖 2 处县级湿地保护小区；规划建设千峡湖和龙现等 2 处省级湿地公园。

（二）中远期目标（2018—2020 年）

在完善和巩固前期湿地恢复工作的基础上，进一步加强全县范围内湿地的保护与恢复。通过湿地保护利用相关工程建设及后期运营、维护和管理，充分发挥湿地生态功能，改善水质，丰富生物多样，改善生态环境。进一步完善湿地保护与恢复保障机制，完善湿地生态系统监测网络体系，实现湿地保护与合理利用的和谐统一。

1. 续建省级湿地保护区 1 处。

2. 升格为国家级湿地公园 2 处。

3. 对列入重要保护湿地名录的 12 处湿地开展湿地生态补偿。

4. 对规划近期建设的湿地保护管理工程续建完善，确保全县 50% 的自然湿地、90% 的重要湿地得到良好保护，湿地生态环境得到明显好转。

二、湿地保护体系

（一）湿地红线划定

红线制度是最严格的资源保护制度，将红线制度应用于湿地就是湿地红线。湿地红线既是限制开发利用的"高压线"，又是维护基本生态平衡的"安全线"，也是实现有序发展的"保障线"。

湿地红线包含面积（数量）红线和区域（边界）红线两层含义。面积数量红线为湿地面积的底线，为湿地资源存量设定了不可逾越的底线，能够有效遏制资源的盲目过度开发和低水平利用。区域边界红线是指必须严格管理和维护的湿地区域，包括具有重要或特殊生态服务功能和生态敏感性极高、极其脆弱的区域。

1. 面积红线

根据省委、省政府《关于加快推进林业改革发展全面实施五年绿化平原水乡十年建成森林浙江的意见》，全省确定到 2020 年湿地面积保有量为 $100×10^4$ 公顷（1500 万亩），相当于全省现有湿地面积 $111.01×10^4$ 公顷的 90%。据此，结合青田县湿地资源现状和经济社会发展需要，确定青田县到 2020 年湿地保有量为全省第二次湿地资源调查青田县湿地面积总数的 90%，即为 7000 公顷。即将不低于 90% 的湿地面积确定为红线总量。在管理上确保红线总量的动态平衡，积极制定"总量控制""生态补偿"等制度。

2.区域范围

青田县湿地区域红线主要依据《浙江省主体功能区规划》《青田县生态环境功能区规划》中禁止开发区和禁止准入区的范围划定。红线区域范围主要如下：

（1）《浙江省主体功能区规划》划定的禁止开发区：全省禁止开发区域主要包括国家级禁止开发区域和省级禁止开发区域。国家级禁止开发区域，石门洞国家森林公园；省级禁止开发区域，石门洞省级风景名胜区、青田鼋省级自然保护区2个。国家级禁止开发区域和省级禁止开发区域其范围内的湿地列为湿地区域红线。

（2）《青田县生态环境功能区规划》划定的禁止准入区中的"城镇集中式饮用水源保护生态环境功能小区""青田鼋自然保护生态环境功能小区""石门洞生物多样性保护生态环境功能小区"和"城镇水源涵养生态环境功能小区"。分别是上湖口饮用水源，学神饮用水源，沙门水库饮用水源，千丝岩水库饮用水源，大奕坑水库饮用水源，金坑水库饮用水源，高湖东坑源饮用水源，东源万岙坑饮用水源，船寮徐岙水库饮用水源，贵岙坑外源饮用水源，仁庄半坑饮用水源，岭根小吾源饮用水源，北山庙边坑饮用水源，十七都港、海溪源饮用水源，塘坑水库水源涵养，仁宫乡水源函养，兆庄水源函养，章村港水源涵养，万阜、阜山、汤垟水源涵养，十一都、十二都水源涵养等保护地。

（3）规划建立湿地保护形式的湿地：滩坑湿地、龙宫湖湿地、师姑湖湿地、驮滩湿地、方山农耕文化稻鱼湿地。

青田县湿地区域红线分布于全县各乡镇，有滩坑大型水库、中型水库金坑、大奕坑、万阜、塘坑、五里亭、外雄等6座，以及瓯江水系的大溪、小溪两条干支流均位于区域红线内。

3.管控措施

划入区域红线内的湿地资源并非完全不能开发利用，但开发利用是有条件的，即适度、科学、合理，并以相应的制度规范作为保障，明确利用湿地的范围、时间、强度、方法等，使湿地利用严格限定在湿地生态系统可以承载的范围之内。

严格按照《饮用水水源保护区污染防治管理规定》和《浙江省饮用水水源保护条例》进行保护和管控。饮用水水源一级保护区：禁止新建、改建、扩建与供水设施和保护水源无关的建设项目；已建成的与供水设施和保护水源无关的建设项目上，责令拆除或者关闭；禁止从事网箱养殖、旅游、垂钓或者其他可能污染饮用水水体的活动；禁止畜禽养殖。饮用水水源二级保护区：禁止设置排污口，新建、改建、扩建排放污染物的建设项目；已建成的排放污染物的建设项目上，责令排除或者关闭；禁止经营性畜禽养殖；加强上游水源涵养林及两岸绿化带的建设和保护，加强对上游地区农业农村面源污染的治理。

（二）重要湿地保护名录

湿地保护名录制度是分等次系统保护湿地的有效方式。湿地保护名录由县级以上林业主管部门会同有关部门根据湿地保护规划以及经济社会发展和生态环境保护需要，提出需要保护的湿地名录，报本级人民政府批准并公布，并根据湿地保护的需要和湿地资源的变化情况进行及时调整、补充、公布。

1.省级湿地名录

（1）青田鼋省级自然保护区湿地已列入《浙江省湿地保护规划》（2006—2020年）省级重

要湿地规划名录。根据《浙江省湿地保护条例》（2012 年）颁布实施后的省级重要湿地，对青田鼍省级自然保护区湿地开展保护工作。着重保护机构和基础性建设，中远期实施完善和提升工程。

（2）滩坑水库（千峡湖）湿地。滩坑水库（千峡湖）位于瓯江流域小溪支流中段，水域面积 7133 公顷，为全省第二大水库水域，是青田县及周边温州市饮用水源保护生态环境功能区，可以"大力发展具有保护水质和生物多样性功能的水库养殖渔业"，结合旅游重点发展休闲渔业、休闲养身和峡湾度假。

（3）方山乡龙现村稻鱼共生系统保护区湿地。青田县稻田养鱼距今已有 1200 多年历史。2005 年 5 月 16 日，联合国粮农组织公布青田传统稻鱼共生农业系统以其"独特的、重点的、巧夺天工的"系统成为全球重要农业文化遗产项目。2013 年 5 年，青田稻鱼共生系统又被国家农业部列为中国重要农业文化遗产。

2. 县级湿地名录

根据县级重要湿地确认条件，并衔接《青田县生态环境功能区规划》等多个已批复实施的部门规划，将方山龙宫湖山地沼泽湿地、石门洞师姑湖山地沼泽湿地、金坑水库、大奕坑水库、万阜水库、塘坑水库、青田驮滩三角洲湿地、祯埠港、小溪等 9 处确定为县级重要湿地。

（三）管理措施

1. 管理职责

（1）贯彻执行有关湿地保护的法律、法规、规章和政策；

（2）制定并实施湿地保护和管理各项制度；

（3）对湿地资源调查进行调查和监测，并采取相应的保护措施；

（4）建立湿地保护和管理档案；

（5）完善湿地保护基础设施建设；

（6）开展湿地宣传、科普工作；

（7）劝阻、制止、报告并配合有关部门查处湿地违法行为；

2. 管控措施

（1）列入重要湿地名录的湿地设立保护标志，标明湿地的名称、类型、保护级别、保护范围、管理机构或者责任单位、保护管理部门。

（2）具有湿地自然保护区部分特征，但面积较小、不适宜设立湿地自然保护区或者湿地公园的湿地，可以设立湿地自然保护小区。

（3）列入名录的湿地从事生产经营、观赏旅游、科学调查、研究观测、科普教育等活动不得影响湿地生态功能，不得对野生生物物种造成损害。

（4）列入名录的湿地，任何单位和个人不得擅自开垦、占用或者改变湿地用途。占用列入名录湿地的建设项目，环境影响评价文件应当包括湿地生态功能影响评价，并有相应的湿地保护方案。环境保护主管部门在批准占用湿地的建设项目环境影响评价文件前，应当征求有关湿地管理部门的意见。其中，占用国家、省级重要湿地的，还应当征求省林业主管部门的意见。

三、湿地自然保护区建设

（一）青田鼋省级自然保护区

青田鼋省级自然保护区已列入《浙江省湿地保护规划》（2006—2020年）和《丽水市湿地保护与利用规划》（2006—2020年）续建湿地自然保护区名录。

1. 基本情况

根据浙政发函〔2006〕45号《省政府关于青田鼋省级自然保护区范围调整的批复》，鼋自然保护区规划面积为360.84公顷，湿地面积为314.00公顷。规划面积范围上起石门洞渡口上游400米（东经120°06′33″、北纬28°16′53″），下至船寮镇白岸村口悬崖边（东经120°11′53″、北纬28°15′37″），保留小溪石寨实验区。其中核心区上起官岙村下至上合村西，面积为160.12公顷；缓冲区分别为石门洞渡口至官岙村和上合村西至腊溪村，面积为111.15公顷；实验区分别为石门洞渡口上游400米的下湾自然村至石门洞渡口和下游腊溪村至白岸村，面积为89.57公顷。

2. 建设内容

（1）保护对象：主要保护对象为鼋。鼋是国家一级重点保护物种。瓯江水域的鼋是国内幸存的较大种群，主要分布于瓯江青田段。

（2）建设时序：现为省级自然保护区，规划近期（2014—2017）着重实

图 4-2-7-1 瓯江鼋省级自然保护区（2014年摄）

图 4-2-7-2 瓯江鼋省级自然保护区（2007年摄）

施湿地保护性工程、基础设施工程和宣教工程；规划中远期（2018—2020），着重生物多样性科研工程建设和强化设施基础工程。

（3）投资估算：由保护工程、科研工程、宣教工程、可持续发展工程（生态旅游）、基础设施工程组成。

表 4-2-7-1　青田鼋省级自然保护区投资估算表

工程类别	项目名称	投资小计	投资期限	
			近期	远期
合　计		1475	641	834
保护工程	小　计	398	276	122
	确标立界（界碑、界桩、浮标、核心区围栏、标牌）	60	50	10
	保护站点	55	45	10
	观察站	21	15	6
	巡护水路（巡护船、装备）	64	40	24
	野生动物及栖息地保护（救护设备、救护池、养殖池、产卵场）	27	21	6
	野生植物及生境保护（滩林保护与防治设备）	21	15	6
	湿地保护与恢复（水利设施、湿地植被营造、封山育林、沙滩保护）	150	90	60
科研工程	小　计	370	130	240
	科研站（科研设备、标本制作及保管设备）	120	30	90
	资源与生态环境监测（自动气象观测站、自动水文水质监测站、生态环境监测）	160	70	90
	科考与研究（科学考察、专项性研究课题）	90	30	60
宣教工程	小　计	282	120	162
	科普展览馆（展室布设、动植物标本制作）	150	60	90
	电教室（宣教设备、宣传材料制作）	90	30	60
	宣教设施（户外宣教点、实习路线、网站建设）	42	30	12
可持续发展工程—生态旅游	小　计	190		190
	游客中心	50		50
	景区景点建设	30		30
	旅游宣传	50		50
	设备	60		60
基础设施工程	小　计	235	115	120
	管理用房、办公设备、抢救监护综合楼	90	30	60
	供电设施	25	15	10
	通讯设施（通讯线路改造、电话交换机、卫星接收器）	60	40	20
	生活设施（公厕、垃圾收集点、集中给水设施、污水处理设施）	60	30	30

（二）湿地自然保护小区

青田方山龙宫湖和青田石门洞师姑湖2处自然保护小区，属山地沼泽化草甸湿地，位于县域重要山溪河流源头，是水源涵养、水土保持的公益林重点建设区域，也是当地生态敏感区域。规划期内实施湿地自然保护小区建设将使县域湿地自然保护区格局更加合理、完善。

表 4-2-7-2 青田县自然保护区（小区）

单位：公顷

名称	位置坐标	建设规模	现状级别	规划级别	建设期
青田鼋省级自然保护区	E：120°06′33″ E：120°11′53″	360.84	保护区	省级 省级	近期 中远期
青田方山龙宫湖山地沼泽湿地自然保护小区	E：120°20′12.13″ N：27°59′9.85″	46.00	保护小区	县级	近期 中远期
青田石门洞西姑湖山地沼泽湿地自然保护小区	E：120°02′12.13″ N：28°12′25.77″	15.00	保护小区	县级	近期 中远期

1. 方山龙宫湖山地沼泽湿地自然保护小区

该保护小区已列入《丽水市湿地保护与利用规划》（2006—2020年）新建湿地自然保护小区规划建设名录。

（1）范围面积：青田方山龙宫湖山地沼泽湿地自然保护小区规划面积46.00公顷，湿地面积16.06公顷，海拔范围1040～1090米，隶属方山乡奇云山村。

（2）保护对象：典型性山地沼泽化草甸湿地、国家一级保护植物莼菜、水源涵养林及溪源湿地。

图 4-2-7-3 龙宫湖山地沼泽湿地（2012年摄）

（3）投资估算：由保护工程、科研工程、宣教工程、可持续发展工程（生态旅游）、基础设施工程组成。

表 4-2-7-3 方山龙宫湖山地沼泽湿地自然保护小区投资估算表　单位：万元

工程类别	项目名称	投资小计	投资期限	
			近期	远期
合　计		470	321	149
保护工程	小　计	255	168	87
	确标立界（界碑、界桩、标牌）	20	15	5
	保护站点	30	20	10
	巡护路网（巡护步道、装备）	30	20	10
	森林防火（瞭望塔、扑火设备）	20	15	5
	野生动物及栖息地保护（救护设备、笼舍）	10	8	2
	野生植物及生境保护（珍稀植物实验圃）	15	10	5
	湿地保护与恢复（水利设施、湿地植被保护、封山育林）	130	80	50
科研工程	小　计	50	37	13
	科研站（标本制作及保管设备）	10	7	3
	资源与生态环境监测（水文水质监测站、固定样地）	20	15	5
	科考与研究（科学考察、专项性研究课题）	20	15	5
宣教工程	小　计	30	21	9
	电教室（宣教设备、宣传材料制作）	10	6	4
	宣教设施（户外宣教点、实习路线、网站建设）	20	15	5
基础设施工程	小　计	135	95	40
	管理用房	30	25	5
	道路交通	15	10	5
	供电设施	15	10	5
	通讯设施（通讯线路改造、电话交换机、卫星接收器）	60	40	20
	生活设施（公厕、垃圾收集点、污水处理设施）	15	10	5

2. 石门洞师姑湖山地沼泽湿地自然保护小区

该保护小区已列入《丽水市湿地保护与利用规划》（2006—2020 年）新建湿地自然保护小区规划建设名录。

（1）范围面积：青田石门洞师姑湖山地沼泽湿地自然保护小区规划面积 15.00 公顷，湿地面积 8.18 公顷，海拔范围 1090～1120 米，隶属石门洞林场师姑湖林区。

（2）保护对象：典型性山地沼泽化草甸湿地、水源涵养林及溪源湿地。

（3）投资估算：由保护工程、科研工程、宣教工程、可持续发展工程（生态旅游）、基础设施工程组成。

表 4-2-7-4 石门洞师姑湖山地沼泽湿地自然保护小区投资估算表　单位：万元

工程类别	项目名称	投资小计	投资期限	
			近期	远期
合　计		268	186	82
保护工程	小　计	98	67	31
	确标立界（界碑、界桩、标牌）	10	8	2
	保护站点	20	15	5
	巡护路网（巡护步道、装备）	10	6	4
	森林防火（瞭望塔、扑火设备）	10	5	5
	野生动物及栖息地保护（救护设备、笼舍）	10	8	2
	野生植物及生境保护（珍稀植物实验圃）	8	5	3
	湿地保护与恢复（水利设施、湿地植被保护、封山育林）	30	20	10
科研工程	小　计	35	23	12
	科研站（标本制作及保管设备）	10	7	3
	资源与生态环境监测（水文水质监测站、固定样地）	10	6	4
	科考与研究（科学考察、专项性研究课题）	15	10	5
宣教工程	小　计	30	21	9
	电教室（宣教设备、宣传材料制作）	10	6	4
	宣教设施（户外宣教点、实习路线、网站建设）	20	15	5
基础设施工程	小　计	105	75	30
	管理用房	30	25	5
	道路交通	15	10	5
	供电设施	15	10	5
	通讯设施（通讯线路改造、电话交换机、卫星接收器）	30	20	10
	生活设施（公厕、垃圾收集点、污水处理设施）	15	10	5

（三）湿地公园

湿地公园是湿地保护体系的重要组成部分，在保护湿地生态系统结构和功能完整性的基础上开展湿地合理利用，供公众游览、休闲或进行科学、文化和教育活动，是充分发挥湿地的多种功能效益的特定区域。

图 4-2-7-4 千峡湖湿地（2013 年摄）

1. 千峡湖（滩坑水库）湿地公园

千峡湖为浙江第二大人工湖，大坝至库尾干流回水总长度为 80 公里，总面积约 71 平方公里，总库容 41.55 亿立方米，平均水深 58 米。千峡湖所在的小溪流域，上游主要源头在百山祖—凤阳山自然保护区，流经地区森林茂密、地广人稀、工业污染源极少，是浙江省乃至全国生态环境最好的区域之一。自然水流除景宁县城附近段为三类地表水外，其余皆在二类水质以上。千峡湖水体在水域宽阔、水深流缓处，经过长期静止沉淀后，水质将更为纯净，形成优质水源地。大量的优质水源为今后水资源多元化的开发利用奠定了扎实的基础。

库区耸立着华东第一高坝和浙江第一高桥—北山特大桥。湖区岛屿众多，湖面蜿蜒曲折、峰回水转，峡湾众多，呈现"千峡环湖"的壮丽景象，给人无限遐想，"千峡湖"由此得名。

据《浙江丽水千峡湖区域旅游规划》，千峡湖总面积约 92230 公顷，分属青田和景宁两县。其中青田县总面积约 41580 公顷，湿地面积 3500 公顷。千峡湖区域面积具体如下。

表 4-2-7-5　千峡湖区域面积构成表　　　　单位：公顷

乡镇	青田县（41560）				景宁县（50670）			合计
	巨浦乡	北山镇	岭根乡	万阜乡	九龙乡	渤海镇	外舍管理区	
整体面积	9880	18680	5800	7200	21400	10840	18430	92230
水域面积	3500				3600			7100
陆地面积	38080				47050			85130

图 4-2-7-5 师姑湖山地沼泽湿地（2014 年摄）

根据 2012 年丽水市千峡湖开发建设管理委员会编制的《浙江丽水千峡湖区域旅游规划》，将构筑"一带四核多组团"的旅游发展空间格局。其中"四核"为北山环湖旅游核（青田境内）、小金山—岭根半岛旅游核（青田境内）、九龙山—炉西峡山地旅游核（景宁境内）、外舍新城旅游核（景宁境内）。

（1）范围面积：湿地公园规划面积 41580.00 公顷，湿地水域面积 3417.40 公顷，位于千峡湖青田境内。（千峡湖青田境内湿地水域面积 3417.40 公顷为全省第二次湿地资源调查数据）

（2）优势景观：千峡湖原生态峡湾、优美的山地林相植被、开阔清秀的湖面水域，鲜明的湿地景观特色、浙江第二大人工湖，华东第一高坝和浙江第一高桥。

（3）规划布局：湿地公园建设范围基本上都作为生态展示区和生态活动区，生态保护区及其他功能区由湿地公园外的其他商务板块承接。根据功能定位需要，实施湿地公园七大旅游发展组团规划，打造融"千峡环湖"自然特质和青田华侨文化风情于一体的中国峡湾湖居度假典范。

（4）组团规划与重点建设项目："四核"建设中，由于小金山—岭根半岛旅游核（青田境内）总体上属于 2021—2030 年重点开发区块，本规划主要衔接北山环湖旅游核建设内容，在此基础上增加湿地公园内容的建设投入，形成集湿地生态保护、资源综合利用和提升游客体验为一体的湿地公园景区。

表 4-2-7-6 千峡湖北山环湖旅游核组团规划、重点建设项目与建设规模规划表

组团名称	项目名称	项 目 构 思	用地性质	建设用地规模（公顷）
北山小镇旅游组团	旅游综合服务区	主客共享的一站式旅游综合服务区。	居住用地、零售商业用地、旅馆用地等	39.27
	商务会议酒店	世界华侨文化论坛永久会址配套。	旅馆用地	8.40
	千峡游艇湾	半山半岛的北欧风格定制社区与高端私家游艇峡湾。	居住用地、零售商业用地	16.40
张坪艺术交流组团	国际艺术休闲公园	融景观观光、艺术欣赏、特色住宿为一体的艺术性景观休闲公园。	度假村用地、居住用地、公园绿地	78.73
	国际艺术家部落	"千峡丽水"主题建筑群，同时作为各界艺术人士思想交流、作品展示及休闲度假的平台。	商业设施用地、度假村用地	11.60
仁村水上运动娱乐组团	水上运动湾	帆船帆板、水上飞机等运动产品配套运动度假相关物业的峡湾主题大众水上运动体验基地。	娱乐用地	8.53
	水上运动训练基地	可承接国际级赛事的国际专业标准水上运动中心和集训基地。	娱乐用地	11.60
	天籁音乐湾	导入海浪风琴建筑与高科技太阳能技术的生态音乐主题娱乐高地。	公园绿地、居住用地	11.13
大岩下公共服务组团	行政管理服务区	北山镇政府、教育、医疗机构及相关市政设施。	行政办公用地、商业设施用地、居住用地	24.80
	居民安置住宅区	库区移民安置区	居住用地	15.33
郎回浪漫体验组团	郎回伊甸园	以青田当地婚俗文化为主打特色，集住宿、娱乐、休闲、养生、婚庆于一体的爱情公园。	娱乐用地、宾馆用地	9.20
	爱情街市	集婚庆住宿、养生度假、浪漫餐饮、休闲娱乐于一体的爱情主题商业街市。	商业设施用地、宾馆用地	3.20
	浪漫社区	针对不同年龄阶层情侣的自然元素主题度假社区。	居住用地	9.67
石岭头农业休闲组团	耕读青田体验基地	集农业观光、科技种植、文化休闲、主题住宿于一体的青田乡村体验高地。	度假村用地	8.07
	百年侨乡度假庄园	集养生、休闲、农活体验于一体的各国风情庄园聚落。	度假村用地、商业设施用地、宾馆用地	15.80
侨乡风情露营体验组团	风情营地聚落	以侨乡历史为线索的国际标准风情营地。	公园绿地	300

（5）建设时序：湿地公园应与千峡湖整体规划协调建设，优先开展生态环境保护和风景旅游开发。

表 4-2-7-7 千峡湖湿地公园分期建设规划表

分期时段	主 要 目 标
近期 2014—2017	一方面通过生态展示性工程打好湿地公园的生态景观和旅游基础，另一方面通过公园基础设施建设不断完善旅游服务接待功能
中远期 2018—2020	做好市场营销工作。拓展和延伸旅游游憩产品体系，完善配套设施，建立较为齐全的旅游产品体系、服务接待体系和环境监控体系。

2. 青田龙现稻鱼共生湿地公园（博物园）

2005 年 5 月，浙江青田稻鱼共生系统被联合国粮农组织确定为首批全球重要农业遗产保护项目之一，旨在对"全球重要的、受到威胁的传统农业文化与技术遗产进行保护"。青田稻鱼

共生系统成为中国第一个全球重要农业文化遗产。按照联合国粮农组织关于全球重要农业文化遗产保护的要求和《全球重要农业文化遗产—青田稻鱼共生系统保护规划》意见，将青田县方山乡龙现村划定为全球重要农业文化遗产稻鱼共生系统保护区，将龙现村除外的方山乡全境划定为过渡区。2013年5月，青田稻鱼共生系统又被国家农业部列为中国重要农业文化遗产。

根据2010年县政府编制的《全球重要农业文化遗产青田稻鱼共生博物园总体规划》，将构筑"三区一带"的稻鱼共生博物园空间格局。其中"三区"为龙根稻鱼共生文化广场区、五地垟稻鱼共生博览体验区、龙现稻鱼共生系统示范区。

本规划主要衔接龙现稻鱼共生系统示范区建设内容，在此基础上增加湿地公园内容的建设投入，形成集湿地生态保护、资源综合利用和提升游客体验为一体的湿地博物园景区，打造成以稻鱼共生文化遗产博览体验为特色的农业文化遗产保护观光区。

（1）范围面积：湿地博物园规划面积461.00公顷，湿地水域面积27.70公顷，位于方山乡西南角的龙现村。

（2）优势景观：龙现"中国田鱼村"，是全球重要农业文化遗产保护地。龙现村"种稻养鱼"的生产方式、"饭稻羹鱼"的生活方式、房前屋后养鱼的居住方式等形成了丰富的稻鱼文化。

（3）规划布局：湿地博物园围绕"传承与保护稻鱼共生系统这一农业文化遗产"为主旨，依据农业文化遗产保护和规划要求，形成功能区：湿地生态保育区、稻鱼共生系统保护观光区、乡村文化景观区、奎岩庄鱼种场繁殖区。

图4-2-7-6 龙现"中国田鱼村"（2007年摄）

（4）建设时序：湿地博物园应与《全球重要农业文化遗产青田稻鱼共生博物园总体规划》协调建设，优先开展稻鱼共生系统的生态环境保护和农业文化遗产生态风景旅游的开发。为保证湿地博物园建设健康有序进行，采用分期建设，共分为二期，并明确发展重点和核心项目。

表 4-2-7-8 龙现稻鱼共生湿地博物园分期建设规划表

分 期	发展重点	核心项目
近期 2014—2017	生态保育 稻鱼共生观光、鱼种场繁殖、基础设施	培育植被、封山育林，生态公益林建设；全球重要农业文化遗产稻鱼共生农耕文化宣传与展示；优良鱼种繁殖、鱼种场建设；园区配套基础设施
中远期 2018—2020	稻鱼共生系统展示、乡村文化观光、亲水休闲、养生度假	稻鱼共生系统文化展示区、农事体验区、乡村文化观光；老年养生区建设和亲水休闲和美食文化的建设

四、湿地管理

（一）湿地生态监测

1.湿地资源监测站点

成立青田县湿地资源监测站,开展湿地资源监测工作,协调各系统监测站（点）的相互关系。湿地资源监测站隶属县林业局。

湿地资源监测站主要承担以下工作任务：负责全县各系统湿地资源监测站（点）的组织协调工作，使各湿地监测站（点）的监测技术、成果实行共享；组织开展全县湿地资源监测调查工作，定期检查和指导各监测站（点）工作；收集、处理和汇总各系统、各监测站（点）的监测信息，并编写县级监测成果报告，负责向省林业厅及当地政府提供信息服务。

湿地资源监测点：监测点设置在湿地自然保护区（小区）、各乡镇（林场）、林业站（林区），主要承担辖区内重要湿地与生物多样性较丰富湿地的面积与类型、优势植被类型、动物栖息地及湿地动物种群、栖息地生境变化、湿地珍稀植物群落类型等面积、数量及分布的动态监测任务。

2.水文水资源监测

全县现有 4 个国家基本水文站、14 个基本雨量站，对现有监测站网进行改造升级，增建必要的新站网，构建由国家和地方监测站网组成的千峡湖及瓯江流域统一的水环境监测体系。

重点在主要入江断面、入湖断面、江体主要断面、湖体主要断面、重要工业园区和企业相关的江水断面布设水量水质自动监测站。对青田境内官庄源、北坑源、坑口源、锦水源、祯埠源、海口源、雄溪源、高市源、芝溪源、石溪源、船寮港、大路源、湖边源、贵岙源、港头源、四都港等主要瓯江支流开展常规监测。规划期内新增 11 个水质监测断面监测站（金坑水库、大溪石帆、船寮、湖边、小溪孙前、官庄源武溪＋千峡湖、奇云山龙宫湖、石门洞师姑湖、鼋省级自然保护区的核心区、龙现稻鱼共生湿地博物园），新建（改建）2 个水文（水位）站（青田县水文巡测中心基地原圩仁水文站进行改造和秋芦站），新建 4 个雨量站（西园、半寮、万阜、大田），新建水情信息采集遥测站 9 个（祯埠港水位雨量站、官坑源尖山雨量站、海口源水位雨量站、桐川溪半寮站、船寮港水位雨量站、雄溪源三级水库站、瓯江三溪口水库站、张口源金田水库站＋千峡湖站）。

（二）宣传教育培训

1. 加强科普宣教，以湿地动植物标本为主，配以文字、图片、模型、灯光、音乐等，生动、全面地展示湿地自然环境。

2. 结合湿地公园、湿地博物园、自然保护区（小区）建设，建设野外宣教点，让体验者与大自然近距离接触的同时，更深入的领略湿地保护的意义。

（三）完善湿地生态环境补偿试点机制

建立多层次的湿地考核评估机制，组成由发改、财政、环保、住建、水利、农业、林业等部门参与的生态补偿绩效评价小组，定期组织对湿地生态补偿工作的绩效评价，对相关工作开展情况进行监督检查。省市县三级相关部门制定有关生态补偿资金使用绩效奖惩管理办法，将评估结果与补偿资金安排和使用挂钩。

到 2020 年，形成可推广复制的湿地生态补偿机制，探索建立实际可操作的市场化资源环境交易机制，从而形成有效的生态保护与建设协调机制。

（四）加强湿地污染综合治理

以"五水共治"行动和"国家生态文明建设试点示范区"创建为契机，实施严格的陆源污染物入湖，充分考虑河流水系的环境容量，着力削减工业点污染、城镇生活污染、农业农村面源污染等陆源污染排放量，确保湿地水环境质量稳定优良。

第三章 森林资源调查

森林资源调查是森林资源管理工作的基础，其目的是为编制林业区划、规划、计划和编制森林经营方案，建立森林资源档案以及确定森林利用方案和森林采伐限额提供基础资料和依据。

森林资源调查一般分为一类调查、二类调查和三类调查。以全国（或大区域）为对象的森林资源调查，简称一类调查；为编制规划设计而进行的调查，简称二类调查；为作业设计而进行的调查，简称三类调查。这三类调查上下贯通、相互补充，形成森林调查体系，是合理组织森林经营，实现森林多功能永续利用、建立和健全各级森林资源管理和森林计划体制的基本技术手段。此外，还有为林业发展方向、林业战略目标服务的林业区划；为林业单一目标服务的专题调查。

据资料记载，历史上，青田县曾做过有限的森林资源调查。中华人民共和国成立后，政府重视森林资源调查工作，先后做过多次调查。调查类型涵盖一、二、三类，特别在专题调查和林业区划中，做了大量工作。

第一节 资源调查

清宣统元年（1909 年），农工部提出振兴林业的措施，其中有要求各省调查宜林地和现有天然林，绘制图说后报部。两年后清朝灭亡，大部分计划未能实施。民国 29 年（1940 年）7 月，时浙江省农业改进所派员对丽水各县进行林业调查，之后形成调查报告。其中《青田县林业概况调查报告》篇，由詹谦执笔，内容包括绪论、森林分布及林况、森林之营造抚育与保护等八节，第一次对全县林业状况做系统调查并详细阐述。

中华人民共和国成立后至2014年，青田进行5次森林资源二类调查，分别是1955年、1975年、1985年、1998年和2007年，并在1998年、2008、2013年进行部分数据更新。

1955年，第一次对全县森林资源进行调查（资料佚失）。

1975年，第二次进行全县森林资源调查，调查结果数据：全县林业用地3000899亩。其中：有林地2168699亩，灌木林119711亩，疏林地128772亩，未成林地18028亩，无林地565994亩。全县总蓄积1538564立方米。其中：松林蓄积1052822立方米，杉木蓄积172641立方米，阔叶林蓄积313101立方米。森林覆盖率61%。

1985年，第三次对全县森林资源进行调查：全县森林总蓄积为1548857立方米，松蓄积为1255311立方米，杉蓄积为143700立方米，阔叶林蓄积为149846立方米。森林覆盖率61.8%。

1998年，第四次全县森林资源调查结果显示，全县活立林总蓄积为3363924立方米，其中森林总蓄积为3277128立方米。13年前后对比，森林蓄积翻一番。

2007年，进行第五次资源二类调查：全县活立木总蓄积为6327866立方米，其中：乔木林分蓄积8236728立方米，占98.6%；散生木蓄积53872立方米，占0.8%；四旁木蓄积37119立方米，占0.6%。森林覆盖率80.4%；有林地占土地总面积的76%；林木绿化率81.4%。

现对1985年、2007年森林资源调查情况进行综述。

一、1985年第三次全县森林资源调查

本次调查分外业、内业统计、专题、质量检查等四个部分。外业调查由乡镇林技员和浙江省森林资源监测中心林业专业技术人员组成调查组，在各村熟悉山林情况的人员配合下完成；专题调查由县林业局及部分乡镇林技员组成完成；质量检查由县林业局组成的检查组完成，省林业厅和丽水市林业局联合组织省级抽查；内业统计、制图及调查报告编写，由县林业局和浙江省森林资源监测中心共同完成。

根据省林业厅部署，在县政府的直接领导下，县林业局抽调42人组成森林资源调查队伍，其中林业干部10人（工程师1人），林技员、林场职工19人，临时工13人，由一名副局长带队负责。在省林勘院和地区林业局的指导帮助下，从1984年5月份开始筹备。准备工作包括地形图、航片及其他物资、仪器的购买，乡界的调绘，面积量算，航片的整理等。同年12月份培训试点结束，经过考试合格者参加调查。1985年1月份开始外业工作，10月份外业结束，接着进行内业工作；1986年1月份内业基本结束。

（一）调查方法和内容

根据《浙江省森林资源二类调查操作细则》的要求，采用抽样调查和小班调查相结合的方法；用抽样调查控制总体蓄积，小班调查把资源落实到山头地块。

1. 调查技术标准和依据

根据《浙江省森林资源二类调查操作细则》，针对青田具体情况编写《小班调查补充细则》《质量检查的补充说明》《补充规定》《内业工作细则》等若干补充规定。本次调查用表，小班调查采用《林业勘察设计用表》，抽样调查采用《浙江省立木材积表》，检尺采用布带围尺。

（1）图面资料和航片：采用第二代五万分之一地形图和1981年、1982年拍摄的约1：20000的航片。根据1976年调查的乡界，将其调绘到1：25000地形图上，然后把乡界转绘到航片上，再将航片分乡，用航片做底图调查。

（2）控制面积量算：用透明方格纸法量算。县控制面积在五万分之一的地图上量算，分幅理论控制面积，

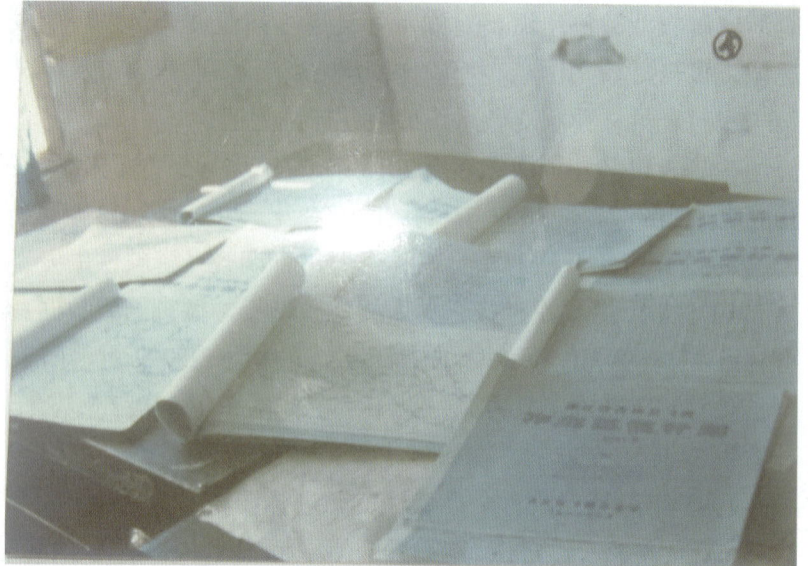

图4-3-1-1 资源调查用图纸（1985年摄）

以"四五"清查界线为基础，明显错误的地方做适当调整，求得全县总面积为3733899亩。乡控制面积在二万五千分之一的地形图上分幅量算，用五万分之一地形图分幅面积控制，精度均符合细则要求。

（3）抽样设计和样点转刺

采用系统抽样方法，以县界为总体边界，总体面积3733899亩。

样地单元数确定，最大蓄积量每块样地估计6立方米，最小取0，平均为0.5立方米，根据全距法确定变动系数为200%，然后根据公式确定样点数为683个（精度为85%，可靠性为95%，t值取1.96），再加18.8%的安全系数，总样地数为812个，一个落在外县，实数为811个。

样点布设：样点布设在五万分之一地形图的公里网交叉点上。为避免地形和林分特点所造成的周期影响，采用两个方向成行的系统抽样，根据公式计算样点间距为1.74公里，考虑到公里网交叉点，用3×1公里布点。

样点转刺：将布设在五万分之一地形图上的样点，在立体镜下采用辐射线交会法转刺在最新的1：20000航片上，经过检查样点转刺误差符合要求，样地面积每块为0.08公顷，形状为正方形。

2.调查内容和方法

（1）外业调查

①小班调查：根据细则规定的小班划分条件，以航片为底图勾绘小班，深入林内调查记载，用目测法记载地形地势、土壤、植被、地类或林种等因子；采用目测结合实测的方法确定林分平均高、平均胸径、郁闭度、疏密度等因子。小班区划的最小面积用材林为50亩，经济林为30亩，最大面积一般不超过300亩，记载内容除以上各项外，还增加散生油茶和散生千年桐的株数。

调查结果：全县区划小班18894个，每个小班平均面积156亩，实测标准地635块，角规实测256块，毛竹样园59个，共950个，小班实测比重5.0%。

②抽样调查：把已转刺好样点的航片拿到实地找点，然后用罗盘仪向正北方向引10米作

为样地西南角，再测设方形闭合样地，样地面积 0.08 公顷，在闭合样地内进行各项因子的调查和记载。

调查结果：全县实测样地 783 个，放弃 28 个。在实测样地中：有林地 429 个，疏林 41 个，灌木林 15 个，无林地 121 个，非林地 205 个。在有林地中：松 228 个，杉 53 个，阔 79 个，竹林 12 个，经济林 98 个。

（2）内业工作

①抽样调查：在外业调查的基础上，对每一个样地的各项内容进行全面审查、核实，然后根据成数抽样公式，按地类分 10 层计算成数面积。根据分层抽样公式计算平均数、标准差、标准误、误差限、精度、置信区间和总体蓄积。

②小班调查：外业调查期间，把当天区划的小班界线用目视结合比例尺的方法，从航片转绘到地形图。当一个乡调查结束后，进行面积量算和平差工作。根据已量算的乡控制面积和省细则规定的面积精度进行平差，求出各小班面积，同时进行蓄积及其他项目的计算。为避免差错，在内业统计开始前，根据自编的《内业工作细则》，对外业调查资料，包括地形图、航片的界线转绘、拼接、小（细）班面积计算、查表、蓄积量的计算，小（细）班各因子的填写等进行全面的审核。在此基础上，以村、乡、县为单位，按范围进行五大表的统计及复制。同时绘制全县森林资源分布图和各乡山林现状图。

（二）调查结果

根据外业调查和内业计算，1985 年止全县森林资源如下：

1. 森林面积

全县林业用地 2958443 亩，占 79.2%。非林业用地 775456 亩，占 20.8%。

森林覆盖率 61.8%。

林业用地中：有林地 22735177 亩，占 76.8%；疏林地 108456 亩，占 3.7%；灌木林 35397 亩，占 1.2%；无林地 516960 亩，占 17.5%；未成林造林地 23864 亩，占 0.8%；苗圃地 189 亩。

有林地中：用材林 1375510 亩，占 60.5%；防护林 102141 亩，占 4.5%；

特用林 3941 亩，占 0.2%；薪炭林 372781 亩，占 16.4%；经济林 345732 亩，占 15.2%；竹林 73472 亩（其中毛竹 70238 亩，杂竹 3234 亩），占 3.2%；

乔木林（包括四大林种）1854373 亩。

按树种组成分：松 1256611 亩，占 67.8%；杉 203433 亩，占 11.0%；

柳杉 3093 亩，占 0.1%；硬阔 389674 亩，占 21.0%；软阔 1562 亩，占 0.1%。

按龄组分：幼龄林 1384826 亩，占 74.7%；中龄林 454684 亩，占 24.5%；近熟林 9310 亩，占 0.5%；成、过熟林 5553 亩，占 0.3%。

2. 林木蓄积

全县活立木总蓄积 1714091 立方米，抽样调查下限 1317461 立方米，中值 1543669 立方米，上限 1769876 立方米，精度 85.35%。小班调查总蓄积落在抽样调查置信区间范围。

总蓄积按地类分：乔木林 1548857 立方米，疏林 62878 立方米，散生木 58680 立方米，四旁木 43676 立方米；

按林种分：用材林 1334003 立方米，占林地蓄积 86.1%；防护林 81865 立方米，占 5.3%；特用林 15644 立方米，占 1.0%；薪炭林 117345 立方米，占 7.6%。

林地蓄积按龄组分：幼龄林 660142 立方米，占 42.6%；中龄林 832796 立方米，占 53.8%；近熟林 27425 立方米，占 1.8%. 成、过熟林 28494 立方米，占 1.8%。

乔木林按树种组分：松 1255311 立方米，占 81.0%；杉 138223 立方米，占 8.9%；柳杉 5477 立方米，占 0.4%；硬阔 146243 立方米，占 9.5%；软阔 3603 立方米，占 0.2%。

表 4-3-1-1 1985 年青田县森林资源结构表　　　单位：亩、立方米

项目	结构	面积	比例（%）	蓄积	比例（%）
龄组	合计	1854373	100	1548857	100
	幼龄林	1384826	74.7	660142	42.6
	中龄林	454684	24.5	832796	53.8
	近成过熟林	14863	0.8	55919	3.6
林种	合计	2273577	100	1548857	100
	用材林	1375510	60.5	1334003	86.1
	防护林	102141	4.5	81865	5.3
	特用林	3941	0.2	15644	1
	薪炭林	372781	16.4	117345	7.6
	经济林	345732	15.2		
	竹林	73472	3.2		
树种组	合计	1854373	100	1548857	100
	松	1256611	67.8	1255311	
	杉	203433	11.0	143700	
	阔	391236	21.1	149846	
径阶	合计				100
	小径阶				56.3
	中径阶				35.4
	大径阶				5.7
	特大径阶				2.6
疏林		108456	3.7	62878	
散生林		—	—	58680	
四旁木		—	—	43676	

3. 人工林资源

全县人工林总面积 360513 亩，占有林地面积 15.8%；总蓄积 332292 立方米，占乔木林蓄积 21.5%。

表 4-3-1-2 青田县森林资源按林种分布表　　　　单位：亩、立方米

林种	面积	占比（%）	蓄积	占比（%）
合计	360513	100	332292	100
用材林	250382	69.4	314012	94.5
防护林	24116	6.7	16093	4.9
特用林	758	0.2	2128	0.6
薪炭林	177		59	
经济林	77319	21.5		
竹林	7761	2.2		

4. 竹林、经济林资源

（1）竹林：734172 亩，（其中毛竹 70238 亩，水竹 3234 亩）全县总立竹量 12049800 支。

（2）经济林 345732 亩，其中：油茶 300586 亩，散生油茶 918 万株；三年桐 17200 亩，千年桐 584 亩，散生油桐 21.4 万株；乌桕 62 亩，散生乌桕 3.3 万株；板栗 889 亩，散生 7.7 万株；茶叶 17588 亩；桑叶 1056 亩；柑橘 6140 亩；苹果 110 亩；杨梅 485 亩；葡萄 29 亩；果园 654 亩；其他 349 亩；棕榈 9.8 万株；散生水果 41.4 万株。

5. 国有林资源

全县有石门洞、八面湖、大洋山、峰山、金鸡山五个国营林场。经营总面积为 129675 亩，占全县林业用地面积的 4.4%，其中有林地 90711 亩，占全县有林地的 4.0%，覆盖率达 83%；总蓄积 224700 立方米，占全县总蓄积 13.1%。

总蓄积按树种组分：松 172535 立方米，占 76.8%；杉 45242 立方米，占 20.1%；柳杉 2408 立方米，占 1.1%；阔 4515 立方米，占 2.0%。

6. 生长量

为确定立木生长量，根据省《细则》规定，以样地西南角 5 米处为圆心，5 米为半径作样圆，实测样圆内胸径 5.0 公分以上的树木（样木）带皮胸径和最近 5 年的直径生长量。样木共有 417 株，其中松 213 株，杉 204 株，用材积差法计算粗生长量和立木生长率，其中松生长率为 6.9%，杉为 7.1%，平均生长率为 7.0%。根据小班调查的 171.4 万立方米蓄积计算，全县年立木总生长量为 12 万立方米。其中松生长量为 9.3 万立方米，杉生长量为 1.4 万立方米，阔叶树生长量为 1.3 万立方米，全县乔木林（包括无蓄积幼林），面积为 185.4 万亩，计算平均每亩年生长量为 0.06 立方米，低于全省 0.1610 立方米的水平。

（三）调查结果精度分析

1. 蓄积精度

抽样调查是根据系统布点、分层计算总体蓄积精度，统计结果：上限 1769876 立方米，下限 1317461 立方米，中值 1543669 立方米，精度 85.35%，可靠性 95%，符合细则要求。小班调查总蓄积为 1714091 立方米，落在抽样置信区间内。

2. 调查质量

调查工作开始，就把质量放在第一位，组织 4 个检查组检查，并在省细则的基础上，对检查的要求作具体规定，经省地和县检查组检查质量情况如下：

（1）小班调查：检查 274 个村，占全县总村数的 44%，检查小班 1480 个，占全县总小班数 7.8%，检查面积 280966 亩，占调查面积 9.9%，检查总合格率 87.6%。

（2）抽样调查：全县总样地 812 个，其中一个落在永嘉县境内，28 个放弃，实做 783 个，检查 111 个，占 13.7%。合格率 90.0%。

（3）内业工作：根据本县编的内业工作要求，对外业调查的小班卡片的记载、查表、蓄积量的计算、界线转绘、面积量算、编小班号等，进行抽查，检查小班数达 20% 以上，不合格的进行补课，直至合格；抽样调查，对样地表中的各项因子均进行——检查，均符合要求。

二、2007 年第五次森林资源调查

（一）组织形式

2007 年 5 月，根据省林业厅部署，县林业局开始进行全县森林资源二类调查。调查工作由林业局组织实施，调查队伍由全县各乡（镇）林业技术骨干和浙江省森林资源监测中心专业技术人员组成。全体调查人员经集中业务培训、学习技术操作细则、统一调查方法与要求，于 5 月底在鹤城镇进行外业调查工作试点后，全面铺开外业调查。12 月底经省、市联合组织检查合格后，即转入内业数据录入、统计、制图、编制成果报告等工作，整个工作于 2008 年 11 月完成。

这次森林资源调查，查清森林资源种类、数量和分布现状，掌握林业经营各种信息，为政府及有关部门提供决策依据。同时为编制林业发展规划、编制森林经营方案、建立森林档案、编制森林采伐限额提供基础资源数据。对实施森林分类经营和资产化管理，加强城市生态环境建设和山区综合开发利用，指导林业的科学经营，促进林业事业发展都具有十分重要的现实意义。

（二）完成的主要成果有：

1.《青田县森林资源二类调查报告》；

2.《青田县森林资源调查质量检查报告》；

3. 森林资源统计表；

4. 森林资源小班调查记载一览表；

5. 森林资源分布图；

6. 各乡镇山林现状图；

7. 森林资源调查统计光盘。

（三）调查方法

1. 外业调查

根据 2004 年省林业厅制定的《浙江省森林资源规划设计调查技术操作细则》要求，采用 1：10000 航片作为调查底图，实地区划勾绘小班界线，以目测与实测相结合的方法，记载小班调查因子。

林带、四旁树木调查，按《浙江省平原农区林带、四旁树木调查方法》，逐一按标准段方法调查记载及上图。

2. 面积、蓄积计算

面积量算由计算机直接量算出配准后的各图幅、乡镇、村、小班面积，按"四舍五入"取值到整亩数。小班蓄积量计算采用浙江省林业勘察设计院印发的《浙江省松、杉、阔叶树疏密度 1.0 每亩株数蓄积表》查算；四旁及林带树木按二元立木材积公式计算；杉木人工林蓄积按实验形数 V1（0.42）计算，天然林按实验形数 V2（0.39），取值到整数立方米。

3. 有关技术标准

（1）一类技术方案

本次抽样控制样地布点方案设计，按照技术规程的有关要求，参考 2004 年省级样地的变动系数，样地间距设计为 2 千米 ×3 千米，并在省级样地基础上加密，在 1：50000 地形图（北京 54 坐标系）上共布设样地 409 个。

样地定位：全部采用 GPS 导航定位确定样地位置，其中省级样地按复位样地调查，其余均按新设样地的理论坐标导航定位、测设。

调查技术标准：采用的技术标准是 2004 年制定的《浙江省森林资源连续清查第五次复查技术操作细则》及有关补充规定的要求执行。

（2）地类划分标准

依据土地现实利用方式和森林植被覆盖特征进行土地类型划分，把调查区域的土地类型分为林地和非林地两大类。地类划分的最小面积为 1 亩。

（3）林种划分

根据实际，把森林划分为生态公益林、商品林两大类；防护林、特种用途林、经济林、竹林等 3 个一级林种，10 个二级林种。

（四）调查使用资料

1. 解放军总参测绘局 1957 年航测，1958 年调绘，1958 年航测，1967 年调绘，1973 年航测，1974 年调绘的 1：50000 地形图及由上述图放大的 1：25000 地形图。

2. 供小班外业调绘的 1：25000 地图的行政界线，系从 1964 年原林业部调查规划局森林调查大队绘制的 1：10000 各公社山林平面图按原行政界线（至大队）转绘；林班由调查人员按自然地形区划，面积为 100～300 公顷。

3. 省林勘院编印的《林业勘测设计用表》及《杉、松、阔一元材积表》，根据省林勘院意见，柳杉用杉木材积表，黄山松用马尾松材积表。

4. 在绘制滩坑水库淹没后的山林现状图时，采用了县水电局提供的水库最高水位线高度。

根据华东林业调查规划大队意见，本次抽样调查均为临时样地，未搞固定样地；林分调查及内业统计按行政区划范围进行，除国有和集体权属分开调查统计外，集体林未涉及插花山。考虑到调查资料为经济建设服务，增加毛竹大小年及其粗度的调查，以杉、松为优势的样地调查。

（五）调查质量检查结果

1. 一类调查

根据省林业厅 2004 年制定的《浙江省森林资源连续清查第五次复查技术操作细则》的有关规定，结合青田县抽样调查补充规定要求，检查样地数量为样地总数的 10% 以上，辅导样地 5% 以上。检查结果：合格样地 40 个，样地合格率 95.2%；不合格样地 2 个。不合格原因：其中 1

个属于漏测大于 8 厘米的样木，另 1 个则属于样木胸径测量错误。

外业调查结束后，质量检查组对全县 409 份样地卡片进行检查验收，检查结果：卡片合格率 97.8%，内、外业综合合格率 96%，质量等级优。

2. 二类调查

根据省林业厅《浙江省森林资源规划设计调查技术操作细则》规定要求，2007年 11 月 8 日至 11 月 22 日，在县林业局自查基础上，省、

图 4-3-1-2 外业调查（2007 年摄）

市组织联合检查组对其质量进行抽查。全县共有 31 个乡（镇）、1 个管委会、5 个国营林场计 37 个调查单位。共抽查 18 个乡（镇）和 1 个管委会、3 个国营林场、38 个行政村，检查小（细）班 1760 个，面积为 56640 亩。检查面积占全县林业用地的 1.8%。检查结果：符合要求项目得分数合计 126980 分；检查小（细）班总分数 138620 分，合格率 91.6%；抽查小（细）班总蓄积量 107616 立方米，调查小（细）班总蓄积量 102558 立方米，蓄积量误差为 -4.7%。检查小（细）班毛竹株数 38.82 万株，调查小（细）班毛竹株数 40.75 万株，误差 5.0%。

结论：本次调查质量经检查，各项数据记载清楚、规范、翔实，达到《细则》规定的"良好"标准，提供数据真实，符合实际，可在林业规划、生产经营管理中应用。

第二节　专题调查

一、民国时期的青田县林业概况调查

民国 29 年（1940 年）7 月，浙江省农业改进所派员对丽水各县进行林业调查，之后编成《浙江省旧处属十县林业概况调查报告》。其中《青田县林业概况调查报告》篇，由詹谦执笔，内容包括绪论、森林分布及林况、森林之营造抚育与保护、木材之采伐与运销、山地之荒芜状况、林业副产之种类产量及产值、林业组织、林业设施上应兴应革之事项等八节。但因局限于时代，以及调查的走马看花，其报告不免片面、空泛。尽管如此，仍有许多针砭时弊、真知灼见之处，值得后人借鉴。

（一）绪论

《调查报告》开篇写道："青田地处山陬，境内重峦叠嶂，原有森林，固属不少；然以保护未周，人民摧残过甚，以致童山濯濯，触目皆是。"其后介绍本次调查意义、目的及经过；并分述青田地理位置、全境面积、地势地质、溪流分布及气候等。

（二）森林分布及林况

本节阐述县境内森林概况及主要树种："境内既多薪炭林，而薪炭林又多马尾松，是以马尾松单纯林约占森林面积80%，分布全县，大多为5年至15生。

用材林之主要树种为柳杉、刺杉、马尾松、枫香、苦槠、樟、槐及苦楝等。油桐油茶为该县主要土产，多布于海口区及石门区一带。竹以慈竹为大宗，毛竹次之，其规模较大者，首推城区港口乡半坑地方。现存森林面积约56万亩，占全县面积20%，占全县山地面积13%。

山地森林及乡镇附近林木之主要树种如下：

银杏、油松、马尾松、璎珞柏、侧柏、罗汉松、柳杉、刺杉、紫杉、桧柏、刺柏、垂柳、河柳、杨梅、砂梨、枇杷、石榴、桃、李、杏、樱桃、枫杨、板栗、苦槠、椰榆、朴树、榕树、楠木、枫香、合欢、山槐、黄檀、臭椿、苦楝、桑、樟、梅、槐、香椿、油桐、千年桐、重阳木、乌桕、黄连木、瞻八树、冬青、无患子、拐枣、鼠李、丝棉木、茶、木荷、君迁子、毛竹、棕榈、泡桐、茨竹、紫竹、柿。

（三）森林之营造抚育与保护

本节主要介绍森林营造、抚育和保护方面的做法。

1. 营造作业法

马尾松以单纯之皆伐乔林作业为最普通，择伐简并行之造林有用植树者，亦有天然下种者。刺杉柳杉多作单纯之乔林经营，亦有二者进行混交者。油桐初为混农林，间有混植油茶者。竹类为择伐作业之一种，多行连年作业。其他树种以散生于村镇住宅附近或田野间。

2. 抚育方面

简述了马尾松林整枝、油桐林地垦锄及间作、竹林垦开与施肥等。

3. 保护方面

指出"该县经营森林大多粗放，对于森林保护，如防火线之设置，野生小树之留养，及病虫害之防除等，均少注意"。但也肯定"有少数乡村如山口、南阜、西坑、鳌里等地方，曾有森林禁会之组织，如有窃盗林木，即由禁会予以制裁"。

（四）木材之采伐与运输

本节详述木材采伐季节与方法、搬运方法、销售情形等。其中年产销数与总值为：木材，7.5万株，25000元；慈竹（水竹——编者注），105万斤，10500元；毛竹，22.5斤，1500元；薪柴8400万斤，42万元。

（五）山地之荒废状况

《调查报告》对青田山地荒芜情况着墨不多，但字字千钧："该县山地多呈似荒非荒状态，除冲刷崩溃者外，大半多为灌木杂草所被盖。冲刷地以县城、平演、沙埠、石溪、船寮、海口、祯埠、腊口、南田一带山地为甚，斑剥崩落，触目荒凉。其成因有二：一为森林伐采后不事更新，而反樵采灌木，竞取杂草，致土壤披露，雨水直注地面，表土流失，岩骨毕露，生机乃全失矣；一为山地开垦后不作梯田，土壤尽被雨水冲刷。此种山地，如能力加保护，可渐恢复，灌木杂草覆被之状，而成有用之地；如长此放任，则恐不待数年，即可尽成石山矣。"

（六）林业副产之种类产量及产值

本节罗列林副产品种类、年产量及产值：木炭，18.3万担，9.15万元；油茶，7.856万担，

47.163 万元;桐子,1.13 万担,11.3 万元;乌桕,0.869 万担,5.214 万元;竹笋,0.25 万斤,250 元。

(七) 林业组织

该节介绍林业组织情况,除介绍西坑等地有禁山会保护森林外,特别推崇森林社及工会组织等。"水南地方有一森林社,系叶姓所组织,其历史较长,成绩较著,已造林约千余亩。木业方面有木排业工会,于民国 29 年 9 月成立,有会员 457 人;木匠业工会,民国 24 年 9 月成立,有会员 90 人。

(八) 林业设施上应兴应革之事项

针对青田林业凋敝情况,《调查报告》给出改善改革意见:1. 改善营林作业法;2. 整理林相;3. 限制伐采及打枝;4. 限制开垦与放牧;5. 保护野生树;6. 推广团体造林;7. 强制民众造林等。

二、森林病虫害普查

1980 年,根据林业部(1979)第 14 号文件精神,浙江省开展全省森林病虫害普查工作。在省、市林业局的统一部署下,县林业局在全县进行森林病虫害普查。通过普查,初步摸清全县森林病虫害的基本情况,尤其是对杉、松、油茶、毛竹等主要树种的病虫危害情况及其发展趋势进行了详细调查,为制订防治计划,制定检疫措施和科学治虫防病,提供可靠依据。

普查工作概况

1. 组织领导

根据要求,县林业局成立了森林病虫害普查领导小组,抽调专人组成普查办公室,具体负责普查业务。同时抽调人员组成病虫害普查队,参加地区组织的普查业务知识培训后,在全县开展普查。

2. 普查方法

普查工作分准备、外业、和内业三个步骤进行。

①准备工作。收集查阅有关资料;配置必要仪器、用具。包括捕虫网、采集袋、广口瓶、标本夹、玻璃纸、浸渍液、森林资源分布图、铅笔、调查表格、黑光灯、解剖镜等。拟好普查计划,划分调查类型及重点调查区域等。

②外业调查

1980 年 7 月 28 日,外业调查工作正式开始。面上的调查以踏查为主,采取踏查与详查相结合,实地调查与采访相结合,上山采集与灯诱相结合。具体方法是:先在初步了解病虫害情况的基础上,确定每个区调查 4～5 个公社,每个公社调查 5～6 个大队,每个大队设若干个调查点。调查点的设置,要求分布均匀,具有一定的代表性,既有高山,也有低山,既有用材林,也有经济林。

根据各组三个月的调查材料统计,本次调查踏查总面积 40.2 万亩,占全县有林地总面积的 18.5%;共设标准地 404 个,代表林分面积 21.4 万亩。其中杉木林设标准地 70 个,代表林分面积 2.2 万亩;松木林 206 个,代表林分面积 16.8 万亩;油茶林 80 个,代表林分面积 1.8 万亩;毛竹林 30 个,代表林分面积 0.6 万亩;苗圃地 8 个,代表面积 30 亩。

③内业整理

1980 年 11 月 13 日,外业调查结束,随着进行内业整理工作。内业主要完成:写出森林病虫普查报告;召开普查工作总结会议,在此基础上写出普查总结;编制本县森林病、虫、天敌名录和相对应的标本。制作各种虫害标本 700 号，病害标本 50 号。经初步鉴定，虫害标本共有 100 种，分属 10 个目 44 个科；病害标本共有 26 种；天敌昆虫 5 种。

3.青田主要树种病虫害情况

（1）害虫情况

（见第四编第二章"有害生物防治"）。

（2）病害普查名录（见下表）

表 4-3-2-1 1980 年青田县森林病虫害普查名录表

病名	病源	寄主	搜集号	统一编号
木材病朽			01	1
毛竹枯梢	sp	毛竹	001	2
樟树毛毯	sp	樟树	0010	3
苦楝丛枝	病毒	苦楝	009	4
油茶媒病		油茶	9	5
油茶黄化	生理性	油茶	7	6
油茶炭疽病				7
杉木矮缩	病毒	杉木	006	8
板栗细菌叶斑病	细菌	板栗	007	9
油桐失录症	生理性	油桐	4	10
松落针病		马尾松	14	11
油茶黄化	生理性	油茶	5	12
板栗白粉病		板栗	21	13
松落叶病	sp		17	14
油茶苗根腐病		油茶苗	C08	15
梨子锈病		梨子		16
油茶炭疽病		油茶	23	17
油茶桑寄生		油茶		18
樟树膏药病		樟树		19
杉叶枯病		杉木		20
杉木立枯病		杉木		21
法国梧桐叶枯病		法国梧桐		22
油茶藻斑病		油茶		23
柳杉赤枯病		柳杉		24
杉木藻斑病		杉木		25
梨瘿蜂		梨		26

三、雨雪冰冻灾害森林资源损失调查

2008年1月初以来，浙江省出现近50年罕见的持续雨雪冰冻天气，造成森林资源大面积受灾，全县森林资源损失惨重。为贯彻落实国务院关于认真做好灾后重建工作的要求，全面掌握森林资源及林业设施的雨雪冰冻受灾损失情况，根据省林业厅的统一部署，参照《浙江省雨雪冰冻灾害森林资源损失调查评估实施细则》，结合实际，开展本次调查评估工作。

（一）调查评估工作安排

1. 组织领导

为加强全县雨雪冰冻灾害森林资源损失调查的评估工作，县林业局成立领导小组，以林业局局长（张立总）任组长，分管副局长（杨周平）任副组长；林政科科长（夏建敏）为责任科室负责人，并抽调骨干技术人员5名，具体负责调查评估工作。

2. 调查评估时间

2008年3月19～24日为基础资料收集、工具和材料准备、工作方案等筹备工作；3月25日至4月10日开展野外调查工作；4月11～28日完成内业整理、统计、分析、编制报告成果。

3. 调查评估分工

全县31个乡镇和5个国有林场的野外调查、数据处理、分析编制报告等工作由林政科技术人员完成。

（二）调查范围和调查类型

1. 调查范围的确定

在全县范围内，根据前期了解的森林资源雨雪冰冻灾情进行实地踏查，把有雪灾损失的小班进行汇总，依此划定全县的受灾范围。

经济林中，杨梅、茶叶、板栗、油茶、常绿果林以全县作为调查范围。同时，通过实地踏查和调查前各乡镇、国有林场上报的情况来确定我县灾情较严重的区域（重灾区）；我县灾情较严重的区域为：石门洞林场、大洋山林场、八面湖林场、峰山林场、金鸡山林场、万阜乡、章村乡、船寮镇。

根据调查范围内的小班资料，统计调查范围内各调查类型面积和森林资源基本情况。

2. 调查范围的基本情况

（1）面积情况

调查范围内乔木林总面积703609亩，占全县乔木林面积的25.54%，用材（含薪炭林）面积609128亩，占全县用材林面积的30.43%，占调查范围面积的86.57%。公益林（包括防护林、特用林）面积94481亩，占全县公益林面积的12.54%。调查范围内，松木林面积294894亩，杉木林（包括柳杉）面积169452亩，阔叶林面积165161亩，针阔混面积74102亩。国有林面积74746亩，集体林面积628862亩。

（2）蓄积量情况

调查范围乔木林总蓄积量1063200立方米，占全县乔木林蓄积25.54%。用材（含薪炭林）蓄积量709536立方米，占全县用材林蓄积量的22.19%，占调查范围蓄积量的66.73%。公益林（包括防护林、特用林）蓄积量353664立方米，占全县公益林蓄积量的36.63%，占调查范围蓄积量的33.26%。调查范围内，松木林蓄积量500592立方米，杉木林（包括柳杉）蓄积量306691

立方米，阔叶林蓄积量 188750 立方米，针阔混蓄积量 67167 立方米。国有林蓄积量 287432 立方米，集体林蓄积量 775768 立方米。

（3）竹林

调查范围竹林面积 31082 亩，占全县竹林面积的 28.63%，其中，毛竹林面积 31082 亩，毛竹总株数 5283940 株。

3、调查类型的确定

根据我县和调查范围内的实际情况，确定本次调查的类型有 13 种类型。

表 4-3-2-2　调查类型表

序号	调查类型	序号	调查类型
1	松类幼中龄林	8	板　栗
2	杉木幼林	9	常绿果木
3	杉木中龄林	10	落叶果木
4	杉木成熟林	11	其他经济林
5	阔叶树中龄林	12	毛竹林
6	茶　叶	13	未成林
7	杨　梅		

（三）调查方法

本次调查评估采用抽样调查的方法。抽取小班并对抽取的小班进行全面调查，根据调查结果按比例来推算受灾范围的受灾情况。由于灾前小班内的基本情况、数据和实际调查情况、数据有出入，需根据小班实际调查的损失比例来推算小班的损失情况。个别小班的地类、林种灾前就发生变化的，需根据实际调查情况进行记录，同时改变调查类型，统计时按实际类型进行统计。

1. 小班的抽取

（1）小班个数的确定

根据 2004 年调查数据，调取各乡镇、林场野外踏查的所有损失小班卡，统计出各种调查类型的个数，按每个调查类型抽取 30 个左右小班，调查类型小班总数少于 30 个，抽取该类型 50% 的小班个数。共抽取的小班共 260 个。

（2）小班的抽取方法

在调查范围内，根据不同的海拔高度、资源分布情况和目前所掌握的灾害情况，利用现有的林相图来抽取调查小班。

2. 小班调查

调查地块的调查、标准地设置、标准地调查等严格按照《浙江省雨雪冰冻灾害森林资源损失调查评估（实施细则）》执行。

（四）调查结果与分析

1. 乔木林分

（1）调查小班受害个数分析

表 4-3-2-3 调查小班受损类型统计表　　　　单位：个

受损类型	冻死	腰折	翻蔸	折枝	断梢	冻伤
合　计	5	180	24	27	18	6

调查结果：受损典型类型为"腰折"

表 4-3-2-4 调查小班受损等级统计表　　　　单位：个

受损程度	重度	中度	轻度
合　计	7	195	58

（2）调查小班面积分析

在调查范围内，抽调的乔木林小班总面积为 35850 亩，为全部受损小班，占调查范围乔木林总面积的 5.6%。抽调竹林小班 30 个、经济林小班 40 个、未成林造林地（茶叶）10 个。重度受损面积为 9557 亩，占调查小班乔木林面积的 26.65%；中度受损面积为 18665 亩，占调查小班乔木林面积的 52.09%；轻度受损面积为 7628 亩，占调查小班乔木林面积的 21.26%。国有林面积损失情况：生态林损失 4573 亩；用材林损失 774 亩。

集体林面积损失情况：生态林损失 2373 亩；用材林损失 28130 亩。

调查结果：在调查范围内，乔木林受损总面积为 703609 亩。其中，松木林损失面积 294894 亩，杉木损失面积 16945 2 亩，阔叶林损失面积 165162 亩，针阔混交林面积 74102 亩。乔木林重度受损总面积为 187582 亩，中度受损总面积为 366298 亩，轻度受损总面积为 149729 亩。

（3）调查小班蓄积量分析

在调查范围内，抽调的乔木林小班总蓄积量为 19670 立方米，占调查范围乔木林总蓄积量的 1.85%，其中重度受损蓄积量 10368 为立方米，占调查小班乔木林蓄积量的 52.8%；中度受损蓄积量为 8488 立方米，占调查小班乔木林蓄积量的 43.06%；轻度受损蓄积量为 814 立方米，占调查小班乔木林蓄积量的 4.14%。

国有林蓄积损失情况：生态林损失 6503 立方米，用材林损失 837 立方米。集体林蓄积损失情况：生态林损失 1544 立方米，用材林损失 10786 立方米。

调查结果：在调查范围内，乔木林受损总蓄积量为 599406 立方米。其中，松木林损失蓄积量 282222 立方米，杉木损失蓄积量 172905 立方米，阔叶林损失蓄积量 106413 立方米，针阔混交林 37866 亩。乔木林重度受损总蓄积量为 313530 立方米，中度受损总蓄积量为 260018 立方米，轻度受损总蓄积量为 25858 立方米。

2. 竹林

竹林损失面积 31082 亩，损失株数 2170766 株。其中，重度损失面积 12332 亩，损失株数

1285106 株；中度损失面积 14142 亩，损失株数 839242 株；轻度损失面积 4608 亩，损失株 46418 株。

3. 经济林

茶叶损失面积 1200 亩，主要是受冻害。杨梅受损 8200 亩，损失 164000 株；板栗受损 140 亩，损失 5600 株；常绿果树受损 1500 亩，损失 4500 株；落叶果树损失 80 亩，损失株树 2400 株。

4. 地类变化

冻害产生地类变化，主要是 3601 亩乔木林地，因冻害造成 3000 亩重度损失，变为无林地，需重新造林。

（五）调查评估的基本结论

本次雨雪冰冻灾害：全县受损乔木林总面积 703609 亩，占全县林业用地面积的 22.99%。受损乔木林总蓄积量 599406 立方米，损失 11988 亿元。受损毛竹林面积 31082 亩，损失毛竹 2170766 株，损失 2605 万元。杨梅受损面积 8200 亩，损失株数 164000 株，减产比例 20%，损失 300 万元。常绿果树受损面积 1500 亩，损失 45000 株，减产比例 10%，损失 5 万元。落叶果树受损面积 80 亩，损失 2400 株，减产比例 9%，损失 4 万元。板栗受损面积 140 亩，减产比例 8%，损失 2 万元，林业机构基础设施受损 597.89 万元。冰冻灾害造成林业损失价值折合人民币 15993.89 万元。

（六）灾害影响典型类型调查分析报告

1. 本次雨雪冰冻灾害对我县森林影响深远，损失巨大

受损主要调查类型有下面两个：

乔木林中，以中龄损失最多，受损面积达 325849 亩，占乔木林分受损面积的 46.31%；损失蓄积 200978 立方米，占乔木林分受损蓄积的 33.52%。

毛竹林受损面积 31082 亩，占全县毛竹面积 28.63%，损失 2170766 株，占全县毛竹株数 12%。

2. 典型受损类型

松林中龄受损类型以腰折（Ⅱ）为主，占乔木林受损面积 41.91%。毛竹林受损类型以爆裂（Ⅱ）为主，面积 31082 亩，占受损毛竹林面积 100%。

3. 灾害范围

本次雨雪冰冻灾害范围绝大部分分布在海拔 500 米以上区域，占面积 90% 以上。据小班抽样调查发现：阳坡面损失较阴坡面损失严重。

（七）灾后恢复重建

根据受损类型、受冻程度，拟采用不同恢复重建措施。对乔木林地，对所有受灾林木按轻重缓急，进行清理采伐。生态林受灾的林木采伐延到 5 月份。毛竹林受损竹清理至 4 ～ 5 月份。经济林受损木清理，应重点做好整枝、补植、肥料管理。未成林造林冻害严重地块，拟重造规划。

四、青田县小竹资源调查

（一）小竹资源调查工作概况

为查清全县小竹资源现状，掌据小径竹种类、面积、分布情况，了解现有小径竹经营管理现状，分析小径竹资源开发潜力和前景，推进竹子产业化建设，为领导决策，竹子产业化规划和山区综合开发提供详实的基础资料。根据市林业局《关于组织全市小竹资源调查的通知》（丽

林〔2002〕126号）文件要求和市林业局小竹资源调查技术培训会议精神，县林业局于2003年2月份成立了领导小组（下设一个质量检查小组），7个调查小组，调查小组成员由31个乡镇林业工作站和3个国有林场抽调的业务骨干，按照制订的工作方案负责开展所辖范围内的小竹资源调查工作。

2003年2月20日，在全县林业工作会议中，局领导就对小竹资源调查工作做了动员，并部署了前期准备工作。2003年3月25日，7个调查小组长和质量检查人员集中在县林业局会议室进行小竹资源调查技术培训，对工作进度和质量要求进行布置，为全面开展小竹调查工作创造了条件。

技术培训后，小竹调查工作全面展开，到2003年5月20日，全县外业工作全面结束，进行全县检查、汇总、绘图阶段，至2003年6月10日小竹资源调查工作全面结束。

本次小竹资源调查根据丽水市林业局丽林〔2002〕126号文件要求，参照《浙江省森林资源规划设计调查技术操作细则》进行，将资源数据落实到小班、小班调查以1∶10000地形图为底图，现场进行绘制，调查因子以围测结合辅助实现（半径4.6样图）测定，本次调查在事先摸底的基础上到现场进行调查，对重点区域进行详尽排查，尽可能减少漏查。

（二）小竹资源现状及其特点

1. 小竹资源现状

经调查，全县小竹面积1034亩，分布于11个乡镇的40个行政村和3个国有林场，共计83个小班，有水竹、雷竹、箬竹、石竹、紫竹、花竹、毛金竹等12个竹种，其中以水竹、花金竹面积为最多，分别为438.5亩和226亩，占总面积的42.40%和21.85%；在调查的小竹中以纯林居多，为596.6亩，占总面积的57.69%，混交林437.5亩，占总面积的42.31%。全县小径竹经营水平低下，基本上都属于天然林，处于荒芜状态，仅有33亩雷竹处于经营状态。

2. 小竹资源主要特点

（1）总量小，分布散

全县只有1034亩小竹面积，而且绝大部分都是零星分布，遍及全县12个乡镇和3个国有林场，面积最多的乡镇船寮镇也只有197亩，最少的岭根乡仅2亩。

（2）经营粗放，单位面积产量低下，利用率低

在全县的1034亩的小竹面积中，仅有33亩雷竹处于经营状态，主要由于单位面积产量低下，通过抚育，不能为农民带来经济效益，导致农民积极性不高，形成投入与产出之间的矛盾，利用率低下。

（三）小径竹开发利用思路

1. 小径竹开发的背景

随着经济的发展，人们对食品的要求越来越高，天然绿色的无公害食品，为人们所青睐，野生小竹笋正符合人们的需求。近年来，市场对小竹笋的需求量逐年上升的趋势，而且供不应求，小竹笋市场开发前景广阔。而且，目前在全县已有部分小竹被利用，除人们经营的外，还有箬竹、水竹等。如箬竹在吴坑乡一带有部分村民采箬竹叶运往温州等地卖，一年收入在1000～2000元左右。还有部分小竹具有开发潜力，如章村乡的一种土名为山毛得的小竹，其出笋期在7～8月份，能调节这一时期市场上蔬菜单一的现象。

2.利用立地优势，开发特色品种

青田县气候条件非常适宜小径竹生长，光、热、水等因子充足，土层深厚，而且拥有便利的交通条件和雄厚的技术力量。

五、古树名木调查

为切实保护好现存古树名木，根据丽水市林业局的统一部署，县林业局在 2013 年开展了第二次全县古树名木普查建档工作。旨在全面系统地查清我县古树名木资源总量、种类、分布现状，总结古树名木保护管理中存在的主要问题和经验，同时更新资源档案，为全省制定古树名木保护措施提供科学依据。

本次普查，着重利用 2002 年古树名木调查资料，以行政村为单位，以城镇、村庄、主要道路、森林公园等为重点，实行全县普查，统一技术标准和调查方法，严格按照《浙江省古树名木普查建档操作细则》的要求，逐株、逐片开展实地调查；根据现有技术与经费条件，积极应用 GPS、数码相机、GIS 等先进技术手段，充分发挥基层技术力量的作用，确保调查成果的准确性与科学性。

（一）外业调查的方案、措施

1.准备工作，包括调查工具与表格准备、资料收集、文化用品购买等。

① 1：50000 或 1：10000 地形图。

②全球卫星定位仪（GPS）、照相机、围尺、50 米皮尺、土壤刀、标本夹、高枝剪、测高器、计算器、望远镜。

③调查表格、铅笔（2H、HB）、粉笔或蜡笔、文具盒、工作包。

④城县总体规划资料、森林公园总体规划资料和地方志。

⑤ 2002 年古树名木调查的历史资料，及近几年管理工作中变更和收集的新资料。

⑥植物鉴定工具书。

⑦《浙江省古树名木普查建档技术操作细则》。

2.技术培训

在外业调查开展前，参加调查的技术人员要进行技术培训，并选择有代表性的乡镇（街道），进行试点调查。

3.外业调查

①散生古树名木调查

实地调查 散生古树名木野外调查以乡镇（林场、街道）为单位，逐村（林区、居委会）、逐单位、逐株进行实地调查测量。

图上标注 用 2H 铅笔实地在图上标出古树名木所在地。采用圈点，并注出调查号，同时，用 GPS 记录相应的编号和坐标。

表格登记 按照下列要求，在实地逐项登记古树名木调查表，内容不可有遗漏。登记时使用 HB 铅笔登记，字迹必须工整清晰。

②古树群调查

实地调查 古树群调查采用全林每木实测调查。即以乡镇（林场、街道）为单位，逐村（林区、居委会）、逐单位、逐片进行，在实地对古树群内的古树逐株进行检尺、调查。每检尺 1 株，即用粉笔或蜡笔在显眼位置做好记号，防止重复检尺和漏检。

图上标注 用 2H 铅笔实地在图上勾绘出古树群界线，并注出调查号。

表格登记《古树群调查表》用于古树群的调查登记。填记内容与要求基本同散生古树。

③照片拍摄

照片拍摄的数量与要求如下：

散生古树名木要用全景彩照。奇特怪异木要体现"奇""怪"特色。

古树群不单株拍照，而是应选择三个不同角度整体拍照。

在古树名木调查表和古树群调查表相应栏中填记摄影者，内业时整理时补充填记相应的照片编号。

（二）内业工作的方案、措施

1. 面积求算

对面较大的古树群，在电子图上逐块进行面积求算，并填入古树群调查表。

2. 调查表格检查与整理

前期调查已在册的古树名木保留原来的编号，新增的古树或古树群，先按照名木、500 年以上古树、300—499 年古树、100—299 年古树和古树群五类归类，然后对同一类按照镇（街道、乡镇、林场）、村（居委会）的统计年鉴次序排列编号；同一行政村（居委会）内的古树名木则按树种、树龄（由大到小）等排列次序调整排列。

将面积、经纬度、底片号等填入野外调查表格。

3.GPS 数据整理

将野外采集的古树名木 GPS 数据，通过相应的软件导出后，经过编号核对转入 GIS。

4. 数据录入

将古树名木调查表和古树群调查表中的数据和内容以 EXCEL 的格式输入电脑。

5. 照片整理

采用相机号—片号的方式（如 001—32），同一相机中的底片连续编号，并将底片号填记到古树名木调查表和古树群调查表。按照照片档案相册的有关规定，将底片按顺序逐张插入档案相册，同时从古树名木调查表和古树群调查表中抄写照片县编号、时间、地点、内容（树种）、摄影者等说明。

（三）质量保证措施

参与调查的技术人员工作责任心强，具备地形图、测树、植物分类、计算机等方面的专业知识。

质量管理采取调查组自查、青田县普查办公室检查、丽水市普查办公室核查相结合的形式，以《操作细则》为依据，对普查工作质量进行控制。

（四）计划进度及时间安排方案

1. 物资准备与组织准备

由有资质的中介机构组织实施，收到中标通知书后的 10 个工作日内完成。林业局拟派出技术人员 4 人组成工作验收组。

2. 外业调查与质量检查

外业调查时间 60 天，调查质量在工作组自查的基础上，同时接受丽水市、县林业局的质量检查。

3. 内业整理与报告编写

外业调查结束后 20 天内，完成数据整理、报告编写、照片复制等工作。

4. 成果提交与归档

成果形成后及时将调查资料、数据库、调查报告、照片等提交县林业局。

5. 挂牌

根据外业调查结果，对没有挂牌的古树名木，在县林业局提供相应保护牌的前提下，在 60 天内完成挂牌工作。

第三节 林业区划

林业区划是综合农业区划的组成部分，又自成体系。是在综合研究各地林业生产条件，查清各地气候、水、土、生物资源，结合林业生产特点，科学地揭示林业生产区间差异性和区内的一致性。根据地域分异规律，进行地理分区，拟定林业发展方向和必须采取的关键性措施，合理布局林业生产。

中华人民共和国成立之后，青田县曾进行了两次林业区划。第一次是在全省林业区划控制下，以用材林、经济林为主导，以 1984 年森林资源调查为基础的林业区划，于 1986 年 4 月完成，将全县分为四个林区，并提出分区林业发展方向和措施。第二次是以生态公益林建设为主导，以建立森林分类经营体系为目标的林业区划；此次森林分类区划界定于 2001 年 10 月开始，12 月完成现场界定。共签订《生态公益林现场界定书》414 份，现场界定生态公益林面积 955130 亩。

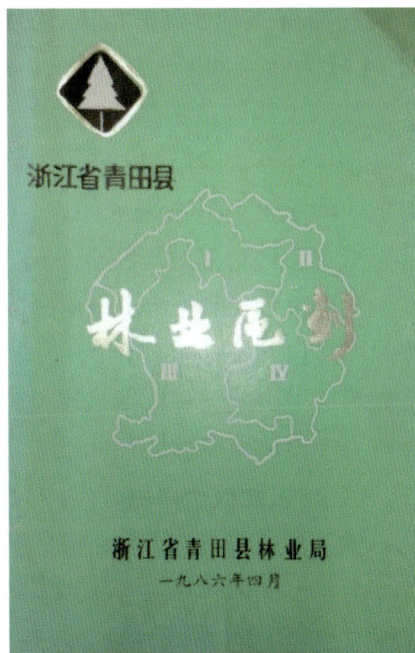

图 4-3-3-1 林业区划成果

一、1986 年林业区划

1984 年 10 月，根据省林业厅统一部署，全县开展第一次林业区划工作。县林业局抽调林业技术人员共 42 人，在省林业勘察设计院的协助下，按照《浙江省县级林业资源调查和林业区划操作细则》的技术要求，应用 20 世纪 80 年代初的比例尺航片和复照放大的 1∶25000 地形图，采用抽样控制与小班调查相结合的方法，经过两个月的培训试点，至 1985 年 1 月，开展森林资源外业调查，同年 10 月外业结束；1986 年 1 月，基本完成内业和《林业区划报告》（下称林业区划）的编写工作，同时完成 6 个主要专题调查报告。《林业区划》将全县划分为四大林区。并分区阐述青田林业生产的自然条件和社会经济技术条件，森林资源和林业生产现状，肯定成绩，揭示问题；提出今后林业发展方向、战略目标和调整林业布局结构的战略措施。

四大林区分别为："西北低山丘陵经济、用材林区""东北低山用材、经济林区""西南低中山用材、防护林区""东南丘陵低山用材、薪炭林区"等。

（一）西北低山丘陵经济、用材林区

该区位于本县西北部，包括章村、腊口、舒桥、海溪、船寮（原芝溪）、高湖、东源等乡镇的143个行政村，总面积72.33万亩，占全县面积的19.4%。其中林业用地55.48万亩，人均5.7亩，耕地5.69万亩，人均0.59亩。林业用地中有林地44.12万亩（其中用材林18.01万亩，防护林2.08万亩，薪炭林2.56万亩，特用林0.07万亩，经济林19.65万亩，竹林1.15万亩）、疏林地1.04万亩、宜林荒山9.37万亩、灌木林地0.36万亩、未成林造林地0.56万亩。森林覆盖率61.5%，居全县第二位。立木蓄积量18.48万立方米，人均1.94立方米，居全县第三。该区森林资源的主要特点是油茶面积大（18.71万亩），是本县油茶重点产区。

该区地势以低山丘陵为主，平均海拔390米，最高峰大山尖，海拔933米。大溪横穿中部，将该区分为西南、东北两片，东北属括苍山系，西南属北祖山系，地形由两侧向中间低落，有石帆、海溪等河谷盆地。250米以下的面积为21.93万亩，250～500米的30.84万亩，500～800米的14.47万亩，800～1000米的4.33万亩，1000米以上的0.73万亩。

该区土壤以黄红壤亚类为主，土层浅薄，微酸性，含沙砾多，相对含磷、钾较多。

该区年平均气温18℃，浮弋村10℃以上的（含10℃）年积温为5785℃，无霜期259天，年平均降雨量1618.9毫米。

根据上述自然地理特点，确定该区林业发展的方向是：集约经营油茶林，改造油茶低产林，重点发展柑橘、枇杷、杨梅为主的果木林，积极营造杉木用材林，合理布局防护林、薪炭林。同时，按照山体自然条件垂直分布的不同情况，300米以下的地方可以造柑橘、杨梅等；溪滩可造水竹、桑树等；中山低丘可选择马尾松、杉木、毛竹、泡桐、水杉、喜树、苦楝、枫香、厚朴、柏木、樟树、板栗等；海拔较高的地方可选择木荷、柳杉、短叶松等。

（二）东北低山用材、经济林区

该区位于本县东北部，包括季宅、东源（原平桥）、黄垟、吴坑、贵岙等乡镇的92个行政村，有峰山、大洋山两个国营林场及峰山茶场，总面积61.22万亩，占全县面积的16.4%。其中林业用地50.23万亩，人均8.3亩，耕地4.11万亩，人均0.68亩。林业用地中有林地36.01万亩（其中用材林26.01万亩、防护林1.25万亩、薪炭林3.94万亩、特用林0.06万亩、经济林3.94万亩、竹林0.81万亩）、疏林地3.13万亩、宜林地9.85万亩、灌木林地0.51万亩、未成林造林地0.14万亩。森林覆盖率59.6%，居全县第三位。

该区立木蓄积量38.79万立方米，人均0.41立方米，居全县第二位。该区的主要特点是用材幼龄林多，茶叶面积大（7000亩），树种以松为主。

该区地形以低山为主，高湖镇有小盆地，平均海拔540米，属括苍山系。最高潘山尖海拔1094米，次为五台山1090米。地势由东北向西南倾斜。海拔250米以下的面积7.44万亩，250～500米的18.64万亩，500～800米面积为23.43万亩，800～1000米面积10.46万亩，1000米以上的1.25万亩。

该区土壤以黄红壤、黄壤为主，有机质含量较高，土层深厚，呈微酸性，保水保肥性较好，有利于林木生长。本区年均温15.1℃，东源村10℃以上（含10℃）年积温为5661.3℃，年平均降雨量1695.9毫米。该区气候条件居全县末位。

该区林业发展方向是：大力营造杉木丰产林，巩固提高茶叶产量和质量，积极建设水源涵养林，适当发展杨梅等果木林，办好峰山、大垟山两个国营林场，逐步扩大森林资源。

适宜于本区的造林树种有：杉木、松木、杨梅、乌桕、毛竹、柑橘、水杉、泡桐、苦楝、香樟、楠木、金钱松、木荷、苦槠、喜树、棕榈。较高的地方可以造柳杉、短叶松等。

（三）西南低中山用材、防护林区

该区位于本县西南部，包括巨浦、北山、岭根、万阜、双垟、高市、仁宫、汤垟等乡镇的166个行政村，有石门洞、八面湖、金鸡山三个国营林场，面积158.44万亩，占全县总面积的42.4%，是面积最大的一个区。其中林业用地133.27万亩，人均11.2亩；耕地9.04万亩，人均0.75亩。林业用地中有林地103.38万亩（其中用材林57.12万亩、防护林3.74万亩、薪炭林29.74万亩、特用林0.21万亩、经济林7.75万亩、竹林4.82万亩）、疏林地3.90万亩、灌木林地2.31万亩、未成林造林地1.41万亩、宜林荒山20.48万亩。森林覆盖率66.7%，居全县首位。

该区立木蓄积量84.67万立方米，人均7.16立方米，是全县最高的一个区。该区特点是以松为主的用材林占绝对优势，人均用材林4.8亩，是全县人均用材林面积的1.5倍。

该区属洞宫山脉，地貌以低山为主，有部分为中山面积，平均海拔500米，最高峰八面湖顶海拔1399米，次高峰是石门洞林场的仰天湖顶和金鸡山顶，海拔分别为1331米和1320.7米。地处大溪南侧，小溪由西南向东横贯该区中部，地形切割强烈，深沟峡谷广为分布，坡度大，25度以上面积占多数。海拔250米以下面积27.47万亩，250～500米的48.07万亩，500～800米，49.64万亩，800～1000米，22.92万亩，1000米以上9.74万亩。500米以上占总面积的52%，俗称"青田林区"。

该区土壤以山地石沙土为主，约占80%，其次是低山红壤和香灰土，农耕地主要是水稻土，反应均为微酸性。土壤有机质含量较高，居全县第一位，地质疏松、通透性好、能适应多种林木生长。但由于坡度大，水土流失严重，对林木生长有不良影响。

该区年均气温16.5℃，滩坑村10℃以上（含10℃）年积温5917.8℃，无霜期281天，年平均降雨量1628.6毫米。由于地势较高，大部分地区高于气候温层，使得有许多亚热带果木（如柑橘）生长不良，而杉、松、毛竹等用材林树种和油桐、油茶、板栗等经济林树种则生长良好。

该区宜重点发展以杉木为主的速生丰产林，积极建设防护林，加强现有林的经营管理，合理利用森林资源，把本区建设成为本县重要的木材商品基地。适合于本区的造林树种有：杉、松、浙江红花油茶、乌桕、油桐、毛竹、柳杉、木荷、短叶松、水杉、泡桐、苦楝、栎类、金钱松、棕榈、女桢、重阳木等。尤以短叶松、柳杉、红花油茶最为适宜。

（四）东南丘陵低山经济、薪炭林区

该区位于本县东南部，靠近温州，包括船寮、石溪、阜山、章旦、小舟山、仁庄、方山、山口、鹤城镇、温溪镇等乡镇的226个行政村，面积81.40万亩，占全县总面积的21.8%。其中林业用地56.86万亩，人均3.6亩，耕地11.98万亩，人均0.76亩。林业用地中，有林地43.84万亩（其中用材林35.82万亩、防护林3.14万亩、薪炭1.03万亩、特用林0.06万亩、经济林3.24万亩、竹林0.56万亩）、疏林地2.78万亩、宜林荒山9.59万亩、灌木林地0.36万亩，未成林造林地0.28万亩。森林覆盖率54.3%，居全县末位。立木蓄积量为29.11万立方米，人均1.85立方米，是全县最低的一个区。

该区地貌以丘陵低山为主，瓯江自西北向东南横贯该区中部，将其分为南北两块，北边属括苍山脉，南边属雁荡山脉，最高峰——北边为石梁坑后山海拔 1025.8 米，南边为奇云山1164.8 米，两边向中部低落，平均海拔仅 350 米，为全县最低区。海拔 250 米以下面积 32.39 万亩，250～500 米 29.18 万亩，500～800 米 13.25 万亩，800～1000 米 5.56 万亩，1000 米以上 1.06万亩。其中 250 米以下面积占 39.8%。

该区土壤以山地黄红壤、冲积土为主，山地的下部红壤广为分布，土层深厚，微酸性，有机质含量为全县最低，对林木生长不利。

该区年均温 16.5℃，青田气象站 10℃以上（含 10℃）年积温 5804.3℃，无霜期 279 天，年平均降雨量 1603.7 毫米。

根据该区海拔低、坡度缓、劳力充裕、森林资源缺乏等特点，确定其林业发展的方向是：重点发展或改造以松木为主的薪炭、用材两用林，积极营造以柑橘、杨梅、枇杷为主的经济林，大力发展笋竹和水竹林。适宜本区的造林树种有：柑桔、杨梅、杉木、马尾松、水杉、龙柏、落羽杉、重阳木、乌桕、福建柏、雪松、泡桐、苦楝、梧桐、枫杨、桉树、黑荆树、毛竹、水竹、雷竹、钢竹、棕榈等。

表 4-3-3-1 青田县分林区土地面积统计表

单位：亩

项目林区	总面积	有林地	灌木林	疏林地	未成林造林地	苗圃地	无林地	其他
合计	3733899	2273577	35397	108456	23864	189	516960	775456
Ⅰ	723259	441216	3646	10441	5589		93891	168476
Ⅱ	612247	360113	5075	31294	1389		104455	109921
Ⅲ	1584422	1033831	23125	38890	14103		222761	251712
Ⅳ	813971	438417	3551	27831	2783	189	95853	245347

二、2001 年森林分类区划界定

森林分类经营是现代林业技术的重要手段。森林分类区划界定则是林业"分类经营、分区突破"的基础。其根本任务是依据森林分类体系，采用生态重要性等级和生态脆弱性等级两个指标，将林业用地包括有林地、疏林地、灌木林地、未成林造林地、无林地和苗圃地划分为生态公益林地和商品林地。同时，通过合法程序，经政府批准，以签订现场界定书的规范形式，确定有关各方责、权、利关系。逐步建立起适应社会主义市场经济的两类林经营管理体制和森林生态效益补偿机制推进林业分类经营改革。

（一）工作概况

本次分类区划界定工作于 2001 年 10 月开始。为保证进度和质量，县、乡镇政府分别成立分类经营区划界定领导小组，制订界定规划和工作方案，召开动员大会、技术培训和试点工作。抽调大批工作人员，全县直接参与区划界定工作的人员有 3000 多人；所有乡镇林业干部和驻村干部都是工作班子成员，村民委员会负责人和村民小组长都具体参加当地的界定工作。

根据《国家公益林认定办法》（暂行）《浙江省森林分类区划界定操作细则》和《青田县森林分类区划界定工作方案》，结合各地生态区位重要性、森林生态脆弱性、生态环境建设要求和社会经济发展水平，考虑生态公益林和商品林的合理比例、分布，在充分尊重群众意愿的基础上，通过两个月认真、细致的现场界定，全县共签订《公益林现场界定书》414份；现场界定生态公益林955130亩，占林业用地总面积的31.2%，分布全县33个乡镇（街道）388个村、5个国有林场，计小班6839个。

（二）界定原则

1. 坚持"统一规划、宏观控制"：

生态公益林界定在分类区划范围内进行，区划内尽量界定，区划外酌情调整。

2. 坚持"因地制宜、统筹兼顾"：

正确处理森林生态效益、社会效益和经济效益之间的关系，兼顾国家、集体、个人三者利益。

3. 坚持"政府领导、部门操作"：

分类区划界定工作在县政府领导下进行，具体操作由县林业主管部门、乡镇政府、林权单位和对森林经营管护责任单位共同进行现场界定。

4. 坚持"集中连片、规模经营"：

原则上以小班为单位，尽可能保持集中连片，以保证适度规模经营便于管理保护和充分发挥效益。

5. 坚持"依法界定、稳定林权"：

界定工作以《林权证》为基本依据，不随意变更原有的所有权、使用权。有争议或权属不清的，不予界定。

（三）界定依据

1.《中华人民共和国森林法》《中华人民共和国森林法实施条例》；

2. 国家林业局《关于开展全国森林分类区划界定工作的通知》（林策发〔1999〕191号）；

3.《公益林与商品林分类技术指标体系》林业行业标准（林科发〔2000〕662号）；

4.《国家公益林认定办法》（暂行）（林策发〔2001〕88号）；

5.《全国生态公益林建设标准》（林办造字〔2000〕4号）；

6.《浙江省生态环境规划》；

7.《浙江省农业和农村现代化建设纲要》；

8.《浙江省国民经济和社会发展"十五"计划和2010年计划纲要》；

9.《关于印发浙江省生态公益林建设规划纲要的通知》（省发展和改革计划委员会、省林业局浙计规划〔2001〕664号）；

10.《关于印发浙江省生态公益林认定办法（暂行）的通知》（浙林造〔2001〕162号）；

11.《关于印发浙江省营林系列技术规范规程的通知》（浙林造〔2001〕162号）；

12.《关于开展全省森林分类区划界定工作的通知》（浙林分类〔2001〕2号）；

13.《浙江省森林分类区划界定操作细则》（浙林分类〔2001〕3号）；

14.《青田县生态公益林建设规划》；

15. 林权证书及其他具有法律效力的有关文件；林地、林木经营权流转的有关协议、合同等。

（四）界定结果

（详见第二编第四章"生态公益林建设"）。

（五）界定质量评价

现场界定经组织抽查，面积合格率为 90.1%；分项合格率均在 85% 以上，工作质量等级为良好。2002 年 1 月 5 日，"省分类经营领导小组"对青田界定工作进行检查结果，面积合格率为 86.2%；分项合格率 85%，质量评定为合格。2002 年 1 月 24～25 日，通过了丽水市林业分类经营领导小组组织的专家组评审。

内业检查审核：小班登记卡记载规范，界定书填写、生态公益林分布图绘制完整、清晰、美观。档案归档规范、齐整。

第四章 林业资金

中华人民共和国建立以来，人民政府重视林业事业，不断投入资金，发展林业。青田县投入林业事业建设的资金来源，主要有以下几个方面：一是国家财政拨款，包括拨入的林业事业费、农村造林和林木保护补助费、支援农村合作生产组织资金、农业发展专项资金等。二是中央和省有关部门组织的林业专项长期贷款，包括林业项目贷款、世行造林项目贷款、治沙贷款等。三是按照国家规定，从经营单位或个人出售木竹及林产品收入中征收的育林基金、更新改造资金、林政管理费和林区管理建设费等。从 1964 年开始，浙江省实行育林资金制度，使林业资金投入渠道得到进一步的保障。1988 年开始收取林政管理费和林区管理建设费。1994 年 5 月起，从增设"林业保护建设费"收费项目后，林政管理费和林区管理建设费不再收取。2002 年，财政部、国家林业局联合发文《森林植被恢复费征收使用管理暂行办法》（财综〔2002〕73 号），开始征收林地使用者的森林植被恢复费。2008 年 2 月，浙江省林业厅、财政厅、物价局联合发文，育林基金、更新改造资金暂缓征收，林业事业所需资金更多地依靠省级财政转移支付，人员经费和公用支出，统一纳入县级财政预算。

第一节 林业规费

一、育林基金

浙江省从 1964 年开始建立集体林育林基金制度。在此之前，从 1951 年起，林业征收的规费称育林费：凡采伐或收购木材、毛竹的单位和直接出售木材、毛竹的单位和个人，按规定标准缴纳育林费。国有林木材、毛竹按价值的 10% 提取，私有林酌收管理费。1954 年，国家林业部颁发《征收育林费暂行办法》。省林业厅、财政厅于 1962 年和 1964 年两次发文规定：凡采伐国有林，每立方米原木征缴育林基金 10 元，每百株毛竹征缴育林基金 10 元，统一汇缴到省林业行政部门。

1964 年，省农业厅、财政厅、供销合作社、中国农业银行浙江省分行联合制定了《浙江省集体林育林基金管理办法实施细则》。规定集体林育林基金分甲、乙两种。甲种育林基金，由收购或组织采伐集体林的木材、毛竹的单位缴纳；缴纳标准，木材每立方米 5 元，毛竹每百根 5 元。乙种育林基金，由社队向上述单位交售木材、毛竹时，从所得的价款中提取；提取标准，木材每立方米 2 元，毛竹每百根 2 元。甲种育林基金的缴纳方法，由省森工局和省供销合作社按季汇总各县（市）森工企业、供销社实际采伐和收购的木材、毛竹数量及应缴纳的金额，报省财政厅、林业行政部门，由省财政厅据此拨给省林业行政部门。乙种育林基金，由县（市）森工企业、木材公司、供销合作社按收购或采伐的木材和毛竹数量及征收标准，在支付社队的价款中代扣，定期交给县林业局。

1972 年 11 月 12 日，省农林局、省财政金融局农林（72）52 号、（72）财金综 577 号文联合颁发《浙江省育林基金管理暂行实施办法》，从 1973 年 1 月起调整育林基金的征缴范围、标准。育林基金采取分级管理的办法。育林基金分国有林和集体林两种。

国有林育林基金，凡采伐国有林，一律按每立方米规格木材或每百株合格毛竹征缴 10 元；次材小料减半征缴；等外毛竹、木棍、木柄（如杠棒、锄头柄、扁担坯等）、毛篙竹、柄竹及木、竹制品，按售价每百元征缴 10 元。集体林育林基金，凡采伐或收购规格木材和合格毛竹，一律按每立方米木材或每百株毛竹征缴：甲种育林基金 5 元，乙种育林基金 2 元；次材小料减半征收；国营单位收购集体的各种木棍、木柄、毛篙竹、柄竹、等外毛竹，按实际收购价每百元征缴 7 元；全民和集体（包括社、队）的加工厂所加工的木、竹制品，除用于农田建设的以外，其余均按产品出厂价每百元征缴 7 元。育林基金只征收一次，凡由国家收购后再分配的材料加工成的木、竹制品，不再重复征收。属于规格木材和毛竹征缴的甲种育林基金，由省林业部门统一掌握，按全省实际采伐或收购的木、竹量，定期向省级财政部门办理退库的方式征缴；乙种育林基金和其他木、竹及木、竹制品的甲、乙两种育林基金，由县林业局统一管理。乙种育林基金和其他木、竹的甲、乙种育林基金由收购单位负责缴纳，定期交给县林业局。其他木、竹制品的甲、乙两种育林基金，由加工单位在缴纳木、竹制品工商税时一并缴纳，由财税部门，定期划转给县林业局。

国有林育林基金的使用范围：首先用于国有林采伐迹地的更新和育林，有多余时可用于国有荒山、荒地的造林、育林和护林等，其中用于基本建设支出部分，纳入基建计划，按基建管理体制报批。国营林场每年采伐所提取的育林基金留场单独立户管理，在使用时，必须于前一年编报计划，按隶属关系报经批准后才能运用。采伐委托社、队代管的国有木、竹所提取的育林基金，由县林业局统一掌握。由收购或采伐单位定期交给县林业局，专户存储，并列入年度收支计划，报经县革委会批准后，用于国有林迹地更新和国有荒山的造林育林。

集体林育林基金的使用范围：重点用于社、队集体的采伐迹地更新；建设杉木、毛竹、油茶基地；大面积幼林抚育、毛竹垦复；其次用于一般荒山造林的种苗补助、大面积防治森林病虫害、社队办林场补助。

1973 年 3 月 15 日，为简化育林基金征缴手续，方便基层单位，省农林局、省财政金融局《关于浙江省育林基金管理暂行实施办法的补充通知》规定：凡国营单位收购集体的次材小料、各种木棍、木柄、毛篙竹、柄竹、等外毛竹，原规定由收购单位缴纳的甲种集体林育林基金，改由按季由县森工、商业部门提供调出县外的实际数量（金额），由林业部门向县财金部门按规定的征缴标准统一退库。县范围内自用的，免征甲种育林基金。集体（包括社、队）的加工厂所加工的木、竹制品，一律免征甲种育林基金，用于农田建设的木、竹制品免缴乙种育林基金（其余仍按产品出厂价每百元征缴2元）。

从1979年1月起，甲种育林基金改由省、县两级按30：70比例分成。征缴办法，仍按照企业收购（采伐）木材和毛竹数量，定期向省财政以退库方式征缴。其中30%由省林业局向省财政办理退库，70%由县林业局向县财政局就地办理退省库，归县掌握使用。

1979年10月起，规定国营单位收购集体的每立方米木材和每百根毛竹，征收育林基金10元，次材小料每立方米征收7元，其中甲种5元由收购单位缴纳，乙种2元由投售单位缴，收购各种棍、柄按收购金额，每百元征收7元。集体加工的木、竹制品，按出厂价中木竹所占的比重每百元征收2元。

1982年4月，根据林业部、财政部《关于提高南方等省育林基金、更改资金提取标准的通知》，国有林育林基金由每立方米规格木材和每百根合格毛竹征收10元提高到15元，其他林产品（包括木竹制成品、半成品）按售价每百元征收15元，一律在销售时提取。集体林育林基金征收标准由7元提高到12元；小规格材（包括等外材、次材小料）每立方米征收5元；其他林产品（包括木竹制成品、半成品）提高到出厂价每百元征收12元。甲种育林基金的分配办法，仍由省、县两级按30：70比例分别退省库解决。乙种育林基金由社队缴纳，县林业局与公社（乡）对半分成。

1982年12月31日，省财政厅、林业厅（82）财农453号、（82）林计502号《关于印发＜浙江省育林基金管理暂行办法＞的通知》，新增了集体林育林基金的使用范围：森林病虫害防治费补助；实施林业生产建设所必需的造林规划设计、基地检查验收、技术辅导培训和宣传业务经费；社队林场幼林抚育和发展多种经营生产，一时资金不足，育林基金收入较多的县（市），可从结余的育林基金中给予适当扶持。扶持的资金要签订合同，实行"有偿借用，无息周转，定期归还"的办法。

1985年国家取消木材统购。是年8月，省林业厅、财政厅按照省政府《关于林业政策的补充规定》的精神，重新修订了《浙江省育林基金、木材更新改造基金管理办法》（试行），对甲种育林基金的征收，改由县（市）林业部门向林农、经营单位收取，不再继续向财政办理退库。甲种育林基金改由省、市（地）、县按20：10：70比例分成。分成解缴的方法，由县（市）林业部门按实际征收的育林基金，于季后10天内上缴省林业厅20%，上缴市（地）林业主管部门10%，其余70%留作县（市）林业部门掌握使用。

1988年10月，省计经委、林业厅、物价局、工商行政管理局转发国家经委、林业部、财政部、国家工商行政管理局《关于整顿和调整南方集体林区木材费用负担问题的通知》，经省政府同意，对集体林育林基金的计征范围和标准进行了调整，木、竹按生产县（市）木材、毛竹经营单位收购后第一次销售价的9%计征；乡村集体或林农直接在木竹市场上销售的零星木材，按成交价的9%计征。集体林育林基金不再分甲、乙两种。其分成比例为，省、市（地）、县按15：5：80比例分成。

1999年，根据《森林法》《浙江省森林管理条例》和省委、省人民政府《关于深化改革绿化浙江加快林业现代化建设的决定》，省林业厅、财政厅、物价局修订了《浙江省集体林育林基金、更新改造资金管理办法》。规定人造板、木炭、食用菌等按消耗森林资源折价计征 9% 育林基金，其他征收标准和分成比例没有改变。

2002 年起，集体林育林基金实行源头征收，由采伐单位和个人在申领林木采伐许可证时代为缴纳，不足部分由经营木竹及其制品的单位和个人在办理木材运输证时补缴。在办理采伐许可证时缴纳的育林基金由所在地乡镇林业工作站代征，计费标准：规格材每立方米 26 元，纤维板材每立方米 15 元，自用材每立方米 20.5 元，培植业用材每立方米 20 元，商品竹每株 0.1 元。

2008 年 2 月 1 日，省林业厅、财政厅、物价局联合发文《关于暂缓征收集体育林基金、更新改造资金的通知》（浙林计〔2008〕19 号）规定，延续多年的"两金"规费于发文之日起，"暂缓征收"。

二、更新改造资金

1972 年，省农林局、财政局根据农林部、财政部《关于从 1972 年起提取更新改造资金的通知》，制定《浙江省木材生产更新改造资金的使用、管理试行办法》，规定森工企业不论采伐国有林或收购集体林的木材，均按每立方米木材 4.6 元提取"更新改造资金"（企业提取的基本折旧基金照提），作为运材道路延伸、河道整治和有关的工程设施等维持再生产的投资。此项资金由省农林局按全省森工企业实际采伐和收购的木材数量和计提标准，定期向省财政部门办理退库的方式提取。从 1979 年起，木材更改资金征收标准每立方米木材由 4.6 元提高到 5 元，省、县两级按 30：70 比例分成使用。征缴办法与集体林甲种育林基金相同。

1982 年 4 月，省林业厅、财政厅根据林业部、财政部《关于提高南方等省育林基金、更新改造资金提取标准的通知》，从 1982 年起，对木材更新改造资金提取标准由原来每立方米 5 元提高到 10 元，小规格材（包括等外材、次材小料）每立方米提取 5 元。征缴办法仍由省、县（市）两级按 30：70 比例分别退省库解决。

1988 年 10 月，浙江省根据国家经委等 5 个部门《关于整顿和调整南方集体林区木材费用负担问题的通知》，对木材更改资金改按生产县（市）木材收购后的第一次销售价的 6% 计征。更改资金分别由经营单位或买方负担。即凡木材经营单位经营的，由经营单位负担，经营单位按月向县（市）林业主管部门缴纳；凡乡村集体或林农直接在市场上销售的，更改资金由买方负担，由当地林业主管部门或委托工商行政管理部门在市场成交时征收。木材更新改造资金按省、市（地）、县（市）15：5：80 的比例分成。县（市）按分成比例的解缴方法与集体林育林基金相同。

1999 年，省林业厅、财政厅、物价局修订《浙江省集体林育林基金、更新改造资金管理办法》。规定人造板、木炭、食用菌等按消耗森林资源折价计征 6% 更新改造资金，其他征收标准和分成比例没有改变。

2002 年起，集体林更新改造资金实行源头征收，由采伐单位和个人在申领林木采伐许可证时代为缴纳，不足部分由经营木竹及其制品的单位和个人在办理木材运输证时补缴。在办理采伐许可证时缴纳的更新改造资金由所在地乡镇林业工作站代征，计费标准：规格材每立方米 17 元，自用材每立方米 12.5 元。

三、林政管理费、林区管理建设费

1988 年，根据国家经委等 5 个部门《关于整顿和调整南方集体林区木材费用负担问题的通知》，向经营单位和个人的经营收入中计征林政管理费和林区管理建设费，林业"两费"主要用于林政管理、林区护林防火和林区管理建设。林政管理费按每立方米木材或每百株毛竹计征3元。林区管理建设费，木材按每立方米松杂木5元、杉木10元，毛竹每百株5元计征。征缴办法，在办理木竹出运手续时收取，省不参与分成。1994年按浙江省物价局、财政厅规定开始征收林业保护建设费，不再收取林政管理费和林区管理建设费。

四、林业保护建设费

1994年，省物价局、财政厅制定《浙江省林业保护建设费收费项目及标准》，开始征收林业保护建设费专项用于林政管理、森林防火和林区中幼林抚育及道路建设。计征对象：除农村集体和林农以外的木竹销售单位和个人。计征标准：按木材出运数量每立方米（毛竹每百株）5元一次性收取。征收办法，在办理木竹出运手续时收取。分成办法，按省、市（地）、县15∶5∶80比例分成。

五、木材变价款

林业部门依法查获的偷运及非法经营的木材、毛竹，依法没收的木竹变价款，按财政部规定，可以留归林业部门作为育林基金收入，用于弥补森林资源损失。其价款按当年木竹变价款总收入作基数，按省、市、县3∶1∶96的比例分成。

六、森林植被恢复费

2002年10月25日，财政部、国家林业局联合发布《森林植被恢复费征收使用管理暂行办法》（财综〔2002〕73号），《办法》规定：凡勘查、开采矿藏和修建道路、水利、电力、通讯等各项建设工程需要占用、征用或者临时占用林地，经县级以上林业主管部门审核同意或批准的，用地单位应当按规定向县级以上林业主管部门预缴森林植被恢复费。森林植被恢复费属政府性基金，纳入财政预算管理，实行专款专用，专项用于林业主管部门组织的植树造林、恢复森林植被，包括调查规划、设计、整地、造林、抚育、护林防火、病虫害防治、资源管护等开支。

七、其他林业规费

1. 森林植物检疫费

1984年，青田县森林植物检疫站成立。县政府发文规定：凡调运森林植物和林产品，包括母竹，花卉，木本植物的种子、苗木和繁殖材料等必须经过检疫，并按规定缴纳森林植物检疫费。

2. 山林纠纷调处费

1989年起开始收取山林纠纷调处费，由县政府处理山林纠纷办公室在调处山林纠纷时向当事人收取。纠纷山场面积50亩及以下的，按基数收150元；超过50亩的，加收成林3元/亩，幼林2元/亩，荒山1元/亩。2000年起停收。

3. 森林资源补偿费

1990年，省政府规定，木材或者制品出口省外，要缴纳森林资源补偿费，按木材销售价的15%、毛竹销价的3%计征。1993年省委办公厅、省政府《关于我省涉及农业负担项目审核处理意见的通知》规定森林资源补偿费可以继续征收，征收范围、标准是：出省的木材应按出运地销价的5%向货主征收森林资源补偿费。2000年5月1日起，出省森林资源补偿费征收标准：木材产品每立方米25元，毛竹每株0.144元。征收的款项按季全额上缴省林业基金管理服务中心后，返还50%。2004年，出省森林资源补偿费取消。

4、陆生野生动物资源保护管理费

1999 年 4 月 3 日，省林业厅、省财政厅、省物价局林计〔1999〕94 号文件《浙江省陆生野生动物资源保护管理费收费办法》发布，《办法》规定：凡经批准在本省境内捕捉、猎捕、出售、利用国家重点保护、省重点保护和一般保护陆生野生动物或其产品和依法经销猎枪、弹具的，必须按规定缴纳陆生野生动物资源保护管理费。对批准捕捉、猎捕陆生野生动物的向捕捉、猎捕者收费。对批准经营利用国家一级陆生野生动物或其产品，按其成交额的 8% 向供货方收费；对批准经营利用国家二级陆生野生动物或其产品，按其成交额的 6% 向供货方收费；对批准经营利用省重点保护陆生野生动物或其产品，按其成交额的 5% 向供货方收费；对批准经营利用省一般保护陆生野生动物或其产品，按其成交额的 3% 向供货方收费；属驯养繁殖的陆生野生动物或其产品减半收费。

表 4-4-1-1 1972—1988 年青田县育林资金征收情况   单位：万元

年份	育林资金	年份	育林资金	年份	育林资金
1972	1.17	1978	14.17	1984	17.14
1973	10	1979	14.12	1985	18.68
1974	3	1980	4.35	1986	17.82
1975	24.68	1981	3.1	1987	18.33
1976	10.51	1982	4.96	1988	28
1977	9.68	1983	10.88	合计	210.59

表 4-4-1-2 1989—2000 年青田县林业规费征收情况表   单位：万元

年份	合计	育林资金	更新改造资金	木材变价款	森林检疫费	林政管理费	林业保护建设费	森林植被恢复费	行政罚款	森林防火费
1989	37.57	19.68	10.63	2.01	0.50	1.20	3.55			
1990	69.61	31.61	13.84	4.02	3.42	7.84	3.20		5.68	
1991	49.96	13.07	6.02	18.67	1.00	6.96	4.24			
1992	82.22	25.15	14.56	20.62	0.58	11.28	10.03			
1993	230.93	38.02	19.35	84.45	5.43	31.18	18.62		26.33	7.55
1994	269.45	33.84	19.08	169.55	6.14	0.86	5.02		26.47	8.49
1995	235.47	15.37	8.47	196.05	3.20	0.23	7.77	4.38		
1996	295.18	34.20	16.93	197.58	1.30	5.20	39.00	0.97		
1997	187.72	38.23	17.85	123.08	2.10		5.95	0.51		
1998	238.10	22.01	12.79	110.51	2.30	2.30	4.78	83.41		
1999	222.04	14.34	10.80	155.52	3.50	1.55	3.84	32.49		
2000	325.84	28.14	19.61	199.70	1.20	3.25	6.16	67.78		
合计	2244.09	313.66	169.93	1281.76	30.67	71.85	112.16	189.54	58.48	16.04

表 4-4-1-3 2001—2014 年青田县林业规费征收情况表　　单位：万元

年份	合计	集体林育林基金	集体林更改资金	木材变价款	林业保护建设费	森林资源补偿费	野生动物资源保护建设费	森林植被恢复费	征（占）用林地资源保护费	森林植物检疫费
2001	333.5	18.4	12.1	216	6.3	10.5		44.4	5.8	20
2002	600.5	19	13	186	5	18.2	0.7	294	50	14.6
2003	391.8	24	16	208	5	11		115	2	10.8
2004	534.28	56	37	294				133.43	0.83	13.02
2005	517.71	37.29	24.86	134.85				311.6		9.11
2006	724.56	53.81	35.88	145.36			2.7	478.84		7.97
2007	440.61	79.23	53.22	137.11			2.59	161.14		7.32
2008	10147.14	3.33	2.22	79.71			2.37	10051.73		7.78
2009	156.03						1.43	149.15		5.45
2010	97.31						1.97	91.53		3.81
2011	393.5							392.2		1.3
2012	278.1							277.14		0.96
2013	841.37							840.95		0.42
2014	374.23							374.1		0.13
合计	15830.64	291.06	194.28	1401.03	16.3	39.7	11.76	13715.21	58.63	102.67

第二节 林业投资

一、扶持政策

为全面发展山区经济，加快林业建设，国家在部署各个时期林业生产任务的同时，对农村集体造林育林，给予经济扶持，并相应制定了各种经济扶持政策。

1964 年之前，国家对农村造林育林的扶持，主要是由各地林业部门通过林业事业费安排，切出一小块，作为集体造林的种苗补助，一般是购买种苗无偿拨给集体单位栽植。国家投资主要是出资兴办国营林场和苗圃。

1964年12月，浙江省建立了集体林育林基金制度。在1971年之前，由省林业主管部门通过向各地、县分配育林基金使用指标，重点扶持集体造林育林。大致采取3种方法：一是根据各地、县上报的造林、迹地更新、林木抚育和垦复、育苗的面积，考虑育林基金的存量，核定扶持面积和金额，分年分批下达补助资金，由各地、县林业部门掌握使用。二是根据省下达的林业生产任务和扶助的重点对象，将育林基金的使用指标和资金全部分配到专区，由各专署批准县的使用计划时，连同批准的计划将资金下拨到县，由县林业部门掌握使用。三是对集体造林和国社合作造林采取不同的扶持方法。对集体造林采取长期无息贷款，国社合作造林采取国家给予必要的投资。长期无息贷款以基本核算单位（包括大队办的或几个生产队联办的，实行独立核算的林场和林业专业队）为对象。贷款的期限，按借款单位的偿还能力，分期归还，最长不得超过15年。在规定期限内归还的，均不计利息。国社合作造林，林权国社共有，主产品比例分益，国家分益部分不超过30%。其投资标准，应本着少花钱、多办事、办好事的精神，从实际出发与社队研究确定。此项投资，由县林业部门掌握使用，与社队签订合同，由银行根据合同监督拨款，并协助社队合理使用。

1971年冬，浙江省开始以用材林为主的基地造林。省每年下达基地造林任务和补助资金，扶持集体造林育林。随着林业基地的拓宽，省林业主管部门根据不同林种、树种的造林、抚育作业投工和物耗所需的生产资金，对集体造林育林的补助，制定不同的标准。一般用材林基地：杉木每亩补助6元，松木每亩补助3元，其他树种每亩补助6元；油茶林基地每亩补助2.5元，1976年提高为每亩补助6元；油桐纯林基地（包括油桐套种4亩折合1亩）每亩补助6元，1981年重点油桐林基地每亩补助12元；乌桕纯林基地（包括乌桕"四旁植树"40株折合1亩）每亩补助6元；毛竹林基地每亩补助6元，1981年提高为每亩补助10元。对油茶、毛竹垦复抚育，制定油茶"三保地"每亩补助3元，毛竹丰产基地每亩补助3元。年终结余的基地造林补助费可结转下年继续使用，专款专用。

1979年，省政府决定，对大片基地造林每亩增补原粮17.5公斤，幼林抚育补原粮2.5公斤。1980年3月，省林业厅、粮食局联合通知："凡符合基地标准的基地造林，每亩补助原粮由过去的17.5公斤提高到25公斤。一年抚育用材林100亩以上，每亩补助原粮2.5公斤。"

从1981年起，省每亩基地补助15元资金，采取分年拨给的办法，即：当年造林和抚育补助8元，第二、三年抚育各补助2元，郁闭成林时补助3元（如五年内不郁闭，扣发此项补助费）。造林和抚育补粮标准，仍按原规定，经过验收核实后，造林每亩补助原粮25公斤，抚育每亩补助原粮2.5公斤。并规定，完不成年度造林计划的公社不发基地实施费（每亩1元），连续两年没完成计划的公社，停止享受重点公社的补助待遇。1983年10月，省林业厅下文补充规定："重点公社用材林，每块验收起点面积为5亩（包括几户连片达到5亩的，一年后又改为10亩）。只要符合标准，队造、户造、联户造一视同仁；社员自留山造林，凡符合基地标准，承担提供国家商品材义务的面积，也可作为重点用材林基地，享受同等补助。"省定的补助资金，由省林业厅、财政厅按当年验收核实面积和补助标准，采取一次下达到县，县林业部门按造林单位的造林和抚育进度，分年拨付。

1986 年 9 月，根据省政府《关于发展山区商品生产若干经济政策规定的通知》，基地造林补助调整为：从 1987 年起，根据省下达的基地造林任务和各县林业发展资金来源的情况，有区别地进行补助。永嘉、文成、泰顺、磐安、景宁 5 个贫困县，每亩省补助 20 元；庆元、龙泉、遂昌、临安、开化 5 个县，每亩省补助 10 元；部、省、县联营速丰林每亩省补助 15 元；其他基地造林县，每亩省补助 15 元。

1989 年 10 月，省政府提出"两年准备，五年消灭荒山，十年绿化浙江"的规划目标，基地验收的起点面积为 10 亩，资金扶持标准仍按 1987 年规定执行。从 1990 年开始，省对新造基地每亩供应尿素（综合价）7.5 公斤。商品材基地补助资金，改为有偿投资。投资标准，每亩省投资 10～15 元，县每亩再配套资金 10～15 元。造林单位实际可享受每亩 20～30 元的有偿投资，待木材间伐或主伐时归还投资单位 0.2～0.3 立方米木材。投资后的第 10 年，省投资的补助资金，省收回补助资金的 50%，留县 50%。省、县收回的补助资金，分别纳入林业基金。同时对荒山人工造林和飞播（包括人工撒播）造林，制定了扶持标准。省定人工造林每块造林面积在 10 亩以上，每亩平均补助 30 元，省、县各半负担。

1993 年 10 月，省林业厅根据省政府"提前一年消灭荒山"的决定，经与省财政厅研究，决定对 1994 年荒山绿化的经济扶持政策做适当调整：一是对原荒山绿化规划面积在 50 万亩以上的淳安、临安、永嘉、泰顺、青田 5 个县和经济困难、消灭荒山任务较大的文成、苍南、云和、景宁、磐安、武义、常山、三门 8 个县的荒山人工造林，省平均每亩补助标准从 15 元提高到 20 元。二是对在荒山绿化规划范围内，列入省下达 1994 年计划，采取点穴直播造林的，省平均每亩补助 10 元。1994 年 10 月，省政府办公厅《关于全面绿化浙江加快林业现代化建设若干扶持政策的通知》规定，对连片 3 亩以上的荒山，省计划从 1995 年至 1998 年实行人工造林和直播造林各 30 万亩。其补助标准：人工造林每亩补助 50 元，省和县（市）各半负担，省补助的资金中，每亩拿出 5 元，实行"以奖代补"。直播造林每亩补助 20 元，省、县（市）各半负担。

1983 年，省委、省政府为了加快林业生产的发展，由省财政拨款 1200 万元，重点扶助封山育林。为此，省林业厅、省财政厅制定了《封山育林补助资金使用管理的暂行规定》，凡具备封山条件的地段，由县（市）、社（乡）统一规划的荒山、疏林山，并以培育用材林、防护林、水源涵养林、薪炭林为目的，能在 5 年内郁闭成林的，每块面积不少于 200 亩，封山时间连续 4 年以上的，可享受封山育林的资金补助。省对县（市）的资金补助标准，磐安、常山、平阳、苍南、永嘉、文成、泰顺、青田、云和、缙云、庆元、仙居、三门、天台 14 个县，每亩每年补助 5 角，连续补贴 4 年。1986 年 9 月，省人民政府重申封山育林补助，按封山育林的原定计划的补助办法，继续由省每年拨出专项资金，用于补助封山育林。

1984 年起，省政府决定发放造林补息贷款，扶持集体造林育林。按当时的贷款利率，贷款期限 1 年的为月息 4 厘 2 毫，贷款期限 3 年的为月息 4 厘 8 毫，贷款期限 5 年的为月息 5 厘 4 毫。在规定贷款期限内归还的，由国家承付利息。省对县（市）的补息，确定常山、磐安、天台、三门、仙居、青田、缙云、云和、庆元、永嘉、文成、泰顺、平阳、苍南 14 个县，补息部分全部由省负担。受此政策惠及，全县在 1983—1984 年，共发放林业专项贷款 77.26 万元。

1991 年，省下达第一期油茶低产林改造面积 3.5 万亩，每亩投资 60 元。其中省每亩扶持 50 元，县地方配套资金每亩 10 元。省扶持资金中，70％为无息借款，30％为无偿补助。补助资金由省财政厅直接拨入各县（市）"农业发展基金"专户，不纳入地方财政预决算。借款部分由省财政厅与各县（市）财政局签订借款合同后拨付，并要求县地方配套资金按规定落实到位。1993—1995 年，第二期油茶低产林改造面积 2 万亩，总投资 160 万元，其中国家投资 80 万元，省和地方配套资金各 40 万元，国家投资部分，50％为有偿，50％为无偿；省投资部分，全部无偿。青田县为鼓励群众抚育积极性，确定除省扶持外，对全县抚育连片 10 亩以上增加补助粮票 5 斤，化肥票 5 斤。劈山抚育减半扶持。

1998 年，县政府出台《青田县低产油茶垦复实施意见的通知》，制定了铲山抚育每亩补助 30 元，劈山抚育每亩补助 15 元的补偿机制；2005 年，县政府在 1998 年实施意见的基础上，又出台《关于加快油茶产业发展的实施意见》，进一步细化了抚育标准，加强了抚持力度。对于铲山抚育的每亩补助 60 元，劈山抚育的每亩补助 25 元，对散生连片面积在 5 亩以上的油茶林，铲山抚育每株补助 1 元，劈山抚育的每株补助 0.5 元。

2005 年，县政府出台《关于加快油茶产业发展的实施意见》，除规定油茶抚育予以扶持外，还制订了油茶开发补偿机制和油茶林地流转机制，县财政每年在农业产业化资金安排 150 多万元用于油茶产业的发展。此外，为鼓励规模经营，对高产良种油茶造林基地及低产林改选基地，流转连片面积达 300 亩以上的大户，每亩奖励 20 元；连片面积达 500 亩以上的大户，每亩奖励 30 元。

2006 年，国家林业局出台扶持油茶产业政策：《国家林业局关于发展油茶产业的意见》（林造发〔2006〕274 号）。

2007 年，国务院出台扶持油茶产业政策:《国务院办公厅关于促进油料生产发展的意见》（国办发〔2007〕59 号）。

浙江省政府出台扶持油茶产业政策:《省政府办公厅关于加快发展油茶产业的若干意见》（浙政办发〔2009〕68 号）等文件。

2008 年，县政府把油茶产业作为三大农业主导产业和县政府的"三十工程"之一来抓。2009 年，青田被列入浙江省油茶产业发展重点县和国家油茶产业发展试点县后，县政府立即出台了《关于规模化高产油茶基地建设的资金扶持政策》，提出从 2009 年起到 2015 年，县财政每年安排资金 300 万元用于高产油茶基地建设，提出"一年新造一万亩，十年再造一个新油库"的宏伟目标。2010 年,编制了《青田县油茶产业发展规划》,根据《规划》,到 2020 年,要实现"新造油茶十万亩，低产改造十万亩，产值达到十亿元"。

1991 年起，经国家批准，浙江省实施"世行贷款造林项目"，利用国际开发协会信贷资金和省内配套有偿的林业资金，扶持集体营造速生丰产用材林。此项造林投资，世行贷款占总投资的 60%，省级配套资金占总投资的 10%，县级配套资金占总投资的 15%，造林单位占总投资的 15%。世行贷款和省级配套资金部分，按贷款形式拨付。贷款期限为 20 年，其中宽限期 8 年，偿还期 12 年。属于世行贷款部分，直接借用的 SDR（特别提款权，下同），利息部分，利率按年息 4% 计息，用美元支付;借用的 SDR 折合人民币部分，利率按年息 6% 计息，用人民币支付。宽限期内的利息，采取利息本金化的办法，逐年结转本金。宽限期后的第一年起，由造林的县政府负责按 12 年偿还期分年平均偿还本金，每半年偿还一次。对已提取尚未偿还的省级配套资金，按年占用费 2% 计费，向省世行贷款造林项目领导小组办公室交付。省级配套资金的回收，除省农业投资公司投资部分外，其余按 50% 的比例返县。

1999 年 5 月，县林业局开始着手开展生态公益林规划，同年 10 月完成规划工作。2001 年完成区划界定；2003 年完成公益林区划完善。根据规划，1999—2003 年，一期公益林建设面积 80.16 万亩；经补充完善，新增扩面，至 2014 年，全县省级以上重点生态公益林建设面积总计 176.1992 万亩，占全县林业用地总面积的 57%。根据政策，全县自 2004 年开始实施森林生态效益补偿机制，补偿标准从 2004 年每年 5 元 / 亩提高至 2014 年的每年 23 元 / 亩。11 年期间共拨付直补给公益林经营者森林生态效益补偿资金 18008.11 万元，直接受益的对象涉及 32 个乡镇 417 个行政村中的 23487 户林农和 350 个村级集体经济组织，以及五个国有林场。

2006 年，青田县被列入沿海防护林工程建设任务县。从 2007 年开始，至 2014 年，全县共完成沿海防护林工程建设 70894 亩，其中：人工造林 15097 亩，封山育林 55797 亩；投入资金 1392.12 万元，其中：中央投资 739 万元，县财政配套 600.52 万元，农民投入 50.6 万元。

二、林业投入规模

中华人民共和国成立之前，政府出资资助植树造林的数量很少，且不具连续性，效果也差。中华人民共和国成立后，人民政府拨款扶持农民和地方发展林业生产，建立林业机构，设立林场和苗圃，大规模绿化荒山，营造林业基地等。随着国家逐步昌盛和对林业生态认识的不断提高，政府对林业的投入不断加大，林业生态效益得到显著提高。

新中国成立初期至 20 世纪 70 年代初，国家和县政府地方财政对林业的投资方式，主要是出资建立林业机构，以及兴办国营林场和苗圃，同时免费提供林木种苗，支持农村绿化荒山和植树造林。这时期政府对林业投入的总量，据林业局 1988 年 1 月成稿的《青田林业志》（初稿）估计约 220 万元，平均每年仅约 11 万元。

20 世纪 70 年代至 80 年代末，国家为了振兴林业，逐步加大了对地方林业的投资。同时，从 1970 年开始，青田落实育林资金制度，进一步增加了对林业的投入渠道。这个时期，国家和地方财政共投入资金 738 万多元，平均每年达 43.42 万元。扶持的对象主要是对成片造林、封山育林、社队造林等进行补助，重点扶持国营林场和苗圃的防火线、林区公路、林道、索道、电站、房屋等工程建设。同时，从 1972 年开始，进行了 8 次飞机播种造林，共投入资金 65 万多元（仅种子费及地面信号费用等，不包括飞机飞行运营费用）。此外，林业基本建设也不断得到加强。

20 世纪 90 年代至 20 世纪末，国家对林业投入不断加大。封山育林和护林防火得到加强，荒山绿化步伐进一步加快。1989 年至 2000 年，国家和地方财政共投入资金 2285 万余元，平均每年投入达 190 万多元。

2001 年以后，国家重视生态林业建设，青田结束了长期以生产木材为主的森林经营模式，转向以生态建设为主，实现人类与自然和谐、社会经济可持续发展的森林经营模式。国家和地方财政投入巨资，重点进行生态公益林建设；人工造林进入绿化美化阶段；大力发展杨梅、油茶等特色产业等。据统计，2001 年至 2014 年，国家和地方财政共投入资金 55169.28 万元，平均每年达 3940.66 余万元。

表 4-4-2-1　1972—1985 年青田县林业建设投资完成情况表　　单位：万元

| 年份 | 投资情况 | | 年份 | 投资情况 | |
	合计	其中：国家投资		合计	其中：国家投资
1972	34.24	27.44	1979	29.16	21.36
1973	35	27.5	1980	18	17.5
1974	29.65	22.5	1981	10.08	9.29
1975	25.65	19.68	1982	4.4	4.4
1976	26.88	19.63	1983	11.29	10.7
1977	18.84	11.95	1984	20.76	14
1978	24.98	13.59	1985	12.63	9
合计				301.56	228.54

表 4-4-2-2　1972—1988 年青田县林业投入情况表　　单位：万元

年份	机构经费	场圃建设	基地造林	社队造林	飞播造林	油茶抚育	种苗	封山育林	合计
1972	2.4	7.8		2.5	14.79				27.49
1973	5.18	2.78	0.66	2.05	10		3.7		24.37
1974	4	22.5	5.18	8.02					39.7
1975	3.43	5.1	20.98	1.62			1.86		32.99
1976	3.53	15		2.63			5.99		27.15
1977	3.69	11	3.08	10.93					28.7
1978	3.3	6.65	7.7	18.25		5.7	4.1		45.7
1979	4.65	6.65	6.66	22.03	5.9	8.5	3.28		57.67
1980	6.6	12.6	5.6	10.91	4.46	2			42.17
1981	7.65	10.35	12.47	1.1		3.22	4.33		39.12
1982	8.1	13	13.13		7.8	3			45.03
1983	11.38	19.15	14.29	2.3	8.7	6.37	0.86	0.2	63.25
1984	14.06	15.2	7.89	1.29	3.96	4.64	1.5	2.08	50.62
1985	14.56	8.83	5.84	5.46		2.89		8.33	45.91
1986	19.64	5.2	6.4	5.74	6.25			4.52	47.75
1987	17.15	4.88	1.5	5.45	3.6	2.72	0.8	32.2	68.3
1988	20.53	13.15	1.12	0.17				17.36	52.33
合计	149.85	179.84	112.5	100.45	65.46	39.04	26.42	64.69	738.25

注：机构经费包括人员工资、临时工工资、办公经费、水电费、少量修理费等。

表 4-4-2-3 1989—2000 年青田县林业投资情况表　　　单位：万元

年份	合计	机构经费	护林防火	林政管理	营林生产	科技推广	林区建设	场圃补助	封山育林	其他	油茶抚育
1989	72.79	23.35	2.50	1.20	16.43	0.52		5.70	17.09	6.00	
1990	73.34	27.31	9.45	2.38	7.94	0.68		5.60	11.98	8.00	
1991	72.96	28.42	2.00	2.17	23.81	3.76		6.30	6.50		
1992	99.87	32.72	5.22	1.28	27.93	0.89		6.35	24.98	0.50	
1993	125.11	37.80	9.52	3.62	56.57	0.75		6.25	10.60		
1994	161.99	47.48	1.00	5.04	27.06	2.35	30.00	6.25	30.66	12.15	
1995	137.38	52.13	4.11	10.89	20.01	1.72	11.40	6.25	20.37	10.50	
1996	211.80	98.82	7.63	5.23	20.04	12.17	38.05	6.30	23.56		
1997	199.16	110.92	12.18	15.02	20.00	5.11		6.30	24.63	5.00	
1998	366.30	134.90	17.84	16.54	10.28	8.12	47.32	23.30	32.50	23.50	52.00
1999	435.62	175.38	13.80	2.70	48.43	21.10	38.86	50.49	27.00	16.17	41.69
2000	328.77	134.00	25.52	2.30	27.87	14.10	25.20	12.78	31.80	5.20	50.00
合计	2285.09	903.23	110.77	68.37	306.37	71.27	190.83	141.87	261.67	87.02	143.69

表 4-4-2-4　县林业局 2001—2014 年度中央、省、市、县基建投资、林业生产专项资金情况

单位：万元

分年度	合计	国债、基建投资（防火、病虫害防治、海防林、油茶项目等）	森林培育	林业科技推广示范	林业产业化	林业成品油价格补助专项资金	国有贫困林场扶贫资金	林业贷款贴息	林权改革	育林基金改革减收财政转移支付	森林植被恢复费安排的支出
2001	11.00	11									
2002	68.00	5	38	10			15				
2003	180.00	120	60								
2004	23.00	12	11								
2005	65.00	35					30				
2006	107.00	76	1				30				
2007	298.00	40	144	9	75		30				
2008	3128.00	480	522	6	300	11		18	253	211	1327
2009	1666.59	855	50		350	3.28	90	17.31		211	90
2010	2066.68	455.2	300	183	650	4.97	160	87.51		211	15
2011	2041.22	186	574.4	4	870	51.63	80	64.19		211	
2012	2616.62	232	287.02	100	1592.01	51.23	100	43.36		211	
2013	2486.83	110	592.47	5.5	1267.4	85.31	110	67.15		211	38
2014	3085.84	164	910.51	55.9	1486.5		80	12.93		211	165
合计	17843.78	2781.20	3490.40	373.40	6590.91	207.42	725	310.45	253	1477	1635

表 4-4-2-5　县林业局2001—2014年度中央、省、市、县森林管护专项资金情况

单位：万元

分年度	合计	森林生态效益补偿基金	林业有害生物防治	林业生产救灾	森林防火	森林公安转移支付	其他林业专项（防火、病虫害防治、资源管理、林业宣传等）	行政事业单位基本支出
2001	373.00	148			15		20	190
2002	425.00	130	3		10		22	260
2003	510.00	160	3		20			327
2004	997.00	474			110		9	404
2005	1209.00	606			25		37	541
2006	1533.00	753	9		60		110	601
2007	1501.00	894	12		25		24	546
2008	2074.00	1145	12	85	75		153	604
2009	2923.02	1357.28	12		88.16		162	1303.58
2010	4232.43	2922.48	57.91		60		91	1101.04
2011	4430.50	3257.29	12		50	10	111.1	990.11
2012	4318.19	3262.29	23		50	10	15	957.9
2013	6151.09	4329.82	183	30	60	59	165	1324.27
2014	6648.27	4803.39	163.28		80	39	96	1466.6
合计	37325.50	24242.55	490.19	115	728.16	118	1015.10	10616.50

表 4-4-2-6　青田县国营林场自建场至1985年基本建设投资完成表　单位（万元）

单位名称	完成投资总额	按资金来源分				按构成成分			所包含造林工作费
		预算内基建	省机动财力	育林基金	单位自筹	建筑安装	设备购置	其他	
总计	383.3	346.6	5.0	1.5	30.2	48.7	5.0	329.6	297.7
青田县石门洞林场	178.75	149.8	5.0		23.95	13.78	3.0	161.97	148.15
青田县八面湖林场	62.46	62.4			0.06	4.26		58.2	51.2
青田县大洋山林场	57.65	56.7			0.95	5.99		51.66	48.3
青田县金鸡山林场	39.74	39.49			0.25	5.4	0.7	33.64	29.61
青田县峰山林场	44.16	37.7		1.5	4.96	19.28	1.3	23.58	20.4
青田县苗圃	0.50	0.50						0.50	

三、粮食、化肥补助

中华人民共和国成立之后，国家对林业除了资金扶持外，每年还拨给大量的粮食、化肥，支援青田发展林业生产。粮食、化肥的扶持办法，是根据造林、育苗、抚育等的面积和质量发放的。据不完全统计，1958 年至 1985 年，国家共扶持青田林业专项补助化肥 2293 吨，粮食 4717 吨。

表 4-4-2-7 1958—1985 年国家对青田林业补助化肥、粮食情况表　　　单位：吨

项目年份	粮食	用途	化肥	用途
合计	4717.03		2292.58	
1958	27.5	油茶垦复		
1959				
1960				
1961	60.00	油茶生产补助		
1962				
1963			20.00	茶、桑专用
1964	55.00	油茶生产补助	7.75	国营林场生产
1968			4.50	国营林场生产
1973			20.00	林木育苗、病虫防治
1974			16.00	育苗、良种
1975			9.0	林木育苗
1976	14.60	油茶"三保"基地	21.60	油茶"三保"基地
1977	20.82	油茶生产补助	11.00	林木育苗
1978	111.62	油茶生产补助	321.62	基地造林、套种、育苗
1979	1119.60	林业基地、育苗、抚育	202.45	基地造林、育苗等
1980	401.38	育苗、封山育林	57.50	育苗、丰产林等
1981	82.94	社队林木育苗	276.36	育苗、造林、抚育、套种
1982	1157.97	基地造林、育苗、抚育	354.63	育苗、造林、抚育、嫁接等
1983	844.40	油桐基地、造林、育苗等	282.79	育苗、基地、抚育、良种
1984	516.30	基地造林、育苗、抚育	514.38	育苗"三籽"基地、木材奖售基地造林等
1985	304.78	油桐基地、骨干、苗圃	173.00	育苗、造林"三籽"基地等

第五编　森林保护

第一章 森林防火

古时，青田全境森林茂密，山区交通偏僻，人烟稀少，很少发生森林火灾。随着朝代更替，外民不断迁入，人口渐次增加；农民迫于生计，放火焚林垦殖，山林渐遭破坏，山林火灾也逐渐增多。历代朝政虽曾发布不少有关森林防火的法令、法规，民间也建立禁山会等护林防火组织，制定乡规民约。但因缺乏有效的组织，加上民间烧山垦殖和野外生产性用火没有节制，而致森林火灾频繁发生。

中华人民共和国成立初期，随着生产关系变革和山区经济的开发，山区烧山开垦、造林炼山、烧灰积肥、烧田埂草等生产性用火急剧增加，森林火灾频发。三年困难时期，农民为增收粮食，常常烧山垦荒，森林火灾经常发生。为有效保护森林资源，1952年，县政府贯彻中央政务院林垦部"预防为主，积极消灭"的森林防火方针，着手建立群众性护林组织，制定乡规民约，建立健全护林防火制度。1956年，县政府制定《护林防火守则》，广泛开展森林防火宣传教育，发动群众建立护林组织，充实防火力量，开展毗邻地区护林联防活动，森林火灾得到有效控制。1963年，区、社、队建立护林组织，充实和健全山林管理制度，森林火灾明显减少。"文化大革命"期间，一些地方曾一度出现乱砍滥伐和森林火灾多发无人管理的局面。中共十一届三中全会后，护林防火工作逐步走上法制化、制度化轨道。1980年，县林业局设立林政管理机构，配备专业技术人员，依照国家法律和政策，对森林资源保护、培育、采伐运输和销售，实行组织、协调、控制和监督，森林火灾发生的次数和受害森林面积逐渐下降。1987年5月，大兴安岭林区发生特大森林火灾以后，县政府高度重视，切实加强领导。1989年开始，县政府将森林防火列入工作议程，推行行政领导负责制和任期目标管理，并在全县实行林区生产用火许可证制度。进入2000年，县委、县政府更加重视森林防火工作。通过制定青田县森林防火工作考核办法，层层签订责任状，分级落实责任，逐级分解任务。做到主要领导亲自抓，分管领导具体抓，责任部门共同抓，有关部门配合抓。形成责有人担，林有人护，火有人管的良好局面。2009年，县森林防火指挥部荣获市政府森林消防指挥部嘉奖表彰。

2010年以后，由于森林防火管理机构和护林防火组织健全，并加强护林防火基础设施建设，增强预防、扑救能力，使森林火灾发生的次数和造成的损失逐渐减少。2013年、2014年连续两年被评为全市森林消防工作考核优

图 5-1-0-1 森林消防工作考核一等奖奖牌

秀单位。县森林防火指挥部办公室还荣获 2013 年、2014 年青田县"三带三敢三不怕"作风建设十佳科股站队所称号。

图 5-1-0-2 森林消防指挥部办公室获奖奖牌（2014 年摄）

第一节 火灾概况

一、灾情

青田自唐睿宗景云二年（公元 711 年）建县后，由于山区交通偏僻、人烟稀少，人们基本上在居住地附近活动，生产、生活用火规模较小，因而较少发生人为的森林火灾。随着人口增加，农民迫于生计，进山烧荒垦殖，山林火灾逐渐增多。为保护森林资源和自然环境，历代朝政也曾发布不少有关森林防火的法令、法规，民间也建立禁山会等防火组织，制定了乡规民约，施行护林防火工作。民国 33 年（1944 年），青田县遵从省政府训令，有 17 个乡镇，从原有警备班中各挑选队士 2 名，兼充森林警察，共 34 名。但由于连年战乱，森林警察报酬无着，缺乏完整的森林防火管理机构，加上民间烧山垦殖和烧草山等传统习惯难以改变，导致森林火灾频发，群众扑救收效不大。

中华人民共和国成立之后，人民政府重视森林资源保护工作。1949 年 11 月，省政府即发布训令："防止火灾毁坏林木，严禁烧山，违者依法惩办。"但由于国家百废待兴，生产关系的变革和山区经济的开发，农民烧山开荒、烧灰积肥、造林炼山、焚山驱兽、烧炭等生产性用火急剧增加，森林火灾频发。

1952 年，全县共发生放火烧山事件 12 起，烧毁林木无数。

1956 年，北山区发生放火烧山事件 15 起。为震慑违法犯罪，教育群众，政府对其中两次重大事件分别做出处理：张口一村民被判刑 8 年，巨浦乡一村民被判刑 1 年。

1957 年，全县发生山林火灾 86 起，烧毁山林面积 2 万余亩，计林木 60 余万株。

1965 年 9 月，巨浦公社郎回坑大队发生山林火灾，烧毁山林面积 4000 亩。

1971—1985 年，全县共发生山林火灾 108 起，山林受害面积 5780 公顷。

20 世纪 80 年代末，由于煤气迅速普及，农村生活用柴急剧减少等原因，使山区村庄周围植被茂盛；加之农村劳动力大量外出打工，一旦发生森林火灾，往往无法组织有效扑救。因此，防火形势变得异常严峻。

1987 年，全县共发生山林火灾 13 起，毁林 2462 亩。

1989 年，全县共发生森林火警、火灾 25 起。其中火灾 20 起，森林受害面积 612 亩，林木损失 269 立方米，幼树损失 14.9 万株。

1992 年，全县森林火灾高达 82 起；其中火警 13 起，成灾 69 起，过火面积 624 公顷，受害面积 529.5 公顷。

1993 年，发生森林火灾 42 起，其中火警 3 起，过火面积 513.1 公顷，受害面积 427.9 公顷，损失林木 742 立方米，损失幼树 180.7 万株，森林火灾受害率 2.15‰，共查处森林火灾案件 18 起，火因不明 10 起，待处理 16 起，处罚 17 人，逮捕 2 人，罚款 1200 元，赔偿 31150 元。天气多晴，植被干燥，野外火源管理不严，群众防火意识不高，防火宣传深度不够是森林火灾多发的主要原因。

1994 年，全县共发生森林火灾 17 起，过火面积 406.63 公顷，受害森林面积 343.8 公顷，损失林木 5743 立方米，幼林 47.46 万株。森林火灾受害率达到 11.7‰，同上年相比，有所提高，除未查明火因和责任人的 3 起火灾案件尚未处理外，其余 14 起火灾案件得到及时处理，有效地控制火灾频发的势头。

图 5-1-1-1 森林大火（2006 年摄）

1995 年，共发生森林火灾 31 起，其中森林火警 4 起，火场面积 307 公顷，受害森林面积 271 公顷，损失林木 1677.8 立方米，损失幼树 47.8 万株，森林受害率 1.6‰，未发生重大森林火灾和造成人员伤亡事故，与上年同期相比，森林火灾次数上升 45%，森林受害面积下降 26.8%。

1996 年，共发生森林火灾 27 起，火场面积 612.3 公顷，受害损失面积 562.8 公顷，损失林木 8436 立方米，损失幼树 118.4 万株，森林火灾受害率为 2.93‰，未发生重大森林火灾和造成人员伤亡事故。

1997 年共发生火灾、火警 19 起，过火面积 222.5 公顷，受害森林面积 207.8 公顷，损失林木 3233 立方米，损失幼树 42.7 万株。同上年相比，受害森林面积下降 63%，森林受害率 1.08‰，比上年下降 63%，但仍突破省下达 1‰的指标。

1998 年，全年共发生森林火灾、火警 7 次，过火面积 157.91 公顷，受害森林面积 106.24 公顷，损失林木蓄积 1094.95 立方米，损失幼树 29.69 万株，和上年相比，火灾次数下降 63%，过火面积下降 29%，受害森林面积下降 48.9%，损失林木蓄积下降 66%，损失幼树下降 29.9%，森林受害率 0.55‰，发生率每十万公顷 3.6 次，控制率 15.7 公顷，火灾案件查处率 100%。

1999 年，共发生森林火灾、火警 7 次，过火面积 90.6 公顷，损失林木蓄积 1776 立方米，损失幼树 16.87 万株。森林受害率 0.44‰，发生率每十万公顷 3.4 次。

2001—2002 年，全县山林防火工作坚持"预防为主，积极消灭"方针。两年间，共发生山林火灾 22 次，过火面积 265.46 公顷，损失成林蓄积 2551.4 立方米，较上两年均有所减少。

2003 年，全县共发生林木火灾 26 起，其中森林火警 2 起，一般森林火灾 24 起，受害森林面积 190.47 公顷，损失森林蓄积 2500.2 立方米，森林火灾受害率为 0.97‰，发生率为 13 次/十万公顷，控制率为 7.3 公顷/次。

图 5-1-1-2 森林火灾现场（2004 年 3 月 9 日 20 时摄）

由于森林植被的增加，枯枝落叶层大幅增厚，高温干旱等极端天气频繁，导致森林火灾防不胜防。面对严峻的森林消防形势，县委、县政府痛下决心，在"十一五"期间启动"森林重点火险区综合治理"和"森林火灾远程视频监控系统"建设，建成县级林火监控中心和森林火险预警系统自动监测站。加强森林防火通讯体系、预警预报体系和指挥扑救体系建设，制定和完善森林火灾报告制度、值班制度和森林火灾事故应急处置预案，做到早预防、早发现、早处置，全面提高森林火灾的防控能力。全县组建半专业森林消防队伍 38 支，共 1032 人，配备专业扑火装备。在防火期内待命，随时听候调遣。聘请巡山护林人员 604 名，随时报告火情。签订 133 万元投保合同，为全县所有林业用地进行森林火灾保险。这些措施的到位，有效地提高了森林消防的预防和扑救能力，减少了森林火灾的损失。2006 年至 2009 年，全县共发生森林火灾 50 起，受害面积 355.75 公顷，其起数和受害面积均大幅度减少。

2010 年以后，全县强化森林重点火险区综合治理工作，逐步建立了 GPS 跟踪系统，对 600 多名巡护员实行 24 小时定位监督，提高了巡护效率。利用电视、广播普及宣传森林防火知识；进一步加强消防队伍建设。青田的森林消防工作从此步入法制化、正规化和现代化的轨道，森林火灾得到了有效控制。

表 5-1-1-1 1971-1985 年青田县森林火灾发生情况统计表

年份	次数	受害面积（公顷）	受害率（‰）	发生率（次／十万公顷）	控制率（公顷／次）
1971	4	533.3	2.7	2	133.33
1972	6	453.3	2.3	3.1	75.55
1973	5	120	0.6	2.7	24
1974	5	440	2.2	2.7	88
1975			（缺资料）		
1976	5	20	0.1	2.7	4
1977	20	608.7	3.1	10.2	30.44
1978	6	46.7	0.2	3.1	7.78
1979	8	80	0.41	4.1	10
1980	5	68.7	0.4	2.7	13.74
1981	1	8.7	0.04	0.5	8.7
1982			（缺资料）		
1983	8	13.3	0.1	4.1	1.66
1984	18	3273.3	16.7	9.1	181.5
1985	16	120	0.61	8.1	7.5
合计	107	5786	29.5	55.1	53.52

注：摘自《丽水地区历年森林统计资料》

表 5-1-1-2 1986—2009 年青田县森林火灾发生情况统计表

年份	火灾次数	其中		过火面积	受害面积	受害率（‰）	发生率（次/十万公顷）	控制率（公顷/次）	损失幼树（万株）	损失林木（m³）
		火警	火灾							
1986	26	10	16		452	2.3	13.3	17.4	20.38	1571
1987	30	17	13		164.1	0.84	6.6	12.6	8.99	797
1988	13				153.3	0.78	6.6	11.8		
1989	25				37	0.19	12.8	1.5	14.9	260
1990	11				26	0.13	5.6	2.4		
1991	17			61.6	48.1	8.7	8.7	2.8	10.5	18.5
1992	82	13	69	624	529.5	2.7	41.8	6.5	145	1271
1993	42	3	39	513.1	427.9	2.2	21.4	10.2	180.7	742
1994	17			406.63	343.8	1.796	8.6	20.22	47.46	5743
1995	31	4	27	307	271	1.6	1.6	8.7	47.8	1677.8
1996	24		24	607	558.5	2.91	12.5	23.27	117.39	8348.4
1997	19		19	222.5	207.9	1.08	9.9	10.9	42.74	3233.8
1998	7		7	157.91	106.24	0.55	3.6	15.2	29.6	1094.95
1999	7		7	111.3	90.6	0.44	3.4	13	16.9	1776
2000	20		20	191	121.2	0.58	9.7	6	31.4	2564.7
2001	7	1	6	147.9	125.6	0.61	3.4	18	14.8	1486
2002	15	1	14	117.46	104.3	0.53	7.7	7	11.2	1065
2003	27	2	25	323.7	192.47	0.98	13.8	7.1	16.49	2526.2
2004	76	24	52	431.1	266.16	1.36	38.8	3.5	21.7	4174.6
2005	40	1	39	700.34	392.97	2	20.4	9.82	19.4	9979
2006	18		18	201.94	176.99	0.9	9.2	9.8	4.6	1293
2007	10	3	7	100.9	58.46	0.3	5.1	5.8	6.4	461
2008	15	2	13	259.6	96.2	0.49	7.7	6.4	5.3	1426
2009	7	1	6	79.1	24.1	0.12	3.5	3.44	3.3	329

二、典型案例

1977 年 3 月 27 日下午，高市公社西源大队一社员上山开荒扩种，因用火不慎酿成火灾，烧毁石门洞林场和大队林场山林 2300 余亩，大小林木 50 余万株，经济损失 10 万余元。

1988 年 4 月 4 日，青田县与瓯海县交界处凌云寺地段，发生重大山林火灾，受灾范围涉及到两县三个区、三个乡、六个行政村，计面积 1482 亩，其中瓯海县泽雅区古耸乡巴岙村 350 亩；山口区油竹乡驮山村 760 亩、彭括村 206 亩、叶山村 70 亩，温溪区港头乡驮头田村 35 亩、新垟村 61 亩，合计 1132 亩。

1992 年 1 月 27 日，岭根乡太坑村发生一起重大山林火灾案件，林业公安科组织警力赶赴现场，在当地政府及护林组织配合下，发动干部群众数千人次灭火，经 10 多小时扑救，于次日上午 5 时扑灭，一涉案案犯被依法逮捕。

2001 年 10 月 25 日 9 时 30 分许，腊口镇腊口村土名"三塘汇"山场发生森林火灾。县消防指挥部接到火灾报告后，立即调派三支扑火队，前往扑火；先后投入扑火的人员共 500 多人。县长卢春中、副县长刘志伟等领导亲临现场指挥。明火于 26 日凌晨 6 时许扑灭。受害面积 89公顷，损失林木蓄积 1085 立方米，损失幼树 138080 株，直接经济损失 17 多万元。后经侦查，火灾肇事者为年届 76 岁、精神分裂症患者曾某某。

第二节　火灾预防

一、制度建设

1952 年，县政府贯彻中央政务院林垦部"预防为主，积极消灭"的森林防火方针，着手建立群众性护林组织，制定乡规民约，建立健全护林防火制度。

1953 年，县政府根据国务院《严防森林火灾的指示》，要求各区、乡、村加强护林组织，制定防火公约，做好护林防火工作。

1954 年，县政府发布护林布告：凡为积肥、垦种烧山，须经乡人民政府批准。引起山林火灾者，根据其情节轻重给予惩处。

1955 年 5 月，贯彻落实省公安厅《关于森林防火意见》，县公安局将森林防火工作列入议事日程，要求派出所、区特派员和乡村治保会，配合林业部门、区、乡政府，发动家家户户订立森林防火安全公约。

1958 年 4 月 19 日，贯彻落实浙江省人民委员会《关于森林防火暂行办法》，县公安局、林业局联合发出通知，对森林防火工作做出规定：大力开展森林防火宣传教育，严格控制生产用火，需开垦烧山，应以农业社为单位报区公所批准，50 亩以上报县批准。对山林火灾案件有关人员，视其情节轻重，按《治安管理处罚条例》处罚。是年，实现无森林火灾县。

1959 年，县公安局、林业局发出《关于加强护林防火工作的联合通知》。

1960 年，县人委颁发《关于封山育林、护林防火》布告，建立和健全基层护林组织，落实山林分片包干、划片到队、责任到人的管理制度。林场开辟防火带，增加防火设备。

1977 年 3 月 22 日，县革委会批转县林业局《关于森林火灾情况和护林防火意见的报告》，要求各地严加执行。具体意见是在林区进行烧炭、烧灰、烧田坎、烧砖瓦等，首先要清理干净周围的杂草及易燃物；其次是准备好打火工具，严密控制火源，必要时应开好一定距离的防火线；在交通要道或叉路口，插上防火牌，时刻提醒大家，严防火种上山。

1987 年 9 月 12 日，青田县封山护林防火指挥部成立。9 月 16 至 22 日，县政府组织四个工作组分赴各区及国营林场开展护林防火检查。11 月 6 日，县政府在石门洞林场召开护林防火联防会议，参加会议的有关区、乡领导、护林员共 90 人，副县长朱聪佩到会讲话。

1988 年，各区、乡、村相应设立山林防火组织。全县有兼职扑火队 687 个，专、兼职护林员335人，并实行县长、区长、乡长防火工作岗位责任制。根据各地的实际情况，制定护林防火制度，从组织上、措施上保证防火工作的顺利开展。

1989年11月、12月，分别在石门洞林场、万山区召开森林防火联防会议。学习防火条例，总结防火经验，表彰先进，修订防火公约，调整和充实森林防火队伍，取得较好效果。

1990年，原《青田县封山护林防火指挥部》改名为《青田县森林防火指挥部》，并转发省《森林防火实施办法》。5月，在章村区实行野外用火许可证制度试点。并总结经验，在全县推广。

1993年，森林防火工作实行行政首长负责制。在林区野外用火实行许可证制度，凡违反用火规定的给予处罚。

1994年7月，县政府与各乡镇签订防火责任状，进一步明确森林防火工作各级行政首长负总责。

1995年3月，对县政府与各乡镇签订的森林防火责任状进行考核兑现，有7个乡镇受到奖励。

1996年，县政府要求坚持实行野外用火许可证制度，合理安排农事和林事活动用火，有效地控制野外火源。号召各职能部门协同作战，密切配合。县气象局、广电局、公安局、人武部等部门积极行动，主动配合，做好防火服务工作。

1997年，船寮镇出台森林防火实施办法，特别对野外火源管理做出严格规定。

1999年，县政府提出"立足基层，立足基础，乡自为战，村自为战，群防群治，自防自救"的森林防火新机制。5月，制定《青田县处理森林火灾预案》《青田县林区野外用火管理办法》。

2000年，县政府要求，在防火戒严期内取消干部双休日制度，禁止一切野外用火，县机关有关单位和33个乡镇，每日组织1000多名干部上山防火巡逻。

2001年，开展重点火险区综合整治工作。3月，县政府编制《青田县森林重点火险区综合整治工程实施方案》，成立"青田县森林重点火险区综合整治领导小组"，由县长卢春中任组长，分管副县长刘志伟任副组长。31个乡（镇）、5个国有林场分别制定"重点整治工程"建设实施细则；乡、镇、村两级成立由乡、镇长、村民主任任组长的森林重点火险区综合整治领导小组。

7月，县政府发出青政通〔2001〕7号《关于严禁祭坟用火的通告》，通告要求，清明期间，提倡文明祭扫；要严防死守，禁止祭扫烧纸钱、点蜡烛、放鞭炮。

2003年2月，县府办发出《关于切实做好春节期间森林防火工作的紧急通知》。要求做到思想上有位子，组织上有班子，方法上有点子，纪律上有措施。是年，县政府出台《森林火灾责任追究制度》。

2004年，县委、县政府把森林防火工作列入重要议事日程。1月27日，县政府召开全县森林防火工作紧急会议，对春节期间的森林防火工作做出具体安排。3月7日和10日，县政府先后两次召开森林防火指挥部成员会议，并派出9个督查组分赴全县各乡镇、风景旅游区及国有林场督查森林防火工作。3月11日，县委、县政府召开全县安全生产暨森林防火工作紧急会议，对森林防火工作进行再动员、再部署、再落实。

是年，县农村指导员领导小组办公室专门发文，要求农村指导员把森林防火作为当前农村工作中一项重要任务来抓，在全县农村指导员中开展"驻村森林防火"活动。

2005年清明节前夕，县委书记卢春中、县长邝平正及县五套班子领导都亲自带队赴各乡镇检查指导森林防火工作，了解基层防火工作存在的困难和问题。

2006年，县委、县政府制定《森林防火工作考核办法》，层层签订责任状，分级落实责任，逐级分解任务，做到主要领导亲自抓，分管领导具体抓，责任部门共同抓，有关部门配合抓，形成齐抓共管的合力，要求做到责有人担，林有人护，火有人管。

2007年3月30日，县委、县政府召开由各乡镇党委书记或乡镇长、县直各单位负责人参加的全县森林防火工作紧急会议，对"清明"期间的森林防火工作进行全面部署。随后，抽调县直各单位干部组成32个督查组，分赴全县32个乡镇蹲点检查和帮助指导"清明"期间的森林防火工作。是年，汤垟乡实施奖励措施，对清明期间措施有力，没发生森林火灾的村给予1000元的奖励。

2008年2月14日夜，县委书记王通林在温溪镇就森林消防工作做重要指示：要求各乡镇和有关部门："紧急部署、全面动员、严防死守。"2月15日，县"两办"下发紧急通知，要求各乡镇双休日主要领导必须在岗在位，各驻村干部必须到村到点落实好各项防火措施；3月2日下午，县政府召开全县森林消防工作紧急会议，并出台关于对森林火灾责任追究的补充规定：在3月3日至4月15日期间，各乡镇在辖区范围内发生森林火灾过火面积超过200亩的予以计次。发生一起火灾的，予以通报批评；累计发生两起的，对乡镇党委政府主要领导予以诫勉谈话；累计发生三起（含三起）以上的，对乡镇党政主要领导及相关责任人予以党纪政纪处分。

2009年，突出重点，强化火源管理。县林业局针对春耕生产和春节、清明期间用火频繁的实际，严格实行"六不准，五不烧"。突出抓好重点林区、坟墓集中区、火灾多发区，采取巡回检查，死看硬守的办法，确保万无一失。同时，对痴、呆、傻人员进行造册登记，落实监护责任，建立连带追究制度。在重点入山路口设立临时防火检查站，严禁带火入山。对现有的546名护林员，实行绩效挂钩奖管理制度，落实监管责任，初步形成"乡镇管片，村干部管村，护林员管山林"的森林防火管护责任机制，千方百计把火灾的源头管好管严。

2012年，针对森林火灾居高不下和严峻的森林消防形势，县森林消防指挥部积极探索新时期森林防火工作新办法，提出网格化管理这一全新的科学防火理念和管理模式。是年年底，在汤垟乡进行森林消防网格化管理试点工作。

2013年，针对春季农事用火和清明节上坟野外用火急剧增多，火源管理难度不断增大，人为火险隐患突出的实际，县林业局坚持"严"字当头，采取果断措施，切实管住火灾源头。在春节、清明节期间和高温少雨连续高火险期天气，要求各乡镇督促各村加派人员，增加巡查力量，实行县、乡、村、自然村四级联动，分片包干责任到人，特别是对农田集中区、旅游区、风景点、墓区等地段进行重点设防，真正做到"见烟就追，见火就查，违章就罚"。对经常在家务农人员、痴、呆、老年人以及儿童等特殊群体进行重点防范，落实监护人的责任，严防他们在林区野外用火。

2014年，森林消防网格化管理在全县铺开；全县聘任了542名网格巡查员，两次召开森林消防网格化管理工作推进会，督促各乡镇加快实施步伐，加大森林消防责任网格化管理和森林防火隔离设施网格化建设，使防火责任区和防火设施形成网格，网格间衔接无间缝。

是年，为有效促进乡镇（街道）抓森林消防工作的主动性和自觉性，县政府将森林消防工作作为重点考核内容纳入乡镇（街道）年度绩效考核，以4分值的高分将工作实绩同乡镇街道年终考核相挂钩（除农业外最高分），真正发挥绩效考核的指挥棒和风向标作用，形成"你追我赶"势头。同时，严格执行森林火灾责任追究制度。通过考核和制度建设，乡镇街道在平时落实工作过程中，普遍多了一份责任心，形成自觉推动森林消防工作的强大动力，发挥了基层核心领导的作用。真正做到责任清晰、措施有力、防范到位、指挥靠前，对有效预防和遏制森林火灾的发生起到积极的影响。

二、防火宣传

森林防火涉及面广。强化森林防火的宣传教育，提高全民的森林防火意识，是森林防火工作的一项重要内容。青田县历年来的防火宣传，采取各种行之有效的方式，大造声势，做到横向到边，纵向到底。有如下几个特点：一是利用大众新闻媒体，通过广播、电视宣传森林防火的法律法规，播放当地政府领导的电视讲话，在青田侨乡报等媒介刊登森林防火相关内容；二是张贴、粉刷宣传森林防火标语；三是根据不同时期森林防火工作的特点，出动森林防火宣传车，到重点林区巡回宣传森林防火；四是利用森林火灾肇事者为反面典型，在报纸、广播、电视上进行公开曝光；五是确定每年的 3 月 15 日至 4 月 15 日为全县森林防火宣传月，并规定每年的农历正月初一至十五及 3 月 25 日至 4 月 10 日为全县森林防火戒严期，禁止野外一切用火；六是向全县在校学生发放森林防火宣传卡，由学生带宣传卡向其父母及家庭成员宣传；七是在森林防火期内，各行政村（自然村）采用升降森林防火旗和敲铜锣的办法，营造浓烈的森林防火氛围；八是加大森林防火资源投入，建设森林防火永久性固定宣传牌；九是以乡、镇为单位，全面开展森林防火"五负责"工作（即：村民失火村民主任负责，小孩失火家长负责，学生失火校长负责，职工失火单位领导负责，痴呆人员失火监护人负责）。

1987 年，县林业局建立山林火灾预测预报系统，在 1—4 月和 9—12 月森林防火期内，每天预报山林火灾等级。

1988 年，县林业局印发《森林防火条例》，到区、乡（镇）、村和国营林场张贴，同时利用宣传车、广播等宣传工具，开展宣传，做到家喻户晓，以提高干部群众对护林防火工作的认识，加强林区用火的管理。如万山、石溪等乡政府在学习条例的基础上，制定用火管理办法，把护林防火工作纳入乡政府议事日程。船寮、章村等五个乡镇召开防火总结会议，表彰先进，找出差距，布置护林防火工作，有效地防止山林火灾的发生。

县广播电视局组织委派新闻记者及时赶赴火灾现场，通过电视、电台、报纸等，对森林火灾进行客观、真实的报道。重大的森林火灾事故，由县封山护林防火指挥部发言人发布。

县邮电局运用现有通讯设备，保证省、地、县、区、乡信息联络畅通无阻。保证火场、前线指挥点的通讯联络畅通无阻。

1989 年，县林业局多种形式开展宣传国务院颁布的《森林防火条例》和省《森林防火实施办法》，以提高广大干部群众对森林防火工作重要性的认识。在森林防火期间，利用宣传车在公路沿线 48 个乡镇、358 个行政村进行防火宣传。各乡镇定期利用有线广播播放森林防火资料。并规定，凡森林受害面积在 50 亩以上、经济损失在 1000 元以上的肇事者，由区、乡镇进行处理，赔偿损失，公开检讨，教育广大干部群众。

1990 年 11 月 12 日，县森林防火办主任、林业局副局长王秀华做《切实加强森林防火工作的领导》的电视讲话；印发 9000 份森林防火标语发至乡、村张贴；利用宣传车，在公路沿线乡、镇和村庄宣传《森林防火条例》和《森林防火实施办法》。

1991年11月5日至14日，县林业局分别在万山区所在地、石门洞林场、章村区黄寮乡、山口区汤垟乡召开护林防火联防会议。在会上学习《条例》，修订护林防火公约，调整充实护林防火委员会成员，总结一年来的防火工作，提出下一步防火任务，表彰先进集体和先进个人。

1996年，防火宣传车对凡是能通车的村及自然村都进行巡回宣传，不留死角，在国道、省道的主要交通地段，安装防火警示牌，在通往林区的要塞书写防火警句。

1997年11月7日，副县长刘志伟发表森林防火电视讲话；县广播电台在防火期内每天三次播出火险等级预报；县邮电局配合气象局开通121天气预报。各乡镇都建立和健全林业生产性野外用火审批制度，船寮镇出台森林防火实施办法。县林业局向各地每半月刊发一期《林业信息》，及时通报防火资讯。

1999年4～5月，县政府发布《青田县处理森林火灾预案》《青田县林区野外用火管理办法》，印制各种责任状、森林防火须知、中小学生森林防火宣传卡、青田县森林火灾综治验收标准及进度表等材料。是年，县防火指挥部会同县教委，组织中学生森林防火征文比赛。

2000年，县综治办公室制定《青田县森林火灾综合治理实施办法》和综治工作计划表，开展森林火灾综合治理工作。

2003年，防火期间，分管副县长钟秋毫多次发表森林防火电视讲话，青田侨报多次刊登火灾预防知识；春节前，县防火办重新印刷青政通〔2001〕7号《关于严禁祭坟用火的通告》3000份，分发全县张贴。

2004年，县林业局制作森林防火宣传片在县电视台不定期播放；分发5万份《致全县人民的公开信》、6万份森林防火专题报纸；由省防火办统一制作的VCD碟片也及时发放到基层；在全县上下形成浓厚的防火氛围。

图 5-1-2-1 景区宣传牌（2000年摄）

2005年，县林业局全年在电视上宣传森林防火标语，对火灾案例进行曝光，在高火险天气滚动播出宣传标语及戒严令，新建立四块大型宣传牌，在侨讯报社辟森林防火专栏，使森林防火家喻户晓，人人皆知。

2007 年，县林业局增加投入，加大森林防火工作的宣传力度。在县电视台晚间黄金时间和户外大屏幕电视连续播放森林防火通告、森林防火条例，各乡镇开展森林防火工作动态和森林防火知识等，张贴通告 2000 多张、刷制宣传标语 1100 余条，赠送挂图 3000 余幅；1×0.8《浙江省森林消防条例》塑

图 5-1-2-2 刘基广场开展森林消防宣传活动（2007 年摄）

牌 500 余份，分发到各乡镇、村。印制彩色森林消防宣传单 10000 余份。在高火险天气，县森林防火宣传车全天候不间断地在全县 32 个乡镇巡回宣传。县森林防火巡查队分赴各乡镇集市，分发宣传资料。并为护林员配备便携式电喇叭，不间断宣传森林防火知识等。

2008 年，县林业局开展百场电影下乡活动，利用加映幻灯的形式宣传护林防火。张贴通告 1000 多张、刷制宣传标语 500 余条，赠送挂图 1000 余幅，印制彩色森林消防宣传单一万余份。同时，各乡镇在重点地段、进山入口和旅游景区，增设大量森林防火警示牌、宣传标语等。

2009 年 3 月，县林业局开展以"守护绿色家园，关注森林消防"为主题，以宣传《森林防火条例》和提倡"无烟扫墓，文明祭祖"为重点的森林消防宣传月活动。主要通过报纸、电视、广播、宣传车，宣传标语、张贴通告等形式，全方位宣传扫墓禁止燃放烟花爆竹的有关规定。是年，放映防火宣传电影 256 场，张贴《通告》1000 多张，刷制宣传标语 700 余条，赠送森林消防挂图 1000 余幅，制作和修建大型宣传牌 5 个；发动中小学生、老人协会张贴森林防火倡议书 20000 余份。

2010 年以后，林业局坚持传统与创新

图 5-1-2-3 大型宣传牌（2009 年摄）

相结合，针对偏远山区群众对广播依赖性强的特点，借助村村通广播的优势,每年在防火期,都以高密度循环的方式，播发《浙江省森林防火条例》《县政府关于严禁林区野外用火的通告》《森林消防告知书》等，提高群众对森林消防重要性的认识。

2014 年，县林业局针对祭坟习俗，清明节期间，在重点进山路口，采用以鲜花换鞭

图 5-1-2-4 "清明"期间路口值守禁带爆竹进山（2012 年摄）

炮形式，引导群众采取植树、送鲜花等有益于保护生态环境的方式来祭祀。防火宣传车全天候不间断地在全县 33 个乡镇（街道）巡回宣传；制作森林防火专题片，在电视台和侨报社等新闻媒体单位播放并刊登防火法规，火灾典型案例；是年，县森林消防指挥部印发《森林消防告知书》11 万份、《森林防火通告》3500 份，由乡镇政府落实村务员、村干部张贴到村、到户。同时在高火险天气向广大手机用户发布森林火险预测预报以及野外用火注意事项等短信。在全县广大农村地区巡回开展"送电影下乡"60 场和"送戏下乡"20 场等活动，确保森林消防宣传工作不走过场，营造"森林防火、人人有责"的浓厚氛围。

三、火灾应急处置预案

2003 年，县政府为妥善处置重大森林火灾事故，及时、有效地组织扑救森林火灾，确保人民生命财产的安全，切实保护森林资源，根据国务院《森林防火条例》和《浙江省森林防火实施办法》，制定《青田县森林火灾应急处置预案》。《预案》分：一、预案的启动；二、报告程序；三、处置程序；四、预案的实施；五、善后处理等条款。

图 5-1-2-5 防火宣传牌（2013 年摄）

《预案》规定：森林火灾按行政区域实行属地管理，护林防火实行行政领导负责制。凡发生森林火灾（警），都应按照行政区域管辖，由地方各级政府和森林防火指挥部及有关部门直接处理。同时对扑救处理程序，通讯联络，各有关部门的配合和灭火机具的储备，后勤保障，火灾查处，以及灾民的抢救、安置、疏散和对死亡人员的抚恤等，都做出明确的规定。

《青田县森林火灾应急处置预案》发布后，各乡镇、国有林场等，结合本地、本单位实际，分别制订森林火灾扑救预备方案，并报县森林防火指挥部备案。县森林防火指挥部先后组织有关乡镇、部门单位参加的扑救森林火灾预案演习，从而进一步增强了火场指挥、扑火队伍的扑救能力。

表 5-1-2-1 火灾事故分级标准

火灾级别	分级标准
特别重大森林火灾（Ⅰ级）	受害森林面积在 1000 公顷以上的，或者死亡 30 人以上的，或者重伤 100 人以上的。
重大森林火灾（Ⅱ级）	受害森林面积在 100 公顷以上 1000 公顷以下的，或者死亡 10 人以上 30 人以下的，或者重伤 50 人以上 100 人以下的。
较大森林火灾（Ⅲ级）	受害森林面积在 1 公顷以上 100 公顷以下的，或者死亡 3 人以上 10 人以下的，或者重伤 10 人以上 50 人以下的。
一般森林火灾（Ⅳ级）	受害森林面积在 1 公顷以下或者其他林地起火的，或者死亡 1 人以上 3 人以下的，或者重伤 1 人以上 10 人以下的。

注：本标准"以上"含本数，"以下"不含本数。

四、防火林带建设

（一）防火线

防火线是阻止林火蔓延的有效设施，又可做为灭火的控制线，有时还可作为运送救火人员、物资的通道。

1981 年，全县共开辟有山林防火线 277 公里，其中石门洞林场 119 公里、八面湖林场 60 公里、大垟山林场 37 公里、峰山林场 25 公里、金鸡山林场 36 公里。

1986 年，为巩固社队林场，加强森林火灾防范工作，有 9 个社队林场开始逐步开设防火线，列入第一批计划的有：

    1. 船寮区梅花山林场 1959 年建场，开设防火隔离带 36 公里；

    2. 船寮区外岩洞林场，1979 年建场，防火线约 32 公里；

    3. 海溪乡龙须洞林场，1959 年建场，防火线约 21 公里；

    4. 章村乡旺山村林场，防火线约 24 公里；

    5. 石帆乡高坟岗村林场，开设防火线 15 公里；

    6. 浮弋乡西木头村林场，开设防火线 11 公里；

    7. 舒桥乡黄山村林场，开设防火线 10 公里；

    8. 平桥乡平溪村林场，开设防火线 14 公里；

    9. 石溪乡吴山村林场，开设防火线 20 公里。

1989 年，石门洞林场新开防火线 31.16 公里，维修防火线 118.75 公里，八面湖林场，维修防火线 20 公里。大垟山林场维修防火线 27 公里，新开防火线 3.5 公里。峰山林场维修防火线 25 公里。金鸡山林场维修防火线 5 公里。

1995 年，平桥公社平溪大队林场开设防火线 10 公里，双垟公社垟坑林场开设防火线 3 公里，海口公社外道坦林场开设防火线 3 公里。

1996 年，八面湖林场防火线维修拓宽 20 公里。

图 5-1-2-6 金鸡山林场防火线（2007 年摄）

据统计，至 2000 年，全县有防火线 504 公里；其中五大国有林场防火线 305 公里，社队林场等防火线 199 公里。

五大国有林场的防火线清理工作年年进行，一般 10 月中旬前完成人工铲护，次年 5 月份左右进行草甘磷药剂除草，使全部防火线常年保持安全状况，发挥其应有的阻隔火灾的作用。而社队林场原有的防火线大都已被林木所湮没。

（二）生物防护林带建设

营建生物防火林带，是一项以提高森林自身抵御火灾能力、减轻损失为目的的生物防火工程，是加强防火基础设施建设、提高综合预防和扑救森林火灾能力的一项重要举措。

20 世纪 90 年代，石门洞林场制定生物防火林带建设规划，并启动营造以木荷为主的生物防火林带工程，先后营造防火林带 50 多公里，收到很好的隔离效果。

2007 年，省林业厅下达营造生物防火林带建设指标，其中石门洞林场 12 公里，峰山林场 2 公里，金鸡山风景区服务有限公司 1 公里，北山镇坭垟村吴民福家庭林场 2 公里。共兑现补助款 17 万元，其中石门洞林场 12 万元，峰山林场 2 万元，金鸡山风景区服务有限公司 1 万元，北山镇坭垟村吴民福 2 万元。

2008 年，结合景观林建设，共营造 18 公里生物防火林带。石门洞景区与高市乡段重点区域，在林田交界处，劈除出一条长约 5 公里、宽 15 米的森林防火阻隔带。

图 5-1-2-7 水南后山生物防火林带（2009 年摄）

图 5-1-2-8 师姑湖林区生物防火林带（2007 年摄）

图 5-1-2-9 高市乡外村生物防火林带（2009 年摄）

五、林区道路建设

林区道路作为林业生产的基础设施，是实现林业现代化、林业经营集约化的基础，也是森林可持续发展不可缺少的基本条件。过去，林区道路主要为林区生产服务，其主要功能是竹木材的采伐运输。随着林业经营方向的改变，产业结构的调整，林区道路的功能已经大大拓展，除了木材、林产品、生产资料的运输外，在森林资源管护、有害生物防治、林区治安、森林旅游、林农出行等方面的功能与作用日益凸现。在森林防火方面，一旦出现火情，林区道路既可起到防火线的作用，亦是扑救人员乘坐运输车辆快速到达火场的先决条件。

青田县交通道路建设，通过近年的大投入、大建设，取得很大成就。其交通已由以国道、省道、县道为主骨架支撑，向周边林区辐射延伸，基本形成公路网。截止到2007年底，全县四级以上公路总里程达513公里，其中国道73公里、省道73公里、县道300公里、乡道67公里，全县准四级公路（康庄公路）742公里，公路密度为20.58公里/百平方公里。至2014年，实现所有行政村通公路。

县政府历来重视林区道路建设；20世纪70—80年代，各地自力更生为主，县财政补助为辅，很多乡村都建了简易的机耕路。1988年以来，五大国有林场，做到因地制宜、积极稳妥、量力而行，以最大限度地发挥投资效益为原则，积极建设林区道路；至2000年，已有12个林区通了公路。

图 5-1-2-10 大洋山林场林道（2012 年摄）

表 5-1-2-2 青田县林区道路建设情况表　　　单位：千米、万元

建设地点	里程	投资额	建设时间	备注
石门洞至里山圩	5	78	1987—1997	公路
里山圩至际后	7.4	40	1988—1989	公路
际后至大洋山	13.7	30	1986—1987	公路
大洋山至大雄坑	4	20	1998	公路
大雄坑至师姑湖	4.2	50	1998—1999	公路
大雄坑至大源峇	6		2007	公路
际后至野猪湖	5		1984	机耕路
坳头至师姑湖	20		1989	机耕路
际后至石门洞	3.8		1984	索道
里山圩至石门洞	2.1		1990—1996	索道
松巨口至东寮	15	85	1985—1986	公路
内冯至东寮	9.6	85	1992	公路
上河垟至东寮	10.3		2003	公路
平溪至驮龙	5	60	1992	机耕路
金坑至峇田角	8	30	1982	公路
孙坑至下贵	6.5	45	1996	机耕路
五台山至平山	3		1984	索道
三塘汇至黄庄岭	30.49	15.6	1979	公路
八面湖至丰源	6	30	1998	公路
旺山至石井	9.4	100	1992	公路
黄肚至石井	6	90	1994—2009	公路
圩潭桥至跳过峡	3.3	38	1990—1992	公路
浮弋至平斜	7	16	1993	机耕路
吴岸至驮元	10	25	1992	机耕路
沙坑口至库坑	5	20	1993	机耕路

表 5-1-2-3 青田县林区机耕路一览表（1989-2008 年）

乡镇（街道）	行政村	机耕路起讫点	路程长度（千米）	路基宽度（米）	总造价（万元）	开工时间	竣工时间
章村乡	黄肚村	黄肚 — 八面湖	11.5	3.5	175	2009.3	2010.12
		下田 — 西岸					
章村乡	王金村	王金 — 毛竹山	4.1	3	50	2009.4	2010.12
章村乡	黄寮村	林口 — 毛竹山	3.81	3	45	2009.6	2010.12
章村乡	旺山村	西北岭 — 竹山	4.65	3	55	2009.6	2010.12
祯旺乡	陈须村	外吴山 — 底吴山	1.3	3	16	2009.5	2009.11
祯旺乡	山寮村	分路口 — 山寮	3.47	3	42	2009.5	2010.12
祯埠乡	兆庄村	坑根 — 塔曹	7	3	85	2009.3	2009.12
北山镇	李坑村	李坑 — 半山	1.8	3	110	2009.3	2010.12
		界头 — 长潭					
高市乡	东源头村	东源头 — 灰寮坦	6.98	3	85	2009.7	2010.12
八面湖	林场	三角坦 — 石井	1.84	3	22	2010.1	2010.12
金鸡山	林场	淤潭 — 跳过峡	3	3.5	45	1992.3	1993.7
峰山	林场	回头湾 — 坳田角	5	3.5	70	1989.7	1990.12
大洋山	林场	上下洋 — 驮源坳	15.2	3.5	230	2003.1	2004.12
石门洞	林场	石门洞 — 四姑湖	38	3.5	600	1989.5	2001.12
合计			115.03		1630		

2010 年以后，结合油茶、毛竹等经济林基地的建设，林区道路建设突飞猛进。2011 年至 2013 年，每年新建林区道路分别为 150 公里、200 公里、250 公里，3 年总计 600 公里。2014 年，全县新建林道 120 公里。至此，全县可通车林区林道总里程 1916 公里，林道网密度平均 11.1 米 / 平方公顷。这些林区道路的建成，辐射至林区的山头；除了极大方便林业生产外，对于森林消防的快速机动，也起到积极的作用。

图 5-1-2-11 林道建设（2013 年摄）

图 5-1-2-12 林道远眺（2012 年摄）

图 5-1-2-13 大洋山林场林区道路（2014 年摄）

图 5-1-2-14 林道辅助道（2014 年摄）

第三节 消防组织

一、消防指挥系统

1987年9月12日，县政府下达文件，成立青田县封山护林防火指挥部。指挥长由县长担任，副指挥长由林业局长担任。成员单位有法院、检察院、公安局、邮电局、供销社、保险公司、林业局等单位。指挥部下设办公室，地点设在林业局内。

1990年，原"青田县封山护林防火指挥部"改名为"青田县森林防火指挥部"。

1998年，因人事调动，青田县森林防火指挥部成员调整，调整后的成员名单如下：

指　挥：刘志伟（副县长）

副指挥：张晓军（县政府办）、宣长友（农办）、程岩楚（林业局）、叶京雄（公安局）、应建明（人武部）

成　员：陈景荣（财政局）、刘永忠（电信局）、殷如民（林业局）、李仙乐（气象局）、黄光荣（交通局）

1999—2014年，因人员变动等原因，县政府先后对森林防火指挥部的领导成员进行了5次调整。

1990年，全县各乡镇分别建立乡级森林防火指挥部。由镇（乡）长担任指挥，分管林业镇（乡）长担任副指挥，成员由区林业站、派出所、民政所等的负责人组成。

图 5-1-3-1 县森林防火指挥部指挥钟秋毫（右二）部署森林消防工作（2009.1）

图 5-1-3-2 县委书记徐光文（右三）、副书记李邦生（右二）、副县长叶群力（右一）一行到县森林消防指挥部办公室视察（2014 年 1 月 27 日摄）

图 5-1-3-3 戴邦和县长（左一）到县森林消防指挥部指导工作（2014 年 3 月摄）

二、消防扑火队伍

中华人民共和国成立以前，青田民间建有禁山会、林业公会等护林组织，一旦发生森林火灾，会员有义务上山扑火。但因交通、通讯条件差,加上村民对森林保护的意识不强,森林火灾发生后,任其自燃自灭,烧一天两天无人扑救的情况时有发生。中华人民共和国成立以后,各级人民政府加强对森林防火工作的领导,各地普遍建立护林组织,制定护林防火乡规民约,及时发动组织群众扑灭山林火灾。20世纪60~70年代,虽然没有比较完整的森林扑火队伍,但村民扑火的积极性普遍较高,一般通过广播通知,村民基本上都会自发上山扑火。

图5-1-3-4 石门洞林场森林消防队整装待发（2014年摄）

1986年后,从中央到地方对森林防火工作开始高度重视,加强森林防火队伍建设。

1987年,县政府颁发《青田县封山护林防火实施意见》,对全县各级护林组织和防火组织进行调整充实。

1988年,全县组织业余扑火队5个,扑火队员173人,兼职护林员270人。

1990年,县政府及时调整充实指挥部及办公室成员。县人武部在鹤城镇、温溪镇和章村、船寮、万山、北山、山口五个区所在的乡（镇）,建立森林防火民兵应急小分队。多次组织小分队民兵学习森林防火知识,提高民兵森林防火重要性的认识,是一支森林防火的生力军。

图5-1-3-5 火灾扑救演习（2014年摄）

1991年11月，县林业局建立县林业局机关森林扑火队伍。其队长由林业局局长王秀华担任，副队长由林政科长殷如民、林业公安科科长曾国瑞担任；有队员15人。

1992年，全县33个乡、镇普遍建立森林防火组织，600多个行政村都相应建立森林防火领导小组。

1996年，青田武警支队成立森林消防队。县林业局及时组织扑火知识培训，节日到部队进行慰问，提高他们的战斗能力和积极性，在森林火灾的扑救中发挥了重要作用，为实现"打早、打小、打了"的森林火灾扑救目标做出贡献。

2004年，为切实强化野外火源管理，县林业局把野外违章用火的处罚权委托给各乡镇。各乡镇建立健全巡查队伍、督查队伍和扑救队伍，深入林区加强巡查，做到见烟就追，见火就罚，从严控制野外用火。

2005年，为遏制森林火灾多发势头，全县31个乡镇投入大量资金，各自组建一支20人以上的扑火队伍。县防火办给每名扑火队员配备防火服等装备，并对新建立的扑火队伍进行业务知识，特别是扑火技能和安全避火知识的培训。全县共200余名森林防火指挥员和扑火队员参加培训，有效提高指挥员的协调指挥能力和扑火队员的实战能力，确保及时扑灭森林大火。

2006年，对石门洞林场、船寮舒庄、鹤城镇、汤垟、章村等10支重点骨干消防队伍，进行风力灭火机使用等扑火知识和安全避火知识培训。每支队伍配备3～5台风力灭火机，提高扑火队员的扑火意识和扑火效果。同时对扑火队的服装、头盔等装备进行配备和更新。

2007年，春防和高火险天

图 5-1-3-6 队列训练英姿（2012年摄）

图 5-1-3-7 森林消防业务知识培训（2007年摄）

气期间，全县 30 多支扑火队伍 1000 余名森林消防队员，全部靠前布防，集结待命，时刻保持临战状态，一有火情，迅速出动，快速扑灭，有效防止"小火情，大事故"情况的出现。

2008 年，县森林消防指挥部对全县半专业森林消防队伍进行规范整顿。投入 50 余万元购置更新风力灭火机、扑火服装等扑火装备。在全县范围巡回开展森林消防业务知识培训，共培训 14 支乡镇扑火队。规范森林消防队伍制度建设，能够做到一有火情，快速出击、快速扑灭。

2009 年，全县共有半专业森林消防队 38 支，总人数 1032 人。其中县森林消防指挥部可直接调度的半专业森林消防队伍有 7 支。

2010 年以后，县森林消防指挥部以建设"招之即来，来之能战，战之能胜"的扑火队伍为目标，把森林消防队伍建设作为一项重点工作来抓。2013 年，县林业局联合县人事局举办"森林消防半专业扑火队员职业技能培训班"，全县共 18 支半专业扑火队分批参加培训。

至 2014 年，全县已形成一支由 542 名网格巡查员（专职护林员）组成的森林管护队伍，49 支 1500 余人组成的半专业森林消防扑火队伍。2014 年投入 400 余万，用于网格巡查员（专职护林员）队伍建设，配备 GPS 定位手机，提高护林员工资报酬（从每人每年 2200 元提高到 6000 元），并完善队伍运行机制、奖惩考核管理机制和正常的经费保障渠道，有效提升了管护水平。投入 127 万多元用于扑火队伍建设（历年来投入最多的一次），购置了 90 台风力灭火机、4 台进口水泵、1500 套服装等扑火装备。同时，坚持以练为战，加强扑救队伍业务培训、岗位练兵和实战演练，提高科学扑救能力和应急处置能力，确保一有火情

图 5-1-3-8 奋勇扑救（2012 年摄）

图 5-1-3-9 森林消防培训班（2013 年摄）

能拿得出、用得上、扑得灭，全面提升实战技能和森林火灾防控能力。加大"引水灭火"力度，新建两支"引水灭水"队伍，2014年在全市举行的"引水灭火"技能比赛中，仁宫队还取得了全市二等奖的好成绩。

图 5-1-3-10 扑火工具使用培训现场（2013 年摄）

图 5-1-3-11 仁宫森林消防队"引水灭火"技能比赛获奖合影（2014 年摄）

图 5-1-3-12 叶群力副县长（右中）慰问鹤城仁塘湾扑火队（2013 年 12 月摄）

第四节　消防设施

一、扑火工具

长期以来，青田扑灭森林火灾的工具十分简陋，一旦发生森林火灾，扑火效率不高，往往小火酿成大灾。自 1987 年以来，青田县开始组建半专业扑火队和民兵应急扑火队，开始配备少量风力灭火机、二号扑火工具及无线电对讲机等设备，大大提高了森林消防队的扑火战斗力。

2005 年，县森林消防指挥部为 31 个乡镇的 31 支（每

图 5-1-4-1 省市消防办检查青田县森林消防工作（2013 年摄）

支20人以上）的扑火队伍，统一配备消防服，二号扑火工具和柴刀等装备。

图 5-1-4-2 高压水泵操作训练（2014 年摄）

2006 年，为石门洞林场、船寮舒庄、鹤城镇、汤垟、章村等 10 支重点、骨干消防队伍，每支队伍配备 3～5 台风力灭火机，并对其进行风力灭火机使用等扑火知识和安全避火知识培训，提高扑火队员的扑火意识和扑火效果。同时加强扑火队衣服、头盔等装备的配备和更新。

2009 年，全县共有半专业森林消防队 38 支，总人数 1032 人；全部统一配备消防服、二号扑火工具、风力灭火机和柴刀等装备。

2014 年，投入 127 万多元资金用于扑火队伍建设，购置了 90 余台风力灭火机、4 台进口水泵、1500 套服装等扑火装备。此外，在县森林消防指挥部的消

图 5-1-4-3 森林消防宣传车（2007 年摄）

防物资贮备库中，常年库存能基本保证 200 名扑火队员所需要的物资贮备。

二、消防运输装备

以往由于交通闭塞，山区发生森林火灾后，扑火人员不能及时赶到，往往贻误时机，造成重大损失。20 世纪 70 年代以后，随着山区交通的开发，发生森林火灾时，一般临时调用车辆、拖拉机运送指挥人员和扑火人员，进行指挥和组织扑救。

1988 年 1 月 26 日，县森林防火指挥部购置护林防火专用车 1 辆。

1990 年购置侧三轮摩托车、两轮摩托车 3 辆。

2007 年，县林业局有：在编车 5 辆，其中警用轿车 2 辆，警用吉普 1 辆，警用小型普通客车一辆，行政用车 1 辆。不在编工具车 1 辆。

至 2014 年，县林业局配有森林消防专用车 2 辆；警用车 2 辆；行政用车 1 辆；其他用车 3 辆。其下属单位有车共 8 辆；其中石门洞林场 3 辆；其他 4 个国有林场、木材检查站各 1 辆。各乡镇都有自己的车辆；此外，全县 49 支半专业森林消防队，都配有车辆；一旦火情出现，这些车辆都能及时调用，保证扑火时能够快速运输人员到达指定火场。

三、消防通讯

森林消防通讯是森林防火工作中关键的一环。发现森林火情，信息能否迅速传递，扑救火灾各部门能否协同作战，通讯工作至关重要。

1989 年，县林业局森林防火无线电通信网建立。有 25 瓦基地台 3 部、车载台 1 部、对讲机 2 部。

11 月，由章村乡坑根村到八面湖林场的电话线路开通，全长 9.8 千米，为林场的防火工作，以及职工的生产、生活带来便利。同月，石门洞林场续建电话线 13 千米。

1990 年 5 月 5 日，地、县、区林业站和国营林场三级森林防火通讯网络开通，总投资 10 万元。其中：省森林防火办补助 4.5 万元；县财政落实配套资金 4.5 万元。具体投资项目及资金：

1. 通讯中继台 1 台（设佛顶山电视塔），计 0.7 万元；

2. 县森林防火办公室、7 个区林业站、5 个国营林场各设无线电基地台 1 台，计 13 台，每台 0.4 万元。计 5.2 万元。

3. 通讯对讲机 26 只，每只 0.17 万元，计 4.42 万元。

1990 年，省林业厅拨款 5 万元，在石门洞林场建成森林防火瞭望台 1 座，并配备森林防

图 5-1-4-4 森林消防物资储备库

图 5-1-4-5 安装在章旦的森林火灾远程
视频前端监控摄像头（2007 年摄）

火瞭望用望远镜 25×40 支架型、15×60 手持型各 1 架。

1991 年，森林防火通讯网络建设基本完成。组装了北山、船寮、山口、温溪四个林业站和大垟山、八面湖两个国营林场无线电通讯设施。经过调试，通讯效果良好。至此，全县站、场、县、地区三级森林防火通讯网络组建完毕。为及时组织扑救提供保证。

1992 年，国营场圃防火通讯线路石门洞林场 67 千米，八面湖林场 7 千米，大垟山林场 23 千米，峰山林场 10 千米，金鸡山林场 8 千米，全县林场电话广播通讯线路共计 115 千米。

1993 年，7 个林业站都有电话。其中山口、温溪、城郊林业站已有程控直拨电话，同时配备无线通讯基地台。

1995 年，省林业厅拨付石门洞林场通讯设备经费 1 万元，用于电话线路维护。是年，石门洞森林公园安装程控电话 1 门。

1997 年 6 月 21 日，县森林防火办公室更换中继台 1 台，购基地台 2 台。

2005 年，青田县被纳入浙江省首批森林灾害远程视频建设县，该项目共筹资金 85 万元，其中省补助 50 万元，自筹 35 万元，计划建设 3 个前端监测点。

2007 年 10 月，森林灾害远程视频监控工程建成通过省专家组验收，并投入使用。工程的顺利完成，对全县的森林火灾预警预报监测能力和指挥扑救能力有较大的提高。

2010 年以后，随着手机的广泛普及，森林火灾扑救的指挥、联络等已几无障碍。至 2014 年，由 542 名网格巡查员（专职护林员）组成的森林管护队伍，人手配备一台 GPS 定位手机，既能及时呼叫联络，又能准确定位监督，使森林火灾的预警预报和通讯实现了现代化。

第二章 林业有害生物防治与检疫

中华人民共和国成立之前，青田县境内森林病虫害的防治，没有统一的规划与措施，多属群众自发行为，大多采用人工捕捉，效果有限。中华人民共和国成立之后，青田防治森林病虫害，大至经历三个阶段：

第一阶段，1952—1980年，森林病虫害以化学防治占主导地位。此阶段国家提出"预防为主，积极消灭"的方针，主张"治早、治小、治了"。这一时期，青田所采取的森林病虫害防治方法同全国一样，基本上是化学防治。虽然消灭害虫见效快，但对环境影响很大。1975年以后，国家提出"预防为主，综合防治"方针，但这一思想没有得到充分落实，"预防为主"在实际工作中并未为"主"，"综合防治"也只是几种防治方法的简单叠加，在思想意识上，依然是"种群消灭"占主导地位。

第二阶段，1980—2000年，病虫害防治贯彻预防为主方针。1989年，国家在《森林病虫害防治条例》中明确提出"预防为主，综合治理"的工作方针，强调不是把病虫害彻底消灭，而是控制在经济水平允许的范围内，使过去大面积使用化学防治的极端做法有所改变，但其仅是针对某一有害生物而采取措施，尚未形成系统的防治策略。这一时期，青田林业有害生物防治方法开始从化学防治为主向化学防治、生物防治、物理防治以及加强植物检疫等综合治理方向发展。各种生物农药、杀虫灯等开始在生产上推广应用。20世纪90年代以来，可持续发展理论在全球形成共识，我国提出"可持续控灾"的防治策略，但其关注的重点仍然是有害生物本身。

第三阶段，2001年以来，国家开始从美国学习和引进森林健康理念，即"一个理想的健康森林应该是其生物因素和非生物因素（如病虫害、空气污染、营林措施、木材采伐等）对森林的影响不会威胁到现在或将来森林资源经营的目标"。森林健康的实质就是要使森林具有较好的自我调节并保持其系统稳定性的能力，从而使其最大、最充分地持续发挥其经济、生态和社会效益的作用。2004年，国家提出"预防为主，科学防控，依法治理，促进健康"的林业有害生物防治方针，这一方针指导青田林业有害生物防治工作沿着法治的轨道，向持续、高效、健康方向发展。

第一节 有害生物防治检疫机构沿革

中华人民共和国成立之前，青田县没有森林病虫害防治和检疫机构。中华人民共和国成立后的相当长的一段时间里，县林业部门兼管森林病虫害防治和检疫工作，由营林技术人员兼职分管森林病虫害的防治和检疫。

1984年5月，根据林业部和省林业厅有关文件精神，县政府发文，建立"青田县森林植物检疫站""青田县森林病虫害防治站"，两站实行两块牌子，一套班子，隶属于林业局，站址设在林业局内，为事业性质，有编制3人。建站以来，历任森防人员严格执行病虫害测报制度，及时发布病虫害预测，提出防治对策和采取措施，工作有部署、有检查、有考核、有总结。

1997年4月8日，县政府办公室发出《关于印发县林业局职能配置内设机构和人员编制方案的通知》，青田县森林病虫害防治检疫站，为全额拨款事业单位，定编3名。

1999年，根据省林业局〔1999〕79号文件精神，县林业局加大投入，查漏补缺，按照《森林病虫害防治检疫标准站建设标准》，积极创建全国森防标准站。

2000年4月30日，县政府办公室发出青政办〔2000〕55号《关于成立青田县松材线虫病预防指挥部的通知》。《通知》规定：禁止任何单位和个人到松材线虫病发生区调运松苗、松木、松材及其成品、半成品。并要求县木材检查站严格检查，防止疫木进入。

2002年，青田"森防检疫站"机构队伍建设达标，有正式编制人员3人，站长和技术人员均持有上岗证，专业技术人员占100%。对外悬挂"青田县森林病虫防治站"和"青田县森林植物检疫站"，一套人马，两块牌子。硬件设施达标：有专用办公室、标准挡案室、实验室、药剂药械库各一间，有主要病虫马尾松毛虫的生态标本等。交通、通讯工具、仪器设备等应有尽有。此外，站务管理、业务开展、目标管理等考核全面达标。是年，被授予"全国森林病虫害防治检疫标准站"称号。

第二节　林业有害生物概况

青田县境内森林病虫种类繁多。历史上森林病虫对林木的危害面积不大，成灾也少。仅有些年份、部分病虫发生危害。据资料记载，民国16年（1927年），青田县因煤病造成损失茶籽40万斤。民国33年（1944年），北坑西姑坦村50亩油茶林发病后全部死亡，连根霉烂。

中华人民共和国成立之后，随着政府组织大规模的植树造林，大面积人工纯林出现，林中生物间相互制约关系受到破坏，造成森林病虫害危害面积逐步扩展，病虫种类也逐渐增多。20世纪50年代末期，青田发生较为严重的油茶煤病。据1980年《丽水地区森林病虫普查总结》，全区病虫种类有3227种，其中昆虫2817种，已定名800种。隶属13目97科；天敌昆虫383种，已定名77种，隶属9目21科；病害410种，已定名320种。1993年《丽水林业科技》第三期，以专辑形式报道了松阳县林科所陈汉林所著的《浙江省丽水地区林区昆虫名录》，系统地报道丽水地区林区昆虫名录，计16目211科2033种。

2004年1月至2007年12月，国家林业局开展新的林业有害生物普查，举办林业有害生物普查培训班和普查试点，制订普查方案，最后鉴定出林区昆虫16目211科2499种。其中新鉴定出室带真片叶蜂、对纹瓣真片叶蜂、室带锤腹叶蜂、长齿真片叶蜂、栗苞蚜、枯叶拱肩网蛾、宽缘狭翅野螟、栎纷舟蛾等种。

外来害虫：红棕象甲、重阳木斑蛾、紫薇绒蚧、方翅网蝽、柳扁蛾、松材线虫等。

生态公益林的害虫：松褐天牛、马尾松毛虫、焦艺夜蛾、松毒蛾、松材线虫、赭色松毛虫、柳杉毛虫、柳杉叶蜂、栎掌舟蛾、栗黄枯叶蛾、杉木扁长蜡等。

竹类病害虫：刚竹毒蛾、华竹毒蛾、黄脊竹蝗、一字竹象、竹绒野螟、卵圆蝽、长齿真片叶蜂、南京裂爪螨、竹蒽舟蛾、竹篓舟蛾、竹小斑蛾、竹广肩小蜂等。

板栗病害虫：华栗降蚧、栗大蚜、栗苞蚜、硕蝽、隆胸鳃金龟、深绿丽金龟、栎纷舟蛾、栎豆象、剪枝象甲、桃蛀螟、栗皮夜蛾、栗实蛾、栗瘿蜂、栗疫病、栗黄枯叶蛾、栗实象、栗苞褐斑病等。

油茶病害虫：油茶刺蚜（造成油茶煤病）、黑刺粉虱，茶毛虫等。

厚朴病害虫：横沟象、新丽斑蚜、日本壶链蚧、广菲盾蚧、桑白盾蚧等。

园林绿色通道病害虫：白蜡虫、刺蛾、茶袋蛾、红蜡蚧、紫微绒蚧、樟叶蜂、重阳木斑蛾、方翅网蝽、樟绒螟、樟萤叶甲、白蚁等。

1980年，县林业局组织森林病虫害普查小组，在全县重点林区进行森林病虫害普查。普查工作从7月28日开始，历时三个多月，至11月13日完成外业调查。采用"全县7个区，每个区确定4～5个公社，每个公社调查5～6个大队"的抽样方法，共确定调查点260个（其中集体山林调查点248个，国有林场调查点12个）。各树种踏查面积40.2万亩；设调查标准地404个，采集并制作各种虫害标本700号，病害标本50号。鉴定虫害标本100种，分属10目44科；病害标本26种，天敌昆虫5种；未鉴定虫害标本100多号，病害标本20多号。

1983—1985年，县林业局组织技术人员，对苗圃害虫和林木种子园病虫危害进行补充调查。

2004年8月，根据国家林业局、省林业厅部署，县林业局组织林业有害生物普查队伍，对境内林场、种苗繁育和交易场所、木材加工和交易场所等地，对昆虫、林木病害、林业有害植物和林业有害动物的种类、分布、危害、寄主植物等进行调查。根据历次林业有害生物调查资料，结合上级机关调查资料和本市其他县市资料，确定全县昆虫种类有16目113科1300种。

一、青田林业主要有害生物概况

（一）马尾松林病害虫

病虫的发生以虫害为主，病害较少，主要危害马尾松林纯林（以中幼林居多）。主要食叶害虫有：马尾松毛虫、桃蛀螟、松蚜虫、松小袋蛾、金龟子等。主要树干虫害有：松褐天牛、短角幽天牛、松吉丁虫、松纵坑切梢小蠹虫、松横坑切梢小蠹虫、松白星象鼻虫、松梢螟、松梢小卷叶蛾等。

病害有松落针病、松瘤锈病等。

（二）杉木林病害虫

杉木主要病害有隐蔽性心材腐朽病、杉木落针病、杉木炭疽病、杉木细菌性叶枯病、杉木生理性黄化病等。

害虫有杉梢小卷蛾、皱鞘双条杉天牛、小蠹虫、黄翅大白蚁、黑翅土白蚁、一点蝙蛾等。

（三）黄山松林病虫害

黄山松病虫害种类比较少，危害轻。害虫有色小卷叶蛾、金龟子、松天牛、松纵坑切梢小蠹、松横坑切梢小蠹等。

病害有松落针病、松瘤锈病。

柳杉林病虫害病害有柳杉赤枯病，害虫有柳杉毛虫。

（四）阔叶林病虫害

阔叶林树种繁多，病虫种类也多。害虫以食叶害虫为主，如栎褐舟蛾、花布灯蛾、樟蚕、樟叶蜂、泡桐叶甲等。病害以成、过熟林隐蔽性心材腐朽为多，其他病害种类虽多，但危害不严重。

（五）经济林病虫害

经济林树种以油茶、油桐、板栗为主。病害有油茶炭疽病、油茶软腐病、油茶煤污病、板栗白粉病、油桐枯萎病、油桐叶斑病、油茶半边疯。害虫有茶毛虫、茶斑蛾、茶袋蛾、茶毒蛾、油茶尺蠖、茶梢蛀蛾、油茶绵蚧、茶籽象甲、黑跗眼天牛、油桐尺蠖、刺蛾类、擂蚕、乌桕毒蛾、板栗瘦蜂等。

（六）竹林病虫害

竹林以毛竹为主，分布广。其害虫有：黄脊竹蝗、刚竹毒蛾、竹笋夜蛾、一字竹象甲、竹小象甲、竹织叶野螟等。

二、青田林业主要危害病虫

（一）马尾松毛虫

马尾松毛虫（Dendrolimus punctatus Walk）属鳞翅目枯叶蛾科（Lasiocampidae），为松树的重要食叶害虫。除危害马尾松外，还食害湿地松、火炬松、黑松等，大发生时能将松叶吃光，立木枯死。松叶未吃光的虽不致死亡，但严重影响生长。

卵　　　　　　　　　　　　　　　　幼虫

蛹　　　　　　　　　　　雌虫　　　　　　　　　　雄虫

图 5-2-2-1 马尾松毛虫生活史

（二）松褐天牛

松褐天牛（Monochamus alternates Hope）属鞘翅目天牛科（Cerambycidae）。主要为害马尾松，也为害柳杉。多为害生长势衰弱的树木，立木受害后逐渐枯死。

（三）竹蝗

竹蝗又名黄脊竹蝗、蝗虫、蚱蜢、飞蝗、跑牯子、花蚱蜢、花鸡子、蚱鸡子。是竹产区的主要害虫。分布于章旦、贵岙、吴坑等乡镇。

竹蝗常大面积危害竹类。成虫、若虫除取食毛竹、淡竹及刚竹等的叶片外，也危害水稻、玉米等。大发生时，将竹叶吃尽，如同火烧一般，新竹被害后即枯死，老竹被害后二三年内不发新笋，被害竹的竹秆内往往积水，纤维败坏，不能利用。

图 5-2-2-2 松褐天牛幼虫

（四）柳杉毛虫

柳杉毛虫属鳞翅目枯叶蛾科，是柳杉的历史性成灾害虫，20 世纪 70 ～ 80 年代曾经普遍发生。每当暴发，幼虫取食柳杉针叶，并咬断嫩枝，啃食枝皮，轻者影响生长，重者柳杉枯死，随之次生蛀干害虫和病菌侵染危害。

图 5-2-2-3 竹蝗

（五）双条杉天牛

双条杉天牛属鞘翅目天牛科，是危害杉木树干的害虫。幼虫先在树皮层和木质部蛀食，形成不规则扁圆形虫边，常螺旋状蛀食，破坏和切断树木的营养输导，使树势衰退，重则整株枯死。幼虫后期也蛀入木质部危害。青田呈零星分布。

（六）白蚁（黑翅土白蚁、黄翅大白蚁）

青田危害林木的白蚁，主要有黑翅土白蚁和黄翅大白蚁，属等翅目白蚁科。主要啃咬树根及树皮，给林木生长造成严重影响。

（七）日本松干蚧

日本松干蚧（Matsucoccus matsumurae）属固翅目珠蚧科（Margarodidae）。寄主有马尾松、赤松、油松、黑松和千头赤松。它的若虫固定在松树枝条及树皮裂缝内，吸食树液，幼树受害后，干型变劣，弯曲倒伏，高生长基本停止；大树受害后，造成曲枝、顶芽枯死、侧枝自下而上发红干枯。大发生时，由于树势衰退，引起次期性病虫害如小蠹、象鼻虫、吉丁虫、天牛、顶枯病等并发为害，2 ～ 3 年内能造成大面积树木死亡。

天敌有瓢虫、草蛉、姬蛉、褐蛉、花蝽、食虫瘿蚊、蚂蚁、蜘蛛、肉食性螨类共 30 余种，对松干蚧的发生发展起着一定的抑制作用。

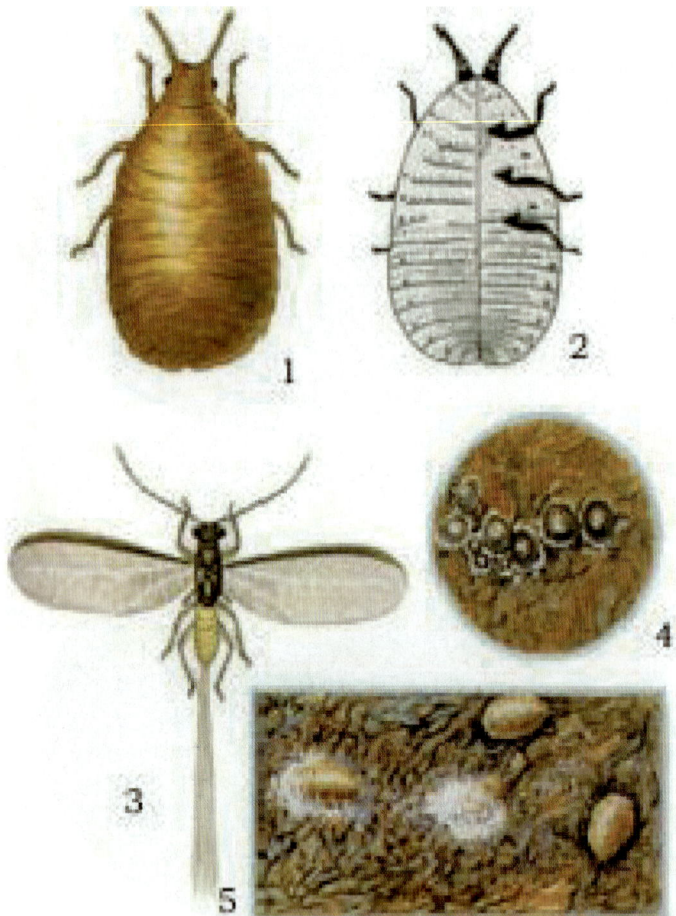

1. 雌成虫　2. 雌成虫躯体
3. 雄成虫 4. 雌若虫 5. 雄若虫

图 5-2-2-4 日本松干蚧

图 5-2-2-5 草蛉

图 5-2-2-6 花蝽

图 5-2-2-7 蜘蛛

图 5-2-2-8 油茶炭疽病

（八）油茶炭疽病

油茶炭疽病在青田油茶种植区均有发生，历史上以章村发生为多。油茶发病后引起严重落果、落蕾和落叶。

其症状主要是为害果、叶、枝梢和花蕾等部位，以果实受害最严重。果实发病初期，果皮出现褐色小斑，后扩大成黑色圆形斑块，有时几个病斑相联，形成不规则的大斑。后期病斑上轮生小黑点，即病菌分生孢子盘。病果易脱落。新梢上病斑常发生在新梢基部，椭圆或棱形，略下陷。后期为黑褐色，中部带灰色，有小黑点和纵向裂纹，病斑环梢一周后即枯死。蕾部病斑常发生在茎部鳞片上，黑褐色或黄褐色，后期病鳞呈灰白色，有小黑点，病重时芽枯蕾落。叶片上病斑多在叶缘和叶尖，半圆形或不规则形，轮纹状，中部灰白色，内轮生黑色小点，在潮湿条件下产生粉红色孢子堆，病叶易早期脱落。病原菌由半知菌类、黑盘孢目的山茶刺盘孢菌及山茶炭疽菌所引起。分生孢子盘埋于病部皮细胞下。分生孢子呈椭圆形或肾形,单细胞,无色,大小为(9.6～24)×(4～6.6)微米。分生孢子梗无色,棍棒状,刚毛暗褐色,有横隔。

(九) 油茶煤污病

油茶煤污病(sooty mould of oiltea ca mellia),青田油茶产地都有分布。病轻的树木生长衰退,落花落果,降低茶籽产量和品质。病重的枝叶落,终至全林枯死。

诱发油茶煤污病的昆虫主要是刺绵蚧和油茶黑胶粉虱。油茶煤污病流行于海拔300～600米的林分中,低山丘陵地区虽有发生但一般不严重。林分密度过大以及处于阴坡和山窝的林分也较易发病。一般3月下旬至5月下旬,9月下旬至11月下旬为发病盛期。

图 5-2-2-9
煤污病发病植株

图 5-2-2-10
油茶黑胶粉虱

(十) 竹丛枝病

竹丛枝病又名雀巢病或扫帚病,为害刚竹、淡竹、苦竹、哺鸡竹、紫竹、水竹和石竹等竹种。全县均有发生。病竹生长衰弱,发笋减少,在发病严重的竹林中,病竹常大量枯死,引起整个竹林生长衰败。

症状病害开始时,仅个别枝条发病,病枝细弱,叶形较小,节数增多,呈巢状。病丛的嫩枝上叶片退化呈鳞片状,顶端叶鞘内,于5～7月间产生白色米粒状物,即病菌的无性世代。秋后,病枝多数枯死。病竹数年内全部枝条逐渐发病,乃至全株枯死。

病害发展规律:本病在老竹林以及抚育管理不周的竹林内发生较严重。竹林郁闭度大时,对病害发生有利。

图 5-2-2-11 竹丛枝病症状

图 5-2-2-12 杨梅褐斑病

（十一）杨梅褐斑病

杨梅褐斑病属真菌性病害。为害叶片，进而使花芽和小枝枯死，严重影响树势和产量。发病后 3—4 年不治可引起全株死亡。

（十二）松、杉苗立枯病

松、杉苗立枯病又名猝倒病。为害松、杉类针叶树苗木及多种阔叶树、果树和农作物幼苗。病原有非侵染性和侵染性两类。非侵染性病原主要是圃地积水，土壤板结，覆土过厚以及烈日暴晒，引起种芽腐烂，苗根窒息腐烂或日灼性猝倒。侵染性病原主要是由真菌中的镰刀菌、丝核菌和腐霉菌引起的，此外还有疫霉菌、基点菌、交链菌等。猝倒病是松、杉木苗的主要病害。

第三节　主要病虫危害情况

一、马尾松毛虫

马尾松毛虫是青田森林的主要害虫。根据记载和群众叙述，1959 年、1963 年、1968 年、1974 年、1977 年、1980 年、1982 年、1984 年、1992 年都呈大面积暴发，尤其是 1980 年危害最为严重，危害面积 25.67 万亩。主要特点是虫口密度大，分布范围广，大片马尾松林针叶被吃光，大批松林死亡。此外，马尾松毛虫毛刺接触人的皮肤后，造成红肿，严重的致人发热头痛。大量幼虫爬散于田间路上，严重影响农业生产。

1974 年 5 月 7 日，《青田县防治松毛虫现场会议情况报告》记载：是年，全县遭受马尾松毛虫危害的松林 10 万亩，其中危害严重的有 5 万多亩，损失森林资源 2000 立方米，直接经济损失达 100 万元。全县被马尾松毛虫蛰伤的有 1000 多人；温溪公社温溪大队第二生产队共 26 个社员，就有 22 个社员被松毛虫蛰伤感染，不能参加劳动。

1982 年 2 月 26 日，县林业局组织人员，对船寮、城郊 2 个区 7 个公社进行为期 20 天的松毛虫为害实地调查，其中 5 个公社危害严重，面积 5 万亩。受害最严重的是船寮公社船寮大队、大路公社大路大队等，面积约 1 万亩，其虫口密度株均 30 条以上，有虫株率 90% 以上，虫灾等级多数为 5 ～ 7 级。同年 6 月，县林业局再次组织赴船寮区石盖、芝溪、船寮等公社实地调查，结果显示，3 个公社面积 3 万亩松林松毛虫危害严重，其中石盖公社石盖口大队、船寮公社徐岙大队面积 7000 亩松林受害最为严重，虫口密度株均 24 条，有虫株率 72%，虫灾等级多数是 4 ～ 6 级。

1984 年 3 月上旬调查，全县受松毛虫侵害严重的有高湖、东源、芝溪、石盖、船寮、大路等乡，发生面积 12.5 万亩，成灾的有高湖乡西圩村、高湖村，芝溪乡戈溪村，石盖乡下岸村等，面积 2 万亩。其虫口密度平均每株 32 条，最多的 100 多条，有虫株率 95%，虫灾等级 5 ～ 7 级。

1985 年分别在 3 月、6 月、8 月进行 3 次调查，全县受害面积 22.1 万亩（即越冬代 9 万亩，第一代 5.9 万亩，第二代 7.2 万亩）；其中成灾 3 万亩（即越冬代 1.2 万亩，第一代 0.5 万亩，第二代 1.3 万亩）。受害地区主要在船寮、温溪等区；成灾虫口密度（越冬代）株均 70 ～ 80 条，虫株率 100%，虫灾等级 6 ～ 8 级；第一代虫口密度株均 30 条，虫株率 90%；第二代虫口密度株均 25 条，虫株率 70%。

1987 年，全县松毛虫为害面积 8 万亩，成灾面积 1.6 万亩，主要分布于船寮、城区、万山等区；其虫口密度株均 20 条，虫株率 75%。

1988 年，松毛虫危害严重。第一代松毛虫发生面积约 6.5 万亩，主要发生在城郊、山口、船寮以及万山、温溪等区的部分乡村。

1989 年，全县松毛虫又一次大暴发，发生面积达 20 多万亩，虫口密度株均 50 条。据测算，损失木材约 2 万立方米。

1997 年，越冬后代松毛虫害发生较轻，其虫灾等级均在一级以下。但第一代松毛虫害发生较重，虫灾等级 2 至 3 级，受害面积仅为 3303 亩。

二、油茶煤污病

油茶煤污病由日本卷毛蚧（属同翅目蚧科）诱病而成，是青田油茶产区的主要病害，仅次于松毛虫危害。其病原以刺绵蚧排泄蜜露滋养煤病菌丝体引起，致使油茶叶片失去光合作用而枯死。据青田县油科所等单位研究，油茶煤病自 20 世纪 20 年代以来，呈周期暴发，一般为 10—12 年一次，分别出现在 1926—1927 年，1936—1937 年，1947—1948 年，1959—1960 年，1970—1971 年，1979—1980 年。

1979 年，全县严重发生油茶煤病，危害面积 3000 亩，损失油茶籽 6 万公斤。1980 年发生油茶煤病 5000 亩，油茶籽大部分减产，重者颗粒无收，油茶树枯死。1987 年，油茶煤病发生面积 4000 亩，严重的有 1000 亩，主要发生在章村区。

三、松褐天牛

松褐天牛是松材线虫病的主要传播媒介，全县各地均有分布。由于松褐天牛危害具隐蔽性，

图 5-2-3-1 天牛幼虫危害症状（2004 年摄）

防治比较困难。20世纪末，松褐天牛危害开始零星出现。2009年，松林的次生害虫松褐天牛危害愈演愈烈，造成近万余株松树枯死。2013年，油竹管委会周围山场松褐天牛成灾，大批松林死亡；是年，全县松褐天牛受害面积达2万多亩。

四、松材线虫病

松材线虫是21世纪初开始危害丽水地区森林的新的有害生物。据《丽水市林业志》记载：2003年9月，缙云县林业局森防站在秋季松材线虫病疫情监测中，确诊五云镇的西寮、湾潭、三里、建设等4个行政村，7个小班发生松材线虫病，发生面积675亩，枯死松树493株。后经各部门共同努力，初步控制住蔓延速度。2009年2月11日，经省林业有害生物防治检疫局确诊，景宁县发生松材线虫病疫情。2010年10月25日，经省防检局镜检，莲都区水阁街道陈店行政村南源弄自然村、万象街道丽南行政村观音岩风景区、水阁街道上沙溪行政村、碧湖镇白口行政村确定为松材线虫疫点。并在莲都、松阳发现疑似松材线虫病；2013年，腊口、山口、油竹、鹤城、温溪等地都发现因松褐天牛危害导致死亡的松林，而松褐天牛是松材线虫病的寄主，因此，防控形势极为严峻。

五、其他病虫

其他病虫在青田均有零星分布，虽部分造成危害，但其危害程度低，呈局部态势。如柳杉毛虫，1985年石门洞林场柳杉人工林50多亩被柳杉毛虫危害枯死，被迫砍伐。松、杉苗立枯病，20世纪80年代，各地苗圃地均有发生危害，但危害程度普遍较低，成灾较少。

第四节　有害生物监测测报

一、测报组织

1984年以前，很少进行森林病虫监测测报，大多是病虫大发生时，群众反映多了，林业部门临时组织人员调查病虫害的发生地点、面积和危害程度，缺乏统一的方法和标准。1962年4月25日，省林业厅下发《关于开展松毛虫预测预报工作的通知》，林业部门虽进行松毛虫害调查，但因人员少，经费不足，没有持续连贯进行森林病虫监测测报。1982年，省林业厅制定《浙江省森林害虫预测预报工作条例》。1983年，县林业局分别在万山区高湖乡西圩村、船寮区芝溪乡戈溪村、石盖乡下岸村建立3个马尾松毛虫测报点，聘请测报员3人，初步组建了预测预报网络，进行定期测报工作。

1984年5月，青田建立"青田县森林植物检疫站""青田县森林病虫害防治站"，开始有组织、有计划、成系统地进行病虫监测测报工作。

1987年11月21日，省林业厅林政（87）204号文转发林业部《关于森林病虫害预测预报管理办法》。1988年，青田在原有3个测报点的基础上，大幅增加了20个测报点，聘请20名林技员为兼职测报员，初步形成覆盖全县的森林病虫害预测预报网络。同时通过建立健全测报员岗位责任制，加强测报队伍的业务培训，提高测报员的业务水平；各测报点准确、及时上报病虫材料，为森林病虫害防治提供科学依据。

1988年9月6日，省林业厅下发《关于切实做好松材线虫检疫工作的通知》，要求加强疫情监测，每年进行两次普查。1995年，省林业厅制定《浙江省松材线虫病监测办法》（试行），下达各县、市组织实施。

为加强对松材线虫病的预防工作，保护松材资源，2000年4月30日，县政府办公室发文，成立青田县松材线虫病防控指挥部。总指挥由分管林业的副县长担任，副指挥由县府办主任、林业局局长担任。

2001年3月2日，县林业局青林〔2001〕10号《关于开展松材线虫病疫情监测调查工作的通知》发布，规定在每年3～4月份和8～9月份开展松材线虫病疫情监测调查工作，特别是对人为活动频繁的交通沿线、公园、厂矿和城镇周围的松林，做重点调查。调查形成的调查报告、测报调查表等分别于当年的4月20日、9月10日前上报县森防检疫站。

2002年12月，经国家林业局批准，建立青田县国家级森林病虫害中心测报点，主测松科植物病害。在全县33个乡镇中，设立28个测报点，基本形成覆盖全县的松科植物病害监测调查网络。

2008年，开始实行森林病虫害虫情通报制度。7月27日，青田县林业有害生物防治检疫站发布第一期森林病虫害虫情通报；虫情通报包括：本年度虫情概况、虫情特点、发生趋势分析及建议等内容。

图 5-2-4-1 森林病虫害测报标准地（2003年摄）

二、马尾松病虫害测报

（一）测报任务

根据《中华人民共和国森林病虫害防治条例》第五条、第十条之规定，区、乡林业站负责组织本区、乡的森林病虫害调查测报和防治工作。每年进行四次虫情调查测报和防治工作。即：

1. 越冬后幼虫期调查测报。时间为每年3月18日开始。

2. 第一代幼虫期调查。时间为6月12日开始。

3. 第二代幼虫期调查。时间为8月7日开始。

4. 越冬前幼虫期调查。时间为11月12日开始。每期调查10天内结束，并将调查情况及时上报县森防站。

（二）测报办法

在其负责测报的乡村林地内，经过全面调查后，根据不同的虫情情况选择标准地（小班）。在标准地内采用对角线或平行线法选择样树（按每个小班面积200亩选样树20株）；如小班面积过少则应合并，再确定防治方案。写出书面报告材料，包括虫情调查报告。

（三）测报要求

有关乡镇林技员按时进行虫情调查。每期调查标准地的块数不少于 30 块。调查结果必须在调查后两天内向县森防站报告。并提出防治方案。以便及时实施防治计划，控制马尾松毛虫的危害。

三、国家级森林病虫害中心测报点测报

根据《国家级森林病虫害中心测报点管理办法》，结合历年青田县中心测报点病虫害发生时间，调整制定出各监测点病虫害调查、测报时间，务使各监测点监测人员按照《测报人员岗位职责》《测报点管理办法》等开展中心测报点监测预报工作，保证测报工作健康有序地开展。

表 5-2-4-1 青田森防检疫信息上报时间表

上报时间	上 报 内 容	上报形式
每月 22 日前	测报软件月报（没发生的零报告）	ZIP 压缩文档报市站
1 月 15 日前	工程治理县年度计划	书面材料报省局抄送市站　电子稿报市站
4 月 17 日前	松毛虫（越冬后）调查报告、汇总表、分布图	电子稿、书面材料报市站
4 月 25 日前	春季松材线虫病疫情调查报告及汇总表	电子稿、书面材料报市站
6 月 15 日前	国家级中心测报点半年工作总结	电子稿报省局抄送市站
6 月 23 日前	上半年工作总结、下半年虫情趋势 1—6 月份森林病虫害发生防治统计表 1—6 月份森林植物检疫情况统计表	电子稿、书面材料报市站
7 月 17 日前	松毛虫（第一代）调查报告、汇总表、分布图	电子稿、书面材料报市站
9 月 17 日前	松毛虫（第二代）调查报告、汇总表、分布图	电子稿、书面材料报市站
9 月 22 日前	1—9 月份森林病虫害发生防治统计表	电子稿、书面材料报市站
10 月 15 日前	秋季松材线虫病疫情调查报告及汇总表	电子稿、书面材料报市站
11 月 27 日前	松毛虫（越冬前）调查报告、汇总表、分布图	电子稿、书面材料报市站
12 月 5 日前	国家级中心测报点年度工作总结、下一年虫情趋势	正式文件报省局　电子稿报市站
	工程治理县年度总结	书面材料报省局抄送市站　电子稿报市站
	年度工作总结、下一年度虫情趋势预测 森林病虫防治年度报表、人财物年度报表 检疫情况年度报表、目标管理指标完成情况报表 目标管理自查报告、自查得分表	电子稿、书面材料报市站

四、森林病虫害防治目标管理

1992年，省林业厅制定《浙江省森林病虫害防治目标管理考核办法》（1992～1995），在全省范围内实施森林病虫害防治目标管理。同年9月又制定《浙江省森林病虫害防治目标管理考核办法（1992～1995）实施意见》，确定各市1992—1995年分年目标管理指标，统一了检查方法与标准。管理指标有5项：加强森林病虫害防治体系建设，认真搞好森林病虫害预测预报，切实做好森林病虫害防治工作，积极开展森林植物检疫工作，降低病虫害发生率。

1994年，森林病虫害防治目标管理的病虫害发生率、防治率、监测覆盖率、种苗产地检疫率等4个指标列入《浙江省保护和发展森林资源责任状》中，从省到市、地、县、乡（镇）层层签订责任状，把森林病虫害防治工作的责任落实到各级人民政府，落实到基层。1995年省林业厅草拟《浙江省森林病虫害防治实施办法》，并于1996年由省人民政府第75号令发布施行。实行目标管理取得明显成效，病虫害发生率，提高了防治率、监测覆盖率、种苗产地检查率。

2008年8月13日，县政府发布《关于印发青田县突发性重大林业有害生物灾害应急预案的通知》（青政办〔2008〕95号）。2011年，青田县制订松材线虫病防控工作年度实施方案，并报上级指挥部备案后施行。

2012年，县政府、县林业局高度重视，把松材线虫病疫情普查作为森防检疫工作的首要任务来抓，明确要求：

1. 要充分发挥县、乡、村三级监测点的监测体系功能，加大疫情监测覆盖面，提高监测预报准确率，确保监测覆盖率达100%，重点调查记录枯死松木、数量、地点、枯死原因等；

2. 各乡镇要增强忧患意识、防范意识，发现松枯死木要每木取样，做到早发现，早报告，早除治。

3. 要将松材线虫病疫情监测与松褐天牛诱捕监测紧密结合、同步进行，对诱捕到的松褐天牛及时统计、镜检后进行虫情趋势分析。

4. 将疫情普查工作列入乡镇林业工作年终考核的重要内容。

同年3月20日，县政府在县府小礼堂召开松材线虫病防控工作会议，副县长叶群力与各乡镇、街道负责人签订责任状，明确相关责任单位职责。

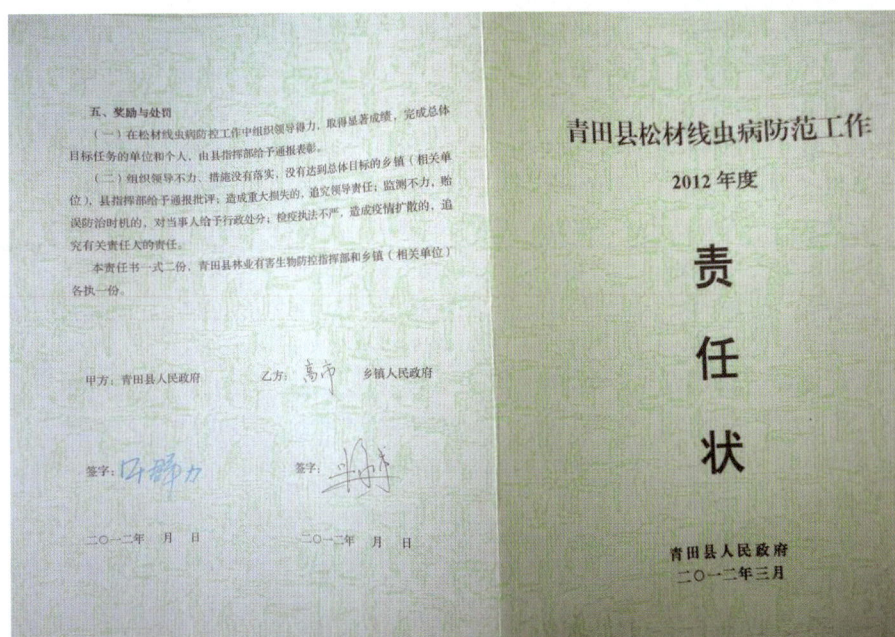

图 5-2-4-2 2012 年度松材线虫病防范工作责任状

表 5-2-4-2 青田县森林病虫害疫情测报面积基础数据   单位：亩

单位	现有林（其他虫害寄主）	松林＝松属（松线松墨松毛虫寄主／松线 1 监面）	松材线虫病应施监测＝1 监面×2	松墨天牛应施监测	松毛虫 1 监面	松毛虫应施监测＝1 监面×4	柳杉（柳毛寄主）	柳杉毛虫应施监测	其他虫害应施监测
青田县总计	3059210	1788900	3577800	178000	150000	600000	10200	2000	40000
章村乡	126281	13024	26048						
贵岙乡	67671	44631	89262	4879	4879	19516			
石溪乡	30608	20438	40876	5025	5025	20100			
小舟山乡	24748	23491	46982	5009	5009	20036			
祯埠乡	161392	66325	132650	2785	2785	11140			
祯旺乡	105067	21021	42042						
万山乡	34620	24130	48260						
黄垟乡	59824	30789	61578	4877	4877	19508			
季宅乡	85818	59671	119342	5193	5193	20772			
海溪乡	39980	23008	46016						
高市乡	53161	36380	72760	5122	5122	20488	1520	290	
巨浦乡	125162	63044	126088	10086	10086	40344			
舒桥乡	86298	54216	108432						
万阜乡	101309	69857	139714	10070					
汤垟乡	72374	26942	53884				2330	330	
方山乡	31996	30428	60856						
吴坑乡	41494	31587	63174	4955	4955	19820			
仁宫乡	115509	68664	137328				430	90	
章旦乡	40330	34856	69712	5123	5123	20492			
油竹管委会	60900	10457	20914						
阜山乡	139621	95799	191598	4987	4987	19948	700	170	
岭根乡	68328	29908	59816						
鹤城镇	155624	85811	171622	5130	5130	20520			
温溪镇	48910	39556	79112	4966	4966	19864			
东源镇	107053	80959	161918	9862	9862	39448			
船寮镇	186437	139664	279328	9845	9845	39380	1290	80	
北山镇	233447	155934	311868	22883	9953	39812			
山口镇	83328	60400	120800	15364	10364	41456			
海口镇	140848	70451	140902	5032	5032	20128			
腊口镇	116154	57496	114992	10136	10136	40544			
高湖镇	112955	74129	148258	5203	5203	20812			
仁庄镇	88628	80684	161368	11255	11255	45020	1420	240	
石门洞林场	56001	41733	83466	10213	10213	40852	1050	310	
金鸡山林场	19343	5587	11174				650	210	
八面湖林场	18658	7624	15248				810	280	
大洋山林场	9682	4707	9414						
峰山林场	7409	4559	9118						
峰山茶场	2242	940	1880						
备注	青田县应施监测总面积 4397800 亩								

表 5-2-4-3 2014 年青田县病虫害测报员名单

单位	姓名	单位	姓名
油竹街道	蒋国亮	高市乡	朱旭岳
鹤城街道	徐爱彬	东源镇	周建东
瓯南街道	徐贵新	高湖镇	周军勇
章旦乡	王伟毅	季宅乡	朱洪晓
山口镇	叶伟	万山乡	王少中
温溪镇	邹永肖	黄垟乡	叶建华
腊口镇	潘蓝青	北山镇	季惠军
阜山乡	陈正海	万阜乡	陈伟烽
仁宫乡	夏根南	巨浦乡	温玲荣
石溪乡	郭久品	舒桥乡	刘华仙
贵岙乡	罗大娇	章村乡	徐达亮
小舟山乡	陈建勇	祯旺乡	黄勇
吴坑乡	厉国荣	祯埠乡	王孝军
仁庄镇	蒋民光	石门洞林场	徐木海
汤垟乡	陈守华	金鸡山林场	陈海光
方山乡	林达	峰山林场	吴佳雨
船寮镇	金春彬	大洋山林场	沈苏军
海口镇	陈立波	八面湖林场	陈利军
海溪乡	潘如民	木材检查站	吴永国

第五节　主要有害生物防治

一、马尾松毛虫防治

（一）人工捕杀

发动群众人工采集松毛虫卵，捕杀幼虫，摘除树冠上的虫茧，是 20 世纪 50～70 年代初期防治松毛虫的主要方法。

（二）化学防治

1. 农药种类　防治森林病虫害使用的农药有六六六、DDT、氟乙酰胺、灭蚁灵.、乐果、氧化乐果、甲胺磷、敌百虫、敌敌畏、久效磷、三唑磷、双敌杀虫油剂、溴氰菊脂乳剂等。

20 世纪 50—70 年代，防治松毛虫大量使用六六六、DDT、敌百虫 等剧毒农药。80 年代后普遍推广使用溴氰菊酯、杀灭菊酯等拟除虫菊酯类农药。

2. 施药方法　常用施药方法有喷雾、喷粉、放烟（用烟剂或喷烟机），配置毒饵散放等。防治松毛虫多用喷雾和放烟。利用敌马烟剂防治松毛虫。每亩用助剂 2～4 包，1 包助剂内倒入主剂(敌敌畏乳剂)1 两左右,在助剂内插入引火线点燃即可。放烟人员迎逆风方向一字排开，间隔 20 米左右放 1 包。此药防治方法简单，效果好，宜在虫口密度大，松毛虫大发生时使用，但是在城镇、村庄附近及虫口密度低的山林尽量少用此药，因对空气有所污染，同时还会杀害天敌。

图 5-2-5-1 杀虫灯诱蛾（2009 年摄）

（三）物理防治

常用黑光灯诱杀松毛虫、刚竹毒蛾、竹螟等有趋光性害虫的成虫。

（四）生物防治

20 世纪 80 年代开始，应用松毛虫赤眼蜂、白僵菌、挂鸟笼引鸟等，防治松毛虫。为推广生物防治，省林业厅每年拨出专款，用于购买繁蜂用的柞蚕茧和白僵菌生产补助。试验研究和多年防治实践证明，应用赤眼蜂、白僵菌防治森林害虫，对人畜比较安全，也不会影响养蚕业，为实行害虫综合防治，保护良好的生态环境创造条件。

1974 年，温溪公社受松毛虫危害严重。公社党委召开各大队干部动员会议，发动全社4000 多人上山，一天捕捉松毛虫幼虫 3000 多斤；其中下寮大队动员社员、学生 100 多人，捕捉幼虫 300 斤。县领导推广温溪经验，发动全县群众上山捕捉幼虫。是年，全县共捕捉松毛虫幼虫 18000 斤。

1981—1982 年，确定每年 5～6 月为松毛虫防治突击月，采用各种方法，集中防治松毛虫。各层级举办治虫技术培训班，建立以护林员为主的灭虫小组 38 个。

1983 年，船寮公社、大路公社 1 万多亩松林发生松毛虫害，县林业局组织人员，采取多种方法防治：用 25% 双敌杀虫油剂喷治 5480 亩，用药量 2192 斤；用溴氰菊脂乳剂喷治 2500 亩，用药量 10 斤。同时，积极开展生物防治，施防白僵菌 2000 亩。此外，发动群众上山采集松毛虫茧，按每斤 5 角计价补贴，共摘茧 15000 斤。

1985 年，为鼓励群众治虫积极性，县林业局规定以每斤成虫 0.5 元、幼虫 1.5 元、茧 1.5 元、卵 10 元进行收购，收到一定效果。

图 5-2-5-2
白僵菌寄生致死的
马尾松毛虫幼虫

图 5-2-5-3 赤眼蜂

图 5-2-5-4 益鸟灰喜鹊（松毛虫天敌）

1981—1985 年，全县共防治松毛虫害面积 8.685 万亩，其中：化学防治 5.145 万亩；生物防治 1.54 万亩；人工防治 2 万亩，有效控制了松毛虫的危害和蔓延。5 年中，在化学防治方面，实行"五定"，即定机械、定人员、定任务、定质量、定药量，到期评比检查，发给工资补贴。在人工防治方面，实行定额计酬，如捕捉松毛虫幼虫、茧等，每斤补贴 2 至 3 角，或化肥 1 至 2 斤；1981 年，县政府拨出化肥 2 万斤支持有关区、乡防治松毛虫。从 1983 年 4 月开始，建立治虫承包责任制，变"要我治"为"我要治"。到 1984 年 6 月底止，县森防站与 5 个乡 9 个村的 1.454 万亩松林，签订为期 2 ～ 5 年不等的承包治虫合同，每亩收费 0.25 元。实践证明，承包治虫速度快，成本低，效果好，是开展科学治虫的好形式。

表 5-2-5-1 1983 年治虫承包责任制实绩调查统计表　　单位：亩、元

承包人	村名	面积	形式	发生	成灾	防　治		承包收费（元）		
						合　计	亩（元）	应收	实收	补肋
项赞南	石盖	1400	签合同	1400	1000	790	0.79			
梅则凡	石盖口	1600	签合同	1600	1270	1003.3	0.79			
夏金曲	上合	1000	签合同	1000	600	474	0.79			
王杰普	船寮	1110	签合同	1110	1110	876.9	0.79			
叶岳成	水井头	1500	签合同	1500	1500	1185	0.79			
合　计		6610		5480	5480	4329.2	1652.5	1652.5	274	4055.2

农药品名：25% 双敌油剂

表 5-2-5-2 1983 年治虫承包责任制实绩调查统计表　　单位：亩、元

承包人	村名	面积	亩/元	效果	农药			汽油		治虫工资		合计
					名称	数量	金额	数量	金额	工数	金额	
项赞南	石　盖	1000	0.25	95%	双敌油剂	0.56/亩	560	0.06/亩	20	0.15/亩	150	790
梅则凡	石盖口	1270	0.25	95%	双敌油剂	0.56/亩	711.2	0.06/亩	25.4	0.15/亩	190.5	1003.3
夏金曲	上　合	600	0.25	95%	双敌油剂	0.56/亩	336	0.06/亩	12	0.15/亩	90	474
王杰普	船　寮	1110	0.25	95%	双敌油剂	0.56/亩	621.6	0.06/亩	22.2	0.15/亩	166.5	876.9
叶岳成	水井头	1500	0.25	95%	双敌油剂	0.56/亩	840	0.06/亩	30	0.15/亩	225	1185
合　计		5480					3068.8		109.6		882	4329.2

1986 年，开展专业队承包防治松毛虫工作。是年 3 月下旬，县森防站与各专业防治队伍签订承包治虫合同，年限 2～3 年。每亩防治费用 0.50 元（即每亩药费 0.27 元，汽、机油费 0.08 元，人工费 0.15 元）。既保证防治质量，又大幅降低防治成本，效果明显。

1988 年，全县松毛虫再次暴发。县林业局组织专业防治队伍进行控制，主要方法是人工捕捉幼虫、采茧、采卵块，灯光诱杀。同时进行大面积的化学杀灭。由于防治及时，松毛虫死亡率达 95%，基本控制了危害。

表 5-2-5-3 青田县历年松毛虫害防治情况　　单位：万亩

年　　份	发生面积	年　　份	防治面积	备注
1971—1985 年总计	141.85	1971—1985 年总计	27.36	地区林业局
"四五" 时期	23.08	"四五" 时期	7.2	
1971	0.89	1971	0.11	
1972	0.89	1972	0.89	
1973	11.00	1973	0.20	
1974	10.30	1974	6.00	
1975		1975		
"五五" 时期	31.2	"五五" 时期	9.8	
1976		1976		
1977		1977		
1978	0.03	1978		
1979	5.50	1979	0.09	
1980	25.67	1980	9.71	
"六五" 时期	87.57	"六五" 时期	10.36	
1981	15.80	1981	4.34	
1982	15.46	1982	2.50	
1983	16.26	1983	2.01	
1984	27.51	1984	1.00	
1985	12.54	1985	0.51	

2002 年，为准确掌握松毛虫情，以便指导防治工作，森防站于 3、6、8 月和 11 月中旬，在全县 22 个乡镇的 110 个行政村，共设立标准地 3350 块进行调查，每次调查面积均在 16.5 万亩以上，虫情监测覆盖率达到 100%。是年，全县马尾松毛虫越冬后代有虫面积 2100 亩，第一代发生面积 3800 亩，均为轻度（2～3 级）。森防站分别使用白僵菌和林烟药剂防治取得良好

图 5-2-5-5 防治队员在配制防治马尾松毛虫药剂

效果。是年，柳杉毛虫发生面积 750 亩，采用林烟药剂喷烟防治，效果较好。

2005 年，根据国家中心测报点松毛虫监测、预测、预报办法的要求，为准确掌握松毛虫虫情，森防站于 4、7、9 月和 11 月中旬，在全县 22 个乡镇设立的临时和固定标准地块共 3368 块进行调查，每次重点调查面积均在 17 万亩以上，一般调查覆盖全部松林面积，虫情监测覆盖率达到 100%。另外，油茶刺绵蚧、柳杉毛虫虫情调查面积 43100 亩，调查结果显示森林虫害仅零星分布，轻微发生，不需防治。是年，森林病虫害防治率 100%；成灾率 0；监测覆盖率 100%；产地检疫种苗面积 286.5 亩，检疫率 100‰。

2007 年，对 32 个乡镇、5 个国有林场、1 个苗圃和 1 个茶场进行设点监测和调查，共调查松林面积 504660 亩、设样地 549 块、调查样树 6674 株、调查小班 1205 个、标准地 1067 块。

2008 年 7 月份，海口镇海口村、高沙村、油竹管委会油竹下村等地发生马尾松毛虫危害，附近村民的墙壁、屋角都爬满松毛虫，甚至在村民的被窝里都可以看到，严重影响附近村民的生活、作息。面对虫情，县森防站迅速组织专业人员用 1.8% 的低毒、高效阿维菌素进行喷

图 5-2-5-6 喷药防治作业（2009 年摄）

烟防治，取得良好效果。同年 8—9 月份，高市乡发生马尾松毛虫危害，贵岙乡发生竹蝗危害；10 月份，船寮镇姜岙村发生大面积马尾松毛虫危害；县森防站组织专业人员用相同的方法进行防治，虫情危害得到有效控制，使林农的损失降到最低。

2009 年，鹤城镇的湖边村、外旦村，方山乡的奎岩庄村、邵山村，船寮镇 330 国道边，海口镇 330 国道边和石溪乡等地发生马尾松毛虫危害。全县发生病虫害总面积 4901 亩，其中发生轻度灾害的有 1800 亩，中度灾害 3101 亩，均为松毛虫危害，发生率达 0.16%。有虫面积达 50749 亩。县森防站组织专业人员进行防治，对马尾松毛虫危害严重的地方用 1.8% 的低毒、高效阿维准素进行喷烟爆发式防治，危害轻的地方用白僵菌进行生物防治。共防治 25200 亩，效果良好。

二、油茶煤病防治

油茶病虫害种类多，全县常见普遍发生的病虫害是油茶刺绵蚧，又称日本卷毛蚧，是诱发油茶煤病的媒介，是油茶产区的主要病虫害之一。严重发生时，往往会造成颗粒无收，芽梢不发，甚至通片死亡。大发生年间，全县危害面积达 2 万亩，每年损失油茶籽约 60 多万斤，严重地影响油茶生产。危害林地一般在海拔 300～600 米的地段，山高坡陡，水源奇缺，树高冠大，防治难度大，因此要贯彻"预防为主，综合防治"的方针，切实做到"治早、治少、治了"。

（一）营林措施预防

贯彻"以防为主、防治结合"的原则，把营林措施和生物、药剂防治结合起来。因山、因林制宜，进行综合防治。初发病的林分，蚧口密度较低，害虫多集居在局部枝叶上为害，尤其是脚枝上最多，因此通过调查，充分掌握虫情基础上进行修枝，去除病虫枝，是防止扩散蔓延的有效措施。同时也是乡村群众可行的一项措施，每年在 3～5 月进行。

（二）生物防治

在自然界中，有不少害虫被一些昆虫寄生和捕食，或者由于病源微生物的侵入，造成大量死亡。使害虫致死的生物，称为害虫的天敌。利用各种天敌除害虫，叫做生物防治，也就是说"以虫治虫"。油茶煤病的媒介——刺绵蚧天敌种类多，但以黑缘红瓢虫防治效果为最好。黑缘红瓢虫是油茶煤病主要诱病媒介——绵蚧壳虫的重要天敌，利用瓢虫控制绵蚧壳虫是防治油茶煤病最有效方法之一。

黑缘红瓢虫在一般在油茶煤病发生林地均有存在，但分布极不平衡，有的林地瓢虫发生数量多，有的林地少，瓢虫发生多的林地往往因食料奇缺，造成相互残杀，致使群体很快散去或死亡；瓢虫少的林地往往是病虫猖獗。因此要利用和保护天敌，适时助迁，释放天敌，让它定居繁殖，是防治油茶刺绵蚧的有效措施。助迁瓢虫，宜在每年 3～6 月进行。

（三）化学防治

对刺绵蚧蚧口密度高，蚧口级、病级均在两级以上，同时天敌奇缺，用营林措施、生物防治一时难以控制的林地，采用化学防治进行除虫。但油茶林地的刺绵蚧均发生在海拔 300～600 米的山上，山高坡陡，水源奇缺，用石硫合剂 50%，马林乳剂 1000 倍液，25% 亚氨硫磷 2000 倍液喷施较困难，因此，在每年 5—6 月用氧化乐果涂杆法，既省工又省钱，而且能有效保护天敌，达到较好的防治效果。

图 5-2-5-7 油茶病虫调查（2010 年摄）

三、松材线虫病防控

松材线虫病是松树的一种毁灭性病害，被世界各国列为头号的植物检疫对象，被称为松树的"艾滋病"。松林感染松材线虫病后，一般 40 天左右即可死亡，从松木个体发病到整片松林毁灭只需 3～5 年时间。

为切实做好松材线虫病防范工作，1992 年和 1994 年，地区森防站两次组织各县（市、区）森检站站长赴浙江省象山县和四川省考察松材线虫病发生情况。

2000 年 4 月 19 日，地区行署下发《关于切实加强松材线虫病预防工作的通知》（丽署办〔2000〕21 号），并附全国松材线虫病发生区名单。同年 4 月 25 日，地区行署召开"全区松材线虫病预防工作会议，各县（市、区）分管领导、地直"松材线虫病预防指挥部"成员参加会议。地区森检站与有关单位签订《松材线虫病预防责任书》。是年，青田县成立松材线虫病防控工作指挥部。

2000 年和 2002 年，地区松材线虫病预防指挥部办公室组织各县（市、区）林业局分管局长、森检站长赴山东省、杭州市和乐清市考察松材线虫病防治工作。

2002 年，省林业厅下发《关于切实做好松材线虫病疫情普查工作的通知》（浙林防〔2002〕130 号）。是年，经批准，青田县建立全国森林病虫害防治检疫标准站（林造发〔2002〕187 号），主要检疫对象为松材线虫病。

2003 年 9 月，缙云县森防站在秋季松材线虫病疫情监测中，确诊五云镇的西寮、湾潭、三里、建设等 4 个行政村，7 个小班发生松材线虫病，发生面积 675 亩，枯死松树 493 株。

2009 年 2 月 11 日，经省林业有害生物防治检疫局确诊，景宁县发生松材线虫病疫情。主要发生在鸬鹚乡徐崇村焦坑自然村、黄桑南村；英川镇黄垟口村底垟；葛山乡葛山村、林湖村；沙湾镇仙姑村等大古松死亡。

2010 年 10 月 25 日，经省防检局镜检，莲都区水阁街道陈店村南源弄自然村、万象街道丽南村观音岩风景区、水阁街道上沙溪村、碧湖镇白口村确定为松材线虫疫点。

面对周边县市确诊发生松材线虫病疫情，青田备受压力，防控形势严峻。防控松材线虫病，只要切断寄主、病原、传媒三者的任何一环，都能达到控制的目的。

2011 年 10 月，油竹上村后山首次发现疑似松材线虫病疫情，涉及面积 1400 亩，县林业局采取一系列紧急防控措施，对枯死松树及枝丫全面清理下山并烧毁。为遏止松材线虫病的扩散蔓延，青田主要采用改造松林、清除病死树并杀死其中传媒昆虫和病原，以及采取化学和生物手段防治传媒昆虫等措施，包括清理病源物和控制、减少传播媒介松褐天牛虫口密度。

（一）全面落实预防林业有害生物的措施

1. 建设生态预防隔离网。结合每年造林的契机，大力营造阔叶林，调整林分结构，利用生物防治和天敌防治，不断完善林业有害生物的预防体系。

2. 建立健全县、乡（镇）组织指挥体系，成立主要领导和相关部门负责人组成的预防林业有害生物工作领导小组，明确岗位，落实责任。制订《青田县疑似松材线虫病疫情除治实施方案》，根据疑似疫点发生状况，划分重点除治区、强化监测区、普通预防区，实施动态综合防治。

3. 建立健全监测预警、检疫除害、宣传三支队伍，组织技术演练和专业培训，健全疫情信息档案和除害药物管理制度。扩大监测覆盖面，逐步把绿色通道林、瓯江景观林及有害植物等纳入监测范围；在加强国家级测报点监测的同时，及时发布有害生物的预报、通报和警报；加强病虫情的立体监测，准确预报病虫情动态。实行重点监测调查，发现病、枯死松树进行详查，查清死因或采样送县森防检疫站镜检，及时填报调查图表、按时上报调查结果。

4. 签订防范工作责任状。每年由县林业有害生物防控指挥部总指挥和 33 个乡镇以及电信、移动、联通、电力等相关涉木责任单位签订《青田县松材线虫病防范工作责任状》。强调松材线虫病预防工作的重要性和紧迫性，要求各相关单位切实贯彻落实《责任状》内容，严防松材线虫病入侵。

5. 加强疫木检疫监管工作，监管重点的松木利用企业，与企业签订《松木及其制品使用承诺书》，把申请复检、不收购、销售、存放、携带和使用来自发生区未经检验合格的松木及其制品、建立松木及其制品出入台账制度等写进承诺书。要求企业完善台账、报检、备案、加工情况通报，经常检查涉木企业报检、承诺、台账等长效监管机制及检疫档案完善情况。

（二）全力遏止、防治松褐天牛

松褐天牛属鞘翅目天牛科，是松材线虫病的主要传播媒介，全县均有分布。由于松褐天牛危害具隐蔽性，防治比较困难。20 世纪末，松褐天牛危害开始大暴发。控制、减少传播媒介松褐天牛虫口密度，是防控松材线虫病蔓延的重要一环。

1. 封锁病木及其制品

严禁任何单位和个人将病松木出运，停止除治区松木商品性采伐审批。按照国办发《关于进一步加强松材线虫病预防和除治工作的通知》要求，禁止任何单位和个人在除治区内非法经营和加工利用松木，防止松褐天牛携带松材线虫传播扩散。

2. 设置诱捕器

除治区和监测区内，按发生疫情（含疑似）小班每公顷2个、其他每公顷0.5个密度架设诱捕器，进行天牛诱杀和监测。设置要求：疫情（含疑似）小班设置在疫木附近，其他地区设置在林缘、林间通风空旷地带，诱捕器之间相隔70米为宜，适当均匀分布。

3. 堆放饵木

在除治区设置饵木，设置时间在4月底至7月为宜。利用生长势较差，胸径10厘米的活松木做成饵木，呈三角形支架，松枝丫在三角支架下面。7、8月间适当添加引诱药剂，增加引诱效果。设置位置为树荫下湿度略大的地方为宜。同时对饵木堆进行编码，挂上警示标志，以防破坏。

4. 药物注杆

每年11月至翌年3月底前，在全县名胜古迹、旅游景点的古松树进行免疫制剂注射保护。

5. 白僵菌粉炮

在4月份，湿度相对较大的时候施放白僵菌粉炮，以降低天牛密度。

6. 化学防治

除治区化学防治实行专业队伍承包防治。在5月中旬第一批天牛羽化时，使用绿色威雷、噻虫啉等生物化学农药对除治区松林进行第一次防治，6月中旬对除治区和监测区松林进行第二次防治，毒杀松褐天牛成虫。

2011年8月，正值松褐天牛繁殖的高峰季节，为有效遏制松褐天牛对松林的危害，县森防站把天敌川硬皮肿腿蜂成功投放在油竹下村松木林中。

图5-2-5-8 施放天牛天敌"肿腿蜂"（2012年摄）

2012 年 5 月，青田县在省市森防局、站的统一安排下，首次在油竹、山口等区域使用直升飞机喷施药剂防治松褐天牛作业。飞防作业区面积 24000 亩，药剂采用 2% 噻虫啉胶囊悬浮剂。第一次共飞行 18 个架次。油竹、山口等乡镇、林业公安、森防等相关单位共同协作，密切配合，做好飞防的后勤保障工作。同年 7 月，为巩固飞防成果，再次在同一区域进行飞防作业。两次共飞行喷施药剂 32 个架次。

图 5-2-5-9 飞防作业（2012 年摄）

图 5-2-5-10 飞机灌注药剂（2012 年摄）

图 5-2-5-11 喷粉防治作业
（2012 年摄）

是年，还进行人工喷洒噻虫啉药剂毒杀天牛。在飞机喷洒不到位的地方，5 月底松褐天牛羽化高峰期，组织专业防治队伍采用噻虫啉喷粉防治，在章旦乡、方山乡、湖边等重点防治区边缘及外围进行重点防治，毒杀松褐天牛成虫，降低松褐天牛密度。

2013 年，开展物理防治松褐天牛工作。在重点防治区挂置诱捕器，在松褐天牛羽化期内进行诱杀，聘任专职观测员 3 人，每 5 天观测一次，及时记录每次诱捕监测信息。

图 5-2-5-12 喷烟防治作业（2012 年摄）

图 5-2-5-13 悬挂天牛成虫诱捕器（2013 年摄）

图 5-2-5-14 诱捕到的天牛尸体（2014 年摄）

2014 年，在天牛危害核心区挂诱捕器 50 只，共诱捕天牛 8419 头。3 月中旬对塔山景区、东堡山、千丝岩风景区的古松树开展树干注药保护，共注药松材线虫疫苗 4000 瓶，保护古松树 2000 株。

图 5-2-5-15 社区防治病虫作业（2014 年摄）

表 5-2-5-4 2014 年青田县诱捕天牛松褐统计表

地址	序号	数量（只）					
		5月17日	6月3—4日	6月13日	6月25日	7月10—11日	8月2—3日
塔山	1	12	10	26	13	7	21
	2	25	32	17	23	9	15
	3	42	33	76	25	15	25
	4	31	43	47	37	25	23
	5	42	73	21	28	39	26
	6	16	22	45	13	8	17
	7	28	20	41	29	23	27
	8	8	42	34	30	26	30
	9	36	67	53	49	50	57
	10	28	71	49	38	36	28
油竹管委会飞防区	1	23	41	56	51	45	55
	2	24	15	41	39	52	35
	3	5	70	24	35	42	34
	4	20	45	51	42	43	15
	5	39	51	57	55	67	5
	6	27	50	28	37	52	21
	7	22	87	61	70	84	57
石郭岭	1	16	30	27	32	36	43
飞防区	1	20	54	39	40	44	17
	2	25	57	16	50	52	42
东堡山	1	64	61	56	49	51	47
飞防区	1	30	32	35	33	42	35
	2	18	25		28	36	42
	3	15	56	47	45	54	43
千丝岩	1	17	16	17	15	12	14
	2	5	17	5	7	6	5
	3	14	29	14	9	5	21
	4	15	15	15	12	18	31
	5	28	34	28	25	19	36
	6	18	26	18	20	21	4
	7	8	17	8	11	17	29
	8	31	51	31	26	18	28
	9	13	13	13	15	17	27
	10	43	35	43	28	12	45
观音殿	1	20	27	20	25	21	25
飞防区	2	31	24	31	30	29	10
	3	43	74	43	45	53	8
	4	35	82	35	31	30	36
	5	68	80	68	61	70	5
	6	15	28	15	35	59	14
	7	71	91	71	69	81	72
	8	37	44	37	35	37	19
合计	8419	1128	1790	1459	1390	1463	1189

（三）全面处理枯、病死松木

根据《浙江省松材线虫防治条例》及相关文件要求，县松材线虫防控指挥部下发《青田县重点区域枯死木监管制度》和《青田县松材线虫病防控方案》等两个文件。文件明确林业局的职责：负责资金的落实，负责山场药剂处置技术指导，协助乡镇做好相关工作。乡镇街道的职责：负责协调好村民与工程队的关系；全程监管工程队枯死木清理全过程；监管枯木及树枝的运输，防止流失等。

1. 枯死木清理及农药采购招投标

枯死松木清理招投标上半年4月份一次，下半年10月15日一次。做到公正、公平、公开，程序透明。共有9家清理施工队参加投标，中标3家。农药采购招投标，招标会由局采购委员会主持，纪检监察全程参与，共8家经营户参加投标，其中3家中标。

2. 完善枯死木清理监管体系

建立县、乡、村三级监管体系。县林业局组建专业监管队伍，其队员均具丰富的野外砍伐、防治经验。在3支施工队中每支派驻两名队员全程监管、全面监督（包括枯死木砍伐，伐后去向，山场药物处置，树枝的清理等）；乡镇街道配备兼职监管员每支施工队两名，主要负责协调工程队与村民的关系，保管枯死木不流失，保证清理工作顺利进行。当地村委为每支施工队配备两名人员，主要负责上山带路以及登记枯死木与村民利益分配、运输押车等事宜。

图 5-2-5-16 林中枯死木（2012 年摄）

3. 枯死木清理及运输的标准要求

①伐桩高度低于5厘米；

②除治迹地清理干净，不残留直径1厘米以上松树枝丫、树干；

③清理人员应携带编织袋，及时捡拾散落的枝丫；

④清理下山的松材、松枝集中送县林业局定点企业安全处置；

⑤未挖除的树桩进行除害处理，在树桩上划"十"字，倒上甲氰菊酯，覆盖塑料薄膜后再覆土压实，薄膜不能破损，覆土厚度10厘米以上；

⑥主杆砍伐长度不小于 2 米，小于 2 米作为松枝处理；

⑦具体技术要求参照《浙江省松材线虫病综合治理技术规程》（DB33/T 267—2006）。

2010 年，全县在疑似疫区山场药物除治伐桩 12850 个，清理枯死松木 300 余万斤。

图 5-2-5-17 砍伐枯死木（2011 年摄）

图 5-2-5-18 枯死木运输（2011 年摄）

2011 年 10 月，县森防站组织 30 余人历时 2 个月，对全县的枯死松木进行全面清理，处理枯死松木 70 多万斤。

2013 年，专业队共处理枯死松木 400 万斤，其中：油竹管委会 110 万斤，温溪镇 50 万斤，山口镇 90 万斤，鹤镇街道 30 万斤，瓯南街道 100 万斤，腊口镇 20 万斤。

2014 年，全年处理枯死松木 350 万斤。

表 5-2-5-5 青田县 2007 年林业有害生物防治考核自查情况表

考核内容	分值	标　　准	实　　绩	自查扣分
成灾率	10	成灾率控制在 1.5% 以下（5 分）。	2007 年成灾率为 0，各季报年报数据、准确、不漏项各种材料齐全，调查样地 549 块、小班 1205 个、标准地 1067 块。	0
		有实际成灾面积原始数据（2 分）。		0
		季报和年报数据准确、不漏项（2 分）。		0
		有统计年份现有林面积资料（1 分）。		0
无公害防治率	15	无公害防治率在 76% 以上（5 分）。	2007 年，对方山乡、石溪乡、海口镇进行了白僵菌预防性施效。对重点区域瓯江两岸进行全面封山并进行纯林改造。	0
		主要林业有害生物治理有防治技术方案和防治效果检查原始记录（5 分）。		0
		在林业有害生物常发区有计划地采取封山育林、纯林改造等措施（3 分）。		0
		合理使用各类农药，无安全责任事故发生（2 分）。		0

续表 5-2-5-5

考核内容	分值	标 准	实 绩	自查扣分
测报准确率	15	测报准确率在81%以上（3分）。	2007年，预测发生有害面积2000亩，实际发生有害面积1842亩，测报准确率92%，各种数据、清楚、完整、测报、网络体系健全，各种资料、记录齐全，全县22个测报点固定标准牌全部重新。	0
		调查数据有代表性，数据来源清楚，原始纪录完整（1分）。		0
		及时发布通报、警报、预报，预报结果与实际情况基本吻合（3分）。		0
		测报网络体系健全，数据上报及时、准确，季报和年报表有存档，县、市和上报省的数据核实一致（5分）。		0
		主要林业有害生物测报样地调查、监测线路调查有示意图并标明代表面积。调查数据记录与图示相符，中心测报点固定标准地有标记（3分）。		0
种苗产地检疫率	10	种苗产地检疫率在93%以上（2分）。	对各乡种苗产地进行全年两次检查、检疫，检疫率在99%。	0
		产地检疫调查记录和汇总资料完整（3分）。		0
		按规定签发《产地检疫合格证》或除害处理通知书（2分）。		0
		有种子、苗木繁育基地分布资料（2分）。		0
		森检员依法检疫，无检疫责任事故（1分）。		0
保障措施	15	当地政府和林业局领导重视森防工作（3分）。	县政府分管领导、局领导参加我市召开的电视电话会议；局派出专人负责对枯死松木清理；局拨专款设立中心测报牌。	0
		林业局对森防工作考核（百分制）分值5分以上（4分）。		0
		森防站人员岗位分工明确，责任到人（2分）。		0
		森防站对乡镇林业站兼职检疫员（测报员）有考核办法，并组织考核（4分）。		0
		组建林业有害生物防治专业队并正常开展防治（2分）。		0
站务建设管理	15	森防站有正式编制并按编配置专职人员（1分）。	2007年，组织人员对历年来的森防站档案全部进行装订成册，进行规范管理。在中国林业发表两篇《杨梅病虫害防站》和《毛竹竹笋病虫害防治》论文。	0
		森防站站长、测报员、检疫员持证上岗（1分）。		0
		档案齐全，装订成册，专人负责，管理规范（2分）。		0
		月报材料上报及时，数据准确、规范（2分）。		0
		有健全的规章制度，年初有计划，年终有总结（2分）。		0
		有计划地开展森防、森检业务法规培训（2分）。		0
		检疫收费达到基数（近三年平均值），上缴及时（3分）。		0
		在省级以上刊物发表论文2篇（2分）。		0
宣传工作	10	各地信息被市森防信息网采用12篇以上（5分）。	2007年森防站在各种刊物上、网络上发表信息48篇，有（兼）职森防通讯员1名。	0
		完成调研文章1篇（2分）。		0
		有专（兼）职森防通讯员（1分）。		0
		站领导重视宣传工作，有具体措施（2分）。		0
松材线虫病防控	10	缙云县发生区范围不扩大，没有新发生疫情的乡（镇）（10分）。	没有发生松材线虫病	0
		其他县（市、区）没有松材线虫病发生（10分）。		0

2015 年 1 月 21 日,县政府发布青政办〔2015〕1 号《青田县 2015 年度松材线虫病防控方案》,《方案》严格要求执行"严防死守、全力除治、不留隐患、综合治理、全力控制"的除治方针。要求防控工作实行分类指导、分区施策、重点突破、整体推进。全县枯死松木安全利用处理率、枯死松木除害处理率、松木及其制品调运检疫率、全县松材线虫病监测覆盖率等四项指标均要达到 100%。《方案》规定:

(1)防控实施范围

分重点防治区域和全面预防区域。重点防治区域包括:鹤城街道、瓯南街道、油竹街道、温溪镇、山口镇、腊口镇、章旦乡等 7 个疑似松材线虫病发生乡镇(街道),进行枯死松木清理和松褐天牛综合防治。全面预防区域包括:除上述 7 个乡镇(街道)外的其他乡镇(街道)及国有林场等,预防任务主要为清理枯死松木。

(2)工作措施

包括普查监测、枯死松木监管、林相改造、清理病源、防治松褐天牛、免疫剂保护等。

(3)组织保障

包括加强职能合作、落实一线责任、及时落实资金等。

表 5-2-5-6 2015 年松材线虫病重点防控汇总表

乡镇	涉及村	面积(亩)	小班个数(个)	2014 年秋季枯死树数量(株)
青田县	18 个	12500	188	8350
瓯南街道	石郭上村	400	7	530
	石郭下村	500	8	420
	泥 湾	400	6	270
	水 南	550	8	380
鹤城街道	一 村	600	9	630
	二 村	550	10	520
	平 演	500	10	370
	扦 仁	550	9	480
油竹街道	下 村	1500	22	600
	雅 呑	750	12	500
	东 赤	600	10	500
山口镇	山口村	500	11	850
	大安村	2500	30	600
章旦乡	章旦村	600	7	100
腊口镇	瑶均村	350	5	65
	腊口村	300	3	35
温溪镇	温溪新村	600	9	780
	龙叶村	750	12	720

表 5-2-5-7 2015 年松材线虫病防控资金预算表

序号	项目名称	任务工作量	经费（万元）	备　注
1	监测普查	180 万亩	38	春、秋两季疫情普查、除治调查设计费；
2	宣传经费	全县林技员培训	8	制作宣传牌、印刷资料等。
3	保险费和劳保用品	20 人	2	各除治专业队和防治队。
4	古松及风景松林预防	5500 株	5	购置免疫注射剂 5000 瓶。
5	松褐天牛成虫生物飞机防治	2.5 万亩	30	购置农药及防治工资
6	诱杀防治	50 套	4	购置诱捕器、引诱剂、管理工资等。
7	监管、监测人员民工工资	7 个乡镇街道 18 个村	36	每村 2 个民工，11 个村共 22 个民工
8	枯死松树清理及山场药物除治	400 万斤	200	0.5 元/斤。包括树枝清理及山场药物除治
9	农药		27	噻虫啉、甲氰菊脂等
10	林业有害生物普查	全县范围	25	由省农林院校承包
	合　计		375	

第六节　植物检疫

　　植物检疫是通过法律、行政和技术的手段，防止危险性植物病、虫、杂草和其他有害生物的人为传播，保障林业安全的措施。中国的植物检疫始于 20 世纪 30 年代。民国 22 年（1933 年）12 月 19 日，民国政府实业部公布《实业部农业病虫害取缔规则》，"第一条，实业部为保护国内农业生产并便于病虫害之研究起见凡由国外输入病虫害者非持有实业部农业病虫害进口特许证不准进口""第五条，凡由国外输入农业病虫害者于抵埠时经商品检验局核与特许证所列事项相符者准予进口，否则立即责令全部烧毁并注销其特许证。"

　　中华人民共和国成立之后，1963 年 5 月 27 日，国务院发布的《森林保护条例》第三十五条规定："省、自治区、直辖市的林业行政部门，应当确定林木种苗的检疫对象，划定疫区和保护区，对林木种苗进行检疫，防止危险性病害、虫害的传播和蔓延。"1964 年 1 月 21 日，林业部提出国内森林植物检疫对象名单，发文向各省、市、自治区林业行政部门征求意见。

　　1984 年 5 月，根据林业部和省林业厅有关文件精神，县政府发文，建立"青田县森林植物检疫站"，负责辖区内森林植物检疫工作，与"县森林病虫害防治站"实行两块牌子，一套班子办公。

一、检疫实施

（一）检疫对象

1.1986 年森林植物检疫对象

确定泡桐丛枝病、松针褐斑病等为检疫对象。

2.1989 年森林植物检疫对象

1989年林业部公布国内森林植物检疫对象。青田县森林植物检疫对象有：松针褐斑病、板栗疫病等。

3.1996年森林植物检疫对象

1996年1月5日，林业部重新发布森林植物检疫对象名单，共有35种病虫害。补充检疫对象有松褐天牛、松纵坑切梢小蠹、栗瘿蜂、栗实象等。

4. 2000年以后森林植物检疫对象

新增加的检疫对象主要为松材线虫病。

（二）产地检疫

检疫员、兼职检疫员每年不定期深入种苗繁育基地、种子园、母树林、林场、木材加工厂、集贸市场等地进行产地检疫调查，对产地检疫合格的由检疫员或兼职检疫员发给《产地检疫合格证》，不合格的发给《检疫处理通知单》。

（三）调运检疫

根据规定，凡调运森林植物和林产品，包括母竹、花卉、木本植物的种子、苗木和繁殖材料等必须经过检疫，凭《植物检疫证书》调运。

1988年，县林业局转发省林业厅《关于开展木材、毛竹检疫工作的通知》，开始进行木材、毛竹的调运检疫工作。

1996年，为便于操作，县森检站根据《国内森林植物检疫收费标准表》的标准，按照当时林产品的市场价格，将收费标准做了相应的调整，杉木板方料3元/立方米，杉原木、原条、松木板方料2.5元/立方米，松原木、松原条、杂木板方料2元/立方米，杂原木、原条1.5元/立方米，毛竹0.02元/支。

二、产地检疫

1984年12月12日，县森检人员对仁宫乡运往湖北省林科所的90斤红花油茶种子进行检疫，并首次在《浙江省森林植物检疫报检单》上签署"无检疫对象""同意调运，请省森检开具出省检疫证"字样；这是青田植物检疫史上的第一单。同年12月28日，森检人员对仁宫乡红花村发往慈溪县龙南乡农林公司的300斤红花油茶种子检疫后，开具了同意调运的检疫证书。

图5-2-6-1 产地检疫油茶种子（2008年摄）

1985年，全年开具林木种子、种苗检疫证共12单，范围包括红花油茶种子及其大苗、泡桐种子及一年生苗木、华山松大苗、铁树、龙柏扦插枝条、法国梧桐苗等。其中对产自石帆乡塔山湾村的泡桐一年生苗木2万株，开具了"有泡桐丛枝病"，"不准出运"的意见，并监督进行销毁。

1987年，开具调运检疫证6份；签发《产地检疫记录》3份。

1991年，森检站组织人员深入重点林区、木材贮藏点、加工企业及育苗区、圃，开展苗木、木材产地检疫。是年，共检疫产地木材1.57万立方米，占调运检疫数2.6万的60.35%；苗木1899.38万株，占比100%。

同时，根据省林业厅（91）195号文件和地区局（91）106号文件精神，对全县松林进行松材线虫疫情普查，调查面积6.53万亩，没有发现松材线虫疫情。

1992年，产地检疫木竹材2.4万立方米，占调运检疫数4.62万立方米的51.93%；产地检疫苗木1166.08万株，占调运数的100%。

1993年，产地检疫木竹材1.63万立方米，占调运检疫数的41%；产地检疫苗木166.59万株，占调运数的100%。

1998年，加强森防检疫体系和队伍建设。除有专业森林检疫人员3名外，聘请乡镇林业站、国营林场、县苗圃和木材检查站技术

图 5-2-6-2 苗木检疫（2008 年摄）

图 5-2-6-3 产地苗木检疫调查（2008 年摄）

图 5-2-6-4 苗木检疫前置调查（2009 年摄）

员18名，加强森林检疫工作。为掌握油茶刺绵蚧虫情，在章村、腊口等2个乡镇调查油茶林8191亩。是年，产地检疫木材1.69万立方米；产地检疫杉木苗10亩（70万株），松木苗5亩（75

万株），共签发产地检疫合格证 37 份。

2002 年，共检疫 200 万株松杉苗，产地检疫率达到 100%。全年调运检疫木竹材 54490 立方米，收取检疫费 20 万元，处理违章案件 3 件，办理植物检疫证书 4900 份。

2005 年，为防止危险性疫情传播，扩散蔓延，森防站积极开展苗木产地检疫，共检疫苗木 286.5 亩，产地检疫率达 100%，全年调运检疫木材 33800 多立方米，收检疫费 8.8 万元。

2010 年，抓好重点在建工程绿化苗木、营业性花卉苗圃地和全县重点造林基地外来苗木的检疫管理工作。对全县 16 家苗圃进行产地检疫，预防携带危险性病虫的苗木、花卉成为新的传染源。同时开展城市街道的绿化树木和居民小区的绿化树木、绿色通道林木的有害生物监测、检疫、防治工作，改变以往只重视山地林业有害生物防治，忽视城市街道的绿化树木和公路行道树林业有害生物的防治。

三、调运检疫

1988 年，县林业局转发省林业厅《关于开展木材、毛竹检疫工作的通知》，全县逐步开展木材、毛竹调运检疫工作。

1991 年 4 月 18 日，县林业局青林字（91）第 33 号发出《关于委托县木材检查站处理违章调运检疫事件的通知》，《通知》规定：委托检查站直接处理运输检疫；对无《植物检疫证》运输森林植物的，按省林业厅林政（85）232 号和省财政厅财农（85）404 号联合文件精神，可处以货物价值 10% ～ 20% 的罚款，或收取 1 ～ 5 倍的检疫费。

是年，县森检站开展便民活动，在章村木折椅生产基地腊口镇，设立木材出口检疫办事处，每周二、三、四，定点现场办公，方便各生产企业办理检疫证书。此举受到丽水地委、行署的通报表扬。

是年，共开具检疫证书 1995 份，检疫调运木材 2.6 万立方米，毛竹 945 立方米，收取检疫费 2 万元。同时，与木材检查站配合，查处多起违章运输案件，补办检疫证 25 起，罚款 6 起。

1992 年，开具检疫证书 3368 份，调运检疫木材 4.58 万立方米，毛竹 387 立方米，收取检疫费 3.94 万元。补办违章运输检疫证 10 多起，罚款 4 起。同时，对县林化厂、百货公司、电控厂等 10 多个单位进行松木包装箱复查，没有发现松材线虫病疫情。

1993 年，开具检疫证书 3138 份，调运检疫木材 0.39 万立方米，毛竹 0.31 万立方米，收取检疫费 3.2 万元。

1998 年，开展松材线虫病疫情调查，全年共进行两次调查，每次均调查 16 万亩以上；特别是对公路沿线、风景旅游区的松林，做重点调查。同时，对有关单位进行松木包装箱复检，共检查松木包装箱 345 只，未发现疫情。是年，开具检疫证书 3700 份，调运检疫木竹材 4.05 万立方米，收取检疫费 9.708 万元。

2002 年，松材线虫病疫情调查和电缆盘复检。全年进行两次调查，每次调查的面积均为 56 万亩，没有发生疫情。此外，森检站还结合森林植物检疫行政执法大检查活动，到电力、电信等 11 个经营使用单位复检进入我县的松木电缆盘、光缆盘、包装箱，处理 3 家单位，警告 8 家单位。

2005 年，松材线虫病疫情调查和电览盘包装箱复检工作扎实到位。森防站进行了 2 次大规模调查，每次调查的松林面积均为 1788922 亩，没有发现疫情。此外，森防站到电力、电信、

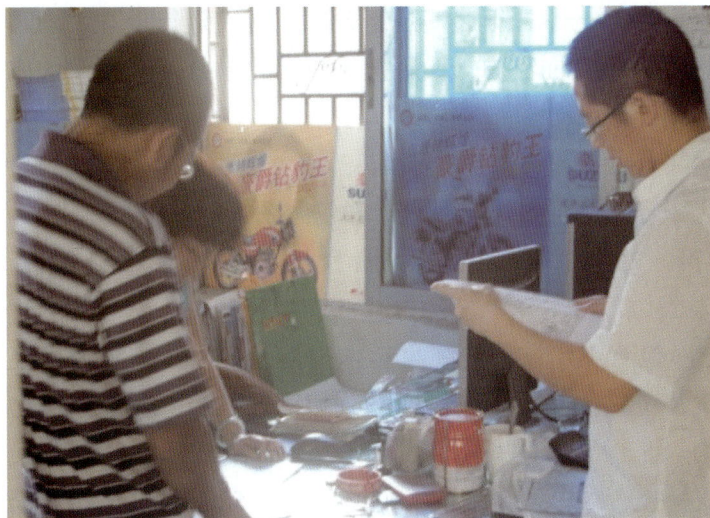

图 5-2-6-5 检查涉木企业台账（2009 年摄）

联通等 21 个单位复检进入青田的松木电缆盘、包装箱，对其中 7 家进行了除害处理，并对其进行全面的宣传教育。

2007 年，做好进出口木材的检疫，检疫率达 99%。对外地进口的 792 只光缆、645 只电缆、116 只木板箱等木质材料进行复检。全年开出检疫证 2020 份，复检检查木材 13372.41 立方米，毛竹 19.402 万支。

2009 年 对全县各木材加工厂、电信、电力、移动、联通等部门（公司）进行集中执法，对外来松木及其制品的加工、使用情况进行详细检查，认真核实《植物检疫证书》。共计检查木材加工厂 81 家，出动检疫执法 35 人次。检查中发现，电信、电力等部门对进出货物有专人管理，进出货物台账制度较全，所进光缆盘等货物有《植物检疫证书》。

四、检疫执法专项行动

（一）绿盾护林检疫执法专项行动（2008—2009 年）

2008 年，在省林业厅统一部署下，青田森检部门集中力量，开展"绿盾护林检疫执法专项行动"，对木材流通领域进行全面清理，依法打击非法加工、销售、调运松木及其制品的违法行为。执法检查的重点是：生产经营类涉木单位，包括木材加工厂、木材集散地、贮木场、涉木市场等；木质包装类涉木单位，包括木质包装公司、各类电信运营公司、电力公司、大型机器设备厂等；口岸类涉木单位，包括汽车货运站、火车站等；特别对木材、木质包装、卸货站进行重点检查。

是年，森检部门联合县财政、工商、交通、公安、电力、联通、电信、邮政、供销等有关部门协同配合加强检查力度。执法专项行动中，产地检疫苗木 144.96 万株；调运检疫外地进口苗木 162.71 万株，检疫率达 98.3% 以上。产地检疫松木 11436.39 立方米，杉木 7700.9 立方米，杂木 2001.52 立方米，毛竹 6.54 万支，木制椅 75.88 万支，上交检疫费 6.6225 万元。复检外地进口的光缆 153 只、电缆 86 只、木板箱

图 5-2-6-6 联合执法行动（2009 年）

169 只等木质材料，经检查基本上有检疫证。对一摩托车店违规运输木质包装进行处理，同时也加大对电力公司等物资经营单位检查力度，一方面巩固"绿盾护林 2008"执法专项行动的成果，另一方面也维护市场的经营环境。

2009 年，"绿盾护林"执法专项行动共查处 4 起案件，分别是：

3 月 9 日，在对青田电力公司物资仓库定期检查中，发现瓷器木包装杂木制品中混杂松木，与其植物检疫证上名称不符，属证货不符。处以 200 元罚款。并责令其限期整改和销毁包装，发货单位为江西景德镇珠山电瓷电器有限公司。

3 月 15 日，在青田电力公司物资仓库检查中，发现电缆盘杉木中混杂松木，与植物检疫证上名称不符，属证货不符。处以 1000 元罚款。并责令其限期整改和销毁包装，发货单位为宁波东方导线科技有限公司。

5 月 5 日，东源镇发现宁波东方导线科技有限公司无证运输电缆。处以 5000 元罚款，并销毁电缆盘包装。

6 月 10 日，接报有一批设备包装箱运抵温溪镇 110 变电所，经检查，发现检疫证没有随车。处以 2000 元罚款。并责令其限期整改，发货单位为西电三菱电机开关设备有限公司。

（二）"服务世博、绿盾护林"检疫执法专项行动（2010—2011 年）

2010 年，上海召开世博会。为确保上海世博会的生物安全，杜绝染疫的种苗花卉、木质包装材料传入上海，浙江全省开展"服务世博、绿盾护林"林业植物检疫执法专项行动。根据国家、省、市林业局和出入境检验检疫局的统一部署，县林业局召开"服务世博绿盾护林"检疫执法专项行动会议，青田森防部门正式启动为期 6 个月（5 ～ 10 月）的森林植物"服务世博，绿盾护林"检疫执法专项行动。专项行动内容包括：为林木繁育单位、涉木单位、引种单位做好检疫法律法规宣传和技术服务，严查供上海的种苗花卉苗圃；实施产地与现场检疫，确保不合格种苗花卉不出圃；强化道路检疫巡查力度，阻截不合格种苗花卉进入上海；严查涉木企业违规生产、加工、经营、使用松木及其制品，确保疫木不流出。

一是加强组织领导。在县林业有害生物防控指挥部的领导下，成立由指挥部成员单位有关领导组成的协调小组，县林业局成立"县检疫执法专项行动工作领导小组"，由

图 5-2-6-7 销毁无证电缆盘（2009 年摄）

图 5-2-6-8 "服务世博 绿盾护林"检疫执法专项行动（2010 年摄）

分管领导任组长，职能部门负责人任副组长，以利于"服务世博、绿盾护林"检疫执法专项行动工作的顺利开展。

二是制订实施方案。结合本地检疫执法工作的重点和薄弱环节，制订《青田县"服务世博绿盾护林"检疫执法专项行动实施方案》，明确重点，落实责任，加强合作，重在抓好工作任务的落实。

三是依法开展执法行动，严厉打击违法违规植物检疫行为。同时严格执法程序，规范执法行为，做到公正执法、文明执法。

四是集中行动、联合执法检查。各部门之间加强联系和沟通，以县森防检疫站、木检巡查大队、各乡镇兼职检疫员为主体，开展集中执法行动；供电、电信、

图 5-2-6-9 联合执法现场（2011 年摄）

联通等相关部门和各乡镇积极协助、配合林业部门进行联合执法检查，共同防范有害生物传入传出，切实做好世博期间检疫服务，确保执法专项行动扎实有效地开展。

执法专项行动中，对外地进口的 128 只光缆、130 只电缆等有木质材料进行复检，经检查基本上有检疫证。检查木材 12784.04 立方米，产地检疫苗木 29.91 万株，花卉 5.21 万株。

（三）"服务生态、绿盾护林"检疫执法专项行动（2011—2013 年）

2011 年，根据《浙江省"服务生态 绿盾护林"检疫执法行动实施方案的通知》文件精神，县林业局下发《关于开展"服务生态、绿盾护林"林业植物检疫执法行动的通知》，制订林业

植物检疫执法行动实施方案，成立以林业局分管领导为组长的检疫执法专项行动领导小组。落实专项行动的经费和执法交通工具，并确专人负责检疫执法专项行动信息的收集、整理和上报工作。

1. 检疫执法宣传发动

组织开展大型的广场宣传活动，发放《森林法》《植物检疫条例》《浙江省松材线虫病防治条例》300份。

图 5-2-6-10 检疫执法宣传（2013 年摄）

图 5-2-6-11 专项行动宣传（2013 年摄）

2. 疫木检疫监管工作

监管重点的松木利用企业，与 11 家企业签订《松木及其制品使用承诺书》，把申请复检，不收购、销售、存放、携带和使用来自发生区未经检验合格的松木及其制品，建立松木及其制品出入台账制度等写进承诺书。进一步完善企业台账、报检、备案、施工情况通报等工作要求。

"服务生态、绿盾护林"检疫执法专项行动共出动 36 人次，对全县的苗木以及出口林木进行检疫，检疫率达 99%。并对外地进口的 125 只光缆、351 只电缆等有木质材料进行复检，经检查基本上有检疫证。开出检疫证 358 份，其中杂木 111.92 立方米、松木 1974.85 立方米、杉木 2952.14 立方米，毛竹 377.375 立方米，

图 5-2-6-12 被查封的无检疫证木材（2012 年摄）

上交检疫费 11540 元。

2012 年，根据省林业厅《关于开展"绿盾护林一号"松木及其制品检疫执法专项行动的通知》精神，县林业局制定并下发青林防办〔2012〕2 号《关于印发青田县'绿盾护林一号'松木及其制品检疫执法检查专项行动实施方案的通知》和青林防检办〔2012〕3 号《关于印发"青田县'绿盾护林一号'松木及其制品检疫执法专项行动领导小组的通知》。县林业局会同有关部门，于 4 月初开始，开展"绿盾一号"专项执法行动。行动中，全县共登记生产、加工、利用松木及其制品单位 36 家，并全部建立信息资料档案，其中生产类 31 家、利用类 5 家；检疫执法专项行动共开展 4 次，出动执法人员 35 人次。

2013 年，县林业局开展"服务生态、绿盾护林"检疫执法二、三号专项行动。下发《关于开展"服务生态、绿盾护林"林业植物检疫执法行动的通知》的文件，并制订林业植物检疫执法行动实施方案。发放《森林法》《植物检疫条例》《浙江省松材线虫病防治条例》285 份。与 35 家企业签订《松木及其制品使用承诺书》。通过专项行动，全县松木利用企业的林业检疫法律意识得到进一步的提高，基本能做到承诺书上的所承诺的条款。

（四）"绿剑护林"检疫执法专项行动（2014 年）

相较于"绿盾行动"，"绿剑行动"具有主动出击的意味。

2014 年，浙林防〔2014〕45 号文件下发后，县森防站高度重视，7 月上、中旬组织召开两次专项会议，成立由分管领导为组长"绿剑"行动领导小组，抽调木检、森林公安、林政、森检等组成两个联合行动小组，办公室设在县森防站，加强领导，及时布置落实，确保行动取得实际效果。

1. 分片负责

第一小组负责温溪片、鹤城片、山口片、北山片；

第二小组负责船寮片、万山片、章村片、腊口片。

2. 时间安排：

第一阶段：排查摸底阶段（7 月至 8 月底）。各乡镇、街道调查摸清情况，开展涉木（松）企业检疫情况调查，上门告知和宣传林业政策法规，发宣传资料 35 份。

第二阶段：执法行动阶段（9 月至 11 月底）。根据行动方案和排查情况，组织力量，全力开展联合执法集中行动。对典型案件集中力量进行查处。以达到处理一起教育一片的目的。

第三阶段：检查总结阶段（12 月 1 日至 12 月底）。对各乡镇、街道行动情况进行检查，及时整改，上报总结。

3. 加强宣传

充分利用电视、广播、报纸、网络等新闻媒体，宣传林业植物检疫政策法规，宣传疫病疫源危害的严重性和打击林业检疫违法犯罪行为的必要性，争取社会和群众的理解和支持。继续实施逐家上门宣传、签收制度，确定专人作为行动联络人，及时上报行动信息，确保行动指挥和信息畅通。

在检疫执法专项行动中，共查处案件 4 起，烧毁疑似疫木 15580 斤，罚款 8120 元，农林联合执法检查经营单位 12 家，立案 2 起，教育整改 1 起。复检外来包装材料，货到复检，共复查电缆盘 6 批 105 盘，全部有检疫证书；复查 2 家摩托车销售公司包装箱 3 批 32 只，其包装箱是纸板、竹、铁、杂木等材料。被复检单位有移动公司、电信局、电视台、电力局等。复查中未发现传播媒介松褐天牛活体。

表 5-2-6-1 青田县苗木、木材检疫情况表（2002—2014 年）

年度（年）	产地检疫		调运检疫		收费（万元）	处理案件（件）
	受检苗木	检疫率（%）	进口苗木（万株）	木、竹材（立方米）		
2002	200 万株	100		54490	20	3
2003	105 亩	100		40827	13.8	7
2004	105 亩	100		41000	14.2	8
2005	286.5 亩	100		33800	8.8	7
2006	480 亩	99		54828	7.04	3
2007	（缺资料）					
2008	144.96 万株	98.3	162.71	松 11436 杉 7700 杂 2001	6.62	2
2009	16 亩	100		24564	5.06	5
2010	苗木 29.91 万株花卉 5.21 万株	98		12784	4.12	8
2011	580 亩	99		5415	1.15	3
2012	131 万株	100	53	3042	0.74	5
2013	150 万株	95	55	1505	0.34	4
2014	355 万株	100		752.8	0.16	3

附：国内森林植物检疫收费办法

1. 根据国务院发布的《植物检疫条例》第十七条"植物检疫机构执行检疫得收取检疫费"的规定，制定本办法。

2. 各级森林植物检疫部门（以下简称森检部门）对森林植物、林产品进行产地检疫或调运检疫时，按照本办法和所附的《国内森林植物检疫收费标准表》，收取检疫费。

3. 调运检疫：调运森林植物、林产品的单位和个人，应主动向调出地区的森检部门申请检疫；森检部门根据有关法规和调入地区森检部门查核直接签发检疫证书的，只收取证书工本费。对违章调出的应施检疫的森林植物、林产品、在途中被发现后，由途中所在地森检部门补检，收取托运人 3～5 倍检疫费；在调入地被发现后由调入地森检部门补检，收取收货单位（或收货人）3～5 倍检疫费。

4. 一批货物（即同一品种、同一商品标记的森林植物或林产品、运行同一地点、同一收货单位或收货人）为一计算单位，只需开具一份检疫证书。

5. 对邮寄、托运规定限量内的森林植物、林产品实施检疫，免收检疫费，只收证书工本费；

旅客随身携带规定限量内的森林植物、林产品免收检疫费，需截留检验的，酌情收取检疫费。

6. 复检：调入地区的森检部门对被调入的森林植物、林产品进行复检时，确认合格的，应予放行，不再收取检疫费；不合格的，调入地区的森检部门，应将检疫和处理情况及时通知原检疫证书签发部门支付。

7. 产地检疫：对采种基地、良种基地、苗圃、林场以及育苗专业队、专业户，执行种子和苗木产地检疫后，可待销售时收取检疫费；需要外运时，应根据《产地检疫记录》和调入地区森检部门提出的检疫要求进行查核，确认合格者换发《植物检疫证书》，只收取工本费。

8. 任何单位或个人从国外引进（包括赠送、交换）林木种子、苗木和其他繁殖材料，必须填报《引进林木种子、苗木检疫审批单》，每份收取手续费五角。

9. 未列入《森林植物检疫收费标准表》中的其他种类的应施检疫的森林植物、林产品，森检部门与当地物价、财政部门协商后，参照表内相应种类的标准收费。

10. 森检部门收取的检疫费，属预算外收入，只能用于发展森检事业的支出，并按规定报送收支报表。各级林业主管部门和财政部门要按有关预算外资金的管理制度对森林植物检疫收支进行管理和监督，对违反本规定者要及时查处。

11. 森林植物、林产品检疫费和除害处理费单位，允许其费用在销售成本中的销售费用或购货成本中列支。

表 5-2-6-2 国内森林植物检疫收费标准表

种 类	调运检疫			产地检疫	
	免费限量	收费起点额（元）	按货值的百分比（%）	收费起点额（元）	按货值的百分比（%）
苗木（包括花卉及观赏苗木）及其他繁殖材料	造林苗木及繁殖材料 10 株、根，花卉及观赏苗木 2 株	0.50	0.80	1.00	0.40
林木种子	大粒种子 300 克 中粒种子 100 克 小粒种子 50 克	0.50	0.20	1.00	0.10
木材		1.00	0.20		
药材	1000 克	1.00	0.50	2.00	0.30
果品	2500 克	1.00	0.10	2.00	0.05
盆景	2 盆	1.00	1.00		
竹类及其产品	2500 克，5 株、根、小件	1.00	0.20		

说明：

1. 省际间的调运检疫必须按照本表所列的收费标准执行；省内的调运检疫收费，各省可根据具体情况，在不超过本规定的收费标准以内，作适当调整。

2. 每份检疫证书（包括正本一份，副本二份）工本费三角。已收取检疫费的，不再收取证书工本费。

3. 苗木检疫费超过 1 元 / 株的，按 1 元 / 株收；种子检疫费超过 10 元 / 吨的，按 10 元 / 吨收；盆景检疫费超过 2 元 / 盆的，按 2 元 / 盆收。

4. 表中的货值指第一道销售环节的价格。

5. 检疫费应由供方负担。

第三章 山林纠纷调处

青田多山少田，山区县民对山林有着本能的依赖。旧时，朝代更迭，地籍管理紊乱，山林纠纷一直是山区突出的社会问题。中华人民共和国成立以后，历经土地改革、林业"三定"，山林权属几度剧烈变迁，存在诸多历史遗留问题。加上林地开发活动日益频繁，山林权属纠纷有扩大和升级的趋势。山林权属纠纷往往引起乱砍滥伐，破坏森林资源，而且经常引发械斗，酿成人员伤亡的惨剧，严重影响山区安定。1981年以前，县际间、县内集体间纠纷引起械斗，时有所闻，涉及人员伤亡的就有12起。为解决历史遗留的山林纠纷，国务院于1980年5月23日发文，规定处理纠纷四条原则。1984年，省政府对处理山林权属纠纷提出八条原则。1990年，省政府对处理国有山林的权属做了十条政策规定。1984年，青田县建立处理山林纠纷办公室（以下简称山林办），加强山林纠纷调处工作。据统计，1984—2014年，全县共处理（结案）山林权属纠纷共2984起。2007年以来，狠抓在社会上影响较大的老大难纠纷的调处工作，解决了一批闹了多年，积怨很深的历史积案，促进了社会的安定和山区林业生产的有序进行。

第一节 纠纷起因与特征

一、山林纠纷起因

（一）地籍管理紊乱

古时，豪强兼并，地讼纷争。秦始皇统一中国以来，历代统治者都重视地籍整理和管理。明朝时，在全国范围内建立起地籍史上有名的一部地籍档案——《鱼鳞册》。经过明万历年间的修整，成为中国古代的一部比较完整的地籍档案。但是，到了清代末年，《鱼鳞册》多已毁于战火，地籍档案散失，地籍管理混乱。清光绪元年修编的《青田县志》记载："康熙二十五年大水，县治冲没，鳞册尽失，其大端已多混淆矣"；"至（康熙）四十一年，知县郑新命始造田册，并未造地、山、塘、荡册"。没有鳞册，纠纷就产生了："山既无粮（指税赋），外民渐来栽木，土民又出而相争。或检寻残契，或造为伪契，遂有一山二契者；又有造为赎回之契者，又或造出旧日批剖者。"这就更混乱了。因此，志书中又述："康熙五十余年以迄于今，案积如山。"

辛亥革命之后，国民政府曾开展土地清丈和土地登记，但浙江全省只有14个县完成，其余的，或者没有开展，或者半途而废。中华人民共和国建立以后，县政府结合土地改革进行地籍整理，建立地籍档案，但都是用陈报登记的办法，没有"履亩丈量"，更没有缩绘成图。不但各户所占土地的四至界址多有不清，而且其土地的坐落位置也时有争执。田地尚且如此，山林的情况就更为复杂了。据资料考查，杭、嘉、湖地区在民国时期已基本完成土地清丈和地籍整理，因此，这些地区山林权属的纠纷就很少；而温、丽、台地区多数地方没有进行过土地清丈，地籍资料很不完整，因此，山林权属纠纷特别多，而且处理的难度很大。青田的山林纠纷多发，且很难解决，这是重要的原因之一。

（二）土地改革时遗留问题多

青田县在土地改革的过程中，对山林的没收征收和分配工作存在很多遗留问题，造成大量的山林纠纷。大致有下列几种情况：

1.1951年土改时，发放《土地证》，填报《农业税清册》，作为权属依据。当时，山林主要根据私人自报的面积登记发证，存在面积不实、四至不清、权属不明等遗留问题。主要为户与户之间山界不清，交叉重复分配，或数户共有山林登记为一户所有；

2.山权与林权分类不实，山地已分给群众，但山地中的大树归公，小树归私；

3.有些群众怕分山负担公粮，自有山林不登记；很多与公山接壤的林主，将公山登记为私有；面积登记普遍不能反映真实情况；

4.在县、乡交界地区，出现不少毗邻山场重复登记，政区变动、嫁女带山等"插花山"，埋下了权属纠纷的隐患。

5.土地证上所登记的山场坐落和四至不明确，有的甚至把他处山场的土地证当作此处争山之依据。

6.有些山场在土地改革中只分税亩不分山，没有把山场逐块分到户，形成多户所有的共有山，而山上林木生长又不平衡，于是争执不清。

7.土地证的填写和颁发过程中，发生土地证错发、误发、漏发、发证手续不符以及把山场的土名、四至写错等问题。

（三）合作化时遗留不少问题

山林从农民私有制转变为集体所有制的大变动中，在土地权属问题上存在的政策遗留问题有：

1.在公社化前夕新建的大多数国营林场，划进一部分集体所有的山林，但很多地方没有办理必要的手续，或者手续不完整，造成林场与当地农民山林权属争议。

2.在贯彻落实1960年11月3日中共中央《关于农村人民公社当前政策问题的紧急指示信》，实行劳力、土地、耕畜、农具"四固定"中，把原来属于生产大队所有的山林划片固定到生产队。但是，有些地方划片的界线不清，山林权不统一，以及划分给各生产队的山林不合理，而且大多没有完整的档案资料，引起生产队之间的权属争议。

（四）林业"三定"中遗留问题

在林业"三定"颁发山林所有权证工作中，不少地方方法比较简单粗糙，多数用自报登记办法，没有查验陈报登记者原来所持有的有效凭证，没有到实地逐块勘察丈量缩绘成图，对林地、林木的坐落位置、四至界线、地名及有关参照物的记录不清楚，加上没有在发证前把登记结果张榜公布，及时更正错误，对历史上的遗留问题也未能做一次全面的清理，造成一些新的隐患。

1.插花山的大量存在。插花山的成因：一是嫁女陪嫁，带山夫家；二是举家迁徙，但当时新、老居住地双方没有对其《土地证》进行有效衔接。另外，有些地方在搞插花山认定手续时，没有填写正确的四至界线；使插花山认定手续没有起到划清界线的作用。个别地方的插花山未经对方认定，仅一方填证，日后更易发生争端。

2."三定"时，青田普遍存在一山多林种、树种分属不同农户问题。在同一块山场中，油茶属于甲户，而其他林木又属于乙户；或毛竹林属于一方，其他林木属于另一方，由于毛竹扩鞭生长，很快就超越原界址。因此，在纠纷双方都有权证且记载又不明确的情况下，纠纷调处的难度，可想而知。

3. 在自留山证、承包合同书填写上，由于填写人员水平参差不齐，出现很多错、漏、重复等问题，或者四至表述含混，用相互姓名代替双方界址；或者随意将岗、降、港、光、广等字互代，产生歧义，给纠纷的产生、调处，带来很大的困扰。

（五）人为制造事端

人为制造事端，引发山林权属纠纷主要有：

1. 争族山。有些人纠集宗族势力，要把土地改革时山林的乡、村所有，分配给农民的族山争回去，而且往往挑起宗族械斗。

2. 向国营林场争山。有些乡、村，看到过去划给国营林场的集体山林已经成林成材，就制造借口推翻原先订立的协议或政府所做的处理，要把山争回去。

3. 利用土地证上的界址不清，故意扩大四至范围；为了争山，把其他山场的有效凭证移用到争议山场中作为依据，甚至涂改土地证，制作假证据，挑起山林权属争议。

二、山林纠纷主要特征：

（一）群体性、破坏性

山林、土地权属争议案件往往发生在个人与个人、个人与单位以及单位与单位之间，涉及面广，牵涉的人员多，如不及时、慎重处理，即有可能引发严重的毁林、毁地、械斗等恶性事件。

（二）复杂性、繁琐性

山林、土地权属纠纷案件产生的原因极其复杂，既有因过去确权定界时工作粗糙引起的，又有因政策频繁变动造成的，还有因山权、林权分离，一方有管理使用权却多年未经营管理，而另一方虽无管理使用权却长期管理使用形成事实耕管等等。另一方面是证据不易收集或证据缺乏，或时间跨度长，证据之间相互矛盾等，导致山林、土地纠纷案件事实难以查清；三是山林、土地纠纷往往与其他矛盾相伴而生，并多由其他矛盾诱发，特别是相邻关系的恶化，处理十分困难。

（三）长期性、反复性

由于山林、土地权属政策多次变化，历史上划界确权工作粗放，纠纷处理难度较大。一起山林、土地纠纷经过组、村调解，政府处理，最后进入司法程序，仍无法平息。有时一起争议往往是政府做出处理决定，法院判决撤销，政府又重新做出处理决定，法院又判决撤销，如此反复，一起争议持续数十年。

第二节 调处活动

山林权属纠纷历来就有，明、清代至民国初期，县内时有宗族、农户之间因山权、林权而发生山林纠纷。这些纠纷，多由宗族的族长、乡绅等协商、调定。或由官府依据契约、族谱、阄书、判批等予以判决。清光绪元年修编的《青田县志》记载："康熙五十余年以迄于今，案积如山。官据契定断者，则世守其业；官为之分剖者，则各守其业；若判为官山者，则取其木而以空山归官。后之断者，总以前案为凭；其无前案者，则亲勘定界，而绘图以备案。此息争之道也"。另外，清光绪《青田县志》中，对山场租主、佃户纠纷多发原因及如何避免，有这样的描述："（旧时）青田立剖全不清楚，故租主佃户争讼特多。按发剖承剖，必写两纸，中写合同两字，将出佃、垦佃、买佃、招佃，据实注明；更将卖佃未卖佃、有工本无工本、有佃皮无佃皮，据实注明，讼端自息"。

中华人民共和国成立以后，县政府非常重视山林权属纠纷调处工作。20 世纪 50 ～ 60 年代，山林权属纠纷的处理，主要是依靠林业部门或乡镇政府，对纠纷双方进行协商调解。例如土地改革中，大量的县际和乡（镇）际的插花山纠纷和土改时重田轻山、山界不清等纠纷处理。合作化时期山林折价入社遗留问题引起的纠纷处理，绝大多数也是通过对当事双方协商调解得到处理。对于一些重大的难以调解的省际、县际纠纷，则由上级行政首长直接进行调处。另一种纠纷处理方法是结合农村中心工作调处山林权属纠纷。例如贯彻落实 1960 年中共中央《关于农村人民公社当前政策问题的紧急指示信》，实行劳力、

图 5-3-2-1 山林纠纷"息讼"之道
（清光绪《青田县志》卷四）

土地、耕畜、农具"四固定"；1961 年，中共中央《关于确定林权、保护山林和发展林业的若干政策规定》（试行草案）（即林业"十八条"）和 1962 年中共中央发布的《农村人民公社工作条例修正草案》（即农业"六十条"），县委都曾做出指示，或者派出工作组，集中力量调解了一大批历史遗留的山林权属纠纷，解决了人民公社化运动中一平二调所造成的山林权属混乱。

20 世纪 80 年代以后，山林权属纠纷的调处工作，更加引起各级党政部门的重视。为解决历史遗留的山林权属纠纷，国务院于 1980 年 5 月 23 日批转《广西壮族自治区关于处理土地山林水利纠纷的情况报告》，规定了处理纠纷的四条原则。

1981 年统计，全县共有山林纠纷案件 2195 件，面积 174000 亩。其中地区（市）之间 15 件，县际之间 28 件，县内 2152 件。在林业"三定"中，县委要求"三定"工作组，利用有利时机，采取一切手段，解决山林纠纷。各乡镇工作组在定权发证时，结合查山定界，查阅历史档案资料，访问老党员、老当事人，查清山林权属。在全县各部门的支持下，经过协商和调解，整个"三定"工作期间，全县共解决山林纠纷 1869 件，占山林纠纷总件数的 85%，面积 140300 亩，占争议山林面积的 86%，其中地际 3 件，县际 4 件，县内 1862 件。

1984 年，根据上级要求，青田县建立山林办，配备人员 2 人，加强山林纠纷调处工作。

1985 年，全县新发生森林纠纷 13 起，面积 340 亩。遗留案件计 326 起。山林办发挥作用，当年就解决 32 起，面积 3025 亩。至年末，全县未解决山林纠纷共 307 起，其中：县内纠纷 301 起，面积 7315 亩，县际 3 起，面积 650 亩；市际 3 起，面积 1190 亩。

1987 年 4 月 7 日，省政府办公厅转发省林业厅、民政厅、公安厅、司法厅《关于调处山林纠纷问题的报告》。《报告》根据《森林法》和国务院（1984）95 号文件规定，结合浙江实际情况，

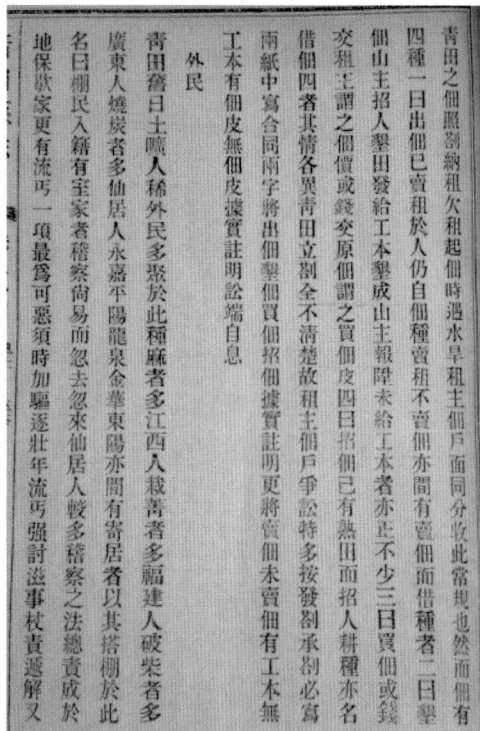

对处理山林权属纠纷，规定以下的政策原则：（1）山林权属应以土地改革时确定的权属为基础，以人民政府颁发的土地证为主要凭证，没有土地证的，可参考土地改革时的土地清册。土地改革时重复分配的山林，凡能提出确凿证据的，其权属应本着有利于生产管理和兼顾双方利益的原则，协商解决；协商不成的，可按双方各半并结合自然地形划分，但对土地改革后新造的人工林，林权谁造谁有，山权仍按各半的原则处理。土地证上记载的山林"四至"与面积不符的，以"四至"为准，确定权属；"四至"不准确的，协商解决。根据《中华人民共和国土地改革法》的有关规定，中华人民共和国建立前的旧契约，不能作为确定山林权属的依据。（2）双方争议的无证山林，凡是人工林，其山权、林权均归造林一方所有；天然林和荒山荒地，则应根据历史和现时的经营状况，兼顾双方利益，协商解决。（3）在土地改革以后合作化以前，因迁居、嫁娶随带的或赠送他人的山林，凡已在接受一方办理了入社手续的，属接收一方集体所有；没有办理入社手续的，仍归原集体所有。合作化以后迁居、嫁娶随带的或赠送他人的山林，其权属仍归原乡、村集体所有。（4）长期失管的有证山，已被他方营造了人工林，应当按照山权不变林权归造林者所有，适当照顾山权一方利益的原则处理。被他方长期管护的天然林，可按照山权不变，林木按比例分成的原则处理。（5）国营林场经营的山林，凡是国有山和无证山（包括超越县界的）应按省主管部门核准的范围经营管理；对集体所有制的山林，凡过去有过协议赠送给国营林场的（包括书面和口头），都应予以承认。（6）行政区域的界线，不能作为确定山林权属的依据。对超越行政区域界线的山场，作为插花山处理。（7）山林权纠纷已经双方协商达成过协议，或经上级人民政府、司法机关裁决过的，双方都要维护原来的协议和裁决，不得以任何借口单方面修改或推翻。对于同一纠纷有数次协议或裁决的，以最后一次协议或裁决为准。（8）发生跨市、地的县际山林纠纷，应由有关县主动协商解决。协商不成时，可报请上级人民政府调解处理。在纠纷解决之前，必须维持现状，任何一方都不准进入争执地区砍伐林木和从事基本建设或其他生产活动，也不准发放山林权证，已发放的一律无效。

1990年2月，省政府办公厅转发省林业厅、省国有林定权发证办公室《关于抓紧完成国有山林定权发证工作意见的报告》，对处理国有山林的权属做出十条政策规定。1993年9月25日，省八届人大常委会六次会议通过《浙江省森林管理条例》，对森林、林木和林地权属及纠纷处理做出明确的规定。1995年4月1日，省政府办公厅转发《省林业厅关于加快我省山林纠纷调处工作意见》。《意见》提出按照先急后缓、先易后难、分类指导、各个击破的方法，限期解决现有积案。1996年10月14日，林业部发出第10号令《关于林木、林地权属争议处理办法》。上述法规和规范性文件，是处理山林权属纠纷重要依据。

1987年，全县积留山林纠纷300余起，新发生的纠纷80余起，纠纷山场面积达7.4万亩。

1987年6月，山林办调处平桥乡驮龙村与平溪村山林纠纷面积300余亩。同月，又调处大洋山林场与平桥乡西溪村山林纠纷，面积200亩。

8月，调处坑底乡陈村垟村与祯旺乡应章村坐落在过山圩牛降、下岙水笕头山场山林纠纷面积1500亩。11月，省处理山林纠纷领导小组调处文成县国营金朱林场和青田县白岩前村山林纠纷1起。

1988年3月，山林办调处仁庄乡（镇）外垟村民杨伯科与杨付明坐落在门前山山场山界纠纷；5月，调处金田乡仁塘弯村上山自然村叶洪星、叶宝星等四人与其自然村集体山林纠纷；同月，又调处万阜乡白岩村与同村朱克松、朱克聪等户山林纠纷，帮助确定四至界限；12月，调处峰山林场与黄垟乡金坑村吴岩崇的山林纠纷，维护国营林场合法权益；同月，又调处湖边乡白浦村与船寮镇雷石村牛埠自然村为争执白浦村对面车路下山场纠纷，解决了油茶和板栗权属问题。

1990年，县委、县政府部署林业责任制完善工作。针对全县山林纠纷多发的趋势，县领导要求各工作组，把山林纠纷调查处理作为完善工作的主要内容来抓。在整个完善工作的过程中，全县共调处山林纠纷1390起，大部分遗留和新发生的纠纷都得到处理，有力地保障了林区的安定局面。

1992年，青田县山林办受理的6起山林纠纷中调处5起纠纷。同时，配合市局工作组调处3起县际山林纠纷，即青田县林坑村与文成县黄山村的茶园弯山场纠纷；青田县山砲村与文成县朱雅村的门前山湖山场纠纷；山砲村与文成县的汤垟村山场纠纷。

1995年，省政府副秘书长王良仟受省人民政府领导委托，在杭州主持召开调解会议，调解磐安县与天台县的"龙潭坑南北两侧"山场、青田县与永嘉县的"野坑山"山场、缙云县与永康县"面前山"山场等3起重大纠纷。这些纠纷都发生过械斗死人，积怨很深，加上纠纷情况复杂，调处难度很大，但经过努力，确定调处纠纷的原则方案，双方均承诺在纠纷解决之前，不在纠纷山场进行任何林事活动。

1995—1998年，共调处山林纠纷53起，其中地际2起，县际11起，县内40起。

县内40起中，经县政府裁决的3起，分别是：黄垟乡桐坑村与石平川村，土名桐坑前后山，面积180亩；汤垟乡小左村与黄坭袋村，土名斜坑，面积300亩；黄垟乡底黄垟陈金典与陈银典，土名外坑峰。协议的3起，土名分别是：坟岙屋后，面积120亩；野猪塘，面积5亩；坳头路上，面积1亩。另双方要求暂时销案的6起。其他28起为各乡政府处理，均为协议解决。

1998年，全县尚存纠纷85起。其中：县际纠纷12起，即祯埠乡锦水村石车村与莲都区黄村乡黄村；黄寮乡西岸村与莲都区碧湖镇碧一村；祯旺乡祯旺村与莲都区城关镇高井弄54号潘洪才；章村乡张铺岭村与莲都区水阁镇张村锅灶门；黄寮乡横排路与莲都区联合乡斜村；黄寮乡黄庄村与莲都区大港头镇西黄村官岭头；岭根乡洋山村与景宁县大顺乡田坑村；岭根乡洋山村与景宁县大都乡东山村；岭根乡徐坑村与景宁县大顺乡徐泽村；舒桥乡坦下村与莲都区水阁乡张村；黄寮乡西岸村与莲都区碧湖镇一村。

市际的11起，其中永嘉县2起；瓯海县1起；文成县8起。这11起中，数青田平桥乡平

图5-3-2-2 山林纠纷现场界址勾图作业（2009年摄）　　　图5-3-2-3 组织纠纷双方调解（2013年摄）

溪村与永嘉县西岙乡柴皮村，土名野坑山的纠纷，历史最长，解放前纠纷就存在；面积最大，纠纷面积 1300 亩；情况最复杂，曾经械斗过多次，并致死亡 1 人，伤多人。

面对山林纠纷边调边发、越调越多的严峻现实，县林业局于 2006 年 6 月 12 日发出文件：《关于做好山林延包期间山林权属纠纷案件调处统计的通知》（青林〔2006〕45 号），通知要求，建立山林纠纷案件调处统计报告制度。经调查汇总，全县共有山林纠纷 288 起，其中积案 41 起，新案 247 起，。同年 7 月 27 日，县林业局又发出第 2 个文件：《关于开展"山林权属纠纷调处大会战"专项行动的通知》。在延包期间，各地、各工作组积极行动，共调处纠纷 237 起；其中协议解决县际纠纷 1 起，即莲都区小岭根村与青田县八面湖林场的纠纷。在这次大会战中，市山林办调处 1 起，县山林办调处 6 起，乡镇调处 230 起，共调处山林纠纷面积 15707 亩。

2007 年，山林纠纷调处工作成效显著。全年成功调处山林纠纷案件 9 起，调处山林面积 2058 亩。同时，配合市、省有关部门，成功调处青田县平溪村和永嘉县柴皮村纠葛多年的地（市）际林权纠纷。该纠纷历时 50 多年，历经六届政府调处未能奏效。这次成功调处，获省林业厅领导的肯定。

图 5-3-2-4 省林业厅领导与青田、永嘉两县领导出席纠纷协调会（2007 年摄）

2007—2014 年，山林办集中精力，集中力量，调处了一批历史积案和老大难纠纷，如万阜乡"白岩前"山场纠纷；祯埠乡"朱山"山场纠纷；青田县与永嘉县的"野猪坑"山场纠纷，等等。这些纠纷，大都历史积怨深，时间跨度大，纠纷情况非常复杂。随着这些历史积案的解决，社会反响很大，有力地促进了社会的安定和山区林业生产的有序进行。

1984 年以来，全县共处理山林权属纠纷 2984 起，（其中 92% 的纠纷是通过调解解决，8% 的纠纷为裁决），共计落实争议面积 2.5 万亩。

第三节 重大案例

案例一

祯埠乡祯埠村"朱山"山场山林权属纠纷

（一）当事双方：

甲方：祯埠乡祯埠村朱山村民小组（原祯埠乡石坑村九组）

乙方：祯埠村大叫第一、二、三村民小组（原祯埠乡大叫村）

（二）纠纷起因：

朱山村民小组与大叫第一、二、三村民小组之间的山林权属纠纷，坐落于祯埠乡朱山自然村，土名"朱山"。其四至：东：垄空；南：朱山水口下横路；西：金银坑分水坳龙；北：山顶。纠纷山场面积 2147 亩。该山场于 2009 年被划定为生态公益林，因涉及补偿资金数额较大，遂引发双方山林权属纠纷。纠纷发生后，经祯埠乡、县林业局、县政府多次召集双方调解无果。

（三）双方证据：

甲方述称：上述山场，土改时就登记给本小组所有。并取得土地房产证书，后经合作化、四固定，"朱山"为石坑大队的第九队，1981 年山林定权发证，2006 年山林延包换证，一直为申请人管理使用和所有，权属十分清楚，应全部为申请人所有。其提供的证据有：1952 年土地房产所有证 4 户 19 口计 4 份；1981 年山林所有权证，青政字第 004274 号 1 份；2006 年林权证，青林证字〔2006〕第 15060263 号；青林证字〔2006〕第 15060264 号，共 2 本。1981 年社员自留山清册、公社山林权属清册各 1 份；1975 年森林资源调查表 5 份；证人证言 1 份。

乙方述称：上述纠纷山场，解放前由其管理所有，甲方只是租种该山，类同于现在的承包。解放后有土地证，1981 年山林定权时，因上级有规定，争议山场不能登记确权，故未办理确权登记；甲方 1952 年的土地证仅登记林木部分，没有涉及青山；甲方持有的 1981 年和 2006 年山林权证为单方面登记，应予撤消，该山场大部分应属乙方所有。其提供的证据有：证人证言 4 份；1952 年土地房产证、存根、摘录各 1 份；民国 18 年"山批合同" 1 份；青田县人民法院判决书、丽水中院判决书各 1 份等。另提供 1981 年山林所有权证青政字第 004223 号 1 份，2006 年森林、林木、林地状况登记表 1 份。

（四）调查情况：

经山林办，乡政府等部门调查：甲方原为祯埠乡石坑行政村第九组，乙方原为祯埠乡大叫行政村，2002 年石坑与大叫两行政村被撤，现纠纷双方均同为祯埠乡祯埠行政村之自然村。上述纠纷山场坐落在"朱山村"周围，解放前曾属伍姓宗族所有。甲方前辈租种该山后，逐步形成村落称"朱山"，至土改时，甲方 4 户 19 口就地取得该山场土地房产证。至合作化时，"朱山"成为石坑大队第九生产队，"四固定"时，石坑大队将此山场落实与九队，1981 年林业"三定"确权时，甲方以石坑第九队名义，取得该山场山林所有权证书，2006 年延包时，甲方取得了林权证。乙方提供的 1952 年土地房产证，户主栏登记为"官坑村人民"，此证俗称"山网契"，其范围较大，其四至包含上述纠纷山场；对于乙方指申请人 1952 年土地证仅登记林木，没有涉及青山的主张，经查祯埠乡其他村土地证亦复如此登记。经现场对甲方土地证四至查勘标示，其星罗棋布，充满上述纠纷山场地形图。对乙方提出的 1981 年因上级要求有纠纷，故未登记的说法，经调查当时负责石坑村"三定"的有关人员等，无法形成统一的支持意见。整个查验过程形成多份调查笔录、询问笔录、会议记录、现场勘验笔录，以及地形图等。

图 5-3-3-1 纠纷现场调查（2013 年摄）

调查结果出台后，县政府、林业局、乡政府、山林办多次召集双方调解，乙方始终不肯让步。县政府遂于 2012 年 12 月 20 日根据《中华人民共和国森林法》第十七条、《浙江省森林管理条例》第四十三条、原林业部《林木林地权属争议处理办法》第十一条之规定，决定如下：

1."垄空"至"箸竹乌合水"双方重复登记部分，以重复区内的"大岗"山脊线为界，以外归乙方第二村民小组所有，以里为甲方所有。（详见附件地形图）

2.其他山场，即甲方持有的 1981 年山林所有权证和 2006 年林权证所载四至范围山场，除与乙方重复登记的外，归甲方所有。

其理由为：对于上述纠纷山场，乙方为支持其主张而提供的证据：①部分不合法，如：民国 18 年"山批合同"。根据原林业部《林木林地权属争议处理办法》第九条规定："土地改革前的林木、林地权属的凭证，不得作为处理林权争议的依据或者参考依据"；②部分不具证据力，如：青田县人民法院判决书、丽水市中院民事判决书，乙方不是当事单位，其中提及大叫族山，只是叙述性的表述语，不是判决内容；③部分证据为从属证据，如：土地证，该证为"大四至",俗称"山网契"。按规定,"大四至"应服从"小四至"。其他的如证人证言等证据,亦因山林纠纷的特殊性,不能单独作为证据使用。因此,乙方要求撤消甲方山林权证的主张,于法无据。而甲方提供的证据,从 1952 年土地证——合作化——"四固定"——1981 年山权证——2006 年延包林权证,其权属演变过程脉络清楚,证据链紧凑充分,因此,该纠纷山场所有权为甲方所有明确。乙方提供的 1981 年山林所有权证青政字第 004223 号、2006 年森林、林木、林地状况登记表中的土名"垄空"山场,其四至"南:箬竹乌合水"与甲方山权证四至"东垄空",即"垄空"至"箬竹乌合水"部分,双方山场重迭,属重复登记,应按双方各半的原则,兼顾方便管理、界址明确的精神,确定界址。

乙方接到决定书后,分别向市政府提起行政复议申请,市政府经审查予以维持;后乙方又向龙泉市法院和市中院分别提起行政诉讼和上诉,法院均予维持,该纠纷至此完结。

案例二

土名"双港口"山场山林权属纠纷

（一）当事单位:

甲方:莲都区峰源乡小岭根村

乙方:青田县八面湖林场

（二）纠纷起因:

2000 年 8 月,甲方在土名"双港口"山场搭棚架索、采伐林木,乙方出面干涉,双方都声称有所有权。由此引发县际山林纠纷。纠纷山场面积 1300 亩。因为涉及到国有林场的权属,又是县际纠纷,市政府、市林业局十分重视。多次召集双方有关部门调解,因当事双方分歧大,收效甚微。其间,双方小摩擦不断,多亏双方领导制止,幸免发生冲突。纠纷延宕 6 年之久,严重影响双方生产生活。直到 2006 年 9 月 10 日,市政府领导亲自出面,召集双方县（区）领导、各有关部门及当事双方,苦口婆心,晓以大义,双方终于握手言和。并达成协议:

1. 土名"双港口"山场所有权归国家所有,由青田县八面湖林场管理,其四至附图。

2. 八面湖林场支援小岭根村建设公路资金 20 万元,限期由市林业局转交给小岭根村。

本案例的意义在于:八面湖建场之初,征用吴畲村的山林时,该村除了一张农户的土地证外,没有其他权属证书;而该土地证的四至是:东荒山,南柴山,西草山,北柴山。以荒山、柴山等作为界址,时过境迁,地貌早已改变,荒山柴山不复存在,遂导致另外一方趁虚而入,终于酿成纠纷。这就是典型的土改发证时,其四至、面积无法反映事实的例子。

案例三

高市乡雄溪村与海口镇麻埠村山林权属纠纷

（一）纠纷地点、起因:

纠纷山场土名:大口屋、廿四担;坐落:海口镇麻埠坑阴面,其四至:东,阴面山顶;南,麻埠坑口往里第一条山沟直上至山顶;西,麻埠坑;北,大口屋底流水岩脚直至穿山甲洞。纠纷面积:810 亩。因该山场于 2001 年开发征用涉及补偿费而引发纠纷。

（二）双方证据:

1. 雄溪村的证据材料

（1）周宝定 1952 年高字第 629 号土地证,其四至:东,阴面;南,石库坟外;西,水口;北,阳面。面积 0.22 亩；树种：松类。

（2）1983 年雄溪村集体发给生产队的山林承包合同书。

（3）1994、1998 年麻埠电站开发征用山场协议。

（4）原船寮区区委书记王岳崇的证词：1979 年麻埠村民在该山场砍伐松树及松枝被雄溪村民担走。

（5）军事单位征用该山场，麻埠村主任郭少华亲笔写的意向书。

2. 麻埠村的证据材料

（1）该村村民卞玉林、蓝宝清、蓝火清、雷宝兴、叶全德、石宝潘等持有该山场范围内的 1952 年土改土地房产所有权证。

（2）1981 年林业"三定"时颁发的（青政字第 001318 号）该山场山林所有权证。

（三）纠纷调解情况：

纠纷发生后，县林业局领导曾 5 次召集人员研究调解方案，安排、落实具体工作。山林办工作人员现场勘查、取证 4 次。召集双方代表协商、调解 3 次。分别做双方工作 19 次。向市、省山林办专题汇报、请示 3 次。终因双方分歧过大，调解无果。

（四）县政府裁定情况：

经过多次调解无果后，县政府于 2003 年 4 月 24 日发出"决定书"，认为：1983 年雄溪村发给村民的承包合同书中记载的山场，其四至虽在纠纷范围内，但该村山林所有权证登记的山场不包括该纠纷山场，其提供的所有证据无发证明系该山场的所有者。而 1952 年发给麻埠村卞玉林、蓝宝清、蓝火清、雷宝兴、叶全德、石宝潘等土地证所记载的四至在纠纷范围内；同时该纠纷山场在 1981 年林业"三定"时以（青政字第 001318 号）山林所有权证确权给麻埠村。为此，决定如下：纠纷山场四至范围内山林所有权属麻埠村集体所有（四至见地形图）。

后雄溪村不服，依法向丽水市政府申请行政复议；市政府依法维持县政府的决定。此后，雄溪村分别向一、二审法院提起行政诉讼，一、二审法院均维持了县政府的决定。

案例四

"野坑山"山场权属纠纷

（一）当事单位：

甲方：青田县东源镇平溪村

乙方：永嘉县西岙乡柴皮村

（二）纠纷起因：

两村所争议的"野坑山"山场，坐落于青田县和永嘉县交界处，离青田县东源镇平溪村约 2.5 公里，离永嘉县西岙乡柴皮村约 15 公里，面积 1400 余亩。历史上柴皮村与平溪村曾同属青田，土改时，"野坑山"山林土地证被重复登记给两个村。20 世纪 60 年代，柴皮村划入永嘉县。从此，两村为山上的林木归属，常有群体性持械冲突，曾发生死亡 1 人，伤多人的事件。双方并在该山场上相互埋设土制地雷，矛盾日益僵化。纠纷虽经省、市、县各级政府和有关部门多次组织调处，但由于历史原因，情况复杂，当事双方对立情绪严重等原因，均没有结果。2002 年，"野坑山"山林纠纷案被列为全省十大热点、难点纠纷案例之一。

（三）纠纷调处过程：

针对两地山林纠纷这一历史难题，在 2007 年"走进矛盾，破解难题"活动中，两地领导都表达了携手破解难题的决心和共结友好邻县、努力创造区域和谐的愿望。青田县由林业部门、镇、村干部组成联合调查小组，蹲点调研 20 多次，召开大小座谈会 80 多次，走访群众，听取各方意见，对历史情况重新进行调查梳理，最终创造性地提出以"林权流转"方式来解决纠纷。

（四）纠纷调处结果：

2007 年，东源镇平溪村与永嘉县西岙乡柴皮村以及两县有关领导，在省山林办的主持下，本着发扬风格、尊重历史、面对现实、顾全大局、实现双赢的原则，按群众意愿，以"林权流转"方式，双方达成统一意见，两村代表握手言和，并共同签署了《山林纠纷调解协议书》。根据协议，"野坑山"山林权属双方各半分割；永嘉县柴皮村把属于自己的一半山场作价 100 万元，一次性流转给青田县平溪村，流转期限为 50 年。在流转期间，流转山场的林木所有权、林地使用权、自主经营和管理权，归青田县平溪村，永嘉县柴皮村不得干涉。流转后，对山场的安全隐患（纠纷期间，双方曾经在山场埋设土制地雷），由永嘉县林业局和青田县林业局共同牵头组织人员，排除后患。至此，一场长达 50 年之久的山林权属纠纷终于画上了圆满的句号。该协议书的签订标志着这起争执了 50 余年，严重影响当地社会稳定的"野坑山"山场山林纠纷案得到了妥善解决。省林业厅厅长楼国华表示，"野坑山"山林纠纷案采用"林权流转"的方式妥善解决，给全省山林纠纷的解决探索出一条新路。

案例五

船寮镇土名"外山"与"后般山"接壤界址及"外山"原有林木归属纠纷

（一）纠纷双方：

甲方：船寮镇芝溪村村民委员会（下称芝溪村）

乙方：船寮镇水井头村胡岙自然村（下称胡岙村）

（二）纠纷起因：

纠纷山场坐落于船寮镇芝溪中心学校后山。2005 年，胡岙村民柳志清建房，芝溪村干涉，引起：1. 芝溪村"外山"山场与胡岙村"后般山"山场的界址纠纷；2. 需确认"外山"原有林木归属。

双方提供的证据：

胡岙村提供的证据：

青政字第 001152 号山林权证，《山林纠纷调解协议书》，土地证摘录等。

芝溪村提供的证据：

青政字第 001139 号山林权证，土地证等。

（三）调查经过：

1952 年土改时，胡岙村与芝溪村为同一个村，称芝溪乡芝溪村；人民公社成立后，分为两个大队，分别称胡岙大队和芝溪大队；2002 年胡岙并入水井头村。1981 年，芝溪村以"外山"山场原土地证户主廖碎金（原住胡岙村）搬至芝溪村为由，提出权属诉求。1981 年 10 月 8 日，由当时的芝溪公社主持，芝溪大队与胡岙大队签订山林纠纷调解协议书，协议书裁明：1. "外山"山权划归芝溪大队所有，原有油茶、板栗等归胡岙大队所有；2. 由山顶按岗背直下，下由学校墙乘直上，按立标为界。1981 年 10 月 21 日，胡岙大队据此登记林权证（青政字第 001152 号），土名：后般山，四至：东：夏扇山；南：屋；西：学校后门；北：山顶。1981 年 10 月 25 日，芝溪大队据此登记林权证（青证字第 001139 号）土名：外山，四至：东：山岗水界；南：山龙直学校；西：大坑；北：邱边园坑。经现场勘查：1981年胡岙大队林权证土名为"后般山"的四至"西"（学校后界）与1981年芝溪大队土名为"外山"的四至"南"（山龙直学校），就是1981年双方协议书划定的山界，也即本次纠纷需界定的界线。在调查中，胡岙村与芝溪村一致同意按该协议书确认山界。但由于订立该协议书时埋设的立标（木炭），因造坟及开路等原因损毁，无法查找。经胡岙村方原协议书代表张芳友、芝溪村方原协议书代表舒挺秀、叶建春现场指认，及现场双方其他人认可，确认原协议书双方接壤的山界为芝溪学校后山谷线直上至陈氏周公之墓坟头至山顶。

以上事实认定的证据有：廖碎金土名为"外山"的土地证，1981年1月8日《山林纠纷调解书》，林权证青政字第001152号、青政字第001139号，调查笔录、现场踏勘笔录等。

虽事实清楚，但双方因村民情绪，均不肯在调解书上签字，县政府遂下达《关于船寮镇"外山"与"后般山"接壤界址划定"外山"原有林木归属决定书》。《决定书》认为：1981年1月8日由原芝溪公社主持，原芝溪大队与原胡岙大队签订的《山林纠纷调解协议书》合法有效，被申请人的"乘岗直下"的主张于法无据。根据《森林法》及《山林纠纷处理办法》，县政府决定如下：

1. 争议界址为芝溪学校后山谷线直上至"陈氏周公之墓"坟头至山顶（见附图），该线内芝溪一侧的1.2亩三包地归水井头村所有。

2. "外山"内原有油茶、板栗等林木归水井头村所有。

《决定书》送达后，芝溪村不服决定，向丽水市人民政府申请复议。丽水市人民政府经调查后，维持县政府的决定。芝溪村未再申诉，《决定书》随即生效。

第四章　农村节能

1978年，青田县设立沼气办公室，1982年改称青田县农村能源办公室（以下简称县能源办）。机构挂靠县林业局，主要开展农村节能工作。初期发展沼气，继之开展大规模的改灶工作，旨在减少农村农民生活烧柴，以利保护森林资源，巩固封山育林、植树造林成果。

能源办成立以来，推广的项目有：沼气利用、省柴灶、微水电、太阳能等。

1984年，全县推广省柴灶3000余只，培训农民技术员20余人。为全县推广省柴灶打下良好基础。至1992年10月，全县累计改灶92412户，占全县总农户的76%，年节柴能力达9万余吨，取得较好的社会效益、经济效益和生态效益。

农村沼气建设取得成绩，2006年后，发展农村户用沼气池100多户；建成畜禽养殖场沼气工程5处。鹤城镇石臼村畜禽养殖场利用沼气发电，建池总容积784立方米，年可产沼气4万多立方米。

此外，全县推广太阳能热水器1.05万平方米，年节约标煤189万公斤（相当木柴3402吨），农村清洁能源利用率达到39.1%。

微水电的推广应用，为部分远离电网，长期缺电，生活贫困林区群众的照明、粮食加工等带来方便。全县累计建成容量不等的微水电80处，装机98千瓦，为75个自然村及林场9个林区800多人，解决了照明、加工和收看电视难的问题，促进了林区的稳定和发展。

2007年7月，县能源办从林业局划归农业局管理，其职能及仓库物资等一并移归农业局。

第一节　改灶节柴

历史上，青田县境人民的生产用能和生活用能，薪柴、木炭等是唯一的来源；许多山区农民靠卖柴度日。直到20世纪80年代前，青田农村能源消费的结构，仍然以薪柴、木炭为主。当时，薪柴还是全县山区重要的副业之一。

由于传统的"老虎灶"热效率低，烧柴的浪费现象十分惊人。据1984年农家耗柴量抽样调查，4个乡，5个村，106户农户的年户均耗柴量，得出全县100105户的农户年耗柴量约为50773.3万斤。其中径阶在6厘米以上的约占13%，共计6600.5万斤，按每3000斤折为1立方米，共耗柴为22001立方米。

表 5-4-1-1　1984年青田县农村自用柴情况抽样调查表　　单位：立方米

村别	户数	耗柴	户均	村别	户数	耗柴	户均
平桥	12	5.0	0.42	浮弋村	24	2.6	0.1
平山	10	1.1	0.11	东源	33	4.6	0.15
上上村	27	1.1	0.04	合计	106	13.4	0.13

表 5-4-1-2　1984年青田县机关、学校食堂耗柴抽样调查表　　单位：斤

单位 \ 项目	就餐人数	年耗柴	人均	单位 \ 项目	就餐人数	年耗柴	人均
万山区校	150	73000	487	青田中学	640	272500	426
万山区中学	320	97059	303	邮电局	60	120000	2000
万山区社	7	14600	2086	温溪中学	440	285000	648
峰山林产厂	32	36500	1141	温溪区	75	72000	960
万山区食堂	5	17650	3530	温溪镇食堂	8	20000	2500
万山税务所	11	18250	1659	合计	1758	1066559	606.7
鹤中	10	40000	364				

因此，推广节柴改灶，是巩固封山育林工作的重要措施之一，大有可为。

1984年，青田县农村能源办公室成立，挂靠林业局，着手农村节柴改灶工作。是年，全

县推广省柴灶 3000 余只，培训农民技术员 20 余人。为全县推广省柴灶打下良好基础。

1990 年，青田被列入省改灶节柴试点县。节柴改灶工作被县政府列入议事日程。

1991 年 3 月 18 日，县政府颁布《关于大力推广普及省柴灶的通告》。随后，县推广普及省柴灶领导小组成立。

4 月 15 日，县推广普及省柴灶领导小组召开第一次全体人员会议。参加会议的有县政府、农经委、财政、科委、科协、城建、林业等单位的领导，会议决定，在章村区舒桥乡进行试点工作。

4 月 20 日，在舒桥乡举办第一期省柴灶技术培训班。首期学员 16 名，都是能工巧匠。理论学习后，进行实地操作。在省派的师傅手把手的指导下，共打好九只样板灶，不仅体现八角型省柴灶造型美观、清洁卫生、占地少、使用方便的特点，而且好烧、省柴、不冒烟，热效率达 20% 以上，群众反映很好。通过技术考核，给 16 名学员发放改灶技术合格证书。接着，改灶工作全县铺开。乡与乡之间采用"派出去，请进来"或几个乡联合培训等形式，共培训五期，受训 500 多人次，分布全县各地。县能源办还印发《砌筑省柴灶技术要求》《农村家用省柴灶》和《浙江省优秀省柴灶图册》300 多份，供技工学习参考。为提高改灶质量，县能源办还聘请 3 名技术辅导员，进行巡回指导，一方面打好样板灶，传授技术，推广省柴灶；另一方面检查改灶质量，凡不符合要求的，及时纠正和返工。县农能办做好技术跟踪，多方面听取农户对省柴灶的评价和意见，省柴灶受到农户的普遍欢迎。

10 月 30 日，县林业局下达首批改灶经费资金 30400 元，资金使用要求做到专款专用。

表 5-4-1-3 1991 年青田县改灶任务、资金分配表　　单位：座、元、只

单位	任务	补助资金	热水器数	抵资金	单位	任务	补助资金	热水器数	抵资金
浮弋	600	1200	铝 10	230	石溪	600	1200	铝 10 铜 5	370
王岙	1000	3000	铝 10	230	巨浦	1800	3600	铝 30	690
芝溪	1100	2200	铝 15 铜 4	457	北山	2000	4000	铝 59	1357
东江	1000	3000	铝 15	345	汤垟	1100	2200	铝 11	253
高湖	1300	2000	铝 20 铜 4	1572	东岸	800	1600	铝 10	230
万山	800	2400	铝 10	230	吴坑	800	1600	铝 10	230
湖边	600	1200	铝 10 铜 5	370	合计	13500	29200	铝 220 铜 18	6564

1992 年，截至十月底，全县累计改灶 92412 户，占全县总农户的 76%，年节柴能力达 9 万余吨，有力地促进本县封山育林工作，全县累计封山 40.8 万亩，保存率达 99%，取得较好的社会效益、经济效益和生态效益。

表 5-4-1-4 青田县各乡镇省柴灶统计表　（截至：1992 年 12 月）

乡、镇名称	总农户数	省柴灶		老灶数	乡、镇名称	总农户数	省柴灶		老灶数
		户数	占 %				户数	占 %	
合计	121749	92412	75	29436	石溪	1988	1708	85	279
章村	4857	3547	73	1310	章旦	2186	1901	87	285
祯旺	1526	1246	81	280	阜山	2663	2526	95	137
祯埠	3202	2624	82	578	鹤城	8666	6905	880	1761
浮弋	2758	2490	90	268	山口	4961	3547	71	1414
石帆	2571	1775	89	796	方山	3560	2600	73	960
舒桥	4872	3716	76	1156	汤垟	1780	1281	72	499
海溪	3803	2454	65	1349	仁庄	6344	4603	72	1741
海口	4501	3242	72	1259	吴坑	2364	1714	73	650
高市	2026	1505	74	521	小舟山	1860	1202	65	658
船寮	9531	7650	80	1881	贵岙	2900	2400	83	500
黄垟	1308	1186	92	122	温溪镇	6257	5527	88	730
万山	1046	856	82	190	巨浦	3222	2292	71	930
东源	4680	3510	75	1170	北山	8938	6152	69	2786
高湖	4449	3185	72	1264	岭根	1943	1448	75	495
季宅	3757	2667	71	1090	双垟	1912	1284	67	628
仁宫	3066	2286	75	780	万阜	2252	1283	57	969

　　1992 年 11 月 24 日，省验收工作组抽测石溪、贵岙、仁庄等 3 个乡镇 6 个村 211 户，测试 30 个灶，平均升温热效率为 29.32%，合格率为 100%，超过农业部验收标准 9.32 个百分点。经现场测试，10 分钟、10 两柴，烧开 10 斤水。

　　11 月 25 日，青田县改灶节柴工作通过省级验收；省验收组鉴定委员会认为，青田县推广的八角水箱省柴灶结构合理、性能优良，适合本县炊事习惯，方便好烧，很有推广价值。验收会上，省能源办副主任、高级工程师潘毅，向副县长朱聪佩颁发《合格证书》。

　　青田的改灶工作，始终坚持为"三农"服务的思想，在技术上、资金上、物资上给予大力支持，多方面鼓励农户改灶。技术组织技工巡回帮助农户打灶，打一个试烧一个，直到农户满意为止。在资金上，省、地、县及林业部门等筹集农能资金 10 多万元，给改建户一定数额的补助。如改一个灶，付工资五元，技工凭农户花名册到县能源办领取。县能源办还从兄弟县调来炉栅 6400 面、热水器 910 只支持农户改灶。对技工的打灶报酬做到及时兑现，从而调动农户和技工的改灶积极性，推动改灶工作。

　　八角水箱省柴灶是青田农村打灶技工根据当地原有改良灶的优点，吸收外地各种类型省柴灶的长处，结合山区群众燃料结构和炊事习惯等实际情况。根据科学原理，不断总结提高，集思广益研制而成的。它具有灶型美观、卫生，省柴省时、好烧，又适合烧硬柴、毛柴、草柴、秸秆等多种燃料。特别适宜山区、半山区农户及城镇使用。全县推广 2.5 万余只，比老式灶节柴 1/3 ～ 1/2 以上，深受用户欢迎，成为当时青田农村的当家灶型。

结构性能特点：

（1）结构简单、经久耐用、自然通风、燃烧旺盛、完全。

（2）适应硬柴、草柴和秸秆等多种燃料。

（3）装有热水器，余热得到充分利用；热效率高，而且为用户烧水提供方便。

热性能测试结果：

升温速度：4.19℃ / 分

蒸发速度：0.088 公斤 / 分

回升速度：1.41℃ / 分

升温段热效率：27.2%

全段热效率：36.03%

图 5-4-1-1 省柴灶

第二节 微水电

青田县位于浙南山区，地势起伏大，雨量充沛，小溪流密布，常年流水不断，微水资源相当丰富。

至 1990 年，青田山区还有 60 个行政村、200 多个自然村和部分林场林区远离电网，长期缺电，生活贫困；为解决这部分地区群众照明、粮食加工等生活困难，省府办、省农能办将青田列入省第三批微水电试点县。1992 年，在青田县扶贫办、县科委的支持下，县能源办首先在汤垟乡西天村的黄泥坦、小佐村的黄泥岱，仁庄乡双岭村的金竹园、金鸡山林场等 4 个自然村（林区），建设微水电试点。至年底，有四处 6.7 千瓦建成发电，使 40 多户农户解决碾米、照明等问题，深受群众欢迎。是年，黄泥岱村 1.5 千瓦微水电年发电 12 个月，日发电 8 小时以上，一年发电 4320 度，按村用电价 0.4 元，节省电费 1728 元，3 年可收回投资。如果架修高压线投资至少要 5 万元，比微水电投资要高出 10 倍以上。

由于微水电具有投资省、方法简便、操作易懂，群众自愿要求发展的积极性较高。微水电推广工作得到县委、县政府和县人大的大力支持。1993年 10 月，县科委主持在金鸡山林场召开全县微水电推广应用现场会。会议充分肯定这项工作的社会效益和经济效益，具有全面推广意义。

图 5-4-2-1 黄泥岱村微水电机房（1992 年摄）

1993 年 10 月 15 日，省财政厅下达微水电试点项目经费 1 万元。项目经费支持发展微水电的主要有汤垟、仁宫、方山、仁庄、岭根、海溪等乡的 10 多个行政村以及金鸡山、石门洞等林场的林区。1995 年 5 月 31 日止，全县累计建成容量不等的微水电 35 处，26.57 千瓦。为 29 个自然村及林场林区 800 多人，解决了照明、加工和收看电视难的问题。

至 1996 年，累计安装各种类型微水电机组 68 台，计 69.61 千瓦，年发电量达 20 万千瓦时。其投资省、见效快、维护简单的特性受到广大山区群众的普遍欢迎。

是年，县人大主任潘建中在县能源办工作人员的陪同下，赴汤垟乡黄泥岱村调查，目睹微水电照明、加工的现场，潘主任非常满意。回县后向县政府提出扶持意见，县长刘建新当即决定，从县农发资金拨出 5 万元；同时，县扶贫办、县林业局也各拨出 0.5 万元、2 万元，扶持边远山区（林区）微水电建设。县人大常委会通过决议，加强督促计划的实施。并会同县能源办，在石门洞、外岩洞、龙须洞等林场建立联系点，以点带面，促进微水电建设。县科委把微水电列入科技推广项目，并在金鸡山林场召开现场会进行技术鉴定。县科协把发展微水电作为金桥工程加以指导与实施。《浙江日报》《丽水日报》省《农业政策与法制》等报刊，多次刊登报道青田微水电的发展情况。印度能源专家达瓦先生一行三人在省、地农能办领导陪同下，参观了汤垟乡黄泥岱村微水电，并观看了发电、碾米现场。

1997 年，石门洞林场 18 个林区建起 9 座微水电，装机 4.98 千瓦，一半的林区解决照明与加工用电。林场还给每个林区购置一台电视机。1997 年底全县共安装微水电 75 处，装机容量 82 千瓦，总投资 15 万元。

2000 年后，微水电建设进度放缓，全县仅发展了 12 处。2005 年后，微水电建设停止，大部分已建的也停止了运行。原因一是农村电网的普及，二是政府对老、少、边、穷地区实行了下山脱贫政策。但微水电对当时农村起的作用是正面的。

图 5-4-2-2 印度专家达瓦先生(左二)和省农能办潘毅主任(左一)参观黄泥岱微水电 （1996年摄）

第三节　沼气利用

图 5-4-3-1 沼气烧饭

农村沼气建设，是科学利用生物质能的有效途径，是新时期农村的一项基础设施建设。它涉及生产、生活、环境、卫生保健、精神文明等各个领域，与农业、农民、农村密切相关。随着沼气技术的日臻完善，沼气效益日益明显。农村沼气建设已经突破了传统的能源范畴，它与改厕、改厨、改猪圈、改庭院结合，是全面建设小康社会的重要举措。

什么是沼气？沼气就是利用人、畜粪便等生物质能，经过发酵产生的一种可以燃烧的优质气体。20 世纪 70—80 年代，青田有些地方也搞过沼气，但由于设计材料、施工技术、配料、管理的落后，导致沼气产气不足，使用期短，所以一直无法推广。

2006 年，县能源办采用新技术、新工艺、新材料，在船寮镇章庆、石头、石盖、大路村，高湖镇高湖村，高市乡高市村，季宅乡季宅村，石溪乡林村，发展农村户用沼气池 48 户；建成畜禽养殖场沼气工程两处，鹤城镇石臼村畜禽养殖场利用沼气发电，建池总容积 784 立方米，年可产沼气 4 万多立方米。

高湖村养猪专业户季志民、季将勇，在县能源办和丽水市能源公司的大力支持下，引进云南沼气研究所设计的家用沼气池图纸，建成两只总容积 23 立方米的沼气池。全家烧饭、卧室和猪舍照明全部实行沼气化。

2007 年，县能源办在船寮镇、石溪乡和八面湖林场建成户用沼气池建设 8 座，工程总支出计 50347 元，其中补助农户、林场 40500 元，技工工资 4800 元，购灶具、管道、配件等 4484 元，购工用具 563 元。

表 5-4-3-1　2006 年户用沼气工程试点补助一览表

单　位	村名	建池户姓名	池容积（立方米）	户补助（水泥、沙石料等）	技工工资	备　注
船寮镇	上甽村	梅冬青	10	1500	600	
	垟肚村	廖国雄	10	1500	600	
	垟肚村	季高欣	10	1500	600	
	垟肚村	孙金甫	10	1500	600	
	垟肚村	程正南	8	1500	600	
石溪乡	国垟村	朱伟勇	8	1500	600	
	国垟村	朱伟勇	8	1500	600	
八面湖林场			8	30000	600	"三改"示范推广户
小计				40500	4800	
购工用具				563 元		
购灶具及配件 20 套（已用 8 套，库存 12 套）　　4484 元						
合计				50347 元		

沼气除烧饭、点灯外，其沼液可以浸料、治虫、喂猪、喂鱼，沼渣发展食用菌。实行沼气综合利用，在有条件的养殖专业户中可大力推广。

图 5-4-3-2　"餐餐美食"农场沼气池建设现场

第四节 太阳能推广

图 5-4-4-1 太阳能热水器

20世纪80年代后,太阳能的推广使用日趋普遍,种类也越来越多。主要分两类,一是太阳能热水器,依靠玻璃真空集热管把太阳能转换成热能。使水温升高,供人们使用。20世纪90年代开始,太阳能热水器在城镇和农村新建房屋上被广泛采用。二是太阳能光伏电池(组)的利用。具有安装简单、方便,整个系统运行均为自动控制,无需人为干预,运行维护成本低廉,几乎不产生维护成本。对缓解常规能源紧张、电力无法到达的偏远山区和环境保护具有很大的意义。太阳能光伏电池在路灯、气象自动监测站、交通警示灯和自动捕虫灯等设备和仪器上提供电源,正在逐步推广使用。20世纪90年代,曾在石门洞林场独猫居林区利用太阳能为林区职工解决照明用电问题。

2007年3月31日,据县能源办统计,青田县推广太阳能热水器1.05万平方米,年节约标煤189万公斤(相当木柴3402吨),农村清洁能源利用率达到39.1%。

图 5-4-4-2 白浦杨梅基地太阳能捕虫灯

第六编 森林利用

第一章 森林采运

　　青田县境森林采运活动较早。历史上有记载的采运活动，以明末清初为多，民国更甚。

　　中华人民共和国成立前，采伐木材主要是林农结伙换工方式；大户人家或木商，则大批雇用青壮劳力包山伐木。林农采伐木材一般用选择性择伐；小片林木采用皆伐后，再"插杉点桐"还林。毛竹采伐历来都是单株择伐，杉木多以皆伐为主，松木则多为择伐。中华人民共和国成立后，采伐逐步采用更先进的方式进行。

　　木材运输，旧时县内短途运输，向以人力抬、背为主；有水运条件的地方，采用大水散漂或小排流放。中华人民共和国成立之后，相继建设林道、林区公路和木材运输索道，木材运输逐步现代化。

第一节　木材采伐

一、采伐

　　古、近代，木材采伐多由私人和木商经营。初期为木商到木材产地收购农民所伐木材，转运出售。后发展为木商设立木材商号或庄号收买山林，包工或雇工采伐。自耕农一般也需以雇工或换工的方式结伙进行采伐。所谓包工采伐为木材商号与包工头订立契约，由包工头承包招工采伐。雇工采伐为木材商号直接雇用工人进行采伐。采伐一般采取点工付酬或由工头承包，包采包运。为提高工效，对山高路远的深山，采伐前，先在林内设置临时木厂，并搭设工舍。

图 6-1-1-1 伐木场景

（一）采伐林木年限

　　杉木人工林一般 20～30 年时采伐，在林地条件较好，交通便利，林主急需收入时，10 多年即可采伐；反之，推迟到 50～60 年采伐，甚至上百年。杉木径级越大，价格越高。民国 18 年（1929 年），浙江省政府颁布了《浙江省管理森林暂行规则》，规定林木自栽种之年起，十年以内，除整枝间伐外，不得采伐。

　　中华人民共和国成立初期，仍然沿用旧时采伐方式；1958 年后，林木采伐以集体、森工部门经营为主；20 世纪 80 年代后，采伐逐步走向市场化。

（二）采伐季节

一般冬季农暇时大量采伐，春汛来了努力放运，这样既能调节季节劳力，又能减少生产成本。"秋冬伐木，冬春集材，春水放运"，成为青田木材生产的规律，至今仍提倡冬伐。杉木采伐也有在 3 ～ 9 月间进行，因此时树液活动，树皮易剥，木材不易开裂，加上春水泛涨，便于放运。

（三）采伐方式

主要有皆伐和择伐。杉木一般实行皆伐，先择伐一二次后，再做皆伐迹地更新；松杂木多采用择伐，伐木后，锯成原木，剥离，任其干燥或就地锯板，再集运。交通不便的深山老林，阔叶树因运输困难，除少数树种盘给菇客栽培香菇外，多用于烧炭或直接伐倒炼山，然后插杉点桐，套种玉米、豆类等粮食作物。杂木则任其烂在山上。

图 6-1-1-2 间伐（2005 年摄）

（四）采伐工具

传统的伐木工具是刀、斧、锯。1954 年引进东北弯把锯；20 世纪 70 年代，国有林场开始少量使用油锯，20 世纪 90 年代以后，大部分采伐都使用了油锯；小片林木、高山、陡山，则仍然用斧、弯把锯等工具。

二、造材

造材根据树木的特征和用途，将伐倒木截成不同的等级。

造材在木材生产过程中，具有重要的技术经济意义。合理造材能够节约森林资源，提高资源利用率和木材价值。合理造材要做到量材造材，材尽其用。有条件的地方都把原条运到贮木场后再造材，以便提高出材率。

（一）造材原则

图 6-1-1-3 柳杉段木（1995 年摄）

1. 量尺造材：充分利用原条的全长（原条梢头 6 厘米以上的均应利用），做到材尽其用。

2. "三先三后"：即先造特殊材，后造一般材；先造长材，后造短材；先造优材，后造劣材。并做到优材不劣造，好材不带坏材，提高经济材出材率。

3. "三要三杜绝"：即要做到按计划造材，杜绝随意造材；要量尺准确，杜绝超长和短尺；要材尽其用，杜绝损失。

（二）造材要求

合理造材必须掌握一定的技术，必须熟悉木材标准和木材缺陷的规定。先观察木材缺陷再进行造材，造材时，防止树木翘起或悬空，以免造成劈裂和斜头。油锯造材时，下锯正确，锯口应与木材轴线垂直，防止损伤和锯口偏斜，造成降等和浪费。

图 6-1-1-4 杉原条（1995 年摄）　　图 6-1-1-5 杉段木（1998 摄）　　图 6-1-1-6 松段木（1986 年摄）

三、集材

自古以来，青田山场集材的方法是人抬肩扛，高山陡坡采用顺坡推山集材。

中华人民共和国成立之后，有些地方开始尝试采用木滑道集材。1985 年，石门洞林场、峰山林场建架空中索道，利用索道集材。20 世纪 90 年代以后，由于机耕路的发展以及架空索道的推广，大大节约了人力成本。山区群众集材则大多顺其山势，利用土滑道，或者人工肩背至公路边、小溪旁，等待车运或水漂。

图 6-1-1-7 石门洞林场索道集材（2006 年摄）

第二节　木材运输

合理组织木材运输，能够缩短在途时间，减少在途储存，从而加速木材流通，保证市场供应。有效使用各种运输工具，节省运力，从而降低流通费用，增加经济效益。青田县木材最基本的运输方式有两种，水路运输和公路运输。

一、水运

青田有水运条件的地方，采用大水散漂或小排流放。早在宋元祐时（公元1086—1094年），永嘉（今温州市）船舶制造业已相当发达，所用造船木料来自瓯江上游青田等诸县林区；沿海城市和平原地区居民建房和制造家具所需的原料亦仰求以上山区供给。砍伐后的木料、毛竹，或人力背运，或让坑水推流

图 6-1-2-1 山坑木材放流至祯埠港

至江边串扎成排放运。瓯江及其支流成为竹木运输孔道。民国时期，青田县城是浙南木材贸易中心。

（一）山坑流放

山坑流放竹木俗称"放坑"，岭根坑、祯埠港及部分山坑均有作业，零星放运无须任何设施。早年，木材放运量较大的岭根坑，在下游神道坑设置拦河坝，水面横贯铁索以免木材流失。远离江边的深山林区，农民将砍伐下的树木去皮锯成木段堆积小坑。大雨过后，木段随波漂流，放运工人手拿竹篙，跟踪检点，及时将搁置木段推入主流，至下游拦河坝聚集一起，再装船或扎排放运。毛竹限于坑水水位适宜去枝后零星放运。山坑流放可节省人力，但受气候限制，运输旷日持久，遇洪水、险滩急流也易漂失受损。

（二）瓯江竹木排放运

林区销往各地的竹木，用篾练扎成排筏放运至青田县城，停泊西门外、村头、黄埔、湖口一带，由经营木材的居间商经管。

木排有长梢、段排之分。长梢指去皮的整株木料，段排用直径16厘米以上，长2～4米的木段串成。每7～12根长梢或木段并排用杂木、排针固定为一节，每条排20～30节。节与节之间用练索连接，以适应航道弯曲。第一节用整株小杉扎成供排工站立操作叫做"排头"，顶部安装排梢控制方向。小溪排大都一人放运，大溪排放运量大，尾部亦装排梢，两人放动，深潭顺水漂流，浅水用竹篙撑运。

图 6-1-2-2 瓯江放排

图 6-1-2-3 竹排

民国28年（1939年），龙泉至青田，一列筏（长约十二丈）须工资三十五元，运夫二人，

如天时凑巧，中途无阻，一星期即可往返。

1959 年，瓯江运输公司为保证木材水运安全和效率，确定各放运点每条排定额为：龙泉上圩 — 温州小旦 41.4 立方米，丽水、青田、小旦 48.5 立方米。

（三）木球运输

民国时期，平演放排工创造木球运输法，以适应海洋中放运木材。由于瓯江口外风大浪高，上游原先连接的木排经不起海浪的颠簸，使许多木材无法越洋运往乐清、平阳、宁波、上海和舟山等地，因此早年的木排放运仅限于瓯江口内，制约木材的买卖。自从创造了"木球"运输法，进一步开拓了瓯江上游木材的流通。

图 6-1-2-4 过江闯海的木球（詹强《风雨人生见丹心》）

图 6-1-2-5 新中国成立后用轮船拖带的木球

木球运输业务由包工头承揽，包头雇用放运工人，提供木球捆扎材料和整个航程中工人生活的伙食、土烟。此外，还必须有胜任航海的木帆船（不同于舴艋船）做后勤服务。包头与温州东门木帆船运输业主一般有固定的业务联系。木球结扎作业结束后，木帆船即驶至锚地，装足淡水和木球一起起程，至温州再购备粮食、蔬菜和整个航程的生活必需用品。木球放运周期一般为 10—20 天，航程较远或逢恶劣天气更长。木帆船做给养船和上岸交通之用，也在回程时搭载放运工人。

清末民初，温州成为通商口岸，因瓯木质优价廉，行销于长江下游的上海、通州、如皋、启东、崇明及浙江的乍浦、宁波、舟山、台州等地，颇具声誉。青田、温州一带木商、船民和其他商旅，在龙泉等地设立转运行和水运埠头，所产木材经瓯江排运至温州。同期，青田一带的木商和船民到遂昌金岸、渡船头一带定居设点，转运木材，通过松阴溪水运到温州贸易。

瓯江木竹放运，民初为鼎盛时期，年放运量达 30 万立方米，自县城西门外至黄浦江面停泊的排筏，航道几乎为之阻塞。20 世纪 50 年代，仍有 20 万立方米的年运量。1972 年至 1983 年，年运量徘徊在 13 ～ 15 万立方米之间。1984 年为 11.3 万立方米。此后，由于瓯江水位持续下降，木排运量急速下降，1987 年仅 1000 余立方米。20 世纪 80 年代末，紧水滩封坝后，水运基本停止。

1954 年，青田县成立筏业服务站（组），有固定排工 220 人。

1955 年，龙泉县总工会、森工部门吸收熟悉青田至温州航道的青田排工，龙泉水运温州的木排取消了在青田中转的环节。

1957 年，全省进行水运改革，10 月，温州森工分局成立直属的龙泉上圩、温州小旦两个改排场，建龙泉安仁口、丽水大港头、青田 3 个排运管理站，接管排运业务。从而实施了工人统一调配，河道分段流送，避免了停工窝工现象，放运效率提高 30% ～ 40%。为此，林业部向南方 8 省介绍了瓯江流域水运改革经验。

1961 年，国家压缩木材采运计划，瓯江运输公司撤销，有关木材水运、港道养护、检查站等机构全部下放给各县林业部门，瓯江运输公司所属各分公司的船民，分别下放给龙泉、丽水、青田三县，改建为县航运公司。

1972 年后，龙泉毛竹放运总站将毛竹放运交接埠头由温州改到青田温溪港。

1985 年前，青田鹤城镇设有经济民警小队，在平演设拖轮组，小旦设工作组。任务是负责木排泊送调度、安全护送、防洪打捞、到点验收、偷盗处理等工作。瓯江沿江共修建有安全停排点 42 个，永久性防洪桩 800 余只，一次安全停排量达 1.65 万立方米。在青田配有大小机动船 5 只，总功率 200 匹马力。

二、陆运

旧时县内木材短途运输，向以人力抬、背为主。民国 38 年（1949 年）5 月，丽水地区各县解放时，丽水至青田公路采用单车道，汽车交会先要电话联系。故该时期青田境内木材运输几乎都是水运和人工搬运。中华人民共和国成立前，青田林区公路运输量极低。20 世纪 70 年代后，木材运输的主要方式：先是用手拉车，继之是手扶拖拉机。后有林区公路、机耕路，木材陆运方式主要有汽车道路运输、平车道运输等。

（一）肩背

肩背是古老的陆上运输方式，在日常生活和生产过程中普遍运用。公路建设以前，山区农民林产品的外运，全靠人力。农闲时，农民把肩背运输作为一种副业。

图 6-1-2-6 肩扛木材

图 6-1-2-7 背运（1997 年摄）

民国初期，青田沿江的几个主要木材集散码头都有一支以农民和无业居民为主的背运专业队伍，他们把山乡木材送到指定的地点换取报酬。当时，运输路线集中的有港头至油竹、山口、方山；县城至章旦、阜山；岭根至万阜；船寮至高湖、平桥；海口至海溪、王岙；祯埠至祯旺等地。也有专为当地商店向集镇趸售进货的山区农民，他们还可将山乡收购的土产捎带至集镇。交通要道上货运人流每日络绎不绝，汽车运输发展后，肩背货运限于仓库间短途搬运及汽车不能到达地段。

图 6-1-2-8 拖拉机运木材

图 6-1-2-9 手拉车运木材（1974 年摄）

图 6-1-2-10 石门洞林场架空索道木架（1996 摄）

图 6-1-2-11 峰山林场索道运木材（1996 年摄）

图 6-1-2-12 木材运输（1997 摄）

（二）手拉车运木材

1952 年 7 月，鹤城镇搬运工人购置大板车 2 辆，高轮钢丝车 3 辆，节省了体力，大幅提高了运输效率。1953 年，丽青温公路修复时，曾有手拉车用于工程运输；公路通车后，沿线少数村民购置为家用运输。1958 年以后，手拉车普遍用于木材运输，来替代肩运。

20 世纪 80 年代后，营业性运输已为机动车辆取代，手拉车多为自备家用。

（三）拖拉机运木材

20 世纪 60 年代，林区手车道逐渐加宽建设林机道。设计宽度为 2.5 米，纵坡要求：今后可能改成公路的，控制在 5.5% 以内；不改公路的，控制在 9% 左右，特殊地段最大纵坡控制在 12%，桥涵一般都为永久性结构（石拱桥涵或盖板涵），挡墙采用干砌块片石，路面为简易泥结片碎石。

（四）架空索道运木材

架空索道是林区地形复杂、高差较大地区集运材的一项主要手段，它安装技术要求较高、难度较大。适用于大面积皆伐及采伐量集中的林区使用。它的优点是运输快捷、投资不大，易于跨越沟、坑、岗等地貌，且钢丝绳可连续使用，20 世纪 80 年代开始推广使用。最早建于石门洞林场、峰山林场。如今，被很多林农用于皆伐林地及深山老林运材。

（五）汽车货运

1. 林道运输，一般是指用小型汽车或拖拉机将伐区木材通过林道运至贮木场的作业方式。林道具有下列特点：汇集式货流，单向性运输，重载下坡运行。

2. 木材外运。由于水运退出历史舞台，木材用各种方式汇集于贮木场后，汽车运输就成了唯一的外运方式。

表图 6-1-2-1 青田县历年木材采伐量

年份	木材采伐量（立方米）	毛竹采伐量（万支）	年份	木材采伐量（立方米）	毛竹采伐量（万支）
1949	13000		1983	50780	3.7
1950	11000	8	1984	15482	10.6
1951	8000	9.5	1985	15942	22.1
1952	7000	10	1986	10923	
1953	8000	12.5	1987	10613	25
1954	9000	14	1988	10313	40
1955	9000	15	1989	6094	6.04
1956	9000	19	1990	5861	5.86
1957	12000	28.5	1991	16400	1.64
1958	11500	44	1992	16027	1.60
1959	14000	50	1993	9919	9.90
1960	7500	12.84	1994	14500	1.45
1961	6000	5.78	1995	11836	1.18
1962	6650	7	1996	13270	1.33
1963	8400	7.05	1997	10207	1.02
1964	8500	1.20	1998	11632	1.16
1965	8500	4.50	1999	12678	1.27
1966	9000	20.7	2000	39000	1.14
1967	10000	1.1	2001	12700	1.61
1968	10000		2002	8200	5.02
1969	3000	2.31	2003	15100	2.28
1970	5500	1.47	2004	26000	9.30
1971	5100	2.50	2005	27014	4.15
1972	5000	2.33	2006	24604	4.79
1973	4000	4.00	2007	26676	10.72
1974	3000	4.50	2008	67147	10.64
1975	2000	0.30	2009	27833	2.85
1976	5000	10	2010	19055	8.91
1977	3700	15.4	2011	25962	7.98
1978	4000	45.7	2012	20381	13.45
1979	9493	46	2013	11222	18.30
1980	6744	2.48	2014	14311	15.00
1981	8117	1.80	合计	912386	662.45
1982	54000	3			

第二章　木材经营

　　青田县境内木材购销活动历史悠久，宋时，就有木材经营活动记载。民国时期，处州府属11县所产木材、毛竹，通过木排运至青田销售。青田县城的树行，有70余家。

　　中华人民共和国成立后，木材购销历经自由购销、统购统销、逐步开放三个阶段。1953—1985年，青田县收购木材共计13.04万立方米，小规格材1.87万立方米。

　　1984年开始，青田放宽木材收购管理政策；2004年后，国家修订林业法律、法规，允许单位和个人经批准经营、加工木材。自此，木材市场全面放开，产销见面，价格面议，木材经营步入了市场经济运行轨道。

第一节　古、近代木材购销

　　青田县的木材购销活动，古来有之。据记载，早在宋时，"县有征木之人"。明清时期，购销活动日渐频繁；民国时期，更是盛极一时。因青田县城处于瓯江、小溪合流之地，又是温州潮水上溯的终点。借此天然地利，处州府属11县所产木材、毛竹，通过木排运至青田销售，或者转运温州、台州等沿海各地。由此，青田县城周围的树行，应运而生。鼎盛时，县政府全年的税收，树行就占了一半。

　　木材生意的兴隆，带动了地方各行各业的繁荣；放排工、放木球工，多达上千人。明清以来，从事木材经营的有彭公记、毛万隆、杨甘鹿、金聚和、陈玉丰等10余家。民国18年（1929年）9月8日，成立青田县木业公会，有木行70余家。民国22年（1933年），木行增至85家，年经营额62万余元，居全县商业首位。"七七事变"后瓯江口被封锁，木业衰落。抗日战争胜利后，除本县木商经营外，龙泉、温州等地木商也在青田开设木行。

表6-2-1-1　1940—1946年龙泉县在青田开设的木、竹商行情况

木行名称	地　址	行　主	时　间
周广隆木行	青田西门外	周季根	1940
张广记木行	青田西门外	张火荣	1940
周泰隆木行	青田西门外	刘礼岳	1945
大同木行	青田西门外	陈仁棣	1945
季茂源木行	青田西门外	季善庭	1944
顺昌木行	青田西门外	杨舒青	1948
鼎大木行	青田西门外	李木树	1948
龙大木行	青田西门外	刘浦鹏、杨云儿	1948
信源木行	青田西门外	汤振才	1946

原先木行集中在西门外，后逐渐扩展到上店街、村头、三脚桥、湖口等地。江桥坑口至北岸黄埔沿江一带，到处停泊着木排、竹筏，西门外与水南村头之间的广阔江面航道几被阻塞。民国35年后，木行剧增，1952年，县税务局统计青田木行有108家。

民国时期木行分两种：接受遂昌、松阳、龙泉、云和、景宁、丽水各县和青田木商销售业务的称"上山行"，为温州、台州、瑞安、乐清等沿海各地顾客洽购木材的称"下水行"。分别代理买卖双方进行交易活动。由"下水行"代理人带领买方至木排停泊处看货，选定后，再到"上山行"由双方代理人讨价还价。成交后货款由木行负责收付，卖主与顾客向代理人结账。木行除按营业额收取佣金（"上山行"抽3%，"下水行"抽2%）外，同时扣回贷款本息，木行以收取佣金和贷款利息为主要收入。木商在林区采购木材时，由山农将整片山林估价出售，称"批山"。这种较大规模的交易需大批资金，"上山行"给予贷款。同时，每家木行都与本地若干商号建立业务关系，由商号供给所需的货物和现金。木材销售后大都支付"本票"，向温州指定的钱庄或商行领取。"上山行"将"本票"交本地商号领款办货，商号可以整数收入，零星支出，既推销了货物，又有现成资本，双方获益，相互依存。这种特定的合作方式，促进了青田、鹤城商业的发展。

民国时期，青田县境内的木材采伐销售，无固定模式，均由林主自定，自采自用自售；面积、蓄积较大的成片的成熟林，多采取"判青山"的方式，卖给木商，由木商雇工经营。由于从采伐运输直到销售，环节繁多，不确定因素随时出现，是一项风险很高的生意；一轮下来，时间往往半年一年，有的甚至几年；如遇山场火灾，河道洪水，市场价格跌落，等等，都会导致经营者破产。因此，一般的山主不敢冒此风险，宁愿出价抬判；收取山价金后，以后的经营就由"山客"去做（也叫木客）。山客一般都资金雄厚，一次性付清山价后，一般在秋后伐木，春前结束；取材集材，肩扛至水边，制作成排筏，待天雨水涨时，顺流放运至青田木行销售。实力雄厚的山客，也有直接排放温州销售的。

第二节 现代木材购销

一、自由购销

中华人民共和国成立初期，木材购销由私营木商（行）和供销合作社等部门经营，各需材单位、木商和木材贩子进山，自行采购，自由交易。1950年7月25日，省政府遵照中财委所颁布的《关于木材供应及收购供应问题的处理办法》以及华东财委《关于木材收购解决办法》的规定，结合浙江具体情况，制订《浙江省木材采伐收购管理方案》，在浙江省财政经济委员会下组织木材采伐收购管理委员会，分省、区、县三级。

1951年4月27日，政务院财政经济委员会《关于木材供应及收购问题的处理办法》中规定：收购木材的数量、地点、材种及收购期限，由当地省以上财委批准，一律在省财委领导下做有计划的收购。7月，省政府制定《浙江省木材采购管理暂行办法》，第7条规定：全省各级合作社收购之木材，除供应社员需要以及公营单位收购之木材除自用外，其所余之木材一律不得向市场出售，概归国营煤业建筑器材公司统一收购，合理供应，从而保证了国家建设的需要。

1952年7月，成立温州煤建器材经营处青田转运组，全面接管木材购销业务。8月4日，浙江省财政经济委员会印发的《关于木材收购问题的通知》中规定，凡私营木商经营木材，需向工商行政管理部门登记，发给采购证并经产区木管会准许后，方可在市场采购木材。并规定对胸径 1 尺 2 寸以上的木材由中煤公司经营，1 尺 2 寸以下的木材由供销社经营。从而有效地限制了私商的活动范围，使木材逐步纳入国家统一经营的轨道。

二、统购统销

1953 年 3 月 10 日，召开了华东第一次森工局长会议，历时 8 天。对木材生产中存在问题做了总结，明确了收购工作主要是掌握合理的价格。当时木材收购方法有委托收购、设站收购和流动收购等。7 月 1 日起，木材产销业务全部划归林业部门统一经营管理。11 月 19 日，浙江省颁发《木材管理办法》，确定各地收购站为经营木材的专职机构，供销社只能经营代购代销业务。同时对《木材管理办法》公布前合作社自营收购之木材处理问题也做了规定。是年，全县收购木材 4000 立方米，出运 3000 立方米。

1954 年 1 月下旬起，浙江省各地区相继开展"订约收购"试点。2 月，省供销合作总社与森工部门联系，准许直径 10 厘米以内的木材由供销社收购。6 月，浙江森工局制定了《木材收购工作的要求和简化收购手续的办法》，收购木材的方式有：订约收购、挂牌收购、流动收购、委托合作社收购、包采包运。12 月，青田转运组改称浙江省森林工业局温州分局青田收购组。是年收购 9312 立方米，全部出运。

1955 年，由于贯彻对"木材收购计划进行控制"的方针，基本上扭转了计划控制不住的被动局面。同年，全县实行订约收购；收购对象：以互助组或自然村、专业队为单位（农业合作化后，以农业生产合作社为单位；公社化后，改为以生产队为单位；建立林业生产责任制后，生产队的木材采伐计划分解到承包户，林业站仍和生产队签约，凭承包户木材采伐许可证核准数量收购，以防超售多售）。

1956 年，浙江森工局提出对划分林区的初步意见，将林区划分为：交通方便的过伐林区（第 1 类林区）；交通不便，林木比较分散，不值得投资修筑交通设施的林区（第 2 类林区）；交通不便，森林资源比较丰富，也比较集中的林区（第 3 类林区），必须积极进行基本建设，改善交通条件，设置机构，解决当地劳力不足困难，逐步将收购木材重点转向这类林区。青田属第 2 类林区。森工部门设有收购点 8 个，定期流动收购点 15 个。

是年 3 月下旬，全省召开了各森工分局局长、木材公司经理会议，要求坚决贯彻"深采远购"的方针，积极开发边远林区，建立新的森工收购基地，浙江森工局提出《关于深山远购增设收购点的初步意见》，随着农业集体化的发展，订约的方式方法也从国家经济与小农经济的联系形式转变为国家经济与集体经济合作社相结合的形式。第一个五年计划（1953—1957 年），青田县森工部门在全县收购木材 40863 立方米。

1958 年 11 月，青田收购组改为青田县森工站，根据县计划进行收购、调拨、销售、出运等工作。是年，木材生产继续贯彻"深采远购"的方针，由于木材资源不足，加上"大跃进"的影响，木材生产过量采伐，森林破坏严重，供需矛盾日益突出，国家库存越来越少。1959 年，随着国家建设事业的发展，需要大量木材，供需矛盾更显突出。1957—1959 年，青田出现木材超伐现象，境内年收购木材超过 1 万立方米，特别是 1959 年，全县木材采购高达 12195 立方米，其中县内销售 2640 立方米，运出木材 10332 立方米。

从 1961 年开始,国家实行了对国民经济"调整、巩固、充实、提高"的方针,压缩基建规模,木材供应量大幅度减少,重点保证煤炭、造纸、军工、救灾等项用材供应。同时对木材"订约采购",实行粮食奖售办法。1962 年,木材收购实行工业品对流办法,取消粮食奖励,是年完成采购木材 4164 立方米。1963 年起,收购木材又实行补助粮食或奖售化肥的办法。1959—1967 年,县委、县政府多次印发有关规定,重申关于竹、木、柴、炭以及木制品、农具材一律列入国家计划,木材由森工(林业)部门统一经营;次材小料、棍柄料、毛竹、柴炭在计划管理下由商业部门(主要是供销社)经营,其他任何单位和个人都不得直接向生产者采购。从 1961 年到 1984 年,执行省、县有关木材收购奖售办法,奖售标准做了数次调整,木材收购价格也做了相应调整。

第三节　放开经营

1980 年 2 月 13 日,省政府同意省计委、农委等 6 个单位《关于对木材确定派购、上调基数的试行办法》。1981 年 1 月,浙江省制定"木材派购任务,一定十年不变"的政策,试行以县为单位,派购上调任务包干,实行粮食、化肥、资金补助办法。完成国家任务后的木材,可以议价卖给国家,也可以委托林业部门代销。

1982 年 10 月下旬,中共中央、国务院《关于制止乱砍滥伐森林的紧急指示》下达后,全省各级党委、政府认真贯彻,严肃处理破坏山林案件,木材生产形势很快从投售缓慢转为踊跃投售。

1984 年开始,青田放宽木材收购管理政策,允许农民经过批准出售旧屋料和其他旧木料。1985 年,贯彻中央(85)1 号文件精神,开放木材市场,取消木材统购,实行多渠道经营,实行"山上管严,山下搞活,两头控制,中间流通"政策。在林业、工商和税务部门的共同规划、管理下,有领导地开放木竹交易市场。设温溪、海溪、黄放口、白岩、鹤城镇等 5 个木材贸易市场,允许产销自由交易。规定凡是经过批准采伐的木竹允许多渠道经营。林农可以允许自用,可以自由出售,可以加工。是年,县木材公司议购木材 3000 立方米,国营林场自产自销 2000 立方米,市场销售 3000 立方米,价格有升有降,随行就市。销售木材的收入,除上交税金、育林资金和少量的管理费外,其余全部归林农所得。一时间,众多木材经营者涌入林区,抬价抢购,流通秩序混乱。

1987 年,省政府贯彻中共中央 20 号文件,颁发《关于加强木材购销管理的通知》,对整顿木材流通渠道做出了 7 条规定。同年,青田县贯彻执行中共中央(87)20 号文件和省政府《关于加强木材购销管理的通知》精神,对木材流通渠道进行整顿,规定重点林区木材经营由林业部门统一管理和收购。

是年,青田县森工站改组为木材公司。并积极增设收购网点,采购外县及本地木材 2930 立方米,县内销售 2336 立方米。

1988 年,根据县政府青政字(87)第 166 号文件精神,县林业局决定从 1988 年起实行木材归口收购:

1.由县木材公司在章村区的黄寮、祯旺,北山区的坑底设立木材固定收购组;在万山和船

图 6-2-3-1 木材收购（1999 年摄）

寮二区设立木材流动收购组。黄寮收购组主要负责黄寮、章村二乡，祯埠收购组负责祯旺、祯埠、舒桥等乡的木材收购工作；北山收购组负责全区商品材收购调运工作；万山、船寮收购组的办公地点设在万山区林业站和海口乡庵前，进行两个区的流动收购工作。县木材公司积极做好宣传和收购工作，主动与各有关乡村联系落实木材收购事宜，及时进山收购，切实做到方便林农投售，就近收购，改善服务态度。

2. 实行木材统一收购后，凡系木材公司收购的木材，县境内运输凭县内运输证，出县运输按县政府（87）第 95 号文件规定办理。甲种育林资金、更新改造资金、林区建设费和林政管理费均由县林业局向木材公司统一结算，各乡政府不得再收。原规定甲种育林资金、更改资金给乡政府留用 20%，当年按木材公司收缴额由林业局统一返回给乡政府。

3. 为切实保护林农利益与严肃价格政策，本县收购木材制定基准价和浮动幅度。规格材：杉原条 429 元 / 立方米，松原木 231 元 / 立方米。对适销的木材，根据树种、规格、等级等，其价格允许上浮 5% ～ 20%，具体可由购销双方面议，不得任意抬价和压价。对次材小料、旧屋料和未定价格的树、材种，参照收购价格表按质论价、双方面议。

4. 个体木材经销户，只准按核定的经营限额到林业部门和木材公司或各收购组购买木材，凭林业部门出运证运销。木材加工企业和特殊情况经县林业局批准进山购买木材的单位或个人，要严格按照指定的时间、地点、树种、材种限额购买。未经批准的任何单位和个人都不准进入林区直接向林农收购木材（包括小材小料和旧屋料）。

5. 收购木材必须遵守林政管理的有关规定，盗伐、滥伐的木材，收购组有权予以扣留，并报林政机关查处。出运的木材，必须凭盖有林政准砍号印和林业局签发的木材出运证明。否则检查站予以

图 6-2-3-2 温溪木材市场（1984 年摄）

扣留。

1989年，国家调整经济发展政策，木材经营由供方市场转为需方市场，木材市场购销疲软，价格逐渐回落。1996年后，建筑领域和家具生产等行业广泛使用木材替代产品，加之国门打开，国外大量木材和胶合板如潮水般地涌入，从而冲击木材产区市场。县木材公司经营亏损日益严重，直至全面停止木材经营。2003年以后，随着国家经济蓬勃发展，木材价格回升。2004年，国家修订林业法律、法规，允许单位和个人经批准经营、加工木材。自此，木材经营主体、经营局面发生根本转变，市场全面放开，产销见面，价格面议，木材经营真正步入了市场经济运行轨道。

表 6-2-3-1 青田县历年木材收购、地销统计表   单位：立方米

分项 年份	收购 木材	收购 小规格材	地销 木材	地销 小规格材	分项 年份	收购 木材	收购 小规格材	地销 木材	地销 小规格材
1953—1985年总计	129853	19841	46499	11532	1969年	1815	1152	2402	1012
"一五"时期	40863	0	0	0	1970年	2408	894	2082	1054
1953年	4000				"四五"时期	8226	4124	7948	3564
1954年	9312				1971年	3062	852	2625	966
1955年	8766				1972年	1842	2229	2019	1372
1956年	7443				1973年	1641	397	1592	467
1957年	11342				1974年	996	448	1054	445
"二五"时期	37064	0	9565	0	1975年	685	198	658	314
1958年	7576		3006		"五五"时期	7103	1715	6972	1637
1959年	12195		2640		1976年	1089	410	846	336
1960年	7599		1173		1977年	1205	303	1178	416
1961年	5500		858		1978年	1368	193	1718	221
1962年	4194		1888		1979年	1541	315	1539	317
调整时期	15586	6728	4646	310	1980年	1900	494	1691	347
1963年	6488		2097		"六五"时期	9172	2037	8725	2519
1964年	4867	6452	894	54	1981年	2045	407	1978	288
1965年	4231	276	1655	256	1982年	2185	471	2194	617
"三五"时期	11839	5237	8643	3502	1983年	2121	683	1762	872
1966年	3504	663	1587	492	1984年	1832	425	1651	569
1967年	2710	880	1449	608	1985年	989	51	1140	173
1968年	1402	1648	1123	336					

表 6-2-3-2 青田县木材公司木材收购统计表（1990年10月18日）   单位：立方米

年别	合计	杉原条杉原木	松原木	次材	杂木
合计	1574.9527	943.3654	273.7926	352.7947	5
1987年	589	488	75	26	
1988年	669.9527	306.3654	82.7926	280.7947	
1989年	202	113	53	31	5
1990年	114	36	63	15	

表 6-2-3-3 青田县木材公司木材销售统计表（1990年10月18日）　单位：立方米

年 别	经局办理出运数量			
	合计	杉原条 松原木	次材	旧屋料
合 计	752.132	539.26	17.132	195.74
1987 年	295.32	230.66	4	60.66
1988 年	435.812	287.6	13.132	135.08
1989 年	21	21		

表 6-2-3-4 青田县历年毛竹收购量　单位：万株

年 份	株数	年份	株数	年份	株数	年份	株数
1950—1985 年总计	225.32	"二五" 时期	105.8	"三五" 时期	30.08	"五五" 时期	8.47
恢复时期	3.3	1958 年	25	1966 年	4.5	1976 年	0.71
1950 年		1959 年	48	1967 年	20.7	1977 年	2.37
1951 年		1960 年	22	1968 年	1.1	1978 年	1.49
1952 年	3.3	1961 年	7	1969 年	2.31	1979 年	1.42
		1962 年	3.8	1970 年	1.47	1980 年	2.48
"一五" 时期	55			"四五" 时期	6.34	"六五" 时期	5.26
1953 年	4			1971 年	2.1	1981 年	1.17
1954 年	4.4	调整时期	11.07	1972 年	2.33	1982 年	1.03
1955 年	4.7	1963 年	3.24	1973 年	1.48	1983 年	0.8
1956 年	16.9	1964 年	3.71	1974 年	0.3	1984 年	1.72
1957 年	25	1965 年	4.12	1975 年	0.13	1985 年	0.54

第三章　检量计价

　　中华人民共和国成立之前，中国的木材检量方法和计价单位没有统一的国家标准。青田县境自清代始至 1951 年，木材检量皆采用"龙泉码"的方法。用龙泉码检量木材，检量部位和计算方法均因材种不同而异。

　　中华人民共和国成立之后，国家制定统一的木材检量计价标准。1952 年 10 月 30 日，经省商业厅、中国煤建公司华东区公司批准，杉原条改龙泉码大、中、小钱码。1953 年，国家林业部参照苏联标准，制定了《木材规格》《木材检尺办法》和《原木材积表》3 项标准，经中央财经委员会批准，于 1953 年在全国范围试行。是年，青田废除"龙泉码"，执行以"立方米"为计量单位。但在民间，龙泉码仍然流行了几年。1960 年，林业部颁发《杉原木材积表》后，青田县的木材检量，执行国家统一的检量方法。

民国时期至 1951 年间，青田县境的木材购销价格随行就市，基本上随粮价涨落。1953 年以后，实行统购派购，木材价格由国家统一制定。1964 年，根据省物价委员会 148 号通知、丽水专署物价委员会第 12 号通知，制定青田县木材销售价格。1991 年 7 月 17 日，省林业厅根据国家物价局、林业部《关于下达南方集体林区木材指导价格差价率表的通知》精神，结合本省具体情况，经与省物价局研究同意，制定木材指导性价格、规格分类与差率。1996 年，取消一、二、三等材定价。此后，木材价格实行市场定价。

第一节　木材检量

旧中国木材流通中的计量单位极不统一，检量的方法也多种多样。自清代始至 1951 年，青田县境的木材检量，皆采用"龙泉码"的方法。

龙泉码是世界最早的木材计量方法，比欧洲的同类计材方法早 300 多年。它是原江西龙泉（今遂川）郭维经（1588—1646）父女发明而用于测定杉木材积的一种方法，故称"龙泉码"。晚清陈锦在《结筏顺清河记》中对龙泉码有如下记述：查木之围长可知材积尺码。围长 1 尺，材积 3 分，围长长半寸，则材积加码。故围长愈大，加码愈大。如材积 3 分（0.030 两），围长 1 尺零半寸（1.05 尺），材积为 3 分 5 厘（0.035 两）；围长 1 尺 4 寸（1.40 尺），材积为 7 分（0.07 两）。

龙泉码是根据杉木眉高处圆周长尺寸编制成的一种数码，每根杉木圆周长在 7 寸以上的，每半寸便有一个固定数码，这种数码总称龙泉码。龙泉码以"两"为单位，两以下为"钱""分""厘"。即按照木材圆周长的尺寸大小分为分码、钱码、两码。圆周长超过 7 寸者为正木，圆周长不足 7 寸者为"不登"（即不登码的意思），亦称尖子木，价格很低。采用此法量木材时，用专量圆周的竹篾制的滩尺（滩尺分丝篾尺和拖篾尺两种，前者细如铁丝，准确度高；后者粗如笔杆，误差大。滩尺为十进制，寸、分用有色漆标注。滩尺的尺码比市尺大，1 滩尺约合 1.02 ～ 1.03 市尺，各地尺寸不大一样），测量长度的丈杆、五尺杆等度器。围量长梢木和毛筒（即今杉原条、原木）一定位置的圆周长，对照编好的龙泉码表，即知一根木材的龙泉码数，再乘以木材市场每两码价格，即得出该根木材的价值。

用龙泉码检量木材，检量部位和计算方法均因材种不同而异。杉原条旧时称长梢，有四花和毛木之分。四花是需在斧口上首凿串孔，孔以能串进直径 2 寸（鲁尺，下同）大小的串柴为准；孔口上方隔三指宽（约 1.5 寸）处开始向上 6 鲁尺（1 鲁尺 =27.33 厘米）处的围径在 7 寸（围径用三元尺量，1 尺 =34.73 厘米）以上者。毛木，从根部最高斧口往上 6 鲁尺处，围径在 7 寸以下者。毛木分虎一到虎五 5 个等级，用大拇指与食指量围径，两指间距一个手指宽为虎一，余类推，虎一为最低标准，虎五为最高标准。四花有分码、钱码、两码之分，以 10 进位。分码和钱码又分大、中、小三档。（见表 1、表 2）检量的围径越小，码递增数亦越小；围径大，递增大，俗称"跳码"或"飞码"。如果杉木有缺陷或不够长，则在计算材积时必须让尺，即让篾或让码。

其滩规将其分为八种情况必须让篦或让码:短、弯、尖、疤、槽、空（可分为干空、根空、梢空、鸟眼、鱼鳃 5 种）、破、烂。每种情况均有不同的让篦或让码方法。

1952 年 10 月 30 日，经省商业厅、中国煤建公司华东区公司批准，杉原条改龙泉码大、中、小钱码。大、中、小分码定价，大钱码每两换算 0.7096 立方米，中钱码每两换算 0.889 立方米，小钱码每两换算 1.062 立方米；大分码每两换算 1.28 立方米，中分码每两换算 1.4 立方米，小分码每两换算 1.598 立方米。同年 12 月 29 日，经省商业厅、中国煤建公司华东区公司同意，全省松原木改公制检量，分长级、径级、等级，按立方米定价。八鲁尺跳码松段，相等于松原木长 2.2 米，径 28 厘米，材积 0.154 立方米，按鲁尺 7 两换算 1 立方米。是年，国家林业部参照苏联标准，制定了《木材规格》《木材检尺办法》和《原木材积表》3 项标准，经中央财经委员会批准，于 1953 年在全国范围试行。1953 年 7 月 17 日，经省财政经济委员会批准，全省杉原条、杉原木改公制检量，分长级、径级、等级，按立方米定价。杉原条大分码每两换算 9～10 米、10～14 厘米、一等，1.35 立方米。杉原木 424 英尺换算 1 立方米。龙泉码大分码每两换算 8～10 米、1～14 厘米，折合 1.28 立方米（当时木材经营产销分工，致出现杉原条两个不同换算率）。是年，青田废除"龙泉码"，执行以"立方米"计量单位。但在民间，龙泉码仍然流行了几年。

1958 年，国家颁发六项新标准，即：直接使用原木（坑木、电柱、桩木等），加工用原木（特别加工用原木、造船材、胶合板材、一般加工用原木），原木检验规则，板方材、枕木、木材缺陷等。

1960 年，林业部颁发《杉原木材积表》。

1964—1965 年，林业部相继颁发农用船材、檩木、简易电柱等材种的部标准。

1985 年，修订改名为"马尾松枕资"，经省标准计量局审定，于同年 12 月 1 日施行。同年，林业部积极推行国际标准和先进国家标准，对木材标准进行修订，计 34 项国家标准，包括特级原木，针、阔叶加工用原木树种，主要用途、尺寸公差、分，等等。

表 6-3-1-1 解放前各地使用的木材计量单位

	换算率（立方米）	流行地区	简要说明
立方公尺	1	解放前国内未流行使用	原为法国计量单位制，又称万国计量单位
龙泉两码	无换算标准	中南华东地区广泛流行使用	即采用检量尺具中的 8~9 号为量原条木高处或距六与 5.4 处中径然后查龙泉码
中国才（台湾才）	2.25	福建省	检量计算销往台湾的板材
斤（重量）	无换算标准	江西、福建、浙江	主要用于计算杂木
日本才	2.5	东北、内蒙古、及沿海大城市	宽厚各一尺，长 12 尺，等于一日本才
日本石	1.55	东北、内蒙古沿海大城市	一中国石等于 0.574 日本石
立方尺	35.32	沿海各省、市采用	英美两国的计量制单位
直线英尺	6.494	沿海各省、市采用	1000 直线英尺等于 15.4m³
板呎	423.31	江西、上海、杭州、天津等地	以长宽各一英尺，厚一类寸为一板尺

注：本资料均由原林业部技术处长、新疆维吾尔自治区林业厅副总工程师邓复同志提供。

表 6-3-1-2 解放前各地检量木材尺具统计

	换算率 1m	流行地区	简要说明
市 尺	3	江西、福建、广东、广西、浙江、湖南、贵州	
日本尺	3.3	辽宁、吉林、上海	日本侵略东北时采用一市尺等于 1.058 日本尺
英 尺	3.28	江西、浙江、上海、福建、 天津等地	沿海各省、市普通采用英制单位， 一市尺等于 1.09 尺
营造尺	2.88	流行最广	一营造尺等于 0.96 市尺

注：本资料系由原林业部技术处长，新疆维吾尔自治区林业厅副总工程师邓复同志提供。

第二节 木材价格

民国时期至 1951 年间，木材购销价格随行就市，基本上随粮价涨落。1937 年，每"两"（龙泉码，下同）杉原条收购价为大米 200 斤；抗战胜利后，木材销路大增，价格曾一度暴涨几倍。1948 年，木材销售疲软，每"两"杉原条仅换大米 100 斤；1949 年为 150 斤左右。

1952 年 1 月，每立方米杉原条换大米 254 市斤，折合人民币 22 元。并根据"紧缩长度，径级差率，优材优价、劣材劣价"的原则，结合全省水平，采用温州地区差价，按商品流通方向，从严制定收购价。

1953 年以后，实行统购派购，价格由国家统一制定。在县城，每立方米上好的杉原条为 20 元左右，折大米约 200 斤。

1955 年，8×（10～12）木材，每立方米 21.4 元。1957 年，8×（10～12）木材，每立方米 28 元。

1964 年，根据省物价委员会 148 号通知、丽水专署物价委员会第 12 号通知，制定青田县木材销售价格（详见附表）。

1966 年，8×（10～12）木材，每立方米 34.25 元。

1973 年 1 月 1 日，城关收购点第三价格区，肩运 9～11 华里，杉原条长 8～10 米，径级 8～14 厘米，每立方米为 28.7 元。

是年，木材销售价做调整。杉原条长 8～10 米，径级 8～12 厘米，每立方米 37 元。

1979 年，杉原条长 8～10 米，径级 8～12 厘米，每立方米收购 58 元。

1984 年，杉原条长 8～10 米，径级 12 厘米，每立方米收购价 67 元。

1987 年，杉原条长 8～10 米，径级 12 厘米，每立方米收购价 320 元。

1983 年，丽水地区林业局（83）49 号文件，请示行署同意，对本区生产的非规格木材销售价格做如下规定：

表 6-3-2-1 非规格材的外销最高限价 单位：元／立方米

名 称	销售最高限价	育林基金更改资金	合计
杉小径材、杉次材	203	22	225
松小规格材、松次材	144	22	166
杂小规格材、杂次材	121	22	143

以非规格材为原料加工的板方材，按国家规定，毛边板以原木价格的 150%，加 5% 的加工税为最高限价，其育林基金和更改资金也按 150% 计算。这样核定非规格材加工的毛边板外销最高限价为（1988 年）：

表 6-3-2-2 非规格材加工的毛边板外销最高限价

单位：元／平方米

名　称	外销最高限价	育林基金更改资金	合计
杉毛板	320	33	353
松毛板	229	33	262
杂毛板	192	33	225

表 6-3-2-3 青田县原木销售单价表

单位：元／立方米

树种	单价
杉木	827.91
松木	466.98
杂木	421.40
制材	1249.42
小规格材	381.45

表 6-3-2-4 主要木材收购价格

单位：元／每立方米

年度	长度（米）	径级（厘米）	价格
1952	8~10	8~12	22.90
1955	8~10	8~12	21.40
1957	8~10	8~12	24.30
1962	8~10	8~12	28
1966	8~10	8~12	34.25
1973	8~10	8~12	28.70
1979	8~10	8~12	58
1984	8~10	8~12	67
1987	8~10	8~12	320

表 6-3-2-5 毛竹收购价格

单位：元／9 寸毛竹以支计

年度	9 寸毛竹	价格
1952	9	0.25
1955	9	0.32
1957	9	0.32
1962	9	0.32
1966	9	0.38
1973	9	0.79
1979	9	1.00
1984	9	1.3
1987	9	2.3

1991 年 7 月 17 日，省林业厅根据国家物价局、林业部《关于下达南方集体林区木材指导价格差价率表的通知》精神，结合本省具体情况，经与省物价局研究同意，制定木材指导性价格、规格分类与差率，各地参照执行：

一、表 6-3-2-6 原条差价率

（含杉、柳杉、檫、柏原条）

差价率（%） 径级　长度	5～7m	8～10m	11m 以上
8~10 公分	80	85	
12~14 公分	90	100	110
16~18 公分	105	115	125
20 公分以上	115	125	135

二、表 6-3-2-7 松、杂原木差价率

差价率（%） 径级　长度	2～3.8 米	4 米以上
8~10 公分	55	65
12~14 公分	70	80
16~18 公分	80	90
20~28 公分	90	100
30 公分以上	105	115

三、表 6-3-2-8 杉原木差价率（含柳杉原木）

差价率（%） 径级长度	2～3.8 米	4 米以上
4~6 公分	40	55
8~10 公分	55	70
12~14 公分	70	35
16~18 公分	85	100
20~28 公分	105	120
30 公分以上	120	125

注：长度不足 2 米按同经级的 80% 计价。

四、等级差价率：

（1）原条：一等 115%、二等 100%、等外 60%。

（2）杉原木：一等 115%、二等 100%、三等 85%、等外 60%。

（3）松、杂原木：一等 115%、二等 100%、三等 85%、等外 60%。

（4）锯材：一等 120%、二等 100%、三等 85%、等外 70%。

五、树种差价率：

（1）一类杂木 150%（香樟、银杏、楠木、黄檀等）。

（2）二类杂木 120%（香岗、麻栗、石楠、山桃、苦槠、榧木、檫木、柞木等）。

（3）三类杂木 100%（枫、苦楝、白杨、泡桐、木荷、榆木、栲木、枣木、柞木等）。

（4）四类杂木 80%（乌柏、山核桃、冬青、溪沟杨、女贞、木麻黄、梧桐、柿树、沙朴等）。

1994 年，税收制度改革，税价分离，销售价格中不包含增值税。

1996 年，取消一、二、三等材定价。

1997 年起，林业“两金”与销售价格分离，由林业局在办理木材出口时征收，销售价格中不含林业规费。

表 6-3-2-9 一立方米木材与部分工农产品交换比价情况表

交换农产品	被交换工业品	1950 年	1952 年	1957 年	1960 年	1962 年	1966 年	1976 年	1978 年	1982 年	1984 年	1988 年	1990 年
木材（m³）	大米（斤）	150	215	170	172	204	177	199	199	309	309	3603	926.3
	食盐（斤）	110.4	174.4	124	125	148	148	200	200	311	247	2722	903.4
	肥皂（条）	49.3	77.8	58	58	69	54	77	77	120	120	628	275.8
	火柴（封）	113.8	130.8	112	113	100	100	135	135	210	21 0	1225	436.7
	标准市布（尺）	50.2	78.7	62.2	62.6	74	74	100	100	155.6	120	1021	270
	全毛毛线（斤）	0.87	1.37	1	1	1.2.	1.2	1.66	1.66	2.58		11. 51	5.46
	钟牌毛巾（条）	18	25.4	19.3	19.4	23	22.2	30.3	30.3	47.2	38.5	308	106.1
	工农雨鞋（双）	3.46	4.98	3.97	4	4.73	5.3	5.8	5.8	9	9	84	35.1

资料来源：《丽水地区志》

表 6-3-2-10 青田县几个年份农产品成本收益比较

品名	年份	产量（公斤）	主产品产值（元）	出售价（元/百公斤）	生产成本（元）	费用（元）	用工量（个）	主产品含税成本（元/百公斤）	税后纯收益（元）	净产值（元）	每个劳动日净产值（元）
早稻（亩）	1985	455	155.23	30.60	95.36	42.08	29.6	19.48	56.81	113.15	3.82
	1986	434	146.32	30.62	102.91	49.27	29.8	23.60	39.89	97.05	3.26
	1987	375.5	141.17	33.60	155.28	55.74	35.55	37.77	17.17	85.43	2.4
	1988	390.5	17 6.83	37. 60	161.40	66.03	28.9	35.22	11.94	110.80	3.83
	1989	408.0	212.38	44.70	196.02	77.50	28.9	42.44	11.58	134.85	4.67
	1990	418.5	215.66	45.00	180.19	85.24	21.1	38.82	30.62	130.42	6.18
杂交稻（亩）	1985	515	191.01	33.40	117.15	52.17	35.8	21.08	70.8	138.3	3.86
	1986	471	187.99	35.80	106.17	54.61	28.95	21.04	77.91	133.38	4.61
	1987	474	199.65	37.90	143.48	66.23	27.59	27.94	53.02	133.42	4.84
	1988	426.5	210.70	41.90	181.05	90.33	27.49	36.82	26.16	120.37	4.38
	1989	418.5	205.07	49.00	216.48	115.62	24.60	25.56	117.56	123.20	5.01
	1990	381.5	211.44	49.00	248.87	127.82	26.90	38.96	42.28	83.62	3.11
生猪（头）	1985	122	209.88	172.00	218.12	197.42	11.5	164.44	9.26	29.96	2.61
	1986	116.9	227.12	177.46	204.38	185.25	10.63	157.97	22.74	41.87	3.94
	1987	151.2	460.67	298.33	385.71	327.21	20.89	248.75	74.96	133.46	6.39
	1988	88.4	310.65	351.40	273.18	255.71	7	309.01	37.47	54.94	7.85
	1989	206.2	377.71	371.10	374.88	313.38	15	370.64	1.11	63.33	4.30
	1990	226.38	406. 41	356.94	377.78	326.92	11.2	334.56	25.52	79.49	7.10
杉木（m³）	1985		293.28	293.28	63.78	31.27	9.88		221.51	262.01	27.4
	1986		258.46	258.46	39.58	28.93	4.47		220.71	234.53	52.47
	1987		263.44	263.44	90.08	57.08	6.6		165.10	206.36	31.27
	1988		457.66	457.66	130.88	85.10	7.76		316.87	372.56	48.01
	1989		412.46	412.46	56.28	44.63	6.27		334.83	367.87	58.67
	1990		263.81	263.81	78.12	33.40	7.71		209.31	254.03	32.95

资料来源：《丽水地区志》

表 6-3-2-11　青田县几个年份主要农副产品收购价格　　单位：元

品　种	1952年	1957年	1960年	1962年	1966年	1976年	1978年	1982年	1984年	1988年	1990年	1990年比1952年价格指数 %
四等籼谷（担）	6.35	6.30	6.50	8.10	9.50	9.50	9.50	11.55	11.55	16.80	22.2	349.6
小麦（担）	8.30	8.10	9.00	11.10	13	13	13	15.70	15.70	23	24.5	295.2
薯干（担）	5.20	6.00	7.20	8.80	9.10	9.10	9.10	10.80	10.80	15.70	16.5	317.3
茶籽（担）	8.93	10.80	13.80	16	16	21	25.50	27	27	31.20	41.28	462.3
生猪（担）	27	36	36	44	44	44	47	61.5	72	185	176	651.9
茶叶（担）	52.69	71	71	80	96	111	111	116	116	186	242	459.3
杉原条（立方米）	21.80	16.80	16.90	20	20	27	27	42	42	490	262	1201.8
松原木（立方米）	19.40	19.30	21.60	25	20	24	24	36	36	212	202	1041.2
毛竹（支）	0.28	0.34	0.34	0.34	0.53	0.70	0.70	1.17	1.24	2.28	1.49	532.1
香菇（担）	260	316	318	318	510	500	500	1400	1550	1800	1800	692.3
笋干（担）	23.50	29.90	36	41.50	49	59	59	170	340	460	320	1361.7
厚朴（担）	13.50	12	17	17	20	20	20	72	72	350	1200	8888.9
鲜茯苓（担）	38	48	48	55	59.40	55	130	130	130	500	250	657.9
烟叶（担）	22	37	43	49	49	56	62	77	92.4	112	133	600.5
黄花菜（担）	54	54	54	54	64	100	00	190	220	160	231	427.8
元胡（担）	42.70	54	75	85	78	100	100	100	140	200	1251	2929.7

资料来源：《丽水地区志》

第四章　林产工业

青田县境木、竹资源丰富，开发利用历史悠久。宋元时期，木材手工加工开始盛行，出现以锯木板和做家具用品为生的手工业者。手工加工木材，先锯成板，再按需要成形。这种方法，县人称"解板"，有单人锯和双人合锯。至 20 世纪 70 年代，群众锯解木材还是采用此种方法。

清末至民国时期，各地出现木业作坊及木船修造业。20 世纪 30 年代初，出现木业工场。县境内利用木、竹资源办企业，有记载的有：民国 17 年（1928 年），温州西郊人投资 1 万银元，在黄放口村创办倡林火柴梗片公司；民国 21 年（1932 年），利民火柴盒片厂在良川创办等。木竹利用大多由私营作坊、工场等手工业进行。或由木匠、篾匠等个体手工业者，受雇于城乡家庭，建房、打造家具、用具等。

中华人民共和国成立后，林产工业逐步发展。1958 年，县属七个区先后创建农械厂，有专门做木器的车间，所做的家具、用具凭票购买。至 20 世纪 70 年代，改革开放时期，全县的木、竹加工企业，如雨后春笋，蓬勃发展，最多时达 700 多家。但所生产的产品竞争力不强，大多自行淘汰。至 1986 年，全县有国营林业企事业单位和区、镇、乡、村及个体户办的、有点规模的各类木竹加工工厂 40 余家。20 世纪 90 年代后，小群、腊口等地木折椅厂众多。由于统计口径不一，包括锯木厂、门市销售板料商等，有木竹生产企业 300 多家。2014 年统计，剔除门市销售商，有木竹经营加工企业 125 家。这些企业建厂以来，对综合利用山林资源，搞活山区经济，致富林农，做出一定贡献。

1986 年，为加强对木竹加工企业的管理，根据青编字（86）第 6 号文件批复，县林业局成立"县林业局工业办公室"（以下简称林工办）。林工办相当于股级单位，人员由林业系统干部、职工中调配使用，自建会计账目，经济独立核算。后于 1990 年撤销，其业务由林政科负责管理。

表 6-4-0-1 1949—1988 年青田县森林工业总产值　　　　单位：万元

年份	森林工业	年份	森林工业	年份	森林工业	年份	森林工业
1949	11	1959	450.8	1969	61.6	1979	163.2
1950	11.4	1960	167.4	1970	65	1980	211.5
1951	11.6	1961	208.9	1971	92.5	1981	191.4
1952	18.8	1962	152.9	1972	94.3	1982	158.9
1953	85	1963	93.1	1973	111.9	1983	254
1954	121.3	1964	76.2	1974	115.4	1984	333
1955	123.6	1965	50.1	1975	87.3	1985	241
1956	169.8	1966		1976	101	1986	215
1957	210.4	1967	8.5	1977	77.4	1987	238
1958	453	1968	7	1978	112.4	1988	161

《前进中的青田》（1949—1988 年）青田县统计局

表 6-4-0-2 青田县林业总产值和指数

年　份	林业总产值（万元）	指数（以1949为100）	年　份	林业总产值（万元）	指数（以1949为100）
1949-2013 总计	163607	6552	"六五"时期	3291	545
恢复时期	1034	425	1981	606	112
1949	234	100	1982	733	121
1950	247	106	1983	513	70
1951	257	104	1984	700	136
1952	296	115	1985	739	106
"一五"时期	1816	547	"七五"时期	4036	579
1953	293	99	1986	584	79
1954	326	111	1987	580	99
1955	362	111	1988	567	98
1956	374	103	1989	1151	203
1957	461	123	1990	1154	100
"二五"时期	2057	510	"八五"时期	10999	618
1958	463	100	1991	1386	120
1959	476	103	1992	1387	100
1960	520	109	1993	2188	158
1961	237	46	1994	2966	136
1962	361	152	1995	3072	104
调整时期	1281	329	"九五"时期	19612	564
1963	380	105	1996	3081	100
1964	425	112	1997	3937	128
1965	476	112	1998	3944	100
"三五"时期	1727	450	1999	3496	89
1966	479	101	2000	5154	147
1967	339	71	"十五"时期	25296	497
1968	321	95	2001	5878	114
1969	321	100	2002	4635	79
1970	267	83	2003	4754	103
"四五"时期	2166	530	2004	5274	111
1971	403	151	2005	4755	90
1972	609	151	"十一五"时期	35570	362
1973	504	83	2006	5264	111
1974	385	76	2007	5868	111
1975	265	69	2008	8216	140
"五五"时期	2258	596	2009	7891	
1976	231	87	2010	8331	
1977	324	140	"十二五"时期	52464	0
1978	481	148	2011	10791	
1979	680	141	2012	13228	
1980	542	80	2013	14048	
			2014	14397	

第一节 木材加工

明末清初，青田县境内有造纸、织席等作坊和工场。清末，有方圆木、木器、竹器等作坊和工场 10 多家。民国 17 年（1928 年），温州西郊人投资 1 万银元，在黄放口村创办倡林火柴梗片公司，有工人 60 余人，设备有 8 马力、24 马力木炭引擎各 1 台，划线机 5 台，开片机 4 台，切片机 1 台，日产梗片、盒片各 1 吨，首开县境内以机器加工木料先河。民国 20 年（1931 年），因仓库失火亏空而迁往温州。民国 21 年（1932 年），良川村利民火柴盒片厂创办，主要生产盒片，后因股东纠纷，于同年冬倒闭。

历史上，民间木匠工种有两种：制作家具的包括桌、床、凳、箱、柜、盆、盂等的木匠，俗称"细木老师"或"圆木师傅"；建造房屋或者寿棺的木匠，称"大木老师"。木匠大都三五人为伍，或以师带徒，登门做活；交通方便的村镇，都设有木器店、寿材店，前店后坊，自产自销。

抗日战争前，青田手工业发展较快，抗战爆发后，许多工场、作坊纷纷倒闭。抗日战争胜利后，木竹工场、作坊恢复并发展到 18 家。民国 36 年（1947 年）后，由于通货膨胀、苛捐杂税，手工业者收入低微，歇业改行者众多。

中华人民共和国成立以后，县政府鼓励发展私营经济，组织生产自救。据 1989 年版《青田县志》记载：1949 年，全县有木器店 18 家，从业人员 85 人。1951 年，青田县电力厂锯木车间投产。1952 年，青田鹤城镇友联锯板厂开业，从龙泉、云和等县购进木材，经加工成板材、方料后，销往温州、上海等地。同时，农村手工业者都分得了土地，农忙务农，农闲务工；据统计，此时全县半工半农个体木匠有 780 人。至 1953 年，全县涉及木竹加工手工业有：木器制作 46 户，从业人员有 61 人；竹篙制作 12 户，19 人；竹器制作 19 户，25 人；船用竹篷制作 12 户，21 人；造船作坊 3 户，人员 7 人；造纸作坊 2 户，从业人员 42 人。1954 年，鹤城镇、温溪、船寮、山口等地，相继建立了木器小组；1956 年，各区先后都普遍建立了木器生产合作社；到 1958 年，全县共建立木器社（组）21 个，入社（组）的木工 580 人。

1956 年起，国家规定，所有松、杉等木材实行统购统销政策。各地需要用材均需按计划分配。一些个私木材加工单位大都关门歇业。1962 年，因三年自然灾害，各地普遍实行精简下放，木材加工企业仅留下鹤城镇、温溪、船寮、山口、北山等 5 个区 5 家，其他的解散。职工仅留 183 人，年生产家具农具 3 万件左右。1963 年，鹤城镇木器厂首先装备带锯、压刨机、平刨机，锯榫机、凿孔机，刨边机等设备。尔后，其他木器厂跟进，全县木材加工逐步实现了半机械化，生产效率大幅度提高。1969 年开始，由森工、供销两家购销杉木梢、木棍、抬杠、锄头柄、扁担坯等；到 1985 年累计购销杂木棍 49.89 万支，1976 年以后，国家实行改革开放政策，木器生产行业发展很快。20 世纪 80 年代，车木厂、算盘珠厂、象棋厂、螺丝刀柄厂、棍柄厂、木珠厂，大批涌现，最多时达 700 多家。但这些企业，因大都技术含量不高，又相互竞争，加上实行林政管理，木材控制日趋加强，许多工厂都不能持久生存，有的甚至如昙花一现。1985 年，全县有规模生产家具的有 9 家工厂，其中二轻系统 2 家，乡镇企业 7 家，共有职工 189 人。生产桌、凳 2.5 万副，木床 1000 张，其他家具 6302 件，产值 55.7 万元。

1989 年统计，全县有木材加工企业 42 家，产品有木折椅、胡刷、算盘、象棋、松木板箱、柄具类等 10 余种，销售到国内 10 多个省市以及国外。

图 6-4-1-1 木折椅

1990 年，县林业局加强木材管理，所有木材加工企业木制品生产都要纳入计划。1991 年度的木材加工企业生产计划为 10352 立方米。其中本县材胸径在 5 厘米以上的 2342 立方米，胸径在 5 厘米以下的为 2010 立方米，从外地购买的为 6000 立方米，具体计划为：

1. 木折椅 50 万支，按 70 支折 1 立方米，原材料为 7142 立方米；

2. 算盘、象棋类，8 万面（付），折原木为 100 立方米；

3. 杉、松杂木制品 2500 立方米；

4. 柄棍类 1500 万支，折原木为 510 立方米；

5. 其他 100 立方米。

1994 年，全县木折椅生产得到发展，生产厂家 150 余家，在 330 国道小群至石帆基本形成木折椅加工、销售市场，年产量 200 万支，产值 3000 万元。

图 6-4-1-2 木棍、柄生产

第二节 毛竹利用

青田县主要竹种有毛竹、早竹、淡竹、雷竹、乌竹、哺鸡竹、龙须竹、水竹等。

青田利用竹子的悠久历史，早在殷商时代就有利用竹子做箭矢的记录，用竹子建造房屋已有两千多年历史。竹材可作简易房屋的梁、柱、椽、壁等。在现代建筑工程中也广泛利用竹子来架设工棚和脚手架等。据估算，四五十株毛竹，就可替代一立方米的木材。把大竹杆削去竹青，扎成竹筏，吃水浅，浮力大，曾经是青田溪流上的运输工具之一。大毛竹具有重量轻而韧性强的特性，可用作渔船上的浮筒和撑风，打通竹杆节隔可作为农田灌溉和居家的引水的工具。

在水利工程上，劈竹成篾，编成石笼，内装石块，围在岸边来防止河岸冲刷，巩固堤坝。用竹篾制成的竹索，轻便坚韧，耐水浸泡，是水运木材扎排的好材料。

在农业生产上，竹子的利用更为普遍。在青田农村，从播种、中耕、施肥到收割、打场、贮藏，都要用到竹制工具。在人民的日常生活中，竹制的家具和用品也占相当大的比例。

竹材光滑坚硬，纹理通直，是制造乐器、计算尺以及各种工艺美术品、文化体育用品的重要材料。有的竹竿及竹制工艺品还是重要的出口商品。

青田人民利用竹子造纸，有着悠久的历史。竹子的纤维细长，含量高，是造纸和人造丝的上好原料。竹浆可制出强度大、平滑紧密、印刷性能优良的胶版纸、扫描纸、邮封纸、打字纸和特种工业用纸等。大约三吨左右竹材，可制一吨纸浆。

图 6-4-2-1 林农利用水竹造纸

明崇祯年间（1628—1644 年），麻姓自永嘉南溪迁至油竹半坑村（今麻宅村），开始利用毛竹造纸。

清代，青田县境有多家专门生产长联纸、短联纸、皮纸的作坊。当时，油竹半坑村有 100 多户，户户以造纸为业，全村有纸槽 50 多副，以生产草纸为主。因原料为竹，故草纸又名竹纸，主要用于清明祭坟、祭祀、出丧时烧纸钱。皮纸的作坊，始见于明末清初。清光绪《青田县志》记载："皮纸以桑为皮，质柔软。"主要产地先在高岗村，清咸丰年间迁至彭括村。

民国时期，油竹、港头等地乡村，以水竹为原料，生产土纸，俗称"草纸"，除本地销售外，大量供应温州等地。

中华人民共和国成立后，利用毛竹造纸更加普遍。1955 年，彭括制纸生产合作社成立，专门生产制作纸伞用的皮纸。1956 年，鹤城镇侨属造纸生产合作社在西门外水碓坑成立，生产土纸和皮纸。同年，港头土纸生产合作社成立，以生产皮纸为主。1958 年，温溪、呈岙创办卫生纸厂，规模甚大，当时有职工 262 人。1959 年，鹤城镇侨属造纸生产合作社迁往彭括；稍后，与彭括制纸生产合作社合并，改名为"公私合营青田县华侨造纸厂"，有职工 145 人。后经过调整，职工仅剩 61 人。

图 6-4-2-2 毛竹运输

1962 年，港头、温溪、呈岙三家造纸合作社合并，成立青田县卫生纸厂，厂址在呈岙村，专业生产卫生纸。1966 年，公私合营青田县华侨造纸厂从彭括搬迁至温溪，改名为青田县造纸厂，为地方国营全民企业性质单位。工厂占地面积 8500 平方米，建筑面积达 3044 平方米。主要设备有：圆网式造纸机 2 台，槽式打浆机 2 台，以及漂白、筛选、洗浆等成套设备。1979 年，生产包装纸 365 吨，利润才区区 1500 元。1987 年，有职工 136 人，固定资产原值 50.3 万元。至 1986 年，全部纸厂及作坊停产，全县仅有一家造纸厂，两年后也关门歇业。

图 6-4-2-3 篾匠剖篾

青田县民在生产生活中，大量利用毛竹，制作生产生活用具、工艺品等，可谓源远流长。历史上，青田竹器手工制作生产，素负盛名。特别是章村黄寮乡，被称为"竹器之乡"。因该乡盛产毛竹，家家户户都有一套制作竹器的工具；农闲工余，随时制作，自产自销。各村都有一两个各具特色的传统竹器产品：黄寮筲箕、金寮畚箕、下田竹椅、黄田箬笠、上寮菜篮、黄庄水勺、林口畚斗、横排路抽篓、黄肚砂箩、竹章圆箩等等，都做工考究，让人叹为观止，一直畅销不衰。

中华人民共和国成立后，1952 年，县城生产撑船用的竹篙的有 12 家作坊；制作船篷的有 12 家，制作竹器的有 19 家。此外，县境内还涌现了大批制作竹器的能工巧匠，活跃在广阔的农村，他们以此为业，子承父业，口授手传，制作的竹器，工艺精湛，是农家必不可少工种。直到 20 世纪 90 年代，随着时代进步，机器代替了手工，篾匠这个职业，终于淡出了历史。

1954 年，鹤城镇成立竹器生产合作社，生产家用、农用竹器，为船家定做船篷等。1958 年改为青田县竹器厂，1971 年转产玻璃纤维。1958 年，青田县画帘厂创办，生产画帘、绣帘、竹编等产品。1976 年，画帘厂竹编车间析出，成立青田县竹编厂，属二轻企业，厂址在今新大街，建筑面积 2100 平方米。其产品用篾丝、篾片，编成形状各异的箱、盘、包、盂等 10 大类产品，是出口工艺品。1980 年至 1985 年，创新产品达 500 多种，深受外商喜爱。

1986 年，青田县竹编厂引进卫生筷、竹签生产流水线等设备；1987 年，拥有职工 110 人，固定资产原值 33.7 万元。

图 6-4-2-4 竹笔筒

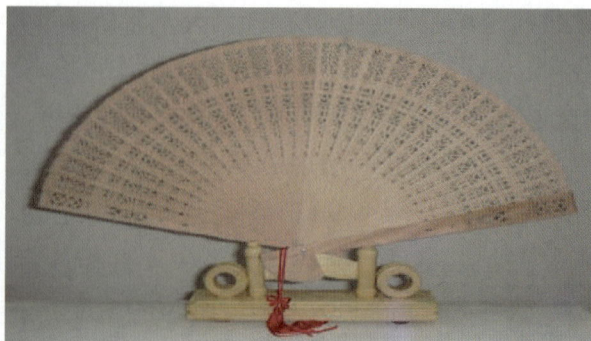

图 6-4-2-5 竹扇

第三节 林产化工

青田林产化工产品主要有松脂、活性炭等。

一、松脂

青田的松香采集活动，有记载的在明末清初，主要用于调配伤药。民国时期，温州籍工商人士到青田山区开办作坊，通过加热，使采集到的松脂溶解、澄清、蒸馏，生产出松香、松节油。

图 6-4-3-1 采集松脂

解放初期，松脂生产仍然为个体行为，自产自销。1954 年，政府明令，生产的松脂，一律由供销社收购。1962 年，每担松脂收购价为 22 元，奖售化肥 15 斤、粮票 10 斤。

1962—1984 年, 总计收购松脂 753 吨。其中 1962 年收购量为 2 担, 1980 年松脂收购量 70 担, 1981 年松脂收购量为 232 担，1982 年松脂收购量为 110 担，1983 年松脂收购量为 166 担，1984 年松脂量为 173 担。

松脂是松属树木分泌出来的树脂，刚从树干流出时，无色透明，松节油含量可达 30% 以上，与空气接触后，松节油逐渐挥发，加上外界水分的侵入，因而使其中的部分树脂酸呈结晶状态析出，松脂逐渐变成蜂蜜状的半流体。马尾松松脂一般组成为：松香 72% ～ 75%、松节油 16% ～ 20%、水分 4% ～ 6%、杂质 0.05% ～ 0.3%。松脂的主要化学成分是树脂酸和萜烯，还有少量脂肪酸等物质。马尾松松脂中的树脂酸有枞酸型（主要是枞酸、左旋海松酸、长叶松酸和新枞酸）和海松酸型（主要是海松酸和异海松酸）两大类;萜烯有单萜（主要是 α - 蒎烯，β - 蒎烯）和倍半萜（主要是长叶烯）;脂肪酸有饱和脂肪酸（月如桂酸）和不饱和脂肪酸（如油酸）。

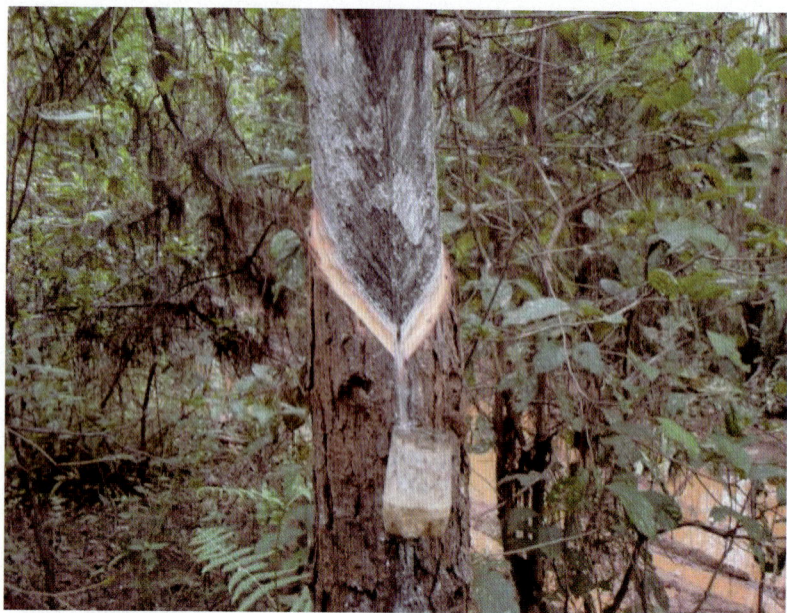

图 6-4-3-2 松脂采集

松香是重要的化工原料，广泛应用在轻工业和化学工业上。

松节油是具有芳香气味的萜烯混合液体。根据原料来源及加工方法的不同，如同松香一样，松节油可分为脂松节油、木松节油（又称明子松节油）和硫酸盐松节油。

我国的脂松节油分为优级、一级和重油。

松节油的成分随树种、树龄和产地的不同而异，用马尾松树脂加工的优级和一级油主要成分是 α - 蒎烯，β - 蒎烯、苎烯等。还有少量的倍半萜烯（长叶烯和石竹烯等）。

松脂究竟是怎样形成的，目前尚无确切的论证。一般认为，松树的树根吸收水分，经树干、枝叶输送到叶绿体内，叶绿体从空气中吸收二氧化碳，在光合作用下，生成碳水化合物—糖类，糖类经过复杂的生物化学变化，在木质部的分泌细胞中形成松脂。

松脂由分泌细胞到树脂道中，当树脂道在充满松脂的情况下被割破时，桦脂便从树脂树脂的割口处流出来。由于分泌细胞的膨胀，使树脂道口缩小，松脂流量减少、流速减慢，再加上松节油的挥发，松脂固结而堵塞了树脂道口。这时，分泌细胞又形成新的松脂并逐渐充满树脂道，当再次割破树脂道时，松脂又源源地流出来，如此有规律地一割一停，松树便不断地形成和分泌松脂。

1985 年后，青田的松脂采集活动停止。

二、活性炭

1975 年，北山利用采伐林木剩余的枝丫和砍伐灌木林，在山场就地堆集，点火焚烧，归集小木炭后，用土窑制造物理活性炭，开了青田活性炭工业的先河。1976 年，芝溪公社化工厂创办，厂址在芝溪胡岙村，有职工 30 人。该厂不断试验、完善新工艺，大搞技术革新，总结了一套木炭烧制、土窑设计、土罐做法、装罐装窑，火候控制、窑温冷却等工艺，使产品质量得到一定的提高。随后，该厂职工不断离职，或自办新厂，或被聘做技术人员。到 1978 年，全县山区乡村，很多都办起了活性炭厂。据乡镇企业局统计，截至 1980 年，经过审批的活性炭厂家，就有 28 家，产值 180 多万元。

由于土法生产物理活性炭，原料消耗大，生产周期长，活化温度不易掌握，质量很不稳定；同时，成本高，活性炭得率低（1 吨活性炭需木炭 4～5 吨）。很多企业都难以为继，纷纷停产歇业。

1982 年，芝溪公社金昌大队活性炭厂与温州龙湾制药厂签订协议，联合研究试验活性炭废渣回收利用新技术。因当时龙湾制药厂活性炭废渣堆积如山，无处填埋，厂领导心急如焚，指示工厂技术员研究解决办法。该技术员查遍全国资料，均无回收利用废渣报道，仅从一外国杂志中看到，国外曾做过此方面实验。于是双方一拍即合。经实验室小试、中试，取得第一手资料、数据后，进行工厂化试生产。20世纪70—80年代，但凡敢办企业者，多为乡村中能人，他们肯吃苦，讲诚信。许多企业都跟着做实验，你出一个点子，他想一个办法，七凑八拼，生产流程慢慢完善，工艺技术逐步提高，总结出一套可行的生产技术，填补了国内活性炭废渣回收再生技术的空白。可惜当时人们的专利意识不强，竟无人申报专利。尔后，芝溪附近的活性炭厂家，共同享用该项技术。1983—1989年间，芝溪乡有利用废渣生产再生活性炭的企业15家；其中乡办的（个人承包经营）5家，分别是芝溪化工厂，芝溪化工二厂、三厂、五厂；村办的（个人承包）10家，各家讲究面子，互不竞争，废渣来源互通有无，销售各守固定渠道。生产因此稳定，产值逐年递增。

1990年以后，随着新一代年轻人进入，局面开始动荡。新生代大多头脑灵活，市场经济意识强烈，先是抬价抢原料，后是压价抢市场。在弱肉强食、充分竞争的刺激下，市场扩大，废活性炭再生技术、工艺日臻完善，土窑越建越大；最早每窑只能出成品活性炭200～300公斤，最后每窑能出成品4吨。产量不断提高，产值越做越大。到2002年，芝溪洞桥底有个小山岙，竟挤进了13家再生活性炭生产企业，年产活性炭达3000吨，年产值9000多万元。船寮镇政府在政府工作报告中，戏称之为"黑金三角"（因活性炭产品是黑的）。

活性炭废渣回收再生技术使用热加工法，活性炭再生效率高，各地纷起仿效，其技术已幅射全国。但在再生过程中，须外加能源加热，由于废活性炭内部已吸附各种有机杂质和污染气体，会排放出较多的有毒气体，粉尘，二氧化硫污染也较严重。2005年，县政府下令，取缔、关停了县境内的所有活性炭企业。许多企业纷纷转往全国各地，寻隙生产。

活性炭废渣回收再生技术的研发推广，解决了使用活性炭企业废渣污染的难题，且变废为宝；同时极大地节约了森林资源。对全国而言，其再生技术的鼻祖，当属青田无疑。

三、青田县林产化工厂

1968年12月，青田县林产化工厂在东门创办，主管局为林业局。建厂时，有职工16人，设备简陋。在省林业科技研究所的协助下，试制碳酸钾、黄连素，并投入批量生产。1969年10月，试产钼酸铵、三氧化二钼等产品。1971年，有职工80人，完成产值74万元，实现利润22万元。是年，国家石化部拨款25万元，在新建岭建设新厂房，厂址从东门迁至新建岭，改名为"青田县化工厂"，企业性质同时转为地方国营。1975年，生产农用钼酸铵、钼酸钡，其中钼酸钡打开了搪瓷行业的销路，产值上升到96万元。由于产品适销对路，产值利润连年翻番。1978年，产值达221.36万元，职工增加到120人。到1985年，有职工153人，固定资产原值134万元，产值更升值至502.28万元。1987年，职工增加至175人，工业产值514.6万元，上交税金37.8万元，利润4.7万元。

其他林产化工产品有：用土法煎制、蒸馏樟脑油，作坊式少量生产；采集山苍籽，用蒸馏法制取山苍籽油，少量生产；采集"三条筋"等枝、叶，经干燥，用水碓日夜不停捣击，制成"香粉"外销，用作蚊香、迷信用香的原料等。

第五章 木本油料

木本油料植物主要有"三籽"：油茶、油桐、乌桕。青田人民经营油料植物历史悠久，据《青田县粮食志》（2002 年）记载：清康熙二十五年（1686 年），章村畲族聚居地开始油茶繁殖。清康熙《青田县志》货类中，就有桕籽生产记载。明《农政全书》和清《乾隆县志》货类中，均有油桐生产记载。

图 6-5-0-1 油桐　　　　　　　图 6-5-0-2 乌桕　　　　　　　图 6-5-0-3 油茶

木本油料植物中的油茶是很好的食用油料，而油桐、乌桕油等则是重要的工业原料。

种植木本油料植物一般不占用耕地，荒山、丘陵，甚至盐碱沙土地上都能生长，是一年种多年收的植物，有的结果期长达几十年，甚至百余年，而且对土壤、水、肥的条件要求不高，对自然灾害的抵抗力很强，经营管理比较简单，群众称它们为"铁杆庄稼"。

青田县自然条件优越，由南到北，到处都可以种植木本油料植物。充分利用荒山、荒地、田边、地角和房前屋后种植木本植物，意义重大。

中华人民共和国成立前，青田县的油茶产量很低。据民国档案载：1941 年有油茶面积 5557 亩，年产籽 148 万斤，1943 年为 97 万斤。

中华人民共和国成立之后，油茶籽产量逐年上升，20 世纪 50 年代，平均年产 503 万斤，60 年代上升到 525 万斤，70 年代上升到 609 万斤，80 年代前期又上升到 650 万斤。最高的是 1979 年，产籽量达 1200 万斤，最低的是 1976 年，产籽量达 200 万斤。36 年来，全县共生产油茶籽 21203 万斤，投售国家 15459 万斤。

进入 20 世纪 80 年代后，全县开始大规模发展油桐生产，尤其以双垟、仁宫、海溪、平桥、祯埠等 9 个省定点纯林基地重点乡最为突出。在产区群众的努力下，产量有所上升，1982 年，年产量达 38 万斤，是前 30 年平均水平 2.4 倍。新中国成立后共生产桐白 580 万斤。

20 世纪 70 年代中期以前，乌桕籽年产量比较稳定。高则百万斤，低则五六十万斤，年平均产籽量保持在 70 万斤左右的水平。1976 年后，乌桕资源破坏日趋严重，产量逐年下降。

据 1975 年调查，乌桕留存面积 1000 亩左右。到 1985 年调查时，成片面积只有 62 亩，散生株数 32390 株，年均产量也相应下降到 43 万斤。（详见附表）。

表 6-5-0-1 青田县历年"三籽"产销情况（1950—1970 年）　　单位：万担

年份	油茶籽		油桐白		乌桕籽		备注
	产量	收购	产量	收购	产量	收购	
恢复时期	9.01	0	0.69	0	1.39	0	
1950	1.9		0.25		0.35		地区林业局
1951	2.18		0.28		0.37		地区林业局
1952	4.93		0.16		0.67		地区林业局
"一五时期"	28.43	17.91	1.05	0.89	4.53	3.65	
1953	4.73	0.88	0.13	0.03	0.53	0.24	地区林业局
1954	7.92	5.03	0.16	0.24	0.94	1.13	地区林业局
1955	5.09	2.75	0.16	0.18	0.92	0.81	地区林业局
1956	2.84	1.94	0.28	0.21	1.04	0.62	地区林业局
1957	7.85	7.31	0.32	0.23	1.10	0.85	地区林业局
"二五时期"	28.63	27.45	0.77	0.61	3.55	3.14	
1958	6.30	5.68	0.24	0.18	0.91	0.78	地区林业局
1959	6.58	6.18	0.23	0.25	0.86	0.68	地区林业局
1960	7.25	7.14	0.15	0.09	0.68	0.65	地区林业局
1961	4.00	3.95	0.08	0.05	0.50	0.33	地区林业局
1962	4.50	4.50	0.07	0.04	0.60	0.70	地区林业局
"调整时期"	15.05	15.89	0.36	0.45	1.97	1.86	
1963	4.50	5.34	0.11	0.15	0.70	0.67	地区林业局
1964	4.55	4.55	0.10	0.17	0.67	0.67	地区林业局
1965	6.00	6.00	0.15	0.13	0.60	0.52	地区林业局
"三五时期"	24.12	13.46	0.67	0.52	3.58	2.63	
1966	6.34	4.83	0.13	0.09	1.11	0.82	地区林业局
1967	5.80	1.54	0.13	0.13	0.56	0.56	地区林业局
1968	4.50	1.02	0.08	0.08	0.50	0.50	地区林业局
1969	3.68	3.36	0.16	0.16	0.81	0.72	地区林业局
1970	3.80	2.71	0.17	0.06	0.60	0.03	地区林业局

摘自丽水地区历年林业统计资料（1950—1985 年）

表 6-5-0-2 青田县历年"三籽"产销情况（1971—1985 年）　　单位：万担

年份	油茶籽		油桐白		乌桕籽		备注
	产量	收购	产量	收购	产量	收购	
"四五时期"	33.9	23.85	0.92	0.57	3	2.79	
1971	4.70	4.20	0.21	0.14	0.16	0.49	地区林业局
1972	8.15	8.18	0.19	0.14	0.85	0.87	地区林业局
1973	6.80	3.92	0.16	0.18	0.70	0.52	地区林业局
1974	7.00	4.05	0.18	0.07	0.65	0.63	地区林业局
1975	7.25	3.50	0.18	0.04	0.64	0.28	地区林业局
"五五时期"	30	22.24	0.46	0.073	2.7	2.22	
1976	2.00	0.56	0.08	0.01	0.75	0.38	地区林业局
1977	3.50	2.57	0.10	0.01	0.37	0.37	地区林业局
1978	7.50	5.48	0.03	0.02	0.38	0.38	地区林业局
1979	11.00	9.30	0.05	0.03	0.60	0.57	地区林业局
1980	6.00	4.33	0.20	0.003	0.60	0.52	地区林业局
"六五时期"	37.2	22.89	0.85	0.13	2.15	1.96	
1981	11.50	7.32	0.15	0.02	0.55	0.41	地区林业局
1982	6.50	5.35	0.15	0.02	0.50	0.42	地区林业局
1983	4.20	2.38	0.15	0.05	0.40	0.48	地区林业局
1984	6.00	3.09	0.20	0.00	0.35	0.29	地区林业局
1985	9.00	4.75	0.20	0.04	0.35	0.36	地区林业局
1950-1985	206.34	143.69	5.77	3.243	22.87	18.25	地区林业局

摘自丽水地区历年林业统计资料（1950—1985 年）

表 6-5-0-3 青田县木本油料产量（1986—2014 年）　　单位：吨

时间	茶籽	桐子	乌桕	备注	时间	茶籽	桐子	乌桕	备注
"七五时期"	11477	703	658		"十五时期"	5946	15	5	
1986	1100	150	175	统计局	2001	1147	15	5	林业局
1987	1962	141	125	统计局	2002	1165			林业局
1988	2316	197	175	统计局	2003	1179			林业局
1989	3865	136	118	统计局	2004	1185			林业局
1990	2234	79	65	统计局	2005	1270			林业局
"八五时期"	8837	454	174		"十一五时期"	8596			
1991	2856	79	63	统计局	2006	1218			林业局
1992	1824	84	48	统计局	2007	1264			林业局
1993	1280	104	29	统计局	2008	2086			林业局
1994	1598	102	22	统计局	2009	2092			林业局
1995	1279	85	12	林业局	2010	1936			林业局
"九五时期"	5760	185	48		"十二五"	16347			
1996	1245	68	28	统计局	2011	3372			统计局
1997	1428	117	20	林业局	2012	3465			统计局
1998	1013			县粮食志	2013	3800			统计局
1999	1001			县粮食志	2014	5710			统计局
2000	1073			县粮食志	合计	56936	1357	885	

第一节　油茶

油茶是我国最古老的木本油料植物之一，明代徐光启的《农政全书》称油茶为楂、山茶。其成熟种子经压榨法、浸出法等提炼出的脂肪油称茶油（也称油茶籽油、山茶油），是世界四大木本植物油之一，也是国际粮农组织首推的卫生保健植物食用油。茶油不含胆固醇和黄菌霉素，不饱和脂肪含量高达 85.2% ～ 95.8%，富含钙、铁、锌等微量元素，含茶多酚、总黄铜等保健成分。还具有较高药用价值，《本草纲目》载："油茶籽油性寒凉，味甘平，有润肠通便，清热化湿，润肺祛痰，利头目。"对人体心脑血管、消化、生殖、神经内分泌、免疫系统都有很好的调节作用。在医药美容保健方面表现卓越。青田油茶是农村经济主产业之一；油茶生产，遍及全县，总产量占全省的 1/6。是浙江省油茶面积第二大县，全县现有油茶面积 27 万多亩；国家林业部将青田列为全国 12 个油茶生产重点县之一，素有"浙南油库"之称。

一、油茶生产

中华人民共和国成立前，青田县油茶产量很低，根据民国档案载，1941 年有油茶面积 5557 亩，年产籽 1.48 万担；1943 年为 0.97 万担。

1979 年，全县油茶籽最高年产量（籽）由 1949 年的 1.5 万担增至 12 万担，最低的是 1976 年，产籽量为 2 万担。

中华人民共和国成立以来，油茶籽或油茶油，曾经作为国家战略物资，与粮食一样，由国家统购统销。合作化后，青田所产的油茶籽或油茶油除留极少量外，全部调运国家，国家予以粮食、化肥作为奖售。从 1949 年到 1985 年，36 年来，全县共产油茶籽 206.34 万担，投售国家为 143.69 万担。2014 年统计，全县油茶面积 27 万亩。（详见第三编第五章"浙南油库建设"）

二、茶油加工

民国时期，青田粮油加工作坊—舂米、磨粉、榨油，历来以"水碓"水力作为动力。缺乏水力的地方，就靠人力"踏碓"，或者"牛碾"。据《青田县志》（1990 年版）记载：1949 年有兼营舂米、磨粉的榨油"水碓"作坊 148 处，"牛碾"油坊 35 处。1950—1959 年，全县有 11 家国营或者公私合营粮油加工厂。1959 年，共榨茶油 653 吨，桐油、柏油等 178 吨。

1965 年以后，各区粮管所都建立粮油加工厂，鹤城镇粮管所创办粮油加工厂，均兼营榨油。1985 年，全县粮食系统有粮油加工企业 9 家，职工 286 人。年平均加工油脂 370 吨。农村有个体榨油专业户 100 多家。

20 世纪 90 年代后，粮食系统解散，茶油加工大多为个体经营，加工设备大为改良，但仍然有许多家庭作坊加工茶油。

进入 21 世纪，企业资本、华侨资本投资油茶生产；改良后的油茶新品种大量推广，油茶面积、茶籽产量大幅上升。同时，一些企业主投资，建立现代化的茶油加工企业。并且积极申报省级油茶森林食品基地和产品的认定。浙南油茶开发有限公司申报的瓯江源山茶油被浙江森林食品认定委员会认定为省级森林食品；山茶油标准化推广实施示范项目被省质量技术监督局等部门列为浙江省农业标准化推广实施项目计划。县林业局技术推广站和浙南油茶开发有限公司合作，通过招投标取得的油茶精深加工技术项目，经过三年共同努力，通过专家组验收。整个项目生产技术已达到省内领先水平，填补丽水市不能生产精制茶油的空白。

2007 年，青田腾鹤农产品开发有限公司和青田中野天然植物科技开发有限公司两家油茶加工企业相继建立，主要从事茶油的精练和茶籽饼的深度开发，主要产品有精制茶油、茶皂素、茶饼饲料、肥料等；其产品广泛地应用于农药、养殖、建材、日化、医药、纺织、饮料、消防、汽油、提炼等领域。整个油茶产品市场供不应求，原材料供应紧张，油茶毛油、茶籽饼价格一路上扬，毛油收购价达 30 多元 / 斤，茶籽饼每吨达 1400 元。

2011 年，"青田县油茶栽培、加工关键技术集成与应用"项目被列为国家科技富民强县专项行动计划项目。县林业局组织实施精制山茶油、天然绿色油田泡沫剂、绿色混凝土引气剂等油茶深加工产品开发。

（一）传统的茶油压榨技术

历史上，油茶榨油一直采用手工压榨方法。在青田的一些偏远乡村，至今还能看到传统的榨油坊。这种手工方法榨出的油，营养成分保留完整，色好，味香。

手工榨油作坊是由灶台、碾盘、千牛榨槽木和一个悬空的千牛（撞杆）组成。榨油作坊的碾盘有两种动力类型，用牛拉或水车带动。

图 6-5-1-1 榨油作坊

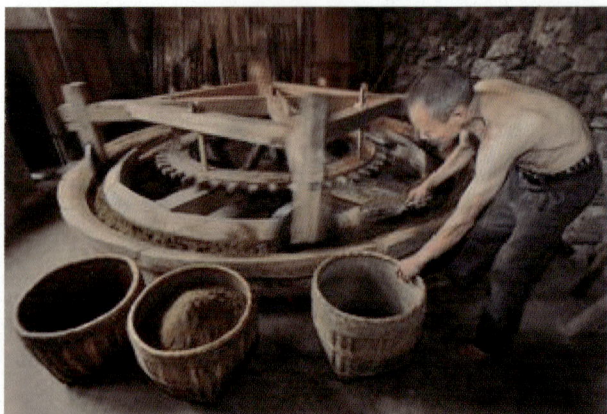

图 6-5-1-2 碾茶籽

手工榨油作坊主要加工油菜籽、油茶籽、桐子等，而以加工油茶籽居多，其榨油工艺如下：

1. 碾茶籽。将晒干的油茶籽用石碌子磨破，再放到石碾槽中，用牛拉或水车带动石碾将其碾细。检验油料籽是否碾好的顺口溜是：菜籽碾成泥，茶籽碾脱皮，桐子要碾细。

2. 蒸茶籽粉。油茶籽碾成之后放入木甑或揭口（木缸）中蒸。甑中有木制甑桥、竹制甑簝，内垫干净稻草，稻草要选长100至120公分，不能霉变、腐烂。将茶籽粉放入甑中后，用稻草挽一个结放在茶籽粉上面。加火蒸煮。茶籽、桐子以蒸软为准，不能熟透。

3. 踩箍入榨。取专用于踩箍的竹箍两个，重叠在一起，将备好用于包箍的稻草一束，捆好，放入竹箍中均匀散开，再将专用印籽桶放在竹箍内的稻草上，倒入熟料，以桶为准，每个箍约5公斤重，踩实。然后取掉桶，边编稻草边踩箍，直到踩紧为止。稻草中间留一个圆洞。去掉箍边上两个竹箍，将箍放入木榨的木槽中。

4. 打油。千牛榨用一根大树干挖槽而成，榨下有一孔，油从孔中流出。榨槽中有油槽，油槽有坡度，便于油从榨中流出。千牛榨有四个特别的尖，两个为"进尖"，两个为"退尖"。约五寸厚。一头用铁箍包好。另有同样厚的木枋若干。将茶枯装入这根整木凿成的榨槽后，槽内右侧装上两层木枋和木尖就可以开榨打油了。这时就可以用悬挂的"千牛"（也称撞杆）撞击下层的"进尖"，茶箍受到挤压，一缕缕金黄的清油，从油槽中间的小口流出。待"进尖"全部打入后，再排好上一层的"进尖"，上层"进尖"打入后，下层的"进尖"松了，再排好打下一层，如此循环往复，直到将油榨干为止。

5. 出榨。油榨干后，用"千牛"撞击"退尖"，取出茶箍，将榨出的茶油倒入大缸之中。

图 6-5-1-3 蒸茶籽粉

图 6-5-1-4 踩箍入榨

图 6-5-1-5 出油

油茶籽、桐子和乌柏籽在榨油过程中的工艺都大同小异，只在碾和蒸的环节上，有少许不同。

（二）改良后的传统茶油压榨工艺

20世纪80年代后，许多地方对传统压榨工艺做了改进，碾粉用上了机器，油车材料用钢材代替老式的木材，使用更方便，效益更明显。

图 6-5-1-6 茶籽烘干

图 6-5-1-7 茶籽粉碎

图 6-5-1-8 蒸粉

图 6-5-1-9 做饼

图 6-5-1-10 装机

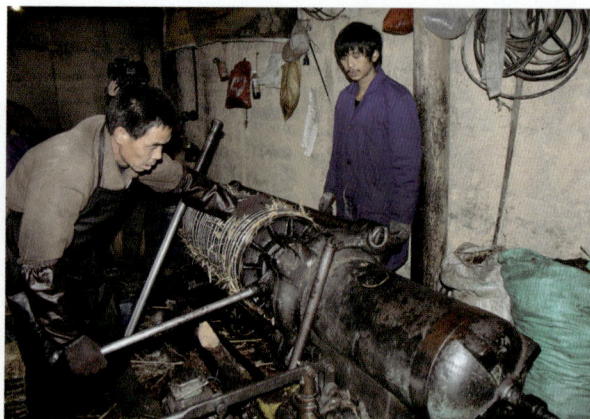

图 6-5-1-11 压榨

（三）现代茶油压榨技术

现代山茶油提取工艺有两种：一是压榨法，即用物理压榨方式，从油茶籽中榨取山茶油的方法，它渊源于传统作坊的制油方法，是传统的提取工艺。二是浸出法，即用物理化学原理，用食用级溶剂从油茶籽中抽提出山茶油，是国际上最先进的提取工艺。青田纳福莱公司、浙南油茶开发公司采用上述两种方法互补的做法，即将油茶籽经过压榨获得"压榨原茶油"后，"油饼"内残存茶油，再用浸出法抽提，获得"浸出原茶油"。其工艺流程如下：

1. 在常压下收集毛油过滤、滤网清洁、捞渣、排渣，连续循环作业；

2. 静置毛油，加热至 50～60℃保温，并恒温静置 60—72 小时，分离去除油中的水分和杂质；

3. 将除杂毛油在 55～60℃、720mmHg 真空下低温脱水 2—3 小时，脱除油中水分至 0.1% 以下；

4. 将除水毛油在 5℃下静置，结晶、养晶 48 小时，析出油中的蜡质和酯质并分离；

5. 将除晶后茶籽油进行隔膜压滤，工作压力 0.3Mpa，去除油中的蜡质和酯质，得到精制茶籽油。

青田纳福莱公司、浙南油茶开发公司等企业通过实施山茶油精加工项目，已形成年产 1000 吨压榨法精制山茶油、800 吨浸出法精制山茶油的生产能力。

图 6-5-1-12 茶油产品

图 6-5-1-13 现代茶油加工

三、茶油等油脂购销

据《青田县粮食志》记载：青田茶油等油脂购销，经历了自由购销、统购统销、合同定购、购销和价格放开等阶段。

（一）自由购销

1. 历代油脂贸易

历史上，青田县境油脂贸易发达，有史料记载：桐油贸易东汉时已形成。古时温州有"取邻县木（材）桐（油）之利,造船业发达"。据《浙江省二轻工业志》载:"东吴赤乌二年（239年），永宁县（今温州市）为东吴造船中心,隋唐时为全国造船中心"。唐时温州年造2000斛（合120吨）船660艘。青田紧邻温州又盛产木材和桐油,可见那时桐油贸易已相当发达。晚清时温州已成为东南沿海主要口岸之一。青田盛产的茶油、桐油、柏油,大多数转销温州。

抗战时,桐油被列为战略物资。民国28年（1939年），对桐油实行管制。民国29年11月,国民政府颁发《全国实行统购统销办法实施细则》规定,全国各地收购、运销桐油事宜都由复兴商业公司统一办理；其他商号、榨坊经批准领取特许证后,才可经营桐油。县内内销要经县政府批准后,核定数量在指定商号供应。

抗战胜利后,温州海运畅通,植物油贸易十分活跃,市场繁荣。民国35年（1946年），上海植物油公司（官方机构）在温州建立办事处,在各县都开发经营油脂业务。彼时青田年输出各种植物油在500吨以上,成为浙南油脂（料）购销主要产油县。

中华人民共和国成立前,油脂贸易主要有以下几种形式：

（1）油农自产自销。油农将油料榨成油后,留下自用外到市场上出售,在丽水、碧湖的农贸"行日"上,茶油交易十分活跃。

（2）油坊经营。民国时期青田有油坊近400多家,除代加工外,都有兼营收购油料、售油业务。有的油坊备有制烛工场,将柏油（皮油）制成蜡烛、有红有白,大小不一的蜡烛应市,也有肩挑蜡烛和油游乡串巷,以烛、油换柏籽。章村等地产油大户有自备油坊,榨成油后直接运销丽水、温州等地。

（3）油贩经营。每逢榨油季节,在重点产区,温州和本县油贩接踵而至,有设点收油,也有收籽榨油,运销温州。

（4）油店经营。城镇、海口、船寮、温溪等地都开有油店（行）,到1949年,城镇开有油店5家,多数是季节性经营,帮助温州客商代收业务。有的南北货店设有制烛工场,收购柏油制烛出售,逢年过节生意十分红火。

2. 解放初期油脂贸易

中华人民共和国成立初期,油脂仍以私商经营为主。那时温州沿海岛屿尚未解放,港口被封销,油脂运销呆滞,投售无门,油价暴跌。1952年温州建立油脂公司,委托合作社和油坊代收油脂业务。农民卖油难的状况逐步减缓。

（二）统购统销

1953年11月,中共中央下达《关于全国实行计划收购油料的决定》,简称"统购"。温州专署考虑到粮食统购统销刚开始,任务繁重,油料统购统销难以同步进行,加上当时尚无油脂机构,油脂供求关系尚不紧张,各种油脂都敞开供应。

1954 年,油脂业务由温州油脂公司委托供销合作社和油坊代购代销,付给 4% 左右的费用(其中损耗 0.4%,代购利息 0.4%,手续费 3%)。就地销售后,多余油脂上调到温州油脂公司。

1955 年 10 月 25 日,省人委批转省商业厅《关于 1955 年茶籽统购方案》。同年,青田建立县油脂公司,隶属县商业局,开始对茶籽实行统购。到 1992 年末,青田共收购油茶籽 74669 吨,折油 17249.36 吨,县内销售 6835 吨,余油 10414.36 吨。

油茶籽统购统销,经历了比例收购,全购退油、差额包干、加价收购等阶段。

1. 比例收购(1955—1956 年)

1955 年,温州专署定青田、丽水、瑞安、文成、泰顺等五县为余油县,实行油料(脂)统购,统购比例为产量的 75%,自留油 25%。

2. 全购退油(1959—1960 年)

1957 年油脂供应日趋紧张。实现农业合作化后,茶籽由向农户收购改为向农业合作社收购。为确保国家任务完成,在收购期间,油车坊一律管死,只准接受国家委托加工,不准私自开榨。收购政策上采取全购退油办法。退油标准:1957—1958 年收购每百斤油茶籽退油 2.75 公斤,1959—1960 年改为退油 1.75 公斤。

3. 差额包干(1961—1977 年)

1961 年 10 月,省粮食厅下达《关于实行食油包干的通知》,实行多产多得、增产多留的政策。当时定起购点为人均 0.75 公斤,余油队购其产量的 80%,实行只购不销,自给和缺油队不购不销。温州地区定青田茶籽包干任务为大年 2055 吨,小年为 1640 吨,一定六年不变。1966 年"文革"开始,包干任务未做变动,延伸到 1977 年,差额包干办法历时 17 年。

4. 加价收购(1978—1984 年)

1978 年,起购点调整为人均 1.5 公斤,余油队购留比例为购 70%,留 30%;1980 年收购政策又做了调整,按平价、加价各半收购。加价幅度为平价的 50%。1983 年按"倒四六"收购,即平价 40%,加价 60%,完成任务后实行多渠道经营。

在加价收购期间,是新中国成立以来茶籽收购鼎盛时期。7 年间,共收购油茶籽 18875 吨,年均收购 2696 吨。其中 1979 年收购 4900 吨,是茶籽实行统购以来最好的年份。章村区有 11 个大队(村)茶籽收购年均超过 50 吨,这 11 个大队是浮弋、坑口、上京、张庄、章村、吴村、大坑、小砩、颜宅、马岭头、黄山头。万山区的角坑大队也超过 50 吨。

(三)合同定购(1985—1992 年)

1985 年 1 月取消食油统购,改为合同定购。1986 年实行"全购一道价",即按照"倒四六"价敞开收购;1988 年按"六四"混合价收购,即 60% 按现行定购价,40% 按议价。茶籽混合价为每百公斤 100 元,茶油每百公斤 474.8 元。1990 年每百公斤茶籽 107.6 元。1992 年实行指导性价格,计划收购数为 1000 吨,指导价每公斤茶籽为 103 元,每百公斤茶油为 440 元。奖售标准为每百公斤茶籽奖励化肥 50 公斤;每百公斤茶油,奖售氮肥 200 公斤。

1993 年后,食用油脂购销放开,价格随行就市。

四、油料收购奖售政策

青田油料收购奖售政策,始于 1961 年,止于 1982 年,历年奖售标准时有变动。每百公斤油茶籽、桐子、柏籽奖售品种和数量如下表:

表 6-5-1-1 每百公斤油茶籽、桐子、柏籽奖售品种和数量

年度	茶籽			桐子			柏籽		
	成品粮（公斤）	棉布（公斤）	化把（公斤）	成品粮（公斤）	棉布（公斤）	化把（公斤）	成品粮（公斤）	棉布（公斤）	化把（公斤）
1961	9	2.5		19			5		
1962	9	2.5	7.5	19	10.6	15	13.7	2.2	4.5
1963	9	4.8	7.2	16	10.6	15	11.4	7.6	4.5
1964	9	4.8	4.8	15	32	10.6	11.4	7.6	7.6
1965	9	3.4	4.3	15	32	10.6	11.4	7.6	
1966	9	3.4	4.3	15	32	10.6		7.6	
1967	9	3.4	4.3	15	26.6	9.5		11.4	
1968	9	3.4	4.3	10	22	11		11.4	
1969	9							6.2	
1970	9								
1971	18								
1972	18								
1973	18			10					
1974	18			10					
1975	18								
1976	18								
1977	25		7.5	50		15	40		12
1978	25		7.5	50		15	40		12
1979	25		7.5	50		15	110		12
1980	25		7.5	100		50	110		12
1981	25		7.5	100		50	40		12
1982	25		7.5	100		50			

本表数据摘自《青田县粮食志》

此外，政府为鼓励群众投售油料的积极性，根据油料收购任务完成情况，拨出一批紧俏日用品，用于额外奖售：1961 年，每百公斤桐子奖售煤油 10 斤，每百公斤柏籽奖售煤油 6 斤。1962 年每百公斤桐子奖售针织品 5.3 尺，每百公斤柏籽奖售针织品 3.8 尺、肥皂 4 条。1963 年每百公斤茶籽奖售白糖 0.24 公斤。1963 年每百公斤柏籽奖售肥皂 12 条。

第二节 油桐

青田种植油桐和利用桐油历史悠久，清·乾隆《青田县志》货类中就有油桐生产记载。

油桐种子榨出的油叫桐油，出油率 35% 左右，是一种很好的干性植物油，具有干燥快、比重轻、有光泽、不传电、能抗冷热与潮湿、防腐防锈等优良特性。广泛用于国防工业、化学工业、日用工业等；医药上可作杀虫剂、呕吐剂，能解砒毒。果皮可制桐碱和活性炭；树皮提取单宁。榨油后的桐饼是高效能肥料，每

图 6-5-2-1 油桐果实

100 公斤桐饼，相当于 20 公斤硫酸铵、10 公斤磷矿粉。木材可做家具、床板、箱板，且不易受虫蚁蚀咬。

青田油桐品种有三年桐和福建桐。三年桐多种植在低山和丘陵地，生长快，移栽三年后可结果。福建桐在民国 32 年县政府出资从福建购进苗木 7 万多株，沿瓯江和小溪两岸，每户规定种植 10 株。其生长期长，果形有八个角，又名八角桐和千年桐。

19 世纪末到 20 世纪 30 年代，中国油桐出口创汇，销量大增，价格不断上涨，促进青田油桐生产大发展。民国 22 年（1933 年）出版《中国实业志》载：青田桐油产量 150 担，价值 3000 元；民国 27 年（1938），产桐子 11300 担，价值 113000 元。

据《浙江政报》记载，抗战前，青田桐子产量 100 万斤。所产油脂绝大数运销县外。抗战爆发，销路受阻，许多油桐林惨遭砍伐。

据《重修浙江通志稿》记载，民国 27—29 年（1938—1940 年），浙江省农业改进所在丽水、青田县建立油桐示范区，垦殖油桐 26.7 公顷。其中 1939 年在丽水太平区、青田海口区种植油桐 45000 株。

民国 29 年（1940 年），丽水地区油桐面积 8692.67 公顷，主要分布于丽水太平区及青田海口区。

民国 36 年（1947 年），青田桐油产量 1200 担。

中华人民共和国成立后，1955 年 9 月，省林业厅召开木本油料作物工作会议，在落实造林任务的同时，落实种植油桐任务。1956 年出台《浙江省木本油料生产情况及今后恢复发展的计划草案（1956～1962 年）》，对发展油茶、油桐的有关政策和措施做了规定。

20 世纪 50 年代，全县桐白产量累计 2.32 万担。

1962 年以后，贯彻执行中共中央关于国民经济"调整、巩固、充实、提高"的方针，国家调整油桐收购价，并实行奖励政策，每 50 公斤桐子，由 1957 年的 14 元左右，提高到 34～36 元，同时奖售原粮 13 公斤、煤油 5 公斤、布票 2.7 尺。1962 年又增加布票 5 尺，化肥 8 公斤。但由于受"文化大革命"影响，桐子减产。

20 世纪 60 年代，全县桐白产量累计 1.17 万担。

1978 年，省林业厅确定在全省 12 个县中，建立 100 个公社（乡）的油桐生产基地，青田县的海口、海溪、季宅、平桥、石盖、舒桥、祯埠、双垟、仁宫等 9 个公社名列其中。县内又自建 5 个公社为油桐基地，即良川、浮弋、张口、阜山、汤垟，合计为 14 个公社。为做好油桐基地建设，县林业局建立专业队伍，分片负责。全县举办多期学习班，培训油桐生产技术。

1981—1984 年，青田发展油桐纯林 20308 亩，国家共补助资金 21.97 万元、原粮 175.3 万斤、化肥 52.6 万斤。

1981 年，由于油桐（油）产需矛盾突出，加上投机倒把高价收购转手贩卖的严重干扰，影响国家计划收购任务的完成，造成市场计划供应紧缺。为保证国家收购计划的完成和工农业生产的正常需要，根据省革委会浙革（79）第 117 号《关于农村集市贸易管理的暂行规定》和上级有关指示精神，县政府特发出通知：

1. 油桐（油）是全购留油退饼的物资，各人民公社、生产大队和生产队的油桐（油），一律交售给国家收购，不准自由上市。

2. 任何机关团体部队企业事业单位、农副业油坊和个人，不准到生产单位私自收购，或以物交换桐子（油）。工商行政管理、粮食、税务、公安、交通等有关部门，要密切配合，做好桐子（油）的市场管理工作。对于违反市场管理，私自收购桐子者，视其情况以作价收购、没收或罚款处理；情节严重者，送交司法部门依法惩处。

3. 广大人民群众都要自觉遵守调拨管理的规定，协助政府管理好市场，对检举揭发从事桐子（油）投机倒把活动经查缉者。应给予表扬和适当的物质奖励。

图 6-5-2-2 千年桐

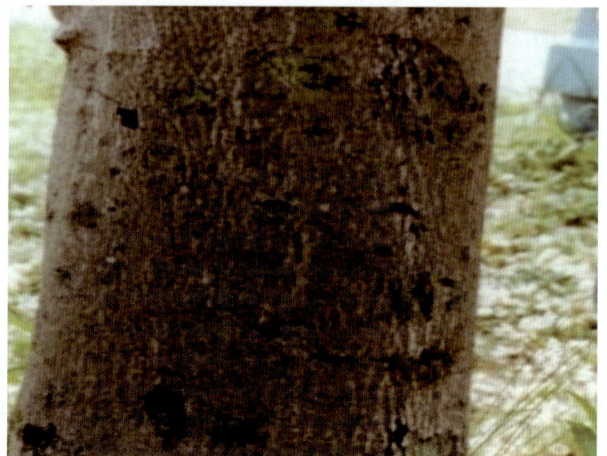

图 6-5-2-3 桐树木材段

1958 年，鹤城镇农业九队在西门外山坡种植千年桐 30 亩，每年收桐白 2000 多斤。1972 年，北山乡北山村吴佐良利用四旁栽植千年桐 11 株，其中一株 12 年生产果 300 多斤，折桐白 41 斤。1984 年,海口乡荣兴村 11 户社员自留山 1982 年栽植的 1.2 公顷试验林，平均亩产桐白 11.15 公斤，最高 16 公斤。季宅乡叶汉松 1972 年种的一株千年桐，1979 年产桐白 59.9 公斤。

20 世纪 80 年代中后期，桐油价格下跌，油桐栽培比较效益下降，严重影响了农民生产油桐的积极性。1980—1985 年，全县桐白产量下降到 1.05 万担，年均只有 0.175 万担。由于管理粗放，油桐长势差，产量低，濒临报废。1985 年，丽水地区林业局对青田 9 个乡调查，油桐面积仅保存 9927 亩。

表 6-5-2-1 1981—1984 年青田县省油桐重点乡基地保存情况一览

年份	仁宫（亩）	平桥（亩）	季宅（亩）	石盖（亩）	海口（亩）	海溪（亩）	祯埠（亩）	舒桥（亩）	双垟（亩）	合计（亩）
1981	522	145	535	217	617	649	429	800	2036	5950
1982	1082	256	325	607	905	539	595	502	1586	6397
1983	2097	663	306		616	118	469	172	1113	5554
1984	665	78	117	4	218	81	666	458	120	2407
合计	4366	1142	1283	828	2356	1387	2159	1932	4855	20308
保存面积	2095	639	316	71	475	803	1309	422	3797	9927
保存率	0.48	0.56	0.246	0.086	0.202	0.579	0.606	0.218	0.782	3.759

注：摘自《丽水地区林业区划》

1950—1990 年，青田县共生产桐子白 5.77 万担，投售国家桐子白 3.27 万担，占桐子白总产量的 56.7%。

20 世纪 90 年代后，随着人工合成油漆兴起，桐油代用品占领市场，油桐栽培、生产比较效益下降，产量逐年下降。

第三节　乌桕

青田县乌桕种植历史悠久，是全省木本"三籽"主产区之一。农村方言亦称桕籽。清·康熙《青田县志》货类中，已有乌桕生产记载。

乌桕多种植在沿江沿溪两岸的圩地和田坎边。籽可榨桕油（皮油）和梓油（青油）。品种有经改良种植品种和野生两种。经嫁接改良的品种，其子粒大，蜡厚，出油率约 40%；野生子粒小，蜡薄，出油率约 35% 左右。

据浙江省农改所调查，民国 30 年（1941 年），青田县乌桕籽年产量 12863 担（《浙江农情》）（表 6-5-3-1）。

图 6-5-3-1 乌桕子实

图 6-5-3-2 乌桕树

表 6-5-3-1　1941 年青田县乌桕生产一览

种植农户	面积（亩）	产量（市担）		
		桕籽	青油	皮油
1000	1500	12863	3859	3859

据《浙江政报》记载，抗战前，青田乌桕籽年产量150万斤。所产油脂绝大多数运销县外。抗战爆发，销路受阻，许多乌桕林惨遭砍伐。到新中国成立初期年产量约500吨。农业合作化后，桕籽林地山权没有处理好，所谓"山不定权，树不定根"，许多林地改作他种，产量逐年下降。

20世纪60年代，乌桕籽年产量仅为300多吨。70年代中期前，乌桕籽产量比较稳定。高则8.5万担，低则3.7万担，年平均产籽量保持在7万担左右的水平。1976年后，人们对乌桕的作用认识不足，破坏乌桕资源日趋严重。据1975年调查面积还有1000来亩，到1985年调查时成片面积只有62亩，散生株数32920株，年平均产量也相应下降到0.46万担。新中国成立后共产桕籽18.25万担。

20世纪90年代以后，乌桕产量逐年下降。由于桕树是制作鞋楦的好材料，在经济利益驱动下，乌桕树遭到毁灭性砍伐，所剩廖廖无几。1990年全县古树普查中，发现树龄在100年以上的古桕树尚有留存。

表 6-5-3-2 现存古桕树一览表

地点	树龄	胸径（厘米）	树高（米）
海口交塘屋后	210	70	9
石盖村凉亭外	300	102	11
坑底乡陈村垟鸟树墩	160	120	10
吴岸横培祠堂前	120	90	17
小舟山村水口	150	80	18

第六章　木本粮食

栗、柿、枣素有"木本粮食"之称。明成化《处州府志》青田土产中已有栗、柿、枣记载。清·光绪《青田县志》有柿品种介绍。20世纪80年代前，无论是山区、丘陵和平原，随处可见房前屋后、田边路旁栽植的板栗、柿子等植物。充分利用荒山、荒地、田边、地角和房前屋后积极种植木本粮食植物，是青田群众的古老习惯。

中华人民共和国建立以后，政府因势利导，鼓励群众发展种植周期短，收益高的乡土特产树种，大力发展板栗、柿等多种干水果，使之成为"近山低山花果山"。

1950—1985年，青田县板栗收购量59.5吨，1986至2007年板栗产量3764.9吨。1993至2007年黄柿产量4105.8吨。

表 6-6-0-1 青田历年板栗收购量

年份	板栗单位：担		年份	板栗单位：担	
	产量	收购		产量	收购
1950~1985 年总计	5417	1190	1978	162	162
"四五"时期			1979	231	231
1971			1980	462	
1972	500	15	"六五"时期		
1973	600	218	1981	450	
1974	386	336	1982	460	
1975	35	35	1983	530	
"五五"时期			1984	610	
1976	41	41	1985	550	
1977	400	102			

摘自《丽水地区历年林业统计资料》

表 6-6-0-2 青田历年木本粮食产量

年份	板栗	黄柿	年份	板栗	黄柿
"七五"时期			1997	182	121
1986	45		1998		175
1987	61.4		1999		158.1
1988	86		2000		159
1989	78.5		"十五"时期		
1990	95		2001	222	179
"八五"时期			2002	340	298
1991	101		2003	337	228
1992	120		2004	360	314
1993	111	159	2005	406	292
1994	131	185	"十一五"时期		
1995	118	1065	2006	382	303
"九五"时期			2007	417	318.7
1996	172	151	2008	498	392

第一节　板栗

图 6-6-1-1 板栗

　　板栗为我国重要经济树木之一，亦为果实与木材两用树种。果实富含营养，含淀粉 62% ～ 71%，蛋白质 8% ～ 11%，脂肪 2% ～ 7.4%，是很重要的木本粮食树种。

　　板栗适应性强，对土质要求不高，在一般丘陵山地均能生长结实。栽培板栗不与粮棉争地，充分利用荒山、沙滩等非耕地，达到地尽其利，并起到保持水土的作用。

　　板栗生长快，收效早，收益期长，栽植后 4—7 年开始结果，一般 10—20 年进入盛果期，以后数十年甚至几百年都有收获。单株产量一般 10 ～ 25 公斤，最高达 150 ～ 200 公斤。

图 6-6-1-2 板栗

　　明朝，青田已有板栗栽培，《丽水地区志》载：明成化二十二年（1486 年），各县产栗。

　　鹤城镇水南板栗曾经闻名全县，常年产板栗 6 吨左右。小奕村亦有成片种植。1964—1965 年，全县栽培板栗 40 多万株，但成活甚少。

　　1971—1985 年，青田县板栗产量为 5417 担，板栗收购量为 1190 担，占产量的 21%。

1985 年前，青田县板栗保有面积 898 亩，平均树龄 25 年，平均村高 7.5 米，平均冠幅 6.5 米，零星种植 46295 株。

1986 至 1992 年建设板栗基地 5765.4 亩，零星种植 79193 株。

1990 年，板栗造林 462 亩，占板栗造林任务 500 亩的 92%。

1991 年，根据验收和省地抽查，板栗造林 700 亩。

1992 年 8 月 5 日，县林业局为提高经济林比重，在"八五"期间发展以板栗为主的经济特产林 3 万亩，经勘查，规划落实在北山小溪两岸 10000 亩，万山舒桥公路支线两旁 10000 亩，海口和高市源江 10000 亩。

1995 年发展板栗基地 3 万亩，每亩投资 300 元，总投资 900 万元。省计经委解决板栗基地建设经费 300 万元（1993—1995 年每年 100 万元）。县自筹 300 万元。群众投工 300 万元。

1998 年，据浙江省林业厅《浙江省板栗生产现状与发展对策调研报告》载：青田板栗面积 11100 亩。

1986—2007 年，全县板栗产量 3764.9 吨。

据 2007 年全县森林资源清查，以板栗为主要树种面积 8645 亩，316200 株。其中产前期 433 亩、22400 株，初产期 1150 亩、39300 株，盛产期 6665 亩、238500 株，衰产期 397 亩、16000 株。

第二节　柿子

图 6-6-2-1 柿子

柿树为我国原产，栽培历史久远。生长快，结果早，寿命长，产量高，是南北各地广为栽培的重要木本粮食树种之一。

清·光绪《青田县志》载："柿有长奶、牛心、朱红等名。以盐水淋之，谓之水浸柿，藏皮令红，谓之黄柿；析而熏，谓之柿饼。"牛心柿产量最高，朱红柿与长奶柿品质最佳。野生山柿也不少。柿主要分布在船寮区石盖、高市，北山区郎回、牛头、巨浦、范村，城郊区仁宫、小奕、大奕等村。

1985 年前，全县柿树零星分布，计有 4626 株。平均树龄 96 年，平均树高 10.5 米，平均冠幅 8.5 米。

1987 年，有柿树 572 亩，年产柿 102 吨，大部分销往温州地区。

1989 到 1992 年，全县柿基地 230 亩，零星分散种植 8230 株。

2003 年，海口镇下陈村屋下有株柿树树龄 205 年，树高 18 米，胸径 100 公分，树冠幅东西 17 米，南北 19 米。

第七章 木本果品

青田果树栽培历史悠久，始于唐宋，兴于明清，抗战时期衰退。中华人民共和国成立后，水果生产恢复发展。

20世纪70年代后，以柑橘为主的水果生产快速发展。20世纪90年代后，杨梅大规模种植，成为青田水果当家树种之一。全县主要果树有柑橘、杨梅、桃、梨、枇杷、李、梅、葡萄、猕猴桃、樱桃、石榴等。2010年后，各地涌现不少的水果种植专业大户，葡萄、猕猴桃、新品水蜜桃等受群众欢迎的水果品种，发展迅速。水果生产出现了不盲目跟风而另辟蹊径的良好局面。

表 6-7-0-1 历年全县主要水果产量

单位：吨

年度	柑橘	杨梅	梨子	桃子	枇杷	葡萄
1992	1767	20	10	76		
1993	9719	347	146	269	20	27
1994	12008	249	96	128	16	23
1995	53350	12220	809	674	311	95
1996	10074	521	54	54	15	22
1997	19276	722	73	69	17	15
1998	15487	1096.6	125.3	112.9	17.2	10.2
1999	24387	869	132.5	51.8	18.8	9.8
2000	14726	735	118	141	22	8
2001	18551	1185	208	529	32	12
2002	24743.4	1799.5	296.6	1152.6	57.1	11.4
2003	20403	2362	322	1421	37	10
2004	30377.5	54139	511.2	2847.6	46.8	8.3
2005	26674	3837	520	3029	272	12
2006	26048	4307	559	3960	200	12
2007	26171	4728	637	4548	196.5	22.5
2008	56152	6196	657.2	5590	239.8	965
2009	43581	8145	1570	7609	211	49

摘自《青田统计年鉴》

第一节 杨梅

图 6-7-1-1 杨梅

明朝，青田就有杨梅栽培。清朝，种植品种众多。清·光绪《青田县志》载："杨梅有红、紫、白三种，红胜于白，紫胜于红，产季窟（季窟寮）者佳。"民国时期，青田杨梅品种有下坑梅、魁市梅、茶山梅、白炭梅等，其中魁市梅成熟早，下坑梅品质最佳。杨梅主要产地有贵岙、东岸、港头、前仓、舒桥等乡。

20 世纪 80 年代，黄寮、油竹、湖边、仁宫、阜山、平桥、万阜等乡先后发展一批杨梅林。

1987 年，全县有杨梅 5130 亩，年产杨梅 262 吨。

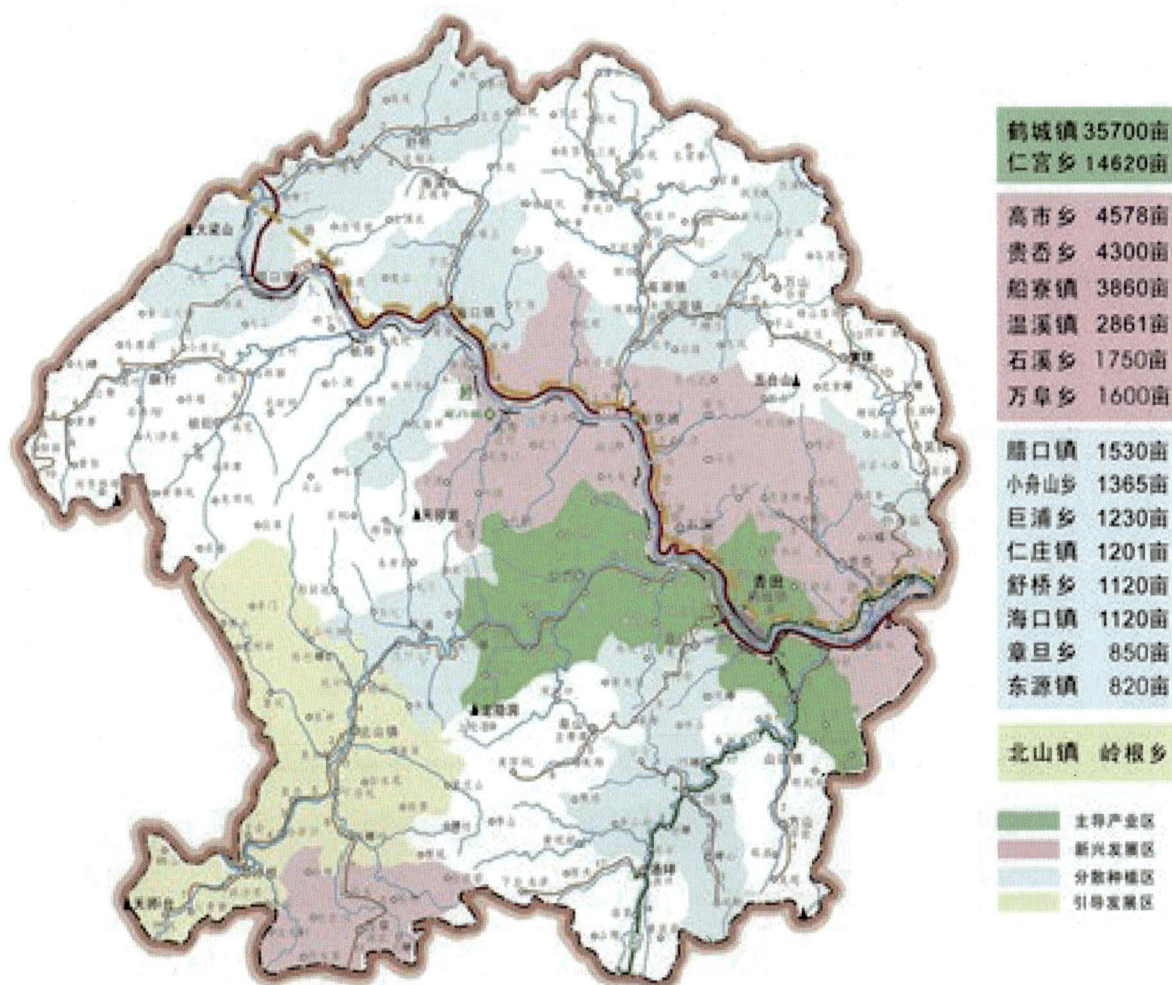

鹤城镇	35700亩
仁宫乡	14620亩
高市乡	4578亩
贵岙乡	4300亩
船寮镇	3860亩
温溪镇	2861亩
石溪乡	1750亩
万阜乡	1600亩
腊口镇	1530亩
小舟山乡	1365亩
巨浦乡	1230亩
仁庄镇	1201亩
舒桥乡	1120亩
海口镇	1120亩
章旦乡	850亩
东源镇	820亩

北山镇　岭根乡

■ 主导产业区
■ 新兴发展区
□ 分散种植区
□ 引导发展区

图 6-7-0-1 青田县杨梅产业分布示意图

20 世纪 90 年代初，青田县引进黄岩"东魁杨梅"在仁宫乡孙前村和鹤城镇京岙、上斜村栽植获得成功。"孙前杨梅"在浙西南声名鹊起。东魁杨梅以其品种适应广、果形大、品质优等特点，在全县大面积推广。

表 6-7-1-1 2006 年青田县鹤城镇杨梅基地面积统计表　　　　单位：亩

项目／乡村	经济林面积	其中杨梅基地面积			项目／乡村	经济林面积	其中杨梅基地面积		
		合计	已投产面积	未投产面积			合计	已投产面积	未投产面积
合　计	22089	17728	7863	9865	圩　仁	90	90	20	70
鹤城镇	15214	11500	2622	8878	鲍　坦	30	30		30
京　岙	1701	1488	776	712	坦　下	95	75		75
上　岸	762	516		516	山　头	142	60		60
白　浦	1725	1330	458	872	陈岙底	170	170		170
陈　学	753	300	100	200	下司垄	40	40		40
南　湾	744	507	250	257	大坑下	42	20		20
湖　边	255	245	75	170	仁塘湾	280	247		247
新苍坟	257	240	60	180	金　田	348	315	10	305
姜　处	493	260	150	110	白岩后	194	110		110
郑坑下	635	305	100	205	黄　降	814	790		790
下　郑	286	265		265	底陈山	253	205		205
糊　口	90	90		90	仁塘坑	255	230	40	190
泥　湾	208	208	49	159	外陈山	325	175		175
北　岸	121	71	3	68	石　白	280	280		280
石郭上	344	316	97	219	章旦乡	1528	1183	391	792
水　南	329	219	43	176	横　山	94	60		60
石郭下	354	344	36	308	塌洪头	92	90		90
平　演	520	431	25	406	桥　头	39	10	10	
前　仓	21	21	2	19	烂　头	40	40	40	
一、二村	821	247	38	209	朱坑下	79	53	53	
魁　市	614	500	250	250	横　坑	903	820	263	557
洪　山	212	200		200	徐　寮	55	25	25	
平风寨	420	405	40	365	项　元	226	85		85
后　山	191	155		155					

表 6-7-1-2 2001—2005 年杨梅基地改造和新建规划统计表　　　　单位：亩

项目／乡镇	改造面积						新建面积					
	小计	2001	2002	2003	2004	2005	小计	2001	2002	2003	2004	2005
合　计	6000	1200	1200	1200	1200	1200	5000	1000	1000	1000	1000	1000
鹤城镇	3600	600	700	700	800	800	2700	600	500	500	600	500
温溪镇	2100	500	400	400	400	400	1800	300	400	400	300	400
章旦乡	300	100		100		100	500	100	100	100	100	100

1997年，杨梅种植面积达到4.7万亩，年产杨梅3000吨，总产值达4000万元。居全县水果第一位，成为新的农业支柱产业。

2000年，仁宫乡孙前村成立孙前村水果协会，"太鹤牌"孙前杨梅。亩产875斤，每亩经济效益达5000多元。孙前村还实行"农函大"培训，17位果农获得农民技术员职称。

2001年，白浦村"山鹤牌"杨梅被农业部权威检测机构评定为极优果品，在中国国际农业博览会上连续两年获得"名牌产品"称号。2002年，获得中国农业部绿色食品认证书。

2003年6月，"山鹤牌"杨梅被授予"浙江省十大精品杨梅"称号。是年11月，青田县被"中国优质农产品开发服务协会"评为中国杨梅之乡。

2004年，杨梅产业迅速发展，全县种植面积达6.7万亩，年产量达5000多吨，年产值近6000万元。

2005年，全县杨梅面积7.8万亩，年产杨梅7000吨，年产值达9000万元。白浦村（原京呑村合并白浦村）全村种植水果10000多亩，其中种植杨梅8000亩，村集体收入49.68万元，人均收入4960元。

2006年白浦村单项杨梅收入600余万元，人均达到4230元，户均达到13513元。同比增长10%。是年，市级重点农业龙头企业青田稼泷食品有限公司在孙前村落户，采取龙头企业＋合作社＋基地＋农

表 6-7-1-3　2006 年温溪镇杨梅基地面积统计表

单位：亩

项目 乡村	经济林面积	其中杨梅基地面积		
		合计	已投产面积	未投产面积
温溪镇	5347	5045	4850	195
金　山	117	117	117	
洲　头	172	143	143	
西　岸	174	174	174	
林　呑	190	190	190	
郑　呑	405	450	450	
沙　埠	377	234	230	
西　湖	153	153	153	
港　头	789	789	789	
新　洋	835	835	835	
大田头	234	234	234	
寺　下	334	334	334	
小　峙	217	217	112	105
沙　门	123	123	123	
学　神	75	75		75
高　岗	132	112	112	
东　岸	434	434	434	
温　溪	212	140	140	
大洋下	185	185	185	
尹山头	80	42	27	15
周　呑	109	109	109	

图 6-7-1-2 白浦杨梅基地

图 6-7-1-3 白浦杨梅基地

图 6-7-1-4 杨梅罐头

图 6-7-1-5 孙前杨梅

户的新的经营模式，使孙前杨梅走向各大城市的大小水果市场。

随着杨梅种植规模的不断扩大，杨梅的产量越来越高，县政府引导成立杨梅专业协会和杨梅专业合作社，以及中介服务组织，为杨梅提供产前、产中、产后等系列服务工作。此外，有关部门建立供求信息网发布杨梅信息，利用青田华侨多的条件，产品远销西班牙、意大利、美国等地。同时深化杨梅精深加工和杨梅保鲜技术。

2007 年 7 月 11 日，孙前村的徐林芳种植的东槐杨梅供不应求，上门求货的排起队。杨梅鲜果纯收入就达十几万元，成为小康之家。

2008 年，全县杨梅种植面积达到 8.6 万亩，年产杨梅 8000 多吨，年产值达亿元，成杨梅种植大县。是年，青田被农业部授予全国唯一的杨梅标准化生产示范县，主产区白浦村杨梅基地获得省级森林食品基地称号。

2009 年青田杨梅献礼中南海，轰动一时。

青田"东魁杨梅"果大整齐（平均单果重 31.5g，俗称乒乓杨梅）、肉质细软、汁多爽口、风味浓郁、可食率高（达96.2%），在各类农产品评比中出尽了风头：在中国农博会上被认定为名牌产品，连续 7 年被省农博会评为金奖产品，几度荣获"浙江省十大精品杨梅"称号。

2010 年以后，随着旅游业的发展，青田县开辟"杨梅精品旅游线一日游""假日列车""杨梅之旅""入园采杨梅"等旅游产品。杨梅上市后，组团来青游客比平常增加了 5 ～ 6 倍，散客更是数不胜数。杨梅采摘体验游异常火热，仅鹤城镇白浦村，每年采摘杨梅的游客就达两万多人次。

随着种植规模的不断扩大，销售形势逐渐严峻。截至 2012 年，杨梅面积已达 10 多亩，2013 年已出现卖难的现象，2014 年更甚。许多有识之士指出，除了要解决保鲜、贮运等技术外，光靠鲜售，远不能解决问题，必须以加工产业为后盾，才能稳定、可持续地发展杨梅产业。

图 6-7-1-6 白浦杨梅基地

第二节　柑橘

图 6-7-2-1 1987 年外销加拿大橘子

清·光绪《青田县志》记载："柑，实圆而大，味类瓯产；橘，味甘微酸，又有小而极酸者。"

中华人民共和国成立之前，青田种植柑橘不多；新中国成立后至 20 世纪 60 年代，部分乡村曾成片种植，由于缺乏管理，成活不多。

20 世纪 70 年代后，发展较快。

1978 年有 998 亩，产量 52 吨。

1982 年，省、地区补助发展柑橘资金 426 万元，种植柑橘 20685 亩。主要品种有温州蜜橘、早橘、朱红、乳橘、金柑、橙等。温州蜜橘占总栽培面积的 83%。种植较多的乡：海溪 3067 亩，石帆 2590 亩，海口 1587 亩,船寮镇 1508 亩,季宅 1410 亩,巨浦 1122 亩,祯埠 1050 亩。

1983 年,海溪乡西坑边有一株橘树,已有 24 年树龄,树高 5.7 米,树冠直径 6.74 米。产橘 360 公斤,被称为"桔王"。

1987 年,柑橘发展到 4.85 万亩,总产 5151 吨,是年,首次外销加拿大 20 吨。

1997 年,全县柑橘年产量在万吨以上,海溪、石帆、舒桥等乡镇柑橘产量在 500 万斤以上,已成为这些乡镇农民的主要经济收入。

图 6-7-2-2 柑橘示范基地喜获丰收

2000 年,高湖乡良川村柑橘每亩产量达 3800 斤,同比增长 65%。

2000 年以后,由于柑橘品种雷同,各地大面积种植,柑橘大批滞消。橘农纷纷砍树改种,柑橘面积、产量锐减。

2005 年,船寮镇卢岙村德荣水果专业合作社种植的 100 亩无子椪柑,2009 年投产。果实口味好,耐储藏;且系有机种植,销路好,收入颇丰。

图 6-7-2-3 柑橘

第三节 枇杷

明朝成化年间，青田已产枇杷。

青田枇杷比杭州、金华、黄岩枇杷提早上市，以早取胜。1966年在溪口、山口、塔山湾等地种植成片枇杷。1978年，盲目毁树开"大寨田"，枇杷树大量减少。1984年，枇杷总面积300亩，年产95吨。

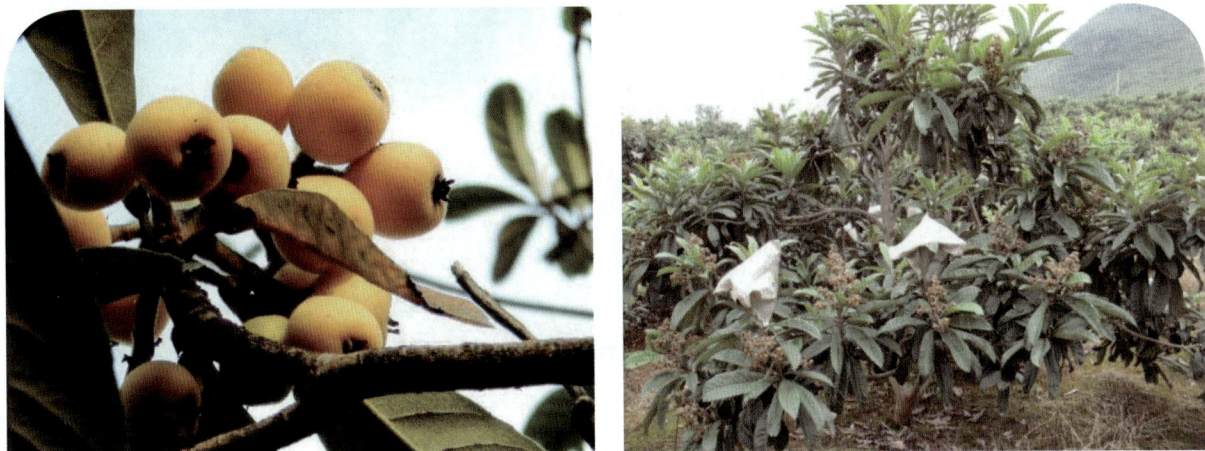

图 6-7-3-1 枇杷

枇杷是我国南方特有果树，果实初夏成熟，正是鲜果淡季，格外受人们的欢迎。枇杷果实既可鲜食，又是制罐头、果膏、果酱和酿酒的原料。食用枇杷鲜果和加工品，不仅增进营养，还有润肺、止咳、健胃、清热等医疗功效。叶片可制成杷叶膏或糖浆，是化痰止咳的良药。花期很长，花香蜜多，是优良的蜜源植物。入冬后霜雪皑皑，寒风凛冽，草木枯零，唯独枇杷，叶绿花香，姿态优美，是一种很好的观赏树种。

枇杷抗逆性较强，病虫害较少，栽培容易。一般单株产量可达50公斤左右，高的可达100～200公斤，是经济价值比较高的树种之一。

第四节 梨

图 6-7-4-1 梨

梨是青田主要水果之一。南宋《永嘉郡记》载："青田村民家多种梨树。"宋《太平御览》载："青田村民家有一梨树，名曰官梨子，大一围五寸，常以贡献，名曰御梨。落地即融释。"清·光绪《青田县志》载："梨，其品甚多：产连云者为上，大、小峙次之，白山者硬而粗；又有棠梨，味涩而酸。"

20世纪50年代初，曾从乐清、瑞安引进一大批良种梨树，在章村区腊口，山口区油竹、山口、大安，温溪区塘坑、沙埠、小峙，北山区坑口等地栽培。1979年产梨2200吨、为历史最高年份。1983年产梨1025吨。1987年，全县梨树1780亩,产梨1010吨。

2006年，省农林大学博士生、农技特派员谢云引进新品种"翠冠梨"，在季宅乡季宅村、潘山村及船寮镇石头村试种，获成功。面积200亩。针对梨树生产上普遍存在产量低、质量差、大小年结果等问题，先后开展梨树高产、稳产技术的调查研究，总结出一套低产变高产的管理技术经验。

图 6-7-4-2 青田本地梨

2006年4月，季宅乡季宅村南坑自然村成立了茅山生态农业专业合作社，筹措资金10万余元，开辟了翠冠梨基地380亩，

图 6-7-4-3 茅山合作社翠冠梨（2009年摄）

基地的建设标准经考评为优质。合作社有股东21位，农户以土地、劳力、资金等形式入股集中生产。为使基地取得更好经济效益，经科学论证，在380亩的果园里套种"黄花决明""伞花决明""二月兰""地被石竹""马刺""大叶胡枝子"等名贵花卉。同时，在基地养山鸡1500只，当年收入1.5万元，养羊30只。合作社的成功经验，钱江晚报、临安电视台、青田电视台、侨乡报等做专题报道。

第五节　桃

明朝，青田已产桃，大多是零星栽培。温溪镇"芒种桃"曾一度闻名全县。

图 6-7-5-1 夏桃果实累累

图 6-7-5-2 商品桃

1987 年，全县桃林面积 985 亩，产桃 500 吨。是年，引进黄桃品种，栽培面积 300 亩。

第六节　葡萄

葡萄味美可口，营养丰富。在葡萄浆果中含糖量一般为 10%～30%，还含有蛋白质 0.15%～0.9%，有机酸 0.3%～1.5%，矿物质（钾、磷、钙、铁等）0.3%～0.5% 及多种维生素。

图 6-7-6-1 葡萄

青田历史上葡萄栽植不多，仅富裕人家在庭院等地零星种植。

清朝，青田已有葡萄栽培，多呈零星种植。

1983 年开始建园规模栽种；至 1984 年，全县葡萄栽培 835 亩，年产量约 300 吨；2000 年以后，出现专业户规模种植。

第八章 食药用菌

食用菌俗称菇或蕈，是一类可供食用的大型真菌。浙江仅在有关文献中有分散记叙，粗略统计有食用菌 59 种。

南宋淳祐五年（1245 年），浙江仙居人陈仁玉对仙居盛产的合蕈、稠膏蕈、松蕈、竹蕈（竹荪）、玉蕈、黄蕈、紫蕈、四季蕈等 11 种食用菌，经过长期观察、品尝、研究，写成《菌谱》，为目前所知世界上最早的食用菌专著。成书于元皇庆二年（1313 年）的王祯《农书》中则记有香蕈人工栽培方法。

明末清初，青田先民就有采摘松蕈食用的记载。民国时期，开始人工栽培香菇、木耳。中华人民共和国成立初期，山区农民有少量人工栽培香菇、木耳。早时，栽培食用菌都用段木，以后发展用段料，一般以农、林、牧和木制品加工的剩余物为原料。

1984 年，县林业局开始试产平菇、凤尾菇、草菇、香菇、金针菇密环菌、竹荪等 23 个菌种，在 3 个单位和部门进行试种，取得较好的经济效益。

2000 年以后，全县多地进行食用菌规模化生产，获得较好的经济效益。

图 6-8-0-1 金针菇

图 6-8-0-2 花菇

图 6-8-0-3 伞菇

图 6-8-0-4 黄靛菇

表 6-8-0-1 青田食用菌历年产量统计表   单位：吨

时间	数量	数据来源
1984	5.5	县农业自然资源调查表
1985	2.7	《丽水地区历年林业统计资料》（包括香菇）
1986	1.1	县林业局统计表（包括黑木耳）
1987	11.5	县林业局统计表（包括黑木耳）
1988	14	县林业局统计表（包括黑木耳）
1989	12.8	县林业局统计表（包括黑木耳）
1990	1.6	县林业局统计表（包括黑木耳）
1993	67	县林业局统计表（包括黑木耳）
1995	10	县林业局统计表（包括黑木耳）
1996	10	县林业局统计表（包括黑木耳）
1997	62	县林业局统计表（包括黑木耳）
2002	29	县林业局统计表（包括黑木耳）
2004	267	县林业局统计表（包括黑木耳）
2005	256	县林业局统计表（包括黑木耳）
2006	173	县林业局统计表（包括黑木耳）
2007	654	县林业局统计表（包括黑木耳）
2008	326	县林业局统计表（包括黑木耳）
2009	328	县林业局统计表（包括黑木耳）

第一节 竹荪

图 6-8-1-1 竹荪

竹荪为名贵的食用菌，历来有"真菌之花"的美称。其野生资源稀少，20世纪已为人工驯化、培植成功。目前，在培养料的利用和栽培技术等方面又有新的进展。如林下和室内箱子培植等方式，操作方便，花工省，成本低，产量稳定，经济效益高，值得推广应用。

竹荪是国际公认的"极好蛋白来源"，被誉为"菌中之后""山珍之王""真菌之花"。同时对肥胖病、脚气病、止痛、止咳等有较好的疗效。1984年8月，县林业技术推广站在八面湖林场试种十几立方米竹荪，菌丝发育良好。

第二节 香菇

香菇是世界上著名的食用菌之一，也是青田传统的出口商品。它肉质脆嫩，味道鲜美，香气独特，而且营养丰富，被人们誉为"植物性食品的顶峰"和"蘑菇皇后"，是佐膳和宴席上的珍馐名馔。

青田人民栽培香菇历史悠久，在长期的生产实践中积累了极为丰富的经验。特别在新中国成立后，随着科学的发展，香菇栽培技术不断提高，从过去靠天然孢子接种的砍花栽培，发展到人工培育纯菌种的段木栽培，大大缩短栽培周期和提高香菇的产量。20 世纪由于发展香菇生产与木材资源的矛盾日益尖锐，人们又在木屑菌砖栽培法的基础上，发展露天代料袋栽和塑料大棚立体培植香菇的新法，创造适宜香菇生长的外界条件，获得速生高产优质的效果。

图 6-8-2-1 香菇

第三节 平菇

平菇是一种世界性的食用菌，它营养丰富，鲜美可口，是大众佳肴。它以稻草、麦竹、茅草、甘蔗渣、玉米蕊、蕃菇藤等为原料，生产工艺简单，投资省，产量高，出菇快，效益高。一般 100 斤稻草可收鲜菇 70～80 斤，高的可收 120 斤，县林业局技术推广站曾进行试验性栽培，获成功。其中一丛平菇收获 16.5 斤。

图 6-8-3-1 平菇

第四节 蘑菇

蘑菇生产曾在青田盛极一时。1983 年，县政府在船寮召开全县蘑菇生产会议，其主题是：落实好当年 80 万平方尺、产值 160～180 万元的蘑菇生产种植计划。

据 1983 年 6 月 10 日的统计，全县有 32 个公社、164 个大队、14629 户社员，落实蘑菇种植计划计 50 万平方尺。高湖公社 63 户社员，户均达到 566 平方尺。万山、温溪区建立 3 个菌种培植站，年生产菌种 5 万瓶。

第五节　黑木耳

黑木耳性糯，口感好，营养价值高，被营养学家誉为"素中之王"，每100克干木耳中含铁97.4毫克，是一种天然补血食品。其味甘性平，有凉血、止血作用。

图 6-8-5-1 黑木耳

图 6-8-5-2 树干培育天然木耳

图 6-8-5-3 黑木耳室外开放式培植

图 6-8-5-4 黑木耳

青田培植木耳，过去靠大面积伐树做天然木耳，产量很低，1立方米木材可得干木耳20余斤。而采用代料人工接种的方法，1立方米木材比天然黑木耳产量提高3～4倍；不仅经济效益十分显著，而且很多树种都能做木耳，特别是用低产林改造、造林、采伐剩余物以及枝丫、弯曲木、多节木等做木耳，可以节约大量好材。

2009年，祯埠乡马岭脚村种植黑木耳17000袋，获好收成。次年从龙泉安仁请来黑木耳技术师傅，并从庆元引进黑木耳的菌种。马岭脚村几十户农户都种植黑木耳，成该村村民发家致富的产业。

2014年，祯旺乡利用得天独厚的自然与资源优势，大批农户种植黑木耳。乡政府因势利导，聘请专家指导生产；成立黑木耳专业合作社多家，实行规模种植，成为远近闻名的黑木耳种植基地。

图 6-8-5-5 黑木耳室内泡沫床垫式培植

第九章 森林药材

青田森林中生长着取之不尽，用之不竭的中草药资源。有些树木的树皮是名贵的药材，如厚朴等；有些草药是寄生在树木树干或根上，靠树木的养料或分解木材纤维素生活的，如茯苓等；有些树林的叶、花、果实可以入药，如森林中的山苍子。所以，森林是名符其实的中草药宝库。

据 1990 年版《青田县志》记载，青田县地产中药材 134 种，其中植物类的有 118 种；植物类中，属于野生资源的有 93 种。其中：

根茎类 35 种：半夏、丹参、香附子、天冬、白芨、前胡、南沙参、白前、黄精、百部、威灵仙、生姜、石菖蒲、土牛膝、白茅根、独活、茜草、首乌、防己、木防己、百合、大蓟根、玉竹、土茯苓、薤白、黄药脂、射干、七叶一枝花、三叶青、龙胆草、天南星、白药脂、棉草藓、粉草藓。

果实类 8 种：苍耳子、覆盆子、山楂、急性子、车前子、盒樱子、山楂、路路通。

全草类 28 种：谷精草、车前草、鹿含草、伸筋草、马鞭草、凤凰草、鱼腥草、藕藩、鹅不食草、紫花地丁、绵茵陈、黑旱莲、石苇、平地木、落得打、马齿苋、半枝莲、半边莲、垂盆草、白花蛇舌草、一枝黄花、草茵陈、海金沙草、淫羊藿、透骨草、沙氏鹿茸草、辣蓼、仙鹤草。

花叶类 5 种：闹羊花、野菊花、夏枯草花、淡竹叶、功劳叶。

藤木类 5 种：钩藤、忍冬藤、夜交藤、海丰藤、功劳木。

根茎类 7 种：白术、白芍、桔梗、粉葛、元胡、商陆、干姜。

果实类 17 种：米仁、大麦芽、谷芽、枳壳、木瓜、冬瓜子、莱菔子、刀豆壳、刀豆子、女贞子、桑椹子、桃仁、青皮、川楝子、蔓荆子、苦杏仁、吴萸。

花叶类 6 种：银花、芙蓉花、凤化花、枇杷叶、冬桑叶、芙蓉叶。

皮壳类 5 种：厚朴、桑白皮、丹皮、杜仲、冬瓜皮。

藤木类 1 种：桑枝。

菌藻皮 1 种：银耳。

中华人民共和国成立之前，青田森林药材多以野生采集为主；人工种植药材多由个体分散种植，产量低。没有专门组织机构收购，由乡村郎中、中草药商贩自由、自发购销。

中华人民共和国成立之后，最初由县供销社基层社负责指导中药材生产、收购。

1960 年 5 月，县医药公司成立，确定专人负责中药材生产收购。

20 世纪 60 年代开始，县医药公司指导农民种植的药材有银花、吴萸、厚朴、茯苓、黄精、山栀、木瓜、蔓荆子、半夏、龙胆草、桔梗、首乌、牛膝、白芍、白术、泽泻 16 种。县医药公司曾在城南乡佛顶山种植泽泻 40 亩。

1970 年以后，章村、万山、温溪等区镇发展厚朴、红花、银花、川楝子、桔梗、米仁生产。最高年产量：红花 1000 余市斤、银花 3000 余市斤。1972 年，国营石门洞林场在大洋山林区种植成片厚朴、杜仲 80 亩，其他 4 个林场先后也有少量试种。

1983—1985 年，丽水地区医药公司拨给青田扶植中药材生产款 3326 元。

表 6-9-0-1 历年中草药收购量

年份	厚朴 单位：担	茯苓 单位：担	山苍子 单位：担	年份	厚朴 单位：担	茯苓 单位：担	山苍子 单位：担
1950~1985 年总计	67	71	174	"二五"时期	0	0	5
恢复时期				1958			5
1950				1959			
1951				1960			
1952				1961			
				1962			
"一五"时期	0	0	0	调整时期	8	7	13
1953				1963			1
1954				1964			4
1955				1965	8	7	8
1956							
1957							

续表 6-9-0-1

年份	厚朴 单位：担	茯苓 单位：担	山苍子 单位：担	年份	厚朴 单位：担	茯苓 单位：担	山苍子 单位：担
"三五"时期	11	24	30	"五五"时期	12	12	49
1966	7	6	13	1976			3
1967	1	7	6	1977			17
1968	3			1978	4	4	5
1969		5	4	1979	6	6	14
1970		6	7	1980	2	2	10
"四五"时期	27	18	45	"六五"时期	9	10	32
1971	4	9	13	1981	3	3	13
1972	16	5	13	1982	2	2	
1973	2	4	7	1983	3	4	9
1974	5		6	1984	1	1	5
1975			6	1985			5

摘自《丽水地区历年林业统计资料》（1950—1985 年）

第一节　茯苓

民国 28 年（1939 年），青田县参加浙江省第九区举办的特产展览会，展出的茯苓获甲等奖。

图 6-9-1-1 茯苓

茯苓是人们比较熟悉的中草药。有安神、滋补、利尿、消肿、养肺等作用。对小便不利、体虚浮肿、头昏失眠、慢性胃炎等有较好的疗效。

茯苓，又名松茯苓、茯灵，是一种药用菌类。利用茯苓作为中药，至少在汉代已经开始，因为"五苓散方"就是汉代张仲景配用茯苓的处方。茯苓不仅作为药用，它和米粉、糖等还可以制成糕饼，成为老年人和小儿的滋补健脾食品，如八珍糕。茯苓也是一种重要的出口物资，远销港澳地区，以及新加坡、泰国、印度和日本等国家。

松树的"根瘤"，茯苓（Rhizoma Smilacis Glabrae），是一种真菌，属于担子纲，多孔目，多孔菌科，卧孔菌属。野生茯苓主要生长在马尾松、赤松等松树根上。但它又不是一种绝对寄生的菌类，在伐倒木上也能生长，营腐生生活。通过松树的纤维素发酵繁殖大量菌丝，集结而成块状菌核。菌核形状不定，有长圆、卵圆、扁圆、球形。大小不等，由数两到数斤，大的达70～80斤。

茯苓在新鲜时，外皮薄略皱，呈淡褐色，内皮是粉红色，发软。干燥后，外皮极度皱缩，色变黑，内皮变为乳白色或微红黄色（白茯苓色白，赤茯苓色淡红），折断面不平坦，呈粉状或颗粒状。切面有黏性，嚼之粘牙。切成薄片，对光可见淡灰色水纹，俗称"云彩"。茯苓中部有小松根贯穿者，称抱木"茯神"。

第二节　厚朴

厚朴是我国特产药材。据《神农本草经》记载："厚朴主治中风、伤寒、头痛、寒热、惊悸、血痹、死肌、去三虫。"中医用作健胃、利尿和治疗霍乱、中暑药。花蕾可作妇科药。种子治疗鼠瘘，并有明目益气之效。树皮因有香味，又可作化妆品原料。

图 6-9-2-1 厚朴

图 6-9-2-2 厚朴的形态

厚朴（Magnolia officinalis Rehd et Wils.），属木兰科，木兰属，落叶乔木，树高可达 10～15 米。树皮紫褐色，小枝淡黄或黄灰色。叶簇生枝端，革质，椭圆状倒卵形，长 20～40 厘米。花白色，有香气，与叶同时开放，单生于幼枝顶端。果实长圆卵形，长 10～12 厘米，心皮成熟后变为木质。种子三角状倒卵形，长约 11 厘米，鲜红色。5～6 月开花，9～10 月果实成熟。皮入药。

厚朴喜湿润肥沃土壤。常生长在空气湿润和气候温凉的地方，年降雨量在 1000 毫米以上，过干过湿均生长不良。喜酸性及排水良好的沙质壤土。

厚朴是我国特产。20 世纪 70 年代青田县各国有林场曾经营造厚朴纯林 100 多亩。民间亦有零星种植。

第三节　山苍子

山苍子是制造维生素 A 及食用、化妆、皂用香精的主要原料。

图 6-9-3-1 山苍子

山苍子（Litsea cubeba（Lour.）Pers），又名山鸡椒，属樟科，木姜子属，落叶灌木或小乔木，一般高 3 米左右，最高 10 米。树皮幼时黄绿色，光滑，老时变褐灰色，都有白色斑点。小枝细瘦，绿色。单叶互生，有香气，纸质光滑，长圆形或披针形。花单性，雌雄异味，11 月着生花蕾，次年春初开花，花生于叶；花序生在短枝上，腋生，伞形，具细总梗，有花 4～6 朵，花小黄色。核果有短柄，近球形，3～5 颗簇生，幼时绿色，熟时由青色变深红或黑色。花期 2～3 月，果期 7—8 月。

山苍子果实及雄花都含有挥发油。成熟果实的假果皮含芳香油，出油率为 5%～13%；种子含脂肪油 25%～30%；雄花含挥发油 2%。山苍子油主要用于提取柠檬醛。假果皮油含柠檬醛 70%～80%，雄花油含柠檬醛 60%。柠檬醛是制造紫罗兰酮、甲基紫罗兰酮、甲倍及乙倍紫罗兰酮和维生素 A 的主要原料。除维生素 A 系医药用品外，其他均是配制香精的主要原料，用于食品、化妆、皂用等。山苍子油用于降解致癌物质黄曲霉素对粮食的污染，效果也很好。山苍子种子制取的脂肪油，可代替椰子油用以制造脂肪酸、醛、醇脂及高级肥皂。

山苍子还可以治疗冠心病。据有关单位协作研究，用山苍子作草药治疗冠心病有效率达 80% 以上，而且副作用小，是迄今为止治疗冠心病的一种新药。

第十章 其他林副产品

　　青田采集、培育和利用林副特产具有悠久的历史传统和丰富的经验，近代有不少林副特产是青田县内销外贸的重要产品。作为生产和生活能源的柴炭，青田历来是重要产区和集散地。早在 1000 多年前，就有伐薪烧炭业及相关的市贸活动。明清时期，柴炭成为青田山区主要的林副产品，曾大批输出温州地区。

　　中华人民共和国成立以后，从 20 世纪 50 年代中期开始，竹木柴炭由供销部门统一经营和管理。"大跃进"期间，柴炭耗用量猛增，各地大搞炭窑建设，一度造成森林资源的严重破坏。此后，随着各种新能源的开发利用，柴炭产销量减少。20 世纪 90 年代后，农村普遍以煤、电为燃料，柴炭比重越来越少。

表 6-10-0-1 青田县历年林副产品收购量

年份	木炭（万担）	木柴（万担）	木棍（万支）	笋干（担）		棕片（担）		松脂（担）
				产量	产量	产量	收购	
1950—1985 年总计	166.89	322.31	1142.9	361	39.99	6093	3186	753
恢复时期	0.59	1.87	0	0	0	0	0	0
1950								
1951								
1952	0.59	1.87						
"一五"时期	71.02	109.87	0	0	0	1920	713	0
1953	1.32	3.25						
1954	13.40	26.58				451	122	
1955	18.30	19.73				476	123	
1956	17.70	29.31				477	308	
1957	20.30	31.00				516	160	
"二五"时期	42.6	130	0	0	0	1653	1390	2
1958	20.50	33.00				600	430	
1959	10.20	27.00				430	430	
1960	5.00	24.00				340	340	
1961	3.80	21.00				100	80	
1962	3.10	25.00				183	110	2

续表 6-10-0-1

年份	木炭（万担）	木柴（万担）	木棍（万支）	笋干（担）		棕片（担）		松脂（担）
				产量	产量	产量	收购	
调整时期	21.86	19	0	0	0	487	351	0
1963	4.11	7.21				243	107	
1964	9.60	6.08				119	119	
1965	8.15	5.71				125	125	
"三五"时期	12.91	27.29	1.03	0	0	299	299	0
1966	5.00	8.39				105	105	
1967	2.20	5.85				94	94	
1968	0.60	1.59				49	49	
1969	1.83	5.11	1.03			22	22	
1970	3.28	6.35				29	29	
"四五"时期	5.51	17.06	0.87	300	0	162	73	0
1971	1.87	7.20				35	35	
1972	1.55	4.09				25	25	
1973	1.45	3.86		300		100	11	
1974	0.32	1.12				2	2	
1975	0.32	0.79	0.87					
"五五"时期	5.77	12.37	11	0	11.93	384	260	70
1976	0.16	0.79						
1977	0.41	2.50			2.09	24	24	
1978	1.51	3.80			2.54	51	51	
1979	1.19	2.40			1.05	106	106	
1980	2.50	2.88	11		6.25	203	79	70
"六五"时期	6.63	4.85	1130	61	28.06	1188	100	681
1981	0.86	1.22	11		2.77	202	29	232
1982	0.80	0.55	12	6	10.62	205	29	110
1983	1.95	1.93	13	2	0.59	231	21	166
1984	1.97	1.13	361	53	13.96	290	13	173
1985	1.05	0.02	733		0.12	260	8	

第一节　竹笋

青田竹类植物除生产竹材外，多数竹种的竹笋，味美可口，营养丰富，是优良的副食品。

青田县竹笋生产历史悠久，除少部分鲜食外，大多加工成各种风味的笋制品，其中大宗的是笋干。20世纪50—60年代，由供销社组织笋干收购，数量较大；80年代后，数量逐步减少。1981年笋干收购量为6担，1983年笋干收量为2担，1984年笋干收购量为53担，三年共计收购笋干61担。

20世纪90年代后，全县开展笋竹两用林基地建设。1994年，章旦乡烂头村200亩笋竹试验基地，开始全面深挖垦复施肥，进行集约经营；每年冬春笋亩产量都在500公斤以上，年亩产收入均在2000元左右，比未建基地前经济收入增加了6～10倍。是年，章村乡黄山村，春、冬笋收入达10万余元，人均收入150多元，特别是云尖，西北岭两自然村两期的笋收入就占全年家庭总收入的30%以上；支部书记王树青户，两期笋收入就有6000多元。1998年，省林业厅补助青田县笋竹两用示范林计划330亩。

2004年，祯旺乡昌其村春笋大丰收。在外打工的村民回村挖笋、晒笋干。每户仅春笋一项收入就有几千元，多的可超万元。

图 6-10-1-1 竹笋

2007年4月3日，县"老促会"组织人员对全县竹笋生产进行调研。座谈会上，与会村干部反映，一般情况下，每亩竹林产冬笋100斤，按每斤2元计算，可获200元；亩产春笋500斤，每斤0.6元，可获300元，每亩竹笋年收益500元。（详见第三编第七章"竹林建设"）

图 6-10-1-2 笋竹两用示范林

第二节 棕

图 6-10-2-1 棕榈

棕榈，又名山棕、棕树、舢棕榈等，是青田县海拔1000 米以下的经济树木。

棕榈用途甚广，棕皮纤维（叶鞘纤维）坚韧，耐湿性很强，通常用以制绳索、垫褥、地毯、床榻、毛刷、蓑衣和扫帚。树干挺直，可作亭柱、水槽、扇骨、木梳等工艺品。叶片纤维亦可制绳索，经漂白后可制草帽、书包、扇弄；嫩花序可食。棕柄可制活性炭，亦是止血药原料，根亦药用。

青田县民栽植棕榈、利用棕片历史悠久。中华人民共和国成立之前，由于棕片用途广泛，民间大量栽植，曾有谚语：家有千株棕，一世不用穷。中华人民共和国成立之后，政府组织大量收购。1954—1985 年，收购棕片共计 3462 担。1990 年以后，棕片代用品出现，棕榈树大部分消失。

图 6-10-2-2 蓑衣

图 6-10-2-3 棕皮丰盈

第三节 木炭

青田木炭，火力持久，发热量高，还具有吸湿、吸臭、脱色等性能。很早以前人们就用木炭取暖、煮食和作为防潮、防腐材料。木炭由木材（或薪材）经炭化或干馏而得的固体产物。主要成分是碳，灰分很低，热值为 27200～30600 千焦/千克。具多孔性。按烧制及出窑时熄火方法的不同，可分黑炭和白炭两种。

历史上，木炭生产是青田山区林农的主要经济收入来源；各地偏远林区均有生产，产量较大，曾形成市场。中华人民共和国成立之前，木炭主要交易点：鹤城镇大埠头、岭根神道门、郎回

图 6-10-3-1 木炭

坑、彭湖、雄溪、祯埠、官坑口、锦水。中华人民共和国成立之后，政府组织收购。1952—1985 年木炭收购量为 166.89 万担，年均收购量为 2.86 万担。1990 年后，为保护阔叶林资源，政府明令禁止烧炭，多次组织专项行动，捣毁炭窑，处理违法烧炭行为。

附：土窑土法烧制木炭方法

一、炭窑的建造

选择近水源、较平缓的地方建造，土窑的容量大小根据需要决定，一般挖成长方体，长 4 米、宽 2.1 米、深 1.5～2 米的长方体窑坑，可装入薪柴5000～6000 千克，烧制出木炭 1000～1200 千克。

二、伐木

伐木之后，将之锯成四尺长的段材，根据树木的粗细、分类，归在一起。

三、装窑

装窑有讲究；截下的树干要一根挨一根立在窑中，最粗的，堆在下面，最细的堆在上面。木和木之间的空隙，不能太大，空隙太大，空气流通过多，就会烧成灰烬。堆得太密，空气流通不够，木料得不到充分的燃烧，就不会变成炭。所以，烧炭师傅们有一句口诀，叫"逢四留一"，意思是四寸直径的木料，就留一寸的空隙。每一个炭窑之中，可以堆四层木料，最上层的最细。

四、烧窑

木料堆好，封窑口，留四寸直径大小的窑口；点燃炭窑下半部的引燃物，等窑口附近的树干燃着后，窑口就要用泥土封死，只留下面进风道供氧气继续燃烧。窑顶烟洞冒出的烟色，开始是白色夹黑色，炭化过程会排出大量白烟。 当白烟越来越少（主要是水汽被排放），继而出现的是蓝烟（木炭开始燃烧），这时立马将烟洞和下面的进风道全部封死，底部的通气孔也要封闭，保证整个木炭窑没有空气进入。炭窑内的木炭还会继续燃烧三至四小时。几天后等窑里的火熄灭，温度不很高时，才可开窑。

五、开窑

开窑历代相传有规矩，要用一柄大斧，

图 6-10-3-2 木炭挑运（1985 年摄）

劈开封住的窑口；出炭帮手，要以极快的速度，传递水桶，向窑中淋水。这是最惊心动魄的一刻，窑中冒出来的毒气冲天，水淋进窑中去的声响，震耳欲聋，再加上参加淋水的人，动作又快，一路吆喝。一窑炭是不是成功，就要靠这时的工作是不是配合得好。等到水淋进窑中，再没有白气冒出来，就可以出窑了。所有参加出窑的人，都用水浸湿毛巾，捂住口鼻，防止一氧化碳中毒。

第四节　木柴

木柴历来是老百姓生活的必需品。20 世纪 70 年代前，青田县所有农村、集镇，机关、单位，不论农民家庭和乡镇工业锅炉，以及砖瓦窑、石灰窑等，都用薪柴、秸杆做燃料，消耗量很大。温州等沿海城市，都靠青田等县山区供应薪柴燃料。历史上青田瓯江沿岸农村，几乎村村有码头，有码头必有木柴购销。特别是木柴资源丰富的源、港口，如石盖口、高市、雄溪、祯埠等地，木柴购销活动异常活跃。

中华人民共和国成立之后，从 1952 年开始，木柴由供销合作社购销，专门供应机关单位食堂。1958 年起，木柴被政府列为计划收购和计划供应的物资；供销社收购供应和外调到温州等地的数量迅猛增长。据不完全统计，到 1985 年，供销部门共购销木柴 322.37 万担，年均 7.33 万担。

20 世纪 80 年代后，由于社会发展，社会烧柴均被煤气所代替，薪柴市场逐渐退出历史舞台。

图 6-10-4-1 高市埠头柴炭市场（1975 年摄）

第十一章　野生动物驯养与利用

野生动物驯养的历史，可以追溯到原始社会；当时，原始人将捉到的比较温驯的动物圈养起来，以备狩猎无获或冬天时充饥。此外，中外历史上还有不少驯养猛兽用于作战的记录。在中国，作为观赏动物有规模的养殖记录见于清朝，1908 年，北京建成了"万牲园"（北京动物园前身），饲养展览动物几十种。

中华人民共和国成立后，经过多年的科学研究和驯养繁育实践，野生动物养殖品种得以不断丰富。2003 年 8 月 12 日，国家林业局公布了 54 种人工驯养繁殖技术成熟、可商业性驯养繁殖和经营利用的陆生野生动物名单，包括珍禽类、野兽类、爬行类、两栖类野生动物。

青田县将野生动物作为产业发展和经济利用来大量繁殖饲养，是在改革开放以后。1982 年，船寮区办外岩洞林场在县科委的帮助下，从外地引进梅花鹿 5 头，建起养鹿场，最多时繁衍至 20 多头，取得较好的经济效益。20 世纪 90 年代初期，全县掀起一股养獭狸热潮；由于没有销售渠道，一哄而起，一哄而散，许多养殖户遭受巨大经济损失，教训极为深刻。2000 年以后，野生动物驯养与经营利用发展较快，大多数饲养者其野生动物种源多是人工繁育引种而来，极少数是从自然界捕获的野生动物作为饲养对象。以驯养观赏动物、皮毛利用动物、药用动物、食用动物为主。野生动物加工经营利用主要以食用动物，通过酒店、饭馆加工销售为主要渠道。

第一节　野生动物繁育

野生动物的饲养历史悠久；但作为一种有相当规模的饲养业则历史很短，20 世纪以来才得到发展。随着人们对野生动物保护意识的不断增强，国家对野生动物保护的立法，在保护野生动物物种的同时，能够合法地取得野生动物产品资源加以利用。而经过人类的驯养、育种等措施大量繁殖饲养，则是能够合法取得和利用野生动物产品的最佳途径。

根据《野生动物保护法》规定，驯养繁殖野生动物，必须首先取得林业主管部门颁发的《野生动物驯养繁殖许可证》。受保护的野生动物分为水生野生动物和陆生野生动物，水生的野生动物由渔政主管部门主管，陆生的野生动物归林业部门主管。就陆生的野生动物来说，国家一级保护动物由国家林业局颁发驯养繁殖许可证，国家二级保护的动物由各省林业厅办理，一般保护的动物由县林业部门办理。无论哪一级发证，首先都需要到县级林业部门申请，逐级上报审批。

一、观赏类动物饲养

青田县观赏类动物饲养，以禽类为主；品种有孔雀（绿孔雀、蓝孔雀）、鸳鸯、天鹅、鹦鹉（虎皮鹦鹉、费氏牡丹鹦鹉、桃脸牡丹鹦鹉、面罩情侣鹦鹉等）、文鸟（七彩文鸟、白腰文鸟）、雀类（橙颊梅花雀、红梅花雀、禾雀、金丝雀等）等。亦有少量水族类动物，如金鱼、龟类等。

2005 年，汤垟乡垟寮村陈爱勇，创办刘老根孔雀园。从外地引进孔雀、火鸡、鸵鸟、鳄鱼等动物进行驯繁，并同时创办林家乐。一时生意兴隆，游客慕名纷至沓来。2012 年，垟寮村孙新平接手经营孔雀园，增加了荷兰兔、贵妃鸡、香猪、山羊等动物的饲养。

图 6-11-1-1 汤垟刘老根孔雀园（2015 年摄）

图 6-11-1-2 孔雀园饲养的孔雀（2015 年摄）

图 6-11-1-3 孔雀园饲养的火鸡（2007 年摄）

图 6-11-1-4 孔雀园饲养的荷兰兔（2015 年摄）

2006 年，青田县威志光学有限公司在鹤城镇湖口村建成浙江首个鹦鹉人工养殖场。养殖场占地面积 8000 平方米，总投资达 800 多万元。

为突破鹦鹉人工规模养殖的繁殖技术，场部派出技术骨干先后到新加坡、马

图 6-11-1-5 威志公司养殖场饲养的鹦鹉（2011 年摄）

来西亚、菲律宾等养殖技术比较成熟的国家考察学习，引进先进的人工孵化设备，同时取得国家林业局野生动植物保护司和台湾野生动物研究机构的技术合作和指导。鹦鹉养殖从最初 106 对发展到 56 个品种 2000 多只鹦鹉，取得较好的经济效益。

二、药用类动物饲养

青田县药用类动物对象主要有用以获取鹿茸的梅花鹿；此外还有蛇类、蜈蚣等。

图 6-11-1-6 梅花鹿养殖（2005 年摄）

2002 年，石门洞林场职工叶新，从外地引进梅花鹿 8 头，在里山圩林区建立鹿场，进行驯繁。

图 6-11-1-7 蜈蚣养殖（2013 年摄）

2009 年，油竹新区彭括村黄松利，创办青田县松利梅花鹿驯养繁殖场，规模一度达 20 多头。

2013 年，小舟山乡郑山村郑竹梯等 5 人发起成立青田县顺得利蜈蚣养殖专业合作社，从缙云鑫鑫蜈蚣养殖专业合作社引进蜈蚣种苗，年生产商品蜈蚣（干品）5 万条左右。

2014 年，石溪乡金泉村陈经祥创办青田县宏威养蛇场，驯养繁殖王锦蛇 500 条，乌梢蛇 150 条，制作蛇胆、蛇油、蛇干等药用材料出售。

三、食用类动物饲养

青田食用类野生动物驯繁对象：兽类的主要有野兔、野猪、黄麂等；珍禽类有蓝孔雀、珍珠鸡、环颈雉（野鸡）等；爬行类有蛇类、蛙类等。

2014年，高市乡西源村邱伟平，创办青田县原野养殖专业合作社，专业驯养繁殖石蛙。建产卵池5个30平方米，孵化池2个80平方米，幼蛙池2个200平方米，成蛙池2个1200平方米，建饵料粉虫培育房100平方米；并建造了防逃设施、遮阳设施。采集林区野生石蛙，驯化、培育为亲体，经人工繁殖、蛙卵孵化、蝌蚪变态、幼蛙培育，按照绿色产品的要求，依靠科学技术，走生态养殖、循环开发的路子。

2014年，祯旺乡祯旺村黄仙东，成立青田县仙东家庭农场。从江山市荣昌特种养殖家庭农场引进种麂5组（1公3母为一组），建养殖场地66000平方米，饮水槽50个，管理用房50平方米，年产商品麂2000公斤。

2015年，季宅乡潘山村洪双华，发起成立青田云里高新农业开发有限公司，驯养繁育野猪。野猪场用地总面积21015平方米，其中设施用地3456平方米，包括：消毒间、育肥区、保育区、母猪区、产仔区，以及沼气池和有机肥储存池等。从景宁澄照张山养猪场引进仔猪、种猪。

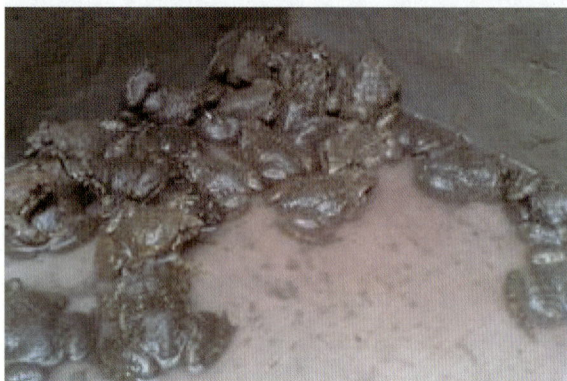

图6-11-1-8 石蛙养殖（2014年摄）

图6-11-1-9 野猪驯养后繁育的后代（2014年摄）

第二节 野生动物加工经营利用

根据《野生动物保护法》规定，野生动物屠宰、经营加工和利用，必须取得《野生动物经营加工许可证》，一般情况下，申请者需要提供如下材料：

1. 申请经营利用野生动物的书面报告；

2. 证明申请人身份的有效文件或材料；

3. 经营利用野生动物的种类（中文名、拉丁学名）、品种、数量和来源等；经营利用国家重点保护野生动物或其产品的，必须提供实施目的和方案，包括实施的种类、数量、地点、价格、利用方式、责任人等；

4. 证明野生动物或其产品合法来源的有效文件和材料。

青田县野生动物的经营利用，除了驯繁单位自产自销外，主要通过酒店、餐饮单位制作菜品美味。

图 6-11-2-1 黄焖麂子肉

野味菜肴具有营养丰富、味美可口之特点。如野猪肉，具有原种野猪稳定的遗传基因。野猪瘦肉较多、膘肉较少、口感好，富含各种氨基酸和粗纤维，尤其是亚油酸含量高，肉质鲜嫩、野味浓郁，符合现代人们的健康饮食要求。

又如麂子肉，中医认为，麂肉性味甘平，有补气、暖身、化食、祛风等功效。《本草纲目》记载："其肉主治五痔病，炸熟，以姜醋食之，大有效，麂舌可治惊风。"黄焖麂子肉的做法：把麂子肉切成方块后，用清水漂洗。锅上火，注油，下辣椒。煸炒香后下蒜、姜片煸炒，再加麂肉，注入清汤，加盐，草果，改为文火加盖焖熟。黄焖麂肉，色泽红亮，麻辣飘香。

对野生动物经营利用的管理，县林业局野生动物保护部门每年都组织人员，对有关餐饮单位进行检查，大部分酒店都能够持证加工。

表 6-11-2-1 2011 年底止青田县野生动物驯养繁殖单位

序号	单位名称	地址	法　人	种类	发证时间
1	青田县石门洞太子鹿场	青田县石门洞林场	叶　新	梅花鹿	2002.8.7
2	青田县威志光学有限公司	青田县石郭外贸工业园区 5 号	黄志宏	鹦鹉	2005.7.26
3	青田县祥烽蓝孔雀养殖	青田县仁庄镇八源村 118 号	厉玉伟	蓝孔雀	2008.10.28
4	鹤城镇陈山养殖专业合作社	青田县鹤城镇陈山村	郑炳国	蓝孔雀	2008.11.20
5	青田县兴济野生动物养殖基地	青田县东源镇周济村	叶建忠	黄麂、野兔	2008.1.22
6	青田县原野养殖专业合作社	青田县高市乡西源上浦	邱伟平	石蛙	2008.9.3
7	青田县郑山石蛙生态养殖场	青田县北山镇李坑村郑山自然村	叶希明	石蛙	2009.11.30
8	青田县松利梅花鹿驯养繁殖场	青田县油竹新区彭括村	黄松利	梅花鹿	2009.9.7
9	青田县聚野生态养殖有限公司	青田县汤垟乡汤垟公路干坑村	高姚淑	豪猪	2011.4.22
10	青田县祥龙蜈蚣养殖场	吴坑乡塘坑村	蔡有铜	蜈蚣（证号 055 号）	2011.10.19
11	青田县西浦石蛙养殖专业合作社	高市乡西源上浦	邱丽勇	石蛙	2012.4.16

表 6-11-2-2 2011 年底止青田县野生动物经营加工单位

序号	单位名称	地址	法人	种类	发证时间
1	青田县侨乡国际大酒店	鹤城镇江南大道 108 号	徐 健	黄麂、野兔、野猪、石蛙	2006.9.14
2	青田县飞鹤山庄	鹤城镇石郭村	刘永利	黄麂、野兔、野猪、石蛙	2006.9.14
3	青田县华隆酒店	鹤城镇鸣山路 60 号	徐光平	黄麂、野兔、野猪、石蛙	2006.12.11
4	青田县华侨饭店	鹤城镇临江东路 32 号	项彩杏	黄麂、野兔、野猪、石蛙	2007.10.12
5	青田县鹤城镇姜处农家乐	鹤城镇湖边村	金东南	黄麂、野兔、野猪、石蛙	2007.4.1
6	青田温溪振华假日大酒店	温溪镇安定东路 29 号	李永锡	黄麂、野兔、野猪、石蛙	2008.9.14
7	青田县东海明珠大酒店	鹤城镇圣旨街	李焕军	黄麂、野兔、野猪、石蛙	2008.1.14
8	青田县天鹤宾馆	鹤城镇新大街 2 号	陈建平	黄麂、野兔、野猪、石蛙	2008.5.16
9	青田县正达开元大酒店	鹤城镇新大街 8 号	陈 侠	黄麂、野兔、野猪、石蛙	2008.5.16
10	青田县山野人家餐馆	鹤城东路 299 号	王菊兰	黄麂、野兔、野猪、石蛙	2010.4.27

表 6-11-2-3 2014 年底止青田县野生动物生产经营许可证发放情况登记表

序号	生产者或经营者	地址	负责人	生产许可证编号	第一次发证日期
1	青田深谷石蛙有限公司	章旦乡	吴伟群	青林动驯决字〔2013〕01 号	2013.04.24
2	青田县万松畜禽养殖专业合作社	季宅乡	洪永富	青林动驯决字〔2013〕02 号	2013.05.28
3	青田县八源畜禽养殖专业合作社	仁庄镇	厉玉伟	青林动驯决字〔2014〕01 号	2014.3.24
4	青田县顺得利蜈蚣养殖专业合作社	小舟山乡	郑竹梯	青林动驯决字〔2014〕02 号	2014.4.22
5	青田县宏威养蛇场	石溪乡	陈经祥	青林动驯决字〔2014〕03 号	2014.7.14

表 6-11-2-4 2014 年底止部分养殖户野生动物存栏数调查表

单位名称或个人	地址	机构类型	法人代表	固定资产	场地面积	物种名称	存栏数量	驯养繁殖许可证编号	发证机关
青田县威志光学有限公司	青田县石郭外贸工业园区 5 号	有限公司	黄志宏	500 万	800 平方米	鹦鹉	800	浙林动 2005 证副字第 G-08 号	浙江林业厅
青田县松利梅花鹿驯养繁殖场	青田县油竹新区彭括村	企业	黄松利	200 万	3000 平方米	梅花鹿	30	林护驯繁（2009~178）号	国家林业局
青田县祥烽蓝孔雀养殖	青田县仁庄镇八源村 118 号	企业	厉玉伟	50 万	500 平方米	蓝孔雀	50	浙林动丽证副字第 0803 号	丽水林业局

第十二章 森林旅游

　　青田县境内溪谷纵横，风景秀丽，山峦连绵，奇峰挺拔，森林风景资源丰富，人文景观星罗棋布，相映生辉。青田是国家级生态自然保护区，浙东南奇山秀水风景旅游胜地。县城北隅，有被列为道教第三十洞天的太鹤山景区；汤垟乡境内有"东瓯第一山"之美名的金鸡山；高湖镇境内自古有"三十六渡水、七十二道弯"之说，并有"青田九寨沟"之称的九门寨；温溪镇境内奇石成门、怪洞藏秘的小石门；祯旺乡境内具有"天然游泳池""天然河床"之称的九湾仙峡；有175米高坝、70多平方公里水域的人间天湖——滩坑。其美景都是文化与自然共存、灵秀与原始共处的森林旅游胜地。而其中最为突出的便是"一江二石"。

　　一江，指贯穿青田全境、水质达国家二级标准、享有"华东漓江"之称的瓯江。"千山竞秀似漓江，四时潮起赶钱塘；白鹭翻舞水微漾，轻舟摇动几画廊"。瓯江以一河清水为本，衬以两岸错落有致的卵石滩林等如画景致，从古至今，引得游人如织。传说中的祖先轩辕曾驾舟瓯江，从缙云来到青田，忘情于石门瀑布，至今轩辕遗迹犹在；光武帝、宋高宗、明太祖也曾在瓯江浪里飞舟，留下许多动人的故事；历代名宦豪客，如谢灵运、李白、王安石、秦观、沈括、文天祥、王十朋、陆游、高明、张孚敬、袁枚、阮元、朱彝尊、郭沫若等人都曾在这里或高歌，或低吟，留下佳句诗篇无数。二石则分别指石门洞和青田石雕。石门洞，位于县城以西30公里处，是国家森林公园、国家4A级景区、首批省级风景名胜区、省级重点文保单位、中国作家协会文学创作生活基地。石门洞天风光秀丽、山水清音，因山水诗祖谢灵运登临赋诗而声名远扬，又因明代卓越的军事谋略家、政治家、文学家——刘基在此读书著学而倍添人文魅力。景区总面积约71平方公里，由石门飞瀑、太子胜境、师姑草海三大景区组成，其境内流潭飞瀑、洞屿清幽、文物荟萃，有石门飞瀑、泻银潭、月洞、碑廊、观瀑亭、白猿洞、藏书石、轩猿丘、刘文成公祠、灵佑寺等50多处景点。历代文人学士先后在此留下题咏歌赋及珍贵墨迹，至今石门洞还保存着百余处摩崖碑刻。经过林业、旅游部门联手进行的生态建设，石门洞景区、瓯江风景、陈诚故居三点旅游资源被贯穿起来，成为一个整体。抚膺亭、志远亭、国师鱼……一个个富有传奇色彩的名字，映衬着一处处如画的景点，天然淡雅中点缀人文景观、野趣横生里透露精致大气，人在其中游，宛如画中行。

　　青田森林生态景观众多，俯拾即是：奇云山，海拔1164米，山顶有"龙潭湖"终年积水，山上有高山草甸、天然牧场、千工峡、龙潭湖、十四娘娘庙、牛长城等20余处自然景观。奇云山集"江南之秀丽，北国之风情"，533公顷草甸绵延，气候宜人，是方山祖祖辈辈放牧的天然场所，故谓"天然牧场"，登高远眺，"风吹草低见牛羊"。龙源坑，山体对峙，悬崖峭立，树木苍翠，奇岩怪石众多，飞瀑流泉处处，一派自然风光。沿坑有龙源门、风洞、大岩洞等等。

　　此外，一批林业观光园区的相继建成，更加丰富了森林旅游内容。如金鸡山林业观光园区、章旦红罗山庄等。

图 6-12-0-1 青田县森林生态旅游景区示意图

第一节 石门洞国家森林公园

图 6-12-1-1 石门洞森林公园

石门洞森林公园是国家AAAA级旅游景区、国家森林公园、省级重点风景名胜区和省级重点文物保护单位。因明朝开国元勋刘基少年求学于此而闻名遐迩,文化底蕴丰厚。自古就有"东吴第一胜事"美誉,素有"洞天仙境""世外桃源"之美称。是一处集观光旅游、休闲度假、康体养生、寻古探幽、文化体验等多功能的旅游胜地。

一、发展历程

石门洞森林公园位于石门洞林场内。在林场成立之前，由林业部门管理。1958年，石门洞林场建立，由林场专管。

1985年，省人民政府将石门洞列为省级重点风景名胜区，成立石门洞风景管理处，行政隶属林场，业务受县园林处指导。1991年11月22日，国家林业部（林造批字〔1991〕128号文件）批复省林业厅同意石门洞建立森林公园。森林公园与林场实行两块牌子一套班子，林场的隶属关系、山林权属、经营范围不变，规格为省级森林公园。

1992年底，石门洞林场邀请林业部华东林业调查规划设计院编制了《石门洞森林公园总体规划》。规划面积4295公顷，按照风景资源的分布及其特点，分四个游览景区：洞天飞瀑景区，范围包括场部及场部林区；太子胜境景区，范围包括里山圩和际后林区；大济仙桃景区，范围包括独猫居和大垟山林区；师姑草海景区，范围为师姑湖林区。

1999年9月，省城乡规划设计研究院进行了重新详细规划，编制了《浙江青田石门洞风景区总体规划1999～2020年》和《浙江省青田县石门洞风景区详细规划1999～2020年》。将森林公园做了调整，从四大游览区规划为三片两带。

2003年12月，国家林业局发文，批准石门洞森林公园升格为国家级森林公园。

二、景区特色

石门洞森林公园由石门飞瀑、太子胜境、师姑草海、和伯温怀古四大景区组成，分布景点200多处，总面积25.6平方公里。

（一）石门飞瀑景区

石门飞瀑景区面朝东北，由五级瀑布组成。石门瀑布群源头为洞背村，溪流两岸峡谷上宽约300米，下宽约50米，坡度约60度，呈"V"字形，其水势、水量为华东三瀑（大龙湫、石梁、石门飞瀑）之首，水量较大，堪称"华东一绝"。从一级瀑布至五级瀑布潭底止，径流长度800米，总落差约180米，汇水面积5平方公里。一级瀑布落差20米，宽2米，潭水面积约150平方米，潭水最深

图 6-12-1-2 飞瀑

图 6-12-1-3 摩崖碑刻

处约 5 米。二级瀑布落差约 22 米，宽约 2.5 米，潭水面积约 120 平方米。三级瀑布落差约 7.5 米，宽约 1.5 米，潭水面积约 50 平方米。四级瀑面落差约 10 米，潭水面积约 20 平方米。五级瀑布从宽 5 米，高达 112.5 米的悬岩峭壁上直泻而下，如苍龙白蛇飞舞。瀑下水潭又称积银潭，面积约 1500 平方米，鱼游潭中，清澈见底。为保持瀑布水流量，于 2002 年在一级瀑上游洞背村修建了蓄水量达 16 万立方米的水库，瀑布随季节变化不大，但雨季为最佳观瀑期。

石门飞瀑形若垂练，溅如跳珠，散似银雾，被誉为"天泉""圣水"，历代文人墨客多有赞颂。唐代李白赞叹："何年霹雳惊，云散苍崖裂，直上泻银河，万古流不竭。"明朝西厢记作者汤显祖有诗道："春虚寒雨石门泉，远亿虹霓，近若烟。独洗苍苔注云壑，旋飞白鹤绕青田。"南朝永嘉太守谢灵运将此称"东南第一胜"。明代李谦笔下的"高可眺，清可濯，邃可隐，幽可适，芳可采，奇可咏"恰是飞瀑风光的真实写照。当代著名诗人郭沫若"垂天飞瀑布，凉意喜催诗"的诗句更是石门飞瀑的千古绝唱。唐代，石门洞已成为我国道教名山的 36 洞天之第 12 洞天。

瀑布下有观瀑台、观瀑亭、石门亭，可从三个不同方位观看飞瀑，品味飞瀑的神韵。从南朝开始，唐、宋、元、明、清至近代，文人墨客在这里留下摩崖碑刻，是浙江省跨度时间最长（423—1964 年），刻勒密度最高的摩崖碑刻群，摩崖碑刻共有 107 处。1963 年，石门洞摩岩题刻被列为省重点文物保护单位，2013 年 5 月，升为国家级重点文物保护单位。

石门飞瀑景区内，还有月洞、碑廊、刘文成公祠、灵佑寺、刘文成公读书处、旗山、鼓山等景点 50 多处。

图 6-12-1-4 积银潭

（二）太子胜景景区

太子胜景是石门洞第二景区，东至里山圩，南至洞背村后山，西至石门洞至师姑湖公路，北至际后村，面积约 1 平方公里，呈南北走向，可游区纵深为 2000 米，主峰道士冠海拔高为 809.2 米，沟谷切割深度约为 500 米，山体坡度在 50～90 度之间。主要景观有太子顶、道士冠、透天洞等 26 处。道士冠，位于太子顶南侧，山峰之巅，巨岩高耸，海拔 800 多米。太子顶，位于道士冠北侧，一山之巅，顶上面积 2000 平方米，且平如刀削，四周峭壁，远看似熊。相传明代国师刘基曾隐居于此，朱家皇太子来山上寻访老师刘基，后人便称此山为太子山，山巅为太子顶。山中有一透天洞，坐落在道士冠顶东侧的悬崖峭壁之上，该洞属岩层纵裂和断层落陷而形成，主洞 20 余米，上宽下窄，为 3～47 米，下为 0.3～1.5 米之间，洞之奇就奇在横、竖三洞连成一串，洞中有洞，洞外有洞，洞套洞，洞洞通达，洞洞透天（每洞皆可隐见一线青天），故称为"透天"，为景区六绝之一。里山圩瀑布，位于里山圩林区附近，瀑宽约 10 米，落差约 30 米，旁有农舍及古树，具有村野气息。圣水洞，位于道士冠北侧山脚，悬崖经长期水蚀作用塌垮而形成，洞内有一潭，约 4 平方米，圣水洞内壁及洞顶的涓滴清露，汇入潭中，被称圣水，常年不竭。南海二童子位于太子顶北侧，双峰拔地，高约 100 米，直径约 3 米，云雾升腾时，绝似观音的两个童子手牵手，腾云驾雾回南海。太子胜景群山起伏，蜿蜒连绵，林木茂盛，森林覆盖率达 90% 以上，水源多为岩壁、缝滴水，清净甘甜，生态绝佳，是登山健身、探胜猎奇的好去处，尤其观赏山中雾景，是一处难得的"仙"景。

图 6-12-1-5 透天洞

图 6-12-1-6 道士冠

（三）师姑草海景区

师姑草海景区由疏林草山草坡和疏林高山湿地草甸所组成，平均海拔近 800 米，周围起伏的山冈约 850 米，中间狭长的盆地内部最低处约 750 米，相对高度近 100 米。台地为西北——东南走向，长约 1.2 千米，宽约 0.4 千米，总面积近 0.5 平方千米。草山草坡沿台地四周的山冈和缓坡而布，面积广阔，约占总面积的五分之四，湿地草甸沿狭长的台地底部而居，面积约占总面积的五分之一。草山草坡以多年生高草为主，自然点缀黄山松、杜鹃和人工种植柳杉林等，四季景色各异。湿地草甸为多年生藤草类为主，零星地生长柳杉，四季常绿，有沼泽。其周边近 50 平方公里的低山丘陵均为高大的林木所覆盖，为石门洞林场师姑湖林区的一部分。两侧草坡的部分地段植有耐寒的针叶林，犹如守护草海的卫士。在草海东南部山冈上，开垦有 200 多亩茶园、200 多亩的银杏桃和 400 多亩的野竹笋基地，使草海景观更趋丰富。

师姑草海景区范围内的动植物资源十分丰富，经常出没的主要禽兽类有雉、锦鸡、野猪、麂、狐、猴等20多种。其中有国家一类保护动物"黄腹角雉"，二类保护动物有穿山甲、大鲵、鹰等。

图 6-12-1-7 师姑草海

图 6-12-1-8 森林景观

（四）伯温怀故景区

伯温怀故景区，主要展示元、明山村风情和不同的刘基主题。有"圣水湖""三立堂""烧饼阁""点将台"等主要景点。古村内青山连绵，古树参天，碧波荡漾，灵气四溢。基本形成"探刘基踪迹——品刘基文化——住伯温古村——吃国师家宴"特色一条龙服务体系。

太子湾

三立堂

烧饼阁

点将台

图 6-12-1-9 伯温怀故景区

第二节 一般景区

一、阜山清真禅寺景区

阜山清真禅寺是浙南名寺之一，始建于宋，供奉唐代三朝丞相——李泌，人称白衣丞相。清真禅寺已有 700 多年历史，是国家 AA 级旅游区，在浙南一带影响深远。每年农历二月十九日举办庙会节，著名的二十四拜和千斤巨烛是庙会的主角。二十四拜每月朔、望朝拜两次，子孙永不间断，虔诚可鉴。千斤巨烛长年不灭，蔚为壮观。庙会节十天时间香客达 5 万人次，香客云集，热闹非凡。

阜山自然景观秀美。青山环抱，绿水常流，高山气候显著，是生态旅游、绿色休闲的好去处。百丈漈的飞流瀑布、双连天坑、高峡平湖，吸引了众多游客，让人流连忘返。双连天坑是独特的地质地貌加上大自然的鬼斧神工所造就，在东南一带鲜有。青山含峻谷，丽水育鱼肥，瀑布跃天坑，构成了奇异的、壮美的百丈漈风光。

玉带溪蜿蜒阜山各村。溪流平缓，由东向西匍匐。溪水清澈，鸭鱼对嬉。溪岸绿树婆娑，美人倒影。河床有几百米裸露在外的喀斯特地貌，实属罕见！阜山陈宅村是著名的旅游村，村口古木参天，三姑抱侄，老桥横卧。村内小店流水人家，炊烟飞鸟鸡鸭。村外北斗映照，七星连坐，无不散发着江南水乡的特有韵味。

阜山人文景观独特。清真禅寺及其庙宇群在浙南一带具有一定的知名度，玉带溪沿岸的青青石板桥、悠悠独木桥、巍巍古桥楼，此起彼落，相得益彰。建于宋时的陈宅毓秀桥更是江南桥楼中的精品，两岸树根傍桥楼，桥楼依树根，是自然和人工交融的杰作。民国初年的古建筑群，大气恢宏，古风拙朴，布局简约，雕镂精美，可以探究民国时期建筑文化。安店老街是古时的官道，旧时店面邻毗，"美人靠"依江傍水，体现了古代官道的繁华。

图 6-12-2-1 阜山清真禅寺

图 6-12-2-2 太鹤山公园

二、太鹤山公园

太鹤山原名"青田山",位于县城北面,是青田的城市公园。因古时众多的白鹤栖息而得名,为典型的低丘地貌,已列入丽水市级风景名胜区和国家 AA 级旅游区。太鹤山主峰海拔 144.1 米,山坡露岩广布,古松奇石众多,植被覆盖率在 85% 以上。古松奇石、摩崖题刻、古庙亭台是太鹤山的特色。太鹤古松以松科松属的马尾松为主。太鹤山岩石奇特,有混元峰、公鸡岩、孝顺岩等象形岩石。其中混元峰位于太鹤山巅,主体岩体相对裸露,形似方章呈"十"字型剪切,系节理地质构造的一块巨石,有"抚松石""石抚松"等题刻。太鹤山摩崖题刻 50 多处,有题名、题诗、刻像三种,正、行、草、篆、楷等书体皆具。有"混元峰""试剑石""长松介石"和现代人陈慕华的"烟雨松鹤"、沙孟海的"太鹤胜迹"、张爱萍的"山川孕秀"、粟裕的"装点关山"、艾青的"印月池"等题刻。最具特色的是混元峰东南面岩壁的"杨枝观音"线刻像,其刻像清晰,像高约 3.8 米,宽 1.6 米,有"闽弟子郑奎光书"款。与普陀山杨枝寺刻立于明万历三十六年(1608 年)的杨枝观音像相似。如此庞大的杨枝观音刻像为我省罕见。环翠寺是青田佛教活动最大场所,坐北朝南,建筑面积 1800 余平方米,主要建筑依次有环翠寺、大雄宝殿、三

图 6-12-2-3 太鹤山公园

层殿（圆通殿、三观殿、卧佛殿）等，始建于明末清初，屡毁屡建。刘诚意伯庙是青田鹤城纪念刘基史迹的唯一活动场所，建于明嘉靖十年（1531年），建筑面积约300平方米。太鹤山有谢桥亭、溅玉亭、问鹤亭、听涛亭等亭台10余处，其中年代最早的是谢桥亭，为纪念南朝诗人谢灵运而建，此亭始建无考，在清同治元年毁于兵燹，同治十二年重建，建筑平面正方形，面积为25平方米。

相传唐朝叶法善在此炼丹试剑，丹成得道，跨鹤升天而去，被道家称为"青田山洞"，为道教胜地三十六小洞天之第三十洞天。明清期间，混元书院、瑞龙书院、心极书院、正谊书院皆设于此。优美的景观和历代的开发，使太鹤山文化积淀丰厚，成为青田文化的"根"。青田之名因太鹤山下有田产青芝而名"青田"，县城因在太鹤山脚而名"鹤城"。1981年，太鹤山被辟为县城公园，在青田侨胞和各界人士的资助下，不断修整开拓，景观更趋丰富，形成了谢桥春晚、丹山溅玉、仙乡问鹤、环翠孕秀、抚松听涛、滴露点易、混元试剑、望江舒啸等八大各具风采的景点。太鹤山位于青田县县政府驻地的北面，西面与昆山相接，东面与塔山相连。

图 6-12-2-4 东堡山景区

三、东堡山景区

东堡山又名文笔山，如人"端冕正笏"。这里有"不肯去"观音大佛，又名"日吉观音"，人物形态逼真，高13.5米，重约128吨，是国内最大室外花岗岩雕像。这里还有东堡寺（又名净觉寺），始建于唐大中年间（847—860年），其顶可望县城全貌，视野开阔，山麓瓯江百舟游弋。

四、金坑湖景区

位于季宅乡金坑水电站大坝内，水域面积1000亩。这里碧水盈盈，苍松郁郁；千峰林影帘前月，四壁湖光镜里天；湖周景色迥异，景点众多，是闻名遐迩的人工风景湖。

五、考坑村古居景区

山有神仙骨，楮多草木香。村内石屋古居，多使用不规则的溪石砌成，且保存得非常完整。历史之悠久，

图 6-12-2-5 金坑湖景区

建筑之奇特，外观之统一，世所罕见。

图 6-12-2-6 考坑村景区

图 6-12-2-7 船寮滩林景区

六、船寮滩林景区

一片片的卵石堆，疑似大西北的戈壁滩。而"戈壁滩"上，绿洲赫然横卧。滩静鸟声如唤客，松多云气似留人。芳草地一望无际，牛群闲庭信步，田园野趣浓厚。排排高大的松木撑起大片绿荫，缓缓地向四周蔓延，直到与卵石交界的地方歇脚。除了牛群，少有人烟，是露营、烧烤、野餐不错的选择。

七、温溪古榕群

古榕群位于温溪镇瓯江之畔。17 丛巨榕有大叶榕、小叶榕、台湾高山榕三个品种，树龄都在250 年以上，最大一株胸径270厘米，冠幅约 33 平方米。榕树浓荫不受暑，瓯江如带自生凉。是我国纬度最高的的榕群群落。电影《阿诗玛》《蓝天鸽哨》曾在这里拍摄外景。

图 6-12-2-8 温溪古榕群

八、千峡湖景区

小溪是瓯江最大支流，源头在景宁畲族自治县；其中青田段落差 47 米，形成许多碧水深潭，悬岩峭壁，奇峰怪石。山中莺雀春无数，湖畔松杉画不如。还有众多的河滩沙地，松竹成片，风情万锺。滩坑水电站水库总容 41.5 亿立方米，装机容量

60万千瓦,坝顶高程为171米,坝顶长506米,最大坝高162米。

千峡湖水库面积80平方公里。库区湖面烟波浩淼,湖光山色,随波荡漾,像一幅幅水墨山水画。湖中峡湾处处,号称"中国峡湾"。湖中小岛姿态各异,风姿绰约。徜徉于山水之间,品尝大自然的馈赠,享受回归大自然的愉悦。

图 6-12-2-9 千峡湖景区

第三节 林业园区

一、金鸡山林业观光园区

金鸡山观光园区,位于县城东南约30公里金鸡山林场内,面积两万余亩。园区山顶鸡鸣三市:东临温州、瓯海,南接瑞安、平阳,西连文成、景宁,背靠青田县山口镇,为七县市接壤交接地带。金鸡山主峰海拔1300米,素有"东瓯第一峰"之称。金鸡山观光园区野生动植物丰富,其中有百亩野生茶花,阳春三月,朵朵红花争相开放;五月,杜鹃花独具一格。

图 6-12-3-1 金鸡山主峰

早观红日破云，金光四射，云蒸霞蔚；晚眺落日熔金，暮云合璧，真正是"万壑苍霞满，群山暮影残"。

　　一年四季，金鸡山风光各具特色：春季草木葳蕤，山花烂漫，溪流叮咚，满心满眼都是闲山野趣。夏季山风劲吹，遍体清凉，有超尘脱俗飘然欲仙之感。秋高气爽之时，极目天际可见温州、青田、瑞安幻似海市蜃楼，飞云江形同白练飘舞在南天。冬季满山冰雪，雾凇弥漫，有如千里翻银浪，百丈悬冰柱，梨花开万树之景。

图 6-12-3-2 金鸡山日出

图 6-12-3-3　金鸡山日出日落

二、九门寨林业观光园区

　　九门寨位于高湖镇内冯村，有"青田九寨沟"之称。景区内茂林修竹、悬崖峭壁，奇石成门、怪洞藏秘，巨藤似龙、云雾如诗。九门寨石门前建有白云寺、胡公庙，香火旺盛。清顺治年间，一书生在此设梅楼书院教学。景区有山门、寺院、石门双雄、梅楼书院、双龙护璧等十多处景观。由于受历次地壳运动提升，山体断裂、流水切割，形成山陡谷深、山岳连绵的地貌特征。这

图 6-12-3-4 九门寨观光园区

图 6-12-3-5 九门寨漂流

里的山峰有的气势连绵，有的笔直陡峭，有的平缓浑圆，有的像雄踞的狮子，有的像展翅的雄鹰。当地百姓根据山体的形态，流传下来有象龟亲吻、恐龙求法、蓬莱盆景等美丽故事。有漂流、野外拓展等项目。

图 6-12-3-6 真代生态果园观光园区

图 6-12-3-7 冯垟生态观光园区

图 6-12-3-8 章旦红罗山庄林业观光园区

内冯村是青田革命根据地之一，也是爱国主义教育基地。1948 年，中国共产党青田县委员会在此诞生。

三、真代生态果园观光园区

季宅乡南坑村真代自然村位于青田县北部，全村人口 400 人，距县城 30 公里，森林植被保存完好，森林覆盖率达 90%。林业生态环境优越，有 600 亩林果观光区。果园种植有翠冠梨、水蜜桃、东魁杨梅等。桃花红，李花白，极具田园风光，是休闲观光好去处。

四、冯垟生态观光园区

仁庄镇冯垟村周围空气清新、山清水秀、风景优美，是一个森林生态休闲观光旅游的好去处。园区有花卉观光区，种植花卉品种几十种。林区内有娱乐休闲区。

五、章旦红罗山庄林业观光园区

章旦红罗山是一个集水果基地开发、立体生态养殖、农业休闲观光为一体的旅游观光园区。园区占地面积 6000 亩，境内山峰连绵起伏，空气清新，是现代生活休闲观光旅游的最佳去处。

早春桃花盛开时，桃花园内粉红的桃花林在层层山坡上铺开，颇为美丽，漫山遍野的桃花竞相开放，整个桃园成了花的海洋，如雪如海，如波如涛。人在其间看桃花飘落，观桃苞吐艳，真是赏心悦目美不胜收，让你流连忘返。

周边是层层梯田，拾级而上，是一片片嫩绿的油菜花。

到了金秋收获的季节，桃、李生

满树枝，杨梅垂挂枝头，随风摇曳，令人垂涎欲滴。游人穿行其中享受采摘品尝的乐趣，体会亲近自然的惬意。

图 6-12-3-9 章旦红罗山庄林业观光园区桃花林

图 6-12-3-10 桃林

万福宫坐落于红罗山山顶，它四面环山，被包围在青松翠竹之中，它创建于至顺年间（公元 1330—1333 年）距今已有六百七十多年的历史。其建筑气势宏伟，重楼叠阁，飞檐相啄，豪华壮丽，院内雕塑姿态威武，栩栩如生。游客在游览红罗山庄之际，品尝农家佳肴之余可在此处小歇，当您站在神前，不管你进不进香，朝拜不朝拜，心情都十分舒畅。

图 6-12-3-11 万福宫

第七编 森林公安

青田县公安局
森林警察大队

第一章 组织机构

民国时期，青田曾经设立森林警察组织。民国33年（1944年），县政府训令各乡镇从原有警备班中各挑选干练队士2名，兼充森林警察。全县共有17个乡镇报上名单，各乡镇2名，计34名。但由于连年战乱，这些森林警察，人员分散，报酬无着，大多名存实亡，森林屡遭破坏。

中华人民共和国成立之初，旧森警制度消亡，中共中央、政务院、华东军政委员会、省政府都曾发布保护森林的各种法令、条例、布告和指示，均由地方人民政府和公安派出所贯彻。1981年，丽水地区林业局经济民警小队成立，址设青田县湖口头。是年，县人民法院设置森林法庭，检察院设置森林检察科。1982年4月26日，县公安局森林派出所建立，址设石门洞林场场部。1992年1月7日，森林派出所更名为林业公安科。2003年8月7日，更名为县公安局森林警察大队。2014年11月17日，名称更改为青田县森林公安局，仍挂县公安局森林警察大队牌子。

青田森林公安是县林业局和县公安机关的重要组成部分，是具有武装性质的，兼有刑事执法和行政执法职能的，专门保护森林及野生动植物资源，保护生态安全，维护林区社会治安秩序的重要力量。多年来，青田森林公安和森林公安民警牢记"以警为荣，以林为业"和"立警为公、执法为民"的理念，忠实履行法律职责，有力地打击各类破坏森林和野生动植物资源的违法犯罪活动，为生态建设和林业发展做出了贡献。

第一节 机构沿革

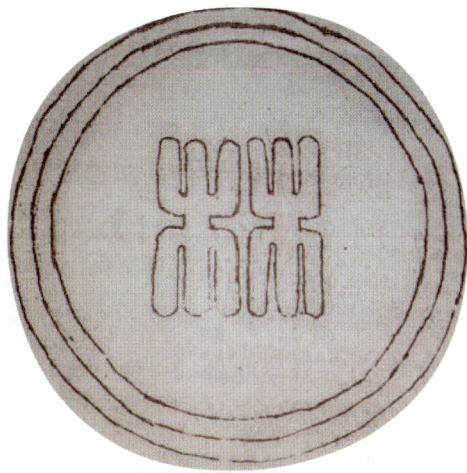

图 7-1-1-1 民国森林警察臂章
"林"字样式（县档案馆馆藏）

盗伐、滥伐林木和森林火灾是威胁森林资源安全的主要祸源，历代朝政都曾发布有关法令、禁规，以示保护。民间则立乡规民约保护公、私森林。

青田县森林警察设置，始于民国时期。据青田县档案局民国馆藏资料全宗号1目录号7案卷号237页记载：民国32年（1943年）5月3日，按行政院指令，内政、农林两部会同公布《森林警察规程》，自公布之日起施行。《森林警察规程》共设16条，对森林警察的定义、职权、设置办法、执法程序、森警条件与任免，以及服饰标志等都做了规定。民国32年（1943年）6月，浙江省政府主席黄绍竑签署训令，要求各县"令仰知照"，设立森林警察。民国33年（1944年）6月10日，县政府依样画瓢，训令各乡镇从原有警备班中各挑选干练队士2名，兼充森林警察。三令五申后，有方山乡等 17 个乡（镇）公所具文呈报森林警察名录。17 个乡镇包括：方山乡、三外乡、东堡乡、港头乡、海口镇、叶店乡、章村乡、四内乡、三滩乡、山口乡、六仁乡、北山乡、鳌里乡、鹤城镇等，各乡镇 2 名，计 34 名森林警察。但由于连年战乱，林政管理机构不健全，护林制度缺乏，这些森林警察，人员分散，报酬无着，对毁林事件打击乏力，大多名存实亡，而致森林屡遭破坏。

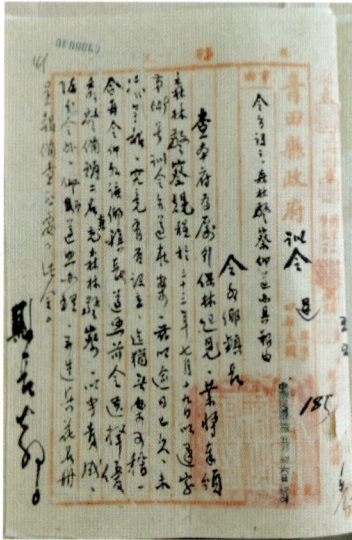

图 7-1-1-2 县政府要求各乡镇设立森林警察的训令（县档案馆资料）

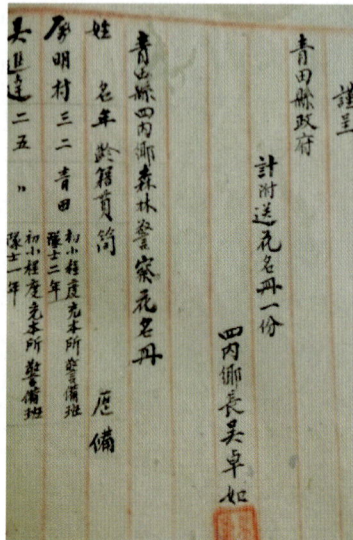

图 7-1-1-3 四内乡呈报森林警察花名册公文（县档案馆资料）

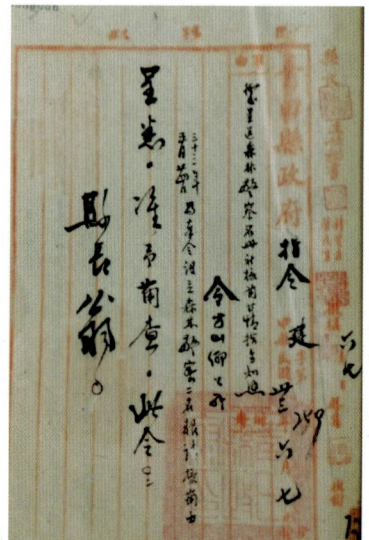

图 7-1-1-4 县政府"准予备查"方山乡呈报森林警察名录指令（档案馆）

中华人民共和国成立以后，在一个相当长时期内未单独设置森林警察机构，林业案件均由各地人民政府和公安派出所受理。

1981 年 11 月 24 日，根据瓯江水域非法运输林木案件增多的势头，县政府决定建立青田瓯江民警小分队，配警员 9 人。小分队隶属丽水地区林业局和县林业局、公安局双重领导，队址设鹤城镇湖口头。因瓯江水竭，水运木材停止，小分队运作一段时间后撤销。

1982 年 4 月 26 日，青田县森林派出所建立，址设石门洞林场场部，实行公安、林业双重领导管理体制，业务上以县公安局领导为主，行政后勤管理以县林业局领导为主，时有干警 8 人，除 2 名所领导由公安局编制内人员担任外，其余由林业系统内抽调符合条件的人员组成。

1983 年 3 月，森林派出所址迁县城，在县林业局内办公（西门外）。

1984 年，经国务院同意，地方林业公安机构列入国家公安序列，实行双重领导，以地方为主的体制，人员编制、经费开支仍由林业部门承担。林业公安编制在县林业部门编制中解决。是年底起，森林派出所领导由林业编制人员担任。

1986 年，全国林业公安工作会议重申，林业公安工作的任务是：保卫森林资源安全，维护林区社会治安秩序，保障林业生产建设的顺利进行。林业公安是公安机关的组成部分，是公安机关派驻林区保卫森林资源、维护林区社会治安的武装性质的治安行政力量，原则上行使同级地方公安机关的职责和权限。经国务院批准，林业公安机关实行双重领导，以地方为主的管理体制。

1988 年底，县林业局森林派出所有干警 10 人，其中领导 3 人。

1989 年，省林业公安处《关于加强林业公安队伍建设若干事项的通知》，重申林业公安的主要职责是：积极配合有关落实森林资源和内部的安全防范措施，做好违法犯罪的预防工作，查处破坏森林资源的一般刑事案件和治安案件，协助侦破和查处重大刑事案件和治安案件，授予林业公安 50 元以下罚款的权力。

1992 年 1 月 7 日，森林派出所更名为林业公安科，仍坚持公安、林业双重领导管理体制。是年底，有民警 7 人，其中科领导 2 人，属事业编制。

1998 年 8 月 27 日，改称林业派出所，县编委根据浙编〔1998〕53 号通知精神，批复同意核定县公安局林业派出所编制 9 名，其经费开支统一列入财政预算管理。是年底，省人事厅、林业厅、公安厅联合发文确定，全省人民警察（包括森林警察）实施国家公务员制度。对原有在编、在职的以工代警、以工代干人员，按有关规定，符合条件的转为正式干部身份，向国家公务员过渡，按《国家公务员暂行条例》及各项规定进行管理。并按人民警察管理办法等有关规定给予授衔。

2002 年 5 月 23 日，经机构改革，改称森林公安科。

2003 年 8 月 7 日，更名为县公安局森林警察大队。是年底，有民警 8 人（县公安局编制 1 人），其中大队领导 2 人；二级警督 4 人，三级警督 2 人；一级警司 1 人；未授衔 1 人。

2008 年 10 月 29 日，根据浙江省机构编制委员会《关于森林公安编制纳入国家政法专项编制管理有关问题的通知》和浙编办〔2008〕26 号文件，县编委核定青田森林公安编制 11 名，纳入政法专项编制管理，继续实行林业、公安部门双重领导的管理体制。

2014 年 11 月 17 日，青田县机构编制委员会青编办〔2014〕37 号文件核定，县林业局森林公安局由林业局的内设机构调整为直属行政机构，名称更改为青田县森林公安局，仍挂县公安局森林警察大队牌子。

调整后，县森林公安局的管理体制、机构规格、人员编制均保持不变。县森林公安局、森林警察大队实行两块牌子、一套班子办公。森林警察大队大队长由森林公安局局长兼任，并配有教导员、副局长各一名（副局长兼副大队长），有人民警察编制 11 名。

第二节　队伍建设

1982 年，青田县森林派出所建立，县有关部门在招聘森林警察时，严格按照公安部、人事部《关于吸收人民警察的规定》的 5 个条件，在林业系统内选配 7 名警察（由各林场职工选调担任）。

一、加强学习，提升素质

森林派出所建立后，在政治上组织学习党的有关政策及有关政治材料，使干警坚定政治立场，思想上与党中央保持一致。相继开展精神文明建设，开展"五讲四美"活动。纪律作风建设按人民警察"八大纪律，十项注意"要求开展教育活动。在业务方面，学习人民警察内务条例及其他公安业务知识，参加业务岗位培训。同时学习各类法律法规，特别是林业法律法规，开展打击破坏森林资源和野生动物资源的活动。

1984 年，通过全省林业公安干警文化考试，全所民警均达到林业公安民警的要求。1986 年，经国务院批准，林业公安机关实行双重领导、以地方为主的管理体制。1989 年，省林业厅、省公安厅发布《关于加强林业公安队伍建设若干事项的通知》，重申林业公安机构的人员配备应坚持高标准、严要求。同时规定林业公安科及林业公安分局的领导任免，征求当地公安机关和上级林业公安机关的同意，按干部管理权限任免。

1990 年，森林派出所有两名干警光荣加入党组织，全所 8 名干警中有 5 名共产党员。

1991 年，省林业厅在全省林业公安系统开展林业公安基层基础工作达标活动。省林业公安处公布《浙江省林业公安基层基础达标实施方案》，并制定《浙江省林业公安基层基础工作达标考核办法》。县森林派出所全面贯彻。在队伍建设方面：(1)政治立场坚定,不发生政治事故。(2)领导核心坚强。(3)纪律作风严明。(4)警民关系密切。(5)培训工作落实。(6)警力配备合理。在业务建设方面：(1)开展山情、林情、社情调查，做到防范有目标，出击有方向。(2)查处森林案件，如实立案。(3)抓好林区治安管理：①重点人口管理；②木材消耗行业管理，依法处理违法行为。(4)建立群治网络：①落实干警责任区；②指导护林组织工作；③组建森林案件协查区，毗连双方应协商建立森林案件协作区，订立协查制度。(5)搞好情报信息工作。(6)推行内勤规范化管理：①建立健全各项规章制度，干警行为有章可循，考评要求明确，奖罚分明;②设置一图、八表、八簿、四档。即:警务图，森林案件、木材行业、护林人员、护林组织、猎人猎枪、干警枪械、干警考勤、被处理人员登记表，收发文、罚没款、好人好事、来信来访、赃款赃物登记簿和会议值班、学习记录簿，森林案件、耳目、重点人口、文书档案。

图 7-1-2-1 政治学习（2014 年摄）

1992 年 11 月，全体干警参加丽水地区林业局的首次评定警衔集训，全所 8 名干警都被评为合格人民警察。之后顺利参与评授警衔工作。

1995 年，队伍建设坚持"抓班子、带队伍、促业务、保平安"的工作指导方针，开展党的宗旨教育，坚持"从严治警"方针，狠抓政治学习和党风廉政教育，加强队伍的组织、纪律、作风建设，增强群众观念，密切警民关系，进一步促进了队伍政治素质和执法水平的提高。在参加省、地、县组织的有关法律、法规的培训考试，以及业务培训中，全体都取得了优良成绩。

1999 年，相继开展"三讲"教育活动、"创人民满意"活动、"三项教育"活动、"三个代表"教育和先进性教育活动。全面执行公安部"五条禁令"，维护公安队伍铁的纪律。内抓规范，外树形象，狠抓落实，提升了队伍的整体素质。

2002 年后，森林警察大队认真贯彻落实党的十五、十六、十七大精神，强化队伍建设工作，开展全民评议活动，发放意见表 400 多份，群众评警 30 多份，对社会和群众的批评意见和建议，做出了积极反馈和承诺，落实了整改措施。进一步端正立警为民、为政清廉和党的宗旨。严肃执法态度，严明执法纪律。同时，在新的形势下，不断强化业务素质的提高。反复认真组织学习《森林法》《浙江省森林管理条例》《刑法》《治安管理处罚法》《人民警察法》《枪支管理法》等法律以及相配套的法规、规章和有关政策文件，不断提高公安民警的法律和专业水平。

2012 年，在县公安局法制大队大队长詹世利调任森林公安局局长后，森林公安民警执法办案水平进一步得到提高，依法办案、严格执法的理念更加深入，根除了人情案的土壤。

2013 年，新的《中华人民共和国刑事诉讼法》《公安机关办理刑事案件程序规定》于年初实施，森林公安民警主动开展法律法规学习，提高执法办案水平，每季度都有民警获得县公安局"办案能手"称号。

2014 年，在全国开展群众路线教育的大背景下，森林公安深入结合党的群众路线教育实践活动开展了森林公安纪律作风建设年活动。在活动中，组织全体党员干部学习习近平总书记的一系列讲话和读本。在学习的基础上，查摆问题，开展批评，围绕"为民、务实、清廉"的要求和中央八项规定，找准自身存在的"四风"问题，并对查找的问题落实整改措施。在活动的过程中，各党员民警，无论是普通干部还是领导干部都积极查找和改正问题，为营造风清气正的森林公安队伍尽到了应有的责任。同年 10 月，党的十八大四中全会决议通过并发布《中共中央关于全面推进依法治国若干重大问题的决定》，全局民警掀起了学习法律的新高潮。

2015 年，森林公安局民警吴旭雷、留军勇通过国家司法考试，在全省森林公安和全市公安队伍中，股所单位同时通过两名的，尚属首次。

二、立功创模，争先创优

建所以来，在开展"立功创模"争先活动中，全所干警涌现出你追我赶，比贡献、比先进，蔚然成风。先后共有 6 人次立三等功，23 人次受嘉奖，5 人次评为优秀公务员，县级先进工作者 2 人次，局级先进工作者 3 人次。

历年来受上级记功、嘉奖和被评为先进的民警有：

1990 年 2 月 16 日，森林派出所副指导员曾国瑞，因在查处涉林案件中做出显著成绩，被省林业公安处嘉奖一次。同月，森林派出所民警王先然，被县政府授予"1989 年度先进工作者"称号。

图 7-1-2-2 三等功证书

图 7-1-2-3 三等功奖章

1991 年 1 月，森林派出所副所长刘志芬，因工作成绩突出，被省林业公安处嘉奖一次。

1994 年 2 月 20 日，林业公安科副科长曾国瑞，因 1993 年度成绩显著，被省林业公安处嘉奖一次。

1995 年 3 月 19 日，林业公安科副科长曾国瑞、民警周文明，因在林业专项行动工作中成绩突出，被省林业公安处各嘉奖一次。

1996 年 2 月 14 日和 1997 年 2 月 27 日，林业公安科民警王先恩，因 1995 年和 1996 年度工作成绩显著，先后两次受丽水地区公安处林业公安科嘉奖。

1998 年 2 月 5 日，林业公安科副科长曾国瑞，因 1997 年度工作成绩显著，被丽水地区公安处林业公安科嘉奖一次。

1999 年 3 月 25 日，林业派出所民警刘剑锋，因 1998 年度工作成绩突出，被丽水地区公安处林业公安科嘉奖一次。

2000 年 5 月 4 日，林业派出所民警刘剑锋，在参加第 31 期森林公安机关人民警察警衔晋升培训中表现突出，被国家林业局南京人民警察学校评为优秀学员。同年，民警周文明，被丽水林业公安科嘉奖一次。

2001 年 2 月 15 日，林业派出所指导员曾国瑞，因森林防火成绩显著，被省林业局森林公安处记个人三等功一次。

2002 年 4 月 2 日，林业派出所副所长刘剑锋，因破案追逃成绩突出，被省林业局森林公安处记个人三等功一次。同年，刘志芬被评为局级先进工作者。

2004—2005 年，民警吴增业连续两年被评为优秀公务员，2005 年被评为局级先进工作者。

2006 年，副教导员周文明因工作突出被市林业公安处嘉奖一次，并被评为优秀公务员。民警邹永亮被评为县滩坑水电站移民工作先进个人。是年，民警刘志芬被省林业厅森林公安处记个人三等功一次。

2007 年度，森林警察大队教导员周文明被评为优秀公务员。

2008 年，森林警察大队教导员周文明，因侦破重特大案件多起，被省林业厅森林公安局记个人三等功一次。同年，被评为优秀公务员。民警潘如勇，因工作表现突出，被丽水市林业公安处嘉奖一次。

2009 年 3 月，军转干部朱君毅参加省公安厅为期四个月新警初任培训；6 月，潘如勇、朱君毅、刘巧芬参加国家公务员初任培训；9 月份，吴增业参加司晋督警衔晋升培训班，周文明、潘如勇、朱君毅参加市森林公安民警大轮训；10 月，潘如勇和朱君毅参加省厅林业执法资格培训班。

2010 年，开展"立警为公，执法为民"教育。先后组织 9 名民警参加法律法规学习、心理素质提升、信息网络技术操作、体能训练、实战技能理论技巧等六大板块训练。先后组织举办政治、业务、法律知识队内对抗。是年 5 月，刘剑锋参加二级警督升一级警督警衔晋升培训班；10 月，潘如勇参加省林业厅森林火灾鉴定资格证书资格培训班；同月，根据市局安排，大队民警分多批次参加市森林公安民警大轮训培训。在各种培训中，民警们均发扬不怕苦不怕累的奋斗精神，学习各种业务知识，提高执法办案水平。

2011 年，民警潘如勇，被丽水市林业局森林公安局嘉奖一次。

2012 年，森林警察大队以提升能力为核心，推进森林公安"五化"建设。以执法办案为抓手，加强队伍正规化建设。是年，森林公安办公区改造，并购置智能监控及警用设备等；信息化建设全面提速，装备建设接近地方公安机关的水平。

2013 年，继续推进"五化"建设，提高数字化办公能力，实现信息化电子台账登记，做到"日记、周报、月结"数据的可靠。是年，民警潘如勇，被省林业厅森林公安局记三等功一次，副教导员朱君毅被丽水市林业局森林公安局嘉奖一次。

2014 年，先后开展党的群众路线教育实践活动和纪律作风建设年活动。是年，教导员周文明、副教导员朱君毅、民警吴旭雷、留军勇，被丽水市森林公安局各嘉奖一次。

2015 年，副教导员朱君毅、民警吴旭雷、留军勇、曾艺伟、王静，被丽水市森林公安局各嘉奖一次，局长詹世利记三等功一次。

表 7-1-2-1 截至 2015 年 9 月 30 日在职在编民警名册

职　　务	警号	警衔	姓　名	学　历
局　　长	339308	二级警督	詹世利	本科
教　导　员	339302	一级警督	周文明	大专
副教导员	339303	一级警司	朱君毅	本科
民　　警	339304	二级警督	吴增业	本科
民　　警	339306	一级警司	潘如勇	大专
民　　警	339309	一级警司	留军勇	本科
民　　警	339310	二级警司	吴旭雷	本科
民　　警	339305	三级警司	曾艺伟	本科
民　　警	339311	二级警司	王　静	本科

表 7-1-2-2 青田县森林警察大队历任负责人名录

机构名称	职务	姓名	任职时间	备注
森林派出所	副政治指导员	郑宝良	1982.02—1983.02	公安局编制，主持工作
	副所长	范秀龙	1982.02—1983.02	县公安局编制
	政治指导员	束川寿	1983.04—1984.06	县公安局编制
	副所长	李伯光	1983.04—1984.12	县公安局编制
	副所长	刘剑锋	1984.12—1986.04	主持工作
	所长	刘剑锋	1986.04—1990.03	
	副政治指导员	曾国瑞	1984.12—1986.04	
	政治指导员	曾国瑞	1986.04—1992.04	
	副所长	刘志芬	1988.01—1992.04	
林业公安科	副科长	曾国瑞	1992.04—2000.08	主持工作
	副科长	刘志芬	1992.04—1998.08	
林业派出所	副所长	曾国瑞	1998.08—2000.08	主持工作
	副所长	刘志芬	1998.08—2000.08	
	政治指导员	曾国瑞	2000.08—2002.05	
	副所长	刘剑锋	2000.08—2002.05	主持工作
林业公安科	政治指导员	曾国瑞	2002.05—2003.12	
	副科长	刘剑锋	2002.05—2003.12	主持工作
	副科长	刘志芬	2002.05—2003.12	
森林警察大队	政治教导员	邹光相	2003.08—2006.03	县公安局编制
	大队长	刘剑锋	2003.12—2012.05	2008.11—2012.05 兼森林公安局局长
	副大队长	吴增业	2006.06—2008.07	兼森林公安科副科长
	副政治教导员	周文明	2006.06—2007.10	兼森林公安科副政治指导员
	副大队长	邹永亮	2008.07—2012.01	2008.11 起兼森林公安局副局长
	政治教导员	周文明	2007.10—	2013.11 主任科员
	副政治教导员	朱君毅	2010—	2013.11 副主任科员
	大队长	詹世利	2012.05—	局党组成员、兼森林公安局局长

第三节　硬件设施及设备

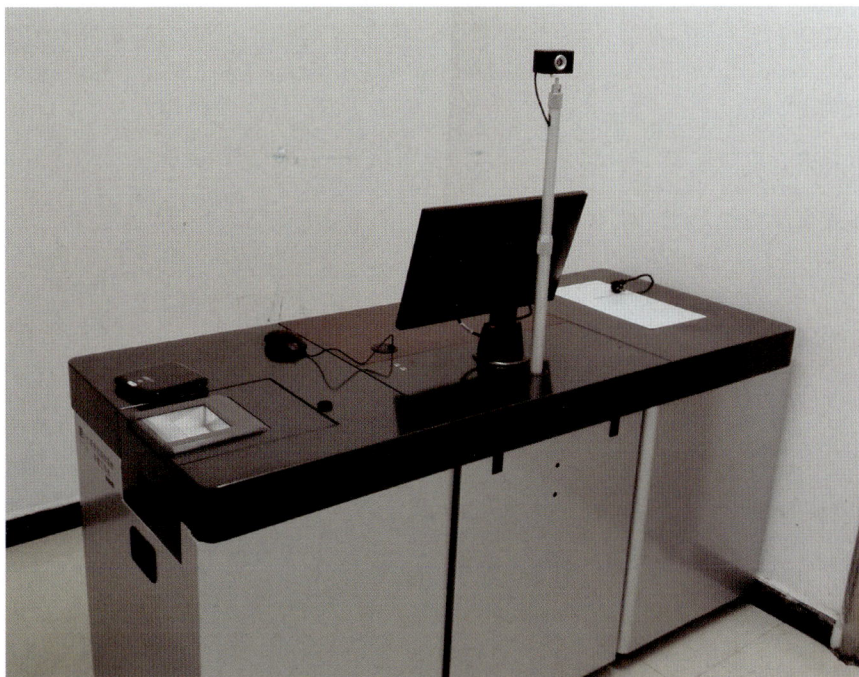

图 7-1-3-1 人体信息采集柜（2012 年摄）

2012 年，为进一步提高森林公安工作的信息化水平，县林业局根据省森林公安局的统一部署，开展了为期三年的基础设施信息化建设。经过三年的资金投入和硬件建设，建成了独立的执法办案功能区。功能区内区域配置合理，设施齐全，并配套实施了严格的管理制度。

执法办案功能区分办案功能区和办公功能区两大区域，其中办案区设在县林业局大楼一楼北侧，采取封闭式管理，对犯罪嫌疑人、证人、受害人等其他人员的出入等情况进行严格的管理，确保执法办案过程中的有序高效。办案区内设讯问室 2 间，候问室 1 间，信息采集室 1 间，辨认室 1 间，卫生间 1 间。配有公安网计算机 2 台，打印机 2 台，审讯桌椅 2 套，办公桌 1 张，办公椅 4 张，人体信息采集柜 1 个。

办公区设在林业局大楼二楼北侧：有局长室 1 间，民警、协警室 6 间。有台式电脑 17 台，便携式计算机 7 台，打印机 4 台，办公桌椅 13 套。

图 7-1-3-2 森林公安办案区一瞥（2013 年摄）

硬件设施及设备详见下表：

表 7-1-3-1 青田县森林公安局固定资产统计表

资产类别	数量	资产类别	数量
执法场所	讯问室 2 间	执法器材	电脑 2 台
	候问室 1 间		打印机 1 台
	信息采集室 1 间		照相机 2 台
	辨认室 1 间		单警执法仪 7 个
	储藏室 1 间		录音笔 2 个
	卫生间 1 间		扫描仪 2 个
办公场所	局长室 1 间		喷墨打印机 3 台
	教导员室 1 间		手铐 11 个
	副教导员室 1 间		警棍 11 个
	民、协警室 4 间		讯问桌椅 2 套
			电子监控设备 1 套
办公器材	电脑 17 台		手枪、子弹存放治安大队
	办公桌椅 13 张	车辆	警车 2 辆
			办公车辆 1 辆

第二章 林业执法

1982 年 4 月，森林派出所成立后，担负维持林区社会治安秩序，查处林区治安案件及查处破坏森林资源的刑事案件，有力地刹住破坏山林歪风，保护了国有和农村集体山林财产。《中华人民共和国森林法》颁布实施后，林业公安工作逐步转移到查处破坏山林大要案方面来。查处森林盗伐案、滥伐案、森林火灾案为林业公安工作重点，适时开展"专项整治""打击破坏森林资源犯罪活动"的专项斗争等。同时开展森林法规的宣传教育工作。提高全社会对保护森林资源重要性的认识，加强森林资源的保护和促进林业生产的发展。随着国家《中华人民共和国陆生野生动物保护法》的颁布，打击查处乱捕滥猎、非法经营野生动物的违法犯罪行为，也列入到林业公安的重要工作中。

20 世纪 90 年代后，根据林业部、公安部全国林业公安局长会议精神，坚持依法治林，加强防范，贯彻实行刹风办案和推动综合治理相结合的方针，开展打击毁林和木材流通领域违法犯罪活动的工作。一是抓乱砍滥伐热点治理。即：重点林区、国营林场、木材产销结合部、自然保护区和大片林业基地治理。二是坚决查处大案、要案、伤害护林执法人员案、内外勾结犯罪案。特别是林业部、公安部规定的特大盗伐、滥伐案，一旦发生，必须有一起查一起，件件落实。三是狠刹盗伐滥伐歪风，特别是哄抢性、团伙性、职业性的盗伐犯罪，要从速侦破、从严打击。四是打击和制止木材流通领域的违法犯罪活动，取缔非法交易，处理无证无印上市木材和违法经营人员，及时发现和打击非法木材运输，依法监督木材加工、经营单位合法收购，堵塞销赃渠道。五是密切防范和打击工作相结合，林业公安和林政管理相协调，强化采伐管理制度，逐步推行伐区作业设计，在森林资源保护管理上，形成"打、防、建"的体系。

图 7-2-0-1 公安干警正在盗伐现场勘查

图 7-2-0-2 缴获的被盗杉木

第一节　林区治安

森林派出所成立后，除侦破、查处破坏森林资源的刑事案件外，担负维持林区社会治安秩序，集中在对森林的乱砍滥伐，私卖贩运案件的查处，有力地刹住破坏山林歪风，保护了国有和农村集体山林财产。

1984年，森林派出所采取多种形式，开展法制宣传，在"严打"斗争中，依法狠狠打击破坏山林的犯罪分子，先后在全县各地结合典型案例，进行教育、宣传。印发资料700余份，简报多次，3次投稿县广播站向全县广播。通过这些宣传，提高全县广大林区人民的法制观念，震慑了犯罪分子，教育了群众。

1985年1月，《森林法》正式颁布实施，森林经营管理、森林保护、森林病虫害防治、检疫、森林采伐管理、森林防火、野生动物保护、林地管理等相配套的条例、规章、办法出台。森林派出所以此为契机，大力开展宣传教育活动，张贴布告3000份，下发小册子2000本，利用宣传车对公路沿线43个乡、200个行政村开展宣传，放映幻灯600多场，受教育群众达10余万人次。全年单独或配合林政等部门，坚持以《中华人民共和国森林法》为武器，共查处乱砍滥伐木材案件183件，受处罚311人次，依法罚款近4万元。通过典型案例处理，使广大群众增强了法制观念，加深了对"依法治林"的认识，提高了"爱山爱林"的自觉性。

1986年4月28日，由国务院批准，林业部发布《中华人民共和国森林法细则》以及林业部《违反森林法行政处罚暂行办法》实施后，依法治林、依法行政力度加大。是年，共查处刑事案件5起，依法逮捕4人，刑事拘留1人，查处林业治安、行政案件47起，行政拘留4人，罚款处罚96人次。

1987年，森林派出所印发《森林法实施细则》《护林防火布告》1.2万份，在全县范围开展巡回法制宣传。10月份，开展打击盗伐森林犯罪活动专项斗争，并组成工作组，前往毁林歪风严重的祯旺乡，查获木材1200立方米，依法处罚147人次，刹住了毁林歪风，狠狠打击了犯罪分子的嚣张气焰，广大群众受到一次生动的法制教育。是年，共查处各类森林案件33起，依法逮捕和行政拘留各5人，罚款处罚近300人次。

1988—1989年，县政府针对舒桥、平桥等乡部分村破坏山林严重的实际，由副县长朱聪佩任组长，公安、林业及区乡干部组成工作组进驻，开展法制宣传入手，深入调查研究，通过举办《森林法》学习班等形式，教育干部群众，增强法制观念。同时查清平桥乡周庄村部分村干部参与私分罚款和严重盗伐、乱砍滥伐林木的案件，并依照《森林法》《治安管理条例》根据不同情节分别做出处理，行政拘留4人，警告处分10人，林业行政罚款34人。其间，还查处舒桥乡根山村由于村班子不团结处于瘫痪状态引发全村近半数村民参与盗、滥伐林木的严重事件，对该村58户人家有参与破坏山林的，视不同情节给予林业行政处罚。同时还查处了6起疑难治安案件，广大干部群众受到生动的法制教育，村级班子的团结问题得到解决，对护林、管林工作起到积极的推动作用。

进入20世纪90年代后，林业公安工作根据林业部、公安部有关文件精神，继续坚持依法治林，加强防范，实行刹风办案和推动综合治理相结合的方针，开展打击毁林和木材流通领域违法犯罪活动的工作。

1990年，为稳定山林权属和保护林业生产承包责任制的成果，维护国有、集体、个人的合法权益，推进林业发展，查处重点案件的同时，开展法律法规政策的宣传。4月份查处良川乡岭头村村民以陈某某为首的砍伐村集体山场杉木227株（立木蓄积18.5立方米）的案件。7月份查处了海溪乡部分村民目无法纪哄抢砍伐集体山林案，对涉案人员均依法做出处罚。通过这两案的查处，既打击了违法犯罪活动，又让广大群众受到了一次法制教育，增强了法制观念，

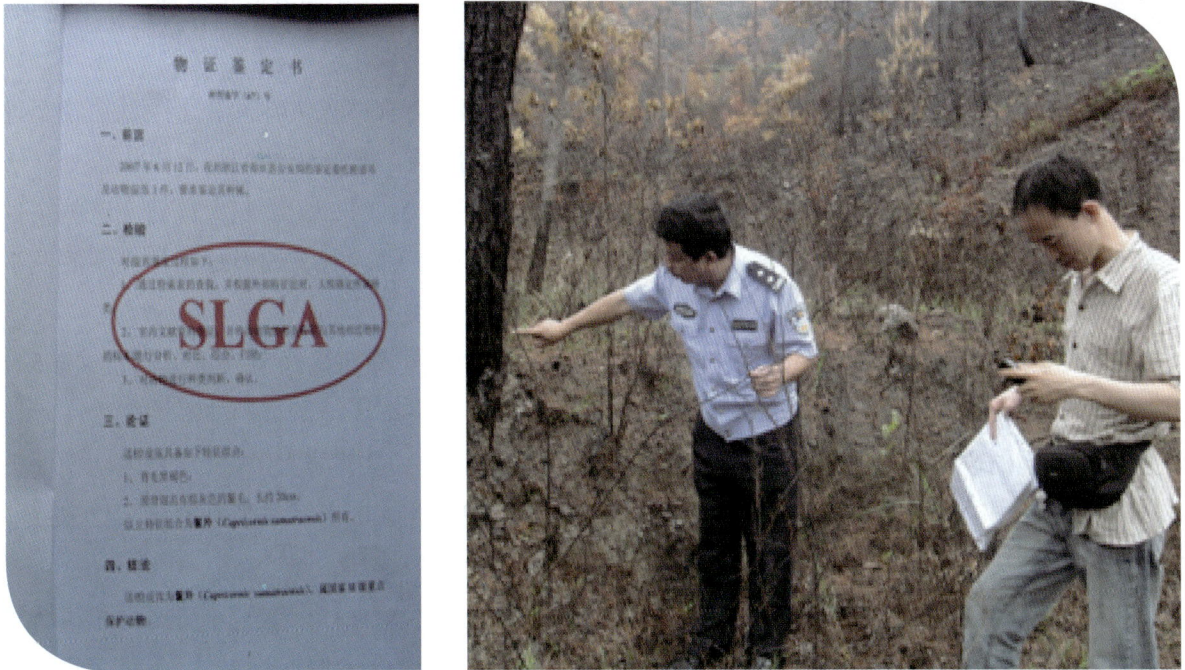

图 7-2-1-1 失火案现场勘查及物证鉴定（2008 年摄）

坚定了依法治林的信心。是年，查处刑事案件 4 起，依法逮捕 6 人，行政治安案件 139 起，行政拘留 10 人。

1991 年后，森林公安坚持打防并举、标本兼治、重在治本的方针，继续贯彻"严打"方针，一手抓打击，一手抓宣传教育，反复广泛开展有关依法治林法律、法规的宣传，提高广大干部、林农及全社会的法治意识。针对林区的重点、难点地区，采取综合治理措施，维护林区社会治安稳定。

1992 年 1 月，查处祯旺乡政府机动山林木两次被盗伐的特大案，两主犯均被依法逮捕。

1993 年，局领导亲自挂帅，组织十余人打击小组，深入祯旺村，开展综合治理专项斗争。依靠当地政府，充分宣传，发动群众，加强打击力度。经过一个多月的工作，破获了一批破坏山林案件，依法逮捕一人，收容审查二人，同时，还查处了一批林业行政案件，行政处罚 24 人次。健全了乡、村级护林组织，稳定了该乡林区治安秩序。此次整治效果显著，坚定了广大群众对依法治林的信念。

1994 年，贯彻执行国务院办公厅〔1994〕64 号通知和两院 227 号文件，开展专项打击斗争。是年，侦破刑事案件 6 起，依法逮捕 6 人，收容审查一人，治安行政案件 136 起，治安拘留 3 人。

1995 年，继续坚持严打态势，积极向丽水日报、丽水电视台、青田电视台、县广播站等多家媒体投稿，大力宣传林业法制，广大群众的法治意识有了进一步的提高。同时，坚持严打整治行动，狠狠打击破坏森林资源的犯罪分子。林区治安明显好转。据统计，专项行动期间，共发生森林刑事案件 17 起，依法逮捕、收容 17 人。

1996 年，通过法制宣传教育，6 月至 7 月份有 6 名盗滥伐林木和森林火灾肇事的犯罪分子

投案自首。

1997年，查处汤某某为首的十余人盗窃八面湖林场木材的重大案件和查处罗某某6次盗伐万山乡乌龙塘村集体山、村民责任山、自留山林木的重大案件，使两犯罪嫌疑人受到法律的严惩，打击了犯罪分子的嚣张气焰，对保护森林资源安全起到了积极作用。

1998—1999年，在严厉打击破坏山林案件的同时，加大对森林火灾案件和野生动植物案件的打击力度。两年间，共查处森林火灾案件10起，涉案10人，其中依法逮捕6人。查处非法猎捕野生动物案8起，警告处罚8人，没收野生保护动物17头（只），放归大自然。这些案件的处理，对当地群众起到警示教育，对野外任意用火者敲响警钟，对有效遏制森林火灾的发生起到明显作用。广大群众受到法治教育，增强了法治意识。

2000年后，森林公安紧紧围绕丽水市委、市政府的"生态立市，绿色兴市"的发展战略，继续贯彻依法治林、依法治火、依法治警的方针，积极保护生态环境，维护林区治安秩序。在坚持"严打"的同时，结合侦破和查处案件，做好《森林法》《森林防火条例》《野生动物保护法》等法律法规的宣传教育，达到查处一案，教育一片的目的。2000年，共侦破刑事案件21起，依法处罚22人次。

2001年，在"绿剑行动"中，对全县林区盗伐、滥伐林木、森林火灾、非法运输和违法猎捕野生动物进行重点排查，共侦破刑事案件2起，查处盗、滥伐林木行政案件12起，非法运输案2起。在"追逃"斗争中，通过对在逃人员家属的法制宣传和大量思想工作，有3人投案自首。

图 7-2-1-2 捣毁非法土炭窑（2009 年摄）

2002年4月至5月，在全县范围内开展"破案攻坚战"。

2003年，在"春雷"行动中，对全县各大菜市场、宾馆、酒店等场所开展违法经营、猎捕野生动物大检查，共查获省级重点保护动物石蛙28公斤、眼镜蛇2条、五步蛇6条、田鸡70只，所没收的活体野生动物全部放归大自然，给破坏森林资源的违法分子敲响了警钟。是年，大力开展防火宣传的同时，查处森林火灾24起，依法追究刑事责任6人，进一步提高了全民的防火意识。

2004年，坚持"依法行政"方针，坚持对破坏森林资源的违法犯罪行为予以严厉打击，保持高压态势。是年，侦破林业刑事案件数量，创建队以来最高，共查处森林火灾案件33起，占林业刑事案件的91.7%，33名犯罪分子均被起诉或取保候审，受到法律的严惩，达到查处一案，教育一片的目的。

2005年3月至4月，开展森林防火"大会战"期间，查处刑事案件5起，依法逮捕2人，取保候审3人，制止、处罚野外违法用火行为20余起。10月份还侦破船寮镇大路村犯罪嫌疑人叶某某3月至10月间故意纵火7次，共烧毁森林面积555亩一案，将其抓获，依法惩处。同时结合案例加强《森林法》《森林防火条例》的宣传，提高广大群众对野外违章用火危害性和严重性的认识。9月份，还侦破了祯旺乡祯旺村原村长潘某某盗伐林木16.5立方米的重大案件，犯罪嫌疑人负罪潜逃。通过网上追逃，将其抓获，依法逮捕，达到了震慑犯罪分子，教育群众的目的，刹住了该村盗、滥伐林木的歪风。

2006—2007年，依法治林工作紧紧围绕保护森林资源安全，维护本县林区社会稳定，加大林业法律法规和政策的宣传力度，提高全民保护森林资源和野生动植物资源的意识。特别是加强对《浙江省森林消防条例》的宣传广度，努力做到使《条例》家喻户晓，严格按照《条例》规定依法治火，严惩火灾的肇事者。

2006年开展"破案攻坚活动"，破获滥伐林木案件2起（其中重大案件一起），砍伐名木古树案1起，查获野生保护动物猫头鹰2只、棘胸蛙100只、王锦蛇5条。3月份，破获万阜乡白岩前村杨某某滥伐松树340株，折立木蓄积65.56立方米的重大案件，杨某某被县人民法院判处有期徒刑三年，缓刑三年，并处罚金30000元。该案的处罚，在群众中反响很大。10月份，侦破巨浦乡城门村石寨自然村村民单某某私拉电线触死黄麂引发山林火灾一案，犯罪嫌疑人被刑事拘留。是年，共破获森林火灾刑事案件19起，约占全年林业刑事案件查处23件的83%。

2007年，抓整治，严打击，维护林区治安稳定。开展"绿盾二号行动"，打击各类涉林违法犯罪活动和破案攻坚战。共出动林业公安和林业行政执法人员238人次，清查5个国有林场、31处木材加工场所、3个林场征占用项目。刑事立案3起，其中破获重大盗窃林木案一起，特大滥伐林木案一起，7名犯罪嫌疑人均被逮捕和取保候审。7月份破获由村干部、群众在现场抓获扭送至司法机关的鹤城镇金田村犯罪嫌疑人张某某4次故意放火毁林一案，该张被逮捕法办。10月份，查处祯旺乡谷甫村叶某某捕杀国家二级保护动物鬣羚一案，使叶某某受到了法律

图 7-2-1-3 捣毁非法土炭窑（2009 年摄）

的制裁。是年，共查获野生动物 37 只（头）活体放归大自然，没收国家二级保护动物鬣羚皮 3 张。

2009 年 12 月 4 日，在做好前期各项排查摸底工作后，县林业局组织森林公安局民警、林政科执法人员、乡政府干部及扑火队员 20 余人次，深入到祯埠村、马岭脚等村庄的各

个林区、山头，进行全面联合整治活动，共捣毁非法土炭窑 22 处，查处非法木炭 2 万余市斤。得到当地群众的一致好评。

2010—2012 年，开展平安林区工作建设工作。结合全县"平安青田"建设，森林警察大队同各共建单位积极沟通，在县府办的牵头下成立青田县平安林区建设工作协调小组，协调小组副组长及成员中囊括县府办、政法委、林业局、检察院、法院、公安局、财政局、建设局、农办、水利局、旅游局、司法局、农业局、交通局的各分管领导，为"平安林区"创建活动奠定基础，搭建有利平台。在创建工作的具体落实上，以县社会治安综合治理委员会的名义发布"平安林区"创建活动的实施方案。实施方案中，对各涉林单位森林防火、病虫害、防治和预防乱砍滥伐、乱捕滥猎等各项具体工作做出考核指标，将"平安林区"创建工作具体化、细致化，提高创建工作的效率。

2013—2014 年，森林警察大队以维护林区稳定为目的，保证

图 7-2-1-4 创建"平安林区"活动展板巡回宣传（2010 年摄）

执法办案程序合法合理。发挥森林公安的职能作用，根据林区治安状况，有针对性地组织开展专项整治和破案攻坚行动，严厉打击各类涉林违法犯罪。在办理过程中探索实践新刑诉法后行政案件和刑事案件办案程序，做到程序合法、正义、适当。

第二节　案件查处

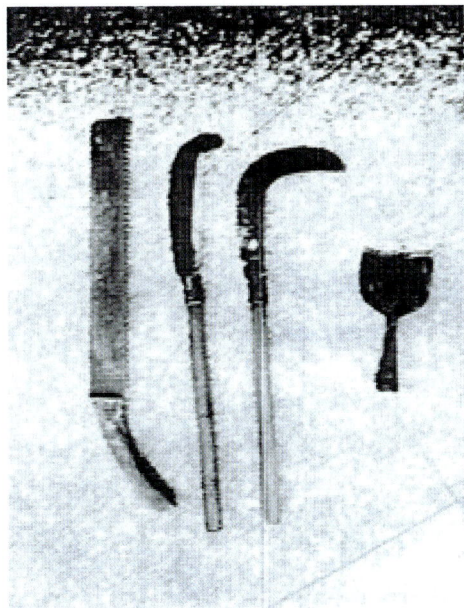

图 7-2-2-1 缴获犯罪嫌疑人的作案工具

1983—1989 年，县森林派出所坚决贯彻执行中共中央（83）31 号文件和《关于严厉打击刑事犯罪活动的决定》，按照县委、县政府、政法、公安的统一部署，狠抓打击破坏山林的违法犯罪活动，开展法制宣传，尤其是加强对国有林场的治安防范管理工作。其间，县森林派出所共受理各类破坏森林资源案件 502 起，查处 499 起。其中森林刑事案件 38 起，查处 38 起，查处率 100%。逮捕 37 人，收容审查 7 人。行政治安案件 76 起，查处 73 起，查处率 96.1%。涉案 1746 人次，其中行政拘留 44 人，接受罚没及赔偿人数 1702 人次，罚没款及赔偿款共计 40.336 万元，追回木材 388 立方米。

1990 年 4 月，查处海口乡高沙村山场林木被盗案。7 月 31 日，查处海溪乡正教寺村部分村民到集体山场哄抢林木的严重案件。是年，共查处各类林业案件 143 起，其中刑事案件 4 起，行政治安案件 139 起，涉案 206 人，依法逮捕 6 人，行政拘留 10 人，林业行政罚款 110 人次，46727 元，追回木材 61 立方米。

1991 年 3 月，查处海口乡松树坪村、田铺村、瓦窑平等村山场林木被严重盗伐案，34 人分别被处林业行政罚款和警告处分。是年，共受理各类林业案件 45 起，查处 45 起，其中查处刑事案件 2 起，林业行政案件 43 起，涉案 162 人，逮捕法办 2 人，治安拘留 1 人，林业行政罚款 159 人，计 24945 元。

1992 年 1 月，查处祯旺乡政府机动山山场杂木林两次被盗伐 137 立方米的特大团伙案件。6 月份，查处章村乡黄肚村村民汤某某自留山上杉、松、柳杉被盗伐一案，案犯汤某某等 3 人被逮捕法办。7 月，查处双垟乡垟村山场林木被盗一案，涉案 20 余人，2 月至 7 月多次结伙盗伐本村山场杉、松树达 20 立方米。是年，共受理各类林业案件 151 起，其中：刑事案件 12 起，逮捕法办 12 人；林业行政案件 139 起，涉案 243 人次，林业行政罚款 9.2 万元，追回木材 118 立方米。

1993 年 2 月 6 日，查处祯埠乡陈篆村傅某因烧田坎引发的森林火灾案，烧毁森林面积 400 余亩，直接经济损失 2 万余元，案犯被逮捕法办。15 日，查处该乡小群村王某某烧田坎草引发火灾案，烧毁森林面积 700 余亩，直接经济损失 5 万余元，王犯被依法逮捕。4 月份，组织十余人的打击治理小组，到重点林区祯旺乡开展工作，经一个多月的工作，查处了祯旺乡一批案件，依法逮捕 1 人，收容审查 2 人，受林业行政处罚 24 人，罚款 7000 余元。此外，查处森林火灾案 15 起，逮捕法办 2 人，治安拘留 1 人。是年，共受理各类林业案件 109 起，查处 107 起，打击处理 179 人次。刑事案件 6 起，逮捕法办 3 人，收容审查 3 人，查处林业行政案件 101 起，受处罚 173 人次，治安拘留 2 人，林业行政罚款 9.2 万元。

1994 年 3 月 26 日，查处船寮镇西岸村重大森林火灾案，烧毁森林面积 1500 亩，直接经济损失达 16 万元。案犯毛某被收容审查。4 月份，查处石盖村山场重大森林火灾案，烧毁森林面积 1900 亩，直接经济损失达 16 万元，案犯王某被依法逮捕。8 月至 12 月，依法查处各类林业案件 57 起，逮捕法办 5 人，收容审查 1 人，治安拘留 3 人，林业行政罚款 11 万余元。10 月底，查处船寮镇大路村赵某、周某等五案犯滥伐村集体林木，计材积 123 立方米的重大案件，案犯被逮捕法办。是年，共受理各类林业案件 146 起，其中查处刑事案件 10 起，依法逮捕 6 人，查处林业行政治安案件 136 起，涉案 212 人，治安拘留 3 人，林业行政处罚 209 人，追回木材 260 余立方米。

1995 年，林业公安继续贯彻依法治林，坚持打防并举，标本兼治，重在治本的方针。一手抓打击，一手抓教育宣传，取得明显成效。3 月份，查处东源镇平溪村为建造简易公路，村干部将集体山场林木少批多砍超伐林木 5 立方米，被处罚款 9000 元。是年，共受理各类林业治安案件 73 起，查处 72 起，其中：刑事案件 1 起，查处 1 起，收容审查 1 人；林业行政案件 72 起，查处 71 起，林业行政罚款 9.8 万元，追回（没收）木材 118 立方米。

1996 年，林业公安内部实行"分片落实责任制"，将全县以行政区域和重点林区分为两片开展工作，既分工负责，又协同作战。3 月份，查处山口镇麻宅村一起重大森林火灾案，查清烧毁山林面积 2400 余亩，直接经济损失 228400 余元。案犯麻某某被依法逮捕，判处有期徒刑 3 年并处罚金 2 万元。4 月份，查处船寮镇滩头村高某某等 7 支装载木材的机动船，冲关逃避检查，超运木材 150 余立方米，给予 6 万元的行政处罚。5 月份，查处东源镇西溪村滥伐林木折立木 100 余立方米的案件，对情节严重的案犯叶某某批准逮捕，其中 4 起有村干部和群众涉案人员，依法作林业行政罚款 7000 元。是年，共查处各类林业案件 74 起，查处 73 起，其中刑事案件 4 起，依法逮捕 4 人，治安拘留 1 人，查处林业行政案件 69 起，受处罚 87 人，追回木材 127 立方米。

1997 年，根据省林业公安处部署，开展"春季严打整治行动"和打击破坏野生动物资源犯罪的"冬季行动"，分片组织严打整治和案件查处工作。3 月份，查处了汤某某等十余人盗窃八面湖林场木材案。11月份，查处万山乡乌泥塘村集体、村民责任山、自留山被多次被盗伐松、杉活立木蓄积17.3立方米一案，犯罪嫌疑人罗某某被依法逮捕。是年，共受理各类林业案件74起，查处73起，其中刑事案件5起，查处5起，依法逮捕5人。受理林业行政案件69起，查处68起，涉案92人，林业行政罚款4.7万元，追回木材110立方米。其中查处保护野生动物案4起，没收野生动物五步蛇4条，其他蛇类3条均放归大自然。

1998年4月，查处海口镇济头村失火烧毁森林面积606亩，林木损失折款33万元之重大案件，犯罪嫌疑人兰某某被依法逮捕，被县人民法院判处徒刑4年。同月，查处黄垟乡金坑村多次滥伐林木（活立木蓄积）13.8立方米一案。犯罪嫌疑人李某某被刑事拘留。是年，共受理各类林业案件47起，查处率100%。其中刑事案件4起，逮捕4人，林业行政案件43起，涉案47人，治安拘留1人，林业行政处罚46人，罚款102670元。追回木材200立方米，没收木材作变价处理160立方米。查获野生保护动物青羊一只、黑鹿一只、斑头鸺一只，涉案3人，均依法处理。

1999年4月，查处岭根乡滩坑门前垟自然村鱼塘丘田发生的重大森林火灾案，犯罪嫌疑人刘某某被依法逮捕。7月份，查处高湖镇内冯村以冯某某为首的50多人参与的乱砍滥伐林木案。因系村干部闹矛盾，村民派别严重，根据该实际情况，达到教育干部群众之目的，对冯志彬等50多名涉案人员作罚款15000余元的处罚。是年，共受理各类林业案件62起，查处62起，查处率100%。其中刑事案件3起，逮捕3人，行政治安案件59起，涉案61人，警告5人，林业行政罚款81798元，追回木材230立方米。查处非法猎捕野生动物案5起，警告5人，没收野生动物14头（只），全部放归大自然。

2000年1月，查处1999年12月24日发生在吴坑乡下垟村金鸡岩湾山场的森林火灾案。8月份，查处祯埠乡锦水村上甫源野西岗山场被滥伐立木蓄积68.184立方米一案。是年，共受理各类林业案件66起，查处66起，其中，刑事案件21起，逮捕3人，其他处理19人，行政治安案件45起，涉案57人，罚没及赔偿93783元。查处非法捕猎、经营野生动物案件26起，警告处罚16人，查获国家一级保护野生动物黑鹿一头、石蛙600只、眼镜蛇1条、五步蛇5条、油菜花蛇40条，全部放归大自然。

2001年，根据省、市林业局、公安局的统一部署，开展"绿剑行动"和"追逃"斗争。集中力量对全县林区盗、滥伐林木、森林火灾、非法运输和违法猎捕野生动物等违法行为进行重点打击。"绿剑行动"中，破获刑事案件2起，查处林业行政处罚案件14起，其中盗、滥伐林木案件12起，非法运输案件2起。"追逃"斗争中，抓获逃往北京的失火犯罪嫌疑人张某某，抓获滥伐林木犯罪嫌疑人王某某、王某某，另有3名逃犯投案自首。查处非法猎捕野生动物案件4起，处罚4人，没收野生动物35头（只），放归大自然（国家一级保护野生动物黑鹿2头、黑鹳1只）。是年，共受理各类林业案件33起，查处33起，其中刑事案件9起，涉案11人，逮捕5人，刑事拘留4人，取保候审2人。

2002年，坚持"打防并举、标本兼治"的方针。3、4月份，在全县范围内开展"破案攻坚战"，破获季宅乡上河垟村两起滥伐集体山场林木，超伐硬阔叶林蓄积166.3立方米，金某某等4名犯罪嫌疑人负罪潜逃，后经对其家属进行大量法制宣传教育和思想工作后，4名犯罪嫌疑人均投案自首，并被取保候审。7、8月份，查处2月份发生在鹤城镇姜处村山嘴头山场的山林火灾案，烧毁山林面积187亩，直接经济损失近3万元。犯罪嫌疑人周某某被依法逮捕。是年，共受理各类林业案件 80 起，查处率 100%。其中刑事案件 14 起，依法逮捕 5 人，取保候审 12 人，行政治安案件 63 起，治安拘留 1 人，林业行政罚款 14 万元。非法猎捕野生动物案 3 起，其中属国家重点保护野生动物黑鹿 2 头、虎纹蛙 200 余只，没收的活体全部放归大自然。

2003 年 2 月，查处船寮镇上垟村外寮脚山场重大山林火灾。烧毁三个行政村山林面积 773 亩，直接经济损失近 14 万元。犯罪嫌疑人陈某某被依法刑事拘留。5 月，查处高湖镇内冯村村民冯某某盗伐杉木 13 余立方米，被逮捕法办。是年，共受理各类林业案件 65 起，查处 65 起。其中刑事案件 12 起，逮捕 3 人，取保候审 7 人，刑事拘留 2 人。林业行政案件 53 起，行政罚没处理 53 人次，罚没款 8.4 万元。此外，查处野生动物行政案件 9 起，收缴省级重点保护野生动物石蛙 28 公斤、眼镜蛇 6 条、田鸡 70 只，没收的活体野生动物全部放归大自然。

2004 年 2 月，查处船寮镇石盖村乌坦自然村四洲坑外的坭蛇龙、岩寨等山场均被人故意放火，烧毁山林面积 109 亩一案。犯罪嫌疑人徐某某涉嫌放火罪，被县人民法院判处有期徒刑 5 年。3 月，查处章村乡小砩村小连云自然村山场一起重大山林火灾案。犯罪嫌疑人刘某某烧田灰引发火灾，烧毁山林面积 560.4 亩，造成直接经济损失 26 万余元。该刘被刑事拘留，审结后被起诉。7 月，查处万山乡乌泥塘村村民陈某某滥伐坐落该村水牛角湾自留山内林木，滥伐松树立木材积 25.587 立方米，陈某某被依法起诉。是年，共受理各类林业案件 71 起，其中刑事案件 36 起，创建队以来最高纪录，是上年同期的三倍。刑事拘留 2 人，依法起诉 30 人，取保候审 1 人。查处林业行政治安案件 35 起，涉案 45 人，罚没款 6 万元。

2005 年，森林警察大队坚持贯彻"依法治林、依法治火、依法治警"的方针，严厉打击破坏森林资源的违法犯罪行为，加大查处案件力度。3、4 月份，全县开展声势浩大的防火"大会战"期间，共查处刑事案件 5 起，刑事拘留 5 人，逮捕 2 人，依法取保候审 3 人，制止处罚违法用火行为 20 余起。10 月份，查处船寮镇大路村村民叶某某 3 月至 10 月份故意纵火 7 次，烧毁该村上周山自然村、水岸路后面多处山场，面积约 550 亩一案。犯罪嫌疑人叶某某被依法逮捕。同月，还破获祯旺乡祯旺村原村长潘某某盗伐林木 16.5 立方米一案，该潘被依法逮捕。是年，共受理各类林业案件 48 起，查处 39 起，其中刑事案件 16 起，查处 16 起，刑事拘留 16 人，逮捕 4 人，取保候审 4 人，依法起诉 8 人。查处林业行政治安案件 23 起，涉案 31 人，罚没处理 5 万元。

图 7-2-2-2 成功抓获潜逃三年的犯罪嫌疑人石某（2005 年摄）

2006 年 2 月，查处东源镇平溪村村民叶某某滥伐松、杉、硬阔林一案，少批多伐、超伐立木蓄积 47.898 立方米。该嫌犯投案自首后被取保候审，移送起诉。3 月，查处万阜乡白岩前村犯罪嫌疑人杨某某未经审批砍伐松木折立木蓄积 65.56 立方米一案，杨

图 7-2-2-3　现场勘查（2006 年摄）

图 7-2-2-4　放归大自然（2012 年摄）

某某被依法逮捕，县人民法院判处其有期徒刑三年，缓刑三年，并处罚金 3 万元。在"破案攻坚战"活动中，破获滥伐林木案件 2 起，其中重大案件 1 起，砍伐名木古树案 1 起。6 月，查处章旦乡王母地自然村村民叶某某失火引发森林火灾案，烧毁森林面积 1134 亩，直接经济损失 9.412 万元。叶某某投案自首后，被依法起诉。是年，共受理各类林业案件 58 起，查处 55 起。其中，受理刑事案件 23 起，破获 20 起，破案率 87%，刑事拘留 23 人（其中逮捕 9 人，依法取保候审 13 人，在逃 1 人）。协助有关部门查处林业行政治安案件 32 起，罚没及赔偿款近 8 万元。查处野生保护动物案多起，放归大自然的野生动物活体有猫头鹰 2 只、棘胸蛙（俗称石蛙）100 只、王锦蛇 5 条。

2007年，开展破案攻坚。全年共受理各类林业案件66起，查处66起。其中受理刑事案件31起，全部破获。依法逮捕11人，取保候审20人（已起诉28起）。受理林业行政治安案件35起，林业行政罚款11万余元，退赃款2万余元，查获的37只（头）野生动物活体全部放归大自然，没收国家二级保护动物鬣羚皮三张。

表7-2-2-1 青田县森林公安年度案件查处统计表

年份	各类林业案件受理及查处情况									刑事措施情况（人）					林业行政案件经济处理				
	刑事案件			治安案件			行政案件			逮捕	刑拘	受审	取保	起诉	行拘	罚款	警告	罚没款数	追回木材
	受理	破获	涉案	受理	破获	涉案	受理	破获	涉案										
1983	5	5	10	8	8	8	76	73	203	3		7			8	779	55	87033	262
1984				46	46	300	8	8	84						16	11248	45	60280	126
1985	1	1		9	9	9	36	36	139	1					9			17100	
1986	1	1	1	4	4	4	47	47	100	4	1				4			26810	
1987	2	2		5	5	5	26	26	127	5					5			35036	161
1988	3	3		7	7	7	126	126	402	3					7			64437	
1989	3	3	3	4	4	4	300	300	300	3					4			109640	
1990	4	4	6	10	10	10	129	129	194	6					10			77737	61
1991	2	2	2	1	1	1	42	42	159	2					1			31775	
1992	12	12	12				139	139	243	12								156196	118
1993	6	6	6	2	2	2	101	99	171	6					2			123000	
1994	10	10	11	3	3	3	209	209	209	6		1			3			262700	157
1995	1	1	1				71	70	90			1			1			109000	10
1996	4	4	4	1	1	1	69	69	87	4					1			122000	127
1997	5	5	5				68	67	92	5								57700	110
1998	4	4	4				42	42	47	4					1			116670	200
1999	3	3	3				59	59	66	3								106178	230
2000	21	21	22				45	45	57	3								93783	
2001	9	9	11				24	24	24	5	4		2					77870	
2002	14	14	17	1	1	1	65	65	65	17				12	1			300000	
2003	12	12	12				53	53	53	10	2		7					84000	
2004	36	36	36				35	35	45		2		1	33				60000	
2005	16	16	16				23	23	31	4	2		4	8				50000	
2006	26	26	23				32	32	9				13					80000	
2007	31	31	31				35	35	35	11			20					130000	
2008	35	34	40				30	30	30	10	10		30	36				150000	
2009	22	22	25				20	20	23			7	16	16				59100	

2009年，县森林公安局共受理各类林业案件45起，查处42起，其中破获各类刑事案件22起，依法起诉20起，刑拘7人，逮捕2人，抓获上网在逃犯2人，依法取保候审16人；协助木材检查站与林政科处理各类林业行政案件20起，处罚林政款5.91万元，捣毁非法炭窑30处，没收木炭2万余市斤；查获野生动物牛背鹭1只、灰雁1只、野鸭13只、五步蛇4条、石蛙80

图 7-2-2-5 防火督查（2013 年摄）

余只，并将其全部放归大自然；配合当地派出所查获罂粟 300 余株。

2010 年，县森林公安局在强化严厉打击的同时，加大治理整治力度，共受理各类林业案件 35 起，查处 34 起，其中破获各类刑事案件 11 起，依法起诉 9 起，刑拘 4 人，依法取保候审 8 人。

2012 年，共处置森林火警 41 起，出动 131 车次，出动 524 人次。其间破获各类案件 30 起，其中破获结伙非法猎捕、杀害珍贵、濒危野生动物 1 起，滥伐 4 起，失火 25 起（其中雷击引起失火 2 起，高压电引起失火 2 起）；抓获 22 人，其中刑拘 10 人，逮捕 4 人，取保 8 人。受理信访事项 30 件，办结 27 件。

2014 年，森林公安按照省、市森林公安机关的统一部署，结合青田实际，相继开展"雷霆一号""打击破坏森林资源违法犯罪""禁种铲毒"等各类专项行动，全年共受理各类破坏森林资源案件 50 起，破案 45 起。其中刑事立案 23 起，办结 18 起；取保 10 人次，刑拘 7 人次，逮捕 5 人次；协助乡镇调解案件 27 起。共出动警车 203 次，出动公安人员 72 人次；张贴宣传标语 60 多幅，向林区群众发放宣传资料 870 多份；查处罂粟种植点 10 处，处理犯罪嫌疑人 3 人，收缴罂粟 8253 株。

图 7-2-2-6 铲除罂粟原植物（2014 年摄）

第三节 专项行动

森林公安警察大队为巩固生态建设成果，保障林业生产建设顺利进行，坚持严打方针，适时开展专项斗争，严厉打击破坏森林资源和野生动植物资源违法犯罪活动。通过一系列专项行动，震慑罪犯，教育群众，增强全县人民的法制观念和守法意识，有效推进全县"平安林区"建设的进程。

一、"绿盾二号行动"

2007年，森林警察大队开展"绿盾二号行动"，开展破案攻坚战。出动警力174人次，其他林业执法人员64人次，破获重大盗伐林木案1起、特大滥伐林木案1起，抓获犯罪嫌疑人7名，林业行政处罚7人，罚款4.7万元。2月份，查处船寮镇戈溪村村民叶某某在该村"黄垄"山场拜坟祭祖引发森林火灾案，烧毁山林面积210亩，造成直接经济损失8万余元，该叶被移送起诉。4月份，破获仁庄镇八源村以陈某某为首等5人结伙，先后6次到金鸡山国有林场及村山场盗伐林木40余立方米重大案件。五名犯罪嫌疑人全部抓获归案，如数追回赃款19800余元。首犯陈某某被县人民法院判处有期徒刑三年，其他4人分别被判处有期徒刑及罚金。7月份查处张某某在鹤城镇"毛桐坑"及青田县"火葬场"后山四次故意纵火一案。犯罪嫌疑人张某某被依法逮捕。9月份，查处北山镇郎回村犯罪嫌疑人吴某某，滥伐该村山场林木蓄积达112.06立方米的特大滥伐一案。该吴投案自首，依法取保候审，被起诉。同月，破获海口镇小海村"北公背""桐子乌"山场被盗伐杉木蓄积5.6581立方米的重大案件。犯罪嫌疑人被依法取保候审，依法制裁。10月份，查处祯旺乡谷甫村昌琪自然村叶某某于2005年5月至7月捕杀国家二级保护动物鬣羚两只一案。"绿盾二号行动"共受理各类林业案件66起，查处66起。其中受理刑事案件31起，全部破获。依法逮捕11人，取保候审20人（已起诉28起）。受理林业行政治安案件35起，查处率100%，林业行政罚款11万余元，退赃款2万余元，查获的37只（头）野生动物活体全部放归大自然，没收国家二级保护动物鬣羚皮三张。

二、"飞鹰行动"

2008年3月，县森林公安配合林业局，在全县范围内组织开展代号为"飞鹰行动"专项执法行动，集中打击破坏野生动物资源违法犯罪活动。行动期间，县森林警察大队高度重视，联合各部门精心组织，集中时间、集中警力，集中清查非法收购、出售重点保护野生动物的市场、酒楼和窝点，重点打击非法猎捕野生动物的违法犯罪行为。共出动执法人员96人（次）、森林公安民警56人（次），清查市场3个、酒楼15家，查处野生动物行政案件3起，行政处罚3人，收缴国家重点保护野生动物1只，其他野生动物15只，取得较好的战果。

三、专项治理行动

2010年，针对全县涉林违法案件多发的严峻形势，县森林公安配合林业局，共开展了五次专项治理行动。

1.冬季行动。在冬季行动中对县内3个农贸市场，7家宾馆，20多处木材加工点进行全面清查，在全县境内设立5个卡点，出动警力协助木材检查站与林政科处理各类林业行政案件11起，处罚林政款2.3万元。

2.禁种铲毒专项行动。在本次行动中先后走访村庄50多处，发放材料1200余份，出动执法人员 157 人次，查处毒品种植点 7 处，收缴、销毁毒品原植物 5249 株，有效打击了毒品原植物种植活动，从源头遏制了毒品蔓延。

3. 野生动物专项整治。查获野生动物牛背鹭 2 只、灰天鹅 2 只、眼镜王蛇 4 条、五步蛇 4 条、石蛙 300 余只，猫头鹰 1 只，猕猴 2 只。

四、"亮剑二号"专项行动

2013 年 5 月 10 日至 6 月 30 日，森林公安配合县公安局、林业局，在全县范围内开展禁止非法种植罂粟毒品原植物的"亮剑二号"专项行动。

1. 加强宣传力度，开展禁毒教育。森林公安在行动期间，通过下发乡镇和下村张贴宣传画及公告 150 张，有效地对农村地区进行宣传。

2. 加强配合。在行动期间，森林公安局配合地方公安，共出动 80 人次，查处罂粟种植案件 2 起，处理犯罪嫌疑人 2 人，查处罂粟种植点 2 处，收缴罂粟 3683 株。

"亮剑二号"行动期间共出动民警 188 人次，警车 94 台次，排查全县山林野外、田头地脚。通过拉网式排查摸底等一系列行动，有效震慑非法种植罂粟毒品原植物的违法犯罪活动。

五、"雷霆一号"专项行动

2014 年，根据省林业厅森林公安局浙森公〔2014〕6 号文件，县森林公安局从 3 月 1 日起至 4 月 30 日，在全县范围内组织开展"雷霆一号"暨平安清明森林火患火案清剿专项行动。

（一）行动目标

根据《森林法》《森林防火条例》和《浙江省森林消防条例》等法律法规，通过开展专项行动，积极排查森林火灾隐患，严厉查处各类野外违章用火行为，大力侦破一批森林火灾案件，教育广大群众增强安全文明用火的自觉性，为我省"森林浙江""美丽浙江"建设创造良好环境。

（二）行动主题

严除火患，严查火案，保护森林，维护稳定。

（三）行动内容

1. 查处违反规定烧荒、烧田坎草、烧焦泥灰、炼山等生产性用火行为。

2. 查处烧纸钱、烧坟草、放鞭炮、点蜡烛等易引发森林火灾的野外用火行为。

3. 加大森林火灾积案侦破力度，严厉查处各类森林火灾案件，提高侦破率。

（四）行动过程

1. 提高认识，加强领导。成立由主要领导挂帅的火患清剿和案件侦破领导小组，制订方案、明确目标，落实责任、强化措施，集中精力、重拳出击，确保行动取得实效。

2. 强化措施，严厉打击。森林公安集中警力，联合森林消防队员、林技员、护林员深入林区，出动执法人员 154 人（次），出动执法车辆 80 车次；制止野外违规用火行为，收缴各类烟花爆竹和冥纸 150 斤，蜡烛 65 斤。对城镇周围公墓和火灾频发区重点把守。彻底清理近期以来发生的森林火灾案件，采取领导包案、挂牌督办等形式，采取有针对性的侦查措施，刑事破案 3 起，刑拘 1 人，取保候审 2 人；林业行政案件受理 2 起，处理 2 起，林政罚款 6400 元。

3. 加强宣传，营造氛围。森林公安结合"警民恳谈""大走访""3.19 森林防火宣传日"等活动，通过图片展示、发放森林防火知识宣传册、与群众贴心交谈等有效形式，向群众宣传森林火灾的危害性及有关法律法规，不断提高广大群众的森林消防意识和法律意识。行动中，张贴防火通告 500 份，标语 500 张。对典型森林火灾案件，采取公开处理等方式，以案说法，教育群众，震慑违法犯罪分子，起到打击一个，教育一片的作用。

表 7-2-3-1 "雷霆一号"平安清明森林火患火案清剿专项行动战果表

2014 年 3 月 4 日—2014 年 4 月 29 日

案件总数（起）		刑事案件		其中：重大案件		特大案件		治安案件		林业行政案件	
受理	查处	立案	破案	立案	破案	立案	破案	受理	查处	受理	查处
3	3	3	3							2	2

出动执法人员（人次）				出动车辆（车次）	制止违章用火行为（次）	没收易燃物（斤）			张贴标语（条）	发放告知信（份）	张贴通告（张）
总数	森林公安	林政	其他			蜡烛	纸钱	鞭炮			
154	120	34		80	8	65	43	107	500	3690	500

抓获人员（人）				破获积案（起）	抓获逃犯（人）	处罚（人次）				治安罚款（元）	林政罚款（元）
合计	逮捕	刑拘	取保候审			总数	治安拘留	治安罚款	林政罚款		
3		1	2	2					2		6400

媒体报道次数（次）				
合计	县级	市级	省级	中央
8	6	2		

六、执法检查"回头看"活动

2014 年，森林公安局为推进森林公安机关执法规范化建设，提升森林公安机关执法公信力，决定于 4—7 月组织开展为期三个月的执法检查"回头看"活动。以 2013 年以来办理的刑事案件和尚未办理终结的涉法涉诉案件为重点，着重从接警、立案、案件办理、涉案财物、执法办案场所管理使用、林区社会治安突出问题整治等具体问题入手，保证此次活动能切合实际，落到实处，确保实效。并通过开展集中评查、跟踪督办、责任倒查，确保问题查清、原因找准、整改到位。对照活动要求查漏补缺，做到"问题不彻底整治不放过，问题案件不纠正不放过"，确保执法检查"回头看"活动取得成效。

第四节 重大案例

案例一：陈某某森林失火案

案件情况：2012 年 4 月 3 日 10 时许，陈某某在东源镇五星村"驮垄"山场坟地上扫墓拜坟时，在坟坛上燃烧蜡烛，烧纸、香等明火，引起森林火灾。经青田县侨声林业调查规划设计所鉴定：本次火灾共烧毁森林面积 10747 亩，造成直接经济损失人民币 1441425 元。

案件结果：县人民检察院以被告人涉嫌失火罪向县人民法院提起公诉，青田县人民法院对被告人作出有罪判决，判处有期徒刑七年。

图 7-2-4-1 现场勘查（2012 年摄）

图 7-2-4-2 现场勘查（2013 年摄）

案例二： 陈某某枇杷基地失火案

案件情况：2013 年 3 月 12 日上午 10 时 30 分许，陈某某与其父亲陈某某在巨浦乡欠寮村"风后"山场挖杨梅坑与割草，陈某某在最下面一丘田儿前坎烧茅秆草时，不慎引起森林火灾。经青田县侨声林业调查规划设计所鉴定：本次森林火灾共烧毁有林地面积 123 亩。

案件结果：县人民检察院以被告人陈某某涉嫌失火罪向县人民法院提起公诉。青田人民法院对被告人陈某某作出有罪判决，判处有期徒刑 3 年，缓刑 4 年。

案例三：张某某森林失火案

案件情况：张某某于 2013 年 4 月 14 日，带锄头到章旦乡朱坑下村"门前山四担田"其租

图 7-2-4-3 被烧毁的森林（2013 年摄）

种的农田里燃烧田草准备种水稻。在该农田上，张某某先用锄头将农田四周杂草铲掉堆放在农田中央，然后用随身带来的打火机点燃该杂草，由于农田杂草茂盛，火势快速燃烧蔓延到山场上，不慎引起森林火灾。经青田县侨声林业调查规划设计所鉴定：本次火灾共烧毁森林面积 1214 亩，造成直接经济损失人民币 112040 元。

案件结果：县人民检察院以被告人张某某涉嫌失火罪，向县人民法院提起公诉。县人民法院做出有罪判决。

案例四： 马某某等盗伐林木案

案件情况：犯罪嫌疑人马某某伙同蓝某某和刘某某于 2011 年 4 至 5 月间，到海溪乡西园村"纸牌坦"山场盗伐林木，于同年 5 月 17 日出运林木时被森林公安局查获。经青田县侨声林业调查规划设计所鉴定：本案涉案林木共计蓄积 10.55 立方米。

案件结果：县人民检察院以被告人马某某等涉嫌盗伐林木罪向县人民法院提起公诉。县人民法院做出有罪判决。

图 7-2-4-4 现场勘查（2014 年摄）

案例五：捕杀珍贵野生动物案

图 7-2-4-5 缴获珍贵野生动物犄角（2013 年摄）

图 7-2-4-6 审理案件 (2013 年摄)

案件情况：2010 年初到 2013 年 10 月期间，罪犯季某某为猎捕野生动物，在高湖镇九门寨"石芽（瓦）坑"山场埋放铁夹（野猪夹）捕猎。2010 年三四月份，罪犯季某某用埋放的铁夹捕获"山羊"一头，其发现被捕获的山羊已死并发臭，雇人将该动物尸体抬回家宰杀，收藏毛皮一张，羊角一对；2013 年清明节前，又用铁夹捕获一头"山羊"，抬回家后整只出售获利人民币 1800 元。2010 年至 2013 年期间，罪犯季某某陆续在该山场用铁夹捕获"岩羊"三头，运回家后均宰杀食用，并收藏七只岩羊角（其中一只角被别人拿去，还有两只角是从山上捡来的）；此外，还曾捕获黄麂三头，宰杀后收藏黄麂角三对。案发后，季某某家里收藏的一张"山羊"皮、一对"山羊"角、七只"岩羊"角、三对黄麂角被公安机关起获。经国家林业局森林公安局野生动植物刑事物证鉴定中心对该批野生动物制品（山羊皮、山羊角、岩羊角、黄麂角）鉴定，确定涉案动物"山羊"为国家重点二级保护动物鬣羚（Capricornis sumatraensis），三头"岩羊"为国家重点二级保护动物斑羚（Naemorhedus goral），三头黄麂（别名小麂）（Muntiacus reevesi）为国家"三级"保护动物。

案件结果：县人民检察院以被告人季某某涉嫌非法捕猎，杀害珍贵濒危陆生野生动物罪，向县人民法院提起公诉。县人民法院做出有罪判决，判处季某某有期徒刑5年。

案例六：吴某某等滥伐林木案

案件情况：2012年，罪犯吴某某伙同周某某，从万阜乡蒲州村竹湾华某某手里，转让来白岩前石见坑"水洞岗"、"横坪路"山场上的树木一批；2013年，又从白岩前石见坑判来"盲眼鸡"两块山场的树木。2013年11月～12月，吴某某、周某某分两次向县林业局审批上述山场松木蓄积共144.90立方米，而后，雇请工人到该山场采伐。经青田县侨声林业调查规划设计所鉴定，"水洞岗""横坪路"山场及"盲眼鸡"山场，共被砍伐松木蓄积196.70立方米，砍伐阔叶树蓄积189.82立方米。造成超出采伐许可证松木蓄积51.80立方米，未经审批砍伐阔叶树蓄积189.82立方米。2014年5月22日，吴某某和周某某迫于压力，向森林公安局投案自首，同年5月23日被执行取保候审。在取保候审期间，吴某某伙同周某某未经审批，再次雇请工人到白岩前村"盲眼鸡"山场砍伐林木。经鉴定，砍伐松木蓄积8.3364立方米，阔叶树蓄积1.83立方米，合计林木蓄积10.17立方米。

案件结果：县人民检察院以被告人周某某、吴某某涉嫌滥伐林木罪，向县人民法院提起公诉。青田县人民法院做出有罪判决，分别判处有期徒刑2年半、2年，各处罚金2万元。

图 7-2-4-7 犯罪嫌疑人现场指认（2014年摄）

第八编 林业场圃

第一章 国有场圃

据《丽水市林业志》记载：民国时期，政府比较重视林场的建设，民国 5 年（1916 年），北洋政府农商部颁布《林业公会规划》，称："凡乡村邻近之官山及公有之山，均责该村村民，按照规划，广为劝导，组织公会，全力造林。"

民国时期，青田始建国有场圃。

民国 17 年（1928 年）10 月 14 日，青田县苗圃创办，有土地 8 亩。翌年停办。

民国 22 年（1933 年），省建设厅在青田县设立温处两属保安林办事处。

民国 23 年（1934 年），青田保安林办事处开始造林。

民国 24 年（1935 年）2 月，青田保安林办事处改称"瓯江保安林青田事务所"。

民国 25 年（1936 年）2 月，省政府合并省农林机构，成立省农业管理委员会，建德林场改组扩大为省农业管理委员会林场，下设西湖、丽水、天台、常山、青田、天目山等 6 个分场，由于经费困难，只能办理一般公务。同年，"瓯江保安林青田事务所"更名为"省农林改良总场青田分场"。

民国 27 年（1938 年），抗日战事扩大。省政府集全省原有农、林、水利等机构，在松阳县成立省农业改进所，内设森林股，负责管理全省有关林业事宜。省农林改良总场青田分场改称为相应的"青田林业改进区"，由省农业改进所管理。

民国 33 年（1944 年），省农林改良总场青田分场裁撤，并入省农业改进所丽水林场。其时，青田分场有林业用地 78310 亩（已造林 8190 亩）。

中华人民共和国成立之后，1956 年，全省分别在龙泉、庆元、景宁、青田、遂昌、松阳、开化、寿昌、昌化建立了 9 个国有林区森林经营所。其中青田县的名称是"青田县祯旺森林经营所"。

1958 年 8 月 22 日，省整编办（58）浙编字第 664 号文件批准，建立青田县石门洞林场。

1963 年，在温溪塘里吞建立青田县苗圃。

1966—1967 年，青田县未经省级主管部门批准，由县政府决定先后新建了 4 个林场，扩建了 1 个林场：青田县八面湖林场（1966 年 6 月建）、青田县大洋山林场（1966 年 3 月建）、青田县金鸡山林场（1967 年 4 月建）、青田县石门洞林场（1966 年扩建）、青田县峰山林（茶）场（1967年建）。为了取得省级主管部门必要支持，县政府曾多次向省主管部门要求正式批准。1972 年 3 月 29 日，省革命委员会生产指挥组浙革计（72）45 号文件，追加批准新建和扩建上述 5 个国有林场。

1999 年 9 月 28 日，省林业厅林种批〔1999〕79 号文件批准，青田县苗圃整体划给县建设局管理。

至 2013 年，全县 5 个国有林场总面积 127933 亩，其中林业用地 120420 亩，活立木总蓄积815076 立方米。

2008 年，《青田县石门洞林场改革方案》获县政府批准，县政府下发《青田县石门洞森林公园管理委员会主要职责、机构设置和人员编制规定》和《关于石门洞林场人员分流方案》，确定石门洞林场为县林业局下属差额拨款事业单位。所需的安置、分流等改革经费939万元，由县财政统一支付。核定石门洞森林公园管委会全额拨款事业编制9名；核定石门洞林场全额拨款事业编制20名，经费实行收支两条线，资金余缺由县财政调剂，实行差额补助。

2008年12月22日，《关于青田县四个国有林场改革的方案》在县政府第十六次常务会议上通过。确定八面湖、大洋山、金鸡山、峰山四个国有林场为公益类事业单位性质，由县财政按年人均2万至3万元的标准安排事业费。四个林场改革经费348万元，由县财政负责。改革后，县政府对四个国有林场每年核拨的事业费由现行的4.2万元，增加至每年150万元。

2015年4月30日，县政府青政发〔2015〕第35号《关于青田县国有林场改革方案的通知》规定：撤销金鸡山、峰山、大洋山、八面湖四个林场，合并组建"青田县林业总场"；保留石门洞林场，单位性质均为一类公益事业单位，单位所需资金全额纳入县财政预算。9月6日，省林业厅发文浙林造函〔2015〕23号《关于同意泰顺、青田、云和等县国有林场设立、变更、撤销等事项的函》，批准成立青田县林业总场。

表 8-1-0-1　2013年青田县国有林场森林、林木面积蓄积统计表

单位：亩、立方米、百株

统 计单 位	土地总面积	活立木总蓄积量	有林地					疏林		四旁树、散生木
			面积合计	乔木林地		竹林		面积	蓄积	蓄积
				面积	蓄积	面积	株数			
石门洞	63684	444369	58682	57808	442956	874	1666	67	174	1239
金鸡山	21267	88281	20761	20697	88281	64	96	0	0	0
八面湖	22439	152397	21675	21379	152164	296	855	0	0	233
大洋山	11735	86954	11105	11063	86954	42	43	0	0	0
峰　山	8808	44760	8197	8197	44721	0	0	0	0	39
合　计	127933	816761	120420	119126	815076	1276	2660	67	174	1511

表 8-1-0-2　2013年止国有林场重点公益林区划界定现状表

单位：亩

统 计 单 位	合计	国家级	省级
八 面 湖	21813		21813
大 洋 山	9902		9902
峰　山	6841		6841
金 鸡 山	20291		20291
石 门 洞	62898	4444	58454
合　计	121745	4444	117301

表 8-1-0-3 1985 年青田县国营林场苗圃主要设施

场地名称	公路 (km)	车道 (km)	防火线 (km)	电话广播线 (km)	晒场 (m²)	房屋面积 (m²) 合计	其中 仓库	其中 宿舍	空中索道 (km) 合计	其中:动力索道
石门洞林场	7.8	3.5	117	66.5	763	6976		4440	2.76	2.76
八面湖林场			80	7	100	1284		500		
大洋山林场		2	40	17	320	3518		850		
峰山林场			25	10	436	4543	238	2036		
金鸡山林场			38	8	165	1425	24	153		
苗　圃		1.5			169	1264	260	900		

表 8-1-0-4 1981—1985 年青田县国营林场、苗圃销售收入、利润

场圃名称	销售收入（万元）1981	1982	1983	1984	1985	合计	利润（万元）1981	1982	1983	1984	1985	合计
石门洞林场	19.72	26.81	13.47	21.35	46.99	128.34	5.48	9.93	3.05	5.85	26.87	51.18
八面湖林场	2.91	4.35	1.74	3.83	2.39	15.22	1.04	1.07	-0.16	-0.17	0.51	2.29
大洋山林场	2.07	5.33	5.13	3.29	1.57	17.39	0.39	0.70	0.14	0.58	2.26	4.07
峰山林场	7.62	8.23	4.48	5.55	11.53	37.41	1.39	0.55	-0.81	-0.07	0.94	2
金鸡山林场	0.07	0.15		1.28	1.5		-0.03	-0.06			0.89	0.8
县　苗　圃	1.82	1.54	2.38	1.97	2.53	10.24	0.03	-0.44	0.85	0.30	0.69	1.43
合　　计	34.21	46.41	27.2	35.99	66.29	210.1	8.3	11.75	3.07	6.47	32.16	61.75

第一节　石门洞林场

一、地理位置

　　石门洞林场始建于 1958 年 1 月。该场位于县城西北面，东经 120°1′～120°7′，北纬 28°1′～28°7′。东北与船寮区高市乡相邻，南接巨浦乡、仁宫乡，西连海口镇和祯埠、祯旺两乡，与 6 个乡 32 个村毗邻。场部设石门风景区内，距青田县城 35 公里。

　　地貌以丘陵山地为主，属洞宫山脉南北两大分支中向北分支的一部分。北沿的石门洞口海拔仅 20.6 米，中南部峰峦突起，全场地势南高北低，境内有四大主峰：最高的山炮岭海拔 1337 米，属青田县第二高峰；仰天湖海拔 1331 米；天师岩海拔 1274 米；三角洞尖海拔 1259 米。在师姑湖、仰天湖、烂泥湖等地，还有被称为"地球之肾"的高山草甸（沼泽地）数百亩。

　　林场的地表水经大溪的支流雄溪源、官坑源、高市源、石盖源和小溪的巨浦源、郎回坑、

仁宫坑等流入瓯江。因场部设在旅游区石门洞,故称石门洞林场。建场初期,经营面积 27500 亩,有干部 2 人、工人 5 人。

二、体制沿革

1957 年 12 月 29 日,县政府编发(57)青人编(3889)号文件,将 1956 年 4 月由省政府批准建立的青田县祯旺森林经营所,改建为青田县石门洞林场。根据 1956 年 4 月全国国营林场会议精神,全省对国营林场实行"省统一领导,省、地、县分级管理"的领导体制。此时石门洞林场的体制管理,同全省各地一样,由省、地、县统一分级管理。

1958 年 6 月,省林业厅党组在《浙江省林业厅系统机构编制意见》中要求,在现有 53 个国营林场的基础上,拟再新建或改建 104 个林场。并提出筹建国营林场四项原则,重点选择在海拔较高、人烟稀少、靠当地群众消灭荒山有困难的偏远山区,新建国有林场。6 月 17 日,省林业厅向省机构编制委员会提交《关于建造国营林场的报告》,要求批建一批国营林场。8 月 22 日,中共浙江省委整风整编办公室、省编制委员会办公室联合印发(58)浙编字第 664 号文件批复,同意省林业厅在遂昌、青田等地新建 33 个国营林场;石门洞林场是其中之一。

1958 年 12 月,全省国营林场的体制下放,石门洞林场的行政及财务等归县政府管理,包括林场的人事调配、物资供应等管理权限。其业务归林业厅管理,包括营林计划、林区基建、木材采伐、基建"三材"(钢材、木材、水泥)供应和招工计划管理等权限。

是年,新建的石门洞林场配备技术干部 3 人,行政干部 2 人,工人 5 人。临时工、季节工,则视造林需要情况而定。技术工人月工资 45 元。场部设石门洞,下设洞背、里山圩、山坑、小坑、乌坑、际后等队(洞背、里山圩,原为高市乡管辖的村,1958 年以带山入场方式,并入林场)。

1962 年 2 月 8 日,县人委青人字第 51 号文件,将万山区办的五台山、峰山林场并入石门洞林场。属五台山、峰山两林场的全部财产,包括新建房屋 37 间,新造林 7000 余亩,经退赔后的山林(荒山)、粮食、畜牧、农家具等,由石门洞林场管理。1964年重新划出。

1963 年 6 月15 日,接收温州知青、垦荒队员40 人到林场工作。

1966 年,未经省林业主管部门批准,由县政府决

图 8-1-1-1 烂泥湖林区生产用房(2015 年摄)

定扩建石门洞林场。

1972年3月29日，省革命委员会生产指挥组浙革计（72）45号文件，批准确认扩建石门洞林场。

扩建后的林场设4个林区、16个队。4个林区即石门洞场部林区、际后林区、冲坑林区、师姑湖林区。16个队分别是：山塘、烂泥湖、分水凹、师姑湖、大雄坑、冲坑、龙门屯、白玉湖、大垟山、独猫居、分干凹、乌坑、际后、里山圩和场部。

1981年，洞背村从林场划出，划归高市乡管辖。

1984年9月，为开辟石门洞风景区，发展林场第二、第三产业。经县政府同意，场部迁至330国道旁高市乡练岙村。林场下设3个林区、16个生产队、6个护林点、2个木材加工厂、1个林工商服务部（公司）。时有正式干部12人（含技术干部6人），正式工人76人，临时工55人，林场生产以营林为主，经营各种用材林和抚育林木。

1994年，林场实施"三制改革"，林场与石门洞森林公园实行"两块牌子、一套班子"管理体制，经济效益和中幼林抚育成效有显著提高，林分总量逐年好转。并上马建设石门洞森林公园，开发旅游服务业。

2007年底，在职干部、职工71人，经营土地总面积6.4425万亩，立木蓄积352628立方米，比1998年增长41.68%，比1987年增长91.02%，森林覆盖率达92.3%。

2008年，省、市、县批准石门洞林场改革方案，调整了石门洞森林公园隶属关系和管理体制。石门洞林场体制改革按分类经营要求，从生产型向景区生态公益型转变，加快国家森林公园建设步伐。实行所有权和管理权分离，林场机构规格不变，仍隶属县林业局，为其下属差额拨款事业单位，具体事务委托青田县石门洞森林公园管理委员会管理。县林业局作为林场的业务主管部门，继续负责林场工作人员的业务指导和培训工作。县编委对该场重新核定编制20名，职能以原营林为主转为护林为主，经费实行收支两条线，资金余缺由县财政调剂，实行差额补助。对原在职正式职工，除部分继续留场外，其余富余人员实行分流安置。分流渠道有：调任森林公园管委会；择优安排到乡镇下属事业单位工作；提前退休、退职等。其中分流到乡镇下属事业单位的有24位正式职工。至2008年底，林场尚有140名在编或需要发放各类补贴补助人员：其中正式职工34人；退休职工55人；局合同制临时工12人；场临时工21人；里山圩老人5人；遗属13人。

2008年后，林场撤销林区改为组，下设烂泥湖、师姑湖、冲坑、龙门屯、独猫居、际后、里山圩7个护林组。

2013年4月，景区承包后，林场正式职工退出景区管理，全部到林区护林。

三、森林资源

石门洞林场建场初期，经营面积27500亩。1966年经省级有关部门、单位批准面积扩大50820亩，达78320亩。1980年，经县政府批准，洞背村划归高市乡管辖，减去面积5517亩，实际经营面积64352亩，其中有林地54366亩，灌木林3429亩，未成林造林地277亩，疏林地887亩，宜林地932亩，其他地4461亩。

至2007年统计，林场经营总面积63684亩，立木蓄积352628立方米，森林覆盖率达92.3%。林场内动植物资源丰富。

表 8-1-1-1 2007 年石门洞土地面积统计表　　　单位：亩

统计单位	土地总面积	林业用地										非林地
		合计	有林地					疏林地	灌木林地	未成林造林地	无立木林地	
			小计	乔木林地			竹林					
				小计	纯林	混交林						
合　计	63684	63467	58682	57808	56366	1442	874	67	124	4002	592	217
龙门屯	3893	3887	3302	3299	3299	0	3	0	0	585	0	6
分水岙	4097	4095	3608	3563	3493	70	45	0	0	372	115	2
烂泥湖	8383	8344	7780	7776	7776	0	4	0	25	539	0	39
白玉湖	3458	3454	3454	3453	3391	62	1	0	0	0	0	4
大雄坑	2018	2014	2014	2014	2014	0	0	0	0	0	0	4
际　后	1930	1921	1921	1824	1762	62	97	0	5	0	0	9
三　坑	2434	2422	2417	2366	2363	3	51	0	5	0	0	12
分干岙	1616	1612	1612	1612	1567	45	0	0	0	0	0	4
岙　头	1010	1006	1006	981	981	0	25	0	0	0	0	4
师姑湖	9417	9366	7475	7473	7165	308	2	67	37	1622	165	51
石门洞	956	921	921	916	848	68	5	0	0	0	0	35
乌　坑	2776	2769	2769	2578	2578	0	191	0	0	0	0	7
三　塘	5051	5051	5051	5051	5051	0	0	0	0	0	0	0
冲　坑	3516	3511	2263	2248	2243	5	15	0	52	884	312	5
独猫居	2996	2994	2994	2977	2916	61	17	0	0	0	0	2
大洋山	6074	6070	6070	5812	5343	469	258	0	0	0	0	4
里山圩	4059	4030	4025	3865	3576	289	160	0	5	0	0	29

表 8-1-1-2 2007 年石门洞各类森林、林木面积蓄积统计表　　单位：亩、立方米、百株

统计单位	活立木总蓄积量	有林地								竹林		疏林			散生木	
		面积合计	乔木林地													
			小计		纯林		混交林			面积	株数	面积	蓄积	蓄积	株数	蓄积
			面积	蓄积	面积	蓄积	面积	蓄积								
合　计	352628	58682	57808	351244	56366	344019	1442	7225		874	1666	67	147	268	3	969
龙门屯	23232	3302	3299	23232	3299	23232	0	0		3	5	0	0	0	0	0
分水岙	20650	3608	3563	20650	3493	20296	70	354		45	0	0	0	0	0	0
烂泥湖	49747	7780	7776	49663	7776	49663	0	0		4	7	0	0	0	0	84
白玉湖	25428	3454	3453	25428	3391	25347	62	81		1	2	0	0	0	0	0
大雄坑	13602	2014	2014	13602	2014	13602	0	0		0	0	0	0	0	0	0
际　后	11149	1921	1824	10773	1762	10475	62	298		97	195	0	0	139	1	237
三　坑	10936	2417	2366	10904	2363	10882	3	22		51	97	0	0	0	0	32
分干岙	9337	1612	1612	9337	1567	9081	45	256		0	0	0	0	0	0	0
岙　头	5764	1006	981	5764	981	5764	0	0		25	53	0	0	0	0	0
师姑湖	45924	7475	7473	45777	7165	44193	308	1584		2	2	67	147	0	0	0
石门洞	5114	921	916	5105	848	4846	68	259		5	9	0	0	0	0	9
乌　坑	11649	2769	2578	11571	2578	11571	0	0		191	361	0	0	0	1	78
三　塘	28621	5051	5051	28621	5051	28621	0	0		0	0	0	0	0	0	0
冲　坑	13377	2263	2248	13377	2243	13356	5	21		15	26	0	0	0	0	0
独猫居	18594	2994	2977	18594	2916	18521	61	73		17	36	0	0	0	0	0
大洋山	38645	6070	5812	38645	5343	35818	469	2827		258	542	0	0	0	0	0
里山圩	20859	4025	3865	20201	3576	18751	289	1450		160	331	0	0	129	1	529

表 8-1-1-3　2007 年石门洞生态公益林按区划范围统计表　单位：亩、立方米

统计单位	合计	有林地					疏林地	灌木林地		未成林造林地	
		小计	乔木林			竹林		小计	特灌林	小计	未成造
			小计	纯林	混交林						
合　计	44526	43201	42389	41039	1350	812	67	55	55	1203	1203
龙门屯	260	260	260	260	0	0	0	0	0	0	0
分水岙	2393	2393	2393	2332	61	0	0	0	0	0	0
烂泥湖	2638	2638	2638	2638	0	0	0	0	0	0	0
白玉湖	457	457	457	457	0	0	0	0	0	0	0
大雄坑	2014	2014	2014	2014	0	0	0	0	0	0	0
际　后	1921	1921	1824	1762	62	97	0	0	0	0	0
三　坑	2422	2417	2366	2363	3	51	0	5	5	0	0
分干岙	1612	1612	1612	1567	45	0	0	0	0	0	0
岙　头	1006	1006	981	981	0	25	0	0	0	0	0
师姑湖	6491	6019	6017	5725	292	2	67	37	37	368	368
石门洞	921	921	916	848	68	5	0	0	0	0	0
乌　坑	2769	2769	2578	2578	0	191	0	0	0	0	0
三　塘	5051	5051	5051	5051	0	0	0	0	0	0	0
冲　坑	1477	634	628	628	0	6	0	8	8	835	835
独猫居	2994	2994	2977	2916	61	17	0	0	0	0	0
大洋山	6070	6070	5812	5343	469	258	0	0	0	0	0
里山圩	4030	4025	3865	3576	289	160	0	5	5	0	0

（一）植被资源

石门洞林场林区植被属中亚热带常绿针叶林、阔叶林，原生植被较少见，多为次生植被，有相当比重的人工植被，次生植被在海拔 800 米以下多为马尾松，800 米以上分布有较多的苦槠、木荷等常绿阔叶林。人工植被主要有杉木、马尾松、黄山松、杉阔混交林、毛竹林等。

据杭大（现浙江大学）1986 年初步调查，林场内植物资源有 95 科近 1000 种。乔木占优势，以马尾松、黄山松、杉木为主。植被类型含草本植被、灌木丛植被、针叶林植被、阔叶林植被、竹林植被。草本植被以低山区生长良好，其主要种类为醉鱼草、辣子草、喜旱莲子草、井栏边草、夏枯草、毛茛、白头翁、鸭儿芹、鸭跖草、马鞭草、虎耳草、茜草、莎草、酢浆草等。灌木丛植被分布较广，但以低山区为主，其树种组成比较复杂，主要种类有牡荆、云实、麻叶绣球、算盘子、金樱子、茅莓、野宁麻、木防己、菝葜、葛藤等。针叶林为风景区内之主要植被类型，主要为马尾松林、黄山松林、黑松林，总覆盖率达 90%，多数属复层结构，林内有一定阔叶树种和灌木层、草本层。阔叶林植被多零星插花分布，其主要树种有石栎、角栎、青岗、化香、盐肤木、野鸭椿、枫香、木荷、苦槠、乌桕等。竹类植被以毛竹林为主，兼有淡竹、绿竹、水竹、黄竹等竹种。

（二）动物资源

林区野生动物资源相当丰富，据调查有 33 科 54 种。其中属于国家保护动物有：鼋、白鹇、鸢、猫头鹰、草鸮等；爬行动物有石龙子、竹叶青、金环蛇、银环蛇等；两栖动物有棘胸蛙、大蟾蜍、角蟾等；哺乳动物有豹、苏门羚、大穿山甲、华南兔、野猪、青羊、獐、松鼠等。

四、森林经营

建场之初，在"普遍护林，重点造林"和"消灭荒山，绿化祖国"的方针指导下，林场根据立地条件、气候、水文等情况，重点发展或改造以松、杉木为主的用材林。

1957年，石门洞林场未正式成立前，以祯旺森林经营所名义，实施造林。全年完成省林业厅下达的幼林抚育任务1000亩；营造杉木1000亩，补植杉木500亩；营造马尾松1000亩；开通林道10公里。

1958年建场后，连续4年，开展大规模人工造林；4年共造林15900亩，并有计划进行育苗，实现自育苗、自造林。（见下表）

表8-1-1-4 1958—1961年石门洞林场造林育苗情况表

年度	造林树种（亩）					育苗（亩）				
	马尾松	短叶松	杉木	栎	其他	杉	马尾松	短叶松	栎类	其他
1958	1000	500	500			4	5		1	
1959	2000		1500	400		27	58	4		1（水果）
1960	3000	1000	1500			27	67	2		1
1961	3000	1000	500			1	2	2		

表8-1-1-5 1958—1964年石门洞林场劳动用工统计表

年度 \ 科目	造林（亩、工）			育苗（亩、工）			抚育（亩、工）			套种（亩、工）			副业（工）			福利			合计
	面积	后勤用工	总工数	面积	后勤用工	总工数	面积	后勤用工	总工数	面积	后勤用工	总工数	农业用工	副业用工	其他用工	畜牧用工	食堂	基建	
1958-1959	3050	8	24400	55			1020	5		300	5	1500							30343
1960	2000	8	16000	70	70	4900	1700	8	13600	1000	5	5000							44361
1961	1020	7	7140	31.5	50	1575	3012	4	12048	1150	5	5750							31792.5
1962	2000	8	16000	30	70	2100	3500	4	14000	1000	6	6000	300	50	500	500	1000	1000	48068
1963	1150	8	9200	10	70	700	4600	4	16400	1000	5	5000	300	70	500	500	1000	2000	42517
1964	1200	8	9600	10	70	700	6100	4	24400	1000	5	500	300	150	500	500	1000		46047

1966年，经县革命委员会批准，扩大林场面积50820亩。扩大面积的山场，分别为山塘、烂泥湖、分水垇、师姑湖、大雄坑、冲坑、龙门屯、白玉湖等林区。这些林区，山高路远，大部分为荒山。从1966年开始准备，又一次进行大规模人工造林。至1971年，五年时间，共人工造林38000亩，平均年造林7000多亩，基本消灭了荒山。

1980年，经县政府批准，将洞背村划归高市乡管辖，减去面积5517亩，实际经营面积64352亩。其中有林地54366亩，灌木林3429亩。

1984年9月，为开辟石门洞风景区，发展旅游业，经县政府同意，场部迁移到高市乡练岙村范围。下设3个林区，16个生产队，6个护林点，2个木材加工厂和农工商服务部。后场部又迁回石门洞，石门洞风景管理处也设在场部。

林场生产以营林为主。历年营造各种用材林和抚育林木，至1987年，立木蓄积量达18.46万立方米，是1971年的近18倍，森林覆盖率达97%。至1998年，活立木蓄积248894立方米，比 1987 年增长 34.83%。

1994 年，林场实施"三制改革"后，开始投入资金进行石门洞森林公园建设。林场与森林公园实行两块牌子、一套班子管理体制。同时加强森林经营工作，大力开展中幼林抚育和采伐迹地更新，林分总量逐年增加。

1999 年，林场实行分类经营，将森林公园范围内的 27757 亩森林，划入第一期生态公益林建设，其余林区进行营林生产。2007 年，林场的全部山林被列为国家级生态公益林建设，总面积 6.3 万亩。林场职工从原来的营林生产转向生态公益林的保护工作。

2007 年底，在职干部、职工 71 人，经营土地总面积 6.4425 万亩，立木蓄积 352628 立方米，比 1998 年增长 41.68%，比 1987 年增长 91.02%，森林覆盖率达 97.3%。

图 8-1-1-2 烂泥湖林区杉木林基地（2015 年摄）

表8-1-1-6 1971年石门洞林场各队经营完成情况统计表

队别	造林面积-杉	造林面积-松	茶叶基地-茶	茶叶基地-基地	造林报工量	短叶松-面积	短叶松-产苗量	马尾松-面积	马尾松-产苗量	杉木-面积	杉木-产苗量	柳杉-面积	柳杉-产苗量	厚朴-面积	厚朴-产苗量	茶叶-面积	茶叶-产苗量	育苗报工量	抚育面积-杉	抚育面积-松	抚育面积-毛竹	抚育面积-油茶	抚育面积-茶叶	抚育报工量	房宿-面积	房宿-报工量	猪栏-面积	猪栏-报工量	厕所-面积	厕所-报工量	林道-长度	林道-报工量	开田开地-面积	开田开地-报工量	计报工量
烂泥湖	50	600		16	891	1.5	20.0											90	270				40	805							劈草3000	20	田10.0	847	887
师姑湖				40															200				450		250		15	20	20				田6.0		
大洋山	100	700	10	30	1525					1.0	4.0					1.0	6.0	160	500		25		100	1660	地基220	740					开850	279			1019
冲坑	50	500			400	1.0	20.0			0.3	2.0					1.0	6.0	100				700		1200							开200	80	地1.0	80	120
龙门顿	60	450								0.5	1.0							50	350		10		50	108			10	82							82
赞头湖	100		1.0	5.0															700		1		20	850	80	850									850
乌坑										0.7	2.0							50	1000		100			2633							劈草7000	14			14
际后								0.2	0.2	0.2	0.4							20	810	30			1.0												
三坑										0.2	0.4							20	400	50	10		2	950	35	250			10	85	劈草2500	20	地0.2	20	375
里山圩								0.15	1.0										500		10														
洞背								0.7	12.0										800				70										地0.1	10	
石门洞										0.5	1.5			0.1	0.05				150	15	5		5		屋365 菜地220		25.0		30		开1050 修12500				10
合计	360	2250	11.0	91.0		2.5	40.0	1.05	13.2	3.2	12.9			0.1	0.05	2.0	12.0		5680	95	161	700	738										田16.0 地1.3		

说明：1. 合计造林面积2621亩，茶叶基地91亩；林木育苗8.85亩；林木抚育7374亩（738亩茶叶重复抚育面积未计在内）；

2. 1971年度架广播线路85里，装喇叭50只，实现队队有广播；架电话线路40里；

3. 建设2米宽林道9.3公里，投放260工，挖泥方2980米，投放2982工。

五、多种经营

1958年,林场建场后,因地制宜全面发展林场经济。1959年,林场开展多种经营,创办畜牧场,养毛猪200头(其中肉猪130头、母猪50头、公猪20头)、小鸡200只,建造羊舍一座。

林场根据自然条件、资源状况,充分利用各种资源,经过多年的发展、探索,逐步形成"以林为主、多种经营、综合利用、以短养长,林业与旅游业相结合"的经营方针,为林场的发展壮大增加活力。

建场之初,种植油茶200亩。1966年林场扩建之后,在大洋山、龙门顿、师姑湖、烂泥湖等新区队,开辟茶叶基地计1152亩。20世纪70年代后期,在里山圩创办竹制品厂,从县画篾厂、竹编厂请来师傅指导。

20世纪80年代,在石门洞场部创办林工商公司;建木材加工厂2个,其中石门洞木材加工厂有工人11人,大洋山木材加工厂有工人4人。

据1983年统计,林场多种经营中,茶叶收入21041元,毛竹收入1028元,油茶籽收入434.5元,毛棕收入381.27元,笋收入190元,油桐籽收入93.95元,香菇收入112元。

1984年,茶叶收入40250元,林副产品收入4113元,农业收入1609元,运输业收入35200元,其他收入14800元,主业林木销售收入146580元,木材收入75000元。总计收入317752元。此外还有林场商店、招待所,私人承包(林场职工)的收入,未统计在内。改变林场单一结构,多种经营的收益,在林场的收入中所占比例大为提高。同时,增加了林场的就业岗位。

1985年开始,林场的多种经营重点逐步向旅游业倾斜发展。

表 8-1-1-7 2011年石门洞林场建设与经营情况统计表 单位:万亩、万元

林场基本情况	资源情况	经 营 面 积	6.4
		林 业 用 地 面 积	6.4
		公 益 林 面 积	6.3
	人员情况	总 人 数	86
		在 职 职 工	34
		离 退 职 工	52
2011年林场经营情况	收入情况	合 计	137
		县 财 政 事 业 经 费	
		生 态 补 偿 资 金	110
		木 材 收 入	3
		森 林 旅 游	
		其 他 收 入	24
	支出情况	合 计	241
		工 资 支 出	107
		社 会 统 筹	79
		林 业 生 产	6
		基 础 设 施 建 设	
		其 他 支 出	49
	经营盈亏额		-104

表 8-1-1-8　1971 年林场农、林、牧、副产量与收入汇总表

项目（队别）	稻谷产量	稻谷金额	小麦产量	小麦金额	黄豆产量	黄豆金额	番薯产量	番薯金额	花生产量	花生金额	马铃薯产量	马铃薯金额	小米产量	小米金额	玉米产量	玉米金额	赤豆产量	赤豆金额	蔬菜产量	蔬菜金额	茶叶产量	茶叶金额	毛竹产量	毛竹金额	毛笋产量	毛笋金额	油茶产量	油茶金额	油桐产量	油桐金额	金计产量	金计金额	水果产量	水果金额	其他产量	其他金额	猪	牛
烂泥湖	2403	228.29			50	8.40	230	20.70			210	4.20			30	28.80	17	3.40	1811	20.80																	1	2
师姑湖					906	152.21	682	61.38	10.5	2.63									2520	25.20	250.5	407.72									146	87.6					1	
大坪山					167	28.06	240	21.6	4	1.00	270	5.40			466	44.74			1149	18.81													柿58 梨2823	218.68			1	
冲坑							619	55.71			480	9.6			195	18.72			1350	113.5											9	5.4	柑24	1.20			1	
龙门顷					130	21.84	1050	94.5			493	9.86			680	65.28	28	5.60	1005	10.05											17.5	10.5			水葛花11796	235.38	2	3
赞头湖					377	63.34	207	18.63	39	9.75	200	4.00	487	43.83	345	33.12			2020	20.20																		
乌坑	1120	106.40			180	30.24	1208	108.72	38	9.50	825	16.50			79	7.58			3466	35.67	19.6	36.09	9850	197	1263	37.89	25	5.0	13	5.58	16	9.6		2.32	白芍102	123.83	1	1
际后	311	29.55	104.5	12.54	286	48.04	1967	177.03	42	10.50	681	13.62							1436	14.366	10	144.32	11924	238.48	544	16.32											2	
三坑			88.0	11.76	88	14.78	1170	105.30	17.5	4.37	500	10.0			20	1.92			1661	16.61	10	16			168	5.04			70	21.20							1	
里山圩			9	1.08			649	58.41			70	1.40							1163	13.06			12511	250.22	2247	67.41	660	127.0			11	6.6	柿109	4.36	板栗46.5	9.30	1	3
洞背			15	1.80			119	10.71							3	0.29			1035	11.61	635.5	889.79					4492	864.7			108.8	69.42	棉1100	44.0				
石门洞	9442	896.99					479	42.11	44	11.0					527	50.59			1679	26.16	80	141.37	573 水竹5402	11.46 水竹140.42	286	8.58							桃147	4.42			7	1
合计	13276	1261.23	226.5	27.18	2184	366.91	8620	775.81	195	48.75	3729	74.58	487	43.83	2345	224.2	45	9.00	20294	226.03	1085.6	1235.24	34858 水竹5402	697.16 水竹140.42	4508	135.24	5178	996.7	83	26.78	308.3	189.12	4261	274.98		368.51	18	10

说明：1. 稻谷总产量13276斤。　中稻面积13.8亩，产量11391斤，平均亩产862斤。早稻面积中有1.4亩，产量1816斤，平均亩产1297斤。
　　　2. 全场农、林、副业产品产值7121.79元，其中农业产值3057.44元，占42.8%，林副业产值4064.15元，占57.2%。
　　　3. 养猪事业由空白开始发展到18头，并正在进一步有计划的发展。

六、森林公园建设

早在公元 423 年，山水诗鼻祖、永嘉太守谢灵运涉足探幽石门洞风景名胜后，名声远播。唐代成为我国道教三十六洞天之十二洞天。历代都有游客慕名而至，并赋诗题记，留下了大量文学价值、书法价值和旅游价值很高的摩岩碑刻（石门洞摩岩题刻 1963 年被列为省重点文物保护单位，2013 年 5 月升为国家级重点文物保护单位）。景区内有谢客堂、灵佑寺、刘文成公寺、观音阁、石门山庄、问津桥、问津亭、泻银桥、圣水亭、观瀑亭、刘文成公读书处、碑廊等人文景观和石门飞瀑、积银潭、弄月池、旗山、鼓山等自然景观大大小小近 200 个景点。在林场成立之初，县政府责成石门洞林场进行保护。1958 年后，转为石门洞林场专管。

1985 年，省政府将石门洞列为省级重点风景名胜区。成立石门洞风景管理处，行政隶属林场，业务上接受县园林处指导。

1991 年 11 月 22 日，国家林业部林造批字〔1991〕128 号文件批复石门洞森林公园为省级森林公园。森林公园与林场实行两块牌子一套班子，林场的隶属关系、山林权属、经营范围不变。

1992 年底，林场邀请林业部华东林业调查规划设计院编制了《石门洞森林公园总体规划》。公园范围包括林场的全部经营面积 4295 公顷，按照风景资源的分布及其特点，分四个游览景区，接待服务采取分散布点的方式，其他为生产经营区和风景环境保护区，在不影响风景环境质量的前提下，按已编的《森林经营方案》进行林业生产经营。

四个游览景区为洞天飞瀑景区，范围包括场部及场部林区；太子胜境景区范围包括里山圩和际后林区；大济仙桃景区范围包括独猫居和大洋山林区；师姑草海景区范围为师姑湖林区。

1999 年 9 月，省城乡规划设计研究院进行了重新详细规划，编制了《浙江青田石门洞风景区总体规划 1999～2020 年》和《浙江省青田县石门洞风景区详细规划 1999～2020 年》。将森林公园做了调整，从四大游览区规划为三片两带。是年，石门洞森林公园总收入 60 多万元，年接待游客 7.5 万人次，从业人员 28 人。

2001 年，石门洞森林公园被国家旅游局评为 AAA 级旅游区。在浙江同一批次国家 3A 级旅游区中，石门洞是唯一一个森林公园。

2003 年，森林公园将飞瀑景区旗、鼓山承包给石门洞景区开发公司开发经营，建国师楼、天桥、游步道等。门票按比例分成，2008 年中止。是年 12 月，石门洞被列为国家级森林公园。

2007 年林场改制，有关部门将石门洞林场和石门洞森林公园分开建制。森林公园管委会为正科级单位，负责开发、规划、管理等事务。森林公园根据总体规划要求，将公园分为石门飞瀑景区、伯温怀古景区、开运灵谷景区、太子胜境景区、师姑草海景区。

2010 年 12 月，石门洞森林公园被国家旅游局评为国家 AAAA 级旅游区。由同年成立的石门洞森林公园旅游开发有限公司负责运营管理。至 2012 年，公司有员工 46 人，年接待游客 10 万人次，门票收入 320 万元。

2013 年 4 月，县政府将石门洞森林公园（旅游区）特许经营权出让给丽水伯温文化旅游发展有限公司经营、开发。

七、护林防火

护林防火是林场的重点工作内容。建场以来，林场历任领导都非常重视林场的森林防火工作，以"预防为主，积极消灭"的原则严把防火关。至 2014 年止，林场已创连续 40 年无火灾的记录。

林场防火工作在广大干部职工及周边百姓都已深入人心，在潜意识里将防火牢记于心。林场每年召开一次周边毗邻乡（镇）村护林防火联防会议，并发布护林防火联防公约。规定每年10月1日至次年4月30日为防火戒严期。在戒严期内实施不准带火柴、打火机进入林区，严禁野外用火，不准吸烟等措施。建立制度防火的机制，制订防火预案。达到以制度管火、以制度管人，有效控制森林火灾的发生。

重点防火期内，安排两名林场人员24小时值班，各护林点由护林员负责24小时值班，保持通讯畅通，认真做好防火值班记录，实行每日逐级汇报直到县森林防火办公室。针对林场既是林区又是景区来往人员多、情况复杂的状况，严格实行火源管理制度。人员进入林区（景区）之时，就有防火的概念，牢记森林防火的严峻性、重要性。从源头上控制火源，消灭火灾隐患，确保森林资源的安全。

图 8-1-1-3 石门洞林场森林消防队英姿（2013 年摄）

此外，在防火宣传上做文章，扩大宣传范围，突出联防，实行群防群治；利用各种方法，开展森林防火知识宣传，使之家喻户晓，人人皆知。

防火设施是森林防火的重要保障。林场在各大林区、队、护林点，配备了先进的灭火工具、器材。2005 年，县林业局为林场配备了全县第一台森林消防专用车辆。师姑湖林区山顶建起瞭望台、卫星遥感基站等防火设施，为林场及时发现火情，扑灭火灾提供了有力保障。

林场在建场之初，为了有效预防火灾、阻隔火灾，根据林场山高坡陡、交通不便、境内还有风景名胜区的特点，在沿山脊线和林场界址开辟高标准的防火线，并坚持每年修整。老区防火线宽6米，新区防火线宽8米。到1983年，防火线长度达119公里。1989年新开31.6公里，修建林道131公里。2007年，在重点林区营建以木荷为主的常绿耐火树种生物林带12公里。

从 1990 年开始，利用化学除草的方法，根除防火线上的杂草。每年清理防火线、林道已成林场主要的工作之一。

八、林场基础设施建设

林场建场之初，国家经济比较困难，国营企事业单位搞建设缺钱少物。林场坚持自力更生、艰苦创业的精神，白手起家，修旧屋、搭简易房，生活异常艰苦。经逐年积累资金，盖楼房、架索道、造公路、通电讯等，为林场的生产、经营打下坚实基础。

（一）房屋建设

1958 年，林场干部、职工的办公、生活条件异常艰苦，没有住房，职工都居住在破旧的灵佑寺、谢客堂、观音阁和石门山庄里。场部办公，因陋就简，以简易的

图 8-1-1-4 防火宣传牌

二层砖木结构作场部的办公用房。里山圩、洞背、山坑、乌坑等队都以木结构、土墙建造护林房。

1966 年，石门洞林场扩建，新开辟冲坑林区、师姑湖林区、际后林区。护林队增加大垟山、赞头湖、冲坑、岙头、龙门顿、师姑湖、烂泥湖护林点；后又设独猫居、大雄坑、分水岙、白玉湖、山塘等护林点。林场职工本着"先生产，后生活"的精神，先窝棚，后土房，逐步建设了一批林区住房。

20 世纪 80 年代后，林场经济状况好转，在林场场部石门洞内建设楼高三层、砖混结构的职工宿舍。之后，又在 330 公路边建造砖混结构，融办公、商住为一体的综合楼。

1997 年，为适应林场的发展，搞好多种经营，在石门洞风景区内，投资 350 万元，按星级标准建起旅游接待宾馆。建筑面积 1780 平方米，内设 28 个标准间，会议室、餐饮等设施一应俱全。

2009 年统计，林场有多个护林点、队，因撤扩拼，人员分流，住房年久失修而倒塌。现有生产、办公、生活等用房建筑面积共计 8743 平方米，宾馆 1780 平方米。

（二）道路建设（交通运输）

随着林业生产的发展，林木蓄积量不断增加，茶叶、林特产品日益增多，需运出林场。林业用肥、工人生活用品需要从市场购入并运到林场，大量物资进出仅靠人力背运，既增加成本，又耗费时间，解决交通运输成为林场林业发展中的重要问题。林场

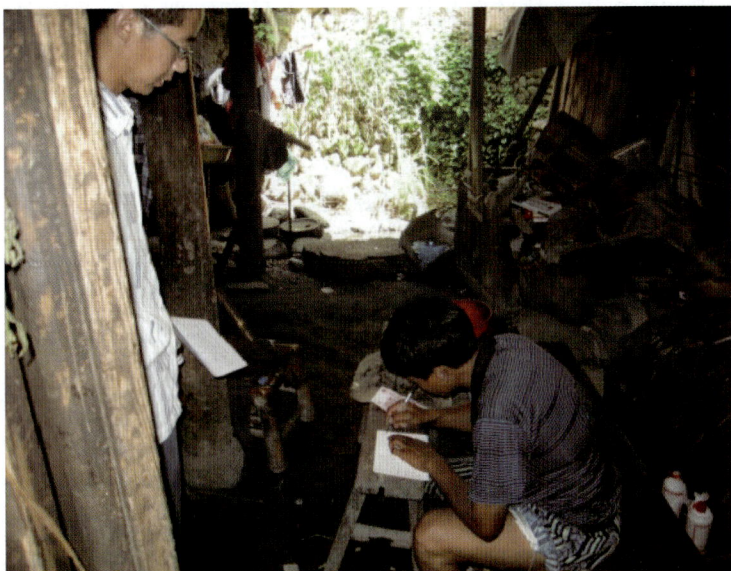

图 8-1-1-5 林区工人在简陋的工房中工作（2009 年摄）

根据自身条件，以自力更生为主，争取上级补助为辅，采取修建林道、架设索道等，分段建设，逐步推进，解决交通运输问题。到 2008 年，林场林区公路里程达 65.3 公里。

表 8-1-1-9 青田县石门洞林场林区交通建设情况表　　单位：公里、万元

建设地点	里程	投资额	建设时间	备注
石门洞至里山圩	5	78	1997	公路
里山圩至际后	7.4	40	1988~1989	公路
际后至大洋山	13.7	30	1986~1987	公路
大洋山至大雄坑	4	20	1998	公路
大雄坑至师姑湖	4.2	50	1998~1999	公路
大雄坑至大源呑	6		2007	公路
际后至野猪湖	5		1984	机耕路
坳头至师姑湖	20		1989	机耕路
际后至石门洞	3.8		1984~	索道
里山圩至石门洞	2.1		1990~1996	索道

2009 年 5 月，县有关部门将石门洞至师姑湖林区公路 32.8 公里，列入乡村康庄工程建设，拓宽改造硬化，总投资 1700 多万元。

2010 年，从 330 国道线经外雄电站至洞背段公路 8.27 公里，作为林场发展和景区开发项目立项，2013 年建成通车。

2013 年，由祯埠乡至祯旺乡应章村公路，经烂泥湖护林队林区境内里程 3 公里，建成通车。至此，林场交通条件大为改善。

（三）电力基础设施建设

建场之初和以后很长一段时间，林场没有电力设施，对生产、生活和工作影响巨大。林场因地制宜，从实际出发，克服困难，逐步发展并完善电力设施，满足需要。

1983 年，林场在鼓山安装 20 千瓦变压器 1 台，独立供应场部办公、生产、生活等用电。

20 世纪 80 年代后期，在偏远林区的护林点（队），有白玉湖、龙门顿、冲坑、烂泥湖、师姑湖、大洋山等，先后建起微型小水电 10 多座，解决职工照明。

至 2005 年，林场的电力设施计 160 千瓦变压器 1 台、80 千瓦变压器 1 台、50 千瓦变压器 1 台、30 千瓦变压器 2 台，自备电源 120 千瓦发电机 1 台。

2009 年变压器增容，增加 400 千瓦箱式变压器 1 台。冲坑、际后通上网电。其他偏远林区也都用上太阳能光伏发电，解决照明、收看电视等生活用电。全场拥有电力高压线路 3 公里，低压线 8 公里，变压器总容量 480 千瓦。总投入资金 150 多万元。

（四）广播通讯建设

林场的林区、队基本上都处于偏远的高山。建场初期，林区之间通讯十分不便，一有情况依靠人腿来传递信息。林场职工自己动手用木杆架线，辟山开路，接通电话、广播线。

1971 年，林场广播线路 85 公里，手摇电话线路 40 公里。

离场部石门洞最远的林区，是烂泥湖和白玉湖，徒手走路需 1 天时间。1966 年林区扩建后，逐步架设了电话、广播线。至 20 世纪 80 年代末，全场共有广播、电话线路 120 公里，并配 3

位专职技术人员从事对电话广播线路的养护工作。场部总机分 16 门内部电话，际后、大垟山、师姑湖等林区设分机，安排专人负责接听电话。

2008 年后，有线广播、电话被无线电话取代。林区的通讯全部换上由电信部门安装的无线通讯电话。

（五）职工子弟学校

林场由于山高路远，交通不便，建场初期，职工子女上学十分困难。1972 年，林场创办石门小学，专门招收林场职工子女入学。1975 年秋，石门小学并入洞背小学，由林场和洞背村合办洞背小学（当时洞背已并入林场）。老师由林场安排聘请代课教师，有学生 43 人，职工子女 19 人。70 年代后期，林场又在大垟山创办学校，教室、宿舍设在职工生产办公用房内，有学生 10 多人，分三个班级，教学任务由 1 位代课老师任教。

九、改革与人员分流

2008 年，随着林业体制改革的不断深化，石门洞林场的改革被提上县政府的议事日程。根据省政府和省林业厅有关文件精神，市、县批准石门洞林场改革方案，调整石门洞森林公园管委会隶属关系和管理体制。石门洞林场体制改革按分类经营要求，从生产型向景区生态公益型转变，加快国家森林公园建设步伐，逐步实现可持续发展。实行所有权和管理权分离，林场机构规格不变，仍隶属县林业局，为其下属差额拨款事业单位，具体事务委托青田县石门洞森林公园管理委员会管理。县林业局作为林场的业务主管部门，继续负责林场工作人员的业务指导和培训工作。县政府编委重新核定林场编制 20 名，职能以原营林为主转为护林为主，经费实行收支两条线，资金余缺由县财政调剂，实行差额补助。对原在职正式职工，除部分继续留场外，其余富余人员实行分流安置，分别以调森林公园管委会、择优安排到乡镇下属事业单位、提前退休退职等多种渠道处置。

2009 年，石门洞林场改革完成。改革后，成立青田县石门洞风景区管理委员会，其机构规格为正科级。并组建青田县石门洞森林公园（风景区）管理处；青田县石门洞森林公园景区开发有限公司；保留青田县石门洞林场。其机构为三块牌子，一套班子。

（一）三个机构职责

1. 森林公园管理处主要职责

（1）保护森林公园内的风景名胜资源、自然生态环境。

（2）组织实施风景区规划，合理开发利用土地和风景名胜资源。

（3）审查、监督森林公园内的各种建设项目，建设、管理和保护基础设施及其他公共设施，改善游览服务条件。

（4）负责管理风景区内宗教事务。

（5）负责管理风景区内社会事务和农村工作。

（6）负责风景区内旅游管理。

（7）负责风景区内封山育林、植被绿化、护林防火、防治林木病虫害和防止水土流失等工作。

（8）贯彻执行县委、县政府对森林公园管委会工作的指示和决定。

（9）承办领导交办的其他事项。

2. 森林公园景区开发公司主要职责

（1）负责森林公园国有资产经营管理工作。

（2）负责景区项目建设的招商引资工作。

（3）负责景区的建设和维护；建立、协调景区股东收益利益分配机制。

（4）负责景区开发资金的筹措。

3. 林场主要职责

（1）负责景区生态公益林的规划建设工作；负责景区内的植树造林、绿化美化方案的制订和组织实施，负责景区内森林抚育工作。

（2）维护景区森林景观，搞好森林病虫害的预测预报和防治，负责组织检疫对象的查防。

（3）负责落实景区护林防火责任制，承担景区护林防火的职责；负责森林公园野生动植物资源的保护工作。

（二）风景区管理委员会内设机构

根据职责，风景区管委会设3个职能处室：

1. 森林公园综合办公室

综合协调管理机关政务和日常事务，负责文秘、档案、会务、信息、统计、信访、保密、接待、车辆管理、后勤保障等工作；负责各处室之间的协调工作；负责管委会的机构编制、人事管理、劳动工资、离退休人员管理和服务等工作；负责管委会的经费、资产管理等财务工作；负责编制各项财务预算、年度计划和财务分析；负责固定资产、有价证券、医疗保险管理工作；负责有关会计档案、职工医疗档案的管理工作；负责制定景区精神文明建设，按干部管理权限，负责景区机关、事业单位对干部进行选拔、考察、考核、培训等，提出干部调动、任免、使用及奖惩意见；负责景区机关、事业单位工作人员的考录、调配、日常考核与年度考核、奖励、惩戒、职务升降、辞职、辞退、退休等工作；负责事业单位专业技术岗位设置、资格评审、推荐及聘任以及技术工人技术等级的考试、考核等工作；完成领导交办的其他工作。

2. 森林公园管理处

负责宣传、贯彻执行国家有关风景区规划建设、土地管理、环境保护方面的法律法规和方针、政策，严格执行森林公园总体规划；负责景区内的规划建设、土地管理和环境保护工作；负责对风景区的旅游质量进行监督管理；根据有关法律、法规和风景区规划，配合有关职能部门对破坏风景区森林、植被、地貌、水体、景物景观、公共设施、环境卫生及扰乱风景区旅游秩序行为进行监督和查处；负责所属区域内的消防、安全生产管理工作，配合有关部门搞好风景区内的治安、保卫及案件查办工作；监督检查风景区内的单位和个体经营户的卫生工作；完成领导交办的其他工作。

3. 警务室

全面负责景区的社会治安综合治理工作；制定各种预案与措施，落实治安责任制，严厉打击各种违法犯罪活动，防止和杜绝大案、要案和刑事案件的发生，确保景区旅游秩序的安全、加强对游客的安全管理，抓好重点区域和部位的安全防范工作；加强重大节日的安全保卫工作；维护林区社会治安秩序，负责林区内盗伐、毁林等违法行为的立案、侦破、查处工作、完成领导交办的其他任务。

纪检、监察、信访等机构按有关规定设置。

森林公园景区开发有限公司按《公司法》有关规定设置。

（三）人员编制和领导职数

1、森林公园管委会机关编制 14 名。其中：行政编制 5 名，全额拨款事业编制 9 名。

2、林场差额拨款事业编制 20 名。

3、石门洞森林公园管委会领导职数：一正三副，其中正职兼任林业局副局长或者党组成员。

4、开发公司董事长、总经理一职由管委会主任兼任。

2008 年后，林场撤销林区改为组，下设烂泥湖、师姑湖、冲坑、龙门顿、独猫居、际后、里山圩 7 个护林组和场部。

2013 年 4 月，县政府决定，对石门洞风景区范围内的旅游、交通、服务等项目的特许经营和开发权，通过市场运作模式，特许授权给企业组织进行市场化管理与合作开发，实现政企分离，使旅游产业走向市场化管理。景区承包后，林场正式职工退出景区管理，全部到林区护林。

表 8-1-1-10 石门洞林场历任负责人名录

职 务	姓 名	任 职 时 间	备 注
场 长	邹士恩	1958—1979	
支部书记	陈志楚	1958—1965	
支部书记	孙钱兴	1965.03—1977	
副书记	周祖武	1958.09—1980	
副场长	张志武	1980.10—1985.01	
副场长	吴祖木	1980.10—1982	
支部书记	周祖武	1980—1986.11	
副场长	潘光武	1980—1984.04	
场 长	吴祖木	1982—1984.04	
副场长	殷如民	1984.04—1985	1984.12 兼支部副书记
场 长	潘光武	1984.04—1985	
副场长	王秀华	1985—1988.09	
支部副书记	陈仕安	1984—1988	
场 长	殷如民	1985.01—1987.01	
副场长	潘先科	1986—1991.10	
支部书记	毛伯南	1986.12—1987.11	
场 长	周群昌	1988.09—1990.04	
总支书记	陈仕安	1988.06—1990.04	
党总支部书记	周祖武	1990—1992.12	
副场长	金小平	1988—1990.05	
场 长	金小平	1990.05—1993.07	

续表 8-1-1-10

职 务	姓 名	任职时间	备 注
副 场 长	季孝敬	1990.05	
副 场 长	王伯渔	1990.05—1992.07	1991.04 兼支部副书记
副 场 长	占碎标	1990.05	
副 场 长	叶锡人	1992.07—1995.12	
场 长	柳松树	1993.07—1999.07	兼总支部书记
副 场 长	兰进武	1993.07—2004.08	
副 场 长	陈雄弟	1993.07—1997.06	
副 场 长	赵少雄	1997.08—2006.11	
副 场 长	陈利军	1997.08—2002.06	
场 长	刘新青	1999.07—2002.05	
副 场 长	徐云彪	2002.06—2006.06	
副 场 长	朱旭荣	2002.06—2006.05	
场 长	徐忠伟	2004.09—2006.06	兼总支书记
副 场 长	沈苏雄	2004.09—2008.04	
场 长	陈雄弟	2006.06—2008.8	兼总支书记
场 长 助 理	李燕伟	2006.06—2008.8	
场 长 助 理	朱国华	2006.06—2008.8	
场 长	吴忠民	2009.10—2011.06	
场 长	李燕伟	2011.07—2012.02	
场 长	季仲孟	2012.02—2013.06	
场 长	章 峰	2013.07	
副 场 长	徐木海	2009.10	
副 场 长	陈松国	2009.10—2014.11	
副 场 长	徐岩彬	2011.09	
副 场 长	陈松友	2014.12	

第二节 八面湖林场

一、概况

八面湖林场位于县城西北部50公里处。东邻祯旺乡、坑底乡（现为北山镇所属），南与莲都区、景宁县接壤，西至黄寮乡（现为章村乡所属），北临章村乡。

（一）基本情况

1966 年 6 月，经县革委会批准，成立青田县八面湖林场。1972 年 3 月 29 日，省革委会生产指挥组（浙革计〔1972〕45 号）文件，正式追加批准新建八面湖林场。

八面湖林场有石井、向东、东岩、小将、石寮 5 个林区，1 个林产经营部。2013 年，林场在职职工 9 人，退休人员 20 人。在职职工中，有专业技术人员 3 人。其学历：大学 1 人，大专 4 人，高中 2 人，其他 2 人。

林场有生产管理用房和职工宿舍共 2100 平方米，防火线 38 公里，自建林区公路 25 公里。东岩和石井林区已通车，全部林区均安装太阳能和无线电话，可收看、收听电视广播。生产和办公用房基本满足需要，但其他基础设施仍然比较落后。

自建场以来，国家累计投资 256 多万元。2005～2009 年，林场共实现经营收入 213.7 万元，其中木材销售收入 206.3 万元；实现利润 12 万元；完成营林投资 98.2 万元，采伐间伐成本支出 27.6 万元。至 2009 年底，林场有固定资产 68.5 万元，林木资产 193.3 万元，流动资产 53 万元，流动负债 42.4 万元，长期负债 12.8 万元，所有者权益 259.6 万元。

林场 20 世纪 80 年代初开始生产商品材，平均每年生产木材 300 多立方米，年创利 2 万余元。

（二）自然地理条件

林场的山林面积，按地貌类型分，全部为中山地段；按海拔分，全部在 850 米以上，最高的八面湖顶为青田县的最高峰，海拔 1390.8 米；按坡度分，斜、缓坡占 10.2%，陡、急坡占 89.8%。土壤以黄壤为主，约占森林土壤的 80%，红壤和黄红壤约占 20%；按土层厚度分，中厚层土（41 厘米以上）占 30%，薄层土（40 厘米以下）占 70%。主要植被为人工黄山松、杉木、柳杉及针阔混交林。

林场自然环境适宜黄山松、杉木、针阔混交林以及茶叶等经济林

图 8-1-2-1 八面湖林场场部（2013 年摄）

的生长，社会和经济环境有利于林场的发展。但由于林场的山林分散，且均处在 850 米以上的山顶，交通不便，自然环境恶劣。

（三）森林资源情况

据 2007 年森林资源调查，八面湖林场总面积 21934 亩，其中林业用地 21934 亩，占 100%。（下列表格中的土地总面积 22439 亩，包括了莲都区插花在八面湖林场的山地 505 亩）。

林业用地中，有林地面积 21367 亩，占 97.4%；灌木林地面积 82 亩，占 0.4%；未成林造林地面积 400 亩，占 1.8%；无立木林地面积 81 亩，占 0.4%；其他林地面积 7 亩，占 0.03%。

全场活立木总蓄积 119946 立方米，其中乔木林蓄积 119750 立方米、占 99.8%；散生木蓄积 196 立方米，占 0.2%。森林覆盖率 97%，林木绿化率 97%。

有林地面积中，乔木林 21068 亩，占 98.6%；竹林 296 亩，占 1.4%；有林地按林种分：防护林 20591 亩，占 96.38%；用材林 773 亩，占 3.62%；经济林茶叶 82 亩，占 0.38%。

表 8-1-2-1 八面湖林场土地面积统计表 （单位：亩）

统计单位	林地所有权	森林类别	土地总面积	林业用地 合计	有林地 小计	乔木林地 小计	乔木林地 纯林	乔木林地 混交林	竹林	红树林	疏林地	灌木林地	未成林造林地	苗圃地	无立木林地	宜林地	辅助生产林地	非林地 计	森林覆盖率%	林木绿化率%
合计	国有	合计	22439	21934	21675	21379	10617	10762	296	0	0	82	77	0	93	7	0	505	97	97
		重点公益林	0	13534	13493	13403	6414	6989	90	0	0	0	0	0	34	7	0	0	0	0
		商品林	0	8400	8182	7976	4203	3773	206	0	0	82	77	0	59	0	0	0	0	0
石井1	国有	合计	714	714	675	526	477	49	149	0	0	0	10	0	29	0	0	0	0	0
		商品林	0	714	675	526	477	49	149	0	0	0	10	0	29	0	0	0	0	0
石井2	国有	合计	718	718	708	703	382	321	5	0	0	0	0	0	10	0	0	0	0	0
		重点公益林	0	517	507	502	270	232	5	0	0	0	0	0	10	0	0	0	0	0
		商品林	0	201	201	201	112	89	0	0	0	0	0	0	0	0	0	0	0	0
向东1	国有	合计	1480	1480	1404	1404	427	977	0	0	0	54	0	0	15	7	0	0	0	0
		重点公益林	0	766	751	751	208	543	0	0	0	0	0	0	8	7	0	0	0	0
		商品林	0	714	653	653	219	434	0	0	0	54	0	0	7	0	0	0	0	0
向东2	国有	合计	1860	1445	1435	1402	915	487	33	0	0	0	0	0	10	0	0	415	0	0
		重点公益林	0	696	696	696	455	241	0	0	0	0	0	0	0	0	0	0	0	0
		商品林	0	749	739	706	460	246	33	0	0	0	0	0	10	0	0	0	0	0
向东3	国有	合计	976	976	940	940	648	292	0	0	0	28	0	0	8	0	0	0	0	0
		重点公益林	0	844	836	836	563	273	0	0	0	0	0	0	8	0	0	0	0	0
		商品林	0	132	104	104	85	19	0	0	0	28	0	0	0	0	0	0	0	0
东岩1	国有	合计	676	676	674	674	264	410	0	0	0	0	0	0	2	0	0	0	0	0
		重点公益林	0	492	490	490	222	268	0	0	0	0	0	0	2	0	0	0	0	0
		商品林	0	184	184	184	42	142	0	0	0	0	0	0	0	0	0	0	0	0
东岩2	国有	合计	1178	1178	1178	1100	471	629	78	0	0	0	0	0	0	0	0	0	0	0
		重点公益林	0	510	510	432	213	219	78	0	0	0	0	0	0	0	0	0	0	0
		商品林	0	668	668	668	258	410	0	0	0	0	0	0	0	0	0	0	0	0

续表 8-1-2-1

统计单位	林地所有权	森林类别	土地总面积	林业用地合计	有林地小计	乔木林地小计	纯林	混交林	竹林	红树林	疏林地	灌木林地	未成林造林地	苗圃地	无立木林地	宜林地	辅助生产林地	非林地计	森林覆盖率%	林木绿化率%
东岩3	国有	合计	1584	1584	1575	1575	711	864	0	0	0	0	0	0	9	0	0	0	0	0
		重点公益林	0	892	892	892	443	449	0	0	0	0	0	0	0	0	0	0	0	0
		商品林	0	692	683	683	268	415	0	0	0	0	0	0	9	0	0	0	0	0
小将1	国有	合计	914	914	894	892	673	219	2	0	0	0	0	20	0	0	0	0	0	0	0
		重点公益林	0	579	579	577	404	173	0	0	0	0	0	0	0	0	0	0	0	0
		商品林	0	335	315	315	269	46	2	0	0	0	0	20	0	0	0	0	0	0
小将2	国有	合计	1782	1782	1755	1754	1152	602	1	0	0	0	0	27	0	0	0	0	0	0	0
		重点公益林	0	1530	1530	1529	943	586	1	0	0	0	0	0	0	0	0	0	0	0
		商品林	0	252	225	225	209	16	0	0	0	0	0	27	0	0	0	0	0	0
小将3	国有	合计	1885	1885	1885	1885	957	928	0	0	0	0	0	0	0	0	0	0	0	0	0
		重点公益林	0	909	909	909	487	422	0	0	0	0	0	0	0	0	0	0	0	0
		商品林	0	976	976	976	470	506	0	0	0	0	0	0	0	0	0	0	0	0
小将4	国有	合计	1704	1704	1700	1678	907	771	22	0	0	0	0	0	0	4	0	0	0	0	0
		商品林	0	1704	1700	1678	907	771	22	0	0	0	0	0	0	4	0	0	0	0
石寮1	国有	合计	1308	1308	1308	1308	160	1148	0	0	0	0	0	0	0	0	0	0	0	0	0
		重点公益林	0	1308	1308	1308	160	1148	0	0	0	0	0	0	0	0	0	0	0	0
石寮2	国有	合计	1253	1253	1253	1249	457	792	4	0	0	0	0	0	0	0	0	0	0	0	0
		重点公益林	0	440	440	436	126	310	4	0	0	0	0	0	0	0	0	0	0	0
		商品林	0	813	813	813	331	482	0	0	0	0	0	0	0	0	0	0	0	0
石寮3	国有	合计	2486	2396	2372	2370	967	1403	2	0	0	0	20	0	4	0	0	90	0	0
		重点公益林	0	2130	2126	2126	871	1255	0	0	0	0	0	0	4	0	0	0	0	0
		商品林	0	266	246	244	96	148	2	0	0	0	0	20	0	0	0	0	0	0
石寮4	国有	合计	1921	1921	1919	1919	1049	870	0	0	0	0	0	0	2	0	0	0	0	0
		重点公益林	0	1921	1919	1919	1049	870	0	0	0	0	0	0	2	0	0	0	0	0

1. 乔木林资源

全场乔木林面积 21068 亩，蓄积 119750 立方米。

乔木林资源按森林植被类型分：针叶林 10306 亩、蓄积 62619 立方米，阔叶林 10333 亩、蓄积 54323 立方米，针阔混交林 429 亩、蓄积 2808 立方米。针叶林、阔叶林、针阔混交林各植被类型的面积结构为 48.92%、49.05%、2.03%。

表 8-1-2-2 八面湖林场各类森林、林木面积蓄积统计表

单位：亩、立方米、百株

统计单位	林木使用权	活立木总蓄积量	有林地							红树林	竹林		疏林		四旁树		散生木	
			面积合计	乔木林地						面积	面积	株数	面积	蓄积	株数	蓄积	株数	蓄积
				小计		纯林		混交林										
				面积	蓄积	面积	蓄积	面积	蓄积									
合计	国有	112709	21675	21379	112513	10617	59765	10762	52748	0	296	855	0	0	0	0	12	196
石井1	国有	4064	675	526	4014	477	3843	49	171	0	149	431	0	0	0	0	4	50
石井2	国有	3954	708	703	3949	382	2350	321	1599	0	5	1	0	0	0	0	1	5
向东1	国有	5793	1404	1404	5793	427	2101	977	3692	0	0	0	0	0	0	0	0	0
向东2	国有	8772	1435	1402	8772	915	6166	487	2606	0	33	98	0	0	0	0	0	0
向东3	国有	5329	940	940	5276	648	3914	292	1362	0	0	0	0	0	0	0	3	53
东岩1	国有	3429	674	674	3429	264	1369	410	2060	0	0	0	0	0	0	0	0	0
东岩2	国有	5978	1178	1100	5971	471	3142	629	2829	0	78	262	0	0	0	0	1	7
东岩3	国有	7839	1575	1575	7811	711	3723	864	4088	0	0	0	0	0	0	0	1	28
小将1	国有	4484	894	892	4484	673	3517	219	967	0	2	2	0	0	0	0	0	0
小将2	国有	9427	1755	1754	9427	1152	6453	602	2974	0	1	1	0	0	0	0	0	0
小将3	国有	12349	1885	1885	12307	957	6928	928	5379	0	0	0	0	0	0	0	2	42
小将4	国有	11025	1700	1678	11018	907	7070	771	3948	0	22	53	0	0	0	0	0	7
石寮1	国有	7045	1308	1308	7044	160	809	1148	6235	0	0	0	0	0	0	0	0	1
石寮2	国有	7978	1253	1249	7978	457	3483	792	4495	0	4	6	0	0	0	0	0	0
石寮3	国有	8252	2372	2370	8252	967	2314	1403	5938	0	2	1	0	0	0	0	0	0
石寮4	国有	6991	1919	1919	6988	1049	2583	870	4405	0	0	0	0	0	0	0	0	3

2.用材林资源

用材林活立木总蓄积 5448 立方米，其中：乔木用材林面积 654 亩，蓄积 5448 立方米；竹林用材林面积 119 亩，株数 344 百株。

3.竹林

全场竹林面积 296 亩，其中：毛竹林面积 288 亩，株数 855 百株，其他杂竹林面积 8 亩，株数 8 百株。在竹林中用材林 119 亩，生态林 177 亩。

4.经济林

全场经济林总面积 82 亩，全部是茶叶，全都分布在向东林区。

5. 公益林林地

林场生态公益林总面积 20998 亩，全是省级重点公益林。

图 8-1-2-2 高峰就在脚下（2012 年摄）

图 8-1-2-3 猴头杜鹃林（2010 年摄）

表 8-1-2-3 八面湖生态公益林统计表　　　　单位：亩、立方米

统计单位	合计	有林地					红树林	竹林	无立木林地		宜林地			
		小计	乔木林						小计	其他无林地	小计	宜林荒山荒地	宜林沙荒	其他宜林地
			小计	纯林	混交林									
合　计	13534	13493	13403	6414	6989	0	90	34	34	7	0	0	7
石井 2	517	507	502	270	232	0	5	10	10	0	0	0	0
向东 1	766	751	751	208	543	0	0	8	8	7	0	0	7
向东 2	696	696	696	455	241	0	0	0	0	0	0	0	0
向东 3	844	836	836	563	273	0	0	8	8	0	0	0	0
东岩 1	492	490	490	222	268	0	0	2	2	0	0	0	0
东岩 2	510	510	432	213	219	0	78	0	0	0	0	0	0
东岩 3	892	892	892	443	449	0	0	0	0	0	0	0	0
小将 1	579	579	577	404	173	0	2	0	0	0	0	0	0
小将 2	1530	1530	1529	943	586	0	1	0	0	0	0	0	0
小将 3	909	909	909	487	422	0	0	0	0	0	0	0	0
石寮 1	1308	1308	1308	160	1148	0	0	0	0	0	0	0	0
石寮 2	440	440	436	126	310	0	4	0	0	0	0	0	0
石寮 3	2130	2126	2126	871	1255	0	0	4	4	0	0	0	0
石寮 4	1921	1919	1919	1049	870	0	0	2	2	0	0	0	0

（四）森林旅游资源

八面湖林场所属的向东林区是青田县第一高峰——八面湖顶及八面湖湖面所在地，森林旅游资源极为丰富，宜建立八面湖森林公园，进行旅游开发。

八面湖峰峦叠嶂、谷狭坡陡、岩崖嶙峋；飞泉瀑布、潺潺溪流、云雾变幻；古木参天、山高林茂、珍禽异兽，自然风景资源丰富而优美。

1. 峰雄岩奇峭崖险

八面湖峰峦叠嶂，最高峰八面湖顶海拔 1390.8 米，域内千米以上山峰到处都是，一般高差都在 300 米以上，特别是西部区域高差在 450 米以上，因此，山体气势极为雄伟，整个林区群峰竞立，谷涧交错，风景空间收放相间，富于韵律，加之茂林修竹，季相多变，犹如一幅优美的自然山水画卷，构成了整个林区风景的基本骨架。

八面湖林区内的岩崖景观资源也很丰富，主要有：天雷打岩（洞）、雨伞岩（洞）、土匪洞、飞雨崖、红星崖、石笋岩、杉树桥岩、老鹰岩、簿刀岩、猕猴峡等，这些岩崖洞石，有的擎天如柱、有的陡峭如壁、有的形貌似兽、有的婀娜多姿，加之民间传说的渗透，使得景观更加饶有趣意，并更富有吸引力。

2. 林茂树古山花漫

八面湖位于中亚热带，境内气候温暖湿润，土壤肥力佳，人为活动少，森林资源极为丰富，很多地区仍保留着大片的原始次生森林，可谓山高林密、古木参天，森林覆盖率高达 97%。

茂密的森林还富于季相的变化，春时山花烂漫、生机盎然；5 月份，上千亩的猴头杜鹃花开，满山遍野，到处是姹紫嫣红，一片花的海洋；夏日群山碧绿、青翠怡人；深秋山果硕硕、红叶满岗；寒冬披素挂银、雪海茫茫，森林整体景色蔚为壮观，更有古木华盖、奇松苍劲、修竹猗猗。树木个体景观千姿百态，林茂景优，是八面湖顶的一大特色。

3. 兽行鸟鸣鱼儿欢

八面湖野生动物资源非常丰富，不仅数量众多，而且还有一些珍稀的国家保护动物。茂密的森林给野生动物提供了良好的生存条件。八面湖由于污染少、水质好，水生动物也很丰富，特别是鱼类，数量多，品种也不少。

4. 云涌雾起天象奇

八面湖不仅有着"常年云雾、夏季清凉、春秋宜爽、冬日偏暖"的气候特征，小气候条件十分宜人，非常适合开展森林旅游。同时，又有着因海拔不同气候明显分层之特点，加上昼夜温差大，因此夏日避暑条件则更为优越。除此，还有着美妙的天象奇幻：日出云海、日落丹霞、日雨长虹、披银挂素等，给森林公园更添一道风景。

二、森林经营

自 1966 年林场建立以来，贯彻执行"以营林为基础，综合利用"的办场方针，经过近 50 年艰苦创业，取得了较大的成绩。其建设历程，大体可分为 3 个阶段：1966—1985 年，为艰苦创业阶段；1986—2008 年，为发展成长阶段；2009 年至今，为改革创新阶段。

（一）绿化荒山

建场之初，林场实施大规模造林。由于条件艰苦，没有房屋，工人在造林施工现场搭棚，吃、住都在山上；晴天一身汗，雨天一身泥。1967—1972 年，共造林 7800 亩，平均每年造林 1300 亩。为保证造林苗木需要，林场从 1968 年开始，苗木实行自繁自育，每年育苗 10 亩；最多的是 1970 年，育苗 25 亩，多余的支援社队。据《丽水地区历年林业统计资料》，建场开始至 1985 年，八面湖林场累计人工造林 14586 亩。基本上消灭了荒山。

1986年以后，林场坚持以营林为基础，加强林木抚育管理和森林保护，实行集约经营和科学管理，森林资源稳步增长，森林覆盖率显著增加。

1986—2000年，共更新造林1300亩，封山育林25500亩（次），幼林抚育4500亩次。2001—2010年，共更新造林1076亩；其中商品林696亩，生态公益林190亩，杉木萌芽林190亩。完成封山育林12711亩（次），完成幼林抚育517亩，完成杉木林抚育间伐262亩，间伐出材758立方米。

2011—2014年，加大森林抚育力度，4年共抚育12500亩。其中2011年抚育3000亩；2012年5000亩；2013年3000亩；2014年1500亩。

（二）护林防火

八面湖林场森林的特点是：林地呈带状连片，主要为沿山脊的陡坡地段；分散在章村乡和祯旺乡九个行政村范围；基本上都是山高路远，交通不便，一旦发生森林火灾难以及时组织扑救；林地大多都在农村集体山林的中间，山下遍布农田、村庄，生产用火四季不断，对森林资源威胁较大。因此，林场自建场开始后，即非常重视护林防火工作。由于始终积极贯彻"预防为主、积极消灭"的森林防火方针，林场连续40年无森林火灾发生。

1. 加大护林防火宣传力度

组织职工学习森林防火法规和林区防火基本知识，在周边农村，发放护林防火宣传手册，使森林防火条例和扑火、救火等有关知识深入到每个群众当中。

在毗邻乡村地带、林区要道设置护林防火宣传牌。

禁止进山砍柴，保护林下幼树。对盗伐林木、制造森林火灾隐患的行为，依法处理。

2. 建立护林防火责任制与加强护林联防工作

进一步完善护林责任制。明确护林员、林区、林场各级应负的责任，制定护林岗位职责。责、利、罚相结合，对护林任务完成好的护林员奖励，对管护区内常有林木被盗而又不能及时提供有关线索的护林员则处罚。

对护林员进行培训，制定护林纪律，监督护林员巡逻时间和路径，提高护林效果。

林场与乡村实行防火联防制度，制订联防护林公约，加强联络，发现火灾相互支持，及时扑救。

加强护林巡逻。一是定时巡逻，每天工作时间必须野外巡逻观察。二是对敏感区域、重点防火区域进行重点巡查。分析人为活动和野外火源情况，做出森林火灾风险等级分区，各景区游客活动频繁，为一级火险区，是重点防火区域。其他山林为二级火险区，保持警惕。

3. 加强防火线和生物防火林带建设

林场建成防火线30公里，生物防火林带10公里，防火林道40公里，并坚持每年用"草甘磷"等除草剂喷洒、整修，3年轮流一次，以保障其防火功能。

同时，逐年加强生物防火林带建设。防火林带种植防火树种，建成封闭的防火主林带。树种选择杨梅、木荷、青冈、苦槠等。防火林带宽10～20米。

4. 建设专业化扑火队伍

建立护林防火组织。成立森林防火指挥部，由场长任指挥。下设森林消防扑火队，林场的所有员工、护林员均是扑火队员。定期开展护林、防火知识培训，提高队员扑救水平和野外扑火反应能力。

配备扑火工具，包括锄头、扑火拖把、灭火机、油锯、柴刀等。灭火机具时常检修，确保使用时没有故障。

5.制订扑火预案

（1）组织领导

发生火情、火警和火灾，在场办公室设立指挥中心，由场长坐镇指挥、负责。

（2）扑火战术

在林火发生初期，采用"打早、打小、打了"的人海战术，力争在火势小时把火扑灭。火势蔓延时，采用"牺牲局部，防止蔓延，局部分隔，保住整体"的战略，在适宜的山脊线或水沟边开出防火隔离带间接扑救。扑火时，严密注意扑火人员的安全，防止意外事故的发生，扑灭明火后，留部分人员看守现场。

（3）扑火力量

扑火力量分三个梯队。第一梯队是林场扑火队、毗邻乡（镇）村的干部群众。第二梯队是县森林防火指挥部组织的扑火队伍。第三梯队是省、市指挥部组织的扑火队伍。

三、多种经营

1972年，林场在向东林区建茶园82亩，1974年开始采摘茶叶。至1985年止，共生产茶叶75吨。1980年，进行松脂生产。至1985年，共生产松脂0.75吨。同时，开发林下经济，利用造林劈山、间伐剩余物料，进行香菇、木耳栽培，取得较好效益。鼓励职工在林区养羊、养鸡，增加职工收入和改善生活。

逐步开展森林旅游活动。八面湖林场开发森林旅游的资源优势比较明显。近年周边游客纷至沓来，登顶观景。林场因势利导，提供餐饮、带路等服务，增加收入。

四、基本建设

（一）房屋建筑与维修

八面湖林场建立初期，场部设在石井，辖一个林区。1967—1972年，逐年扩大经营面积，又发展东岩、小将、向东、石寮、米桶坑等5个林区、9个护林点。建场之初，林场经济困难，实行先生产后生活的原则，先在林区搭棚生活，以后自力更生，用泥土堵墙，逐步建设房屋。随着林区扩大，各林区、护林点都建设了简陋的生产生活用房。至1985年，全场拥有房屋500平方米。1990年，林场在各林区进行翻修扩建，房屋面积有1200平方米。

2007年，场部迁移至章村乡马岭头（原青田县油科所旧址）。由于林场的大部分房屋均是20世纪六七十年代

图 8-1-2-4 向东林区茶叶（2009 年摄）

建造的，破旧不堪，林区护林房和向东茶厂均需进行改造或修理才能使用。2010 年，林场进行房屋重建或修理面积 2100 平方米，投资 132 万元。

表 8-1-2-4 2010 年八面湖林场危旧房改造规划表 单位：平方、万元

项 目 名 称	面积	单价	金额	备注
石井林区护林房重建	500	0.08	40	
米桶坑林区护林房修理	300	0.04	12	
油科所生产用房修理	600	0.04	24	
向东茶厂厂房重建	500	0.08	40	
石寮林区护林重建	200	0.08	16	
合　计	2100	0.32	132	

（二）林区道路建设

八面湖林场地处偏僻，山高路远，以前交通极为不便，给林场生产管理、职工生活带来极大困难。为克服这一困境，林场痛下决心，于 2000 年开始，逐年进行林区道路建设，采取上级补助加自筹资金办法，修建 7 条林区道路，总里程 25.5 公里，总投资 305 万元。公路开通后，极大加强了林区的生产管理，方便了职工生活。

表 8-1-2-5 2000—2013 年八面湖林场林区公路建设一览表 单位：公里、万元

项 目 名 称	里程	单价	投资金额	备注
大济底至东岩林区道路	7	10	70	2000 年开工建设
黄肚至石井林区道路	5	10	50	2009 年开工建设
石井至向东林区道路	4	15	60	2012 年开工建设
石井至鲤鱼上滩林区道路	1.5	10	15	2013 年开工建设
石井至东岩林区道路（上横线）	2	10	20	2012 年开工建设
石井至东岩林区道路（下横线）	5	15	75	2013 年开工建设
东岩至三角坦林区道路	1	15	15	2012 年开工建设
合　计	25.5	85	305	

2014 年，针对林场还有多个林区未通路的现状，林场进行了林区道路规划，根据森林经营的需要，确定林区道路布局、林区道路等级。除对现有的林区道路进行维修外，2015 年至 2020 年，还要新建林区道路 37 公里，共需投入经费 555 万元，平均每年 55.5 万元。全部开通后，林场的林区交通，将满足现代林业的需要。

表 8-1-2-6 2015—2020 年八面湖林场林区公路规划表 单位：公里、万元

项 目 名 称	里程	单价	投资金额	备注
三角坦至湖顶林区道路	4	15	60	拟 2016 年建设
三角坦至向东林区道路	5	15	75	拟 2017 年建设
东岩至小将林区道路	10	15	150	2015 年已立项
谷甫至石寮林区道路	10	15	150	拟 2018 年建设
陈须于至米桶坑林区道路	8	15	120	拟 2020 年建设
合 计	37	75	555	

（三）供电设施建设

林场各林区全部未通电，均为用太阳能系统供电，只能勉强维持照明用。为改善林区职工的生产、生活条件，计划在 2020 年内，建供电线路 18 公里，投资 72 万元。（规划已上报）

表 8-1-2-7 八面湖林场输电线路建设规划表 单位：公里、万元

项 目 名 称	里程	单价	金额	备注
黄肚至石井输电线路	5	4	20	新拉
黄山至东岩输电线路	5	4	20	新拉
谷甫至石寮输电线路	8	4	32	新拉
合 计	18	12	72	

（四）供水设施建设

林场各林区均没有饮用水设施，职工饮水均直接饮用山坑水。为解决职工的饮水安全，规划在 2020 年内，建设饮用水池 8 个，投资 8 万元，饮用水管道线路 6 公里，投资 12 万元，共需投资 20 万元。

五、林场改革

随着国家和全社会对生态建设的重视和关注，2009 年 2 月，县政府出台对包括八面湖林场在内的四个国有林场改革方案和具体实施意见。明确提出改革的指导思想和目标，并确定该场为公益类事业单位性质，属生态公益林型林场。核实事业编制 15 人，以保护和培育森林资源为主要任务，加快生态公益林场建设。由县财政按年人均 2 万至 3 万元的标准安排事业费。四个林场改革经费 348 万元，由县财政负责。改革后，县政府对四个国有林场每年核拨的事业费由现行的 4.2 万元，增加至每年 150 万元。

2015 年 4 月 30 日，县政府青政发〔2015〕第 35 号《关于青田县国有林场改革方案的通知》规定：撤销金鸡山、峰山、大洋山、八面湖四个林场，合并组建"青田县林业总场"；单位性质为一类公益事业单位，单位所需资金全额纳入县财政预算。

表 8-1-2-8 八面湖林场历任领导（负责人）名录

职 务	姓 名	任职时间	备 注
负责人	曾 挺	1966—1973	
副场长	龚奎宇	1969—1976	
支部书记	兰娒娒	1973.03—1981.12	
副场长	曾国瑞	1973.03—1981.12	
副场长	张满儿	1973.06—1985.10	
场 长	兰娒娒	1982.01—1982.10	
支部书记	雷柳宽	1982.09—1986.08	兼纪检员
场 长	吴瑞法	1982.10—1986.09	
支部书记	金成周	1986.12—1987.03	
副场长	潘冠林	1986—1990.11	
场 长	董松青	1988.12—1990.04	
支部副书记	汤仁琪	1987—1990.04	
场 长	吴庆禄	1990.04—2006.06	1992.07 兼支部书记
支部书记	叶永清	1990.04—1992.07	
副场长	汤仁琪	1990.04—2002	
副场长	陈利军	2002.06—2006.07	
场 长	陈利军	2006.07	2008.09 兼支部书记
副场长	吴庭伟	2008.04	
副书记	吴旭芬	2009.03	

第三节 峰山林场

一、林场概况

青田县峰山林场位于县城东北 50 公里处，南接吴坑乡，西连黄垟乡，东北与永加县相邻。林场前身系青田地方国营峰山茶场。峰山茶场创建于 1958 年，1964 年省批准定点，1966 年划吞田角、十八降和五台山林区归茶场管理，面积约 2 万亩。

1976 年 1 月 14 日，县革委会青革字（76）第 4 号《关于峰山茶场、林场分场有关问题处理意见的批复》文件同意，从茶场分出近 1 万亩林业用地，成立青田县峰山林场。1980 年，落实山林政策时，分别划给金坑村 50 余亩、底项村 700 余亩、五台村 30 余亩山地，实存经营面积 8842 亩，其中有林地 7302 亩，占 82.6%。场部设吞田角，下设吞田角、五台山和十八降三个林区和五个护林点。

1984 年 1 月，林场在东源镇征用溪滩 4 亩，面积 2600 平方米。同年 10 月 10 日，县政府青政字（84）第 177 号文件，同意峰山林场建立"青田县峰山林产综合厂"。据此，林场在上述地块建设厂房 527.3 平方米，职工宿舍 701.4 平方米。

2010 年，全场在职干部职工 15 人，其中干部 3 人，技术人员 2 人，职工 10 人，另有退休人员 13 人。全场有房屋面积 2404 平方米，其中宿舍 1096 平方米，晒场 284 平方米，防火线

图 8-1-3-1 峰山林场岙田角场部大楼（2013 年摄）

25 公里，电话广播线 10 公里。历年来共造用材林 6688 亩，抚育林木 7000 亩，育苗 20 亩，林分改造 307 亩，生产茶叶 2500 余担。森林覆盖率达 96%。

二、森林资源

（一）各类土地面积

根据 2007 年森林资源调查数据，峰山林场土地总面积 8808 亩，其中林业用地面积 8650 亩，非林业用地面积 158 亩。

表 8-1-3-1 2007 年峰山林场土地面积统计表　　　　单位：亩

统计单位	森林类别	土地总面积	林业用地								非林地
			合计	有林地	乔木林地			灌木林地	未成林造林地	辅助生产林地	计
				小计	小计	纯林	混交林				
合计	合计	8808	8650	8197	8197	7609	588	260	101	92	158
	重点公益林	6247	6247	6247	6247	5721	526	0	0	0	0
	商品林	2403	2403	1950	1950	1888	62	260	101	92	0
吾台山 1	合计	1074	940	905	905	841	64	13	0	22	134
	重点公益林	905	905	905	905	841	64	0	0	0	0
	商品林	35	35	0	0	0	0	13	0	22	0
吾台山 2	合计	832	832	826	826	818	8	0	0	6	0
	重点公益林	826	826	826	826	818	8	0	0	0	0
	商品林	6	6	0	0	0	0	0	0	6	0
岙田角 1	合计	1561	1537	1485	1485	1423	62	9	38	5	24
	商品林	1537	1537	1485	1485	1423	62	9	38	5	0
岙田角 2	合计	1089	1089	909	909	906	3	163	0	17	0
	重点公益林	899	899	899	899	896	3	0	0	0	0
	商品林	190	190	10	10	10	0	163	0	17	0
岙田角 3	合计	879	879	871	871	798	73	0	0	8	0
	重点公益林	871	871	871	871	798	73	0	0	0	0
	商品林	8	8	0	0	0	0	0	0	8	0
岙田角 4	合计	829	829	763	763	763	0	0	63	3	0
	重点公益林	308	308	308	308	308	0	0	0	0	0
	商品林	521	521	455	455	455	0	0	63	3	0
十八降 1	合计	1219	1219	1155	1155	777	378	43	0	21	0
	重点公益林	1155	1155	1155	1155	777	378	0	0	0	0
	商品林	64	64	0	0	0	0	43	0	21	0
十八降 2	合计	1325	1325	1283	1283	1283	0	32	0	10	0
	重点公益林	1283	1283	1283	1283	1283	0	0	0	0	0
	商品林	42	42	0	0	0	0	32	0	10	0

（二）有林地林种结构

全场有林地面积中，乔木林面积 8197 亩，总蓄积 32643 立方米。其中：防护林面积 6247 亩，蓄积 23656 立方米；用材林面积 1950 亩，蓄积 8987 立方米。

表 8-1-3-2　2007 年峰山林场各林区林种统计表　　　　单位：亩、立方米

林区	林种	活立木总蓄积量	有林地														灌木林	
			小计	乔木林													小计	特灌林
				小计		幼龄林		中龄林		近熟林		成熟林		过熟林			
			面积	面积	蓄积	面积	蓄积	面积	蓄积	面积	蓄积	面积	蓄积	面积	蓄积	面积	面积
合计	合计	32643	8197	8197	32643	848	1039	956	2666	894	2778	4530	21000	969	5160	260	260
	防护林	23656	6247	6247	23656	756	936	904	2382	758	2203	3200	14986	629	3149	0	0
	用材林	8987	1950	1950	8987	92	103	52	284	136	575	1330	6014	340	2011	0	0
	经济林	0	0	0	0	0	0	0	0	0	0	0	0	0	0	260	260
吾台山1	合计	3718	905	905	3718	18	17	332	589	14	64	240	1386	301	1662	13	13
	防护林	3718	905	905	3718	18	17	332	589	14	64	240	1386	301	1662	0	0
	经济林	0	0	0	0	0	0	0	0	0	0	0	0	0	0	13	13
吾台山2	防护林	3326	826	826	3326	141	144	292	934	0	0	393	2248	0	0	0	0
呑田角1	合计	6963	1485	1485	6963	92	103	38	229	75	331	940	4289	340	2011	9	9
	用材林	6963	1485	1485	6963	92	103	38	229	75	331	940	4289	340	2011	0	0
	经济林	0	0	0	0	0	0	0	0	0	0	0	0	0	0	9	9
呑田角2	合计	4087	909	909	4087	3	5	0	0	67	266	832	3765	7	51	163	163
	防护林	4046	899	899	4046	3	5	0	0	67	266	822	3724	7	51	0	0
	用材林	41	10	10	41	0	0	0	0	0	0	10	41	0	0	0	0
	经济林	0	0	0	0	0	0	0	0	0	0	0	0	0	0	163	163
呑田角3	防护林	3569	871	871	3569	2	3	71	121	137	468	380	1797	281	1180	0	0
呑田角4	合计	2494	763	763	2494	195		14	55	61	244	485	2115	8	80	0	0
	防护林	511	308	308	511	195		0	0	0	0	105	431	8	80	0	0
	用材林	1983	455	455	1983	0	0	14	55	61	244	380	1684	0	0	0	0
十八降1	合计	4019	1155	1155	4019	378	746	192	721	119	359	434	2017	32	176	43	43
	防护林	4019	1155	1155	4019	378	746	192	721	119	359	434	2017	32	176	0	0
	经济林	0	0	0	0	0	0	0	0	0	0	0	0	0	0	43	43
十八降2	合计	4467	1283	1283	4467	19	21	17	17	421	1046	826	3383	0	0	32	32
	防护林	4467	1283	1283	4467	19	21	17	17	421	1046	826	3383	0	0	0	0
	经济林	0	0	0	0	0	0	0	0	0	0	0	0	0	0	32	32

(三)森林总蓄积

2007 年调查，全场活立木总蓄积 32674 立方米。其中：乔木林蓄积 32643 立方米。

表 8-1-3-3 2007 年峰山林场森林林木面积蓄积统计表 单位：亩、立方米

林区	活立木总蓄积量	有林地							散生木	
		面积合计	乔木林地							
			小计		纯林		混交林		株数	蓄积
			面积	蓄积	面积	蓄积	面积	蓄积		
合计	32674	8197	8197	32643	7609	31425	588	1218	4	31
吾台山 1	3727	905	905	3718	841	3457	64	261	1	9
吾台山 2	3326	826	826	3326	818	3315	8	11	0	0
呑田角 1	6963	1485	1485	6963	1423	6892	62	71	0	0
呑田角 2	4087	909	909	4087	906	4082	3	5	0	0
呑田角 3	3571	871	871	3569	798	3445	73	124	0	2
呑田角 4	2494	763	763	2494	763	2494	0	0	0	0
十八降 1	4039	1155	1155	4019	777	3273	378	746	3	20
十八降 2	4467	1283	1283	4467	1283	4467	0	0	0	0

三、林场经营情况

峰山林场自建场以来，经过 40 多年的艰苦创业，取得了瞩目的成绩。

(一)绿化造林方面

全场累计造林面积 6688 亩，抚育累计面积 7000 亩次，绿化了全部荒山。

(二)多种经营方面

1. 林场依托得天独厚的高山云雾条件，开辟了高产有机茶园共 644 亩。在原来的基础上，引进新技术、新工艺，提高茶叶加工技术水平，增添名茶加工设备，形成了茶叶规模化生产。林场生产的"有机峰山玉芽"茶直扁挺秀，香高味醇，有较高的知名度，并多次得奖。近 10 年来，年平均产量在 1500 斤左右，年产值 30 万元。

2. 林场下属林产厂，厂房面积 876.5 平方米。1985 年至 1992 年，由林场自己经营，实行生产责任制管理制度。1993 年至 2010 年，实行承包经营，年承包费 3.5 万元。2011 年以后，继续实行承包经营，年承包费 4 万元。

截至 2010 年底，峰山林场累计总投资 721.97 万元，其中国家投资 331.62 万元，占总投资的 46%；自筹资金 390.35 万元，占总投资的 54%。林场累计总资产 226.4 万元，其中固定资产 69.6 万元，流动资产 23.4 万元，林木资产 133.4 万元。流动负债 50.6 万元，所有者权益 156.6 万元。

四、林场基础设施

(一)房屋设施

林场现有办公综合楼及职工宿舍面积 1382 平方米，护林房 2 幢 360 平方米，茶厂厂房建

筑面积935平方米（呇田角428平方米，吾台山297平方米，十八降210平方米），林产综合厂厂房2幢876.5平方米。

（二）制茶设备

制茶设备有：精制名茶炒茶机6台；烩锅机2台；滚桶和揉捻机各4台；分离机、理条机、烘干机各1台；精制名茶茶锅24口。

（三）林区道路

全场自建林区公路8公里。其中：1989年开通峰山回头弯至场部呇田角公路5公里；2005年开通呇田角至横坑湾公路3公里，连接了至永嘉县外宕村公路。此外，全场开设6～8米宽的防火线路25公里，有效预防了森林火灾的发生和蔓延。

（四）水电设施

呇田角、吾台山两个林区通上了电，并安装了自来水设施。其基础设施基本满足林区生产生活需要。但十八降林区尚未能实现"三通"（通电、通讯、通路）。

五、林场改革

2009年，县政府发文批复四个国有林场改革方案，峰山林场被确定为公益类事业单位性质，定编管理人员和专职履行生态公益林管护人员等岗位共15人。2015年，县政府发文撤销包括峰山林场在内的四个林场，合并组建"青田县林业总场"。

图 8-1-3-2 峰山林场茶叶基地一角（2012年摄）

图 8-1-3-3 十八降林区职工宿舍（2013年摄）

图 8-1-3-4 峰山林场新开辟茶园

表 8-1-3-4 峰山林场历任领导（负责人）名录

职 务	姓 名	任职时间	备 注
场 长	倪国薇	1972—1979	兼支部书记
副场长	夏耀辉	1977.07—1980.11	兼支部副书记
支部书记	周岳九	1980.07—1982.10	峰山茶场
场 长	夏耀辉	1980.11—1984.01	
副场长	金献康	1980.11—1984.01	
副场长	叶土民	1980.11—1988.02	
场 长	金献康	1984.04—1986.01	
副场长	季秀全	1984—1986	
副场长	叶再彬	1984.12—1990.03	
场 长	余竹芳	1986.07—1987.09	
场 长	金献康	1987.09—1990.03	兼支部书记
副场长	叶再彬	1988.01—1991	
副场长	叶焕波	1988.01—1990.03	
场 长	叶焕波	1990.03—2002.05	1996.01 兼支部书记
支部书记	叶再彬	1990.03—1995.12	
副场长	叶锡人	1991.04—1992.07	
副场长	王伯渔	1992.07—1999.11	
副场长	吴永国	1999.11—2002.04	
场 长	吴永国	2002.05—2008.06	兼支部书记
场 长	吴佳雨	2008.06—	主持工作
副场长	潘春平	2011.05—	

第四节 大洋山林场

　　大洋山林场位于青田县东北部，距县城 55 公里，全场地理范围连片，四周与青田、缙云两县五个乡镇、八个行政村、二十多个自然村接壤。林场山地系括苍山脉，地形以高山—深谷为特色，地势险要，高山最大坡度达 60°，一般为 30°，平均海拔 750 米左右，最高山峰高岩岗海拔 1153 米，相对高差 600 米。

　　一、林场基本情况

　　大洋山林场建于 1966 年春。林场场部现设松贵口，下设东寮和驼龙二个林区，以及杨梅樟、石吾坑、大月岙、松树岗四个护林点。据 2007 年森林资源二类调查数据，林场现经营面积 12075 亩。其中生态公益林面积 10556 亩，用材商品林面积 1519 亩，林业用地总面积 12027 亩。全场森林资源活立木蓄积量 55674 立方米。其中生态公益林活立木蓄积 44335 立方米，商品林蓄积 11339 立方米。森林覆盖率达 99.5%。全场现有职工 27 人，其中管理人员 2 人，在职工人 12 人，退林干部、职工 13 人。在职职工中有专业技术人员 2 名。按技术等级分高级工 14 人；按学历分：大专 1 人，中专 1 人，高中 1 人，其他 11 人。林场技术力量一般，技术工人较多。自建场以来至 2010 年，国家累计投资 162 万元，历年累计经营收入 331 万元，留用利润 44 万元，上交税金 30 万元，现有固定资产 163 万元，林业资产 370 万元。

表 8-1-4-1　2007 年大洋山林场土地面积统计表　　　　单位：亩

林区	林地所有权	森林类别	土地总面积	林业用地															非林地		森林覆盖率%	林木绿化率%
				有林地							疏林地	灌木林地	未成林造林地	苗圃地	无立木林地	宜林地	辅助生产林地	计	其中四旁占地		
				合计	小计	乔木林地			竹林	红树林											
						小计	纯林	混交林													
合计	国有	合计	11735	11723	11181	11139	8116	3023	42	0	0	507	20	0	15	0	0	12	0	99.6	99.6
		重点公益林	0	7417	7407	7388	5478	1910	19	0	0	0	0	0	10	0	0	0	0	0	0
		商品林	0	4306	3774	3751	2638	1113	23	0	0	507	20	0	5	0	0	0	0	0	0
大月坳1	国有	合计	607	607	453	453	300	153	0	0	0	154	0	0	0	0	0	0	0	0	0
		商品林	0	607	453	453	300	153	0	0	0	154	0	0	0	0	0	0	0	0	0
大月坳2	国有	合计	768	768	768	768	307	461	0	0	0	0	0	0	0	0	0	0	0	0	0
		商品林	0	768	768	768	307	461	0	0	0	0	0	0	0	0	0	0	0	0	0
大月坳3	国有	合计	684	684	684	684	541	143	0	0	0	0	0	0	0	0	0	0	0	0	0
		重点公益林	0	684	684	684	541	143	0	0	0	0	0	0	0	0	0	0	0	0	0
大月坳4	国有	合计	1277	1277	1267	1267	886	381	0	0	0	0	0	0	10	0	0	0	0	0	0
		重点公益林	0	633	623	623	242	381	0	0	0	0	0	0	10	0	0	0	0	0	0
		商品林	0	644	644	644	644	0	0	0	0	0	0	0	0	0	0	0	0	0	0
东寮1	国有	合计	1080	1080	1080	1071	711	360	9	0	0	0	0	0	0	0	0	0	0	0	0
		重点公益林	0	504	504	495	310	185	9	0	0	0	0	0	0	0	0	0	0	0	0
		商品林	0	576	576	576	401	175	0	0	0	0	0	0	0	0	0	0	0	0	0
东寮2	国有	合计	1849	1837	1459	1436	748	688	23	0	0	353	20	0	5	0	0	12	0	0	0
		重点公益林	0	1000	1000	1000	610	390	0	0	0	0	0	0	0	0	0	0	0	0	0
		商品林	0	837	459	436	138	298	23	0	0	353	20	0	5	0	0	0	0	0	0
东寮3	国有	合计	718	718	718	718	718	0	0	0	0	0	0	0	0	0	0	0	0	0	0
		重点公益林	0	451	451	451	451	0	0	0	0	0	0	0	0	0	0	0	0	0	0
		商品林	0	267	267	267	267	0	0	0	0	0	0	0	0	0	0	0	0	0	0
松树岗1	国有	合计	1159	1159	1159	1159	814	345	0	0	0	0	0	0	0	0	0	0	0	0	0
		重点公益林	0	722	722	722	377	345	0	0	0	0	0	0	0	0	0	0	0	0	0
		商品林	0	437	437	437	437	0	0	0	0	0	0	0	0	0	0	0	0	0	0
松树岗2	国有	合计	1029	1029	1029	1019	843	176	10	0	0	0	0	0	0	0	0	0	0	0	0
		重点公益林	0	1029	1029	1019	843	176	10	0	0	0	0	0	0	0	0	0	0	0	0
驮龙1	国有	合计	501	501	501	501	319	182	0	0	0	0	0	0	0	0	0	0	0	0	0
		重点公益林	0	331	331	331	175	156	0	0	0	0	0	0	0	0	0	0	0	0	0
		商品林	0	170	170	170	144	26	0	0	0	0	0	0	0	0	0	0	0	0	0
驮龙2	国有	合计	1485	1485	1485	1485	1351	134	0	0	0	0	0	0	0	0	0	0	0	0	0
		重点公益林	0	1485	1485	1485	1351	134	0	0	0	0	0	0	0	0	0	0	0	0	0
驮龙3	国有	合计	578	578	578	578	578	0	0	0	0	0	0	0	0	0	0	0	0	0	0
		重点公益林	0	578	578	578	578	0	0	0	0	0	0	0	0	0	0	0	0	0	0

表 8-1-4-2 大洋山各类森林、林木面积蓄积统计表　单位：亩、立方米、百株

统计单位	林木使用权	活立木总蓄积量	有林地							红树林	竹林		疏林		四旁树		散生木	
			面积合计	乔木林地						面积	面积	株数	面积	蓄积	株数	蓄积	株数	蓄积
				小计		纯林		混交林										
				面积	蓄积	面积	蓄积	面积	蓄积									
合计	国有	64292	11181	11139	64292	8116	46098	3023	18194	0	42	43	0	0	0	0	0	0
大月坳1	国有	2289	453	453	2289	300	1165	153	1124	0	0	0	0	0	0	0	0	0
大月坳2	国有	3155	768	768	3155	307	712	461	2443	0	0	0	0	0	0	0	0	0
大月坳3	国有	2865	684	684	2865	541	2078	143	787	0	0	0	0	0	0	0	0	0
大月坳4	国有	6714	1267	1267	6714	886	5163	381	1551	0	0	0	0	0	0	0	0	0
东寮1	国有	6906	1080	1071	6906	711	4330	360	2576	0	9	13	0	0	0	0	0	0
东寮2	国有	9402	1459	1436	9402	748	4522	688	4880	0	23	12	0	0	0	0	0	0
东寮3	国有	3629	718	718	3629	718	3629	0	0	0	0	0	0	0	0	0	0	0
松树岗1	国有	8157	1159	1159	8157	814	6472	345	1685	0	0	0	0	0	0	0	0	0
松树岗2	国有	7155	1029	1019	7155	843	5929	176	1226	0	10	18	0	0	0	0	0	0
驮龙1	国有	3396	501	501	3396	319	2184	182	1212	0	0	0	0	0	0	0	0	0
驮龙2	国有	8007	1485	1485	8007	1351	7297	134	710	0	0	0	0	0	0	0	0	0
驮龙3	国有	2617	578	578	2617	578	2617	0	0	0	0	0	0	0	0	0	0	0

二、森林资源

根据 2007 年进行的二类资源调查，大洋山林场森林资源情况如下：

1. 各地类面积与森林覆盖率

林场总面积 11735 亩，其中林业用地 11723 亩，非林业用地 12 亩。

林业用地中，有林地面积 11181 亩，占 95%；灌木林地 507 亩，占 4%；未成林造林地面积 20 亩，占 0.05%；无立木林地 15 亩，占 0.05%；全场森林覆盖率 99.6%。

2. 森林总蓄积

全场活立木总蓄积 55674 立方米，其中乔木林蓄积 55674 立方米，占 100%。

3. 有林地林种结构

有林地面积中，乔木林 11443 亩、占 99.63%，竹林 42 亩、占 0.37%。有林地按林种分：生态公益林 10556 亩、占 87.4%，用材林 1519 亩、占 12.6%。

4. 乔木林资源

全场乔木林面积 11443 亩，蓄积 55674 立方米。针叶林面积 8420 亩，蓄积 43871 立方米，占 78.8%。阔叶林面积 3023 亩，蓄积 11803 立方米，占 21.2%。

5. 用材林资源

用材林总蓄积 1519 立方米。

6. 竹林

全场竹林面积 42 亩，全部是毛竹林，毛竹总株数 43 百株。其中速丰林 23 亩，水涵林 9 亩，水保林 10 亩。

7. 经济林

全场经济林总面积 507 亩，其中红花油茶 353 亩、茶叶 154 亩。

8. 人工林与天然林

全场乔木人工林 9301 亩，占 77.3%，天然林 2726 亩，占 22.7%；乔木人工林蓄积 36539 立方米，占 80%，乔木天然林蓄积 9134 立方米，占 20%。

9. 无林地

全场无林地 48 亩，其中无立木林地 15 亩、辅助生产林地 33 亩。

表 8-1-4-3　大洋山生态公益林统计表　　　　单位：亩、立方米

统计单位	合计	有林地						疏林地	灌木林地			未成林造林地			苗圃地	无立木林地				宜林地			
		小计	乔木林			红树林	竹林		小计	特灌林	其他灌木林	小计	未成造	未成封		小计	采伐迹地	火烧迹地	其他无立木林地	小计	宜林荒山荒地	宜林沙荒	其他宜林地
			小计	纯林	混交林																		
合计	7417	7407	7388	5478	1910	0	19	0	0	0	0	0	0	0	0	10	0	0	10	0	0	0	0
大月坳3	684	684	684	541	143	0	0	0	0	0	0	0	0	0	0	0	0	0	0	0	0	0	0
大月坳4	633	623	623	242	381	0	0	0	0	0	0	0	0	0	0	10	0	0	10	0	0	0	0
东寮1	504	504	495	310	185	0	9	0	0	0	0	0	0	0	0	0	0	0	0	0	0	0	0
东寮2	1000	1000	1000	610	390	0	0	0	0	0	0	0	0	0	0	0	0	0	0	0	0	0	0
东寮3	451	451	451	451	0	0	0	0	0	0	0	0	0	0	0	0	0	0	0	0	0	0	0
松树岗1	722	722	722	377	345	0	0	0	0	0	0	0	0	0	0	0	0	0	0	0	0	0	0
松树岗2	1029	1029	1019	843	176	0	10	0	0	0	0	0	0	0	0	0	0	0	0	0	0	0	0
驮龙1	331	331	331	175	156	0	0	0	0	0	0	0	0	0	0	0	0	0	0	0	0	0	0
驮龙2	1485	1485	1485	1351	134	0	0	0	0	0	0	0	0	0	0	0	0	0	0	0	0	0	0
驮龙3	578	578	578	578	0	0	0	0	0	0	0	0	0	0	0	0	0	0	0	0	0	0	0

三、森林培育

大洋山林场从建场以来，贯彻执行"以营林为基础，综合利用"的办场方针，在绿化造林方面取得显著成绩。

1966 年至 1985 年，林场大规模绿化荒山。采用人工劈山、炼山后，高标准全垦整地。该

时期造林整地质量高，造林成活率也高。主要造林树种为杉木、柳杉、马尾松等。至 1985 年，全场累计造林 9595 亩，林木抚育 15477 亩次。基本上消灭了荒山。

1985 年以后，造林主要以迹地更新为主。1986 年至 1995 年，共造林面积 2000 亩，平均每年造林 200 亩。

1996 年，林场着手编制 1996—2000 年的森林经营方案。此后的森林经营管理，均按编制的方案执行。2001 年又编制 2001—2010 年的森林经营方案，通过方案实施和经营中的大量细致工作，取得了显著的成效。

2001—2010 年的十年，共主伐森林面积 3201 亩，林分改造 1030 亩，采伐蓄积 16899 立方米。共营造速生丰产林 500 亩、杉木萌芽林 2701 亩，幼林抚育 5039 亩。该阶段，林场坚持以营林为基础，加强林木抚育管理和森林保护，实行集约经营和科学管理。至期末，森林蓄积量达到 55674 万立方米，比上期增加 12674 万立方米，用材林各龄组面积结构趋向合理，可采资源充足。

2010 年以后，林场坚持生态效益优先以及"严格保护、积极发展、科学经营、持续利用"的发展方针，实施森林分类经营的发展模式，以"生态经济"为抓手，以营林为基础，大力加强生态公益林建设，定向培育、集约管理，优化森林结构，提升森林质量。结合本场的森林资源分布、自然条件，确定全场划分为两个主要功能区。一是生态林经营区，林场的驼龙林区以及东寮林区大部分确定为生态林经营区，总面积 10556 亩，占林场总面积的 87%。二是商品林集约经营区。东寮林区机耕路旁地势平缓地段面积 1471 亩，根据其立地条件的优越性，大力发展高山红花油茶及茶叶基地。

该时期营林主要进行森林抚育，2011—2014 年，累计抚育面积 9000 亩。其中 2011 年抚育 3000 亩；2012 年至 2014 年，每年抚育 2000 亩。

四、林场基本建设

（一）住房建设

林场自办场以来，共建筑林区住房、护林房等 10 处，计面积 1782 平方米。2007 年在高湖镇松贵口新建林场办公大楼一座，房屋建筑面积 200 多平方米，总投资 20 余万元。

林区护林房均是 20 世纪六七十年代的土木结构危旧房，全部在海拔 900 米以上的高山中。由于年久失修，工人居住和生活十分不便。2010 年，根据省林业厅、财政厅《关于下达林业棚户区（危旧房）改造工程 2010 年第一批中央预算内投资计划的通知》和省财政厅《关于拨付 2010 年国有林场危旧房改造补助资金的通知》，林场对大月岙、驮寮、杨梅樟 3 个林区的职工用房进行改造。工程从 2010 年 9 月开始实施，至 2011 年 12 月底基本结束。工程共涉及 13 户，改造面积 650 平方米，总投资 39 万元，其中：大月岙改造 3 户，改造面积 150 平方米，投资 9 万元；驮寮改造 7 户，改造面积 350 平方米，投资 21 万元；杨梅樟改造 3 户，改造面积 150 平方米，投资 9 万元。

危旧房改造工程的实施，极大改善了大月岙、驮寮、杨梅樟三个林区职工的生活居住条件，职工安居乐业，工作积极性大为提高。

（二）林区公路建设

1999 年，经县政府批准，建造上河洋至大月岙林区公路 15.2 公里，总造价 96 万元。林区公路的开通，方便了林场职工的生产和生活。

（三）水电设施

林场现有东寮林区和松贵口综合加工厂架设电力线路，其他林区及护林点由于资金缺乏均未通电。

五、多种经营

一是加强了对100多亩茶叶园管理工作（之前曾经荒芜失管），投入资金对林地进行了整理、抚育，并进行承包，每年收取承包费万余元。由于茶叶生长在高山，无污染、不施化工肥料，产品得到广大客户的称赞，产品供不应求。二是对现有的300多亩红花油茶进行抚育管理，改善立地条件，提高单位面积数量。在县林业技术推广站的支持下，开通了环油茶林的林道，进行施肥等科技试验。2010年，新开发红花油茶基地800亩，打响高山红花油茶的品牌。

图 8-1-4-1 大洋山林场红花油茶林（2012 年摄）

图 8-1-4-2 油茶丰收（2013 年摄）

六、林场改革

2009年，根据省、市、县有关文件，县政府出台对包括大洋山林场在内的四个国有林场改革方案和具体实施意见，明确提出改革的指导思想和目标。并确定大洋山林场为公益类事业单位性质，属生态公益林型林场。核定事业编制15人。

2015年，县政府决定，撤销包括大洋山等四个林场，合并组建"青田县林业总场"。至此，大洋山林场作为独立的法人单位，完成了历史使命。

表 8-1-4-4 大洋山林场历任负责人名录

职 务	姓 名	任职时间	备 注
场 长	徐克理	1966—1984	
支部书记	沈文英	1982.10—1984.04	
场 长	沈文英	1984.04—1985	
支部书记	金成周	1982.04—1985.11	
场 长	陈泽民	1985.03—1987	
副场长	周洪平	1987—1988	兼支部书记
场 长	周洪平	1988—199011	
副场长	季培祥	1989.02—1999.11	兼支部副书记
副场长	潘冠林	1990.11—1991	
场 长	潘冠林	1991—1994.07	
支部书记	周洪平	1991—1994	
副场长	沈苏雄	1994.08—2004.08	
场 长	周洪平	1994.08—1997.05	兼支部书记
场 长	陈雄弟	1997.06—2006.05	
副场长	沈苏军	2005.02—2006.12	
场 长	沈苏军	2006.12—	兼支部书记
副场长	季旭勇	2006.12—	
副书记	季培祥	2000—2004.11	

第五节 金鸡山林场

一、林场概况

金鸡山林场位于青田县南部山区，东与仁庄镇洋心交界，南与瑞安市、文成县交界，北接阜山乡、汤垟乡。周围同 3 个乡镇 23 个村庄邻连,经营范围分金鸡山、驮源、西天不连接的 3 片。场部设在金鸡山脚的跳过峡，位于县城东南约 35 公里处。

金鸡山林场是青田县 5 个国有林场之一，创建于 1967 年 4 月。1972 年 3 月 29 日，省革命委员会生产指挥组浙革计（72）45 号文件，正式追加批准新建金鸡山等林场。全场分设金鸡山、天门、西天、驮源 4 个林区和白玉坳、石白岭、圳下 3 个护林点。经营面积 21267 亩，其中林业用地 20761 亩。经过 40 多年的经营管理，现有森林资源活立木蓄积量 62959 立方米，森林覆盖率 97.6%。

林场机构编制数 9 人，现在编在职人数 9 人。专业技术人员 2 人,工勤技能人员 7 人。其中：工程师 1 人，助理工程师 1 人，高级工 3 人。岗位设置：管理岗位 1 人，专业技术岗位 1 人。

林场地形复杂，切割强烈，地貌以高山分布为特色，裸露地表坡度大，局部地段出现露岩。一般坡度在 25°以上，营造用材林利用率不高。主峰海拔高 1320 米，相对高差 1100 米。土壤大部分是黄壤土类，其成土母质主要为火山岩系的坡积物，土层一般厚度 20～60 厘米之间。

林场现有开设防火线 35 公里，57 省道青岱线横穿金鸡山林区，西天林区和圳下护林点已通康庄公路，驮源林区、金鸡山顶风景区、白玉坳护林点已通林区公路。

场部有办公用房 470 平方米，5 间 3 层。实现"五通"（通水、通电、通路、通电话、通网络），林区用房 1039 平方米。

自建场以来，国家累计营林投资 120.61 万元，其他投资 38.8 万元，财政拨款事业费 31.8 万元，历年经营收入 295.84 万元，提取育林基金 71 万元，上交税金 14.8 万元，现有固定资产 61.7 万元，林木资产 167.8 万元。

图 8-1-5-1 金鸡山林场场部（2013 年摄）

二、森林资源

（一）各类土地面积

据 2007 年二类资源调查数据，金鸡山林场经营总面积 21267 亩，其中林业用地面积 20761 亩，占 97.6%；非林地面积 506 亩，占 2.4%。

林业用地中：有林地 20761 亩，占 100%。森林覆盖率 97.6%，林木绿化率 97.6%。

表 8-1-5-1 金鸡山林场土地面积统计表　　　　　单位：亩

统计单位	林地所有权	森林类别	土地总面积	林业用地						非林地	森林覆盖率 %	林木绿化率 %
				合计	有林地					计		
					小计	乔木林地			竹林			
						小计	纯林	混交林				
合计	国有	合计	21267	20761	20761	20697	19565	1132	64	506	97.6	97.6
		重点公益林	0	17471	17471	17471	16339	1132	0	0	0	0
		商品林	0	3290	3290	3226	3226	0	64	0	0	0
天门 1	国有	合计	1776	1776	1776	1776	1776	0	0	0	0	0
		重点公益林	0	1776	1776	1776	1776	0	0	0	0	0
金鸡 1	国有	合计	12944	12441	12441	12377	12048	329	64	503	0	0
		重点公益林	0	11179	11179	11179	10850	329	0	0	0	0
		商品林	0	1262	1262	1198	1198	0	64	0	0	0
驮源 1	国有	合计	6547	6544	6544	6544	5741	803	0	3	0	0
		重点公益林	0	4516	4516	4516	3713	803	0	0	0	0
		商品林	0	2028	2028	2028	2028	0	0	0	0	0

（二）林木蓄积

林场活立木总蓄积量 62959 立方米，其中防护林林分蓄积量 49073 立方米，占总蓄积量 78%；用材林林分蓄积量 13886 立方米，占总蓄积量 22%。

（三）林分面积、蓄积

林场林分总面积 20761 亩，总蓄积 62959 立方米。其中：幼龄林面积 10178 亩，占林分的 49%，蓄积 14619 立方米，占林分的 23.2%；中龄林面积 577 亩，占林分的 2.8%，蓄积 1337 立方米，占林分的 2.1%；近熟林面积 6085 亩，占林分的 29.3%，蓄积 25528 立方米，占林分的 40.6%；成过熟林面积 3857 亩，占林分的 18.6%，蓄积 21475 立方米，占林分的 34.1%；竹林面积 64 亩，占林分的 0.3%。

表 8-1-5-2 金鸡山林场各类森林、林木面积蓄积统计表

单位：亩、立方米、百株

统计单位	活立木总蓄积量	有林地								
		面积合计	乔木林地						竹林	
			小计		纯林		混交林			
			面积	蓄积	面积	蓄积	面积	蓄积	面积	株数
合计	62959	20761	20697	62959	19565	59016	1132	3943	64	96
天门1	5718	1776	1776	5718	1776	5718	0	0	0	0
金鸡1	34316	12441	12377	34316	12048	33092	329	1224	64	96
驮源1	22925	6544	6544	22925	5741	20206	803	2719	0	0

表 8-1-5-3 金鸡山林场林种统计表

单位：亩、立方米、百株

统计单位	林种	亚林种	活立木总蓄积量	有林地												
				小计	乔木林										竹林	
					小计		幼龄林		中龄林		近熟林		成熟林			
				面积	面积	蓄积	面积	蓄积	面积	蓄积	面积	蓄积	面积	蓄积	面积	株数
合计			62959	20761	20697	62959	10178	14619	577	1337	6085	25528	3857	21475	64	96
	防护林		49073	18408	18408	49073	9802	13794	577	1337	5432	22019	2597	11923	0	0
		水保林	43355	16632	16632	43355	9647	13370	436	1224	4779	20390	1770	8371	0	0
		其他防	5718	1776	1776	5718	155	424	141	113	653	1629	827	3552	0	0
	用材林	用材林	13886	2353	2289	13886	376	825	0	0	653	3509	1260	9552	64	96
天门1	防护林	其他防	5718	1776	1776	5718	155	424	141	113	653	1629	827	3552	0	0
金鸡1			34316	12441	12377	34316	6760	6800	255	1224	3742	16248	1620	10044	64	96
	防护林	水保林	26215	11211	11211	26215	6760	6800	255	1224	3358	14059	838	4132	0	0
	用材林	用材林	8101	1230	1166	8101	0	0	0	0	384	2189	782	5912	64	96
驮源1			22925	6544	6544	22925	3263	7395	181		1690	7651	1410	7879	0	0
	防护林	水保林	17140	5421	5421	17140	2887	6570	181		1421	6331	932	4239	0	0
	用材林	用材林	5785	1123	1123	5785	376	825	0	0	269	1320	478	3640	0	0

表 8-1-5-4 各优势树种林分面积、蓄积表   单位：亩、立方米

龄组		合计	松	杉	柳杉	硬阔
合计	面积	20697	5777	4074	738	10108
	蓄积	62959	21888	23121	3576	14374
幼龄林	面积	10178	577	70		10106
	蓄积	14619	1337	245		14374
中龄林	面积	577	577			
	蓄积	1337	1337			
近熟林	面积	6085	4655	1311	119	
	蓄积	25528	18049	6856	623	
成熟林	面积	3857	545	2693	619	
	蓄积	21475	2502	16020	2953	

（四）人工林面积、蓄积

林场人工林总面积 10223 亩，总蓄积 47650 立方米，占有林地面积的 49.4%，蓄积占林木总蓄积的 75.7%。

（五）天然林面积、蓄积

林场天然林面积 10474 亩，总蓄积 15309 立方米，占有林地面积的 50.6%，蓄积占林木总蓄积的 24.3%。

（六）生态公益林面积

林场界定国家级生态公益林总面积 20735 亩，占经营总面积 21267 亩的 97.5%。占林业用地面积 20761 亩的 99.87%。

表 8-1-5-5 金鸡山林场生态公益林（地）统计表   单位：亩、立方米

统计单位	工程类别	事权等级	保护等级	合计	有林地			
					小计	乔木林		
						小计	纯林	混交林
合计	其他	省级	重点	17471	17471	17471	16339	1132
天门 1	其他	省级	重点	1776	1776	1776	1776	0
金鸡 1	其他	省级	重点	11179	11179	11179	10850	329
驮源 1	其他	省级	重点	4516	4516	4516	3713	803

三、森林经营

在建场初期的艰苦创业阶段（1967—1985 年），林场坚持以营林为基础，勤俭办场的方针，集中一切力量绿化荒山。在金鸡山、天门、西天、驮源等林区营造杉木、马尾松、柳杉等人工林 15729 亩，改变了原来荆棘丛生的荒芜面貌。

1985年后，编制实施了第一期（1986—1995年）森林经营方案，将全场森林分为商品林和生态公益林两大林种进行经营管理。至1995年，全场生态公益林面积14000亩，占土地总面积的65.8%，主要分布在西天、金鸡等林区，林木蓄积20020立方米，占林木总蓄积的65%。该时期，迹地更新造林1200亩，每年更新造林平均120亩；林木抚育每年平均300亩。

1996—2000年，林场编制实施第二期森林经营方案。至1999年全场生态公益林面积16469亩，占土地总面积的77.4%，蓄积17438万立方米，占林木总蓄积的56.6%。

2000年开始，林场全面实施林业分类经营，于2001年遵循"统一规划、统筹兼顾、集中连片、依法界定"的原则区划界定生态公益林17471亩，占土地总面积的82.2%。2013年，林场界定国家级生态公益林总面积20735亩，占经营总面积21267亩的97.5%。占林业用地面积20761亩的99.87%。

从2011年开始，林场加大森林抚育工作，2011年至2013年，共完成森林抚育任务6500亩。其中2011年2000亩；2012年2500亩；2013年2000亩。2014年，完成生态疏伐抚育1000亩。

四、森林旅游

金鸡山林场有独特的森林旅游资源。林场境域内的金鸡山，又名巾子山、金子山。历史上是有名的宗教朝拜场所，有百灵道观、仙灵寺、观音殿、杨府洞、三天洞等道观山庙。年香客近万人，农历6月19日和9月19日香客最多。这里鸡鸣三市：东临温州、瓯海；南接瑞安、平阳；西连文成、景宁。背依青田县，为七县市接壤交界地带。金鸡山峰，海拔高1380米，素有东瓯第一峰、第一山之称。这里地势险要，视线开阔，极目远眺，可见群山起伏，江河蜿蜒，城乡点缀，海天一色。阴天可见云海翻滚，晴天可看日出和晚霞。夏季山风劲吹，遍体清凉，有超尘脱俗飘然欲仙之感。秋高气清时，极目天际可见温州、瑞安幻似海市蜃楼，飞云江形同白练飘舞在南天。冬季满山冰雪，有如千里翻银浪，百丈悬冰柱，梨花开万树之景。金鸡山有丰富的野生动植物，其中百亩野生古茶花，到阳春三月之时，朵朵红花争相开放，极属罕见。五月份五颜六色的杜鹃花满山遍野，独具一景。是一处难得的森林旅游好去处。

2000年，金鸡山林场与温州、瑞安等地客商合作，成立了青田县金鸡山风景服务有限公司；总投资300万元，在山上开通了公路，拉上了电网，修筑了游步道，建设了简易宾馆、餐厅等，具备了接待游客能力。2002年12月，委托青田县旅游局、浙江教育学院，编制了《青田县金鸡山风景区旅游发展规划（2002～2020年）》，现正按照规划，逐步投入建设资金，开发旅游项目。2007年，林场依托其独特的山岳景观和森林资源，成立了金鸡山林场林业观光园区，取得了明显的经济效益。在园区的带动下，周边村庄的农家乐生意兴隆，现有五家开业经营，实现收入近百万元。

五、森林防火

森林防火工作是林场的立身之本，历来为林场所重视。从建场开始，林场贯彻"预防为主、积极消灭"的方针，逐步健全完善护林防火各项制度，强化野外用火制度，构建了群防群治防范体系，从而为森林防火奠定了坚实基础，实现40多年没有发生森林火灾的好成绩。

（一）林场成立森林防火领导小组，由场长任组长。领导小组下设办公室，具体负责、督查、验收森林防火工作。将护林防火工作作为林场日常工作的一项重要内容，下达任务指标，层层分解到各基层单位，并进行督查和考核，做到任务落实、责任明确。

（二）将火源管理贯穿于岗位职责中。组织职工学习森林防火法规和林区防火基本知识。根据防火形势，由各护林员负责，深入到本辖区周边农村，发放护林防火宣传手册，开展消防知识的宣传。加强对进山人员的巡回检查，坚决杜绝带火种入山。

（三）成立青田县金鸡山林场暨毗邻乡村护林防火联防委员会。每年定期召开会议，订立护林防火联访公约，规定每年10月1日至次年5月底为防火戒严期，在戒严期内任何人（包括林区工人）不准带火柴、打火机进入林区；严禁野外用火——点松明灯、点火篾灯、烧火取暖、烧火驱兽；不准在林区内吸烟和乱丢烟蒂、火柴梗，违者按《森林防火条例》第三十二条处理。

（四）帮助周围村庄成立义务扑火队，提供扑火队员装备。加强联络，发现火灾相互支援，及时扑救。通过与各邻近乡（镇）村建立护林联防区，进行信息沟通，互相帮助，做到"一方有难，八方支援"，形成护林防火人人有责的氛围。

图 8-1-5-2 杜鹃花开（2010 年摄）

图 8-1-5-3 "东瓯第一峰"—— 金鸡山顶（2007 年摄）

（五）推进防火线和生物防火林带工程建设，构筑生物阻隔带与自然阻隔带相结合的林火阻隔网络。对现有 35 公里防火线，每年定期用草甘膦喷洒灭草，并人工清除防火线内杂灌草。

六、基础设施建设

通过多年建设，林场现有林区简易公路 15.8 公里，康庄公路 20 公里。西天林区和圳下护林点已通康庄公路，驮源林区、金鸡山顶风景区、白玉坳护林点已通林区公路。

2009 年，完成驮源林区 300 平方米护林房的新建。2010 年，完成场部 470 平方米护林房的修建。林场场部实现了"五通"（通水、通电、通路、通电话、通网络）。各林区用房共计 1039 平方米，基本具备满足林场生产生活的必要条件。

2015年，根据县政府青政发〔2015〕第35号《关于青田县国有林场改革方案的通知》，金鸡山和峰山等四个林场一起被撤销，并入"青田县林业总场"。

表 8-1-5-6 金鸡山林场历任负责人名录

职　务	姓　名	任职时间	备　注
负责人	黄岳友	1967.08—1970.06	
负责人	林庭松	1970.06—1980.11	
场　长	叶碎童	1980.12—1984.09	
副场长	陈有者	1981.09—1985.01	
场　长	徐新生	1984.12—1988.01	
支部书记	林庭松	1985.01—1988.09	
场　长	刘庆定	1991.10—1993	
支部书记	林庭松	1991.10—1993	
副场长	刘志超	1991.10—1995.12	
副场长	邱宗政	1995.02—2002.04	
场　长	邱宗政	2002.05—2006.06	兼支部副书记
支部书记	兰进武	2004.09—2007.01	兼副场长
副场长	徐云彪	2006.06—2007.5	主持工作
支部副书记	邱宗政	2006.06—2010.04	
场　长	徐云彪	2007.06—	2008.04 兼书记

第六节　青田县苗圃

青田县苗圃创办于民国17年(1928年)10月14日,有土地8亩。翌年停办。民国21年(1932年)10月8日恢复。时任县长王悦澄委任吴溶高为管理员,办理苗圃公务。苗圃地址在府前旧武馆衙门(今人武部附近)与旧监狱二基(今二中后山)及东门外旧仓颉庙基地(今花园岗附近)四周,专管育苗工作。主要是采集本地适宜树种,培育松、杉、柏、樟、槐、女桢、黄檀、榔榆、榨木、麻栋、栗、桐、茶、乌柏等苗木,分发给人民营造县有林。至民国23年(1934年)2月,县苗圃改为浙江省温处两属瓯江保安林办事处;民国25年(1936年)6月又改为浙江省农林改良场青田分场,委任詹谦为分场主任。民国27年(1938年)3月,改名为浙江省农林改进所青田中心农场,址设青田东门外,场长詹谦。同时在奇云山荸荠尖开辟方山繁殖场2000亩,在南阜乡(今海口镇)开辟海口繁殖场581亩。民国29年(1940年)3月,县中心农场撤销,设浙江农业改进所青田林业改进区,主任詹谦。附设农林场,隶属县政府。有苗圃土地60亩、林地7855亩。

中华人民共和国成立后,1964年9月,县委、县政府根据本县荒山多、疏林山多的实际情况,决定林业发展采取"三自"（自采、自育、自造）方针，为此建立青田县温溪苗圃（属国营事业单位），定员 10 人，圃址设在东岸乡塘里岙村（今温溪镇），生产基地分塘里岙、温溪水泥厂基地和鹤城镇东门 3 处，经营面积 125 亩。省林业厅拨款 1.4 万元，作为育苗周转金。同年 8 月，经县人委批准，将西门桥周围 20 余亩和试剑石范围内的 15 亩土地划拨给苗圃作圃地。

1965 年，塘里岙苗圃基地划给县农科所 22 亩土地；水泥厂点撤销。1972 年，县革命委员会将苗圃东门生产基地和鹤城镇农业大队第六、第七队所属西门山的土地进行调换，随后将苗圃迁至鹤城镇西门山，面积增至 250 余亩，改称"青田县苗圃"。

1983 年，太鹤公园景点扩大建设，县政府决定将试剑石周围有林地和部分育苗地划归园林管理处管辖，面积近百亩。是年，县苗圃有干部职工 23 人（其中干部 2 人、技术员 2 人、正式工人 14 人），有房屋 4 幢，建筑面积 1064 平方米。

1984 年，苗圃整顿，实行企业化管理，落实了多种形式的承包责任制，因地制宜开展多种经营。西门山基地以生产水果和食用菌为主，种植柑橘 15 亩，猕猴桃 20 亩；塘里岙、山根基地以培育苗木为主。

1987 年，县苗圃经营面积 150 亩，其中林地 45 亩，苗圃 39 亩，农田 46 亩。干部职工 28 人，其中技术员 2 人。房屋 4 幢，其中宿舍 700 平方米，晒场 169 平方米，食用菌实验场 1 处。

1999 年 12 月 28 日，县政府决定，县苗圃划归县建设（环保）局，退休和在职人员的人事关系、文书档案以及所有资产的隶属关系由原县林业局转到县建设（环保）局；仍属全民事业单位，原有编制数不变。与青田县园林管理处一套班子、两块牌子，合署办公。

表 8-1-6-1 苗圃历任负责人名录

职 务	姓 名	任 职 时 间
主 任	张岳伟	1963—1979
副主任	张 超	1979.10
副主任	蒋吉岩	1977.10—1980
副主任	刘岳仙	1979.10—1983.01
主 任	蒋吉岩	1980—1985.01
支部书记	张 超	1980.03—1982.11
支部书记	陈秀清	1982.12—1985.01
主 任	张志武	1985.01—1990.09
副主任	夏焕平	1985.01—1987.02
副主任	吴考元	1986.04—1988
主 任	吴考元	1990.11—1993.08
支部书记	陈仕安	1991.07—1995.05
副主任	陈宗清	1990.11—1998
副主任	潘先科	1991.10—1993.09
主 任	刘庆定	1993—1995.05
支部书记	刘庆定	1995.05—1997.05
主 任	陈贵洪	1995.05—1999

第二章 社队林场

20世纪50年代，随着初级合作社的建立，山林入社后归集体所有，集体经营性质的林业专业队开始有一定规模的发展，是为乡村林场最早组织形式。1959年，社队林场大批发展。20世纪60年代初社队林场进入调整时期。20世纪70年代，全省推广"基地建林场，林场办基地"的经验，社队林场重新大规模发展，1982年改称为乡村林场。20世纪80年代开始，乡村林场规模逐渐缩小。1992年后，乡村林场大多萎缩，仅剩规模较大的原由区办、乡办林场，由个体承包形式经营。

第一节 社队林场的发展

青田县社队林场始办于1959年，根据其发展情况，大致可分为三个阶段。第一阶段：创建阶段（1959—1971年）。在群众性的"治山治水"运动的高潮中，为响应毛主席提出的"绿化祖国""实现大地园林化"的号召，将大面积荒山、疏林山划办为林场。这阶段，共创建区、乡（社）、村（队）林场50多个。第二阶段：发展阶段（1972—1981年）。在"基地办林场、林场管基地"和开展大面积飞播的情况下，为加强基地和飞播区的管理，各地普遍办起了区、乡（社）、村（队）林场。截至1981年，全县已发展到130个，经营面积24万亩，固定场员624人。第三阶段：调整、整顿阶段。随着林业"三定"工作的开展和林业经济体制改革的深入，新发展了11个集体林场和家庭林场。也有的把原来林场的山林划分到户、组，致使62个林场拆场散伙，占48%。

至1990年，全县保存79个区、乡、村集体林场，经营面积14.7万亩（其中用材林8.5万亩、经济林1.7万亩，什木和竹林0.3万亩，荒山疏林山4.2万亩，耕地206亩），占全县林业用地的5%，有固定场员284人。在现存的乡村林场中，区办4个，乡办10个，乡村合办3个，村办59个，户、联户办3个，经营面积100～300亩的有6个，300～1000亩的有18个，1000～3000亩的有38个，3000亩以上的有17个。

表8-2-2-1 青田县乡村林场情况表（1986.5.19）　单位：个、亩、立方米、平方米

区别	合计	区办	乡办	乡村合办	村办	户办	经营面积	其中：经济林	林木蓄积	场房	固定场员	注：解体林场
合计	79	4	10	3	59	3	147333	16598	109068	9771	284	62
章村	9	1	3	2	3		20000	1083	16000	995	35	7
船寮	21	2	3	1	15		36030	1483	28855	3630	99	10
万山	6		1		5		6901	789	3190	795	25	4
北山	15				14	1	22420	2881	20000	1546	31	6
城郊	9				9		31088	8848	17970	748	37	12
山口	13		1		10	2	23227	629	18720	1022	27	16
温溪	6	1	2		3		7667	885	4333	1035	30	7

按照经济组织形式和责任制落实情况，青田县乡、村林场分以下三种类型：

第一类，有固定山场、场员，有房屋，有较完善的经营管理责任制，政企分开，经济独立核算的，共有 27 个，占 34%。如船寮区外岩洞、梅花山区办林场，贵岙金竹坑、海口外道坦乡办林场；东江小海、黄寮西岸乡村合办林场，阜山坑边、东源红光、张口坳头村办林场，方山裘山季松仁、万阜赤岩垟杨 武家庭林场，方山垟塘赵松祥三户联户林场，仁庄乡仁庄村集股办林场等。

第二类，有固定山场、房屋、固定场员，但以护林为主，经济上和乡村统一核算，场员报酬由乡村支付的，共有 40 个，占 50%。如石帆高坟岗、平桥平溪、海溪驮田、巨浦范村、阜山岗下、吴岸衡培、孙坑罗垟山等村办林场。

第三类，有固定山场、房屋，由就近农户以管护为主，兼营农业及其他，乡村不给报酬，承包责任制不够落实，处于瘫痪、半瘫痪状态的，共有 12 个，占 16%。如章村章砩乡办林场、温溪镇铁耙山区办林场、双垟圳下村办林场、章村区桃花源区办林场等。

第二节 乡村林场的作用

青田县乡（社）村（队）办林场时间长、数量多、分布广，在育苗、造林、育林上曾起过带头、示范作用，为发展林业和山区经济做出过一定的贡献。

1. 巩固了基地和飞播造林的成果，消灭了大片荒山，增加了森林资源的后备力量。据统计，全县乡（社）村（队）林场基地造林历年累计 3 万亩，保存面积 2.6 万亩，保存率大，达 85%。全县基地造林成林、成材，效益较好的，大部分在乡村林场。如平桥乡平溪、双垟乡吴庄、章村乡黄山村东岩林场的千亩用材林基地；万阜蒲来、岭根吴山、东源红光村林场的油茶基地；船寮外岩洞区办林场、双垟圳下村林场的油桐基地。飞播造林、封山育林的管护工作更为显著。使原来的荒芜山，通过办林场，加强管护，现在基本绿化，成林、成材。如海溪石垟巷村林场，500 亩杉木萌芽林，通过封山育林、疏林补植等措施，每亩蓄积达 4 立方米。

2. 为乡村群众造林提供大量苗木。20 世纪 60～70 年代，社队林场是我县育苗的主力军。如海溪龙须洞林场自 1975 年建场以来，11 年累计育苗达 150 亩。东源红光林场，自 1978 年以来累计育苗 40 亩，生产各种苗木 130 多万株，满足了群众造林的需要。

3. 为乡村集体经济建设提供大量的木材和资金。如章村乡黄山村东岩林场，自 1976 年建场以来，总产值达 15 万元，为造一座水电站，架设 4.8K 的高压线，投资 6 万余元。每年还为民办教师、计划生育、军属户和五保户，解决资金 1500 余元。并为区、乡部门基本建设、乡镇企业以及村民建房等，提供木材 5000 余立方米。阜山乡岗下村林场，1985 年间伐材收入 7000 元，解决了全村安装自来水管的资金，全村 150 户村民户户吃上了自来水。

4. 乡村林场经济效益显著。根据 1990 年对 79 个林场调查统计，历年来，集体、个人和国家共投资 140 万元（包括劳务），其中国家投资 45 万元。经过二十多年的艰苦创业，已具有雄厚的经济和物质基础。现有场房 330 间 9770 平方米，拥有茶叶、粮食、木材加工厂设备 9 套，林木蓄积 11 万立方米，各种经济林和竹林 1.8 万亩，牛、羊、鹿、猪等家畜 120 头（其中外岩洞林场梅花鹿 18 头），总价值达 1700 万元，（不包括经济林、竹林的价值）加上历年来总产值 120 万元，为投资数的 13 倍。1985 年生产木材 2456 立方米，油茶籽 190 担，桐白 112 担，茶叶 265 担，其他经济作物 207 担，经济总收入 18.2 万元，其中林业收入 16.7 万元，占总收入的 91.7%。

第三章 林业专业合作社

进入 21 世纪，大批农民专业合作社应运而生。

林业专业合作社是农民专业合作社的一种形式，是在集体林地、林木实行家庭承包经营的基础上，同类林产品的生产经营者或者同类林业生产经营服务的提供者、利用者，自愿联合、民主管理的互助性经济组织。截至 2012 年底，全县农民专业合作社工商登记有 697 家，注册资本 75599.6 万元，经营范围涉及农、林、牧、渔业，横跨全县 34 个乡镇（街道），经营的产品主要有农副产品以杨梅为主的水果、油茶等种植类，田鱼为主的养殖类，各种农家蔬菜类，家禽养殖类，深加工和茶叶、药材、花丛及农业生态开发等等。全县创建省级示范合作社 5 家，市级示范合作社 12 家，县级规范合作社 71 家。

2011 年 8 月 25 日，县政府制定印发《青田县现代农业产业化扶持办法》（青政发〔2011〕94 号），对合作社基地建设、产品营销、品牌建设、规范化创建等各环节进行全方位扶持。2009 年 12 月，县政府出台《关于加快我县油茶产业发展的若干意见》》（青政发〔2009〕154 号）、《关于 2009 年油茶产业化发展若干扶持政策的通知》（青政办发〔2009〕181 号）。2010 年 10 月，县政府办公室印发《2010 年油茶产业发展扶持实施细则》，制定对油茶产业的扶持政策。2009 年 5 月 4 日，县政府办公室印发《青田县扶贫小额信贷实施细则》（青政办发〔2009〕57 号），对全县范围内带动低收入农户发展生产的农民专业合作社（扶贫合作社）等纳入贷款对象，并给予贷款额度一定比例的贴息。此外，县政府及相关部门还制定包含专业合作社的财政扶持资金补助办法。如《青田县低收入农户发展资金项目管理实施细则》（青扶贫办〔2009〕28 号），对全县 200 个低收入农户集中村内发展特色种养业及加工流通业的专业合作社（扶贫合作社）纳入扶持对象；《青田县现代农业产业化扶持办法实施细则》（青农产办〔2011〕1 号），对项目的申报条件与奖励（补助）标准进行细化。

2011 年至 2012 年，青田县扶持（补助）农民专业合作社金额 2630.84 万元。

至 2014 年 12 月底止，全县林业专业合作社共有 94 家，注册资本高达 12712 万元。

表 8-3-0-1 青田县林业专业合作社名录（2014 年 12 月止）　　　　单位：万元

企业名称	法定代表人	经营范围	注册资本	成立日期
青田县官山畜禽养殖专业合作社	叶燕平	油茶、茶叶、水果、蔬菜、中药材、农副产品	200	2012/3/29
青田县养生源果蔬种植专业合作社	吴永平	油茶、茶叶、水果、蔬菜	100	2012/5/7
青田县平岸畜禽养殖专业合作社	季福呈	油茶、茶叶、水果、蔬菜	200	2012/6/15
青田县苏平畜禽养殖专业合作社	阮苏平	油茶、茶叶、水果、蔬菜	50	2012/5/16
青田县根忠杜瓜种植专业合作社	李根忠	杜瓜、油茶、茶叶、水果、蔬菜	50	2012/5/24
青田县魁市果蔬种植专业合作社	毛碎典	油茶、茶叶、水果、蔬菜	100	2012/2/2
青田县天堂山中药材种植专业合作社	金定绪	中药材、油茶、茶叶、水果、蔬菜	100	2012/7/2
青田县锦鹏农牧业专业合作社	饶马军	油茶、茶叶、水果、蔬菜	200	2012/4/19

续表 8-3-0-1

企业名称	法定代表人	经营范围	注册资本	成立日期
青田县祯旺春光农副产品专业合作社	朱用杰	油茶、茶叶、水果、蔬菜、农副产品	200	2012/4/23
青田县兰绿畜禽养殖专业合作社	毛尚伟	油茶、茶叶、水果、蔬菜	50	2012/5/2
青田县翡翠谷农副产品专业合作社	朱雪丽	蔬菜、水果、茶叶、油茶、笋干	100	2012/3/16
青田县焕生畜禽养殖专业合作社	贾焕生	油茶、茶叶、水果、蔬菜	100	2012/3/1
青田县茂鑫果蔬种植专业合作社	邹伟娟	油茶、茶叶、水果、蔬菜	300	2012/5/30
青田杉树面畜禽养殖专业合作社	何艺远	油茶、茶叶、水果、蔬菜	50	2012/5/25
青田县荣光油茶种植专业合作社	吴荣光	油茶、茶叶、水果、蔬菜	100	2012/3/20
青田县乃康果蔬种植专业合作社	罗乃康	油茶、茶叶、水果、蔬菜	100	2012/5/4
青田县文林畜禽养殖专业合作社	吴文林	油茶、茶叶、水果、蔬菜	100	2012/5/3
青田县令彬畜禽养殖专业合作社	刘令彬	油茶、茶叶、水果、蔬菜	100	2012/6/29
青田县湿雨水果种植专业合作社	张开亮	油茶、茶叶、水果、蔬菜	100	2012/5/4
青田县根波畜禽养殖专业合作社	徐根波	茶叶、水果、蔬菜	100	2012/6/15
青田县外叶山果蔬种植专业合作社	夏祖标	油茶、茶叶、水果、蔬菜	100	2012/5/7
青田县占岙畜禽养殖专业合作社	徐兰娟	油茶、茶叶、水果、蔬菜	180	2012/5/9
青田县乐丰农产品产销专业合作社	周琪丰	油茶、茶叶、水果、蔬菜	200	2012/6/19
青田县乌泥塘畜禽养殖专业合作社	罗华英	油茶、茶叶、水果、蔬菜	100	2012/4/26
青田县永乾油茶种植专业合作社	毛永乾	油茶、毛竹、茶叶、水果、蔬菜	100	2012/7/9
青田县时强畜禽养殖专业合作社	季时强	油茶、茶叶、水果、蔬菜	60	2012/5/21
青田县四羊杨梅种植专业合作社	吴建灵	杨梅、油茶、茶叶、水果、蔬菜	100	2012/5/21
青田后山杨梅种植专业合作社	罗良民	杨梅、油茶、茶叶、水果、蔬菜	100	2012/3/23
青田县官东畜禽养殖专业合作社	徐小媚	油茶、茶叶、水果、蔬菜	100	2012/3/16
青田县腊溪畜禽养殖专业合作社	雷建香	油茶、茶叶、水果、蔬菜	100	2012/4/13
青田崇福杨梅种植专业合作社	林杰	杨梅、油茶、茶叶、水果、蔬菜	120	2012/2/29
青田县华丰农牧业专业合作社	何海华	油茶、茶叶、水果、蔬菜	100	2012/7/5
青田县龙现田鱼养殖专业合作社	吴碎明	油茶、茶叶、水果、蔬菜、水稻	70	2012/3/20
青田县晓敏畜禽养殖专业合作社	卓晓敏	油茶、茶叶、水果、蔬菜	100	2012/6/7
青田县高茂甜玉米种植专业合作社	董丽平	甜玉米、油茶、茶叶、水果、蔬菜	100	2012/5/9
青田县朝军畜禽养殖专业合作社	虞三荣	油茶、茶叶、水果、蔬菜、中药材	120	2012/4/12
青田万富油茶种植专业合作社	季凯	油茶、茶叶、水果、蔬菜	200	2012/2/22
青田县鱼米香农产品产销专业合作社	付春雷	油茶、茶叶、水果、蔬菜、水稻、毛竹	30	2012/3/1
青田县申联畜禽养殖专业合作社	王申联	油茶、茶叶、水果、蔬菜	100	2012/3/1
青田东升畜禽养殖专业合作社	潘锦谷	油茶、茶叶、水果、蔬菜	120	2012/3/1
青田县民安油茶种植专业合作社	占民安	油茶、茶叶、水果、蔬菜	100	2012/2/27
青田吊龙山油茶种植专业合作社	冯一琴	油茶、茶叶、水果、蔬菜	210	2012/3/6
青田县青山轩油茶种植专业合作社	王清根	油茶、茶叶、水果、蔬菜	200	2012/3/5
青田半坑垅畜禽养殖专业合作社	叶小明	油茶、茶叶、水果、蔬菜	200	2012/3/5
青田县横路畜禽养殖专业合作社	项才军	油茶、茶叶、水果、蔬菜	100	2012/4/24
青田县云匡果蔬产销专业合作社	王小燕	油茶、茶叶、水果、蔬菜	500	2012/5/15
青田春绿园中药材种植专业合作社	陈焕波	中药材、油茶、茶叶、水果、蔬菜	350	2012/5/14
青田县大竹园毛竹种植专业合作社	翁青春	毛竹、油茶、茶叶、水果、蔬菜	300	2012/5/23
青田县孙阔凹畜禽养殖专业合作社	罗海华	油茶、茶叶、水果、蔬菜、中药材	200	2012/4/11
青田县东坑畜禽养殖专业合作社	朱建勇	油茶、茶叶、水果、蔬菜	200	2012/4/13
青田县鹤丰杨梅种植专业合作社	林雪芳	杨梅、油茶、茶叶、水果、蔬菜	100	2012/4/19

续表 8-3-0-1

企业名称	法定代表人	经营范围	注册资本	成立日期
青田县金庭茶叶种植专业合作社	潘峰	油茶、茶叶、水果、蔬菜	200	2012/4/19
青田县兴达畜禽养殖专业合作社	王利真	油茶、茶叶、水果、蔬菜	100	2012/4/20
青田县大李畜禽养殖专业合作社	吴振根	油茶、茶叶、水果、蔬菜	100	2012/5/9
青田县五花尖畜禽养殖专业合作社	徐竹波	油茶、茶叶、水果、蔬菜	50	2012/4/20
青田县仕忠果蔬种植专业合作社	詹仕忠	油茶、茶叶、水果、蔬菜	100	2012/5/25
青田县国贵水果种植专业合作社	雷智珍	水果、油茶、茶叶、蔬菜	100	2012/6/21
青田县秀山白沙枇杷种植专业合作社	曾国英	白沙枇杷、油茶、茶叶、蔬菜	100	2012/6/20
青田县美之林农产品产销专业合作社	汤美玲	油茶、茶叶、水果、蔬菜	100	2012/6/20
青田县江桥农牧业专业合作社	潘卡丽	油茶、茶叶、水果、蔬菜	168	2012/6/20
青田县鹤乡农牧业专业合作社	朱素蓓	油茶、茶叶、水果、蔬菜	168	2012/6/18
青田县康利畜禽养殖专业合作社	王建和	油茶、茶叶、水果、蔬菜	30	2012/6/19
青田章村西高峰茶叶种植专业合作社	陈杨标	油茶、茶叶、水果、蔬菜、竹笋	100	2012/6/5
青田县承雄淡水鱼养殖专业合作社	季承雄	油茶、茶叶、水果、蔬菜	50	2012/6/5
青田县龙源畜禽养殖专业合作社	王群伟	油茶、茶叶、水果、蔬菜	100	2012/5/28
青田县香婷畜禽养殖专业合作社	曾香婷	油茶、茶叶、水果、蔬菜	100	2012/5/28
青田县餐餐惠农果蔬种植专业合作社	邱飞荣	油茶、茶叶、水果、蔬菜	100	2012/5/29
青田县汤垟果蔬种植专业合作社	金明藏	油茶、茶叶、水果、蔬菜、番薯	100	2012/6/12
青田县傍岸油茶种植专业合作社	刘雪雄	油茶、茶叶、水果、蔬菜	50	2012/6/12
青田县卓山畜禽养殖专业合作社	季永青	油茶、茶叶、水果、蔬菜	50	2012/5/31
青田县和谐之星果蔬种植专业合作社	季品荣	油茶、茶叶、水果、蔬菜	100	2012/6/12
青田县京艳杨梅种植专业合作社	林艳飞	杨梅、油茶、茶叶、水果	50	2012/6/27
青田县邦来果蔬种植专业合作社	曾邦来	油茶、茶叶、水果、蔬菜	100	2012/7/9
青田横排路畜禽养殖专业合作社	吴小红	油茶、茶叶、水果、蔬菜	100	2012/7/9
青田谷山畜禽养殖专业合作社	高春民	油茶、茶叶、水果、蔬菜、中药材	50	2012/3/14
青田县泓麟苑油茶种植专业合作社	朱王军	油茶、茶叶、水果、蔬菜	100	2012/1/9
青田县欣宏源畜牧专业合作社	赖建兵	油茶、茶叶、水果、蔬菜	166	2012/3/31
青田县夏洋农产品产销专业合作社	章作康	油茶、茶叶、水果、蔬菜	100	2012/2/27
青田县鑫旺畜禽养殖专业合作社	毛雪红	油茶、茶叶、水果、蔬菜	100	2012/5/9
青田县小勇果蔬种植专业合作社	陈小勇	油茶、茶叶、水果、蔬菜	100	2012/2/3
青田县大青叶果蔬种植专业合作社	林焕斋	油茶、茶叶、水果、蔬菜	100	2012/2/15
青田县奕兴畜禽养殖专业合作社	张秀娟	油茶、茶叶、水果、蔬菜	100	2012/2/16
青田县渔彬畜禽养殖专业合作社	夏渔彬	油茶、茶叶、水果、蔬菜	100	2012/2/13
青田县西武头畜禽养殖专业合作社	朱爱伟	油茶、茶叶、水果、蔬菜	100	2012/3/13
青田县雪敏杨梅种植专业合作社	林雪敏	杨梅、油茶、茶叶、水果、蔬菜	100	2012/3/13
青田县大迪岙畜禽养殖专业合作社	季采勇	油茶、茶叶、水果、蔬菜	200	2012/3/19
青田县建强果蔬种植专业合作社	叶松尧	油茶、茶叶、水果、蔬菜	100	2012/3/19
青田金荣杨梅种植专业合作社	李金荣	杨梅、油茶、茶叶、水果、蔬菜	100	2012/3/26
青田县农丰畜禽养殖专业合作社	饶荣友	油茶、茶叶、水果、蔬菜、中药材	60	2012/3/31
青田雅陈土鸡养殖专业合作社	陈伟锋	油茶、茶叶、水果、蔬菜	10	2012/3/30
青田绿江畜禽养殖专业合作社	吕德伟	油茶、茶叶、水果、蔬菜、中药材	50	2012/3/22
青田县项元油茶种植专业合作社	夏照月	油茶、茶叶、水果、蔬菜	200	2012/3/29
青田泗洲埠杨梅种植专业合作社	陈玉平	杨梅、油茶、茶叶、水果、蔬菜	100	2012/3/29
青田上排田杨梅种植专业合作社	叶友平	杨梅、油茶、茶叶、水果、蔬菜	100	2012/3/29

第一节 陈诚故乡毛竹产销专业合作社

图 8-3-1-1 笋竹两用林基地（2010 年摄）

图 8-3-1-2 毛竹精品园（2014 年摄）

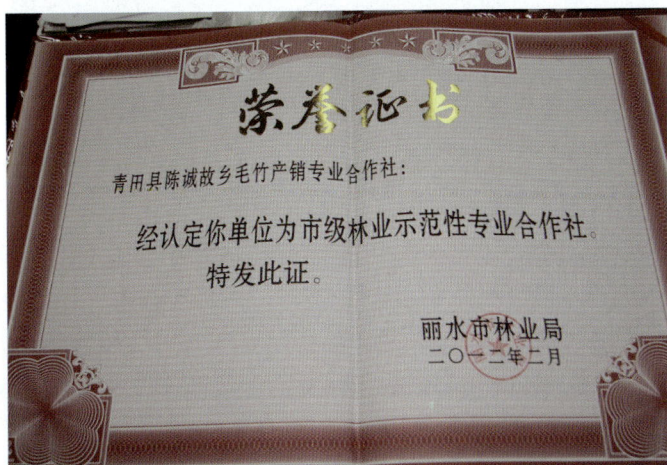

图 8-3-1-3 合作社荣誉（2012 年摄）

陈诚故乡毛竹产销专业合作社位于高市乡水碓基，成立于 2009 年，注册登记号 331121NA000144X。有社员 132 户，资产总额 360 万元，固定资产总额 133 万元。经营面积 6000 亩，其中毛竹 5000 亩，毛竹总立量 80 万株，毛竹资源集中。

合作社建立后，开展毛竹森林食品基地建设，共完成规模基地 5000 亩，辐射带动面积 7000 亩；开设林区公路 15 公里，竹林便道 53 公里；建立了 5000 亩的排灌设施。合作社实行"专业合作社＋基地＋农户"经营模式，形成了以竹笋生产、竹材产品加工为主的竹子产业化经营体系。

2014 年 11 月 9 日，陈诚故乡毛竹精品园通过省级考核验收。该精品园建成面积 1500 亩；园区新建竹林主干道 6.5 公里，辅助道 3 公里；新建蓄水池 5 个，蓄水量 150 立方米；铺设输水管道 5 公里，安装喷滴灌设备 50 套；建成竹材加工厂房 300 平方米、加工设备 2 套，基础设施完善；项目实施期间推广应用毛竹低效林改造技术、竹园覆盖、笋竹两用林定向培育、竹林结构动态调整、测土配方施肥等技术，创建省级农业标准化基地，科技集成度较高。合作社有自主品牌和商标，产品获得森林绿色食品认证，开展了订单销售、农超对接，产业化水平较高。园区亩增效益 697 元，年产值达 196 万元，经济、社会、生态等综合效益显著。

在生产无公害竹笋过程中，严格执行省级无公害林产品标准。建立产品抽检制度，经常组织产品检测部门对基地产品进行定期或不定期的检测。合作社对检测合格的竹笋进行统一包装、统一保价收购销售。

图 8-3-1-4 无公害竹笋生产模式图（2012 年摄）

第二节　江南好山茶油合作社

江南好山茶油合作社位于章村乡，该社成立于 2007 年 6 月，注册登记号 331121NA000019X，主要从事油茶、茶叶、林果的种植和销售，有和农户建立紧密关系的基地 3000 多亩，社员 117 户，带动农户 1250 户，合作社从种苗采购、种植销售等环节实行统一标准、统一生产、统一销售。合作社和农户建立起"合作社＋基地＋农户"的经营模式。合作社实力强、服务规范，示范作用明显，是青田林业示范专业合作社。

图 8-3-2-1 章村油茶

表 8-3-2-1　丽水市林业示范性专业合作社申报表

单位名称（盖章）	青田县江南好山茶油合作社		
单位地址	章村乡政府	邮 编	323900
负责人	叶光平	联系电话（手机）	
成立时间	2007.6	批准成立机关	青田县工商管理局
登记机关	青田县工商管理局	登记时间	2008.4
注册资金（万元）	8.5（准备增资）	注册资金中林农出资部分占的比例（%）	100
主营产品	茶油、茶叶、水果	单个社员最大股金占总股金的比例（%）	17
成员数（个）	117	带动农户数（个）	1250
现有经营面积（亩）	3000	带动基地面积（亩）	30000
统一（使用）商标名称	否	有否统一生产标准	是
有否统一供种	是	有否统一技术服务和培训	是
有否统一供生产资料	有	统一销售成员产品比例（%）	80
有否按保护价收购成员产品	有	有否实行二次返还	有
产品有否进超市	否	上年培训成员人次数	1100
得到何种（无公害基地、绿色农产品、森林食品、有机食品）认证	森林食品	得到何种（名牌、优质产品）称号	无
成员大会按何种方式进行民主决策	举手表决	上年召开成员（代表）大会次数	3
现有资产（万元）	30.5	上年经营服务收入（万元）	
上年纯收益（万元）	4.4	上年返还成员收益（万元）	

第三节　岭根油茶专业合作社

图 8-3-3-1 金贵籽油茶（2011 年摄）

岭根油茶专业合作社 位于岭根乡井平村。该社成立于 2009 年，注册登记号 331121NA000201X，是一家以合作社＋农户＋基地为组建模式，集油茶基地培育、茶油生产加工、有机绿色食品开发为一体的股份制林业专业合作社。2012 年生产有机山茶油 100 吨，年产值 1200 万元，年利税 30 万元。

合作社开发"金贵籽"牌有机

山茶油，整套生产设备均采用食品级不锈钢，产品色泽晶莹剔透、口味清香纯正，以品牌化运作、连锁经营为销售模式。

第四节 大尖山油茶专业合作社

大尖山油茶专业合作社 位于小舟山乡小舟山村，成立于2009年，注册登记号331121NA000119X（1/1），有成员128户，注册资金180万元。种植良种油茶1000多亩，有固定工人9名。

图 8-3-4-1 大尖山基地生产用房（2011年摄）

图 8-3-4-2 油茶中药材套种试验（2013年摄）

合作社油茶基地内道路四通八达，建林道21公里，可供5吨车通行；职工宿舍1幢，面积300多平方米；仓库1座，面积200平方米；晒场1处，面积3600平方米；灌溉水池8座，可藏水1000多立方。

图 8-3-4-3 基地良种油茶（2012年摄）

第九编 科教文化

第一章　林业科技

图 9-1-0-1 林业技术人员现场指导油茶生产（2002 年摄）

据《丽水市林业志稿》记载：丽水林业科技推广始于民国 5 年（1916 年），知事陈赞唐在旧丽水建立示范桑园并极力推广。民国时期，为促进农林技术推广，国民政府曾颁布"推广农林简章 22 条"、《农业推广规程》《各省训练农业推广人员大纲》等。但因政局不稳，林业科技推广效果有限。

中华人民共和国成立后，各级政府相继出台一系列林业技术推广法律法规和政策，先后建立了林业科研、科技推广机构。多年来，青田林业科技工作者担负着传播、推广林业方面的科研成果、科技动态的责任，内容包括林木遗传育种、育苗、造林、森林经营、水土保持、森林保护等。本着提高与普及相结合的原则，着重科技与经济的结合，面向林区与生产实际，为生产、科研、科技兴林及林业可持续发展做了大量工作。逐步建成以林业科技推广机构为主体，乡（镇）林业工作站为基础，与林业科研、教学单位以及群众性科技组织、农民技术人员相结合的林业科技推广网络服务体系。特别是在油茶生产的科技推广和科学研究方面，取得了瞩目的成绩：20 世纪 60 ～ 70 年代，油茶煤病的防治研究，获国家、省有关单位的肯定；2000 年以后，承担国家、省、市级林业科技推广项目计 20 多项，通过实施，取得了显著成效，并形成大量独立完成的学术论文、生产经验、调查报告等。

第一节　科研机构

中华人民共和国成立之前，青田县没有专门的林业科研机构。民国 22 年（1933 年），省建设厅在青田县设立温处两属保安林办事处。民国 24 年（1935 年）2 月，青田保安林办事处改称"瓯江保安林青田事务所"。民国 25 年（1936 年）2 月，"瓯江保安林青田事务所"更名为"省农林改良总场青田分场"。民国27年（1938年），改称林业改进区，由省农业改进所管理。民国33年（1944年），省农林改良总场青田分场裁撤，并入省农业改进所丽水林场。这些林业单位的生产活动，起着示范、推广林业技术的作用。民间则有自发性的扦插或嫁接活动。但由于体制、战乱原因，其收效甚微。

中华人民共和国成立不久，各级人民政府即着手建立林业科研和技术推广机构。1956年，全省34个县建立林业工作站，27个县建立林业技术指导站。20世纪60年代，山区县农村人民公社设有林业科学实验站，大队设林科队，生产队设林科组。1958年，章村区建立油茶科学研究所；1962年，建立青田县林业科学研究所；1981年5月，经县科协批准，建立县林学会；1985年7月，林业研究所撤销，建立青田县林业技术推广站。此后，林业技术推广站几经反复，合并、撤销、合并，至2006年6月，重新恢复设立林业技术推广站。2012年，青田实施人才强县战略，建立青田经济林博士后工作站。至此，林业科技队伍兵强马壮，科技创新能力不断提高。

一、青田章村油茶科学研究所

1958年6月27日，中共浙江省委决定并发文要求各专区、县建立林业科学研究所。是年，章村区在马岭头创办了第一个区级林业科研机构——青田章村油茶科学研究所，当时有技术干部2人，工人5人。开始在群众的油茶山上进行一些简单的垦复、抚育、施肥等丰产高产的试验和研究。

二、青田县林业科学研究所

1962年10月，县人委决定，以章村区林科所为班底，成立"青田县林业科学研究所"，定编7人。1964年，经县委批准，先后划给油茶山3.33公顷、耕地2公顷作为该所的试验基地。

1972年，林业科学研究所改称"青田县油茶科学研究所"，所址设章村乡马岭头。主要从事油茶高产和病虫防治的研究，并取得重要的科研成果。

表9-1-1-1 1982年青田县林科所基本情况表

姓名	性别	年龄	学历	职务和职称	调入前工作单位	试验基地（亩）	
						山地	苗圃
张岳山	男	49	高小	党支部副书记	章村区祯埠公社		
雷插清	男	40	高小	副所长、会计	章村大公社林场转入	32.5	1
何家堂	男	48	丽水林校	副所长、助理工程师	县石门洞林场		
孙德友	男	40	丽水林校	助理工程师	章村区林业站		
刘志南	男	34	丽水林校	技工	县劳动局安排		
曾邦武	男	39	高小	技工	章村大公社林场转入		
吴庆禄	男	34	温溪农中	林工	县八面湖林场		
江美凤	女	33	初小肄业	林工	县八面湖林场		
陈玉珠	女	40	初中毕业	林工、出纳	县石门洞林场		
付忠明	男	30	初中肄业	林工	县劳动局安排		

三、青田县林业技术推广站

1983年，为解决全省林业科研机构重叠、课题重复、力量分散、经费不足、方向不明、任务不清的问题，省科委和省林业厅经调查研究，决定对全省地、县级林科所进行调整。丽水地区保留丽水地区级林科所，发展成为区域性有特色的林业科研机构；县级保留松阳、龙泉2个县级林科所，明确了各个林科所的研究方向和任务；将其余林科所改为林业技术推广站，专职从事林业科技试验、示范、推广、培训工作。

1985年7月，青田县林业科学研究所撤销，建立青田县林业技术推广站，有职工13人。1988年2月，技术推广站并入营林股。

1992年，省政府根据撤区扩镇并乡后基层农林生产实际情况，提出进一步加强农业社会化服务体系建设，完善乡（镇）农业服务组织。自1993年开始，对乡（镇）农林技术推广机构实行"四定"（即定性、定编、定职、定员），并开展林业工作站达标活动。是年，撤销营林股、场圃股，设立青田县林业技术推广中心，至1997年，推广中心撤销，其业务归营林科担负。

2006年6月，重新恢复设立林业技术推广站，址设林业局内，为局属事业编制单位，定编4人（含种苗站）。

2012年，青编〔2012〕48号文件，同意增加县林业技术推广站全额拨款事业编制1名，指导发展油茶产业工作，增编后，县林业技术推广站编制共4名。

2013年6月24日，县编办重新核定县林业技术推广站为事业编制，定编4人。

四、青田经济林博士后工作站

2012年，青田实施人才强县战略，围绕产业转型升级打造高层次人才集聚平台。12月5日，青田经济林博士后工作站建立，成为全省首个博士后科研工作站。中国林科院亚林所经济林研究室主任、博士生导师、研究员、国家油茶科学中心首席专家姚小华任青田县油茶产业首席专家。经济林博士后工作站设在县林业局，共有兼职人员10人。工作站主要工作：一是解决油茶发展中存在的关键难题，使油茶新造林成活率提升至95%以上；二是加强林业科技创新能力，申请科技项目3项，获省科技兴林奖1项、市科技兴林奖1项；三是举办专题讲座5期，培训干部群众1000多人次，培养和造就一批油茶本土专家，提升油茶产业的影响力和竞争力。

五、青田县林学会

1981年5月，经县科协批准，县林业局建立首届县林学会。林学会是由林业科技工作者自愿组成的依法登记成立的学术性、科普性、公益性法人社会团体。

青田县林学会科研活动主要范围：

1. 开展学术交流，组织科学考察，活跃学术思想，提高学科水平；对科技兴林、规划、设计、技术经验、科研成果等进行推广。

2. 积极开展林业科学技术的宣传普及活动。

3. 开展技术咨询服务和林业科学技术知识培训等活动。

多年来，青田林学会会员、科技工作者在各自的工作、生产岗位上，在全县消灭荒山、科技兴林、林业鉴定和促进山区经济发展方面，成绩斐然。

表 9-1-1-2　2013 年青田县林业科普人员情况表

指标名称	数量	指标名称	数量
一、科普专职人员	6 人	二、科普兼职人员	99 人
其中：中级职称及以上或本科及以上学历人员	4 人	其中：中级职称及以上或本科及以上学历人员	17 人
女性	1 人	女性	20 人
农村科普人员	人	农村科普人员	69 人
管理人员	1 人	年度实际投入工作量	138 人

第二节　科研活动

图 9-1-2-1 油茶科技下乡活动（2012 年摄）

图 9-1-2-2 亚林所副研究员任华东指导
油茶高接换种（2013 年摄）

图 9-1-2-3 油茶新品种芽接现场（2013 年摄）

20 世纪 50 年代以前，青田没有专门的林业科研机构。

中华人民共和国成立后，政府重视林业科研和科技推广工作，并逐步建立林业技术科研和推广机构。

1958 年，章村区在马岭头创办了第一个区级林业科研机构——青田章村油茶科学研究所，开始进行油产高产稳产试验和研究，并建立了油茶炭疽病防治试验点。其他地方也先后进行油茶保花保果试验和开展夏季造林试验。

1959 年 4 月，中国林业科学院胡琼玲、刘惠珍两同志进驻章村油茶炭疽病防治试验点，指导试验点病情记载、梳理、归纳等研究工作。

1960 年，章村区黄山头村雷插清通过多次试验，发明土法防治油茶煤病方法。4 月 5 日，《青田报》刊发通讯，介绍了雷插清试验的经过。并在同版发表评论员文章，高度评价"用黄泥水加石灰水防治煤病"是一种科学研究成果，有实际推广价值。

1962 年 10 月，县人委决定，以章村区林科所为班底，成立"青田县林业科学研究所"，定编 7 人。1972 年，改称"青田县油茶科学研究所"（以下简称县油科所），所址设章村乡马岭头。

一、县油科所的科研活动

青田县油茶科学研究所成立后，贯彻集体领导、所长负责制原则。建立所务委员会，定期召开会议，讨论研究全所工作计划，包括试验、生产、学习等。研究人员每月向所长口头汇报一次，年终或试验完成，做出总结，写出报告。研究所汇总后每季度书面向上级机关汇报。根据任务要求，全所分成三个组，分别是：植保病虫组、良种选育组和丰产栽培组。

县油科所的科研设备，先是因陋就简，土法上马。以后由县政府和有关部门拨款，逐步购置设备。至 1982 年，科研设备基本完备，主要有恒温箱、冰箱、玻璃器具、接种工具、冰箱、无菌箱、调湿调温箱、灭菌器、解剖镜、显微镜、分析天平等。包括房屋，其固定财产计 52710 元。

1. 房屋 5 间价值 32000 元。

2. 科研设备：调湿调温箱 1700 元；立式冰箱 960 元；冰箱 650 元；恒温箱 750 元；干燥器 1500 元；高压灭菌器 800 元；小灭菌器 100 元；解剖镜 850 元；高级显微镜 3 架 2500 元；分析天平 4 架 10000 元；玻璃器具 500 元。

3. "120"海瓯照相机 1 架 100 元；"135"牡丹照相机 1 架 300 元。

（一）植保病虫组

1963 年开始，县油科所植保病虫组开始对油茶煤污病、油茶炭疽病进行专题防治研究。对油茶煤污病的诱发昆虫——刺绵蚧、黑胶粉虱等的生活史、发生发展规律，以及化学防治、生物防治（以虫治虫、以菌治虫）进行了一系列的试验研究。经近十年的科学实验，油茶研究所陈祝安带领研究人员发现并利用刺绵蚧的天敌黑缘红瓢虫进行防治，并对研究成果进行推广。

1. 油茶煤污病防治研究

1971 年，县油科所植保病虫组研究人员从刺绵蚧尸体内分离、提纯，得到一种病原微生物——蚧生真菌，经室内外反复试验，杀虫效果达 90％左右。经中国科学院微生物研究所鉴定，蚧生真菌为多毛菌属的一个新种；利用此菌除蚧，国内外未见报道。省科技局将此课题列为省级重点试验攻关项目，要求县油科所拿出一定数量菌剂，供科研、生产部门试用。县油科所研究人员经过攻关，采用浅盘固体发酵工艺路线，于 1976 年生产出菌剂 1 吨，分发有关部门应用。

1972—1982 年，油科所植保病虫组对中华显盾瓢虫生活史和生活习性进行多年的调查研究及试验，结果表明：中华显盾瓢虫是油茶刺绵蚧的主要天敌之一，可抑制油茶刺绵蚧再发生。并提出对天敌的繁殖、栖息、越冬场所的保护措施。

1979 年 3 月，中共浙江省委、浙江省革命委员会颁发奖状，授予由青田县油茶研究所植保组和陈祝安共同完成的"油茶煤污病的防治（黑缘红瓢虫、刺绵蚧多毛菌活刺绵蚧）"论文为科技成果一等奖。

1985 年 1 月，黑缘红瓢虫人工饲养和释放列入省"七五"计划推广项目。

2. 普及油茶煤污病防治经验

1965 年 4 月，由植保病虫组主持，在章村公社黄山头举办油茶煤污病防治训练班，区社干部和 4 个公社、18 个大队等 50 人参加培训。培训班实行讲课和实地参观相结合的方式，传授煤污病发生发展规律、病虫关系，以及防治措施，并现场示范。会后散发有关资料，普及科学知识。

1971 年 4 月，受丽水县丽云区区委的邀请，县油科所指派两位技术员，协助丽水县科研单位，对丽云区油茶煤病发生林进行调查，并在丽云区召开的油茶煤病防治现场会议上，介绍了青田对油茶煤病的研究情况和防治经验。

1977 年，经调查发现，往年油茶煤病常发林地刺绵蚧普遍出现，这是油茶煤污病大发前的征兆。1978 年 5 月，油科所植保病虫组向有关部门报告，并在章村公社专门培训了一批植保骨干人员，分别到 3 个公社 19 个大队，发动群众上山抢摘载有刺绵蚧的树叶，扑灭大批刺绵蚧卵块，使上千亩油茶林减轻了虫害虫情。

3. 营林措施防治试验

1978 年，植保病虫组在章村黄山头大队进行利用营林措施防治煤污病试验。选取试验油茶林面积 10 亩，坡向东北向，海拔 500 米。试验前的虫口指数 9%，病情指数 8%。通过修枝、摘除卵块等措施后，虫口指数与病情比对照林地减轻 30%，取得了预期的效果。

4. 煤污病的预测预报和普查

1975 年，油科所植保病虫组的研究人员开始进行煤污病的预测预报工作。在黄山头设立不同海拔高度的 3 块标准地，定期观察、检查、登记虫情病情及发生趋势，摸清各种环境因素的变化与病虫情的关系，为准确测报虫、病情发生累积科学依据。

1978 年，油科所植保病虫组对青田县章村区、丽水县（今莲都区）丽云区、遂昌县石仓公社、靖居区等 30 多个大队进行了油茶煤污病的普查工作。通过普查，初步掌握了各地虫口密度、天敌活动数量、油茶林受害程度等情况。是年，遂昌县石仓公社和靖居区板桥高山等 3 个大队煤污病发生面积 700 余亩；丽水县港和公社小山大队有 500 余亩面积的油茶煤污病极为严重，而黑缘红瓢虫（天敌）极少。章村区浮弋、章村、黄寮、祯旺等公社煤污病都有不同程度为害，面积达 7000 余亩，严重发生的面积有上千亩。普查结果经上报给有关部门后，为政府组织大面积防治措施，提供了第一手材料。

（二）良种选育组

县油科所良种选育组研究的课题有：油茶优良单株选育；油茶扦插技术；老林油茶嫁接换

种技术；油茶有性杂交技术；油茶物种园的建立等，都取得进展。

1. 油茶优良单株选育的研究

县油科所良种选育组油茶单株选优研究在章村区的浮弋、章村 2 个公社及油科所油茶林中进行，经过几年连续观察测定，按照全国选优标准，1978 年，获得复选优良单株油茶树 12 株。其标准是：果大、皮薄、产量高、抗病性强等特点。选育组研究人员采取边选择、边繁殖、边鉴定、边推广的方法，其种子分别育苗后栽培，其枝条用于无性繁殖。至 1978 年，各优株良种除自用外，还支援外地科研单位和生产单位计 32 斤，作繁育并共同鉴定用。其中省林科院 10 斤；亚林站 2 斤；庆元县林场 10 斤。外省的有：西北植物所 1 斤，湖北省五脑山林场 3 斤，湖南省林科所 1 斤，贵州省茅坡油茶站 2 斤，贵州省东风林场 3 斤。

2. 油茶扦插技术的研究

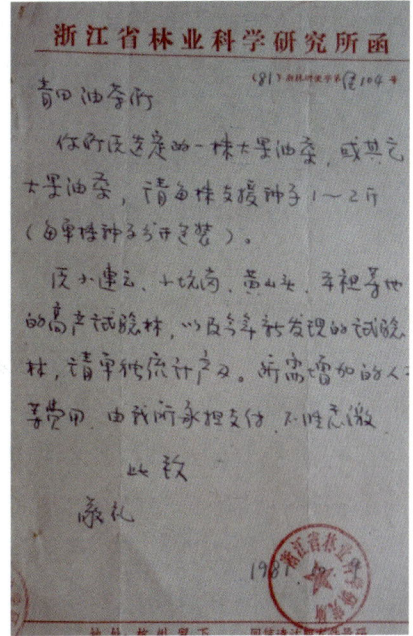

图 9-1-2-4 省林科院公函

油茶扦插属无性繁殖，具有保持优树的优良特性，可克服实生（种子）繁殖后代变异大的弊端。通过研究和试验，掌握了油茶短穗扦插和叶插的各个技术环节，总结出一整套便于大规模扦插育苗的技术，包括插穗的选择、苗床的整理、扦插时间、插后管理等。

3. 老林油茶嫁接技术的研究

老林油茶嫁接是建立无性系种子园，改造低产林和劣株的一个技术手段。1978 年开始，油科所良种选育组进行老林树嫁接技术研究，以期使油茶老林迅速"返老复壮"，改劣换优，提高油茶产量。

1982 年，县油科所良种选育组科技人员在油茶选优的基础上，学习外地经验，采用嫁接换种的方法进行试验活动，分大树嫁接、苗期嫁接、芽苗嫁接等三种。穗条来自选定的优良母株，采用盾形芽接、嵌合枝接、皮下枝接、拉皮接和插皮进行，基本上取得同样的效果。连续四年的试验，突破油茶嫁接技术关。

表 9-1-2-1 不同时间油茶扦插试验情况表

春季扦插 2 月 15 日—3 月上旬		夏季扦插 6 月 15 日—7 月 15 日				秋季扦插 9 月下旬			
株数	成活率	方法	株数	成活数	成活率 %	方法	株数	成活数	成活率 %
800（短穗扦插）	60%	短穗扦插	8000	6390	80	短穗扦插	1200	834	70
		叶插	70	63	90	叶插	400	291	73

4. 油茶有性杂交技术的研究

油茶各种间有性杂交育种技术，是培育新品种的主要手段。1977 年开始，油科所良种选育组进行一系列的试验研究，主要方法：

11 月 10—25 日，普通油茶盛花期时，对油茶种内与种间有性杂交三个组合进行试验，以六倍体的普通油茶作母本，以二倍体的茶叶、山茶作父本进行杂交。

普通油茶 × 木茶，共 10 株 79 朵花；

普通油茶 × 茶叶，共 22 株 211 朵花；

普通油茶 × 山茶，共 11 株 38 朵花；

自花自交授粉（普通油茶）共 15 株 56 朵花。

每月定期观察，做完整记录：每组杂交株（朵）可孕性的统计；母本自身坐果率的比较。

通过杂交，从中获得杂交果实 13 个，种子 39 粒，次年将杂交种子放营养杯里于土温室作育苗试验，并观察杂种苗期分裂现象、杂种与母本性状的变异性。

5. 油茶物种园的建立

1978 年开始，油科所良种选育组收集和整理全国各油茶物种，建立物种园 3 亩，种植各地油茶物种有红花油茶类、白花油茶类等 20 多种。

红花油茶类：浙江红花油茶、广宁红花油茶、苑田红花油茶、腾冲红花油茶等。

白花油茶类：博白大果油茶，南荣油茶、攸县油茶、茶梨、大果油茶（越南油茶）、小果油茶、山茶、广西岑溪软枝茶，以及本地农家优良品种优 19（木茶）、优 4、优 24、优 21 等。

此外，油科所良种选育组还进行油茶冬季土温室育苗试验、油茶单倍体育种试验、辐射育种试验等等，其研究课题广泛，有的也出了一定的成果。

1980 年，良种选育组参加省林科所主持的油茶优树当代鉴定协作组，承担省定重点课题，对全省油茶重点产区进行优树评选，并采用入选优树的穗条，分别在龙游林场、南湖林场、丽水林场南山林区、常山油茶研究所进行嫁接换种试验，成果在 1984 年 11 月 11 日龙游林场召开的评议会上，通过了与会专家的技术鉴定。

1981 年，丽水地区科委下达"油茶良种选育"研究课题。县油科所良种选育组重点主抓油茶优树实生子代的繁殖、采用优树穗条嫁接换种试验等。

（三）丰产栽培组

油科所丰产栽培组的任务，先是进行油茶林垦复试验研究，包括垦复深度、频度等对油茶丰产的影响；同时进行油茶施肥的试验，主要包括施肥种类、频次等。后进行不同方法、不同时间、苗龄等的造林试验，以及育苗技术方面的研究，包括种子催芽、播种、管理等。为全县大面积推广油茶新技术、进而提高油茶产量、质量提供技术保障。

1. 油茶低产林改造的研究

1976 年，丰产栽培组在章村公社小连云大队马岭头设立试验林 10 亩，进行丰产试验。对油茶林实行"三保"基地化（三保：保水、保土、保肥）。经试验，其最好的效果是："三保"基地带面宽窄因地制宜，最窄不少于 1 米，外高内低，向内侧倾斜，同时挖好"竹节沟"。适当进行疏林补植，充分利用地力，提高单位面积产量。林间套种，以短养长。通过这些措施，取得明显效果。油茶产量从 1976 年的亩产 500 斤，提高到 1977 年的 1500 斤、1978 年 10849 斤、1980 年 15787 斤、1981 年 15132 斤、1982 年 9120 斤。此项技术在全县推广，全县兴起大搞"三保"基地运动，油茶产量大幅增长。

2. 油茶新法造林试验

1981 年，县油科所丰产栽培组在浮弋公社马岭头大队和章村公社小连云大队各营造试验林

10 亩，采用一年生实生苗，实施速生丰产措施，生长最高的有 41 厘米，平均 29.5 厘米，平均基径 0.6 厘米。同时在小连云大队用三年生的扦插苗营造试验林 2 亩，至 12 月，生长最高的有110 厘米，平均 68.5 厘米，平均基径 0.85 厘米，开花的株数 40%。丰产栽培组还进行了油茶百日苗上山造林试验，试验证明，如果在既保温、保湿又充分见光的条件下，缩短苗期是可能的。

此外，县油科所丰产栽培组配合良种选育组对育苗方面的试验，也投入不少精力。

1984 年，根据省林业厅和省林科所的要求，县油科所在章村建立油茶嫁接换种示范林 10亩、采穗圃 5 亩，并对林地进行逐株编号、品种类型调查、产量及花期的观察记载等。

二、县林学会的科研活动

1986 年，县林学会组织会员对金鸡山林区进行林分结构调查，通过调查、总结该场创办19 年来在造林、育林方面的经验和失败教训，提出可行的改造措施，并付诸实施，为全县国营林场的营林生产提供经验。

1994 年地区林学会年会召开。县林学会会员孙德友《浅析当前森林资源管护的现状及对策》、赵雪康《马尾松飞播林间伐试验初探》两篇论文在会上做交流发言。

2002 年，县林学会在林业科技培训、生态公益林效益监测和森林病虫害防治等方面开展活动，主要有：

1. 指导章旦乡千亩干水果观光农业示范园区建设，以科技示范园区建设为依托，积极推广干水果示范基地建设先进技术，以点带面，激发周边林农对林业科技的需求。全县 2002 年建设高标准经济林示范基地 2000 余亩。

2. 组织和参与县科委、科协、法制局等职能部门的技术人员送科技下乡、科技政策宣传等活动，全年送科技进村入户数 560 户，培训人数 1120 人次，印发各种林业科技资料 1150 份。

3. 组织全县的林业技术人员对全县现存的古树名木进行调查登记，详细了解每一株古树名木的年龄、树种、大小，并进行拍照存档。

4. 按照省林科院部署，组织林业科技人员进行生态公益林试点县的公益林效益监测体系建设，以提高瓯江绿色长廊工程和生态公益林工程建设科技含量。

5. 配合林业公安部门，搞好林业各类案件林木损失鉴定工作，全年共鉴定盗滥伐和森林火灾林木损失案件 14 起，依法逮捕 7 人，刑事拘留 2 人。

6. 贯彻"以防为主，防治结合"的森防方针，分别于 3 月、6 月、9 月、10 月在有关乡镇100 个行政村进行了 4 次松毛虫情况调查，化学防治马尾松毛虫 3800 亩，生物防治马尾松毛虫2100 亩，化学防治柳杉毛虫 750 亩。是年，森林病虫害防治工作达到了"一降三提高"的森防工作总目标。

2003 年，县林学会有林业专业技术人员 160 人，其中中级职称 5 人。林学会配合技术推广站，发挥人才、技术优势，以科技示范园区建设为依托，重点抓好 2000 亩山茶油森林食品示范基地建设。推广先进技术，以点带面，建设高标准各类示范基地 3500 余亩。同时，编制山茶油森林食品标准推广规划、松材线虫病预防工程规划，并积极组织各项试验工作。

是年 8 月，学会邀请浙江林学院和浙江林科院 2 名专家进行技术培训，讲解竹林可持续经营、高效经营技术和竹产业发展前景等，全年共举办各类培训班、讲座 5 次，参加听课人数 260 人次，发放培训资料 500 余份。

是年，学会配合林业公安部门搞好林业各类案件林木损失调查和鉴定工作，全年共鉴定盗滥伐和森林火灾林木损失案件 12 次。

2004 年，林学会在营造林机制上进行了探索实践，在瓯江绿色长廊建设绿化造林工程中率先利用和推广专业队承包造林办法，制定工程造林质量标准，实行劳动报酬同造林质量、造林成活率挂钩的奖罚制度。全年在油竹新区、温溪、船寮等瓯江沿线集镇周围营造六大片以杜英、木荷、杨树为主的速生风景示范林 1000 多亩。是年，林学会林技人员结合日常工作，完成了省重点公益林的补充界定和二类森林资源清查的外业工作，按时完成了区划界定的完善工作。全县界定省重点生态林 775939 亩，占林业用地总面积的 25.4%；其中国家级公益林 547876 亩，省级公益林 228063 亩。

2005 年，县林学会共有会员 165 人，其中省级会员 5 人。大专以上学历占了 55%，女会员 26 人。全年申报评审中级职称 3 名，初级职称 4 名。是年，林学会和市林科所合作，在油竹新区山洞口进行毛红椿、桉树等速生树种引种试验，引种面积 30 亩。

2007 年，林学会主抓示范树典型，选派一批林业技术骨干与示范村、示范基地、示范户挂钩，形成"手把手，心连心"的科技推广模式。推广先进的林业生产技术标准，建立了章村乡颜宅村、黄山头村、黄肚村和祯旺乡谷甫村、季宅乡南坑村等 5 个兴林富民示范村，使先进的生产技术向周边地区辐射推广。全年共建成各类示范基地 1.7 万亩、示范户 36 户，辐射推广面积 5 万亩。

2008 年后，县林学会强化自身建设，提高林业科技队伍的整体素质；加强科技学术交流，提高学会科研水平；组织各会员学习先进林业科技知识，并结合自身工作推广普及林业科技；鼓励会员撰写林业科技学术论文，多篇论文在省级以上科技刊物上发表。

同时，林学会配合林业公安和司法部门，进行林业各类案件林木损失调查和鉴定工作，为司法部门办案和党政部门决策提供依据。2008—2014 年，林学会共鉴定林业案件 118 件。

三、县林业局和技术推广站的研究活动

1974 年，县林业局进行利用赤眼蜂寄生松毛虫第一代卵的试放实验工作。

1978 年，县林业局分别在东江公社同年卜大队老鹰岩，建立两片油茶成林高产稳产和油茶成林速生丰产试验山。

1982 年开始，船寮林业站开展千年桐嫁接苗造林技术攻关。聘请金华东方红林场和永嘉县苗圃技术员指导，突破千年桐嫁接成活率低的难关，所嫁接的 41 万株千年桐苗木成活率达 85% 以上，平均成活率 82.3%。千年桐选用一年生的三年桐实生苗作砧木，采集千年桐优良母株的结果枝为接穗，以"丁"字形、"匚"字形接法成活率最高。最佳气候条件为平均气温 18℃～20℃、相对湿度 80%，春、夏、秋均可。春接宜早，顶芽萌发树液流动即可进行；3 月下旬至 4 月末最宜。夏接、秋接，宜选阴天或晴天傍晚；夏接，6 月中旬至 7 月中旬；秋接，9 月 5 日至 10 月下旬。嫁接后的千年桐造林有 70% 的植株当年开花，比实生苗造林始果期提早 4～5 年。

1985 年 1 月，林业技术推广站进行的黑缘红瓢虫人工饲养和释放试验列入省"七五"计划推广项目。

1989 年 8 月 14 日，经林业局职称评议组评议，县农评委评审批准，全县首批 54 人获农民林业技术员职称，其中：农民技师 11 人，助理技师 22 人，技术员 21 人。

1995 年，青田县开展实施油茶低产林改造项目。10 月，项目通过林业部组织的检查验收。市林业局总工程师丁丽慧、市林科院院长叶荣华等 6 名专家参加评审。6 月 10 日，由县林业技术推广站主持完成的"油茶无性系引种选育及早实丰产栽培技术示范推广"项目，获省第十二届科技兴林二等奖。7 月 16 日，林业局承担的省科技计划——公益技术研究农业科技项目"浙江红花油茶种质资源库的建立及优质资源筛选"项目，通过省科技厅组织的专家组验收。

2001 年 5 月，县林业局组织技术人员进行"青田县重点公益林规划"，至年底完成规划，并通过省林业厅批准后在全县实施。是年，孙前杨梅（山鹤牌）获得"中国国际农业博览会名牌产品"和"浙江省国际农业博览会金奖"；2002 年又获得农业部绿色发展中心绿色农产品认证。

2004 年，县林业局从中国林科院亚热带林业研究所引进的 10 个高产、优质油茶新品种接穗，经过高技换种嫁接，成活率超过 80%。

2004—2005 年，林业技术推广站组织申报科技项目 2 个，其中"油茶优质高效标准化栽培及精深加工技术"项目获得省林业重点科技招标项目。

2004 年，从亚林所引进 10 个优良无性系油茶新品种；建立了 20 亩优良品种采穗圃，采穗圃嫁接成活率高达 90% 以上；建立了 2000 亩优良高效标准化示范基地，对全县油茶生产具有较强的指导性和示范性。分别获省、市三等奖、二等奖。

2005 年，和市林科所合作，在油竹新区山洞口进行毛红椿、桉树等速生树种引种试验，引种面积 30 亩。对引种的幼林进行全面抚育管理，包括劈山、铲山、施肥等，经横向对比明显优于普通树种。

2006 年，开展阔叶林营造技术研究，采用高级森林生态阔叶树种，营造阔叶林种植对比试验片，对立地因子、适地适树、初植密度等进行跟踪调查分析对比，获得大量有价值的数据，有效地指导阔叶林营造工作。是年 9 月 15 日，浙江省第三届林业科技活动周丽水分会场活动在章村乡举行，中国林科院亚林所姚小华研究员、市林业局局长吴善印、市科协主席金崇华等领导参加开幕式。

2007 年 6 月 20 日，县林业局承担的省林业重点科技项目——油茶优质高效标准化栽培及精深加工技术通过丽水市林业局专家组的验收评审。至 2007 年，建立新品种高接换种基地 50 亩，新品种造林基地 350 亩，油茶低产林改造基地 1600 亩，采用引进优良品种和推广增产标准化及优质高效经营模式，使标准示范基地每年平均亩产茶籽达到 80 公斤，亩增产值达 240 元；1600 亩示范基地增加产值达 38.4 万元。该项技术正在向全县推广。此外，还指导

图 9-1-2-5 特色花卉基地（2007 年摄）

建立特色花卉、太空花卉基地100亩，选育太空花卉品种50多个，开展杨梅等省级地方技术标准的推广和应用。

2008年，着手油茶良种苗木的繁育工作，在亚林所的指导下，从江西引进10个优良高产无性系油茶新品种穗条，科技人员在船寮康畈进行两次芽砧苗育种试验并获得成功。是年9月3日，县林业技术推广站承担的"青田县无公害杨梅标准化栽培推广示范项目"通过市林业局、市质量技术监督局等单位有关专家的初评。

2008—2010年，县林业技术推广站主持"青田县毛竹现代集约化经营示范园区建设项目"，项目建设高效笋竹核心示范区2000亩，辐射示范带动2.2万亩，增加产值1007万元。

2009年2月，县林业技术推广站承担浙江省科技计划"黄甜竹引种栽培关键技术研究与示范"，至2014年3月，项目结题并通过验收。项目建立黄甜竹示范基地400亩，推广面积100亩。

2009年5月26日，省林业厅发文公布第一批油茶良种采穗圃，章旦乡章旦村坍洪头油茶基地在列，其油茶品系为长林3号、4号、23号、40号、53号。

2009—2010年，林业技术推广站承担青田县科技项目——"油茶新品种基地绿肥套种与推广"。项目在油茶基地套种绿肥100亩，每亩提供绿肥1万～1.5万公斤，亩增肥效150～200元，示范推广800多亩。

2010年8月9日，青田森茂绿化有限公司承担的"油茶良种芽苗砧嫁接育苗技术示范与推广"项目被列入2010年度浙江省农业科技成果转化资金项目，并获15万元省财政经费资助。

2010年8月10日，省科技厅下达2010年度第一批浙江省公益性技术应用研究计划项目，由青田县林业技术推广站承担、浙江农林大学参加的"浙江红花油茶种质资源库的建立及优质资源筛选"获立项。建立红花油茶种质资源苗圃培育基地，栽植红花油茶种质资源2000株。

2011年3月16日，青田县上报的"油茶皂甙型油田专用泡沫剂"项目被国家科技部列

图9-1-2-6 红花油茶种质资源培育基地（2014年摄）

入2011年度第一批科技型中小企业技术创新基金项目。6月1日，青田省级科技富民强县专项行动计划"油茶栽培、加工关键技术集成与应用"项目，通过省科技检查组中期检查。8月20日，由浙江青田腾鹤茶油有限公司承担的"清香型茶叶籽油生产新工艺研究及产业化开发"被列入2011年度省级重大科技专项计划。9月1日，青田县省级重大专项项目——"基于中草药的杨梅生物保鲜关键技术研究与示范"被省科技厅正式批准通过验收。11月6日，科技部下达了2011年度国家有关科技计划项目，青田县申报的"油茶良种芽苗砧嫁接育苗技术产业化"项目被列入国家星火计划。

2011—2012年，县技术推广站主持青田县科技计划项目——"毛竹高效栽培技术示范和推

广"。项目建成高效笋竹两用核心示范基地 100 亩,辐射示范 300 亩,亩增效益 1500 元,总增产值 50 万元,带动农户 30 户,人均增收 2000 元。

2012 年 2 月 14 日,青田县"油茶无性系良种繁育及早实丰产栽培技术示范"项目评审会召开,其良种繁育和栽培技术示范措施和做法获专家好评。是年,县技术推广站主持青田县科技计划项目"油茶科学施肥技术研究与示范",项目研究得出油茶最佳的年施肥次数、施肥季节、施肥种类和施肥量等技术结论。

2013 年 8 月 15 日,全国油茶产业技术创新战略联盟工作会议暨国家油茶产业发展论坛在哈尔滨举行。青田县作为唯一县级应邀单位就油茶产业发展政策、做法与经验、科技支撑等做专题报告。会议对青田油茶发展模式做出了高度评价,"其经验值得全国各地借鉴学习"。同年 9 月 3 日,青田县农业产业化领导小组组织专家对"2012 年青田县木本油料产业提升项目"进行检查验收。

2013 年 5 月—2014 年 6 月,技术推广站主持青田县科技计划"油茶新品种集细栽培技术研究与示范"项目,建立油茶新品种示范面积 500 亩。

2014 年,青田县陈诚故乡毛竹精品园在业主和林业技术人员共同努力下创新。11 月 9 日,省林业厅现代林业园区验收组第二组对创建点进行考核并通过验收。

表 9-1-2-2 2006—2014 年青田县林业技术推广站科技研究项目一览表

编号	项目名称	项目来源	起止年月	金额（万元）	是否结题
1	油茶优良品种选育和推广	林业厅科技处	2006—2008	20	是
2	油茶丰产栽培技术标准化示范区建设与推广	中央财政林业科技项目	2012.04—2013.12	110	是
3	油茶科学施肥技术研究与示范	县科技局	2012.01—2012.12	15	是
4	油茶栽培集成技术推广与示范	县科技局	2012.07—2013.06	320	是
5	青田县毛竹现代集约经营示范园区建设	林业厅	2008.08—2009.12	420	是
6	2009—2013 年油茶产业提升项目	林业厅	2009.08—2013.05	2828.9	是
7	2009—2013 年国家油茶示范林建设项目	浙发改	2009.01—2012.12	890.5	是
8	油茶无性系引种繁育及早实丰产栽培技术示范推广项目	县科技局	2010.01—2010.12	15	是
9	浙江红花油茶种质资源库建立及优质资源筛选	科技厅公益技术研究项目	2010.04—2012.12	25	是
10	滩坑库区生态农业关键技术集成与示范项目	科技厅科技重大专项	2010.01—2012.12	300	是
11	油茶良种芽苗砧嫁接育苗技术产业化	科技部星火计划项日	2011.04—2013.03	15	是
12	青田县油茶栽培、加工关键技术集成与应用	科技部	2011.05—2013.05	376	是

第三节 科技推广

中华人民共和国成立之前,青田没有专门的林业技术推广组织,林业技术推广事宜主要由地方政府和各级林场、苗圃负责，其收效甚微。

中华人民共和国成立以后，国家重视林业技术推广工作，逐步建立起完整的林业技术推广组织，林业技术推广逐步开展。

一、基层科技推广队伍

1956 年，县政府在章村首设农林站，有干部 3 人，主要工作是指导当地开展油茶基地建设和推广先进经验。

1962 年，各区相继建立林业工作站，各配备干部 1 人。20 世纪 70 年代，各区林业站逐步配备干部 2～3 人，主抓林务工作和林业技术推广。20 世纪 80 年代，各区林业站一般配备林业干部 4～6 人。

1978 年，根据省林业厅"万亩以上油茶基地乡均配 1 名林技员"的指示，青田县在 12 个乡各配备林技员 1 名，负责林业技术服务和推广工作。

1981 年，瓯江两岸 8 个重点林业乡镇配备林技员各 1 名。至 1984 年，全县 54 个乡镇全部配齐林技员。至 1987 年，林业站共有林业技术干部 18 人，林技员 61 人。

1984 年，县林业技术推广站建立，负责全县林业技术推广工作。

1990 年，根据区、乡（镇）林业站建设的需要,经县劳动部门批准招收乡级林技员 41 人（集体合同制工人）。是年止，林业站在编在职人员达 80 人。

1992 年，青田县实行撤区、并乡、扩镇工作后，原全县 53 个乡镇经撤、扩、并后为 33 个乡镇。1995 年,各乡、镇相继建立了林业站。原区站变更为片（区域）中心站，直接指导本片乡、镇林业站工作。

1999 年，各乡镇林业站正式干部、职工共 111 人。

2007 年 3 月 8 日，青编委青编〔2007〕5 号文件核定全县乡镇林业站编制 123 名。

2008 年，县林业局按照"组织体系完整，职责任务明确，运作方式高效，绩效评价科学,奖惩手段有力,保障措施到位"的要求,实施林技推广体系改革，将林技员隶属关系下放到各乡镇,乡镇农、林、水等技术员合并成立社会经济发展服务中心。通过服务中心的直接服务，增强林业科技示范户带动、辐射周边群众增效能力。

至此,青田县逐步建成以林业科技推广机构为主体,乡（镇）林业工作站为基础,与林业科研、教学单位以及群众性科技组织、农民技术人员相结合的林业科技推广网络服务体系。

二、科技推广内容

青田县林业科技推广，其内容主要是优良树种的引进和推广，油茶煤污病的防治试验的成果推广，油茶、油桐新品种，育苗嫁接试验成果及其他科技成果推广等。

（一）引进树种

20 世纪 50 年代，引进的树种主要有水杉、法国梧桐（又称悬铃木）、檫树等。水杉、法国梧桐在青田县生长良好，普遍用于四旁绿化。但檫树仅石门洞林场尚有少量生存。

20 世纪 60 年代引进的有桉树、木麻黄、青皮竹、橙木等。桉树在青田引种后短期内即得到大面积的推广和种植，主要分布在船寮以下的村镇周围及公路两旁。特别是大叶桉均生长迅速，有极强的适应性。大叶桉生长 5～10 年间最快，年平均生长 1.29～1.92 米，一般 1.7 米；20～25 年间年平均为 0.6～1.1 米，一般年均生长接近 1 米。胸径生长 10～14 年间最快,年平均 1.4～2.8 厘米，一般 1.6 厘米。

20 世纪 70 年代引进湿地松、华山松、香椿、黑荆树、银荆等。湿地松适应性最强，抗虫害性强，鹤城镇周围及城郊区广为栽植。香椿、黑荆树、银荆树仅西门山和温溪有少量生存。

20 世纪 80 年代初，青田绿化开始与美化结合，逐渐引进珍稀名贵树木，主要有雪松、北美红杉、池杉、台湾相思和大叶樟等。北美红杉是美国前总统尼克松访华时送给我国的纪念树，青田于 1984 年从杭州植物园引进，栽植在县政府大院和太鹤公园，共 10 株。大叶樟和池杉于 1983 年引进，多作四旁绿化和风景林建设。温溪、水南等地曾用池杉进行小面积造林。雪松是名贵观赏植物，栽植于城镇机关、厂区、校园及服务娱乐公共场所，大多能成活、生长。

（二）油茶病虫害防治研究成果推广

1963—1972 年，县油茶科学研究所陈祝安经过对油茶煤污病防治十年的研究，得出生物防治（以虫治虫，以菌治虫）的科研成果，于 1973 年在省油茶科研协作会议上通过鉴定，认为达到国内先进水平。其成果经《亚林科技》等刊物予以推广。

1982 年，县油茶科学研究所对油茶病虫刺绵蚧的防治进行研究。结果发现，中华显盾瓢虫是油茶刺绵蚧的主要天敌之一。该成果在我省及南方主要油茶产区得到重视和交流推广。

（三）油茶生产技术及良种推广

1956 年 4 月 17—18 日，由县农林水利局牵头，在章村区召开油茶生产展览会。展览内容：全县绿化规划图；油茶生产过程图表；油茶"百斤油"措施图表；油茶生产典型图及照片；油茶扦插嫁接技术照片资料，以及各种图、照、表、模型等计 128 件（套）。全县各地前往参观的达 880 多人次。

1957 年 12 月 10 日，青田县绿化委员会办公室发出青林（57）第 20 号《关于转发章村吴村农业社油茶油桐套种番薯经验报告》，向全县推广其做法。

1960 年 2 月 23 日，《青田报》刊登章村公社上京油车坊茶油加工技术革新经验：利用水力进行半自动、半机械化改造，完成油茶籽粒大小分离、脱壳、去杂、碾粉等工艺，提高了榨油工效与出油率。

1982—1985 年，县油科所连续四年采用油茶嫁接换种方法试验成功，突破了油茶嫁接技术关，并在主要油茶产区加以推广，达到增产、增收。

1993 年，青田县被国家农业开发办公室和林业部列为全国油茶低改项目县。在学习外地经验的基础上，县政府做出配套资金保证，经 1993～1995 年三年的连续开发，累计建立油茶低改示范基地 2173 亩，一般基地 7870 亩。油茶低改项目通过了林业部的检查验收，得到了检查组专家的一致好评。1996 年通过对章村、腊口、海口三个乡镇低改示范基地成效调查，低改前三年样地平均亩产油量为 1.85 公斤，低改后 1996 年亩均产油量为 3.8 公斤，平均增产幅度达到 105.4%。油茶重点产区群众垦复抚育油茶的积极性空前高涨。县政府专门制定了《青田县低产油茶垦复实施意见》。1996—2000 年，油茶低改项目推向全县。到 2000 年，全县共建立油茶低改示范基地 3 万亩，开发一般基地 6 万亩，年油茶籽总产量达 300 万公斤，油茶培育成为农村经济发展的支柱产业。

2000 年后，县政府出台《关于加快油茶产业发展的实施意见》，县林业局采用引进和改良同步、示范和推广共进的策略，引进了 16 个优良无性系和优良农家品种，建立 15000 亩的油茶

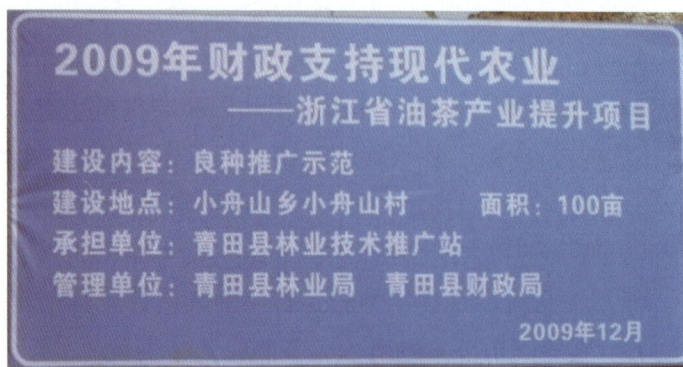

图 9-1-3-1 油茶提升项目基地（2010 年摄）

新品种示范基地和 400 亩的新品种采穗圃。并运用山茶油标准化生产栽培技术，在章村乡黄里村和小连云村建立了 2000 亩的油茶高效示范区，推进了油茶向产业化、集约化发展的进程，取得了明显的经济效益和社会效益。

2009 年，青田申报的"油茶良种丰产栽培技术示范及油茶精加工新技术产业化"项目获得省立项。其中茶籽饼精深加工技术开发，被列为国家星火计划项目，提高了油茶的附加值。注册了"瓯江源"山茶油品牌，产品多次参加全国、全省农产品博览会并获奖，被省林业厅列为首批 20 个省级森林食品之一，进一步提升了"品牌"知名度和产品的市场竞争力。

2010 年后，县林业局以科技为依托，进行油茶优良品种的引进和推广工作。县、乡、村三级建立油茶生产标准化推广领导小组，落实专人负责制。县林业局建立以科技人员为骨干的技术指导小组，聘请省科技特派员、亚林所专家担任讲师，定期到主产区举办培训班或现场指导，推广山茶油生产技术标准。同时通过发放资料、电视传媒等做好宣传，形成一套完备的三级推广体系，使标准化生产技术在全县得到了广泛的推广应用。

表 9-1-3-1 2002—2004 年青田县山茶油标准化推广实施示范项目资金使用一览表

单位：万元

投 资 项 目	内 容	金 额	来 源
技术培训	培训费、资料费、技术指导	17	项目补助和承担单位投入
设备	检测设备	6	项目补助
其他	档案、差旅费	14	项目补助和承担单位投入
示范基地建设补助费	会务费、基础设施建设、肥料、农药、抚育管理等	571	项目补助、承担单位投入和农民自筹
技术性投入	生物肥料、优良品种接穗、效益监测	15	项目补助和承担单位投入
合计		623	

2014 年 1 月 8 日至 12 日，县林业局在鹤城镇校场路举行原生态山茶油产品现场推介会。通过油茶知识专题展板、生态茶油压榨技艺展示、茶油现榨现卖和农家山茶油泡豆腐等传统工艺加工模式，吸引了众多市民。活动共销售茶油 5000 多斤，销售额 20 余万元。

（四）其他科技成果推广

1980—1984 年，县林业局开展杉木冬播育苗大面积生产试验，取得成功。

从 1982 年开始，推广栽种泡桐等速生林树种。连续三年，建立泡桐骨干苗圃 430 亩，培育泡桐苗 77 万株。全县出现不少种植泡桐 100 株的重点户和造林万株的重点村。

1982 年 11 月，利用人造菇木栽培香菇试验成功并推广，并做技术服务、菌苗供应等工作。是年，开展山楂栽培试验，并逐步推广。同时，开展重点油桐纯林基地建设和有关油桐生产技术的培训。

1983 年，县林业局突破千年桐嫁接技术质量关，全面推广千年桐嫁接苗造林。不仅成活率高，而且结果早、见效快。

1984 年县林业技术推广站建立。10 月，报县林业局、县计经委批准，推广站利用原油科所的设备、厂房，创办"青田县食用菌实验厂"，培育平菇、凤尾菇、香菇、猴头菌、黑木耳等食用菌的菌种。同时进行瓶栽、土畦、塑料袋栽培等生产技术的试验，及时总结经验，向全县提供菌种和生产技术推广。

1984—1987 年，县林业局及苗圃等单位，应用氟乐灵除草剂，进行针、阔叶树种苗圃化学除草试验。对以禾本科为主的杂草除草效果达 80% ～ 90% 以上，除草率比人工拔草提高五倍以上，比除草醚除草提高两倍以上，节约用工 50% ～ 90%，节约除草成本 90% 以上。而且苗木质量明显提高。此后，氟乐灵除草剂在全县育苗中推广。

1986 年后，开展经济林造林技术的推广，如杨梅、苹果、黄桃、梨、板栗和食用笋等。引进优良树种 20 余种，主要有水杉、法国梧桐、桉树、湿地松、华山松、香榕、雪松、北美红杉、大叶樟等，试种成功并推广。

1991 年，青田被列入省改灶节柴试点县。3 月 18 日，县政府《关于大力推广普及省柴灶的通告》（青政通第 4 号）文件发布，全县范围内开展省柴灶改建高潮。共推广省柴灶 92412 户，占农户的 76%。据对 30 个省柴灶的测试，与老虎灶相比，可节柴 1/2 ～ 1/3。

1992 年 11 月 25 日，省农村能源办公室副主任、高级工程师潘毅向青田县颁发《改灶节柴试点县合格证书》。全县累计改灶 9.2 万户；经测试，平均升温热效率为 29.32%，合格率 100%。

1993 年 11 月，青田被列为省级微水电开发试点县。此后 3 年，共建成五千瓦以下的微水电站 14 座，总装机容量 14.61 千瓦，年发电量达 3.5 万千瓦时，解决 6 个乡镇 10 多个偏远行政村及 2 个国营林区的生活用电。

1994 年开始在章旦村建立笋竹两用林试验基地 200 亩，全面深挖、垦复施肥，进行集约经营，取得经济效益。每年冬春笋由原来的 250 ～ 300 公斤提高到每亩 500 公斤以上，笋农年亩产收入均在 2000 元左右，比未建基地前经济收入增加 6 ～ 10 倍。1996 年至 1999 年共改造笋竹林 1961 亩，净增鲜笋量 288200 公斤，净增产值 288200 元。1996 年至 2000 年全县共建笋竹基地 2411 亩，改造落后的笋竹林，竹龄结构渐趋年轻，竹林生长旺盛。

1997 年，引进临安雷竹笋，协助创办科技示范点（基地）建设，做好技术服务工作。

2002 年，林业科技推广以科技示范园区建设为依托，推广笋竹林、干水果基地建设技术。是年，全县建立北山镇笋竹林示范基地、章村油茶示范基地等林业科技示范园区 5 处，送科技进村入户达 360 次，培训人数 580 人，印发各种林业科技资料 1150 份。并推广马尾松大田优质苗培育技术 5 亩，针阔混交林营造技术应用 120 亩，马尾松毛虫综合防治协调应用技术推广 300 亩。完成封山育林定向培育技术、生态公益林科学施肥与效益监测评价技术、毛竹低改技术等 3 项科技成果推广应用，科技成果推广计划完成率达 97%。

2006 年，全县围绕"百乡千村兴林富民示范工程"和"建设社会主义新农村"这一中心开展工作，发挥科学技术在林业建设中的作用，增强林农林业科技意识，帮助基层和林农解决林业生产中存在的技术问题，提高林业重点工程建设质量，促进林业增效、林农增收。

表 9-1-3-2 2006 年青田县科技人员挂钩示范户情况表　　单位：亩、年、万元

挂钩技术人员姓名	示范户			林业基地现状					2006 年完成情况				主要经营措施
	乡(镇)	村	户名	经营内容	面积	树龄	上年业绩		预测目标		实际完成		
							产量	产值	产量	产值	产量	产值	
厉 淼	祯旺乡	谷甫	留金利	山茶油示范基地	100	80	1500	24000	2300	36800	1800	28800	施有机肥、抚育
徐达亮	章村乡	黄山头	徐达元	山茶油示范基地	150	80	2700	43200	3450	55200	2850	45600	施有机肥、抚育
王 毅	章村乡	黄山头	徐达根	山茶油示范基地	120	80	2040	32640	2760	44160	2160	34560	施有机肥、抚育
徐贵新	章旦乡	兰头村	金进平	笋竹示范基地	130	10	46800	23400	54600	27300	49400	24700	施有机肥、抚育
王伟毅	章旦乡	兰头村	金志平	笋竹示范基地	150	10	52500	26250	63000	31500	55500	27750	施有机肥、抚育
饶光雄	仁宫乡	孙前村	孙根标	杨梅示范基地	350	7	40000	64000	60000	960000	50000	800000	施有机肥、抚育
徐同冰	鹤城镇	白浦村	彭良松	杨梅示范基地	200	7	20000	140000	22000	154000	25000	175000	施有机肥、抚育
徐忠伟	鹤城镇	白浦村	姚碎南	杨梅示范基地	50	14	80000	60000	10000	70000	11000	77000	施有机肥、抚育

2007 年，加强林业科技示范户集中培训，以示范户为骨干，带动周边群众应用林业先进技术。建立特色花卉、太空花卉基地 100 亩，选育太空花卉品种 50 多个，开展杨梅等省级地方技术标准的推广和应用，林业产业的组织化程度不断提高。

表 9-1-3-3 2007 年青田林业科技人员挂钩示范户情况统计表　　单位：亩、公斤、元

挂钩技术人员姓名	示范户			经营内容	林业基地现状				2007 年完成情况			
	所在乡镇	所在村	户名		面积	树龄	上年业绩		预测目标		实际完成	
							产量	产值	产量	产值	产量	产值
徐达亮	章村	黄里	吴水娣	油茶	1020	盛产	10200	5100	25000	12000	20000	30000
黄 勇	祯旺	陈须	徐丽玛	毛竹	530		8000	4800	12000	65000	55000	90000
王好军	祯埠	兆庄	叶庄旺	毛竹	500		10000	5000	20000	85000	55000	95000
叶建华	黄垟	金坑	廖全友	毛竹	520		9000	4500	15000	70000	14000	65000
夏根南	仁宫	孙前	徐林海	杨梅	550	盛产	45000	400000	65000	800000	60000	700000
徐贵新	章旦	兰头	朱伯林	毛竹	520		8000	4000	13000	60000	15000	70000
陈守华	汤垟	西天	吴奶奶	毛竹	570		8000	4000	12000	50000	14000	60000
陈雄弟	方山	奎岩庄		马尾松	6550					180000		200000
王少中	方山	乌泥潭	罗定保	冬枣	350							
刘庆定	船寮	康畈	朱松祥	油茶	5							
陈贵孟	季宅	季宅	邱雄和	翠冠梨	400							
合 计					11515		98200	427400	162000	1322000	223000	1310000

2008 年，县林业局开展送科技下乡活动，组织专家深入农村、农户，利用专题讲座、分发资料等形式，培训林农 3600 人次。

表 9-1-3-4 2008 年青田县林业送科技下乡情况统计表

单位	送科技下乡活动		入户数	专题讲座		培训林农数	组织广播电视及网络媒体讲座次数	印发资料	示范基地		科技示范户	
	次数	组织专家（领导）数		次数	参加人数				个数	面积（亩）	户数	面积（亩）
青田	15	42	620	6	2000	3600	6	5000	16	20000	41	7120

表 9-1-3-5 2008 年林业科技示范户辐射效益情况表

示范户户名	示范辐射效益情况说明
吴水妈	带动周边面积 5 万亩，新增经济效益 80 万元
徐丽玛	带动周边面积 1000 余亩，新增经济效益 10 万元
叶庆旺	带动周边 260 户，新增经济效益 20 万元
廖全友	带动周边 150 户，新增经济效益 10 万元
徐林海	带动周边 260 户，新增经济效益 50 万元
朱伯林	带动周边 300 户，新增经济效益 17 万元
吴奶奶	带动周边 140 户，新增经济效益 15 万元
罗定保	带动周边 150 户，新增经济效益 10 万元
朱松妈	带动周边 20 户，新增经济效益 12 万元
邱雄和	带动周边 150 户，新增经济效益 20 万元
奎岩庄村	辐射面积 2000 亩，新增经济效益 18 万元

表 9-1-3-6 2009 年林业科技人员挂钩示范户情况统计表 单位：亩、公斤、元

挂钩技术人员姓名	示范户			林业基地现状				2009 年完成情况	
	所在乡镇	村	户名	经营内容	面积	上年业绩		实际完成	
						产量	产值	产量	产值
徐达亮	章村	黄里	吴水妈	油茶	1020	10200	5100	1530	459000
黄 勇	祯旺	陈须	徐丽玛	毛竹	530	238500	15900	381600	265000
王好军	祯埠	兆庄	叶庄旺	毛竹	500	225000	150000	360000	250000
叶建华	黄垟	金坑	廖全友	毛竹	520	234000	234000	374400	260000

2010 年，县森防森检站根据全县林业有害生物发生情况，结合病虫发生规律和气象因素综合分析，对主要林业有害生物的发生做出预测。预测全县林业有害生物发生面积为15000～20000 亩左右。

表 9-1-3-7 竹林—林业标准化生产程度统计表　　面积单位：亩

2005 年		2006 年		2007 年		2008 年		2009 年		2010 年	
竹林总面积	按标准组织生产面积	竹林总面积	按标准组织生产面积	竹林总面积	按标准组织生产面积	竹林总面积	按标准组织生产面积	竹林总面积	按标准组织生产面积	竹林总面积	按标准组织生产面积
11.5	500	11.5	1000	11.5	2000	13.7	3500	13.7	6850	13.7	12000

2013 年，县林业局开展送科技下乡活动 5 次，专题讲座 6 次，参加人数 720 人，培训林农 1226 人，发放资料 3000 份；培育示范基地（合作社）21 个，面积 10636 亩，新增产值905 万元；科技示范户 38 户，面积 15500 亩，新增产值 1050 万元。

表 9-1-3-8　2013 年县林业局送科技下乡情况统计表

次数	专家参加人数	入户人数	专题讲座		培训林农人数	印发资料（份）	示范基地（合作社）			科技示范户		
			次数	参加人数			个数	面积（亩）	新增产值（万元）	户数	面积（亩）	新增产值（万元）
5	8	52	6	720	1226	3000	21	10636	905	38	15500	1050

第四节　科研成果

20 世纪 60 年代初期，县油科所建立后，科技人员积极开展科研实践活动，至 70 年代后期取得科研成果，写出较高水平的学术论文，刊登在国家、省级乃至国际刊物上，获有关部门高度评价。十一届三中全会后，实施科技兴林战略，青田相继建立相应的林业科研机构及学术团体，科技人员积极投入林业科研活动，在取得成果的基础上，多篇学术论文在国家、省、地级刊物上进行学术交流。

1963 年，青田县油茶研究所科技工作人员，由副所长陈祝安主持，经过对防治油茶煤污病10 多年的科学实验，取得成功，提出利用油茶黑缘红瓢虫、寄生蜂防治刺绵蚧。1973—1981 年在全国性刊物上发表科技论文有《刺绵蚧的生物防治》《刺绵蚧真菌病的初步研究》《油茶黑胶粉虱的研究》《中华香瓢虫的研究》等引起国内外学者的关注，数百个生产科研部门要求提供有关煤污病防治资料。丽水、遂昌、安吉和湖南省莱阳县还引去黑缘红瓢虫定居繁殖，控制油茶煤污病。美国、英国、日本、加拿大等国的科研工作者先后来信，要求进行学术论文交流以及科研成果实物交换。1978 年,陈祝安出席全国科学大会,国家授于油茶科研所"重大贡献奖"。"防治刺绵蚧多毛菌研究课题"获全省科技一等奖。是年,省革委会决定晋升陈祝安为副研究员。

1979 年 7 月,陈祝安荣获"省劳动模范"称号,晋升为油茶科研所所长;同年 12 月,国务院授予"全国劳动模范"称号。

1982 年 12 月,青田县油茶科学研究所副所长孙德友,与雷插清共同发表《油茶刺绵的重要天敌中华显盾瓢虫的初步研究》,在地区林学会学术交流,获优秀论文奖。同时还发表《油茶嫁接试验情况汇报》《油茶经济效益初步调查》,在省、地间交流。县林学会根据全县实际,经大量调查研究,发表《青田县林业生产"六五"规划和"七五"设想》,为县委、政府制定政策、方针提供有价值的参考依据。同年,县苗圃蒋吉岩在试验的基础上发表《千年桐嫁接情况初报》,对推动全县千年桐改造起到积极影响。

1983—1986 年,青田林学会科技人员发表学术论文有《封山见成效·育林结硕果》《千年桐嫁接试验情况汇报》《发挥山区优势,开创油茶生产新局面》《油茶经济效益初步调查》,在省、市级刊物上开展学术交流。夏耀辉、周群昌发表的《青田县林业发展战略问题的初步探讨》,为林业改革及发展做了基础理论研究实践。

1987—1989 年,县苗圃吴考元分别发表《毛竹造林技术》《对发展中华猕猴桃的几点体会和建议》进行学术交流。

20 世纪 90 年代,《浅析当前森林资源管护的现状及对策》《马尾松飞播林间伐试验初探》《微水电发展前景及对策》《退耕还林,促进村级经济稳定发展》《山林权属纠纷与调处对策》等论文在丽水地区林学会做学术交流发言材料。殷如民的《浅析国有林场当前存在的问题及对策》论文在省级刊物上进行学术交流,获省林业系统优秀论文一等奖。

2003 年 11 月,青田县"瓯江源"山茶油及其山茶油生产示范基地分别被省林业局授予第一批省级"森林食品"和"森林食品基地"称号。森林食品基地油茶生产核心区在章村乡黄里、章村、新民等村和腊口镇张庄、腊溪、平斜等村,总面积 2.2 万亩,其中章村乡黄里村建设 2000 亩核心区示范基地,涉及农户 200 余户。

2006 年陈仕安、蒋国亮、蒋金荣 3 人的《欠发达地区生态环境保护与管理》《防治毛竹笋虫害》等论文在省、市级林业刊物进行学术交流。是年,青田县山茶油标准化推广实施示范项目被收入浙江省"十一五"科技成果库。

表 9-1-4-1 浙江省"十一五"林业科技成果库资料表

成果名称	青田县山茶油标准化推广实施示范项目
登记号	青科评 2006.01 号
内容简介	项目通过建立有效的标准化推广组织和实施网络,采取了"公司 + 基地 + 农户"的标准化推广模式,增强了农民的标准化意识制定了较为完善的质量控制体系和管理运行机制,统一标准、统一品牌和标识、统一技术和服务,确保了山茶油生产从源头到市场全过程标准化的实施。项目建立标准化示范基地 1 万亩,推广辐射面积达 10 万亩,示范基地亩产茶籽 80 公斤,亩增产值 210 元,1 万亩示范基地增加产值 210 万元,辐射推广区亩增产值 100 元,10 万亩增加产值 1000 万元。

2007 年,林观章、柳松树撰写的《转变观念,创新机制,兴林富民——青田县毛竹产业发

展的思路和对策》在《中国林业》杂志上发表。潘文英、柳松树撰写的《论青田县毛竹产业发展的现状、思路和对策》论文被林业部采用在《最新林业业务指导大全丛书》中，对发展毛竹产业，促进老区开发建设，具有指导意义。该论文荣获《中国绿色时报》征文一等奖。是年，林业系统共发表论文 7 篇，分别在国家、省、市级刊物上进行学术交流。

2000—2008 年，林业科技人员共 58 篇学术论文被中国林业、浙江林业、丽水林业科技采用发表。

2008 年，章伟杰、周国良的《人事制度改革对青田森防工作的影响》《青田的林业信息化建设》，章伟杰的《浅谈林业信息化建设》，蒋金荣的《浅论森林火害发生原因和对策》，分别被采登发表在中国林业、浙江林业和市林业刊物上交流，并分别得奖。

2010 年，"浙江红花油茶种质资源库建立及优质资源筛选"立项，同年 12 月完成。是年，"滩坑库区生态农业关键技术集成和示范"项目立项，完成后，2014 年获丽水市人民政府颁发科技兴林二等奖。

表 9-1-4-2　2010 年青田县林业技术推广站科技项目研究情况一览

项目	项目	合作	成果	技术目标	起始日期	完成日期	人员	经费（元）
浙江红花油茶种质资源库建立及优质资源筛选	2	2	10	5	201001	201012	3	300000
滩坑库区生态农业关键技术集成和示范	2	2	10	5	201001	201012	8	320000

2012 年 5 月，青田县林业技术推广站"油茶无性系引种选育及早实丰产栽培技术示范推广"研究项目，荣获省林业厅、省林学会第十二届科技兴林奖二等奖，完成人员共 11 人。

2013 年，县林业技术推广站承担的"有机油茶生产关键技术集成及产业化示范"项目获省林业厅颁发科技兴林二等奖；"油茶高效栽培和果实脱壳技术研究与应用"项目获丽水市人民政府颁发科技进步一等奖。

图 9-1-4-1 2012 年获科技兴林奖状

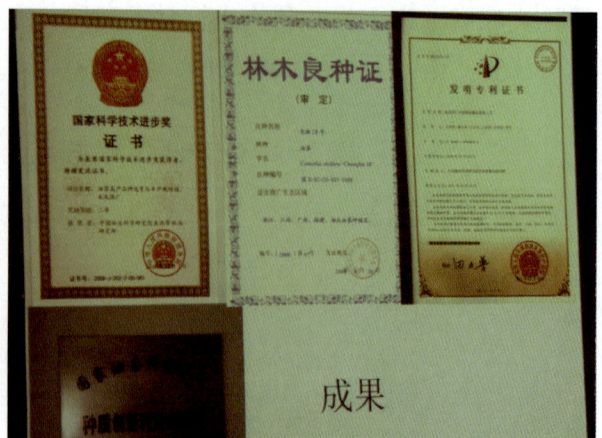

图 9-1-4-2 油茶科研成果（2013 年摄）

2014 年，县林业技术推广站共有 3 个项目分别获浙江省林业厅、丽水市人民政府颁发科技兴林一等奖和三等奖。

表 9-1-4-3　2012-2014 年青田县林业技术推广站科技项目获奖情况表

获奖项目	奖项、荣誉名称和等级	授予单位	获奖时间
油茶无性系引种选育及早实丰产栽培技术示范推广	科技兴林奖 二等奖	浙江省林业厅	2012 年
地膜覆盖等四种油茶生态栽培技术试验与推广	科技兴林奖 三等奖	浙江省林业厅	2013 年
有机油茶生产关键技术集成及产业化示范	科技兴林奖 二等奖	浙江省林业厅	2013 年
油茶高效栽培和果实脱壳技术研究与应用	科技进步奖 一等奖	丽水市人民政府	2013 年
黄甜竹引种栽培关键技术研究与示范	科技兴林奖 一等奖	浙江省林业厅	2014 年
油茶良种芽苗砧嫁接育苗技术产业化	科技兴林奖 三等奖	浙江省林业厅	2014 年
滩坑库区生态农业关键技术集成和示范	科技兴林奖 二等奖	丽水市人民政府办公室	2014 年

表 9-1-4-4　县林业局科技论文发表情况统计表（其他刊物）

题目	作者和刊物	发表时间
油茶刺绵蚧的重要天敌中华显盾瓢虫的初步研究	孙德友 雷插清	1975 年
刺绵蚧真菌病的初步研究	陈祝安 《昆虫学报》	1977 年
中华显盾瓢虫的研究	陈祝安 《林业科学》	1984 年
油茶黑胶粉虱的研究	陈祝安 《林业科学》	1981 年
油茶刺绵蚧的生物防治	陈祝安 雷插清 《昆虫学报》	1975 年
千年桐嫁接情况初报	蒋吉岩	1982.12
毛林造林技术	吴考元	1987 年
微水电发展前景及对策	刘景池	1995.8.21
对发展中华猕猴桃的几点体会和建议	吴考元	1989.08.15
发展杨梅富民工程推进新农村建设	蒋国亮 《中国林业》	2009 年
转变观念 创新机制 兴林富民	林观章 柳松树《中国林业》	2007 年
论青田县毛竹产业发展的现状、思路和对策	潘文英 柳松树《最新林业业务指导大全》	2007 年
浅谈油茶嫁接换种的概况	曾邦武	
油茶嫁接试验情况汇报	曾邦武	
退耕还林：促进村级经济稳步发展	李苏华 邹竹华 夏根南《中国林业》	2008 年
山区生态公益林建设与管理	蒋国亮 《中国林业》	2009 年
做好森林防火工作的思考	蒋国亮 吴苏平 陈仕安《中国林业》	2009 年
防治毛竹竹笋虫害	吴苏平 蒋国亮 陈仕安《中国林业》	2009 年

表 9-1-4-5　县林业局历年科技论文发表情况一览表（科技刊物）

序号	篇　目	作　者	刊名	年/期	参加单位
1	日本卷毛蚧生物学特性与防治的研究	赵仁友；沈毓玲；吴庆禄；曾邦武；	浙江林业科技	1989年06期	丽水地区森防站　县林业局
2	丽水地区凹叶厚朴资源及发展方向	吴黎明；张玉升；柳春华；卢洋海；王秀华	经济林研究	1992年01期	丽水地区林业局　云和县林业局　青田县林业局
3	浅析当前森林资源管护的现状及对策	孙德友	浙江林业科技	1996年06期	县林业局
4	丽水地区板栗选优初报	丁丽惠；蔡汝魁；顾海清；施永如；郭人范；蒋吉岩	浙江林业科技	1996年06期	丽水地区林业科学研究所　缙云县林业局　遂昌县林业局　青田县林业局
5	林地管理的现状及对策	孙德友	浙江林业科技	1997年03期	县林业局
6	浙江青田县森林资源保护管理中的问题及对策	孙德友；叶再彬；厉淼	河北林果研究	1998年04期	县林业局
7	青田县无公害桃的发展现状与产业发展思路	饶建民；朱宗华；饶光辉；饶光雄	内蒙古农业科技	2006年03期	县农业局　海溪乡农业技术推广站　县土地管理局　县林业局
8	做大做强油茶产业 重振浙南油库雄风	郭明月；陈贤春	绿色中国	2008年17期	县林业局
9	青田杨梅产业化发展对策探讨	浙江省青田县北山镇农技站；县林业局	浙江柑橘	2009年01期	北山镇农技站　县林业局
10	青田县森林火灾特点及预防对策	孙德友；殷如民；王建勇	河北林果研究	2001年01期	县林业局
11	青田县油茶产业现状及发展对策	刘小燕	现代农业科技	2010年11期	县林业局
12	不同品种油茶嫁接苗根系生长动态研究	康乐；杨水平；姚小华；王开良；洪友君；王毅	林业科学研究	2010年03期	西南大学资源环境学院　中国林业科学研究院亚热带林业研究所　国家林业局亚热带林木培育重点开放性实验室　金华市东方红林场　青田县林业局
13	浙江东南沿海杨梅品种资源及栽培技术	徐同冰；朱晓权	现代农业科技	2011年03期	县林业局
14	青田县农民增收工作存在的问题及对策	叶金飞；王燕；叶苏贤	现代农业科技	2011年07期	县木材检查站　县广播电视台　县林业局
15	丽水市松材线虫病发生特点与防治措施	朱晓权；徐同冰；张峰玲	现代农业科技	2011年03期	县林业局
16	青田县章旦农业观光园芙蓉专类园景观规划设计探析	屠悦婷；谢云；叶苏贤	安徽农业科学	2011年34期	浙江农林大学天目学院　县林业局
17	滩坑库区农业可持续发展战略探析	徐同冰；王燕	现代农业科技	2011年03期	县林业局　县广播电视台
18	园林植物配置探讨	吴苏平；徐同冰；张峰玲	现代农业科技	2011年04期	石溪乡政府　县林业局
19	青田县油茶产业发展目标、扶持政策及发展对策	张荣芳；林观勇	安徽农学通报	2011年06期	船寮镇政府　县林业局
20	对农业技术推广工作的思考	徐同冰；叶金飞	现代农业科技	2011年04期	县林业局
21	油茶培育技术	徐同冰；吴苏平	现代农业科技	2011年04期	县林业局
22	紫穗槐种子萌发特性研究	徐同冰	现代农业科技	2011年07期	县林业局
23	论森林城镇建设中树种的选择与遵循原则——以青田县鹤城镇为例	张峰玲；程爱林；张黎琳	现代农业科技	2011年12期	县林业局　浙江省森林资源监测中心
24	青田县屋顶绿化施工技术调查分析	叶苏贤；徐同冰；叶金飞；汤真太	现代农业科技	2011年12期	县林业局　县木材检查站

续表 9-1-4-5

序号	篇 目	作 者	刊名	年/期	参加单位
25	浙江红山茶野生种质资源现状及保护对策	谢云；李纪元；潘文英；王业中；李朝栋	浙江农林大学学报	2011年06期	中国林业科学研究院亚热带林业研究所 浙江农林大学天目学院 浙江省青田县林业局 安徽省岳西县林业局 江西省永新县林业局
26	浙江红山茶叶器官表型的变异规律研究	任佳悦；谢云；徐同冰	安徽农业科学	2011年32期	浙江农林大学天目学院 青田县林业局
27	浙江红山茶扦插繁殖试验	谢云；李纪元；厉淼；徐同冰；池奥博；关玉梅；吴窈窈	浙江林业科技	2011年03期	中国林科院亚热带林业研究所 浙江农林大学天目学院 青田县林业局
28	施肥量对油茶嫁接苗生长的影响	龙伟；姚小华；王开良；林萍；曹永庆；王毅	江西农业大学学报	2011年06期	中国林业科学研究院亚热带林业研究所 青田县林业局
29	长江流域防护林体系建设成效评价——以浙江省为例	孙茂者；程爱林；张黎琳；王建勇	浙江林业科技	2012年01期	浙江省森林资源监测中心 青田县林业局
30	松材线虫病免疫激活剂（疫苗）注射大古松预防枯死试验初报	江土玲；汤太真；蒋金荣；陈光平	现代园艺	2012年14期	丽水市林业有害生物防治检疫总站 青田县腊口林业站 青田县林业局 莲都区林业局
31	噻虫啉防治板栗主要害虫技术研究	徐同冰	四川林业科技	2012年05期	县林业局
32	应用噻虫啉防治板栗栗瘿蜂的初步研究	徐同冰	山东林业科技	2012年05期	县林业局
33	基于 ZigBee 和 GPRS 的森林火灾监测系统研究	徐同冰	防护林科技	2012年06期	县林业局
34	青田县红阳猕猴桃引种栽培试验初探	赵雪康；王琳影；刘庆定	江苏林业科技	2012年06期	县林业局
35	不同年龄油茶采穗圃接穗对嫁接育苗的影响	王毅；龙伟	林业科技开发	2013年06期	青田县林业局 中国林业科学研究院亚热带林业研究所
36	浙江红豆杉的价值与快繁技术分析	赵雪康	绿色科技	2013年02期	县林业局
37	普通油茶砧穗嫁接组合的亲和性分析	龙伟；姚小华；王开良；王毅	江西农业大学学报	2013年02期	中国林业科学研究院亚热带林业研究所 青田县林业局
38	不同基肥造林对油茶幼林营养生长的影响	刘庆定；王毅；张平安；赵雪康；徐忠伟；姚小华；任华东	浙江农业科学	2013年06期	青田县林业局 中国林业科学院亚热带林业研究所
39	浙江省竹产业成效分析与发展对策	吴伟文；潘观爱；童红卫；钱龙福	华东森林经理	2013年02期	浙江省森林资源监测中心 青田县林业局 龙泉市林业局 松阳县林业局
40	油茶无性系引种与良种筛选试验	王毅；张平安；刘庆定；赵雪康；沈苏军；姚小华；王开良	浙江林业科技	2013年02期	青田县林业局 中国林科院亚热带林业研究所
41	白花树组织培养技术研究	张亮亮；柳新红；林新春；李因刚；石从广；刘伊里；何云核	浙江林业科技	2013年03期	浙江农林大学 浙江省林业科学研究院 青田县林业局
42	施肥对油茶幼林营养生长的影响	刘庆定；王毅；张平安；赵雪康；徐忠伟；刘纪昆；姚小华；任华东	浙江林业科技	2013年03期	青田县林业局 腊口镇政府 中国林科院亚热带林业研究所
43	采穗位置对油茶嫁接育苗的影响	龙伟；姚小华；王开良；曹永庆；钭培明	江西农业大学学报	2014年01期	中国林业科学研究院亚热带林业研究所 青田县林业局
44	换床移栽对油茶芽苗砧嫁接苗生长发育和造林成活率的影响	刘庆定；叶林妹；张平安；刘纪昆；王毅；张峰玲；李勇勤；姚小华；王开良；龙伟	浙江林业科技	2014年04期	青田县林业局 青田县腊口镇政府 中国林科院亚热带林业研究所
45	青田太鹤山公园濒临枯死的古松成功救活初报	张峰玲；林静；徐达亮；金土军；郑永军；刘剑锋；饶光雄；章伟杰；江土玲；卢莉蔚	现代园艺	2014年08期	县林业局林权管理中心 县园林管理处 章村乡政府 县林业局 丽水市绿谷生物药业有限公司

第五节 论文选登

刺绵蚧真菌病的初步研究

陈祝安

摘要 刺绵蚧多毛菌（Hirsutella sp.）对刺绵蚧有较强的病原性。本菌对雌雄幼蚧、雄性预蛹以及老熟母蚧均有感染力。而暴发期往往落在老熟母蚧期。

此菌在一般培养基上生长繁育良好，而且适应温度范围较宽，人工接种平均气温 11℃～27℃，相对湿度在 80% 以上都能致病。

菌体通过昆虫、水流等媒介物触及传染，每当种原中心建立之后，病菌就不断地向周围散布，成为再次侵染源。

刺绵蚧多毛菌（Hirsutella sp.）是寄生在刺绵蚧（Metaceronema japonica Mask.）虫体内，引起害虫大量死亡的病原微生物。1967 年，我们从油茶煤污病主要诱病媒介——刺绵蚧自然寄体上发现此菌。1972 年分离提纯，并通过林间回接试验，致死率很强。为了发掘和筛选有效的昆虫寄生菌，供农林业生产应用，我们对该菌某些性状以及若干和利用有关的问题，进行了观察和实验，现择要整理如下。

一、自然感染和发病症状

（一）环境因子和致病性

刺绵蚧多分布在海拔 300～800 米油茶茶林里，在蚧虫猖獗为害后期，常见该病发生和流行。1972 年 6 月，我们对两个高发点进行考察，自然寄生率达 39%～98.5%。发病率的植株上，蚧虫已近乎毁灭。

表 1 两个高发林分自然寄生情况（1972 年）

地　点	日期（月日）	调查株数	自然寄生率（%）		
			最　高	最　低	平　均
平塔大队分坳下	6.1	30	98.5	39	74.7
下寮大队毛山坳门	6.19	35	97.1	39.1	71.8

林间多点考察看出，本菌自然发生与海拔高度、坡向、树冠郁闭度、寄生栖居部位（冠上或冠下）、植被等所构成的小气候无明显影响。种源是造成本病流行的决定因素。每当种源中心建立以后，病菌就不断地向周围传播，造成大量个体死亡。

表 2 种源和致病性的关系（1971 年）

标准地名	海拔（米）	坡向	树冠郁闭	种源	虫口指数	寄生程度 *
黄山头大队冷水坑	600	东	0.5	有	——	++
平坦大队路边	550	北	0.7	有	51.4	+++
下寮大队毛山岭	500	南	0.6	有	50.5	++
下寮大队毛山坳	500	东北	0.5	有	77.1	+++
黄山头大队竹岭	400	东	0.7	有	33.0	+
后弄圩大队神坛	460	北偏东30°	0.5	无	46.0	——
黄山大队寮大丘	530	北偏西20°	0.6	无	73.5	——

蚧生真菌致病性和温湿度关系十分密切。气温适宜，林间盛发期都在阴雨连绵或多雷阵雨的湿润天气。根据黄山头大队冷水坑标准地的观察，刺绵蚧真菌病集发期一般是在 4 月份。例如 1971 年致病高峰是在 4 月 20 日。这个月的天气状况是：阴雨日 15 天（或夜雨昼晴），月平均气温 18.2℃，平均相对湿度 81.7%，绝对最高温 32.8℃，绝对最低温 5.1℃。1972 年致病高峰在 4 月 15 日前后。而这个月阴雨日 20 天，月平均温度 16.2℃，平均相对湿度 81.5%，绝对最高温 33.5℃，绝对最低温 0.7℃。该菌适应温度范围较宽，从全年发生季节看，除 12、＊无寄生一；少量寄生＋；普遍寄生＋＋；严重寄生＋＋＋。1、2 月份气温较低未见发生外，其他各月均能见到感病死亡的个体。人工接种试验表明，平均气温 11℃～27℃，相对湿度大于 80% 者，都能致病。但感病最适平均气温为 18℃～23℃。

寄主不同，生育期致病性也不一样。本菌对刺绵蚧雌、雄幼虫期，老熟母虫期有较强的致病力，暴发期多落在 4 月份老熟母虫期。被寄生的个体，大部分不能产卵而死亡。少数虽能形成卵囊，但没有产卵或产极少量卵就丧命。对雄虫蛹、雄成虫、卵未见有寄生现象，卵块浸菌液接种，亦未见发病。

（二）侵染途径和孢子传播

受本菌寄生个体一般存留在枝叶上时间较长，有的竟至一年以上，每逢温湿度适合，就能产生大量孢子，成为再次侵染源。1975 年，我们从林间采集了不同时期感病致死体，观察本菌在自然条件下的存活时间，检验方法是：在室温下保温，使它产生孢子堆，凡能产生孢子的算作活菌。结果看出，一年以前感病致死的 48 个样品中，就有 38 个能产生孢子堆。寄体在林间保存时间长，就能不断地产生孢子，增加了再次侵染的机会，有利于杀虫作用，这是本菌利用上的一个特性。

表 3　林间菌体存活时间（1973 年）

试验日期（月日）	样本来源	保存期（月）	试验温度（℃）	保湿天数	供试样本数	产孢样本数	有产孢力样本（%）
4.11	1972 年 9~10 月感染致死虫体采自下寮毛山队	6~7	18~21.0	4	23	15	65.2
4.12	3 月 30 日用分离所得纯种 A（13）号接种感染致死体	0.5	18~21.0	3	3	3	100.0
4.19	1972 年 4 月感病致死体采自下寮毛山生产队	12	17~22.0	4	48	38	79.1
9.14	1972 年 4 月感病致死体采自下寮毛山生产队	17	23~26.2	4	20	0	0.0

刺绵蚧系刺吸式口器昆虫，一般病原菌从口器进入虫体机会不多。通过液喷雾和涂刷法接种，初步验证该菌系接触传染。

表 4　利用自然寄生虫体接种致死情况（1971 年）

月日	试验地点	处理方法	供试虫数	致死虫数	致死率（%）	备　注
4.6	七丘坑边	菌液喷雾 涂抹	250 266	71 157	29.6 59.0	9 月 14 日所用菌液系感病致死体 45 克砸碎加清水 7 公斤滤液喷雾
9.14	竹园山	菌液喷雾 对照喷清水	4597 748	908 0	19.7 0	

以上提过，林间宿存寄生虫在适温高湿条件下，能产生大量孢子堆。但是孢子如何传播？通过何种媒介物把病菌带到健康寄主身上？根据几年来林间考察材料分析，认为有以下几种可能：

1. 雨水传播：同一个枝条上，寄居在种源附近下方的个体，往往大量感染死亡。这说明寄体所产生孢子，随水流沿枝条而下，触及传染。

2. 昆虫带菌传播：刺绵蚧有分泌蜜露的习性，在蚧虫发生林分里，经常有大量蜂类、蝇类和臭蚁的活动。它们从带菌寄主体到健康虫体上取食蜜露，起着"播种"的媒介作用。1972年5月3日，我们在林间对臭蚁爬过的64头老熟母蚧做了观察，结果感病死亡的有31头。

值得指出，臭蚁等昆虫和刺绵蚧生活有一定的联系。它们贪食甜蜜汁，不仅要接触刺绵蚧，而且还有追踪刺绵蚧的习性。因此，探索利用蚁类等昆虫传毒来消灭蚧虫，有一定的现实意义，值得注意。

3. 寄主自相感染：和种源同存一棵树上的个体，因迁移时触及病原而受到感染。

（三）病菌入侵和感病后蚧体的外部症状

1972年4月27日，我们对即将产卵的266只感病母蚧做了考察。发现寄主带菌后，开始出现黄色侵染点。但入侵点多出现在虫体腹面前缘、臀裂肛口或所门等自然孔道处，背部因介壳硬化，不利于病菌入侵，故很少看到（表5）。

表5 各部位侵染点出现频率

部　位	出现虫数	频率（%）
前缘 1	102	38.8
臀裂肛口 2	79	29.7
前气门 3	40	15.0
后气门 4	12	4.5
前后气门间 5	10	3.8
喙突 6	10	3.8
腹中 7	1	0.4
后缘 8	12	4.5
合计	266	100.5

侵染点是真菌侵入寄主体内的开始症状，接着由点扩大为病斑。初期病斑呈藤黄色，当病斑扩展到全身，体色变深，呈黄褐色。这时虫体肿胀，体壁发亮，内部组织产生干酪状或料块样病变，不久坏死组织脱水僵化，体色又转为暗红或紫红。切片检查，可见大量菌丝体和分生孢子。但外形完好如常，腹面体节及附肢可辨。以后随着菌丝体在寄主体内大量繁殖，使虫体成丘形或葫芦形拱起，体积显著增大，呈金黄、黄褐、棕黑色不等，但内部为浅黄色。常见露珠或蜜露分泌，这时虫体已丧失原形。最大寄生虫体体积可达10×9×10毫米，比原虫体虫体大3～5倍，吸水膨胀后有弹性。镜检表层凹凸，并见散生圆形暗色孔口，孢子堆从孔口排出。孢子堆初为浅黄色乳珠状，后因水分蒸散和孢子堆不断长出，而浓缩成角状或卷曲如毛发状，从孔口

伸向空间。

病斑开始出现时，寄主能照常生活；当病斑扩展到虫体 1/3 左右即丧失生命，但个别还见附肢摆动。一个寄主病斑从体大的 1/10 扩大到全身需要 3 天时间。初步认为，由于病原入侵，通过菌丝体生长繁殖，致使组织性坏死，这是造成寄主死亡的主要原因。

二、本菌形态及培养特征

（一）形态特征

菌落为蛋黄色高度拱起，表面绒毛状，老化后变黄褐色。菌丝线形，有分隔，直径 1.8～2.5 微米，丝内充满发亮颗粒。有时菌丝体形成菌索，此时外观多成绒毛状。

分生孢子梗由菌丝膨大而成，成葫芦形或瓶形，长 10～16 微米，宽 3～5 微米，上有 1～3 个小梗。小梗生在膨大体顶端或一侧，长 2～4 微米。分生孢梗可以从菌丝任何部位产生出来，很发达，常见的有单生或成团两种类型。

1. 单生：孢梗从菌丝顶端、侧方或侧枝上发出，经常排列成行，有的成枝状。

2. 成团：孢子梗丛生，集结成团。

分生孢子梭形，无色单孢，长轴 7～9 微米，短轴 2～3 微米，两端尖锐，有油点 2～5 个。其次，还见少数宽卵形孢子，直径为（4～6）×（2～3）微米，以及圆形的厚壁孢子。

分生孢子堆腊肠状、角状或成粗毛状卷曲，遇水后，逐渐解离。

经初步鉴定，该菌属半知菌纲 [Deuteromycetes（Fungi Imperfecti）] 丛梗孢目（Moni～liales）束梗孢科（Stilbaceae）多毛菌属（Hirsutella）[1]，种名暂缺。

（二）培养特点用下列培养基培养观察

该菌在马铃薯、蔗糖、琼脂（PDA）培养基上生长良好。点植后的第 3 天，基面出现毛玻璃样突起，菌落表面光滑。经过 3 天成蛋黄色，并出现灰白色疏散细毛状菌丝。10～12 天，菌落高度拱起，成丘形或圆墩形，表面凹凸，尚见针孔似的下陷小点，小点（孔）密集或散生，孢子堆从小孔中长出。菌落结构密致，质地硬而脆，呈蛋黄色或黄褐色，酷似自然寄生虫体菌落。

1. 牛肉浸膏、蛋白胨、琼脂培养基（牛肉浸膏 10 克，蛋白胨 3 克，葡萄糖 20 克，水 1000 毫升）生长好，能产生大量分生孢子堆。点植菌落为圆丘形突起，淡黄色，黄褐色，上部密集绒毛状菌落。

2. 里查（Richard）培养基[1]（硝酸钾 10 克，磷酸二氢钾 5 克，硫酸镁 2.5 克，硫酸亚铁 0.02 克，葡萄糖 50 克，琼脂 20 克，水 1000 毫升）生长良好，能产生大量孢子堆。点植菌落高度耸起，表面结核状凹凸，黄褐色，灰白色，菌丝细而密，菌落附近培养基显紫褐色。

3. 用大米饭、大麦、小麦培养生长良好，能产生大量孢子，菌苔蛋黄、浅黄色、绒毛状。

4. 其他天然培养基，如南瓜、冬瓜、芋头、马铃薯、甘薯块等均可生长，但较慢。此菌培养容易，能在一般培养基上生长发育，原料来源丰富，可就地取材，有利于农村土法生产。

三、林间毒力试验

（一）不同菌液浓度对幼虫群体毒力效应

试验用菌种是从林间采集的自然寄生致死虫体上分离得到的，经提纯种移植到灭菌的大米饭上，在 26℃～28℃培养 30 天。用 1 份菌剂加 10 份水的比例，浸提 20 分钟，过滤菌液用血球计数器测定，得每毫升含孢子 1 亿。然后将菌液稀释成 50 倍、100 倍、200 倍、400 倍、1000 倍液 5 种浓度。

在立地条件一致绝无菌源情况下，选取有刺绵蚧寄居小油茶树，预先统计全株虫数，挂牌编号。共分 5 种浓度处理，每一处理重复 2 次。用卫生喷筒把菌液均匀地喷射到虫体上，以充分湿润为度。

刺绵蚧定居后，活动能力较弱，因此效果统计主要决定于虫体体色的改观。正常体色为浅黄绿色，自然死亡为肝脏颜色，受该菌寄生致死的体色初期为金黄色，后变黄褐色或灰褐色。虫体变形隆起，体积显著增大，与自然死亡有明显区别，而且致死虫体在树上不易脱落。现将试验结果列入。

表 6 不同浓度菌液对幼虫群体毒效反应（1975 年）

编 号	菌液浓度（每毫升含孢子数）	供试虫数	致死虫数	致死率（%）
1	2×10^6	583	522	89.5
2	1×10^6	466	373	80.0
3	5×10^5	533	341	63.9
4	2.5×10^5	531	163	30.7
5	1×10^6	378	80	21.2
对照	—	597	0	0.0

从表 6 看出，每毫升菌液含孢子数 200 万，杀虫效果为 89.5%；100 万孢子浓度致死率为 80%。值得注意的是：林间试验经常出现的情况表明，利用浓度高低不同菌液处理虫体，开始低剂量处理组死亡率很低，只是造成局部的寄主死亡，但由于寄体的传毒（菌）作用，发挥了后期的杀虫效果，使得低浓度处理组，后期死亡率达到和高浓度处理组相接近。这是本菌利用上的另一个好的特性。

1973 年以来，我们利用分离得到的纯菌在林间对刺绵蚧做多次反复试验，毒力一直比较稳定。而且该菌对油茶绵蚧 [Chloropulvinaria okitsuensis（Kuw.）] 亦有很强的致死力。是一种颇有利用前途的虫生菌。

（二）不同月份感病性试验

1973 年 2 月开始，我们对刺绵蚧进行不同月份感病性的测定，以了解该菌在各月份里的寄生力、对温湿度的要求以及潜育期长短等情况，结果看出：

1. 月平均气温 11.1℃～26.8℃，喷菌液后均能致病。2 月 12 日接种的因气温较低一直延到 3 月下旬才发病（表 7）。

2. 喷菌液后，肉眼察觉到个体死亡（虫体变色变形）为 12～46 天，一般为 20 天左右。死亡快慢与温湿度以及所使用菌液浓度有关。

3. 喷施菌液后，个体感染致死时间很不一致，有的甚至在两个月以后还陆续得病。例如 8 月 3 日这一组，得 9 月 28 日致死率达到 100%；而 9 月 16 日喷菌液到 12 月 5 日致死率才达到 100%。主要是因为种群中虫体陆续感染的缘故。

表 7 刺绵蚧真菌病的初步研究

试验日期（月日）	菌 号	处理方法	菌液含孢数（万/毫升）	供试虫数	寄生死亡（%）	发病始期（月日）	潜育期（天）	月均温（℃）	相对湿度（℃）
2.12	A₁₃（一代） 对照	涂 涂	1:2* —	66 37	100.0 0	3.30	46	9.3	92.9
3.30	B₆Ch₂（四代） 对照	喷雾 喷清水	512 —	157 105	93.6 0	4.20	20	11.1	86.2
4.7	B₁₄（三代） 对照	喷雾 喷清水	1056 —	101 69	— 0	5.5	28	17.0	95.6
6.11	Ch₃₃（一代） 对照	喷雾 喷清水	1633 —	2000 500	97.8 0	7.8	27	22.4	96.5
7.19	扩对照	喷雾 喷清水	16 —	1267 2000	93.0 0	8.15	27	25.4	89.7
8.3	Ch₂-1（二代） 对照	喷雾 喷清水	3200 —	1992 1500	100.0 0	8.15	12	26.8	90.5
9.16	730811（四代） 对 照	喷雾 喷清水	1900 —	1487 500	100.0 0	9.28	12	21.8	95.8
10.8	730802（四代） 对 照	喷雾 喷清水	3750 —	4518 3485	91.5 0	10.25	17	16.9	96.8

*1:2=1 份菌剂，2 份水。

** 潜育期为接种后到初次查到感病这段期间。

（三）林间单株试验

1975 年 7 月 19 日在黄寮公社大垾大队进行了林间单株试验。实验用菌剂是将种菌接种到灭过菌的大米饭上，26±2℃培养 20 天。使用前，1 份菌剂加 20 份水，浸提 20 分钟，过滤后所得原液含孢子量每毫升为 1680 万个，稀释 50 倍喷雾。对照喷清水。实验结果是：喷洒菌液后，27 天能用肉眼察觉其致死率为 5%；31 天致死率为 17.1%；80 天致死率达到 87.6%（表 8）。

表 8 林间单株试验

菌液稀释倍数	处理株数	总虫数	处理后致死率（%）				
			14（天）	27	31	53	80
50	10	7737	0	5.0	17.1	18.3	87.6
对照（清水）	5	9270	0	0	0	0	0

讨 论

刺绵蚧多毛菌对刺蚧有较强的病原性。菌液浓度每毫升含孢子量 200 万左右，致死率达 90% 上下。此菌适应温度范围较广，一般情况下，3—11 月份均见致病。致死虫体对健在个体还有传毒（菌）作用。但是对本菌杀虫范围，需要认真地进行研究测定，将来使之有可能更广泛地应用于农林业生产。

此菌容易培养，固体发酵材料来源较为丰富，有利于农村土法生产，是油茶煤污病防治工作中的一条新途径。

油茶黑胶粉虱的研究

陈祝安

黑胶粉虱（Alenrotraehelus eamellia Kuwana.）属同翅目（Homoptera）粉虱科（Aleyrodidae），是一种小体型昆虫，为害普通油茶（Camellia oleiferu Abel.）并诱发油茶煤污病。本省油茶产区，常见发生为害。

此虫从低山到高山均有分布，虫口密度大时，往往全林发黑，造成落花落果，影响种子品质，是油茶主要害虫之一。1964年开始，我们对此虫进行了一些观察试验，近几年来又做了些重复和补充试验，现将结果整理如下。

一、形态特征

（一）成虫

雌成虫体长 1.2～1.5 毫米，至翅端 1.7～2.0 毫米，翅展宽度 3.0～3.5 毫米。头、胸部、翅以及管孔周围均为铁灰色。复眼暗紫色。触角、足之胫节端半部，跗节灰黄色。腿节和基节均为黑色。口器浅黄色，末端黑色。前翅主脉大约在翅之 3/5 处略下折。全翅共有 6 块灰黄色斑，分布在前、外、后缘上。前缘上的两块色斑中，1 个较狭长，起于前缘线，止于主脉下折部位。内缘线上的 1 个色斑与侧脉末梢相接。当两翅复合时，有 3 块色班相互连接。雌虫腹部橘红色。胸、腹部连接处，显著狭窄。后足胫节上有刺 2 对。跗节两节，全身粘附有银灰色蜡粉。初羽化成虫，腹面还有一对白色蜡粉团。

雄虫体躯略小，体长 1.2～1.3 毫米，1.4～1.5 毫米（至翅端），展翅宽度 2.2～3.0 毫米。腹部狭长，交配辅器钳状，铁灰色，长 0.114～0.152 毫米，突出于尾部后端。交配器楔状，长 0.095～0.125 毫米，基部膨大。

（二）幼虫

初孵幼虫长椭圆形，浅黄色，体壁透明。体长 0.25～3.0 毫米，宽 0.13～0.15 毫米。触角鬃毛状，眼点紫黑色，位于触角外侧。口器于两前足之间。足短粗，横向伸直略过体缘。腿节强大。从气门开始的虫体前半部，有长缘毛 10 根呈"T"形，体缘其他部位有短缘毛 10 根，臀部有长尾毛 4 根。初龄幼虫中期，虫体长 0.4 毫米左右，黄褐色，背部出现暗色斑块，以后斑块逐渐向周围扩大，管孔变为"口"字形，位于背面后端。初龄幼虫末期，虫体长 0.6 毫米，背面隆起，黑色。背部两侧，各有一条发亮黄褐色带（线），带之两侧，各有 9 块黑褐色斑。体缘附近为黄褐色。体缘腺成栉齿状突起，并分泌无色透明粘胶。尾须脱落，或仅见其残迹。

2 龄幼虫，形态变化很大：虫体长 1.0～1.5 毫米，宽 0.7～1.0 毫米，长梨圆形，背腹扁平，前端略尖，后端截平而向内略凹入。背部漆黑色革质，腹面灰白色膜质。背中央有条狭窄隆起的脊，其两侧各有 4 条纹痕向体缘延伸。胸气门 1 对，分布在左右两侧，气门线路布满白色蜡丝。气门通道末端（体缘），各有一团白色蜡毛。背面后端有白蜡丝一团。体缘腺成栉齿状突起，约计 300 余枚，分泌宽达 1 毫米粘胶。嗣后，虫体外貌基本上不再改变。化蛹时介壳稍有隆起。成虫羽化前两天，介壳显著隆起似锥形。

（三）蛹

体长 0.9～1.1 毫米，宽 0.4～0.6 毫米，离蛹，橘红色，翅芽黑色皱折，具成虫时基本特征。

（四）卵

长椭圆形，略弯，长 0.190 ～ 0.209 毫米，宽 0.095 ～ 0.114 毫米，卵柄长 0.048 ～ 0.067 毫米。

二、生物学特性

（一）生活史

黑胶粉虱 1 年 1 代，以 2 龄幼虫于叶片背面越冬。次年 3 月下旬化蛹，4 月上旬成虫羽化产卵，4 月中旬为羽化盛期。6 月中、下旬幼虫始现，6 月底、7 月初为卵孵化盛期。7 月下旬至 8 月份普遍蜕皮，进入 2 龄幼虫阶段。

由相应发育阶段的气温影响，年份不同，成虫羽化有前有后，就是在同 1 年份里，不同产地条件各虫态出现也不一致。譬如低山比高山有明显提早现象，背阴比向阳林地要推迟几天。

表 1 相应发育阶段受气温和年份的影响

年份	成 虫			卵		幼 虫		蛹	
	初见	盛发	绝迹	初见	盛发	初见	盛发	初见	盛发
1964	7/ IV	11/ IV	28/ IV	7/ IV	11/ IV	15/ VI	21/ VI	—	—
1966	3/ IV	11/ IV	26/ IV	3/ IV	9/ IV	14/ VI	2/ VII	22/ III	30/ III
1968	9/ IV	18/ IV	6/ V	9/ IV	18/ IV	23/ VI	29/ VI	27/ III	10/ VI
1975	15/ IV	21/ IV	6/ V	15/ IV	21/ IV	27/ VI	10/ VII	2/ VI	14/ VI

（二）成虫

成虫羽化要求温暖湿润天气，日均温达到 18℃ ±4℃，绝对最低温 6℃，绝对最高温 32℃，相对湿度在 69% ～ 98% 左右，均见有成虫羽化。日均温在 18℃ 上下，相对湿度 >80% 的那些时晴时雨天气，成虫羽化产卵最盛；寒冷阴雨天气，少见有成虫羽化。成虫陆续羽化，群体发生期约 20 天左右，但羽化产卵的高峰期只有几天。一日内，如遇晴朗天气，多在上午 8 ～ 10 时许羽化，阴雨天 12 ～ 14 时羽化最盛。

成虫羽化时用头顶破介壳。一虫从破壳至脱离介壳约 10 ～ 60 分钟。初羽化成虫翅膀皱褶，这时成虫停息在羽化壳上，架起双翅，不断地振弹翅膀，约过 20 分钟翅膀才恢复正常。羽化率为 74% ～ 96%。

羽化后的雌虫，通过短距离爬行，停息不动，等待交配。雄虫求偶时紧挨雌虫，不断拍打翅膀，然后雄虫的一侧翅膀横插雌虫翼下，弯转尾端，把交配器插入雌虫生殖孔里。交配时仍做间歇性振翅。一般交配历时 1½ ～ 3 分。交尾后雄虫继续待在雌虫身边一段时间，才飞往他处。成虫有多次交尾现象，且边交尾边产卵，而且多数成虫羽化、交配、产卵同在一张叶片上进行。1974 年 4 月 18 日，林间跟踪考察实录：一雌虫从 8 时 30 分羽化到 12 时 05 分止，共交尾 6 次，产卵 3 次，产卵总数 27 粒，一次产卵最多 21 粒，最少 2 粒。

成虫羽化当天即行交尾产卵。由于在人工饲养条件下，少见产卵，故产卵量难以确定。但对 22 头刚脱壳羽化而未产卵的成虫卵巢进行解剖检查，雌虫怀卵量为 22 ～ 44 粒，平均 32.6 粒。对 20 头已产过卵的成虫检查，其遗卵数为 7 ～ 14 粒，平均 11.3 粒（有 1.6% 属未成熟卵）。由此推知，一雌产卵量大约在 30 粒上下。

成虫喜欢在老叶上产卵，因此不同生理叶龄上的卵密度往往是 3 年生叶 >2 年生叶 > 当年生叶。3 年生叶片上载卵量有达 107 粒之多（表2）。成虫产卵对不同叶片部位还有选择习性，在隔年生及 3 年生老叶上，卵多产在叶片背面的羽化壳周围的粘胶上，对 145 个羽化壳周围的统计，卵最高的有 57 粒，平均 18.5 粒。在当年生新叶上，卵的分布频率：叶缘占 78.1%、叶片中肋占 18.2%、叶片其他部位占 3.7%（76 张当年生叶考察结果）。

表 2 不同叶龄上的卵密度（1965 年）

叶片生理年龄	调查叶数	总卵数	平均每叶卵数
3 年生	533	25428	47.7
2 年生	594	21163	35.6
当年生	651	5591	8.6

成虫产卵后，转移到新梢嫩叶上栖息跳跃飞翔，但很少有远迁。成虫未见行补充营养。个体成虫寿命从羽化到死亡，雌虫 2 ～ 6 日，平均 4.4 日。雌虫 4 ～ 7 日，平均 5.5 日。

（三）卵

初产卵粒为乳白色，后变褐色。卵柄竖起卵体，柄之末端粘附在羽化壳周围粘胶上或叶片其他部位，像颗出土的"黄豆芽"。对 150 粒卵的考察，平均发育气温 22.5℃，卵期 59 ～ 62 天。卵发育成熟后，幼虫就在卵体中线一端顶破卵壳，卵壳像豆荚似开裂，但另一端仍然连接。幼虫脱壳后，带柄卵壳仍完好无损地保留原处。一天中卵孵化最盛时刻在上午 7 ～ 9 时。待卵孵化完，可根据卵粒上孵化孔的有无，来确定卵的孵化率，卵之孵化率为 82.9%。

（四）幼虫

刚孵化幼虫乳白色，后变淡黄绿色。足粗壮；善爬行，是扩散迁移重要虫期。找到合适场所后，用口针插入叶片组织内，汲取营养，并营固定生活。

幼虫寄居在叶片背面，树体其他部位（枝干、花、果、芽）很少有寄生。虫口密度大时，叶片上载虫量可达上百头。亦经常可察到每叶初龄幼虫虫口密度高达 60 头以上者。

幼虫两龄。从孵化始现至蜕皮始现计算虫龄，初龄幼虫历期 29 天。

初龄虫期，虫体背部弓起，体色黑油发亮。蜕皮时，原紧贴于叶面，前躯略提起，后半部仍紧贴叶面。首先虫体前半部从腹面顶破皮壳，使前躯和皮壳分离，出壳的那一部分又紧附叶面，而未出壳的后部，不住地蜷曲伸缩，当虫体完全摆脱皮壳时，由于尾部推力作用，结果使前半部皮壳翻转折叠于后半皮壳上。蜕皮多在上午 6 ～ 11 时。从破壳到脱壳约经 10 ～ 15 分钟，或更长一些时间。对 90 张叶片，978 头初龄幼虫定期考察，群体蜕皮时间从 8 月初起一直延续到 8 月底止，蜕皮最盛在 8 月中旬。刚蜕皮的虫体浅黄色、经灰色，最后变漆黑色，一般历时 106 ～ 135 分钟。蜕皮以后，个体就在蜕皮壳附近定居固着，完全丧失活动能力，并形成了黑色革质介壳。不久，在介壳周围分泌无色透明粘胶。嗣后，个体就在介壳下发育，永不迁移易位。粘胶不溶于水，但溶于乙醇、丙酮、乙醚、石油醚等有机溶剂。溶解后，成无色混悬液。

2 龄幼虫由于介壳周围粘胶的保护，个体存活率较高。1974 年 8 月至 1975 年 4 月，在林间对 3 株标准树、23 张叶片、380 头虫体的考察，其越冬存活率为 96.4%；化蛹率 72.8%；羽化率 85.4%；成虫率达 60.3%。

2 龄幼虫期较长，林间观察，自蜕皮始到化蛹始见约经 250 天左右，是为害最大的虫期。2 龄幼虫不仅消耗寄主大量养分，而且不断排出蜜液。9—12 月，以及末龄幼虫后期的 3 月份，排蜜量甚高，严重地诱发煤污病。由于带有粘胶羽化壳与死虫体的长期存留并逐年积累，致使老叶片上的新老羽化壳遍布全叶，有时每叶高达 279 个之多。这些带有粘胶的残遗物，每经高温湿润天气，就会霉烂发黑，以致堵塞气孔，影响寄主跟外界交换气体；叶面的煤污层覆盖，更阻碍寄主光合作用。所以，严重发生林，大都是叶落枝燥，花果不生而枯死。

（五）蛹

虫体在介壳蜕皮化蛹，化蛹时介壳背部略为拱起（未化蛹扁平），对 15 头蛹体观察，蛹期为 5 ～ 13 日，平均 10.1 日。

三、发生与环境关系

（一）发生与郁闭度关系

黑胶粉虱性喜阴湿，因此郁闭度大的老、壮龄油茶林发生为害较重。特别是山脚、山凹、地角、大路边，凡是土质肥沃、植体生长茂密，郁闭度高的老龄林分，为害尤甚。反之，立地条件相似，透光良好的老林，少见为害。这说明黑胶粉虱对林龄、尤其是郁闭度有明显选择性（表 3）。

表 3 黑胶粉虱发生与郁闭度

地名	海拔（米）	地形	坡向	郁闭度	树龄	调查株数	受害率（%）
后岭头	150	山腰大路边	西南	0.9	老	180	100
黄山头	600	山腰大路边	东南	0.8	老	80	100
小连云	280	山坳大路边	东南	0.9	老	60	75
马岭头	260	大路边	东	0.7	壮	60	50

（二）发生与叶龄的关系

2 龄幼虫所生粘胶，坚固虫体。成虫羽化后，所遗留粘胶介壳有菱形羽化孔，根据这羽化孔计数出成虫羽化数量。

林间考察，不同叶龄上虫口密度不一样，成虫率亦有显著差异。虫口密度一般是 4 年生叶 >3 年生叶 >2 年生叶，而成虫羽化率却随着叶龄增长而下降。

表 4 发生与叶龄的关系

叶　龄	考察叶数	2 龄幼虫		羽化总数	羽化率（%）
		总数	每叶平均		
2 年生	103	1376	13.4	518	37.6
3 年生	108	1827	16.9	422	23.1
4 年生	76	1172	15.4	201	17.2

初龄幼虫雌雄难于识辨。2龄幼虫开始，雌雄虫在体型大小上分化十分明显，那就是雄虫体躯比雌虫要小得多。群体蜕皮以后，按叶龄分别统计当年发生雌雄虫数，现将结果列入表5。从表5看出，当年生叶上雌虫数量比雄虫高出近乎1倍;而3年生叶雄虫数量几乎是雌虫的5倍。也就是说，随着叶龄的增长性比显著下降。这种随叶龄提高性比变动与成虫率下降现象，可能跟个体的生息条件恶化有关。譬如，4年生叶不仅受当年幼虫为害消耗大量养分，而且积存着大量羽化壳及死虫体，平均每叶有67.3只，它比2年生叶13.4只，几乎大5倍。由于羽化壳和死虫体高度积累，显然不利于寄主的同化作用，因而使得许多虫个体得不到足够的养分，早期夭折，或停留在2龄幼虫阶段，不会化蛹。在自然界人们早就注意到某些虫群，当它处于生殖过剩或群体凋落时，往往发生性比的变化（性比下降），也和营养生息等条件恶化有紧密联系。

表5　不同叶龄上性比

叶　　龄	考察叶数	发生虫数	♀	♂	♀：♂
当年生叶	132	3808	2512	996	1：0.63
2年生叶	130	3958	1138	2820	1：2.5
3年生叶	132	2975	513	2462	1：4.8

（三）天敌

赤座霉菌（Asehersosp.）是黑胶粉虱重要寄生性天敌。黑胶粉虱盛生后期，往往遭受此菌寄生，其自然寄生率可达30%。该菌经分离提纯后，通过林间回接试验，对初龄幼虫有一定感染力，而且致死后的虫尸，对周围的健存虫体亦有较强的扩散侵染作用。其次，还有一种尚未鉴定的肉食性红色小螨，捕食粉虱幼虫。

四、林间药剂试验

1975年，我们在林间对2龄幼虫（8月份），以及2龄幼虫越冬期（12月）和越冬后期（2月），喷施40%乐果乳剂、25%亚氨硫磷乳剂、50%马拉松乳剂、80%敌敌畏乳剂、50%杀螟松和25%杀虫脒乳剂1000～2000倍液，效果不甚显著。1976年7月12日，又在黑胶粉虱初龄幼虫期进行了试验，结果看出，喷施25%亚氨硫磷乳剂2000倍液，虫口减退率为89.1%；50%马拉松乳剂1000倍液，40%乐果乳剂1000倍液，虫口减退率分别为74.6%和71.4%。

五、防治意见

黑胶粉虱喜阴湿，树冠郁闭度的大小与该虫发生有相当重要的影响，而且个体从2龄幼虫开始到成虫羽化前止（8月到翌年3月），营固定生活。因此从营林措施入手，通过修枝，去除严重虫病枝，压低虫口基数，改善树体卫生，调整郁闭度，增加林地透光，确能起到减少为害的作用。1964年7月，我们在浮弋公社后岭头生产队，对20亩严重发生林，采用以修枝为主的林业措施，适当结合喷药，结果达到了预期效果。

对虫口密度大的林分于初龄幼虫期（6月下旬至7月份），喷施25%亚氨硫磷乳剂2000倍液，或50%马拉松乳剂1000倍液，杀灭幼虫，能收到较好的防治效果。

油茶经济效益初步调查

青田县林业技术推广站

孙德友　雷插清

　　油茶（Camettia oldftia Abrl）属山茶科（Themeae）山茶属（Cameuial），是我国南方特有的优质高产木本油料树种之一。我县现有油茶 37 万亩，其中成林 33 万亩，一般年累产量 500 万斤左右，面积产量均居全省第二位，素有"浙南油库"之称。

　　长期以来，由于油茶林分群体结构较差，经营管理粗放，产量低而不稳。1976 年全县总产量只有 160 万斤，而 1979 年达到 1160 万斤。根据我县 1950—1982 年共 33 年的调查结果，平均每亩产油 4.72 斤，价值 7.94 元，最高的 1979 年，每亩产油 8.18 斤，价值 13.12 元。但是，油茶并不是天生的低产低植作物。1978—1985 年，我们调查了章村、祯旺两个乡的 5 个村、8 个点，53.07 亩，总产量 465.25 斤，平均每亩产油 58 斤。其中章村平塔双龙岗 2 亩油茶，平均亩产油 107.8 斤，相当于 3 亩油茶的产量（详见表 1）。章村乡的黄山头、颜宅两个村的 7076 亩，1978—1979 年连续 2 年亩产茶油分别是 12.39 斤和 11.45 斤，获得大面积增产。

表 1 青田县油茶高产林产量的调查

乡和村	地点	时间（年份）	面积（亩）	总株数（株）	每亩株数（株）	总产茶果数（斤）	油产茶油（斤）
合　计			53.07	6498	1002.04	45441.7	465.05
章村乡平塔村	双龙岗	1978	2	188	93	4900	107.8
章村乡平塔村	松树湾	1978	1.44	211	146.5	2150	65.69
章村乡颜宅村	横路后	1978	1.18	141	119.5	1600	59.66
章村乡黄山头	八岁上	1978	4.95	788	159.2	4722	41.97
章村乡	清水塘	1978	8	880	110	5227	28.75
章村乡小连云	上湾屋后	1979	1.35	205	151.9	2387.5	77.61
章村乡黄山头	大坑屋边	1985	33	3968	120.24	23075.2	30.77
祯旺乡下寮村	麻坑尖	1978	1.15	117	101.7	1380	52.8

　　注：每百斤茶果出籽率为 20%；出油率为 22%。

　　油茶生产省工、省本，除造林外，平常抚育管理，只有一亩油菜用工量的十分之一。从采摘到加工、运输等，一百斤茶籽只需 5 个工，每个劳动日，低则 1.5 元，高则 2.7 元。油茶对土壤要求不高，能在瘠薄的红黄壤生长良好，土地的价值就更高了。因此，油茶生产成了产区群众开展多种经营的主要项目和劳动致富的唯一门路。我们调查了章村、黄寮、浮弋三个乡六个村 22 户村民 138 人口，人均农业总收入为 220.6 元，其中油茶收入 111.51 元，占总收入的 50.54%。收入在 150 元以上的有 6 户，其中有 1 户人均收入 351.12 元。有 1 户人均收入 179.28 元。有 2 户，油茶收入占年总收入的 90% 以上。（详见表 2）

表 2 油茶经济收入的调查

调查地点		户数	人口	年总收入（元）	丰、欠、平年油茶籽产量		占率收入之比（%）	油茶籽人均收入（元）
					油茶籽（斤）	价值（元）		
章村乡	大坑村	1	9	1500	3740	1421.20	94.75	157.91
		2	2	1501	1848	702.24	46.78	351.12
		3	9	3000	4246	1613.48	53.78	179.28
	黄山头村	4	6	1052	900	342.00	32.51	57.00
		5	5	1190	950	361.00	34.32	72.20
		6	8	1500	1100	418.00	27.87	52.25
		7	9	1650	2500	95.00	57.58	105.06
		8	3	950	900	342.00	36.00	114.00
		9	5	1000	1100	418.00	41.80	83.60
	颜宅村	10	8	2300	2090	794.50	34.53	99.28
		11	7	1300	1980	752.40	57.88	107.46
		12	6	2000	1760	668.80	33.44	111.47
		13	6	1300	1780	676.40	52.03	112.73
		14	10	800	1900	722.00	90.25	72.20
浮弋乡	三星岁村	15	5	1300	1980	725.40	57.88	145.08
		16	5	1200	2090	794.20	66.18	158.84
		17	4	1100	1650	627.00	57.00	158.76
	西古坦	18	7	1000	1560	592.80	59.28	84.68
		19	9	1500	1946	739.48	49.30	82.16
黄寮乡	大垟村	20	6	1100	1760	688.80	60.80	111.47
		21	5	1000	1100	418.00	41.80	83.60
		22	4	1200	1616	614.08	54.17	153.52
	合计	253	138	30443	40496	14526.78	1139.93	2653.67
	平均			220.60			50.54	111.51

　　油茶要增产，抚育是关键。从表 1 高产片来看，油茶所以获得增产，他们主要是每年 12 月份坚持垦抚育和 7 月份割草抚育各一次的结果。同时，要提高油茶株地的经济效益，还必须进行株地套种。我们调查了章村乡小连云、叶鸡头村等 40 户村民，1985 年在林地套种花生 100 亩，平均产干花生 182.5 斤，每斤 0.72 元计算，价值 127.75 元。最高的亩产 251 斤。黄山头村民素有在油茶林地套种番薯、黄豆、荞麦的习惯。据调查，每亩油茶林地套种番薯，可收番薯 1000～1500 斤，价值 36～54 元；套种黄豆，可收黄豆 140 斤，价值 70 元；套种荞麦，可收荞麦 250 斤，价值 42.5 元。1980—1981 年，我站还套种印度绿豆、印度豇豆、四方藤等，每亩可收鲜草 2000～2800 斤，不仅可作饲料，而且还能提高土壤肥力，促进油茶生长。实践证明通过套种的，比未套种的，新梢要长 1.53 倍。积极开展油茶壳、油茶饼等的综合利用，提高油茶经济效益，前景更是广阔，以待我们进一步探索和研究。

第二章 林业教育

中华人民共和国成立以后，县林业局采取多种形式、多种渠道开展林业教育，提高广大林业干部职工和林农的文化、业务素质和政策水平，组织开展各类林业培训教育工作：一是支持鼓励在职林业干部职工参加浙江林学院、南京林业大学、中央党校、浙江广播电视大学等院校的理论和业务知识函授学习。据统计，先后参加函授学习，并取得毕业证书的林业干部职工有60多人。二是选派优秀中青年干部职工到相关院校、上级业务部门，参加业务知识培训、挂职锻炼学习等。三是在系统内部和社会开展业务知识培训，通过举办科技讲座、科技下乡、培训班、科普宣传、资料发放等渠道，使全县广大林业工作者、林农等得到各方面的林业知识教育与再教育，有力地促进青田县林业事业的建设与发展。

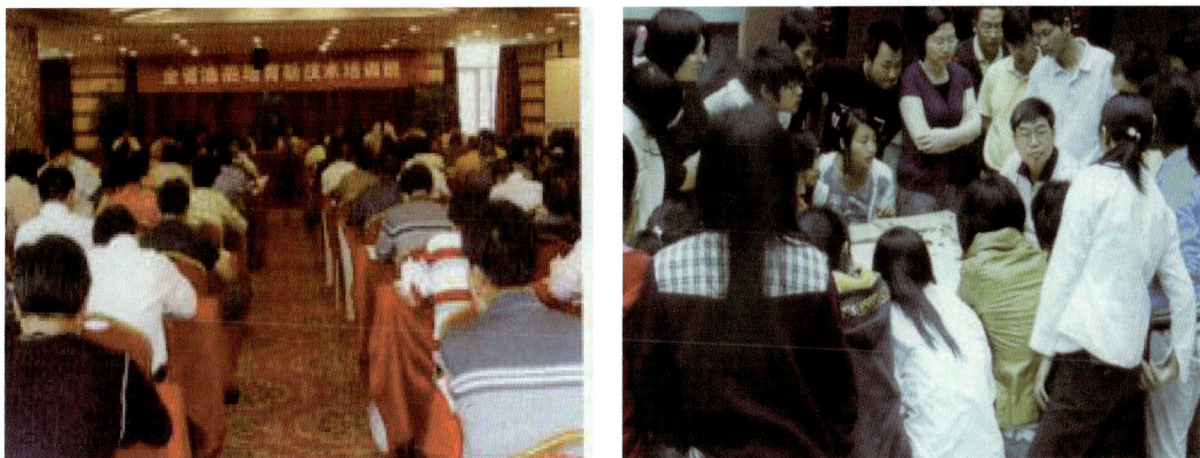

图 10-2-1-1 林业技术培训（2012 年摄）

第一节 教育培训

一、职工培训

1950—1956 年，青田曾选送 5 人到省林业部门参加林业技术培训。

1959 年，县委批复石门洞林场青林字第 16 号《关于要求创办石门洞林业中学》文件，同意创办石门洞林业中学。是年，万山林业中学迁至石门洞。石门洞林业中学对外招收 18 ～ 25 岁青年男女学员，实行半工半读形式，生产自给，以工养读，吃饭不要钱。共举办二期，每期 50 名学员。随后，石门洞林业中学解散。

1973—1974 年，青田先后派 6 人到浙江林校和丽水地区林业局学习培训森林病虫害的防治技术。

1979 年 5 月 2 日，县林业局根据省林业厅要求进行林木良种普查，组织人员去石门洞林场，分别进行用材林、经济林的优良树种、优良单株的筛选试点工作。同年 8 月 11 ～ 14 日，在石门洞举办普查人员训练班，全县共 25 名林业干部和林技员参加培训，随后展开全县的林木良种普查工作。

1982 年，县林业局指派石门洞、大洋山、峰山三个国营林场的书记（或场长），到省林业干部学校（临安）参加培训，时间三个月。同年 6 月，为抓好重点油桐纯林基地的建设，9 个重点乡的 9 名林技员到省林业干校专门学习培训有关油桐的生产技术。

1985 年初，全县开展林业区划工作。县林业局组织 42 人的调查队，在省林业勘察设计院的协助下，对队员进行专业技术培训，在试点的基础上全面开展林业区划和森林资源调查工作。

1987 年 7 月 20 日，省林业厅在石门洞林场举办为期一个星期的飞播造林成效调查技术培训班；参加培训的有 7 个县 34 人，其中县林业局技术干部 7 人参加培训。

1989 年 3 月，县林业局在瓯江旅馆举办林技员学习班，由林业局干部夏建敏、朱建波等人担任主讲，学习内容为林业基础知识等，学习时间 6 天，学习结束后进行考试。共有 54 名林业技术员参加学习。

1991 年开始，省林业厅对全省乡（镇）林业站从业人员开展岗位培训，制订了培训规划，有计划、分期分批、分层次进行岗位培训。确定由省林业厅负责培训乡（镇）林业站站长，市（地）林业主管部门负责培训乡（镇）林业站骨干，县林业主管部门负责培训林技员。是年 9 月，第一批林业站站长培训班在浙江林校（今丽水职业技术学院）开班，青田县指派章村区林业站叶永青、船寮区林业站柳松树参加培训。培训课程设《哲学》《森林生态学》《林业政策法规》《森林资源调查》《森林资源管理》《林业工作站管理》《造林与营林》《森林病虫害防治》《林业站档案管理》共 9 门。培训总学时 320 个。其中：理论教学面授 120 学时，函授（自学）200 学时。经考试合格后，发给《林业站站长上岗合格证》。1991—1996 年 6 年共举办 6 期，青田累计参加站长培训 12 人。同期，县林业局举办多期林技员（林场干部）培训班，共培训林技员（林场干部）78 人次。

1998 年，全县森林资源调查工作开始，县林业局集中组织调查人员进行技术培训，参加资源调查培训的有 52 人。

1993 年，青田县被列为全国第二期油茶低产林改造县后，在技术推广上，把集中培训同现场辅导结合起来，分段培训，明确标准。同年 3 月，县政府组织油茶重点乡、村干部、林业技术人员，赴云和、丽水等地参观学习油茶低改工作。

2000 年，林业局有 2 人参加省林业系统《中华人民共和国种子法》培训班。

2003 年 6 月 16 日，国家级森林病虫害中心测报点培训会在林业局四楼会议室举行，全县 16 名测报员参加了培训。市森防站副站长杨晓丽率两位专家到会讲解。

2007 年，全县开展第五次森林资源调查工作，林业局集中普查人员进行技术培训，受培训人数近百人次。

2011 年 6 月 24 日，徐忠伟、陈雄弟两位工程师参加省举办的第五期全省首席林技推广专家培训班。

表 9-2-1-1 林技推广专家培训会报到函

姓 名	性别	单 位	职务／职称	联系电话	报到时间	是否住宿
徐忠伟	男	县林业局	工程师	13906882435	23 日	是
陈雄弟	男	县林业局	工程师			

2013年11月4日，青田县林业行政许可培训会议召开，各乡镇、街道全体林业干部参加培训。

图 10-2-1-2 干部职工培训会（2012 年摄）

二、林农培训

1979 年 4 月 6 日，县林业局为做好油茶病虫害防治工作，在县油科所（章村区马岭头）举办油茶煤污病防治技术训练班，为期五天。全县共有 130 多人参加学习。其中章村区 50 名，万山、船寮区各 15 名，城区、北山区各 7 名，水南区 4 名，温溪区 2 名，各区林业站 1 人，林技员 45 名，以及油茶重点大队干部等参加了培训。

1995 年，开展油茶低改工作。根据不同施工阶段，县林业局集中组织技术培训班 8 期，培训班聘请省林科所专家、邻县油茶低改技术骨干讲课，采取技术理论培训和现场实习测验相结合的方式，共培训县、乡、村技术骨干 200 人次。同时，乡镇和村办短期培训班近 40 期。经过集中培训的技术骨干在施工现场巡回指导，油茶低改技术进村入户，使广大群众掌握技术要点，为油茶低改在全县推广实施打下坚实基础。

2004年，县政府出台《关于加快油茶产业发展的实施意见》，县林业局引进16个优良油茶无性系和优良品种，请专家到青田开展技术培训，内容包括山茶油标准化生产技术、管理技术和油茶良种育苗关键技术等，有力推进全县油茶产业科学健康可持续发展。

表9-2-1-2 2004年青田县油茶标准化生产技术培训情况表

时间	地点	内容	主讲	参加人数	发放资料
2004.3.15	章村乡	山茶油标准化生产技术及基本要求	姚小华	195	1000
2004.7.11	腊口镇	山茶油标准化生产管理技术	赵雪康	212	800
2004.7.12	祯旺乡	山茶油标准化生产管理技术	赵雪康	205	800
2004.8.25	章村乡	山茶油无性系繁殖技术	龚榜初	158	300
合　计				770	2900

2006年，全县实施"三百一千工程"。县林业局加强科技对农户的帮扶力度，定期组织农民开展技术培训，为农户解决在生产中遇到的技术难题。同时，在全县培育林业科技示范户41户，建立示范基地7120亩，带动农户620户。

2008年，全省油茶培育新技术培训会在青田县举行。省林业厅副厅长吴鸿出席并讲话，省林业厅、市林业局、县政府等单位相关领导参加会议。全省各市县区种苗站、技术推广站站长、定点育苗单位负责人、技术人员及油茶种植主产区乡镇领导、油茶种植大户、油茶加工企业负责人等共200余人参加培训。培训班邀请亚林所王开良、任华东、林萍、方学智4位专家，就油茶高产良种及繁殖技术、油茶用穗圃营建技术、油茶高产栽培技术，分别进行详细的讲解和现场操作演示。与会人员还实地参观青田县油茶良种良苗基地、采穗圃基地，并在现场进行油茶良种芽苗嫁接、高枝换种嫁接技术等操作实习，既学到新技术理论，又掌握实际操作。

2010年，县林业局举办林业专业技能培训班，采用面授和实训相结合的方式，共办班数9个，受训林农2000人。同时，举办欠发达地区农村实用人才培训班1期，参加培训33人。

图10-2-1-3 领导视察油茶良种育苗技术培训现场（2010年摄）

图10-2-1-4 油茶良种育苗技术培训现场（2010年摄）

表 9-2-1-3　　2010 年县林业局林农培训情况表

机构名称	专业名称	类型	人数（人）	办班数（个）	时间（天）面授	实训
青田县林业技术推广站	油茶高效栽培	林业专业技能	350	4	3	4
青田森茂绿化有限公司	油茶育苗技术	林业专业技能	300	2	2	5
青田聚源农业有限公司	油茶育苗技术	林业专业技能	150	1	2	5
青田县林业技术推广站	毛竹高效栽培技术	林业专业技能	200	2	3	4
其他			1000			

表 9-2-1-4　　2010 年青田县欠发达地区农村实用人才培训班学员名单

学员姓名	性别	单位	学员姓名	性别	单位
郑贵彬	男	青田高山农业有限公司	徐达元	男	章村乡
郑志远	男	青田高山农业有限公司	范杨兴	男	章村乡
季建波	男	青田高山农业有限公司	蓝春生	男	章村乡
罗海华	男	万山乡孙阔村	徐达根	男	章村乡
曾春东	男	万山乡孙阔村	蓝付明	男	章村乡
张海龙	男	般寮镇石盖口村	蓝凤献	男	章村乡
张付荣	男	般寮镇石盖口村	赵和平	男	章村乡
邹雪峰	男	青田大尖山油茶专业合作社	高细庭	男	章村乡
邹建业	男	青田大尖山油茶专业合作社	叶凤乐	男	章村乡
邹永降	男	青田大尖山油茶专业合作社	章石华	男	章村乡
沈朝忠	男	岭根乡	王维龙	男	章村乡
杨亮	男	岭根乡	章志兴	男	章村乡
蒋理清	男	巨浦乡	陈志平	男	章村乡
陈水英	女	巨浦乡	王军华	男	章村乡
陈玉中	男	章村乡	泮少华	男	章村乡
徐达亮	男	章村乡	合计人数		32 人
陈伟达	男	章村乡			

　　2011 年 8 月 10 日，县林业局举办滩坑库区生态农业关键技术集成与示范推广项目培训会。为调整滩坑库区产业结构，优化产业布局，促进高效生态农业发展，拓展农民增收渠道，增加留守农民创收能力，增添了活力。同年 10 月 25 日，华东低山区油茶园艺化高产栽培技术集成示范项目协调会暨技术培训会在青田召开，并组织现场参观。为建立山地油茶高产栽培技术集成核心示范区和辐射示范区，打下基础。

图10-2-1-5 油茶栽培技术培训现场（2011年摄）

图9-2-1-6 林农技术培训会（2012年摄）

2012年8月7日，县林业局举办全县油茶高产栽培集成技术培训班。同年8月25日，举办资源管理培训班。

表9-2-1-5　2012年8月25日资源管理培训班学员名单

姓　名	单　　位	性别	出生年月	培训类别
叶　峰	县木材检查站	男	1968.01	木材检查
王琳影	县木材检查站	女	1985.02	木材检查
王建勇	县林业局	男	1979.06	木材运输签证
叶林妹	县林业局	女	1978.01	木材检查
王好民	贵岙乡政府	男	1974.08	采伐管理
黄勇	祯旺乡政府	男	1968.08	采伐管理
陈永强	祯旺乡政府	男	1985.11	采伐管理
张伟锋	船寮镇政府	男	1976.01	采伐管理
徐丽玛	船寮镇政府	女	1971.04	采伐管理
徐木海	石门洞管理委员会	男	1965.03	采伐管理
李燕伟	石门洞管理委员会	男	1978.06	采伐管理
吴春桥	山口镇政府	女	1984.12	采伐管理

2013年11月28—30日，县林业局联合县人事劳动社会保障局举办了"2013年森林消防半专业扑火队员职业技能培训班"，共计417人参加了培训。

2014年4月28日，青田县竹林高效培育与机械应用技术培训班在祯旺乡举行。培训班特邀湖州市林业局竹林专家高级工程师杨健担任主讲人，全县竹产业重点乡镇（街道）林技人员、合作社社员和竹业大户等50人参加了培训。

第二节 职称考评

职称考评是指经过初次职称认定的专业技术人员，在经过一定工作年限后，在任职期内完成相应的继续教育学时，申报中级职称以上的人员须在专业期刊发表论文并且经过一些基本技能考试（如：称职外语及计算机应用能力考试等），向本专业的评审委员会评委提交评审材料，经过本专业的专业评委来确定其是否具备高一级职称资格。

中华人民共和国成立以来，我国职称制度的建立与发展，大致可分为三个阶段：解放初期至 1966 年的技术职务任命制；1978 年至 1983 年的技术职称评定制；1986 年后的专业技术职务聘任制。

新中国成立至 1966 年前，国家干部分为两类，一是行政人员，二是技术人员。为同当时的行政人员职务任命的制度保持一致，技术人员的职务由各单位组织部门考核、行政领导或党委任命。

20 世纪 50 年代中期，青田设林业局后，国家自己培养的林业中专毕业生开始分配到林业部门工作。据不完全统计，1956—1959 年四年期间，分配到林业系统工作的林业中专毕业生有15 人。

20 世纪 60 年代，分配和调入到林业系统的大中专毕业生 15 人，其中大学 3 人，大专 1 人，中专 11 人。

20 世纪 70 年代，因受"文化大革命"影响，许多学校停止招生，大中专毕业生分配到林业系统的也很少，一度出现断层。该年代仅分配 7 名大中专毕业生（其中大学 1 人，大专 2 人），此外，从外省、市、县调入 7 名。技术人员与 60 年代相比，基本持平。

这个时期，青田县林业系统没有进行技术职务任命，所有技术人员均为干部身份。

1977 年，在尊重知识、尊重人才的大背景下，国家恢复科研人员职称。同年 9 月召开全国科学技术大会，大会明确提出："应该恢复技术职称，建立考核制度，实行专业技术岗位责任制"。此后，国家开始施行技术职称评定制度。

20 世纪 80 年代开始，青田县实行技术职称评定工作，林业系统有 9 人被评定为工程师职称，其中 4 人具有大学学历，5 人具有多年林业工作经验，有中专学历，且获得过一定的科技成果。同时，有近 30 人获得初级技术职称；此外，有 33 位大中专毕业生分配充实到林业系统工作，其中大专以上学历的有 11 人。

1986 年 1 月 24 日，中共中央、国务院转发了中央职称改革领导小组《关于改革职称评定，实行专业技术职务聘任制度的报告》。同年 2 月 18 日国务院颁发了《关于实行专业技术职务聘任制度的规定》。从 1986 年开始，我国先后在高教、科研、卫生技术等事业单位和企业单位实行专业技术职务聘任制。1988 年撤销中央职称改革领导小组，全国职称改革工作在国务院领导下，由人事部组织、指导、协调、实施。此后，我国专业技术职务评聘工作步入正常化轨道。

专业技术职务评聘工作的基本程序：（1）岗位设置；（2）申报推荐；（3）参评资格审查；（4）任职资格审查；（5）发文确认任职资格；（6）聘任；（7）考核。

20 世纪 90 年代，青田县逐年晋升工程师职称的有 10 人。至 90 年代末，共有在职工程师 11 人，其中大专以上学历的有 8 人。 1990—1999 年，分配到林业系统的大中专毕业生 30 人，其中大专以上学历的有 7 人。

2001—2009 年，先后晋升工程师职称的技术人员共有 14 人。由于退休、工作调动、职称晋升等原因，林业工程技术人员队伍一直处于动态增减变化中。至 2009 年末，实际在职专业技术人员共计 42 人，其中工程师职称 15 人，助理工程师职称 27 人。

表 9-2-2-1 县林业局专业技术人员情况表（2009 年底止）

项目人数类别	合计	学 历			
		大学本科	大学专科	中专	高中及以下
总 计	42	10	25	3	4
中级职称	15	4	10		1
初级职称	27	6	15	3	3

2008 年 6 月，青田县人事劳动局青人劳〔2008〕430 号文件批复：同意组建青田县林业工程专业技术职务初级评审委员会。自此，县林业局具备自主审定并授于林业专业初级技术职称的资格。同时，在县职称改革领导小组的直接领导下，履行审定并向上一级职称评审委员会推荐林业专业中级职称人选职责。

2013 年 12 月 31 日，赵雪康取得具备担任高级专业技术职务的任职资格，获颁浙江省人力资源和社会保障厅资格证。

2014 年底止，县林业局及其下属单位共有专业技术人员 52 人。其中高级职称 1 人，中级职称 36 人，初级职称 15 人。（见下表）。

图 9-2-2-1 高级工程师资格证书

表 9-2-2-2 林业局专业技术人员情况（2014 年 12 月 31 日止）

项目人数类别	合 计	学 历				
		研究生	大学本科	大学专科	中专	高中以下
总 计	52	1	13	22	6	10
高级职称	1			1		
中级职称	36	1	10	13	6	6
初级职称	15		3	8		4

表 9-2-2-3　县林业局专业技术人员名单（1）

序号	姓名	单位	职务	职称			文化程度			
				高级	中级	初级	本科	大专	中专	高中以下
1	潘文英	局机关	副局长副书记		工程师		本科			
2	章伟杰	局机关	总工程师		工程师		本科			
3	郭明月	局机关	消防办主任		工程师		本科			
4	赵雪康	办公室	副主任（主持工作兼公益林管理中心主任）	高工				大专		
5	陈贤春		副主任		工程师		本科			
6	张峰玲	财务室	会计		工程师		本科			
7	叶再彬		会计		工程师					高中
8	林观勇	林政科	副科长		工程师				中专	
9	叶林妹		副科长		工程师				中专	
10	金少伟				工程师					高中
11	罗晓美					助师				高中
12	蒋金荣	营林科	副科长（主持工作）		工程师		本科			
13	刘小燕		副科长		工程师		本科			
14	陈雄弟				工程师			大专		
15	徐忠伟	生态办			工程师					初中
16	厉淼	产业科	副科长（主持工作）		工程师		本科			
17	王连荣				工程师				中专	
18	王毅	推广站	站长		工程师		本科			
19	张平安				工程师		硕士研究生			
20	刘庆定				工程师				中专	
21	饶光雄	森防站	副站长		工程师		本科			
22	朱晓权	防火办				助师		大专		
23	李勇勤	防火办				助师				高中
24	王建勇	山林办	主任		工程师				中专	
25	王诗丰					助师				高中
26	潘冠林	林权中心	主任		工程师					高中
27	叶锴		副主任		工程师				中专	
28	许爱民		副主任		工程师					高中
29	陈爱美				工程师			大专		
30	林小平					助师				高中
31	詹小珍					助师	本科			
32	叶苗	办公室				助师	本科			
33	陈伟达	林政科				助师	本科			
	合　　计			1人	24人	8人	14人	4人	6人	9人

表 9-2-2-4 青田县林业系统专业技术人员名单（2）

序号	姓名	单位	职务	职称		文化程度	
				中级	初级	大专	高中以下
1	陈利军	八面湖林场	场长	工程师		大专	
2	吴旭芬		副书记	工程师		大专	
3	吴庭伟		副场长	工程师		大专	
4	吴佳雨	峰山林场	场长	工程师		大专	
5	潘春平		副场长		助师	大专	
6	徐云彪	金鸡山林场	场长	工程师		大专	
7	陈光海		副场长		助师	大专	
8	沈苏军	大洋山林场	场长	工程师		大专	
9	季旭勇		副场长		助师	大专	
10	吴永国	木材检查站	站长	工程师		大专	
11	季岳花		副站长		助师	大专	
12	叶 峰				助师	大专	
13	叶金飞				助师	大专	
14	刘伊里				助师	大专	
15	蒋国亮	乡镇林技员		工程师			高中
16	夏根南			工程师		大专	
17	徐正亮			工程师		大专	
18	汤真太			工程师		大专	
19	唐崇袍			工程师		大专	
合　计				12 人	7 人	18 人	1 人

第三节　陈祝安记略

陈祝安（1934—），男，汉族，1934 年 11 月 26 日出生，祖籍浙江乐清，全国劳动模范、副研究员。主要从事昆虫病原真菌研究。1961—1881 年，在青田油茶研究所工作，成绩显著。1978 年，"以菌治虫"课题获全国科学大会重大成果奖。1982 年离青后，升任教授，并任浙江省科学院亚热带作物研究所研究员、泛亚生命科技集团监事会监事、泛亚生物医药股份有限公司监事会主席、首席微生物学家、泛亚生命科学研究院微生物研究实验室主任；后又任上海泛亚生命科学家委员会委员，中国菌物学会理事，第六届、第七届全国人民代表大会代表。享受国务院特殊津贴。

陈祝安

一、陈祝安的主要简历

1953 年 8 月～1955 年 7 月，在山东大学生物系读书；

1955 年 9 月～1959 年 10 月，在南京林学院读书；

1959 年 10 月～1960 年 6 月，在南京林学院任讲师；

1960 年 7 月～1960 年 12 月，在浙江省林业厅林化处工作；

1961 年 1 月～1981 年 6 月，调青田县油茶研究所工作。

在青田任职期间，主要主持油茶煤污病防治研究课题，先后任青田县油茶研究所副所长、所长；浙江省第五届人大代表；青田县科协副主席；副研究员。1980 年，加入中国共产党。

图 9-2-3-1 陈祝安现场指导

二、陈祝安在青业务简介

1961 年开始，陈祝安在素有"浙南油库"之称的青田山区，从事油茶病虫害防治研究 20 年。工作期间和群众一起克服科研条件差、生活艰苦的困难，面向生产对严重危害油茶煤污病进行了系统的研究，查清了诱病媒介昆虫的种类，研究了重要诱病媒介昆虫——刺绵蚧的发生发展规律及其诱病机理，提出了利用黑缘红瓢虫、刺绵蚧真菌防治刺绵蚧的方法及其理论依据。为油茶煤污病的防治，促进油茶生产的发展，保护生态，在理论和实践的结合上，做出了贡献，受到国家的奖励，引起国内外科技工作者的关注。1978 年以来，先后和国外 20 余个学术团体、个人建立并保持学术交流。理论和实践相结合，科研和生产相结合，这对在基层工作的科技人员来说，尤为重要。

从 1981 年开始，针对全省得天独厚的自然条件和丰富的自然资源，致力于昆虫病原真菌资源的整理和利用研究。陈祝安利用其搜集到的数百份标本，分离保存了 120 个种，鉴定出 80 个种，隶属 3 纲 5 目 10 科 30 属。其中有的是病原性顽强的食虫菌，有的是新种新资源，也有的是珍贵药材。其工作丰富了国内昆虫病原真菌种质资源，为以后科研、生产开发利用提供了科学材料。

为了使科技成果尽快地转化为生产力，陈祝安按照"两个面向"的要求，组织由中科院微生物所真菌室、市医疗卫生单位、农科所等单位的专家科技人员参加的协作组，协作攻关。在以往真菌资源收集的基础上，对具有应用潜力的昆虫病原虫草属的几个资源菌，进行农用、毒理、病理、植化等方面的试驯研究，探讨在农业生产和医药上的开发利用。使基础研究工作尽可能和开发利用紧密结合起来，以利发挥更大的社会效益和经济效益，并取得了进展。

三、陈祝安的主要研究课题

1962—1968 年，主持研究油茶煤污病发病机制、诱病媒介昆虫的种类；重要诱病媒介昆虫——刺绵蚧发生发展规律、生物学特性及诱病机理。同时研究了生物间的斗争关系，发现了威力强大的天敌昆虫黑缘红瓢虫。

1969—1975年，主持研究黑缘红瓢虫的生物学特性，寄主、天敌之间的依存关系；食虫量；林间放养收集，以及通过调整种群密度来控制刺绵蚧的发生。并在试驯基础上进行示范推广，使全市4个县3万余亩受害面积得到控制，此外还举办了700人次的技术培训班。

1975年在《昆虫学报》发表《油茶刺绵蚧的生物防治》一文，并接待湖南、江西、福建、广西等地来参观考察的代表300余人。

1974—1980年，主持研究"刺绵蚧真菌病原"，将"虫治"和"菌治"结合起来。

1977年在《昆虫学报》发表《刺绵蚧真菌病的初步研究》一文。

1978年以来，先后和国外有关学术机构和个人进行学术交流并保持着联系，其中有：

英国牛津大学情报中心；

英国皇家学会农业化学保护部；

英国温室作物研究所R.A.Hall博士；

美国洛德岛大学生物系G.CHartmann博士；

美国康奈尔大学波依斯汤姆逊研究所昆虫病理室R.S.Soper教授；

美国北伊利诺伊大学生物科学系U.H.Grosklags教授；

美国佛罗里达大学农业研究和教育中心C.W.Mccoy教授；

其他还有加拿大、日本、印度等国的学者教授。

1981年7月，陈祝安调往浙江省科学院亚热带作物研究所，主持昆虫病原真菌研究课题（以菌治虫）。先后任植保室主任；第六届全国人大代表；浙江省第三届科协委员；浙江省林学会理事；温州市林学会副理事长。1986年开始（"七五"期间），主持国家自然科学基金资助的昆虫病原真菌研究课题。

四、陈祝安的主要论文和著作

（一）论文

1.《油茶刺绵蚧的生物防治》，发表在《昆虫学报》（1975）18（1）：28～36；

2.《刺绵蚧真菌病的初步研究》，发表在《昆虫学报》（1977）20（2）：155～162；

3.《油茶黑胶粉虱的研究》，发表在《林业科学》（1981）：

图9-2-3-2 全国劳模奖状

图9-2-3-3 全国劳模奖章

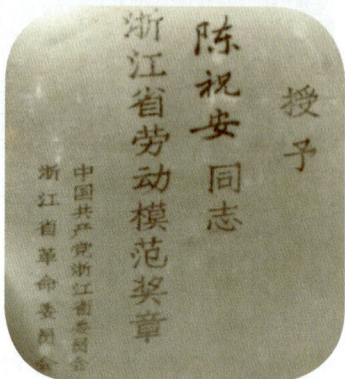

图9-2-3-4 浙江省劳模奖状

图9-2-3-5 浙江省劳模奖章

17（1）：30～36；

4.《中华显盾瓢虫的研究》，发表在《林业科学》（1984）：20（3）：336～339；

5.《柑橘害虫病原真菌资源的调查和检测》，发表在《微生物学通报》（1985）：12（5）：194～198；

6.《黑胶粉虱虫真菌的研究》，发表在《真菌学报》（1986）：5（1）：37～43；

7.《蚜笋顶孢霉的研究》，全国第二届真菌地衣学术研讨会宣读论文（1986 武昌）；

8.《刺绵蚧的综合治理》，中国昆虫学会森林昆虫学术讨论会论文（1984 昆明）；

9.《乌岩岭自然保护区昆虫病原真菌资源初步考察》，保护区自然资源综合考察论文集（1985）。

其次还曾在《动物保护和利用》《中国林业科技通讯》《浙江科技报》等杂志，以及内部刊物《浙江林业科技》《亚林科技》《浙江科技通讯》共发表 20 余篇文章。未发表论文有《双生座壳孢的研究》《双生座壳孢的流行特点及其应用研究》《蚜笋顶孢霉菌的研究》《粉质拟青霉的初步研究》。

（二）著作

1.《中国森林昆虫》全书 150 万字，撰写其中粉虱科的黑胶粉虱、蚧科的日本卷毛蚧章节，1980 年林业出版社出版，全国发行。

2.《中国森林病害》全书共 30 万字，撰写油茶煤污病章节 1982 年林业出版社出版，全国发行。

五、陈祝安获奖、荣誉、职称情况

（一）获奖

1.1978 年，全国科学大会重大贡献奖；

2.1979 年，浙江省科技成果一等奖；

3.1979 年，浙江省先进工作者奖；

4.1986 年，温州市科技成果一等奖；

5.1986 年，《乌岩岭自然保护区自然资源科学考察》获市科技成果一等奖（第二名）。

（二）荣誉

1.1978 年，浙江省第五届人大代表；

2.1979 年，全国劳动模范；

3.1979 年，浙江省劳动模范；

4.1979 年，青田县科协副主席；

5.1983 年，全国第六届人大代表；

6.1983 年，浙江省优秀共产党员；

7.1982—1985 年，温州市劳动模范；

8.1986 年，温州市科协荣誉委员。

（三）职称

1979 年，陈祝安被破格晋升为副研究员职称。

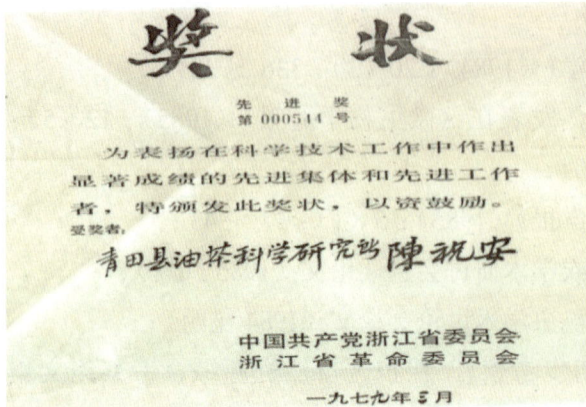

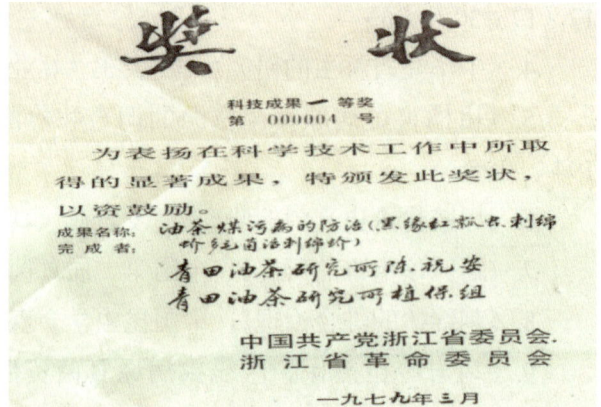

图 9-2-3-6 1979 年陈祝安获颁省委先进工作者奖　　图 9-2-3-7 1979 年陈祝安获颁省革委会成果奖

（资料来源：县林业局档案，林业局档案室，1976—1986 年，文书处理号：9。）

第三章　林业文化

　　青田以林业和以林业为依托的风景名胜为题材的文学作品，自古就有。尤其是秀美山川及丰富的林业资源，为文学创作提供了大量的素材和源泉。历代著名文人骚客，为青田留下了许多较有影响的文学作品，主要有诗词、散文、碑刻等。民间亦有口口相传的以林业为题材的传说、花鼓戏等作品。

　　中华人民共和国成立后，许多青田籍的作家和各条战线的文学爱好者，创作了一些较有影响的林业文学作品。改革开放后，国家对林业生态建设日益加强。作为青田林业生态文明建设的重要组成部分，林业文化建设得到县委、县政府和各级领导的重视。用林业生态文化的力量引导社会科学认识现代林业的地位和作用，积极倡导正确的生态文明观和现代林业发展观，成为青田林业人的自觉行动。

第一节　宣传报道

一、宣传活动

　　中华人民共和国成立之后，青田林业宣传一是围绕各个时期林业生产的特点开展；二是配合重要林业法律法规的出台实施组织专题宣传；三是在植树节、爱鸟周、防火期开展宣传活动。林业宣传注重小型多样、贴近群众、通俗易懂、喜闻乐见的形式。

　　在国家经济恢复发展阶段，林业宣传围绕多伐木材、多生产油茶、支援国家建设为主题，宣传农户向国家多交木材、多交茶油、林场工人一心为公、艰苦创业的先进事迹等内容。

　　1956 年 4 月 17 ～ 18 日，县农林水利局在章村区召开油茶生产展览会。展览内容：全县绿化规划图；油茶生产过程图表；油茶"百斤油"措施图表；油茶生产典型图及照片。全县参观展览达880多人次。

20世纪60～70年代，青田开展油茶抚育、植树造林运动。"为革命造林，为战备抚育"和"植树造林，功在当代、利在千秋"成为这一时期林业宣传的重点。

1978年，为鼓励林场工人造林的积极性，丰富林区工人、群众文化生活，县林业局购置8.75毫米电影放映设备1套，培训电影放映员2人，在5个国营林场的30多个林区和偏远山区进行巡回放映，同时进行林业宣传。在那个艰苦的年代，看电影是林区人少有的娱乐。说起当时盛况空前的场面，时任放映员的退休干部林富雄记忆犹新：去林场放映时，找到一个宽阔的场地，挂上幕布，根本不用通知，周围十几里地的乡村群众和全林场都知道电影队来了，任你有多大的场地，也会被人们占得拥挤不堪。放映前，一般都先做简短的护林防火等宣传，或由林区负责人安排林事。放映时，人们会随着场景的转换欢呼雀跃、唏嘘感叹。电影结束，人们迟迟不肯散去，哀求放映员"再放一遍"，所以经常是一、两部电影反复放到半夜。电影放映一直坚持至1984年，一般三个月在林区巡回一遍。放映的电影片名有：《孙悟空三打白骨精》《我们是八路军》《艳阳天》《烈火中永生》《雷锋》《苦菜花》等。

1989年3月1日，《中华人民共和国野生动物保护法》施行，县林业局翻印一级、二级保护野生动物照片，举办野生动物保护图片巡回展，在重点乡镇和县政府门口展出。

1990年11月12日，县森林防火办主任、林业局副局长王秀华做《切实加强森林防火工作的领导》的电视讲话；是年，印发9000份森林防火标语发至全县张贴；利用宣传车，在公路沿线乡镇和村庄宣传《森林防火条例》和《森林防火实施办法》。

1999年4月，县政府发布《青田县处理森林火灾预案》。5月，《青田县林区野外用火管理办法》出台，县林业局将其主要内容印制成各种宣传图表、森林防火须知、中小学生森林防火宣传卡，广为散发。

2004年，制作森林防火宣传片在县电视台不定期播放；分发5万份"致全县人民的公开信"和6万份森林防火专题报纸。

2005年3月12日，植树节到来之际，县林业局工作人员走向乡村，向群众宣传义务植树活动。群众用种植纪念树、营造纪念林的形式，铭志于树，寄情于林。群众的绿化意识、生态意识、协调发展意识、社会责任感和法制观念不断增强。

2007年，丽水电视台"林业林区林农特别报道"摄制组来青田，县林业局积极配合，抽出人员撰写解说词，并与摄制组共同完成《以林兴旅看青田》专题片，同年8月19日开始在丽水电视台播出，反响较大。

2008年，通过现场指导、科技下乡、张贴标语、电视专题等形式，开展标准化生产技术的推广和应用。据统计，2008—2010年，共开展送科技下乡活动35次。

2011年12月，为加大森林防火宣传力度，进一步提高农户森林防火意识，县林业局创新森林防火宣传形式，将防火宣传和新春祝福合二为一，专门印制1万份含有"勤俭持家福自临，森林防火春常在"等内容的森林防火安全警句，作为新春对联，免费发放给群众，受到广大农民的喜爱。

图 9-3-1-1 鹤城镇刘基广场"绿盾护林"宣传（2007 年摄）

图 9-3-1-2 《以林兴旅看青田》摄制组采访拍摄现场（2007 年摄）

2012 年 10 月 12 日，为加快推进良种油茶基地建设，促进广大林农增收。青田县油茶良种推广现场会在章旦乡召开，县油茶产业发展领导小组成员单位负责人近 60 人参加此次会议。

二、通讯报道

县林业局历来重视通讯报道工作，以致各个时期林业局职工中都涌现出一批优秀通讯员，发表了许多影响较大的新闻报道（信息）。

2002 年，全局干部职工在各个渠道发表信息或论文共 98 篇，其中省级报刊录用 5 篇，市级刊物、网站录用 12 篇，县侨乡报录用 16 篇。

表 9-3-1-1　2002 年全局林业信息录用情况一览表

单位：篇

姓　名	省录用篇数	市录用篇数	县录用篇数	局录用简讯篇数	局录用信息篇数	姓　名	省录用篇数	市录用篇数	县录用篇数	局录用简讯篇数	局录用信息篇数
包永海	1		1			刘小燕				4	4
章伟杰					1	周炳尧				2	
潘文英	2	2			7	张荣法				2	
陈贤春	1	9	15	2	12	叶永青				2	
饶光雄	1				1	李玉凤					2
徐问冰		1		1	2	邹永亮					1
赵雪康				1		王连荣				1	
林伟标				1		邱宗政				1	
刘松土				1		徐忠伟				1	1
刘庆定					1	刘华仙				1	
叶再彬				2		叶林妹				1	2
叶建华				2	1	吴金波					2
邹永肖				2	1						

2003 年，全局被省级报刊录用信息或论文等 6 篇，市级刊物和网站录用 19 篇，县侨乡报录用 12 篇，局录用林业信息 45 篇。

2004 年，全局共被录用林业信息 92 篇，其中市级以上刊物录用 25 篇。

2005 年，省、市级录用 15 篇。在《丽水林业网》发表信息 28 条，如《青田县石门洞国家森林公园建设》等。

2006 年，市级以上刊物录用信息 21 篇。在《丽水林业网》发表信息 24 条，有《县林业局多举措加强森林防火工作》《县林业局积极开展学习〈江泽民文选〉活动》《全市林业统计会议在青田县召开》《青田和景宁县森林重点火险区综合治理项目建设通过省厅验收》等信息。

2007 年，在《中国林业报》发表 2 篇、《丽水日报》5 篇、浙江林业网信息 26 条，《丽水日报》5 篇、丽水林业网信息 46 条（包括图片）、《处州晚报》信息 10 条、《青田侨报》信息 28 条、《青田林业》信息 41 条，投稿 180 人次。较有参考价值的信息，如：《青田县破获一起重大盗伐林木案》《青田县五大特色超额完成春季绿化造林任务》《真抓实干，县林业局又推新举措》《全市林业财务管理工作会议在青田召开》《县林业局以"五个严禁"加强机关作风年建设》《青田首个红柚、食用杏良种试验基地在高市建成》《青田县北山镇采取紧急措施保护红豆杉》《县林业局积极学习中央 1 号文件》《县林业局春节期间加大森林防火工作》《青田县瓯江绿色长廊建设初见成效》《青田县积极推动冬季植树造林工作》《青田县切实加强木材加工监管力度》《县林业局多举措加强森林防火工作》《青田县石门洞国家森林公园》《青田采取两条措施加强森林公园林业有害生物防治》《青田峰山林场春茶丰收》等信息。

表 9-3-1-2 2007 年县林业局信息录用汇总表　　　　　　　　单位：篇

单位	姓名	浙江林业网	丽水林业网		林业杂志		报纸					青田林业
			图片新闻	林业动态	中国林业	丽水林业	国家	浙报	丽日报	处晚报	侨乡报	
办公室	林观章	1	1		0.5	0.5				0.5		0.5
	陈贤春	12		16		1	1		1		7	16
	柳松树	10.5	13	3	0.5	5			1	4.5	2.5	17
	郭明月	14	12.5	13		2.5			2	3	11	15.5
	王琳影	1.5	1.5			0.5					0.5	1.5
	王连荣											0.5
林政科	夏建敏	0.5	0.5									
	王建勇	2	0.5	2							2	6
	兰进武	1	1.5	0.5						1		2.5
	叶林妹	1										1
营林科	徐同冰	2.5	2					1		3	8	6
	厉淼	0.5	0.5			0.5						0.5
	叶苏贤	6	1	2.5						1.5	2.5	2.5
防火办	赵雪康	1.5	1.5								0.5	6
	刘小燕	1	1.5	1							0.5	5
公安科	刘剑锋	1		1								4
	周文明	1	0.5	1.5				1		3	2	5.5
	周永亮			1						1.5		4
	刘巧芬			0.5						0.5		1
	潘如勇										1	1
产业科	罗庆兵	1	0.5	0.5								
	夏辉	4.5	2.5	1		1					0.5	2
森防站	章伟杰										1	4
	蒋金荣	22.5	2	19.5			2	1			1	10
山林办	朱晓权			0.5								0.5
	邹竹华			0.5								1.5
推广站	王毅	3	3	1.5						0.5	0.5	5.5
流转中心	潘冠林		0.5									2
	詹小珍	1	1	1							2	1

注：表中"0.5"表示与两人合作完成，每人各得 0.5 篇。

2008 年，在丽水林业网发表信息 90 条。有《青田农民热捧"绿色银行"》《县林业局学习党章要求做到"三要三不要"》《青田花卉基地"太空花"盛开别样红》《青田县多举措加强高火险期森林消防工作》《青田县全面检修森林消防机具》《青田对森林公园开展节前安全大检查》《青田建立首个野生动物人工养殖基地》《青田县瓯江生态景观林规划》通过专家评审》《青田又有 5 种太空花卉繁育成功》和《青田着手开展林业单位改制工作》等信息。

2009 年，在丽水林业网发表信息 58 条。有《县委书记王通林亲临指导森林消防工作》《青田纵深推进瓯江生态景观林工程建设》《青田五大措施加强沿海防护林建设》《青田开展免费送树苗活动》《青田四抓促进春季绿化造林工作》《青田县瓯江边引种景笋材三用竹提升生态旅游品位》《青田矿山绿化取得初步成效》《青田一农家乐搞起野生动物繁殖》《县林业局与电视台联合摄制春季绿化造林新闻专题片》和《太空花卉成青田县流行风景》等信息。

2010 年，在丽水林业网发表信息 55 条。有《国家林业局检查组到青田检查指导油茶种苗质量》《青田竹产业生产发展项目通过省检查组验收》《青田切实加强坟墓绿化工作》《青田县 49 省道温溪到鹤城段公路环境保护与景观工程全面启动》《青田县举行"龙泉林"建成揭碑仪式》《国家林业局专家到青田考察鹦鹉养殖基地》《县林业局举行油茶大户座谈会》《青田县对"中国世博第一人"陈琪的故居进行绿化改造》等。

2011 年，在丽水林业网发表信息 38 条。如《青田万对防火春联进农家》《青田祯旺乡村民发现国家二级保护动物白鹇及时送交林业部门》《省林业厅副厅长张全洲到青田调研国有林场改革工作》《县林业局荣获 2010 年度全县民生贡献奖》《青田"油茶皂甙型油田专用泡沫剂"项目列入国家创新基金项目》《青田县全面启动省级生态县创建工作》《青田 200 余名志愿者组织开展义务植树活动》《青田开展"我给鸟儿安个家"主题活动》《青田县石蛙人工养殖试养成功》等信息。

2012 年，在丽水林业网发表信息 45 条。有《青田县成立首个经济林博士后工作站》《青田召开强农惠民政策汇编工作会议》《廖永平副书记到青田检查"大森林"建设工作》《青田开展加拿大一枝黄花秋季防控工作》《青田县举办油茶丰产栽培技术培训会》《青田 2 项目被列入省农业科技成果转化资金项目》《青田县 2011 年中央立项木本油料产业提升项目通过验收》、《青田县方山乡被评为省级生态文明教育基地》《青田召开林权地籍勘界查缺补漏培训会》《县林业局荣获 2011 年度该县新农村建设工作先进单位奖》等信息。

2013 年，在丽水林业网发表信息 50 条。有《县林业局完成生态景观林造林检查验收工作》《青田举办全县油茶栽培集成技术培训会》《青田县 2012 年度油茶产业提升项目通过验收》《青田油茶发展精彩亮相全国》《浙江农林大学到青田调研油茶产业发展》《青田县油茶省科技计划项目通过验收》《青田县开展禁种铲毒宣传活动》《青田县开展春防期松材线虫病防控工作》《青田县开展亮剑一号行动》等信息。

2014 年，在丽水林业网发表信息 32 条。有《青田县召开竹林高效经营技术培训班》《全省木本油料产业提升项目验收会在青田召开》《青田举办第四届网友大型公益植树活动》《青田县开展森林消防队员职业技能培训》等信息。

2010—2013 年 11 月底止，据不完全统计发表信息稿件 740 篇，其中省级信息稿件 217 篇（次），市局级 40 篇，《青田侨报》18 篇，县委、县政府两办 1 篇。见下表：

表 9-3-1-3 县林业局 2010—2013 年林业信息录用统计表　　单位：篇

年份	合计	市级小计	图片	动态	林业杂志	处州晚报	省级小计	林业网站	林业杂志	青田侨报	县委县、政府两办
2010	274	222	134	73	12	3	33	32	1	18	1
2011	196	120	106	5	9		76				
2012	204	122	101	21			82				
2013	66	40	20	15	5		26	10	5	10	1
总计	740	504	361	114	26	3	217	42	6	28	2

表 9-3-1-4 2014 年县林业局网站信息发表情况汇总

发表时间	科室名称	作者	信息标题	丽水林业网	青田林业网	青田政府门户网
1 月 10 日	林权中心	詹小珍	常山县考察团到青田考察林权制度改革工作	√	√	√
1 月 16 日	推广站	张平安	青田县举办山茶油现场推介会	√		√
1 月 24 日	推广站	张平安	国家油茶科学中心专家团队为青田油茶产业把脉号诊	√	√	
1 月 26 日	防火办	防火办	青田县副县长走访慰问扑火队员	√	√	
1 月 28 日	林政科	叶林妹	县林业局贯彻 H7N9 禽流感疫情防控工作	√	√	
3 月 12 日	营林科	叶婷婷	青田举办第四届网友大型公益植树活动	√	√	
3 月 13 日	推广站	张平安	青田致力打造油茶富民强县绿色银行	√		√
3 月 19 日	办公室	刘小燕	县委副书记检查指导林业工作	√	√	
3 月 26 日	产业科	王连荣 刘小燕	景宁县林业局组团到青田考察国有林场改革	√		√
4 月 3 日	防火办	郭明月	青田五套动作拳打好清明攻坚战	√	√	
4 月 8 日	办公室	刘小燕	林远副局长到青田检查林业重点工作	√	√	
4 月 24 日	推广站	张平安	全省木本油料产业提升项目验收会在青田召开	√	√	√
4 月 30 日	办公室	办公室	青田县召开竹林高效经营技术培训班		√	
5 月 8 日	营林科	叶婷婷	丁丽惠总工调研千峡湖景观林改造建设情况	√		
5 月 9 日	林政科	叶林妹	国家林业局检查组到青田检查金丽温天然气输气管道工程使用林地情况	√	√	
5 月 13 日	山林办	王建勇	省林科院专家到青田指导早竹园种植管理技术	√	√	√
5 月 15 日	林权中心	詹小珍	青田出台《林地经营权流转证登记管理办法》		√	√
5 月 20 日	森防站	饶光雄 刘小燕	青田县开展防治松褐天牛飞机防治工作	√	√	
7 月 2 日	办公室	办公室	县林业局召开庆 "七一" 表彰会议	√		√
7 月 3 日	办公室	刘小燕	县林业局开展党员志愿者下乡送服务活动	√	√	
7 月 28 日	林政科	叶林妹	县林业局邀请省专家指导林业建设发展调查工作	√	√	

续表 9-3-1-4

发表时间	科室名称	作者	信息标题	丽水林业网	青田林业网	青田政府门户网
8月5日	林权中心	詹小珍	青田县累计发放林权抵押贷款突破15亿元	√		√
8月27日	林权中心	詹小珍	青田县办结颁发首张《林地经营权流转证》	√	√	√
8月28日	林权中心	詹小珍	省经融办到青田调研林权抵押交易平台	√		√
9月22日	营林科	叶婷婷	县林业局推进"美丽县城"建设	√	√	
9月25日	防火办	季琪琪	青田县森林消防网格化管理工作全面推开	√	√	
9月28日	办公室	叶婷婷	县林业局国庆期间加强信息上报工作	√		√
10月8日	营林科	刘小燕	市核查组到青田核查营造林工程质量	√		√
10月13日	营林科	刘小燕	市检查组到青田检查指导森林村庄创建工作	√		√
10月15日	林权中心	詹小珍	山东肥城考察组到青田考察林权抵押贷款工作			√
10月16日	推广站	张平安	省林科院专家到青田调研油茶加工利用	√		√
10月17日	推广站	张平安	青田县人大调研油茶产业发展情况	√		√
10月28日	森林公安	吴旭雷	省厅"平安林区"目标考核组到我市检查验收		√	
10月29日	山林办	王建勇	青田县四项举措做好山林纠纷调处工作	√	√	√
11月4日	林权中心	詹小珍	青田发放首笔林地经营权流转证抵押贷款	√		√
11月7日	推广站	张平安	青田县开展油茶单株高产王评选活动		√	√
11月11日	推广站	张平安	青田县省级毛竹精品园区通过验收	√		√
11月13日	营林科	刘晓燕	青田县绿化造林出新招		√	
11月13日	推广站	张平安	青田县油茶栽培技术培训会召开	√		√
11月14日	推广站	张平安	青田油茶丰产栽培技术标准化示范区项目通过省验收	√		√
11月19日	办公室	叶婷婷	省林业厅国有林场和森林公园保护总站到青田调研国有林场改制工作	√	√	√
11月25日	办公室	叶婷婷	青田县发动社会团体加强森林防火宣传		√	√
12月8日	营林科	刘小燕	青田县绿化造林早部署快行动高质量	√		√
12月24日	营林科	刘小燕	青田县积极寻找最美古树		√	√

三、内部刊物

县林业局重视林业信息宣传工作，自1997年起，指定专人负责，自办内部刊物《林业信息》，每半月一期，向全县各乡镇、县直机关和下属单位发送，同时向省、市林业主管部门报送。内容贴切各阶段林业目标、任务，包括林业动态、护林防火、植树造林、方针政策、好人好事等。

1997年，共发送期刊6期，每期78份；内容涉及第二防火期领导指示各地防火做法，油茶抚育等。

1998—2001年，《林业信息》如常发送，每年均印发24期。

2002年，印发《林业信息》15期。内容有：《我县群众保护野生动物积极性高》《我县加强检疫复检，积极预防松材线虫病》《防范胜于救灾，责任重于泰山》《公开处理森林火灾肇事者，营造森林防火新氛围》《我县全面展开古树名木普查建档工作》《我县坚决遏制"无烟火灾"》《谱写绿化造林新篇章》《今春绿化造林新特点》《查处非法炭窑,保护阔叶林资源》等报道。

2003年,印发《林业信息》16期。内容有:《林业局落实"非典"工作情况》《市林业局王智勇副局长到我县调研》《滩坑电站林业政策处理座谈会在我县召开》《简化审批手续做好服务工作》《生态兴县,绿色富民》《农口系统举行十六大知识竞赛》《围绕主题,深入调研》《明确造林任务,落实造林措施》《县林业公安全面落实公安部"五条禁令"》《贯彻全县林业工作会议精神做好林场各项工作》等报道。

2004年,印发《林业信息》12期。内容有:《多形式、多渠道筹措资金加快我县油茶产业发展》《祭坟引发森林火灾要平毁坟墓》《传达落实市、县森林防火紧急会议精神》《播下绿色希望,创造美好家园》《采取果断措施 预防森林火灾》《县公安局森林警察大队破获一起故意放火烧山案件》《县石门洞公园被国家林业局批准为国家森林公园》《县召开全县森林防火工作紧急会议》等信息。

2005年,印发《林业信息》14期。内容有:《紧密联系实际,扎实开展党员先进性教育活动》、《钟秋毫在全县林业工作会议上的讲话》《真抓实干,开拓创新,全面推进我县林业可持续发展》《陈蓬副厅长一行在我县冒雨检查迹地更新工作》《县委书记、县长等领导带领全县干部参加植树》《我县全面掀起春季绿化造林和迹地更新工作》等文章。

2006年,印发《林业信息》13期。内容有:《张立总在全县林业工作议暨林业技术培训会上的讲话》《召开林业大会 全面部署林业工作》《全县山林延包工作有序推进》《陈铁雄厅长到我县调研森林旅游资源》《钟秋毫副县长在全县延长山林承包期工作动员大会上的讲话》《发展沼气,利国利家》《浅谈我县木折椅加工行业的现状与对策》《国家林业局造林司领导考察指导》《二〇〇六中国·青田刘基文化研讨会在石门洞林场隆重举行》等报道。

2007年,印发《林业信息》24期。内容有:《我县紧急部署春节前后的森林防火工作》《县林业局春节期间加大森林防火工作》《省防火督查组赴青田检查指导》《石门洞著名宗教景点——大雄宝殿重新落成》《青田县首届"林业杯"乒乓球锦标赛成功举办》《兴林富民新典范——孙前杨梅满山红》《省厅森林公安局张鸣中副局长赴青田调研森林防火工作》《熊水旺副局长来青检查指导林业产业综合工作》等信息。

2008年,印发《林业信息》9期后停刊。内容有:《"林权流转"五十年山林纠纷一朝解决》《我局认真贯彻落实全县经济工作会议精神》《我局学习党章要求做到"三要三不要"》《"太空花"盛开别样红》《建设生态景观林,打造瓯江绿色长廊》《青田农民热捧"绿色银行"》《2008年景观林工程启动》等。

四、林业网站

随着互联网技术的发展,信息传播手段日新月异。为更好地宣传林业,县林业局审时度势,决定开办网站,以满足受众了解、融入林业生态建设进程的需要。2014年2月12日,县林业局向有关部门申请注册"青田林业网"网站获批,域名:qtlyw.cn。经过一段时间酝酿、准备,同年5月,青田林业网正式开通运行。同时,县林业局指定专人维护,实时更新网站有关内容。

青田林业网设机构设置、动态新闻、信息公开、政策法规、林业产业、办事指南、森态旅游、阳光公益等栏目。此外，网站还设有 8 个子栏目：专题专栏、网上服务、公仆之窗、通知公告、乡镇聚焦、政府文件、局长信箱、网上政务服务系统等。网站设计新颖，图文并茂，信息量大。

（一）网站主要栏目简介

1.动态新闻栏目：实时发布林业信息，介绍林业风貌，表扬好人好事等。如："青田县开展油茶单株高产王活动""青田发放首笔林地经营权流转证抵押贷款""青田县绿化委员会决定授予陈英年绿化贡献奖"等。2014 年 5 月—2015 年 3 月，网站共发布信息 132 条。

2.森态旅游栏目：主要以图、照形式，滚动介绍全县旅游景点、农村风光等。如：太鹤山风光、奇云山掠影、东堡山周游、九湾仙峡景点等。

3.阳光公益栏目：主要公布全县公益林建设情况，包括公益林补偿资金发放公告公示；公益林建设技术规范、公益林有关政策规定及公益林管理动态等内容。

（二）主要子栏目简介

1.通知公告栏目：实时发布有关公告与通知，包括林权证遗失公告、造林绿化苗木询价、基地造林招标公告、林业小额贷款中央财政贴息发放清单公示等。

2.网上服务栏目：开通网上服务，介绍林农办事办理依据，下载审批表格等。如：青田县林权转包（出租）合同（示范文本）、丽水市森林产品（食品）基地认定申报表格、木材经营加工企业登记表下载、野生动物或其产品出省运输申请单下载等。

图 9-3-1-3 林业网站截图

第二节 文学艺术

　　青田厚重的文化底蕴、奇峰林立的秀美山川及丰富的山水资源，为林业文学创作提供了大量的素材和源泉。历代文人为青田留下了宝贵的千古绝唱；众多骚客游览青田后，留下了宝贵的墨宝。中华人民共和国成立后，林业系统职工和各条战线的有识之士，为讴歌林业留下了很多佳作。虽然一些习作不失青涩、稚嫩，但其热爱林业事业的拳拳之心，跃然纸上。

一、诗词歌赋

　　古代文人或游览、或就职、或逗留青田，留下大量诗词。北周诗人庚信有诗《代人伤往》；唐代诗人虞世南有诗《飞来双白鹤》；唐代诗人骆宾王有诗《送王明府上京参选赋得鹤》；宋代胡宿有诗《咏鹤》；宋代著名诗人陆游有诗《莺花亭》；元人许谦留有《青田太鹤洞》；清代韩锡胙，作诗两首，诗名一曰《石帆山》，二曰《旗鼓山》等。

　　中华人民共和国成立以后，著名诗人郭沫若游览石门洞后，留下脍炙人口的诗词："横过石门渡，刘基尚有祠；垂天飞瀑布，凉意喜催诗"。

　　青田县林业干部叶冠中，退休以后也学习诗作，习作有《浙南油库》《飞播造林》《林业工作者吟》等。

　　青田各条战线工作者也纷纷写出诗词佳作，讴歌林业。如项目清的《野鹤》、吴春红的《松》、梅樟丽的《村野春色》等。

二、摩崖题刻

　　南北朝宋景平元年（423年），古代山水诗人、永嘉太守谢灵运，留宿石门洞后，作诗三首，并刻于崖壁，此后，石门洞声名远播，且被列为道教三十六洞天之第十二洞天。李白、王安石、汤显祖、阮元、袁枚、朱彝尊等历代名人墨客和当代文豪都留下了优美的诗文。赋诗题字的有月洞摩崖碑刻、洞口摩崖碑刻、碑碣题刻，共达100多处，其正、篆、隶、行、草等各体书法佳作

图 9-3-2-1 郭沫若诗词

图 9-3-2-2 石门洞景区洞口摩崖碑刻

异彩纷呈，一如对石门洞的精确定位：有门无门，是为佛门；似洞非洞，适为仙洞。

三、散文

明万历十六年（1588年），《重修石门洞新亭记》，是一篇精美绝伦的文章，但其作者姓氏无可考。北宋著名的政治家、文学家王安石，撰有《石门亭记》，其文情理并茂，影响深远。

现代，青田各界人士对青田美丽山川的描述数不胜数，创作了不少游记、散文。如孙贯江的《石门史话》《石门洞游记》《石佛坛揽胜》《小石门》和《登金鸡山》；徐香久的《重游石门洞有感》《九门寨揽胜》和《高高的金鸡山》；洪干民的《太鹤觅踪》、

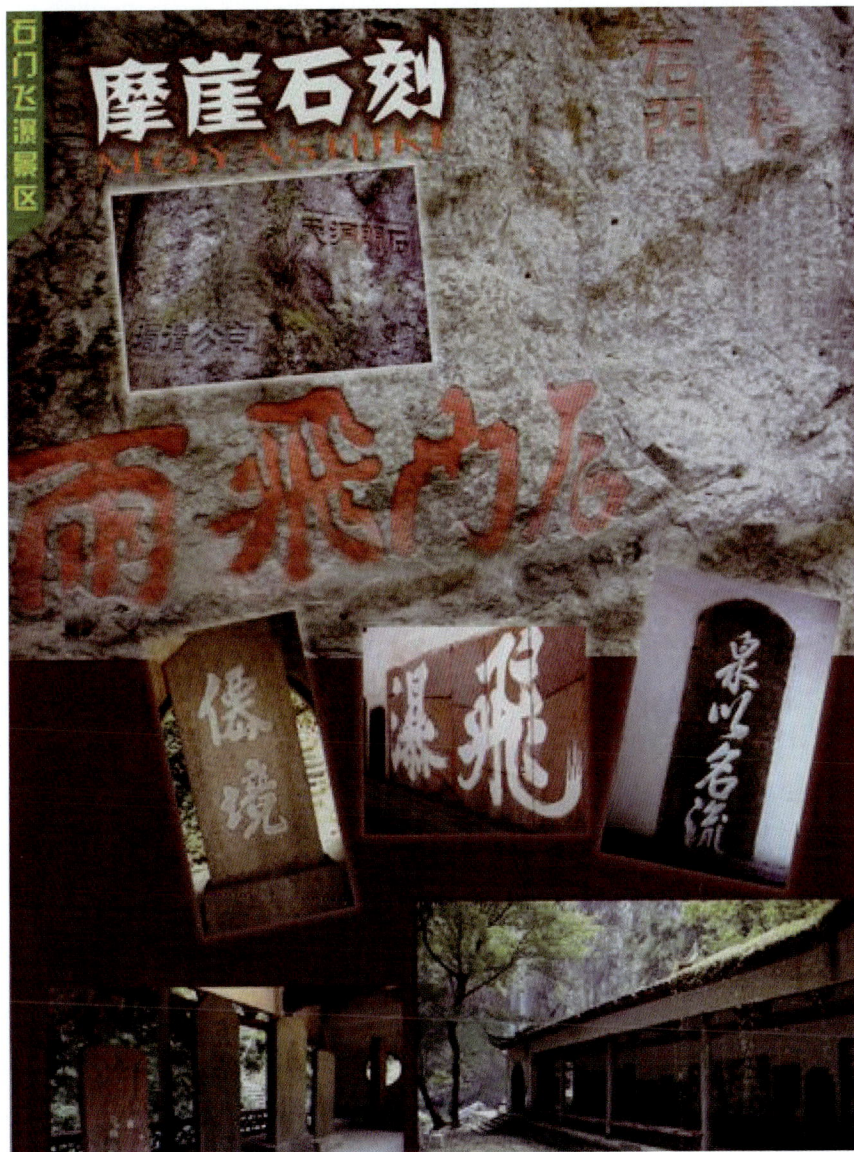

图 9-3-2-3 石门洞摩崖碑刻

《塔山行》和《初探九门寨》；蓝延生的《游太鹤公园》；陈立民的《游千丝岩》；郑延欣的《千丝岩录像解说词》《九门寨录像解说词》《红萝山，一块正在被开垦的处女地》和《阜山之旅》等；李振波的《仁庄绿谷一日游》；徐怡君的《冬游净觉寺》；陈英恺的《说古道今田鱼村》等。

林业工作者也有不少习作，如柳松树的报告文学《严冬过后总是春——国有林场改革记实》；林观章的散文《瓯江绿色长廊建设回眸》；郭明月的森林防火电视专题片解说词《为了绿色永驻》；柳松树配合撰写的电视专题片解说词《以林兴旅看青田》等。

四、国画、摄影

原青田县文联主席、画家崔沧日用彩笔描述了石门洞、太鹤山等地胜景，使人看了如醉如痴，爱不释手。青田籍中国书画家协会会员、中国国画院副院长陈明的"蝶画"几乎到了以假乱真的地步。1991年11月《蝶趣图》入选全国十省十六市政协书画大联展。1993年1月《蝶戏图》获得"红军杯"全国书画大赛二等奖。同年10月《群蝶图》入选纪念中日邦交20周

年国际"和平杯"书画大联展。1995年6月《蝶戏图》获得"鸿运杯"中国书画大赛优秀奖，同年《喜气洋洋》入选国际和台湾地区第五届诗、书、画摄影大展赛，获"铜质奖"。2003年被选入"中华国宝奖"作为国宝收藏。多幅作品在美国、泰国等地展出。

青田籍中国艺术研究院特邀书画师徐来风，所绘兰、竹四君颇得郑板桥真趣，其作品曾多次在苏、浙、皖三省和北京艺术研究院展出并有获奖。青田县老年大学教师梅尚白的"梅"与"虎"造诣很高，颇受权威人士赞誉。青田籍中国摄影家协会会员汤洪文和朱培青各以青田当地山水作题材出了专集，分别名为《行摄青田》和《朱培青摄影作品集》。汤洪文先后有1000多幅作品在《大众摄影》《摄影世界》《中国摄影报》等刊物获奖。朱培青有20多幅作品在国内外获奖。其中《雾绕青山》《日沉红有影》《好山千里都如画》获国际摄影大奖。2009年业余摄影家戴建中先生的《千丝岩之二——古庙》在省摄影作品大赛中获二等奖。

第三节　民俗民谚

一、林业习俗

林业习俗是指林业文化中长期形成的风尚、礼节、习惯以及禁忌等的总和。

〔清明众栽树〕"清明众"是古时乡村房族季节性的植树团体，有众山和众田产业。每年清明，聚众吃"清明酒"。吃后三五天内，一齐上山栽树。众山树木收入，一般用于公益事业。黄垟一带曾有此俗。

〔冬节众管山〕旧时黄垟一带房族，每年冬至聚众吃"冬节酒"，上山管理山林三五天，年年如此。

〔祠堂树〕旧时生长在祠堂庙宇周围的古树名木，由村民自觉管护，称"祠堂树"。

〔插树还山〕从前，祯旺一带农民租山垦荒种番薯，满三年要插上杉树归还，数目按面积面议，归还时清点株数。若有缺少，次年照补。

〔砍树还桩〕祯旺一带农民租山栽杉，到出手时，除按三七（山主三，山客七）分成外，还要将砍后的树桩清点归还，待次年重抽。

〔三旦树〕山炮一带农民生长子要栽"三旦（三日）树"。婴儿做"三日"时，邀请亲友叔伯喜吃"三旦酒"，然后栽杉一天，祝福孩子像杉树一样长大成才。日后树木分配，先抽"长子树"，再由兄弟平分。

〔嫁妆树〕有的人家生女孩，要栽几株"嫁妆树"，待女儿出嫁时，砍来制作嫁妆。

图 9-3-3-1 高湖镇东山村苦槠（2010年摄）

〔风水树〕村头、坳头、水口栽"风水树",亦称"村头树""水口树""坳头树"。多樟、松、柳杉等长命常绿树,为村庄兴旺的标志,备受村人保护。

〔岭头树〕高山峻岭路旁多栽"岭头树",为行人遮阴、挡风。以枫树居多,冬暖夏凉。

〔田坎树〕田边地角,多栽杉树,作田界标志,热天劳作也可纳凉。

〔坟头树〕坟墓周围多栽松柏,取常青之意。有坟山的村庄,山上树木葱茏,称为"老太树""老太柴",属祖宗产业。

〔屋边树、道坦树〕道坦(即天井)多栽石榴、柚子。石榴象征人丁兴旺,柚子叶可蒸馍糍。屋后多栽竹,可制家具农具。旧俗有"前不栽桃,后不栽柳""前不栽棕,后不栽桐"。

〔砍树祭山〕旧时砍树,要做"开山福",祭祀山神,砍毕办"落山酒"。砍大树,先拜树神,用木匠斧头削去一层树皮,说是鲁班斧一到,树神退让。

二、戏曲表演

采茶灯舞活动在青田县有悠久的历史,一直是农村逢年过节的传统节目。每年正月,演员们左手提茶篮,右手拿着扇子,载歌载舞,动作细腻优美,节奏明快清晰,曲调高亢嘹亮,舞姿矫健诙谐,把当地林农采茶生活气息表演得惟妙惟肖,赢得观众的阵阵掌声。

附:

图 9-3-3-2 采茶灯舞 (2011 年摄)

采茶歌

正月采茶贺新年,	手拿金钗典茶园;
典落茶园二十亩,	当官写契面交钱。
二月采茶茶抽芽,	脚踏茶园手摘茶;
姐采多来妹采少,	多多少少采回家。
三月采茶茶叶青,	妹在家中绣手巾;
两边绣起茶花朵,	中央绣起采茶人。
四月采茶茶叶黄,	男人忙来女人忙;
女人采茶蚕养老①,	男人焙茶麦焦黄②。
五月采茶茶叶圆,	茶山树下有蛇盘;

办起三牲并纸烛，　　烧给山隍保平安。

六月采茶茶叶长，　　茶山树下好乘凉；
郎妹双双坐树下，　　青梅竹马情意长。

七月采茶热难当，　　夜间织布傍月光；
织起粗布三五匹，　　做起新衣送情郎。

八月采茶茶花开，　　风送茶花满园香；
顺风送去三十里，　　倒风回来十里香。

九月采茶九重阳，　　家家倒酒菊花香；
别人喜欢菊花酒，　　奴家举杯把茶尝。

十月采茶过瓯江，　　肩挑茶担走得忙；
脚踏船头匆匆过，　　卖了茶叶办嫁妆。

十一采茶过岭西，　　南北山头雪花飞；
富人在家烤炭火，　　奴在茶山受苦凄。

十二采茶过岭东，　　十担茶篮九担空；
候等明年春三月，　　茶山树下再相逢。

注：①蚕养老：蚕结茧。②麦焦黄：麦子熟了。

三、林业谚语

林业谚语是青田山区林农喜闻乐见的一种文学形式，它的语句简练通俗而寓意深刻。有些谚语代代相传，一直流传至今。加上在林业生产的实践中不断总结，又增添新的内容和赋予新的含义。其中许多语句含有哲理和科学知识，说来顺口，容易记忆，深受林业人的欢迎和喜爱。现分类记述如下：

（一）采种育苗

1. 苗靠肥长，地靠肥养。

2. 根不正，苗不盛。

3. 采种育苗就地造，树木成活最牢靠。

4. 要使树苗长得壮，除草防虫要跟上。

5. 春季不育苗，造林放空炮。

6. 好种出好苗，好树结好桃。

7. 树苗不健壮，成活无希望。

8. 良种出壮苗，苗好一半林。

9. 大竹生大笋，好种好年成。

（二）造林季节

1. 春栽杨柳夏栽桑，正月植树好时光。

2. 春到人间，植树当先。

3. 植树造林，莫过清明。

4. 五九、六九，沿河插柳。

5. 要栽松和柏，不叫春晓得。

6. 种竹怕春知，栽杉怕雨淋。

7. 谷雨清明紧相连，义务植树在眼前。

8. 树木成林，雨水调匀。

9. 千杉万松，吃用勿空；植棕点桐，一世勿穷。

10. 种得千支毛竹百支桐，一生一世不受穷。

11. 杉木扦插，上七下八。

（三）适地适树

1. 沿溪多插柳，溪堤自然久。

2. 松树不怕旱，杨柳不怕淹。

3. 阳坡好种茶，阴坡好栽杉。

4. 移栽野苗两山空，植树造林白费工。

5. 山脚板栗河边柳，堰塘田边栽乌桕。

6. 松树戴帽，杉木落槽。

7. 阳坡松树阴坡杉，半阴半阳栽油茶。

8. 高山远山用材林，低山丘陵果竹橙。

（四）栽植技术

1. 雨水时节，树木嫁接。

2. 缓坡全垦把地耕，斜坡要挖鱼鳞坑。

3. 深栽加实压，练槌也发芽。

4. 松杉稀栽材不直，桐茶密植果不多。

5. 要使树木生长好，除萌松土无杂草。

（五）植树致富

1. 山多是个宝，无林富不了。

2. 无灾人养树，有灾树养人。

3. 一棵树，三分田，百棵果树十亩园。

4. 七月洋桃八月楂，九月栗子笑哈哈；处暑核桃白露果，霜降柿子红山坡。

5. 要想山区富，只有多栽树。

6. 山下是粮仓，山上是银行。

7. 栽杨树，发洋财。

8. 核桃榨油板栗甜，多栽保活富万年。

（六）抚育管理

1. 儿不抚养不成人，树不抚育不成林。

2. 种树如种田，管树如管棉。

3. 山当田种，树当粮管。

4. 留得青山在，不怕没柴烧。

5. 三分造，七分管，栽后抚育是关键。

6. 以短养长套间作，以耕代抚好处多。

7. 栽树一阵风，花钱又费工，栽了无人管，到头一场空。

8. 多栽花，少插刺。

9. 绿荫护夏，红叶迎秋。

10. 岁寒三友，松竹梅。

11. 只见藤缠树，哪见树缠藤。

12. 向阳花木早逢春。

13. 鱼儿离不开水，花木离不开秧。

（七）树木保护

1. 只栽不保，越栽越少。

2. 乱砍滥伐造子孙孽，植树造林兴后人福。

3. 防虫胜过治虫，防火胜过救火。

4. 一点星星火，能烧万顷林。

5. 山林里面都是宝，护林防火要搞好。

6. 护林防火，人人有责。

7. 山青青，黄土变成金；山光光，良田也遭殃。

8. 林中常栖鸟，树木虫害少。

9. 灰喜鹊，灰喜鹊，一生专把害虫捉。

10. 啄木鸟，嘟嘟嘟，蛀干害虫它能除。

11. 春栽夏抚功夫到，秋冬保护更重要。

（八）生态环境

1. 山上树成林，山下泉水清。

2. 独树不成林，有林才有景。

3. 松柏常青风光好，桃李满园气象新。

4. 春有花，夏有荫，秋有果，冬有青。

5. 山上不栽树，水土保不住。

6. 退耕还林，利国利民。

7. 前人栽树，后人歇凉。

8. 山上多栽树，等于修水库；雨多它能吞，雨少它能吐。

9. 治山必治水，治水必兴林。

10. 只有青山常在，才能碧水长流。

11. 青山常在，人寿年丰。

12. 吃水不忘挖井人，歇荫不忘栽树民。

（九）林业气象

1. 春无三日晴，夏无三日雨。

2. 立春晴，好年成。

3. 立冬无雨，一冬晴。

4. 重阳三九晴，晴到明年大清明。

5. 重阳三九晴，不值立冬半日晴。

6. 七晴不过九。

7. 云遮中秋月，雨打上元灯。

8. 日出望水口，日落望山后。

9. 天光起红霞，大水满树桠；黄昏起红霞，晒死老树桠。

10. 关门雨，一夜雨。

11. 东虹日头，西虹雨。

12. 久晴必有久雨，久雨必有久晴。

13. 落至廿七八，廿七八雨勿止，从头算起。

14. 雨打天光头，一日勿要愁。

15. 雨打秋头廿日旱，廿日之后烂稻秆。

16. 月光生毛，大雨难逃。

18. 夏至驮（大）烂，杨梅当饭。

19. 斑鸠儿叫叫，大雨来到。

20. 燕子矮矮飞，春水满大溪。

21. 蚂蚁牵龙，大水满江。

（十）其他

1. 七月挖金，八月挖银（指油茶）。

2. 茶树见铁（松土）三分肥。

3. 头茶荒，二茶光。

4. 油菜怕旱，油茶怕荒。

5. 梅子开花送过年，桃儿开花送落田。

6. 桃开花，梅结籽，桃吃得，梅打死。

7. 歪竹出好笋。

8. 桐籽落地，三年还种（种下三年可产籽）。

9. 人以礼义为先，树以枝叶为茂。

10. 十年树木，百年树人。

11. 现在人养树，将来树养人。

12. 清明笋出土，谷雨竹成林。

13. 有心栽花花不开，无心插柳柳成荫。

14. 树大分杈，人大成家。

第四节 作品选登

一、诗词

代人伤往 北周·庾信

青田松上一黄鹤，相思树下两鸳鸯。

无事交渠更相失，不及从来莫作双。

——选自《庾子山集》

飞来双白鹤 唐·虞世南

飞来双白鹤，奋翼远凌烟。俱栖集紫盖，一举背青田。

飏影过伊洛，流声入管弦。鸣俦倒景外，刷羽阆风前。
暎海疑浮云，拂涧泻飞泉。燕雀宁知去，蜉蝣不识还。
何言别俦侣，从此间山川。顾步已相失，裴回各自怜。
危心犹警露，哀响讵闻天。无因振六翮，轻举复随仙。

—— 选自《全唐诗》

送王明府上京参选赋得鹤　唐·骆宾王

振衣游紫府，飞盖背青田。虚心恒警露，孤影尚凌烟。
离歌悽妙曲，别操绕繁弦。在阴如可和，清响会闻天。

—— 选自《骆宾王文集》

赠同溪客　唐·张籍

幽居得相近，烟景每寥寥。共伐临谿树，因为过水桥。
自教青鹤舞，分采紫芝苗。更爱南峰住，寻君路恐遥。

—— 选自《全唐诗》

闻云中唳鹤　唐·章孝标

久在青田唳，天高忽暂闻。翩翩萦碧落，嘹唳入重云。
出谷莺何待，鸣岐凤欲群。九皋宁足道，此去透絪缊。

—— 选自《全唐诗》

别　鹤　唐·杜牧

分飞共所从，六翮势催风。声断碧云外，影孤明月中。
青田归路远，丹桂旧巢空。矫翼知何处？天涯不可穷。

—— 选自《全唐诗》

石门留题诗　唐·李白

何年霹雳惊，云散苍崖裂；
直上泻银河，万古流不竭。

—— 选自文管会《石门洞摩崖碑碣》

咏　鹤　宋·胡宿

独立青田刷羽仪，朱研丹顶雪裁衣。赋来自合凌清汉，仙去何曾识令威。
松盖露寒应有根，蓬仙云断未成归。旧巢寄在三珠树，待与还丹作使飞。

—— 选自《文恭集》

夜宿石门岩上　宋·谢灵运

神功不可量，未见常疑无。
扪天倒明玉，蔽地泻隋珠。
聋耸犹马奔，熟视如虹趋。

—— 选自文管会《石门洞摩崖碑碣》

石门山　宋·刘淑

逶迤灵窟隐仙台，洞口奇花向客开。地拥青莲金作像，天翻银浪玉作埃。
雷鸣虚谷千山合，日引长虹五色来。饮罢复看吟兴剧，恰从骢马咏蒿莱。

—— 选自明万历《处州府志》

白　鹤　宋·徽宗赵佶

玉宇沉沉瑞雾开，香风未断鹤徘徊。
奇姿会与青田别，定是仙人次第来。

—— 选自《全宋诗》

点易亭　宋·司马伋

洞天占胜作新亭，曲槛危檐揖翠屏。四顾风烟入怀裹，一湾溪水抱沙汀。
羽人不见论平昔，双鹤犹存有典型。幸得官闲成吏隐，何妨续脱旧羲经。

—— 选自清康熙《青田县志》

莺花亭　宋·陆游

沙外春风柳十围，绿阴依旧语黄鹂。
故应留与行人恨，不见秦郎半醉时。

—— 选自《全宋诗》

画　鹤　宋·朱熹

谁写青田质？高超雁鹜群。
长疑风月夜，清唳九霄闻。

—— 选自《历代题画诗》

石门洞　宋·甾元刚

两崖排闼护山阿，沙碛中能一棹过。飞瀑轰鸣疑有物，空潭凝止了无波。
山容肯遂阴晴改，世态那知风雨多。不为同游嵌姓字，要令名节共嵯峨。

—— 选自明成化《处州府志》

太鹤山　宋·董楷

泪天传太鹤，气候识丹邱。青秀三冬草，红芳十月榴。
薄寒耽挟纩，曼煖懒披裘。莫道霜华少，无衣客满头。

—— 选自清光绪《青田县志》

混元峰　宋·吴观

青芝种有无，玄鹤归何处？
欲问洞中仙，轻舟随水去。

—— 选自明崇祯《处州府志》

青田太鹤洞 元·许谦

榕影扶疏路九回，仙家那复著尘埃。山间田在牛终隐，石上巢空鹤不来。

丹灶无灰堆白草，剑峰有迹自苍苔。洞中道士今何处？三扣云关杳莫开。

—— 选自清乾隆《浙江通志》

金田山 明·殷云霄

云峰既合沓，石径亦曲折。晓行山露重，叶堕寒潭洁。

奇石立且仆，曳云还且结。小径爱窈窕，远眺得其绝。

山水适宿志，草木悲暮节。纷纷摇落中，岂无霜下杰。

芳兰何嗟及，残菊尚可掇。况我多疾病，临事率多拙。

久已卧北山，胡为来东浙。逐物岁空徂，蕴异俗岂屑。

抚己尚倔强，感时增悲切。荷锄愧老农，结茅想前哲。

惬意物莫与，仕道情所浃。终焉返初服，庶用安薄劣。

—— 选自明万历《括苍汇志》

石门泉 明·汤显祖

春虚寒雨石门泉，远似虹霓近若烟；

独洗苍苔注云壑，悬飞白鹤绕青田。

—— 选自文管会《石门洞摩崖碑碣》

锦屏山 明·殷云霄

锦屏山前江水流，江风萧索旅魂愁。登高况复悲戎马，抱病犹堪理钓舟。

白雪调高聊纵酒，黄花英落不胜秋。县斋只恐伤幽独，危嶂斜晖坐未休。

—— 选自明崇祯《处州府志》

塔 山 明·郑奎光

亭然卓笔若陵空，萃应灵文自不同。高出玉人分造化，崚仍瑶阙似飞雄。

浑茫灏气孤标彻，泛影澄潭砥柱功。千载炫奇谁得似，云韶声簇坞花丛。

—— 选自清雍正《处州府志》

巾子山 明·蒋一鳌

云里峨冠巧成匠，凌空直上势亭亭。径纡北斗堆云涧，洞沓金鸡晏僧坐。

风净两峰秋气爽，林嘘万壑午风清。悄然尘远神襟洒，恍是图南奋大鹏。

—— 选自明崇祯《处州府志》

石帆山 清·韩锡胙

溯流逾旗山，石帆更天作。飞空悬百仞，壁立耸如削。

上阻牵牛津，下压巨鳌脚。溪涛回广轮，水石怒欲博。

岳镇昔含胎，蓓蕾当未凿。皇娲炼石时，擘取补寥廓。

荡舟就帆影，脱帽试孤酌。奔云势动摇，恐惧不可泊。

—— 选自清光绪《青田县志》

旗鼓山　清·韩锡胙

青田逆溪行，百里山有鼓。括苍顺流下，旗山砥中柱。

惊涛折东奔，回浪拍西柱。妍峭显殊状，斜整峙两浒。

拂目遥龙蛇，冲风挝薛鲁。逶迤云荡空，渊填雷散雨。

造物恢端倪，灵秀辟太古。制器发天巧，垂象岂人取？

侧闻闽中郡，亦共嘉名谱。缩地如有方，排江列谁愈。

停桡夕阳岸，泛酒明月坞。群真纷来迎，侍从粲又数。

缓节黄姑奏，翠旌螭貀舞。我醉懒欲眠，请君息行部。

—— 选自清光绪《青田县志》

野　鹤　当代·项目清

警露①防寒夜不眠，李峤杜甫有遗篇。苍松翠柏愁何在？绿野青山喜自旋。

腹饿不曾餐腐鼠，口干未必饮贪泉。世人岂晓凌云志，一唳江皋震九天。

——《诗刊》2011 年第 1 期 76 页

①警露：因白露降临而相警戒。相传鹤性机警，"至八月白露降，流于上草上，虑有变害"（晋·周处《风土记》）。后因以"警露"作为咏鹤的典故。

飞播造林　叶冠中

银鹰呼啸舞苍穹，绿化荒山立大功。地上跑旗标路线，空中撒籽造林丛。

甘霖滋润黎民乐，光照防灾硕果丰。植树飞播高举措，千村生态倍葱茏。

浙南油库　叶冠中

浙南油库放光芒，大振雄风声誉煌。育造种良增好品，速生果硕缀崇冈。

丰收喜庆农家乐，优质香醇滋味芳。长伴民生千万载，健康益寿谢田郎。

松　吴春红

身着龙鳞甲，臂生翡翠针。

霜侵仍傲立，雪压更森森。

村野春色　梅樟丽

暖风常带雨，绿树染新村。

野旷天低树，秋针一望青。

金鸡山　陈云鹤

烟霭溟蒙迷远峰，群山浮动漾苍穹。

金鸡三唱啼方歇，旭日瞳瞳出海东。

二、散文

石门亭记

北宋·王安石

石门亭在青田县若干里，令朱君为之。石门者，名山也，古之人咸刻其观游之感慨，留之山中，其石相望。君至而为亭，悉取古今之刻，立之亭中，而以书与其甥之婿王安石，使记其作亭之意。

夫所以作亭之意，其直好山乎？其亦好观游眺望乎？其亦于此问民之疾忧乎？其亦燕闲以自休息于此乎？其亦怜夫人之刻暴剥堕踣而无所庇障且泯灭乎？夫人物之相好恶必以类。广大茂美，万物附焉以生，而不自以为功者，山也。好山，仁也。去郊而适野，升高以远望，其中必有慨然者。《书》不云乎"予耄逊于荒"。《诗》不云乎："驾言出游，以写我忧"。夫环顾其身无可忧，而忧者必在天下，忧天下亦仁也。人之否也敢自逸？至即深山长谷之民，与之相对接而交言语，以求其疾忧，其有壅而不闻者乎？求民之疾忧，亦仁也。政不有小大，不以德则民不化服，民化服然后可以无讼。民不无讼，令其能休息无事，优游以嬉乎？古今之名者，其石幸在，其文信善，则其人之名与石且传而不朽，成人之名而不夺其志，亦仁也。作亭之意，其然乎？其不然乎？

注：据明《一统志》载，其亭在石门洞口崖壁下，宋元符中县令宋戮始建。今无存。

重修石门洞新亭记

明万历 佚名

青田县西七十里，临溪两山'壁立万仞'对峙如门。循小涧深入百余步有洞，悬崖飞瀑如练。冬夏不绝，涧岛深接。《道径》载有"石门洞天"即其处也。自宋景平中谢灵运守永嘉□□登临赋《新营》诗，世传为"东吴第一胜事"。粤自齐梁、唐、宋迄今，有亭有楼、有谢客堂、有轩辕邱、有老氏室、有石门书院，世代迭迁，兴废不一。盖山川之胜造诸自天，而革故鼎新，非人莫与矣。余不，癸未授职令青田，舟过石门，凡几未暇登赏。比从侍御范公、王公、詹公、李公、章公、大中垂萧公、温公登临游眺，辄见称奇绝。惜乎，荒径迷堤，石桥断瞪，古榭倾，虽山水不殊，□风致渐减。游观人士对景咨嗟，问民疾苦者且不能无慨于此。丙戌岁，西陵周二鲁公迁括司理过石门，登眺独酌，贻书嘲余□□灵运笑□□苟且，督余为开拓修理。

磋磋，余何能为役哉？爰召附近居民陈柱等相谋筮吉，募财鸠工。亭前隙地偏缺，砌以土石，广倍旧基之二，旧亭仅容一座，潋浅不能设席。今创竖倍昔之一亭，后旧□。余舍藉地为厨，置屋三间，一治庖，次一贮器具。亭之右依山砌石，碑刻壁嵌于中，上覆以石，次列于道，可备观赏。洞下甃石为台，台下浚泉为池，酌泉烹茗，可充漱赏。自亭而旋辟田礴为道，五尺人骑得以并导，道旁手植桃李杨柳三百六十株。他日桃李成蹊，杨柳风来，可添一景。穿小涧渡石为桥，石门之下，大溪水拥，崩泻塞，□□□径命植木槿编篱，开筑沙堤可指迷途矣。是役也，径始于丁亥八月，落成于戊子三月。工毕，居民陈柱等买石，乞余记之。

磋磋，余又何能为文哉？余每读孟氏书，至见齐王雪宫章，辄掩卷叹曰："孟氏论古今，游观可为万事龟镜。撮其大旨亦曰：乐民之乐，忧民之忧云耳。"夫上下分殊，休戚情关，豫游补助。为诸侯度民之乐也；流连荒亡，为诸侯忧民之忧也，是役也，吾民其有忧乎？其有乐乎？其忧乐者相半乎？如其趋事赴工，欢如子来，民之乐，余之乐也；如其胥谗作慝，逼于刑威，民之忧，余之忧也。余盖不能必之民矣，抑余有感焉。昔人以风，以洛阳园囿兴废，卜天下治乱。夫园囿亭榭不过游观之具，而天下治乱于此乎？卜焉固知，园囿台榭非游观具也，观风者于此而稽政治之得失。考世道之污隆，是天下治乱所□□细故也。

矧兹石门之上。高可眺，清可濯，邃可隐，幽可适，芳可采，奇可咏，人情物态，触目惊心。世故民风，对景关念。抚之则喜，虐之则怒，忧乐在己，何与于民。余念青田困苦疲惫极矣，桐□切身，旷鳏为懼，余之忧，殆有不能一日释者。倘观风者探民情而闻之上□于民，上若越人视秦人，肥瘠漠不相关，窃恐灵运之游为虚度矣，此非余不佞建亭初意也。亭成夏□□□□□可记，遂镌诸石刻，董役姓名于后。

万历十有六年 岁在戊子 季夏六月谷旦□闽进士 处州府青田县知县□阳□□□□□文撰

注：《重修石门洞新亭记》系碑碣之文。碑文作者名氏无考，或曰明万历知县李谦所作。因碑文剥蚀，有字不辨，故以"□"代之。

严冬过后总是春（报告文学）

青田县国有林场改革纪实

林业局 柳松树

一

市场经济的飓风，夹裹着改革大潮，犹如万马奔腾，席卷神州。所到之处，山崩地裂，摧枯拉朽；顺之者昌、逆之者亡，一切经济组织，连同士农工商，概莫能外。大浪淘沙，千百万人腰缠万贯，率先致富；千百万人踌躇彷徨，徘徊迷茫；更有人迎起直追，后来居上，后浪推前浪，把前浪拍在沙滩上！改革，主宰着世界，成了国人深入骨髓的理念。

"改革"，新近出版的《辞海》里定义：改革指对旧有的生产关系、上层建筑作局部或根本性的调整变动。电脑里输入"改革"一词，有网友总结道：社会的变动发展有三种形式，一曰改良：温和和渐进；二曰改革：不温和也不暴烈，但有伤筋动骨，即所谓有去腐肉抽病骨之痛；三曰革命：旧死新生，改头换面。

国有林场改革，老生常谈。全国四千多林场，浙江省百多个林场，都在改革。一些林场改革成功了，从此便走上了康庄道；更多的只是修修补补，小打小闹，原地打转。早先是责、权、利结合，调动积极性，混过了第一波冲击；看看不济事，继之是在人事、劳动、分配上动脑子，人称"三项制度"改革；怎奈林场生产的多为初级产品，又地处僻壤穷乡，无法匹敌市场激烈竞争，于是乎，有的壮士断腕，"买断工龄"，把老弱病残扫地出门；有的搞些承包经营，分一片山林到户。撩了挑子，一时是轻了些装，但矛盾并未解决，有的因此还埋下了未知的震撼弹……

青田有五个国有林场，情况也大抵如此。历任领导，无一不为此忧心不已，焦头烂额。青田是个山区县，素有华侨之乡、石雕之乡、名人之乡之美称；因之靠近温州，首先沐浴着改革春风，经济发达。这里名车最多，房价最高，更有二十万华侨分布在全球百多个国家，大赚国外钱。

然而，与之形成巨大落差的林场，真正成了"被遗忘的角落"。五大林场均创建于五六十年代；八十年代后，实行单位性质事业化、经营管理企业化，四百多号职工，每年差额拨款事业费六万元，雷打不动，至今不变；新农村建设中的惠农支农政策的阳光，也无法普照这里。职工们不工不农，大多上无片瓦，下无寸土。据统计，2007 年度，五个林场在职职工人均月工资938 元，仅为同年全县职工人均月工资 2736 元的三分之一。生态建设越发重视，木材价格连年走低，林场收不抵支，职工嗷嗷待哺，改革迫在眉睫！

二

二〇〇六年，张立总走马上任林业局局长。张局长年近知天命之年，年富力强，为人豁达大度，做事雷厉风行；此前历任镇长、移民指挥等职。早年也曾为教书先生，写得一手好字；虽没有满腹经纶、学富五车，却也是略懂古今，知书达理。张局长上任伊始，架构人脉，激励团队，大打了几个翻身仗；未及三年，直把个林业系统，打理得井井有条，丁是丁，卯是卯；部门上下，虎虎有生有气；干部职工，顺心顺气，肯出力气。且不说省、市、县领导的每每表扬，单说这两年青田林业从名不见经传，到有较高知名度，就足见其具成功者之逼人锐气。

牵牛要牵牛鼻子。石门洞林场的彻底改革，首先被摆上了议事日程。产业科牵头，抽人成立了改革领导小组；采他山之石，攻自己的烂玉。第一个方案，很快出台，摆在了张局长的案头，要旨不外乎减人增效，富余人员，发给几万元，走人了事。会议上，张局长皱紧眉头，讲话震耳发聩：改革三十年，生活"越来越好，来来来"（歌词），凭什么林场职工就不能享受成果？他们是生态的建设者，政府需为生态效益买单；社会前进了，国家富裕了，就一脚踹了他们，道义何在，公平何在？末了，一锤定音：改革不强制减人，自愿另谋高就的除外；结果要做到领导肯定，林场中兴，职工满意。

使职工满意，这是林场改革的最高境界。林场不同于其他经济组织，不但生产一般的林产品，而且产生生态效益、社会效益。据日本有关部门测算，一株树本身的木材价值，仅占其价值的六十分之一。换句话说，目前林场的收益，尚有六十分之五十九，被社会无偿占有。林业工人享受社会平均生活水准，不但天经，而且地义！

改革的过程，曲折、繁复且艰难。这边厢，改革领导小组的成员们团团转，摸情况、搜资料，方案几十易其稿；产业科科长小夏，嘴角起了燎泡，头发一撮撮地掉；那边厢，张局长也没闲着，他自喻自己是进了风箱的老鼠，风箱推拉都是气。上有省市县领导，下有几百号职工。领导那头，软磨加汇报，陈词加滥调，有时还不免落个脸红脖子粗；职工那头，安抚其情绪，解决其困难，虽苦口还要加婆心。横向联络协调，也重要。县府办、组织部、人事局、财政局、发改委，一遍遍、一趟趟；管它红脸黑脸，顶住敷衍偏见；以我为主，舍我其谁？好一派大将风度。

大刀阔斧的改革进程，也确实牵动着上级领导的心。有个小插曲：据传青田县县长和市局局长幼时莫逆之交。但为石门洞的改制方向曾有些小分歧，为说服对方，互相用手机短信沟通。一日，张局长接获了市局局长有意无意发来的双方短信内容，如获至宝，即命人全部翻出，整理成文，借以揣摩领导意图，以便不断修正改革进程。这虽是题外话，但一叶可知秋，滴水可映辉，张局长的昭昭用心，跃然眼下。

三

诚所谓，精诚所至，金石为开。石门洞林场的改革，终于有了圆满的结果：林场升格为正科级单位，所需经费全部由县财政核拨；2008 年 5 月 30 日，县政府下发了《县政府关于石门洞林场人员分流方案的批复》，文件确定，林场从生产型向景区生态公益型转变，加快国家森林公园建设步伐，逐步实现可持续发展。建立与市场经济相适应的新型劳动用工制度。采用鼓励自谋职业、提前退休安置、择优录用的办法，分流现有职工。已退休职工，参照丽政发〔2002〕179 号文件精神，按《浙江省职工基本养老保险条例》和《青田县城镇职工基本医疗保险办法》的标准，一次性足额计提社会保险费用和统筹外费用，彻底解除退休职工的后顾之忧。

7 月中旬，县人事局、林业局联合组织了石门洞林场职工择优录用考试，最终录用了 24 人到乡镇下属事业单位工作，确定其为全额拨款事业干部。9 月，县林业局汇同县财政局、人事局、社保局，对选择自谋职业人员、提前退休及已退休人员安置所需的经费进行了核算，确定共需改革经费 939 万元。2008 年 12 月底，该经费全部足额到位。

2008 年 12 月 3 日，县政府下发了《关于印发青田县石门洞森林公园管理委员会主要职责、机构设置和人员编制规定的通知》，文件决定，设立青田县石门洞森林公园管理委员会，为县政府直属的正科级全额拨款事业单位。负责石门洞景区景点规划、开发、保护、利用的统一管理工作。管委会下设石门洞林场和青田县石门洞旅游开发有限公司。

石门洞林场，实行所有权和管理权分离，林场机构规格不变，仍隶属县林业局，具体事务委托青田县石门洞森林公园管理委员会管理。根据精简高效原则，重新核定编制。职能以原来营林为主转为护林为主；经费实行收支两条线，石门洞森林公园门票收入及生态公益林补偿收入，均属石门洞林场，资金余缺由县财政调剂，实行差额补助。

2008 年 10 月，石门洞林场职工终于领到了久违的全额工资；11 月，24 名职工分别前往各自乡镇报到，鲤鱼跳了龙门，工人身份一跃成了事业干部，皆大欢喜。

随后，挟成功之余勇，县林业局快马加鞭，上报了其余四个林场的改革方案。2009 年 2 月 17 日，县政府下发了《关于同意青田县四个国有林场改革方案的批复》，文件规定，改革后的四个林场，将以《中共中央、国务院关于加快林业发展的决定》《省政府关于加快推进现代国有农林渔场建设的若干意见》和《浙江省关于深化事业单位改革的意见》等文件精神为指导，坚持生态效益、经济效益和社会效益相统一，生态效益优先为原则。以解决历史包袱为重点，以保护和培育森林生态资源为主要任务，以加快生态公益林场建设为目标，确定公益类事业单位性质，核定单位人员编制，最终达到以"少养人、买服务"为目的的生态公益型林场。同时，县财政将向四个林场，每年按人头核拨三万元事业费。消息传来，四个林场的百余号工人奔走相告，喜形于色，就只差欢欣鼓舞了。

至此，青田县五大林场改革已初战告捷。林场的改革，得到了县委、县政府的高度重视，林场职工一致拥护。林场改革，切实解决了当前面临的困境，大幅提高了职工的经济生活水平，切实解决了职工的后顾之忧。也为林场今后的可持续发展，铺平了道路。可以说，青田县国有林场的改革，是全县、全市、乃至全省、全中国，最为彻底的、毫无后遗症的成功改革。

四

严冬过后，万木逢春。清晨，迎着初升的太阳，产业科科长小夏，正领着场长们，踏着林间小道，向大山进发。新的形势下，尚有很多事要做：林区道路，职工住房，生活小康；基础设施欠账太多，技术人才流失严重；林场经济结构、产业结构仍需调整……，但场长们摩拳擦掌，信心满满。他们知道，前面的路，不但曲，而且长。

我们有理由相信，改革后的青田县五大国有林场，又将重现昔日的辉煌。

又及：本文完成后，又闻浙江省林业厅发文，向全省转发《青田县四个国有林场改革方案》，以期向全省推广青田县林场改革经验，可喜可贺。

—— 原载《芝田文学》2008 年

瓯江绿色长廊建设回眸

林业局　林观章

八百里瓯江 —— 我们的母亲河，源自江浙之巅，汇聚百川之水，浩浩荡荡，奔腾不息入东海。途经侨乡青田境，长 84.5 公里。青田，古时因其山下有田产青芝，故而得名，素有华侨之乡、石雕之乡、名人之乡之称。青田，就一个县级城市而言，这里房价最高、名车最多，人文荟萃，风光独特；20 万华侨，分布在世界 60 多个国家和地区，其经济发达，国际化程度很高。

早在 1999 年，县林业局审时度势，编制了《青田县瓯江绿色长廊建设规划（1999 ~ 2010年）》。于是，一个横跨世纪 12 年建设期的瓯江绿色长廊建设规划应运而生。它肩负着保护和美化瓯江沿岸生态环境，重塑青田秀美山川的重任，要把瓯江绿色长廊建设成为山清水秀的"绿带"、经济发达的"银带"、连接国内外游客的"纽带"。

瓯江绿色长廊建设是青田的重点工程，项目建设领导小组组长一直由县政府主要领导兼任，成员包括林业农办、计委、水利、土管、财政、旅游等部门，项目建设资金年年及时足额到位。县林业部门积极组织项目建设，第一期侧重于生态公益林建设，采取"封、补、造、管、育"等各种营林措施，通过裸岩复绿、火烧迹地更新、无林地绿化、疏林地景观改造等措施，有条不紊地推进瓯江绿化建设，取得了可喜的成绩。为了及时调整工程的进度和效果，林业部门又邀请专家，分别编制了四个专题规划，它们分别是：《生态公益林建设和重建工程规划》《优质杨梅产业带基地建设规划》《种子种苗工程规划》《森林防火体系建设规划》。这些规划的实施，极大地促进了瓯江绿色长廊建设。

第二期工程，建设力度加大，投资显著增加。从 2004 年开始，以瓯江两岸为主线，以治理水土流失、涵养水源为重点，结合兴林富民工程、绿色通道工程、小城镇（村庄）绿化工程和新农村建设。五大林业工程建设如火如荼：瓯江绿色长廊工程进展迅速；沿海防护林工程稳步推进；阔叶林发展工程取得突破；生物防火林带工程逐步开展；森林防火体系日臻完善。特别是推行"工程造林""大苗造林"以后，造林进度明显加快，成活率明显提高，瓯江绿色长廊建设效果明显。

母亲河的乳汁哺育了勤劳能干的青田人，瓯江绿色长廊工程建设经过 8 年持之以恒的努力，瓯江绿色长廊工程建设已初见成效。杨梅丰收、油茶飘香、林兴民富、景观秀丽，瓯江绿色长廊成了财富的长廊，成了广大林农致富奔小康的长廊。

"中国杨梅之乡"美名传播海外。

在温州拍卖行，县政府钟秋毫副县长主持拍卖青田杨梅，一单颗杨梅重 58 克，拍出 1280元的天价！

《丽水日报》记者在报上惊呼：青田杨梅每公斤卖出百元高价！

鹤城镇的白浦村是瓯江绿色长廊工程受益村之一。全村毗邻瓯江，431 户，人口 1450 人，共种植干水果 10000 多亩，其中杨梅就达 8000 亩。2006 年杨梅收入 600 万元，今年更是高达 800 万！那天价杨梅就出自该村。

青田的油茶，素有"浙南油库"之称，通过瓯江绿色长廊工程的实施，大力进行抚育和新品种改良，农民收入明显提高。

此外，通过瓯江绿色长廊工程建设，带动了一批示范村的建设，完善了"企业＋基地＋农户"的经营模式，加强了一批林业企业对新产品、新技术、新工艺的研发。同时，通过瓯江绿色长廊工程建设，锻炼、培养了一大批林业科技人才。

现在，驱车瓯江青田段，你可以看见：两岸群山绵延起伏，森林茂密长势喜人，林分结构趋向合理。近看低山近山，杨梅红艳柑橘橙黄，油茶毛竹点缀其间；远眺高山远山，一片郁郁葱葱，松阔混交、"工程造林""大苗造林"的成果已经凸现。俯瞰公路铁路高速路，犹如腾飞的巨龙横贯浙西南；沿途绿色通道、乡镇村庄，绿树成荫、花团锦簇。沿江绿草茵茵，芦花摇曳；途中镶嵌着众多美景：石门洞、鲤鱼山、石郭坑、小石门、古榕群……。一个树种结构合理、层次分明、景观优美、色彩靓丽、功能多样、环境生态、崭新秀美的瓯江绿色长廊，正呼之欲出！

成绩代表过去。瓯江绿色长廊规划建设任务仍很繁重。敢为天下先的青田人矢志不改，雄心勃勃，决心要发挥侨乡优势，弘扬青田精神，着力打造活力青田、和谐青田、小康青田。青田人不但要美化瓯江绿色长廊，还要在经济发展的基础上，通过绿化村庄，美化庭院，从而营造出一个青山绿地、碧水蓝天、鸟语花香、空气清新、绿树成荫的美丽家园。

我深信，这个愿望不是梦！

—— 原载《丽水林业》2008 年

醉人的师姑湖

吕大德

师姑湖，我多年向往却一直无缘亲眼目睹！

"海拔千米以上的师姑湖林区比之（指'四季春秋无夏日'的石门洞）更具旅游之美，这里的土壤具有弹性，脚踏上去好似行走在地毯上，舒服极了……，春日山花烂漫，形似花海，置身其间，如入仙境。"

这是多年前一位县政协委员在大会上做专题发言时的一段话。寥寥数语，撩拨得我脑海里总是浮现出那碧草如茵、白云蓝天、清泉鸣湍、绿树林光、鸟飞兽走、虫鸣花放的情景，想前往一睹丰姿的愿望几欲突破胸腔。但整整 10 年过去了，却总也没有成行。

今天，2007 年 6 月 30 日，得益于林业局的帮助，终于有机会近距离地感受她的温馨、亮丽和让人不得不陶醉的美丽、魅力。

早上，5 点 50 分我就早早醒转了。漱洗后小郭师傅已驾着吉普车来到我楼下。到了飞鹤山庄，与我同行的老黄、小丁、小沈、小周、小黄、小陈还在吃早饭。此时，热情的潘副局长专门打来电话，告诉我们另一辆吉普车已到石门洞等，而帮助开车的是王站长 —— 一位籍贯嘉兴的学林业出身、爱山爱动物的高个帅哥。

早餐结束，我们一行驱车前往石门洞，到了石门渡口，正好赶上渡轮。过了江，就是那"似洞非洞适为仙洞，有门无门是为佛门"的石门洞天了。但我们今天来不及在此停留，因为我们的目的地是那令人魂牵梦萦的师姑湖。我们7人，加上小郭师傅、王站长、石门洞国家森林公园办公室徐木海主任及两位专门为我们上山烧饭的女同志共13个人分乘两辆吉普车上山了。在此，特别让我感到歉意的是那两位帮助前往烧饭的女同志只能蜷局在车后。

上路了，开头一段，大概700到1000米的路都还是柏油路，而后就是坑坑洼洼的泥石路了，幸好没下过雨，路相对好开一些，但一转一拐，可真把人颠簸得厉害，而这我是在第二天才感觉到的，全身关节都有些疼痛，但在当时可是一点儿也感觉不到，因为在前往师姑湖的路上的一弯一折，展现的都是美不胜收的美丽画卷：巍巍群山，回环透迤，横柯藤蔓，自在闲散，在林荫遮蔽的空隙，不时可见远方的飘带似的瀑布……。

突然，坐在前排的人叫了起来，原来是一条小蛇在路上游走。王站长小心驾车避过，生怕碰伤这小精灵。车子继续前行，过了不到10分钟，前排又叫了起来，又是一条蛇，全身乌黑——乌梢蛇，起码有两斤多重，挺休闲地从路边水坑滑向草丛。

车继续往前走，我们也继续随车摇摆，继续在晃晃悠悠欣赏眼前美景。猛然间，前排又再一次兴奋地发出喊叫声，我连忙起身观看，只见四只小野猪在我们的车前奔跑，短短的尾巴，统体黄黄的毛，还有漂亮的白色花纹，估计每只猪都有10多斤重。我们缓缓地跟在它们后面，不敢开快，这些大自然的宠儿是那么的可爱，真舍不得惊了它们。如果换成别的人，也许会加大油门冲上去，但出身林业的王站长说：对大山里的一草一木和任何大小动物，作为人类都不可以轻易去伤害。仅此一言，让我感到这位嘉兴帅哥是深深地爱着大山和大山的一切。

我们静静地跟着，跟着，目送四只小野猪娃跑进路边丛林消失了。这是我第一次看到小野猪，运气真不错。

经过一个半小时的颠簸，在离师姑湖还有10来分钟的路程时，木海主任体察我们大家的心思，问是否喜欢弃车步行，结果当然是一阵欢呼雀跃。下了车，看到的是有腰身粗的水杉林，密密麻麻的，阳光只能穿过林叶空隙才能进入，形成了一道道光柱。林下是一片的阴凉，我们在此留下了第一张合影照，徐木海主任站在中间，高出我等一头。此时，我突然觉得徐木海主任的名字和他的职务——石门洞国家森林公园办公室主任，是多么相融相揉和默契：峰峦绵延，绿树成荫，清风徐来，林涛阵阵，这是绿树汇成的林海，这是有心人忠诚守护的耸立着千千万林木的林海……。

小周是我们一行中最年轻的女孩子，是教音乐的，因事先没充分准备，只穿了短袖T恤和时髦西装短裤，脚下是凉鞋，而且女同志自然是不穿袜子的，这就不免要吃苦头了，而且，据她自己说，她的脚一沾到山上的泥土就会长出许多小泡泡。幸好男同志都是穿袜子的，我们就脱下一双让她穿上，还有是她的短裤，虽然能很好地衬出那双姣好的玉腿，但茅草（木匠始祖鲁班根据该草边沿锯齿般的细微缺口发明了锯子）却不懂得怜香惜玉，我们只能尽可能地在她前面多踩平一些两旁的草。

到了师姑湖林场的住地，稍作停顿，我们就循小路前往那"草甸绿毯"了。路上除了花草林木外，较让人留下记忆的是山茶树丛，那上面结的果特别得大，完全不同于平常所见的山茶果，有人说那是油茶树，我也不清楚，反正姑且听之吧。

到了师姑湖，我们发现它并不是通常意义上的湖，其实是一片湿地，当然在以前完全可能是一个高山湖，但现在所见到的是一片长满绿草的沼泽。站在路边看那一片湿地，跳入脑海的只有一个感觉：美！美！美不胜收！绿油油、齐刷刷的嫩草，一碧如茵，平展展地绵延开去，绿草甸中时不时能看到各种各样的花，有红的，有白的，有黄的，有簇成球的，有叠成塔的，有挂成串的，有连成片的……。而最引人注目的是那花瓣紫蓝色，连着枝茎处又呈嫩白，婷婷摇曳形似蝴蝶飞舞的花！

所见所感的一切，都在矜持地诱引着我们融入到那温润怡情的草海中去，无可抗拒……。

下到了湿地，我们才知道，没膝深的茅草下面都是淤泥和水，一脚下去，鞋袜顿时全变了色，我们只能用脚把草踩压倒，然后踩着草的根部彼此牵着手，一步步小心地跨过去。

到了湿地中间，那丰茂茅草特别惹人醉。4个女同志一个个全都忘情地躺倒在草甸上，而且是敞着胸怀，张开双臂，仰面大呼小叫起来，全然不顾有我们这些男同志，也全然不顾草下的淤泥、水和草丛中的蚊蝇小虫，抑或可能寄身草丛躲避炎热的蛇、蜥……。

这里，是我们拍照片最多的地方，也是拍出最漂亮照片的地方。

我们还在草甸中间赞叹，多见不怪的徐主任已走到草甸的那半边了，问我们还过不过去，其他人都有些雀跃，只有小周害怕了。但好马不吃回头草，到了草甸中间岂可往回走，更何况走回去的路程和茅草也都差不多。在我们的鼓励或者说蛊惑下，小周也鼓起勇气小心地踩着茅草向前走了过去。

到了另一边后，我们看到了许多被掀开的新泥坑，感到有些奇怪，徐主任告诉我们那是野猪拱出来的，因为野猪也是杂食动物，地下的嫩树根、小虫子、老鼠和蛇等等都是它们的美食。还有让人更感到额外收获的是我们发现了好几处藤蔓上挂着许多毛茸茸、个头比鸡蛋小一些的一串串果实，煞是好看，你道是什么？是猕猴桃，是纯正纯粹纯净得像小姑娘似的野生猕猴桃。虽然还不怎么成熟，但一放进嘴里就有一股特别的清香，让人觉得特别的舒服……。这是来自大自然的厚爱，是来自海拔1000多来高，常常是被云遮雾罩着，丝毫没有被污染的高山上的食品，是至真至纯的绿色果子。

在徐主任的引领下，我们翻过一处平缓的小山冈，又到了一处湿地边上。那块湿地同样长着丰美的茅草，不过是面积没有第一处大而已，但也有700来米长，100来米宽。小黄、小周可能是走久了，有了些需要，就进了树丛中，我只得断后，在山冈上等着她们。突然，原本平静的树林飒然风起，似舞蹈，似欢笑，似不经意的大呼小叫……。天籁之音不禁让人畅怀迎之，令两位从事音乐的女士也边走出树丛边发出了动容的赞叹。

当我把这一情景告诉先走掉的那些人时，孰料其中一位仁兄说：那是树林和清风在赞美两位诗化的女老师，甚或是树与风因为无意中的窥见而悠然醒转，不免发出声响，庆幸自己的好运气……。

山树草风云尽皆有灵性，和人类一样懂得欣赏！

石门洞记游

孙贯江

六月三日，风和日丽。县离退休教师一行六十余人，"横过石门渡"，探幽访胜。对我来说，虽是"前度刘郎",但旧貌新颜仍然是心醉神迷。特别是旗鼓两峰,丹崖翠壁,嵯峨嶙峋,原来是东西相峙,各据一方,现在被一截铁桥连接了起来,给洞天胜地,平添一道时代的风景。当我们舍舟登岸,突然一阵震耳的声响,横空而至。举头仰望,一条蓝白相间的"飞龙"从"大旗"那边冒了出来,风驰电掣,钻入西面的"鼓腹"之中,令人目眩神迷,似梦似幻,为之愕然。

旗鼓两峰以形似旗、鼓而得名,鼓峰之上原有寺,有石级伸向水边,陡而窄,谓之青云梯,为寺僧往来汲水之用。现寺已不存在。下侧建有挹江亭,前临瓯江,在此望江听涛,而饶雅趣。清末县人韩锡胙有诗咏旗鼓两峰云:青田迎溪行,百里山有鼓。括苍顺流下,旗山砥中柱。惊涛折东奔,回浪拍西柱。妍峭显殊状,斜整峙两涘。

两峰之间,浓荫复盖,一曲青溪,潺缓而出。旁有问津亭,有楹联云:渔父不来桃花何处,空亭小坐流水自闲。妙语如珠,把石门洞和桃花源联系在一起,未入洞去,却使人抖去俗尘一斗,顿觉心爽气清。路旁削壁上,新鬃摩崖,触目皆是。有问津桥,亦名浣纱桥,跨于松、鹤两溪汇合处。过桥绿茵一片,广数亩,衬着阳光,绿得耀眼,使人不敢投足。西南有木鱼岩,以石击之,梆梆作声,宛似木鱼,与灵佑寺晨钟暮鼓相应和,似置身佛国,超然物外。

灵佑寺始建于明天启间(1621～1627年)。清同治乙丑(1865年),寺僧募资重建。七间两厢,抬梁穿孔混合式结构,重檐二披顶,无正门,南北开通道。近来修缮一新,香火甚盛。寺南有谢客堂,乃元访使王修建,窗明轩净,古朴素雅,堂东设有坐栏,眺望洞外,波光帆影,怡人心目。有楹联云:文字有灵竞传胜事,江湖满地尤重诗人。

谢客堂和灵佑寺均属县级文物保护单位。现谢客堂改建住宿楼,多年前看到的景色,不复存在,未免怅惜。谢客堂南面为刘基读书处。仅存石碑一块,立于荒草之中,供人凭吊,不胜沧桑。

刘文成公祠在鹤溪之畔,石柱石梁,三楹三间,正堂有刘基像,庄严肃穆。有楹联云:岩养奇才得两大钟灵间气,风尘识明成一代开国元勋。名贤为社稷而生唯晋星庆云有光两浙,文化得江山之助即犁眉覆瓿并足千秋。

清随园诗人袁枚游石门洞谒刘文成公像诗云:远坐一片白,嵌空落翠微。甘霖真岳降,匹练作龙飞。遗像瞻司马,隆中想布衣。伤心山下水,能出不能归。

祠前下望鹤溪,有轩辕丘,路旁有丰成涛,"轩辕古处"摩崖题刻。传说刘基乘船来石门洞,溪水大涨,船由洞口直入鹤溪,泊于石门书院之下。水落,船遂变成渚,人称轩辕丘。

和刘文成公祠隔溪相对,有仙人台,上宽下窄,突出鹤溪。传说有神仙对弈于此,故名。旁有清泉一眼,清冽甘美,四季不竭。

仙人台后山腰有透气洞,宽数尺,深不可测。传说可通石门飞瀑。夏日凉风习习,冬则蒸气似烟。北有巨石,名道士冠。旁有寺,已圮。

刘文成公祠后面为碑廊,1992年建成。集明至今碑刻27方,有题记、诗、题名,楷、隶、行、草、篆诸体齐全。其中有高汝行的"瀑布直从天外落,画屏横向雨中开。"有夏凌的"千丈喷壁乱作雨,一声地动殷其雷。"以及郭沫若的"横过石门洞,刘基尚有祠。垂天飞瀑布,凉意喜催诗。"等诗刻。有刘正亭的"飞瀑"字刻,字径达140～150厘米,雄宏苍劲,蔚为壮观,令人玩味无穷。

出碑廊后有岭,高而陡,上有白猿洞。传说刘基读书石门洞时,白猿幻化成一端庄女子为刘基煮茗研砚。并赠刘基天书一部,助刘基辅朱元璋成就帝业。

白猿洞右侧有一石台,兀出于古树藤蔓之中,上有仙猿亭,凭栏聆听,訇訇水声,从下而上,令人有不知身在何处之感。传说每于明月东升之夜，白猿于此吞纳明月之精华，修道成仙。

白猿洞有铁梯盘旋而上，直登顶峰，山峦起伏，莽莽苍苍。极目四望，大有高处不胜寒之慨。张玉梅、吴剑云等老教工们，皆已古稀之年亦能攀登至此，令人叹服。

从顶峰顺梯岭而下到观瀑亭小坐，这里危崖峭壁，环似半圆巨坛，飞瀑从顶端倾泻而下，高112.5米。明汤显祖咏石门泉诗云：春虚寒雨石门泉，远似虹霓近若烟。独洗苍苔注云壑，县飞白鹤绕青田。

飞瀑之下有泻银潭，广数亩，水绿似黛。扁舟一叶，荡于碧波之上，悠然自得，潭北有日影岩。潭中巨石两块，兀立水面，紧相依偎，人称情侣岩。观瀑亭下有泻银桥，过桥有凹形石窟，长约十余米，谓之月洞。临潭有观瀑台，与飞瀑近在咫尺，举首仰望，碎玉细珠，盖天而下，伸手可接。月洞四周，有南宋至清摩崖题刻53处，琳琅满目。有的在十余米高之绝壁上，令人叹为奇观。

游罢日已中午，至新落成石门洞宾馆小憩，宾馆处于松溪之源，远离尘嚣，四面绿树成荫，凉意喜人。宾馆张经理得知我们是来自县退离休教师协会，热情招待，并和我们一起摄影留念。

午后过江水北，登车回城。回首石门，旗峰危崖上"石门洞"三字赫然入目。飞瀑泉声，似乎还隐隐萦绕耳际。

太鹤觅踪

洪千民

青田鹤城北隅的太鹤山，相传古时有白鹤栖息繁衍而得名。

1981年辟为公园后，侨胞侨眷及社会各界人士鼎力赞助，多年的开拓经营，太鹤公园已今非昔比，面貌焕然一新。是侨乡人民休闲、观光的好去处。

从谢桥亭折进，沿蜿蜒的石径拾级而上，穿过迎翠亭，转入圆拱大门，钻进一段冬青爵道，一座油漆斑驳的亭阁便闯入眼帘，这便是"问鹤亭"。叶南坡先生撰写的楹联别具一格：

何事别寻仙境界，

此山旧是鹤家乡。

语颇隽永，耐人寻味，意趣横生。

亭右山径外侧，一堵依山而设的装饰护墙：长约六十米，墙头堆砌了富含民族风情的腾跃蛟龙，给葱茏的世界平添几分生趣。下端龙门外，一泓碧水清澈见底，林荫倒映，景色如画。池中若干色彩斑斓的田鱼，观赏价值定不亚于西湖花港。上头龙门外，古藤荫下，有一八柱凉亭。亭外一株参天古松枝繁叶茂，洒下浓浓的绿意。亭中小憩，清风徐来，诗情画意，油然而生。

环翠寺建筑群，坐落在公园的心脏地带；始建于唐，近年善男信女募集巨资，陆续重修扩建，按山势错落，层层递进。寺宇廊庑，雕梁画栋，富丽堂皇，古朴典雅，气派恢宏，与周围的浓荫山色相映生辉。寺内香客盈门，诵经礼佛，熙熙攘攘。殿宇内，香烛采用电器仿真赝品，免除烟熏火燎的污染。佛家信徒，如今也讲究环保，反映了时代的潮流。寺门外一株"榕抱槐"，悄然独立，树影婆娑，别有一番丰韵。

公园景区，古松繁茂，杂树丛生，用它们的枝叶齐心编织了一把遮天大伞，把阳光远远挡在外边。即使酷暑，匿迹林荫，直觉松涛阵阵，凉风扑面，暑气顿消。林荫下山径棋盘交错，环翠寺左右有一条蜿蜒的横向通道，横路上面，有三条纵向山径分别通向山巅。不过东边的那条绕过的景点较多，初次涉足的人们都喜欢循着这条幽径向上攀登。

孝顺崖又名乾一峰，是屹立在巨大石坪上的一块三角形灵石。顶尖下圆，高约两丈。传说凡孝顺后裔，只要心虔情笃，都可将崖身摇动。此说虚谬与否，姑且不论。但古人借题发挥，讽喻敬老美德。用心可谓良苦。

崖后不远处，乡贤姚毓醪题写的摩崖，依稀可辨："幽径盘屈上峰巅，高低参差松石间。一脉瓯江映玉带，千年太鹤共云烟。林园重整增新蓝，亭阁更添臻大观。莫道此中风物少。只缘君未到斯山。"诗句记录了问津太鹤公园的感受与青田人民装点河山的豪情壮志及艰辛历程。

再后的点易亭，建在一方小高台上，正方形。诵读前面的楹联："长松露下研周易，高石霞分叱叶师。"把人们的思绪带到遥远的古代，又可引发出两个神秘的故事来。

山巅平旷，约两亩。其北有一斗角翘檐的亭子，下临深谷，每当雾霭氤氲，山岚弥漫时，此亭宛如凌空展翅的大鹏，若虚若幻。陆定一先生特为该亭题名："欲浮"，情景交融，颇费斟酌。

其南的混元峰，便是太鹤公园的主景"混元试剑"。这是一块高15米，宽17米，周长约37米的巨崖，相传被唐朝的叶法善天师丹成得道后，用剑呈十字形劈开，一分为四，岩际罅隙宽约1米；深且两丈。沿人工开凿的石蹬，手脚并用，可抵巨崖之巅，"无限风光在险峰"，这里视野开阔，俯眺城镇及水南新区，历历在目。胆子大者可跨越罅隙嬉戏。稍下的巨石上塑有白鹤三只，高低错落，神态悠然，栩栩如生。

混元峰下，三块石头相搭成洞，人称白鹤洞，传闻古时是白鹤栖息之处，尽管洞内低矮简陋，但传说却赋予山洞神圣的光环，不仅为太鹤山的命名奠下依据，而且也为问鹤亭的楹联做出诠释。

白鹤洞外，原"点易遗迹"前有座青石打造的亭子，中立的碑刻系原始之物，下部全封闭，名为"易冢"，是本邑清代先贤端木国瑚埋藏《周易指》书稿的地方，《周易指》是端木先生研究《易经》之力作。原冢遭人毁坏后，近年，由端木后裔出资按原貌重建"易冢"，显示了他们爱乡、敬贤、重视历史文物的高尚品德。

太鹤公园摩崖甚多。最集中的在混元峰，有南宋虚真洞"混元峰"、明代郑光奎"长松介石"、清代张尊三"试剑石"及明代郑奎元的青牛道士（即叶法善）像。摩崖经历史风雨的洗礼，苍苔密布，幸尚可辨识。近年新增的摩崖有书法泰斗沙孟海的"太鹤胜迹"，原人大副委员长陈慕华的"烟雨松鹤"及原浙南游击将领粟裕的"装点关山"等。

青田山川，钟灵毓秀，地灵人杰，有悠久的文化积淀。太鹤山历史上曾被称为道教第三十洞天，熔自然景观和人文景观为一炉。改革开放后的太鹤公园，气象万千，更具时代魅力。它像一颗璀灿的明珠，熠熠生辉，把侨乡装扮得更加妖娆。

三、电视专题解说词

以林兴旅看青田

—— 林区·林业·林农特别报道解说词

口播：观众朋友，欢迎收看本期林区·林业·林农特别报道。青田作为著名侨乡，东临温州，承载着丽水东大门形象。本期节目，我们将带您走进青田，一起去了解青田森林旅游业发展的现状。

推出片花"以林兴旅看青田"

配音：青田古为芝田，素有三乡之称，即"石雕之乡、华侨之乡、名人之乡"。境内溪谷纵横，烟江秀丽，山峦连绵，奇峰挺拔，自然风景资源丰富，人文景观星罗棋布，交相辉映。游遍世界，腰包鼓起来的青田人开始以特有的敢闯敢拼的石雕精神，打造出了"山水生态游""民俗风情游"和"欧陆风情游"三大旅游品牌。2006年青田接待国内外游客达80.69万人次，同比增长20.41%，旅游总收入9.66亿元人民币，同比增长32.87%。其中接待国内游客77.6万人次，同比增长20.16%，国内旅游收入3.62亿元，同比增长33.58%。接待海外游客3.0908万人次，同比增长27.25%，入境游收入7555.89万美元，同比增长32.552%。旅游总收入占全县国民经济生产总值的16.9%，作为青田新的经济增长点态势和第三产业的龙头产业地位越来越明显。

县林业局局长同期声：这几年青田的生态旅游取得了长足的发展，2007年上半年森林生态游人数达到了44.05万，旅游收入4.97亿元，比去年同期分别增长19.3%和11.69%。我们以石门洞国家3A级森林公园为龙头，东面以东瓯第一山金鸡山为中心，北面以九门寨公园为纽带，城区周边以太鹤山、千丝岩、龙现田鱼村为连线，形成东西南北生态游的线路串联。

配音：作为旅游的东线，东瓯第一山金鸡山，是个鸡鸣三市即温州市、瑞安市和丽水市的地方，具有独特的地理位置优势。这里每逢节假日和双休日，有很多温州的市民前来登山休闲。青田林业人看重了其发展森林旅游的优势，大笔一挥，把金鸡山林场所有的林地面积全部划为生态公益林。8月14日，是台风帕森压近浙江东南沿海的日子，让记者没想到的是，在往金鸡山前去采访的时候仍碰到了一群前来游玩的青田人。

游客一：这里空气很好。

记者：你们都是青田的？

游客一：嗯，都是青田的。

游客二：我们还是先往下面去吧。

游客一：现在上面看不到，现在开始热起来了。

记者：你们是第一次来？

游客一：嗯，是第一次来。

配音：云深不知处，细雨喜飘临，这一天金鸡山云雾缭绕，5步之外便不见人影，金鸡山仿佛就似坐落在世外的人间仙境。虽然没有晴空万里一眼看三市的壮丽画景，云雾中的金鸡山别样的风情还是让游客们兴奋不已。

现场口播：观众朋友，我现在站在金鸡山主峰上面，如果是晴空万里的时候，那我们下面可以看到非常广阔的一片山，像我这边是丽水，云的深处是瑞安，右边可以看到温州。今天我在路上碰到一群来自青田的朋友，他们一路兴致勃勃地爬到了山顶，今天有位老伯是拄着拐杖爬上来的。大伯你好，这山好不好爬？

大伯：难爬，呵呵。（笑声）

配音：金鸡山坐拥地理位置优势，开发的各个瓶颈也即将得到解决。刚投资300多万元开发的宾馆配套设施都已经完成。

青田金鸡山林场场长徐云彪：汤垟到金鸡山景区的道路要硬化，水泥路要做好。宾馆、餐厅都有了,这些已经建成了。现在已经有好几千人上来了,如果景区开发后,人数肯定增加到三五万人。

(推出片花)"以林兴旅看青田"

配音:森林休闲旅游产业要做大就要立足实际,整合山、水、人三者的资源。现在文明遐迩的方山龙现中国田鱼村就成了产业资源整合中的代表者。

龙现村村长吴小舟:我们这个地方靠山,我们这个村整个山有5000多亩。森林覆盖率100%,加上我们这都是活水,每个房子后面都是水塘,都有活水,所以屋前屋后都有鱼。

配音:有了山的赋予,龙现村便有了水的灵性,有了水的灵性便有了水中精灵,于是水中精灵便游遍了龙现村的每个角落。龙现村便具有了发展生态旅游的先决条件和必要条件。

龙现村村长吴小舟:这个牌子就带动了旅游产业的发展,走势很好,像以前双休日每天客流量500人或者400人,现在每天多的已经超过1000人了。

龙现·中国田鱼村龙源山庄总经理吴寿康:以前在家里没事情,后来到上面搞了凉亭,凉亭搞起来了,后来搞了个草棚,草棚搞起来给人家在这游泳换换衣服方便点。后来客流量多起来就根本没办法了。外面没地了,就石头打进去盖房子,盖起来后,客流满了还是没办法,人特别多坐不下餐厅,三楼那边是会议室。

配音:有了山、水、鱼和旅游基础配套设施的完善,这个偏僻的小山村开始成为游人如织的地方。吴寿康等人投资150万元兴建的龙源山庄在短时间内就收回了成本。

龙现·中国田鱼村龙源山庄总经理吴寿康:现在一般周末多点,平时是100多号人。周末就很难讲了,住不下,人太多了。头一批吃了,还有第二批吃,叫他们说你等下是没关系,现在人太满实在没办法,安排不出去。你这里最好吃了,你为什么叫我到外面吃,我不去等下就等下,他们都是这么说的,有时候他们等两小时都等过。

配音:有了青田石雕文化、华侨文化、名人文化等有形的外壳,通过石门洞、滩坑库区、九门寨、阜山、金鸡山等景区建设,完善旅游接待配套设施,在森林旅游中表现青田特色,扩大青田旅游外涵,尤其是利用青田的华侨资源为林业、为森林旅游所用。县林业局局长有着一个长远规划。

县林业局局长:欧陆风情、三乡文化、生态休闲,是我们青田森林旅游业的特点,作为丽水市的东大门、温州的后花园,在整个的"十一五"规划中,我们青田将进一步依托独特的华侨资源、名人资源等优势,进一步拓宽投融资渠道,加快投入力度,进一步深化体制机制改革,着重对石门洞景区等景点进行深度开发,使之成为我们青田旅游的一个龙头。

配音:在石门洞国家森林公园顺利通过国家3A级景区复核之后,青田县县长马上召集青田15个部门的局长奔赴石门洞景区进行深入调研,为石门洞景区和整个青田森林旅游第二次整体深度开发做战略规划。

石门洞林场场长陈雄弟:县长带领15个部门局长来,县里对我们石门洞改制与发展非常关注,在上面调研了2小时,还特意召开了会议进行专题研讨。

配音:一直以来困扰石门洞国家森林公园进一步发展的主要原因一是体制上,二是第二、第三景区与第一景区没有形成互动,游客只局限在第一景区游玩。

石门洞林场场长陈雄弟:石门洞人员比较多,人员改制、政景结合、人员分流,县里为我们减轻包袱，接下来就要成立景区管委会，和旅游全面接轨，把周边的乡村都纳入到管委会管理。

配音：在理清体制的同时，石门洞开始集中精力开发第二、第三景区，公园入口景观工程、太子胜景、师姑湖草海等规划建设已经着手和即将开工建设。

石门洞林场场长陈雄弟：我们现在是 3A，不发展是不行的，肯定要向 4A 发展，把第一景区搞好，发展第三、第二景区，按照第四景区努力做好，肯定争取 2009 年通过 4A。

配音：瓯江水碧似蓝，两岸风景如画，从古到今，潮来波涌，游人如织，历代文人墨客、政坛要人无不赞美青田：物华天宝，人杰地灵。"何事别寻仙境界，此山原是鹤家乡"，在太鹤山下的青田人打"特色牌"，扩大旅游影响力。重点围绕生态、休闲、乡村"农家乐"、民俗风情和欧陆风情等特色，创新区域合作形式，开拓区域合作空间，加强与上海、金华、温州、丽水等周边地区的沟通与合作，一个旅游休闲胜地开始呈现在我们面前。

口播：青田历来都是敢为天下先，敢拼敢闯的华侨精神在林业发展中同样发挥得淋漓尽致，随着青田森林旅游业第二次深度开发，青田的旅游业必将迎来蓬勃发展的全新局面。好，观众朋友，感谢你收看本期节目，再见！

—— 柳松树配合整理；丽水市电视台 2007 年 8 月 19 日播出

第十编 组织机构

第一章　行政机关

　　据《浙江省林业志》记述：浙江省有记载的最早管理林业的职官始于清代末年。清光绪二十七年（1901年），浙江省成立农工商矿局。宣统元年（1909年），成立劝业道。民国以后，不论是北洋政府时期还是国民政府时期，都曾设置专门管理林业的机构，林业事业曾一度受到重视。但民国后期，由于局势动荡，林业工作又呈凋零之态。

　　中华人民共和国成立以后，各地开展大规模的林业建设和山区开发，青田县开始设立林业行政机构。"文化大革命"开始后，党政机构一度瘫痪，林业事业遭到严重的破坏。至20世纪80年代，林业行政机构与职能逐步调整到位，并先后建立了林业技术推广组织、林业公安执法机构、森林防火办和山林纠纷办等林业特设机构。2000年以后，林业事业进入全面发展的黄金时期。以管理、执法、服务为主要职能的新型林业管理体制逐步完善，各类林业机构得以健全和充实，形成一个较完备的林业管理、林业科研、科技推广、森林保护组织体系。

第一节　机构沿革

　　唐睿宗景云二年（711年）置青田县，历经唐、五代、宋、元、明五个朝代，青田皆无专门林务机构。清宣统元年（1909年），省政府设劝业道，通令各县设劝业员，以掌管农林等项事宜。民国时期，青田曾设浙江省林场青田县分场、浙江省农业改进所青田县林业改进区等。民国17年（1928年），青田县创办苗圃。民国33年（1944年），鹤城镇等17个乡镇各设森林警察2名，但因报酬无着，加之政局不稳，森林保护效果有限。

　　中华人民共和国成立后，青田县始设专门林务机构。1950年，县政府设建设科，兼管林业。1953年4月，建设科改名为农林建设科。1955年6月，机构扩编，设立青田县农林水利局，主管农、林、水事务。1956年10月，农林水利局撤销，单独设立林业局。1961年，国家遭受严重自然灾害，所有机构裁员兼并。5月，林业局重新与农业、水利机构合并，称农林水利局；1962年1月，又恢复林业局。"文化大革命"开始后，党政机关受冲击，几至瘫痪。1968年11月，县革命委员会成立。1972年，设青田县革命委员会生产指挥组林业局；1973年9月，机构调整后，正式定名为青田县林业局。1981年3月恢复青田县人民政府，林业局为县政府下属的职能部门，一直至今。

　　随着林业事业不断发展，林业机构也不断壮大。至2014年，除林业局等行政机关、乡（镇）林业站划归各乡（镇）序列外，林业系统有事业机构12个、非常设机构3个、挂靠机构3个、企业单位1个。全系统林业干部和职工共130人（不含石门洞林场、各乡镇林业站）。

　　县林业局行政机关编制数13名（含工勤人员编制1名，不含森林公安11名专项编制）。领导职数：局长1名，副局长3名。县编办青编〔2008〕11号文件同意县林业局增加总工程师1名。

　　林业局的职能配置、内设机构和人员编制，随着历史阶段和任务侧重不同，一直在动态变化中。2012年10月9日青政发〔2012〕153号文件确定，县林业局的主要职责是：

1. 研究制订有关林业生态环境建设、森林资源保护和国土绿化的规划，研究制订全县林业中长期发展规划并组织实施。

2. 组织开展并指导植树造林、封山育林和封山护林工作；指导森林培育及各类基地和工程项目的建设；指导国有林场、乡村林场、森林公园建设和管理；组织指导林木种子、苗木、花卉工程的建设和管理。

3. 组织、指导、监督全县森林资源管理和森林资源调查、动态监测和统计；组织编制全县森林采伐限额方案，经批准后监督执行；监督检查林木、竹林的凭证采伐与运输；组织指导林地管理，并依法对林地征用、占用进行审核、审批；负责林权登记、管理、流转、收储工作。

4. 组织指导森林、湿地和陆生野生动植物资源的保护、合理开发利用、救护繁育和疫源疫病监测；依法负责森林、湿地和陆生野生动物类型自然保护区的建设和管理。

5. 负责本单位行政审批职能；负责涉及本单位的联审联批和联办事项的办理工作；负责本单位行政许可、非行政许可事项业务咨询和服务工作。

6. 组织指导并监督全县生态公益林建设和管理；组织开展并指导全县退耕还林工作；组织指导以植树种草等生物措施防治水土流失工作。

7. 负责林业执法监督、行政复议工作；指导森林公安工作和森林公安队伍建设；组织、协调、监督、查处破坏森林资源的违法犯罪案件；组织、协调、监督、检查森林消防、森林病虫防治、森林植物检疫工作；组织协调山林纠纷调处工作。

8. 指导、监督山地综合开发；建设名特优新经济林示范基地；组织、指导林业科技、教育、宣传及对外交流合作工作；编报重点林业建设项目；指导林业队伍建设。

9. 管理、指导、监督林业系统的财务工作，负责县级林业基金的筹集和使用管理，研究制定林业经济政策。

10. 承办县政府交办的其他事项。

表 10-1-1-1 林业局历任领导更迭情况

名　称	职　务	姓　名	任职时间	备　注
建设科	科　长	王耀南	1950.05—1952.10	
	副科长	洪才高	1950.03—1953.03	
农林建设科	科　长	陈嘉治	1953.04—1955.06	
	副科长	林崇禄	1953.04—1955.05	
农林水利局	局　长	邢宝荣	1955.06—1956.10	副县长兼
	副局长	陈嘉治	1955.06—1956.10	
	副局长	林崇禄	1955.06—1956.10	
林业局	局　长	俞文龙	1956.10—1958.07	
	副局长	李文炜	1956.10—1957.02	
农林水利局	局　长	陈定巢	1961.06—1962.01	
	副局长	林　浩	1961.05—1961.09	
	副局长	陈敏奎	1961.05—1962.01	

续表 10-1-1-1

名　称	职　务	姓　名	任　职　时　间	备　注
林业局	局　长	潘昌明	1962.01—1965.12	
	副 局 长	贺洪飞	1965.12—1968.04	
生产指挥组林业局	副 局 长	贺洪飞	1972.05—1976.10	主持工作
	局　长	潘建中	1978.06—1981.04	
	副 局 长	贺洪飞	1976.10—1978.06	主持工作
林业局	副 局 长	刘如清	1976.10—1979.10	
	副 局 长	徐玉阁	1976.10—1983	
	副 局 长	邱金清	1979.06—1981.06	兼山林办主任
	副 局 长	倪国薇	1980.08—1982.04	
	局　长	蓝文明	1981.06—1984.09	
	副 局 长	章则芳	1982.02—1984.01	
	副 局 长	夏耀辉	1984.01—1990.02	
	副 局 长	倪国薇	1984.01—1987.12	
	副 局 长	季王民	1984.09—1984.12	
	局　长	叶志深	1984.09—1987.08	
	局　长	倪国薇	1988.08—1992.09	
	副 局 长	王秀华	1988.08—1992.09	
	副 局 长	陈正东	1991.11—1997.12	
	局　长	王秀华	1992.09—1994.03	
	局　长	邹竹华	1994.03—1996.10	
	副 局 长	杨槐玉	1994.03—1996.10	
	局　长	程岩楚	1996.10—2001.11	
	副 局 长	殷如民	1996.10—2000.09	
	副 局 长	刘新青	1998.11—2003.05	兼旅游局副局长
	副 局 长	周绍平	2000.10—2006.02	
	纪检组长	詹海雄	1998.09—2007.03	监察室主任
	局　长	包永海	2001.11—2006.02	
	副 局 长	林伟标	2001.05—2005.02	
	局　长	张立总	2006.02—2011.12	
	副 局 长	郑晓敏	2006.02—2012.03	
	副 局 长	杨周平	2006.02—2008.07	
	副 局 长	潘文英	2006.02—	副书记
	纪检组长	周国良	2007.06—2010.01	兼监察室主任
	纪检组长	王国富	2010.02—2012.05	兼监察室主任
	局　长	张利勇	2012.4—	
	纪检组长	程海青	2012.05—	
	副 局 长	潘文英	2006.02—	
	副 局 长	季焕平	2012.05—	
	副 局 长	王国富	2012.05—	
	总工程师	章伟杰	2012.08—	
	森林公安局长	詹世利	2012.05—	
	消防办主任	郭明月	2013.05—	

第二节　历任领导简介

1. 王耀南，男，出生年月不详，汉族，河北省人，中专文化，中共党员。

1949 年 9 月前任职不详。9 月后，历任县文教科副科长、建设科科长、县人委党组成员、县人委党组秘书、县委委员、纪检委委员、县商业局局长、县供销合作总社主任、县工业局副局长、商业局副局长、县供销社副主任。1979 年，调回河北省原籍离休。县第一届、第二届、第六届人代会代表。

2. 陈嘉治，男，出生年月不详，汉族，永嘉县人，中共党员。

1949 年 5 月前任职不详。青田解放后，历任中共海口区委委员、县互助合作社党组成员、水南区委副书记、中共北山区委书记、县农林建设科科长、县农林水利局副局长。1956 年 10 月任农业水利局局长。1957 年因右派处理回原籍后，因病亡故。县第一届人代会代表，县人委委员。

3. 邢宝荣，男，出生年月不详，汉族，河南省海兴县人，中共党员。

新中国成立前参加工作，任职不详。青田解放后，历任县委委员、县人委党组成员、副县长兼县农林水利局局长、政法党组书记（兼）、县委副书记、书记处书记兼代县长、县长等职。"文化大革命"开始后，于 1968 年调离本县。2003 年，在丽水病故。县第一届、第二届、第三届党代会代表，县第一届、第三届、第四届、第五届、第六届人代会代表，1956 年、1959 年出席省第二届、第三届人代会。

4. 俞文龙，男，1930 年 1 月出生，汉族，腊口镇人，中专文化。

1947 年参加工作，1951 年 5 月入党。历任石帆小学教师、丽东区（即海口区）干部、县公安局预审员、秘书（兼县团委副书记）、政治协理员、公安局副局长、县林业局局长、县农林党组成员、县委农工部副部长、县委宣传部副部长（1959.6—1961.9 主持工作）兼任县委党校校长（1961.11—1963.3）。第五届和第六届县政府办公室主任、县委办公室干部、县革命委员会办事组党委副书记。1980 年 1 月，"文革"冤案平反昭雪。先后任县交通局秘书股干部、局级调研员。1990 年离休，享受县团级政治生活待遇。县第二届、第三届、第四届、第五届、第六届人代会代表。

俞文龙

5. 陈定巢，男，1926 年 3 月出生，汉族，船寮镇人，小学文化。

1949 年 5 月入党，同月参加工作。历任船寮区委、区公所组织科统计干事、民运干事、组织科副科长，县委城工部干事。水南区第二副区长、第一副区长、区长、中共水南区委副书记、中共水南区委书记、中共水南人民公社书记、县委农工部干部、县农林党组成员、农林水利局局长、农业水利局局长、万山区区委书记、鹤城镇党的核心小组副组长、革委会副主任、镇委副书记、县农林党组成员、水电局革命领导小组组长、水利电力局局长、城郊区区委书记、县农业经济委员会党组副书记、县农业经济委员会党组副主任。1984 年 4 月离休，享受县团级政治生活待遇。县各界人民代表会议代表，县第一届、第四届、第五届、第六届人代会代表，县第五次党代会代表，县委委员。

6.潘昌明，男，1934年7月出生，汉族，万山乡人，小学文化。

1949年6月参加工作，1950年1月入团，1952年10月入党。历任县政府干部，北山区公所出纳，土改工作队组长，妙后乡文书、副乡长，岭根乡副乡长、乡长，北山区委宣传干事，宣传委员，区委副书记、副区长，北山公社党委书记，县委畜牧办公室主任，县林业局局长，农林党组成员，温溪区委书记，鹤城镇核心小组副组长，革委会副主任，船寮区党的核心小组组长，革委会主任，县落实山林政策办公室主任，水南区委书记，农业局农牧特产局局长、党组书记，县政府办公室副主任（兼老区办主任）、党组成员，县政府正主任级调研员，党总支书记，县革命老区领导小组副组长等职。1994年12月离休，享受县团级政治生治待遇。县第一届、第三届、第四届、第五届、第六届、第八届、第九届、第十一届人代会代表，县第四次党代会代表，县委委员。1955年出席中共浙江省第五次党代表会议，1956年、1959年出席中共浙江省第二届、第三届党代表大会。

潘昌明

7.贺洪飞，男，1920年出生，汉族，贵岙乡人，小学文化。

1943年9月入党。1948年9月参加工作。历任江北中心区干部，中共黄坦乡支委，万山区民政股长、宣传委员，鹤城镇委副书记、峰山茶场主任、支部书记，县森工站副站长，万山区区长，高湖乡党支部书记，万山管理区主任，黄垟管理区主任，县农林局党组成员，林业局副局长，县林业局革命领导小组第一副组长（主持工作）、副局长。1980年5月退休，后改离休，享受县团级政治生活待遇。县第一届人代会代表。

贺洪飞

8.潘建中，男，1936年11月出生，汉族，万山乡人，大专文化，中共党员。

1956年8月参加工作。历任水南区林业站干部，浙江省社教工作团诸暨，缙云社教队组长，缙云县方溪乡党委委员，县人武部生产办公室秘书，县军管会生产指挥组民政，知青办秘书，城镇复建办副主任，县革委会内务办公室秘书，复退军人办公室干事，县卫生局秘书股长，县林业局秘书股长，县农林水利局党组成员，林业局革命领导小组组长、局长，县政府副县长、县委常委、副书记、代县长、县长、县政府党组书记，丽水地区农经委党组副书记、副主任兼任土地管理局党组书记、局长，县第十届、第十一届人大常委会党组副书记、书记、主任等职。1998年退休。县第七届、第八届、第十届、第十一届人代会代表，浙江省第六届、第八届人代会代表，丽水市第一届人代会代表。

潘建中

9.蓝文明，男，1937年出生，汉族，海口镇人，中专文化，中共党员。

1957年9月参加工作。历任王岙乡校、黄肚乡校校长，章村

蓝文明

马岭头林业中学校长，县委党校干事，县委办、县革命委员会组织办公室、整建党办公室干事，中共船寮区委副书记、革委会副主任、区长，中共万山区委书记，县林业局党组书记、局长。县委、县政府来信来访办公室主任，金温铁路青田段工程建设指挥部征迁处处长，腊口管理处办公室主任。1997年退休。县第五届党代会代表，县委委员，县第七届人代会代表。

10. 叶志深，男，1953年7月出生，汉族，东源镇人，大专文化。1977年12月入党。1978年1月参加工作。历任东源公社党委委员、革委会副主任、党委书记，船寮区委委员、副区长，县委农村工作部副部长、党组成员，县林业局局长、党组书记，庆元县县委常委、副县长，丽水地委副秘书长兼办公室副主任、地委委员、地委秘书长、政法委书记。设市后为中共丽水市委常委、市委秘书长、市委政法委书记，市政协副主席、党组副书记，市人大副主任、党组副书记等职。

11. 倪国薇，男，1932年7月出生，汉族，吴坑乡人，大学文化。1956年12月入党。1962年7月参加工作。历任县林业局技术员，省社教工作队干部，峰山茶场、峰山林场负责人、党支部书记，县革委会生产指挥组党委成员，县林业局副局长、党组成员（兼纪检组长），北山区委副书记、副区长，林业局副局长、党组副书记、局长，局直属机关党委副书记，党组副书记、党委副书记（兼纪检组长）。1992年退休。县第八届、第九届人代会代表，县第六次代表大会县委候补委员。

12. 王佐友，男，1945年2月出生，汉族，章村乡人，中专文化。1963年3月入伍，1982年10月入党。1963年3月至1968年3月在部队服役。复员后在遂昌国营解放机械厂工作。1979年后，历任章村区林业站技术员，县林业局营林股副股长，章村区委秘书、区委委员、副区长、区委副书记、区长、区委书记，县林业局党组书记、党委书记，县农业区划办主任、党支部书记、主任科员，县发展计划局干部。2002年8月离岗退养。县第七次、第九次、第十次党代会代表，县第七届县委委员，县第十届人代会代表。

13. 王秀华，男，1962年8月出生，汉族，东阳市人，大学文化。1984年8月参加工作，1985年2月入党。历任县油科所干部，林业技术推广站副站长，石门洞林场副场长，石门洞风景区管委会主任，县林业局机关直属党委成员、副局长、林业局党组成员，局机关支部副书记，党组副书记、书记、局长。1994年3月调任县土地管理局党组书记、局长。1995年春，因公车祸殉职。县第八次、

第九次党代会代表，县第十一届人代会代表。

邹竹华

程岩楚

包永海

张立总

14. 邹竹华，男，1951年2月出生，汉族，祯埠乡人，中专文化。

1974年参加工作，1980年入党。历任祯埠中学民办教师，祯旺乡团委书记，章村区团委书记，区委秘书、石帆乡党委书记、万山区区委副书记、区长。撤扩并后任东源镇党委书记，县林业局党委书记、局长，专职局党委书记。1993.3—1998.2任县委委员。县第十届人代会代表，县第九次党代会代表。

15. 程岩楚，男，1953年8月出生，汉族，温溪镇人，中专文化。

1970年12月入伍，在中国人民解放军6497部队服役，任士兵、班长。1974年5月入党。1975年3月复员，历任温溪公社、温溪区公所干部、吴坑公社党委委员、副主任、副书记、主任，港头乡党委书记，东岸乡党委书记，鹤城镇党委副书记、镇长，县农经委副主任（正局级），县矿产开发管理局局长，县林业局党委副书记、局长、党委书记，县人大常委会农资环工委主任。县第六次、第七次、第八次、第九次、第十次、第十一次党代会代表，县第十届人代会代表，县政协第五届提案审查委员会副主任。

16. 包永海，男，1966年3月出生，汉族，鹤城镇人，研究生学历，中共党员。

1987年8月参加工作，历任山口镇政府文书、副镇长。仁庄乡党委副书记、镇长、镇党委书记兼人大主席。县委宣传部副部长（兼《青田侨乡报》主编），县林业局党委副书记、党组副书记、局长、党组书记，兼任县滩坑电站指挥部副指挥，县移民办副主任，县人大常委会党组成员、常委、办公室主任、人大机关支部副书记。2009年12月任县科协主席。县第十二届、第十三届人代会代表。

17. 张立总，男，1959年11月出生，汉族，北山镇人，大学文化。

1977年9月参加工作，1989年1月入党。历任北山中学、北山农业高中、北山周山小学、鹤城镇城西小学教师，温溪镇党委秘书，县委组织部干部科副科长、副局级组织员、部务成员、组织科长，青田县经济开发区正科级副主任，县委、县政府办公室副主任、创建办主任，县建设局党委副书记、副局长（正科级），鹤城镇党委副书记、镇长兼滩坑电站北山移民工作二片片长，县林业局党组副书记、局长、党组书记，县三溪口梯级电站指挥部常务副指挥（兼）县人大常委会财政经济委员会主任、常委。县第十三届、第十五届人代会代表，丽水市第二届人代会代表。

18.张利勇，男，1967年7月出生，汉族，船寮镇人，浙大进修研究生结业。1987年7月入党，8月毕业于浙江农业大学（本科），同年参加工作。历任万山区农技站技术员，县农业局畜牧兽医站助理畜牧师、副站长、站长（畜牧师），农业局局长助理，农技推广站主任，畜牧兽医站站长，党组成员、副局长（兼农办副主任），北山镇党委副书记、镇长、党委书记，油竹新区党委书记、主任，县林业局党组书记、局长。县第十二届、第十三届、第十四届、第十五届人代会代表，县第十三次党代会代表。

张利勇

第三节 内设机构

县林业局的内设机构及其名称，各时期不尽相同。在林业局设立的大多数时间里，分设有办公室、资源林政科、营林科、产业科和森林公安科。尽管各时期的名称有所不同，但其职责大同小异。1997年，青政办〔1997〕第98号《关于印发青田县林业局职能配置、内设机构和人员编制方案的通知》规定：县林业局设5个职能科室，分别为办公室、资源林政科、营林科、场圃产业科、县林业公安科。2002年，青政办发〔2002〕96号《关于印发青田县林业局职能配置、内设机构和人员编制规定的通知》中，县林业局内设5个职能科室，分别为办公室、资源林政科、营林科、产业科、森林公安科。2012年，青政办〔2012〕153号《关于印发青田县林业局主要职责内设机构和人员编制规定的通知》规定，县林业局设5个职能科室，分别为办公室、行政服务审批科、资源林政科、营林科（挂产业科牌子）、林业局森林公安科。现根据多数时间里的内设机构做分述：

一、办公室

1992年11月前称政工秘书股；经党政机构改革，改称办公室，为局内设机构，编制4人。

表10-1-3-1 办公室（秘书股）历任负责人名录

机构名称	职务	姓名	任职时间	备注
政工秘书股	股长	管岳环	1973—1977	
	股长	潘建中	1977—1978.05	
	股长	邹士恩	1978—1981.04	
	股长	吴畏三	1981.05—1984.04	
	股长	刘景池	1984.04—1988.01	
	副股长	邹春平	1985.01—1988.01	
	副股长	林建伟	1985.11—1988.01	
	股长	邹春平	1988.01—1990.01	
	股长	蒋吉岩	1990.11—1992.06	兼党委办副主任
	副股长	吴礼云	1990.01—1992.11	
	股长	殷如民	1992.06—1992.09	
办公室	主任	毛伯南	1992.11—1995.11	兼党委办主任
	副主任	吴礼云	1992.11—1997.06	
	主任	殷如民	1995.12—1996.11	兼党委办主任
	主任	郑晓敏	1997.06—1998.09	
	主任	王建勤	1998.11—2001.10	
	副主任	章伟杰	2002.02—2003	主持工作
	副主任	潘文英	2002.02—2003	
	主任	章伟杰	2003—2006.06	
	副主任	林观章	2006.06—2010.03	主持工作
	副主任	陈贤春	2006.06—	
	副主任	郭明月	2006.11—2013.04	2010.06起主持工作
	副主任	赵雪康	2013.05—	高级工程师主持工作
	副主任	陈贤春	2006.06—	

主要职能是：

1. 协助局领导组织协调机关工作，组织贯彻执行机关的各项规章制度；

2. 负责局机关的文秘、人事、财务、档案、信息、信访、保卫、保密、综合统计和后勤服务工作；

3. 负责林业法律、法规、科学技术普及等宣传工作；

4. 负责局机关和局属单位的人事劳动工资工作；负责离退休人员管理工作；

5. 监管国有林业资产，负责局单位国有资产管理；负责全县林业系统综合统计报表和林业产业专业系统报表的汇总编报工作；指导和管理林业工作站的日常事务。

2014 年 10 月 22 日，县编办〔2014〕34 号文件决定：县林业局办公室增挂内部审计科牌子，负责本部门及下属单位的内部审计工作。

二、资源林政科

1984—1991 年 6 月，称林政股；1992 年 6 月改称资源林政总站；1993 年改称资源林政管理科。2010 年 7 月 16 日，县编办同意林业局设立行政审批科，同时挂资源林政科牌子。其主要职能：

1. 制定贯彻森林资源调查的标准、规程和制度，组织指导森林资源管理、森林资源动态监测和资源统计工作；

2. 编报森林采伐限额计划，指导检查森林采伐限额管理、林木采伐审批、采伐作业监督；

3. 组织监督古树名木普查、建档、设立标志工作，审查核实古树名木采伐申请；

4. 监督林产品加工、木材流通、木材运输证签发、木材运输检查及木材检查站的管理工作；

5. 负责林地、林权管理，负责林地征占用审核及林地和森林资源有偿使用管理；

6. 组织指导和监督陆生野生动植物资源的保护与开发利用。

表 10-1-3-2 资源林政科（总站、股）历任负责人名录

机构名称	职务	姓名	任职时间	备注
林政股	股 长	毛伯南	1984—1985.01	
	股 长	邹应积	1985.01—1987.12	
	副股长	殷如民	1987.03—1988.08	
	股 长	殷如民	1988.09—1991.12	
	副股长	罗庆兵	1989.02—1992.10	
	副股长	金成周	1990.01—1992.3.11	
资源林政总站	站 长	殷如民	1992.06—1993.11	
	副站长	罗庆兵	1992.11—1997.06	
	副站长	金成周	1990.01—1993.11	
	副站长	阮尧光	1992.11—1993.11	
	副站长	郑晓敏	1993.09—1993.11	

续表 10-1-3-2

机 构 名 称	职 务	姓 名	任 职 时 间	备 注
资源管理科	科 长	殷如民	1993.12—1996.10	1995.12~1996.11 兼办公室主任
	副科长	罗庆兵	1993.12—1997.06	
	副科长	金成周	1993.12—2006.05	
资源林政科	副站长	阮尧光	1993.12—1997.06	
	副科长	郑晓敏	1993.12—1996.10	
	副科长	王建勤	1995.02—1998.10	
	科 长	罗庆兵	1997.06—2006.05	
	副科长	夏建敏	1998.11—2006.05	
	科 长	夏建敏	2006.06—	
	副科长	吴旭平	2006.06—2008	
	副科长	王建勇	2008.07—	
	副科长	叶林妹	2011.11—	
	副科长	林观勇	2014.08—	

三、营林科

前身为林业股,始建于1973年9月。经机构改革和调整,1980年10月改称营林股。1984年,和经济林股合并,称营林股。1985年2月,县府办(1985)30号文件撤销县林业局营林股,成立青田县营林公司,定性为国营企业,经济上实行独立核算,自负盈亏,隶属县林业局。1988年1月又恢复设营林股。1992年10月,撤销营林股、场圃股,建立林业技术推广中心。1997年6月,新设营林科至今。

表 10-1-3-3 营林科(公司、林业技术推广中心、股)历任负责人名录

机 构 名 称	职 务	姓 名	任 职 时 间	备 注
营林股	股 长	颜绍森	1982.09—1984.04	
	副股长	王佐友	1982.10—1983.04	
	股 长	季王民	1984.04—1984.09	
	副股长	郑存荣	1984.04—1988.09	
	副股长	吴岳坚	1984.12—1985.03	
营林公司	经 理	蒋吉岩	1985.03—1988.01	
	副经理	吴岳坚	1985.03—1988.01	
营林股	股 长	蒋吉岩	1988.01—1990.01	
	副股长	陈正东	1989.02—1991.10	
	股 长	周群昌	1990.04—1992.10	
	副股长	夏闽生	1990.11—1992.10	

续表 10-1-3-3

机构名称	职 务	姓 名	任 职 时 间	备 注
营林科	科 长	夏闽生	1997.06—2002.05	
	副科长	赵雪康	1997.06—2002.05	
	副科长	赵雪康	2002.06—2006.05	主持工作
	副科长	徐同冰	2006.06—2012.10	主持工作
	副科长	厉 淼	2006.06—2008.06	
	副科长	蒋金荣	2014.09—	主持工作
	副科长	刘小燕	2014.09—	

主要职责：

1. 制订绿化造林的有关政策、规划、计划并付诸实施；

2. 组织指导并监督全县生态公益林建设和管理；组织开展并指导全县封山育林、封山护林、退耕还林工作；

3. 负责种苗的生产管理和调剂；宏观管理和指导国有林场、乡村林场、林业工作站、森林公园、林木种子、苗木、花卉的生产建设和经营；

4. 指导以植树种草等生物措施防治水土流失工作；组织协调和检查指导全民义务植树和部门绿化、城市绿化工作；组织指导瓯江绿色长廊工程建设工作；

5. 负责林业综合开发和林业示范基地等工程建设的指导和管理，指导各类商品林（用材林、经济林、竹林、薪炭林、用材原料林）的营造及培育管理；督促城乡绿化规划和计划的实施；

6. 负责编报全县绿化造林计划；掌握营林生产动态，定期上报全县营林生产进度。

四、产业科

1980 年 10 月始设场圃股，1997 年改设产业科，行政编制 2 人。

表 10-1-3-4 产业科（场圃股）历任负责人名录

机构名称	职 务	姓 名	任 职 时 间	备 注
场圃股	股 长	毛伯南	1982.09—1984.04	
	股 长	吴祖木	1984—1985.01	兼果木苗种公司经理
	股 长	毛伯南	1985.01—1992.10	
	副股长	夏建敏	1995.02—1997.06	
产业科	科 长	吴礼云	1997—2006.06	兼监察室副主任
	副科长	夏建敏	1997.06—1998.10	
	副科长	柳松树	2006.02—2006.05	
	科 长	罗庆兵	2006.05—2007.10	
	科 长	郭华军	2007.10—2009.02	
	副科长	夏 晖	2009.05—201206	主持工作
	副科长	厉 淼	2012.07—	主持工作

主要职责：

1. 贯彻落实林业产业的各项方针、政策；

2. 负责林业产业的行业管理，编制林业产业的发展规划、计划；

3. 指导国有林场、木材公司深化改革、产业生产及经营；检查监督林业系统的安全生产；

4. 规划、指导林产品市场建设和运行；

5. 负责林业生产安全管理工作。

五、森林公安局

2008 年，根据浙江省机构编制委员会办公室（浙编办〔2008〕26 号）《关于森林公安编制纳入国家政法专项编制管理有关问题的通知》文件，县编委下发青编办〔2008〕7 号文件，重新核定县森林公安编制 11 名，纳入国家政法专项编制管理，实行林业和公安部门双重领导的管理体制。同时，原林业公安科更名为县林业局森林公安局，为县林业局的内设机构，并挂青田县公安局森林警察大队牌子。

2008 年 10 月 23 日，县编办〔2008〕28 号文件确定森林公安局可高配副科级，由县委管理；林业局森林公安局设局长 1 名。

2013 年 6 月 24 日，县编办规定：县林业局森林公安局为行政编制，定编 11 人。（详见第七编 森林公安）

第二章 事业机构

第一节 森防站

1984 年 5 月，县政府根据林业部和省林业厅有关文件精神，为加强森林植物检疫和森林病虫害防治工作，发文建立青田县森林植物检疫站、青田县森林病虫害防治站，两块牌子，一套班子。隶属于林业局，站设林业局内，为事业性质，编制 3 人。

2013 年 6 月 24 日，县编办重新核定森林病虫防治检疫站为事业编制，定编 3 人。

工作职责：

1. 宣传贯彻执行《森林病虫害防治条例》和《植物检疫条例》；履行森防检疫职能；

2. 组织开展森林病虫害监测调查和疫区普查，编制辖区内近期和中、长期重大虫情趋势预报；

3. 制订全县森林病

表 10-2-1-1 森防站历任领导名录

机构名称	职务	姓名	任职时间	备注
森防站	副站长	陈银华	1995.05—2000.07	
	副站长	徐同冰	2000.08—2006.05	
	副站长	饶光雄	2002.12—2006.05	2005 年任局工委副书记
	站长	章伟杰	2006.06—2012.07	
	副站长	蒋金荣	2008.07—2012.07	
	副站长	饶光雄	2012.08—2014.8	
	站长	饶光雄	2014.09—	

虫防治工作计划，审查重大森林病虫的防治预案，做好生态公益林病虫害的防治预案和防治工作；指导林业基层生产单位防治森林病虫害和防治技术咨询推广服务工作；

4. 负责全县森林植物和林产品的产地检疫和调运检疫，核发《植物检疫证书》；

5. 审核引进林木种苗和调进木材的检疫申报及复查验证工作；监督引进林木种苗的隔离试种，危险性森林病虫的封锁、扑灭和除治工作；

6. 建立健全县森林病虫害测报中心和测报网络，做好各乡（镇）、场、站兼职森防检疫测报员的管理和业务培训；

7. 协调林业生产单位防治森林病虫害需要药剂和器械的调配和供应工作；

8. 及时汇编全县森林病虫灾害发生防治情况各项数据的统计上报和档案资料保管。

第二节　林业技术推广站

林业技术推广站（以下简称推广站）原名为县油茶科学研究所，其前身是章村区林科所。1962年10月，县人委决定，转区办为县办，称青田县林业科学研究所，编制7人。1972年9月，改称青田县油茶科学研究所。1985年7月改名为青田县林业技术推广站，有职工13人。1988年2月，因机构人事调整变动，该站停止工作。1992年撤销营林股、场圃股，设立青田县林业技术推广中心，至1997年，该中心消失，其业务归营林科担负。2006年6月恢复推广站至今，址设林业局内，为局属事业编制单位，定编4人（含种苗站）。

2010年9月6日，县编办下发文件，同意推广站增挂"青田县油茶产业发展中心"和"青田县种苗管理站"牌子。

县编办〔2012〕48号文件，同意增加推广站全额拨款事业编制1名，指导发展油茶产业工作。

2013年6月24日，县编办重新核定推广站为事业编制，定编4人。

主要业务范围：推广林业先进技术，林业开发试验示范区管理，林业技术推广活动监督管理，技术指导和培训，林木种苗检验、鉴定及监督管理，审查核实林木良种，参与制定、修改有关林木种苗的地方标准及林木种苗技术研究。

推广站建立初期，址设章村乡马岭头。主要进行油茶煤污病生物防治的研究和实践，至20世纪70年代取得成果，得到国家科技部门及国际学术机构肯定，并加

表 10-2-2-1 青田县油科所、林业技术推广站
历任负责人名录

机构名称	职务	姓名	任职时间	备注
油科所	所长	陈祝安	1975—1981	
	副所长	何家堂	1980—1984.12	
	副所长	雷插清	1978.10—1986.02	
	副所长	孙德友	1983—1985.06	
	支部副书记	张岳山	1980—	
林技推广站	副站长	雷插清	1985.07—1992.09	
	副站长	王秀华	1985.07—1986.02	
	副站长	孙德友	1986.02—1988.02	1988年因机构变动，该站停止工作

以推广。1979 年 3 月，获省级一等奖。1982 年，开展山楂栽培与油茶嫁接试验。1983 年，开展重点油桐纯林基地建设技术指导和油桐生产技术培训。1985 年 1 月，黑缘红瓢虫人工饲养和释放列入省"七五"计划推广项目；11 月，利用人造菇木栽培香菇试验成功并推广，并做技术服务、菌苗供应等工作。1986 年后开展经济林造林的技术推广，树种有杨梅、苹果、黄桃、梨、板栗和食用笋等。引进优良树种 20 余种，主要有水杉、法国梧桐、桉树、湿地松、华山松、香榕、雪松、北美红杉、大叶樟等，试种成功并推广。1997 年，引进临安雷竹笋，协助创办科技示范点（基地）建设，做好技术服务工作。2004 年，从亚林所引进 10 个优良无性系油茶新品种；建立了 20 亩优良品种采穗圃，采穗圃嫁接成活率高达 90% 以上；建立了 2000 亩优良高效标准化示范基地。至 2007 年，建立新品种高接换种基地 50 亩，建设新品种造林基地 350 亩，油茶低产林改造基地 1600 亩，采用引进优良品种和推广增产标准化及优质高效经营模式，使标准示范基地每年平均亩产茶籽达到 80 公斤，亩增产值达 240 元；1600 亩示范基地增加产值达 38.4 万元。该项技术正在向全县推广。此外，还指导建立特色花卉、太空花卉基地 100 亩，选育太空花卉品种 50 多个，开展杨梅等省级地方技术标准的推广和应用。

2011 年后，指导全县油茶良种基地以每年新造 1 万亩的速度递增。至 2014 年，全县共垦复改造油茶 94519 亩，新建油茶高产示范林 63177 亩；建设油茶采穗圃 400 亩，苗木繁育基地 100 亩，累计出圃油茶良种苗木 1000 多万株，培育油茶种植大户 180 余户。

2012 年，为提升油茶等经济林的产、学、研水平，加快推进高新技术成果的转化和推广应用，经批准，青田县设立经济林博士后工作站。中国林科院亚热带林业研究所经济林研究室主任、博士生导师、研究员、国家油茶科学中心首席专家姚小华任青田县油茶产业首席专家。12 月 5 日，在青田县人才工作暨科学技术大会上，县委书记徐光文为 3 位农业首席专家颁发了聘书，并为经济林博士后工作站授牌。

经济林博士后工作站设在县林业局，共有兼职人员 10 人。工作站开展工作以来，加强与高等院校科研院所合作，攻关多个重点课题，取得明显成效。一是解决油茶发展中存在的关键难题，使油茶新造林成活率提升至 95% 以上；二是加强林业科技创新能力，申请油茶科技项目 3 项，获省科技兴林奖 1 项，市科技兴林奖 1 项；三是举办专题讲座 5 期，培训干部群众 1000 多人次，培养和造就了一批油茶本土专家。

表 10-2-2-2 青田县林业技术推广中心（推广站）历任负责人名录

机 构 名 称	职 务	姓 名	任 职 时 间	备 注
林业技术推广中心	主 任	周群昌	1992.11—1994.03	
	副主任	夏闽生	1992.11—1994.08	
	副主任	刘景池	1992.11—1995	
	主 任	夏闽生	1994.08—1997.06	
	副主任	赵雪康	1995.01—1997.06	

续表 10-2-2-2

机 构 名 称	职 务	姓 名	任 职 时 间	备 注
林技推广站	站 长	饶光雄	2006.06—2008.06	
	副站长	王 毅	2006.11—2012.09	2009.6 兼油茶科长
	站 长	厉 淼	2008.06—2012.09	
	站 长	王 毅	2012.10—2015.07	
	站 长	潘冠林	2015.08—	兼任
	副站长	张平安	2015.08—	

第三节 林权服务管理中心

2007 年 4 月 29 日，县编办批准设立青田县林权服务管理中心、青田县森林资源收储中心；核定林权服务管理中心为事业编制，定编 15 名，为县林业局下属全额拨款事业单位，其人员从乡镇林技站调剂，址设林业局内。

2013 年 6 月 24 日，县机构编制委员会办公室重新核定其为事业编制，定编 15 人。

表 10-2-3-1 林权管理服务中心、森林资源收储中心负责人名录

机 构 名 称	职 务	姓 名	任 职 时 间	备 注
林权管理服务中心	主 任	潘冠林	2007.10—	兼党支书
	副主任	许爱民	2007.10—	
	副主任	叶 锴	2007.10—	
森林资源收储中心	副主任	王诗丰	2007.10—2011.7	

林权服务管理中心职责：

1. 负责林权确认、林权初始确认、林权初始登记、林权变更登记、林权注销登记、林权抵押贷款登记备案；

2. 办理森林、林木和林地流转招标拍卖挂牌审查及合同备案；做好林权流转法律、法规和政策咨询服务；

3. 收集和发布林权流转供求信息、林权抵押、市场参考价格、市场交易行情等相关信息；组织森林、林木和林地流转招标拍卖、挂牌拍卖等交易；

4. 做好信息系统维护等。

第四节　森林资源收储中心

森林资源收储中心定编 6 名，为县林业局下属全额拨款事业单位。2007 年 4 月 29 日，县编制委员会批准设立。

2013 年 6 月 24 日，县编办重新核定森林资源收储中心为全额拨款事业单位，编制 6 人。

森林资源收储中心职责：

1. 负责为林权流转贷款提供担保与反担保，在林农与银行之间起桥梁与纽带作用，化解银行金融风险；

2. 协助解决建设项目征用林地，为企业项目建设提供服务；

3. 对森林资源进行收购及对收储的森林资源进行管理和处置。

第五节　公益林管理中心

根据县编办青编〔2011〕23 号文件，设立青田县公益林管理中心，为林业局下属公益一类事业单位，核定全额拨款事业编制 3 名；址设林业局内。

2013 年 6 月 24 日，县编办重新核定公益林管理中心为全额拨款事业单位，编制 3 人。

表 10-2-5-1　公益林管理中心历任负责人名录

职务	姓名	任职时间	备注
负责人	赵雪康	2002.06—2006.05	营林科副科长兼
负责人	徐同冰	2006.06—2012.10	营林科副科长兼
主　任	郭明月	2011.06—2014.04	办公室副主任兼
负责人	徐忠伟	2012.11—	
主　任	赵雪康	2014.05—	办公室副主任兼

公益林管理中心主要职责：

1. 组织制订全县生态公益林建设规划，组织开展区划界定及完善工作；

2. 负责协调、指导全县重点公益林的建设工作，组织开展和督促指导重点生态公益林区人工造林、补植、封山育林和阔叶林发展工程建设等项目的实施，负责抚育和更新性质的采伐管理和林地管理；

3. 负责指导全县重点公益林的管护工作，督促指导全县公益林管护队伍建设，检查、监督公益林保护、建设、管理责任制度的落实、变更调整、档案管理及建设成效监测、评估；

4. 负责各乡（镇）、国有林场公益林建设与管理的业务技术指导，并组织年度考核工作；

5. 负责组织生态公益林森林生态效益补偿资金发放及规范化管理工作；并做好档案管理。

6. 贯彻执行国家、省有关公益林建设的方针政策，承办林业局交办的其他事项。

第六节　林业工作站

1956 年，县政府在各区农技站配备林业干部 1 名，负责林务工作。1962 年，各区相继建立林业工作站。1978 年，为加强各区、乡（镇）林业管理和技术力量，招聘农村林技员 11 人，集体合同制 2 人。至 1987 年，林业站共有林业技术干部 18 人，林技员 61 人。1990 年，根据区、乡、镇林业站建设的需要，经县劳动部门批准又招收了 41 名乡级林技员（集体合同制工人）。是年，林业站在编在职人员达 80 人。

1992 年，青田县实行撤区、并乡、扩镇工作后，原全县 53 个乡镇经撤扩并后为 33 个乡镇。1995 年，各乡、镇相继建立了林业站。原区站变更为片（区域）中心站，直接指导本片乡、镇林业站工作。

1999 年，共有林业站正式干部、职工 111 人。

2007 年 3 月 8 日，县编办青编〔2007〕5 号文件核定全县乡镇林业站编制 123 名。

随着机构改革的不断深化，政府职能的转变和调整，乡、镇林业站划归各乡镇政府主管，属政府经济发展中心内的一个工作部门，人员编制均归乡镇政府，实行乡镇政府、林业局双重领导，林业局负责林业业务指导工作。

林业站的职责：

1. 宣传与贯彻执行森林和野生动物资源保护等法律、法规和各项林业方针、政策；

2. 协助乡镇人民政府制订林业发展规划和年度计划，组织和指导农村集体、个人开展林业生产经营活动；

3. 配合林业行政主管部门开展资源调查、造林检查验收、林业统计和森林资源档案管理工作，掌握辖区内森林资源消长和野生动植物物种变化情况；

4. 协助林业行政主管部门管理林木采伐工作，配合做好林木采伐区调查设计，并参与监督伐区作业和伐区验收工作；

5. 配合林业行政主管部门和乡镇人民政府做好森林防火、森林病虫害防治工作；

6. 依法保护、管理森林和野生动植物资源；依法保护湿地资源；

7. 协助有关部门处理森林、林木和林地所有权或者使用权争议，查处破坏森林和野生动物资源案件；

8. 协助林业行政主管部门管理辖区内的乡村林场、个体林场；

9. 配合乡镇人民政府建立健全乡村护林网络，负责乡村护林队伍的管理；

10. 推广林业科学技术，开展林业技术培训、技术咨询和技术服务等林业社会化服务，为林农提供产前、产中、产后服务；

11. 根据国家有关规定代收和协助管理各项林业行政事业性收费等；

12. 承担县级林业行政主管部门委托的其他事项。

附：各林业站概况和负责人名录

一、腊口镇林业工作站

前身为章村区林业站，站址原设浮弋乡政府内，后迁驻章村区公所内（浮弋），80 年代随区公所迁址腊口村。1987 年有技术干部 4 人，工人 1 人，乡林技员 11 人。1994 年改称腊口镇林业工作站，在编人员共 4 人，另辖各乡林业站 8 人。2007 年镇林业站编制数 5 人。

表10-2-6-1 章村区（腊口镇）林业站历任负责人名录

职 务	姓 名	任 职 时 间	职 务	姓 名	任 职 时 间
站 长	曾 挺	1960—1979.03	站 长	黄岳友	1990.04—1990.11
站 长	黄岳友	1979—1982.03	站 长	叶永青	1992.05—2006
副站长	兰娟娟	1982.10—2002.04	副站长	汤真太	2002.04—2006.07
副站长	陈和春	1984.04—1986	站 长	汤真太	2006.07—2007.08
站 长	王金平	1985.12—1988.02	副站长	王好军	2006.07—2007.08
站 长	叶永青	1988.02—1990.04			

二、东源镇林业工作站

前身称万山区林业工作站，址设万山区公所内。1983年在镇所在地建有四间办公、生活于一体的用房，占地面积135平方米。1987年有技术干部3人，工人1人，乡级林技员8人。1992年撤扩并后，改称东源镇林业工作站。1995年有在职在编干部、职工6人，辖区内有五个乡林业工作站，林技员6人。2007年镇林业站编制数4人。

表10-2-6-2 万山区（东源镇）林业站历任负责人名录

职 务	姓 名	任 职 时 间	职 务	姓 名	任 职 时 间
负责人	叶如邦	1970.7—1977.5	站 长	叶冠中	1988—1990.11
副站长	吴仲壮	1977.5—1980	副站长	孙德友	1990.11—1995.5
副站长	季王民	1980—1984.4	站 长	孙德友	1995.5—2002
副站长	陈旭平	1984.4—1985	站 长	叶再彬	2003.9—2007.10
站 长	陈旭平	1985—1988	副站长	潘冠林	2003.9—2004.9
副站长	叶冠中	1985—1988	副站长	罗胜杰	2004.9—2007.10

三、船寮镇林业工作站

前身称船寮区林业工作站，址设原区公所内。1984年在镇所在地新建生活、办公用房一幢，占地面积100平方米。1992年后改称船寮镇林业工作站。1987年有技术干部3人、乡林技员9人。1995年，站本级配有技术干部职工7人，辖4个乡镇林技员5人。2007年镇林业站编制数5人。

表10-2-6-3 船寮区（船寮镇）林业站历任负责人名录

职 务	姓 名	任 职 时 间	职 务	姓 名	任 职 时 间
站 长	颜绍新	1963.07—1982.08	副站长	柳松树	1989.02—1992.01
副站长	黄岳友	1970.08—1978.05	站 长	柳松树	1992.01—1993.06
副站长	张志武	1979.03—1980	副站长	王建勤	1992.09—1995.02
副站长	陈正东	1981—1984.03	副站长	王连荣	1995.02—1999.11
站 长	陈正东	1984.04—1989.02	副站长	许爱民	1995.02—2000.07
副站长	叶碎童	1987.03—1988.08	站 长	许爱民	2000.08—2007.10
站 长	叶碎童	1989.09—1992.04	副站长	金春彬	2002.04—2007.07

四、鹤城镇林业工作站

前身称城郊区林业工作站，址设上店街，1967 年因火灾被烧毁后，迁址新寺巷城郊区公所内。1987 年有技术干部 3 人，乡林技员 9 人。1992 年行政区域撤扩并后，称鹤城镇林业工作站。1995 年站本级有技术干部、职工 10 人，辖 5 个乡，配有林技员 5 人。2007 年镇林业站编制数 4 人。

表 10-2-6-4 城郊区（鹤城镇）林业站历任负责人名录

职 务	姓 名	任 职 时 间	职 务	姓 名	任 职 时 间
站 长	邱金清	1965.05—1979.06	站 长	张碎藏	1995.05—1997.08
副站长	张碎藏	1979.09—1988.09	副站长	陈仕安	1995.05—2007.08
站 长	张碎藏	1988.09—1995.05	站 长	刘庆定	1997.06—2007.03
副站长	陈建欧	1990.11—1992.04	副站长	陈仕安	2006—2007.08

五、北山镇林业工作站

前身称北山区林业工作站，址设区公所内。1987 年有技术干部 2 人，乡级林技员 9 人。1992 年行政区域撤扩并后，改称北山镇工作站。1995 年镇站本级配有技术干部、职工 4 人。辖 4 个乡林业工作站，配有林技员 5 人。2007 年镇林业站编制数 5 人。

表 10-2-6-5 北山区（北山镇）林业站历任负责人名录

职 务	姓 名	任 职 时 间	职 务	姓 名	任 职 时 间
副站长	陈秀清	1960.08—1982.12	副站长	徐忠伟	1996.05—2004.09
站 长	朱兆升	1984.07—1986.04	站 长	潘冠林	2004.09—2007.10
副站长	夏国芬	1984.04—1990.10	副站长	金少伟	2004.09—2006.07
副站长	陈和春	1982.09—1984.04	副站长	王诗丰	2006.07—2007.10
站 长	夏国芬	1990.11—2004			

六、山口镇林业工作站

前身称山口区林业工作站，址设区公所内。1984 年新建一幢生活、办公于一体的用房，占地面积 84 平方米。1987 年有技术干部 3 人，工人 1 人，乡级林技员 8 人。1992 年，行政区域撤扩并后，改称山口镇林业工作站。1995 年镇站本级配有技术干部 4 人，镇辖 3 个乡，配有林技员 4 人。2007 年镇林业站编制数 4 人。

表 10-2-6-6 山口区（山口镇）林业站历任负责人名录

职 务	姓 名	任 职 时 间	职 务	姓 名	任 职 时 间
站 长	张 超	1963.06—1964.10	副站长	王福明	1990.11—1997
副站长	吴仲壮	1980—1987	副站长	邱经敏	1990.11—
站 长	陈秀清	1985.02—1990.11	副站长	张荣法	1997.05—2000
副站长	张丽华	1987.01—1990.11	副站长	吴苏平	2000.08—2006.06
站 长	张丽华	1990.11—1997	副站长	邱森平	2006.07—2007.07

七、温溪镇林业工作站

前身称温溪区林业站，原址设温溪水泥厂内。1976年在温溪车站路新建一幢生活、办公于一体的用房，占地面积140平方米。1987年有技术干部2人，乡级林技员7人。1992年，撤扩并后，改称温溪镇林业工作站。1995年，镇站本级配有技术干部职工7人，镇辖3个乡林业工作站，共配林技员4人。

表10-2-6-7 温溪区（温溪镇）林业站历任负责人名录

职 务	姓 名	任 职 时 间	职 务	姓 名	任 职 时 间
副站长	管岳环	—1973	站 长	罗庆兵	1985.01—1987.03
副站长	叶碎童	1974—1980.12	站 长	黄岳友	1990.11—1992
站 长	管岳环	1977—1984.12	站 长	黄岳友	1992—1997.08
副站长	阮尧光	1982.09—1984.05	副站长	邹永肖	1995.05—2007.08
副站长	罗庆兵	1984.09—1985.1	副站长	王好民	2006.07—2007.08
副站长	陈有者	1985.01—1997			

八、2007年其他乡镇林业站编制人数

除上述7个镇外，其他24个乡镇林业站共有编制人员60名。其中石溪乡林业站，编制数2人；章旦乡林业站，编制数2人；仁宫乡林业站，编制数3人；阜山乡林业站，编制数3人；小舟山乡林业站，编制数2人；吴坑乡林业站，编制数2人；贵岙乡林业站，编制数2人；汤垟乡林业站，编制数2人；方山乡林业站，编制数2人；海溪乡林业站，编制数2人；高市乡林业站，编制数2人；黄垟乡林业站，编制数2人；万山乡林业站，编制数2人；季宅乡林业站，编制数2人；章村乡林业站，编制数3人；祯旺乡林业站，编制数3人；祯埠乡林业站，编制数4人；舒桥乡林业站，编制数2人；万阜乡林业站，编制数2人；岭根乡林业站，编制数2人；巨浦乡林业站，编制数3人；高湖镇林业站，编制数3人；海口镇林业站，编制数4人；仁庄镇林业站，编制数4人。

第七节　木材检查站

青田县木材检查站的前身，是青田县森工站（木材公司）为完成国家统购任务，而下派到各林区的木材收购组，兼管木材运输检查监督。

1974年，分别在章村区黄庄岭、万山区大云寺、船寮镇、北山区城门、城郊区仁宫、石溪和温溪镇等地设立8个木材检查站，专司竹木柴炭运输监督业务。1979年9月，8个检查站全部撤销。

1980年4月，由县工商行政管理局、林业局、供销社联合组织人员在陈山埠、城镇、温溪镇设置水上检查站，以加强对木、竹购销、运输市场的管理。

1981年11月，为对出入青田县境木材进行管理，县政府决定建立青田县木材检查站，址设鹤城西门外。配干部1人，工人4人。

1985年10月，在章村区石帆乡设陈山埠木材检查组，隶属于县木材检查站，由6名临时

工开展工作。

1987年，木材检查站职工增加到13人，共扣留违章贩运木材约1800立方米，收取育林费10.86万元，没收、罚款32万元。

1990年，县编办〔1990〕第7号文件明确县木材检查站正式定编16人，为自收自支的全民事业单位，归属县林业局。

1996年，浙政发〔1996〕146号文件《关于调整公路检查站、收费站设置的通知》，设立青田县湖口木材检查站（前身即青田县木材检查站）。

2004年，成立木材运输巡查大队，与县木材检查站实行两块牌子、一套班子的管理体制。巡查大队主要职责是：受县林业主管部门的委托，负责在本辖区范围内对县、乡道木材（含竹材、野生动植物）运输实施流动巡查执法，并对违法违章运输的木材依法查处。

2005年，木材检查站（含巡查大队）有在职在编干部职工17人，其中12人具有检查员和巡查员双重资格。经多年建设，木材检查站已成规范的国道公路木材检查站，其办公房、会议室、宿舍及停车场、检查车辆、巡查车辆俱全。

2009年3月，县编办青编〔2009〕3号文件批准木材站经费来源由自收自支改为林业局下属全额拨款事业单位。

2013年6月24日，县编办核定木材检查站为全额拨款事业单位，定编16人。

木材检查站、木材运输巡查大队是县级人民政府和林业行政主管部门为贯彻执行《森林法》，保护和发展森林资源，维护林区木材生产和木材流通正常秩序，根据《森林法》的规定，由省人民政府批准设立的基层林业执法单位，是木材凭证运输的监督检查机构。

主要职责：

严格贯彻执行《森林法》《森林法实施条例》《浙江省森林管理条例》《森林植物检疫条例》等法律、法规、规章及国家、省有关木材运输检查监督管理的规定，实施检查执法和查办案件。在执法时，严格按照《林业行政处罚程序规定》要求，做到程序严密，文书完备，处罚依据合法正确，处理结果合情合理。

表10-2-7-1 木材检查站历任领导（负责人）名录

职 务	姓 名	任 职 时 间	备注
站 长	毛伯南	1984.04—1985.01	
副站长	洪则书	1981.11—1988	
站 长	邹成积	1985.01—1988	
站 长	金成周	1990.03—1996	
副站长	叶金飞	1992.04—1996	
站 长	叶金飞	1996—1999.11	
站 长	王连荣	1999.11—2006.06	
支部书记	叶金飞	1999.11—2008.05	
副站长	项健民	1999.11—	
木材巡查大队长	王连荣	2004.07—2006.10	兼
副站长	贺铭金	2003—2008.03	
木材巡查大队长	贺铭金	2004.07—2008.03	兼
站 长	金少伟	2006.07—2008.06	
木材巡查大队长	金少伟	2006.07—2008.10	兼
站 长	吴永国	2008.06—	
支部书记	饶光雄	2008.06—	
木材巡查大队长	吴永国	2008.10—	兼
副站长	季岳花	2009—	

第八节　国营场圃

1958年8月22日，省整编办发出〔1958〕浙编字第664号文件，批准建立青田县石门洞林场。林场于1966年进行了扩建。

1963年，青田县苗圃在温溪塘里岙建立。

1966—1967年，由县政府决定，先后建立四个林场：青田县八面湖林场、大洋山林场、金鸡山林场、峰山林（茶）场。1972年3月29日，省革命委员会生产指挥组（浙革计〔1972〕45号）文件，追加批准新建和扩建上述5个国有林场。

1999年9月28日，省林业厅林种批〔1999〕79号文件批准，青田县苗圃整体划给县建设局管理。

2008年，省、市、县批准石门洞林场改革方案，调整石门洞森林公园隶属关系和管理体制。实行所有权和管理权分离，林场机构规格不变，仍隶属县林业局，具体事务委托青田县石门洞森林公园管理委员会管理。县编委核定林场人员编制20名，职能由原营林为主转为护林为主。

2008年12月22日，县政府第十六次常务会议通过《关于青田县四个国有林场改革的方案》，确定八面湖、大洋山、金鸡山、峰山四个国有林场为公益类事业单位性质，由县财政按年人均2万至3万元的标准安排事业费。

至2013年，全县5个国有林场总面积127933亩，其中林业用地120420亩，活立木总蓄积815076立方米。

2015年4月30日，县政府青政发〔2015〕第35号《关于青田县国有林场改革方案的通知》规定：撤销金鸡山、峰山、大洋山、八面湖四个林场，合并组建"青田县林业总场"；保留石门洞林场，单位性质均为一类公益事业单位。同年9月6日，省林业厅发出浙林造函〔2015〕23号文件，批准青田县成立林业总场。（详见第八编 国有场圃）

第三章　挂靠机构

第一节　青田县森林消防指挥部办公室（防火办）

1980年以来，青田曾设有森林防火指挥部、森林防火委员会等不同名称的森林防火组织领导机构，由分管农林水的县领导任总指挥，县林业局局长任副总指挥。防火指挥部下设办公室，办公室主任具体负责森林防火工作。

1987年，县政府根据国家、省对森林防火工作的意见要求，建立青田县封山护林防火指挥部，并设立青田县封山护林防火指挥部办公室（简称为县森林防火办），属县森林防火指挥部办事机构，挂靠县林业局，址设县林业局内。办公室主任一般由县林业局副局长兼任，并配有副主任 2 名，其中专职副主任 1 名。

1990 年 2 月 28 日，明确森林防火办公室机构属事业性质，编制 3 人。人事调配由林业局统一安排，行政管理委托林业局负责。

2007 年 12 月 17 日，县政府决定成立县政府森林消防指挥部，同时撤销青田县森林防火指挥部。指挥部下设办公室，办公地点设在县林业局。

2012 年，根据县编办〔2012〕65 号文件，森林消防指挥部办公室主任 1 人确定职务高配，由县委管理。

2013 年 6 月 24 日，县编办重新核定森林消防指挥部办公室为事业编制，定编 3 人。

主要职责：

1. 贯彻执行国家森林防火的方针、政策，监督检查《森林防火条例》和有关法规的实施。

2. 组织森林防火宣传教育，制定森林防火措施，实施森林火灾的预防工作。

3. 管理森林防火检查站和从事防火的护林员工作，组织开展森林防火检查，实施森林消防监督，批准人员入山和野外用火管理。

4. 组织森林防火科学研究，推广先进技术，培训专业队伍。

5. 指导所在地区武装森林警察部队，领导地方专业扑火队，统一指挥航空护林。

6. 组织制订本地森林防火基础设施建设规划，并组织其实施，管理有关设施设备。

表 10-3-1-1 青田县森林防火指挥部办公室历任负责人名录

职 务	姓 名	任职时间	备 注
主 任	夏耀辉	1987—1990.01	兼
副主任	阮尧光	1987—1992.11	主持工作
副主任	夏焕平	1987—1990	兼
主 任	王秀华	1990.03—1991.10	兼
副主任	曾国瑞	1990.03—2003	兼
主 任	陈正东	1991.11—1997.01	兼
副主任	郑晓敏	1994—1996.08	主持工作
主 任	殷如民	1996—2000.02	兼
副主任	王建勤	1996.09—1998.11	主持工作
副主任	夏建敏	1999—2002	
主 任	詹海雄	2000.02—2006	兼
副主任	林观章	2002—2006.05	主持工作
副主任	刘剑锋	2003—2006.05	兼
主 任	杨周平	2006.06—2008.08	兼
副主任	赵雪康	2006.06—2013.05	主持工作
主 任	郭明月	2013.05—	

7. 坚持防火值班，随时掌握火情动态，编制扑火预案和指挥方案，参与组织和指挥扑救森林火灾。

8. 配合有关部门查处森林火灾案件，授权行使森林防火行政处罚权利。

9. 负责森林火灾统计，管理森林火灾档案。

10. 完成同级森林防火指挥部和上级森林防火办公室交办工作。

第二节 青田县农村能源办公室（能源办）

1978年，始设县沼气办公室，隶属于县农经委；1982年改称农村能源办公室，主要开展农村节能改灶工作。

1984年8月，县政府决定撤销县农村能源办公室，该项工作由林业局负责，未定机构、性质、编制。

1990年，县编办编字〔1990〕第11号文恢复青田县农村能源办公室，为事业性质，定编2名，挂靠县林业局，工作人员由林业局调剂解决。

1998年，因推广微水电、太阳能工作，县政府将县能源办公室划归县科技局管辖。1999年8月起又划归挂靠县林业局。2007年该办公室又划归县农业局管辖。

青田县农村能源办公室成立以来，主抓能源科技建设工作，对解决农村农民的生产、生活、照明、加工等起到积极作用；对保护森林资源、封山育林、植树造林、保护生态环境等都收到很好的社会效益和经济效益。推广的项目有：沼气利用、省柴灶、微水电、太阳能等。（详见第四编 第四章农村节能）

表 10-3-2-1 农村能源办公室历任负责人名录

职　务	姓　名	任职时间	备　注
主　任	邹应积	1984.06—1985.01	
主　任	刘景池	1990.01—1992.11	
主　任	柳松树	1999.11—2002.09	
主　任	潘文英	2002.10—2003.05	兼
主　任	柳松树	2003.05—2006.02	

第三节 青田县处理山林纠纷办公室（山林办）

青田县为落实山林政策和调处山林权属纠纷，于1979年成立落实山林政策办公室，当时为县革委会下属办事机构。1981年后，为县政府办事机构。处理山林纠纷办公室设县林业局内，机构性质为事业编制，挂靠县林业局内，人员由林业局调配解决，行政管理委托县林业局代管。

主要职能：

根据有关法律、法规和政策规定，负责对县内的山林权属纠纷进行立案、调查取证、协商、裁决、应诉工作；宣传和执行林权管理有关法律政策，依法维护山林所有权；协助解决市际、县际山林权属纠纷，指导乡镇人民政府所辖山林纠纷案件处理；做好山林权属政策咨询和服务，维护林区社会秩序稳定，促进林业发展。

1981—2008年，县山林办共调处山林纠纷723起，其中市际16起，县际33起，县内674起，对维护林区稳定和促进林业生产做出了贡献。

表 10-3-3-1 青田县处理山林纠纷办公室历任负责人名录

职 务	姓 名	任职时间	备 注
主 任	潘昌明	1979.10—1980.02	
主 任	邱金清	1980.03—1981.05	兼
主 任	曹清法	1981—1985	兼
副主任	夏耀辉	1984—1985	兼
主 任	夏耀辉	1985—1990.01	
主 任	夏焕平	1990.01—1990.09	
副主任	张志武	1990.09—1997.03	主持工作
副主任	金成周	1997.03—2004.03	兼，主持
副主任	饶光雄	2004—2006.05	主持工作
副主任	朱晓权	2006.05—2011.02	主持工作
副主任	柳松树	2006.06—2007.03	
副主任	饶光雄	2011.03—2012.08	主持工作
副主任	王建勇	2012.09—	主持工作
副主任	潘如勇	2012.09—	

第四章 企业单位

第一节 木材公司

青田县木材公司始称浙江省森林工业局永嘉收购站青田收购组，成立于 1955 年，隶属永嘉县领导。1957 年，改称浙江省森林工业局温州分局青田直属收购组；1959 年，林业体制下放，改称青田县森工站；1972 年 9 月，经县委研究决定，改名为青田县林业局森工站；至 1985 年体制改革以后，定名为青田县木材公司，为县林业局下属全民企业单位，下设坑口、小群、黄庄岭、船寮、温溪等 5 个收购站，主要从事木材调拨购销业务。

该公司（收购组）成立初期，仅有干部职工 7 人，1958 年增至 20 人，1959 年招收、调入 30 余人，1960—1961 年又精简 10 余人，直至 1969 年，人员才渐趋稳定。改革开放后，职工队伍有较大的扩大，至 1987 年，有干部职工 71 人（其中行政干部 7 名、技术干部 3 名、采运工人 37 人、检尺工人 18 名、其他 6 名）。至 2008 年，在职干部职工 24 人，退休人员 32 人。

20 世纪 60 年代前，公司（站）一直租用私房，址设西门外埠头，后又迁至上店街，再迁至西门桥。至 1962 年，才由省拨款在湖口头购房 300 平方米。1969 年，在西门外江桥头建造办公用房 300 余平方米。1990 年又拆建综合门市部，建筑面积 454 平方米。之后，又建有职工宿舍。

"文化大革命"前，每年经营木材约 4000 立方米。"文革"期间，公司年年亏损。十一届三中全会以后，扭亏转盈，利润逐年上升。据统计，1979 年上缴利润 13583 元，1981 年 37858 元，

1983 年 52364 元，1985 年 75090 元。至 1985 年止，该公司共采购木材 129880 立方米，小规格材 18731 立方米；地销木材 46499 立方米，小规格材 11432 立方米。

进入 20 世纪 90 年代后，随着木材流通市场的开放和企业经济体制改革步伐的加快，公司经营状况艰难；2000 年后，公司所有经营停止，至今一直处于改制中。

第二节　林产化工厂

1980 年，县政府批准建立林产化工厂，主管局为林业局。当时有厂房 1493 平方米，主要设备有锯台、电动机、起动器、木工多用机、汽车、锅炉、横切机、删边机等，价值 8 万余元。经营板方材、包装箱及家具为主，兼营松香等林副产品。1982 年产值 4.4 万元，1985 年猛增到 26.1 万元，平均年利润 1.5 万元，有职工 23 人。

随着企业改革不断推进，1994 年 9 月，经县计划经济委员批准，与县木材公司合并，撤销青田县林产化工厂。人员、物资及固定资产等全部并入木材公司。

表 10-4-2-1　森工站林产化工厂木材公司历任负责人名录

机构名称	职　务	姓　名	任职时间	备　注
永嘉收购站青田收购组	组　长	李永喜	1955.04—1957.07	
	副组长	陈叶根	1955.04—1957.07	
温州森工分局青田直属收购组	组　长	陈叶根	1957.08—1958.10	
青田县森工站	站　长	陈叶根	1958.11—1960.09	
林业局森工站	站　长	邱金清	1960.10—1965.05	
	副站长	贺洪飞	1963.05—1965.05	
	副站长	陈叶根	1965—1978.02	
	副站长	陈宗清	1984.12—1985.01	
青田县木材公司	经　理	陈叶根	1985.03—1993.03	
	副经理	陈宗清	1985.02—1990.10	
	支部书记	陈正康	1985.03—1988.11	
	支部副书记	俞惠娟	1985.01—1990.04	
	副经理	王爱平	1993.04—1999.11	
	经　理	陈贵洪	1993.03—1995.04	
	支部书记	俞惠娟	1990.04—1993	
	副经理	陈小春	1994.12—2000.07	
	经　理	黄凌光	1995.04—2000.03	
	副书记	陈万雄	1999.11—2000.03	
	副经理	陈万雄	2000.03—2009.06	主持工作
	支部书记	陈万雄	2000.03—	
	副经理	陈宗清	1984.12—2006.07	
	副经理	徐宝楷	2009.06—	主持工作
	副经理	周伟强	2009.06—	
林产化工厂	厂　长	陈叶根	1980—1992.01	
	厂　长	徐宝楷	1992.04—1994.01	
	厂　长	王爱平	1994.01—1994.03	
	厂　长	陈小春	1994.03—1994.12	

第五章　党群组织

第一节　党组、党委

1981 年 7 月，始建林业局党组，蓝文明任党组书记，成员有徐玉阁、倪国薇、章则芳。

1984 年 1 月，撤销局党组。7 月重建党组，书记蓝文明。是年 9 月，因人事变动，叶志深任党组书记，倪国薇任党组副书记，党组成员有夏耀辉、季王民、毛伯南。

1988 年 1 月，倪国薇任党组书记兼任纪检组长，夏耀辉、毛伯南为党组成员。10 月，撤销党组，建立林业局直属机关党委，隶属县机关党委，夏耀辉任局机关党委书记，倪国薇任党委副书记，王秀华、毛伯南、殷如民为党委成员。

1990 年 2 月，林业局重建党组，王佐友任党组书记，倪国薇任党组副书记，王秀华、毛伯南、殷如民为党组成员。是年 7 月，再次撤销党组，建立林业局党委，同时撤销局直属机关党委，王佐友任党委书记，倪国薇为副书记，王秀华为党委委员。1991 年 12 月，王秀华任党委副书记，陈正东为党委成员。

1992 年 9 月，因人事变动，王秀华任局党委书记，陈正东、殷如民为党委委员。

1994 年 4 月，邹竹华任党委书记，陈正东、杨槐玉、殷如民为党委委员。1996 年 10 月，郑岩楚任党委副书记。1997 年 12 月，殷如民兼任纪检委书记。1998 年 9 月，詹海雄任党委委员、纪检委书记。

2001 年 12 月，程岩楚任局党委书记，包永海任党委副书记，周绍平、詹海雄任党委委员。

2003 年 7 月，县委决定撤销林业局党委，建立青田县林业局党组，成员由程岩楚、包永海、周绍平、詹海雄等 4 人组成，程岩楚为党组书记、包永海为副书记、詹海雄为纪检组长、成员周绍平。同时建立林业局机关直属党委，党委书记为詹海雄，副书记为吴礼云。

图 10-5-1-1 重温入党誓词（2013 年摄）

2006年2月，包永海任林业局党组书记，张立总为党组副书记，郑晓敏、杨周平、潘文英、周国良等为党组成员。是年4月，因人事变动，张立总任党组书记。2008年10月，增补刘剑锋为局党组成员。2010年2月，王国富任党组成员、纪检组长。

2012年3月，张利勇任林业局党组书记，成员有潘文英、王国富、刘剑锋等人。5月，新增程海青、季焕平、詹世利为党组成员。2014年3月，刘剑锋因年龄原因免去党组成员职务。

表10-5-1-1 林业局党组（党委）历任领导名录（一）

机构名称	职务	姓名	任职时间	备注
中共青田县林业局党组	书记	蓝文明	1981.07—1984.01	1984年1月撤销党组，7月重建党组
	书记	蓝文明	1984.07—1984.09	
	党组成员	徐玉阁、倪国薇、章则芳、夏耀辉		
	书记	叶志深	1984.09—1987.04	
	副书记	倪国薇	1987.04—1987.12	
	党组成员	夏耀辉、季王民、毛伯南		
	书记	倪国薇	1988.01—1988.10	兼纪检组长
	书记	王佐友	1990.02—1990.07	
	副书记	倪国薇	1990.02—1990.07	兼纪检组长
	成员	王秀华、毛伯南、殷如民		
中共青田县林业局党委	书记	王佐友	1990.07—1991.12	
	副书记	王秀华	1991.12—1992.09	
	副书记	倪国薇	1990.07—1991.12	兼纪检委书记
	委员	陈正东、殷如民、毛伯南		
	书记	王秀华	1992.09—1994.03	
	委员	陈正东、殷如民		
	书记	邹竹华	1994.04—2001.12	
	委员	陈正东、殷如民、杨槐玉		
	副书记	程岩楚	1996.10—2001.12	
	委员	殷如民	1997.12—1998.09	兼纪检委书记
	书记	程岩楚	2001.12—2003.07	
	副书记	包永海	2001.11—2003.07	
	委员	詹海雄	1998.09—2003.07	兼纪检委书记
	委员	殷如民	1998.09—2000.07	
	委员	周绍平	2000.10—2003.07	

表 10-5-1-2 林业局党组历任领导名录（二）

职　务	姓　名	任职时间	备　注
书　记	程岩楚	2003.07—2006.02	
副书记	包永海	2003.07—2006.02	
成　员	詹海雄	2003.07—2007	兼纪检组长
成　员	周绍平	2003.07—2006.02	
书　记	包永海	2006.02—2006.12	
副书记	张立总	2006.02—2006.04	
书　记	张立总	2006.04—2011.12	
成　员	周国良	2007—2010.01	兼纪检组长
成　员	郑晓敏	2006.04—2012.03	
成　员	杨周平	2006.02—2008.07	
成　员	潘文英	2006.02—2012.03	
成　员	刘剑锋	2008.10—2014.3	
成　员	王国富	2010.02—2012.04	兼纪检组长
书　记	张利勇	2012.03—	
副书记	潘文英	2012.10—	
成　员	程海青	2012.05—	兼纪检组长
成　员	季焕平	2012.05—	
成　员	王国富	2010.02—	
成　员	詹世利	2012.05—	
成　员	章伟杰	2012.08—	
成　员	夏建敏	2013.12—	

第二节　林业局直属机关党委

1988 年 10 月，建立林业局直属机关党委，隶属县机关党委。1990 年 7 月，建立林业局党委，撤销林业局直属机关党委和党组。局党委负责领导、指导下属各支部的党务工作。

2003 年 7 月，县委决定撤销中共青田县林业局党委，同时建立林业局党组。县机关党工委批准建立县林业局直属机关委员会，委员会成员由詹海雄等 5 人组成，詹海雄任党委书记，吴礼云为副书记。

2007 年 7 月，经换届选举，局直属机关委员会由王毅、陈贤春、林观章、周国良、夏建敏 5 人组成，周国良为党委书记，林观章为副书记。

2010 年 12 月 9 日，县机关党工委批准县林业局机关委员会换届选举结果：机关委员会由王国富、饶光雄、夏建敏、王毅、夏辉等 5 人组成，王国富为机关党委书记，饶光雄为副书记。

2012 年 5 月，程海青任机关党委书记，饶蓉霞任副书记。

局直属机关党委，在县委、组织部、县机关党工委和局党组的领导下，具体抓党务工作，如：组织建设、思想建设、宣传教育、制度建设、党风廉政建设等。

表 10-5-2-1 林业局直属机关党委历任负责人名录

职　务	姓　名	任 职 时 间
书　记	夏耀辉	1988.10—1990.02
副书记	倪国薇	1988.10—1990.02
书　记	詹海雄	2003.07—2007.07
副书记	吴礼云	2003.07—2007.07
书　记	周国良	2007.07—2010.02
副书记	林观章	2007.07—2010.02
书　记	王国富	2010.02—2012.05
副书记	饶光雄	2010.05—
书　记	程海青	2012.05—

第三节　党支部（总支）

1987 年前，林业系统建有 10 个党支部，分别是：局机关党支部，党员 23 人，支部书记先后由章则芳、吴畏三担任，副书记刘景池。之后任过支部书记、副书记的有毛伯南、王秀华、殷如民、罗庆兵、詹海雄、林观章；林业技术推广站支部，党员 4 人，张岳三任支部书记；木材公司支部，党员 9 人，陈宗清任支部书记；石门洞林场支部，党员 12 人，周祖武任支部书记；师姑湖林区支部，党员 7 人；际后林区支部，党员 4 人；峰山林场支部，党员 5 人，任过支部书记的有倪国薇、周岳九、夏耀辉、金献康；大垟山林场支部，党员 9 人，沈文英任支部书记；八面湖林场支部，党员 4 人，雷柳宽任支部书记；金鸡山林场支部，党员 4 人，林庭松任支部书记。1987 年，10 个支部共有党员 81 人（其中预备党员 5 人）。

1988 年 10 月，始设中共石门洞林场党总支部委员会，下辖 3 个支部（石门洞林场、师姑湖林区和际后林区支部），有党员 23 人。至 2007 年，有党员 17 人。先后任过总支部书记的有：陈仕安、周祖武、柳松树、徐忠伟、陈雄弟，任过总支副书记的有周祖武、兰进武等人。

1990 年 11 月，始建中共青田县森林派出所党支部，时任支部书记曾国瑞。后因机构改革，机构名称几经改变，党支部名称也随之改变（即公安科支部、派出所支部、公安科支部），现为森林警察大队支部。任过支部书记的有曾国瑞、邹光相、周文明；同年，又始建中共青田县木材检查站支部，时任支部书记金成周，任过支部书记的有叶金飞、饶光雄。苗圃支部，建立于 1990 年，陈秀清、陈仕安、刘庆定先后任支部书记。1999 年 6 月，苗圃划归城建局管辖。同时，建立林业局离退休干部党支部，支部书记倪国薇，成员有孙其昌、蒋吉岩等。

20 世纪 90 年代初，推广站（中心）址设林业局内，原支部并入局机关支部，有党员 7 人。

2007 年 10 月，始建县林权中心党支部，党员 7 人，潘冠林任支部书记。

至 2007 年，林业系统共 13 个支部，有党员 123 人。其中局机关直属 4 个支部（机关支部、森林警察大队支部、林权中心支部、离退休支部），党员56人；基层支部2个（木材检查站、木材公司支部），党员19人；5个林场有7个支部（石门洞林场、师姑湖林区、际后林区、八面湖林场、大垟山林场、峰山林场、金鸡山林场支部），共有党员48人。

至2014年底止，林业系统所属支部共有11个（包括石门洞林场支部），党员125人，其中石门洞林场支部14人。

表 10-5-3-1　林业局机关党支部历任负责人名录

职　务	姓　名	任 职 时 间
书　记	章则芳	1983.04—1984.06
书　记	吴畏三	1984.06—1992.01
副书记	刘景池	1984.06—1989.01
副书记	王秀华	1989.01—1991.02
书　记	毛伯南	1992.01—1994.12
书　记	殷如民	1994.12—1998.09
副书记	罗庆兵	1994.12—2012.05
书　记	詹海雄	1998.09—2007
书　记	林观章	2007—2010.03
书　记	夏建敏	2012.06—
副书记	饶蓉霞	2012.06—

表 10-5-3-2　林业局机关委员会所属支部一览表（2014 年）

支部名称	支部书记	支部委员
局机关支部	夏建敏	饶蓉霞　徐忠伟
木材检查站支部	吴永国	
林权和储备中心支部	潘冠林	许爱民　詹小珍
森林警察大队支部	周文明	朱君毅　潘如勇
木材公司支部	陈万雄	周伟强　陈秀枝
局机关离退休支部	金成周	曾国瑞　刘志芬
金鸡山林场支部	徐云彪	
八面湖林场支部	陈利军	
大垟山林场支部	沈苏军	
峰山林场支部	吴佳雨	
石门洞林场支部	徐岩彬	殷足仙　蒋海斋

注：石门洞林场支部属县风景区管理委员会总支部。

第四节 工 会

图 10-6-4-1 工会活动（2007 年摄）

青田县林业系统工会是林业局党委、县总工会领导下的职工自愿结合的群众组织，是党联系职工群众的桥梁和纽带，肩负着代表和维护职工合法权益，充分发挥主人翁的作用，积极组织会员开展各类有益活动，协助完成局中心工作的任务。

林业系统工会分为机关工会和基层工会两类：

一、机关工会

1988 年前，林业局机关未建工会。1988 年，根据县委办〔1986〕37 号《关于建立党政机关工会组织》的文件精神，经批准于 1 月份成立林业局工会，吴畏三任工会主席，张碎藏任副主席，时有工会会员 75 人。1992—1996 年，第二届工会主席毛伯南，副主席张碎藏。1996—2007 年，第三届、第四届工会主席吴礼云，副主席张碎藏。2007 年 9 月，工会换届，柳松树任第五届工会主席，陈振中、刘小燕任副主席，时有工会会员 92 人。2010 年 8 月，选举王毅、张峰玲、饶蓉霞三位为第六届工会委员会委员，王毅为主席，张峰玲为副主席兼任女工委员会委员，饶蓉霞为副主席兼任组宣（文体）委员会主任（任期至前届同期）。2013 年 1 月，举行第七届林业局工会换届选举，刘小燕担任主席，陈振中任副主席兼任组宣委员，张峰玲任副主席兼任女工委主任，饶蓉霞任副主席兼任经费审查委员，厉淼任文体委员，任期至 2017 年 12 月。

机关工会成立以来，在县总工会、局党委（组）的领导下，充分发挥工人阶级主人翁地位和作用，积极投入到国家经济建设为中心的各项工作中，尤其是结合本局职能和专业、业务，充分发挥会员的作用。相继开展了"学雷锋、做好事"和"三爱五创""增收节支""学科学、学文化""科技创新"等活动。还多次组织开展文体活动，活跃职工文体生活，利用业余时间开展拔河、篮球、乒乓球等多种活动。同时，主动关心困难职工的疾苦，倡导职工互助互爱，帮助困难职工排忧解难，使工会组织真正成为职工之家。积极主动向局党委和领导反映职工的合理化建议和意见，维护职工的合法权益，发挥桥梁和纽带作用。

二、基层工会

青田县林业系统工会组织历史较早。民国20年（1931年）9月，青田木排职业工会成立，有会员747人，负责人陈兆奇。民国22年（1933年）7月，港口乡平演木球业职业工会成立，有会员484人，主持人詹志凯。

1949年5月13日青田解放，旧工会组织解体。中共青田县委在鹤城镇开展组建工会工作，5月15日，成立码头工会；同月23日，平演木球业工会改组，有会员316人，主席詹东良。6～7月，城西、北岸、村头、湖口等四个木排工会成立，共计工会会员492人，工会主席先后是詹东良、周德宝、徐碎岩、郑锡标。

1955年，木材运输改革，木排、木球工人调往龙泉等县，会籍随迁，木排、木球工会自行消亡。

1956年，始建林业站工会，会员21人，工会主席章则芳。1965年，森工站工会成立，称"森林组工会"，会员26人。同年始建石门洞林场工会，会员28人，工会主席邹士恩。"文化大革命"期间，工会被迫停止活动。

1985年4月，恢复建立石门洞林场工会，主席陈仕安，副主席潘先科、赵少雄，有工会会员128人（其中女会员50人）。木材公司工会（前身为森工站），工会会员63人（其中女会员11人）。大垟山林场工会，会员45人（其中女会员7人），时任主席吴永标，现任主席季旭勇。峰山林场工会，会员28人（其中女会员8人），时任主席贺明仕。

基层工会成立以来，曾涌现出一批先进工会、先进工会干部和优秀工会积极分子。1988年，石门洞林场工会被授予青田县"职工之家"称号，1990年又被评为青田县（单项）先进工会。历年来被评为先进工会干部和优秀工会积极分子的有：陈仕安、吴永标、陈宗清、俞惠娟、周小玲、程景微等人。

第六章　干部、职工队伍

第一节　在岗干部、职工

中华人民共和国成立初期，只有少数党政干部和技术干部管理林务工作。50年代中后期，国家已培养出林业专业干部加入林业系统工作，尤其是专设林业局后，专业技术干部得到充实和加强。1958年至60年代中期，青田县相继建立石门洞等5个国营林场，干部队伍青黄不接，先后选用一批"以工代干"干部。"文化大革命"结束后，1983年至1990年代初，县委、县政府对该类干部，按干部条件，大部被陆续转为正式干部。1984年后对干部制度进行改革，打破铁饭碗，对国营林场干部实行招聘制。

20世纪90年代至今，林业局主要有党政干部（即公务员）、技术专业干部（事业）。党政干部由县委、县政府组织人事部门统一任命调配。局机关中层及一般干部，根据编制和需要由局统一调配聘任使用（行政、事业混用）。

20世纪50年代初期，县政府设立农林建设科，从事林业行政管理工作的人员，有一名科长、一名副科长及少数办事人员，且兼管其他建设事业。1955年6月，成立农林水利局（即三局合一）。次年分设县林业局，机关干部仅四、五个人。各区公所内配有专职林业干部一人，总共林业干部10余人。

1958年，建立国营石门洞林场，时有干部职工10余人；1966—1972年，县苗圃、八面湖林场、大垟山林场、峰山林场、金鸡山林场相继建立，干部职工队伍有较大的发展，林业系统共有干部、职工近40人（含局机关）。

1978年，林业局机关有局领导4人，办事员、技术人员10余人。

20世纪80年代，林业事业不断发展，干部、职工队伍大幅增加。至1986年，林业局机关干部、职工27人，其中行政干部8人，技术干部16人，后勤人员3人。是年，全系统共有在职干部职工463人（含局机关），其中干部（含技术干部）50人，固定职工182人，合同制职工40人，其他职工191人，此外，尚有企业（木材公司）干部职工51人。

1994年后，党政机关进行机构改革，实行"三定"（定编制、定人员、定岗位）。1997年，林业局行政机关有固定干部职工30人，其中行政编制12人，比1987年减少4人；在职事业编制人员14人，比1987年减少2人。是年，林业系统共42个单位（其中木材公司为企业），干部职工数为427人。其中全民职工238人，合同制职工159人，其他从业人员30人。具有中级技术职称的15人，占6.5%。

2007年，林业系统在职职工224人，比1997年减少47.5%。其中局机关行政编制公务员序列的干部14人（其中局长1人、副局长3人、纪检组长1人、干部6人、工人3人），森林警察大队在职在编9人（公务员），机关事业单位在职干部职工33人（其中技术干部29人、职工4人）。局机关行政（公务员）比1997年增加2人（森林警察大队除外），事业比1997年增加19人，增加135.7%；木材检查站17人，木材公司在职25人，五个国营林场共有在职干部职工127人，比1997年有大幅度减少。主要是退休、各种原因退职人员、调出人员等大幅度增加。

2008年10月，设立林业局森林公安局（高配为副科级），与县公安局森林警察大队为一套班子、两块牌子，隶属关系不变。同年12月，石门洞林场体制改革，石门洞森林公园由县风景区管理委员会（正科级单位）管理，林场由县管委会代管，林场的业务由林业局主管。林场重新核定编制20人，其余人员分流。

2009年，县政府出台八面湖、大垟山、峰山、金鸡山4个林场体制改革方案，林场由营林生产型向公益类林场转变。改革后，4个林场在职干部职工共44人。是年，林业系统实有在职干部职工136人，其中干部50人，工人86人，与2007年同期224人、55人、169人相比，分别减少39.29%、9%、49.1%。

截至2014年，林业系统共有在职干部职工129人。其中，局机关56人，下属事业单位57人，下属企业职工16人（不包括各乡镇林业站、石门洞林场）。

表 10-6-1-1　林业局机关工作人员名册（2014.12）

机构名称	姓名	现任职务	性别	籍贯	政治面貌	全日制学历	职称或职级
局机关	张利勇	局长	男	船寮	党员	大学	主任科员
	潘文英	副书记、副局长	女	章村	党员	大专	主任科员
	程海青	纪检组长	男	温溪	党员	高中	主任科员
	季焕平	副局长	男	方山	党员	中专	主任科员
	王国富	副局长	男	海口	党员	中专	副主任科员
	章慧杰	总工	男	城镇	党员	大学	副主任科员
	周国良		男	温溪	党员	大专	副处
	殷如民		男	祯埠	党员	大专	主任科员
	吴礼云	监察室副主任	男	浙江东阳	党员	中专	主任科员
	夏建敏	林政科科长	男	章旦	党员	大专	主任科员
	饶蓉霞	局机关党委副书记	女	祯埠	党员	中专	副主任科员
	范佳苗		女	船寮	党员	大专	副主任科员
	陈振中	工会副主席	男	东源	群众	高中	高级工
	吴永云	驾驶员	男	北山	群众	高中	中级工
山林办	施鹏程		女	浙江永康	党员	研究生	助工
防火办	郭明月	主任	女	温溪	民革	中专	工程师
	陈贤春	办公室副主任、纪检组副组长	男	东源	党员	大专	工程师
	刘小燕	营林科副科长、工会主席	女	章村	群众	中专	工程师
森防站	饶光雄	森防站站长	男	季宅	党员	中专	工程师
	王毅	推广站副站长、种苗管理站站长	男	吴坑	党员	中专	工程师
推广站	厉淼	营林科副科长（主持工作）	男	鹤城	党员	中专	工程师
	朱晓权		男	万阜	群众	中专	助工
	陈雄弟		男	船寮	党员	高中	工程师
	张平安		男	甘肃甘谷	群众	研究生	工程师
收储中心	刘庆定		男	贵岙	党员	中专	工程师
	王诗丰		男	章村	群众	高中	助工
	金少伟		男	北山	党员	高中	工程师
	叶锴	副主任	男	鹤城	群众	中专	工程师
	许爱民	副主任	男	船寮	党员	高中	工程师
	林小平		男	仁庄	党员	高中	助工
林权管理中心	潘冠林	主任	男	万山	党员	高中	工程师
	陈爱美		女	城镇	群众	大专	工程师
	林观勇	林政科副科长	男	季宅	群众	中专	工程师
	叶林妹	林政科副科长	女	东源	党员	中专	工程师
	罗晓镁		女	鹤城	群众	高中	助工

续表 10-6-1-1

机构名称	姓名	现任职务	性别	籍贯	政治面貌	全日制学历	职称或职级
林权管理中心	徐忠伟		男	双垟	党员	初中	工程师
	蒋金荣	营林科副科长（主持）	男	万阜	群众	中专	工程师
	王建勇	山林办副主任、机关工委纪检书记	男	祯埠	党员	中专	工程师
	张峰玲	副主任	女	船寮	党员	中专	工程师
	王连荣		男	浙江平湖	党员	中专	工程师
	李勇勤		男	海溪	党员	高中	助工
	詹小珍		女	鹤城	党员	大学	助工
	陈伟达		男	船寮	群众	大专	助工
	曹雁		女	江苏无锡	群众	大专	助工
公益林管理中心	赵雪康	办公室副主任、公益林管理中心主任	男	高湖	党员	大专	高级工程师
	叶苗		女	高湖	党员	大专	助工
	叶婷婷		女	东源	群众	高中	技术员
森林公安局	詹世利	局长	男	鹤城	党员	中专	副主任科员
	周文明	指导员	男	黄垟	党员	高中	主任科员
	吴增业		男	北山	党员	高中	副主任科员
	潘如勇	山林办副主任	男	黄垟	党员	中专	科员
	朱君毅	副教导员	男	海口	党员	高中	副主任科员
	留军勇		男	仁庄	群众	中专	副主任科员
	吴旭雷		男	仁庄	群众	大学	科员
	王静		男	吴坑	党员	大学	科员
	曾艺伟		男	季宅	群众	大学	科员

表 10-6-1-2 县林业局下属事业单位在职人员名单（2014.12）

金鸡山林场在职人员名册			
徐云彪	贺碎平	陈佰勤	陈实民
陈海光	季民青	周文斌	洪伟峰
徐爱通			

大垟山林场在职人员名册			
沈苏军	黄爱忠	季旭勇	王勤
季仁青	方丽红	郭李甫	季春勇
王健康	潘芝儒		

八面湖林场在职人员名册			
陈利军	吴旭芬	吴庭伟	傅忠明
兰有田	王金玉	吴伯荣	潘秀英

峰山林场在职人员名册			
吴佳雨	张炳彩	贺银娟	谢爱福
潘春平	贺帮杰	叶焕彬	吴大贵
金晓芬	叶东平	章胜平	蔡彩银
王满儿	黄春英	陈和忠	

木材检查站在职人员名册			
吴永国	朱爱荣	吴伯荣	叶峰
叶金飞	陈佰勤	郭李甫	章胜平
季岳花	徐爱通	洪伟峰	张建勇
刘伊里	周文斌	陈和忠	

表 10-6-1-3 青田县木材公司在职人员名册（2014.12.）

黄凌光	刘文红	徐春明	叶玉平	黄建斌	邹雪萍	周伟强	王文平
陈万雄	陈丽琴	叶苏平	张小兰	徐国平	占林飞	徐宝楷	陈玲晓

第二节　离退休干部职工

中华人民共和国成立初期，国家未建立干部职工离退体制度。1955 年，国家建立并实行退休制度。1980 年始，国家建立并实施新中国成立前参加革命工作的人员离休制度，一直运用至今。

一、离休

20 世纪 80 年代后，县林业局陆续办理离休的干部职工共 6 人，其中享受县处级政治生活待遇的 2 人、副科级的 3 人、职工 1 人，现存 2 人。

表 10-6-2-1 青田林业局离休人员名册（2014.12）

序号	姓名	退休时职务或职称	性别	出生年月	干部或职工	参加革命工作时间	离休时间	是否党员
1	徐玉阁	副处	男	1923.02	干部	1947.08	1984.03	党员
2	孙其昌	副科	男	1928.05	干部	1948.01	1989.06	党员

二、退休

20 世纪 50～70 年代，林业系统无退休人员；20 世纪 80 年代林业系统共有退休干部职工 13 人。20 世纪 90 年代后，退休人员逐年增加，至 1997 年，离退休人员增至 84 人。2009 年，离退休人员计有 125 人。截至 2014 年 12 月 31 日止，离退休人员共计 138 人。其中局机关（含事业编制）离退休干部职工 29 人，下属退休人员：木检站 2 人，乡镇林业站 15 人，4 个国营林场 60 人（八面湖林场 20 人、大垟山林场 18 人、峰山林场 16 人、金鸡山林场 6 人），木材公司 32 人。

表 10-6-2-2 县林业局机关退休人员名册（2014.12）

吴畏三	毛伯南	夏闽生	饶洪	尤观寿	林富雄	郑笑兰
倪国薇	刘景池	金成周	程岩楚	陈银华	邹竹华	金献康
徐松英	吴祖木	曾国瑞	柳松树	王先然	刘志芬	罗庆兵
将吉岩	阮尧光	陈炳晓	刘剑峰	吴月池	洪则书	

表 10-6-2-3 青田县乡镇林业站退休（职）人员名册（2014.12）

张岳山	孙知足	黄建华	季呈飞	黄岳友	刘开通	叶碎童	陈秀清
吴仲壮	傅品宣	叶冠中	叶伯环	陈有者	雷插青	兰当当	

表 10-6-2-4 青田县国有林场退休（职）人员名册

金 鸡 山 林 场							
占寿权	林庭松	吴式谦	周伯吾	邱宗政	周孟超		

峰 山 林 场							
潘松翠	金孙钦	季敬生	赵春甫	黄凯英	刘芝江	邱玉标	叶淑燕
陈国昌	潘林儿	洪青池	叶家龙	王根娣	王伯渔	叶伊芬	蔡彩银

大 垟 山 林 场							
蒋碎珠	邱民廷	周汉王	郑松元	周云珠	洪焕雄	洪雄飞	陈聪美
季春廷	洪长春	季培祥	夏 元	冯东巢	洪玲玲	夏根雄	吴雄标
潘芝儒	方丽红						

八 面 湖 林 场							
黄法传	章祖法	朱碎乾	叶学选	贺松华	王成元	王青林	刘正付
吴付连	金乾寿	潘宝明	陈德禄	梁根长	王坦奎	吴庆禄	戴根兴
金存付	林竹松	傅忠民	潘秀英				

表 10-6-2-5 青田县木材检查站退休（职）人员名册

姓名	退休时职务或职称	性别	出生年月	参加工作时间	退休时间
郭保国	工人	男	1932.08	1959.03	1992.08
朱爱荣	工人	男	1948.10	1972.11	2014.10

表 10-6-2-6 县林业局下属企业退休（职）人员名册

陈叶根	陈美丹	刘正标	徐奶妹	杨秋光	俞惠娟	潘耀弟	舒如光
陈朝光	程友仁	苏爱华	徐志春	叶国元	周有素	陈爱君	尤发兴
陈静仁	刘春兰	王莜杨	徐竹明	虞桂斌	邹立坚	潘忠波	王玲玲
陈宗清	陈秀枝	徐爱珍	朱建雄	阮正娥	张小兰	叶小荣	徐宝楷

第三节　先进集体和个人

中华人民共和国成立之后，青田县林业系统有关单位和干部职工，在各个岗位上积极工作，表现突出，成绩优异，涌现出一批先进集体和个人，具体获奖情况如下：

一、先进集体

表 10-6-3-1　受省级以上表彰的先进集体名录（一）

单位名称	时　间	颁奖单位	荣誉称号
章村区浮弋乡旭光农林社	1957 年	林业部	全国农业社会主义建设先进单位
章村区浮弋乡晨光农林社	1957 年	林业部	
山口区山口乡大安农林社	1957 年	林业部	
青田县林业局	1986 年	林业部、民航局等	全国飞播先进集体
青田县林业局	2008 年 1 月 14 日	省山林纠纷调处工作领导小组	通报表彰
青田县林业局	2008 年 1 月 23 日	省林业厅	2007 年林业信息工作优秀单位
青田人民政府森林消防指挥部	2009 年	省人民政府森林消防指挥部	先进单位
青田县林业局	2009 年 12 月	省林业厅	省林业统计先进单位
青田县林业局	2011 年 1 月	省林业厅	全省林业政务信息工作三等奖
青田县林业局	2012 年 3 月	省林业厅	全省森林防火工作先进单位
青田县林业局	2012 年 3 月	省林业厅	全省林业政务信息工作二等奖
青田县林业局	2012 年 3 月	省林业厅	浙江省第十二届科技兴林二等奖
青田县林业局	2013 年 2 月	省林业厅、省林学会	浙江省第十三届科技兴林二等奖
青田县林业局	2014 年 5 月	省林业厅、省林学会	浙江省科技兴林一等奖
青田县林业技术推广站	2014 年 5 月	省林业厅、省林学会	浙江省科技兴林二等奖

表 10-6-3-2 受省级以上机构表彰的获奖产品名录（二）

单位名称	获奖情况	发文单位	文号	发文时间
浙江伟泰家具有限公司	第 7 届中国义乌国际森林产品博览会金奖产品	中国义乌国际森林产品博览会组织委员会	森博委〔2014〕7 号	2014 年 11 月
浙江龙润山茶油有限公司	第 7 届中国义乌国际森林产品博览会优质奖产品	中国义乌国际森林产品博览会组织委员会	森博委〔2014〕7 号	2014 年 11 月
青田县旺福来制带厂	第 7 届中国义乌国际森林产品博览会优质奖产品	中国义乌国际森林产品博览会组织委员会	森博委〔2014〕7 号	2014 年 11 月

表 10-6-3-3 受市、县级表彰的先进集体名录（一）

单 位	时 间	颁奖单位	荣誉称号
青田县林业局	1993 年 3 月	丽水市林业局	科技兴林二等奖
青田县林业局	2003 年 4 月	丽水市林业局	工程项目建设三等奖
县政府森林消防指挥部	2007 年	丽水市人民政府森林消防指挥部	三等奖
县政府森林消防指挥部	2008 年	丽水市人民政府森林消防指挥部	二等奖
青田县森林消防指挥部	2008 年 2 月 18 日	丽水市森林消防指挥部	森林消防工作目标责任制三等奖
青田县林业局	2008 年 2 月 29 日	丽水市林业局	2007 年度林业基金征缴先进优胜单位
湖口木材检查站	2009 年 3 月 6 日	丽水市林业局	市第二批规范化木材检查站
县政府森林消防指挥部	2009 年	丽水市人民政府森林消防指挥部	一等奖
青田县林业局	2011 年 2 月	丽水市人民政府	科技兴林奖主要参与单位
青田县林业局	2013 年 8 月 6 日	丽水市人民政府	丽水市科学技术进步奖
青田县林业局	2013 年 1 月 16 日	丽水市林业局	全市油茶产业发展先进单位
青田县森林消防指挥部	2014 年 1 月	丽水市森林消防指挥部	十佳森林消防队
青田县森林消防指挥部	2014 年 1 月	丽水市人民政府	森林消防优秀单位

续表 10-6-3-3

单 位	时 间	颁奖单位	荣誉称号
青田县森林消防办公室	2015 年 1 月	青田县作风办	作风建设十佳科股站队所
青田县林业技术推广站	2014 年 3 月	丽水市人民政府	科技兴林二等奖
青田县林业局	2014 年 3 月	丽水市人民政府	科技兴林二等奖

表 10-6-3-4 受市、县级表彰的先进集体名录（二）

单位名称	获奖情况	发文单位	文号	发文时间
青田县福麟家庭农场	丽水市生态精品现代农业示范家庭农场	丽水市推进生态精品现代农业发展领导小组	丽农生态〔2014〕1 号	2014 年 1 月
青田县罗乃康家庭农场	丽水市生态精品现代农业示范家庭农场	丽水市推进生态精品现代农业发展领导小组	丽农生态〔2014〕1 号	2014 年 1 月
青田县万山佐彬家庭农场	丽水市生态精品现代农业示范家庭农场	丽水市推进生态精品现代农业发展领导小组	丽农生态〔2014〕1 号	2014 年 1 月
青田县吴泽静家庭农场	丽水市生态精品现代农业示范家庭农场	丽水市推进生态精品现代农业发展领导小组	丽农生态〔2014〕1 号	2014 年 1 月
青田县祯旺春光农副产品专业合作社	丽水市生态精品农产品	丽水市推进生态精品现代农业发展领导小组	丽农生态〔2014〕1 号	2014 年 1 月
青田县西天毛竹种植专业合作社	丽水市生态精品农产品	丽水市推进生态精品现代农业发展领导小组	丽农生态〔2014〕1 号	2014 年 1 月
青田县章旦乡兰头村王伟毅	丽水市生态精品农产品	丽水市推进生态精品现代农业发展领导小组	丽农生态〔2014〕1 号	2014 年 1 月
青田县陈诚故乡毛竹产销专业合作社	丽水市生态精品农产品	丽水市推进生态精品现代农业发展领导小组	丽农生态〔2014〕1 号	2014 年 1 月
青田县高山农业开发有限公司	丽水市生态精品农产品	丽水市推进生态精品现代农业发展领导小组	丽农生态〔2014〕1 号	2014 年 1 月
青田县育生农业开发有限公司	丽水市生态精品农产品	丽水市推进生态精品现代农业发展领导小组	丽农生态〔2014〕1 号	2014 年 1 月
青田县联众果蔬种植专业合作社	丽水市生态精品农产品	丽水市推进生态精品现代农业发展领导小组	丽农生态〔2014〕1 号	2014 年 1 月
青田浙南油茶开发有限公司	丽水市生态精品农产品	丽水市推进生态精品现代农业发展领导小组	丽农生态〔2014〕1 号	2014 年 1 月
青田县大洋山林场	丽水市生态精品农产品	丽水市推进生态精品现代农业发展领导小组	丽农生态〔2014〕1 号	2014 年 1 月

续表 10-6-3-4

单位名称	获奖情况	发文单位	文号	发文时间
林权服务管理中心	2013年度集体林权制度改革二等奖	丽水市人民政府	丽政办发〔2014〕11号	2014年1月
青田县森防站	"绿盾护林,保护生态"检疫执法先进集体	丽水市林业有害生物防治检疫总站	丽林防检〔2014〕2号	2014年2月
青田县林业局	被命名为2013年度"平安林区"	丽水市林业局	丽林〔2014〕9号	2014年1月
县森林消防办	2013年度全市森林消防工作责任考核优秀	丽水市人民政府森林消防指挥部	丽森防指〔2014〕3号	2014年1月
仁宫乡扑火队	2014年丽水市森林消防高压接力水泵灭火技能比赛二等奖	丽水市人民政府森林消防指挥部		2014年10月
青田县林业技术推广站	第十四届浙江省科技兴林奖三等奖	浙江省林业厅、浙江省林学会	浙林科奖证字（14）3-04号	2014年3月
县政府	2013年度"六边"绿化二等奖	丽水市人民政府		2014年1月

二、先进个人

表 10-6-3-5 受省级以上机构表彰的先进个人名录

姓 名	单 位	时 间	颁奖单位	荣誉称号
陈祝安	青田油科所	1978	全国科技工作会议	全国科技重大贡献奖
曾国瑞	青田县公安局林业派出所	1990.02	省林业厅公安处	嘉奖
刘志芬	青田县林业局林业派出所	1991.03	省林业厅公安处	嘉奖
刘景池	青田县林业局	1993.05	省林学会	优秀林业科技工作者
刘景池	青田县林业局	1993.10	国家计划委员会农业部	全国省柴节煤工作先进工作者
曾国瑞	青田县林业局林业派出所	1995.03	省林业公安局	嘉奖
周文明	青田县公安局林业派出所	1995.03	省林业公安局	嘉奖
罗庆兵	青田县林业局	1997.03	省林业厅	林地管理先进工作者
罗庆兵	青田县林业局	2001	省林业厅	野生动物管理先进个人
曾国瑞	青田县公安局林业派出所	2002.02	省森林公安处	三等功
刘剑锋	青田县公安局林业派出所	2002.04.02	省林业厅森林公安处	三等功

续表 10-6-3-5

姓 名	单 位	时 间	颁奖单位	荣誉称号
刘志芬	青田县公安局森林警察大队	2005.03	省林业厅森林公安处	三等功
林观章	青田县林业局	2005.12	省林业厅消防指挥部	2003~2005年森林消防先进
王先然	青田县公安局森林警察大队	2006.05	省林业厅公安局	三等功
蒋金荣	青田县林业局	2008.01	省林业有害生物防治检疫局	省林业有害生物防治宣传先进个人
周文明	青田县公安局森林警察大队	2008.06	省林业厅森林公安处	三等功
罗庆兵	青田县林业局	2008.10	中国林业学会	第六届劲松奖
蒋金荣	病虫害防治站	2008.10	省林业厅	浙江省科学技术合作成果奖
饶光雄	青田县林业局	2008.01	省林业厅	省科技兴林三等奖
饶光雄	青田县林业局	2000.01	省林业厅	浙江省调处山林纠纷先进个人
潘文英	青田县林业局	2013.05	全国绿化委员会	全国绿化奖章
潘文英	青田县林业局	2009.09	浙江省绿化委员会	浙江省绿化奖章
潘文英	青田县林业局	2007.12	中国绿色时报社	征文一等奖
潘文英	青田县林业局	2008.12	浙江省巾帼建功和双学双比活动协调小组	浙江省巾帼建功标兵
柳松树	青田县林业局	2007.12	中国绿色时报社	征文一等奖
夏建敏	青田县林业局	2011.11	省林业厅	森林资源管理先进个人
夏建敏	青田县林业局	2007.08	省委省政府	"山林延包"工作先进个人
李勇勤	青田县林业局	2012.05	浙江省林学会	2007~2011学会工作先进个人
刘庆定	林业技术推广站	2011.11	第四届中国义乌国际森博会	先进工作者
王 毅	林业技术推广站	2010.02	浙江省林业厅	省林业种苗先进工作者
王 毅	林业技术推广站	2011.02	浙江省林业厅	省林业科技先进工作者
潘如勇	青田县公安局森林警察大队	2014.04	省林业厅森林公安局	三等功
刘小燕	办公室	2012.3	浙江省林业厅	政务信息先进个人
赵雪康	营林科	2000.11	省政府	先进工作者
赵雪康	营林科	1998.12	浙江省林业厅	先进工作者

表10-6-3-6 受市、县级机构表彰的先进个人名录（一）

姓　名	单　位	时　间	颁奖单位	荣誉称号
罗庆兵	温溪林业站	1982	县人委	先进工作者
罗庆兵	青田县林业局	1986	县委县政府	先进工作者
王先然	青田县公安森林派出所	1990.02	县政府	先进工作者
罗庆兵	青田县林业局	1995	丽水地区林业局	林政管理先进工作者
王先然	青田县林业局公安科	1996.02	丽水地区公安处林业公安科	嘉奖
罗庆兵	青田县林业局	1996	县委	优秀党员
曾国瑞	青田县林业局公安科	1997.02	丽水地区林业局	嘉奖
王先然	青田县林业派出所	1997.03	丽水地区公安处林业公安科	嘉奖
刘剑锋	青田县林业派出所	1999.3.25	丽水地区公安局	嘉奖
周文明	青田县林业派出所	2000.6.06	丽水地区林业局	嘉奖
罗庆兵	青田县林业局	2003	丽水市林业局	"123"工程项目一等奖
刘志芬	青田县森林警察大队	2004.01	丽水市公安局森林公安处	嘉奖
金成周	青田县林业局	2006.4.28	县政府	青田县劳模
周文明	青田县森林警察大队	2007.2.26	丽水市林业局	嘉奖
夏　晖	青田县林业局	2007.02	丽水市林业局	2006年度丽水市林业局统计工作先进个人
徐同冰	青田县林业局	2007.02	丽水市政府	绿色通道建设先进个人
徐同冰	青田县林业局	2007.05	丽水市林学会	先进个人
饶蓉霞	青田县林业局	2008.2.29	丽水市林业局	2007年度林业基金征缴管理先进个人
徐同冰	青田县林业局	2008.02	市兴林富民工程建设	先进个人
张峰玲	青田县林业局	2008.2.29	丽水市林业局	林业会计工作先进个人
蒋金荣	青田县森防站	2008.3.19	市林业有害生物防治检疫总站	2007年度林业有害生物防治检疫先进个人
潘如勇	青田县森林公安局	2009.1.15	丽水市林业局	嘉奖
徐同冰	青田县林业局	2009.03	丽水市政府	绿化奖章
徐同冰	青田县林业局	2009.09	丽水市政府	先进林业科技工作者

表 10-6-3-7 受市、县级机构表彰的先进个人名录（二）

姓 名	单 位	时 间	颁奖单位	荣誉称号
刘景池	青田县林业局	1996.04	鲁家贤、高文英基金会	科技进步奖三等奖
刘剑锋	青田县林业局	2010.1.6	丽水市人民政府森林消防指挥部	2009 年度森林消防工作先进个人
郑晓敏	青田县林业局	2010.1.8	市人民政府办公室	丽水市集体林权制度改革工作先进个人
吴永国	青田县木材检查站	2010.2.2	丽水市木材运输巡查支队	2009 年度木材运输巡查工作先进个人
章伟杰	青田县森防站	2010.2.2	丽水市林业有害生物防治检疫总站	2009 年度林业有害生物防治检先进个人
罗小梅	青田县森防站	2010.02	丽水市林业有害生物防治检疫总站	优秀测报员
徐同冰	青田县林业局	2010.06	县政府	2009 年度县级先进工作者
饶光雄	山林纠纷办公室	1996.02	丽水市林业局	山林纠纷调处先进个人
饶光雄	森防站	2002.02	丽水市森防总站	森防检疫先进个人
饶光雄	森防站	2012.02	丽水市森防总站	森防检疫先进个人
饶光雄	森防站	2013.02	中共青田县委	优秀党务工作者
蒋金荣	森防站	2007.02	丽水市森防总站	森防测报先进个人
蒋金荣	森防站	2010.02	丽水市森防总站	森防检疫先进个人
蒋金荣	营林科	2010.02	丽水市林业局	科技兴林三等奖
李勇勤	防火办	2014.01	丽水市森林消防指挥部	2013 年度森林消防工作先进个人
潘冠林	林权中心	2012.02	丽水市人民政府	集体林权制度改革先进个人
潘冠林	林权中心	2011.01	丽水市人民政府	集体林权制度改革先进个人
林小平	林权中心	2014.01	丽水市人民政府	2013 年集体林权制度改革先进个人
詹小珍	林权中心	2014.01	丽水市人民政府	2013 年集体林权制度改革先进个人
叶锴	林权中心	2013.01	丽水市人民政府	2012 年集体林权制度改革先进个人
叶锴	林权中心	2015.02	丽水市人民政府	2014 年集体林权制度改革先进个人
陈雄弟	营林科	2011.10	丽水市绿化委员会	绿化奖章
王建勇	林政科	2013.04	丽水市林业局	资源管理先进个人
王建勇	纠纷办公室	2014.03	青田县信访工作联席会议	信访工作先进个人
范佳苗	技术推广站	2012.11	丽水市林业局	良种推广先进个人
刘庆定	技术推广站	2012.11	丽水市林业局	良种推广先进个人
刘庆定	技术推广站	2013.02	浙江省林业厅	良种推广先进工作者
王 毅	技术推广站	2010.01	丽水市林业局	林业科技先进工作者
王 毅	技术推广站	2011.03	县政府	青田县劳动模范
王 毅	技术推广站	2011	中共青田县委	青田县"十大侨乡先锋"

续表 10-6-3-7

姓　名	单　位	时　间	颁奖单位	荣誉称号
王连荣	船寮林业站	1994	丽水市林业局	资源林政管理先进个人
夏建敏	林政科	2003.04	丽水市林业局	"123"工程建设三等奖
夏建敏	林政科	2008.04	丽水市委、市府	抗击冰灾先进个人
夏建敏	林政科	1992.05	丽水地委组织部	科学青年鼓励奖
夏建敏	林政科	2012.09	青田县委、县政府	三等功
叶林妹	林政科	2013.04	丽水市林业局	资源管理先进个人
叶林妹	林政科	2014.03	丽水市人民政府	科技兴林二等奖
金少伟	林政科	2013.12	丽水市林业局	先进工作者
林观勇	林政科	2013.04	丽水市林业局	资源管理先进个人
林观勇	林政科	2014.06	青田县委、县政府	先进工作者
张峰玲	办公室	2007.06	青田县委、县政府	先进工作者
张峰玲	办公室	2008.02	丽水市林业局	林业系统先进工作者
徐忠伟	北山林业站	1999.12	丽水地区林业局	优秀林技员
徐忠伟	北山林业站	2001.06	中共青田县委	优秀共产党员
程海青	青田县林业局	2015.02	青田县委、县政府	2014年度"五水共治"先进个人
潘文英	青田县林业局	2009.03	丽水市绿化委员会	丽水市绿化奖章
季焕平	青田县林业局	2014.12	丽水市绿化委员会	丽水市绿化奖章
郭明月	青田县林业局	2012.02	青田县委、县政府	2011年度先进工作者
郭明月	青田县林业局	2011.12	丽水市"人大"常委会	2006—2011年优秀调研成果奖
郭明月	青田县林业局	2012.03	丽水市人民政府	科技兴林一等奖
郭明月	青田县林业局	2011.02	县政府	先进工作者
刘小燕	防火办	2009.03	丽水市森林消防指挥部	2008年度森林消防工作先进个人
刘小燕	防火办	2011.03	丽水市森林消防指挥部	2006—2010年浙江省森林消防工作先进个人
吴旭雷	森林警察大队	2014.12	丽水市森林公安局	全市警务技能考核前六名
周文明	森林警察大队	2014.12	丽水市森林公安局	平安林区建设成绩突出
赵雪康	营林科	2002.04	青田县委、县政府	先进工作者
赵雪康	营林科	2005.06	青田县委、县政府	先进工作者
赵雪康	防火办	2007.05	丽水市林学会	先进个人
赵雪康	防火办	2008.02、2012.02	丽水市森林消防指挥部	先进个人（2007年、2011年度两次）
章伟杰	青田县林业局	2012.09	青田县委、县政府	先进工作者

注：1、先进个人排名不分先后、职别；
　　2、部分同志得奖较多，因版面限制，故择之重要奖项录登；
　　3、资料搜集未齐全。

附　录

动物植物名录

一、动物名录

（一）兽类名录

目／科／种	习　性	经济意义
Ⅰ食虫目		
一、刺猬科		
1. 刺猬 Erinaceus europaeus Linnaeus	栖息于山地森林、平原草地、农作区及灌丛等，夜间活动。	捕食大量有害昆虫，但也危害果蔬。可药用。
二、鼩鼱科		
2. 小麝鼩 Grocidura suoveolens Pallas	栖息于山地森林、平原草甸、草地及耕作区。	主食昆虫，也吃果实种子，对农林有益。
3. 灰麝鼩 Grocidura attenuata Milne Edwards	栖息山区林地，夜间活动。	主食昆虫，农区吃作物种子，是钩端螺旋体病病原体宿主之一，带有流行性出血热的病毒抗原。
4. 大麝鼩 Grocidura sracula Thomas	栖息平原丘陵耕作区，偶见农居内，夜间活动。	主食昆虫，也吃果实、农作物种子，有一定危害。
5. 臭鼩 Suncus murinus Linnaeus	生活于平原田野、江边、垦区、沼泽、灌丛及城镇村落。	捕食大量昆虫，对农林有益；但是钩螺旋体和恙虫病立克次体的宿主动物之一，还带有流行性出血热的病毒抗原，对人类健康有危害。
Ⅱ翼手目		
三、鼹鼠科		
6. 缺齿鼹 Mogera latouchei Thomas	生活于山区林地、草丛、耕地及林业苗圃等处。	捕食害虫，于农有益，但也毁坏苗木。
7. 普氏蹄蝠 Hipposideros pratti Thomas	栖息潮湿山洞，集群生活，与他种共栖，夜间活动。	捕食昆虫，有益农林；粪便入药、作肥。
四、蹄蝠科		
8. 中华鼠耳蝠 Myotis chinensis Tomes	栖于山洞，三五成群，夜间觅食。	捕食昆虫，食量大，对农有益；粪便入药、作肥。
9. 绒山蝠 Nyctalus noctula Schreber	栖息于屋檐、天花板、门窗缝隙中，也栖树洞，集群生活，傍晚至凌晨活动。	捕食昆虫，嗜食蚊类，为益兽；为中药"夜明砂"的正宗传统生药源。
10. 山蝠 Nyctalus lasiopterus Schreber	生活于树洞、屋檐、天花板、山洞中，夜间活动。	捕食昆虫，嗜食蚊类，为益兽。
11. 普通伏翼 Pipistrellus abramus Temminck	与人类伴生，栖于屋檐、天花板、墙及门窗缝隙中，集群生活，傍晚开始觅食。	是公布最广、数量最多的一种，捕食昆虫，嗜食蚊类，对抑制蚊子有一定作用；粪便入药。
Ⅲ灵长目		

续表（一）兽类名录

目／科／种	习　性	经济意义
五、猴科		
12. 猕猴 Macaca mulatta Zimmermann	栖息于山区林中及疏林裸处,白天树上活动,夜间树上休息,集群生活。	盗食农作物,对农业有一定危害;为医药上实验动物,也是动物园人们喜爱的观赏动物。
13. 短尾猴 Macaca thibetana Milne Edwards	栖于高山密林中,群栖。	对山区竹笋、玉米等农作物有一定危害,数量少,分布狭小,禁止猎捕。
Ⅳ鳞甲目		
六、穿山甲科		
14. 穿山甲 Manis pentadactyla linnaeus	地栖性,穴居生活。栖于丘陵山地灌林、草丛中较潮湿地方。	以白蚁为食,有益人类;鳞入药。
Ⅴ兔形目		
七、兔科		
15. 华南兔 Lepus sinensis Gray	多栖中山、低山林缘、灌丛、草地,洞居,昼夜活动。	对农作物幼苗有一定危害;肉可食,毛皮可用。
Ⅵ啮齿目		
八、松鼠科		
16. 赤腹松鼠 Callosciurus erythraeus Pallas	栖于山区林地。	以植物果实、种子、嫩叶为主食;毛皮可用,肉可入药,主治肺结核、月经不调等症。
17. 长吻松鼠 Dremomys pernyi Milne Edwards	栖于森林灌丛,常与他种松鼠共栖。	以植物果实、种子为主食,对林业有一定危害;毛皮利用价值较高。
九、鼯鼠科		
18. 豹鼠 Tamiops swinhoei Milne Edwards	栖息于森林、林缘、灌丛中,树栖。	危害山区农作物、果树、苗圃等;毛皮利用价值较小。
19. 黑白飞鼠 Hylopetes alboniger Hodgson	栖于高山密林,筑窝于树洞中,活动时以攀、爬与滑翔交替。	以野果为主食,对林果业有一定危害;毛皮可利用,粪便可入药。
十、仓鼠科		
20. 黑腹绒鼠 Eothenomys melanogaster Milne-Edwards	多栖息于海拔1000米以上地区的树林、灌丛、草地、农田,成群洞居。	危害山区农作物和幼林;为钩端螺旋体病病原体的宿主动物。
十一、竹鼠科		
21. 中华竹鼠 Rhizomys sinensis Gray	营地下穴居生活,多栖于竹林。	主食竹鞭,也吃果实、种子,竹林害兽;毛皮可制裘,肉可食和药用。
十二、鼠科		
22. 巢鼠 Micromys minutus Pallas	栖息于芦苇、农田、菜园、杂草地、采伐迹地及树林内,善攀爬,枝丫处筑巢或挖洞居。	盗食农作物,因量少,危害不大。
23. 黑线姬鼠 Apodemus agrarius Pallas	栖于农田、菜园、墓地、竹林、草甸、树林及采伐迹地,挖洞营居。	为主要农田害兽,是流行性出血热病原体的主要宿主,也是钩端螺旋体病的传播者。

续表（一）兽类名录

目/科/种	习　性	经济意义
24. 中华姬鼠 Apodemus draco Barrett Hamilton	栖息于山区阔叶林、针阔混交林、竹林、灌丛、草甸、农作物地。	对山区农作物及森林更新有一定危害。
25. 小家鼠 Mus musculus Linnaeus	栖于室内隐蔽处，野外居于田埂和草丛间，昼夜活动。	危害农作物、家具；能传播鼠疫、钩端螺旋体病、恙虫病、流行性出血热和地方性斑疹伤寒等多种疾病，为害鼠。
26. 黄胸鼠 Rattus flavipectus Milne Edwards	善攀登，多栖于建筑物上层，夜间活动。	室内常见鼠类，破坏力大，咬坏衣物，盗食粮食和农作物，扰人睡觉；带有寄生虫，是多种疾病病原体宿主。
27. 褐家鼠 Rattus noruegicus Berkenhout	栖居在居民点及附近田野，夜间活动，狡猾机警，食性杂。	啃食和污染食物，咬坏家具和建筑物；传播鼠疫、钩端螺旋体病、流行性出血热、恙虫病、地方性斑疹伤寒、蜱传回归热等多种疾病。
28. 黄毛鼠 Rottus losea Swinhoe	栖于田梗、土丘、河溪旁、乱石堆及杂草丛中。	以农作物为主食，也食果蔬、昆虫，为农业害兽；并传播流行性出血热病、钩端螺旋体病和恙虫病。
29. 杜鼠 Rattus niuiventer Hodgson	栖于丘陵和山区的灌草丛、采伐迹地、荒坡、坟地、树林、农田，营巢或洞居。	以坚果为主食，也吃草根、嫩叶，危害作物和林业；传播钩端螺旋体病，又是本省恙虫病立克次体的主要宿主动物。
30. 针毛鼠 Rattus fuluescens Gray	栖息丘陵地区山腰和山脚的灌草丛、溪涧、树根隙或竹林的干燥处。性凶好斗，善攀喜跳。	危害山区农作物，能传播恙虫病和钩端螺旋体病等多种疾病。
31. 大足鼠 Rattus nitidus Hodgson	栖息于田野及山地林缘地带。	危害农作物；为流行性出血热病和钩端螺旋体病病原体的宿主动物。
32. 白腹巨鼠 Rattus edwardsi Thomas	栖于山区竹林、杉、松和阔叶林及茅草、灌木丛生处，喜近水岩缝中穴居。性凶猛，善攀登。	对山区农林业有一定危害；皮张可利用。
33. 青毛鼠 Rattus bowersi Anderson	栖息高山密林中。	主食野果、竹根、嫩叶，因数量少，危害轻；毛皮可利用。
十三、豪猪科		
34. 豪猪 Hystrix hodgsoni Gray	栖息山区林茂盛处，尤喜缘于农作物的山坡草地或密林中，穴居，多家族或群居生活。	危害农作物；肉味美，并可入药，刺可作饰品。
十四、犬科		
35. 狼 Canis lupus Linnaeus	生活于山区和丘陵地带的森林、灌木丛、草丛中，单独夜间活动或雌雄共栖。性狡猾、凶悍、贪婪、机警多疑。	主食中、小型兽类及家畜，伤害幼童，也食腐肉和尸体，对人、畜和经济狩猎动物有一定危害；皮可制褥垫，肉可食、入药。
36. 狐 Vulpes vulpes Linnaeus	丘陵、山区和城镇周围的森林、灌木丛、草甸栖息，穴居，夜间活动，性狡猾，行动敏捷。	以鼠类为主食，对农业有一定益处，也偷袭家禽；为著名毛皮兽，可人工驯养。
37. 貉 Nyctereutes procyonoides Gray	生活于荒山、丘陵、河谷和草原，穴居，也可獾同穴，行动迟缓。	肉可食、入药，为珍贵的毛皮动物，可人工驯养。
38. 豺 Cuon alpinus Pallas	生活于山地、丘陵，性凶残而贪食，常在草丛、灌木林出现。	对家畜和自然动物有一定危害，但也能抑制野猪的数量；毛皮可利用，但价值不高。
十五、鼬科		
39. 青鼬 Martes flavigula Boddaert	栖息丘陵、山地林中，尤喜沟谷灌丛，常居树洞中。	为毛皮兽，商品名叫黄猺皮。
40. 黄鼬 Mustela sibirica Pallas	主要栖息平原、农田、丘陵林缘、沟谷山坡、沼泽草地、水网地区，常出没村落附近，穴居	能大量捕食老鼠，对农林、卫生事业有益，也偷食家禽；为重要毛皮兽。

续表（一）兽类名录

目/科/种	习　性	经济意义
41. 黄腹鼬 Mustela kathiah Hodgson	栖息于山地林缘、河谷、灌丛、草地，也在农田、村落附近活动。	捕食鼠类，对农业有益；毛皮可制裘，但质欠佳。
42. 鼬獾 Melogale moschata Gray	栖息在海拔 1000 米以下丘陵山地，尤喜 500 米以下混交林的林缘、灌丛、河谷也常在平原农田、湖网地区活动。穴居，夜行性。	重要的珍贵毛皮兽，商品名猹子，是上等制裘原料。
43. 狗獾 Meles meles Linnaeus	栖息在山林、灌丛、荒坡、坟堆及河湖溪沟的潮湿地带，穴居。	盗食玉米、番薯等作物，有害农业；毛皮可利用，商品上和猪獾皮合称黑白獾，毛还可制画笔；肉鲜美。
44. 猪獾 Arctonyx collaris F.Cuvier	主要栖息在山地丘陵林缘、灌丛、平原田野、草地等处，挖洞穴居，昼伏夜出，单独活动。	对山区玉米、番薯等作物有一定危害；肉可食，毛制刷和画笔，毛皮制裘或褥垫，獾油可治火伤或烫伤。
45. 水獭 Lutra lutra Linnaeus	栖息在江河、湖汉、溪流、水库附近，穴居生活，独居。	珍贵毛皮兽，肉、肝、胆均可入药。可人工饲养。
十六、灵猫科		
46. 小灵猫 Viverricula indica Desmarest	广泛分布在丘陵和半山区的灌丛中，营独栖穴居生活，夜行性，机警、畏寒。	具香腺，其分泌物——灵猫香为香料工业重要的定香剂、保香剂，并具麝香相似的药用价值；肉可食。喜食老鼠，于农有益；毛皮制裘，毛制笔。
47. 花面狸 Paguma laruata Hamilton Smith	夜行性，以地面生活为主，善攀缘，食性杂。	毛皮可制裘、皮帽、手套，针毛制毛刷和笔，肉鲜美，是我国出口大宗皮张之一。
48. 食蟹獴 Herpestes urua Hodgson	善栖息于沟谷、溪水边密林中，穴居，视力差，行动敏捷，能攀缘、潜水。	毛皮兽，商品名石獾皮，制裘，针毛制刷和笔。
十七、猫科		
49. 豹猫 Felis bengalensis Kerr	多见于丘陵和有树丛的地区，独居或雌雄同栖。夜行性。鸟为食，亦食鼠、蛙、蛇，偶盗食家禽。	主要毛皮兽之一，商品名为狸子皮，可制裘，其骨可入药。
50. 原猫 Felis temmincki Vigors Horsfield	栖息高山密林中，善爬树，性凶猛，又胆小，夜行性，以鸟、鸟蛋和中小型鹿及其幼仔为食。	毛皮美观，适于做外衣、皮领、皮褥等，资源稀少，禁止猎杀。
51. 云豹 Felis temmmincki Vigors Horsfield	生活在高山常绿丛林中，善攀缘，活动和睡眠均在树上。昼伏夜出，动作敏捷，性凶猛，食鸟、猴、松鼠为主，也捕食小型鹿、羊、野兔，食物不足时，也盗食家畜、家禽。	毛皮柔软，花纹美观，富有光泽，可制裘，商品名龟纹豹。也是珍贵观赏动物，资源稀少，禁止捕杀。
52. 豹 Panthera pardus Linnaeus	栖息于茂密丛林或森林中，主要生活在山区或丘陵地带。夜行性，性残忍，行动敏捷，弹跳力强，善攀缘，能游水，以动物为食，也盗家畜。	豹皮美丽，可制裘、帽、褥垫；骨可入药，作用与虎骨相同，资源稀少，严禁捕猎。
十八、猪科		
53. 野猪 Sus scrofa Linnaeus	栖息山区林地，常见于阔叶林、混交林、灌丛和草地等处，群居性，过游荡生活，嗅觉和听觉灵敏，奔跑迅速，善游泳，杂食性，以植物为主。	为农业害兽，可适当狩猎。肉鲜美，猪鬃可制刷，肉、脂、胆、胃、肾均可入药。
十九、鹿科		
54. 小鹿 Muntiacus reeuesi Ogilby	栖息丘陵山地的低谷、林缘、灌丛及草某丛中，性怯懦，营独居，胆小机敏，植食性。	肉味鲜美，为上等野味，皮是高级制革原料，为传统出口商品。应适当控制猎捕量，以恢复资源。
55. 黑鹿 Muntiacus reeuesi Ogilby	多栖息在丘陵山地密林中，阔叶林、混交林和灌丛深处，活动隐蔽，植食性。	肉为上等野味，皮可制革。是我国特产珍贵动物，分布区狭小，数量稀少，严禁捕猎。

续表（一）兽类名录

目／科／种	习　性	经济意义
56. 梅花鹿 Cervus nippon Temminck	栖息在约800～1500米山地阔叶林、混交林、灌丛、高山平原草地等处，尤喜林缘、草甸、山崖、溪流的生境。群居性，性机警，多隐蔽。	肉可食、入药，鹿茸、鹿骨、鹿胎、鹿尾、鹿血均可入药。资源稀少，应严加管理，禁止猎捕。
57. 鬣羚 Capricornis Sumatraensis Bechstein	栖息于低山丘陵到高山岩崖，常在林缘、灌丛、针叶林及混交林中活动，喜在草丛、乱石山崖上跳跃，冬季偶入平原田野，行动敏捷，机警灵活。	毛皮可制革或做褥垫，商品名野山羊，骨可供药用。
58. 斑羚 Naemorhedus goral Hardwicke	多栖息在较高的山林中，在林缘岩石上活动，冬季下低山林中觅食，植食性。	肉味鲜美，毛皮可制裘。资源已濒临绝迹。

注：①列国家一级重点保护野生动物　　②列国家二级重点保护野生动物　　③列浙江省重点保护陆生野生动物

（二）鸟类名录

目／科／种	习　性	经济意义
I 鹥鹈目		
一、鹥鹈科		
小鹥鹈普通亚种 Podiceps ruficollis poggei（Reichenow）	留　鸟	羽、肉可利用，捕食水生昆虫及鱼虾类，益害兼有。
角鹥鹈 Podiceps auritus （Linnaeus）	冬候鸟	羽、肉经济价值高，捕食水生昆虫，有利农业，体态优美，量极稀少。③
黑颈鹥鹈指名亚种 Podiceps caspicus caspicus （Hablizl）	冬候鸟	羽、肉可利用，有较高观赏价值，捕食昆虫，量极少。
凤头鹥鹈指名亚种 Podiceps cristatus cristatus （linnaeus）	冬候鸟	羽、肉可用，体态优美。③
II 鹈形目		
二、鹈鹕科		
斑嘴鹈鹕新疆亚种 Pelecanus philippensis crispus Bruch	冬候鸟	羽、皮、肉可供利用，大量捕食鱼类，对渔业有影响。②
三、鸬鹚科		
鸬鹚中国亚种 Phalacrocoras carbo sinensis（Blumenbach）	冬候鸟	捕食鱼类，对养鱼业有一定危害。
斑头鸬鹚 Phalacrocorax filamentosus （Temminck et Schle-gel）	冬候鸟	捕食鱼类，对养鱼业有一定危害。
III 鹳形目		
四、鹭科		
苍鹭普通亚种 Ardea cinerea rectirostris Could	留　鸟	捕食鱼类和大量昆虫，害益兼有，羽供作饰品。
草鹭普通亚种 Ardea purpurae manilensis Meyen	冬候鸟	羽供作饰品，量少。
绿鹭瑶山亚种 Butorides striatus connectens Stresemann	冬候鸟	罕见种类，应予保护。
黑龙江亚种 Butorides striatus amurensis von Schrenck	冬候鸟	罕见种类，应予保护。

续表（二）鸟类名录

目/科/种	习 性	经 济 意 义
池鹭 Ardeola bacchus （Bonaparte）	冬候鸟	背上蓑羽供作饰品。
牛背鹭普通亚种 Bubulcus ibis coromandus （Boddaert）	冬候鸟	喜啄食家畜体上的寄生虫和农田害虫，应以保护。背上蓑羽供作饰物。
大白鹭普通亚种 Egretta alba modestus （Gray）	夏 候	背蓑羽为名贵饰用羽毛，濒临绝灭，应予保护。③
白鹭指名亚种 Egretta garzetta garzetta （Linnaeus）	留 鸟	羽色洁白，体姿优美，有很高观赏价值。嗜食昆虫，予以保护。矛状羽及蓑羽供作饰羽。③
黄嘴白鹭 Egretta eulophotes （Swinhoe）	夏候鸟	罕见种类。②
中白鹭指名亚种 Egretta intermedia intermedia （Wagler）	夏候鸟	蓑羽供饰用，嗜食昆虫，有益农业，量少应保护。③
夜鹭指名亚种 Nycticorax nycticorax nycticorax （Linnaeus）	留 鸟	嗜食鱼和蛙类，对农渔业有害，但量少，危害不大。③
栗头虎斑鳽 Gorsachius goisagi （Temminck）	旅 鸟	罕见种类，注意保护。
海南虎斑鳽 Gorsachius magnificus （Ogilvie Grant）	夏候鸟	②
黄斑苇鳽指名亚种 Ixobrychus sinensis sinensis（Gmelin）	夏候鸟	嗜食鱼虾和有害昆虫，害益兼有。
紫背苇鳽 Ixobrychus eurhythmus （Awinhoe）	夏候鸟	嗜食小鱼和多种有害昆虫，害益兼有。
栗苇鳽 Ixobrychus cinnamomeus （Gmelin）	夏候鸟	捕食大量水生昆虫，有益农业。
黑鳽指名亚种 Dupetor flavicollis flaoycollis （Latham）	夏候鸟	虽食鱼类，但量少，宜加保护。
大麻鳽指名亚种 Botaurus stellaris stellaris （Linnaeus）	夏候鸟	捕食鱼虾，但量很少，危害不大。
白鹳东白亚种 Ciconia ciconia boyciana Swinhoe	夏候鸟	体形优雅，性温和，易驯养，食害虫，珍稀观赏鸟类。①
黑鹳 Ciconia nigra （Linnaeus）	夏候鸟	为珍贵观赏动物。①
五、鹮科		
白鹮南方亚种 Threskiornis aethiopicus melanocephalus （Latham）	旅 鸟	捕食鱼虾、昆虫，益害兼有。②
IV雁形目		
白琵鹭指名亚种 Plegadis falcinellus falcinellus	夏候鸟	体态优美，嘴形奇特，可供观赏。②
六、鸭科		
鸿雁 Anser cygnoides （Linnaeus）	夏候鸟	肉可食，羽制扇或羽绒制品。
白额雁指名亚种 Anser albifrons albifrons （Scopoli）	冬候鸟	②
小白额雁 Anser erythropus （Linnaeus）	冬候鸟	③
小天鹅乌苏里亚种 Cygnus columbianus jankowskii Alpheraky	冬候鸟	②
翘鼻麻鸭 Tadorna tadorna （Linnaeus）	冬候鸟	夜间食害蚍苗、蛏苗，可适当猎捕。羽绒鸭绒上品，彩羽制饰品。
针尾鸭指名亚种 Anas acuta acuta Linnaeus	冬候鸟	肉可食，羽绒供制羽绒品，彩羽供制饰品。

续表（二）鸟类名录

目／科／种	习 性	经 济 意 义
绿翅鸭指名亚种 Anas crecca crecca Linnaeus	冬候鸟	肉可食，羽毛制饰品及羽绒制品。
花脸鸭 Anas formosa Georgi	冬候鸟	肉可食，雄鸭羽毛供制饰品。
罗纹鸭 Anas falcata Georgi	冬候鸟	肉可食，绒羽为制羽绒制品，雄鸭彩色羽制饰品。
绿头鸭指名亚种 Anas platyrhynchos platyrhynchos Linnaeus	冬候鸟	肉可食，绒羽为制羽绒上品，彩色羽制饰品，为重要狩猎禽。
斑嘴鸭普通亚种 Anas poecilorhyncha zonorh yncha Swinhoe	冬候鸟	体大肉多，食用价值高，绒羽为制羽绒上品，翼镜和三级飞羽制饰品。
赤膀鸭指名亚种 Anas strepera strepera Linnaeus	冬候鸟	肉可食，绒羽为制羽绒制品。
赤颈鸭 Anas penelope Linnaeus	冬候鸟	肉供食，绒羽为制羽绒制品，雄鸭三级、二级飞羽制饰品。
白眉鸭 Anas querquedula Linnaeus	冬候鸟	量少。
琶嘴鸭 Anas clypeata Linnaeus	冬候鸟	肉可食，绒羽为制羽绒制品，雄鸭肩羽、次级飞羽制饰品。
红头潜鸭 Aythya nyroca （Linnaeus）	冬候鸟	罕见种类，应予保护。
白眼潜鸭 Aythya nyroca （Guldenstadt）	冬候鸟	肉可食，绒羽为制羽绒制品。
青头潜鸭 Aythya baeri （Radde）	冬候鸟	肉可食，绒羽为制羽绒制品。
凤头潜鸭 Aythya fuligula （Linnaeus）	冬候鸟	肉可食，绒羽为制羽绒制品，喜食贝类，对养殖业有一定危害，为主要狩猎禽。
斑背潜鸭 Aythra marila Linnaeus	冬候鸟	为冬季狩猎禽，但省内越冬量少。
鸳鸯 Aix galericulata （Linnaeus）	冬候鸟	体姿优美，羽色华丽，为珍贵观赏鸟。②
棉凫指名亚种 Nettapus coromandelianus coromandelianus （Gmalin）	夏候鸟	罕见种类，应予保护。
斑脸海番鸭西伯利亚亚种 Melanitta fuscq stejnegeri （Ridg-way）	冬候鸟	罕见种类，应予保护。
斑头秋沙鸭 Mergus albellus （Linnaeus）	冬候鸟	罕见种类，应予保护。
中华秋沙鸭 Mergus squamatus Gould	冬候鸟	①
红胸秋沙鸭 Mergus serrator Linnaeus	冬候鸟	肉不可食，绒羽可供利用，嗜食鱼虾，对渔业有一定危害。
普通秋沙鸭指名亚种 Mergus merganser merganser Linnaeus	冬候鸟	肉腥臊不可食，绒羽可利用，捕食小鱼，有害渔业。
Ⅴ隼形目		
七、鹰科		
黑翅鸢南方亚种 lanus caeruleus vociferas （Latham）	夏候鸟	
鸢普通亚种 Milvus korschun lineatus （Gray）	留 鸟	捕食林内及田间的鼠类和腐烂机体，有益农林、环境，翼翎及尾羽供制饰品。②
栗鸢指名亚种 Haliastur indus indus （Boddaert）	夏候鸟	数量稀少，应予保护。②
苍鹰普通亚种 Accipiter gentilis schvedowi （Menzbier）	冬候鸟	经驯养可供猎用，羽毛可供饰用，量少，应予保护。②

续表（二）鸟类名录

目/科/种	习性	经济意义
赤腹鹰 Accipiter soloensis（Horsfield）	夏候鸟	数量少，应予保护。②
雀鹰北方亚种 Accipiter nisus nisosimilis（Tickell）	冬候鸟	数量少，应予保护。②
松雀鹰北方亚种 Accipiter virgatus gularis（Temminck et Schlegel）	留鸟	大量捕食啮齿动物，极有益，翼翎和尾羽作饰品。②
大鵟 Buteo hemilasius Temminck et Schlegel	冬候鸟	大量捕食害鼠和害虫，对农林有益。②
普通鵟普通亚种 Buteo buteo burmanicus Hume	冬候鸟	嗜食啮齿动物，有益农林。②
毛脚鵟北方亚种 Brteo lagopus menzbieri Dementbev	冬候鸟	嗜食啮齿动物，有益农林。②
灰脸鵟鹰 Butastur indicus（Gmelin）	冬候鸟	以捕食啮齿动物为主，有益农林。②
鹰雕福建亚种 Spizaetus nipalensis fokiensis Sclater	留鸟	②
草原雕普通亚种 Aquila rapax nipalensis（Hodgson）	冬候鸟	嗜食鼠类，于农林有益。为珍稀猛禽。②
乌雕 Aquila clanga Pallas	冬候鸟	主要捕食啮齿动物和昆虫，有益农林，量少应予保护。②
白腹山雕指名亚种 Aquila fosciata fosciata Vieillot	留鸟	捕食鼠类、小鸟、小型爬行类，量稀少，应予保护。②
秃鹫 Aegypirs monachus（Linnaeus）	冬候鸟	嗜食大、中型动物的尸体腐肉，有益环境，供观赏，羽毛制饰品。系珍稀保护鸟类。②
白尾鹞指名亚种 Circus cyaneus cyaneus（Linnaeus）	冬候鸟	捕食小型啮齿动物及昆虫等，有益农林，应予保护。②
八、隼科		
游隼·普通亚种 Falco peregrinus calidus Latham	冬候鸟	②
燕隼南方亚种 Falco subbuteo streichi Hartert et Neumann	留鸟	嗜吃害虫，有益农林。②
红隼南方亚种 Falco tinnunculus saturatus（Blyth）	留鸟	嗜食害虫和害鼠，于农林有益。②
Ⅵ鸡形目		
九、雉科		
鹧鸪 Francolinus pintadeanus（Scopoli）	留鸟	为南方常见狩猎鸟。
鹌鹑普通亚种 Coturnisx coturnix japonica Temminck et Schlegel	冬候鸟	肉可食，蛋营养价值高，易人工饲养，也可作笼鸟，供斗禽用。
白额山鹧鸪 Auborophila gingica（Gmelin）	留鸟	肉嫩味美，供食用，同时可供观赏。③
灰胸竹鸡指名亚种 Bambusicola thoracica thoracica（Temminck）	留鸟	肉嫩味美，可人工饲养供食用或观赏。
黄腹角雉 Tragopan caboti（Gould）	留鸟	羽色华丽，人工饲养可作观赏鸟。我国特产珍禽，世界濒危特种。①
白鹇福建亚种 Lophura nycthemera fokiensis Delacour	留鸟	肉可食，也可人工饲养供观赏②
勺鸡东南亚种 Pucrasia macrolopha darwini Swinhoe	留鸟	肉味鲜美。稀少。②
环颈雉华东亚种 Phasianus colchicus torquatus Gmelin	留鸟	肉味鲜美，可人工饲养，供食用或观赏，为主要狩猎鸟之一。

续表（二）鸟类名录

目／科／种	习 性	经 济 意 义
白颈长尾雉 Syrmaticus ellioti （Swinhoe）	留 鸟	数量稀少，世界濒危物种。①
Ⅶ鹤形目		
十、三趾鹑科		
黄脚三趾鹑南方亚种 Turnix tanki blanfordii Blyth	夏候鸟	肉细嫩，味鲜美，为上等野味，但数量较少，宜保护。
十一、鹤科		
* 灰鹤普通亚种 Grus grus Lilfordi Sharpe	冬候鸟	②
翘嘴鹬 Xenus cinereus （Guldenstaedt）	旅 鸟	嘴形奇特，可供观赏。
针尾沙锥 Capella stenura （Bonaparte）	旅 鸟	肉味美。繁殖期大量捕食昆虫，为益鸟。
* 大沙锥 Capella megala （Swinhoe）	旅 鸟	肉味鲜美。繁殖期捕食昆虫。
扇尾沙锥指名亚种 Capella gallinago gallinago（Linnaeus）	冬候鸟	肉可食，味佳美。
丘鹬指名亚种 Scolopax rusticola rusticola Linnaeus	冬候鸟	体型大，肉味美。
反嘴鹬 Recurvirostra avosetta Linnaeus	冬候鸟	体态优美，可供观赏，数量甚少，应加保护。
十二、瓣蹼鹬科		
* 灰瓣蹼鹬 Phalaropus fulicarius （Linnaeus）	旅 鸟	
十三、燕科	旅 鸟	益鸟，以昆虫为食，尤嗜食蝗虫，应加保护。
普通燕 Glareola maldivarum Forster		
Ⅷ鸥形目		
十四、贼鸥科		
中贼鸥 Stercorarius pomarinus （Temminck）	旅 鸟	嗜食其他动物尸体，有益清洁水体。
黑尾鸥 Larus crassirostris Vieillot	夏候鸟	捕食昆虫，繁殖期间食量尤大，为益鸟。③
十五、鸥科		
海鸥普通亚种 Larus canus kamtschatschensis （Bonaparte）	冬候鸟	捕食昆虫，为益鸟。
白翅浮鸥 Chlidoniad leucoptera （Temminck）	冬候鸟	以昆虫为食，尤其嗜食蝗虫，对农业有益。
Ⅸ鸽形目		
十六、鸠鸽科		
* 红翅绿鸠台湾亚种 Treron sieboldiisororius （Swinhoe）	旅 鸟	罕见种类。②
山斑鸠指名亚种 Streptopelia orientalis orientalis （Latham）	留 鸟	肉鲜嫩。常啄农作物种子，量多时影响农业生产。
* 灰斑鸠指名亚种 Streptopelia orientalis orientalis （Latham）	冬候鸟	
珠颈斑鸠指名亚种 Streptopelia chinensis chinensis （Scopoli）	留 鸟	肉味鲜美。常啄农作物种子，量多时可适量捕猎。

目/科/种	习　性	经　济　意　义
火斑鸠普通亚种 Oenopopelia tranguebarica humilis （Temminck）	留　鸟	益害兼有。肉可食。
X鹃形目		
十七、杜鹃科		
红翅凤头鹃 Clamator coromandus （Linnaeus）	夏候鸟	林区捕食松毛虫、尺蠖、白蚁等害虫，对林业有益。③
鹰鹃指名亚种 Cuculus sparverioides sparverioides Vigors	夏候鸟	罕见种类，捕食多种农林害虫，为益鸟。③
* 棕腹杜鹃华南亚种 Cuculus fugax nisicolor Blyth	夏候鸟	罕见种类。③
四声杜鹃指名亚种 Cuculus micropterus micropterus Gould	夏候鸟	嗜食毛虫，为农林益鸟。③
大杜鹃华东亚种 Cuculus canorus fallax Stresemann	夏候鸟	嗜吃毛虫（如松尺蠖、松毛虫等），有益农林业。③
中杜鹃指名亚种 Cuculus saturatus seturatus Blyth	夏候鸟	捕食林区害虫，有益林业生产。③
小杜鹃指名亚种 Cuculus poliocephalus poliocephalus Latham	夏候鸟	罕见鸟类，嗜食松毛虫，对林业有益。③
八声杜鹃华南亚种 Cuculus merulinus querulus（Heine）	夏候鸟	③
* 乌鹃华南亚种 Surniculus lugubris dicruroides （Hodgson）	夏候鸟	罕见鸟类，应予保护。③
* 噪鹃华南亚种 Eudynamys scolopacea chinensis Cabaniset Heine	夏候鸟	罕见鸟类，应予保护。③
褐翅鸦鹃指名亚种 Centropus sinensis sinensis （Stephens）	留　鸟	嗜吃农林害虫，尤其蝗虫，林业益鸟。②
XI鸮形目		
十八、草鸮科		
草鸮华南亚种 Tyto capensis chinensis (Hartert)	留　鸟	嗜食鼠类，且食量较大，有益农林。②
十九、鸱鸮科		
红角鸮 * 东北亚种 Otus scops stictonotus （Sharpe）	冬候鸟	嗜食害虫和害鼠，为农林益鸟。②
红角鸮 * 华南亚种 Otus scops malayanus （Hay）	冬候鸟	嗜食害虫和害鼠，为农林益鸟。②
领角鸮华南亚种 Otus bakkamoena erythrocampe （Swinhoe）	留　鸟	捕食昆虫、鼠类、为农林益鸟。②
雕鸮华南亚种 Bubo bubo kiautschensis Reichenow	留　鸟	嗜食害虫和害鼠，为农林益鸟。②
领鸺鹠指名亚种 Glaucidium brodiei brodiei （Burton）	留　鸟	嗜食鼠类，于农林有益。②
斑头鸺鹠华南亚种 Glaucidium cuculoides whiteleyi （Blyth）	留　鸟	为嗜食害虫和鼠类的农林益鸟。②
鹰鸮东北亚种 Ninox scutulata ussuriensis Buturlin	夏候鸟	嗜食害虫，有益农林。②
鹰鸮东南亚种 Ninox scutulata burmanica Hume	留　鸟	嗜食害虫，有益农林。②
褐林鸮华南亚种 Strix leptogrammica ticehursti Delacour	留　鸟	嗜食害虫，有益农林。②

续表（二）鸟类名录

目／科／种	习 性	经 济 意 义
长耳鸮指名亚种 Asio otus otus （Linnaeus）	冬候鸟	嗜食鼠类，农林益鸟。②
* 短耳鸮指名亚种 Asio flammeus flammeus （Pontoppidan）	冬候鸟	嗜食啮齿类，也食部分昆虫和小鸟，为农林益鸟。②
XII夜鹰目		
二十、夜鹰科		
普通夜鹰普通亚种 Caprimulgus indicus jotka Temmincket Schlegel	夏候鸟	嗜食金龟子、蛾类等害虫为主，对农林有益。
XIII雨燕目		
二十一、雨燕科		
白喉针尾雨燕指名亚种 Hirundapus caudacutus caudacutus （Latham）	旅 鸟	飞行中捕食，嗜食蚊、蝇、蚂蚁等，对农林业和人类健康有利。
白腰雨燕华南亚种 Apus pacificus kanoi （Yamashina）	夏候鸟	以昆虫为食，尤其繁殖时期捕食大量昆虫，为益鸟。燕窝供药用。
XIV佛法僧目		
二十二、翠鸟科		
冠鱼狗普通亚种 Ceryle lugubris guttulata Stejneger	留 鸟	以小鱼为食，对渔业有害。
斑鱼狗普通亚种 Ceryle rudis insignis Hartert	留 鸟	以小鱼和水生昆虫为食，对渔业有一定损害。
普通翠鸟普通亚种 Alcedo atthis bengalensis Gmelin	留 鸟	主要捕食鱼虾，对渔业有一定危害。
白胸翡翠华南亚种 Halcyon smyrnensis perpuchra Madarasz	留 鸟	主要以昆虫、蠕虫、蛙和蜥蜴为食，有益农林。羽毛供饰品。
蓝翡翠 Halcyon pileata （Boddaest）	留 鸟	益害兼有。羽毛艳丽制饰口，活鸟供观赏。
二十三、蜂虎科		
* 栗头蜂虎指名亚种 Merops viridis virdis Linnaeus	夏候鸟	嗜食昆虫，蜂类，有益农林，但对养蜂业不利。③
二十四、佛法僧科		
三宝鸟普通亚种 Eurystomus orientalis calonyx Sharpe	夏候鸟	嗜食农林害虫，极为有益。③
二十五、戴胜科		
戴胜普通亚种 Upupa epops saturata Lonnberg	留 鸟	嗜食昆虫，农林益鸟。③
XV鴷形目		
二十六、须鴷科		
大拟啄木鸟指名亚种 Megalaima virens virens （Boddaert）	留 鸟	捕食森林害虫，属益鸟。③
二十七、啄木鸟科		
蚁鴷普通亚种 Jynx torquilla chinensis Hesse	冬候鸟	捕食蚁类及昆虫，为益鸟。③
姬啄木鸟华南亚种 Picumnus innominatus chinensis （Hargitt）	留 鸟	以林间昆虫为主食，是森林重要益鸟。③

目／科／种	习 性	经 济 意 义
黑枕绿啄木鸟华东亚种 Picus canus guerini（Malherbe）	留　鸟	以林间昆虫为主食，是森林重要益鸟。③
黑枕绿啄木鸟华南亚种 Picus canus sobrinus Peters	留　鸟	以林间昆虫为主食，是森林重要益鸟。③
斑啄木鸟东南亚种 Dendrocopos major mandarinus（Malherbe）	留　鸟	因大量嗜食昆虫，为森林重要益鸟。③
星头啄木鸟指名亚种 Dendrocopos canicapillus scintilliceps（Swinhoe）	留　鸟	嗜食昆虫，为森林益鸟。③
星头啄木鸟华南亚种 Dendrocopos canicapillus nagamichii（La Touch）	留　鸟	嗜食昆虫，为森林益鸟。③
* 黄嘴噪啄木鸟华南亚种 Blythipicus pyrrhotis sinensis（Rickett）	留　鸟	为消灭森林害虫的主要益鸟。③
ⅩⅥ雀形目		
二十八、八色鸫科		
蓝翅八色鸫东南亚种 Pitta brachyura nympha Temminck et Schlegel	夏候鸟	取食昆虫等动物。羽毛色艳夺目，有很高观赏价值。②
二十九、百灵科		
云雀东北亚种 Alauda arvensis intermedia Swinhoe	冬候鸟	著名笼鸟，有很高观赏价值。
小云雀东北亚种 Alauda gulgula coelivox Swinhoe	留　鸟	著名笼鸟，供观赏。
三十、燕科		
灰沙燕福建亚种 Riparia riparia fokienensis（La Touch）	留　鸟	捕食蚁、蝇、甲虫、蜻类等，对农林卫生事业有益。
家燕普通亚种 Hirundo rustica gutturalis Scopoli	夏候鸟	飞翔时捕食所有昆虫，为著名农林、人类益鸟，应予保护。
金腰燕普通亚种 Hirundodaurica japonica Temmincket Schlegel	夏候鸟	飞翔时张口捕食昆虫，为著名益鸟，应加以保护。
三十一、鹡鸰科		
山鹡鸰 Dendronanthus indicus（Gmelin）	夏候鸟	捕食多种农林害虫，为著名益鸟。
黄鹡鸰东北亚种 Motacilla flava macronyx（Stresemann）	旅　鸟	捕食水生昆虫及幼虫，为益鸟。
黄鹡鸰堪察加亚种 Motacilla flava simillima Hartert	冬候鸟	捕食水生昆虫及幼虫，为益鸟。
黄鹡鸰台湾亚种 Motacilla flava taivana（Swinhoe）	冬候鸟	捕食水生昆虫及幼虫，为益鸟。
灰鹡鸰普通亚种 Motacilla cinerea robusta（Brehm）	留　鸟	捕食多种农林害虫，为著名益鸟。
白鹡鸰灰背眼纹亚种 Motacilla alba ocularis Swinhoe	冬候鸟	捕食多种昆虫，为著名益鸟。
白鹡鸰灰背普通亚种 Motacilla alba leucopsis Gould	留　鸟	捕食多种昆虫，为著名益鸟。
白鹡鸰黑背眼纹亚种 Motacilla alba lugens Gloger	冬候鸟	捕食多种昆虫，为著名益鸟。
田鹨华南亚种 Anthus novaeseelandiae sinensis（Bonaparte）	夏候鸟	为常见益鸟。
树鹨东北亚种 Anthus hodgsoni yunanernsis Uchida te kuroda	冬候鸟	嗜食害虫和杂草种子，为有益鸟类。

续表（二）鸟类名录

目／科／种	习性	经 济 意 义
北鹨指名亚种 Authus gustavi gustavi Swinhoe	旅 鸟	食虫益鸟。
红喉鹨 Anthus cervinus（Pallas）	冬候鸟	捕食昆虫为主，兼食杂草种子，对农业有益。
水鹨东北亚种 Anthus spinoletta japonicus Temminck te Schlegel	冬候鸟	啄食昆虫和杂草种子，对农业有益。
山鹨 Anthus sylvanus（Hodgson）	留 鸟	主食害虫，对农林有益。
三十二、山椒鸡科		
暗灰鹃普通亚种 Coracina melaschistos intermedia（Hume）	夏候鸟	取食昆虫为主，尤以鳞翅幼虫和松毛虫为甚，为农林益鸟。
粉红山椒鸟华南亚种 Pericrocotus roseus contonensis Swinhoe	夏候鸟	取食害虫，有益林业，应加保护。
灰山椒鸟指名亚种 Pericrocotus divaricatus divaricatus（Reffles）	夏候鸟	取食害虫和杂草种子，是农林益鸟。
灰喉山椒鸟华南亚种 Pericrocotus solaris griseigularis Gould	留 鸟	捕食害虫，对农林有益。
赤红山椒鸟华南亚种 Percrocotus flammeus fokkiensis Ruturlin	夏候鸟	
三十三、鹎科		
绿鹦嘴鹎指名亚种 Spizixos semitorques semitorques Swinhoe	留 鸟	繁殖期间，捕食大量害虫，并传播种子，对林业有利。
黄臀鹎华南亚种 Pycnonotus xanthorrhous andersoni（Swinhoe）	留 鸟	以昆虫为食，尤春夏捕食量大，冬季以树木种子为食，可传播种子，农林益鸟。该鸟善鸣，声洪亮，供笼养观赏。
白头鹎指名亚种 Pycnonotus sinensis sinensis（Gmelin）	留 鸟	同前鸟。
绿翅短脚鹎指名亚种 Hypsipetes mcclellandii holtii Swinhoe	留 鸟	捕食昆虫，益鸟。
栗背短脚鹎指名亚种 Hypsipetes flavala canipennis（Seebohm）	留 鸟	繁殖期大量捕食昆虫，冬秋以野果为食，传播种子。
黑（短脚）鹎东南亚种 Hypsipetes madagascariensis leucocephalus（Gmelin）	留 鸟	繁殖期间捕食大量农林害虫，是森林益鸟。
三十四、和平鸟科		
*橙腹叶鹎华南亚种 Choropsis hardwickei melliana Stresemann	留 鸟	农林益鸟，羽色艳丽，有观赏价值。
三十五、太平鸟科		
太平鸟普通亚种 Bombycilla garrulus centralasiae Poliakov	冬候鸟	羽色艳丽，可供观赏。
小太平鸟 Bombycilla japonica（Siebold）	冬候鸟	羽色艳丽，可供观赏。
三十六、伯劳科		
虎纹伯劳 Lanius tigrinus Drapiez	夏候鸟	取食农林害虫，为益鸟。③
牛头伯劳普通亚种 Lanius bucephalus bucephalus Temminck te Schlegl	冬候鸟	食虫益鸟。③

续表（二）鸟类名录

目／科／种	习 性	经 济 意 义
红尾伯劳普通亚种 Lanius cristatus lucionesis Linnaeus	夏候鸟	食虫益鸟。③
红尾伯劳＊日本亚种 Lanius cristatus superciliosus Latham	夏候鸟	食虫益鸟。③
棕背伯劳指名亚种 Lanius schach schach Linnaeus	留 鸟	食虫益鸟。③
三十七、黄鹂科		
黑枕黄鹂普通亚种 Oriolus chinensis diffusus Sharpe	夏候鸟	食虫益鸟，羽色艳丽，可供观赏。③
三十八、卷尾科		
＊黑卷尾普通亚种 Dicrurus macrocercus cathoecus Swinhoe	夏候鸟	食虫益鸟。
灰卷尾普通亚种 Dicrurus leucophaeus leucogenis （Waldem）	夏候鸟	食虫益鸟。
发冠卷尾普通亚种 Dicrurus hottentottus brevirostris （Cabanis et Heine）	夏候鸟	捕食害虫，农林益鸟。
三十九、椋鸟科		
＊灰背椋鸟 Sturnus sinensis （Gmelin）	冬候鸟	食虫益鸟。
紫背椋鸟 Sturnus philippensis （Forster）	旅 鸟	食虫益鸟。
北椋鸟 Sturnuss sturninus （Pallad）	旅 鸟	食虫有益。
＊紫翅椋鸟北疆亚种 Sturnus vulgaris poltaratskyi Finsch	冬候鸟	啄食昆虫及小螺，有益农业。
丝光椋鸟 Sturnus sericeus （Gmelin）	留 鸟	嗜食蝇蛆及有害昆虫，为益鸟。
灰椋鸟 Sturnus cineraceus Temminck	冬候鸟	食虫益鸟。
八哥指名亚种 Acridotheres cristatellus cristatellus （Linnaeus）	留 鸟	嗜食昆虫，益鸟；著名笼鸟，经驯养可学简单人语。
四十、鸦科		
松鸦普通亚种 Garrulus glandarius sinensis Swinhoe	留 鸟	夏季捕食大量害虫，为山林益鸟；也可笼养供观赏。③
红嘴蓝鹊指名亚种 Cissa erythrorhyncha erythrorhyncha （Boddaert）	留 鸟	嗜吃昆虫，是农林益鸟，红嘴蓝鹊羽色华丽，飞行姿态优美，鸣声复杂，可作观赏鸟。
喜鹊普通亚种 Pica pica sericea Gould	留 鸟	繁殖期主要啄食害虫，为益鸟，有时啄食少量谷物。
灰树鹊华南亚种 Crypsirina formosae sinica（Stresemann）	留 鸟	取食害虫，为森林益鸟。
秃鼻乌鸦普通亚种 Corvus frugilegus pastinator Gould	留 鸟	繁殖季节，啄食大量害虫，农林益鸟，春播秋熟时，啄食少量种子。
寒鸦普通亚种 Corvus monedula dauuricus Pallas	冬候鸟	冬季取食腐肉和昆虫，有一定益处。
大嘴乌鸦普通亚种 Corvus macrorhynchus colonorum Swinhoe	留 鸟	
＊小嘴乌鸦普通亚种 Corvus corone orientalis Fversmann	冬候鸟	益害兼有，但数量较少。
白颈鸦 Corvus torquatus Lesson	留 鸟	益害兼有，随季节、地点变化而不同。

续表（二）鸟类名录

目/科/种	习性	经济意义
四十一、河乌科		
褐河乌指名亚种 Cinclus pallasii pallasis Temminck	留 鸟	捕食山涧溪流附近害虫为多，故有益。
四十二、鸫科鸫来科		
红点颏 Luscinsa calliope（Pallas）	旅 鸟	以昆虫为食，为农林益鸟，体形优美，可作观赏笼鸟。
蓝点颏指名亚种 Luscinia svecica svecica（Linnaeus）	冬候鸟	食虫益鸟。
蓝歌鸲指名亚种 Luscinia cyane cyane（Pallas）	旅 鸟	以昆虫为食，嗜食象甲、叩头虫和其他地面昆虫，益于农林。
蓝歌鸲东南亚种 Luscinia cyane bochaiensis Shulpin	冬候鸟	同上鸟。
红胁蓝歌鸲指名亚种 Tarsiges cyanurus cyanurus (Pallas)	冬候鸟	以昆虫为食，尤其繁殖期捕食大量害虫，为林果益鸟。
鹊鸲华南亚种 Copsychus saularis prosthopellus Oberholser	留 鸟	以害虫为食，尤其嗜食蝇、蛆，有益农林和卫生；善歌能舞。
北红尾鸲指名亚种 Phoenicurus auroreus aeroreus (Pallas)	冬候鸟	嗜食昆虫，是益鸟；体态轻盈，多姿善舞。
红尾水鸲指名亚种 Phyacornis fuliginosus fuliginosus (Vigors)	留 鸟	捕食大量林中害虫，是森林益鸟。
小燕尾 Enicurus scouleri Vigors	留 鸟	以昆虫为食，为益鸟。
* 灰背燕尾 Enicurus schistaceus (Hodgson)	留 鸟	捕食山溪间昆虫及其幼虫，对林业有益。
黑背燕尾普通亚种 Saxicola torquata stejnegeri (Parrot)	留 鸟	捕食溪流旁林业害虫，对保护森林有利。
黑喉石即鸟东北亚种 Saxicola torquata stejnegeri (Parrot)	旅 鸟	捕食农林害虫，为益鸟。
灰林即鸟普通亚种 Saxicola ferrea haringtoni (Hartert)	留 鸟	以捕食昆虫为主，是农林益鸟。
蓝头矶鸫普通亚种 Monticola cinclorhynchus gularis (Swinhoe)	旅 鸟	为食虫益鸟。
蓝矶鸫华南亚种 Monticola solitaria pandoo (Sykes)	留 鸟	以昆虫为食，为森林益鸟。
蓝矶鸫华北亚种 Monticola solitaria philippensis (Muller)	留 鸟	以昆虫为食，为森林益鸟。
紫啸鸫指名亚种 Myiophoneus caeruleus caeruleus (Scopoli)	留 鸟	大量捕食林业害虫，是森林益鸟；羽色鲜艳，可笼养观赏。
白眉地鸫指名亚种 Zoothera sibirica sibirica sibirica (Pallas)	旅 鸟	森林食虫益鸟，数量不多，应加以保护。
白眉地鸫华南亚种 Zoothera sibiricadavisoni (Hume)	旅 鸟	森林食虫益鸟，数量不多，应加以保护。
虎斑地鸫普通亚种 Zoothera dauma aurea (Holandre)	冬候鸟	全年啄食害虫，为农林业重要益鸟。
灰背鸫 Turdus hortulorum Sclater	冬候鸟	繁殖期间大量捕食害虫，对林业有益。
乌灰鸫 Turdus cardis Temminck	旅 鸟	以林地无脊椎动物为食，大部分为有害昆虫，应加以保护。
乌鸫亚通亚种 Turdus merula mandarinus Bonaparte	留 鸟	以农林害虫为主食，是益鸟，且善鸣，笼鸟观赏。
白腹鸫指名亚种 Turdus pallidus pallidus Gmelin	冬候鸟	捕虫能手，有益防治农林害虫。

目／科／种	习 性	经 济 意 义
白腹鸫北方亚种 Turdus pallidus obscurus Gmelin	旅 鸟	同上鸟。
斑鸫东北亚种 Turdus naumanni eunomus Temminck	冬候鸟	春夏以昆虫为食，是农林业益鸟。
斑鸫指名亚种 Turdus naumanni naumanni Temminck	冬候鸟	春夏以昆虫为食，是农林业益鸟。
四十三、画眉亚科		
锈脸钩嘴鹛东南亚种 Pomatorhinus crythrogenys swinhoei David	留 鸟	捕食害虫，对农林有益；可饲作笼鸟，供观赏。
棕颈钩嘴鹛长江亚种 Pomatorhinus ruficllis styani Seebohm	留 鸟	取食害虫，有益农林；体形矫健，鸣声动听，作笼养观赏。
棕颈钩嘴鹛东南亚种 Pomatorhinus ruficolis stridulus Swinhoe	留 鸟	同上鸟。
小鳞鹪鹛指名亚种 Pnoepyga pusilla pussilla Hodgson	留 鸟	农林益鸟，较罕见，应加以保护。
红头穗鹛普通亚种 Stachyris ruficeps davidi (Oustalet)	留 鸟	山林益鸟；头羽棕红，鲜艳夺目，可供观赏。
黑脸噪鹛 Garrulax perspicillatus (Gmelin)	留 鸟	捕食大量害虫，为农林益鸟，秋冬吃食少量作物。
* 小黑领噪鹛华南亚种 Garrulax monileger melli Stresemann	留 鸟	农林益鸟，也可作笼鸟观赏。
黑领噪鹛华南亚种 Garrulxa pectoralis picticollis Swinhoe	留 鸟	山林食虫益鸟，也可供观赏。
灰翅噪鹛华南亚种 Garrulax cineraceu cinereiceps (Styan)	留 鸟	林业益鸟，也可供观赏。
棕噪鹛华南亚种 Garrulax poecilorhynchus berthemyi (David et Oustalet)	留 鸟	林业益鸟，也可供观赏。
画眉指名亚种 Garrulax canorus canorus (Linnaeus)	留 鸟	捕食大量害虫，为农林益鸟；也是笼鸟珍品。
* 白颊噪鹛指名亚种 Garrulax sannio sannio Swinhoe	留 鸟	主要啄食害虫，为农林益鸟；还可作观赏。
红嘴相思鸟指名亚种 Leiothrix lutea lutea (Scopoli)	留 鸟	体形矫健不伶俐，鸣声幽雅婉转，多变而动听，为驰名国内外观赏鸟；又是农林益鸟，应注意保护。③
淡绿鵙鹛福建亚种 Pteruthius xanthochlorus obscurus Stresemann	留 鸟	农林益鸟，省内罕见。
灰眶雀鹛东南亚种 Alcippe morrisonia hueti David	留 鸟	山林中常见益鸟。
栗头凤鹛华南亚种 Yuhina castaniceps torqueola (Swinhoe)	留 鸟	农林益鸟。
棕头鸦雀指名亚种 Paradoxornis webbianus webbianus (Gray)	留 鸟	啄食害虫，为农林益鸟，也可作笼鸟。
棕头鸦雀长江亚种 Paradoxornis webbianus suffusus (Swinhoe)	留 鸟	同上鸟。
灰头鸦雀华南亚种 Pardoxornis gularis fokiensis (David)	留 鸟	农林益鸟，也可作观赏。
四十四、莺亚科		
* 鳞头树莺 Cettia squameiceps (Swinhoe)	冬候鸟	农林益鸟。
短翅树莺普通亚种 Cettia diphone canturianus (Swinhoe)	夏候鸟	捕食昆虫，对农林有益。
山树莺华南亚科 Cettia fortipes dovidiana (Verreaux)	留 鸟	捕食昆虫，对农林有益。

续表（二）鸟类名录

目／科／种	习性	经济意义
黄腹树莺指名亚种 Cettia acanthizoides acanthizoides (Verreaux)	留 鸟	专食昆虫，是农林益鸟。
大苇莺普通亚种 Acrocephalus arundinaceus orientalis (Temminck et Schlegel)	夏候鸟	主食昆虫，为农林益鸟。
褐柳莺指名亚种 Phylloscopus fuscatus fuscatus (Blyth)	旅 鸟	专食昆虫，为农林益鸟。
黄眉柳莺指名亚种 Phylloscopus inornatus inornatus(Blyth)	冬候鸟	以昆虫为主食，为农林益鸟。
黄腰柳莺指名亚种 Phylloscopus proregulus proregulus (Pallas)	冬候鸟	嗜食昆虫，为农林益鸟。
极北柳莺指名亚种 Phylloscopus borealis borealis (Blasius)	旅 鸟	专食害虫，为农林益鸟。
灰脚柳莺 Phylloscopus tenellipes Swinhoe	旅 鸟	以昆虫为主食，为农林益鸟。
冕柳莺指名亚种 Phylloscopus coronatus Cornatus (Temminck et Schlegel)	旅 鸟	主食昆虫，为农林益鸟。
四十五、鹟亚科		
栗头鹟莺华南亚种 Seicercus castaniceps sinensis (Rickett)	夏候鸟	专食昆虫，为农林益鸟。
金眶鹟莺华南亚种 Seicercus burkii valentini (Hartert)	夏候鸟	专食昆虫，有益农林。
棕脸鹟莺华南亚种 Seicercus albogularis fulvifacies (Swinhoe)	留 鸟	嗜食昆虫，为农林益鸟。
棕扇尾莺普通亚种 Cisticola juncidis tinnabulans (Slwinhoe)	留 鸟	以昆虫为主食，也吃杂草种子，为农林益鸟。
褐头鹪莺华南亚种 Prinia subflava extensicauda(Swinhoe)	留 鸟	主食昆虫，兼食杂草种子，为农林益鸟。
灰头鹪莺华南亚种 Prinia flaviventris sonitans Swinhoe	留 鸟	主食昆虫、杂草种子，也食麦粒，于农林有益。
褐山鹪莺华南亚种 Prinia polychroa parumstriata(David et Oustalet)	留 鸟	主食昆虫，兼食杂草种子，为农林益鸟。
白眉姬鹟 Ficedula zanthopygia (Hay)	夏候鸟	嗜食害虫，为农林益鸟。
黄眉姬鹟指名亚种 Ficedula narcissina narcissina (Temminck)	旅 鸟	主食昆虫，为食虫益鸟。
鸲姬鹟 Ficedula mugimaki(Temminck)	旅 鸟	以昆虫为主食，兼食植物种子，为益鸟。
白腹蓝姬鹟东北亚种 Ficedula cyanomelana cumatilis(Thayer et Bangs)		
乌鹟指名亚种 Musccapa latirosticta Gmelin	旅 鸟	以昆虫为主食，为农林益鸟。
班胸鹟 Musccapa latiosticta (Swinhoe)	旅 鸟	捕食森林害虫，为森林益鸟。
北灰鹟 Muscicapa latirostris Raffles	旅 鸟	专食昆虫，为农林益鸟。
* 铜蓝鹟指名亚种 Muscicapa thalassina thalassina Swainsoe	冬候鸟	主食昆虫，兼食植物种子，是农林益鸟。
寿带（鸟）普通亚种 Terpsiphone paradisi incei(Gould)	夏候鸟	捕食多种害虫，为农林益鸟；体色和姿态优美，可供观赏。③

续表（二）鸟类名录

目/科/种	习性	经济意义
紫寿带（鸟）指名亚种 Terpsiphone atrocaudata atrocaudata (Eyton)	旅 鸟	食虫益鸟，又有观赏价值，应予保护。
四十六、山雀科		
大山雀华北山亚种 Parus major artatus Thayer et Bangs 华南亚种 Parus major commixtus Swinhoe	留 鸟	嗜食农林害虫，著名益鸟，应加以保护和人工招引。
黄颊山雀华南亚种 Parus xabtigebts rex Dacud	留 鸟	主食昆虫，兼食植物种子，为农林益鸟。
黄腹山雀 Parus uenustulus Swinhoe	留 鸟	食路益鸟，应加以保护。
红头（长尾）山雀指名亚种 Aegithalos cncinnus concinnus (Gould)	留 鸟	嗜食害虫，为农林益鸟，应加以保护。
四十七、秒科		
普通鳾华东亚种 Sitta europaea sinensis Verreaux	留 鸟	嗜食害虫，为典型的森林益鸟，应加以保护。③
四十八、攀雀科		啄食昆虫和植物种子，为益鸟。
四十九、啄花鸟科		
* 红胸啄花鸟指名亚种 Dicaeum ignipectus ignipectus (Blyth)		主食昆虫，兼食植物浆果，为益鸟，羽色艳丽小巧玲珑，可供观赏；有利传播花粉。③
五十、太阳鸟科		
叉尾太阳鸟华南亚种 Aethopyga christinae latouchii Slater	留 鸟	嗜食昆虫和花蜜，有利授粉，为益鸟；体态华丽，供观赏。③
五十一、绣眼鸟科		
暗绿绣眼鸟普通亚种 Zosterops japonica simplex Swinhoe	留 鸟	嗜食所有昆虫，为益鸟；体态优美，鸣声婉转，供笼养。
五十二、文鸟科		
麻雀普通亚种 Passer montanus saturatus Stejneger	留 鸟	嗜食谷物，尤以收获季节危害最烈；但也兼食昆虫，育雏期食虫尤多，故益害兼有。
山麻雀指名亚种 Passer rutilans rutilans (Temminck)	留 鸟	繁殖期嗜食害虫，平时少量盗食谷物，益大于害。
白腰文鸟华南亚种 Lonchura striata swinhoei(Gababis)	留 鸟	嗜食谷物，尤以播种、收获季节危害最烈，也食昆虫，害大于益。
斑文鸟华南亚种 Linchura punctulata topela (Swinboe)	留 鸟	主食谷物，兼食昆虫，但数量较少，危害不大，可作笼鸟观赏。
五十三、雀科		
燕雀 Fringilla montifringilla Linnaeus	冬候鸟	寻食地面上杂草种子及撒落的谷粒、浆果、松籽等，为益鸟；易驯养作笼鸟观赏。
金翅雀指名亚种 Cardulis sinica sinica (Linnaeus)	留 鸟	嗜食大量杂草种子，也吃昆虫，于农有益；羽毛鲜亮，鸣声清脆，可供观赏。
黄雀 Carduelis spinus (Linnawus)	留 鸟	主食杂草种子和蚜虫，对农林有益；为有名笼鸟。
* 北朱雀 Carpodacus roseus (Pallas)	冬候鸟	食杂性；羽色艳丽，常作笼鸟观赏。
褐灰雀华南亚种 Pyrrhula nipalensis ricketti La Touch	留 鸟	捕食昆虫，有益林业。

续表（二）鸟类名录

目／科／种	习 性	经 济 意 义
黑头蜡嘴雀指名亚种 Eophina personata magnirostris Harrert	冬候鸟	主食野生植物种子、浆果和鳞芽；可驯养供观赏。
黑尾蜡嘴雀指名亚种 Eophona migratoria migratoria Hartert	冬候鸟	以浆果、植物种子为食；性不畏人，可作笼鸟观赏。
锡嘴雀指名亚种 Coccthraustes coccothraustes (Linnaeus)	冬候鸟	啄食作物种子和水果等，有一定危害，但也吃杂草种子；是主要笼鸟之一。
栗鹀 Emberiza rutila Pallas	旅 鸟	嗜食昆虫和草籽，益鸟；也可饲为笼鸟。
黄胸鹀指名亚种 Emberiza oureola Pallas	旅 鸟	以草籽、谷粒、昆虫为食，对作物有一定危害。
黄喉鹀东北亚种 Emberiza elegans ticehursti Sushkin	冬候鸟	嗜食草籽和昆虫，有益；也可作笼鸟观赏。
灰头鹀 西北亚种 Emberiza spodocephala sordida Blyth	冬候鸟	主食杂草种子，对农林有益。
三道眉草鹀普通亚种 Emberiza cioides castaneiceps Moore	留 鸟	主食杂草种子和部分遗落谷物，吃少量昆虫，有益农林。
赤胸鹀指名亚种 Emberiza fucata fucata Pallas	冬候鸟	嗜食草子和昆虫，有益于农林。
田鹀 Emberiza rustica Pallas	冬候鸟	嗜食杂草种子和昆虫，对农有益。
小鹀 Emberiza pusilla Pallas	冬候鸟	嗜食杂草种子，有一定益处。
黄眉鹀 Emoeriza chrysophrys Pallas	冬候鸟	啄食杂草种子，有一定益处。
白眉鹀 Emberiza tristrami Swinhoe	旅 鸟	嗜食草子、昆虫，对农林有益。
凤头鹀指名亚种 Melophus lathami lathami(Gray)	留 鸟	以杂草种子和昆虫为食，有益农林；为常见笼鸟之一。

注： ① 列国家一级重点保护动物种和亚种。

②列国家二级重点保护动物种和亚种。

③列省重点保护陆生野生动物种和亚种。

＊为本省新记录种和亚种。

（三）爬行动物名录

目／科／种	习 性	经济意义
Ⅰ 龟鳖目		
一、龟科		
1. 乌龟 Chinemys reevesii (Cantor)	喜群居，常栖于湖泊、池沼、溪流、河流及岸边潮湿的草丛中，食性广，鱼虾、螺、虫、植物茎叶、粮食、瓜果均食。	肉可食，有滋补强壮作用，腹甲为中药材"龟版"，有滋阴潜阳、补肾健骨的功效。
二、鳖科		
2. 鼋 Pelocheys bibroni (Owen)	生活于江河、湖泊、溪流的深潭中，以螺、鱼虾、蚯蚓等为食	目前濒临灭绝，仅瓯江有少量分布。②
3. 鳖 Trionyx sinensis Wiegmann	生活于池塘、水库、河流、湖泊等水域。杂食性。	肉鲜美，为上等佳肴，可作滋补品之一，背甲为中药"鳖甲"，有滋阴潜阳、软坚、散结的功效。
Ⅱ 蜥蜴目		
三、壁虎科		
4. 铅山壁虎 Gekko hokouensis Pope	生活于丘陵山区的农村或小集镇，夜间活动，夏秋常在灯光处墙上、屋檐下、天花板等处，捕食昆虫。尾断易再生。	捕食昆虫，全体入药。
5. 多疣壁虎 Gekko japonicus (Dumeril et Bibron)	生活于平原地区的住宅及附近，丘陵地区城镇和人口较多的村庄，夜间活动，尾断易再生。	以昆虫为食，嗜食蚊、蝇和蛾类，有益人类;传统中药，生药名"天龙"，有祛风活络、散结止痛、镇惊解痉等作用。
6. 石龙子 Eumeces chinensis (Gray)	生活于丘陵地区青苔及茅草丛生的路旁，平原农田周围堤坝，住宅附近路旁、坟墓周围、低矮灌木和茂草密林下。	捕食昆虫，去内脏干燥后入药。
7. 蓝尾石龙子 Eumeces elegans Boulenger	活动于平原和山区，杂草稀疏的山坡或道旁。	捕食昆虫，可作药用。
8. 蝘蜓 Lygosoma indicum (Gray)	生活于丘陵地区，潮湿阴暗的路旁、山脚乱石堆、坟地枯树根等处。	捕食昆虫，去内脏加工入药。
四、蜥蜴科		
9. 北草蜥 Takydromus septemtrionalis Guenther	常在阳光明亮的山坡、山脚、道旁、密草丛中活动。	捕食昆虫。
五、蛇晰科		
10. 脆蛇蜥 Ophisaurus harti Boulenger	分布在海拔 700～1300 米山区，生活于草丛中、大石块下，夜间活动，以昆虫、蜗牛、蚯蚓、蛞蝓为食。尾断易再生。	捕食昆虫，全蜥干后成中药，有祛瘀消肿、接骨生肌、祛风湿功效。③
六、游蛇科		
11. 黑脊蛇 Achalinus spinalis Peters	分布在山区或平原，穴居生活，食蚯蚓。	
12. 钝尾两头蛇 Calamaria septentrionalis Biulenger	高山和平地均有栖息，泥下穴居，以蚯蚓为食。	小型蛇类，无毒，可食，可入药。
13. 黄链蛇 Dinodon flavozonatum Pope	生活于山区森林、溪涧及水沟近旁草丛，夜间或傍晚活动，以蜥蜴及蛇类为食。	系药用蛇类。

续表（三）爬行动物名录

目/科/种	习　性	经济意义
14. 赤链蛇 Dinodon rufozonat;um(Cantor)	生活于山地、丘陵及平原地带，广食性。	蛇肉、蛇胆可入药，蛇皮制作工艺品。
15. 王锦蛇 Elaphe carinata (Guenther)	常有山地、丘陵的杂草荒地发现，平原也有分布，为迅猛无毒蛇，以蛙、蜥蜴、蛇、鸟、鼠为食。	肉可食和入药，胆药用，皮制革。
16. 灰腹绿锦蛇 Elaphe frenata (Gray)	生活于丘陵山地森林中，树栖性，以蜥蜴、鸟、鼠为食。	
17. 玉斑锦蛇 Elaphe mandarina (Cantor)	生活于山区森林，常见于山区居民点附近、水沟边或山上草丛中，以鼠类等小哺乳动物为食。	主食鼠类，对人类有益，药用蛇类。
18. 紫灰锦蛇 Elaphe porphyraceanigrofasciata (Cantor)	生活于海拔 200～1000 米之间山区森林、山洞溪旁及山区居民点附近，捕食鼠类等。	主食鼠类，对人类有益，药用蛇类。
19. 红点锦蛇 Elaphe rufodorsata (Cantor)	半水生性，活动于河滨、池塘及附近的田野、坟堆、屋边、菜地或水沟，喜贪食黑斑蛙等。	鱼、蛙为食，对农业间接有害；药用蛇类。
20. 黑眉锦蛇 Elaphe rufodorsata cope	体型大，行动迅速，性较猛，平原、丘陵山地均活动，常在房屋及附近栖居，食鼠类及蛙类，食欲强，食量大。	善于捕食鼠类，对灭鼠有益；肉可食用，蛇体、蛇胆和蛇蜕均可入药，皮供工业用。③
21. 颈棱蛇 Macropisthodon rudis rudis Bulenger	生活在山区草丛及溪涧旁，以蛙类及蟾蜍为食。	药用蛇类。
22. 水赤链游蛇 Natrix annularis (Hallowell)	半水生性，生活在丘陵地带的田野及平原，夏季多潜入有隐泉的水田石坎湖泥中，以鱼、蛙及蝌蚪为食。	对农业有害，蛇胆供药用。
23. 锈链游蛇 Natrix craspedogaster (Bulenger)	生活于山区，以蛙及蝌蚪为食。	吃蛙，对农业间接有害；蛇胆可蛇用。系我国特有种。
24. 乌游蛇 Natrix percarinata percarinata (Boulenger)	半水生性，生活于山林溪涧中及附近地带，以鱼、虾、蛙、蝌蚪为食。	食鱼、蛙及蝌蚪，对农业有害；胆药用。
25. 渔游蛇 Natrix piscator (Schneider)	半水生性，生活于平原、丘陵地区的水稻田或其他水域附近，以昆虫、鱼、蛙、蟾蜍、鸟及小型哺乳类为食。	吃鱼、蛙类及蝌蚪，对农业有害；胆药用。
26. 草游蛇 Natrix stolata (Linnaeus)	生活于平原、丘陵、低山地区，常见于田园草地，白天活动，性温和，以蛙为食。	吃蛙类，对农业有害；蛇胆供药用。
27. 虎斑游蛇 Natrix tigrina lateralis (Berthold)	生活于平原、丘陵或山区，喜栖息在多草的田园及水边附近的草丛中。以蛙、蟾蜍、蝌蚪为食，也吃鱼和鼠类。	以蛙、鱼为食，对农业间接有害；肉及胆可入药。
28. 小头蛇 Oligodon chinensis (Guenther)	山区及平原均有，房屋周围的葡萄棚、瓜棚上常有遇见，有时也入屋，以蜥蜴、壁虎的卵为食。	蛇胆可药用。
29. 翠青蛇 Ophodrys major (Guenther)	生活于山区森林中，为常见的无毒蛇，以昆虫幼虫为食。	为药用蛇类。
30. 灰鼠蛇 Ptyas korros (Schlegel)	生活于山区丘陵及平原地带，常栖息于草丛、灌木丛、水稻田边、河岸、路边及荒野乱石堆处，以蛙、蜥蜴、鸟及鼠为食。	肉、胆及蛇蜕可供药用。皮供制作工艺品。

目/科/种	习　性	经济意义
31. 滑鼠蛇 Ptyas mucosus (Linnaeus)	生活于平原及山地丘陵地区，可分布至海拔 2000 米的山地，常活动于近水处。以蟾蜍、蛙、蜥蜴、鸟、鼠为食。	为南方主要食用蛇，皮工业用，也可作琴膜。是制三蛇酒原料之一，有祛风湿的功效，蛇胆、蛇蜕也供药用。③
32. 黑头剑蛇 Sibynophis chinensis (Guenther)	生活于山区，性驯良，无毒，尾长具有缠绕性，以蜥蜴为食。	蛇胆可供药用。
33. 乌梢蛇 Zaocys dhumnades (Gantor)	生活于平原、丘陵、山区的田野间，5～10 月常见于农田水域附近，以蛙、蜥蜴类为食。	肉可食，皮制琴膜或表带等工业品，去内脏全蛇为"乌梢蛇"或称"乌蛇"，有祛风、通络、定惊的功药，蛇胆、蛇蜕也供药用。
34. 绞花林蛇 Boiga kraepelini Stejneger	生活于山区或丘陵，有攀缘性，常栖溪沟旁灌木或茶山矮树上，以小鸟蛋和蜥蜴为食。	后沟牙类轻毒蛇，数量少，无危害。
35. 中国水蛇 Enhydris Chinensis (Gray)	水生，生活于稻田、池、沟等处，吞食泥鳅、鳝鱼、其他鱼类及泽蛙等。	鱼类为食，有害；药用蛇类。
七、眼镜蛇科		
36. 银环蛇 Bungarus multicinctus multicinctus Blyth	栖息于平原及丘陵地带多水之处。夏季白天隐伏于乱石堆、田埂、墙脚洞穴内，夜间外出活动觅食，以鳝、泥鳅、其他鱼类、蛙类、蜥蜴、蛇类、鼠类为食。	全蛇浸酒 供药用，胆药用，肉可食，幼蛇干称为"金钱白花蛇"，为传统中药材。
37.. 眼镜蛇 Naja naja atra (Cantor)	栖息于平原、丘陵和山区，多见于海拔 30～500 米注丘陵山坡及坟堆，或灌木丛林、竹园等处。昼行性蛇类，食性广。	蛇浸酒供药用，胆入药，肉可食；食鼠，可灭鼠；系剧毒蛇种之一。③
八、蝰科		
38. 五步蛇 Agkistrodon acutus (Guenther)	生活于海拔 100～1350 米注的山区或丘陵地带，大多栖息于 300～800 米的山谷溪涧附近的岩石上、落叶间或草丛中，有时也入宅，为广食性蛇类，以鼠类、蛙类为主食。主要天敌是野猪。	系传统珍贵药材和重要出口物资之一，其蛇干称"蕲蛇干"或"白花蛇干"，有清凉解毒、驱风祛湿之功效，胆有明目作用，肉可食，是管牙类剧毒蛇，排毒量大，为山区威胁劳动人民健康的主要毒蛇种。③
39. 烙铁头 Trimeresurus mucrosquamatus (Cantor)	生活于海拔 200 米以上的丘陵和山区，多栖息在灌木丛、竹林、溪边及山区 住宅附近柴草堆或石缝中。	以鼠为主食，对消灭鼠害有益；蛇体和蛇胆可入药。是剧毒性管牙类，山区主要蛇伤之一。
40. 竹叶青 Trimeresurus stejnegeri stejnegeri Schmidt	生活于山区树丛或竹林，常栖息于山谷溪涧边灌木杂草上或山区稻田田埂杂草上，常吊挂或缠绕在树上，体色与绿叶一致，不易被发现。	以鼠为主食，对灭鼠有益；全蛇浸酒，可治疗风湿关节炎。是本省山区引起蛇伤的主要蛇种之一，分布广，数量多。

注：①列国家一级重点保护野生动物

②列国家二级重点保护野生动物

③列浙江省重点保护陆生野生动物

（四）两栖动物名录

目／科／种	习　性	经济意义
Ⅰ 蝾螈目		
一、蝾螈科		
1. 中国瘰螈 Trituroides chinensis (Gray)	生活在山区、丘陵地带山脚下的溪流中，水面开阔、水流较缓慢处多见。以水生小动物为食。	常作生物实验材料，也作观赏动物，每年有一定数量出口。
2. 肥螈无斑亚种 Pachytriton brevipes Labiatus (Unterstein)	分布在海拔 50 ～ 700 米，多见于流水较湍急的溪涧。	观赏动物，可治胃病。
3. 东方蝾螈 Cynops orientalis (David)	生活于海拔 30 ～ 1000 米的静水内。以水生昆虫及小型水生动物为食。	常作观察胚胎发育材料，可作观赏动物；民间将全体焙干，治胃病，每年有一定数量出口。
Ⅱ 蛙形目		
二、锄足蟾科		
4. 淡肩角蟾 Megophrys boettgeri (Boulenger)	生活于海拔 350 ～ 1000 米的山涧溪流岸边，白天隐藏在石缝、土穴、草丛及腐烂枝叶下。以昆虫为食。	捕食昆虫，于家有益。
5. 大蟾蜍中华亚种 Bufo bufo gargarizans Cantor	无论浙北平原还是浙南山区、沿海平原或海拔 1600 米以上的高山，大陆或海岛都能生活，白天潜伏于草丛、农作物间、住宅四周及石块下、土洞中，黄昏觅食。主食昆虫。	能大量捕食危害农作物、森林、建材和人类健康的许多害虫；从蟾蜍耳后腺中提取的蟾酥是我国传统的药材；蟾蜍又是一种良好生理实验、形态解剖和胚胎发育研究的材料，也用于妇女妊娠试验；蟾蜍肉有清凉解毒功效；皮及卵有较强毒性，不可食用。
三、雨蛙科		
6. 中国雨蛙 Hyla chinensis Guenther	生活在平原或海拔 500 米以下的丘陵地带，多栖息于池塘、水田周围，或路旁的灌木丛或稻田的水稻丛中。以昆虫和蜘蛛为食。	主食昆虫，对农林有益。
四、蛙科		
7. 弹琴蛙 Bana adenipleura oulenger	生活于海拔 20 ～ 1100 米的平原、丘陵山地，多见于山脚附近的水田、静水塘以及山间梯田。捕食多种昆虫。	吞食害虫，对消灭农业害虫有益。
8. 日本林蛙 Bana japonica japinica Guenther	生活于海拔 20 ～ 1800 米丘陵山区，非繁殖期栖息在山上或山脚边的草丛间、林木下。产卵季节集中于山丘及其附近的静水坑、水沟或春花的积水沟中。捕食多种昆虫。	能捕食多种农林害虫，对农林有益。
9. 泽蛙 Rana Limnocharis Boie	见于水稻田、池塘、湖沼及水沟附近，平时多在草丛、石堆和农作物中，夜间捕食昆虫。	能捕食多种农业昆虫，是防治农业害虫的主要蛙类之一。

续表（四）两栖动物名录

目／科／种	习　　性	经济意义
10. 黑斑蛙 Rana livida (Blyth)	多见于水田、池塘、湖沼等静水域附近，白天隐蔽，夜间活动。捕虫能力强，含量大，食谱广。	捕食多种昆虫，是最常见蛙种，对防治农业害虫、维护生态平衡起重要作用。果个体大、肉质鲜美。蝌蚪可治疗热疮和疥疮等到疾病。常作生物实验解剖材料和观察胚胎发育材料。应大力保护。
11. 金线蛙 Rana plancyi plancyi Lataste	生活于平原，丘陵的水田、池塘等静水域内。喜栖息在长有莲藕、浮萍、满江红等水生植物的水域里，常蹲在水生植物叶片上，稍有惊动跳入水中。主要捕食昆虫及蚯蚓、小蛙、蝌蚪、鱼苗等。	捕食昆虫，对防治农业害虫有一定作用；但喜食鱼苗，对养鱼业有一定危害，在鱼塘内应清除。
12. 花臭蛙 Rana schmackeri Boettger	成蛙生活于海拔 150～800 米丘陵山区，一般多在水面开阔、流水较缓慢的溪流岸边。捕食多种昆虫和蜘蛛、蜈蚣等。	捕食害虫，有益农业。
13. 棘胸蛙 Rana spinosa David	生活于海拔 80～1500 米山涧溪流中，白天隐蔽在石洞中，夜间蹲在溪内潮湿石块上，食性广，昆虫、螺、石蟹、蜘蛛、蝌蚪、小蛙均食。	捕食山区多种农林害虫，有益农林业；个体大，肉质鲜嫩，是上等食肉蛙类，能治小儿痨疾、疳积，有祛湿递补强身功效。由于滥捕，资源遭到严重破坏，要加强保护，并开展人工养殖。
14. 天台蛙 Rana tientaiensis Chang	生活于海拔 300～700 米丘陵、山区溪流中，常见于山脚下水面开阔、流水较缓慢的溪流岸边，白天隐匿在堤岸边的石缝、泥洞中，不易被发现，傍晚汇集在溪边捕食。以溪边昆虫为主食。	消灭多种害虫，有益农林业。
15. 虎纹蛙 Rana tigrina rugulosa Wiegmann	栖于海拔 20～600 米的平原或丘陵地带的山脚附近，多见于水田、池塘、水库及沟渠内，白天隐蔽在草丛中，晚上停蹲在堤岸、田埂上。成蛙捕食多种昆虫和胡蜂、马陆、蚯蚓、蜘蛛、鱼苗、小蛙等。	大量捕食害虫，有利农业生产；体大，肉质鲜美，是群众喜爱的食用蛙；喜食鱼苗，养鱼场要防止它的危害。
16. 华南湍蛙 Staurois ricketti (Boulenger)	生活于海拔 300～1500 米的山溪急流或瀑布附近地区。白天隐蔽在岸边石下，反应灵敏；晚间出现在溪流岸边潮湿石块上。食性广，以昆虫、蜘蛛为主食。	在山区溪流中数量很多，是防治森林害虫的有益蛙类。
五、树蛙科		
17. 斑腿树蛙 Rhacophorus leucomystax Gravenhorst	常栖息于海拔 10～200 米的丘陵、山区的水田、池塘、沙坑边的石缝中或草丛和灌木林中。常捕食鞘翅目昆虫、吹泡虫、蝗虫卵、蚁类、蜘蛛和螺类。	
六、姬蛙科		
18. 小弧斑姬蛙 Mcrohyla heyminsi Vogt	成体生活在平原、丘陵、山区的水田边、路旁草丛中，或土穴内，我省常见于海拔 730 米以下；雄蛙鸣声频率高，不连续三声；吞食蚁类为主，也食昆虫。	捕食昆虫，对农业有益。
19. 饰纹姬蛙 Microhyla ornata (Dumeril et Bibron))	成体生活在平原、丘陵、山区的水田边、路旁草丛中，或土穴内，我省常见于海拔 730 米以下，成体主要捕食蚁类，也食鞘翅目昆虫。	消灭有害昆虫，对农林业有利，尤其嗜食白蚁。民间用此蛙治疗哮喘、咳嗽。

二、植物名录

裸子植物 GYMNOSPERMAE

一、苏铁科 CYCADACEAE

苏 铁 地方名：铁树 栽培 Cycas reuoluta Thunb.

台湾苏铁 栽培 C. Taiwaniana Carruth.

华南苏铁 栽培 C.rumphii Miq.

二、银杏科 GINKGOACEAE

银杏 地方名：白果 栽培 Cinkgo biloba Linn.

佛手银杏 栽培变种 cv. Foshou

梅核银杏 栽培变种 cv.Meihai

三、南洋杉科 ARAUCARIACEAE

南洋杉 栽培 Araucaria cunninghamii Sweet

四、松科 PINACEAE

日本冷杉 凤阳山引种栽培 Abies firma Sied.et Zucc.

雪松 栽培 Cedrus deodara(Roxb.)G. Don

江南油杉 别名：浙江油杉 土名：罗杉 Keteleeria cyclolepis Flious

日本落叶松 栽培 Larix Kaempferi(Lamb.) Carr.

黄花落叶松 栽培 L. Olgensis Henry

华山松 凤阳山引种栽培 Pinus armandii Franch.

湿地松 栽培 P. Eliottii Engelm.

马尾松 地方名：松树 P. Massoniana Lamb.

长叶松 栽培 P.palustris Mill.

日本五针松 地方名：大阪松 栽培 P. Paruiflora Sied. Et Zucc.

刚松 栽培 P. Riglda Mill.

晚松 变种 栽培 var. Serotina(Michx.) Lond. ex Hoopes

北美乔松 市林科所引种栽培 P. Strobes L.

火炬松 栽培 P. Taeda L.

黄山松 别名：短叶松、台湾松 P. Taiwanensis Hayata

黑松 栽培 P. Thunbergiana Franco

华东黄杉 Pseudotsuga gausseni Flous

台湾黄杉 山坑林场引种 栽培 P. Wilsoniana Hayata

金钱松 地方名：金松 Pseudolarix Kaempferi(Lindl.)Gord.

南方铁杉 地方名：铁杉 Tsuga tchekiangensis Flous

五、杉科 TAXODIACEAE

柳杉 地方名：温杉 Cryptomeria fortunei Hooibrenk ex Otto et Dietr

日本柳杉 市林科所引种栽培 C. Japonica(L.f.)D. Don

杉木 地方名：杉树 Cunning hamia lanceolata (Lamb.) Hook.

灰枝杉 地方名：白叶杉 cv. Glauca

台湾杉木 别名：峦大杉 山坑林场引种栽培 C. Konishii Hayata

裸子植物 GYMNOSPERMAE

水松 栽培 Glyptostrobus Pensilis (Staunt.) Koch

水杉 栽培 Metasequoia glyptostroboidet Hu et Cheng

北美红杉 凤阳山引种栽培 Sepuoia semperuirens (D. Don) Endl.

秃杉 林科所引种栽培 Taiwaniana flousiana Gaussen

池杉 栽培 Taxodium ascendens Brongn.

落羽杉 栽培 T. distichium (L.) Rich.

六、柏科 CUPRESSACEAE

日本扁柏 凤阳山引种栽培 Chamaecyparis obtuse(Sied. et Zucc.)Endl.

尾柏 栽培变种 cv. Filicoides

片柏 栽培变种 cv. Breviramea

雀柏 栽培变种 cv. Tetragona

日本花柏 凤阳山引种栽培 C. pisifera (Sieb. et Zucc.) Endl.

细叶花柏 别名：凤尾柏 栽培变种 cv. Plumosa

绒柏 栽培变种 cv. Squarrosa

柏木 别名：璎珞柏 地方名：柏树 Cupressus funebris Endl.

福建柏 地方名：樱木 Fokienia hodginsii (Dunn) Henry et thomas

刺柏 别名：山刺柏 Juniperus formosana Hayata

侧柏 地方名：扁柏 栽培 Platycladus orientalis (Linn.) Franco

千头柏 栽培变种 cv. Sieboldii

金塔柏 栽培变种 cv. Beverleyensis

圆柏 别名：桧柏 栽培 Sabina chinensis (L.) Ant.

金球柏 栽培变种 cv. Aureoglobosa

球柏 栽培变种 cv. Globosa

龙柏 栽培变种 cv. Kaizuca

塔柏 栽培变种 cv. Pyramidalis

铺地柏 地方名：爬地柏 S. Procumbens (Endl.) Lwata et Kusaka

高山柏 别名：翠柏 S. Squamata (Buch. - Ham.) Ant.

粉柏 栽培变种 cv. Meyeri

钢笔柏 别名：北美圆柏 S. Uirginiana (L.) Ant.

北美香柏 凤阳山引种栽培 Thuja occidentalis L.

日本香柏 别名：大叶香柏 凤阳山引种栽培 T. standishii (Gord.)Carr.

罗汉柏 栽培 Thujopsis dolabrata (L. f.) Sieb. et Zucc.

七、罗汉松科 PODCARPACEAE

竹柏 Nageia nagi Kuntze

罗汉松 地方名：松树 栽培 Podocarpus macrophylluS(Thunb.) D. Don

柱冠罗汉松 变种 var. chingii N. E. Gray

短叶罗汉松 变种 栽培 var. Maki(sieb) Endl.

百叶青 别名：脉叶罗汉松 地方名：假松 P. Neriifolius D. Don

续表二、植物名录

裸子植物 GYMNOSPERMAE
八、三尖杉科（粗榧科）CEPHALOTAXACEAE
三尖杉 地方名：水竹 Caphalotaxus fortunei Hook.
绿背三尖杉 变种 var. Concolor Franch.
粗榧 别名：木榧 C. Sinensis (Rehd. et Wils.) Li
九、红豆杉科 TAXACEAE
穗花杉 Amentotaxus argotaenia (Hance) Pilger
白豆杉 Pseudotaxus chienii (Cheng) Cheng
红豆杉 Taxus wallichiana Zucc. Var. Chinensis (Pilger) Florin
南方结豆杉 别名：美丽红豆杉 地方名：天榧 var. mairei (Lemee et Levl.)L.K. Fuetn. Li
榧树 地方名：妙榧、土榧 Torreya grandis Fort. ex Lindl.
香榧 栽培变种 cv. Merrilli
长叶榧 别名：浙榧 T. Jackii chun
被子植物　ANGIOSPERMAE　双子叶植物 DICOTYLEDONEAE
十、胡椒科 PIPERACEAE
山蒟 别名：海风藤 Piper hancei Maxim.
风藤 别名：细叶青蒌藤 P. kadsira(Choisy) Ohwi
十一、金粟兰科 CHLORANTHACEAE
金粟兰 地方名：珠兰 栽培 Chloranthus spicatus(Thunb.) Makino
草珊瑚 地方名：九节兰 Sarcanura glabra (ThunB.) Nakai
十二、杨柳树 SALICACEAE
响叶杨 地方名：白杨 Populus adenopoda Maxim.
加杨 栽培 P. X canadensis Moench
钻天杨 别名：美国白杨 栽培变种 P. Niglra L. var. italica(Muenchh.) Koe-hne
小叶杨 别名：青杨、南京白杨 栽培 P. simonii Carr.
毛白杨 栽培 P. Tomentosa Carr.
垂柳 地方名：倒柳 栽培 Salix babylonica L.
腺柳 地方名：杨柳 栽培 S. chaenomeloides Kimura
银叶柳 地方名：小叶杨柳 S. Chienii Cheng
长柄柳 S. Dunnii Schneid.
南川柳 S. Rosthornii Seemen
紫柳 S. Wilsonii Seemen
十三、杨梅科 MYRICACEAE
杨梅 地方名：山杨梅 Myrica rubra(Lour.)Sied. et Zucc.
十四、胡桃科 JUGLANDACEAE
山核桃 栽培 Carya cathayensis Sarg.
薄壳山核桃 别名：美国山核桃 栽培 C. illinoensis(Wangenh.)K. Koch

被子植物　ANGIOSPERMAE　双子叶植物 DICOTYLEDONEAE
青钱柳　地方名：铜钱柳　Cyclocarya Paliurus(Batal.) lljinsk.
少叶黄杞　地方名：山砻糠　Engelhardtia fenzelii Merr.
华东野胡桃　地方名：野核桃　变种 Jugilans cathayensis Dode var. formosana(Haya-ta)A. M. Lu et R. H. Chang
核桃　栽培　J. regia L.
漾濞核桃　地方名：铁核桃　栽培　J. Sigillata Dode
化香　Platycarya strobilacea Sied. et Zucc.
华西枫杨　Pterocarya instgnis Rehd. et Wils.
枫杨　地方名：水沟树、金苍蝇　P. stenoptera C. DC.
十五、桦木科 BETULACEAE
桤木　栽培　Alnus cremastogyne Burk.
江南桤木　A. Trabeculosa Hand. -Mazz .
亮叶桦　别名：光皮桦　地方名：活烛　Betula luminifera H. Winkl.
短尾鹅耳枥　Carpinus londoniana H. Winkl.
多脉鹅耳枥　C. polyneura Franch.
雷公鹅耳枥　别名：大穗鹅耳枥　C. uiminea Wall.
多脉铁木　Ostrya multineruis Rehd.
十六、壳斗科 FAGACEAE
锥栗　地方名：金栗儿　Castanea henryi(Skam) Rehd. et Wils.
板栗　地方名：大栗　C. molissima Blume
茅栗　地方名：毛栗儿　C. seguinii Dode
米槠　别名：小红栲　地方名：红栲　Castanopsis carlesii (Hemsl.) Hayata
甜槠　地方名：榆显　C. eyrei (Champ. ex Benth.) Tutch
罗浮栲　C. fabrii Hance
栲树　别名：丝栗栲　C. fargesii Franch.
南岭栲　C. fordii Hance
乌楣栲　别名：尖齿栲　C. jucunda Hance
苦槠　地方名：苦种　C. Sclerophylla(lindl.)Schott
钩栗　地方名：大栗、大叶栗　C. tibetana Hance
青冈栎　地方名：杜柴　Cyclobalanopsis glauca(Thunb.) Oerst.
小叶青冈　别名：岩青冈　C. Gracilis(Rehd. et Wils.) Cheng et T. Hong
大叶青冈　C. Jenseniana (Hand.-Mazz.) Cheng et T. Hong
多脉青冈　C. multineruis cheng et T. HonG
细叶青冈　别名：青栲　C. Myrsinaefolia (Blume) Oerst.
云山青冈　C. Sessiliolia(Blume) Schltr.
褐叶青冈　别名：贵州青冈　C. stewardiana(A. camus) Y. C. Hsu et H. W.Len
米心水青风尘　别名：匙苞水青冈　Fagus engleriana Seem.
水青冈　别名：长柄山毛榉　F. longipetiolata Seem.
亮叶水青冈　地方名：三角籽　F. lucida rehd. et Wils.

续表二、植物名录

被子植物　ANGIOSPERMAE　双子叶植物 DICOTYLEDONEAE
包乐栎　别名：包栎树 Lithocarpus cleistocarpus (Seem.) Rehd. et Wils.
石栎　地方名：白栎柴　L. glaber(Thunb.) Nakai
硬斗石栎　L. hancei(Benth.) Rehd.
东南石栎　别名：棉柯　L. harlandii (Hance) Rehd.
多穗石栎　L. Litseifoius(Hance) Chun
麻栎　栽培　Quercus acutissima Carr.
锐齿槲栎　变种　Q. Aliena Blume var. acuteserrata maxim.
小叶栎　Q. chenii Nakai
巴东栎　Q. engleriana Seem.
白栎　地方名：泽栎　Q. fabri Hance
短柄包　变种　Q. glandulifera BlumE var. breuipetiolata(DC.) Nakai
尖叶栎　Q. Oxyphylla(Wils) Hand-Mazz.
乌冈栎　地方名：夹铜　Q. phillyraeoides A. Gray
栓皮栎　Q. uariabilis Blume
十七、榆科 ULMACEAE
糙叶树　Aphananthe aspera (Thunb.) planch.
紫弹树　别名：黄果朴　Celtis biondii pamp.
珊瑚朴　C. julianae Schueid.
朴树　别名：沙朴 亚种　cv. tetrandra Roxb. ssp. sinensis(pers.) Y. C. Tang
西川朴　C. uanderuoetiana Schneid.
刺榆　Hemiptelea dauidii (Hance) Planch.
山油麻　变种　Trema cannabina Lour. var. dielsiana (Hand. -Mazz.)C. J. Chen
兴山榆　Ulmus bergmanniana Schneid.
多脉榆　别名：锈毛榆　U. castaneifolia Hemsl.
杭州榆　U. changii cheng
榔榆　地方名：榔树　U. paruifolia Jacq.
白榆　别名：榆树　U. pumila linn.
榉树　别名：大叶榉　Zelkoua schneriana Hand. -Mazz.
十八、桑科 MORACEAE
藤葡蟠　土名：谷皮藤　Broussonetia Kaempferi Sieb.
小构树　B. kazinoki Sieb. et Zucc.
构树　B. papyrifera (L.) LHer. ex Vent.
畏芝　地方名：山荔枝 Cudrania cochinchinensis (Lour.) Kudo et Masam.
柘　C. tricuspidata (Carr.) Bur. et Lavall.
无花果　栽培　Ficus carica L.
无柄小叶榕　变种　F. concinna Miq. var. subsessilis Corner
天仙果 地方名：牛奶绳 变种 F. erecta Thunb. var. beecheyana (Hook. et Arn.) King
台湾榕　F. formosana Maxim.

被子植物　ANGIOSPERMAE　双子叶植物 DICOTYLEDONEAE
狭叶台湾榕　变型　f. shimadai Hayata
异叶榕　别名：异叶天仙果　F. heteromorpha Hemsl.
琴叶榕　F. pandurata Hance
条叶榕　变种　var. angustifolia Cheng
全叶榕　变种　var. holophylla Migo
薜荔　地方名：凉粉冻　F. pumila L.
珍珠莲　变种　F. sarmentosa Buch.-Ham.ex J. E. Sm. var. henryi(King ex D.Oliv.)Corner
爬藤榕　别名：马氏爬藤　变种　F. sarmentosa Buch. -Ham. ex J. E. Sm. var.im-pressa(Champ. ex Benth.) Corner
白背爬藤榕　变种　F. sarmentosa Buch.-Ham. ex J. E. Sm var. nipponica(Fr. et sav.) Corner
桑树　栽培　Morus alba L.
鸡桑　M. australis Poir.
华桑　M. cathayana Henmsl.
十九、荨麻科 URTICACEAE
海岛苎麻　Boehmeria formosana Hayata
苎麻　栽培　B. nivea (L.) Gand.
小赤麻　B. spicata (Thunb.) Thunb.
紫麻　Oreocnide frutescens (Thunb.) Miq.
二十、山龙眼科 PROTEACEAE
红叶树　别名：越南山龙眼　Helicia cochinchinensis Lour.
二十一、铁青树科 OLACACEAE
青皮木　Schoepfia jasminodora Sieb. et Zucc.
二十二、桑寄生科 LORANTHACEAE
华中桑寄生　变种　Loranthus caloreus. Diels var. fargesii Lecomte
木周树桑寄生　L. delavayi Van Tiegh.
华东松寄生　Taxillus kaempferi(DC.) Danset
四川寄生　别名：桑寄生　T. sutchuenensis (Lecomte) Danser
锈毛寄生　别名：锈毛钝果寄生　T. levinei(kom.) H. S. kiu
扁枝槲寄生　V. articulatum Burm. f
槲寄生　地方名：胡狲姜　V. coloratum(kom) Nakai
黄果槲寄生　Viscum colorahun (kom.) Nakai f. Iutescens (Makino) Kitagawa
棱枝槲寄生　V. diospyrosicolum Hayata
二十三、马兜铃科 ARISTOLOCHIACEAE
异叶马兜铃　Aristolochia kaempteri Wieed. var. heterophylla (Hemsl) S. M. Hwavg
二十四、紫茉莉科 NYCTAGINACEAE
光叶子花　地方名：三角花　栽培　Bougainvillea glabra Choisy
二十五、毛茛科 RANUNCULACEAE
女萎　别名：钥匙藤、花木通　Clematis apiifolia DC.
钝齿铁线莲　别名：川木通　变种　var. argentilncida(Leui. et van.) W. T. Wang

续表二、植物名录

被子植物　ANGIOSPERMAE　双子叶植物 DICOTYLEDONEAE
威灵仙　C. chinensis Osbeck
毛叶威灵仙　变型　f. uestita Rehd. et Wils.
舟柄铁线莲　C. dilatata Pei
山木通　C. finetiana Levl. et vant.
单叶铁线莲　地方名：雪里开　C. henryi Oliv.
毛柱铁线莲　C. meyeniana Walp.
绣球藤　C. montana Buch. -Ham. ex DG.
裂叶铁线莲　C. paruiloba Gardn. et Champ.
圆锥铁线莲　C. terniflora DC.
柱果铁线莲　C. uncinata Champ.
牡丹　栽培　Paeonia suffruticosa Andr.
二十六、木通科 LARDIZABALACEAE
木通　Akebia quinata (Thunb.) Decne.
三叶木通　A. trifoliata (Thunb.) Koidz.
猫儿屎　Decaisnea fargesii Franch.
鹰爪枫　Holboellia coriacea Diels.
五叶瓜藤　H. fargesii Reaub.
大血藤　地方名：红绳　Sargentodoxa cuneata (Oliv.) Rehd. et Wils.
显脉野木瓜　Stauntonia conspicua R. H. Chang
五指挪藤　变型　S. hexaphylla (Thunb.) Decne f. intermedia Wu
短药野木瓜　S. leucantha Diels
二十七、小檗科 BERBERIDACEAE
长柱小檗　Berberis lempergiana Ahrendt
庐山小檗　B. uirgetorum schneid.
阔叶十大功劳　地方名：土黄柏　Mahonia bealei(Fort.) Carr.
小果十大功劳　M. bodinieri Gagnep.
十大功劳　别名：狭叶十大功劳　M. fortunei(Lindl.) Fedde
南天竹　Nandina domestica Thunb.
二十八、防已科 MENISPERMACEAE
木防已　地方名：土木香　Cocculus orbiculatus(Linn.) DC.
轮环藤　Cyclea racemosa Oliv.
蝙蝠葛　别名：汉防已　地方名：小青藤　Menispermun dauricum DC.
防已　别名：汉防已　Sinomenium acutum(Thunb.) Rehd. et Wils.
毛防已　变种　var. cinereun Rehd. et Wils.
金线吊乌龟　Stephania cephalantha Hayata
千金藤　地方名：金丝荷叶　S. japonca(Thunb.) Miers
石蟾蜍　地方名：金丝吊萌芦　S. tetrandra S. Moore
二十九、木兰科 MAGNOLIACEAE

被子植物　ANGIOSPERMAE　双子叶植物 DICOTYLEDONEAE
披针叶茴香　别名：莽草　地方名：山木蟹　Illicium lanceolatun A. C. Smith
假地皮枫　I. jiadifengpi B. N. Chang
百山祖八角　变种　var. baishanense B. N. Chang et S. H. Ou
南五味子　别名：盘柱南五味子　地方名：南蒲　Kadsura longipedunculata Finet et Gagnep.
鹅掌楸　别名：马褂木　Liriodendron chinense(Hemsl.) Sarg.
北美鹅掌楸　栽培　L. Tulipifera L.
天目木兰　地方名：山木兰、望春花　Magnolia amoena Cheng
黄山木兰　M. cylindrica Wils.
玉兰　地方名：望春花、凸头木头　M. Denudata Desr.
广玉兰　别名：荷花玉兰　栽培　M. grandiflora L.
紫玉兰　别名：辛夷　栽培　M. liliflora Desr.
厚朴　M. Officinalis Rehd. et Wils.
凹叶厚朴　亚种　ssp. biloba(Rehd. et Wils.) chung et Law
天女花　别名：小花木兰　M. Sieboldii K. Koch
二乔木兰　栽培　M. soulangeana Soul.-Bod.
木莲　Manglietia fordiana Oliv.
红花木莲　栽培　M. insignis (Wall.)Bl.
乳源木莲　别名：狭叶木莲　M. yuyuanensis Law
白兰花　栽培　Michelia alba DC.
黄兰　栽培　M. champaca Linn.
含笑　栽培　M. flgo(Lour.) Spreng
火力楠　别名：醉香含笑　栽培　M. Macclurei Dandy
阔瓣含笑　别名：阔瓣白兰花　栽培　M. platpetala Hand.-Mzt.
深山含笑　M. Maudiae Dunn.
野含笑　M. Skinneriana Dunn.
含笑一种　Magnolia sp.
乐东拟单性木兰　Parakmeria lotungensis(Chun et Tsoong) Law
粉背五味子　别名：翼梗五味子　Schisandra henryi Clarke
华口五味子　S. Sphenanthera Rehd. et Wils.
观光木　别名：崔轴含笑　栽培　Tsoongiodendron odorum Chun
三十、蜡梅科 CALYCANTHACEAE
蜡梅　栽培　Cahimonanthus praecox(L.) Link
素心蜡梅　变种　栽培　var. concolor Makino
馨口蜡梅　变种　栽培　var. grandifloros Makino
小花蜡梅　变种　栽培　var. parviflorus Turril
浙江蜡梅　地方名：石凉餐　C. zhejiangensis M. C. Lin
三十一、樟科 LAURACEAE

续表二、植物名录

被子植物　ANGIOSPERMAE　双子叶植物 DICOTYLEDONEAE
华楠樟　别名：华南桂　地方名：大叶香桂　Cinnamomum austro-sinense H. T. Chang
樟树　别名：香樟　C. camphora(Linn.) Presl
浙江樟　别名：浙江桂　C. chekiangense Nekai
沉水樟　C. Micranthum (Hayata) Hayata
四川大叶樟　别名：银木　栽培　C. septentrionale Hand.-Mazz.
细叶香桂　别名：长果桂　地方名：桂皮　C. subavenium Miq.
乌药　Lindera aggregata(Sims) Kosterm
狭叶山胡椒　L. angustifolia Cheng
香叶树　L. communis Hemsl.
红果钓樟　别名：詹糖香　L. erythrocarpa Makino
山胡椒　地方名：假死柴　L. glauca(Sied. et Zucc.) Blume.
黑壳楠　L. megaphylla Hemsl.
绿叶甘橿　L. neesiana (Nees) Kurz
三桠乌药　L. obtusiloba Blume
山橿　别名：钓樟　L. reflexa Hemsl.
红脉钓樟　别名：庐山乌药　L. rubroneruia Gamble
天目木姜子　栽培　Litsea auriculata chien et Cheng
豹皮樟　变种　L. coreana Levl. var. sinensis(Allen)Yang et P. H. Huang
山鸡椒　别名：山苍子　L. Cubeba(Lour.) Pers.
毛山鸡椒　变种　var. formosana (Nakai) Yang et P. H. Huang
黄丹木姜子　别名：长叶木姜子　L. elngata(Wall.ex Nees)Benth. et Hook.f.
黄绒润楠　别名：黄祯楠　Machilus grijsii Hance
薄叶润楠　别名：华东楠、大叶楠　M. leptophylla Hand. -Mazz.
木姜润楠　M. litseifolia S. Lee.
凤凰润楠　别名：光楠　M. phoenicis Dunn
刨花楠　M. pauhoi Kanehira
建楠　M. Oreophila Hance
红楠　地方名：表樟　M. thunbergii Sied. et Zucc.
绒毛润楠　别名：绒楠　M. velutina Champ ex Benth.
浙江新木姜子变种　Neolitsea aurata (Hayata)Koidz. Var. Chekiangensis (Nakai) Yang et P. H. Huang
云和新木姜子　变种　var. Paraciculata(Nakai) Yang et P. H. Huang
浙闽新木姜子　变种　var. undulatula Yang et P. H. Huang
闽楠　Phoebe bournei(Hemls.) Yang
浙江楠　P. chekiangensis C. B. Shang
紫楠　P. Sheareri (Hemsl.) Gamble
檫木　别名：檫树　Sassafras (Hemsl.) Hemsl.
三十二、钟萼木科 BRETSCHNEIDERACEAE
钟萼木　别名：伯乐树　Bretschneidera sinensis Hemsl.

被子植物　ANGIOSPERMAE　双子叶植物 DICOTYLEDONEAE
三十三、虎耳草科 SAXIFRAGACEAE
宁波溲疏 Deutzia ningpoensis Rehd.
冠盖绣球　别名：屯八仙花 H. anomala D. Don
中国绣球 H. chinensis Maxim.
绣球　别名：八仙花 H. Macrophylla(Thunb.) Ser.
圆锥绣球　土名：粉团花 H. paniculata Sied.
腊莲绣球 H. strigosa Rehd.
矩形叶鼠刺　变种 Ltea chinensis Hook. et Arn. var. oblonga(Hand.-Mazz.)Wu
浙江山梅花 Philadelphus zhejiangensis(cheng) S. M. Hwaig
冠盖藤　别名：青棉花藤 Pileostegia viburnoides Hook. f. et Thoms.
蛛网萼 Platycrater arguta Sied. et Zucc.
钻地风　别名：桐叶藤 Schizophrag mainteg Rifolium (Franch.) Oliv.
柔毛钻地风 S. Molle (Rehd.) Chun
三十四、海桐花科 PITTOSPORACEAE
崖花海桐　别名：海金子 Pittosporum illiciodes Makino
狭叶岸花海桐　别名：狭叶海金子　变种 var. stenophyllum P. L. Chiu
海桐　栽培 P. tobira (Thunb.) Ait.
三十五、金缕梅科 HAMAMELIDACEAE
蕈树　别名：阿丁枫 Altingia chinensis (Champ.) Oliv.ex Hance
细柄蕈树　别名：细柄阿柄枫 A. gracilipes Hemsl.
腺蜡瓣花 Corylopsis glandulifera Hemsl.
灰白蜡瓣花　var. hypoglauca (Cheng) H. T. Chang
蜡瓣花　别名：中华蜡瓣花 C. sinesis Hemsl.
长柄双花木 Disanthus cercidifolius Maxim. Var. Longipes H. T. Chang
圆头蚊母树　地方名：水边干心　变种 Distylium buxifolium (Hance) Merr. var.Rotundum H. T. Chang
杨梅叶蚊母树 D. myricoides Hemsl.
蚊母树　地方名：干心 D. racemosum Sied. et Zucc.
金缕梅 Hamamelis mollis Oliv.
缺萼枫香　地方名：枫树 Liquidambar acalycina H. T. Chang
枫香　地方名：枫树、路路通 L. formosana Hance
檵木　地方名：溪曲柴 Loropetaium chinensis (R. Br.) Oliv.
红花檵木　变种　栽培 var. rubrum. Yieh
水丝梨 Sycopsis sinensis Oliv.
三十六、杜中科 EUCOMMIACEAE
杜仲　栽培 Encommia ulmoides Oliv.
三十七、悬铃木科 PLATANACEAE
二球悬铃木　别名：英国梧桐　地方名：法桐　栽培 Platanus x hispanica Muenchh.
三十八、蔷薇科 POSACEAE

续表二、植物名录

被子植物　ANGIOSPERMAE　双子叶植物 DICOTYLEDONEAE
东亚唐棣　Amelanchier asiatica (Sied. et Zucc.) Endl. ex Walp.
木桃　别名：木瓜海棠　Chaenomeles cathayensis (Hemsl.) Schneid.
木瓜　C. sinensis (Thouin) Koehne
贴梗海棠　别名：木瓜　C. speciosa (Sweet) Nakai
野山楂　地方名：山楂　Crataegus cuneata Sieb. et Zucc.
湖北山楂　C. hupehensis Sarg.
山里红　地方名：大山楂　栽培变种　C. pinnatifida bunge cv. Major
枇杷　地方名：丝杷　栽培　Eriobotrya japonica (Thunb.) Lindl
花红　地方名：利檎　栽培　Malus asiatica Nakai
台湾林檎　M. donmeri (Bois.) Chev.
垂丝海棠　栽培　M. halliana Koehne
湖北海棠　M. hupehensis(Pamp.) Rehd.
尖嘴林檎　别名：光萼林檎　地方名：林檎　M. leiocalyca S. Z. Huang
西府海棠　栽培　M. micromalus Makino
苹果　栽培　M. pumila Mill.
中华石楠　Photinia beauverdiana Schneid.
楞木石楠　P. davidsoniae Rehd. et Wils.
光叶石楠　P. glabra (Thunb.) Maxim.
褐毛石楠　P. hirsuta Hand. -Mazz.
倒卵叶石楠　P. lasiog yna (Franch.) Franch. ex Schneid
小叶石楠　P. Parvifolia (Pritz.) Schneid.
桃叶石楠　P. prunifolia (Hook. et Arn.) Lindl.
水花石楠　变种　var. denticulata Yu
绒毛石楠　P. schneideriana Rehd. et Wils.
石楠　P. serrulata Lindl.
伞花石楠　P. subumbellata Rehd. et Wils.
毛叶石楠　P. villosa (Thunb.) DC.
庐山石楠　变种　var. sinica Rehd. et Wils.
浙江石楠　P. zhejiangensis P. L. Chin
杏　地方名：杏梅　栽培　Pruns armeniaca L.
短硬稠李　P. brachypoda Batal.
枹木　别名：华东稠李　P. buergeriana Miq.
星毛稠李　变种　var. stellipila (Koehned) Yu et LI
钟花樱　别名：福建山樱花　P. campanulata Maxim.
红叶李　栽培变种　P. cersifera Ehrhart cv. Atropurpurea
麦李　栽培　P. glandulosa Thunb.
黑樱桃　P. maximowiczii Rupr.
梅　地方名：杏梅　P. Mume (Sied.) sied. et Zucc.

被子植物　ANGIOSPERMAE　双子叶植物 DICOTYLEDONEAE
桃　栽培　P. persica (Linn.) Batsch
蟠桃　栽培变种　cv. Compressa (Loud.) Bean.
碧桃　栽培变种　cv. Duplex
腺叶桂樱　P. phaeosticta (Hance) Maxim.
樱桃　栽培　P. pseudocerasus Lindl.
李　别名：嘉应子　地方名：李儿　P. salicina Lindl.
浙闽樱　P. schneideriana koehne.
山樱花　P. serrulata Lindl.
刺叶桂樱　别名：枪木　P. spinulosa Sieb. et Zucc.
日本樱花　别名：樱花　栽培　× yedoensis Matsum
火棘　栽培　Pyracantha fotruneana (Maxim.) Li
豆梨　Pyrus calleryana Dcne.
毛豆梨　变型　f. tomentella Rehd.
沙梨　栽培　P. pyrifolia (burm. f.) Nakai
麻梨　地方名：野梨　P. serrulata Rehd.
石斑木　Raphiolepis indica (Linn.) Lindl.
大叶石斑木　R. major Card.
木香花　栽培　Rosa banksiae Ait.
硕苞蔷薇　地方名：刺陀　R. bracteata Wendl.
月季花　地方名：月月红　栽培　R. chinensis Jacq.
小果蔷薇　R. cymosa Tratt.
软条七蔷薇　R. henryi Bouleng.
金樱子　地方名：糖缸　R. laevigata Michx.
野蔷薇　别名：多花蔷薇　R. multiflora Thunb.
粉团蔷薇　变种　var. cathayensis Rehd et Wils.
七姐妹　地方名：十姐妹　栽培变种　cv. Carnea
香水月季　R. odorata(Andr.) Sweet.
玫瑰　栽培　R. rugosa Thunb.
腺毛莓　Rubus adenophorus Rolfe
粗叶悬钩子　R. alceaefolius Poir.
周毛悬钩子　R. amphidasys Focks ex Diels
寒莓　R. buergeri Miq.
尾叶悬钩子　R. candifolius Wuzhi
掌叶覆盆子　地方名：搁公扭　R. chingii Hu
山莓　R. corchorifolus L. f.
插田泡　别名：复盆子　R. coreanus Miq.
福建悬钩子　R. fujianensis Yu et Lu
光果悬钩子　R. glabricarpus Cheng

续表二、植物名录

被子植物 ANGIOSPERMAE 双子叶植物 DICOTYLEDONEAE
中南悬钩子 R. grayanus Maxim.
三裂中南悬钩子 变种 var. trlobatus Yu et Lu
莲蘽 R. hirsutus Thunb.
陷脉悬钩子 R. impressinervus Metc.
白叶莓 R. innominatus S. Moore
灰毛泡 R. inenaeus Focke
高粱泡 地方名：寒扭 R. lambertianus Ser.
太平莓 R. pacificus Hance
茅莓 R. parvifolius L.
盾叶莓 R. peltatus Maxim.
Vitex negpundo Linn. Var. Cannabifolia (Sieb. Et Zucc.) Hand. - Mazz.
绣毛莓 R. reflexus Kex
浅裂绣毛莓 变种 var. hui(Diels apud Hu) Metc.
空心泡 R. rosaefolius Smith
红腺悬钩子 R. sumatranus Miq.
木莓 别名：湖北莓 R. swinhoei Hance
三花悬钩子 R. trianthus Focke
东南悬钩子 别名：类葵叶莓 R. tsangorum Hand-Mazz.
水榆花楸 Sorbus alnifolia (Sied. et Zucc.) K. Loch
黄山花楸 S. amabilis Cheng ex Yu
石灰花楸 别名：石灰树 S. folgneri (Schneid.) Rehd.
江南花楸 S. hemsleyi (Schneid.) Rehd.
棕脉花楸 S. dunnii Rehd.
绣球绣线菊 别名：绣球 Spiraea blumei C. Don
麻叶绣线菊 别名：麻叶绣球 S. cantoniensis Lour.
中华绣线菊 别名：铁黑汉条 S. chinensis Maxim.
粉花绣线菊 别名：日本绣线菊 S. japonica Linn. f.
光叶粉花绣线菊 变种 var. fortunei(Planch.) Rehd.
白花绣线菊 变种 var. albiflora(Miq.) Z. Wei et Y. B. Chang
李叶绣线菊 别名：笑靥花 S. prunifolia Sieb. et Zucc.
单瓣李叶绣线菊 变种 var. simpliciflora Nakai
茂汶绣线菊 S. sargentiana Rehd.
珍珠绣线菊 别名：喷雪茄烟花 栽培 S. thunbergii Sieb. et Bl.
野珠兰 别名：华空木 Stephanandra chinensis Hance
波叶红果树 变种 Stranvaesia davidiana Dcne. var. undulata(Dcne.)Rehd.et Wils.
三十九、豆科 Leguminosae
合欢 Alibizia julibrissin Durazz.
山合欢 地方名：谷荪柴 A. kalkora (Roxb.) Prain

续表二、植物名录

被子植物　　ANGIOSPERMAE　　双子叶植物 DICOTYLEDONEAE
紫穗槐　栽培　Amorpha fruticosa L.
龙须藤　Bauhinia champioii (Benth.) Benth.
云实　Caesalpina decapetala (Roth) Alston
春云实　C. vernalis Champ.
含羞草决明　Cassia mimosoides L.
杭子梢　别名：宜昌杭子梢　Campylotropis macrocarpa (Bunge) Rehd.
锦鸡儿　地方名：土黄芪　Caragana sinica (Buchoz) Rehd.
黄槐　栽培　Cassia surattensi Burm.f.
紫荆　Cercis chinensis Bunge
广西紫荆　别名：陈氏紫荆　C. chuniana Metc.
香槐　Cladrastis wilsonii Takeda
南岭黄檀　Dalbergia balansae Prain
大金刚藤　D. Dyeriana Prain ex Harms
藤黄檀　地方名：扁凉姜　D. hancei Benth.
黄檀　别名：不知春　地方名：檀柴　D. hupeana Hance
香港黄檀　D. millettii Benth.
中南鱼藤　Derris fordii Oliv.
小槐花　Desmodium caudatum (Thunb.) DC.
假地豆　D. heterocarpon (L.) DC.
长果柄山蚂蝗　D. leptopus A. Gray ex Benth.
饿蚂蝗　D. multiflorum DC.
羽叶山蚂蝗　D. oldhamii Olir.
宽卵叶山蚂蝗　亚种　D. podocarpum DC. ssp. fallax(Schindl.)Ohashi
尖叶山蚂蝗　亚种　D. podocarpum DC. ssp. oxyphyllum (DC.)Ohashi
三叶山豆根　别名：胡豆莲　Euchresta japonica Hook. f. ex Regel
山皂荚　Gleditsia japonica Miq.
皂荚　G. sinensis Lam.
肥皂荚　地方名：肥皂树　Gymnocladus chinensis Baill.
宁波木蓝　变种 Indigofera decora Lindl.Var. Cooperi(Craib)Y.Y. Fang et C. Z. Zheng
宜昌木蓝　变种　I. Decora lindl. Var. Ichangensis(Craib) Y. Y. Fang et C. Z. Zheng
黑叶木蓝　I. nigrescens Kurz ex King et Prain
浙江木蓝　I. parkesii Craib
胡枝子　地方名：乌愁儿　Lespensis bicolor Turcz.
中华胡枝子　L. chinensis G. Don
截叶铁扫帚　别名：绢毛胡枝子　L. cuneata(Dum. Cours.) G. Don
大叶胡枝子　L. davidii Franch.
多花胡枝子　L.floribunda bunge
广东胡枝子　L. fordii schindl.

续表二、植物名录

被子植物　ANGIOSPERMAE　双子叶植物 DICOTYLEDONEAE
美丽胡枝子　L. formosa(Vog.) Koehne
铁马鞭　L. pilosa(Thunt.) Sied et Zucc.
绒毛胡枝子　别名：山豆花　L. tomentosa(Thunb.) Sied. ex Maxim.
细梗胡枝子　L. virgata(Thunb.) DC.
马鞍树　Maackia chinensis Takeda
香花崖豆藤　Millettia dielsiana Harms
网络崖豆藤　别名：昆明鸡血藤　M. reticulata Benth.
常青油麻藤　别名：常青黎豆　Mucuna sempervirens Hemsl.
花榈木　地方名：廖桶柴　Ormosia henryi prain
红豆树　别名：鄂西红豆　地方名：花梨木　O. hosiei Hemsl. et Wils.
亮叶猴耳环　别名：亮叶围涎树　Pithecellobium lucidum Benth.
刺槐　地方名：洋槐　栽培　Robinia pseudoacacia L.
槐树　栽培　Sophora japonica L.
龙爪槐　别名：盘槐　变种　栽培　var. pendula Lour.
紫藤　地方名：麻连尿桶藤　Wisteria sinensis(Sims) Sweet
四十、古柯科 ERYTHROXYLACEAE
东方古柯　Erythroxylum kunthianum (Wall.) kurz
四十一、芸香料 RUTACEAE
酸橙　栽培　Citrus aurantium L.
代代花　变种　栽培　var.amara Engl.
朱栾　变种　栽培　var. decumana Bonav.
常山胡柚　地方名：胡柚　栽培　C. changshan-huyu Y. B. Chang
柚　地方名：香抛　栽培　C. Maxima (Burm) Merr.
香圆　地方名：香栾　变种　栽培　var. shangyuan Hu
枸橼　栽培　C. medica L.
佛手　栽培变种　cv. Sarcodactylis
柑橘　别名：宽皮橘　栽培　C. retuculata Blanco
朱橘　栽培变种　cv. Erythrosa
梼橘　栽培变种　cv. Poonensis
瓯橘　栽培变种　cv. Suavissima
早橘　栽培变种　cv. Subcompressa
本地早　栽培变种　cv. Succosa
槾橘　栽培变种　cv. Tardiferax
无核橘　别名：温州蜜橘　栽培变种　cv. Unshiu
甜橙　别名：广橘　栽培　C. sinensis (L.) Osbeck
臭辣树　Euodia fargesii Dode
吴茱萸　别名：山茱萸　E. rutaecarpa (Juss.) Benth.
石虎　别名：密果吴茱萸　变种　var. officinalis (Dode) Huang

续表二、植物名录

被子植物　ANGIOSPERMAE　双子叶植物 DICOTYLEDONEAE
山橘 Fortunella hindsii (Chang. ex Benth.) Swinge
金豆 栽培 F. venosa (Champ. ex Hook.) Huang
罗浮 别名：金橘 栽培 F. margarita (Lour.) Swingle
金弹 栽培 F.×Crassifolia Swingle (Pro sp.)
月月橘 F.×Obovata Tanaka(Por sp.)
四季橘 F. Calamondin
九里香 栽培 Murraya exotica L.
臭常山 别名：日本常山 Orixa japonia Thunb.
枸橘 别名：枳壳 栽培 Poncirus trifoliata (L.) Raf.
日本茵芋 Skimmia japonica Thunb.
茵芋 S. reevesiana Fortune.
飞龙掌血 Toddalia asiatica (L.) Lam.
椿叶花椒 别名：樗叶花椒 Zanthoxylum ailanthoides Sied. et Zucc.
毛椿叶花椒 变种 var. pubescens Hatusima
竹叶淑 Z. armatum DC.
毛竹叶椒 变型 f. ferrugineum (Rehd.et Wils.) Huang ex C. S. Yang
大叶臭椒 Z. thetsoides Drake
花椒 Z. scandens Bl.
野花椒 Z. simulans Hance
四十二、苦木科 SIMAROUBACEAE
臭椿 别名：樗 栽培 Ailanthus altissima Swingle
苦木 Picrasma quassioides (D. Don) Benn .
四十三、楝科 MELIACEAE
米兰 栽培 Aglaia odorata Lour.
楝树 别名：苦楝 Melia azedarach Linn.
川楝 栽培 M. toosendan Sieb. et Zucc.
毛红椿 变种 Toona ciliata Roem. var. pubescens (Franch.)Hand.-Mazz..
香椿 T. sinensis (A. Juss.) Roem.
四十四、远志科 POLYGALACEAE
黄花远志 Polyglala arillata Buch.-Ham..ex D. Don.
四十五、黄杨科 BUXACEAE
尖叶黄杨 地方名：山黄杨 Buxus aemulaus (Rehd. et Wils.) S. C. Li et S. H. Wu
匙叶黄杨 地方名：雀舌黄杨 B. bodinieri Levl.
黄杨 地方名：瓜子黄杨 B. sinica (Rehd. et Wils.)Cheg ex M. Cheng.
珍珠黄杨 地方名：小叶黄杨 变种 var. parvifolia M. Cheng
东方野扇花 Sarcococca orientalis C. Y. Wu
四十六、大戟科 EUPHORBIACEAE
山麻杆 Alchornea davidii Franch.

续表二、植物名录

被子植物　ANGIOSPERMAE　双子叶植物 DICOTYLEDONEAE
酸味子 Antidesma japonicum Sied. et Zucc.
狭叶五月茶 A. Pseudomicrophylla Croiz..
重阳木 栽培 Bischofia polycarpa(Levl.) Airy-Shaw
铁海棠 地方名：虎刺 栽培 Euphorbia milii Des Moul.
猩猩木 别名：一品红 栽培 E. pukcherrima Willd.
算盘子 别名：馒头果 Glochidion puberum(L.) Hutch.
白背叶 别名：庐山野桐 Mallotus aeltis (Lour.) Muell. Arg.
野梧桐 M. Jaouicus (Thunb.) Muell. -Arg.
野桐 变种 var. floccosus (Muell. -Arg.) S. M. Hwang
绣叶野桐 M. Lianus Croiz.
红叶野桐 M. Paxii pamp
粗糠柴 M. philippinensis (Lam.) Muell. -Arg.
石岩枫 M. Repandus(Willd.) Muell. -Arg.
杠香藤 变种 var.chrysocarpus(Pamp.) S. M. Huang
落萼叶下珠 Phyllanthus flexuosus (Sied. et Zucc.) Muell.-Arg.
青灰叶下珠 P. glaucus Wall. ex Muell. -Arg.
山乌桕 Saplum discolor (Champ. Ex Benth.) Muell. -Arg.
白木乌桕 别名：白乳木 S. Japonicum (Sieb. et Zucc.) Pax et Hoffm.
乌桕 地方名：桐子树 S. Sebiferum(Linn.)Roxb.
油桐 地方名：三年桐 栽培 Vernicia fordii (Hemsl.) Airy-Shaw
木油桐 地方名：千年桐 V. montana Lour.
四十七、虎皮楠科 DAPHNIPHYLLACEAE
交让木 别名：杞李侵 Daphniphyllum macropodum miq.
虎皮楠 D. oldhamii (hemsl.) Rosenth.
长柱虎皮楠 变种 var. longistyum (chien) J. X. Wang
四十八、漆树科 ANACARDIACEAE
南酸枣 地方名：山枣 Choerospondias axiliaris (Roxb.) Burtt et Hill
黄连木 Pistacia chinensis Bunge
盐肤木 地方名：乌樱桃、五倍子树 Rhus chinensis Mill.
白背麸杨 R. hypoleuca Champ. ex Benth.
青麸杨 R. potaninii Maxim.
刺果毒漆藤 亚种 Toxicodendron radicans(L.)O. Kuntze ssp. Hispidum(Engl.) Gillis.
野漆 地方名：漆柴 T. succedaneum (L.) O. Kuntze
木蜡树 T. sylvestre (Sied. et Zucc.) O. Kuntze
毛漆树 T. trichocarpum (Miq.) O. Kuntze
漆树 栽培 T. vernicifluum (Stokes) F. A. Barkl.
四十九、冬青科 AQUIFOLIACEAE
秤星树 别名：梅叶冬青 Ilex asprella (Hook. et Arn) Champ. ex Benth

被子植物　　ANGIOSPERMAE　　双子叶植物 DICOTYLEDONEAE
短梗冬青 I. buergeri Miq.
钝齿冬青 I. crenata Thunb.
枸骨 地方名：老虎刺、六角刺 I. cornuta Lindl.
凸脉冬青 别名：显脉冬青 I. editicostata Hu et Tang
厚叶冬青 I. elmerrilliana S. Y. Hu
硬叶冬青 I. ficifolia Tseng
榕叶冬青 I. ficoidea Hemsl.
台湾冬青 I. formosana Maxim.
广东冬青 I. kwangtungensis Merr.
大叶冬青 地方名：苦丁茶 I. latifolia Thunb.
木姜叶冬青 别名：山矾冬青 I. litseaefolia Hu et Tang
矮冬青 I. lohfauensis Merr.
小果冬青 I. micrococca Maxim.
具柄冬青 别名：长梗冬青 I. pedunculosa Miq.
猫儿刺 I. pernyi Franch.
毛冬青 I. pubescens Hook et Arn.
冬青 地方名：鸡白肉
铁冬青 I. rotunda Thunb.
毛梗铁冬青 变种 var. microcarpa(Lindl. ex paxt.) S. Y. Hu
香冬青 I. Suaveolens(Levl.) Loes.
三花冬青 I. triflora Bl.
毛枝三花冬青 变种 var. kanehirai (Yamamoto) S. Y. Hu
紫果冬青 I. tsoii Merr. et Chun
亮叶冬青 I. viridis Champ. ex Benth.
温州冬青 I. wenchowensis S. Y. Hu
尾叶冬青 I. wilsonii Loes.
五十、卫矛科 CALASTRACEAE
过山枫 别名：穿山龙 Celastrus aculeatus Merr.
哥兰叶 别名：霜红藤 C. gemmatus Loes.
窄叶南蛇藤 C. oblanceifolius Wang et Tsoong
南蛇藤 C. orbiculatus Thunb.
短梗南蛇藤 C. rosthornianus Loes.
毛脉显柱南蛇藤 变种 C. Stylosus Wall. Var. Puberulus(Hsu)C. Y. Cheng et T. C. Kao
刺果卫矛 Euonymus acanthocarpus Franch.
卫矛 别名：鬼见羽 地方名：天师剑 E. alatus(Thunb.) Sidb.
肉花卫矛 E. carnosus Hemsl.
百齿卫矛 E. centidens Levl.
鸦椿卫矛 E. eascaphis Hand.-Mazz.

续表二、植物名录

被子植物　ANGIOSPERMAE　双子叶植物 DICOTYLEDONEAE
扶芳藤 地方名：爬山老虎 E. fortunei(Turcz.)Hand.-Mazz.
西南卫矛 E. hamiltonianus Wall.
常春卫矛 E. hederacens Champ. ex Benth.
冬青卫矛 别名：正木 地方名：大叶黄杨 栽培 E. japonicus Thunb.
银边卫矛 地方名：银边黄杨 园艺品种 栽培变种 cv. Albo-marginatus
金心卫矛 地方名：金心黄杨 园艺品种 栽培变种 cv. Aureo-marignatus
胶东卫矛 E. kiautschovicus Loes.
疏花卫矛 E. laxiflorus Champ. ex Benth.
白杜 别名：丝棉木 E. maackii Rupr.
大果卫矛 E. myrianthus Hemsl.
矩叶卫矛 E. Oblongifolius Loes. et Rehd.
垂丝卫矛 E. oxyphyllus Miq.
无柄卫矛 E. subsessilis Sprague
福建假卫矛 Microtropis fokienensis Dunn
昆明山海棠 Tripterygium hypoglaucum (Levl.) Hutch.
雷公藤 地方名：菜虫药 T. wilfordii Hook. f.
五十一、省沽油科 STAPHYLEACEAE
野鸦椿 Euscaphis japonica(Thunb.) Kanitz
省沽油 别名：双蝴蝶 Staphyiea bumalda (Thunb.) DC.
膀胱果 S. holocarpa Hemsl.
五十二、茶茱萸科 ICACINACEAE
无须藤 osiea sinensis Oliv. Hemsl. et Wils.
五十三、槭树科 ACERACEAE
阔叶槭 别名：大叶槭 Acer amplum Rehd.
三角槭 别名：三角枫 Acer buergerianum Miq.
昌化槭 A. changfhuaense (Fang et Fang f.) Fang et P. L. Chiu
紫果槭 A. cordatum Pax
小紫果槭 变种 var. icrocordatum Metc.
长柄紫果槭 变种 var. ubtrinervium(Metc.) Fang
秀丽槭 地方名：五角枫 A. elegantulum Fang et P. L. Chiu ex Fang
青榨槭 别名：青枫 A. davidii Franch.
苦茶槭 亚种 A. ginnala Maxim. ssp. theiferum(Fang) Fang
临安槭 A. Linganense Fang et P. L. Chiu ex Fang
鸡爪槭 栽培 A. palmatum Thunb.
红枫 栽培变种 cv. Atropurpureum.
羽毛枫 栽培变种 cv.Dissectum .
毛脉槭 A. pubinerv Rehd.
三峡槭 A.wilsonii Rehd.

续表二、植物名录

被子植物　ANGIOSPERMAE　双子叶植物 DICOTYLEDONEAE
五十四、七叶树科 HIPPOCASTANACEAE
七叶树 栽培 Aesculus chinensis Bunge
五十五、无患子科 SAPINDACEAE
无患子 地方名：油皂子 Sspindus mukorossi Gaerth
全缘叶栾树 别名：黄山栾树 变种 Koelreuteria bipinnata.Franch.var.integrifoliola(Merr.) T.Chen
五十六、清风藤科 SABIACEAE
珂楠树 Melisma beaniana Rehd.et Wils.
垂枝泡花树 M. Flexuosa sieb.et Zucc.
异色泡花树 变种 var.discolor Dunn
红枝柴 别名：南京泡花树 M. Oldhamii Maxim.
腋毛泡花树 变种 M.rhoifolia Maxim. Var. Barbulata(cufod.) Law
笔罗子 别名：野枇杷 M. Rigide Sied. Et Zucc.
毡毛泡花树 变种 var. Pannosa (Hand.-Mazz.) law
白背清风藤 S. Japonic Dunn.
清风藤 S. Japonica Maxim.
鄂西清风藤 亚种 S. Campanulata Wall. Ex Roxb. Ssp. Ritchieae (Rehd. Et Wils.)Y.F.Wu.
尖叶清风藤 S. Swinhoei Hemsl.ex Forb. Et Hemsl.
五十七、鼠李科 RHAMNACEAE
多花勾儿茶 Berchemia floribunda (Wall.)
矩叶勾儿茶 变种 car. Oblongifolia Y. L. Chen et P. K. Chou
牯岭南勾儿茶 别名：小叶勾儿茶 B. Kulingensis Schneid.
枳椇 地方名：鸡爪梨 Hovenia Dulcia\s Thunb.
光叶清风藤 变种 H. Trichocarpa Chn et Tsiang var. Robusta(Makai et Y. Kimura) Y. L. Chen et P. K. Chou
猫乳 Rhamnella franguloides (Maxim.) Weberb.
山绿柴 Rhamnella brachypoda C. Y. Wu ex Y. L. Chen
长叶冻绿 R. Crenata Sied. Et zucc.
两色冻绿 变种 var.disolor Rehd.
圆叶鼠李 别名：山绿柴 R. Globosa Bunge
薄叶鼠李 R. Leptophylla Schneid.
尼泊尔鼠李 别名：染布叶 R. Mapalensis(Wall.) laws.
冻绿 R. Utilis Decne.
山鼠李 R. Wilsonii Schneid.
钩刺雀梅藤 Sageretia hamosa (Wall.) Brongn
梗花雀梅藤 S. Henryi Drumm. Et Sprague
刺藤子 S. Melliana Hand. -Mazz.
雀梅藤 S. Thea (Osbeck) Johnst.
马甲子 Paliurus ramosissimus (Lour) Poir
枣 地主名：红枣 栽培 Ziziphus jujuba Mill.

续表二、植物名录

被子植物　ANGIOSPERMAE　双子叶植物 DICOTYLEDONEAE
五十八、葡萄科 VITACEAE
蛇葡萄　地方名：野葡萄 Ampelopsis sinica (Miq.) W. T. Wang
牯岭野葡萄　A. Heterophglla (thunb.) sied et Zucc，var. Kulingensis (Rehd.) C. L. Li
广东蛇葡萄　A cantinyensis (Hook. Et Arn.) planch
白蔹　A. Japonica (Thunb.) Makino
乌蔹梅　地方名：五瓜藤 Cayratia japonia (Thunb.) Gagnep
白毛乌蔹梅　C. Albifolia C. L. Li.
异叶爬山虎　别名：异叶地锦 Parthenocissus heterophylla (HI.) Merr.
绿爬山虎　别名：青龙藤 P. Laetevirens Rehd.
爬山虎　别名：地锦、爬墙虎 P. Tricuspidata (Sied，et Zucc.) planch.
腺枝葡萄　Vitis adenoclada Hand. -Mazz.
东南葡萄　V. Chunganeniss Hu.
闽赣葡萄　V. Chungii Metc.
刺葡萄　地方名：山葡萄 V. Davidii (Roman.) Foex.
小叶葛菖　变种　V. Flexuosa THunb. Var parvifolia (Roxb.) Gagnep.
菱状葡萄　V. Hancockii Hance.
龙泉葡萄　地方名：山葡萄 V. Lingquanensus. P. L. Chin
华东葡萄　V. Psendoreticulata W. T. Wang
毛葡萄　V. Quinquangularis Rehd.
葡萄　V. Vinfera L.
温州葡萄　V. Wenchowensis C. Ling ex E. T. Wang
网脉葡萄　V. Wilsonae Veitch
五十九、杜英科 ELAEOCARPACEAE
中华杜英　Elaeocarpus chinensis (Gardn. Et Champ.) Hook. F.
杜英　地方名：山橄榄 E. Decipiens Hemsl.
秃瓣杜英　E. Glabripetalus Merr.
薯豆　E. Japonicus Sied. et Zucc.
猴欢喜　地方名：猢狲栗 Sloanea sinensis (Hance) Hemsl.
六十、椴树科 TILIACEAE
扁担杆　Grewia biloba G. Don
浆果椴　别名：湘椴 Tilia endochrysea Hand.-Mazz.
华东椴　别名：日本椴 T. Japonia (Miq.) Simink.
粉椴　别名：鄂椴 T. Oliveri Szysz.
六十一、锦葵科 MALVACEAE
金铃花　地方名：灯笼花 栽培 Abutilin striatum Dickson
木芙蓉　别名：芙蓉花 Hibiscus mutablis L.
朱槿　别名：扶桑 栽培　H. Rasa - sinensis L.
吊灯扶桑　栽培　H. Schizopetalus (Mast.) Hook. F.

续表二、植物名录

被子植物 ANGIOSPERMAE 双子叶植物 DICOTYLEDONEAE
木槿 地方名：新米花 栽培 H. Syriacus L.
白花重瓣木槿 栽培变种 cv. Albus - Plenus
牡丹木槿 栽培变种 cv. Paeoniflorus
肖梵天花 别名：地桃花 Urena lobata L.
梵天花 地方名：山棉花 U. Procumbens L.
六十二、梧桐科 STERCULIACEAE
梧桐 地方名：羹瓢儿子、青桐 Firmiana platanifolia (L.f.) Marsili
密花梭罗树 Reevesia pycnantha Ling
六十三、猕猴桃科 ACTINIDIACEAE
软枣猕猴桃 Actinidia arguta (Sied. Et Zucc.) Planch. Ex Miq.
紫果猕猴桃 变种 var. Purpurea (Rehd.) C. F. Liang
异色猕猴桃 变种 var. Discolor C. F. Liang
京梨猕猴桃 变种 var. Henryi Maxim.
中华猕猴桃 地方名：绳梨 A. Chinensis Planch
毛花猕猴桃 地方名：毛冬瓜、山毛桃 A. Eriantha Benth.
长叶猕猴桃 别名：黄绿猕猴桃 A. Melanandra Franch.
小叶猕猴桃 A . lanceolata Dunn
黑蕊猕猴桃 别名：黄绿猕猴桃 A. Melanandra Franch
褪粉猕猴桃 变种 var. Subconcolor C. F. liang
对萼猕猴桃 别名：镊合猕猴桃 A. Valvata Dunn
六十四、山茶科 THEACEAE
大萼黄瑞木 别名：毛杨桐 变种 Adinandra gklischroloma Hand，- Mazz. Var. Mac-rosepala (Metc.) Kobuski
黄瑞木 别名：山落苏 地方名：山裸柴 S. Millettii (Kook. et Arm.) Benth. Et Hook. F
短柱茶 Gamellia brevistyla (Hayata) Cohen Stuart
红花短柱茶 变型 f. Rubida P. L. Chiu
浙江红山茶 地方名：红花油茶 C. Chekiang - oleosa Hu
尖连蕊茶 C. CUSPIDATA (Kochs) Wright
浙江尖连蕊茶 变种 var. Chekiangensis Sealy
毛花连蕊茶 C. Fraterna Hanc
冬红茶梅 地方名：茶梅 栽培 C. Hiemalis Nakiai
红山茶 地方名：山茶花 C. Japonica L.
钝叶短柱茶 C. Obtusifolia H. T. Chang
油茶 地方名：茶籽 栽培 C. Oleifera Abel
茶 地方名：茶叶树 C. Sinensis (L.) O. Ktze.
八瓣糙果茶 别名：红皮糙果茶 地方名：茶梨 C. Crapnelliana Tntch
粉红短柱茶 C，puniceiflora H. T. Chang
红淡比 别名：杨桐 cleyere japonica Thunb.
厚叶红淡比 别名：厚叶杨桐 C. Pachyphylla Chun ex H. T. Chang

续表二、植物名录

被子植物　ANGIOSPERMAE　双子叶植物 DICOTYLEDONEAE
尖萼毛柃　Eurya acutisepala Hu et L. K. Ling
翅柃　E. Alata Kobuski
微毛柃　Eurya acutisepala Hu et l. K. Ling
金叶微毛柃　变种　var，aureo - puctata (H，T. Chang) L. K. Ling
细枝柃　E. Loquaiana Kobuski　'
从化柃　E. Metcalfiana Kobuski
隔药柃　E. Muricata Dunn
窄基红褐柃　别名：硬叶柃　变种　E. Rubig　Ginossa　H. T. Chang var.attenuata H. L. Chang
岩柃　E，saxicola H. T. Chang
木荷　地方名：歪些　Schima superba Gardn et Champ
尖萼紫茎　Stewartia acutisepala P. L. Chiu et G. R. Zhong
紫茎　别名：天目紫茎　栽培　S. Sinensis Rehd. Et Wils. Emend，Spongberg
厚皮香　地方名：猪血柴　Ternstroemia gymnanthera (Wigth et Arn，)
亮叶厚皮香　地方名：猪血柴　T. Nitida Merr.
小果石笔木　别名：狭叶石笔木　Tutcheria microcarpa Dunn.
六十五、藤黄科 GUTTIFERAE
金丝桃　别名：金丝海棠　栽培　Hypericum monogynum Linn
金丝梅　地方名：端午花　H. Patulum Thunb.
六十六、柽柳科 TAMARICACEAE
柽柳　栽培　Tamarix chinensis Lour.
六十七、大风子科 FLACOURTIACEAE
山桐子　Idesia polycarpa Maxim.
毛叶山桐子　变种　var. Vestita Diels
山拐枣　Piliothyrsis sinensis Pliv.
柞木　地方名：鸟不踏　Xylosma japonica A. Gray
六十八、旌节花科 STACHYURACEAE
中国旌节花　地方名：金珠连　Stachyurus chinensis Franch.
喜马拉雅旌节花　S. Himalaicus Hook. F. Et. Thoms. Ex Benth.
六十九、瑞香料 THYMELAEACEAE
瑞香　栽培　Dophne odora Thunb.
毛瑞香　别名：白瑞香　地方名：贼裤带　变种 var. Atrocaulis Rehd.
结香　别名：水菖花　地方名：三桠皮　Edgeworthia chrysantha Lindl.
南岭荛花　别名：了哥王　Wikstroemia indica (Linn.) C. A. Mey.
江北荛花　地方名：山棉皮　W. Monnula Hance
七十、胡颓子科 ELAEAGNACEAE
巴东胡颓子　Elaeagnus difficilis Serv.
蔓胡颓子　E. Glabra Thunb.
宜昌胡颓子　E. Henryi Earb.

被子植物　ANGIOSPERMAE　双子叶植物 DICOTYLEDONEAE
木半夏　E. Multiflora Thunb.
胡颓子　地方名：麦榄　E. Pungens Thunb.
七十一、千屈菜科 LYTHRACEAE
紫薇　地方名：怕痒树 Lagerstroemia indica Linn.
南紫薇　L. Subcostata koehne
七十二、安石榴科 PUNICACEAE
安石榴　地方名：石榴 栽培 Punica granatum Linn.
重瓣红石榴　园艺品种 栽培 cv. Plenifolra
七十三、蓝果树科 NYSSACEAE
喜树　别名：旱莲木 栽培 Gamptotheca acuminata Decne.
蓝果树　别名：紫树 地方名：转梨 Nyssa sinensis Oliv.
七十四、八角枫科 ALANGIACEAE
八角枫　别名：华瓜木 Alangium chinense (Lour.) Harms
毛八角枫　A. kurzii Craib
云山八角枫　变种 var. Handelii (Schnarf) Fang
瓜木　地方名：八角枫 A. Platanifolium (Sied. et Zucc.) Harms
七十五、桃金娘科 MYRTACEAE
大叶桉　栽培 Eucalyptus robusta Smith
细叶桉　栽培 E. Tereticornis Smith
华南蒲桃　Syzygium austro-simense(Merr. et Perry)
赤楠　地方名：山胡瓶 S. Buxifolium Hook. et Arn.
轮叶蒲桃　别名：轮叶赤楠 地方名：山赤朴 S. Grijsii (Hance)Merr. et Perry
七十六、野牡丹科 MELASTOMATACEAE
秀丽野海棠　Bredia amoena Diels
中华野海棠　B. sinensis (Diels) Li
地菍　地方名：铺地锦 Melastoma dodecandrum Lour.
金锦香　Osbekia chinensis Linn.
七十七、五加科 ARALIACEAE
吴茱萸五加　别名：树三加　Acantho[anax evodiaefolius Franch.
五加　别名：细柱五加　地方名：五加皮 A. Gracilistylus W. W. Smith
三叶细柱五加　变种　var. Trifoliolatus Shang
糙叶五加　别名：刺五加　A. Henryi(Oliv.) Hanms
白簕　地方名：三加皮 A. Trifoliatus (Linn.) Merr.
木忽木　地方名：鸟不宿 Aralia chinensis Linn.
头序忽木　A. Dasyphylla Miq.
刺茎木忽木　A. Echinocaulis Hand. - Mazz.
树参　别名：木荷枫 Dendropanax dentiger (Harms) Merr.
中华常青藤 地方名：三角枫 变种

续表二、植物名录

被子植物　ANGIOSPERMAE　双子叶植物 DICOTYLEDONEAE
刺楸　Kalopanax septemlobus (Thunb.) Koidz
鹅掌柴　别名：鸭脚木 地方名：鸭掌柴 Schefflera octophylla (lour.) Harms.
通脱木　栽培 Tetrapanax papyrifer (Hook.) K.Koch
七十八、山茱萸科（四照花科）CORNACEAE
青木　别名：东瀛珊瑚 Aucuba japonica Thunb.
灯台树　Cornus controversa Hemsl. Ex Prain
秀丽香港四照花 地方名：山荔枝 亚种 C.hongkongensis Hemsl. Ssp.elegans(Fanget Hsieh) Q.Y.Xiang
四照花 地方名：山荔枝 亚种 C.koousa Hanse ssp. Chinensis (Osborn) Q.Y.Xiang
山茱萸　别名：药枣 栽培 C. Officinalis sieb. Et Zuce.
青荚叶　别名：叶上珠 Helwingia japonice (Thunb.) Dietr.
浙江青荚叶　H. Zhejiangensis Fang et soong
七十九、山柳科 CLETHRACEAE
华东山柳　Clethra barbinervis Sieb，et zuce
江南山柳　C.cavaleriei Levl.
全缘山柳 变种　var.subintegrifolia Ching ex L.C，Hu
八十、杜鹃花科 ERICACEAE
灯笼花　Enkianthus chinensis Franch.
毛果南烛 变种 Lyonia ovalifolia (Wall.) Drude var. Hebecarpa(Franch. Ex Forb，et Forb. et Hemsl.) Chun
马醉木　Pieris japonice (Thunb.) D. Don
安徽杜鹃　别名：黄山杜鹃 Rhododendron anhweiense Wils.
刺毛杜鹃　R. Championae Hook.
云锦杜鹃　别名：天目杜鹃 R. Fortunei Lindl.
鹿角杜鹃　R. Latoucheae Franch.
满山红　别名：三叶杜鹃 地方名：朱标花 R. MARIESII hEMSL. ET wILS.
羊踯躅　别名：黄牯牛花 地方名：黄朱标花 R. Molle G. Don
白花杜鹃　别名：毛白杜鹃 栽培 R. Mucronatum G Don
马银花　R. Ovatum Planch.
猴头杜鹃　R. Simiarum Hance
映山红　别名：杜鹃 R. Simsii pLANCH.
杜鹃一种　R. Sp.
乌饭树 地方名：乌饭柴 Vaccinium bracteatum Thunb.
短尾越橘　别名：小叶乌饭树 地方名：山里细 V. Carlesii Dunn.
黄背越橘　V. iteophyllum Hance
扁枝越橘　别名：山小檗 V. Japonicum Miq. Var sincum Nakai Rehd.
江南越橘　别名：米饭花 V. mdarinorum Diels.
光序刺毛越橘 变种　V. Trichocadum Merr. Et Metc. Var. Glariracemosum C. Y. Wu. ex R. C. Fang . Et c. Y. Wu
八十一、紫金牛科 MYRSINACEAE
矮茎紫金牛　别名：九管血 地方名：矮茶 Ardisia brevicaulis Diels

被子植物　ANGIOSPERMAE　双子叶植物 DICOTYLEDONEAE
朱砂根　别名：珍珠伞　A. Crenata Sims
红凉伞　变型　f. Hortensis（Migo）W. Z. Fang et K. Yao
百两金　A. Crispa (Thunb.) A. DC.
大叶百两金　变种　var. Amplifia Walker
细柄百两金　变种　var. Dielsii (Levl.) Walker
大罗伞树　A. Hanceana Mez
紫金牛　地方名：老勿大　A. Japonica (Thubn.) Bl.
沿海紫金牛　别名：山血丹　A. Punctata Lindl.
九节龙　A. Pusilla A. DC.
网脉酸藤子　Embelia rudis Hand. - Mazz.
杜茎山　Maesa japinica (Thunb.) Moritzi ex Zoll.
光叶铁仔　别名：匍匐铁仔　Myrsine stolonifera (Koidz.) Walker
密花树　Rapanea neriifolia (Sieb. Et Zucc) Mez.
八十二、柿树科 EBENACEAE
浙江柿　别名：粉背柿　Disospyros glaucifolia Metc.
柿　栽培　D. Kaki Thunb.
野柿　变种　var. Sylvestria Makino
君迁子　别名：鸡心柿　S. Lotus Linn.
罗浮柿　地方名：山柿　D. Morrisina Hance
华东油柿　D. Rhombifolia Hemsl.
老鸦柿　D. Rhombifolia Hemsl.
延平柿　D. Tsangii Merr.
八十三、山矾科 SYMPLOCACEAE
薄叶山矾　smyplcos anomala Brand
总状山矾　S. Botryantha Franch.
华山矾　S. Chinensis (Lour.) Druce
南岭山矾　S. Confusa Brand
密花山矾　S.comgesta Benth.
羊舌树　S. Glauca (Thunb.)
黑山山矾　S. Heishanensis Hayata
光叶山矾　S.lancifolia Sieb. Et Zucc.
黄牛奶树　别名：黄金柴　S. Laurina (Retz.) Wall.
白檀　S. Paniculata (Thunb.) Miq.
叶萼山矾　S. Phyllocalyx Clarke
四川山矾　S. Setchuensis Brand
老鼠矢　S. Stellaris Brand
山矾　地方名：黄滚头　S. Sumuntia Buch. - Ham
宜章山矾　S. Yizhanensis Y. F. Wu

续表二、植物名录

被子植物　ANGIOSPERMAE　双子叶植物 DICOTYLEDONEAE
八十四、安息香科（野茉莉科）STTRACACEAE
拟赤杨　地方名：冬瓜泡 Alniphyllum fortunei (Hemsl.) Makino
银钟花　Halesia macgregorii Chun
小叶白辛树　Pterostyrax cotymbosus Sieb. Et Zucc.
秤锤树　Sinojackia Xylocarpa Hu
灰叶安息香　Styrax calvescens Perk.
赛山梅　别名：白花龙 S. Confusus Hemsl.
垂珠花　S. Dasyanthus Perk.
野茉莉　S. Japonicus SIeb. Et Zucc.
玉铃花　S. Obassia Sieb et Zucc.
郁香野茉莉　别名：郁香安息香 S. Odoratissimus Champ.
红皮树　S. Sbuerifolius Hook. Et Arn.
八十五、木犀科 OLEACEAE
流苏树　Chionathus retusus indl. Ex Paxt.
雪柳　Fontaneia fortunei Carr.
金钟花　Forsythia viridissima Lindl.
白蜡树　Fraxinus chinensis Roxb.
苦枥木　F. Insularis Hemsl.
清香藤　Jasminum lanceolarium Roxb.
迎春　栽培 J. Nudiflorum Lindl.
茉莉花　栽培 J. Sambac (L) Ait.
华素馨　别名：华清香藤 J. Sinense Hemsl.
华女贞　别名：李氏女贞 Ligustum lianum Hsu
女贞　地方名：冬青 L. Lucidum Ait.
蜡子树　L. Molliculum Hance
小蜡　L. Sinense Lour.
金叶女贞　栽培 L. Vicargi Reha.
油橄榄　栽培 Olea europaea L
华东木犀　别名：宁波木犀 Osmanthus cooperi Hemsl.
木犀　地方名：桂花　栽培 O. Fragrans (Thunb.) Lour.
丹桂　栽培变种　cv. Aurantiacus
金桂　栽培变种　cv. Thunbergii
银桂　栽培变种　cv. Lattkolins
长叶木犀　地方名：山桂花　O. Longgissimus H. T. Chang
厚叶木犀　变种　var. Pachyphyllus (H. T. Chang) R. L. Lu
牛矢果　O. Matsumuranus Hayata
八十六、马钱科 LOGANIACEAE
醉鱼草　地方名：毒鱼草　Buddieja lindleyana Fort.

被子植物　　ANGIOSPERMAE　　双子叶植物 DICOTYLEDONEAE
蓬莱葛　Gardneria multiflora Makino
少花蓬莱葛　别名：狭叶蓬莱葛　G. Nutans sieb. Et Zucc.
八十七、夹竹桃科 APOCYNACEAE
念珠藤　地方名：瓜子藤 Alyxia sinensis Cham. Ex Benth.
毛药藤　Cleghrnia henryi (Oliv.) O. T. Li.
夹竹桃　栽培 Nerium oleander L.
白花夹竹桃　栽培变种　cv. Paibua
大花帘子藤　Pottsia grandiflora Markgr.
紫花络石　Trachelospermum zxillare Hook. F.
短柱络石　T. Brevistylum Hand. - Mazz.
乳儿绳　别名：温州络石　T. Cathayanum Schneid.
细梗络石　T. Gracilipes Hook. f.
络石　地方名：白花藤　T. Jasminoides (Lindl.) Lem
石血　变种　var. Heterophyllullm Tsiang
八十八、萝藦科 ASCLEPIADACEAE
清龙藤　Biondia henryi Tsiang et P. T. Li
海枫藤　Marsdenia offilinalis Tsinang et P. T. Li
牛奶菜　M. Sinensis Hemsl.
黑鳗藤　Stephanotis mucronata (Blanco) Merr.
夜来香　栽培 Telosma cordata (Burm. F.) Merr.
贵州娃儿藤　Tylophora silvestris Tsiang
八十九、紫草科 BORAGINACEAE
厚壳树　Ehretia thysiflora (Sieb. Et Zucc.) Nakai
九十、马鞭草科 VERBENAECEAE
紫珠　别名：珍珠枫 Callicarpa bodinieri Levl.
华紫珠　C. Cathayana H. T. Chang
白棠子树 C. Dichotoma (Lour.)K.koch
杜虹花　C. Formosana Rolfe
老鸦糊　C. Giraldii Hesse ex Rehd.
毛叶老鸦糊　变种　var. Lyi (Levl.) C. Y. Wu
全缘叶紫珠　　C. Integerrima Champ.
日本紫珠　别名：紫珠　C. Japonica Thunb.
窄叶紫珠　变种　var. Angustata Rehd.
枇杷叶紫珠　地方名：野枇杷　C. Kochiana Makino
光叶紫珠　C. Lingii Merr.
长柄紫珠　C. Longipes Dunn
藤紫珠　C. Peii H. T. Chang
红紫珠　地方名：珍珠莲 C. Rubella lindl.

续表二、植物名录

被子植物　ANGIOSPERMAE　双子叶植物 DICOTYLEDONEAE
秃红紫珠　变种　var. Subglabra (Pei) H. T. Chang
钝齿红紫珠　变型　f. Crenata Pei
兰香草　Caryopteris incana (Thunb.) Miq
臭牡丹　Clerodendrum bungei Steub.
大青 别名：野靛青　C. Cyrtophyllum Turca.
尖齿臭茉莉　C. Lindleyi Decne. Ex .Planch.
浙江大青　别名：凯基大青　C. Kaichianum Hsu
海州常山　别名：臭梧桐　C. Trichotomum Thunb.
豆腐柴　别名：腐婢　地方名：山麻糍　Premna microphylla Turcz.
牡荆 地方名：龙钟　变种
九十一、茄科 SOLANACEAE
宁夏枸杞　栽培　Lycium barbarum Linn.
枸杞　L. Chinense Mill.
九十二、玄参科 SCROPHULARIACEAE
白花泡桐　Paulownia fortonei (Seem.) Hemsl.
台湾泡桐　别名：紫花泡桐　P. Kawakamii Ito
毛泡桐　P. Tomentosa (Thunb.) Steud.
九十三、紫葳科 BIGNONIACEAE
凌霄 地方名：倒桂金钟　Campsis grandiflora (Thunb.) Schum.
美国凌霄　栽培　C. Radicans (Linn.)Seem.
楸树　栽培 Catalpa bungei C. A. Mey.
梓树　C. Ovata G. Don
九十四、苦苣苔科 ACANTHACEAE
吊石苣苔　别名：石吊兰　Lysionotus panciflorus Maxim.
九十五、爵床科 ACANTHACEAE
虾衣草　栽培　Callispidia guttata
九十六、茜草科 RUBIACEAE
水团花 Adina pilulifera (Lam.) Franch. Ex Drake
细叶水团花　地方名：水杨梅 A. Rubella Hance
风箱树 Cephalanthus tetrandra (Roxb.) Ridsdale et Bakn. F.
盾子木　别名：流苏子 Coptosapelta diffusa (Champ. Ex Benth.) van. Steenis
虎刺　amnacanthus indicus (Linn.) Gaerth. F.
浙江虎刺　D.shanii K. Yao et Deng
短刺虎刺　别名：大叶虎刺　D. Subspinosus Hand. -Mazz
香果树　E mmenpterys henryi Oliv.
栀子 地方名：黄栀儿 Gardenia jasminoides Ellis
水栀子 地方名：小叶水栀儿 变种　var. Radicans (Thunb.) Makino
大花栀子 地方名：大叶水栀儿 变型 栽培 f. Grandiflora (Lour.)Makino

续表二、植物名录

被子植物 ANGIOSPERMAE 双子叶植物 DICOTYLEDONEAE
污毛粗叶木 Lasianthus hartii Franch.
毛脉粗叶木 别名：日本粗叶木 L. Japonicus Miq.
榄绿粗叶木 地方名：九节茶 L. Lancilimbus Merr.
锡金粗叶木 L. Sikkimensis Hook. F.
羊角藤 Morinda umbellata Linn.
玉叶金花 别名：磊叶白纸扇 Mussaenda pubescens Ait. F.
大玉叶金花 别名：大叶白纸扇 Mussaenda pubescens Ait. F.
长序鸡屎藤 Paederia cavaleriei Levl.
鸡屎藤 P. Scandens (lour.) Merr.
毛鸡屎藤 变种 var. Tomentosa (BL) Gabdm - Mazz
海南槽裂木 Perusadina hainanensis (How) Ridsdale
山黄皮 Randia cochinchinensis (Lour.) Merr.
六月雪 栽培 Serissa japinica (Thunb.)Thubn.
白马骨 别名：山地六月雪 S. Serissoides (DC) Druce
鸡仔木 别名：和水冬瓜 Sinadina racemosa (Sied，et Zucc.)Robins.
白花苦灯笼 别名：毛乌口树 Tarenna nollissima (Hook. Et Arn，)Roins.
狗骨柴 Tricalysia dubia (Lindl.) Thunb，
钩藤 地方名：双钩藤 Uncaria rhynchophylla (Miq). Ex Havil.
九十七、忍冬科 CAPRIFOLIACEAE
糯米条 栽培 Abelia chinensis R.Br.
南方六道木 A. Dielsii (Graebn.) Rehd.
淡红忍冬 Lonicera acuminata Wall.
无毛淡红忍冬 变种 var. Depilata Hsu et H. J.Wang
菰腺妨冬 别名：红腺忍冬 L. Hypoglavca Miq.
忍冬 地方名：金银花 L. Japoniaca Thunb.
大花忍冬 L. Macrantha (D. Don) Spreng
异毛忍冬 变种 var. Lushanensis Rehd.
灰毡毛忍冬 L. Macranthoudes Hand，- Mazz.
下江忍冬 别名：庐山忍冬 L. Modesta Rehd.
庐山忍冬 变种 var. Lushanensis Rehd.
短柄忍冬 别名：贵州忍冬 L.pampaninii Levl.
盘叶忍冬 别名：叶藏龙 L. Tragophylla Hemsl.
毛萼忍冬 L. Trichosepala (Rehd.) Hsu
水马桑 别名：杨栌 变种 Weigela jiapinaica Thunb. Var. sinca (Rehd.）Bailey
接骨木 Sambucus Williamsii Hance
金腺荚蒾 viburnum chunii Hsu
伞房荚蒾 V. Corymbiflorum chunii Hsu
荚蒾 V. Dilatatum Thunb.

续表二、植物名录

被子植物　ANGIOSPERMAE　双子叶植物 DICOTYLEDONEAE
宜昌荚蒾　V. Erosum Thunb.
南方荚蒾　V. Fordiae Hance
光萼台中荚蒾　V. Fomosanum Hayata ssp. Leiogrnum Hsu
巴东荚蒾　V. Henryi Hemsl
长叶荚蒾　别名：披针叶荚蒾　V. Lancifolium Hsu
腺叶荚蒾　变种　V. Lobophyllum Graebn，var. Silvestrii Pamp.
吕宋荚蒾　变种 V. Luzonicum Rolfe
绣球荚蒾　地方名：绣球花　栽培 V. Macrocephalum Fort.
珊瑚树　别名：法国冬青　变种　栽培　V. Odoratissimum Ker - Gawl. Var.awabuki (K. Koch) Zabel ex Rumpl.
蝴蝶戏珠花　变型 V. Plicatum Thunb，fm tomentosum (Thunb，)Rehd，
球核荚蒾　V. Proinquum Hemsl.
具毛常绿荚蒾　变种 V. SEMPERVIRENS k. Kovh var. Trichihirm Hand，- Mazz.
饭汤子　别名：茶荚蒾 V. Setigerum Hance
合轴荚蒾　V. Sympodiale Graebn.
壶花荚蒾　V. Urceolatum Sieb ex Zucc.
九十八、菊科 COMPISITAE
卵叶帚菊　pertya scandens (Thunb.) Sch. - Bip.
单子叶植物 MONOCOTYLEDONEAE
九十九、禾本科 GRAMINEAE
孝顺竹　栽培 Bambusa multiples (Liur.)
观音竹　变种　栽培 var. Riviereorum R. Maire
佛肚竹　栽培 B. Ventricosa Mcclure
青皮竹　B. Textilis Mcclure
缅甸竹　Chimonobambusa armata (Gamble) Hsueh et Yi
方竹　C. Quadranguiaris (Fenzi) Makino
肿节少穗竹　Oliqostachyum Oedogonatum(Z.P.Wamg et G.H.Ye)Q.F.Zhang et.K.F.Huang
阔叶箬竹　地方名：粽箬 Indocalamus Latifolius (Keng) Mcclure
箬竹　I. Tsessellatus (Munro) Keng f.
橄榄竹 Indosasa gigantea (Wen) Wen
屏南少穗竹　Oligostachyum glabrescens (Wen) Keng f. Et. C. P. Wang
人面竹 Phyllostachys aurea Carr. Ex A. Et C. Y. Yao
金镶玉竹　变种　P. Aureosulcata Mcclure cv. Spectabilis
花哺鸡竹　P. Glabrata S. Y. Chen et C. Y. Yao
水竹　P. Heteroclada Oliv.
红壳雷竹　P. Incarnata Wen
紫竹　地方名：乌竹儿 P. Nigra (Lodd) Munro
毛金竹　变种　var. Henonis stapf et rendle
早竹 P. Praecox V. D. Chu ex C. S. Chao
毛竹 P. Heterocvcla (Carr.) Minford cv. Pubescens

续表二、植物名录

单子叶植物 MONOCOTYLEDONEAE
绿槽毛竹 变种 cv. Viridisulcata
龟角竹 地方名：观音竹 变种 cv. Heterocycla
刚竹 地方名：石竹、斑竹 变种 cv. Viridis
乌哺鸡竹 P. Viviax Mcclure
云和哺鸡竹 P. Yuboensis S. Y. Chen et C. Y. Yao
苦竹 地方名：伞柄竹 Pleoblastus amarus (Keng) Keng f.
华丝竹 P. Intermedius S. Y. Chen
实心苦竹 地方名：麻竹儿 P. Solidis S. Y. Chen
尖箨茶杆竹 Pseudosasa acutivagina Wen et S. C. Chen
华箬竹 Sasa sinica Keng
短穗竹 Brachysstachyum densiflorum (Rendle) Keng
矮雷竹 地方名：雷竹 Shibataea srtigosa Wen
一〇〇、棕榈科 PALMAE
蒲葵 栽培 Livistona chinensis R. Br.
棕竹 栽培 Rhapis excelsa (Thunb.) Henry ex Rehd.
棕榈 地方名：毛棕 Trachycarpus forunei (Hook. F.) H，Wendl.
一〇一、百合科 LILIACEAE
肖菝葜 Heterosmilax japonica Kunth
尖叶菝葜 Smilax arisaensis Hayata
浙南菝葜 S. Austro - zhejiangensis C. Ling
菝葜 地方名：金刚刺 S. China L.
小果菝葜 S. Davidiana A. DC.
托柄菝葜 S. Discotis Warb.
土茯苓 别名：光叶菝葜 地方名：硬饭头 S. Glabra Roxb.
黑果菝葜 S. Davidiana A. DC.
暗色菝葜 变种 S. Lancerifolia Rosb. Var. Opace A. DC.
缘脉菝葜 S.nervo - marginata Hayata
华东菝葜 S. Sieboldii Miq
鞘柄菝葜 S. Stans Maxim.
一〇二、龙舌兰科 AGAVACEAE
凤尾兰 栽培 Yucca glriosa L.
一〇三、薯蓣科 DIOSCOREACEAE
薯莨 别名：红孩儿 Dloscorea cirrhosa Lour.

主要参考文献

知县吴楚椿主修：《续青田县志》，清乾隆四十二年（1777 年），影印本，县档案馆。

知县雷铣主修：《青田县志》，清光绪元年（1875 年），县图书馆。

台北市青田同乡会编纂：《续修青田县志》，1987 年 8 月版，县图书馆。

陈慕榕主编：《青田县志》，1990 年 10 月版。

青田县志编纂委员会：《青田县志》，2013 年 4 月版。

中国林业年鉴编辑委员会：《中国林业年鉴（1949 ～ 1986）》，中国林业出版社，1987 年 12 月。

秦铎主编：《最新林业业务指导大全（上、下）》，中国林业出版社，2007 年 12 月。

科教兴国丛书编纂委员会：《中国农业文库（2)》，四川科学技术出版社，1997 年 4 月。

浙江省林业志编纂委员会：《浙江省林业志》，中华书局出版社，2001 年 11 月。

浙江植物志编辑委员会：《浙江植物志》，浙江科学技术出版社，1993 年 12 月。

浙江动物志编辑委员会：《浙江动物志（鸟类、兽类)》，浙江科学技术出版社，1989 年 11 月～ 1990 年 11 月。

浙江省农业志编纂委员会：《浙江省农业志》（上册、下册），中华书局出版社，2004 年 12 月。

中国农业全书编辑委员会：《中国农业全书·浙江卷》，中国农业出版社，1997 年 10 月。

遂昌县林业局：《遂昌县林业志》，北京市方志出版社，2007 年 12 月。

龙泉市林业局：《龙泉市林业志》，中国林业出版社，2009 年 4 月。

青田县公安志编纂委员会：《青田县公安志》，浙江人民出版社，2006 年 7 月。

青田县鹤城镇志编纂委员会：《鹤城镇志》，浙江人民出版社，2009 年 12 月。

青田华侨史编纂委员会：《青田华侨史》，浙江人民出版社，2011 年 6 月。

青田县民政局：《青田县民政志》，丽水印刷厂，1994 年 10 月。

青田县粮食局：《青田县粮食志》。

周以良、李世友：《中国的森林》，科学出版社，1990 年 7 月。

张若蕙等：《浙江珍稀濒危植物》，浙江科学技术出版社，1994 年 2 月。

叶仲节、柴锡周：《浙江林业土壤》，浙江科学技术出版社，1986 年 7 月。

孟宪伦：《中国飞机播种造林》，贵州人民出版社，1987 年 3 月。

彭镇华等：《浙江林业现代化发展战略研究与规划》，中国农业出版社，2006 年 12 月。

李土生等：《公益林管理指南》，中国林业出版社，2010 年 9 月。

丽水地区林业局：《丽水地区林业区划》，缙云印刷厂，1986 年。

丽水地区林业局：《丽水地区历年林业统计资料（1950～1985）》，内部资料，1987 年 3 月。

青田县统计局：《前进中的青田（1949～1988）》，内部资料，1986 年 6 月。

青田县统计局：《见证历史，谱写辉煌（新中国成立 60 年青田发展成就）》，内部资料，2009 年 9 月。

青田县林业局：《青田县林业区划》，内部资料，1986 年 4 月。

青田县林业局：《青田县森林资源调查成果汇编》，内部资料，1999 年 10 月。

青田县林业局：《青田县森林分类区划界定工作成果报告》，内部资料，2002 年 1 月。

青田县林业局：《青田县森林资源规划设计调查成果报告》，内部资料，2008 年 12 月。

浙江省林业调查规划设计院、青田县林业局：《青田县林地保护利用规划（2010～2020 年）》，内部资料，2013 年 10 月。

浙江省林业调查规划设计院、青田县林业局：《青田县湿地保护规划（2014～2020 年）》，内部资料，2015 年 6 月。

后 记

《青田县林业志》终于完稿付梓，苦尽功成，欣慰有加。

编写一部反映青田林业的书籍，一直是青田林业人的愿望。1987年，时任局长倪国薇，曾经组织编写并结集《青田林业志（初稿）》。虽然内容不多，仅5万余字，但毕竟做了有益的尝试，累积了宝贵的阶段性资料。

2007年，县林业局决定编写林业志。延请了三位在文学、诗词方面颇有建树和造诣的老同志，担任编纂任务。由于部门志书专业性强，编纂人员缺乏林业专业背景，资料搜集渠道受限。至2012年8月，修志工作搁浅。留下的资料，为日后的编写打下了一定的基础。

2014年8月，县林业局决定重新启动编写《青田县林业志》。成立了以局长张利勇为主任的《青田县林业志》编纂委员会，下设办公室，由纪检组长程海青担任办公室主任，（因工作调动，后期先后由潘文英、周培雄担任）负责指导协调编纂工作。笔者毛遂自荐，充当主编，并许诺两年完成任务。笔者一辈子服务林业，做过林技员，林业站站长，林场场长，在局多个科室担任过负责人；平时喜好舞文弄墨，注意资料收集保存，对林业发展脉络有一定了解。自信勤能补拙，功在不舍。

2014年9月，编志工作正式启动。笔者花了一个月时间，对志书进行总体构思和设计，形成编纂目录。在此基础上，整理出各分编的纂写大纲后，历时半年，系统地搜集资料。尔后，根据资料掌握的充盈程度，适度调整目录和纂写重点。

在资料搜集的过程中，全局上下给予了极大的关注和帮助。县档案馆、图书馆的资料，采取大量复印、拍照办法。各科室橱柜资料，各干部电脑里的资料，全部复制拷贝。局档案室的千余册资料，笔者一目十行，基本浏览一遍。遇有重要的，就边阅读边夹纸条，或者直接做成资料卡。由于林业志不是林业局志，这就要求上溯到青田建县开始，唐宋元明清，民国，漫漫1300多年。历史资料的搜集是个挑战。为此，笔者曾二上杭州，查阅浙江省图书馆馆藏资料；三赴丽水，拜访市林业志编纂人员及有关领导，接受指导并交换资料，获益匪浅。

在大量占有资料后，以篇目为导向，以时为序，对资料进行排比、筛选、补缺、考证、修饰加工等，使其进一步条理化。纂稿过程中，笔者着重掌握三个原则：求真存实、横排竖写、述而少论；注意拿捏三大问题：交叉重复、粗细详略、体例文风；谨慎防范三大硬伤：资料硬伤、数据硬伤、文字硬伤。

纂稿期间，笔者潜心笃志，一鼓作气；累寸不已，遂成丈匹。至2015年10月底，初稿完成，计10编53章198节。11月初，将初稿拆分至各相关科室审阅，反馈意见后经修改补充，增加1章2节，于2016年2月底形成评审稿，计10编54章200节，word总字数96万。

2016年3月初，印制评审稿40本。3月8日，林业局延请老干部、老专家10余人及局各科室、部门负责人，召开评审会。同时，向局属各单位及老领导分发评审稿。至5月初，评审人员及各部门陆续反馈评审意见。笔者根据评审建议，又是一轮的攻苦食淡。通盘的修改，从形式看，只不过是最后的一道完善工序。但其工作是一项更艰苦、更细致的工程。诚所谓：行百里者，半于九十。不少章段，推倒重来；许多数据，细究重核。逐层逐段，增删取舍；酌字斟句，推敲琢磨。期间动心忍性，凤凰涅槃；反来复去，五易其稿。终在 7 月底完成样稿，除序、凡例、概述、大事记、附录等外，正文 10 编 53 章 201 节，总字数 150 万。8 月初，样稿交出版社审校。9 月底，完成最后定稿。

《青田林业志》终于付梓出版，笔者百感交集，如释重负。两年来，笔者兼任主编、编辑、摄像、制图、打字职责于一身，临深履薄，诚惶诚恐，痛并快乐着。但无可讳言，志书仍存在着很大的不足与缺陷。首先，由于基本上是由笔者一人纂成，注定存在着管窥之见、盲人摸象现象。其次，限于"两年完成任务"所谓"军令状"的羁绊，志书资料挂一漏万，难免差强人意；其行文布局，尚嫌粗糙疏陋；至于志书用词的严谨准确，"左准绳、右规矩"，也就顾不得了。

《青田县林业志》如期完成，虽远称不上是鸿篇巨制，但笔者认为，它凝聚着全体林业人的智慧，刻画了青田林业的兴衰荣辱，承载着全体林业工作者的使命和希冀，也附带融入了笔者毕其一生服务林业的拳拳之心与眷眷之情。

编志过程中，承蒙省林业厅、市林业局、省林业调查设计院等有关人员的悉心指导；县档案局、图书馆、统计局、交通局、旅游局、粮食局等单位以及个人提供了不可或缺的资料。在志书的纂写阶段，县林业局多位年轻干部在文字和表格录入、电脑技术方面，予以无偿帮助。志书后期的评审，老领导、老干部众人拾柴，提出了宝贵的修改意见。特别是县农业局老干部叶培雄同志，在志书的框架结构、布局谋篇等方面，予以悉心指导；并且亲力亲为，为部分编章润色斧正。在此，一并表示诚挚的感谢。

疏漏谬误之处，恳请读者和专家不吝赐教。

编者：柳松柏

二〇一六年九月

青田县林业志编纂机构及人员

林业志编纂委员会

（2007 年 11 月—2012 年 2 月）

主　任：张立总

副主任：郑晓敏　　潘文英　　王国富　　刘剑锋

编　辑：郑延欣　　陈为民　　项目清

林业志编纂委员会

（2014 年 9 月重启）

主　任：张利勇

副主任：周培雄　　程海青　　潘文英

委　员：季焕平　　王国富　　詹世利　　章慧杰

　　　　郭明月　　夏建敏　　赵雪康　　潘冠林

　　　　蒋金荣　　周文明　　王建勇　　厉　淼

　　　　饶光雄　　王　毅

林业志编纂委员会办公室

主　任：程海青　（2014 年 9 月—2015 年 11 月）

主　任：潘文英　（2015 年 12 月—2016 年 4 月）

主　任：周培雄　（2016 年 5 月—出版）

副主任：赵雪康

主　编：柳松树

林业志编纂人员

主　编：柳松树

编　辑：柳松树

编　辑：项目清（2014年12月—2015月4月）

科　室　审　稿

| 叶林妹 | 叶婷婷 | 刘小燕 | 詹小珍 | 周丽芬 | 张峰玲 |
| 张平安 | 朱晓权 | 饶光雄 | 王建勇 | 王连荣 | 吴旭雷 |

评　审　人　员

| 叶培雄 | 倪国薇 | 夏耀辉 | 程岩楚 | 邹竹华 | 周群昌 |
| 章慧杰 | 殷如民 | 金献康 | 蒋吉岩 | 刘景池 | 金成周 |

资　料　提　供

（以姓氏笔画为序）

干学雄	王　毅	王　静	王连荣	王诗丰	王建勇	厉　淼	叶　苗
叶　锴	叶再彬	叶林妹	叶婷婷	叶佩霞	朱君毅	朱培青	朱晓权
刘小燕	刘庆定	许爱民	汤洪文	孙　建	吴苏平	吴永国	吴永云
吴礼云	吴旭芬	吴佳雨	吴旭雷	吴庭伟	吴增业	张平安	张立琴
张峰玲	沈苏军	沈利芬	张晓杨	李勇勤	李燕伟	金少伟	林小平
林　萍	林观勇	陈万雄	陈利军	陈贤春	陈耀琪	陈雄弟	陈振中
陈海光	陈爱美	陈伟达	季旭勇	季岳花	季仲孟	徐木海	徐云彪
徐忠伟	徐宝楷	徐伟灵	罗晓镁	周文明	周伟强	周丽芬	周国良
范佳苗	饶光雄	饶蓉霞	唐崇袍	留军勇	蒋金荣	殷如民	舒宁宁
曾艺伟	潘如勇	潘冠林	潘春平	詹小珍	薛梦娜